한국
언론문화
100년사

한국
언론문화

조맹기 지음

100 년사

청어람 M&B

머리말

한국 언론문화사의 무엇을, 어떻게 연구할 것인가에 대한 논의는 끊임없는 토론의 과제이다. 물론 각 매체에 따른 기술의 발전 변화가 큰 과제로 등장한다. 그들 기술에 따라 미디어 내용이 바뀌고 사회가 변화한다. 그 변화의 내용을 살펴본다. 그렇다면 한국 언론문화사는 각 미디어가 만들어 낸 메시지가 중심이 되고, 그 콘텐츠의 가상 현실을 잘 그려내는 데 초점을 맞추게 된다.

사건이 일어난 현장의 사실을 바탕으로 연구자는 그 당시 모습을 재현한다. 어떤 사건이든 정확한 원인을 찾아내면 결과의 내용을 알 수 있게 된다. 마치 신화에 나타난 모습들을 재현하듯 한국언론사 연구자는 사건의 현장을 있는 그대로 그려낸다. 정확성·공정성·객관성 자료를 바탕으로 그 현장을 재현할 수 있다면, 언론사 연구자가 할 수 있는 최고의 가치를 창출하는 것이 된다. 마치 신화의 원형을 복원하는 것처럼 구체적 사건들로부터 당시 생존한 사람들의 삶의 의미를 발견함으로써 그 후손들은 공동체의 정체성을 갖게 되고, 그 사건을 통해 자신들의 미래를 설계할 수 있게 된다.

한국 언론사[1] 연구자들의 의미 있는 작업들에도 불구하고, 이를 평가 절하하는

---

1) 언론사(言論史)는 전통적으로 신문(the press)의 역사를 두고 이야기한다. 한편 언론의 자유를 논할 때, 신문을 넘어 스피치(speech)의 자유로 이야기한다. 그 범위는 넓어진다. 대화, 신문, 방송, 잡지, 영화, 음반, 문자, 인터넷 동영상(유튜브) 그리고 인터넷 포털 등이 포함된다. 전형적인 개념으로 언론(커뮤니케이션)은 "인간들이 서로 정보와 메시지를 전달하고 수신해서 공통된 의미를 수립하여, 나아가서는 서로의 행동에 변화를 유발시키는 모든 과정을 말한다고 정의할 수 있다."라고 했다.(차배근, 1992:24) 또한 언론사(言論社)는 정보를 수집, 창작, 확산하는 조직체로서 뚜렷한 목적을 지니고 활동하는 현대 사회의 정보 산업체다."라고 했다.(오진환, 1985: 6) 그러나 최근 과학 기술이 발달되면서, 조직체도 개인이 운영할 수 있는 1인 미디어도 많이 생겼다.

사람은 단지 과거에 있었던 즐거운 일, 슬픈 일을 회상하면서 웃거나, 슬퍼하는 모습들로 단정하고 운명적·염세적 연구자들에게 냉소적 태도를 취한다. 그러나 사회과학 연구자는 언론문화사를 좀 더 긍정적이고 적극적으로 연구함으로써, 과거의 사건들로부터 현재가 안고 있는 문제들을 더욱 분명하게 인식할 수 있다. 더욱이 다른 시대적 맥락(상황에 따른 시간, kairos)을 비교함으로써 현재의 역사 흐름을 인지할 수 있다. 이는 또한 역사학의 과학적 접근을 필요케 하며, 그 부산물로부터 미래를 예측할 수 있도록 한다.

베버(Max Weber)는 역사를 도구적으로 탐구했다. 역사 해석을 통해, 그 역사의 의미와 지적활동을 도출했다. 이런 역사 연구 방법은 객관성을 가진 역사 서술이라기보다 주관적 성격의 역사 풀이 방법이다. 그러나 역사를 객관적으로 평가받으려 할 때 연구자가 가진 주관성을 가능한 배제시켜야 한다. 양자 중 어떤 서술과 목적을 택해야 할 것인가. 주관성을 강조하면 소설식 역사관으로 흐를 가능성이 있다. 또 객관성을 강조하면 역사나 신화 연구에서 보듯이 과거의 사실 그 자체에 관심을 갖게 되며, 한 사건의 의미를 도출하는 작업으로부터 완전한 객관성을 보증받을 수는 없다.

역사적 사건은 잃어버린 고리들이 무수히 많아 어느 것도 완전히 객관적으로 풀이할 수 없다. 그렇다면 객관성은 하나의 가능성에 불과하고, 연구자는 이 가능성 중에서 확률적으로 가장 높은 가능성만을 선택할 뿐이다. 설령 한계가 분명 존재한다 해도 언론은 기본적으로 자유·책임·독립·품격 등에 철저해야 하고, 사실을 다룸에서도 언론의 정확성·공정성·객관성·공공성·공익성 등 주요 덕목을 경시할 수 없다. 그 주요 덕목에 따라 한국 언론사도 그 범주를 부각시킨다.

본서는 한국 언론문화사의 영역을 넘어, 다른 사회과학자들이 보는 역사관과 같이 목적론적 입장에서 역사를 본다. 이 목적론적 시각은 언론이 다른 사회제도와 연계를 지을 때 의미를 지닌다. 언론은 단순히 사회제도와 떨어진 전문직의 언론이 될 수 없다는 측면이다. 이는 여타의 한국 언론사 연구자와 약간 결을 달리한다.

물론 전반부의 한국 언론의 사상사적 관점에서 역사를 서술함으로써, 객관성을 강조하는 다른 언론사 연구자들로부터 비판받을 수 있는 소지가 있다. 즉, 일차 자료의 중요성을 강조한다거나, 과거 사실의 발견에 주안점을 둘 때, 이 연구가 의미 없는 작업으로 비칠 수 있다. 그렇더라도 본서는 시대적으로 가장 현저한 현상들의 논리 체계를 정립하여 내적 연관성들을 도출하고자 했다. 이런 연구는 타인의 기초 조사가 부족할 때 공허해질 수 있다. 때로는 본서의 이러한 서술 방법으로 인해 주제의 범주가 넓어 보일 수도, 논리의 비약이 느껴질 수도 있다.

그렇다면 언론문화사에서 '사상상'을 도출할 수 있을까. 그러나 「독립신문」 이후만 해도 1세기가 넘는 역사를 가진 한국 신문사를 미시적 차원에서 방향을 잡기는 쉽지 않다. 미시적 구체성이 없는 전체성은 공허하기 짝이 없지만, 거시적 맥락이 없는 미시적 접근은 결국 그 방향을 상실한다. 따라서 본서는 거시적 맥락을 주안점으로 미시적 접근을 시도하고, 그 역사적 사건의 의미를 파악하는 데 관심을 둔다. 즉 가장 현저했던 사건과 언론 현상을 시대사적 맥락에서 이념적으로 서술했다.

또한 다른 사회제도와 연계하여 역동적으로 볼 때 전문적 서술이 공허할 수 있다. 전반부의 논의를 달리하여, 후반부의 노무현 정부 이후는 1차 자료를 갖고 비교적 그날그날 언론현상을 분석했다. 초기 '사상상' 도출과는 거리가 먼 대목이다. 또한 비판의 소지가 있는 한국 언론사를 현재의 입장에서 기술한다면 또 다른 문제를 발생시킨다. 이 한계는 인터넷 기술이 발달되어, 취재원을 쉽게 접할 수 있어 한국 언론사의 사실들이 비교적 정확하고, 객관적으로 서술되는 추세에서 기인한다.

이런 논리라면 제도의 형태보다 진실에 근거해서 역사를 써야 바른 역사가 서술되는 시대가 도래되었다. 오랜 시간이 지난다고 그 사실들이 오보로 판명되는 것은 그렇게 흔치 않다. 문제는 당시 진실을 밝혔지만 공공 부문의 종사자들은 이를 숨기고 싶어 했을 경우다. 적극적으로 발굴만 한다면 역사를 진실에 근거하여 바로 기술할 수 있다는 측면이다.

종합적으로 본서는 1백 년이 넘는 언론문화사를 전체의 사건과 그 특성들을 시기적으로 풀이하는 대신, 1백 년 언론사를 11개의 단락으로 나누어 연구의 실마리를 찾았다. 제1장, 조선시대의 언관 구조에 관한 연구를 서술했다. 언관 구조는 제도권 내에서 어떤 커뮤니케이션이 이뤄지는지를 살펴보았다. 즉 유교의 이념 아래 어떤 커뮤니케이션이 가능한지를 논했다. 조직 안에서 커뮤니케이션의 활성화는 무엇인지, 정치 권력을 나누는 과정이 커뮤니케이션이 될 수 없는지 등을 살폈다.

제2장, 초기 언론이 형성되던 과정에서 정론지(政論紙)의 가능성을 논했다. 「한성순보」, 「한성주보」, 서재필의 「독립신문」, 윤치호의 「독립신문」을 논했다. 같은 시대에 창간한 「협성회보」, 「ㅁㅣ일신문」, 「뎨국신문」, 「황성신문」, 「대한매일신보(大韓每日申報)」 등에서 정론성의 가능성을 논했다.

제3장, 조선총독부가 허가한 「조선일보」, 「동아일보」, 「시사신문」(「조선중앙일보」 포함) 세 개의 신문에 나타난 1920년부터 1940년까지의 문화정치의 실체를 논했다. 문화정치는 정부가 존재하지 않았던 당시, 조직 단체로서는 거의 유일했던 언론이 정부의 기능을 대신한 실체를 규명하는 한편, 총독부와 조선의 신문이 생각했던 각각의 문화정치를 함께 논했다.

제4장, 사상사 측면에서 일제시대 사회주의 형성기 언론의 역할을 조명했다. 이것은 일제시대에 발행된 「동아일보」, 「조선일보」, 「시사신문」 그리고 여타의 팸플릿 등을 통해 이해할 수 있을 것이다. 그러나 본서는 일제시대에 자연 발생적으로 생성되었다는 측면에서, 혹은 주체의 관점에서 더욱 활기를 띠었던 사회주의 형성에서의 언론의 역할을 논했다.

제5장, 초기 정론지에 다시 돌아가서 정론지가 가능했던 상황을 묘사하고, 정론지의 의미와 발전 방향을 논했다. 정론지가 어떤 상황에서 발아할 수 있었는지, 그리고 이런 신문의 정론적 성격이 왜 종말을 고했으며 현대와 같은 색깔 없는 신문이 등장하게 되었는지 그 배경과 원인을 규명코자 했다.

제6장, 언론 노조, 언론노동조합연맹의 역사적 의미와 그 항로에 관해서 서술했다. 이들의 계급적·신분적 속성을 논하며, 아울러 정론지의 토양, 즉 정론지에 적합한 신분적 속성에 관심을 가졌다.

제7장, 기술 결정론적 관점에서 한국 방송 70년사를 정리했다. '경성방송국'이

1927년에 개국함으로써 방송 역사의 장을 열었으나 컬러, 케이블 TV를 받아들인 지금도 여전한 대외 의존적 기술과 프로그램의 실태를 분석했다. 즉 역사적 맥락으로 방송 기술이 가져올 수 있는 사회, 문화적 상황에 관해서 논했다.

제8장, 본서는 다매체 다채널의 6공화국 시대의 언론을 논했다. 신문·방송·인터넷이 공존하는 시대의 언론 정체성에 관한 논의를 첨가시켰다.

제9장, 6공화국 중 노무현과 이명박 정부를 다루었다. 한쪽은 진보 성향이고, 한쪽은 보수 경도로 시작했다. 양 정부는 개혁에 관심을 두었는데, 한쪽이 좌파적 개혁이라면, 한쪽은 우파적 개혁이었다. 개혁은 요즘 말로 '운동권 논리'이다. 결과적으로 보면 한쪽은 개혁에 실패했고, 다른 한쪽은 부의 불평등만 증가시켰다. 노무현과 이명박 정부는 아마추어적 개혁을 시도한 것이다. 두 개혁 모두 아이디어를 제도화시키고, 의례화(ritualization)시키는 데 실패한 것이다. 그렇다면 문화적 모형화(patterns)를 결한 개혁의 아이디어는 다른 정부에서 전체적으로 바뀔 가능성이 상존한다고 설명할 수 있다.

제10장, 박근혜 정부와 문재인 정권을 다루었다. 박근혜 정부는 자유주의, 시장경제 헌법 정신에 충실했다. 엉뚱한 관계성 왜곡 보도로 탄핵이 되었다. 한편 문재인 정권은 '자유민주적 기본질서'에 충실하지 못함으로써 정당성에 문제가 있었다. 대선 과정은 드루킹 사건으로 여론조작이 이뤄졌다. 필자가 관심을 가진 것은 문재인 정권 때 공영언론을 중심으로 한 선전 선동에 대한 역사적 평가이다. 당시 미디어는 자유로운 독립적 기구가 아니라, 문재인 청와대의 부역자, 나팔수 기능을 충실히 했다. 사회주의 언론 기능이 적용된 것이다. 그러므로 언론만으로 한국언론사를 풀이할 수 없게 되었다. 융합적 사고로 풀 시기가 온 것이다.

제11장은 윤석열 정부의 언론을 서술했다. 문재인 정권의 좌경화 설거지에 몰두하면서, 앞을 헤치고 나갈 길을 모색했다. 그게 흔들리니 애매성으로 일관함을 다루었다.

본서는 『한국 언론사의 이해』라는 제목으로 14년 동안 개정·증보 4판을 발행했다. 그간 조금씩 내용을 변화시켜왔다. 이런 노력은 사회가 바뀌면서 경향이 바뀔 수 있고, 개인의 취향도 바뀔 수 있음을 고려한 것이다. 더욱이 10장의 박근혜 정부와 문재인 정권 등 언론사 정리는 반드시 언론사 정리라기보다 사회제도와 관련해서 학제 간 연구, 즉 통섭(統攝)으로 연구를 시도했다. 지금까지 언론학은 신문·방송의 매체사에 관심을 가졌지만, 이 연구는 처음 필자가 기획했던 것처럼 다른 사회제도와 연관시킨 연구이고, 그 경향이 강하게 반영되었다. 즉 필자는 여러 판을 내면서 언론학이 정치와 사회제도를 떠나서 독자적으로 존재할 수 없음을 경험으로 느꼈다. 문재인 정권의 언론의 선전, 선동 기능은 더욱 그런 경향이 농후했다.

본서 이후 꾸준한 작업으로 사료를 다져감이 필자가 계속해야 할 연구 과제이다. 아직도 많이 연구해야 하고 보강되어야 할 내용들이 산재해 있다. 그럼에도 본서는 다른 사회제도와 연계시키는 언론문화사를 정리할 수 있다는 가능성을 제시했기에 의미가 있다.

본서의 제1장은 한국언론학회와 현 한국학중앙연구원과 공동으로 집필한 『조선시대 커뮤니케이션 연구』(정신문화연구원, 1995)를 수정한 것이며, 또한 제4장은 「일제시대의 사회구조와 사회주의 언론(1920~40)」(『정신문화연구』 18권 4호, 통권 61, 1995)에 실린 내용을 바탕으로 논리를 더욱 발전시킨 내용이다.

『한국 언론문화 100년사』를 출간해주신 청어람M&B 서경석 사장님 그리고 편집진에게 감사드린다.

2024년
조맹기

| 차례 |

제1장
조선시대 언관 구조에 관한 연구

1. 전통 커뮤니케이션 구조

조선시대의 언관(言官)은 '국정의 건강한 운영과 주권의 안정 도모'라는 역할을 앞세운다. 정도전(鄭道傳)이 태조에게 지어 바친 「문덕곡(文德曲)」에는 "군주가 언로를 크게 열어 사총을 통달하여야 민정을 제대로 파악할 수 있기 때문에 군주의 첫째 덕목은 언로의 개방에 있다."(김삼웅, 1985: 29)고 하였다. 또한 사헌부(大司憲)를 지낸 조광조(趙光祖)는 "언로의 열리고 닫힘은 나라의 흥망과 관계가 깊은 일이다. 이것이 열리면 정치가 안정되고, 닫히면 어지럽고 망한다. 임금은 언로를 넓히는 데 힘써야 하며, 위로는 3공(公) 6조(曹)와 뭇 관원이, 아래로는 거리의 백성에 이르기까지 모두 언권을 갖게 해야 한다. 대간(臺諫)은 모름지기 언로를 개방한 다음에야 비로소 그 직책을 다할 것이다."라고 언로의 중요성을 강조한다. 그러나 당쟁이 심한 선조(宣祖, 14대) 이후 "언관이 당쟁의 대변적 기관에 불과했다."고 혹평한다.(이재호, 1963: 15) 물론 명종, 선조, 광해군 때 정통 주자학에서 벗어나, 학문의 다양성을 추구한 사림(士林), 산림(山林) 등이 등장했다.

이들은 제도권 밖에서 이념적 성향을 지양하고, 현실의 문제를 다루기 시작했다. 그들은 상소(上疏)로 공론을 형성했다. 공론의 내용은 전통 이념에 경도된 주자학과 다른 위민, 애민, 보민, 휼민 등과 같은 민본적 정치 이념, 즉 백성의 '먹고 사는 문제'를 주된 논의로 삼는다. 교화, 계몽과는 다른 정치이념이 싹트게 된 것이다.

천관우(千寬宇, 1925~1991)는 경세학(經世學)을 논의했다. 여기서 경세는 당시 지식인이 "정권에 참여하여 정책을 구현하거나, 아니면 야(野)에서 상소 형식으로 정책론을 개진했다."라고 했다.(정진석, 2011: 38)

경(經)은 경전이고, 세(世)는 먹고사는 사회정책적 문제이다. 전자가 철학·형이

상학의 영역이라면, 후자는 경제사회 분야이고, 서구에서 레토릭(rhetoric), 혹은 커뮤니케이션 등 영역이다.

이성(理)을 따지는 이론의 영역과 감성(氣)을 추구하는 경험의 영역이 서로 갈등했다. 의(理)와 기(氣)가 서로 공론의 장에서 부딪치면서 당쟁이 격화된다.

공론장이 다름 아닌, 왕과 대신, 대간이 모여 정책을 논의하는 경연(經筵)의 장이다. 이때 여론 주도의 역할을 하는 곳이 '대간(臺諫)'이었다. 후일 대간은 당쟁을 조장하는 기관으로 낙인이 찍히자 이를 한탄한 영조(英祖, 21)는 대간의 언로를 강압적으로 봉쇄했다.

같은 맥락에서 정조(正祖, 22) 때 대간의 언로를 비판한 정약용(丁若鏞)은 「직관론(職官論)」에서 대간폐지론을 주장한다.[2] 다산은 주자학의 이론 대신 경세제민(經世濟民), 실사구시(實事求是), 격물치지(格物致知, 각 물성의 성격을 규명하고, 과학정신으로 그 지식을 확장시킴) 등 정신에 더욱 집중하고, 청대의 연대고증(年代考證) 등 경험적 방법론을 사용하기 시작했다. 주자학의 이념 논쟁에 종지부를 찍은 것이다. 더욱이 세도정치 하에 직언하는 언관을 찾을 수 없어 사대부들은 당시를 '요요무언세계(蓼蓼無言世界)'로 규정했다.

언로의 직분이 제대로 발휘되지 못한 세도정치 하에서의 세상을 암흑기로 간주한 것이다. 결과론적으로 볼 때 유례없이 길었던 조선시대(1392~1910)는 언관의 순기능과 관련이 있다.

초기 정통유학(正統儒學), 후기 신유학(新儒學)의 주자학(朱子學)을 정통 이념으로 설정한 조선은 인간 및 인간 관계성을 중시함으로써 언관의 언로 행위를 원론적으로 수용했다.

조선의 관료가 "인사를 정사(政事)라고 부르고 인사 행정을 주관하는 이조(吏曹)와 병조(兵曹)를 전조(銓曹), 정조(政曹) 또는 정청(政廳)으로 부른다."(목정균, 1985: 134)

물론 언관의 언로 행위는 커뮤니케이션 차원에서 이해할 수 있다. 즉 정통 유

---

2) 「직관론」에서 논하는 내용은 '天下惡乎治 去館閣臺諫之官 而天下治矣'이다.

교가 인간, 상호, 사회 및 집단 관계성을 중시함으로써 언관의 행위도 그 원칙에서 벗어날 수 없었다. 인간관계가 계속되는 곳에는 위계질서가 있게 마련이고, 관계성이 복잡할수록 권력(power)을 나누는 과정, 곧 커뮤니케이션 과정이 복잡하게 된다. 여기서 커뮤니케이션의 뜻은 그 어원으로 라틴어의 커뮤니카레(communicare)의 '나누다', '참여하다'로부터 도출한 것이 일반적 통설이나 본인은 커뮤니케이션의 의미를 party(라틴어 partire), 즉 권력과 관련하여 '나누다', '참가하다' 혹은 '분할하다'로 규정한다. 이 해석은 내용(contents)보다 관계성이 중요시된 커뮤니케이션 형태이다.

본서에서는 파티(party)에서 도출되는 커뮤니케이션 개념을 사용하는 한편, 다른 한편으로 지위로부터 파생되는 직분(職分)에서 그 의미를 도출한다. 말하자면 직분은 서구에서 말하는 역할·제도 개념과 유사하나, 그 개념을 더욱 발전시키면 직분, 즉 노동을 통한 행복 그리고 책임, 의무 등을 발생시킨다.

의무정신은 자신의 내적 커뮤니케이션의 완성이며, 동시에 타인과 자신을 묶는 커뮤니케이션의 한 형태이다. 이 커뮤니케이션 개념을 근거로 발생하는 언관구조(言官構造)는 조선시대의 경우 3사(司)〔사헌부(司憲府)·사간원(司諫院)·홍문관(弘文館)〕를 들 수 있다. 말하자면 언관(3司)의 구조와 아울러 발생하는 지위, 직분 그리고 의무정신 등이 본서에서 주로 살펴볼 부분이다.

권력을 나누는 과정과 직분으로부터 파생하는 의무정신을 커뮤니케이션 개념으로 규정할 때 뉴스원은 인간, 인간관계 나아가 인간관계의 결과로 생기는 지위, 직분 등으로부터 파생된다. 부언하면 직위로 얻는 인간관계 형성은 권력의 속성상, 경직되기 쉬우므로 위계질서를 유연하게 할 필요가 있게 된다.

반면 직분의 개념은 자유와 책임을 더욱 강화할 수 있다. 말하자면 직분에 대한 이해를 통해 조선 사회의 첨예한 맹점의 일면을 파악할 수 있다.

실사구시의 실학(實學) 전통은 임진왜란 전후에 나타나면서 경험론을 수용하는 입장이다. 조선 후기의 학문 경향은 도가적 경향, 원시 유가적 경향, 실학적 경향, 양명학적 경향 등 사상이 혼재되기 시작했다. 즉, 실제 사회의 수요에 따라 이런 다양한 경험적 이론 적용이 일어나기 시작했다. 이는 서구의 레토리션들이 사용하는 방법이다.

한편 초기의 다른 차원의 경사(經史) 논의가 활발하게 된다. 그렇다면 설령 경전의 경이라고 하더라도 현실에서 '수정 내지 보완'을 하게 되었다. 물론 『서경(書經)』은 왕정의 요체를 '보민제산(保民制産)'이라고 한다. 이는 백성을 보호하고, 생업을 통제한다. 시장사회의 요소가 가미된다. 시장의 상황에 따라 경서(經), 역사(史), 성현(子), 시문(集) 및 천문, 지리, 의방(醫方), 수학(數學), 궁마(弓馬, 陣法) 등 다양한 이념과 실용서적 등까지 논의된 것이다.

한편 현장성을 강조한 경험론은 현재 언론에서 빈번히 회자된다. 현대인의 삶 속에 방송과 신문이 차지하는 비중이 나날이 높아짐으로써 시민은 언론과 더불어 살아간다. 과거와는 달리, 매일 접하는 뉴스는 이념도, 국적도 없는 사건들로 가득 차 있다. 밀(J. S. Mill)은 『자유론』에서 "뉴스는 진리를 밝히는 작업이며, 뉴스에서 진리를 찾아내는 논쟁이 이루어져야만 사건에 활력이 솟아난다."고 본다. 그러나 진리를 찾는 논쟁이 파편화됨으로써 어제와 오늘의 뉴스가 별개이듯 어느새 우리의 이념과 마음도 어제와 오늘 간에는 지속성이 상실된다.

'경(經)'이 상실된 사회에서 매일 일어나는 사건들로부터 다양성을 찾을 수 있을지. 갖가지 뉴스로부터 주자학에서 논하는 하늘·땅·인간 등 우주의 질서를 엮는 어떤 요소를 발견할 수 있을지. 사건 보도가 '언론의 기본 사명'을 벗어나 금전·명예·권력 등 한정된 부분에 집약적으로 표출되어 있지는 않는지. 이런 현실적 문제에 관심을 갖고 조선시대의 언관구조를 살펴본다.

'의(義)가 있는 곳이면 목숨을 바쳐서 의(義)에 충성한다.'는 언관 본연의 사명은 퇴색되고 있지는 않는지. 그렇다면 조선시대는 사헌부의 언로 개방을 위해서 어떤 형태의 커뮤니케이션 양식을 갖고 있었는지. 이들이 현대의 언론인 조직 운영에 적용될 수 있는 것인지.

마지막으로 언론사 조직 내에 지나치게 많은 지위(차장대우·부장직대·국차장 등)가 어떤 결과를 가져 올 것인지. 이러한 수없이 많은 질문들에 대해 현대 사회의 문제를 찾을 수 있을 뿐 아니라, 그 바탕 위에서 현대 커뮤니케이션 조직의 난제들을 해결할 수 있을지에 대한 논의도 의미가 있다. 결국 역사적 접근을 통하여 현대 언론 문제의 실마리를 찾을 수 있다.

기존 연구로 언관 제도의 역사적 의미는 사회 체계와 관련시켜 목정균(睦貞均, 1985)의『조선전기제도언론연구』, 법제사적 측면에서 이홍렬〔李洪烈, 사총(史叢) 5, 1960〕의『대간제도의 법제사적 연구』, 기능적 측면에서 이재호(李載浩, 부산대 논문집 4, 1963)의『이조대간의 기능적 변천』, 실천적 측면에서 최승희(崔承熙, 1976)의『조선초기 언관, 언론연구』, 커뮤니케이션 활성화의 측면에서 이상희(李相禧, 1989)의『조선조사회의 언로현상 연구』등에서 그 경향을 엿볼 수 있다. 그러나 본서는 언관의 제도, 법제뿐 아니라 제도를 가능케 했던 이념적·물질 토대를 근거로 논한다. 그 논의를 명확하게 하기 위해 첫째 대간 제도의 근본이념을 우선적으로 다루고, 여기에서 전반, 후반 조선시대의 커뮤니케이션 개념을 도출한다. 둘째, 그 커뮤니케이션 개념을 바탕으로 커뮤니케이션을 활성화시키는 언로 3사제도를 언급하고, 아울러 언로 3사제도의 실천의 측면에서 왕과의 관계를 논한다. 셋째, 언관의 구성원과 그들이 갖고 있는 성향과 타 구조와의 역학 관계를 살펴본다. 마지막 넷째로 주자학 일변도의 전반기와 먹고 사는 문제의 후기 실학을 분리시켜 논의한다. 전반은 불변하는 진리에 관심을 가졌다면, 후반은 변화무쌍한 난맥상의 경험적 세상을 풀어간다.

결론적으로 본서는 조선시대의 진정한 커뮤니케이션의 장애 요인은, 당쟁에서 볼 수 있듯이 사회제도의 직위 다툼에 기인함을 밝히며, 나아가 직분을 통한 의무정신과 주인 정신을 커뮤니케이션 활성화의 대안으로 제시한다. 즉, 신분사회에서 시장사회로 이전시킨다.

본서는 독일 '역사학파'[3]들이 사용한 '해석학적 방법'을 방법론으로 풀이한다. 즉 조선시대의 역사를 과전(科田)으로 파생되는 '유교의 종교적 이념'보다 물질과 그에 따른 물질적 구조의 중요성, 실제에서 의미 있고, 지적인 시각에 초점을 두

---

3) 마르크스(K. Marx)가 모든 역사는 물질 구조의 반영물이란 명제로부터 시작한다면, 그 명제에 반기를 들고 나온 일군의 학자들, 즉 막스 베버(Max Weber), 알프레드 베버(Alfred Weber), 워너 좀바트(Werner Sombart), 어니스트 트롤취(Ernst Troeltsch) 등이 독일역사학파이다. 역사학파는 사상·인물·제도 등 많은 요소들이 물질 구조 못지않게 역사 변동에 기여한다고 본다.

고 분석한다. 이 이념은 직위에 따라 나타나는 '효제충신지학(孝悌忠信之學)'이다.

아울러 그 이념으로부터 언관 구조가 발생하고, 그 구조를 통해 왕과 다른 대신들 간의 역학관계가 이뤄진다. 더욱이 언관 구조의 실천을 취급함으로써 그 구조를 다룰 때 파생되는 예측, 혹은 예측하지 않았던 잠재적 기능 결과를 알아내는 것도 하나의 과제가 될 수 있다. 그러나 궁극적으로 본서는 실천적 시각에서 역사의 의미를 재해석하는 데 초점을 둔다.

조선시대가 신분사회라면 현대사회는 시장사회, 계급사회이다. 현재의 언론이 공개성·대중성·상업성·정기성을 중시하고, 기술적 도움에 의존하여 환경의 감시, 사회 제도의 연결, 사회화, 광고, 오락 기능을 바탕으로 하는 매스 미디어에 의해서 좌우된다면, 그것과 판이하게 다른 '조선시대의 언관'[4]을 같은 맥락에서 재해석하려는 시도는 문제가 따른다.

또한 대간 제도를 통한 조선시대의 커뮤니케이션은 시기에 따라 매우 다양한 양상을 보였다. 그러나 본서는 대간을 통한 커뮤니케이션으로부터 나타나는 가장 현저한 하나의 현상(권력을 나누는 과정)에 초점을 맞추며, 시기적으로 가장 집약적으로 나타난 성종(成宗)·중종(中宗) 때를 중심적으로 다룬다.

물론 언론인 천관우는 경세학으로부터 현대 커뮤니케이션의 근거를 찾았다. 그에 의하면 현대 언론인과 조선 중기, 개화파 등이 함께 엮일 수 있다는 논리이다. 역사의 연속성이 존재한다는 논리이다.

2. 대간 제도의 기본이념

조선시대 비제도권의 커뮤니케이션은 민담·민요·민화·가면극·판소리·유언·동요·소문·민심·풍문·허문·허견·허지·부의·봉서(封書)·방(榜)·괘서(掛書)[5]·민란

---

4) 조선시대의 제도권 언론체계는 전체 사회 문화 체계와 결합되어 있고, 대면의 인격적 커뮤니케이션이 주종을 이루고, 그 특징으로 비전문직, 사회적 신분 그리고 지위가 커뮤니케이션 으뜸 요소로 이뤄진다는 논리이다.

5) 미상의 식자가 벽보를 이용하여 관리들의 가렴주구를 폭로하고 당면한 사회 문제의 해결책을 제시했

등 여러 가지 형태로 존재한다. '언로개색흥망소계(言路開塞興亡所係)'는 '언로의 개방과 폐쇄는 국가의 흥망'의 일로 그 중요성을 단적으로 논하고 있었으며, 비제도권의 언로 현상도 조선시대의 전 과정에 걸쳐 큰 역할을 했다. 이율곡(李栗谷)은 그의 상소문 「진시폐소(陳時弊疏)」에서 비제도권의 언로 과정을 상세히 언급했다.(이상희, 1989: 308 재인용)

이른바 부의(浮議)가 어디서부터 비롯하였는지 모르나 작은 데서 비롯하여 점점 성해져서, 마침내 묘당(廟堂, 조정)을 동요하고 사헌부, 사간원에 파란을 일으켜, 온 조정이 이에 휩쓸려서 감히 서로 막지 못하니 부의의 힘이 큰 산보다 무겁고, 칼날보다 날카로워서, 한번 칼날에 닿으면 공경(고관)도 그 존귀를 잃고 어질고 잘난 인물도 명예를 잃으며, [중략] 끝내 그런 까닭을 모르겠으니, 아아 괴이하옵니다.

1582년 율곡 이이(栗谷 李珥)가 '200년 동안 저축해 온 나라가 지금 2년 먹을 양식도 없다'는 내용과 함께 당시 선조에게 올렸던 상소문(진시폐소·陳時弊疏)의 한 구절이다. '나라가 나라가 아니다'라는 말이다.

아래서부터의 언로 과정은 단지 비제도권에만 머물지 않고 제도권 내에서도 활발하게 이뤄진다. 조선시대(朝鮮時代)의 신문고(申聞鼓)[6]는 일반 양민이 이용할 수 있도록 노변에 설치되어 있다. 왕이 즉위할 때 구언(求言)의 형식으로 한량·기노·군민 등에게 상소(上疏)[7]할 기회가 허용된다. 사대부(士大夫)와 관리는 누구나 상소의 기회를 가졌고, 성균관 유생의 권당(捲堂)(동맹휴업)·공관(空館)·호곡(號哭)·

다.

6) 신문고는 왕에게 직접 호소하는 방법이다. 사적인 억울한 일뿐 아니라 제도적 과정에서의 모순을 지적하기도 한다. 예를 들면 형조·사헌부·한성부인 3법사에서 행한 단심제 재판에 불만이 있을 때 민중은 신문고를 울려 임금에게 그들의 뜻을 호소한다.

7) 상소(上疏, 왕께 글을 올림)와 같은 맥락의 용어는 다음과 같은 것들이 있다. 상언(上言): 백성이 임금에게 글월을 올림; 초기(草記): 관아에서 정무상 중요하지 않은 일을 간단히 임금에게 적어 올리는 문서; 상계(狀啓): 감사 등 지방 관원이 왕에게 서면으로 보고하는 것.

권식당·과거거부·사림들의 유통(儒通, 성명서) 등도 청론(淸論)으로서 언로의 역할을 했다.

한편 왕은 능동적 방법으로 행정기관에 감찰방(監察房)을 설치하고, 암행어사(暗行御史)·문폐사(問弊使)[8]를 직접 파견하여 민의를 파악하게 했다. 조지제도〔朝紙制度, 조보(朝報)〕[9]를 두어 승정원에서 처리하는 사항을 매일 아침 기재하여 지방 관서에까지 배달되도록 하였다. 조정(朝廷)은 역마제를 이용하여 위로부터의 수직적·독점적 커뮤니케이션의 망을 형성한다.

조선사회는 이념적·제도적으로 민주제는 아니다. '민심은 천심'의 표현처럼 밑으로부터의 민중[10]의 여론을 무한정 국정에 반영된 것도 아니다. 민중은 언어의 장벽으로 커뮤니케이션의 수단에 제약을 받았을 뿐 아니라 그들의 힘은 분산되어 있었다. 조정에 대한 민중의 불만은 마치 땅 위에 흩어진 화약이 한 알 한 알씩 터뜨려져 없어지는 것처럼 발산되어 사라져버린다. 그렇다고 현대 대중사회와 같이 비인격적인 익명 사회도 아니었다.

조선은 왕족과 권문세가가 지배하는 엘리트 중심의 신분사회이다. 물론 조선

---

8) 언관(諫官)이 각종 민폐를 알기 위해 보내는 봉명사신.

9) 조선조 승정원(承政院)에서는 조정(朝廷)의 소식을 알리기 위하여 관원을 동원 그날그날 「조보(朝報)」를 필사로 발행하였다.〔최정태(崔貞泰), 『한국의 관보』(서울: 아세아문화사, 1992: 10)〕「조보(朝報)」는 조보소(朝報所, 기별청(奇別廳))에서 제작했다. 기별서리(奇別書吏)가 기사를 필사하였으며, 기별군사(奇別軍士)는 발행된 자료를 배포하였다. 「조보」는 호수가 적혀 있지 않음으로써, 언제부터 발행하였는지는 알 수 없다. 그러나 문헌상으로 중종 15년(1520년) 3월에 사록(司錄)을 승정원에 상시 출근하여 조보를 통고하도록 했다는 기사가 나와 있다.〔「중종실록(中宗實錄)」 권(券)37, 중종 15년 3월 갑인조(甲寅條), "司錄常任于承政院 以通朝報 (……)": 최정태, 1992: 15〕 승정원의 도승지(承旨) 6명은 6방(房, 이(吏)·호(戶)·형(刑)·예(禮)·병(兵)·공(工))을 담당하고, 그 외 주서(注書) 2명, 사변가주서(事變假注書) 1명을 두었다. 「조보(朝報)」의 관리는 각각 분담하여 왕명의 하달과 하의(下意)의 상달을 위하여 날마다 문서를 취급하고 사건을 일기에 기록하였다. 여기서 파생된 뉴스를 하나하나 필사로 일정한 형식에 맞추어 기재하여 관아에 정기적으로 배포한 것이 「조보(朝報)」이다. 관리는 합의제로 조보 내용을 편집하고, 실무를 주제하였다. 조보 서체는 독특한 기별글씨라고 불리는 흘림체였다. 그 글씨로 조보를 기별초(奇別草)로 불렀다.

10) 민중(民衆)은 『성호사설(星湖僿說)』의 민(民)의 개념을 포함한다. 권(券)19, 득민득인(得民得人), '國之所以 爲國者 有君有民也 君與民皆人也 然容有有民而無君 未有無民之君).'

사회는 이념적으로 사림(山林)의 은일자(隱逸者)를 조시(朝市)의 조정과 도시의 관리보다 우대했다. 비록 정치를 위해 잠정적으로 산림을 떠났지만, 관리의 본거지는 산림에 있었다. 완전히 산림을 떠난 직업적인 관인은 유자(儒者)의 자격을 상실하였다.(이우성, 1983: 258) 그러나 현실적으로 조선사회는 위로부터 질서가 주어지는 수직적 사회였다. 논어는 왕을 북극성에 비유하며,[11] 왕토사상(王土思想)에 입각하여 들에서 밭가는 자는 '임금의 흙'을 먹고, 조정에 선 자는 '임금의 녹(祿)을 먹는다'고 함으로써 왕을 질서의 근본으로 하는 세계관을 형성했다. 이 질서는 하늘이 만든 법칙이며 인간의 도리여서 취사선택의 여지가 없는 지상 명령과 같은 것이다. 그 세계관을 바탕으로 그들은 각각의 자리매김을 한다. 공자(孔子)의 「논어(論語)」 안연(顔淵)편에서 '군군신신부부자자(君君臣臣父父子子)'의 원리는 정치의식을 대변하여 세습된, 혹은 습득한 것이든 각 지위에 따라 직분과 의무 개념이 함께 어우러진 개념이다.

공자의 원리에서 풀이할 때, '정명(正名)'은 명(名)과 실(實)이 부응함을 뜻하는데, 양자가 서로 불일치함으로써, '예락불흥 형벌부중(禮樂不興 刑罰不中)'의 우를 범하게 된다. '정자정야(政者正也)'는 정명(正名)에서 시작되어야 한다.(이우성, 1983: 244~245) 그러나 현실적으로 지위와 직분 개념으로부터 파생되는 위계질서는 때때로 지배와 복종 관계를 영속화할 수 있으며, 이런 사회는 횡적인 적대감·불신감을 갖게 한다.

일이 중심이 아니라, 감투가 우선하는 사회였다. 의사 결정이 소수 엘리트에 의해 배타적으로 행사됨으로써 상대적으로 다수의 민중에게는 표현의 자유가 줄어든다. 위계질서는 빈번히 개인의 동기를 묵살시킬 가능성을 내포하고 있다. 그러나 부정적 위계질서와 더불어 긍정적인 면, 즉 양면성이 함께 공존한다. 왕[12]은 도(道)로써 자신의 마음을 편안하게 하고, 예(禮)로써 행동하고, 인(仁)으로써 백성

---

11) 「논어(論語)」의 위정편에서 '위정이덕 비여북진 거기소 이중성공지(爲政以德 譬如北辰 居其所 而衆星共之).'

12) 천자(天子)(왕)의 문을 서문(瑞門)이라 하는데, 여기서 서(瑞)의 의미는 '바르다'(正)로 해석된다. 말하자면 왕을 통한 정치는 바른 것을 추구함을 이상으로 삼는다.

을 어루만지고, 의(義)로써 백성을 다스린다.

공적인 장(場)에서 세자와 왕은 국가의 엄격한 법도에 따라 행동에 제약을 받는다. 왕은 자신의 '자연적 인격'으로부터 타인으로부터 얻어지는 '인위적 인격'을 갖도록 해야 된다. 즉 자기의 본능적 인격보다 타인의 지식으로부터 얻어지는 인격을 가져야 한다. 왕은 하루 세 번씩 경연[경연(經筵), 서연(書筵)][13]에서 『경서(經書)』와 『사서(史書)』를 읽고 조강(朝講)·주강(晝講)·석강(夕講)에 참석하며, 세자는 특강(特講)에 참석하여 백성을 잘 다스릴 수 있는 방법을 터득한다. 경연, 조계(朝啓)[14]는 공개장(公開場)인 동시에 지위가 바뀌는 장소이다. 즉 군신(君臣) 간이라기보다 신하가 오히려 스승이 되고, 임금은 고금의 치란과 득실을 배워야 하는 처지에 놓이게 된다. 말하자면 군자는 군자로서의 주어진 위계질서를 조화롭게 운영하는 묘를 배운다. 위계질서, 혹은 전통을 배움으로써 군자는 유교의 중심적 메시지(central route message)를 보유하게 된다. 각자는 조화로운 질서와 구조(여기서의 구조는 주어진 직위, 직분을 수행하는 능력, 아울러 타인과의 커뮤니케이션을 통해 서로를 엮는 의무정신의 복합체로 본다)의 틀 안에 자신을 맞춘다. 이는 불평등, 착취, 혹은 지배의 개념이 아니라 상호 공존, 더 확대하면 우주 질서의 원리이다. 즉 군주는 군주로서 직분을 다하며, 신하는 신하로서, 아버지는 아버지로서, 아들은 아들로서 주어진 위치에서 상호 공존의 원리를 배운다. 공존의 원리는 '수기(修己)'로 출발점을 삼는다. 자신의 행동을 조절하고 감정을 조화로운 상태로 둔다. 이 원리를 사회로 확산시켜 치국(治國)의 원리로 삼을 때 유학인은 '화(和)'의 사회 질서가 형성된다고 본다. 이 질서는 하늘·땅·인간을 묶는 관계성 속에서 이뤄진다.(Pong

---

13) 서연에서 강의된 교과서는 『사서오경』, 『이서』, 『명신언행록』, 『법전』, 『성리대전』, 『근사록』 등이었고, 그 내용은 고금의 '치란흥망'의 교훈적 사례와 그것에 비추어본 군주의 기본자세를 정립하는 것들이다. 즉 왕은 학문을 가까이하고 성군광현의 행실·행적을 살피며, 부단한 자기 성찰을 통하여 덕을 쌓음으로써 천의를 따르는 군자의 도에 관한 것이다. 따라서 경연은 단순한 학문 교육기관으로서의 기능을 넘어서 교화·간쟁 등을 정리하고 정책 입안의 기능을 수행했다.(고창훈, 1990: 105)

14) 조계(朝啓)는 왕이 대신, 근신들을 접견하여 정치에 대한 신하들의 의견을 듣고, 자문하기 위한 것이다. 세종은 윤대(輪臺)로 각사의 사정과 문제점을 파악하기 위해 수시로 관원을 불렀다. 그때 윤대관으로 대간원(臺諫院)이 참석했다.

Bae Park, 1992: 3) 인간 상호간의 공존 관계에서의 질서로부터 커뮤니케이션을 활성화시키는 의무〔여기서 의무는 보은(報恩)·충성(忠誠)·효도(孝道)와 동일시됨〕개념이 발생한다.(주자, 1982: 51)

(……) 백성은 세 군데서 생명을 받으니 그 셋을 섬기기를 동일하게 하여야 한다. 아버지가 나에게 생명을 주시고 스승이 가르쳐주시고 임금이 먹여 살려주신다. 아버지가 아니면 태어나지 못하고, 먹이지 않았으면 자라지 못하고, 가르치지 않았으면 도리를 알지 못하였으니 생명의 어버이들이다. 그러므로 한결같이 이들을 섬김에 있어 있는 힘을 다하여야 하니 생명의 은혜에는 목숨을 다해 보답하고 주신 것에 대하여 힘써 보답해야 하나니 이것이 인간의 도리이다.

의무 개념을 통하여 왕과 신하 사이에 '의(義)'와 부자 사이에는 '친(親)'이 생겨난다. 왕과 신하, 부모와 자식과의 관계성은 인간 사이의 커뮤니케이션을 활성화시킬 뿐 아니라 사회 질서를 형성한다. 부자간에 일어나는 커뮤니케이션 활성화의 구체적 원리는 부모가 자식을 헌신적으로 돌보면 자식은 효를 통하여 부모에게 보답한다. 그리고 자식은 다음 세대를 위하여 같은 원리를 되풀이하는 동안 가풍이 형성되며, 각 가족의 구성원은 그렇게 하도록 의무를 지니게 된다. 부모는 가통을 형성시키기 위해 자식을 낳아야 할 의무를 지닌다. 이런 의무정신의 요체는 '효(孝)'[15]이다. 라너(Karl Rahner)는 이때의 커뮤니케이션을 '사랑'의 행위에서 찾는다. 즉 진정한 커뮤니케이션은 발신자가 지닌 무엇인가의 일부를 수신자에게 주는 것이 아니라 발신자 자신의 전부를 수신자에게 주는 것을 말한다. 사랑에서 보듯 전면적으로 자아가 상대방에 전적으로 투영하는 행위를 두고 말한다. 동양적 사고에서 이러한 효의 정신, 혹은 효로부터 발생하는 보은사상(報恩思想)은 현실 세계에서뿐 아니라 전생과 이어지는 인과응보(因果應報)의 관계와 무관

---

15) 공자의 『논어(論語)』 위정(爲政)에서 효(孝)의 요체를 무위(無違)라 하는데, 그 뜻은 살아서 섬기기를 예로써 하며, 죽어서 장사를 예로써 하며, 제사를 예로써 하는 것이다. 즉 어버이를 섬기는 것은 시초부터 끝까지 한 가지 예로써 불구하면 그 어버이를 높임이 지극한 것이다.

하지 않다. 결국 효(孝)로서 커뮤니케이션이 활성화되고 '친(親)'이 형성된다. 또한 천자(天子)와 제후(諸侯), 경대부(卿大夫)와 사(士), 서민은 각각 그들의 사회적 지위, 직분에 따라 효(孝)가 강조됨으로써 효(孝, 의무)의 개념은 직분에 충실한 것으로도 해석된다.[16] 직위 개념의 집합이 사회 구조로 나타난다면 그 구조를 묶는 요소는 직분이다. 목민(牧民)으로서 관리의 직분이 백성을 위하여 존재하는 것은 당연한 이치이다.

『소학(小學)』은 관리가 직분을 수행하는 의무 개념으로 청렴(清廉), 근신(謹身), 권면(勤勉) 등을 열거한다.[17]

보은 사상은 강력한 행위의 동기, 혹은 주인정신으로 고려된다. 동기로서의 효의 개념은 전통 사고에서 무조건적인 복종의 의미로 규정되기보다 예의를 갖춘 적극적 충고의 의미를 갖는다. 즉 신하는 왕에게 순지거부(順志 拒否)의 정신을 갖는다. 봉명(奉命)만 일삼는 신하에게 유교 사회는 신뢰를 주지 않는다. 『동몽선습(童蒙先習)』은 '의(義)가 있는 곳이면 목숨을 바쳐서 충성을 다한다.'로, 의(義)와 충성(忠誠)을 같은 맥락에서 논한다. 왕과 신하 사이에는 충성의 의무 개념이 형성됨으로써 '의(義)'가 형성된다. 또한 『소학(小學)』은 부모의 허물이 있으면 허물을 고치도록 간하여야 하며, 설령 부모가 기뻐하지 않더라도 죄를 짓게 하기보다 차라리 귀에 젖도록 간할 것을 권한다.

효의 개념과 같은 맥락에서 사용된 충(忠)은 충성하는 내용과 아울러, 죽음을 당하더라도 임금을 위해 옳은 말을 하는 사람을 충신(忠臣)으로 본다. 이것은 임금에 대한 신하의 비판적 기능을 강조한 것으로 충성의 실천이 여러 곳에서 강조된다.(이근무, 1987. 2:52) 비록 지엄한 임금의 말과 행동일지라도 임금의 착한 것은 승순(承順)하여 따르고, 악한 것은 바로잡아 구제한다. 이러한 과정에서 신하는 집

---

16) 이근무(李根茂), "사회조직(社會組織)과 헌신(獻身), 일의 의미(意味)", 김채윤(金彩潤)「사회구조와 사회사상」(서울: 심설당, 1986: 639. 李교수는 『동몽선습(童蒙先習)』의 내용 중 "(……) 然後能保其宗廟 此 卿大夫之孝也. 以孝事君則忠 以敬事長則順 忠順不失 以事其上 然後能守其祭祀 此士之孝也. 用天之道 因地地利 謹身節用 以養父母 此庶人之孝也)(……)".

17) 童蒙訓曰 當官之法 唯有三事 曰清 曰慎 曰勤 知此三者則知所以持身矣);『소학(小學)』 외편(外篇).

단적 정의(正義)를 실현할 뿐 아니라 서로 친애하게 된다. 신하의 비판적 기능이 이렇게 높게 평가됨으로써 공자(孔子)는 '천하에게 간쟁하는 신하 일곱 사람만 있으면, 비록 그가 무도하더라도 천하를 잃지 않는다.'고 봤다.

『동몽선습(童蒙先習)』의 "들에서 밭을 가는 자는 임금의 흙을 먹고 조정에 선 자는 임금의 록(祿)을 먹는다."와 같이 왕에게 받은 은혜의 보답으로 신하는 왕을 충성스럽게 섬긴다. 즉 왕의 명령에 복종하면서, 다른 한편으로 왕이 악에 빠지지 않도록 간(諫)하는 의무도 충성의 내용이다. 더욱이 섬기는 의무는 인간간의 집단적·관계적 커뮤니케이션을 용이하게 할 뿐 아니라, 전달자와 피전달자가 즉각적인 반응을 일으키게 할 수 있어 커뮤니케이션 망을 쉽게 형성케 한다(물론 의무정신은 폐쇄성을 지닐 가능성도 있다). 또한 섬기는 의무는 자연적 본능의 상태로부터 자신의 해방이란 의미를 갖는다. 즉 자신의 육체로부터 해방이며 정신적으로 살아 있는 이상향적 인간의 삶을 구가할 수 있다. 당대에 있어서 정치도 섬기는 유교의 원리를 벗어날 수 없는데, 그 유교 정치는 다름 아닌 섬김으로써 자신의 마음을 다스리는 정치이다. 말하자면 모든 정치는 궁극적으로 인간의 '심(心)'에서 생성한다고 보며, 섬김으로 정심(正心)을 갖게 하는 것이 유교 정치의 요체이다.

맹자(孟子)는 승문공(勝文公)편에서 "노심자치인 노력자치어인(勞心者治人 勞力者治於人)"으로 묘사했다. 또한 고려의 무인정권(武人政權) 하에서, 독서인들은 문학에도 능하고 행정 실무에도 능함(能文能吏)으로 간주되었다. 조선시대 독서인들은 글을 읽으면 사(士)가 되고, 행정에 참여하면 대부(大夫)가 됨으로써, 지배 세력화하였다.(이우성, 1983: 233) 말하자면 섬기는 의무가 커뮤니케이션의 활성화를 도울 뿐 아니라, 이로 말미암아 세속적 지위와 권력이 보장된다. 결과론적으로 커뮤니케이션의 활성화는 권력의 분배 과정과 동일시된다.

3. 언관 구조

전통인들은 커뮤니케이션 활성화로 형성된 권력 구조(위계질서)를 유지시키며, 그 질서 안의 비판적 기능을 적절히 행함으로써 집단적 차원의 정의를 확립한다.

이론은 가능하지만, 실천에 문제가 생긴다. 인간은 항상 탐욕을 제어할 수 없는 상황을 연출하기 때문이다.

그러나 조선시대의 사회구조의 형태는 개인의 역할 개념보다, 공동체의 질서를 강조한다. 그 형태로 사회구조가 형성되지만, 개인의 자유가 질식될 수 있다.

언관 구조는 집단적 질서 유지를 제도적 차원에서 실현시키고자 한다. 조선시대 제도 언론은 춘추관(春秋館)의 사관(史官)·사헌부(司憲府)·사간원(司諫院)의 관원을 들 수 있다. 세종(世宗) 때 영향력을 행사한 집현전(集賢殿)의 후신인 홍문관(弘文館)의 관원이 언론을 담당하게 됨으로써 그들을 제도 언론, 또는 언론 3사(三司)(춘추관은 제외)라고 칭한다.

춘추관의 사관(史官)은 '역사의 거울', '바른 말의 저울대'로 군신간의 독대나, 사사로운 커뮤니케이션 내용을 제한하는 역할을 한다. 사관이 사실을 기록하는 데 그치는 소극적 자세를 취한다면, 대간(臺諫)은 여론 형성에 적극적으로 나선다. 고려시대의 어사대(御史臺)는 사헌대(司憲臺)·어사대(御史臺)·감찰사(監察司)·사헌부(司憲府) 등으로 직명이 바뀌나, 사헌부의 기능은 논집시정(論執時政)·교정풍속(矯正風俗)·규찰탄핵(糾察彈劾)으로만 그 직분을 규정한다. 사헌부의 이러한 기능은 중국의 어사대(御史臺)와는 다른 기능을 한다.(최승희, 1989: 17) 즉 조선의 대관(臺官)은 풍헌관(風憲官)인 동시에 정치의 시비를 언론하는 언관적 성격을 갖고 있다. 『경국대전』에 의하면 사헌부의 직위는 대사헌(大司憲, 종2품, 1명), 집의(執義, 종3품, 1명), 장령(掌令, 정4품, 2명), 지평(持平, 정5품, 2명), 監察(정6품, 24명) 등이다.

그들의 업무도 지위에 따라 달라지는데, 중요한 업무 분리로는 지평 이상은 서경, 탄핵에 참여할 수 있지만 감찰은 할 수 없다. 대신 감찰은 독특하게 지방에 분대(分臺)·행대(行臺)[18]를 파견할 수 있는 권한을 가진다. 또한 감찰은 다른 대관과 더불어 의정부·육조·당상관과 같이 지방 장관 후보자의 천거권을 가진다.[19]

---

18) 지방에 파견한 분대(감찰방(監察房))는 조관(朝官)을 상대로 감찰을 하고, 그 나머지 서민에 관한 사건과 감찰 활동은 형조(刑曹) 및 관찰부(觀察府)에서 담당한다.

19) 『대전회통(大典會通)』「권지일(卷之一)」, 이전(吏典) 천거조 매년춘맹월 의정부, 육조 당상관급 사헌부, 사간원 관원 각천감위감찰사 절도사자(薦擧條 每年春孟月 議政府, 六曹, 堂上官及 司憲府, 司諫

사헌부는 조직적 행위와 규율이 엄하다. 사헌부 조직 안에 커뮤니케이션의 형태는 종교적 의식(儀式) 차원에서 이뤄진다. 상하 권위의 발로는 단순한 직위의 순에만 의존하지 않는다. 이 공동체는 개인의 직분 수행을 보증해주기도 한다. 마치 성찬식이 개인으로 하여금 '예수의 피와 살'(聖體, communion)을 같이 번죄를 나누는 의식적 공동체의 일원임을 확인시켜 주듯이, 사헌부의 관원은 종교적 의미와 예를 갖고 커뮤니케이션을 행한다. 의식(儀式)은 자신의 행동을 조절할 뿐 아니라 감정을 조화로운 상태에 두게 한다. 혼란된 사고에 절도성·계속성을 부여한다. 더 나아가 사회적 차원에서 의식(禮)은 공동체를 이루게 한다.

예는 인간간의 상호 신뢰를 구축하며 상호 착취가 극소화하도록 돕는다. 즉 극기복례(克己復禮)의 정신으로 해석할 수 있다. 입궐 후 행해지는 사헌부의 예(禮)로 지평(持平)은 계단 아래로 내려가서 장령(掌令)을 맞이하고, 장령은 집의(執義)를 맞이하고, 집의는 대사헌(大司憲)을 맞이한다. 이 의례(儀禮)는 사헌부의 관원이 위계질서 안에서 직급을 마음속에 새기는, 혹은 습관화하는 기능을 한다. 그 외 상하 간에 행해지는 예의, 집무하는 절차, 퇴청행록의 양식에 이르기까지 사헌부의 규율은 다른 관사와 비교할 수 없이 엄격하다.(최승희, 1989: 22)

예식의 강조는 한편으로 지위, 직분에만 관심을 둔 형식주의에 빠지기 쉬우나, 다른 한편으로 그 형식에 정신적인 면, 혹은 다양한 내용을 보강시킨다면 유연한 위계질서를 형성할 수도 있다(직분과 의무정신이 살아나는 위계질서를 운영). 결국 사헌부의 의례는 사회 질서 개념을 확고히 하며, 그 질서 하에서 여론의 방향을 지도하는 기능을 한다.

『경국대전』에서 나타나는 사헌부의 업무 중 빠뜨릴 수 없는 것이 서경제도(署經制度)이다. 이 업무(서경은 사헌부의 독자적 작업이라기보다 후술할 사간원(司諫院)과 같이 행하는 공동 작업이다)는 주로 고신(告身)서경[20]을 이야기하는데, 5품 이하

院官員 各薦堪爲監察使 節度使者).

20) 고신서경(告身署經)은 인사의 최종 결정권을 가진다. 관리의 임명은 이조(吏曹)가 문관, 병조(兵曹)가 무관의 인사권을 가진다. 각 부는 문벌·경력·공과·재부(才否) 등을 심사하여 3인의 후보자를 선정, 상주하면 국왕은 그 적임자를 결정하는 批目을 내리게 된다. 신중을 기하기 위해 수직자의 고신은 다

의 수직자의 고신을 사헌부에서 서경을 하는 것이다. 관원은 백관과 유학자의 인사 관계 자료(이력서)에 개개인의 문벌·능력·품행·경력 등을 기록하고 서경시 참고 자료로 사용하였다.

서경의 종류에는 고신서경 외에도 의첩(依牒)·증유(贈遺) 서경이 있다. 의첩서경은 새 법을 만들거나 옛 법을 고칠 때와 상중에 있는 관원을 기복(起復)할 때 그 가부를 결정하는 행위이다. 비록 상중이라도 관리를 예외적으로 기용할 때 서경이 필요하다. 한편 증유서경(贈遺署經)은 사헌부가 각 읍에서 진봉(進封)하는 물산의 종류를 조사하여, 무명산물의 포함 여부를 결정하였는데, 이는 가렴주구와 증유의 예단을 방지하며, 탐관의 발생을 미연에 막고, 민폐를 덜어주기 위한 것인데, 법제화 후 실행 단계에까지 이르지 못하고 소멸하고 만다.(이홍렬, 1960: 30)

사헌부는 사간원과 더불어 어느 기관에도 예속되지 않는 각기 독립된 기관이며, 또한 집행 기관이 아닌 논핵, 건의하는 왕의 직속 기관인 것이다. 특히 사헌부의 기능이 백관을 대상으로 하는 풍헌관이라면, 언론 3司 중 중요 기관인 사간원(司諫院)은 국왕을 상대로 하는 언쟁관이다. '사헌부와 사간원을 이목(耳目)'(김원각, 1982: 212)에 비유하고, 대신을 팔과 다리로 비유할 수 있어 귀와 눈이 뜨이지 않으면 팔과 다리가 움직일 수 없는 원리와 같다. 즉 언로(言路)가 막히면 상하가 막히고 끊어져 임금은 귀머거리와 장님처럼 들리는 것과 볼 것이 없어 몸을 움직이는 데 균형 감각을 잃게 된다. 『서경(書經)』의 비유에 의하면 "나무를 먹줄로 퉁겨야 바르게 자를 수 있고, 임금은 직언을 따라야 성스럽게 된다"로, 양사(兩司)의 직언을 통한 커뮤니케이션의 중요성을 조선 사회는 결코 간과하지 않는다. 때로는 그 직언이 집단적으로 이뤄진다. 즉 대간은 평상시 다시(茶時)라고 하여 주요 사항에 대해 의논한다. 그러나 긴요한 안건은 제좌일(齊坐日)이라고 하여 그날은 제좌청(齊坐廳)에 모여 비공개리에 국사를 논한다. 우선 대간은 원의[圓議, 완의석(完議席)]에서 문제를 제기하고, 그 내용을 결정하고, '장무(掌務)'가 계(啓), 또는

시 사간원·사헌부에 회부하여 동의를 요청한다. 대간(臺諫)은 수직자의 자격을 엄밀히 검토한 후 서명함으로써 최종 결정권을 가진다.

'상소(上疏)'를 한다.

사헌부와 더불어 사간원[21]은 3司 중의 한 기관이다. 사간원은 국왕과 더불어 나라 일의 시비를 가린다. 즉 간쟁은 왕의 생활 주변의 부조리한 요소를 제거하고, 왕으로 하여금 유교 국가의 군주로서 지녀야 할 덕을 베풀고, 정치를 하도록 하기 위한 언론이다.(최승희, 1989: 237) 『경국대전』은 사간원의 직분을 간쟁(諫諍)·논박(論駁)으로 규정하고 구성원을 대사간(大司諫, 정3 당상, 1인), 사간(司諫, 종3, 1인), 헌납(獻納, 정5품, 1인), 정언(正言, 정6품, 2인) 등으로 분류하고 있으며 사헌부에 비해 그 인원수가 적었다. 이 숫자는 고려(13인) 때 간관의 수보다 적었을 뿐 아니라 조직적 행동이 불가능한 숫자이다. 필요에 따라 왕의 승낙이 있은 후 간관은 각 지방에 문폐사(問弊使)를 파견하여 독자적인 네트워크를 형성할 수 있었으나, 그것은 간헐적인 것에 불과함으로써 그들의 행위는 개인적인 수준에 머물 수밖에 없었다.

그리고 이들 간관을 임용할 때는 다음과 같은 기준을 적용한다. 첫째, 장사(贓史)의 아들 및 그 손자에게는 '대간'[22]을 제수(除授)하지 않았다. 즉 탐관오리의 자손된 신분으로 타인의 잘못을 규탄할 수가 없다는 것이다. 둘째, 실행하였거나 재가한 여자의 소생도 등용될 자격이 없었다. 셋째, 친족 관계로 인한 상피 규정에서도 일반 관직에 비해 훨씬 광범위한 제약을 받았다. 넷째, 위의 세 가지 관문을 통과한 사람이라도 대간의 물망에 오른 경우에는 최종적으로 내외 4조(內外四祖)

---

21) 『동문선(東文選)』의 작가 서거정(徐居正, 1420~1488))이 규정한 고려시대에 간관은 모두 문하부(門下府)에 속하였고, 이를 랑사(郞舍)라 하였다. 서거정은 좌우산기(左右散騎), 좌우간의(左右諫議), 직문하부(直文下付), 기거주(起居注), 내사사인(內史舍人), 좌우보궐(左右補闕), 좌우습유(左右拾遺) 등을 그 관원으로 열거한다. 태종 원년 7월에 문하부를 혁파하고 의정부를 설치할 때, 문하부랑사는 독립하여 사간원이 되었다. 산기상시(散騎常侍)는 혁파되고, 간의대부(諫議大夫)는 좌우사간대부(左右司諫大夫)로 고친다. 그것이 『경국대전』(명칭의 변경은 세조 12년 사간대부(司諫大夫)는 대사간(大司諫), 지사간원사(知司諫院事)를 사간(司諫)으로 개칭한다)에서 대사간으로 칭해진다. 직문하(直門下)는 직사간원사, 보궐(補闕)은 헌납(獻納)으로, 습유(拾遺)는 정언(正言)으로 명칭이 바뀐다.

22) 조선 후기 장원급제한 사람에게는 대개 암행어사를 시키고, 그 다음에는 대간에 들어갔다. 그곳에서 대사헌·대사간으로 있다가 참판(參判)·판서(判書)로 정승(政丞)까지 폐차(陞差)하기가 다른 이보다 갑절이나 빨랐다(김도태, 『서재필 박사 자서전』, 서울: 을유문화사, 1972: 55).

뿐 아니라 처(妻)의 4조(四祖)에 이르는 행적까지 꼼꼼히 따짐으로써, 이른바 명절(名節)과 문지(門地)를 중시하는 사대부(士大夫)의 청류 정치를 지향한다. 또한 개인적으로는 정치적 식견, 부정과 타협하지 않고 품격(品格)을 갖춘 간관을 이상으로 하고 있다.

언관의 정신을 순지 거부((順志 拒否)로 표현하면서, 동시에 위의 뜻이나 봉명(奉命)한다면 더 이상 대간으로 여기지 않는다. 또한 한번 대간에게 제기된 문제는 결말 없이는 포기하지 않는 정신이다. 한번 제기한 문제는 사간원 단독, 사헌부와 합사하여 사직이나 동맹 파업, 또는 궐정에 엎드려 시위하는 등 갖가지 수법으로 집요하게 그 해결책을 모색해낸다. 대간의 인사 교체가 매우 잦음에도 불구하고, 전임자가 논의했지만 해결하지 못한 문제는 반드시 후임자가 재론하는 관례를 갖고 있다. 서거정(徐居正)은 이와 같은 언관의 기개를 "벼락이 떨어지고 목에 칼이 들어와도 서슴지 않는다(抗雷霆 蹈斧鉞 而不辭)"로 표현한다.

개인의 유교적 품격을 판단 기준으로 하고, 유교 중심적 지향 사고(central route thought)에만 관심을 갖는 대간이지만, 실제 행동에는 자율성을 부여받는다. 간관은 업무량이 적었을 뿐 아니라 규율이 엄하지 않은 특징을 가지고 있다. 즉 간관은 상하 간에는 존비의 예가 적었고, 완의석(完議席)에서 설작하여 취하도록 술을 마실 수 있었다. 심지어 업무 중에도 음주가 허용된 유일한 기관이다. 대간은 타 관원을 만날 때 상관은 하관의 예를 받고도 답례를 하지 않도록 되어 있다. 심지어 직속상관을 탄핵하기까지 한다. 즉 중종(中宗) 3년 정언 김정(正言 金淨)이 대사간 남율(南慄)의 음주벽을 들어서 사간원의 장에 부적격하다고 논박하여 끝내는 교체시켰다. 대간의 각 개인에 대해서 당상관도 정확히 답례하도록 되어 있다. 또한 사헌부·사간원의 관원은 직무상 피죄될 위험성이 많기 때문에, 공무상의 과실이 있을 때는 좌천은 되지만 지방관으로 전출당하는 일은 없었다. 부득이 전출시킬 경우 일단 경관직(京官職)으로 개차하여 전출시킬 것을 요청하였던 것이다. 신분 보장에 역점을 두어, 관원의 근무 성적은 경관에서는 그 관사의 당상관 및 속조 당상관(屬曹 堂上官), 외관인 경우 관찰사가 매년 6월 15일과 12월 15일 두 차례씩 성적 등급을 개문하도록 되어 있으나 대간은 심사 대상에서 제외된다. 그리고 대간에 등용된 관리는 문과에 장원 급제한 자로서 직배(直拜)하였거나, 승문원(承文院)·성균관(成均館)·홍문관(弘文館) 등을 거쳐 문이 뛰어난 혈기 왕성한 김종직(金宗直, 감찰)·김안국(金安國, 지평)·조광조(趙光祖, 감찰)·이언적(李彦迪, 장령)·이황(李滉, 정언)·이이(李珥, 정언) 등과 같은 20~30대 유학자로 채워졌다.(이홍렬, 1960: 23)

언론 3司 중 나머지 하나는 경연(經筵)을 주관하는 홍문관(弘文館)이다. 홍문관은 집현전〔集賢殿, 정종(定宗) 원년 설립〕의 후신으로서 경적(經籍)을 모아 전고(典故)를 토론하고 문한을 다스려서 왕의 고문 역할을 담당하는 기관이었다. 집현전은[23] 인재 양성, 문풍의 진작 등을 통하여 정치·제도·문화·사상적 유교 국가의 이념을 정착시키는 데 기여를 한다. 집현전은 유학 정치가들이 이상으로 한 3대〔하(夏)·은(殷)·주(周)〕의 고제(古制)〔의례(儀禮), 제도(制度), 중국역사(中國歷代)의 치란지적(治亂之迹) 등〕을 연구하여 유교주의적 국가 확립에 기여한다.(최승희, 1966: 48) 세종 24년부터 세자로 하여금 서무를 전결케 하여 세자의 서연(書筵)을 담당했던 집현전 학자들이 대거 국가 대사에 참여하게 됨으로써 학문과 정치가 체(體)와 용(用)이라는 관계를 실현한다.

집현전은 한편 사관의 기능까지 수행한다. 집현전관은 궐내에 있게 되니 조정사와 국사에 밝게 되고, 문서를 다루는 기관이므로 춘추관의 겸직도 가능하다. 더욱이 집현전관은 언관의 기능을 한다. 사대부와 유생들이 상소할 수 있는 특권을 가지듯, 집현전 학자도 각자가 왕께 상소할 기회를 가진다. 그의 단독 언론은 거의 고위직에 한하여 이루어지고, 하위직은 언명으로만 이루어진다. 집현전 학자들은 언관으로 적극적인 역할을 하는데, 그들의 언관화는 대간 제도가 아직 미비한 시기가 아닌 대간 제도가 거의 정비된 세종 20년 이후부터 본격화되었다.(최승

---

[23] 집현전은 시강(侍講)과 서(書)를 목적으로 설치되었으나, 그 기능이 점차 확대되어 직위도 영전사(領殿事)·대제학(大提學)·부제학(副提學)·직전(直殿)·응교(應敎)·교리(校理)·부교리(副校理)·수선(修選)·부수선(副修選)·박사(博士)·저작(著作)·정자(正字) 등 32명까지 숫자가 불어난다. 그들의 업무도 사대(事大) 문서작성(文書作成)·가성균관직(假成均館職)·서연관(書筵官)·사관(史官)·시관(試官)·지제교(知製敎)·고제연구(古制硏究)·편찬제술(編纂製述)·풍수(風水)·지리(地理)·종학(宗學)·교관(敎官) 등의 업무를 맡은 최고의 인재 보유 기관이다.

희, 1967: 52)

대간의 언론 활동이 정지될 경우에 대간의 입장을 변호하고, 대간 언론의 보장을 권청하고, 대간을 대신하여 언론을 행사할 수 있는 제3의 언론 기관의 역할이 요구되었다. 그때 집현전이 그 역할을 수행할 수 있는 기관으로 많은 집현전 관리가 대간으로 자리바꿈하는 경우도 빈번히 나타난다. 집현전관으로 대간에 처음 진출한 이는 세종 24년의 이사철(李思哲)이다. 그 후 문종(文宗) 때 집현전 출신들은 대간으로 진출하게 되는데 어효첨(魚孝瞻)은 집의(執義), 하위지(河緯地)는 장령(掌令), 신숙주(申淑舟)는 장령(掌令), 박팽년(朴彭年)은 집의(執義)로 자리바꿈한다. 단종(端宗) 원년에는 김예몽(金禮蒙)·성삼문(成三問)·신숙주(申淑舟)·유성원(柳誠源)·하위지(河緯地) 등 다수가 대간에 참가한다. 그러나 언론 기관으로서의 집현전은 세조(世祖)의 반대 세력으로 단종 복위 운동에 앞장서자 곧 혁파된다.

이후 세조 9년 대사헌 양성지(大司憲 梁誠之)의 건의에 따라 장서각(藏書閣)이 홍문관(弘文館)으로 개치되어 집현전(集賢殿)의 역할을 담당한다. 그러나 집현전의 기능을 홍문관이 바로 이어받지 않고 예문관(藝文館)이 가교 역할을 한다. 세조는 '문풍의 진작'과 '인재 양성'을 위하여 타관원으로서 학문에 뜻이 있는 관리를 모아 그들을 '사가독서(賜暇讀書)'로 예문관직에 임명한다. 성종(成宗)이 즉위하자 학문의 발전을 위해 예문관에 과거의 집현전 기능을 첨가한다. 그러나 예문관은 사가독서로 시작함으로써 직업적으로 학문을 하는 곳이라 보기 어렵다. 성종은 장서각의 기능을 하는 홍문관과 예문관의 기능을 분리시킴으로써 홍문관이 과거의 집현전 기능을 하게 된다.

집현전과 그 후신인 홍문관의 관원은 학술(學術)·척불(斥佛)·유교(儒敎)·사대(事大)·군도(君道) 등 전문직으로 평가받을 수 있었다. 그러나 대간은 탄핵(彈劾)·인사이의(人事異意)·금령(禁令)·시정(時政)·풍속(風俗) 등 다양한 현실 문제를 취급함으로써 전문직으로 평가받을 수 없었다. 대신들을 탄핵하다 좌천되기도 하고, 사소한 일을 간(諫)하다 타 관원에게 미움을 사기도 하며, 풍문을 간하다 옥고를 치르기도 한다. 예를 들면 중종반정 초 2년간 745일 동안 정원 11명〔대(臺): 6명, 간(諫): 5명〕밖에 안 되는 양사의 교체 인원이 그 아홉 배에 가까운 96명(臺: 50명,

諫: 46명)이었다. 이들의 평균 임기 기간은 대사헌의 경우 57.3일, 대사간의 경우 74.5일에 불과했다.(목정균, 1985: 84)

서거정(徐居正)은 '벼락이 떨어져도 목에 칼이 들어가도 서슴지 않는다(抗雷霆 蹈斧鉞 而不辭)'로 언관의 기개를 논하지만, 확고한 내부·하부 조직을 갖지 못한 다수의 대간은 역할 면에서 언론을 위한 언론, 풍문에 의한 언론, 공식적 언론에 머무를 수밖에 없다. 이 상황에서 개인적 의무정신뿐 아니라 직분을 통한 의무정신도 살아날 수 없다. 간관(諫官)은 인사 정책에 깊은 관심을 가지며, 홍문관은 대간(臺諫)의 자리를 넘보게 된다. 커뮤니케이션의 활성화는 직분과 의무정신에서 비롯됨이 아닌 직위를 위함에서 이루어진다. 커뮤니케이션은 단절되고 관리의 직위만 돋보일 뿐 직분은 사장된다. 왕·대신·대간 및 홍문관원과의 균형 감각은 상실되고 대간의 각 구성원조차 커뮤니케이션의 단절 현상을 경험하게 된다. 대간은 사람을 의심하게 되고, 서로도 믿지 않게 되며, 결국 두 마음을 갖게 됨으로써 정성을 다해 극언하는 일이 없어지게 된다. 그렇다면 제도로서의 대간과 관련되어 언론에 제약을 가하는 장본인은 바로 왕, 타관원, 그리고 대간 상호간일 것이다. 그중 왕의 권한과 타 관원과의 역학관계를 중점적으로 살펴보자.

4. 언로의 실천

조선시대 언관은 고려에 비해 개국 초부터 제약을 받는다. 왕은 학문을 가까이 하고, 성군성현의 행실과 행적을 살피며, 부단한 자기 성찰을 통하여 덕을 쌓음으로써 천의(天意)를 따르는 '군자의 道'(의무정신으로 가능한)를 이상으로 하지만, 현실적으로 그렇지 않았다. 대간은 의무정신의 차원에서 충성스런 간쟁을 원치 않으며, 또한 '민심(民心)은 천심(天心)'에 준한 언로의 활성화에 그 역할을 다하지 않는다. 사헌부는 '논집시정(論執時政)'을 첫 번째 역할로 열거하면서 권력의 추구 과정에 몰두한다.

왕은 '북극성' '바르게 하는 주체' '왕토사상' 등을 강조할 뿐, 직분을 다하는 의무정신을 빈번히 망각한다. "백성을 부릴 때 자신이 먼저 예를 지키라"는 의무정신은 단지 격언에 그친다. 위민, 애민, 민본 등은 이데올로기적 언어유희이다. 종사(宗事)의 안전과 발전에는 관심을 갖지만 백성의 안전에는 의무정신을 발휘하지 않는다.

왕은 직위에 바탕을 둔 커뮤니케이션을 중시한다. 왕은 대간의 충성 정도에만 과민하며, 그들이 자유의지를 가지면 결국 종사에 위협적 존재가 될 것이라는 사고에 사로잡혀 있다. 왕은 대간에게 '충(忠)'을 통한 복종 관계만을 강조할 뿐 보은사상(報恩思想)을 망각한다. 왕은 직위에 관심을 가질 뿐 직분의 개념은 별로 염두에 두지 않는다. 왕은 '수기(修己)'를 망각한 상태이며, 희로애락이 정제되지 않은 상태이다. 직위에의 집착은 왕권을 불신하게 되며, 그 분위기는 사화의 정변으로 이어진다.

남명(南冥) 조식(曺植, 1501~1572))은 임진란(壬辰亂) 전 수기(修己)가 아닌 극기(克己)를 주장했다. 관리는 천인벽립(千仞壁立; 천 길 절벽이 가파르게 높이 솟아 있다) 정신을 가질 것을 권했다. 즉, 관리는 인품이 고결하여 험난한 세파(世波)에 흔들리지 않고 의연히 절의를 지킨다.

극기를 통한 객관적, 과학적 정신도 곁들었다. 즉, 임진란 이후 새로운 시대에 대한 과학적 분석과 검증 정신도 함께 논의되었다. 임진란 후를 기록한 박상휘의 『선비, 사무라이 사회를 관찰하다』(2018, 창비)에서 "우리 조상들은 일본 병역 제도, 표준화된 도량형, 정밀한 기계 도구와 일용품 생산, 조선술의 발전, 무역을 통한 부의 축적, 기술자를 우대하는 사회 분위기, 다다미의 정교함 등에 대해 일본의 장점을 인지하고 칭찬하는데 절대 인색하지 않았다."라고 했다.(김환영, 2018. 10. 6.)

조선 전기 관리정신은 늘 흔들렸다. 개국으로부터 중종반정까지 불과 1백 년 동안 10회의 크고 작은 정변이 잇따라 일어났는데, 정변을 도운 자들은 공신(功臣)으로 봉해진다.(목정균, 1985: 36) 왕은 정변을 통하여 왕의 권위를 높일 수 있었다. 그렇다고 왕은 모든 관리와 확고한 계약을 바탕으로 지배를 하지도 않았을 뿐 아니라, 그들에게 세습되는 봉토를 부여하지도 못했다. 말하자면 왕권이란 단지 지위의 강화에만 관심을 가졌다. 정통 유교가 인간 관계성, 상호 관계성, 사회

관계성 및 집단 관계성을 강조할수록 왕은 지위 강화의 강도를 점차 높여간다. 이때 정통 유교적 '중심 지향사고'와는 달리 조선 사회는 빈번히 통치자의 자의적 행위가 설득력이 있었다.

태조(太祖)는 초기 개국 공신의 권익과 국가의 안전을 위한 방향으로 대간의 언론을 유도한다. 대간을 통해 구신(舊臣)의 비리를 폭로하고, 대간을 통제의 메커니즘으로 사용한다. 즉 대간의 언론은 고려의 국족인 왕씨(王氏)의 제거와 반이성계파(反李成桂派)에 섰던 유신(遺臣)의 탄핵 언론 활동이 주종을 이룬다. 대간은 결과적으로 반대파의 도전에 대항하여 왕의 권위를 세우는 역할을 한 셈이다. 그렇더라도 왕은 대간에게 직언할 권리를 허용하지 않았다. 태조는 축성역(築城役)의 정지를 요청한 간관을 6개월간 정직시켰으며, 왕권의 위엄에 조금이라도 손상되는 언론은 완전한 봉쇄를 시도했다.

한편 태조는 경연에도 참석하기를 꺼리는 한편, 고려의 대부분 제도를 수용하지만 1품에서 9품까지의 관리에게 행하였던 대간의 고신(告身)에 관해서 부정적인 반응을 보였다. 태조가 조선의 역성혁명의 주역인 공신(功臣)과 시위군관(侍衛軍官)에게 부여한 직책에 대한 대간의 불만으로 인해 왕과 대간 간의 갈등이 노출된다.

태조가 즉위하자 조준(趙浚)의 고신을 대간에서 용납하지 않을 뿐 아니라, 4품 이하의 관리 등용에 고신을 의무화할 것을 주장함으로써 대간과의 갈등을 노출시켰다. 문제가 되어온 서경제도는 태종(太宗)[24] 때도 이천우(李天祐)·이지숭(李之崇)·유정현(柳廷顯)·안성(安省) 등의 고신과 맞물려 같은 논의가 반복되던 중, 예종(8)이 5품 이하 관리에게 서경할 것을 제기했으며, 성종이 고신을 법제화했다.

태종은 말년에 대간의 장소(章疏)의 사용을 금하면서, 상서(上書)하여야만 반드시 언관의 직책을 다하는 것이 아님을 강조하고 말로써 할 것을 명한다. 또한 대간의 권한을 축소시킨 법으로 풍문추핵법(風聞推劾法)을 꺼내들었다. 여기서 풍문

---

24) 태종(太宗)은 궁실의 공역정지(工役停止)를 상소한 좌사간대부 윤은수((左司諫大夫 尹恩修)를 하옥시킨다. 하륜(河崙)은 '국가가 창업한 이래 언관으로서 형벌을 받지 않은 사람이 없다.'고 왕에게 간한다.

은 대신(大臣)의 불법과 수령(守令)의 비리, 부녀의 실행, 인자의 불효 등의 내용에 대한 것인데, 대간이 전문지사(傳聞之事)로 청죄하지 못하도록 태조는 강하게 당부할 뿐 아니라, 세조(世祖, 7)가 법제화까지 자행함으로써 대간의 권한은 축소될 수밖에 없었다. 더욱이 세조는 대간의 숫자를 줄이고 관료의 인사에 대한 대간의 참여도 배제하고, 심지어 반대당 제거에 이용하며, 한때 서경까지 폐지한 바 있다.

세조는 정당한 언관의 주장을 망언으로 취급하여 하옥·파직·좌천을 서슴지 않았다. 한편 경연으로 단련된 다루기 힘든 연로한 집현전 학자들을 멀리하며, 경연 대신 문신 중에서 가려 뽑은 문난관(問難官)·강설관(講說官)을 정하여 친강하고, 급기야는 홍문관의 전신인 집현전을 혁파하기까지 이른다.

세조는 후일 집현전 대신 홍문관으로 그 기능을 복원시켰으나, 자발적인 것이 아니었다. 세조의 언로 봉쇄 정책과 달리, 호문의 군주 성종(9)은 『경국대전』에서 사헌부·사간원의 직위와 직분을 규정할 뿐 아니라 사간원·홍문관·경연의 재개 등으로 언로를 다시 활성화시킨다.

성종의 언로 활성화 정책은 연산군(燕山君, 10)에서 다시 막힌다. 연산군은 악행을 나무라는 대간장(臺諫長)을 다른 대신들로 하여금 겸직케 하며 결국 사간원을 폐지시킨다. 또한 홍문관을 없앨 뿐 아니라 사헌부 지평의 숫자를 줄였다. 복잡하고 책임이 따르는 상소·상언을 줄이게 하고 신문고도 금지시켰다. 더욱이 치도와 왕도를 들먹인다고 경연도 폐지시킨다.

연산군과 같은 맥락에서 광해군(光海君, 15)도 "임금이 하는 일을 신하가 어찌 감히 말할 수 있겠는가"라 하며 대간의 직언(直言)을 거부한다. 영조(英祖, 21)는 탕평책으로 대간의 활동을 통제함으로써 '요요무언세계(蓼蓼無言世界)'를 만들었다. 그 후 세도정치(勢道政治) 하에서 직언하는 대간을 찾아볼 수 없게 된다.(이재호, 1963: 17) 직위만이 강조될 뿐 직분으로부터 발생하는 의무정신이 없어진 것이다.

의무 개념이 활성화되지 않는 곳에 왕과 신하 간에 '의(義)'가 발생할 수 없으며, 양자 간에 커뮤니케이션이 단절되었다. 말하자면 의무 개념이 활성화될 때 왕·의정대신·홍문관·사헌부·사간원이 균형 감각을 가지며 언론 3사(司)는 제 기능을 하게 된다. 언론 3사(司), 대신 및 왕을 인체에 비유하는 것도 균형 감각의 중요성과 관련을 맺고 있다. 왕은 머리, 대신은 팔다리와 몸체, 그리고 대간은 이목으로 비유된다. 이들 3자가 조화를 이루며 협력할 때, 인체가 건강하듯 국정도 균형 감각을 갖고 올바르게 운영된다. 그러나 의무정신의 유교적 개념이 제대로 구현되지 않을 때(진정한 커뮤니케이션이 발전되지 않을 때) 언론 3司의 제 기능은 난망이었다. 이 상황에서 유교적 인간관계가 강화된다면, 직위 개념만 부각될 뿐 직분 관계의 발전은 난망이었으며, 진정한 의미의 언로의 실천에도 한계가 따른다.

5. 언관과 타구조와의 역학 관계

왕의 절대권은 조직적 차원에서 3사(司)의 활동인 차자, 상소(上疏)·서계(書啓)·시무조진(時務條進)·잠언(箴言) 등을 통하여 원론적으로 직·간접적으로 통제를 받는다. 더욱이 인간과 인간관계를 핵심 사상으로 받드는 유교 사회에서 정치적 요체가 인사이므로 3사의 언로 활동도 인간문제〔人事問題, 규찰 백관(糾察 百官), 고신(告身) 등〕와 한 몸이었다. 인사 언로를 통한 왕에 대한 감시와 견제 기능의 활성화는 종사(宗社)의 유지 발전과 관련을 맺고 있다. 그러나 의무정신이 없는 상황에서 인사 언로는 직위만을 강조하게 되고, '제한된' 직위와 토지는 특권층을 위한 언로와 관련을 맺을 수밖에 없다.

결국 조선시대의 언로는 양반에게 편중되어 있었다. 문폐사(問弊使)나 분대(分臺)를 지방에 파견한다고 하더라도 간헐적일 뿐이어서, 대간들의 정보활동 범위는 제한적이다. 그들의 정보는 대부분 관찰사(觀察使)·감찰(監察)을 통하여 들어오는 양반들에 관한 것이다. 기득권을 갖지 않은 계층으로부터 상달되는 초야의 유생의 소장(疏章)을 취급함으로써, 대간은 생생한 민(民)의 모습을 그들의 언로 활동에 반영할 수 있겠으나, 승정원(承政院)에 제재가 가해짐으로써 그것은 대간에게 도움이 되지 못한 채 사장되곤 한다. 양반의 커뮤니케이션은 어려운 한자에 의존하므로 평민의 구어 문화와는 근본적으로 거리를 둔다. 내용의 강도를 달리하면서 유교 이념만으로 무장한 유학자들에게 애민(愛民)·위민(爲民)·이민(利民)

개념의 현실적이고 실제적인 적용은 난관에 부딪친다.

유학인들은 유교 문화의 원형에 따라 행동하고, 그것을 정치 이념화함으로써 그 외의 사고는 도외시한다. 기득권층은 유교적 이념, 신뢰성, 가치 등으로 자신을 개념화할 뿐 아니라, 그 가치 체계가 자신의 삶의 질을 높이며, 복지에 기여한다고 여긴다. 그 가치 체계는 또한 시간과 공간에 따라 변화를 요구하는 이념도 아니다. 어떤 측면에서 『주자가례(朱子家禮)』에서 보듯, 유교의 종교 체계가 영적인 내용 대신 의식(儀式)·의례(儀禮)·제의(祭儀) 등을 강조함으로써 돌아가신 부모의 섬김도 현실의 연장선상에서 살아 계신 부모와 똑같이 효(孝)로 해석한다. 유교 이외의 주변적 메시지(peripheral message)를 용인하지 않음으로써, 종교적·샤머니즘적 이념, 일상생활의 일들이 거의 무시되어 사고의 다양성을 유발하는데 장애를 일으킨다. 더욱이 일상생활에서 중요한 물질적 사고는 하위 개념으로 간주된다.

고답적 유교 이념이 '중심적 지향 메시지'로 간주될 때 그 이념은 인간관계를 중시한다. 전술했듯이 '군군신신부부자자'의 위계질서, 직분 개념, 그리고 인간관계의 개념이 유학의 요체이다. 이러한 유교의 원리는 조선 사회로 하여금 사람들이 모인 집단에서 일어나는 커뮤니케이션 현상의 활성화를 중시하게 한다.(Pong Bae Park, 1992:9) 대간의 활동도 결국 집단 내의 위계질서에 관한 커뮤니케이션의 내용에 속한다. 위계질서의 서열(직위)에서 물러날 때 자신은 커뮤니케이션의 네트워크로부터 벗어날 뿐만 아니라 정보원으로서의 가치를 잃게 된다. 즉 인간관계의 결과인 위계질서 안에 생존할 때만 자신의 가치를 인정받게 된다. 그렇다면 개인의 궁극적 가치는 그 위계질서 안의 직위를 통해서만 가치를 인정받게 된다.

인간 중심, 그리고 그 중심으로부터 파생되는 위계질서가 사건을 만들어내고, 그 속에서의 인간의 움직임이 전통인들에게 주요 관심사가 된다. 이것은 "개인적인 사건이 공적인 권위와 관련될 때 그 사건은 뉴스가 된다"(F. Fraser Bond, 1945: 79)는 뉴스에 대한 리프만(Walter Lippman)의 정의로 해석이 가능하다. 인간이 모인 집단에는 반드시 위계질서와 직위가 만들어지기 마련이고, 그 과정에서 상하 간의 갈등이 노출된다. 원론적으로 유교 이념에 입각한 갈등적 인간관계가 '중심적 지향 메시지'이어야 하지만, 현실적으로 갈등적 인사 정책으로부터 파생되는 사건이 뉴스의 중요한 부분을 차지한다.

왕은 그 위계질서의 수장(首長)이며, 대신들은 그 지체다. 대간은 왕과 관리들을 논박(論駁)하고 서경(署經)한다. 즉 대간의 활동은 왕권을 제약함으로써 신권(臣權)을 강화시키는 한편, 대간을 통하여 왕은 다른 신권을 견제하는 역할을 수행한다. '수장(왕)의 도리'[25]를 지키도록 돕는 직책을 간관(諫官)이라면, 대관(臺官)은 백관에게 목민관(牧民官)(백성을 위하여 존재하는 관리)으로서 직책을 수행할 수 있도록 질서를 바로잡아준다. 경연(經筵)을 통해 왕과 더불어 3사와 대신(大臣)은 당면 국사의 중심 과제를 놓고, 서로 대면 상태에서 시비를 가린다. 그때 왕은 자연스럽게 문제의 핵심을 파악한다. 정치의 요체라고 할 수 있는 인사 문제의 경우, 기존 결정에 이의 제기의 정당성을 강하게 하기 위하여 탄핵을 건의하기도 한다. 그 요구를 들어주지 않을 경우 국왕을 설득시키기 위하여 백방으로 노력한다. 설득하는 과정을 피셔(Aubrey Fisher)의 모델로 설명해보자. 대간은 정보를 입수·규정·발표하는 단계를 거친다. 그 과정에서 대간의 말에 왕과 대신들은 불만과 비판을 토로한다. 만약 대간의 주장이 정당하다면 대신들은 긍정적 평가를 내린다. 초기 단계에 대신은 자신의 평가를 발표하기를 유보한다. 그러나 이 단계를 거치면 새로운 정보는 집단 구성원에게 설득력 있게 보이게 되며, 그 후 새로운 정보는 왕, 대신과 대간이 공유하게 된다.

그러나 실제적으로 커뮤니케이션이 인사 언론에 집약, 집중되어 엉킴으로써 왕, 대간, 대신의 관계는 그렇게 원론적이지 못하다. 전술했듯이 조선시대에는 왕권 확립 과정에서 빈번한 정변이 일어났고, 그 난을 평정한 개인이나 집단에게 공신(功臣)의 혜택을 부여했다. 혜택받은 공신은 왕권 안정을 유지해주었다. 왕과

---

25) 수장이 위계질서를 유지할 수 있게 돕는 길은 정심(正心)이 으뜸이다. 연산군(燕山君)이 축출되고 중종(中宗)이 즉위하자 병인년(丙寅年)(10월 25일) 사헌부·사간원이 합사(合司)하여 8조의 상소문을 올렸는데, 그 내용은 정심(正心)·납간(納諫)·용인(用人)·수성헌(守成憲)·두사은(杜私恩)·중작상(重爵賞)·절재용(節財用) 등이다. 또한 홍문관에서는 다른 내용의 상소문을 올렸는데, 그 내용은 정심(正心)·입지(立志)·종간(從諫)·근성학(勤聖學)·엄내외(嚴內外)·중작상(重爵賞)·흥학교(興學校)·숭절의(崇節義)·정토습(正士習)·궐이서(闕異端)·숭검약(崇儉約)·친군자(親君子)·원첨영 등이다.

공신과의 관계는 처음부터 직위에 관심을 가질 뿐 직분, 의무정신과는 거리가 멀다. 공신이 정해진 지위에 관심을 갖는 이상, 기본적 커뮤니케이션의 소재와 형태는 다양성을 결여하고 있다. 커뮤니케이션의 소재와 망의 제한성은 정해진 사람이나 특정 분야에만 집중된다. 집중화된 커뮤니케이션 형태는 혼란을 가중시킨다. 예를 들면 가열된 경연에서는 영의정(領議政)도 사헌부·사간원의 하급 언관인 지평(持平, 정5)·정언(正言, 정6) 등에 의하여 국왕 앞에서 인사 문제로 공격을 당한다. 유교의 인본주의적 성격 때문에 인사 문제가 첨예한 대립을 이룬다. 대간의 주요 활동도 전술했듯이 인사 정책의 감시와 견제 기능의 강화에 집중되는데, 이 현상은 자료상에 잘 나타난다. 이재호(李載浩)의 연구[26]에 따르면 논핵(論劾, 인사 문제 포함)이 태조(太祖) 원년에서 정종(定宗, 2) 2년까지 사헌부·사간원 양사의 합동으로 다룬 전체의 내용 76, 53, 12건 가운데 각 36/76(47%), 23/53(43%), 11/12(92%)이며, 태조(太宗) 원년에서 13년까지 151/217(70%), 63/149(42%), 60/82(73%), 성종(成宗) 5년에서 10년까지 324/481(67%), 161/255(63%), 37/64(58%) 등으로 대간이 취급한 내용 중 가장 많다. 최승희(崔承熙)의 연구[27]도 탄핵(彈劾, 인사이의(人事異議) 포함; 인사와 탄핵의 구분은 요구 내용이 온건할 때 인사로 간주하며 파면(罷免)·치죄(治罪)·추문(推問) 등 강경할 때 탄핵이라 한다)이 세종(世宗) 1년에서 2년까지 대간 37/48(77%), 간관 17/22(77%), 양사의 합동 20/27(74%), 世宗 2년에서 32년까지 660/974(68%), 249/487(51%), 67/203(33%) 등으로 대간이 다룬 내용은 인사 정책과 관련을 맺고 있다.

유교 국가에서 사람간의 관계가 중요할 수밖에 없고, 대간이 다루는 인사 정책은, 밀(J. S. Mill)이 언론자유(言論自由)에 대해 논한 것 가운데 "하나의 의견에 침묵

---

26) 이 연구에서 취급한 범주는 논핵(論劾)·시무(時務)·인사문제(人事問題)·국왕관계(國王關係)·광언로(廣言路)·강기강상(綱紀綱賞)·풍속(風俗)·노비(奴婢)·상벌(賞罰)·금주(禁酒)·불교승려(佛敎僧侶)·전의(典禮)·군사(軍事)·화폐(貨幣)·서경(署經)·법안(法案)·관제관사(官制官司)·민폐(民弊)·토목지역(土木之役)·전제(田制)·영조(營造) 등이다(이재호, 4:3).

27) 이 연구에서 취급한 범주는 간쟁(諫諍)·탄핵(彈劾)·시정(時政)·시무책(時務策)·인사이의(人事異議)·척불(斥佛)·금령(禁令)·풍속(風俗) 등이다.(최승희, 1989: 97)

함은 진리에 대해 침묵함이 될 것이며, 비록 잘못된 의견에도 참된 진리를 밝히기 위한 부분이 포함되어 있을지도 모른다"로 이해될 수 있다. 일반적으로 이미 승인된 인사 문제라도 논쟁을 하지 않게 되면 사건의 활력이 없어지고 그 효력을 상실해버릴 가능성이 있다. 또한 코저(Louis Coser)가 언급하듯 논쟁은 집단의 정체성을 확립하고, 집단에서 이탈자의 출현을 막으며, 집단의 규범을 강화시킬 수 있다.

유학의 요체가 인사 문제일 수밖에 없다면 인사 문제를 통한 갈등은 의리[義理, 도(道)]를 추구하기 위한 절대적 요소이다. 그때 개인은 욕망을 발하지 않음을 원칙으로 하되, 설령 욕망이 생겨도 '화(和)'를 생각할 수 있어야 한다. 그러나 직분과 의무정신이 없는 직위만을 위한 갈등과 논쟁은 유교적 중심 메시지와는 거리가 멀 뿐 아니라 직분의 혼돈을 유발시킨다. 예를 들면 사헌부와는 달리 사간원은 그 기능에서 인사 정책(탄핵 포함)과는 직접적인 연관이 없음에도 여전히 인사 문제와 크게 관련을 맺고 있다. 그 예로 세종(世宗, 4) 9년 사간원에서 광효전(廣孝殿)에 제사하고 회가(回駕)할 때 시위(侍衛)에 빠진 시신(侍臣) 20여인에게 죄를 청하자, 세종은 탄핵의 직임은 사헌부의 관할이라고 사간원의 청을 거절하였다. 또한 세종(世宗) 8년 한유문(韓有紋)을 특지로 이조참의를 제수(除授)하였는데, 이 인사가 잘못되었다 하여 사간원에서 이조문선사랑(吏曹文選司郞)을 탄핵하자, 왕명으로 사간을 하옥시킨 일이 있었다.

하부 조직을 갖고 있지 않는 사간원의 언론 행위는 때때로 개인적·본능적일 수 있고, 시류에 맞춰 사상적 혹은 사회구조적으로 중요했던 사항만을 간언했을 소지가 있었다. 사간원의 5명의 인원은 사회의 하부 구조인 정치·경제·사회 조직과 긴밀한 관계를 맺으며, 심층 분석을 통하여 원인을 규명하기보다 결과에 관심을 가져, 결국 그 내용은 폭로성 언론으로 한정되어버린다. 폭로성 언론은 의무정신, 혹은 주인 의식에서 크게 벗어나는 것으로, 빈번히 사간에게 좌천·파직·유형 등 엄한 벌을 초래했다.

이이(李珥)는 자신의 상소문에서 "대간은 털끝만한 실수를 해도 직책을 갈아버립니다. 나라의 공론을 정해야 할 대간이 자주 바뀌니 공론이 정해지지 않음은 물론이요, 나라의 체통이 말이 아닙니다. 대간의 이동으로 다른 관서 역시 자주 바뀌게 되니 자연히 업적을 세울 수 없음은 당연한 이치입니다"(최승희, 1967: 140)라고 대간의 입장을 대변한다. 이러한 상황에서 사간원이 시정·학술·의례·제도 등 범국사에 걸치는 모든 분야에 전문적인 깊은 지식을 갖는 것은 거의 불가능한 일이었다. 간관을 대신해서 유교적인 의례, 제도의 상정, 학문의 진흥, 유교 정치 등 전문 분야를 홍문관(弘文館)이 인수받기 시작하고부터 홍문관 관원이 사간원의 역할을 대신하게 된다. 또한 풍문에 바탕을 둔 탄핵을 일삼다 간관은 징계를 받게 되고, 정규적인 언론이 봉쇄당할 때에 홍문관은 언관의 역할을 대신하곤 한다. 그러나 직분의 측면에서 볼 때 홍문관원의 언관화는 역할의 혼돈을 불러일으킬 수 있었다.

홍문관의 활동에 비해 간관은 판에 박은 듯한 공식적 언론, 풍문에 의한 언론, 잡사에 의한 언론, 언론을 위한 언론을 일삼게 되며, 이 언론은 왕권이나 권신, 권당에 의하여 조종될 수 있었다. 대간으로 하여금 의도적인 여론을 유발케 하는 왕은 관료 엘리트의 교체를 쉽게 함으로써 절대 군주의 힘을 강화시킬 수 있었다. 이는 정석(定石)으로 볼 수 없었다. 그 문화는 곧 서로가 서로를 질시하는 풍조를 만연시켰다.

인간관계의 결과 파생되는 위계질서로 안의 비밀이 밖으로 새어나가 유언비어로 퍼지게 된다. 간관은 의무정신을 바탕으로 정치적 식견과 불의부정과 타협하지 않고 강직한 언론을 행사해야 하나, 이런 경우에는 마키아벨리 식 강직성의 언론이 판을 치도록 도와주는 결과를 초래한다. 정신없는 괴물과 같은 제도로 예측할 수 없는 일이 벌어졌다.

조선시대 사대부들은 서로 개인적 갈등을 일상사로 삼고, 파당(派黨)을 용인하고, 관리의 위계질서는 곧 마키아벨리식 권모술수를 불러들였다. 직분을 통한 일의 만족감은 계속 감소되어 갔다.

심지어 대간 상호간, 상하간에도 탄핵할 뿐 아니라, 전술했듯이 언관이 왕의 주구로서 왕이 꺼리는 세력을 숙청하는 선봉이 되기도 하며, 붕당의 앞잡이로 행사하는 일도 허다했다. 그 결과 인간관계의 커뮤니케이션이 집약적으로 표출된 성종(成宗) 때 "관료로서 그 직을 감당할 수 없는 자를 도태시키고 적재(適材)를 적소(適所)에 재배치시켜야 한다."라는 분위기가 확산되었다는 언론이 나오고 있다.(최승희, 1967: 222) 말하자면 사람간의 관계의 과다한 커뮤니케이션이 일상화가 됨으로써 일[職分]의 중요성은 뒤쪽으로 밀리게 되었다.

인간 간의 과다한 커뮤니케이션은 다양한 커뮤니케이션의 제약을 가져왔다. 류(類)·군(群)·배(輩)·붕(朋) 등이 형성되어 그들 간에는 쉽게 커뮤니티가 형성되지만, 그 무리 외 사대부와는 커뮤니케이션이 단절된다. 대립된 집단이 있을 때 집단 구성원 사이의 커뮤니케이션 강도는 더욱 높아진다. '붕(朋)'들의 집약적 커뮤니케이션은 직분의 개념을 망각한다. 분업사회는 난망이고, 사회는 분화를 이룰 수가 없었다.

인간관계의 중심부인 관료 체계와 말단의 인간 집단과의 균형을 이루는 커뮤니케이션이 불가능해진다. 체제가 경직화의 길을 걷는다. 의무정신, 이에 따르는 위계질서 안의 직분, 그리고 그것을 뒷받침하는 물질적 요소가 서로 조화롭게 작동하지 못하는 상태이다. 안으로는 비정상적행위가 용인되고, 폐쇄적 성격은 강도를 높여간다.

민생(民生) 문제를 위한 '논집시정(論執 時政)'은 일반 백성에게 직접 영향을 미치기 때문에, 당시 사회적으로 매우 중요한 문제였음에도 대간은 지속적으로 이에 대해 관심을 보이지 않았다.(최승희, 1967: 215)

언론의 주된 역할은 인사 정책을 통하여 개인의 역할을 점검할 뿐 아니라, 정부 조직을 원활하게 움직이도록 도와주는 기능에 치중되어 있었다. 권력을 정당하게 나누는 과정을 통하여 정치 안정과 왕권 확립을 위한 대간의 기능 또한 간과할 수 없다. 전술했듯 대간은 주로 유교의 강직성을 요구하거나, 과거 장원급제자 중에서 직배, 청년층을 대간직에 임명함으로써 인사 정책을 통해 조직의 커뮤니케이션 활성화를 촉진시킬 수 있었다. 그러나 대간을 통한 인사 정책의 언론은 때로 갈등적 요소를 증폭시켰다.

조선시대의 관리와 토지는 제한되어 있었다. 한 관리가 직위나 토지를 가질 때 다른 사람은 갖지 못하는 'zero-sum game' 상태여서 갈등은 언제나 상존해 있었다. 그 내막을 들여다보면 조선시대의 관리는 관직의 수에 따라 현임·전임을 막론하고 18科로 나눠 과전법(科田法)을 실시했다.

과전은 원칙적으로 일대에 한하여 지급되었으나, 과전이 세습됨으로써 세조(7) 12년 과전법을 폐지하고 직전법(職田法)을 설치하여 현직 관리에게만 토지를 주었다. 그것조차 오래 실행되지 못하고, 명종(13)은 직전법을 폐지하고 관리에게 녹봉(祿俸)만을 주게 된다.

훈구(勳舊) 세력에게 주어진 과전의 세습으로 인해 조선 중반기에 접어들면서 제한된 직책과 토지 분배에 대한 불만이 노골화된다. 국가의 입장에서 토지는 재정의 주요 원천이요, 경작자의 입장에서 그것은 삶의 터전이다. 양자의 갈등은 시간이 갈수록 첨예화되어 성종 때에 이르면 벌써 공·사전의 구분이 어려울 정도로 그 소유 관계가 난맥 상태에 이른다. 즉 개국 이래 조정의 공신, 대신 등 중앙의 고관들이 궤도를 이탈한 횡포로 수탈을 일삼아 왕권과 체제 안정에 위협을 주는 존재로 부각됨으로써 성종(成宗)은 훈구 세력을 견제할 수 없는 지경에 이르게 된다. 성종은 수탈을 일삼는 훈구 세력을 견제하기 위하여 언관 구조와 그것을 이끌 대간에게 기대를 건다. 즉 왕은 대간이 '권력의 대리인'(agent of power)으로 직분을 다할 것을 기대한 것이다. 물론 왕이 대간을 이용한 경우가 이번이 처음은 아니다. 고려 말 왕실과 왕실에 밀접히 연결되어 있는 구족 대신의 일파와 이성계(李成桂) 일파가 대립 항쟁하는 시기에, 권력의 대리인의 중추적 역할을 담당한 것이 대간들이었다.

대간들은 왕권의 견제, 억제라는 종래의 기능과 함께 반대파의 탄핵 제거라는 변이된 임무도 담당하고 있었다. 즉 하나의 집단으로 존속하던 국가 조직이 "두 파로 갈라짐으로써 커뮤니케이션의 동기를 빈번히 왜곡시켰다.

위계질서 내에 존속하는 관리들은 서로 분리를 경험하고, 분리로부터 발생하는 커뮤니케이션의 활성화가 촉진된다. 한정된 위계질서 안에서 직위를 갖지 못한 자에게는 직위를 가진 자로부터의 분화 의식이 심화된다. 또한 자의든 타의든 자신의 정보와 타인의 정보가 함께 공개됨으로써 사회 내에서 갈등이 초래된다. 카리스마는 공개된 정보를 이용하여 정적의 숙청을 합당화시킨다.

새로운 정보는 사회 변동을 요구하게 마련이고, 또 새로운 정보 없이는 사회 변동이 불가능한 것도 사실이다. 호학(好學)의 군주 성종은 새 정보를 조성할 수 있는 사림(士林) 세력을 등용한다. 여기서 사림은 지방에 사회적 기반을 가진 독서인군을 일컫는다. 이들은 중앙의 정계에 진출하기보다 향촌에서 유향소(留鄕所)나 향청(鄕廳)을 통하여 훈구 세력인 이족(吏族)과 협상하기도 하며, 직·간접적으로 영향력을 행사해 오던 세력이다.(이기백, 1986: 245) 사림의 학풍은 주자학〔朱子學, 성리학(性理學)〕을 근거로 하고 있어, 유학의 사장(詞章)·기송(記誦)을 주로 하던 전통으로부터 경학(經學, 총론류의 학문)과 사학(史學) 등에 치중한다.

주자학은 사람은 누구나 수양을 통하여 성인이 될 수 있다고 보고, 그 성취에 역점을 둔다.(Tang Chun-I, 1971: 56~80) 즉 사람은 그 마음속에 이(理)와 기(氣)를 지니는데, 이(理)를 지니면서 성인이 되지 못하는 것은 기(氣)의 존재 때문이라 가정하고, 기를 잘 다스리는 사람을 군자(君子)라 하고, 기에 따르는 사람을 소인으로 봤다. '군군신신부부자자'에 맞게 기(氣)를 순치시키는 것도 주자학의 이상이다. 우주 만물에 차이와 구별이 있듯이, 이(理)를 추구하는 정도에 따라 사람에게도 구별이 있음을 인정하고 차등적 보상을 수용한다.(조혜인, 1990: 144) 말하자면 주어진 우주 질서를 운명적으로 받아들이는 한편, 적극적 의미에서 자신의 계발을 포함시킨다.

맹자(孟子)는 천작(天爵)과 인작(人爵)을 분리하여 설명한다. 천작은 하늘에서 준 것이며 인작은 노력에서 얻는 것이다. 주자학은 실천을 강조함으로써 인작의 중요성을 간과하지 않는다. 즉 자신의 직위에 따른 직분의 개념이 부각된다. 자신은 '자연적 인격'보다 '인위적 인격'으로 무장할 필요가 있게 된다. 그때 사회 구조가 유기적·발전적 방향으로 변동할 수 있다. 실천 없는 천작은 주자학에서 의미가 없다. 더욱이 주자학은 정통 유학의 의무정신(義務精神)〔효(孝)·충(忠) 등 보은사상(報恩思想)〕을 '부모에게 효도하고 형제에게 우애가 있고, 나라에 충성하는 사람은 예에 어긋날 수 없다(孝悌忠信好禮不亂者).'의 표현과 같이 의례(儀禮)의 개념을 강조함으로써 종교적 차원으로까지 승화시킨다.

종교적 영역인 우주 질서에 대한 경애와 자연의 이치에 순응하는 방법인 의례는 정통 유학의 범위뿐 아니라 내적 커뮤니케이션 영역을 완성시킨다. 『소학(小學)』에 나타난 주자학은 관계성을 강조하는 유교 전통의 '중심적 지향 사고'의 습득으로부터 그 사고의 실천(實踐)을 강조한다. 예(禮)와 의식(儀式)의 실천이다. 때로는 배우는 것보다 실천을 더욱 강조하는 주자학의 강령(綱領)은 '집에서는 효도하고, 나아가서는 서로 사랑하며, 행함에 여력이 있으면 학문에 힘을 쓴다(入則孝 出則悌 行有餘力 則以學文)'로 표현된다. 타인과의 관계성 속에서도 『소학(小學)』은 개인적 차원에서 수기치인지학(修己治人之學)으로, 집단적 차원에서 '효제충신지학(孝悌忠信之學)'으로 실천성을 강조한다. 여기서 실천은 우주 만물을 꿰뚫는 득도(得道)의 개념과 동일시될 수 있다〔『주역(周易)』에서는 이것을 심왕(心王), 즉 태극(太極)을 의미한다〕. 『소학(小學)』의 강령은 잠재적 기능으로 개인의 무수한 혜안(慧眼, 정보가 될 수 있는)을 경험하게 하며, 집단적 정치 행위를 가능하게 한다. 사헌부 설명에서 논했듯이 성찬식의 차원에서 이해할 수 있다. 그러나 아우구스티누스(St. Augustine)가 고뇌했던 자기 자신의 구체적 경험(내적 커뮤니케이션)과 집단 안에서 일어나는 배타성, 엄격주의, 추상화된 보편성 사이에서 갈등관계를 경험하게 된다. 이 상황은 보편적 공동체와 구체적 개별성이 공존하기 위한 진통이다. 주자학은 사람을 공경하는 데서 시작하므로 원론적으로 '순수한' 대인 간의 커뮤니케이션이 유지되며, 그에 따른 위계질서가 확립된다. 원활한 대인 간의 커뮤니케이션은 장신구가 화폐로 되는 과정과 같다. 장신구인 조개껍질이 화폐로 될 때 그 조개껍질은 더 이상 장신구가 아니다. 그러나 이런 과정이 불가능하다면 큰 조직은 결국 조직 내부의 작은 집단으로 나눠지고, 그 큰 집단 자체도 집단이기주의(集團利己主義化)한다. 이를 염려한 훈구파(勳舊派) 조정 대신에 맞서, 도학자(道學者)들은 "조정에서 서로 뜻이 맞는 사람들끼리 붕우관계(朋友關係)를 맺고 있는 것은 당연한 일이며 이것은 국사를 논함에 필요하다"라고 공언했다(윤병희, 1984:64). 비록 사림파 행위의 잠재적 기능이 집단 이기주의화할지라도, 주자학은 원론적으로 정치를 도덕적 지도 활동의 일환으로 간주하는 한편, 군자는 종교적·도덕적 지도자로 그 역할을 수행할 것을 기대했다.

훈구세력(勳舊勢力) 지배하의 조선 초기 사회에 수심정기(守心正氣)로 무장한 주자학자(사림)들이 대거 중앙의 정치 무대에 등장한다.

사림(士林) 중에도 영남의 길재(吉再)의 제자인 홍문관 응교(應校)·부제학(副提學)을 지낸 김종직(金宗植)과 그외 김굉필(金宏弼)·정여창(鄭汝昌)·김일손(金馹孫) 등은 중앙으로 진출하여 주로 3司 계통에 자리를 차지하고 언론 문필을 담당한다.(이기백, 1986: 245)

도덕 정치(종교를 현실 정치와 같은 맥락에서 이해)를 이상으로 하는 사림파 젊은 언관들과, 정치를 이익 수단으로 삼고 땅을 가르듯 백성의 여론을 다루는 훈구 세력들과의 대립은 당연했다. 훈구파는 왕의 지위 자체를 중요시할 것이며, 사림파는 왕의 치도(治道)를 관심거리로 여길 것이다. 치도의 측면에서 볼 때 최고의 절대적 권위는 왕(王)보다 도(道)에 더욱 의미를 부여한다. 그러므로 왕의 행위가 도에 합치될 때는 그의 절대권이 인정되나, 만약 양자가 괴리될 때 사림파는 도(道)를 우선으로 택한다. 즉 사림파는 유교 국가에서 중시되는 인사 문제에 그들의 접근 방법을 시도하여 의도를 실현하고자 했다.

훈구파와 사림파 간의 이질적인 사회사상 및 행위와, 그에 따른 사회 구조에서 발생되는 정보의 심도 높은 커뮤니케이션 욕구는 양자의 대립으로 이어진다. 대립이 발생할 때 각 편의 집단의식은 강해지며, 각 집단 안에 커뮤니케이션은 활성화된다. 성종은 사림 세력을 인재와 학문의 육성 측면에서 대두시키지만, 다른 한편의 잠재적 기능으로 이들을 훈구 세력의 대항 세력으로 간주했다. 대신과의 대립 관계에서는 왕은 오히려 사림파 대간을 압제하기도 하였으며, 대간이 대신을 통핵할 적에 확실한 죄명도 없이 그저 풍문(風聞)에 의해 논핵(論劾)한다고 가정하고 '정승은 피상적 언론을 질타했다(政丞之言甚當).'라고 중신편에 선다.(이재호, 1963: 9)

집단간의 첨예한 갈등은 사화로 번져간다. 첫 사화는 연산군(燕山君) 4년 무오사화(戊午士禍)인데, 김종직(金宗植)의 제자 사관(史官)인 김일손(金馹孫)이 김종직이 지은 조의제문(弔義帝文)[28]을 사초에 올린 일로 인해 비롯된다. 사관의 직분이

---

28) 김종직(金宗植)이 단종(端宗)을 항우(項羽)에게 죽임을 당한 의제(義帝)에 비기어 그 죽음을 슬퍼하고

역사를 기록하는 것이라면 이 사실이 별 문제가 될 것이 없다. 그러나 연산군은 분리된 여론으로부터 일치성을 회복하기 위해 희생양을 선택하여 숙청한다. 무오사화에 화를 당한 언관은 柳軒(大司諫)·李穆(司諫, 전주인)·康伯珍(司諫, 신천인)·朴漢柱(獻納, 밀양인)·李胄(正言, 고성인)·崔薄(校理, 나주인)·鄭鑠(校理, 나주인)·姜諿(校理, 나주인)·許磐(正字, 양주인)·權景裕(校理, 안동인)·權五福(校理, 예천인)·成仲淹(博士) 등이다.[29] 연산군(10년)은 잔당 사림파를 甲午士禍에서 다시 숙청한다. 그 대상은 姜詗(大司諫)·李幼寧(正言)·郭宗藩(掌令)·權達手(校理)·卞享良(正字) 등이다.(典故大方, 1924: 42)

방탕한 연산군은 결국 권좌에서 쫓겨나고, 그 뒤를 이어 즉위한 중종(中宗)은 조광조(趙光祖) 같은 신진 도학자를 등용한다. 조광조는 도학자가 정치의 경륜을 실현하는 길은 오직 대간의 언론 기관을 통하여 정책을 건의함에 있다고 봤다.[30] 조광조는 유교적 도덕국가(儒敎的 道德國家) 건설을 그의 정치 목표로 삼았으며, 덕행 있는 인물을 천거하여 왕이 친시(親試)로써 그들을 채용하는 현량과(賢良科)를 실시케 하였다. 그 결과 많은 사림들이 언관으로 등용되었다. 이때 중종도 성종과 마찬가지로 사림파를 훈구파의 대항 세력으로 이용했다. 그러나 사림파의 세력이 커지자 훈구 세력이 반발을 하게 되는데, 그 직접적인 원인은 위훈 삭제 사건이다.[31] 왕과 훈구파는 사림파를 기묘사화(己卯士禍)(중종 14년, 1519)로 몰아낸다. 3司 계통의 피해자는 趙光祖(大司憲)·金湜(大司諫)·金神童(大司諫)·孔瑞麟(大司憲)·朴紹(大司諫)·柳雲(大司憲)·李延慶(正言)·宋好智(校理)·沈達源(校理)·閔有慶(校理)·李阜(正言)·柳貞(正言)·閔懷賢(正言)·李翎(修撰)·權磺(修選)·安處誠(修選)·金釱(修選)·安瑺順(博士)·慶世仁(著作) 등이다.[32]

세종(世祖)의 찬탈을 비난한 것이 조의제문(弔義帝文)이다.

29) 李載浩, 위의 책, p. 12.

30) 李載浩, 위의 책, p. 12.

31) 僞勳削除란 중종반정 공신 중에서 수혜자 76명의 훈을 깎은 것이었다.

32) 尹喜求, 위의 책, p. 44.

결국 기묘사화도 직분의 충실성과 의무정신의 발로라기보다 직위 쟁탈 커뮤니케이션으로 규정할 수밖에 없다. 주자학에서 중요시한 직위로부터 직분 개념의 중요성을 도입하려고 한 조광조의 시도는 실패로 끝났으며, 조선 사회는 직위에 대한 집약적 커뮤니케이션으로 이어진다. 기묘사화 이후 명종조(明宗朝) 을사사화(乙巳士禍, 1545)로 3사(三司)의 관원이 가장 많이 화를 당한다. 이 현상은 언론 3司의 활동이 인사 정책과 직접적으로 관련을 맺고 있음을 단적으로 표현하는 하나의 예가 된다.

을사사화(乙巳士禍)는 중종(中宗)의 배다른 두 아들 인종과 명종의 왕위 계승 문제에 기인한 것으로, 그들 외척의 대립과 더불어 양반 관리들이 합세하여 파를 이루었다. 인종이 즉위하였다가 곧 죽은 뒤를 이어, 明宗이 즉위하면서 집권한 그의 외척 세력이 반대파를 제거한 사건이다. 그 당시 왕위 계승 문제로 피해를 당한 3司의 관원은 郭珣(司諫)·朴光佑(司諫)·梁允信(監察)·金石諸(持平)·尹潔(修選)·李輝(正言)·柳堪(大司諫)·李延慶(校理)·朴民獻(校理)·羅淑(副提學)·李湛(校理)·宋希奎(執義)·金振宗(獻納)·金鸞祥(正言)·權勿(掌令)·李彦忱(掌令)·韓澍(執義)·柳景深(大司憲)·孫弘績(掌令)·李暘(持平)·李忠甲(正言) 등이다. 그 후 丁未士禍로 李暘(持平)·金禧(正字)이 희생을 당하며, 光海朝 癸丑士禍로 鄭蘊(正言)·李溟(掌令)·李時彦(正言)·崔東式(執義)·김령(司諫)·李弘望(獻納) 등 언관이 화를 당한다. 肅宗朝 己巳士禍로 延最績(監察), 景宗朝 辛壬士禍로 金民澤(修選)·趙聖復(執義)·魚有龍(司諫)·李重協(修選) 등이 사화로 화를 입는다.(전고대방, 1924: 45)

연산군(燕山君) 4년(1498)부터 영조(英祖) 원년(1737)까지 8번의 사화가 일어나 평균 30년마다 지식인 수난의 역사가 되풀이된다. 또한 선조(宣祖) 때의 기축옥(己丑獄, 鄭汝立逆獄)과 더불어 임진왜란(壬辰倭亂) 때는 지식인이 대량으로 수난을 당한다. 그 과정은 연좌제, 부관참시(剖棺斬屍)까지 일어난다.

권력을 가진 자는 항상 주변을 견제하며 고집이 세고, 의심이 많아지고, 고독하게 된다. 기득권을 가진 층은 권력을 유지하기 위한 굴레에서 벗어날 수 없다. 같은 맥락으로 사화에서 보듯이 언론 3司의 기능 강화에도 불구하고 왕에 대한 3司의 도전은 허용되지 않았다. 그렇다면 3司의 기능도 왕권을 강화하고 왕의 권위를 높이기 위한 수단에 불과하다. 만약 3司가 이러한 기존 사실을 망각할 때 대립적 커뮤니케이션은 활성화된다. 즉 어떤 특정 문제에 대한 3司의 커뮤니케이션 욕구가 강하면 강할수록 의정 대신들과의 대립적 관계가 첨예화된다. 그때 왕은 의정 대신들과 더불어 가부를 돕는 위치에 있게 되고 3司만이 대립적 입장을 취하게 된다. 언론 3司는 권력의 와중에서 희생양으로 몰리고, 이로 인해 언관은 소모품화되는 현상을 보여준다. 다른 한편으로 왕은 사화를 통하여 관료의 독립성을 견제하며, 왕권을 강화시키고, 더 나아가 지식인을 재등용할 수 있는 기회를 갖게 된다.

대간이 대신을 견제하지 못하고, 대신이 대간을 견제하지 못한 데서 오는 왕권의 불안정 때문에 사화가 일어났을 가능성이 있다. 더욱이 대간은 왕의 '권력의 대리인'으로 둔갑한다. 景宗(20) 때 홍문관의 부교리(副校理) 조문명(趙文命)은 상소문에서 '시비에는 진실이 없고, 사람을 쓰는 것은 넓지 못하고, 기강은 흔들리고, 언로는 닫히고, 염치는 모두 상실했다.(是非不眞也 用人不廣也 紀綱不立也 言路不開也 廉恥都喪也)[33]라고 그 피해를 토로한다. 이때 '답게 커뮤니케이션'(君君臣臣父父子子)은 상실되어서, 옳은 것을 간(諫)하는 대간 본연의 역할은 무시되며 의무정신도 살아나지 않았다. 또한 권력의 정상적인 분배 과정이 사라진 것이다.

더 이상 성리학의 철학적 과제는 현실을 풀 수 없었다. 시대의 절박성이 눈앞에 전개되었고, 레토릭이 현실을 풀 때가 다가온 것이다. 명종, 선조 때를 살아온 조식(曹植, 1501~1572)은 「을묘년에 사직하는 상소문」에서 "전하의 나랏일이 이미 그릇되어서, 나라의 근본이 이미 망하고, 하늘의 뜻은 가버렸으며, 인심도 이미 떠났습니다. 비유하자면, 큰 나무가 백 년 동안 벌레가 속을 먹어 진액이 이미 말라 버렸는데 회오리바람과 사나운 비가 어느 때에 닥쳐올지 까마득하게 알지 못하는 것과 같으니, 이 지경에 이른 지가 오랩니다. 조정에 있는 사람 가운데 충성되고 뜻 있는 신하와 일찍 일어나 밤늦도록 공부하는 선비가 없지는 않습니다. 하지만 이미 그 형세가 극도에 달하여 지탱할 수 없고 사방을 둘러보아도 손

---

33) 『景宗實錄』 卷3, 경종 원년 5월 乙丑條.

쓸 곳이 없다는 것을 알면서도, 낮은 벼슬아치는 아래에서 히히덕거리면서 우선 주색만을 즐기고, 높은 벼슬아치는 위에서 어름어름하면서 오로지 재물만을 늘리며, 물고기의 배가 썩어 들어가는 것 같아도 그것을 바로잡으려고 하지 않습니다."라고 했다.[34]

조선 중기 사회는 신분사회의 말기를 맞은 것이다. 플라톤은 에로스를 설명하면서 빈곤의 여신 페니아(penia)를 등장시킨다. 페니아는 아름다운 것을 결여하고 있어 항상 갈구하는 성격을 갖는다. 육체든, 영혼이든 꽃이 있는 곳이면 어디든지 페니아는 어김없이 찾아간다. 마찬가지로 사람이 모인 곳에 권력이 있고 권력이 있는 곳에 커뮤니케이션이 활성화된다면, 조선시대의 제한된 직위는 커뮤니케이션 활성화의 촉진제가 되었다.

사회의 변혁론이 고개를 들었다. 조식(曺植, 1501~1672))은 경세론(經世論)으로 더 이상 신분사회가 아닌, 시장사회를 「무진년에 올리는 봉사」(선조 1년)에서 건의했다. 그는 "예로부터 권신으로서 나라를 마음대로 했던 일이 있이 있기도 하였고, 척리(戚里, 장안의 친인척)로서 나라를 마음대로 했던 일이 있기도 하였으며, 부인과 환관으로서 나라를 마음대로 했던 일이 있기도 하였습니다. 그러나 지금처럼 서리(胥吏)가 나랏일을 마음대로 했던 일이 있었다는 것은 듣지 못했습니다."라고 했다.[35]

백성들은 더 이상 조정에 먹고 사는 일을 의탁하지 않게 되고, 사상(私商)들이 늘어만 가는 분위기였다. 관리는 그 상행위를 방해한 것이다. 그 때 관리의 농간이 서리망국론으로 이어졌다. 그러나 결론적으로 볼 때 조정은 직분에 만족한 나머지, 시장사회로 가는 길목을 막고 있었다.

그 구체적 예로 민간 조보의 인쇄가 문제가 되었다. 『선조수정실록』은 '조보

---

34) 조식, 「을묘년에 사직하는 상소문〔을묘사직소(乙卯辭職疏)〕」, 1555, 명종 10년 10월 11일; 조식, 『교감 국역 남명집』, 1995, 경상대남명학연구소, 243; 그는 이 상소 이후 「무진년에 올리는 봉사」에서 서리(胥吏) 망국론을 폈다. 서리는 상인들의 상업 행위를 관할했다. 서구에서는 제3계급으로 이런 상행위를 맡았으나, 조선은 여전히 관리가 관할을 했다.

35) 조식, 1568년 선조 1년 5월 26일; 조식, 1555: 251; 조맹기, 2018: 71.

(朝報)를 사적으로 인출하는 일을 금지하였다.'[36] 이에 앞서 서울에 사는 놀고먹는 식자들이 중국에서 통보(通報)를 모두 인출한다는 소문을 듣고 그것을 모방하여 조보를 인출해 판매하는 생계의 밑천으로 삼으려는 정부와 헌부에 정소(呈訴)하였는데 모두 허락했습니다. 그러자 기인(其人; 고려 초기에 서울 각사(各司)에 뽑혀 와서 볼모로 있던 향리(鄕吏)의 자제)들이 활자를 새겨 조보를 인쇄해서 각사(各司)에 판매를 하니 사대부들이 모두 편리하게 여겼다. 그런데 시행한 지 두어 달 만에 성상이 우연히 보고 진노하기를, '조보를 간행하는 행위는 사국(史局)을 사설한 것과 무엇이 다른가. 만약 다른 나라에 유전(流傳)되기라도 한다면 이것은 국가의 나쁜 점을 폭로하는 행위가 될 것이다.'하고, 대신에게 묻기를, '누가 이 일을 주장했는가?' 하자, 대신들이 황공하여 명백하지 않는다는 말로 아뢰었다. 그러자 기인을 금부에 내려 제일 먼저 주창한 사람을 찾아내서 극형에 처하고자 하였다. 그러나 기인 등이 여러 차례 형신을 받으면서 자복하지 않았다. 대신과 대간이 다시 그들을 위하여 변리(辨理)하니 비로소 형을 정지하고 먼 지방으로 유배하라고 명하였다."라고 했다.[37]

신분사회의 맹점이 민간 조보의 발행에서 가감없이 노출된 것이다. 권력을 가진 자는 항상 주변을 견제하며 고집이 세고, 의심이 많아지고, 고독하게 된다. 기득권을 가진 층은 권력을 유지하기 위한 그 굴레에서 벗어날 수 없었다. 같은 맥락으로 사화에서 보듯이 언론 3司의 기능 강화에도 불구하고 왕에 대한 3사의 도전은 허용되지 않았다. 그렇다면 3司의 기능도 왕권을 강화하고 왕의 권위를 높이기 위한 수단에 불과하다.

---

36) 壬午朔/禁私印朝報。先是, 京中識字游食之人, 聞中朝通報皆印行, 欲倣倣印出朝報, 賣以資生, 呈訴于政府、憲府, 皆許之。其人等, 乃刻活字, 印朝報, 賣于各司及外方邸吏, 士大夫見者皆便之。行之數月, 上偶見之, 震怒曰: "刊行朝報, 與私設史局何異? 若流傳他國, 則是暴揚國惡也." 問于大臣曰: "誰主張此事乎?" 大臣惶恐, 辭不明白以啓。乃下其人于禁府, 推究倡首, 欲加極刑, 其人等累受刑不服。大臣、臺諫復爲辨理, 始命停刑, 長流遠方。蓋大臣、臺臣, 初不歸罪於己, 而朦朧救解, 故有此失刑之擧, 識者恨之(『선조수정실록』12권, 선조 11년 2월 1일 임오 1번째 기사)。

37) 『선조수정실록』 12권, 선조 11년 2월 1일 1번째 기사

6. 직분 강화의 유교적 인간관계

사당(書堂)과 사당(祠堂)의 개념을 겸한 서원(書院)이 중종 38년(1543)부터 사액서원화(賜額書院化)함으로써 붕당의 온상이 된다. 사당에 모시는 유패는 수호신 성격을 띠고 있으므로 주자가례(朱子家禮)에서 죽은 자의 섬김을 산사람의 연장선상에서 孝로 여기는 것과는 거리를 둔다. 효에서 발생하는 의무정신(義務精神)·보은사상(報恩思想)은 부자간에 '친(親)'이 일어나게 하며, 군주와 신하 간에는 '의(義)'가 있게 하고, 그 정신이 직분으로 나타날 때 질서 있는 사회 구조가 형성된다. '군군신신부부자자'의 직위·직분으로부터 발생하는 의무정신은 주인정신(主人精神)을 잉태할 뿐 아니라 사회 내에서 진정한 커뮤니케이션을 싹트게 한다.

다산(茶山)은 '나라를 잘 다스리고 백성을 편안하게 한다'라는 경세제민(經世濟民)에서 직분의 개념을 활성화시켰다. 진정 애민, 위민, 민본 등이 회자된다. 그는 『경세유표(經世遺表)』에서 사회정책론, 국가경영론을 집중적으로 다룬다. 다산은 직분에 따른 사회 분업론을 주장했다.

경험론자인 다산은 "『경세유표』에서 현실의 법질서를 초월한 국정 일반의 개혁 지침으로 '나라의 근본을 밝히고 관서를 설치하고 직책을 나눈 것이 조리가 정연하이 천연히 한 왕국의 제도를 갖춘 것이죠.'"라고 했다.[38]

다산은 경험적 인식론을 언급했다. 더 이상 주자학적 이념의 포로가 된 것을 원치 않았다. 그는 직위보다 직분에 더욱 관심을 가진 것이다. 일을 통한 행복을 우선시했다. 마치 정암 조광조가 도를 왕 위에 위치시키는 행위와 같다.

사람의 이념과 더불어 감성도 같이 수용할 수 있다는 논리이다. 불변하는 진리의 절대성을 이야기하는 것이 아니라, 레토릭의 가능성도 언급했다. 실사구시(實事求是)만 작동한다면, 신분 사회가 아닌, 시장사회도 가능하다는 논리이다.

맹자가 "성(性)을 논하면서 반드시 기호(嗜好)를 가지고 설명한 부분에 동류(同類), 상사(相似), 동기(同嗜)를 근거로 성기호설(性嗜好說)로 성인과 일반사람과 기

---

38) 안병직, 1986: 43; 조맹기, 2015,: 139.

호가 서로 같은 무리임을 강조하면서 '입의 맛에 대하여 기호가 같고, 귀가 음악에 대하여 기호가 같고, 눈이 색에 대하여 좋아하는 것이 같다.' 인성동기론(人性同嗜論)은 에덤 스미스의 도덕감정론의 동감 개념과 유사하다."라고 했다.(전성호, 2012년 여름: 302)

구체적으로 논의하면 "인간신체의 얼굴에 위치한 입(1)과 귀(2) 눈(2)과 코(2)의 칠혈(七穴)의 감각기능을 주관하는 심(心)도 얼굴과 마찬가지로 7규(竅)를 가지고 있는 것을 먼저 설명함으로써 인간이 동물과 다른 생명체로서 감각의 조화를 효용의 중심으로 관계를 규정하여 … 감성의 조화로운 작용을 강조한 성기호설을 제시하고 있다."라고 했다.(전성호, 2012년 여름: 301)

감성을 이성의 영역으로 끌고 온 다산은 그 전제를 언급했다. 그는 "근본적으로 원시유학은 본연지성(本然之性)과 기질지성(氣質之性)을 분리해서 보지 않고 서로 보완 관계로 본다. 더욱이 기질지성의 경우 과(過)와 불급(不及) 사이에 자신의 경험 세계가 펼쳐진다. 자유의 영역도 다름 아닌, 기(氣)가 작동하여 이(理)와 어우러질 때 나타난다.

다산은 기(氣)의 영역을 확산하여, 경험의 세계를 확장시킨다. 경험론은 확률론적으로 접근하면 얼마든지, 이(理)의 영역을 확보할 수 있고, 타인과 동감을 이룰 수 있다. 다산은 조식(曺植)의 학습방법으로 경서(經), 역사(史), 성현(子), 시문(集) 및 천문, 지리, 의방(醫方), 수학(數學), 궁마(弓馬), 진법(陣法) 등 다양한 이념과 실용서적 등까지 논의한 것을 넘어서, 인식론적 다원성을 언급했다. 물론 조식은 「신명사명(神明舍銘)」에서 귀, 눈, 입에 대장기(大壯旂)를 세워 감정(氣)을 통제하고, 기미(幾微)를 살피도록 했으나,(조식, 1568: 128) 여전히 그는 사변적이어서, 기(氣)의 수용에 다산만큼 철저하지 못했다.

한편 다산에게 진정한 커뮤니케이션은 발신자가 지니고 있는 일부를 수신자에게 주는 것이 아니라, 발신자의 전부를 수신자에게 줌으로써 일어난다. 다산이 이해한 주자학(朱子學)은 직위·직분·의무정신이 갈등 관계에 놓일 때 의무정신을 먼저 택하고, '극기복례(克己復禮)'가 이루어짐으로써 주인 정신이 싹튼다. 주인 정신의 싹틈에 따라 인간 존중이 이루어지고, 다양성이 보장된다.

이러한 바탕 위에서 직위와 직분 관계가 갈등 관계에 놓인다면 당연히 직분이 우선을 차지한다. 그렇다면 인사 정책에 집중된 사헌부의 직분은 논집시정(論執時政)·정풍속(正風俗)·신면억(伸冤抑)·금남위(禁濫僞) 등 본연의 것으로 분산될 수 있다. 의무정신·직분이 그 기능을 다할 때 사회 내에서의 원활한 인간관계, 혹은 원활한 커뮤니케이션이 가능하다.

언론 3司의 직분 개념은 왕의 전제를 제어하고, 의정부 및 6조(曹)의 의결 집행 기관과 견제, 균형을 갖도록 하였다. 간관은 생활 주변의 부조리한 요소를 제거하여, 관료의 위계질서를 확립하고, 왕의 자의적 행위를 견제하며 유교 국가의 군주로서 덕치(德治)에 이르게 하는 언론이었다. 대관은 대신(大臣)의 권한을 상호 조정함으로써 국정의 건전한 운영과 왕권 안정을 도모하였다. 홍문관(弘文館)은 인재 양성, 문풍 진작 등을 통하여 정치·제도·문화·사상적 유교 국가로서의 이념을 바로 세우는 기여를 한다. 그러나 언론 3司의 이러한 직분 개념은 인간관계로부터 발생하는 직위 개념만의 강조로 인해 종종 사장되곤 한다. 직분은 주인 정신을 발휘시킬 뿐 아니라 또 다른 직위를 개발하기도 한다.

직분은 물질적 근거를 창출할 수 있는 가능성을 내포하고 있다. 그러나 인간관계의 강조는 개인의 자유를 제약하고, 직위 자체만을 중요시하는 경향을 보이기 쉽다. 홍문관은 대간원으로 자리바꿈을 원했고, 사간원은 인사 정책에 대해 지나치게 민감했다. 이러한 상황에서 커뮤니케이션 개념은 오직 권력을 분배하는 과정으로 묘사되고, 직분과 의무정신의 개념은 퇴색된다. 직위가 제한된 상태에서의 커뮤니케이션의 집약적 활성화는 곧 사회 갈등을 유발시킨다.

주자학을 바탕으로 한 사림파의 등장은 '효제충신지학(孝悌忠信之學)'과 더불어 의무정신의 활성화를 촉진시킨다. 그러나 결국 도학자도 유교적 인간관계에 과도하게 관심을 보임으로써 직위를 갖는 과정에 몰두하게 된다. 주자학의 '중심 지향적 사고'는 세속화(世俗化) 차원의 사고로 변한다. 신분사회가 시장사회에 이전된다. 말하자면 군주는 군주로서 직분을 다하고, 신하는 신하로서, 아버지는 아버지로서, 아들은 아들로서 주어진 위치에서 상호 공존의 원리를 실천하지 못했다. 즉 맹자(孟子)의 하늘에서 부여하는 천작(天爵)과 인간의 노력으로 이루어지는 인작(人爵)이 함께 공존하지 못한 상태이다. 혼란과 갈등은 하늘, 땅, 인간을 묶는 관계성 속에서 모든 질서가 이루어진다는 주자학의 근본 원리 자체가 무시된 결과이다.

참고문헌

『경종실록(景宗實錄)』卷3, 경종 원년 5월 을축조(乙丑條).

고창훈, 「한국행정의 실천사상에 관한 연구」, 고려대학교 대학원, 1990.

김상웅, 『한국 민주사상의 탐구』(서울: 일월서각, 1985) p. 29.

김상용, 『한국 민주사상의 탐구』(서울: 일월서각, 1985).

김영율(金永律), 『상소문』(서울: 어문각, 1984).

김용덕, 「향약신서(鄕約新論)」, 『조선후기 향약연구』(서울: 민음사, 1990).

김원각(金圓覺), 『임금님께 고함』(서울: 도서출판 부름, 1982).

목정균(睦貞均), 「조선전기제도언론연구(朝鮮前期制度言論研究)」(서울: 고려대학교 민족문화연구소 13, 1985).

박용운(朴龍雲), 『고려시대 대간제도 연구』(서울: 일지사, 1987).

윤병희, 「조선 중종조 사풍과 소학」, 『역사학보』 103, 1984, p. 64,

윤희구(尹喜求), 『전고대전(典故大方)』, 1924.

이근무(李根茂), 「사회조직과 헌신, 일의 의미」(2), 김채윤(金彩潤) 엮음, 『사회구조와 사회사상』(서울: 심설당(尋雪堂), 1986).

ㄱㄴㄷㄹ, 「전통적 사회구조와 권위주의적 요소」(1), 『아주사회과학논총』, 1987.

이기백(李基白), 『한국사신론(韓國史新論)』(서울: 일조각, 1986).

이상희, 「조선조사회의 언로현상연구」, 『한국의 사회와 문화』 10, 한국정신문화연구원, 1989.

이우성(李佑成), 『한국의 역사상』(서울: 창작과비평사, 1983), p. 258.

이익(李瀷), 『성호사설(星湖僿說)』 권(券) 19.

이재호(李載浩), 「이조 대간의 기능의 변천」, 『부산대학교 논문집』 4, 1963.

이태진(李泰鎭), 『한국사회사연구(韓國社會史研究)』(서울: 지식산업사, 1986).

이전문(李銓文), 『왕조시대의 언로』(서울: 사회발전연구소, 1986).

이홍열(李洪烈), 「대간제도의 법제사적 고찰」, 『사총』 1960.

윤병희(尹炳喜), 「조선 중종조 사풍과 소학」, 『역사학보』 103호.

『전고대방(典故大方)』 卷四, 1924년.

정진석, 「언론인, 사학자, 민주화 투쟁의 거목, 천관우 선생」, 『거인 천관우』, 일조각, 2011, p. 38.

조맹기, 『한국근대 언론 사상과 실학자들』, 2015, 커뮤니케이션북스.

조혜인, 「한국의 사회조직과 종교사상」, 『한국사회연구회 논문집』 17, 한국사회사연구회, 1990.

주자(朱子), 이기석(李基奭) 역해(譯解), 『소학(小學)』(서울: 홍신문화사(弘新文化社), 1982).

최승희(崔承熙), 「집현전연구」(상), 『역사학보』 32, 1966.

ㄱㄴㄷㄹ, 「집현전연구(하)」, 『역사학보』 33, p. 967.

ㄱㄴㄷㄹ, 『조선초기 언관, 언론연구』(서울: 서울대학교 출판부, 1989).

최정태(崔貞泰), 『한국의 관보』(서울: 아세아문화사, 1992).

Littlejohn, Stephen W., Theories of Human Communication(3ed)(California: Wadsworth Publishing Company, 1989).

Park, Pong Bae, "A Communication Ethic from the Standpoint of Asian Theology," The CBS Consultation on Communication Ethics From East Asian Perspectives, 1992.

Bond, F. Fraser, An Introduction to Journalism(New York: Macmillan Co., 1945).

Tang Chun-I, "The Spirit and Development of Neo-Confucianism," Inquiry 14, 1971.

제2장
초기 정론지의 언론활동(1883~1910)

1. 정론지 연구의 필요성

신문은 사회 내의 커뮤니케이션 활성화에 도움을 주는 기구이자 도구이다. 「독립신문」은 커뮤니케이션 수단으로서의 기능을 사설에서 논했다.

정부에서는 빅셩의 일을 알게ᄒ고 빅셩은 정부에 일을 알게ᄒ야 정부와 빅셩이 서로 통정ᄒ거드면 정부에셔는 빅셩을 도와줄 싱각이 스ᄉ로 싱길 거시요 빅셩은 정부를 ᄉ랑ᄒᄂᆫ ᄆᆞᄋᆞᆷ이 싱길거시라 정부에서 죠치안흔 일을 ᄒ든지 죠흔 일을 아니ᄒᄂᆫ거슨 빅셩의 ᄉ졍을 몰으ᄂᆫ 연고요 빅셩이 정부를 의심ᄒ고 명령을 좃지 아니ᄒᄂᆫ거슨 정부를 몰으ᄂᆫ 연고러라.(「독립신문」, 1896. 04. 16.)

시대사적으로 볼 때 「독립신문」이 당면했던 과제인 정부와 백성 간의 커뮤니케이션 활성화가 한말의 당시 상황으로서는 절실한 것이었다. 정부와 동학군 간의 불신으로 서로의 커뮤니케이션은 점차 왜곡되었다. 한말의 식자나 엘리트들은 독창적이고 주체성 있는 정치 역량을 발휘하는 것을 갈망했다.

고종 12년 운양호사건(雲揚號事件) 이후 끊임없이 압박해오는 대외 통상 압력, 그리고 국운이 침몰하는 과정에서 독립의 필요성은 관리와 백성에게 중요하게 인식되었다. 당시 모든 인민들에게는 '독립'의 이념적 성향으로부터 '개화(開化)', 개화파(開化波)란 당파가 존재했다.(이규태, 1968: 38)

당시 개화사상은 주체 사상과 직결되어 중요시되었지만, 1백 년이 지난 지금은 식자·엘리트, 그리고 인민들은 더 이상 개화·독립 등의 용어를 쓰지 않는다. 군주제 하에서 민권·민족 사상의 고취, 내정의 개혁, 민심의 개혁 등 부르주아 민주주의의 문제가 형식적으로 해결되었으며, 다른 것은 미진한 상태에서 부분적으로 변화되고 발전되었다. 이런 변화와 발전을 통해 현재 문제성의 실마리를 찾을 수 있다.

김영삼(金泳三) 문민정부 이후 정보에 대한 개념의 난립은 현재의 과제를 크게 부상시켰다. 세계화 정책에 걸맞게 정보가 무분별하게 취사선택할 여지도 없이 물밀듯이 밀어닥쳤다. 이 같은 정보의 난립 상태는 독립적 개화, 주체적 개화란 측면에서 1백 년 전의 것과 비교하여 볼 때 오히려 퇴보하고 있다. 긍정적 측면에서 현대 언론의 환경 감시 기능은 과거보다 강화되었으나, 과거와는 달리 오락 기능이 비대화되었다. 즉 정보 추구를 통한 개화사상은 현대 언론이 더욱 발전된 형태를 취하고 있으나, 신문의 주체성과 정체성·정론성은 오히려 퇴보하고 있다.

현대 부르주아 신문은 생존 전략으로써 환경 감시, 사회 제도의 연결, 사회화, 그리고 오락 기능을 중시한다. 결과적으로 보면 생존을 위한 환경 감시와 오락 기능이 지나치게 부각되어, 과거와 비교할 때 사회의 각 분야를 연결시키는 기능과 사회화 기능은 오히려 퇴보를 가져왔다. 환경 감시와 오락 기능의 강화는 신문의 고유한 색깔을 모호하게 하며, 잡다한 양의 정보가 독자를 소화 불량증에 걸리게 한다. 언론인은 기사 선택의 기본 원리마저 망각하기 시작했다.

경(經)은 세(世)에 휘둘렸다. 현대신문은 사실의 정확성, 공정성, 객관성, 독립성 등으로 경험세계를 과학화하지만, 그것도 파편화된 이념을 주입시킴으로써, 오히려 혼란스런 정파성이 주류를 이룬다. 이 정도에서 끝나지 않고, 선전·선동으로 진실에 눈을 감아버린다. '가짜뉴스'의 정도가 심하다.

뿐만 아니라, 신문은 제 나름대로 색깔을 내지 못하며, 모든 범위를 취재·게재 영역으로 선택함으로써 신문사 간의 차별성이 없어져버렸다. 품격이 말이 아니다. 같은 유형의 기사를 여기저기 어떤 원리도 없이 선택하고, 취재 행위는 패거리 언론의 수준을 벗어나지 못하며, 독자도 무차별 선택하는 풍습이 만연되고 있다.

각 출입처는 동일한 정부 발표 내용을 얻기 위해 모여든 기자로 가득 차 있다. 독점적 지위를 누리고 있는 연합통신의 존재를 무시한 셈이다. 취재와 독자의 선택에 실패한 신문은 각사마다 공공연한 출혈 경쟁을 일삼음으로써 독자는 멀리 떨어져나가고 있다.

　삶의 방향을 잃은 국민은 불안해지고, 인간의 열정과 정념이 판치면서 사람들의 마음은 각박해지며, 미래 개척에 둔감해졌다. 흑백논리가 난무하고, 이성적 사고는 방향을 잃게 되자, 국민의 품격과 삶의 질에 대한 문제제기는 뒷전으로 밀려나고 있는 실정이다.

　하루하루 접하는 독자의 정보량은 엄청나서 그 정보를 소화하느라 모두들 중병을 앓고 있다. 신문의 사시와 방향의 부재함은 독자들의 방향 설정을 가로막는다. 신문은 경세(經世)적 판단이나, 가치판단이 명료하지 않다.

　이 같은 사회 분위기에 위기감을 느낀 한국신문협회·한국신문방송편집인협회·한국기자협회 등 주요 언론 단체가 공동 발기하여 1996년 4월 8일 신문윤리강령과 신문윤리실천요강을 개정했다. 개정한 '신문윤리강령'의 신문윤리실천요강 제9조, 평론의 원칙 제1항(논설의 정론성)은 "사설은 소속 언론사의 정론적 입장을 대변해야 하며 (……)," 제2항은 "사설 등 평론은 실정법을 위반하지 않는 한 특정 정당 또는 특정 후보자에 대한 지지 또는 반대를 표명하는 등 언론사의 정치적 입장을 자유로이 표현할 수 있다"로 규정했다. 그러나 신문윤리강령의 제정에 앞서서 정론지(政論紙)[39]에 대한 구체적 단어 규정이 없으며, 윤리강령의 윤리도 문제시되고 있다. 국가의 우선되는 형성 조건은 종교·윤리·법·사회 제도, 그리고 개인의 삶이 동일 선상에서 논의되어야 한다. 그러나 윤리강령의 윤리는 아직도 서구의 객관 보도라는 미명 아래 직업윤리만을 강조한다. 객관 보도는 이데올로기화되고 있으며, 직업윤리는 국민의 삶의 의미, 가치 등의 요소를 제외시킨다.

　본서는 역사적 현실에서 현재 문제점의 실마리를 푸는 데 관심을 집중시키고 있다. 이 장에서는 초기 신문들의 정론적 성격을 규명함과 더불어, 당시 신문의 갈등적 상황을 기술하도록 하겠다. 특히 당시 신문의 가장 현저했던 정론적 경향,

---

39) 정론은 '정치에 관계되는 언론'(한글학회, 1992: 3657)으로 규정하는데, 영어에서 신문의 정론성 (partisan)은 '당파성의' '당파심이 강한' '특정한 당파'(사람 따위)에 편중된다.(The Random House Dictionary of the English Language, / 랜덤하우스, 『영한대사전』, 시사영어사, 1993: 1678)

시대별 사상의 변화 등을 중점적으로 서술할 것이다. 그리고 이것은 「한성순보」, 「한성주보」, 「조선신보」, 「한성신보」, 「독립신문」, 「협성회회보」, 「믜일신문」, 「뎨국신문」, 「황성신문」, 「대한매일신보」 등에 관한 기존 연구를 바탕으로 전개시켜 나갈 것이다. 그 동안 국내 역사학계와 언론학계에서는 각 신문에 대한 특성 연구를 해석, 재해석하기도 했다. 그러나 시대별로, 혹은 각 신문에 대한 사회사상 연구는 흔하나 정론지에 관한 연구는 아직까지 이뤄지지 않고 있다. 기존의 연구와 구별하여 본 연구는 정론지의 최초의 신문을 「한성주보(漢城周報)」로 간주하고, 지금까지 관보의 수준에서 연구를 소홀히 한 주보에 관심을 가진다. 아울러 기존 연구는 서재필(徐載弼)의 「독립신문」을 민간지로서의 의미를 과대 포장하고 해석해왔으나, 여기서는 정론지적 측면에서 이 신문을 시대적 맥락으로 해석할 뿐이다. 「한성주보」의 제작진이 관리로 구성되었다고 해서, 그 신문의 특성이 희석되어야 한다는 논리는 받아들일 수 없다.

설령 「독립신문」이 민간인에 의해서 제작된 것이라고 하더라도 「독립신문」은 자치 조직을 갖지 않았다. 당시 서구적 '환경 감시 기능'을 충실히 수행한 좀 더 발전된 일인 신문이 부산·인천·한성 등에서 이미 발행되었다. 그러나 독립협회와 운명을 함께한 윤치호(尹致昊)의 「독립신문」이 정론지의 완성으로 간주된다. 초기 이러한 정론적 성향은 「협성회회보」, 「믜일신문」, 「뎨국신문」, 「황성신문」 등에서 면면히 승계되었다.

본서의 정론성(政論性)은 유교적 속성에서 출발한다. 독립협회의 '회(會)'는 서구의 물질을 추구하는 사회단체에서 비롯하지 않았다. 즉 어떤 정당의 기관지, 제도로서의 언론 등 서구적 개념에 근거하진 않았다. 전통유학(傳統儒學)은 모든 사회문제를 정치로 해석하는 한국적 속성 때문에 '회'는 애초부터 정치색을 다분히 띠고 있었다. 그러므로 초기 신문이 '회'와 관련되어 발행될 때, 이는 당연히 정론지이다. 또한 여기서 정론성은 정통 유학에 근거하여 문제의 실마리를 풀어감으로써 근본 사상을 유학에 두고 있다. 신문을 제작하는 주체가 무슨 사상을 가지고 있는지가 본서의 주요 관심사인데, 유교를 중심으로 위정척사파(衛正斥邪派), 개화파, 급진 개화파, 개신 유학자 등이 정립되고, 이 사상이 결국 신문에 반영되었다고 본다. 그렇다면 개화파의 사상이 주의주장으로 확고하게 자리를 잡은 신문은 「한성주보」이며, 급진 개화파의 경우는 윤치호의 「독립신문」이며, 「황성신문(皇城新聞)」에는 개신 유학자의 사상이 잘 반영되었다.

본서는 정론지의 성향을 분석하기 위해 개화파의 「한성순보」, 온건 개화파의 「한성주보」, 서재필의 「독립신문」, 윤치호의 「독립신문」, 급진 개화파의 「협성회회보」와 「미일신문」, 정체성 위기의 「뎨국신문」, 개신 유학자의 「황성신문」, 러일전쟁 이후 「대한매일신보」 등의 순서로 나열했다.

2. 정론지의 발아

1) 개화파의 「한성순보(漢城旬報)」

「한성순보」는 관보형식을 갖고 있었다. 관보형식의 「조보(朝報)」는 언제부터 발행되었는지 명확하지 않다.(최정태, 1992: 15.) 중종 15년(1520) 3월에 사록(司錄)을 승정원(承政院)에 두었다.〔『중종실록(中宗實錄)』권(卷) 15년 3월 갑인조(甲寅條)〕 "사록 상임이 승정원이고, 이로써 조보를 유통했다(司錄常任于承政院 以通朝報)." 란 표현이 있다. 전술했듯 승정원에서 승지(承旨) 6명은 육방(六房, 吏, 戶, 刑, 禮, 兵, 工)을 분담하여 왕명의 하달과 하의상달을 위하여 날마다 문서를 취급하고 사건을 일기(日記)에 기록하였다.

조보, 경보(京報), 기별, 저보(邸報) 등으로 불렸는데, 이는 국왕의 조칙(詔勅), 비답(批答), 윤음(綸音) 등 조정의 동정을 알렸고, 관리임면(官吏任免) 등 인사사항과 지방관리의 상계(狀啓) 등을 포함했다. 당시는 필사(筆寫)로 작성되었으나, 선조(宣祖, 10년 1577년) 때 발행한 민간 조보는 활자로 인쇄하였다. 당시 민간 유지들은 조정에서 발행한 「조보」를 본떠서 따로 「조보」를 발행했다. 그들은 민간 각계각층에 독자를 두고 매이자생(賣以資生)을 시도했다.(최준, 1993: 4) 민간인들은 날마다 조보를 인쇄하여 그 구독료로써 생계를 꾸려갔던 것이다.

선조는 민간 인쇄 「조보」를 강압하였는데, 그 이유로 "이웃나라에 흘러나가면,

나라의 좋지 못한 것을 폭로한다."라고 했다.

그 후 「조보」는 계속 발행되었으나, 1894년 2월 21일(음), 갑오경장으로 승정원이 폐지되면서 종적을 감추었다. 조선시대는 「조보」의 폐간과 더불어 곧 종말을 구한다.

19세기말 서구의 자본주의사상이 동양으로 급습했다. 이러한 서구 사상의 도전에 반해 조선에서는 세 가지 사상이 대립하고 있었다.(신용하, 1978. 11: 300~310) 즉 동학파·개화파·위정척사파의 사상이 공존 및 갈등하고 있었다. 중인 출신 최재우(崔濟愚)의 동학사상(東學思想)은 '보국안민 광제창생(輔國安民 廣濟蒼生, 나라에 도움을 주고, 국민을 편안하게 하고, 백성을 넓게 구한다)'의 맥락을 유지하는데, 여기서 창생은 농민층을 지칭했다.

동학당은 '천인합일 인내천(天人合一 人乃天)' 사상으로 농민들과 부녀자들에게 다가갔다. 사람이 곧 하늘이다. 천부인권사상의 편린을 찾을 수 있다. 그들은 오로지 손과 발을 생존 무기로 하는 사회 계층으로서 1894년 동학혁명을 일으켰다.

한편 동학당이 손과 발만의 계층이라면 위정척사파(衛正斥邪派)는 개화가 진행되던 1882~1905년에 기득권을 가진 민씨(閔氏) 중심의 집권 세력이었다. 그들은 신유학의 주자(朱子)를 신봉하여 '결인심(結人心)'에 관심을 갖고 그것만을 '정(正)'으로 여겼다. 정심(正心)이 요체이다.

집권세력은 두뇌와 조직을 가진 양반 지배층으로 그들의 기득권을 끝까지 옹호하려는 세력이었다. 이들은 서구인들을 '기기음교(奇技淫巧)'[40]로 기묘하고 음탕한 기질의 소유자이며, 기술을 가진 자들로 규정했다.

'위정척사파'의 무능함을 공격하고 나온 '개화파(開化派)'는 서구의 과학기술, 상업과 민권 사상을 과감하게 받아들이며, 입헌 군주제의 채택을 주장했다. '급진' 개화파는 일본에 자주 드나들던 통조사(通度寺) 중 김동인(李東仁)으로부터

---

40) 서양의 문물을 기기음교(奇技淫巧)로 표현했는데 조선시대에는 『서경(書經)』의 완물상지(玩物喪志)로 그 뜻을 원용할 수 있다. 이는 물건에 애착을 가진 나머지 마음이 혼미해짐을 이야기한다. 그 어원은 주(周)나라를 세운 무왕(武王)에게 서역에서 진귀한 개 한 마리를 보내 왔을 때, 신하(臣下)인 소공(召公)이 무왕(武王)을 훈계(訓戒)하여 완물상지라는 말을 했다.

『만국사기(萬國史記)』 등 외국 서적을 소개받고, 봉원사(奉元寺)·영도사(永導寺) 등
지에서 모여 개화에 대한 이야기를 나눴다. 이들 개화파 지식인은 일부 양반 출
신과 청년 지식인 등을 사상적 협조자로 포함시켰다. 개화파는 민란과 동학의 움
직임에 민감했으며, 그들을 대변할 실학사상(實學思想)에도 관심을 가졌다.(김영모,
1982: 42)

이승만(李承晩, 1875~1965)·박정희(朴正熙, 1917~1979) 등 대한민국 현재의 보수
세력의 가치체계이다. 개화사상은 실학파와 연결되었다. 개화파의 거두인 박규
수(朴珪壽)는 실학파인 박지원(朴趾源)의 친손자이고, 핵심적인 개화사상가인 오경
석(吳慶錫)과 강위(姜瑋)는 실학파의 거두인 추사(秋史) 김정희(金正喜)의 문화생이
었다.(남시욱, 2012년 여름: 270)

엄밀하게 말하면 개화파에는 온건 개화파와 청년 지식인을 중심으로 한 급진
개화파(독립당)가 공존했다. 그리고 그들의 사상은 후기 개신유학자(改新儒學者)에
의해 전승되었다.

급진 개화파는 개화사상을 개화 운동으로 승화시키길 원했다. 그들이 사회 제
도, 특히 양반 계급의 존재를 부정하는 쪽이라면, 이에 대응한 온건 개화파는 '실
사구시'의 이론을 변화, 발전시켰다. 온건, 혹은 급진 개화파든 당시 농민들의 손
과 발의 역동성에 미치지 못하는 두뇌 회전에 그치는 공상적 사회 개혁자들에 불
과했다.

외국을 왕래하면서 개화에 일찌감치 눈뜬 젊은 개화파 유학자들은 서구 문물
과 더불어 신문의 필요성을 위정척사파에게 역설했으며, 마침내 조선 정부도 신
문의 중요성을 인정하기에 이른다. 중국식에 관심을 가졌던 수구파(위정척사파)는
「한성순보」를 발간할 기구를 중국식으로 개칭했다. 즉 그들은 중국의 동문관(同
文館)을 모방해 동문학(同文學)을 설치하고, 그 산하 기구로 박문국을 두어 신문을
발간했다.

한편 임오군란(壬午軍亂) 이후 일본에 파견된 3차 '수신사(修信使)'[41]가 1882년 8

---

41) 강화도조약(江華島條約)이 체결된 고종 13년(1876년 4월 23일), 조선 정부는 제1차 수신사 김기수

월 8일 일본으로부터 1883년 1월 6일 돌아왔다. 3차 수신사는 개화파가 주동이
되어, 금능위(錦陵尉) 박영효(朴泳孝, 1861~1939)를 정사(正使)로 김만식(金晩植)을
부사로, 서광범(徐光範)을 종사관으로 파견하였다. 이때 홍문관 교리(敎理) 김옥균
(金玉均)과 민 씨 일파의 실세 민영익(閔泳翊)은 별객으로 함께 떠났다.

돌아온 그들은 국정개혁안을 상주(上奏)하였는데, 그 내용은 ①청년들의 교육
을 장려할 것, ②한성에서 신문을 발행할 것, ③한성에서 군대를 조련할 것 등이
었다.(최준, 1993: 15)

당시 금능위 박영효는 일본의 '자유 민권사상'의 대표자이며, 언론인이었던 후
쿠자와 유키치(福澤諭吉, 1834~1914)[42]의 추천을 받아 경응의숙(慶應義塾)의 문하
생 우장탁장(牛場卓藏), 고교정신(高橋正信), 정상각오랑(井上角五郞) 3명을 동행하
여 귀국했다. 그들 중 정상각오랑은 「한성순보」 발행에 실제적인 측면에서 도움

(金綺秀)와 그 일행 75명을 일본에 파견하였다. 그들은 한성을 출발하여, 부산포로 가서, 일본 기선
고오류우호(黃龍丸)로 도일, 임무를 마치고 6월 28일 부산포에 귀환, 7월 21일 귀국 보고를 했다. 김
기수는 『일동기유(日東記遊)』라는 3권의 일본 기행문을 써서 당시 일본의 근대적 문물제도를 조선
에 소개했다. 3권 중의 「속상조(俗尙條)」에서 "신문은 날마다 조판된 글자를 인쇄해서 가지 않는 곳
이 없었다. 공사의 소식과 거리의 담설을 즉시 사방에 전한다. 그것을 만드는 자는 사업으로 간주하
고, 신문에 난 사람은 영욕으로 여긴다. 글자는 깨알 같아 정교함이 비교할 데가 없다. 대개 신문을 만
드는 사람은 활동을 좋아하고 가만히 있는 것을 싫어하여 일이 없으면 초조해 하고, 일이 있으면 기
뻐 날뛴다. 그러므로 작은 일을 보고도 눈썹을 치켜뜨고 몸을 흔들며 열손가락으로 긁되 어디가 가
려운지 알지 못하니 이것이 그들의 본성이라 하겠다(所謂新聞紙, 日築字揚印, 無處無之, 公私見聞,
街巷談說, 口津未乾, 飛傳四方, 爲之者看作事業, 當之者視以榮辱, 亦必字如荏細, 精工無比, 蓋其喜
動而惡靜, 無事悁悁, 有事則跳, 所以見小事, 眉飛而肉舞, 十指爬搔, 不知癢在何處, 是其素性然也)"
로 일본을 알렸다.(국사편찬위원회 편, 『수신사기록(修信使記錄)』[한국사총서 제9권], 서울: 국사편찬
위원회, 1958: 66; 차배근, 「개화기일본유학생들의 언론출판활동연구」(1), 서울: 서울대학교 출판부,
2000:05)

42) 후쿠자와 유키치(福澤諭吉)는 일본의 권위지 「시사신보(時事新報)」를 1882년 3월 1일 창간하고, 당
시 정론지 상황에 있는 다른 신문과는 달리 '불편부당(不偏不黨)'을 사시(社是)로 내세웠다.(채백, 「한
국 근대신문 형성과정에 있어서 일본의 역할에 관한 연구」, 서울대학교 대학원박사, 1990. 08: 70)
그는 1870년대 말 인민의 권리 운동에 앞장섰으며, 신문과 정치 선동을 통해 Rousseau, Locke,
Bentham, Mill, 그리고 The U. S. Declaration of Independence 등을 소개하였다. 그의 사상은 약육
강식의 법칙이 지배하고 있는 제국주의의 시대에 어떻게 하면 日本이 생존할 수 있을지에 집중되어
있다.(채백, 1990: 63~65) 당시 후쿠자와 유키치는 박영효에게 국문 전용 신문의 필요성을 강조했
다.

을 줌으로써 일본식 개화파의 실리론을 재확인했다.

후쿠자와 유키치는 당시 서양의 문물과 신식 학문을 실학으로 규정했다.[43] 즉, 자연과학을 가리키는 격치학, 농업·상업·공업·광업을 중심으로 하는 실업학, 법률·경제·정치학이 모두 실학의 범주에 들어갔다. 당시 실학은 경험과학으로 실험, 관찰, 분석 등으로 풀어간다. 그에게 조선 침략은 '개화' 뿐만 아니라, 실학으로 정당화시킬 수 있었다. 실학은 후쿠자와에게 일종의 과학(science)인 것이다.

한편 박영효는 실리론과 정치적 야망을 실현할 급진적 의도를 갖고 있었다. 한성판윤(漢城判尹) 박영효는 신문국을 한성부 산하에 둘 것을 구상하고, 한성부 신문국장정에 신문 창간에 관한 취의서(趣意書)를 각계각층에 올렸다.

신문지는 나라 안팎의 정치 사항을 작고 크고 가림 없이 실어 논하고 민간 사정을 멀고 가까운 것 가림 없이 주어 퍼뜨리는 고로 선을 권하고 악을 징하는 풍조가 저절로 유행하여 또 인민이 항상 정치의 득실을 따져 알게 하여 그 해로움을 없애고 그 옹졸함을 없애길 바라며 정부도 또한 시세의 옮김새와 민심의 움직임을 관찰하여 그 정치를 알맞게 개량하는 일을 얻으며 (…)(이규태, 1968: 38 재인용)

그러나 민(閔)씨 일파가 주도하는 수구파는 개화의 흐름이 중국의 질서 중심에서 크게 벗어남을 달가워하지 않았다. 당시 수구파는 역관(譯官)인 오경석(吳慶錫), 의관(醫官)인 유대치(劉大致, 鴻基) 등을 통해 청국에 유입된 서구 문물을 받아들이며, 「한성순보」의 제작진도 중국어 역관을 등장시켰다. 개화파의 정치 야망과 더불어 일본을 통한 문물의 유입론과 수구파의 청국을 통한 서구 문물의 입수라는 명목론이 서로 부응하면서 「한성순보(漢城旬報)」라는 산물이 생겨났다. 통리아문의 하부 기관인 외무아문에서 「한성순보」를 발행했는데, 당시 외무아문은 새로운 문물을 받아들임으로써 나라를 날로 혁신하며, 백성을 교화하여 나라를 안정

---

43) 「중앙일보」 배영대 기자는 "후쿠자와가 조선침략 이념을 실학으로 포장했고 「황성신문」은 '유학과 실학을 등치시켰다.' 즉, '유학하다. 실학하다.'라고 했다.(배영대, 「'개화' 주창한 후쿠자와, 조선침략 이념을 실학으로 포장」, 「중앙일보」, 2018. 07. 14.)

케 하는 의무를 지닌 부서였다. 그렇다면 신문은 세계 각국 근사와 과학기술이 포함되었고, 여전히 국왕 중심의 체제유지에 목적을 두고 있었다.

이를 위해 관리의 봉급은 통리아문이 담당하고, 그 외 일체의 비용을 한성부가 맡아서 처리하게 했다. 그러나 신문은 처음부터 난관에 부딪쳤다. 한성판윤 박영효가 광주 유수(廣州留守)로 좌천되어 잠시 동안 신문발행의 지체를 가져왔다.

곧 통리아문의 독판인 수구파 민영목(閔泳穆), 박영효와 동행하여 3차 수신사로 일본에 갔던 총재 김만식, 그리고 하급 무인 출신 강위(姜瑋)를 포함한 중인 출신 역관이 「한성순보」 창간에 참가했다.

「순보서(旬報序)」(한성순보, 1883. 10. 31.)는 중국의 고사를 인용하며 시작된다. 우(禹)의 구정(九鼎)과 주(周)의 관리(官吏)에 관해서 약점을 언급하면서, 조정(朝廷)의 뜻에 따라 통리아문(統理衙門) 박문국을 설치하고 관리를 두어 기관지 「한성순보」 를 발간한다는 뜻을 밝혔다. 당시 통리아문의 기관지는 곧 정부의 기관지를 의미한다. 그러나 통리아문 직속인 박문국의 「한성순보」이지만 그 내용은 개화파의 사상을 집결시키고, 선전하는 기구였다. 「한성순보」는 개화의 특수한 목적을 수행하는 조직인 것이다.

「한성순보」는 사회의 등불이요 인간의 거울이 된 것과, 또 포폄권징(褒貶勸懲; 시비선악을 판단함)하여 민중을 지도 계몽할 포부를 주장하였다.(최준, 1993: 18)

「순보서」는 당시 거유(巨儒) 김윤식(金允植)이 집필한 것으로 "'사람의 지식이 날로 높아가서 기선이 생기고 전신이 세계를 연결하게 된 시세를 말하고'(今風氣 漸闢 智巧日長 輪船馳駛環瀛 電線聯絡四土), '정부에서는 박문국을 만들어 외신과 국내 기사를 널리 실어 이를 국내에 전하는 보도기관의 필요성을 밝혔다'(朝庭開局 設官 廣譯外報 並載內事 頒示國中)"라고 했다.(최준, 1993:18) 이들을 종합하면 「순보서」는 신문 발간의 목적은 "①견문을 넓히고, ②국민을 교화하여 부국강병을 기함으로써 밖으로는 외모(外侮; 업신여김)를 막을 수 있으며, ③하의를 상달하고, ④ 상리에 도움을 준다."라고 했다.(정진석, 1992: 106)

「순보서」는 또 신문이 진보의 문화와 전반적인 개혁에 동참하기보다 세계 실정에 관한 정보를 제공함으로써 백성들의 올바른 정세 판단에 도움을 주길 바라고 있음을 밝혔다. 구체적으로 「한성순보」는 국내관보(國內官報)란에 칙유(勅諭, 임금이 몸소 타이른 말씀, 혹은 그것을 적은 포고문(布告文)) 및 의정부 이하 각부의 계상(啓狀), 국내사보(國內私報)에 사회면 기사, 각국근사(各國近事)에 외신과 정치 기사, 시직탐보(市直探報)에 물가 시세, 더불어 논설(論說)과 '집록(集錄)'⁴⁴ 등을 개설하였다. 이들로 당시 사회상을 반영한 것이다. 그러나 관이 주관하여 발행되는 신문이어서 여전히 국내 사보의 주요 기사거리의 민중 애환은 단지 잡기(雜記)에 그칠 수밖에 없었다.

당시 정치는 왕과 사대부, 유림들의 일상사가 됨으로써, 백성이 직접 참여할 영역은 아니었다. 지배의 형태도 가산제(家産制), 즉 왕토사상이 주류를 이뤄, 사회면 사건, 즉 백성 개인들의 흥밋거리는 뒤로 밀릴 수밖에 없었다.

물론 「한성순보」는 관보(官報)⁴⁵의 속성과 더불어 개화진취(開化進取), 민중계몽(民衆啓蒙)의 유교적 시대정신을 우선적으로 반영했다. 그 목적도 백성 민중의 계발(啓發)과 교도(教導) 기능에 두었다. 그렇더라도 「한성순보」는 관보의 답보적 기능에서 한걸음 벗어나 개화진취 사상을 담은 독특한 성격의 선전적 기능을 담당했다.

개화파의 우세가 고조해가던 차에 갑신정변이 일어났다. 물론 갑신정변은 1884년 12월 4일 우정국(郵政局) 개연식(開宴式) 때 일어났는데, 이 개연식은 최초의 통신혁명이었다. 그 혁명은 조선시대 파발(擺撥)·봉수(烽燧)제도를 혁신하고, 현대식 우편제도와 전신(電信)을 받을 준비를 한 것이다.

그 준비 작업은 그해 10월 1일(음력) 우정총국(郵政總局)이 생겨, 현대식 우체제도(郵遞制度)가 개시되었고, 우정규칙(郵政規則), 한성시내 우정왕복개설규법(郵政

---

44) 집록은 각국근사(各國近事) 중 사사 문제가 아닌 피처 또는 논문에 해당하는 것을 실었다.(최준, 1993. p. 18.)

45) '화병범죄(華兵犯罪)'의 보도가 1884년 1월 30일자 게재되자 청의 북양대신(北洋大臣) 이홍장(李鴻章)은 관보로서의 「한성순보」에 대해 항의했다.(최준, 1993: 19) 화병범죄는 종로 광통교(廣通橋) 옆 최택영(崔宅英) 씨의 약방에 청병이 약을 사러 왔다가 약포주의 자제를 발포, 살해하고 도주한 사건이다. 물론 약값을 지불하지 않아서 일어난 일이다. 이에 적반하장으로 한성주둔 청병영(淸兵營)에서는 박문국과 「한성순보」에 항의하고, 청정부에서도 조선정부에 책임을 물었다.

往復開設規法), 경인(京仁) 간 왕복규법(往復規法) 등이 제정 발포로 완료되었다.(최준, 1993: 45) 그러나 갑신정변으로 통신혁명은 1895년 6월 1일 신식 우체제도가 시행된 시기로 미뤄졌다. 한편 개화파의 도움으로 발행이 가능했던 「한성순보」는 갑신정변으로 그 수명을 단축했다. 청과 그들을 추종하는 세력으로부터 자주독립을 갈망했던 개화당(독립당)의 기세가 꺾인 셈이었다. 갑신정변이 실패하면서 박문국은 일본 앞잡이들의 소굴이라고 낙인이 찍혀 소실되고 말았다.

개화파의 젊은 김옥균·박영효·서광범(徐光範)·서재필(徐載弼)·홍영식(洪英植)·윤치호(尹致昊) 등과 더불어 일본에서 온 정상각오랑(井上角五郞)은 타국으로 피신했다. 즉 개화파에 의해 일어난 갑신정변은 3일 천하에 종지부를 찍고, 「한성순보」는 폐간의 길을 걷게 되었다.

법치보다 덕치(德治)를 앞세우고, 시스템보다 사람을 앞세우는 시대상황에서 갈등의 증폭은 예견되었다. 인치, 덕망, 명분은 그럴 듯하게 보였으나, 시스템과 법 체계를 초월한 야만의 권력은 계속 작동되었다.

그렇더라도 '개화 진취', '민중 계몽', '국가 발전' 등의 사상은 개화파의 몰락과 박문국의 소멸에도 불구하고 이미 사회 구석구석에 스며들어 있었다. 이들 사건 이후 서구와 일본의 개입은 노골화되었으며, 상품 생산의 발달로 사상(私商)이 발달하기 시작했다. 관상(官商)과 더불어 사상(私商)의 상거래 증가는 금속 화폐가 부족할 정도였다.

동학과 민중의 목소리가 점점 거세지고 '경국제민(經國濟民)'의 재야(在野) 지식인 목소리가 드높아갔다. 복잡한 형식의 상소문(上疏文)보다 간단한 '차자(箚子)' 형식의 정책적 대안들이 쏟아져나왔다.

유길준(兪吉濬, 1856~1914)이 정의한 '개화(開化)'[46]가 "인간의 모든 사회 현상이

---

46) 유길준은 최초의 일본과 미국 유학생이었다. 그는 일본에서 당대 최고의 문명개화론자였던 복택유길(福澤諭吉)의 지도를 받았고, 미국에서는 진화론을 주장한 생물학자 모스(Edward S. Morse)의 지도를 받았다.(이광린, 1981: 257~9) 유길준은 동경대 초빙교수로 온 모스를 만났다. 그는 일본에서 귀국하여 『경쟁론(競爭論)』을 집필했고, 미국에서 수학한 후 『서유견문(西遊見聞)』 책을 집필했다. 그는 진화론을 흡수한 10년 뒤 1890년 동학란, 갑오경쟁을 맞이했고, 인간사회의 약육강식(弱肉强食), 적자생존(適者生存) 원리를 목격했다. 그의 개화론은 다름이 아닌, 진화론에 기초를 두고 있음을 알 수

지극히 좋고, 지극히 아름다운 지경에까지 발전하는 것"(이광린, 1981: 80)이라고 한다면, 조정에서도 급진 개화파 개개인들의 문제였지 개화 자체가 문제될 것은 없었다.

개화를 적극적으로 권장하는 개화파의 후원자도 여전히 존재했다. 여행을 통하여 다진 국내외의 정황을 잘 아는 강위와 그 제자들은 개화이론을 직수입했다. 또한 북경에 열세 번이나 다녀온 오경석은 당시 조정을 움직이는 실력자가 되었다.

당시 중국은 서양의 자유사상을 활발하게 받아들였다. 청나라의 주도적 사상가 엄부(嚴復)는 1876년부터 1879년까지 영국 에딘버러 대학에 유학한 후, 헉슬리(Thomas Huxley)의 Evolution and Ethics〔천연론(天演論)〕, 스미스(Adam Smith)의 An Inquiry into the Nature and Causes of the Wealth on Nations〔국부론〕, 스펜스(Herbert Spencer)의 The Study of Sociology〔군학이언(群學肄言)〕, 그리고 밀(John Stuart Mill)의 On Liberty 등을 중국에 소개하였다. 더욱이 1859년 출판된 밀의 『자유론』은 『군기권계론(群己權界論)』, 즉 집단과 개인 사이의 권력 한계에 관한 글로 번역되었다.(황필용, 2003: 2) 당시 주류의 개화사상은 진화론이었는데 그 주요 용어는 물경천택(物競天擇), 적자생존(適者生存), 우승열패(優勝劣敗), 생존경쟁(生存競爭) 등이었다.(이광린, 1981: 263)

한편 박지원(朴趾源)의 손자 박규수(朴珪壽)·오경석(吳慶錫)·유대치(劉大致)·김홍집(金弘集)·김옥균(金玉均)·박영효(朴泳孝)·유길준(兪吉濬) 등과 개화사상에 동참한 온건 개화파 김윤식(金允植, 1835~1922)은 신문을 다시 발행할 것을 종용했다.

김윤식을 포함한 어윤중(魚允中)·김홍집(金弘集)·박정양(朴定陽)·김만식(金晩植)·장박(張博) 등 온건 개화파의 주장은 청국으로부터의 완전 독립을 지지하지 않았다.(이완재, 1989: 168) 그러나 중국을 중화(中華)로, 조선을 소화(小華)로 여기는 발상에 대한 거부감은 여전히 존재했다.

수구파의 '중체서용론(中體西用論)'의 주장은 어딘가 어색함을 감추지 않았고,

있다. 사회가 미개(未開)→반개(半開)→문명(文明)으로 진화한다는 것이다.

그 대신 온건 개화파는 '동도서기론(東道西器論)'이란 말을 통용했다. 당시 이들은 고정 관념에 사로잡힌 수구파의 힘보다는 더욱 신선한 재야 세력, 농민층, 부녀자들 등에 다가갈 구실을 찾고 있었다. 그들은 성종(成宗) 이후 영남학파들이 갈망했던 대간(臺諫) 자리와 같은 역할을 새로 발간할 한성주보에 기대했다.

박문국의 소실로 조정이 인쇄의 어려움에 처해 있을 때, 강위는 자신이 관여한, 인쇄 시설을 갖춘 광인사(廣印社)를 발간처로 점지했다. 학문적으로 걸출한 장박과 순보의 핵심 인물 오용묵·김기준·오세창 등이 참가했다.

2) 온건 개화파의 「한성주보(漢城周報)」

「한성주보(漢城周報)」[47]는 「주보서(周報序)」(「한성주보」, 1886. 01. 25.)에 다음과 같이 발행 이유를 기록했다.

"사람의 정(情)은 보는 바에 따라 옮겨감이 참으로 심한 것이로다. 과거 순보가 간행되지 않았을 적에는 불편한 것을 모르고 지냈더니, 순보가 간행되다가 중단되니 겨우 틔었던 이목(耳目)이 다시 어두워지는 것 같다"고 하며 모든 사람들이 간행을 바라고 폐간을 바라지 않았다.(윤주영, 1995: 99)

「주보서」의 복간 의도로 위로는 성의로 받아들였고, 아래로는 여론에 따른 것이었다. 그때 「주보서」는 여론을 걸러내는 매체로서의 국원(局員)의 직분과 의무를 공론화했는데, 그 구체적 내용은 국원들이 일을 부지런히 하여 충군애민의 도

---

47) 「한성주보」는 1886년 1월 25일 창간되어, 1888년 6월 6일 폐간되었다. 이 신문은 현재 종로구 경운동의 서울경운학교 부근이었다.(유석재. 2008. 05. 06.) 「한성주보」가 10일 만에 발간되는 신문이었다면, 「한성주보」는 일주일에 한 번씩 발간되었다. 문체는 초기에는 강위(姜瑋)의 건의로 국한문 혼용, 혹은 한문전용이었다.(윤주영(尹胄榮), 1995: 98) 관련자는 총재로는 김윤식(金允植), 부총재 정헌시(鄭憲時), 주필에 장박(張博), 주사(主事)와 사사급(司事級)은 오용묵(吳容黙)·김기준(金基駿)·오세창(吳世昌)·김명윤(李命倫)·주상목(奏尙穆)·이혁의(李赫儀)·권문섭(權文燮)·정만교(鄭萬敎)·이홍래(李鴻來) 등이었다.(정진석, 1992: 41)

를 발휘하며, 국원의 국무(局務)에 부족하고 바르지 못한 것을 깨우쳐주길 국외인(局外人)에게 바랐다.

「주보서」는 상의하달과 하의상달, 여론 조성 기능 그리고 조직으로서의 언론 등 현대 언론 기능과 별 다를 바 없는 논조를 유지했다. 즉 「주보서」는 인간 유기체의 뇌 기능과 같이 신문의 기능이 사회의 중추적 기능을 담당할 뿐 아니라, 전문화된 조직력으로 공적 의사결정 과정을 떠받치도록 하는 선진화된 신문관을 표방했다. 「주보서(周報序)」의 세계관은 '성상(聖上)'으로 시작함으로써 「순보서」에 기재된 것과는 달리, 중국의 질서와는 거리를 두었다. 그리고 국정을 기록하고, 외보를 번역하여 백성을 교화하고, 외모(外侮)를 막고, 전쟁을 없애는 데 그 목적을 두었다.[48] 더욱이 「주보서」는 관직이 없는 사람의 투고는 그 내용과 관계없이 별본(別本)으로 출간할 것을 약속했다.

강위의 건의에 따라 기존 관보와 순보와는 달리, 주보는 국한문을 혼용함으로써 민중들이 신문에 한걸음 다가서는 데 상징적인 일익을 담당했다. 「한성순보」는 한학을 한 특수한 지식인층을 대상으로 하지만, 「한성주보」는 국한문을 혼용함으로써 민중을 수용하려는 의도를 읽을 수 있었다. 그러나 실제 구독자는 여전히 당대 지식인을 상대한 신문이었다.

「논신문지익(論新聞紙益)」(「한성주보」, 1886. 9. 27.)의 사설을 보면 그 기능의 편린을 알 수 있다.

국민들의 고통을 애써 찾고 막힌 것을 제거함은 물론이고, 국가를 이롭게 하고 백성을 편하게 하는 모든 방법을 다 게재하는 정치가 상리(上理)에 도달하게 함에 있다.(윤주영, 1995: 139)

종래 '개화 진취' '민중 계몽'과 더불어 주보는 상과 하를 연결시키는 언론의 기

---

48) 「한성주보」에서 제기한 언론의 중심 기능은 환경 감시가 아닌, 또 사회의 각 부분의 연계도 아닌, 그렇다고 오락 기능도 아닌 사회화에 두었다.

능을 더욱 강조했다. 주보는 아래로부터의 민의의 수용을 시도한 것이다. 더욱이 주보는 주필(主筆)을 두었을 뿐 아니라 사의(私儀)란을 두어 논설과 주장을 펴며, 집록(集錄)란에는 해설 기사를 실었다.

주보는 해설 기사, 피처, 논설 등을 유연하게 배치시켜 독자에게 선보였지만, 사의를 강화시킴으로써 관에서 운영하는 고유한 기관지 성격과 더불어 논조를 부각시키는 정론지 성격을 부각시킴으로써 최초의 당파적 신문이었다. 즉 「한성주보」의 사설 '모름지기 국가를 다스리는 도는 교화가 우선이다.'라고 했다.(夫治國之道莫先於教化)(……)'(「한성주보」, 1886. 1. 25.) 더불어 교화의 최우선은 학교를 세우는 것이라는 논리를 폄으로써, 선택적 부각으로 보아 신문의 정론성을 부각시킨 것이다.

순보가 막연한 기관지 역할을 했다면, 주보는 충군성민(忠君誠民)의 관점에서 개화파의 고유한 색깔을 부분적으로 내기 시작했다. 주보는 「논신문지익(論新聞紙益)」의 사설(「한성주보」, 1886. 09. 27.)에서 '바른말로 정확하게 전달'하는 언론의 여론 조성 기능뿐 아니라 신문의 비판 기능을 논했다.

국가 계획에 관련이 있는 모든 것은, 바른말로 정확하게 전달함을 불사하고 귀에 거슬리는 충고도 꺼리지 않으면서 기필코 실시하게 함으로써 그럭저럭 구차스럽게 하려는 폐단을 없애게 한다.(윤주영, 1995: 142)

「한성순보」가 외국 문물의 소개를 번역 수준에서 머물렀다면, 혹은 상소의 내용을 의견 없이 게재하였다면, 「한성주보」는 외국 문물에 대한 비판적 '論'을 첨부하였으며, 사회 제도의 개선까지 논하는 적극성을 보여 나름의 색깔을 나타냈다.

「한성순보」에서 핵심 역할을 했던 정상각오랑(井上角五郎)의 경우, 주보에서는 그 직위와 역할을 축소시켜 '번역과 편집'에 국한시켰다.(채백, 1990: 82) 다시 말해 「한성주보」가 그의 신변에 관해 제한을 가한 것은 외국의 개화사상의 비판적 접근이란 의미를 지니고 있었다.

「한성주보」는 국내기사(國內記事), 사보(私報), 외보(外報), 사의(私議), 집록(集錄) 등의 지면 구성을 시도함으로써 국내 기사의 항목을 늘리는 한편, '신보론(新報論)'의 사설(「한성주보」, 1886. 8. 16.)에서 시사(時事)의 중요성에 역점을 두어 관보와 주보를 분리시켰다. 동 사설은 민보(民報)로서의 주보가 민의 풍속을 관찰하고, 그것을 채집(採集)하도록 했다.

오늘날 기준으로 보면 "해설기사, 피처(feature) 그리고 논설의 기능이 미분화되어 혼합된 것이다."라고 했다.(정진석, 1992: 60). 그 구체적 내용을 보면 지구, 우주 등 천문, 과학 그리고 각 나라의 지략(誌略), 제도, 문물 등까지 소개했다.

「한성주보」는 단순한 소개가 아니라, 그 자료를 바탕으로 실험, 관찰, 분석이 이뤄진 것이다. 과학적 분석을 시도했다. 더욱이 사적인 일이 공개적으로 이뤄짐으로써 기사의 정확성, 공정성, 객관성, 독립성 등이 관심거리로 게재되었다. 공론장을 준비하고, 사적인 일도 공론장에 과감하게 끌고 왔다.

「한성주보」를 「한성순보」와 비교하면 "외신의 '각국근사'는 순보가 63.7%나 되고, 주보는 45% 정도였다. 각국근사와 외국의 문물을 소개한 〈집록〉까지 포함시킨다면 외신이 70%가 넘었으나, 주보도 50%가 되었다.(정진석, 1992: 106)

물론 「한성주보」는 현대 신문과 비교할 때 독특한 측면도 존재했다. 주보는 관보 성격을 띠면서도 자유의사에 의한 양반 구독자를 상대로 보급하기 시작한 최초의 신문이다.(이규태, 1968: 42) 주보가 내세운 성상(聖上)을 중심으로 한 질서관은 결국 중국 중심의 순보와는 달리, 외국 문물의 번역을 줄이는 대신 국내 기사에 더욱 관심을 갖게 됨으로써 독자에게 성큼 다가간 것이다. 그러나 기관지 성격을 지닌 「한성주보」는 교화의 계몽적 기능을 강조함으로써 정보지로 나갈 수 있는 체제적 한계를 갖고 있었다.

이러한 주보는 정론지의 논의의 대상이 될 수 있는 부분의 교환 경제의 활성화, 교육 제도의 활성화 방안 그리고 여타 사회 제도, 조직의 활성화 방안 등에 따른 개화관에 머물렀다.

갑신정변으로 인한 개화에 대한 불신과 그후 맺어진 '천진조약(天津條約)'은 외국 문물에 대한 회의까지 싹트게 했다. 미처 준비되지 않은 상태에서 외국 문물을 받아들인 당시로서는 주보의 정체성에 얽매여 더 이상 발전을 기할 수 없었다.

「한성주보」 사설 〈(夫敎民之道)〉(「한성주보」, 1886. 02. 01)에서 "기술을 창의성과 모방으로 나누고, 창의성에 역점을 두면서 과거 외국 문물의 단순 번역에 대해서도 회의를 표했다. 번역 중심에 의한 학문 도입과 이론을 중심으로 한 지식 습득에 회의를 가질 뿐 아니라, 「한성주보」의 정론적 성격은 기존의 유교 사상과 개화파 사상의 병존에 갈등을 경험하게 한다."라고 했다.

개화파의 기관지로서의 「한성주보」는 기존 유교의 합의 영역을 근대성의 합법적인 논쟁의 영역으로 끌어올리는 데 필요한 제도적 뒷받침을 할 내외적 여력이 부족했다. 그렇다면 개화파의 개화사상은 여전히 '일탈의 영역'으로 간주할 수밖에 없다.

「한성주보」는 1887년 12월 23일부터 순한문 체제로 다시 돌아감으로써 개화사상의 발전에 쐐기를 박았다. 순한문의 「한성주보」는 조선의 왕을 중심으로 한 세계관의 복고적 의미를 지닐 뿐 아니라, 민중의 정치 현실 참여에 제동을 거는 의미를 지녔다.

「한성주보」의 독점적 위치, 관리의 매너리즘, 비판을 받아들이길 거부하는 수구파의 속성 등은 결국 「한성주보」의 관보화를 더욱 가속화시켰다. 전체적으로 볼 때 개화파의 사상적 맥락을 제공하는 「한성주보」가 위정척사파와의 대립을 완화시키기 위한 출구로서 통리아문의 기관지로서의 역할이 강화되었으나, 반면 개화파의 정론지로서의 기능을 살리지 못했다. 개화파는 자체 조직력을 결함으로써 위정척사파의 요구에 부응하지 않을 수 없었다.

또한 「한성주보」의 정부 기관지화는 1861년 이후 동학사상의 민중종교로 자리 잡음을 거부하는 맥락이었다. 시대 상황적으로도 「한성주보」를 보조하는 조선 왕조가 당시 힘의 한계를 느낄 때였다. 일본은 1887년 8월 9일 「한성주보」에 실린 '표민경비관련기사(漂民經費關聯 記事)'에 대해 항의했다.(계훈모, 1988: 05) 일본은 1887년 12월 28일 개정 '신문지조례'를 발표하고, 신문을 통제하는 일환으로 지방 장관에 발행 정지권과 인쇄기 몰수 조항을 부여했다. 민중의 여론에 대한 자신감 그리고 왕을 중심으로 한 질서 어느 곳에도 「한성주보」는 도움을 주지 못했다.

순한문의 주보체제는 중국으로 복귀하는 복고적 형세를 띠었고, 「한성주보」 발행에 필요한 인원이 1887년과 1888년 사이 24명에서 30명으로 늘어남에 따라(정진석, 1990: 54), 재정 부담 또한 늘어났다. 더욱이 「한성주보」 발행의 주된 장애 요소로 신문의 정체성 문제가 더욱 심각하게 대두되었다.

위정척사파는 모든 현상을 정치로만 풀려고 노력했다. 유교(儒敎)의 요체가 인간관계, 즉 정치(政治)이듯 주보의 세계관도 정치화되어갔다. 유림과 관리들의 세계관은 변화 없이 지식인 중심, 유교 관계에서만 모든 삶의 의미를 부여했다. 더 이상 개화의 콘텐츠 개발 기능을 담당할 수 없었던 「한성주보」는 1888년 6월 6일 구식 문물을 폐지하는 조항에 따라 박문국의 폐지와 함께 폐간되었다.

물론 벌써 국내에서는 「한성순보」와 「한성주보」만이 독점적 위치를 차지한 것은 아니었다. 일본(日本)인이 발간하는 신문이 조선내 거주하는 일본인과 조선인 독자들에게 선보이기 시작했다. 「조선신보(朝鮮新報)」는 「한성순보」 창간 약 2년 전, 재부산항일본인상법회의소(在釜山港日本人商法會議所)(1879년 8월 창간)가 부산(釜山) 일인 상업 지역에서 창간되었다.(계훈모, 1988: 05)

또한 「조선신보(朝鮮新報)」는 책자 형태로 순간으로 발행되었으며, 일문과 한문을 사용하였고 극히 일부 기사의 경우 전부 국문을 사용하였다. 일인 신문은 한국인들의 반일 감정을 완화시키고 자신들의 상업적 이익을 유지하기 위해 신문을 창간한 것이다.(박용규, 1998: 91)

또한 1892년 7월 11일 부산에서 부산상업회의소 회두 신무부(釜山商業會議所 會頭 神茂夫) 등 구주웅본현인(九州 熊本縣人) 중심으로 부산상황(釜山商況)이 창간되었다. 이 신문은 1894년 「조선시보(朝鮮時報)」로 개제하여 경제뿐 아니라, 정치기사까지로 확대하여 일제강점기까지 계속 발행하였다.

한편 인천(仁川)에서도 마찬가지 현상이 벌어졌는데, 제물상보사(濟物商報社)가 1889년 1월 「인천경성격주상보(仁川京城隔週商報)」를 창간하였다. 이 신문은 1891년 9월 「조선순보(朝鮮旬報)」로 개제(改題)되었다가 이내 곧 「조선신보(朝鮮新報)」

로 명칭을 변경시켰다. 또한 1894년 12월 「신조선(新朝鮮)」이 창간됨으로써 인천의 일본 상권을 중심으로 몇 개의 신문이 과점 상태에서 서로 경쟁했다. 이들은 주로 일본 외무성(外務省)의 기밀보조금(機密補助金)으로 운영되었는데, 그중 「조선신보」는 야적(野的) 성향을 나타내기도 하여 1894년 7월 23일 일본 정부의 발매 금지에 맞서 호외를 발행하기도 했다.

부산·인천과 더불어 목포에서도 1898년 8월 일일 신문 「목포신보(木浦新報)」가 창간되었다. 「대판조일신문(大阪朝日新聞)」이 1894년 8월에 국내에 유입되는가 하면, 외국인이 국내에서 한글판 신문을 내기까지 했다. 이들 신문은 상업이 발전된 지역과 교역에 관심을 가진 지식인들에게 설득력 있는 신문이었음은 당연했다. 서울에도 마찬가지 현상이 벌어졌는데, 「한성신보(漢城新報)」(1895. 2. 17 창간)가 아다치겐죠(安達謙臟)의 지도 하에 「독립신문」이 창간되기 약 1년 2개월 전 일본 외무성의 보조금 1,200원, 매월 보조비 130원으로 창간되었다. 막강한 재력으로 정보를 제공할 수 있었던 「한성신보」의 국내 지방 관리와 상인들의 구독자 수는 급속히 늘어갔다.[49] 정치 문제까지 취급하는 「한성신보」는 조선인들이 급변하는 상황에서 제대로 판단할 수 있도록 정보원 구실을 했다.

국내의 일본인이 발간하는 신문들은 편집과 내용의 상호 교류를 통해 국내 독자층을 공유하는 공존의 길을 모색하고 있었다. 이런 가운데 「한성신보」는 1895년 1월 22일 국문판을 창간하고, 그 후 「독립신문」의 창간을 환영하는 글을 신문에 게재하기도 했다. 이 같은 일이 신문을 통하여 알려져 조선의 관리와 지식인들은 신문의 기능과 역할, 신문의 특수성도 감지했음이 당연하다. 그러므로 이런 맥락에서 본다면 지금까지 지나치게 강조되어온 「독립신문」의 연구에 대한 그 의미가 희석될 수밖에 없다.

「조선신보」는 신문의 뒷면에 조선어판을 발행했는데, 그 주요 내용을 살펴보면 상권 확보에 초점이 맞춰진 경제 신문이었다. 이를 토대로 본다면 신문의 부수경

---

49) 「한성신보」의 독자 수는 을미사변 전에 조선인 400명과 일인 174명 등 574명이었던 것이, 사변 후에는 조선인 450명과 일인 186명 합계 636명으로 꾸준히 증가되었다.(채백, 상게 논문: 203 재인용)

쟁에 적자생존의 원리가 벌써 작동되었음은 당연했다.

적자생존의 원리는 부산뿐 아니라 인천에서도 벌어졌으며, 그들은 경제적 결사체를 형성하면서 서로 경쟁했다. 그러나 국내에 유입되는 일본 신문과 국내에서 발행되는 일본 신문이 일본 외무성의 보조에 의존했음을 감안할 때, 이들 결사체도 일본 사회의 지배 원리를 받을 수밖에 없다.

당시 일본 사회는 '군사형 사회'로서 그 특징은 중앙집권적 성격을 가지며, 지도자가 정치적 통제를 강행했다. 군사형 사회에서 사병과 하사관의 의지는 철저하게 유보되고 장교가 그들의 의지를 대리했다.

개인의 유기체가 중추 신경을 중심으로 움직이듯, 군사형사회에서도 한곳으로 권력이 집중되게 마련이다. 군사형 사회에서 사회 내 구성원들의 협동은 강제적 협동일 수밖에 없다. 그러나 일본이 택한 군사형 사회는 여타의 군사형 사회와는 달리 정치적으로 통제를 가하는 대신, 경제적으로는 얼마간의 자치성을 부여하는 형태였다.

국내에 유입되는 신문은 궁극적으로 일본 외무성의 도움을 받음으로써 기관지적 성격을 지녔지만, 경제적으로는 자치성을 어느 정도 부여받았던 결사체(voluntary association)였다. 상인을 위한 과점 상태에서 발행하는 경제지 성격의 신문들은 생존을 위한 경제적 환경의 감시(surveillance) 기능을 부각시킬 수밖에 없었다. 더욱이 수적으로 열세인 일인 신문들의 한국 땅에서의 생존 전략은 서구 언론의 환경 감시 기능과 맥을 같이했다. 즉 신문에는 독자의 생존을 지켜줄 뿐 아니라 자신의 생존 전략을 계속 유지해야 하는 당위성도 존재했다. 그 과정에서 초기에는 군사형 사회가 갖는 중앙통제의 원리가 작동했고, 점차 변방부터 자치의 요구가 일어났다. 그러나 정치적 통제라는 일본 군사형 사회의 고유한 속성 때문에 초기 신문은 정치적 기관지적 역할을 수행할 수밖에 없었다.

신문은 자신의 생존원리와 지배원리에 영향을 받게 마련이다. 초기의 언론은 환경 감시 기능과 더불어 당파성 신문의 성격을 지녔다. 그러나 교화의 언론 기능은 환경감시, 생존을 위한 수단으로서의 전략, 세상 잡사의 논의, 무차별적인 독자 선택으로 인해 신문의 정론지적 색깔은 희석되었다.

신문의 정론지적 성격 등은 내용의 범위뿐 아니라 독자의 구독 범위를 한정시킴으로써 그 색깔을 유지해갈 수 있었다. 색깔이 희석된 신문은 상대 경쟁지와 유리한 상황에서 게임을 즐기게 된다. 당시 조선의 경쟁지가 전무한 상황에서 일인들은 기관지·정론지·상업지 등의 색깔을 동시에 구가하고 있었다. 그들이 누리는 언론자유의 특징을 조선인에게 부여하지는 않았다. 즉, 조선인에게 전국지는 말할 것도 없거니와 한 개의 지방지도 허용하지 않았다.

몇 개의 일본인 지방 신문들은 항구 도시를 중심으로 공존하면서 중앙과 연결망을 형성하고 있었다. 당시 위세에 눌린 국내 지식인층은 시대적 맥락에 편승해서 일본 신문에서 필요한 정보를 취하며, 우리 신문의 필요성을 미처 인식하지 못했을 가능성과 더불어 우리 신문의 필요성도 함께 갈구했다.

일본사회는 군사형 사회였지만 산업형의 논리를 일찍 도입했다. 그들은 개인의 자발성, 협동, 계약, 경제적 자율성 같은 서구 자본주의 원리에 대해 서둘러 보조를 맞췄으며 신문 산업과 그 관련 시설에도 관심을 보였다. 조선도 이에 발맞추어 우정총국(郵征總局)이 1884년 10월 1일 문을 열어 근대식 우체제도(郵遞制度)를 완성시켰다.

갑신정변은 1884년 12월 4일 우정국 행사일을 기해 일어났으나 결국 실패하고, 급진 개화파인 서재필(徐載弼) 등은 일본을 거쳐 미국으로 피신했다. 급진 개화파 박영효(朴泳孝)는 미국에 피신한 서재필에게 귀국을 권유했다. 조국에 봉사하기로 결심하고 귀국한 서재필에게 다가간 유길준은 신문업의 미래에 관해서 논했다.(이광린, 1981: 162)

당시 일본은 청일전쟁 이후 군국기무처(軍國機務處)가 조선 정부에 갑오경장[50](甲午更張, 1차 1894년 7월~12월, 2차 1894년 12월~1895년 7월, 3차 1895년 7월~10월)

---

50) 갑오경장의 개혁은 「대전회통」, 「육전조례」와 같은 조선의 법령과 일본의 신식 법전과 같은 각국의 통례를 참고하여 근대 법치 국가의 내각 제도를 마련하려고 하였다.(김영모, 2009: 32) 전통적인 국왕의 인사권, 재정권, 군사권이 약화되고, 의정부와 육조(8아문)에 권력이 집중되었다. 또한 대간 및 상소 제도가 폐지됨으로써 국민의 참정권도 약화되었다. 사실 우리나라의 관료적 권위주의는 이때부터 강화되었다.

을 실시하도록 강요했다. 군국기무처는 왕권을 약화시키기 위해 국가사무와 왕실 사무를 분리하여, 왕실은 궁내부(宮內府)로 한정시켰다.

또한 그 해 11월 21일에는 김홍집(金弘集) 내각을 구성하도록 명했다. 김홍집(內閣總理大臣)·박영효(朴泳孝·內務)·서광범(徐光範·法務)·조의연(趙義淵·軍務) 등으로 내각을 출범시켰다. 특명전권공사 일본 내무대신(內務大臣) 정상형(井上馨)은 일본 은행으로부터 3백만 원의 차관을 알선하고, 조선의 갑오개혁을 실시토록 하였다.

유길준은 김홍집 내각에서 내각총서(內閣總書)를 지냈으며, 1896년 당시 내부대신(內部大臣)으로 여전히 존재감을 나타냈다. 유길준은 서재필을 신문 발행에 참가하도록 종용하였지만 신문 관련 법규에 의해 실행되지 못했다.

1895년 윤 5월 26일 국내 우체국 규정 칙령 제124조의 제19항에 의하면 신문의 발행은 '농상공부(農商工部)의 발행 인가'를 얻도록 규정했다.(최준, 1993: 46) '국내우체규칙(國內郵遞規則)' 제9장 19조에 의하면 검열규정 규정도 엄격했다.[51]

이 규정에 따라 일본정부는 김홍집 내각이 1894년 7월 27일 발행한 관보(官報)에 만족하길 바랐을 것이다. 그러나 고종의 아관파천(俄館播遷, 建陽 원년, 1896년 2월 11일)으로 조정은 급격한 '전환기'[52]를 맞이했다. 민비를 잃은 고종은 위압적인 김홍집 내각의 갑오개혁에 종말을 선언하고, 1897년 10월 13일 광무(光武) 원년 경운궁(慶運宮, 德壽宮)에서 '대한제국(大韓帝國)'을 성립시켰다.[53]

---

51) 제2종 우체물은 관보 외는 미리 기발행인으로서 기표제(其票題)의 급(及) 매일 혹 매월에 기차(幾次) 발행 홀만혼 사유를 기(記)혼 서면에 본지 1개를 견양(見樣)으로 첨부후고 농상공부에 허가를 밧고 매호에 농상공부인가라 후는 표기를 견하기 용이케 인쇄후미 가(可)함.(최준, 상게서: 46)

52) 갑신정변(1884년 12월 4일)으로 결국 일본과 청 간에 천진조약(天津條約)이 체결되었다. 조선의 운명은 일본과 청에 의해 좌지우지하게 되었다. 아래로 파고든 일본 상권은 조선의 민심을 꺾어놓았으며, 위로는 김홍집(金弘集) 내각을 조각하여 갑오개혁(甲午更張)을 실시했다. 궁핍한 농민은 동학혁명(東學革命, 1894년 2월)을 일으켰으며, 구원을 요청받은 청국과 일본은 청일전쟁(1894년 7월)을 발발시켰다. 승리감을 얻은 일본은 급기야 명성황후(明成皇后) 시해 사건(1895년 10월)을 저지르면서 조선에서의 영향권을 확대했다.

53) 우리나라의 이름을 '대한'으로 정한 것은 1897년이다. '국왕'을 '황제'로 부르기로 하고, '조선'이란 나라의 이름을 '대한'으로 바꾼 것이다.(한시준, 〈창간 89특집, 임정수립 90주년-3·1운동에서 임시정부까지〉, 「조선일보」, 2009. 03. 18; 이를 대한제국이라고 한다. 대한제국은 '대한'이란 나라에 황제가

급진 개화파(黨)인 서재필이 활동할 수 있는 정국을 맞게 된 것이다. 양반 세력을 혁파하고, 사회에 실용적 학문, 천부 인권 사상, 법치주의론 등을 심을 수 있는 기회가 온 것이다.(이광린, 1981: 137) 개화사상의 뿌리를 미국에 둔 일본식 개화를 서재필은 오래전부터 꿈꿔왔다.

3) 서재필(徐載弼)의 「독립신문」

청일전쟁(1894~1895년) 이후 조선 개화파 지식인은 중국의 엄부(嚴復), 양계초(梁啓超)뿐 아니라 일본의 후쿠자와 유기치(福澤諭吉)의 자유사상에 심취하였다. 유길준은 『서유견문(西遊見聞)』에서 천부인권과 만민평등을 지지하고 입헌군주제를 제안하고 있다.(황필용, 2002. 12. 12: 04) 그는 "전 국민에게 다 같이 커다란 이익을 줄 만한 일이 있더라도, 한 사람의 사유물을 해치게 되면 감히 시행할 수가 없다"라는 재산권의 절대성을 강조하였다.(유길준, 1995: 112~131)

자유 개화사상은 서재필에게 더욱 강화되었다. 미국 시민권을 가진 제이슨(Philip Jaisohn)[54]은 개화를 "만사를 실상대로, 그리고 공정하고, 정직하게 생각하

주권을 갖는다는 뜻이다. 3·1 운동 이후, 위정척사사상에 기반을 둔 의병계열은 대한제국을 부활시키자고 했고, 개화사상에 기반을 둔 세력은 국민이 주권을 갖는 나라, 즉 민국(民國)을 세우자고 했다. 앞의 것을 복벽주의(復辟主義), 뒤의 것을 공화주의(共和主義)라고 한다.

54) 서재필(徐載弼, 1864~1951)은 전라남도 동복군(同福郡), 지금 보성군(寶城郡) 문덕면 가천리(文德面 可川里)에서 동복군서 서광언(徐光彦)의 4형제 중 둘째로 태어났다. 그는 5촌 당숙인 서광하(徐光夏)에게 양자로 입양되었다. 그의 과거 합격 방문(捨文)에는 "유학 서재필 계해생(幼學 徐載弼 癸亥生)(1863) 아버지는 광하 생부 광언은 본이 대구 서씨이며 경성에서 살게 되었다(父光夏 生父光彦 本大邱 居京)"으로 기록되어 있다. 그는 7세 때 상경하여, 양모의 외숙인 김성근(金聲根)의 사숙(私塾)에서 『천자문(千字文)』『동몽선습(童蒙先習)』『사기(史記)』『사서삼경(四書三經)』 등을 읽었다. 그 당시 서재필은 김옥균(金玉均)·박영효(朴泳孝)·홍영식(洪英植)·서광범(徐光範) 등을 만났다.(신복룡, 2003) 서재필은 19세가 되던 1882년 중궁전(閔妃)의 병후 쾌차한 것을 축하하는 알성시(謁聖試)에서 문과의 병과(丙科)에 합격하였다. 그리고 일본으로 건너가 1883년 5월 게이오의숙(慶應義塾)에서 서양 기초 학문을 익힌 뒤, 일본의 육군 도야마(戶山) 학교에 입학했다. 재정적 어려움으로 1884년 6월 8일 한국에 돌아왔으나, 곧 갑신정변(甲申政變, 1884년 12월 4일)으로 서재필은 1885년 4월 하순 미국 선적 차이나호(China)를 타고, 요코하마를 거쳐 샌프란시스코에 도착하였다. 서재필은 해리 힐맨 고등학교(Harry Hillman Academy)를 우수한 성적으로 졸업하고, 육군 군의 총감부 도서관장 존

며, 행동하는 것이다"(이광린, 1981: 137)라고 규정했다. 구체적인 실생활의 개혁이 「독닙신문」[55](「「독닙신문」」의 제호를 1896년 5월 2일부터 「독립신문」으로 개칭)에 게재되기 시작했다. 「독립신문」에서 독립이란 황제 폐하의 주권을 절대 신성시하고, 외세로부터의 독립을 말하는 것이었다. 또한 독립은 지금까지 종주국 행세를 해오던 청국의 예속으로부터의 독립을 의미하기도 했다. 조선 정부는 1896년 1월 1일부터 서력(西曆)의 태양력(太陽曆)을 사용하였다. 독립은 개화의 모태요, 개화보다는 선결되어야 할 과제였다. 즉 정치적 자주성을 위해 주체성을 주입하는 것이 「독립신문」의 역할이었다.(이규태, 1968: 44) 「독립신문」은 생활개혁에서 시작하나 제도 개혁, 계발 변화라는 목적성을 처음부터 분명히 띄고 있었다. 법을 통한 사회 개혁을 시도한 셈이다.

죠션 인민들이 츙신과 역젹이라 ᄒᆞᄂᆞᆫ 거슬 분명히 몰오ᄂᆞᆫ고로 우리가 오날 간단히 무엇시 역젹이며 무엇시 츙신인줄을 말ᄒᆞ노라 사름이 츙신이 되랴면 그 나라 법률을 직히

빌링스(John Billings)의 도움으로, 그 도서관에 근무하게 되었다. 도서관에서 익힌 의학 실력으로 서재필은 컬럼비안(Columbian Medical College, 현 George Washington)에서 1892년 3월 학사학위를 취득했다. 그는 1890년 미국 시민권을 획득하였으며, 미국에서 연구원, 개업의를 거쳤다. 그리고 서재필은 본처 光山 김씨가 1886년 1월 12일 비명횡사 후, 1894년 6월 20일 조지 암스트롱(미국 철도 우편국 창설자)의 딸인 무리엘 암스트롱(Muriel Armstrong)과 재혼하였다. 국내에서 제2차 김홍집(金弘集) 내각(1894. 12.~1895. 7.)에서, 사면령이 이뤄지기 시작했다. 1895년 10월경 미국에 온 박영효가 서재필에게 귀국과 입각을 권유하였다. 그는 1896년 1월 초(12월 말 설도 존재)부인과 함께 귀국하여, 배재학당 교장 아펜젤러(H.G. Appenzeller)의 집에 유숙하였다.

55) 「독닙신문」은 1896년 4월 7일 창간되어 1899년 12월 4일 폐간되었다. 이 신문은 중구 정동 34번지 5호에 '독립신문 터'(배재학당 안)에서 발행되었다. 미국 시민권을 가진 서재필(徐載弼)이 박정양(朴定陽) 내각으로부터 국고 5,000원을 보조받아 정동 미국공사관 뒤에 정부 소유의 빈집에서, 일본 오오사까(大阪)에서 구입한 인쇄기로 1주 3회(화·목·토)간으로 시작되었다. 「독닙신문」의 제작진은 시작 당시 8명으로 4면을 제작하였다. 그 후 주요 가담자는 서재필·윤치호·주시경·손승용 등으로 알려졌다. 서재필은 자서전에서 기자 손주사(孫主事)는 상점과 시장을 돌아다니며, 물가시세를 조사하였고, 또한 기자는 관청에서 서임사령(叙任辭令), 관청의 행사를 취재하여 게재하였다. 그리고 그 외 논설은 서재필 자신이 집필했다고 밝혔다.(金道泰, 1972: 246) 주필은 1896년 4월부터 서재필, 1898년 5월부터 윤치호(尹致昊), 1899년 1월부터는 아펜젤러(Appenzeller), 1899년 6월에는 엠벌리(Emberly) 등이 승계했다. 「독립신문」은 1897년 1월 5일 "The Independent"를 분리하여 영문판을 발간했다. 「독닙신문」은 처음 3백 부를 인쇄하였으나, 나중에는 3천 부까지 발행하였다.

눈거시 충신이요 법률을 직히지 아니ᄒᆞ눈거시 역적이라 정부에셔 법률을 몬드러 (……).
(「독닙신문」, 1896. 4. 11.)

지금까지 양반들은 구습에 젖어 백성을 임의로 다스렸을 뿐 아니라 칙령의 어김을 예사로이 했다. 「독립신문」은 구습에서 벗어나 백성이 개화에 적극 동참할 것을 주장했다.

빅셩의 직무가 다른 것이 아니라 다문 안져 정부를 시비ᄒᆞ눈듸 그치는 것이 아니라 만일 정부에셔 나라에 히로은 일을 ᄒᆞ거드면 기어히 그런 일을 못ᄒᆞ도록 ᄒᆞ눈 것이 빅셩의 직분이요.(「독립신문」, 1898. 1. 11.)

또한 「독립신문」은 개화에 소극적이었던 당시의 정부를 비판하기도 했다. 정부의 비판만으로 거치는 것이 아니라, 기록을 하면서 그 실상을 쉽게 알 수 있게 했다.

외국 신문지들에 말ᄒᆞ기를 지금 죠션 ᄂᆡ각이 기화 ᄂᆡ각인지 완고당 ᄂᆡ각인지 문제가 만히 잇기로 우리가 오늘날 ᄂᆡ각에셔 ᄒᆞᆫ 일들을 말ᄒᆞ노니 이거슬 가지고 생각 ᄒᆞ거드면 완고당들인지 개화당들인지 가히 알지라.(……)(「독립신문」, 1896. 07. 02.)

급진개화파의 구성원이었던 서재필은 실사구시, 즉 실학(實學)을 중심 이념으로 수용함으로써 위정측사파에게 그는 여전히 타도의 대상이었다. 더욱이 서재필은 서양의 신학문을 실학으로 규정하고, 자연과학을 가리키는 격치학, 농업·상업·공업·광업을 중심으로 하는 실업학, 법률·경제·정치학 등을 실학의 범주에 넣었다.

「독립신문」은 실학의 시대를 여는 도구로 간주하고, 그 논조를 신문에 반영시켰다. 그렇다면 시대의 절박성을 풀어가는 경세학(經世學)에서 경(經)은 과거 유학의 경전이 아니라, 서구의 경험과학으로 간주했다. 시대가 바뀐 것이다.

또한 이 신문은 "'학교에서 실학을 가르치도록 하려고 촉구하고, 서양 각국의 실학을 숭상하여 문명한 기계를 신발명하여 진보한 나라가 된 데 비해 대한국은 오로지 허학(虛學)만 숭상하여 빈약하게 되었다고 지적했다.(「독립신문」, 1897. 10. 05.) '정부가 불가불 허학을 없애고 실학을 숭상하여 인민의 공업을 흥왕(興旺)케 가르치는 것이 제일 방책'이라고 주장했다'"라고 했다.(「독립신문」, 1898. 06. 14.)

개화당 내각을 옹호하는 「독립신문」은 실학의 경험적 논조를 펴며, 잡보와 관보를 아울러 게재했다. 기사는 '하드 팩트(hard facts)'[56]로 경험적 논조를 담았다.

그러나 독립의 초석인 황제의 절대 신성권을 위한 필법으로 황제 폐하, 임금, 군주 같은 고종 황제의 제위를 쓰게 될 때는 항상 줄을 새로 바꿔 다른 글의 밑에 있지 않게 하였다. 그렇다고 「독립신문」이 신화(神話)를 만들고, 성역(聖域)을 조성하는 것은 아니었다. 경험론을 수용한 언론은 계속 허학의 성역을 해체시키는 분위기를 연출시켰다.

「독립신문」이 입헌군주제를 선택했지만, 독립국가와 평등한 민권 사상을 기틀로 개화 의식을 고취하는 데 급진적이고 투쟁적인 특징을 보였다. 「독립신문」이 추구하는 변동(change)은 새로운 질서(order)를 향하고 있었다.

「독립신문」은 「한성순보」에서 볼 수 없었던, 그러나 「한성주보」에서 일정한 부분에 한정시켰던 비판 기능을 더욱 강화시켜, 사회 변동을 가속화시켰다. 물론 유길준 같은 온건 개화파의 도움으로 창간된 「독립신문」이 관보 수준을 완전히 탈피하기는 무리였다. 그러나 「독립신문」은 점진적 개혁과 더불어 전통실학의 범위 안에서 제도(system, institution)의 개선을 모색했다.

물론 서재필의 「독립신문」의 논조가 비판적이었더라도, 조직적 힘이 뒤따르지 못한 「독립신문」의 논조는 머리만을 가진 사변적 개화파의 사고에 머물 수밖에 없었다. 사회체계로서의 신문의 기능은 아닌 것이다. 경제적 환경감시 기능을 강화시켜 고정 독자를 확보하는 방법도 「독립신문」이 취할 수 있는 하나의 방법이

---

56) 하드 팩트는 신문기사의 성격을 논의하는데, 이는 ①기사의 공공성('편벽되지 아니혼 고로', '공평하게 취급하고'), ②기사의 정확성('공변되고 확실한 것', '실상 증거 중심'), ③기사의 대중성('남녀노소, 상하귀천, 유무식을 물론하고 누구나 다 볼 수 있도록..') 등을 제시했다.(김영희, 1996: 10~11)

었다. 「독립신문」은 '폭로 저널리즘'뿐만 아니라, 문체의 간결성, 풍자적 표현으로 독자에게 다가섰다. 더불어 사회개혁, 사회봉사, 진보주의적 색채 등 성격을 지니고 독자에게 흥미를 유발시켰다.

「독립신문」은 '자유 민권사상'[57] 뿐 아니라 과학·기술 사상의 유입에 관심을 가졌다.(조맹기, 2006: 24.) 또한 이 신문은 '사실(정보)'을 바탕으로 취재하여 작성된 기사를 지면에 반영시켰다.

「독립신문」은 임오군란(壬午軍亂) 이후 1885년 청(淸)의 건의에 따라, 만주의 봉황성(鳳凰城)과 한성, 인천, 의주 등에 전신이 개설되었다.(조맹기, 2006: 30) 뮐렌스테트(彌綸斯, H. J. Muehlensteth)는 1885년 청국인을 위하여 서울과 제물포 사이에 전신을 가설하였다.(정진석, 2004: 40) 전신의 개통으로 정보시대가 성큼 다가오고 있었다.

김홍집 내각은 1895년 모화관(慕華館, 영빈관)을 혁파하고, 영은문(迎恩門)을 그해 2월에 부수고, 그 자리에 독립협회가 모금한 돈으로 독립문을 건축토록 했다.

한편 「독닙신문」은 국내에 있는 일본 신문의 형태와 유사하게 일정한 정부 보조금 지원과 정치적 통제를 받으면서, 오히려 상업적 성격이 두드러진 신문을 창간한 셈이었다. 「독닙신문」은 창간호 사설에서 우리 조선 속에 있는 내외국 인민에게 우리 주의를 미리 말씀하기 위해서 「독닙신문」을 낸다는 취지를 밝혔다. 본 사설은 자신의 '주의'를 공정성, 객관성으로 규정했다.

우리는 첫지 편벽되지 아니ᄒᆞ고로 무슴 당에도 상관이 없고 샹하귀쳔을 달니 디접 아니ᄒᆞ고 모도 죠션사름으로만 알고 죠션만 위ᄒᆞ며 공평이 인민의게 말홀터인디 우리가 셔울 빅셩만 위홀게 아니라 죠션전국인민을 위ᄒᆞ여 무슴일이든지 디언ᄒᆞ여 주랴홈 (……). (「독립신문」, 1896. 04. 07.)

---

57) 자유민권사상에서 자유는 "우리 ᄆᆞ음에 잇는 욕심대로 ᄒᆞ는 것이 아니오, 욕심을 릉히 여겨ᄒᆞ야 죠흔 일이면 욕심대로 ᄒᆞ고 귤은 일이면 ᄒᆞ지 아니 하는 것 … 언권자유(言權自由)ᄂᆞᆫ 턴생권리라 하ᄂᆞᆯ이 주신 권리를 엇지 진즁히 보존치 아니ᄒᆞ리요.."라고 했다.(「독립신문」, 1899. 01 10; 김영희, 1996: 13)

객관적 입장은 평등사상, 천부 인권 사상, 공정성의 원리, 객관 보도 등 여러 가지 사상을 내포하고 있다. 평등사상과 천부인권 사상, 자유민권사상은 많은 부분 동학사상과 맥락을 같이 했다. 더욱이 「독립신문」은 과거의 신분사회를 타파하고, 분석 단위를 개인으로 하고 있었다.

투크만(G. Tuchman)은 조직적 관점에서 객관성이란, 비판으로부터 조직의 제작물을 방어해주는 역할을 하는 하나의 의식(ritual)이라고 주장했다.(Gaye Tuchman, 1995: 265) 그러나 당시 객관적 입장의 유지는 「독립신문」의 저항의 기능을 포함하고 있었다. 조선의 신분 불평등 상황에서 이러한 언급은 「독립신문」이 「한성순보」와 「한성주보」에서 쉽게 찾아볼 수 없는 독특성을 지녔음을 알게 해준다.

「독립신문」의 기본 입장은 평등사상, '정보 제공'[58], 비판 기능 등으로 창간호 사설에서 다음과 같이 논했다.

우리가 이 신문출판하기는 취리ㅎ랴는게 아닌고로 갑슬 헐허도록 ㅎ엿고 모도 언문으로 쓰기는 남녀 샹하귀쳔이 모도 보게홈이요. 쏘 귀졀을 떼여 쓰기는 알어보기 쉽도록 홈이라 우리는 바른 듸로만 신문을 홀터인고로 정부 관원이라도 잘못ㅎ는이 잇스면 우리가 말홀터이요 탐관오리들을 알면 셰샹에 그 사름의 힝젹을 페일터이요.

좀더 부연한다면 여기서의 평등사상은 결국 국가 또는 사회를 개인들의 권리를 보장받기 위한 계약의 결과물로 간주하는 것과 맥락을 같이 한다. 더욱이 "국문으로만 쓰기는 남녀 상하귀천이 모도 보게 홈이요"라고 한 것은, 궁극적으로 민족 정체성 모색으로 이어짐으로써 청국과 분리시키는 결정적 기여를 한 것이다.

「독립신문」은 국문으로 글쓰기를 함으로써 인민에게 더욱 쉽게 다가감을 염두

---

58) 「독립신문」은 ①정보전달 역할(보도기능), ②비평기능, ③공론조성 기능, ④교육계몽 기능 등을 갖고 있다고 했다.(김영희, 1996: 5~9)

에 두었다. 더욱이 「독립신문」은 독자란까지 확대했다. 「독립신문」이 창간호부터 독자 투고를 적극적으로 권유하여 독자들의 많은 참여가 있었으며 「독립신문」 입장에서는 당시의 제작 여건에서 좋은 기삿거리를 손쉽게 얻으면서도 명분도 있는 좋은 방법이었기 때문이다.(채백, 1994: 41)

독자투고 내용 중에 투고자의 신분이 확실하게 드러나고 그 내용이 분명하고 조리가 있으면 대부분 기사화했던 것으로 보인다. 특히 「독립신문」은 죄수가 투고한 내용도 지면에 소개되고 있고, 1899년 3월 15일과 16일자 주상호의 투고 4건과 1899년 7월 1일에는 배재학당 학생의 편지가 소개되고 있다.(채백, 2006: 154)

더욱이 사회적·기술적 상황은 「독립신문」을 더욱 발전하게 했다. 1895년 6월 근대적 우편 사업이 재개되어 1896년 6월까지는 경부선과 경의선, 경원선 그리고 호남선을 잇는 기간 통신선로가 완성되었으며 1898년 4월 6일 사이에는 전국적인 우편망이 일단락되어 우편 사업이 전국으로 확대되었다.(채백, 2006: 169) 따라서 「독립신문」의 독자 투고는 국내의 경우 이러한 우편망을 이용해 이루어졌다.

한편 창간사에서 다른 쪽에 영문으로 기록함은 외국 인민이 조선 사정을 자세히 모른 채, 즉 혹시 편벽된 말만 듣고 조선을 잘못 생각할까봐 실제 사정을 알게 하고자 하여 영문으로 기록한다는 말을 아울러 밝혔다. 즉 조선인에게는 동질성이며, 외국인에게는 이질성에 바탕을 둔 객관적 정보 제공이다.

「독립신문」을 급진적인 사회 개혁을 시도한 개화파의 산물로 보면서 그 역사적 의의에 지금까지의 연구가 집중되지만, 정론성을 연구의 대상으로 삼을 때 「독립신문」에 대한 기존 각도와는 차별화된다.

「한성주보」의 책임자이고 온건 개화파인 김윤식은 전술했듯이 '동도서기론', 즉 전통 경세학으로 개화의 실체를 인식하고 서구의 제도를 유입하여 사회 개혁을 시도했다. 그러나 서재필은 서구의 경험 과학을 수용함으로써 과거 가졌던 유교적 사고에 별로 관심이 없어보였다. 오히려 '의견'을 뒤로한 채, '사실'을 더욱 선호한 것처럼 보였다.

'사회적 사실'이 객관적 자료로서 중요성을 지니게 된다. 개인은 역할을 중심으로 결집하고, 사회 제도를 형성한다. 서재필은 신분사회가 아닌, 시장사회를 시도했다. 직위에 앞서, 직분이 더욱 강화되었다. 그 바탕 위에서 이씨(李氏) 씨족 사회가 아닌, 제도로서의 국가를 형성한다. 그러나 사회 제도로서의 「독립신문」은 '독립성'이란 측면에서 문제가 따랐다. 미국식 상업신문에는 독립성은 있어도 정론지 성격은 희석되었다.

일반론적으로 정론지 성격을 규명할 때 주체가 반드시 규정되어야 하지만, 「독립신문」에서는 주체 규명에 차질이 생겼다. 독립뿐 아니라, 자유의 확립이 필요했다. 자유가 완전히 확보되지 않는 상태에서 「독립신문」은 정체성 위기를 맞게 되었다.

「독립신문」에서 언급되는 '우리'라는 주체는 모호했다. 서재필 자신이 기독교를 신봉하더라도 사회 분위기는 그를 수용하지 않았다. 그렇다면 유길준이 「독립신문」을 설립할 때 도와줬으므로 온건 개화파가 '우리'일 수 있었다. 그리고 황제가 건물을 사급(賜給)했으니 「독립신문」의 주체일 수 있었다. 사회 제도로서의 정부가 '우리'일 수 있었다. 개화파의 교육 기구인 배재(培材)학당 구내에서 자리를 잡았던 점에 비추어 그 일당이 우리일 수 있었다. 미국 시민권자인 제이슨 자신과 몇 안 되는 편집진이 우리일 수도 있었다.

「독립신문」의 기능을 1) 정보 제공, 2) 비평 기능, 3) 공론 조성 기능, 4) 교육 계몽 기능 등(김영희, 1977: 40~46)으로 열거하나, 이는 미국 언론 제도의 기능과 유사했다. 그 논의라면 주체가 모호한 언론은 비판 기능의 수행 자체에 문제가 따른다.

3. 정론지의 정립

1) 윤치호(尹致昊)의 「독립신문」

어떤 대상을 두고 비판을 할 때 비판의 목적과 방향이 형성된다. 비판의 목적과 방향이 존재하지 않거나, 주체가 없더라도, 구성원들이 토론을 통해 비판한 내용을 실었을 때 당연히 신문은 정론성을 가질 수 있었다. 토론을 위한 주요 사회단체 중 하나가 독립협회였다. 여기서의 '회(會)'는 당시 전통과 유교적 관점에서 보면 정치적 성격을 띤 당파(黨派)로 간주할 수 있다.

사회 단체적·정치적 색깔을 띠고 있는 독립협회는 개화사상의 전파와 그 사상을 사회 운동 차원으로 승화시킬 「독립신문」이란 기관지를 갖게 되었고, 독립협회의 존재로 정부가 직접 발행한 「한성순보」와 「한성주보」의 성격과는 달랐다.

독립협회는 1896년 7월 2일 정치 단체로서 안경수(安駉壽)·이완용(李完用)·김가진(金嘉鎭)·이윤용(李允用)·김종한(金宗漢)·권재형(權在衡)·고영희(高永喜)·민상호(閔商鎬)·김채연(金采淵)·이상재(李商在)·현흥택(玄興澤)·김각현(金珏鉉)·이근호(李根浩)·남궁억(南宮檍) 등 14명의 발기로 창립되었다.(이광린, 1981: 126) 서재필은 발기를 건의한 장본인이었지만 발기인에 포함되지 않았다. 독립협회는 유길준 등 갑오경쟁(甲午更張)의 건양협회(建陽協會), 윤치호(尹致昊)와 이상재 등 외교계 인사들로서 조직된 정동구락부(貞洞俱樂部), 그리고 남궁억(南宮檍) 등 실무급 인사들로 구성되었다. 그러나 독립협회는 회원을 개방적으로 모집하여 신흥시민층, 성장한 농민층, 새로이 형성된 광산업자, 해방된 천민층까지 포함시켰다.(신용하, 1976: 587)

정부의 관료들이 깊이 관련된 조직이었으므로 그 조직망의 전국적 확산은 순조로웠다. 공주지회(公州支會)를 필두로 대구 및 평양지회를 설치하며, 도지회(道支會)를 구성하는 전국망이 형성되었다. 초창기는 관료들이 주도하였지만 독립협회가 일반 대중의 장이 되면서 과격성을 띠게 되자, 관리는 협회에서 소극적일 수밖에 없었다. 그 구체적 사실은 「독립신문」의 사설에 그 편린이 나타났다.

10월 28일 독립협회에서 발기 ᄒ고 종로 네거리로 대쇼 관민 공동회를 열엇ᄂᄃᆡ 정부 제공은 죵리 오지 아니 ᄒᄂᆫ 고로 필경은 본회 회원 즁과 각쳐에서 오신 대쇼 관민 즁 총ᄃᆡ위원 합16인을 션명 ᄒ야 정부로 보닛더니 참정 박뎡양 찬정 리죵건 량씨 뿐 와셔 이차(離次) ᄀᆞ회ᄒ 말만ᄒ고 도로 갓다ᄂᆞᆫ지라.(「독립신문」, 1898. 11. 01.)

그 대신 독립협회의 성격상 서양의 자유민권사상을 주창했던 인사 중 서재필·윤치호·이상재 등이 주도권을 잡게 되었다. 그리고 남궁억(南宮檍)·정교(鄭喬) 등 '동도서기론'으로부터 파생된 유교의 혁신파가 광범위하게 참여했다.(이기백, 1986: 358) 그들의 공존은 서구시민 사상과 '동도서기론'의 기본 틀 안에서 이뤄졌다. 독립협회의 주목적은 민족의 발전과 관습·법률·종교 및 기타 외국의 여러 관련된 사정에 관한 문제를 토론하기 위한 것이었다.(김영희, 1977: 44 재인용)

  관민 합동으로 이뤄진 독립협회는 초기 제한된 범위 내에서 정부의 시책을 국민들에게 해설하여, 심지어 지방의 의병을 회유하도록 돕는 기능까지 수행했다.(정진석, 1990: 159) 독립협회의 회원과 참가자들은 제정(帝政)러시아의 본격적인 남하 정책에 대한 우려를 표명하는 온건한 입장을 취하며, 외세의 침략으로부터 대한제국을 보호하기 위해 1897년 1월부터 영문판 "The Independent"를 발행했다.

  관리들의 사교 단체적 성격을 지녔던 독립협회는 토론의 내용을 확장시키며 민중을 영입하게 되자, 협회의 성격에 변화가 오기 시작했다. 자유민권사상은 발아하기 시작했다. 1898년 제1회 만민공동회의 회장으로 시전상인이었던 현덕호가 피선됨으로써 조선 후기 이후 엄격한 신분구조가 해체됨을 의미했다.(김영희, 2009: 28) 「독립신문」에 의한 민층의 각성과 새로운 인식이 생겨났다.

  '「독립신문」의 사명'의 사설에서 인민은 신문의 긴요한 것을 알고 있음을 논했다. 당초에는 별 생각 없이 신문을 구입했으나, 차차 인민은 신문 없는 세상에 살지 못함을 깨닫게 되었다. 「독립신문」은 인민의 일상생활을 보호해주었으며, 의리 있고, 충심 있고, 학문 잇게 하는 등불의 역할을 한 것이다. 당시 합법적 토론의 영역을 넓힐 힘조차 없는 무능한 정부에 비해, 독립협회의 목소리는 날로 그 강도를 높여갔다. 목소리의 강도에 따라 「독립신문」의 시기별 경향도 달라졌다.(정진석, 1990: 159~160)

  「독립신문」은 창간으로부터 독립협회가 창설된 시기까지는 정론적 성격을 한정시켜 국민 계몽의 성격을 지녔다. 물론 「독립신문」의 성격은 모호했으며, 발행주체인 '우리'도 불분명했다. 창립 후 곧 윤치호는 서재필에게 독립협회의 방향

을 구국을 위한 사회 개혁으로 할 것을 종용했다.(채백, 1994: 136)

사회 개혁을 위한 정치적 성격을 띤 독립협회는 독립문·독립공원·독립관 건립 운동을 일으켰다. 독립협회 운동이 가열되는 것을 감지한 정부는 1898년 5월 14일에 서재필을 미국으로 내보내고, 1898년 5월 11일 尹致昊(1865~1946)에게 「독립신문」을 인계시켰다. 「독립신문」을 인계받은 윤치호는 당시 주필 및 논설위원이었으며, 「독립신문」의 사주는 아펜젤러(H. G. Appenzeller)였다.

윤치호는 1898년 6월 21일부터 논설란을 폐지하고, 설령 논설을 기재하는 경우도 구체적 제목을 명시하고 있었다. 논설은 유동적 성격을 지녔지만, 그 방향은 자주·평등·'민권 사상'[59]으로 삼고 이를 확산시켰다. 윤치호는 지면 개혁을 단행하여 1898년 7월 1일부터 「독립신문」을 일간지화했다. 정기 구독료가 종전과 같은 상황에서 신문을 발행함으로써 「독립신문」의 비용이 두 배로 들어간 셈이었으며, 기사 양도 많아졌다. 1898년의 7월과 9월 사이에 논설·잡보·광고 등 전체 기사의 70% 정도가 독립협회 관련 기사로 채워졌다.(김복수, 1996 겨울: 63) 당시 독립협회의 세밀한 움직임까지 「독립신문」에 게재되었다. 논설은 독립협회 상소, 독립협회 선언 등으로 채워졌으며, 광고까지 독립협회의 것이었다. 사회 제도로서의 독립협회는 정부와 분리 작업이 가능했다.

지금 대한 정부와 독립협회와 잠시 반대된 모양으로 셔로 의심ᄒ고 셔로 두려워ᄒ야 언어간 일지라도 피ᄎᆞ에 정론 시비가 만ᄒ니 우리 싱각에는 정부문 올타 ᄒᄂᆞᆫ것도 아니요 협회문 올타 ᄒᄂᆞᆫ것도 아니라.(「독립신문」, 1898. 08. 08.)

그리고 정부의 기능이 잘 운영될 수 있도록 직간할 직무를 논했다.

성상의 하ᄂᆞᆯ 굿ᄒᆞ신 은혜롤 두루 입올지니 대신네들은 그 지식과 그 지료에 다만 직간

---

59) 민권이 무엇인가—신문과 교육으로 동포의 문견믄 넓이 ᄒᆞ며 우리 분외의 권리는 불ᄋᆞ지도 말고 대황뎨 폐하씌셔 ᄒᆞ신 양법미규나 잘 시힝되도록 관민이 일심ᄒ면 ᄌᆞ연 총명과 교육이 느느디로 민권이 ᄎᆞᄎᆞ 확장이 되야.(「독립신문」, 1898. 7. 9.)

ᄒᆞᄂᆞᆫ 담력만 더 ᄒᆞ엿스면 국사에 다힝ᄒᆞ겟도다(「독립신문」, 1898. 8. 12.)

즉 제도의 활성화와 신문의 비판 기능의 합당성을 논한 셈이다. 그리고 「독립신문」은 다른 신문과 차별성을 두었다. 「한성주보」에서의 교화가 언론의 주기능이었다면, 환경감시 기능을 통하여 정보를 제공함이 「독립신문」에서의 언론의 역할이었다. 그러나 환경 감시 기능은 생존을 위한 것이라기보다 정치적 현실에 관심을 가진 내용이었다.

정부관원이라도 잘못 ᄒᆞᄂᆞᆫ이 잇스면 우리가 말ᄒᆞᆯ터이요 탐관오리들을 알면 세상에 그 사람의 힝적을 폐일터이요 ᄉᆞᄉᆞ 빅셩이라도 무법ᄒᆞᆫ 일ᄒᆞᄂᆞᆫ 사람은 우리가 차저 신문에 셜명ᄒᆞᆯ터이옴.(「독립신문」, 1896. 04. 07.)

그러나 독립협회가 잘 조직화되었다면 그 논설과 기사는 명료하고, 그 범위가 한정될 수 있었다. 독립협회가 인원 확충에 급급했던 상황에서 그 내용은 산만해졌고, 주의주장은 각양각색일 수밖에 없었다. 독립협회 이전의 「독립신문」은 채방인(採訪人)의 기사를 기재원(記載員)이 정리함으로써 기사의 정론적 성격을 부분적으로 부각시킬 수 있었으며, 전반적인 개혁 사상을 여론을 통하여 활성화시킨 정론지였다. 그러나 독립협회에서 다루는 소재가 다양해지면서 정론적 성격이 희석되어갔다. 이때의 언론은 생존하기 위한 도구로서의 환경 감시기능과 정보 제공이라는 측면으로 봐야 한다. 더욱이 「독립신문」은 초기 잡보, 외보의 기사 등 사건 중심의 보도를 게재했다는 점에서 여론을 선도하는 계몽지로서 성격보다 정보 제공에 국한된 기능을 한 셈이다.(추광영·강명구, 1989: 68)

언론의 정보 제공 기능의 강조라는 측면에서 민생의 생활과 관계된 사회면 기사가 당연히 부각되었다. 세상의 일을 상세하게 보도하고, 그리고 그것에 비판을 가했다. 「한성순보」와 「한성주보」에서 경시했던 사적인 측면을 「독립신문」이 이를 공적으로 전환시키는 특수한 역할을 담당한 셈이었다. 이런 「독립신문」의 독특성으로 "3년 6개월 동안 사설 건수 6백 80건 중에서 1백 80건을 게재해 사회의 구석구석을 비판"(윤주영, 1995: 162~165)할 수 있었다.

윤치호의 「독립신문」은 고삐 풀린 정론지였다. 윤치호는 관민공동회의 일에 관심을 표했으며, 독립협회가 반년 간 「대조선독립협회회보(大朝鮮獨立協會會報)」라는 기관지를 발간했지만, 성급한 독립협회 구성원은 「독립신문」을 통해 자신의 주장을 펼 뿐 아니라 토론회를 개최하고, 그리고 사회 여론을 형성했다. 또한 독립협회는 「데국신문」, 「황성신문」 등을 통해 자신의 활동 내용을 선전했다. 독립협회는 종로광장(鐘路廣場)에서 관민공동회(官民共同會)를 개최했다. 그리고 1898년 11월 3일부터는 외곽 단체인 만민공동회(萬民共同會)를 개최하여, 곧 윤시병(尹始炳)을 회장으로 선출했다. 관(官)과 민(民)이 합하여 민중이 스스로 '헌의(獻議) 6조'를 통과시켰다. 그러나 관민공동회가 황제 대신 대통령을 옹립하여 공화 정치를 시도하는 발언 등으로까지 그 토론 내용을 확산시키자, 고종(高宗)은 1898년 11월 14일 독립협회 간부 이상재(李商在) 등 17명을 조선시대의 기본법인 대명률(大明律)의 잡범편 조례(雜犯篇 條例)에 의해 검거하였고, 관련 민간단체를 해산했다.(최준, 1993: 68) 그 주동자 가운데 한 사람이었던 윤치호는 덕원감리 겸 부윤을 명받아 원산으로 떠났다.

당시 만민공동회에서 인기를 끌었던 중추원 민선의관(50명 중 25명) 이승만(李承晚, 1875. 3. 26.~1965. 7. 19.)은 1899년 1월 만민공동회 사건으로 경무청 구치소에 수감되었고, 평리원(고등법원)에서 종신형을 받고 한성감옥에 수감되었으나, 고종 황제의 감형 특사를 3번 받아 5년 7개월 만인 1904년 8월 7일 석방되었다.

그는 수감 중 공화주의 「독립정신」을 집필했는데, 그 핵심내용은 "청컨대 우리 대한 동포들아! 상하귀천·대소관민·빈부존비·남녀노소를 다 물론하고 삼천리강토에 속하여 2천만 인구에 참여한 자는 다 나라를 이렇게 만든 것이 얼마만큼씩 자기의 직책이 있는 줄을 깨달아야 할지라."라고 했다.(이승만, 1993: 21)

만민공동회 사건으로 「독립신문」도 그 기능이 유명무실해졌다. 「독립신문」은 윤치호가 떠난 후에도 만민공동회의 정당성을 인정하며, 공동회를 위한 상소문을 신문 사설에 게재했다. 또한 서울의 본회가 해산되었지만 음성적으로 그 활동을 계속했다.(이기백, 1986: 358) 독립협회 해산 후 「독립신문」은 재정의 어려움이 따르게 되자 구독료, 광고, 출판 인쇄업, 문구 판매업에까지 사업을 확장했다.(김복수, 1996: 64) 이에 따라 「독립신문」의 색깔은 희석되었으며, 발행 의미도 유명무실하게 되었다.

독립협회의 실질적 기관지 「독립신문」이 창간된 지 1년 후 1897년 4월 1일 언더우드(Underwood)에 의해 「그리스도신문」이, 1897년 2월 2일 아펜젤러(H. G. Appenzeller)에 의해 「죠선크리스도인회보」가 창간되었다. 그들은 선교 목적이었지만 「독립신문」, 「한성신보」 등이 각축전을 벌이고 있는 동안 발간되었다. 이후 1898년은 「협성회회보」, 「미일신문」, 「뎨국신문」, 「황성신문」 등 국내 신문이 뒤따랐다. 한편 1898년 10월 20일 독립협회가 맹렬히 활동하는 시기에 신문사 친목회가 조직되었다. 독립신문사·미일신문사·제국신문사·황성신문사 등의 기재원들이 하나의 신분으로 자리를 잡는 계기가 되었다. 당시 하나의 신문은 조직이 위약하지만 신문사 집단으로서는 사회 변동 세력으로 충분한 힘을 발휘할 수 있었다. 그 구체적 과정은 「협성회회보」, 「미일신문」, 「뎨국신문」, 「황성신문」 등의 정론지 성격의 발전과 소멸 과정에서 잘 나타나 있다.

4. 정론지의 와해

1) 급진 개화파의 「미일신문」

독립협회가 전 인민을 상대로 하는 사회·정치 단체라면 협성회(協成會)[60]는 학생 단체이다. 이 단체는 그 목적을 「협성회회보」에 다음과 같이 설명했다.

---

60) 협성회(회장 梁弘黙)는 1898년 1월 1일 결성한 배재학당(培材學堂)의 학생 단체이다. 학생 200여 명(개교 초기 50명의 관비생을 입학시키고, 정부로부터 매월 은화 1냥을 보조받았다)으로 조직된 이 회는 순한글 주간신문(토요일 발행)인 「협성회회보(協成會會報)」를 발행했으나, 14호를 발행한 후, 「미일신문」(1898. 4. 9)이 창간되면서 폐간된다. 그 핵심 관련자는 양홍묵(梁弘黙)·유영석(柳永錫)·이승만(李承晩)이었다. 본래 「협성회회보」는 교육과 토론을 주로 게재하였으나, 호를 거듭함에 따라 점차로 과격해졌다.(최준, 1993: 71) 계속해서 과격한 논조를 유지하자 수구파의 책동으로 14호를 낸 후 마침내 고종의 내명으로 폐간되었다.

우리회눈 곳 문학으로 모힌회라 서로 권면ᄒ야 학문을 힘쓰고 유익훈 일이 잇스면 서로 권ᄒ고 허물이 잇스면 서로 경칙ᄒ야 동창지의를 친밀ᄒ게 직혀 일심으로 공부ᄒ야… 그런고로 회즁에서 의론ᄒ고 미월에 긔ᄎ식 회보를 발간ᄒ야 우리의 목뎍을 젼국 동포의게 광포ᄒᄂ 것이 (……) (「협셩회회보」, 1898. 01. 01.)

「협셩회회보」 제1호의 논설은 인재 양성과 면학을 장려하는 데 그치지 않고, 일반 독자를 상대함으로써 사회를 비판하는 논설을 게재하고, 사회의 중요한 문제를 해설코자 하였다.(윤주영, 1995: 453) 협성회의 토론 내용은 당시 서구 교육을 받았던 급진 개화파 인사들의 개화관과 일맥상통했으며, 서재필 같은 급진 개화파 인사들은 실제 토론을 주도하기도 했다.

미공관원(美公館員)은 활판(活版)을 제공하기도 하고(윤주영, 1995: 453), 1898년 이후 아펜젤러는 배재학당 지하실에 인쇄 시설을 갖추어 그들의 토론 내용을 신문에 게재하도록 했을 뿐 아니라, 시국 문제를 신문지면에 싣도록 허용했다. 역동기를 직면한 학생회 단체가 정치적 색깔을 지니게 됨은 당연했다. 그들의 토론 성격·의미·방향 등은 당시 협성회가 갖고 있었던 정치적 성격을 반영함이 틀림이 없었다. 그러므로 협성회가 발간한 「협성회회보」는 한국 언론사의 정론적 성격을 논할 때 결정적 기여를 한다. 더욱이 「협성회회보」는 독립협회가 활성화될 무렵에서 서재필의 도미(1898. 5. 14) 사이에 발행되었던 급진개화파의 정론지의 주간신문이라는 점에서 특징이 있었다.

협성회가 배재학당 내에서 조직된 학생 단체이며 학교 설립자 아펜젤러가 「독립신문」의 사장직을 맡았던 점에 비추어, 협성회와 「독립신문」은 모종의 협력관계가 있었음을 알 수 있다.

「협성회회보」는 1898년 4월 9일부터 「미일신문」으로 개제(改題)하고 최초의 일간 신문을 발간했다. 「미일신문」[61]은 1898년 4월 9일자 창간호 사설에 발간 목

---

61) 대한제국의 최초 일간지 「미일신문」은 1898년 4월 9일에 창간했는데 양홍묵(梁弘黙) 사장, 이승만(李承晩) 주필로 사옥을 동대문 안 싸전 도가(都家)로 옮겨 발행한 순국문 신문이었다. 그 참여자는 사장과 주필 외에 유맹(劉猛)·최정식(崔正植)·유영석(柳永錫) 등이 참가했다.

적을 서술했다.

일쥬일에 혼번식 나는 것을 기다리기에 미우 지리혼지라… 오늘붓터 미일신문을 니눈디 니 외국 시세형편과 국민에 유죠혼 말과 실젹혼 소문을 만히 긔지 홀터이니 목적도 극히 중대 ᄒ거니와 우리 회원이 일심 이국ᄒ눈 지극혼 충성의 간담을 합ᄒ여 이 신문상에 드러니노라.

「미일신문」을 발행함을 그 창간 논설에 밝혔다. 창간을 주도했던 유영석(柳永錫)은 창간 동기를 다음과 같이 표현했다.

우리 백성들은 압제와 토색과 외국의 참혹한 짓밟힘에 거의 죽을 지경에 이르렀다. 그래도 대언하여줄 사람이 없다. 지금 우리나라에는 신문이 둘이 있다. 하나는 「독립신문」이고 또 하나는 일본이 하는 「한성신보」이다. 이 둘 다 격일간이다. 그래서 우리는 일간신문을 하나 시작해야 하겠다(윤주영, 1995: 469.).

「미일신문」은 창간호 사설에서 독특한 우리나라 신문임을 강조하였다.

두세가지 교중신문이 잇스나 실샹은 다 외국사룸에 쥬쟝ᄒ눈 비요 실노히 우리나라 사룸이 ᄌ쥬ᄒ여 니눈 것은 다만 경성신문과 우리신문 두가지 쑌인디 (……)

대한제국, 대한제국 국민을 위한 신문으로서의 「미일신문」은 세 가지 구체적 목적을 사설에서 서술했다.

신문이라 ᄒ눈 것이 나라에 크게 관계가 되는 것이 셰가지 목적이 잇스니 첫지 학문이오 둘지 경계오 셋지 합심이라 지금 우리 나라에 국셰와 민졍이 곤궁 위급ᄒ매 급히 별반 방쳑을 마련ᄒ여 됴야 신민이 동심합력 ᄒ여 외교 니치샹에 일신히 뜰쳐 나는 긔상이 잇고야 후일 지탕홀 ᄇ라이 잇슬터이지 (……).(「미일신문」, 1898. 04. 12.)

정론지로서의 「미일신문」은 구체적 목적을 학문에 두었다. 여기서의 교육은 유교적 교육이 아니라 요즘 언론의 기능 중 정보 전달과 그 결과 사회화에 해당한다. 당시로서는 신문의 교육 기능은 위정척사파의 삼강오륜(三綱五倫)의 입장과는 크게 다른 것이다. 그렇다면 결국 신문의 색깔이 분명히 나타난 셈이다. 사회의 경계는 서구식 환경의 감시기능으로 볼 수 있으며, 합심은 사회적 연결을 도모하는 언론의 기능과 다를 바가 없다. 또한 「미일신문」의 덕목으로, 공개적으로, 평등하게 함으로써 법강과 경계가 바로 서도록 원했다.

신문이 혼 두사룸을 위후여 죵요혼 구석에서 감안이 보라는 것이 아니라 세상에 드러 니놋코 널리 젼후기로 쥬쟝이니 그여러 사룸들을 다 고르게 위후잔즉 말이 공평홀 수 밧게 없는지라 공평혼 말이 세상에 힝하면 그결실은 필경 법강과 경계가 발니셜지니 (……)

협성회의 성격과 달리 「미일신문」은 초창기부터 정체성의 확립에 이의가 제기되었다. 배재학당으로부터 발행 장소를 달리함으로써 「미일신문」은 배재학당과는 기본적으로 거리를 두게 되었다. 이 신문의 창간호 사설은 「독립신문」을 외국 사람이 내는 신문으로 규정함으로써 서재필의 「독립신문」의 존재를 경시하는 경향을 보였다. 더욱이 아펜젤러가 세운 배재학당으로부터 「미일신문」은 독립하기를 원했을 뿐 아니라, 발간 당시 서재필이 국내에 체류(서재필의 도미 시기는 1898년 5월)하고 있음을 의식하지 않았다.

「미일신문」의 이러한 논조는 이승만(1875~1965)의 행로와 관련이 있었다. 1898년 4월 9일 창간한 후 유영석이 사장에 취임하자 곧 「미일신문」은 러시아의 국토 매입 사건과 프랑스의 철도 부설권에 관한 이권을 요구한 외교 문서의 폭로 사건으로 위기에 처했다. 그러나 정부, 일본, 배재학당, 더욱이 산만하게 집합된 독립협회 등 그 어느 누구도 「미일신문」의 편이 아니었다. 대한제국이 합법적 영역 구축에 뒤따라야 하는 재정 상태가 충실하지 못했으며, 「미일신문」 역시 외부 세력에 대항할 수 있는 내적 인원과 재정이 절대 부족했다. 「미일신문」의 직간접적인 문제와 더불어 협성회 회장이 「믹일신문」 사장이라는 관행에 따라 5월 21일 당시 23세로 협성회 회장직을 맡고 있던 이승만이 사장직에 취임했다. 그러나 신분과 반상제도(班常制度)가 지배하는 당시로서 능력 위주의 인사가 뿌리 내리기에는 역부족이었다. 협성회는 곧 특별회를 열어 이승만을 몰아내고 양홍묵을 다시 사장으로 앉혔다.(김민환, 1996: 124)

배재학당에서 이사해 나온 「믹일신문」은 변화의 조짐을 보였다. 우선 일간으로 생존하는 데는 얼마간의 자본이 소요되었다. 당시 독립협회의 일로 신문업은 특수를 누렸다. 「독립신문」은 사설(「믹일신문」, 1898. 04. 12.)에서와 같이 초기의 신문이 긴요한 것을 깨닫지 못했던 사람도 차차 신문이 없어서는 세상이 컴컴하고 견딜 수가 없게 됨을 실감해갔다. 당 사설의 논조와 같이 신문은 약자를 보호하고, 의리 있고, 충심 있고, 학문토록 하는 기능을 했다면 신문은 당시 불확실한 사회에 인민의 주의를 집중시키는 인기 있는 품목이었음은 틀림없었다. 인민을 위해 창간사에서도 신문의 '경계'의 중요성을 부각시켰다. 그러나 조직력이 뒤따라야 가능한 현장기사의 충실을 위한 재력과 인원이 뒤따르지 못했다. 설상가상으로 일간으로 발행하는 「믹일신문」은 「독립신문」과 경쟁하지 않을 수 없었다. 그리고 1895년 2월 창간한 日人 신문 「한성신보(漢城新報)」와 1898년 3월 2일 창간한 「경성신문」[62]과도 한정된 독자를 두고 경쟁해야 했다.

사장직에 재취임한 양홍묵은 고본제[股本制, 주식제(株式制)]를 도입하여 회사를 다시 조직했다. 그러나 유영석과 최정식이 비회원 김백년과 함께 경영권을 빼앗으려 시도하자 협성회는 통상회를 개최하여 유영석과 최정식, 그리고 이승만을 제명시켰다.(김민환, 1996: 124 재인용)

그러나 유영석은 이문사(以文社)에서 가져온 활판과 자신이 갖고 있던 활판으로 사옥을 차지한 상태였다. 그리고 자신이 가져온 새로운 활판과 사옥을 차지해 버렸다.

---

62) 「경성신문」은 1898년 3월 2일 윤치호의 노력으로 창간되었으며, 인가 청원서에 '아국상무(我國商務)가 흥왕(興旺)하기를 위하여 물건의 시직(市直)과 인민의 소문소견을 기재(記載)하고자 한다.'라고 하여 경제신문임을 밝혔다.(계훈모 편, 1988: 17)

「미일신문」은 벌써 배재학당에서 독립한 상태여서, 다른 활로를 개척해야 했다. 신문의 색깔도 변했다. 즉, 「미일신문」은 지금까지 교육 기구로서의 역할을 접고, 기업으로서의 언론을 운영코자 한 것이다. 현실적으로 구독자가 여전히 충분치 않아 구독료·주식료·광고·기부금 등 어느 것 하나 신통치 않았다.

재정에 어려움을 겪었을 뿐 아니라, 정체성의 위기로 「미일신문」은 1899년 4월 30일 278호로 폐간되었다. 「미일신문」의 인쇄 시설은 「미일신문」의 판권을 인수한 상무회사(商務會社)[63]로 넘어갔으며, 상무회사는 1899년 4월 15일 격일간지 「상무총보(商務總報)」를 발간했다. 상무총보는 황국협회(皇國協會)의 보부상(褓負商)들이 1899년 1월 22일 창간한 「시사총보(時事叢報)」[64]와 같이 운영했다. 그러나 당시 정론지가 득세하는 시대적 분위기에서 어용 색깔을 지닌, 즉 독립협회와 관민공동회를 적대했던 신문은 독자로부터 외면당하고, 곧 폐간되고 말았다.

2) 정체성 위기의 「뎨국신문(帝國新聞)」

노선갈등으로 혼란을 겪던 협성회 일부 회원들은 「뎨국신문」을 창간했다. 「뎨국신문」[65]의 구성진은 배재학당·개명관리·이문사(以文社) 관련자 등 다수가 포함

---

63) 상무회사는 황국협회의 보부상(褓負商)들이 모인 단체이며, 상무총보는 길영수(吉永洙)·나유석(羅裕錫) 등이 운영했다. 이 신문은 1899년 4월 15일 창간된 우리나라 최초의 경제 일간지였다.(박정규, 2003: 155) 「미일신문」이 사내 분규로 정간되자 인쇄 시설과 부대 시설을 인수하여 중서 니동(中署泥洞)(진골)에서 발간하였다. 또한 이 신문은 교역의 증진과 상도의 정립에 관심을 가졌으나 1899년 5월 폐간되었다.

64) 「시사총보」는 정부의 기관지로서, 1899년 1월 22일 홍중섭(洪中燮) 사주 겸 편집인인 장지연(張志淵) 주필로 시작하였다. 장지연은 사례소 내부주사((史禮所, 內部主事)의 관직을 청산하고, 「시사총보」에서 언론인 생활을 시작하였다.(권영민, 「진단학보」55, 1982). 「시사총보」는 1899년 8월 17일까지 100호를 발행한 후, 그해 11월경 광문사(廣文社)에 인쇄 시설을 넘기자 광문사는 그 시설로 정다산(丁茶山)의 『목민심서(牧民心書)』, 『흠흠신서(欽欽新書)』 등 서적을 출간했다.

65) 「뎨국신문」은 1898년 8월 10일 창간되어 1910년 3월 31일까지 발행되었다. 본 제호는 1903년 7월 7일 제국신문(帝國新聞)으로 변경되기까지 사용했다. 이 신문은 태평로 2가 남쪽 끝 신한은행 건물 근처에서 발행했다. 창간에는 이종일(李種一)·이종면(李種冕)·이종문(李種文)·이승만(李承晩)·장효근(張孝根)·염중모(廉仲模)·심상익(沈相翊)·김익승(金盆昇) 등이 관여했다.(김영희, 1977: 32~39)

되어 있었으나 이종일(李種一, 1858~1925)과 이승만·정운복(鄭雲復)·주시경(周時經)·김효신(金孝臣)·김두현(金斗鉉) 등이 독립협회 일을 겸임함으로써 독립협회와 노선을 같이 했다. 이승만[66]이 논설을 주로 집필함으로써 협성회의 사상이 투영되었다.

「뎨국신문」의 재정은 유지들이 모인 합자회사(合資會社)의 형태를 유지하기는 했으나 이종일[67]·이종문·이종면·김익승(金益昇)·심상익(沈相翊) 등 이문사 출신이 주로 참여함으로써 출판사가 신문의 내용, 재정 및 운영 일체를 담당한 셈이다. 대체적으로 「뎨국신문」은 몇 사람의 신학문을 접한 지식인과 사업을 하는 출판인이 협동하여 발행하는 상업신문이었으며, 독자층은 중류 이하의 백성들과 부녀자였다.

당시 이승만은 1898년 11월 독립협회의 중추원의관선거(中樞院議官選擧)에서 중추원의관(中樞院議官)으로 선출되었다. 또한 그는 1898년 3월 10일 독립협회가 주최한 만민공동회의 연사로 나섬으로써 정치활동을 본격적으로 시작했다.(정용욱, 2007: 55)

만민공동회는 한국 정부가 러시아에 이양한 이권의 취소, 러시아 고문관 파면, 한러은행 해체 등을 요구하였다. 또한 그는 1899년 1월 박영효 쿠데타 음모사건으로 연루되어 6년여 간(종신형 선고) 감옥생활을 하게 되었다. 또한 그는 형무소에서 홉스의 '만인의 만인에 대한 투쟁'에 의거해 『독립정신』(1904)을 집필했다.(정용욱, 2007: 56)

이승만은 24세부터 29세까지 5년 7개월간 감옥생활을 한 뒤 1904년 8월 9일

초대 사장은 내부주사 및 중추원 의관을 지닌 이종일이었으며, 2대 사장은 군부참서관(軍部參書官)을 지낸 최강(崔岡, 1903. 1. 5.~1903. 6. 14.)이었고, 곧 3대 사장 이종일에게 판권이 넘어갔다.

66) 이승만은 「뎨국신문」 초기 주필을 맡았다. 독립협회 사건으로 투옥되자 옥중에서도 논설을 작성했으나, 출옥 후 민영환(閔泳煥)의 주선으로 1904년 11월에 도미했다.

67) 이종일(1858~1925)은 어려서 한문학을 수행한 유생으로서, 1882년 사신(使臣)으로 일본에 다녀와 정삼품(正三品)의 위계를 받은 사대부였다. 그는 「뎨국신문」 발행에 중추적 역할을 하였으며, 그의 사상과 신문관은 「뎨국신문」 논조 그 자체이다.(김영희, 1977: 38)

석방돼 잠시 「제국신문」의 주필을 맡았다가 그해 11월 4일 미국으로 유학을 떠났다.(강준만, 2007: 116~7)

옥중에서도 이승만은 일인 신문 「한성신보(漢城新報)」와 활발한 논쟁을 벌이기도 했다.(정진석, 1990: 167) 즉 독립협회와 논조를 공유한 「뎨국신문」은 일본의 기관지를 맹렬히 공격한 것이다. 독립협회의 목적이 독립임을 간주할 때 일본의 조선 침략 상은 당연히 공격의 대상이 되었다.

「뎨국신문」은 당시 독립의 당위성을 합법적으로 끌어들일 수 있는 수단이었다. 그러나 논쟁이 벌어질 때, 이를 뒷받침할 재력이 문제였다. 초기 고급 관료가 주도하던 독립협회 운영이었지만 민중이 대거 참여함으로써 황제(皇帝)는 이에 대해 불만을 토로하기 시작했다.

「뎨국신문」은 창간사(1898. 8. 10.)와 아울러 연이어 세 번에 걸쳐 신문의 창간 취지를 고백 내용으로 처리하여 다뤘는데, 「뎨국신문」의 의미를 다음과 같이 서술했다.

「뎨국신문」이라 ㅎ는 뜻슨 곳 이 신문이 우리 대황뎨 폐하의 당당ㅎ 대한국 빅셩의게 속ㅎ 신문이라 홈이니 뜻시 또ㅎ 즁대ㅎ도다… 특별히 뎨국 두 글ㅈ로 신문 졔목을 숨아 황샹 폐하의 지극ㅎ신 공덕을 찬양ㅎ며 우리 신문의 무궁히 경축ㅎ는 뜻을 낫하 니노라.

그리고 「뎨국신문」의 창간호는 지면 구성과 신문의 기능에 관해 자세히 밝히고 있다.

우리도 쏘ㅎ 슌국문으로 박일 터인디 론셜과 관보와 잡보와 외국 통신과 뎐보와 광고 등 여러 가지를 니여 학문샹에 유죠홀만ㅎ 말이며 시국에 진젹ㅎ 소문을 드러 등지ㅎ려ㄴ바 본샤쥬의인즉 신문을 아모됴록 널리 젼파ㅎ여 국가 기명에 만분지일이라도 도움이 될가ㅎ야 (……)

「뎨국신문」은 보도기능보다 지도기능과 지식 개발에 관심을 가져 학문상에 유익한 말을 실어 국가 개명에 이바지하고자 했다. 「뎨국신문」은 구체적 목적을 사설에서 논했다.

본샤 목적이 아모됴록 우리 나라에서 흥ᄒᆞᄂᆞᆫ 법률과 풍속을 곳쳐 기명에 나아가기를 쥬쟝 삼ᄂᆞᆫ바ᄂᆞᆫ (……) 법률과 경계가 업셔지면 필경 강ᄒᆞ고 권력잇ᄂᆞᆫ자 임의 디로 흐터이니 강ᄒᆞ고 권력잇ᄂᆞᆫ 임의디로 홀디경이면 그해ᄂᆞᆫ 누가 밧ᄂᆞ뇨 (……) 우리ᄂᆞᆫ 불가불 몸을 도라보지 안어야 홀터이오 몸을 도라보지 아니ᄒᆞ면 모진 의론이 셰상에 셜터이오 모진 의론이 셰상에 셔ᄂᆞᆫ 날은 법률과 경계가 나셜 터이니 법률과 경계가 나션즉 아모리 강ᄒᆞ고 권력잇ᄂᆞᆫ 자라도 욕심디로 힝ᄒᆞ지 못하고 아모리 잔약ᄒᆞᆫ 자라도 무리ᄒᆞᆫ 압졔ᄂᆞᆫ 밧지안코 다만 법률 안에서 경계 디로만 힝홀터인즉 (……)(「뎨국신문」, 1898. 8. 13.)

그리고 「뎨국신문」의 사설은 실력 양성론을 주장했다.

ᄌᆞ유라 ᄒᆞᄂᆞᆫ 거슨 사ᄅᆞᆷ이 졔슈죡을 가지고 긔거와 운동을 졔ᄆᆞᆷ디로 ᄒᆞ야 ᄂᆞᆷ의게 졔어홈을 밧지안ᄂᆞᆫ 거시오 압졔라 ᄒᆞᄂᆞᆫ거슨 졔 몸과 졔 ᄯᅳᆺ슬 가지고도 ᄂᆞᆷ의게 눌녀셔 ᄒᆞ고 십흔 노릇슬 임의디로 못ᄒᆞᄂᆞᆫ 거시니 능히 일신샹 ᄌᆞ유를 직히ᄂᆞᆫ쟈는 가히 ᄉᆞ지가 구비ᄒᆞ야 온젼ᄒᆞᆫ 사ᄅᆞᆷ이라 [중략] 온젼ᄒᆞᆫ 사ᄅᆞᆷ 노릇들을 ᄒᆞ고 십것던 외국 사ᄅᆞᆷ의 인졍과 학문을 좀 비화 ᄌᆞ유권 직힐 만ᄒᆞᆫ 빅셩들이 되어봅시다.(「뎨국신문」, 1898. 08. 17.)

결국 독립협회를 구성했던 세력이 설립한 「뎨국신문」은 국가발전과 국권수호를 위해 인민의 실력 양성론을 주장했다. 그것은 정치적인 색채와 사회 계도적인 내용보다, 신교육이 우선되어야 함을 논한 것이다. 그러나 다른 한편으로 「뎨국신문」은 이문사와 정부의 도움을 받고 합자회사로 운영되었지만, 여전히 재정적으로 위약했다.

「뎨국신문」은 당시 정체적 위기를 일찍 경험했다. 중하층, 상인, 부녀자 등을 독자로 하는 「뎨국신문」의 필요성은 인정하지만 '위정척사파'의 입장에서 볼 때

「뎨국신문」은 일종의 이단일 수밖에 없었다. 이들에게 실학은 서구의 객관, 공정 등을 통한 과학정신, 즉 분석정신일 것이다. 그러나 아직 체계가 정립되지 못한 대한제국은 현대식 저널리즘 형태를 유지할 수 없었다.

강한 포퓰리즘이 여전히 크게 작동했다. 신문의 독자 투고를 늘리면서 신문의 논조는 산만해졌다. 사장인 이종일과 옥중에 있는 이승만이 논설을 작성했지만, 여전히 '논설 기자의 부족'(최기영, 1991: 41)은 채워질 수 없었다. 정체성의 위기에 처한 「뎨국신문」은 제호까지 「제국신문(帝國新聞)」으로 변경시켰다.

「뎨국신문」의 전신인 「믜일신문」은 민의 집단력을 강조하며, 백성의 힘을 믿 어왔다.(「믜일신문」, 1898. 04. 12.) 일제의 군사형 사회에 대항할 수 있는 것은 민의 숫자에 의한 응집력으로 어느 것보다 설득력이 있었다. 「뎨국신문」은 약한 나라 가 강한 나라로부터 권리를 찾는 힘은 군사력에 있지 않고 민론에 있다고 역설했 다.(「뎨국신문」, 1902. 09. 12.) 신문을 통한 인민의 교화는 곧 그들을 자유롭게 하는 첩경일 것이다. 그러나 사회·기업 단체가 허약한 당시로서는 신문산업의 영세성 을 떨칠 수 없었다. 재정적인 면에 도움이 되지 못했다.

'동도서기론'의 '도'는 일반 민중이 습득하기 쉽지 않은 원리였다. 이를 교화하 는 방법도 「뎨국신문」이 취할 수 있는 하나의 방법이었다. 그러나 급진 개화파 는 자연법칙에 의해 지배되는 사회를 사회법칙에 의해 지배되도록 권장하고 있 었다. 급진 개화파는 도를 통한 개혁 방법보다 법으로 다스리고, 인민을 평등하게 만들 수 있기를 원했다.

인민은 자유노동시장에 참여할 뿐만 아니라, 사회구성원으로서 타인과 계약관 계를 유지한다. 그럼으로써 인민 개개인은 노동생산성을 물체(things)로 평가받는 다.

개인의 사고는 객관화할 수 있으며, 객관화된 개인은 결사체를 유지할 수 있으 며, 그런 갖가지 결사체는 국가를 형성케 한다. 각 개인과 결사체는 철저한 분업 의 원리에 의해 서로의 자치와 상호 의존을 경험하게 된다.

'사회신경체제'(the social nervous system)로서의 언론은 객관 보도라는 명목 아 래, 혹은 '물질적 상징'(material symbols)으로 서로를 연결시킬 수 있다. 사실의 정확성·공정성·객관성·독립성을 유지한다. 비판·폭로·선정성 수단을 통해 인민과 사회조직을 사회 체계 안으로 끌어들인다. 언론사는 조직을 강화시켜 자체의 힘으로 사회를 통합시킬 수 있는 한편, 사회단체의 기관지로서 언론의 고유 기능을 수행한다.

동서양의 학문을 접목한 이종일은 '동도(東道)'의 입장에서 '서기론(西器論)'을 수용한다. 일본의 군사형 사회는 지식인들의 사회 비판을 수용하기보다, 그 규제에 적극적이다.(최기영, 1991: 245)

자발성을 결한 사회에서 「뎨국신문」이 중하층의 독자를 확보하기란 쉽지 않았다. 그러나 「뎨국신문」은 문벌 타파, 미신 타파, 단발, 양력 사용, 위생, 의복 개량, 인신 매매 금지, 사치 중지, 개가(改嫁), 남녀 교제, 여성 교육 등 풍속 개량에 관심을 가졌다.(최기영, 1991: 51)

「뎨국신문」이 서구의 관점에서 인민을 교화하자, 당시 위정척사파에게는 위협의 대상이 되었다. 이리저리 논조를 바꾸는 「뎨국신문」은 1903년 7월 7일 '제국신문'으로 제호 변경함으로써 정체성 포기를 경험하기도 했다.

그러나 「제국신문」은 친일단체 일진회를 비판(1904년 10월 7일)하여, '일본의 군사상 및 치안상 방해가 되었다'는 이유로 3주일간 정간당하고, 10월 31일 정간을 풀었으나, 재정난으로 다시 휴간에 들어갔다. 11월 9일에야 속간을 한다. 또한 1906년 3월 17일 통감부로부터 소환을 당하여 검열에서 삭제하라는 기사를 어째서 뒤집어 놓지 않았느냐고 문초(問招)를 받았다.(최준, 1993: 121) 다시 신문은 3일간의 발행정지 처분을 받았다. 더욱이 검열 받지 않은 호외 발행은 빈번히 경무청과 마찰을 일으키기 일쑤였다.

화재까지 겹쳐 신문의 휴간은 늘어났다. 신문 구독료에 독촉은 신문 社告에 올라온다.(최준, 1993: 126)

본보대금은 각 지점에서 다 유체납(有滯納) 중 평양지점에서는 9년, 10년 양년도의 미납액이 3백여 원에 지(至)하얏으니 본사경비는 하이지과호((何以支過乎)잇가 (……)

한편 우송(郵送) 관계도 신문의 정상적 영업에 장애였다. 뿐만 아니라, 배일적 과격신문으로 낙인찍혀 관헌의 손이 뻗쳐 의식적으로 우송을 지연 혹은 고장을 일으키는 일이 한두 번이 아니었다.(최준, 1993: 102) 화재까지 겹쳤다.

「제국신문」은 "엎친 데 덮치는 격으로 재정난에 화재까지 입어 드디어 일시 휴간케 되었다. 이에 실업계와 각 부인회에서는 동지복간을 위하여 의연금을 갹출하는 등 여러 유지들의 열렬한 후원으로 다시 속간되었다."라고 했다.(최준, 1993: 126)

안팎으로 「제국신문」은 위기를 맞았다. 현재 신문의 경향으로 보면 당연히 「제국신문」이 가장 경쟁력 있는 신문이었을 터인데 당시에서는 정체성, 민도, 영업 등에서 고전을 면치 못했다.

3) 개신 유학자의 「황성신문(皇城新聞)」

배재학당 출신을 중심으로 한 인사들이 「뎨국신문」을 운영하였다면, 「황성신문(皇城新聞)」[68]은 독립협회의 기관지 구실을 담당했을 뿐 아니라, 혁신 유학의 대변지였다.(이기백, 1986: 389) 「황성신문」은 전신인 「대한황성신문」의 주요 인사로 이상재(李商在)·윤치호(尹致昊)·남궁억(南宮檍)·강화석(姜華錫)·장지연(張志淵) 등이 직간접으로 관여했다(이광린, 1986. 12: 11) 남궁억·나수연은 직접 독립협회에 참여했으며, 윤치호는 「황성신문」의 전신인 「경성신문」의 사장이었다.

「황성신문」은 독립협회와 밀접하게 관련되어 있었으며, 그 운영에는 유학자들

---

68) 「황성신문」은 「경성신문(京城新聞)」[윤치호(尹致昊)가 1898년 3월 2일 창간, 수, 토 주 2회 발간], '대한제국'의 국호에 따라 「대한황성신문」(1898. 4. 6.)으로 제호를 변경해오다가 결국 「황성신문(皇城新聞)」으로 1898년 9월 5일에 발간되었다. 새로운 「대한황성신문」 운영진은 "우리나라 자주 독립한 후에 세계 각국에서 우리나라 사람도 신문하는 줄을 알게 함이라."라고 개제 이유를 밝혔다.(최준, 1993: 74): 1898. 04. 06.) 「황성신문」은 남궁억(南宮檍, 사장)·나수연(羅壽淵, 총무원) 등이 운영을 맡았으며, 이 신문의 제작에 참여한 인사는 박은식(朴殷植)·유근(柳瑾)·장지연(張志淵)·남궁훈(南宮薰)·신채호(申采浩)·김상천(金相天)·최창식(崔昌植) 등 개신유학자들이다. 1900년 1월 5일부터 Reuter의 기사를 게재하기도 했다. (윤주영, 1995: 803)

이 대거 참여했다. 이 신문의 창간사 일부를 소개하면 다음과 같다.

  (…) 대황제 폐하(大皇帝 陛下)께서 갑오 중흥(甲午中興)의 기회를 맞아 자주독립(自主獨立)의 기초를 확정하고, 모든 것을 일신(一新)하는 혁신 정령(革新 政令)을 반포하였다. 이 때 특별히 기자와 성인이 남겨 전한 문자와, 선왕(先王)이 창조한 문자를 함께 쓰게 하기 위해 공사(公私) 문체(文體)를 국·한문으로 섞어서 쓰도록 칙교(勅敎)를 내리었다. 이를 받들어 백규(百揆=내각 총리(內閣 總理))가 백관(百官)을 이끌고 바쁘게 행하니, 요즘의 관보(官報)나 각 부(府)·군(郡)의 훈령(訓令)과 지령(指令)과 각 군(郡)의 청원서(請願書)와 보고서(報告書) 따위가 그것이다. 오늘날 본사(本社)도 신문(新聞)을 확장하는데 먼저 국·한문으로 섞어서 쓰기로 한 것은 온전히 대황제 폐하의 성칙(聖勅)을 준수하기 위함이다. (……)

  한학자 '장지연'[69]이 「황성신문」의 주필직과 2대 사장직(1902. 8~1905. 11)을 맡

---

69) 장지연(韋庵 張志淵, 1864~1921)의 호는 위암(韋庵)·숭양산인(崇陽山人)으로 경북 상주목(尙州牧) 출신으로, 구한말의 대표적인 '애국계몽' 사상가였다. 위암은 6세 때부터 서당에 입학하여, 한학을 배웠다. 인동(仁同) 장씨 문중에서 한학을 배운 장지연은 1883년 20세 되던 해에 고조부뻘 되는 장복추(張福樞, 1815~1900, 이기론(理氣論)의 주리설(主理說)을 중시)로부터 성리학을 배웠다.(구자혁, 1993: 9) 영남학파의 심학(心學), 예학(禮學) 등 학풍을 간직한 장지연은 허훈(許薰)의 근기학파(近畿學派) 전통을 전수하였다.(구자혁, 1993: 14) 당시 근기학파가 지식주의, 실용주의를 신봉하였는데, 장지연은 영남학파와 근기학파의 학풍을 동시에 전수받을 수 있었다. 장지연의 '애국계몽사상'은 경학 위주의 영남학파에 기초할 수밖에 없었다. 그는 1885년 6월(22세) 소과(小科)의 향시 응제과(鄕試 應製科)에 합격하였으나, 복시에 불합격하였다. 장지연은 4차례 낙방한 후, 1894년 2월(31세) 진사병과(進士丙科)에 급제했다. 그러나 그는 의병운동, 청·일전쟁으로 등용되지 못한 채, 상주로 낙향하여, 실학에 몰두했다. 장지연은 1897년 사례소(史禮所) 직원(直員)으로 벼슬길에 올랐고, 8월에는 내부주사(內部主事)를 겸임하게 되었다. 장지연은 김택영(金澤榮), 윤희구(尹喜求) 등과 함께 『대한예전(大韓禮典)』 10권을 편찬하는 작업에 참여했다. 짧은 관직생활이었지만, 장지연에게 그 생활은 후일 사학자로서 활동하는 기반을 제공하였다.(구자혁, 1993: 34) 그러나 1898년 10월 내부주사를 그만두고, 독립협회가 주관한 제2차 만민공동회에 참여하였다. 독립협회는 1896년 7월 11일 서재필(徐載弼), 이상재(李商在), 이승만(李承晩), 윤치호(尹致昊) 등이 조직한 단체로 "자주, 지강, 내정개혁" 등을 표방하였다.(구자혁, 상게서: 41) 이들은 외세를 배격한 개화사상가들이었는데, 장지연은 1898년 10월 29일 남궁억(南宮檍), 이승만(李承晩), 양홍묵(梁弘黙) 등과 함께 총무위원으로 활약하여 관민공동회를 주도하였다. 장지연은 1896년 7월 11일 결성된 독립협회에 편집부장(編輯部長)의 역할

앉다. 그와 같이 논설을 기고했던 유근도 한학자였다. '동도서기론자(東道西器論者)'의 후예라는 점에서 토착화된 서구화를 시도했다. 개신유학자(改新儒學者)는 실학의 '실사구시(實事求是)'의 바탕 위에 '이용후생(利用厚生)'을 신문 사설에 용해시켰다.

국(國)은 민(民)이 아니면 불성(不成)하고 민(民)은 국(國)이 아니면 불생(不生)하느니 이처럼으로 국(國)은 민(民)을 무애(撫愛)하고 민(民)은 국(國)을 보호하느니 (……) 백성(百姓)은 족(足)하자하면 상무(商務)가 곧 당금급무(當今急務)라 고(故)로 태서각국(泰西各國)에는 전(專)혀 상리(商利)롤 확장(擴張)하야 기수출(其輸出)하는 물품(物品)이 만억(萬億)은 계하는뒤 (……) 재목(材木)의 대소(大小)와 곡직(曲直)을 분간(分揀)ᄒ야 동량(棟梁)에 용(用)홀 자(者)는 동량(棟梁)에 용(用)ᄒ고 연추(椽樞)에 용(用)홀 자(者)는 연목구(椽木區)에 용(用)ᄒ고.[70]

직능에 대한 언급은 「황성신문」의 창간호 사설에서 같은 맥락으로 논했다.

부정부(夫政府)의 용인(用人)은 장씨(匠氏)의 용재(用材)홈과 동(同)ᄒ여 각기용처(各其用處)에 적의(適宜)홈을 취(取)ᄒ느니 하자(何者)오 장시(匠氏)가 사옥(舍屋)을 경영(經營) 홀시 몬져 승묵(繩墨)과 준측(準尺)을 지(持)ᄒ고 (……).(「황성신문」, 1898. 09: 5)

을 담당하였다. 당시 독립협회 기관지는 「독립신문」, 「대조선독립협회회보(大朝鮮獨立協會會報)」와 「황성신문」 등이었다. 언론을 매개체로 독립협회는 강연회, 토론회를 개최하면서, '자주독립', '자주민권', '자강개혁', '부국독립' 등을 부각시켰다.(최기성, 1997: 422) 또한 독립협회는 '만민공동회'(萬民共同會)를 조직하여 '관민공동회'(官民共同會)를 개최하고, '헌의 6조'(獻議六條)를 발표하여, 대한제국의 개혁을 시도했으나, 어용단체 '황국협회'(皇國協會)의 방해로 곧 해산되었다. 위암은 1898년 「황성신문」의 창간에 간여하였으며, 1901년 봄 황성신문의 주필과 그 경영까지를 맡게 되었다. 당시 그는 1898년 9월 5일 발간된, 「황성신문」에 "주권자의 통치대권을 보필할 것을 밝히고, 춘추직필(春秋直筆)의 사관사필(史官史筆) 지도원리 하에서 선정(善政)을 요망했다"라고 했다.(방상훈, 2001:117; 조맹기, 2006: 92~94)

70) 「황성신문」, 1898. 9. 9.

또한 「황성신문」은 개화사상에 따른 적십자·병균·세력권 등의 소재까지 신문에 소개함으로써 문호 개방에 적극적이었다.(윤주영, 1995: 803) 개화사상 보도에 적극적인 「황성신문」 '아국(我國)의 서책(書冊)이 (……)'의 사설(「황성신문」, 1898. 01. 14.)은 교섭 통상에 관한 각국의 현행 세칙에 보도를 관보(官報)보다 독자가 많은 「황성신문」에 게재하기를 원했다.

「황성신문」은 신문의 활자도 국한문을 혼용했을 뿐 아니라 내용과 독자층도 선택했다. 이들은 전통을 긍정적으로 수용했을 뿐 아니라 서구의 영향을 취사선택했다.(신용하, 1975: 69) 「황성신문」의 실무진은 중견 관리의 경험자였으므로 정부의 의도가 잘 반영될 수 있는 여지가 있었다. 더욱이 「황성신문」은 「한성순보」때의 미숙한 개화관과는 달리 안정된 변화 체제에 돌입해 있었으며, 오합지중(烏合之衆) 형식으로 모였던 독립협회를 재조직하는 시멘트 역할을 할 수 있었다.

독립협회의 기관지 역할을 한 「황성신문」이었지만 남궁억·장지연·유근을 중심으로 한 온건 개화파에 의해 운영됨으로써, 급진 개화파인 서재필·이승만 등과는 거리를 둘 수 있었다. 「황성신문」의 색깔은 정부 측에 더욱 가깝다고 볼 수 있다. '황성'이란 이름과 더불어 위치한 장소는 중서 등청방 황토현(中署 澄淸坊 黃土峴) 제23통 7호 좌우순청(前右巡廳)의 건물이었다.(이광린, 1986: 16) 여기서 우순청은 순무사(巡撫使)의 임시 군영을 가리킨다. 즉 황성신문사는 지금의 광화문 네거리 '고종황제 즉위 40년 칭경 기념비전'에 위치한, 정부 소유의 건물을 빌어서 사용함으로써 정부의 후광을 업고 시작한 신문이다. 그렇다면 관련 인사, 제호, 그리고 장소에 의거해 「황성신문」을 「한성순보」와 「한성주보」가 발전적 방향으로 진화한 신문으로 봐도 무방하다. 그러나 관리가 신문 제작에 참여하는 후자와는 달리 전자는 순수 민간인이 제작했다. 또한 황성신문은 주로 고금제(股金制, 합자회사)·구독료·광고·정부 보조금 등에 의해 운영됨으로써 전적으로 정부에 의존하는 것은 아니었다. 그러나 구체적 상황이 획기적으로 개선되지 않는 당시의 상황에서는 신문의 형태를 예전의 근본적인 골격 그대로 답습한 것이었다.

「황성신문」은 타협은유(妥協隱喩)의 정신으로 완고한 독자층을 상대로 양반 세력을 개화의 장으로 끌어들이는 역할을 했다.(이규태, 1968: 51) 「뎨국신문」이 중하층민과 부녀자를 중심으로 불안정한 운영을 했다면, 「황성신문」은 중산층 이상의 안정적 독자를 확보했다. 더욱이 「독립신문」이 1899년 12월 4일 폐간되어 「뎨국신문」과 「황성신문」 두 신문만이 남게 되면서 더 많은 안정적 독자를 확보할 수 있었다.

「황성신문」의 사설(「황성신문」, 1898. 10. 19.)에서 신문사를 창간한 목적이 이익도취(利益徒取)함이 아니라 인민 개명에 있음을 분명히 했다.

신문사(新聞社)를 창설(創設)호 목적(目的)은 본보 제일호 2호(本報第一號 二號)에 약유설명(略有說明)호엿거니와 실(實)노 인민개명(人民開明)호기를 주의(注意)홈이오 이익도취(利益徒取)홈은 아니라.

또한 신문은 관리의 기우를 공격하고, 궁극적으로 신문의 비판 기능에 대해 논했다.

황성 종남산하(皇城 終南山下)에 일사(一士)가 유(有)호니 자호(自號)를 상원자(想遠子)오 북악산하(北岳山下)에 일사(一士)가 유(有)호니 자호(自號)를 기우생(寄遇生)이라 (……) 기우생 왈정부(寄遇生曰政府)란 자(者)난 국가(國家)의 추기(樞機)라 기국(其國)의 치란(治亂)이 기인(其人)의 합심불합심(合心不合心)에 재(在)호느니 만일 합심(合心)치 못호면 수관갈(雖管葛)이 병시(幷時)호나 엇지 기정(其政)의 불란(不亂)호기를 망(望)호리오 금일정부 제공(今日政府諸公)이 혹정치상(或政治上)에 유의(有意)치 아님은 아니로디 일인(一人)이 일사(一事)를 논(論)호면 기타(其他)는 취중(醉中)에 시(視)호고 몽중(夢中)에 언(語)호다가 추후(追後)로 각기이론(各其異論)을 작호야 (……)(「황성신문」, 1898. 10. 17.)

신문이 국론을 분열시킨다는 이유로 신문을 불신하는 관리의 모습을 「황성신문」에서 논했다. 물론 「황성신문」의 독립적인 신문사 운영에는 문제가 따랐다. 2대 사장 장지연이 신문사를 운영하던 1904년에는 찬무원(贊務員)이 13명이었다.(정진석, 1995: 78) 조직 분화도 되지 않은 환경에서, 10명 내외의 기자로 전체 사회를 취재 영역으로 삼기에는 역부족이었다.

개인을 행위자로 사회 내에서 허용할 때 그 취재의 영역은 확산되며, 그들이 모인 사회단체는 늘어날 수밖에 없었다. 그들의 개인적 가치관과 그들의 세속적 습관을 통합할 수 있는 언론의 기능은 확산되었다. 그러나 개인과 단체를 객관화시켜줄 수 있는 취재기술이 뒷받침되지 않았다.

현실을 객관적으로 그려낼 수 있는 신문사의 기술과 조직의 관행도 정립되지 않았던 때였다. 논설을 쓰기 위해 비상임 촉탁 논설 기자와 일반 기자를 채용했을 가능성도 있다. 논설이 당시 신문의 주장이자 정신이었음을 고려할 때, 그 정신 또한 비상근 논설 기자, 탐방(探訪) 기자에 의해 기사와 논설을 생산하는 상황이었다.

기자 개인에게도 문제가 있었을 것이다. 10시경에 의관을 갖추고 출근하여 통신과 관보를 열람하고, 잡보를 만들었다.(김규환, 1964. 4: 14) 사(社)의 전속이 아닌 탐방기자(探訪記者)가 사건 현장의 내용, 공적 기관의 간행물, 회의장의 상황, 도서관의 문헌 등으로부터 취재한 기사거리를 제공하면, 기재원(記載員)이 그 기사를 정서(淨書)하거나 재작성했다. 당시 이런 편집국의 편제는 현재의 인터뷰를 통해 직접적으로 얻는 생동감 있는 정보를 결할 수 있었다. 정보는 자신의 '고정관념'의 틀에 의한 공허한 사변적 이야기 형식으로 작성되었다. 잡보의 이러한 취급 관행은 현재적 의미에서 사회면 기사와 논설을 별반 차이가 없이 하나의 방향으로 흐르게 했다. 하나의 정론적(政論的) 방향이 설정되면 그와 같은 경향에 따라 논설과 잡보가 같은 논조로 일관성을 유지할 수 있었다. 당시 사회단체가 활성화되지 않아 잡보의 내용은 정치 일변도일 수 있었다.

「황성신문」 편집진의 구성상 뉴스에 기초한 개화사상이 지면에 직접적으로 나타나지 않았다.[71] 첨예한 문제를 「황성신문」이 다룰 수 있는 입장도 아니었다. 국

---

71) 「대한매일신보」에 이르러 비로소 현장 뉴스를 기초한 주요 관심사를 논설의 주제에 실었다고 봤다. 유재천(劉載天), 「대한매일신보의 논설분석」

한문 혼용의 형태를 취한 「황성신문」의 자세에서 보듯이 「황성신문」은 보수층과 인민에 대해 중도적 입장을 취했다. 즉 「황성신문」이 양반 계층을 혁파하고 사회 개혁에 앞장서기에는 한계를 지녔다.

당시 양반 계층에게 영향을 준 중국의 량 치차오(梁啓超)는 "'자유가 단순히 집단으로부터 독립적인 개체의 자율성을 의미하지 않는다. 여기서 '자유'란 개인의 자유가 아니라 집단의 자유를 말했다.'[72] 또한 량 치차오는 개인을 '일군지아(一群之我)'와 '일신지아(一身之我)'를 분리 시켜 양아(兩我)를 논했다. 후자가 '소아(小我)'라면 전자는 '대아(大我)'이다. 대아는 국가, 공의 개념을 대변했다. 그 결과 '반드시 일군의 사람이 늘 나아가 몸을 굽혀 군에 따르고 소아를 버리고 대아를 지켜야 하며, 여기에서 타(他)를 아끼고 타(他)를 이롭게 하는 의(義)가 가장 중요하다.'"라고 했다.(백지운, 2003: 136)

한편 「황성신문」은 국가의 대변지였다. 당시 이 신문은 재정면에서도, 양반 계층을 독자로 하여 그들로부터 구독료를 받아낼 수 있었을 뿐 아니라, 1903년 황제(皇帝)로부터 50兩을 하사받았으며, 7월 18일 내부(內部)로 하여금 훈령(訓令)을 내려 전국 각도의 적체된 신문 구독료를 납부케 하였다.(이광린, 1986: 22) 그러나 이 신문은 1903년 2월 5일자 '크게 소리 지르면 붓을 던진다.'라고 논설을 작성할 정도로 재정이 어려웠다.

또한 1904년 1월 러시아와 일본 간에 전운이 감돌자, 일본의 한국 침략을 세계에 알리기 위하여 영자 신문을 간행하도록 하는 한편, 국민 여론을 환기시키기 위해 황제는 신문에 큰 관심을 표명하며, 황성신문사에게 사옥을 하사(下賜)했다.(이광린, 1986: 23)

그러나 대한제국 정부의 간헐적 도움은 일본 외무성의 기밀 보조로 발행하는 「한성신보(漢城新報)」와는 체제와 정보의 양과 질 면에서 차이가 있었다. 더욱이 독립협회를 해산시킨 황제와 정부 관리가 그 단체의 기관지였던 「황성신문」에게

---

72) 양계초(梁啓超), 「新民說·論自由」「點校」 제1집: 575; "自由云者, 團體之自由, 非個人之自由也)"라고 했다; 백지운(白池雲), 2003: 88.

적극성을 보이진 않았음은 당연했다.

군사 경찰 훈령이 내려진 1904년부터는 말할 것도 없으며, 일본인들은 경찰을 배치시켜 기사 작성을 감시했다. 즉 대한제국과 일본 정부에서 신문은 성가신 존재였다. 이 상황에서 신문의 의견과 일치하는 논설을 작성하기에는 한계가 있었다.

그러나 장지연은 유근과 함께 1905년 을사늑약(乙巳勒約)[73]이 체결되자 '일제의 국권찬탈'을 폭로하는 「시일야방성대곡(是日也放聲大哭)」을 1905년 11월 20일 「황성신문」에 게재했다.

장지연은 이등방문이 동양평화의 조약을 파기한 것에 대한 분노를 서술했다. 그리고 '저 개 되지만도 못한 소위 우리 정부의 대신이란 자들이 사사로운 영화를 바라 머뭇거리고 으름장에 겁먹어 떨면서 매국의 역적됨'을 비판했다. 절개를 버린 그들이었다. 김청음(金淸陰)처럼 책을 찢고 통곡할 능력도 없고 정동계(鄭桐溪)처럼 칼로 배를 가를 능력도 없다. 끝으로 "이 원통하고 분하도다. 남의 노예된 이천만 동포여 살 것인가 죽을 것인가. 단군 기자 이래 사천년을 이어온 국민 정신은 하룻밤에 갑자기 없어지고 말 것인가. 원통하고 또 원통하도다. 동포여 동포여."라고 했다.(장지연, 유근, 2006: 311)

「황성신문」에 이어 「대한매일신보」는 1905년 11월 21일 「황성의무(皇城義務)」에서 "과연 일본 순사들이 찾아와서 사장 장지연 씨를 잡아가고 이 신문을 정간 조치하였다. '아 슬프도다!' 황성기자는 단지 이 신문사의 의무를 잃지 않았을 뿐만 아니라 실로 대한 전국 사회 신민의 대표가 되어 광명 정직한 의리를 세계에 발현하였도다."라고 했다.(서정우 편, 2006: 315)

---

73) 을사조약은 1905년 11월 17일 맺어진, 을사늑약(乙巳勒約), 혹은 제2차 한일협약이다. 이토 히로부미(伊藤博文)는 1905년 2월 9일 한성에 나타났다. 그는 고종을 알현한 후 15일 일본공사 하야시 곤스케(林權助)를 시켜 전문 5조로 된 조약문을 내놓았다. 이것은 대한제국의 외교권을 일본외무성에서 관할하고 한국을 보호한다는 것이며 통감부(統監府)를 두어 외교에 관한 사항을 통합이 관리한다는 것이다.(최준, 1993: 113) 이것이 이른바 5조약(條約), 혹은 을사보호조약이란 것이다. 한규설(韓圭卨) 참정대신을 비롯한 각 각료들은 이에 반대하였으나, 이토 히로부미는 하세가와 요시미치(長谷川好道) 일본군사령관과 더불어 일본군사력으로 강압하여 일방적으로 이 조약을 체결하였다.

장지연은 그 사건으로 잡혀가 64일 만에 출옥한 후, 1906년 6월 25일 조양보의 편집원으로 잠시 머물렀다. 그 후 장지연은 나수연, 김상범(金相範), 윤치호, 윤효정(尹孝定), 임병항(任炳恒) 등과 더불어 1906년 8월 '대한자강회'를 결성하고 교육진흥과 산업발달, 사회교풍과 같은 민족계몽 운동에 나섰다.(조맹기, 2006: 96) 그 후 그는 1908년 블라디보스토크로 망명을 시도했고, 「해조신문」(1908년 2월), 그리고 최초의 지방신문 「경남일보(慶南日報)」(1909년 10월 15일 창간)의 주필이 되었다. 한편 대체로 「황성신문」은 그날의 주요 관심사를 다루거나, 시국과 관련된 기사를 다룰 때 사회적 상황을 고려하지 않을 수 없었다. 신문의 사회적 기능은 그 사회의 제도와 분리시켜 설명할 수 없었다.

유교적 문화에서 객관 보도는 역부족이었으며, 상업신문이 득세하여 신문끼리 서로 경쟁하는 상황에서 정론지는 쉽지 않았다. 일본의 군사형 사회는 일정한 경제적 부분에 한해서 자유를 허용하는 상황이었으므로, 신문은 경제적 자유를 부분적으로 누렸을 뿐이다. 그러나 대한제국의 인민은 경제적 자유보다 전통의 유지와 정치적 독립이 더욱 절실했다. 「황성신문」은 이러한 시대적 요구에 부응하여, 실학의 전통유지와 온건개화파가 갖는 당파성을 적극 피력했다.

「황성신문」의 정론적 성격은 '사관사필(史官史筆)'의 정신을 계승한다는 사설(「황성신문」, 1899. 02. 24.)에서 그 편린을 살펴볼 수 있다.

논설논설(論說論說)하니 논설(論說)이 무엇인고 성쇄(盛衰)를 논설(論說)함이오 사정(邪正)을 논설(論說)함이오 현우(賢愚)를 논설함이니 차외(此外)에 천(千)기만서라도 기대지(基大旨)는 권선징악(勸善懲惡)하는데 불과하되 직진기사(直陳其事)도하고 위곡풍유(委曲風諭)도하고 견경생정(見景生情)도하여 그 세도풍화(世道風化)를 비익(裨益)하도록 함이라.

더욱이 사정(邪正)을 가려내어 잘하는 것을 권하며, 잘못된 것을 비판하는 언론의 비판 기능을 활성화시켰다. 또한 「황성신문」은 '공시공비(公是公非)'를 신문의 계몽적 입장에서 권장하며, 이런 신문의 구독은 국민됨의 직분을 다하는 것으로 규정했다.

신문구람(新聞購覽)하시눈 유지군자(有志君子)의 인인권면(人人勸勉)하눈 성의(誠意)가 무흐면 니고자용(泥古自用)하눈 폐(幣)를 전회(轉回)키 난(難)하니 차권면(此勸勉)하눈 자(道)눈 명예(名譽)를 취(取)함이 아니라 인(人)이 기국(其國)에 생(生)흠이 기국(其國)의 인민(人民)된 직임(職責)을 담(擔)하엿슨 즉...(황성신문, 1899. 01. 12)

일본의 군사형 사회는 부분적 경제적 자유를 허용했지만, 당시 급진 개화파의 무분별한 서구문화의 유입과 함께 오히려 인민을 혼란하게 했다. 「황성신문」은 이러한 상황에 대해 애국적·계급적·사상적 편견을 표명했으며, 이는 지금 신문이 기능을 중심으로 하고, 역사성을 거부하는 정신과는 상반된다. 당시 「황성신문」은 1903년 1월 23일부터 3월 27일까지 고전의 소개를 위한 책 수집 광고를 게재했다. 문호 개방 후 가치 체계가 혼돈되어 있음을 감지한 황성신문은 사대사상(事大思想)에 젖은 양반, 유생들에게 한국 혼을 불어넣기 위해서 책 수집을 시작했다.(이광린, 1986: 33) 온건 개화파의 정론지적 성격을 부각시키기 위해, 동양 사상을 현실과 접목시킨 실학자 다산 정약용(實學者 茶山 丁若鏞)의 저작물을 소개함으로써 '실사구시' 정신을 확산시켰다.

장지연은 광문사에서 정약용(丁若鏞)의 『목민심서(牧民心書)』, 『흠흠신서(欽欽新書)』 등을 간행했다. 후자는 감옥에 갇힌 죄인들을 다스리는 형옥에 관한 규범이며, 전자는 목민관이 백성을 다스리는 규범을 밝힌 것이다.

장지연은 실학의 근기학파 전통을 고수했다. 즉, 유학에 소양의 기초를 두되 당시까지의 일반적 경향이었던 유학의 의리학(義理學)을 뒤로 하고, 경세학에 치중하였다. 장지연은 정약용의 학풍을 답습한 것이다.(조맹기, 2006: 94~95)

장지연은 실학의 전통을 언론에 접목시켰다. 실학, 언론 내용 등은 경험과학으로 자연, 사회과학과 맥을 같이 한다. 그는 분명 서양의 문물과 신학문을 실학으로 규정한 것이다.

그렇다면 「황성신문」의 주필이었던 장지연과 박은식(朴殷植)은 다산 사상 전파에 적극적이었다.(이광린, 1995: 38) 「황성신문」의 사설에는 한국의 역사·지리·제도 등이 소개되기도 했다. 당시 종교는 더 이상 지배 사상일 수 없었으나, 고전과 지명의 언어는 문화 동질성을 나타낼 수 있는 중요한 도구로 작용하여 민족을 엮는 이음쇠 역할을 했다. 「황성신문」은 동질성과 이질성 사이의 정론적 관점에서 자타를 분리시켰다. 그러나 사상이 도구적 사고와 연결될 때 그 사상은 비로소 빛을 발하게 된다. 즉 재정적 뒷받침, 전문적인 인적 구성, 조직적 훈련 등이 뒤따라야 신문도 융성해질 수 있다. 그러나 당시 「황성신문」은 정론성과 사회적 상황 요소가 괴리되어 있었으며, 생존을 위한 환경 감시 기능이 활성화되지 못했다. 당시 다른 신문과 마찬가지로 「황성신문」도 상황 논리와는 거리감이 있는 논설로 일관했다.

일본은 군사형 사회의 완성을 위해 매진하고 있었다. 「황성신문」의 사장 남궁억과 총무원 라수연은 정치 문제를 다룬 기사로, 1902년 5월 7일 경무청에 구속된 지 약 3개월 후인 8월 3일과 6일에 각각 풀려났다.(정진석, 1995: 81) 사장과 총무원이 풀려난 후 장지연이 그해 8월 31일 사원 총회에서 사장으로 선출되었다. 그 당시 「황성신문」은 벌써 경영난에 봉착해 있었다.

1906년 중의 「황성신문」 지면에 '신문대금을 속히 지불하는 사람은 문명인이라'하는 사고가 나타나는가 하면 다시 문명록란(文明錄欄)에는 모대신의 5, 7圓 의 체납금(滯納金)을 보내 주었다는 사실을 보도했다. 그런가 하면 대호척필(大呼擲筆)이란 제목 밑에 '독자가 신문대금을 지불치 않으므로 신문을 발행 못한다'라는 사설까지 나오게 되었다. 이를 본 어떤 유력자가 '그래서야 되겠는가.'하고 일금 수백 圓을 의연(義捐)하여 다시 계속 발행하였다는 일화까지 있다.'(최준, 1993: 125 ~126)

일제는 신문 발행을 계속 방해했다. 더욱이 탁지부(度支部)는 지금까지 사용해 왔던 순무사(巡撫使)의 「황성신문」 건물을 인계할 것을 종용했다.(최준, 1993: 125~126) 정부는 더 이상 통제력을 상실하였으며, 일본인의 강압적 통제는 독립협회 이후 사회단체를 거의 허용하지 않았다. 반면에 신문은 스스로 지탱할 수 있는 조직력조차 갖추지 못했다.

4) 저항지의 「대한매일신보(大韓每日申報)」

수요가 증가함으로써 외국에서 발행하는 신문·잡지가 국내에 유입하기 시작하였다. 1896년 2월 15일 東京 유학생들이 만든 최초의 국문 잡지 「친목회회보(親睦會會報)」를 발간하였다. 그 회원들은 귀국하여 대한구락부(大韓俱樂部)라는 단체를 결성하고, 1907년 4월 10일부터 월간 『대한구락(大韓俱樂)』〔발행인, 이두연(李斗淵)〕을 발행하였다. 대한구락부는 고종 퇴위를 반대하는 항일 구국 운동에 앞장서기도 하였다.(차배근, 2000: 2) 최남선(崔南善)은 1908년 11월 1일 『소년(少年)』, 1912년 8월 15일 한글전용 소년 잡지 『붉은 저고리』, 1913년 9월 5일 『아이들보이』, 1914년 10월 1일 종합 잡지 『청춘(靑春)』을 창간하였다.

한편 연해주 해삼위(沿海州 海蔘威, 블라디보스토크)에서 발행하는 일간 순국문 「해죠신문」은 1908년 2월 26일(종간 1908년 8월 11일) 최봉준(崔鳳俊) 사장, 장지연 주필에 의해 창간되었다. 이 신문은 '일반 국민의 보통 지식을 계발하며, 국권을 회복하야 독립을 완전케 할 목적'으로 창간하였다.(방상훈, 2001: 135) 주필 장지연의 「해죠신문」은 미주·동경 유학생들까지 관심을 가졌으며, 원산·인천·평양 등지에 지사를 설치하고, 배포망을 넓혔다. 그러나 「해죠신문」은 일본의 압박과 재정 능력 부족으로 정기 발행을 중지하였다. 그 후 「대동공보(大東共報)」(1908. 11. 18.), 「대양보(大洋報)」(1911), 「권업보(勸業報, 1912) 등으로 그 명맥을 유지하였다.

한편 미국 샌프란시스코의 「공립공보」〔共立協會, 총회장 안창호(安昌浩)〕의 기관지로 순국문 월 2회의 「공립신보(共立新報)」가 1905년 11월 20일(종간 1909. 1. 27.) 창간하였다. 이 신문은 민족정신의 고취와 국권 회복·자주 독립 실현을 표방하였으며, 국내 사정에 큰 관심을 가졌다.(방상훈, 2001: 128)

국내에서도 외국인이 「조선크리스도회보」, 「그리스도신문」 등을 발행하였다. 선교사들은 교육·의료·출판·보건·사회사업 등을 주로 담당했는데(최준, 1993: 43), 신문을 발행하는 것은 그들의 주요 사업이었다.

「조선크리스도회보」("The Christian Advocate")는 1897년 2월 2일 미국 감리교의 아펜젤러(H. G. Appenzeller)가 한글 전용의 주간 신문을 창간하였다. 그는 1885

년 내한하여, 1887년 배재학당, 1890년 종로서점을 개점하였다. 또한 아펜젤러는 1895년 「코리안 리포지터리」(The Korean Repository)를 창간하였으며, 서재필 이후의 「독립신문」에 관여하였다. 1896년 국호를 광무 대한제국(光武 大韓帝國)으로 개명하자, 12월 1일자부터 「조선크리스도회보」를 「대한크리스도인」 회보로 그 명칭을 변경시켜, 성서 이야기, 교회, 사회 소식, 광고 등을 게재하였다.

「그리스도신문」("The Christian News")은 장로교파의 언더우드(Underwood)에 의해서 1897년 4월 1일 창간하였다. 이 신문은 성서 외에서도 서구의 과학기술을 소개였으며, 석판(石版) 사진을 게재하였다. 그리고 1905년 7월 1일 장로교·감리교파가 통합하여 「그리스도신문」("The Christian News")을 발행하였다.

한편 국내는 당시 상황과 맞물려 외국인이 발행하는 전문 일간 신문이 나타나기 시작하였다. 英日 양국은 러시아의 남하 운동을 견제하는 영일동맹(英日同盟)을 1902년 1월 14일 체결했다. 영국은 청에 있어서의 이권을 일본으로부터 승인받고, 그 대신에 한국에 있어서의 특수 이익을 승인하였다. 영국과 일본 양국은 일국이 제3국과 교전하는 경우에 이를 원조할 것을 약속하였다.

영국의 힘을 빌려 일본은 러시아에 대해 강경책을 사용하였다.(최준, 1993: 92) 즉 일본은 러시아에 대하여 만주(滿洲)로부터 철병할 것과, 한국에서 일본의 지위를 승인할 것을 요구하였다. 1904년 2월 9일 일본은 인천에 정박중인 러시아 군함과 여순항(旅順港)을 선제 공격하고, 선전포고를 하였다. 전쟁은 계속되었고, 일본은 경의(京義)·경부(京釜) 두 철도 시설권을 박탈, 통신망을 강점, 항공권을 획득, 그리고 황무지 개척권(荒蕪地 開拓權) 등을 대한제국에 요구하였다. 2월 23일 일본은 일방적으로 한일의정서(日韓議定書)를 강요하였고, 러시아 침입을 위한 병참기지(兵站基地)로 삼았다. 더욱이 한일협정서〔韓日協定書, 제1차 한일협약(韓日協約), 1904년 8월〕을 체결하여, 재정고문 메가다(目賀田種太郞), 외교고문 미국인 스티븐스(Stevens), 경무청의 환산중준(丸山重俊) 고문 등이 파견되었다.

1904년 러일전쟁이 터지자 일본군은 "경인선 기차를 타고 서울에 진주했다. 제물포에서 서울까지 육로로 12시간 걸리던 길을 1시간 20분 만에 주파해 조선

인의 일상을 획기적으로 바꾼 것도 철도다."라고 했다.[74]

한편 일본군 사령관 하세가와 요시미치(長谷川 好道)는 민간 신문의 사전 검열제를 실시하고 언론·집회·결사의 자유를 제한하였다. 검열에 걸린 활자를 엎어놓고 인쇄하면, 신문 지면은 '벽돌'이 놓은 것처럼 보였다. '벽돌신문'이 인쇄된것이다. 그리고 대한제국에 1904년 2월 한일 의정서를 강요하였다. 일본이 한국의 독립과 영토의 보전을 확보할 것을 규정하였다. 본 의정서에 의해, 대한제국정부는 일본의 시정 개선의 충고를 받아들이며, 제3국이나 내란에 의해 한국 황제(皇帝)의 안녕과 보전이 위험해질 경우, 일본이 필요한 조치를 취하도록 하였다.

노일(露日)전쟁이 급박해지자 대한제국 정부는 국외 중립을 선언하였다. 일본군의 탄압을 피하기 위해 1904년 7월 18일 국영판으로 「대한매일신보(大韓每日申報)」[75]를 창간하였다. 「만세보」와 「대한민보」가 따랐다. 친일파 일진회 이용구, 송

---

74) "가장 눈에 띄는 대목은 한국 철도사의 기점을 경인선 운행이 시작된 1899년이 아니라 철도국이 설치된 1894년으로 잡았다는 점이다. (문재인 정부) 김현미 국토교통부 장관은 '우리 힘으로 철도를 건설하고자 철도국을 건설한 지 125년'이라고 발간사에 썼다."라고 했다.(김기철, 2019. 11. 27.)

75) 「대한매일신보」는 1904년 7월 18일부터 북서 수진방 전동(北署 壽進坊 磚洞) 영국인 설필립 집(현재 종로구 수송동 연합뉴스 건물 일부와 삼성생명 일부에 걸친 곳)에서, 배설(Ernest T. Bethell, 1872~1909)에 의해 창간되었다. 배설은 "The London Daily Chronicle"의 임시 특파원이었다.(최준, 1993: 97) 배설은 영국의 항구 도시 브리스톨에서 태어났다. 브리스톨에서 Merchant Ventures School을 졸업하고, 1888년 일본의 고베(神戸)에서 무역업에 종사하다, 배설의 동생과 Bethell Brothers의 무역회사를 차려 운영하였다. 일본 사카이(堺)에서 러그(rug)회사를 차려, 성업중이었으나, 일본인의 방해로 실패로 돌아갔다. 그리고 1904년 3월 10일 "The London Daily Chronicle"의 특파원으로 한국에 오게 되었다. 그는 낙천적이고, 음악·스포츠를 좋아했다. 배설은 양기탁(梁起鐸)(1871~1938)과 접촉하면서 1904년 7월 18일 한글판 대한매일신보와 영문판 "The Korea Daily News"를 한·영합판 회사(韓·英合辦會社) 형식으로 창간하였다.(정진석, 「민족언론의 본산 '대한매일신보'」, 김상웅 엮음, 「구국 언론 대한매일신보」 서울: 「대한매일신보사」, 1998: 15) 당시 주필은 박은식(朴殷植), 그 후 신채호(申采浩) 등이 담당하였다. 탐보원(探報員)은 최익(崔益)·임치정(林蚩正)·옥관빈(玉觀彬)·변일(卞一)·장도빈(張道斌), 그리고 영업직에 양기탁·임치정·안태국(安泰國) 등이 담당하였다. 그 외 이갑(李甲)·안창호(安昌浩) 등이 필진으로 참가하였다. 「대한매일신보」는 자체 인쇄 시설 미비, 항일 논조로 1905년 3월 10일부터 5개월간에 휴간에 들어갔다. 1905년 8월 11일 국한문 혼용 「대한매일신보」와 ""The Korea Daily News"로 분리, 발행하였다. 그리고 1907년 5월 23일부터 국한문판·영문판·한글판 등 3종이 발행되었다. 배설에 관한 재판이 진행되는 동안 1908년 5월 27일부터 신보의

병준은 그 기관지 「국민신보」(1906년 1월 창간), 이완용 내각의 기관지 「대한신문」(1907년 7월 창간)을 발행했다.

한편 「대한매일신보」는 한국인의 민족 의지를 세계에 알리고, 또한 외세의 침략 사실을 국민에게 전파하기 위해, 고종의 황제의 내탕금(內帑金)과 이용익(李容翊)·민영환(閔英煥) 등의 자금 지원으로 발간되었다.(김삼웅, 1998: 31) 「대한매일신보」의 창간 정신은 '항일 민족 정신 고취'와 '국권 수호'였다. 초기 신문은 외부 시설을 이용하여, 6면으로 영문이 4면, 순한글이 2면을 발행하였다. 이 신문 발행은 배설이 맡음으로써, 영·일 동맹 하에 치외법권의 특혜를 누릴 수 있었다. 즉 취재와 보도 및 논설을 포함한 일체의 언론에 일본의 간섭을 배제하였다. 「대한매일신보」는 통감부와 헌병대의 검열로부터 자유로웠다.

신문의 논조는 저항적이어서 발행부수도 상당했다. 「대한매일신보」는 국문·국한문·영문의 각 판을 합쳐 13,400부(部)[76]였다. 「제국신문」 3,000부, 「황성신문」 2,000~3,200부보다는 월등히 많은 부수이다. 「독립신문」은 300부에서 3,000부까지 팔렸던 것에 비해 엄청난 독자를 확보한 것이다. 더욱이 「대한매일신보」가 발행됨에 따라 여타의 신문 부수는 줄어들기 시작했다.(최준, 1993: 101)

민족 지사들은 이 신문을 근거로 삼았다. 일본의 황무지 개간권의 반대, 의병의 무장 투쟁, 애국계몽운동, 그리고 대구 서상돈(徐相敦)·김광제(金光濟, 1907년 2월 16일 시작) 등이 시작한 '국채보상운동'[77] 등 시기와 같이 보조를 맞추었다. 「대

발행인은 배설에서 만함(A. W. Marnham)으로 변경되었으며, 1910년 5월 21일 통감부가 인수하여 이승용(李承龍)이 맡도록 하였다.

76) 駐韓日公館 機密文書; 최준, 1993: 101.

77) 국채보상운동(國債報償運動)은 1904년 8월 22일 1차 한일협약을 맺고 고문정치를 시작한 때부터 그 기원을 찾을 수 있다.(이기백, 1986: 365) 재정고문 메가다 다네타로(目駕田種太郞)는 2년 동안 조선에 1천 3백만 원 부채를 지웠다. 당시 조선은 세출 부족액이 연간 77만여 원이었다. 조선정부는 도저히 청산할 수 없는 부채를 진 것이다. 대구 광문사(廣文社)의 서상돈(徐相敦) 부사장, 김광제(金光濟) 사장 등 16명은 1907년 2월 16일 "우리 2천만 동포가 담배를 석 달간 끊고 그 대금으로 한 사람이 매달 20전씩 거두어 1천 3백만 원을 무아 이로써 국채를 보상하자"라는 국채보상운동에 참여하였다. 딩시 「황성신문」(1907년 2월 25일자)은 "꿈인가 생시인가 하늘이 내린 것인가. 시대가 그렇게 한 것인가. 구름 안개가 걷힌 것인가. 강물이 터진 것인가. 장하도다 이 소식이여 신기하다. 이 소식이여."

한매일신보사」안에 '국채보상지원금총합소'를 개설하고 보상금 모금에 앞장섰다. 한편 황무지 개간권은 조선인 개인이 경작하지 않는 땅을 일본이 50년간 경작하고, 50년이 지난 뒤에도 그 기간을 연장케 하였다. 조선 국토의 절반이 일본의 수중에 넘어가게 생겼다.(정진석, 1998: 18)

논설 필봉의 강도를 높여감으로써, 일본의 순검(巡檢)은 주필 박은식(朴殷植)을 검거하였다. 베델은 신문의 모든 책임은 발행인인 사장에 있다고 항의하여 주필을 석방시켰다.(최준, 1993: 99) 일본은 통제의 고삐를 늦추지 않았다. 1904년 3월 10일 일본계 국민판지인 「대한일보(大韓日報)」, 그리고 「대동신보」, 「동양일보」, 「중앙일보」, 1907년 7월 인천에서 「조선일일신문(朝鮮日日新聞)」 등이 창간되었다.

「황성신문」의 장지연(張志淵)은 1905년 11월 17일 '을사조약'으로 한국의 외교권을 박탈하자, 11월 20일 '시일야방성대곡(是日也放聲大哭)'으로 정간당하자, 「대한매일신보」는 그 내용을 일본의 「Japan Chronicle」에 게재하고 국제 여론을 환기시켰다. 한편 양기탁(梁起鐸) 소개로 신채호 주필기자가 채용되면서, 강한 민족주의 성향을 띠기 시작하였다.

독립협회의 자주·민권·자강 운동은 「대한매일신보」에서 계속되었다. 이 신문은 일제의 식민지 정책에 대해 신랄하게 비판하고, 애국적 논설을 통해 저항의 민족의식을 고취하였다. 「대한매일신보」는 당시 조선 반도 전역으로 전개되고 있던 애국계몽운동에 불을 지폈다.(김삼, 1998: 79)

광무 원년(光武, 1906년) 이후 대한자강회(大韓自强會)를 위시하여 각종의 학회 활동과 신문, 잡지들의 출판 활동, 3천여 개에 달하는 학교의 설립 등을 통한 교육 운동 등이 전개되었다. 민족 대중의 가슴속에 자유와 평등에 대한 근대적인 대중의 이념을 심어주었는데, 대한자강회가 주동이 되었다.

한편 고종(高宗)은 1907년 6월 말 을사조약(乙巳條約)이 무효임을 알리기 위해, 네덜란드의 헤이그(海牙)에 이준(李儁)·이상설(李相卨)·이위종(李瑋鍾) 등을 파견하

라는 감탄의 논설을 게재했다.

였으나, 이 사실을 안 일본은 고종을 퇴위(退位)코자 하였다. 대한자강회는 이에 대한 반대 운동을 벌였다. 또한 「대한매일신보」는 황제의 퇴위에 대하여 7월 18~19일 양일간에 호외를 내고, 사실을 선동하였다.

당시 '할복자살'극은 신문에 오보로 판명이 났다. 한편 위협을 느낀 일본이 구한국 군대를 해산하자, 곳곳에 의병이 일어났고, 「대한매일신보」는 그 사건을 크게 보도하였다. 총감독 양기탁, 총서기 이동휘(李東輝), 재무 전덕기(全德基), 집행 안창호(安昌浩)·이동녕(李東寧)·이갑(李甲)·이동열(柳東說), 그리고 「대한매일신보」의 간부 옥관빈(玉觀彬)·임치정(林蚩正) 등이 1907년 4월 '비밀정치단체' 신민회(新民會)를 조직하여, 항일운동을 전개하였다. 신민회는 '서우학회', '서북학회'의 정신을 이어 받았다.

신민회는 양기탁, 박은식, 신채호 등이 주동이 되었으며, 본부를 「대한매일신보」 구내에 두고 언론인·군인·산업인 등을 참가시켰다. 또한 신민회는 지방의 도(道)·군(郡)·반(班) 단위까지 점조직 형태로 연락망을 지니고 있었다. 그들은 산업 발전을 위해 도자기회사(陶磁器會社)와 대구·평양에 태극서점(太極書館)을 차려 운영하였다. 1910년 신민회는 데라우치(寺內總督) 암살미수 사건으로 105인이 기소되어, 참가자는 모진 고문을 받기도 했다.

한편 1904년 8월 한국인이 발행하는 신문에 대해서는 사전 검열을 실시하였다. 해아밀사사건(海牙密事事件)으로 고종을 폐위시킨 후 일제는 1907년 7월 24일 한일신협약을 체결토록 하고, 차관정치(次官政治)를 실시하였다. 그 협약에 따라 한국 군대를 해산하고, '광무신문지법(光武新聞紙法)'[78]을 공포하였다. 며칠 후 7

---

78) '광무신문지법(光武新聞紙法)'은 1907년 7월 27일자 관보(官報)에 법률 제1호로 게재됨으로써 알려졌다. 7월 24일자로 반포된 '신문지법'은 부칙 3개조를 포함하여, 모두 38개조로 구성되었다.(최기영, 1991: 266~269) 제1조, 신문지를 발행코자 하는 자는 발행지를 관할하는 관찰사(觀察使: 경성(京城)에 在하야는 경무사(警務使)를 경유하야 내부대신(內部大臣)에게 청원하야 허가를 수(受)함이 가(可)홈, 제2조, 전조의 청원서에는 재개(在開)사항을 기재함이 가홈-제호, 기사의 종류, 발행의 시기, 발행소 급 인쇄소, 발행인, 편집인 급 인쇄인의 성품 거주 연령, 제3조, 발행인 편집인 급 인쇄인은 연령 20세 이상의 남자로 국내에 거주하는 자에 한함, 제4조, 발행은 보증금으로 금3백환(圓)을 청원서에 첨부하야 내부(內部)에 납부함이 가함. 보증금은 확실한 은행의 임치금(任置金)증서로서 대납함을 득함 (……) 제11조, 황실의 존엄을 모독(冒瀆)하거나, 국헌(國憲)을 문란(紊亂)하거나, 혹

월 27일 '보안법(保安法)'을 반포하였다. 한편 일본은 배설 추방을 위해 영국 정부와 외교 교섭을 벌였으나 실패하였다. 그러나 1907년 10월 14일 영국 총영사 코번(Henry Cockburn)이 재판장이 되어, 배설은 실증법 위반으로 6개월 근신 판결을 받았으나 계속해서 일본의 침략을 폭로하였다. 1908년 6월 15일 제2차 공판이 계속되었으며, 5월 27일부터 발행인이 만함(Alfred Weekly Marnham)으로 판권을 넘겼다.

일본은 1908년 7월 국채보상 기성회의 간사인 양기탁을 보상금 횡령의 누명을 씌워 구속한 것이다. 양기탁은 영국 정부의 외교 노력으로 무죄를 받았으나, 국채보상 기성회는 더 이상 운영할 수 없었다.

독자는 늘어났고, 1907년 5월 23일, 부녀자·서민층을 위해 한글판 「대한매일신문」을 발행하기 시작하였다. 판매 부수는 「독립신문」이 고작 3,000부에 머물렀으나, "1908년 5월 국문·국한문·영문의 각 판을 합쳐 13,256부를 발행하였다."(최준, 1993: 101).

5. 정론지의 생성과 소멸

일본의 군사형 사회의 통제는 시간이 갈수록 그 강도가 심해졌다. 일본과 대한제국 정부는 정론지가 발전할 수 있는 환경에 제동을 걸어왔다. 정론지로서의 군

국제교의를 저해할 사항을 기재함을 부득함 (……) 제21조, 내부대신(內部大臣)은 신문지가 안녕질서를 방해하거나 풍속을 괴란(壞亂)하는 자로 인하는 시(時)는 기발매반포(其發賣頒布)를 금지하야, 차를 압수하며, 또는 발행을 정지 혹 금지함을 득함. '광무신문지법'은 「대한매일신보」와 외국에서 발행하여 국내로 유입된 샌프란시스코의 「공립신보」, 하와이의 「신죠신문」, 연해주 해삼위(沿海州 海蔘威)의 「해죠신문」 등 외국인의 명의로 발행되는 신문에 대한 규제를 언급하지 않았다. 그러나 법령을 개정하여 구한국관보(舊韓國官報) 1908년 4월 29일자에 고시, 첨가하였다. '광무신문지법' 제34조, 외국에서 발행한 국문 혹 국한문 또는 한문의 신문지와 또는 외국인이 국내에서 발행한 국문 혹 국한문 또는 한문의 신문지로 치안을 방해하며 또는 풍속을 괴란함으로 인하는 시는 내부대신은 해신문지(該新聞紙)를 내국에서 발매반포함을 금지하고 해신문지를 압수함을 득함. 제35조, 제34조의 금지를 위반하야 신문지를 발매 반포한 내국인은 3백환 이내 벌금을 처함, 제36조 내국인이 제34조를 의하야 발매반포를 금지된 사(事)를 지(知)하고 해신문지를 수송하며 또는 배포한 자는 50환 이내 벌금에 처함.

건한 조직을 갖지 못하도록 법으로써 규제했다. 언론 통제에 관한 1875년 신문 조례, 그리고 1887년과 1897년에 이루어진 두 차례의 개정안은 전술했듯이 조선에 직간접적으로 영향을 주었다. 1887년 조례 개정의 주요 사항은 신문 설립의 신고제이다. '신문지, 잡지 또는 문서 도서에 관한 건'〔칙령(勅令) 제46호〕은 1891년 5월 16일 발동되었는데, 그 내용은 내부대신(內部大臣)이 외교상에 관한 기사의 초안을 검열할 의무가 있다. 또한 신문지 조례 제22조는 1894년 6월 7일 동학당 사건 이후 군기에 관한 것은 신문에 게재하지 못하도록 했다.

경무청(警務廳)은 1894년 '관제직장(官制職掌)'을 제정하여 신문, 잡지의 통제 근거로 삼았으며(김민환, 1996: 179) 1895년 5월 26일 우체국 규정을 제정하여 농상공부에 허가하도록 강압했다. 또한 독립협회를 옹호하는 「독립신문」, 「미일신문」, 「황성신문」, 「뎨국신문」을 폐간시킬 논의를 했으나 실패했다.(계훈모 편, 1988: 27) 그러나 정부는 1900년 1월 칙령(勅令) 제6호로 우체국 규정을 개정하여 신문, 잡지 등의 소관 업무를 농상공부 대신 내부(內部)에서 맡도록 명했다. 일본은 1904년 군사 경찰 훈령을 발동하여 신문에 압력을 가해왔으며, 더욱이 병력을 통해 한일의정서를 1904년 2월 문서화하고, 청으로부터 조선의 독립과 영토의 보전을 확보할 것을 규정하였다.(이기백, 1986: 364) 일본은 이 목적을 달성화시키기 위해 정치적·군사적 사용을 합법화시키고, 1904년 8월에는 한일협정서(韓日協定書)를 체결하여 한국은 일본인 재정·외교 고문을 의무 고용하도록 합법화했으며, 더욱이 1905년 11월 조선의 외교권을 강탈하는 을사조약(乙巳條約)을 체결하기에 이르렀다. 을사조약은 대한제국의 왕제(皇帝) 밑에 1명의 통감(統監)을 두도록 명하고 있어, 그의 동의 없이는 황제 단독으로 외교 문제를 처리할 수 없게 했다. 이 조약이 체결되자 「황성신문(皇城新聞)」의 주필 장지연은 '사전 검열도 받지 않은 채(박홍서, 1964. 4.: 16) '시일야방성대곡(是日也放聲大哭)'[79]을 게재했다. 치외법권을

---

79) 「황성신문」, 1905. 11. 20; 장지연은 동 20일 상오 5시 한양골 동사옥에서 일인순경에게 체포되어 경무청에 구인(拘因)되었고, 동시에 인쇄기계와 활자케이스를 강제 봉인(封印)당하였다. '치안방해'라는 이유로 경무청에 구속된 후 대한제국의 대명율 잡범편(大明律 雜犯篇)에 의하여 태형(笞刑)을 받은 후 그 이듬해인 1906년 1월 24일 석방되었다.(최준, 199:3: 119)

가졌던 영국인 소유의 「대한매일신보」는 「황성신문」에 동조하였다.

사회단체[80]는 정치 단체·학교 단체·종교 단체·기업 단체 등을 들 수 있으나, 「독립신문」·「미일신문」·「뎨국신문」·「황성신문」·「대한매일신보」 등이 존재할 뿐 당시 기업 단체의 역할은 미미한 상태였다. 종교 단체 역시 와해된 유교 단체와 일부 기독교가 발아하던 과정이었으며, 학교 단체도 성장 과정에 있었다. 독립협회의 활동으로 된서리를 맞은 정치 단체는 더욱 활동하기가 어려운 상황이었다. 사회단체의 도움을 받지 않았던 언론들이 정론지로서의 성장 가능성은 부분적일 수밖에 없었다. 풍전등화의 상황에 놓인 대한제국 역시 정론지의 활성화에는 도움이 되지 못했다.

군사형 사회가 고착화되어가는 과정에서 「황성신문」이 신문으로서 기능을 수행하면서 독립협회의 기관지 역할을 했던 1898년 말까지 그 역할과 색깔이 분명했다. 개신유학자(改新儒學者)가 참가한 황성신문은 실학의 실사구시(實事求是) 정신에 충실했다. 이 신문의 전신인 「경성신문」은 상행위를 긍정적으로 평가하며 권장했다. 서구 사상을 선택적으로 수용하는 '동도서기론'에 관심을 가졌다. 서구 문명의 유입에 대해 개방적이면서도 실학의 범주 안에서 사회를 개혁하도록 권장했다.

「황성신문」은 일정한 정론적 성향, 그리고 한정된 내용, 원하는 독자 등을 선택했다. 탐방 기자를 비상근으로 고용함으로써 차별성을 두며 신문의 색깔을 조정했다.

---

80) 당시 사회단체는 극소수였다. 독립협회를 제외한 보안회(保安會)는 1904년 송수만(宋秀萬) 등의 주동으로 일본의 황무지 개척권의 반대에 성공했다. 그 후에 이 조직은 이상설(李相卨) 회장으로 하는 협동회(協同會)로 발전되었으나, 일본의 방해로 해산되었다.(이기백, 1986: 387) 그리고 독립협회 계통의 인사들이 1904년 공진회(共進會)를 세웠는데, 이들은 1905년 헌정연구회(憲政研究會)로 발전·조직하여 제왕과 정부도 법에 따를 것을 종용했으나, 정부와 일본의 반대로 합법적 단체로 성장할 수 없었다. 정치 단체의 불가능으로 교육과 산업의 진흥을 위한 문화 단체가 생겨났는데 헌정연구회를 이은 대한자강회(大韓自强會)가 1906년 생겨났다. 이 단체는 당시 고종에 대한 퇴위 압력이 가해지자 이에 반대하는 운동을 전개하다 강제 해산되고, 그 후 대한협회(大韓協會)라는 이름으로 문화 운동을 계속했다. 한편 「대한매일신보」가 주축이 되어 1907년 4월에 설립한 신민회는 구한국 군대 해산, 의병의 봉기에 발을 맞춰 저항 운동을 벌였다.

'인민개명(人民開明)'의 목표를 수행하기 위한 「황성신문」의 역할은 때로는 보수적, 때로는 사변적으로 현실과 타협함으로써 군사형 사회에서 크게 궤도 수정을 할 필요성을 느끼지 못했다. 그러나 「뎨국신문」은 상황이 전혀 달랐다. 하층민을 독자로 하는 「뎨국신문」으로서는 「미일신문」의 기능을 답습한 환경 감시(경계)는 필요 불가결한 요소였지만, 군사형 사회에서 국가 개명뿐 아니라 정보 제공, 여론 형성 기능 수행에는 적지 않은 난관이 뒤따랐다. 사회단체와 이익 단체가 발아하지 못한 상황에서 하층민을 독자로 하는 신문의 생존은 거의 불가능했을 것이다. 결국 「뎨국신문」이 「협성회회보」와 「미일신문」의 전통을 이어받았지만, 그 기능을 수행하지 못하는 정체성 위기를 맞았다. 즉 「협성회회보」의 고유 색깔이었던 급진 개화파 전통의 흐름이 차단되었다.

「뎨국신문」 정신의 근간은 윤치호의 「독립신문」에서 비롯된다. 독립협회의 도움으로 민중과 밀착되고 민중의 지지를 받았던 민중의 신문이 다름 아닌 윤치호의 「독립신문」이었다. 이것은 급진 개화파 사상의 완성이었으며, 서구 시민사회의 지배 원리와 동학사상이 접목되어 나타난 것이었다. 서구의 사회제도 형태로서 독립협회와 그 정론지가 확립된 것이다. 이는 유교를 축으로 할 때 동떨어진 급진 서구 시민사상이었으나, 독립협회도 엄밀한 의미에서 유교적 측면을 완전히 배제하지 않은 정치 단체였으며, 이러한 한계 내에서 정론지로서의 역할을 수행했다. 그러나 이런 윤치호의 「독립신문」도 서재필의 「독립신문」의 '인민의 개화진취(開明進步)'의 역할이 없었다면 불가능한 일이었다. 또한 서재필의 「독립신문」의 운영 원리가 「한성신보」와 「조선신보」의 영향을 전혀 받지 않았다고는 할 수 없을 것이다.

급진 개화파는 위정척사파(衛正斥邪派)의 존재와 동떨어진 것은 아니다. 위정척사파가 청(淸)과의 관계 정립에서 출발했다면, 급진개화파(急進開化派)는 서구 시민사회와 그에 따른 신문의 기능과 관련을 맺고 있어서, 근본적으로 양자가 의미상의 '사대주의(事大主義)'에 충실했다고 볼 수 있다. 온건개화파(穩健開化派)는 그 틈의 자리를 메웠으며, '개화 진취'를 주창한 「한성주보」는 온건 개화파를 활성화시키는 도구가 되었다.

「한성주보」는 구체적 내용뿐만 아니라 한정된 독자를 선택했다. 청(淸)을 거부하지 않으면서 또한 서구 시민사회의 원리도 경시하지 않았다. 그리고 초기 「독립신문」·「뎨국신문」·「황성신문」과 달리 조직력을 확보한 신문이었다. 「독립신문」의 민간인 탐보원, 기자 대신에 「한성주보」는 관리가 그 역할을 담당했으나 전반적 사회 상황이 달라지지 않은 상태에서 관리와 비관리로 구분하는 것은 별 의미가 없다. 신문의 보급망은 관리를 중심으로 배포되어 관료가 맡고 있는 우편을 통해 보급되었다면, 결국 제작자가 관리이든 비관리이든 그것은 큰 의미를 주질 못했다. 그러나 「한성주보」에 비해 「한성순보」는 외국 문화를 단순히 받아들이는 통리아문의 기관지에 불과했다. 즉 위정척사파와 개화파 사이에서 고유한 색깔 없이 발행되는 무의미한 관보 수준을 벗어나지 못했다.

초기 정론지의 생성과 소멸 과정에서 정치적 색채를 뚜렷이 보였던 신문은 「한성주보」와 윤치호의 「독립신문」·「협성회회보」·「미일신문」·「황성신문」·「대한매일신보」 등에서 그 편린을 찾을 수 있다. 외교권을 상실한 1905년 이후 「대한매일신보」·「만세보」와 「경향신문」 등이 정론지로서의 가능성을 보여주기는 했지만, 독자성이 없는 국가에서 정론지로서의 가능성 탐색은 무의미할 뿐이었다. 정론지에서의 정체성은 어느 것보다 중요한 요소였다.

참고문헌

강준만, 『한국 대중매체사』, 인물과 사상사, 2007, pp. 116~7.

계훈모(桂勳模), 『한국언론연표』 1 (서울: 관훈클럽신영연구기금, 1988).

구자혁, 『장지연』, 동아일보사, 1993.

국사편찬위원회 편, 『수신사기록(修信使記錄)』(한국사총서 제9권) (서울: 국사편찬위원회, 1958).

권영민, 『진단학보』 55, 1982.

김규환, 「한말 언론계 잡감」 『신문평론』, 1964. 4, pp. 10~12.

김기철, '125년 한국철도사', 自主콤플렉스가 빚은 코미디, 「조선일보」, 2019. 11. 27.

김도태(金道泰), 『서재필 박사 자서전』(을유문화사, 1972).

김민환, 『한국언론사』(서울: 사회비평사, 1996).

김복수, 「독립신문의 경영」 『언론과 사회』 14, 1996 겨울, p. 63.

김삼웅(金三雄), '대한매일신보를 빛낸 인물들', 김삼웅 엮음, 「구국 언론 대한매일신보」(서울: 대한매일신보사, 1998), p. 79.

김영모(金泳謨), 『한국사회계층연구』(서울: 일조각, 1982).

김영모, 『일제하 한인지배층 연구』(서울: 고헌, 2009).

김영희, 「황성신문 관련인물의 언론사상」 『94한국언론학회 가을철 정기학술발표회 2』(서울: 사단법인 한국언론학회, 1994. 11. 17).

ㄱㄴㄷㄹ, 「뎨국신문에 관한 일연구(一硏究)」 서울대학교 석사논문, 1977.

ㄱㄴㄷㄹ, 『한국사회의 미디어 출현과 수용: 1880~1980』, 커뮤니케이션북스, 2009, p.28.

김용호(金容浩), 「한성순보에 관한 문화적 해석」 『언론문화연구』 6, 서강대학교 언론문화연구소, 1988. 9. 1.

랜덤하우스, 『영한대사전』, 시사영어사, 1993, p. 1678.

박용규, 「구한말 일본의 침략과 언론」 「한말언론과 근대성의 재조명」(한국 언론학회, 1998), p. 91.

박정규, 「조선왕조시대의 전근대적 신문에 관한 연구」 서울대학교, 1982.

_____, 「상무총보, 대한상무신보에 대한 역사적 고찰」 『언론과학연구』 제3권 2호, 2003, p. 155.

박홍서(朴鴻緖), 「배설(裵說)씨 묘비새수경위」 『신문평론』, 1964. 4. p. 16.

방상훈, 『한국신문통람(韓國新聞通鑑)』(서울: 조선일보사, 2001), p. 135.

백지운(白池雲), 「근대성 담론을 통한 양계초(梁啓超) 계몽사상(啓蒙思想) 재고찰」, 연세대학교, 2003.

신복룡, 「서재필의 생애와 활동」, 권오기, 『서재필과 그 시대』(서울: 서재필 기념사업회, 2003).

신용하(愼鏞廈), 「19세기말 한국인의 사상과 고뇌」, 독립협회연구, 『정경연구』 165(서울: 일조각, 1976), p. 11.

ㄱㄴㄷㄹ, 『독립협회와 만민공동회』(서울: 한국일보사, 1975).

ㄱㄴㄷㄹ,『독립협회연구』(서울: 일조각, 1976), p. 587.

양계초(梁啓超),「新民說·論自由」『點校』제1집, p. 575.

유길준,「서유견문(西遊見聞)」허경진 옮김,「서유견문」(서울: 한양출판사, 1995).

유석재, '오인환 교수 신문사 사옥 터를 찾아',「조선일보」2008년 5월 6일.

유재천(劉載天),「대한매일신보의 논설분석」이광린,『대한매일신보연구』(서울: 서강대학교 인문과학연구소, 1986), p. 95.

유훈(劉勳),「독립신문에 타나난 언론자유 개념의 성격에 관한 연구」고려대학교 석사논문, 1994. 12.

윤주영(尹胃榮),『한국신문사설선집』1(서울: 방일영문화재단, 1995).

이광린(李光麟),「황성신문 연구」『동방학지(東方學志)』53, 연세대학교 국학연구원, 1986. 12.

ㄱㄴㄷㄹ,『초기개화사상연구』(서울: 민족문화사, 1989).

ㄱㄴㄷㄹ,『한국개화사상연구』(서울: 일조각, 1981).

이기백(李基白),『한국사신론』(서울:일조각, 1986).

이규태(李圭泰), "근대신문에의 개화",「한국의 언론」1(서울: 문화공보부, 1968), p. 38.

이석호,「한국 근대언론에 이어진 전통적 언론현상에 관한 연구」연세대학교 석사논문, 1993. 12.

이연, "황성신문과 장지연의 '시일야방성대곡'", 서정우 편,『한국언론 100년사』한국언론인연합회, 2006, p. 305.

이우성·강만길,『한국의 역사인식』상 (서울: 창작과비평사, 1976).

이완재(李完宰),『초기개화사상연구』(서울: 민족문화사, 1989).

이해창(李海暢),『한국신문사연구』(서울: 성문각, 1983).

장지연, 유근,「시일야방성대곡」「황성신문」11월 20일, 서정우 편, 상게서, p. 311.

채백(蔡白),「한국 근대신문 형성과정에 있어서 일본의 역할에 관한 연구」서울대학교 대학원 박사논문, 1990. 8.

정교(鄭喬),『한국계년사(韓國季年史)』상권(上卷), p. 146.

정대철(鄭大澈),「황성신문에 관한 연구」『한양대 사회과학논총』12, 1993, pp. 341~370.

정용욱, "홍보, 선전, 독재자의 이미지 관리", 서울대학교 국제문제연구소 편,「이승만과 제1 공화국」논형, 2007, p.55.

정진석(鄭晉錫),『한국언론사』(서울: 나남, 1990).

ㄱㄴㄷㄹ,『한국현대언론사론』(서울: 전예원, 1992).

ㄱㄴㄷㄹ,『인물한국언론사』(서울: 나남, 1995).

ㄱㄴㄷㄹ,「민족언론의 본산 '대한매일신보'」김상웅 엮음,『구국 언론 대한매일신보』(서울: 대한매일신보사, 1998).

조맹기, "서재필의 과학·기술사상, 『한국언론인물사상사』, 나남, 2006, p. 24.

ㄱㄴㄷㄹ, "국사(國士) 언론인 장지연", 『한국언론인물사상사』, 2006, p. 96.

조맹기, 『한국언론인물사상사』, 나남출판사, pp. 55~61.

차배근, 『개화기일본유학생들의 언론출판활동연구』 1(서울: 서울대학교 출판부, 2000).

채백, 「한국 근대신문 형성과정에 있어서 일본의 역할에 관한 연구」, 서울대학교 대학원 박사, 1990. 8, p.70.

채백, "『독립신문』 독자 투고의 현황과 특성에 관한 연구," 『언론과 사회』 3집, 1994, p. 41.

채백, 『독립신문연구』, 한나래, 2006, p. 154.

최기성, "위암 장지연의 시대인식 연구", 『전북사학』 제19~20집, (1997: 422).

최기영, 『대한제국시기 신문연구』(서울: 일조각, 1991).

최준(崔俊), 「한성순보와 독립신문」, 『신문과 방송』 146, 1983. 2, pp. 30~36.

ㄱㄴㄷㄹ, 「배설과 대한매일신보」, 『신문평론』 1964. 4, p. 6~9.

ㄱㄴㄷㄹ, 『한국신문사』(서울: 일조각, 1993).

최정태(崔貞泰), 『한국의 관보(官報)』, 아세아문화사, 1992.

추광영·강명구, 「구한말 한국신문에 있어 뉴스의 성격에 관해 연구」, 『신문학보』 24, 한국언론학회, 1989, p. 68.

한글학회, 『우리말 큰사전』, 서울: 어문각, 1992, p. 3657.

한시준, 「창간 89특집, 임정수립 90주년-3·1운동에서 임시정부까지」, 「조선일보」, 2009년 3월 18일.

황필용, 「서양의 영향: 자유의 시련」, 2003년도 한국사회학회 후기 사회학대회, (서울: 한국사회학회, 2002. 12. 12).

Gaye Tuchman, Making News, 박흥수 역, 『메이킹 뉴스』(서울: 나남, 1995).

「독립신문」, 1896. 4. 16.

「한성순보」, 1883. 10. 31.

「한성주보」, 1886. 1. 25.

「한성주보」, 1886. 2. 1.

「한성주보」, 1886. 8. 16.

「한성주보」, 1886. 9. 27.

「독립신문」, 1896. 4. 11.

「독립신문」, 1896. 4. 7.

「독립신문」, 1896. 7. 2.

「독립신문」, 1898. 1. 11.

「독립신문」, 1898. 7. 9.

「독립신문」, 1898. 8. 8.

「독립신문」, 1898. 11. 1.

「협성회회보」, 1898. 1. 1.

「미일신문」, 1898. 4. 12.

「뎨국신문」, 1898. 8. 13.

「뎨국신문」, 1898. 8. 17.

「뎨국신문」, 1902. 9. 12.

「황성신문」, 1898. 1. 14.

「황성신문」, 1898. 9. 5.

「황성신문」, 1898. 9. 9.

「황성신문」, 1898. 10. 19.

제3장
신문에 나타난 강점기시대의 문화정치(1920~1940)

1. 문화정치의 시대적 상황

'3·1운동'[81]이 일어난 1919년 조선은 역사의 새 장을 열었다. 만해 한용운(韓龍雲, 1879~1944)은 「조선독립에 대한 감상의 개요」에서 "자유는 만유의 생명이요 평화는 인생의 행복이라"라고 했다.[82]

한편 고종의 승하(昇遐)로 조선의 군주제는 사실상 막을 내리고, 중국의 상하이에서는 공화국('북한의 조선인민공화국 역사는 달리 기술한다.'[83]) 형태의 '임시정부'[84]

---

81) 국사편찬위는 지난 2016년부터 3년간 진행한 '3·1운동 100주년 기념 데이터 베이스(DB) 구축 사업' 결과를 발표했다. 당시 시위 참가 인원은 최소 80만~최다 103만 명, 사망자도 최소 725~최다 934명에 이르렀다. 일제의 기존 자료에 기록된 시위 참여자 58만 명, 사망자 553명보다 최고 1.7배 높은 수치다. 이들은 1919년 3~4월 전국에서 일어난 시위와 파업, 휴학 등도 모두 2464건에 이르며, 이 가운데 시위는 1692건으로 나타났다.(김성현, 2019. 2. 21.) 한편 다른 자료로 3·1운동의 규모는 1919년 3월에서 5월 사이에 시위 참가자가 200만 명, 사망자 7500명, 부상자가 1만 5000명, 체포된 인원이 5만명에 이르는 대규모 시위였다.(남시욱, 2006: 520)

82) 이지영, '100년 전 만해의 외침 '자유는 만유의 생명이다.', 「중앙일보」, 2019. 2. 27.; 한편 독립선언서는 묵암(黙菴) 이종일(李鍾一, 1858~1925)의 「묵암 비망록」에서 자세히 기록하고 있었는데 그 내용은 "자신이 보유한 보성사에서 문을 굳게 닫고 찍기 시작했다.'(2월 20일), '2만 5000매를 1차로 인쇄 완료하여 천도교 본부로 운반하다'(2월 25일) '1차로 인쇄된 것은 각계 동지들 7~8명에게 2000~3000매씩 배포했다. 이갑성에게 2500매가 전달됐다.'(2월 26일) '오늘까지 2차로 1만매를 더 인쇄하여 천도교당으로 가지고 가다가 파출소 경찰에 검문을 당했으나 족보라고 속이고 겨우 운반했다(2월 27일).(김한수, 2019. 2. 26.)

83) 북한은 "민족해방운동의 탁월한 지도자이신 김형직 선생님께서 일찍이 혁명의 씨앗을 뿌리시고.' 북한 사회과학 학원이 낸 '조선전사'는 김일성의 아버지인 김형직이 평양의 3·1운동을 이끌었었다고 주장한다. 당시 만경대 주민 시위도 김일성 외삼촌인 강진석이 지도했고 김일성은 '여덟 살 되는 어리신 몸으로 가족적인 반일 봉기 대열에 참가하시어 보통문까지 가시었다.'고 썼다."라고 했다.(김기철, 2018. 07. 05.) 조선인민공화국의 항일 백두혈통은 여기서부터 닻을 내린 것이다.

84) 임시정부는 국호(國號)를 대한민국으로 정했다.(이한우, 2010. 01. 08.) 1919년 4월 10일 밤 10시 중국 상하이 프랑스 조계 내 김신부로(金神父路)에 있는 현순(玄楯)의 집에 이동녕, 이시영 등 독립운동

가 그해 4월 11일 출범했다. 당시 상황은 파벌과 갈등으로 점철되었다. 즉, 3·1 이후 민주공화국인 대한민국 임시정부를 낳았지만, 임시정부는 바로 갈등에 시달렸고 통합은 무너졌다. 공산주의 계열은 3·1 이후의 '대한' '민주공화'를 부정, '조선' 공산당·'조선' 혁명·'조선'민주주의인민공화국으로 분열해 나갔다.(박명림, 2019. 01. 02.)

물론 새로운 주류의 임시정부는 '대동단결선언'[85], '신한청년당'[86]에서 그 원류의 편린을 찾는다. 새로 조직된 정부는 과거 왕조 중심의 전통적 가치를 대체하

가 29명이 모여 망명 임시정부 수립을 위한 임시의정원(국회)을 구성했다. 그 자리에서 일본 유학생 출신 26살 청년 신석우(申錫雨)가 먼저 "'대한(大韓)'이 어떠냐"고 발의했다. 더불어 공화제에 해당하는 '민국(民國)'을 덧붙여 국호를 '대한민국'으로 하자고 제안했다. 의정원 의원 다수가 신석우의 제안에 공감하면서 임시정부의 국호는 대한민국으로 결정됐다. 대한민국 임시정부는 국가와 정부, 두 가지 뜻을 담고 있다.(한시준, 2009. 03. 18.) 국가가 성립되기 위해서는 국민·주권·영토의 세 요소가 필요하다. 임시정부는 1919년 9월 공포한 헌법에서 '대한민국은 대한인민으로 조직함'(제1조), '대한민국의 주권은 대한인민 전체에 있음'(제2조), '대한민국의 강토는 구한제국의 판도로 정함'(제3조)이라고 하여 세 요소를 갖추어 놓았다.

85) '대동단결선언'은 1917년 7월 조소앙(趙素昻, 1887~1958)이 상하이에서 동지들과 함께 대동단결선언을 작성해 국내외 독립운동단체들에 배포했다. 독립운동에는 무엇보다도 대동단결이 필요하다는 취지하에 국내외 대표회의를 소집하여 '무상법인(無上法人)'이라는 기구, 즉 정부를 조직하자는 선언서였다.(안영배, 2018. 3. 17.) 동제사(同濟社, 申圭植, (1879~1922))의 주요 요인들이 선언서의 발기인으로 등재했다. 동제사 수장 신규식을 필두로 조소앙, 신석우, 박용만, 박은식, 신채호, 조성환, 김규식, 윤세복 등 14명이 참여했다. 이 선언은 후에 3·1운동의 독립선언서와 대한민국 임시정부 수립의 기초가 됐다.(안영배, 2018. 3. 17.) 동제사 이사장 신규식과 총재 박은식이 3·1운동 이듬해인 1920년에 발행한 주간지 '진단' 창간호에서 대동단결선언을 '제1차 상해선포(上海宣布)'라고 명명하며 최초의 독립선언서로 규정했다.

86) '신한청년당(新韓靑年黨)'은 1918년 11월 28일 중국 상해에서 여운형·장덕수·김철·선우혁·한진교·조동호 등 20~30대 독립 운동가들이 만든 조직이다.(이선민, '3·1운동의 숨은 주역 '신한청년당'을 아시나요」, 「조선일보」, 2018. 11. 28.) 1차 세계대전 마무리를 위해 열린 파리 평화회의에 대표를 파견하고, 국내·일본·만주·연해주에 밀사를 보내 독립 만세 시위를 유도했으며 3·1운동이 일어난 뒤에는 대한민국임시정부 출범을 주도했다. 김희곤 안동대 교수는 "구한(舊韓)인 대한제국과 구별되는 근대국가의 시민사회를 지향하는 신세대의 의지가 담겨 있다."라고 했다.(이선민, 2018. 11. 28.) 그 외 김규식·조소앙·이광수·김구·신석우·서병호·송병조·이유필 등 50명가량이 당원이었고, 외교·교육 활동과 기관지 '신한청년' 발간 등 활발히 움직이다 1922년 말 해산됐다. 그 「취지서」에는 "'우리 사업의 시초는 독립을 완성함에 있도다. 우리의 국토와 자유가 회복되는 날까지 싸우고 싸우리라. 우리는 정신적으로 민족을 개조하는 동시에 학술과 산업으로 우리 민족의 실력을 충실케 해야 하나니라'"라고 했다.(이선민, 2018. 11. 28.)

는 새로운 가치를 부각시켜야 할 당위성에 직면하게 되었다. 전통 사회에서의 주체 세력은 역사의 뒤안길로 사라진 반면, 청년·노동자·여성·학생 등과 같은 근대적 범주의 새로운 세대가 등장했다. 새로운 시대는 새것을 요구한 것이다.

서구 열강의 침략이 감행되던 19세기말 대한제국(大韓帝國)은 민족과 민권의 향상을 내세우며 인민을 주권자로 가정하였지만, 당시는 입헌군주제 하의 정체였다. 새 시대를 맞이한 공화정의 조선은 진정한 민권을 바탕으로 한 민족국가 건설이 최상의 과제였다. 윌슨(Woodrow Wilson)이 표방했던 '민족자결주의'는 상하이 임시정부가 건설하고자 했던 이상이었다.

윌슨이 주장하는 민족국가는 개인의 자유·정의·평등을 중심으로 하나의 단위로 묶여지는 결속체였다. 국가는 국민을 대표하고, 국가를 중심으로 다른 국가와의 적자생존 경쟁을 염원했다. 즉 개인의 주체성, 그리고 세계 속의 주체성을 지닌 민족국가의 건설은 당시 개인적·국가적 과제였다. 여기서 민족적 자주 의식과 역사의식을 가진 민족주의(民族主義)가 정신적 지주로 등장한다.

그렇지만 상하이 임시정부 외에는 공화국 건설과 함께 움트는 민족주의 정신을 발할 수 있는 조직이 거의 없었던 당시, 언론이 그 기능을 대리했다. 민족·민권의 향상, 언론·출판·집회·결사 등의 자유가 언론을 통해 구가되었다. 즉 일본 제국주의 시대의 언론은 정부를 대리하는 언론공화국이라고 할 만했다.

「도쿄아사히신문(東京朝日新聞)」은 1919년 4월 5일 사설에서 "'소란의 유력한 원인은 아(我) 총독 정치의 결함에 있다.'라고 지적하고 한국 통치의 '개혁'을 주장했다."라고 한다. 또한 「오사카아사히신문(大阪朝日新聞)」은 "현대의 식민 정책은 옛날과 달리 무단(武斷)으로 시종할 것이 아니라 교화(敎化)를 주안으로 한 문화 정책(文化政策)으로 달성해야 한다. 강압적인 방법은 가장 졸렬한 수단이다."라고 기술했다.(남시욱, 2006: 521) 일본 국내 여론에 힘입어 「동아일보」·「조선일보」·「시사신문」 그리고 개벽 등 민족주의 신문과 잡지가 지하로부터 부각되었다. 조선 총독부(總督府)는 1920년 1월 6일, 3개의 일간지를 허가했다. 3대 총독 사이토(齊藤實)는 "「동아일보」는 조선 민족의 뱃속에서 끓어오르는 가스를 배출시키는 굴뚝이야, 가스를 배출시키지 않으면 쌓이고 쌓여서 끝내는 폭발하게 된다"(김상만, 1975: 78 재인용)며 허가의 당위성을 설명했다.

1919년 8월 12일 부임한 사이토는 그동안 헌병에서 맡아온 치안을 일반 경찰이 담당케 하는 한편, '문화정치'[87]를 표방했다. 실제적으로 점령군 사령관으로서 사이토는 궁극적으로 '정신적 토벌'에 근거한 문화정치에 관심을 가졌을 것이다. 강압보다는 회유와 권유를 통해 조선인을 동화시키고, 결국 민족 독립성의 근거를 말살하려는 의도가 당연히 담겨 있었을 것이다. 그러나 조선은 상하이 임시정부를 주축으로 하는 독립운동·자치운동을 통해 공화국으로서의 독립성을 되찾자는 의미로 '문화정치'를 해석했다. 이렇듯 양자 간의 서로 다른 의미의 문화정치의 개념으로부터 일제강점기 시대의 조선 역사가 시작되었다.

상하이 임시정부는 1919년 4월 10, 11일 법계(法界) 김신부로(金神父路)에서 29명의 의원이 출석하여 임시의정원을 구성하고 제1회 회의에서 대한민국이라는 국호와 함께 관제를 결의하고 국무원을 선거함과 동시에 '임시헌장'[88]을 선포함으로써 대한민국임시정부의 출범을 보게 되었으며 이는 4월 13일 내외에 선포되었다.(이연복, 1999: 18)

또한 동년 9월 11일 발표된 통합임시정부의 신헌법(新憲法, 제8조)에 대한민국의 인민은 법률 범위 내에서 ①신교의 자유, ②재산의 소유와 영업의 자유, ③언론, 저작, 출판, 집회, 결사의 자유, ④서신 비밀의 자유, ⑤거주이전의 자유를 향

---

87) 「동아일보」가 염원하는 사이토(齊藤實) 총독의 문화정치는 사내(寺內) 총독의 무단정치(武斷政治)와는 달리, 자유의 승인 여하에 재하는 것을 의연히 고집하는 동시에 제등 씨가 사내 씨의 전철을 답아니하려거든 모름지기 조선인의 철저한 자유와 권리를 인정하고 그 소위 문화정치의 종국을 결(結)하기를 바랐다.(《총독정치의 제도적 비판》[사설], 「동아일보」, 1922. 01. 13.) 또한 사이토 총독은 9월 10일 "총칼로 지배하려는 것은 그 순간의 효과밖에 없다. 남을 지배하려면 철학과 종교, 교육, 문화를 앞장 세워서 정신을 지배해야 한다. 이 땅의 어린이들을 일본인으로 교육하겠다. 황은(皇恩)에 감읍하도록 조선민중에게 온정을 베풀어야 한다. 그들을 세뇌시켜야 한다. 이것이 나의 문화 정책이다." 라는 발언을 했다.(남시욱, 2006: 523)

88) 임시헌장(臨時憲章)의 내용은 제1조 대한민국은 민주공화제(民主共和制)로 함, 제2조 대한민국은 임시정부가 임시의정원(臨時議政院)의 결의에 의하여 차(此)를 통치함, 제3조 대한민국의 인민은 남녀 귀천 급(及) 빈부의 계급이 무하고 일절 평등함, 제4조 대한민국의 인민은 신교, 언론, 저작, 출판, 결사, 집회, 서적, 주소 이전, 신체 급 소유의 자유를 향유함 등이다.(국회도서관, 1974: 3)

유 등 국민의 기본적인 제반 자유를 보장하고 민주공화체제를 채택하였다.(이연복, 1999: 318)

한편 1919년 3월 상하이 고려교민친목회에서 선전기관으로 「오등(吾等)의 소식」[주필 김홍서(金弘敍)]란 등사판 인쇄물을 발간했다.(이연복, 1999: 319) 그러나 곧 안창호가 건의하여 「독립(獨立)」[89]을 창간했다. 그 신문에서 문화정치의 정체성을 밝히는데, 창간사는 다음과 같다.

전 국민이 일심이 되고 일체가 되어 견고하고 통일잇는 대단결을 작함은 재력보다도 병력보다도 우리사업의 기초요 생명이니 차를 득하면 성하고 부득하면 패하리로다. 그러면 차를 득하는 방법이 하에 재하뇨. 건전한 언론기관이 유하야 동일한 주의를 고취하고 동일한 문제를 제창하며 개인과 개인 단체와 단체의 간에 입하야 그 의사를 소통케함에 재하도다.(「독립」, 1919. 08. 21.)(창간호)

상하이 임시정부가 정치력, 문화의 정체성에 관심을 집중시켰다. 한편 국내에서 신문을 통한 문화운동(文化運動)이 정치운동보다 우선시되었다.(독립신문, 1920. 04. 22.) 여기서 문화운동은 민중 생활의 향상과 민족의 실력(물질과 정신 쌍방)의

---

89) 「독립」[사장 겸 주필, 이광수(李光洙), 경리 이영렬李英烈)]은 1919년 8월 21일 상해 프랑스 조계 늑로(勒路) 동익리(同益里)에서 창간한 신문으로, 한 면이 가로 27cm, 세로 39cm 크기의 타블로이드판 형태이며, 국·한문 혼용으로 세로쓰기를 하고 있다. 독립은 창간사에서 "민족사상 내지는 독립사상을 고취시키고 민심을 통일하며 우리 국민 스스로 보도기관을 운영하여 사정(事情)과 사상을 우리의 입으로 알리는 역할을 자임하고 있다"라는 발간 취지를 밝혔다.(「경향신문」, 2005. 08. 10.) 또한 독립의 5대 사명을 "1)사상 고취와 민심 통일, 2)보도 기관으로서의 역할, 3)여론의 환기, 4) 신학술과 신사상 소개, 5) 신국민의 육성" 등으로 밝혔다.(윤주영, 1995: 419) 지면 구성은 1면에는 사설 국무원령 시무감언(時務感言), 시사만평 등, 2면에는 의정원의 동정, 독립군의 활동, 해외교포들의 동정, 구미각국의 약소민족에 대한 정치활동 등, 3면에는 본국소식, 한국과 일본 등, 4면에는 독립운동 일지, 논문, 문예란 등까지 두고 있었다.(이연복, 199: 327) 「독립」은 창간 직후에는 주2~3회로 발간되었으나, 20년대 들어 자금난으로 한달에 한두번 발행되기도 했다. 그 제호는 창간 당시 「독립(獨立)」, 그리고 「독립신문」(1919년 10. 25.), 「독립」(1924년 1월 1일) 등으로 불렸으나, 1925년 11월 11일 제189호로 폐간되었다. 또한 그 후 이광수, 이영렬이 변절하여 귀국(1921. 4.)한 후, 몇 번 정·복간을 거듭하다, 1943년 6월 1일 중문판 「독립신문(獨立新聞)」이 발간되어, 1945년 7월 20일까지 발행하였다. 결국 「독립신문」은 총 205호를 발행하였다.(이연복, 1999: 326)

충실을 기했다. 독립(신문)에 게재되었던 "민족 개조론"(이광수, 1922. 05: 72)에서 '개조'는 민족성과 민족 생활에 한하며, 문화운동은 정치적 색채를 띠지 않는 사상운동·계몽운동으로 규정했다. 더욱이 문화적 방법에 의한 독립운동은 정사(政事) 개혁을 비롯하여 경제·교육·체육 등 각 방면에 걸친 민족정신 진흥 운동이다.(황성모, 1990: 222~223)

당시 문화운동으로부터 경향을 달리하는, 즉 독립문제를 도외시하는 사회 혁명적 운동으로서는 '청년 사상의 신경향'을 들 수 있다. 그렇다면 문화적 독립운동과 사회 혁명적 운동은 동일한 선상, 혹은 이질적 노선이 동시에 존재하지만, 일제시대 3대 신문에 나타난 문화운동은 총독부 점령군 사령관과 그 비판(批判), 대항으로서의 문화·사회 개혁을 주된 내용으로 함으로써 한쪽은 문화정치이며, 그 이면에는 민족주의 운동의 실체와 관련을 맺는다.

사이토(齊藤實) 총독이 문화정치를 내세우고 부임했지만 인민으로부터 호응은 얻지 못했다. 그가 서울로 부임하던 1919년 9월 2일 남대문역에서 강우규(姜宇奎) 의사에 의해 수류탄 환영을 받았으나, 운 좋게도 생명을 건질 수 있었다. 그는 '(…) 행정, 사법사무 각반에 걸쳐 개선'을 명하는데, 그중 언론에 관한 셋째 조항은 "언론·집회·출판 등에 대하여는 질서와 공안 유지에 무방한 한, 상당히 고려를 가하여 민의의 창달을 기하여야 한다"(김상만, 1975: 65)며 그의 문화정치를 표방했다. 즉 조선인에게 어느 정도의 언론 자유를 허용한다는 방침 하에 3개 일간 신문이 허용된 것이다.

언론(言論) 3사가 허용되었다고 언론 자유가 보장된 것은 아니었다. 1907년 7월 24일 제정된 '광무신문지법 제11조'[90]는 '국헌의 문란'과 '안녕질서의 방해', '풍속의 괴란' 등의 사항을 규정하여 언론자유를 여전히 제한하고 있었다. 즉 조선의 독립을 주장하거나 안녕과 질서를 방해하는 노동쟁의, 동맹휴학, 사회주의 및 민

---

90) '광무신문지법' 제11조는 황실의 존엄을 모독하거나 국헌을 문란하거나 혹 국제교의를 저해한 사항을 기재함을 부득함, 그리고 제12조는 내부대신은 신문지가 안녕질서를 방해하거나 풍속을 괴란하는 자로 인하는 시는 기발매반포를 금지하야 차를 압수하며 또는 발행을 정지 혹은 금지함을 득함을 규정했다.

주주의의 일방적 제의, 합병에 관한 기사 등에 대해서는 철저히 통제했다. 일제는 이들 기사를 조선 총독부 경무국 도서과에서 전담토록 하는 한편, 발매 및 반포 금지의 권능을 관할 경찰서장에게까지 부여하였다.

일본은 1925년 자국에 반포한 '치안유지법'을 한국에도 적용했다.[91] 이 법은 공산주의 색출과 관련된 것인데, 제1조에서 "국체(國體), 또는 정체(政體)를 변혁하고 또는 사유재산 제도를 부인하는 것을 목적으로 결사(結社)를 조직하거나, 그 점을 알고 거기에 가입한 자는 10년 이하의 징역 또는 금고에 처함"이라고 규정했다. 다시 본법은 1928년 국체의 변혁과 사유재산 제도 부인의 조항을 분리시켜, 국체 변혁 조항에는 사형까지 규정할 수 있도록 하였다.(황성모, 1990: 211)

개인의 자유와 민족국가를 형성하기 위한 방해 조항 외에 1910년 12월 제령 제10호로 공포된 '범죄기결예(犯罪旣決例)'는 일본인에게 재판을 받을 권리를 부여했지만, 조선인에게는 행정관에 의해 형벌을 받게 했다.(야마베 겐타로, 1998: 28) 즉 조선총독(전통적으로 육·해군의 고참 대장이 임명됨)은 사법·행정·입법의 권한을 장악하고 법률 대신 명령으로 조선인을 다스렸다. 총독이 다스리는 군사형 사회는 사회의 단위가 강압적 힘에 의해서 결합되며, 사회의 협동도 강제적으로 가능하다.(Rebert L., Carneiro, 1967: 58~59) 사병의 의지가 장교에게 위임된 군사형 사회였다. 인간 유기체가 중추신경에 의해 움직이듯, 군사형 사회의 사적·공적 거래는 정부의 의지에 의해 지배되었다. 조선 총독이 지배하는 군사형 사회는 서구의 제국주의를 탈피할 수 없었으며, 국제적 열강과의 상호 관계에서 조선인의 정치적·경제적 종속을 강요했다.(김운태, 199: 4)

군사형 사회에서 허용한 문화정치, 그리고 3대 신문에 나타난 문화정치, 그리고 그 이면에 나타난 민족주의를 규명한다. 즉 「동아일보」·「조선일보」 그리고 「시사신문」(「조선중앙일보」 포함)의 3대 신문이 활동하였던 1920년부터 1940년까지 정치적 지배 체제, 경제적 침투, 문화적 침식 등의 과정에서 문화정치의 실체

---

91) 법률 제46호(치안유지법(治安維持法))가 1925년 4월 공포되고 한국에 적용된다는 '칙령(勅令)'이 내려졌다.

와 강점기 언론의 형성 과정을 보자. 더욱이 문화정치를 표방한 1920년 초기부터 말기까지 문화적·정신적 면에서 일본인들이 조선에 대한 식민지 지배를 합리화하기 위하여 이데올로기를 조작하는 과정을 포함시킴과 동시에 대항 언론으로서의 민족주의 발아와 사회주의 성향을 논할 수 있다.

또한 신문에 나타난 사회주의 경향을 규명함으로써 민족주의 안에 사회주의를 어떻게 접목시킬 것인가도 확대시켜 논할 수 있다. 그러나 본서는 범위를 한정시키기 위해 언론의 기능 규명에 역점을 둔다.

적극적으로 일제강점기를 풀 수 있으나, 최민지(최민지, 1983: 86)는 제등(齊藤) 총독의 문화정치의 결과로 허용된 3개 신문이 "민중들을 일제에 대한 적극적인 투쟁과 반항의 길이 아니라 생활에 충실하게 함으로써 윤택한 삶을 즐기는 소시민적 생활에 안주시키려는 문화정치의 의도를 대변할 뿐 아니라, 조선 문화를 황폐케 한 원인으로 민족성의 고루와 민족성의 결합을 강조함"으로 규정했다. 그는 대정실업친목회에 의해 만들어진 「조선일보」를 친일지로 매도했다. 본 저자도 물론 조선일보사의 일제시대의 경향에 대해 최민지와 동감한다. 창간 초기뿐만 아니라, 1931년 이후 한민족의 주체 의식을 빼앗고, 동화 정책, 주권 침탈, 민족 생존권 박탈 등에 앞장선 민족 언론에 대한 부정적 시각은 당연하다. 그러나 신문의 성향을 하나로 단정하기에는 논조의 스타일은 매일 매일 다양하다. 더욱이 전통 사회에서의 '삼강오륜(三綱五倫)'의 전통적 지도 윤리가 주축을 이뤘던 민족주의 관점을 발아시킨 민족언론의 실체를 규명하는 작업은 3대 언론의 비판적 관점의 부각보다 우선되어야 한다. 문화정치 이후 남북분단의 아픔을 경험한 조선으로서는 일제시대의 실상에 대한 심도 있는 논의가 필요하다.

본서는 문화정치의 실체를 규명하고, 시대적 맥락에서 사회운동과 더불어 민족주의의 실체를 규명하기로 한다. 사상적으로 보면 문화정치는 민족주의 발아로 보이지만 경제적으로는 사회주의 운동과 맞물린다.

외부적 요인뿐 아니라 내부 조직적 측면에서도 현대 사회 조직의 관료화로 인해 기자의 활동 범위가 조직과 출입처 주변으로 한정되었다. 예를 들면 사회부는 검찰과 교육부 주변에서 크게 벗어나지 못했으며, 일선 경찰 기자도 줄어들자 사회부 무용론까지 대두되었다. 일제의 군사형 사회에서 경찰기자의 활동이 돋보였던 것과는 대조를 이룬다. 당시 언론은 개인의 사생활을 도외시했던 전통으로부터 벗어나 현장감 있는 기사 작성에 역점을 두었으며, 그 실체의 전통이 최근까지 이어져왔다.

본서는 1920년에서 1940년까지 이뤄졌던 문화정치의 실체를 규명하며, 문화정치의 산물인 언론의 출현과 도전에 관해서 집중적으로 논한다. 아울러 일제 언론 이후에 나타난 또 다른 일본식 문화정치를 논한다. 시대 구분을 할 때 1920년부터 신간회가 해산되던 시기인 1931년까지는 일정한 독자를 가진 신문이 문화정치·민족주의를 표방하는 대표적 기관이다. 그러나 1931년 이후는 일본식 문화주의가 득세하는 시기에서 그 현상을 해석한다.

2. 문화정치의 산물인 일간신문의 출현

1920년대 조선의 민중은 각성이 미비하며, 문화의 진전 또한 아직 초보 단계에 머물러 있었다. 이같이 구태에서 벗어나 신생활에 임해야 할 때 세 개의 신문사가 총독부로부터 허가를 얻었다. 「조선일보」·「동아일보」·「시사신문」 3가지 신문이었다. 그리고 1922년 9월 12일 총독부는 『개벽』(이두성, 李斗星), 『신천지』(백대진, 白大鎭), 『신생활』(박희도, 朴熙道) 등 4개 잡지와 주간 신문 「동명」(최남선, 崔南善)의 발행을 허가했다.(정진석, 2009: 155) 이들 잡지는 정치, 경제문제를 취급함으로써 신문지법의 제재를 받았고, 300원 보증금도 납부해야 했다. 그중 『신생활』은 '개조와 혁신'을 내걸고, 주지(主旨)로 ①신생활을 제창함, ②평민문화의 건설을 제창함, ③자유사상을 고취함 등을 주창했다. 이 잡지는 1922년 11월호와 12월호 러시아혁명 기념 특집으로 총독부로부터 사법처분을 받게 되었다. 그 일로 사장 박희도와 인쇄인 노기정(盧基禎), 주간 김영식(金明植), 기자 유진희(兪鎭熙) 등이 수감되었다.(정진석, 2009: 157) 이 잡지는 1923년 1월 8일 폐간되었는데, 당시 경무국장 마루야마(丸山鶴吉)는 "신생활이 이래 사회주의를 선전하며 그뿐만 아니라 과격사상을 선동적으로 쓰기 까닭에 …"라고 했다.(「동아일보」, 1923. 01. 10.; 정진석,

2009: 158)

한편 「조선일보(朝鮮日報)」[92] 초대 편집국장에 대정실업친목회의 중견인 최강(崔岡, 창간 5개월 만에 물러남)이 임명됨으로써 일본인은 「조선일보」가 실업 신문이 되기를 기대했다.(방상훈, 1990, 70) 창간호는 배대판(倍大版) 16(당시 4면 발행)면을 발행, 그리고 경제지로 자임했다. 제3면에서는 "〈조선(朝鮮) 현하(現下)의 공업상태〉라는 기획기사를 통해 '조선의 공업을 말하면 종래 이를 천시했을지언정 장려하지 않아 수요를 따라가지 못한다.'며 조선 땅의 제조업 생산 기반이 취약한 상태에서 일본 제품들이 대량으로 수입되는 현실을 짚어내고 있다."고 했다.(김명환, 2010. 03. 05.)

경제신문으로 시작한 「조선일보」는 1920년 8월 23일 "평양의 조선인들이 일본인 상점에서 물품을 사지 않기로 결의했다."라고 보도했다.(김성현, 2020. 03. 02.) 더욱이 '조선의 간디'로 불리는 고당 조만식(1883~1950)을 비롯한 평양 기독교계 지도자들이 근검절약과 국산품 애용을 통해 경제적 자립을 추진했던 물산장려운동에 동조했다. 이에 1923년 '조선사람 조선 것으로!'라는 구호를 내걸고 이 신문은 조선물산장려회를 출범시켰다. 또한 창간 초기부터 사회 하부구조를 개혁하기 위해 민립대학 설립에 앞장섰다.(김성현, 2020. 03. 02.) 조선에 대학이 없음을 개탄하면서 민간이 대학을 세워 최고의 인재를 기르자는 취지였다. 실제 1922년 12월 1일 '민립대학 설립운동'을 알리는 기사를 게재했다. 그러나 경제지로서 「조선일보」는 3·1운동의 벅찬 감격을 지속시키기에는 역부족이었다.

---

92) 「조선일보(朝鮮日報)」는 친일 경제 단체 대정실업친목회(大正實業親睦會)의 36인의 발기인에 의해 경성부 관철동 249번지에서 창간되었다. 사장 조진태(趙鎭泰), 부사장 겸 발행인 예종석(芮宗錫), 인쇄인 서만순(徐晩淳), 편집국장 최강(崔岡) 등 편집진 15명과 사원 전체 40~70명 정도로 시작했다.(방상훈, 1990: 70) 「조선일보」는 3월 5일 창간하여 제2호 7일, 제3호 9일 격일 간을 낸 것으로 추정되나 허가 요건만 맞추고 곧 휴간에 들어간다(창간호는 남아 있지 않음). 「조선일보」의 朝刊 4면의 지면 구성을 살펴보면 다음과 같다. 제1면은 사설·논설·논평 등, 제2면은 총독부 기사·외신·경제·물가·인사·단평, 제3면은 사회·가정, 제4면은 문예와 지방 단신, 연재소설 등이었다. 초기 실업 신문을 표방했으나 반일 엘리트가 편집진을 주동함으로써 곧 민족지로 탈바꿈한다. 점차 사설의 논조가 강해지며 압수·정간이 빈번히 일어났다.

한편 친일적 논조의 「시사신문」[93]은 1920년 4월 1일 창간하여, 곧 종간되었다 (「시사신문」에 대한 자료는 남아 있지 않음). 그러나 총독부의 틈새를 공략한 「조선일보」는 1919년 10월 신문 발행의 취지를 '신문명 진보의 주의를 선전하랴함'이라고 정했다.

우리는 빨리 진보하여야 할지라. 윤리, 도덕도 진보하여야 하고, 풍속, 제도도 진보하여야 하고, 교육, 학예도 진보하여야 하고, 산업 경제도 진보하여야 하고, 일절의 신문명이 진보하여야 할지라. 그러면 우리는 이 주의의 선전이 잇서야하리로다.(방상훈, 1990: 68)

그들의 논리는 '신일본주의(新日本主義)' 논조의 「매일신보」와 맥을 같이한다. 즉, 마음이 같고 사업이 동일하고 학식이 동일하면 모든 일이 자연히 동일하여 동일한 국민이 될 수 있으며, 일선민(日鮮民)이 속마음을 털어놓고 지식을 교환하며 사업을 함께 하여 국리민복(國利民福)이 무한히 증진되는 상태가 된다고 보았다. 그리고 이러한 한 상태가 되기 위해서는 일본 왕 중심의 신일본주의가 관철되어야 한다고 주장했다.(성운, 2005: 17)

한편 건실한 재정과 3·1운동의 후광을 업었던 동아일보사는 저항 의식을 대변하는 민족주의 신문으로 새 시대를 열어갔다. 「동아일보(東亞日報)」[94]는 민주적 운

---

93) 신일본주의를 표방한 국민협회의 민원식(閔元植)이 그 발행인이었다. 그러나 시사신문사의 친일적 논조는 3·1운동으로 흥분된 독자에게 설득력 있는 신문일 수 없었다. 민원식은 곧 일본에서 피살되고, 신문은 곧 종간되었다. 총독부는 시사신문사 대신 최남선(崔南善)에게 「시대일보」의 발행을 허가해 1924년 3월 31일 창간토록 했다. 그러나 단명으로 끝난 「시대일보」를 1926년 11월 15일 이상협(李相協)이 판권을 사들여 「중외일보」로 신문의 제호를 변경시켰다. 「중외일보」는 경영난으로 1932년 9월 2일 종간 후, 노찬성(盧贊成)에게 넘어가 노정일(盧正一) 사장 체제의 「중앙일보」로 발행되었다. 1933년 2월 16일 여운형(呂運亨) 사장 체제의 중앙일보사는 「조선중앙일보」로 제호를 변경시켰으나, 1936년 9월 4일 손기정의 일장기 사건으로 자진 휴간에 들어갔다.(김민환, 1997: 212)

94) 「동아일보(東亞日報)」는 발기인 대표 경성방직(京城紡織)의 김성수(金性洙), 사장 박영효(朴泳孝), 편집국장 이상협(李相協) 등으로 1920년 4월 1일 경성부 화동에서 시작했다. 동아일보사는 당시 젊은 청년 신문으로 주간인 당시 26세 장덕수(張德秀,) 28세 편집국장 이상협(李相協)(「매일신보(每日申報)」 출신으로 신문 실무의 귀재) 등이었다.

영의 설립 취지서를 다음과 같이 밝혔다.

국가적 생활과 사회적 생활을 물론하고, 만반생활을 영행(營行)함에 그 기초조건을 성하는 자는 반드시 그를 구성하는 인민의 집합체라 하노니, 그러므로 그 발달을 도(圖)함에는 또한 민의를 충분히 표현케 하야써 그 창달을 기치 아니치 못할지라, 하물며 민주적 기운이 도천(滔天)의 세를 가지고 천하의 인심을 좌우하며 장차 세계를 신 기초 위에 개조하여 아름다운 새 문명을 산출코자 하는 차시에 재함이리오.[95]

아울러 장덕수(張德秀)가 작성한 세 가지 주지(主旨)를 앞세웠는데, 1) 조선 민중의 표현 기관으로 자임하노라, 2) 민주주의를 지지하노라, 3) 문화주의를 제창하노라 등이 그 내용이었다. 여기서 「동아일보」의 사시(社是)[96]는 문화주의로서의 민족주의를 표하고 있다.

사이토(齋藤實) 총독의 '문화정치'[97] 개념에서 볼 수 있듯이, 신문은 문화와 관련될 때 역사와 분리될 수 없다. 「동아일보」 논설은 "정치는 역사를 떠나서 논평할 수 없고 역사는 정치를 떠나서 설명하기 어렵다"고 전제하고, "역사는 과거의 정치요, 정치는 현재의 역사이기 때문이다"(「동아일보」, 1921. 11. 14.)라고 풀이했다. 그러므로 조선 통치를 논평하면 조선 민족의 심리를 해부하지 않으면 안 되었고, 조선 민족의 심리를 해부하려고 하면 역대의 사실을 정고(精考)하고자 했다.

---

95) 김상만, 상게서: 91.

96) "첫째, 조선민중의 표현기관은 사회적·정치적·경제적 소수 특정계급의 기관이 아니라 단일적 전체로 본 2천만 민중의 기관으로 자임한 즉 그의 의사와 사상과 기도와 운동을 여실히 표현하며 보도하기를 기하노라. 둘째, 민주주의는 국체니 정체니 형식적 표준이 아니라 곧 인류생활의 일대원리요 정신이니 강력을 배척하고 인격에 고유한 권리의무를 주창함이라. (……) 그 내용이 국내정치에 처하야는 자유주의요, 국제정치에 처하야는 연맹주의요, 사회상황에 처하야는 평등주의요, 경제조직에 처하야는 노동본위의 협조주의를 지칭했다. 마지막으로 셋째인 문화주의는 개인이나 사회의 생활내용을 충실히 하며, 풍부히 함이니 곧 부의 증진과 정치의 완성과 도덕의 순수와 종교의 풍성과 과학의 발달과 철학 예술의 심원오묘라"라고 규정했다.(「동아일보」, 1920. 04. 01.)

97) 한편으로는 총독부의 전략으로서, 다른 한편으로는 신문의 전략으로 문화정치를 논할 수 있다. 본고는 후자의 경우 민족주의의 실현으로 표현한다.

역사적 왕의 존재에 대한 기사로 인해 「조선일보」는 처음으로 압수를 당했다. 즉 법적 발행 기간을 맞추기 위해 처음 몇 회 발간 후 장기 휴간을 맞았던 「조선일보」는 1920년 4월 28일 제4호를 발간했다. 그러나 李왕세자 이은(李垠)과 혼약이 있었던 민(閔)규수가 일본의 정략결혼 정책에 의해 파혼당하고 혼약의 반지가 되돌려진 박석고개 민규수댁 탐방 기사를 게재함으로써 총독부에 의해 압수를 당했다. 또한 「동아일보」는 제사(祭祀)에 관한 사설인 1920년 9월 10일의 〈제사와 우상숭배〉, 9월 24·25일 〈제사문제를 재론하노라〉로 인해 제1차 무기 정간을 당했다.[98] 그중 특히 9월 24일 사설에서는 다음과 같은 내용들을 담고 있었다. 각 개인은 종교의 자유를 가지며, 각자의 양심에 따라 종교를 가진다. 왕위에 부재하면서 작례(作禮)할 수 없다는 일본인들의 논리를 받아들일 수 없음을 천명했다. 더욱이 우리의 제사는 죽은 이에게 산 사람과 동일한 의미에서 예를 바치는 것이지 제사 행위가 우상일 수 없다는 논조를 폈다. 조선의 제사와 다른 일정한 국교의 교리에 의한 예법을 전 사회에 강제한다면 이는 더욱 문제가 되지 않을 수 없다는 내용이었다.

총독부가 신문에 강압을 가해 민족주의 발로의 기운을 꺾음과 동시에, 일제는 외교 문제에도 민감하게 대응했다. 조선 총독부는 '광무신문지법' 제11조(제21조도 관련)에서 '국제교의(國際交誼)'를 저해한 사항'을 규정하고 있다. 「조선일보」는 1920년 8월 27일 〈자연의 화〉라는 제목의 사설에서, 미국 의원단 일행의 내한을 맞아 조선인이 기뻐하는 것은 가뭄 끝의 비와 갈증 끝에 물을 얻는 것과도 다를 바 없음의 논조를 보임으로써 제1차 정간을 당했다. 이어 조선일보는 정간이 해제된 이틀 뒤 9월 5일 〈愚劣한 총독부 당국은 하고로 우리 일보에 정간을 명하였나뇨〉라는 분노에 찬 사설로 인해 총독부로부터 제2차 정간을 당했다.

「동아일보」가 창간호 논설에서 뜻했던 "조선강산(朝鮮江山)으로 하여금 문화의 낙원으로 되게함"의 실현은 신문의 압수, 정간을 되풀이하면서 난관에 부딪쳤다.

---

98) 동아일보사는 일차 정간으로 약 3개월의 휴간 후 1921년 2월 21일에 김성수가 주(株)를 인수하면서 속간할 수 있었다. 그러나 당시 김성수는 일제의 경제 순환권의 영향권에 깊숙이 들어가 있었다.(최민지, 1983: 88)

「동아일보」는 총독부의 언론 탄압을 적극적으로 해석하기 시작했다. 문화정치(文化政治)와 무단정치의 차이를 피상적으로 자유의 존재에 두기보다 근본적으로 덕정주의(德政主義)로 풀이했다.(「동아일보」, 1922. 01. 13.) 즉, "문화정치는 문화의 발달을 최고 목적으로 삼음으로써 이는 곧 인문의 발달이며, 인민의 생활의 향상, 행복을 추구한다."라고 규정했다.(「동아일보」, 1922. 01. 11.) 물론 인민의 복지와 행복은 자유를 바탕으로 한다라는 단서를 붙이고 있다.(「동아일보」, 1920. 08. 03.)

의사 표현의 자유가 인간의 행복을 가져온다면 문화정치를 표방한 총독이 치안 방해와 국권의 분리를 빌미로 인민의 자유를 침해함으로써 민중에 대한 도덕적 임무를 미수행함은 규탄의 대상이 될 수밖에 없었다.(「동아일보」, 1922. 01. 17.)

집회·출판·신교·거주 이전의 인민 공권은 16세기 종교개혁, 18세기 불국혁명(프랑스혁명) 등으로 쟁취한 근대 문화의 산물로 당연히 허용되어야 함을 당시 언론은 강변했다.(「동아일보」, 1922. 03 .15) 이 공권의 보장은 자유의 허용이요, 생명의 본질을 확인하는 것이었다. 이들 공권을 통해 인민은 적극적으로 국가에 보호를 요구하며, 소극적으로 자유권의 강제와 명령에 불복할 수 있다. 궁극적으로 국가는 공공의 이익을 위하여 행동하는 한편, 공공의 이익은 개인의 이익을 수용한다.

당시 언론은 인생의 존재가 생이요, 생활의 형식이 의식주이며, 의식주의 기초가 재물이요, 재물의 원천은 경제로 본 것이다. 「조선일보」는 경제를 살리기 위해 직물을 장려하며, 토산품을 개발하며, 무역을 강화시키기 위해 실업계의 실지(實地)를 가지도록 권장했다.(「조선일보」, 1920. 03. 07.) 또한 「동아일보」는 경제가 인생 생활의 원근이요 도덕(「동아일보」, 1920. 07. 13.)이라고 규정했다. 즉 경제가 발달한 사회에서만 생활의 안정이 있으며, 생활의 행복이 있으며, 도덕과 예절이 바로 설 수 있다라고 이 신문은 규정한 것이다.

「동아일보」는 문화 국가 건설의 핵심 사상을 국민 교육의 진작에 두고 각 인민의 사회적 각성과 생활 의식 개혁을 추구했다.(「동아일보」, 1922. 10. 04.)

젊은 편집자들은 1920년 5월 4일부터 9일까지 사설 〈조선부노(朝鮮父老)에게 고(告)함〉에서 전통적 사고를 부정하고 현대의 신사고를 소개했다. 현대 문화는 생활 의식을 띠지 아니한 것이 없으며, '민족적 감정'도 생활 의식을 토대로 하는 신문화의 변용으로만 가능하다는 전제이다. 과거 생활상의 인습 제도를 타파하는 한편, 개인 차원에서 자연계를 개척하고, 노동력을 가하여 현대 생활에 적응할 만한 가치 있는 생활을 영위하며, 민족적 차원에서 민족적 감정을 생활 의식과 연결하여 인민이 생활에 충실을 기할 수 있기를 염원했다.

민족 감정을 생활 의식으로 연결시키는 다른 방법은 언어의 계발이다. 문화의 내용은 언어로 담게 마련이었다. 1차 세계대전 후 전쟁의 가능성은 점점 희박해져가는 반면, 경제상의 경쟁이 점차 치열해져가는 상황에서 언어의 중요성이 더욱 부각되었다. 경제 전쟁이 궁극적으로 언어·지식·과학의 경쟁임을 고려할 때, 언어의 심도 있는 발달이 절실히 요구되었다. 그러나 언어는 일조일석에 계발되는 것이 아니라 문화 풍속·습관·도덕·인정 등과 더불어 발달된다. (「동아일보」, 1920. 04. 12.) 조선인은 독특한 언어를 갖고 있어 그 언어를 바탕으로 도덕·습관·풍속·예술·과학 등을 발달시켰다. 당시 언론은 언어의 발달에 의해 생활이 윤택하게 되며, 조선인의 정체성이 유지된다고 봤다. 각 개인은 자신의 언어를 바탕으로 자기의 정신을 발전시킨다. 언어를 통해 개인은 자기의 정신을 수양하며, 일시라도 자기 정신을 수습(收拾)치 아니하면 몰정신으로 여겼다.

개인의 자가 정신을 결한 조선은 금수(錦繡)와 같은 강산을 황폐화시키고, 2천만의 민중은 자유 없는 속에 비애를 참지 못하고 있다. 그 속에 모 인은 스스로 몸을 희생으로 바쳐 국가와 사회를 구제하고, 모모 제현은 철창 내에서 검은 머리가 파뿌리로 변하는 지경에도 있도다. 그럼에도 일방의 현상은 자동차에 기생을 태워 각 요리점에서 주야의 가림 벗는 유흥을 일삼는다.(「조선일보」, 1920. 06. 01.)

평등 사회의 건설은 먼저 생활의 자립자영으로부터 비롯한다. 각 개인은 경제상의 주체가 되어 타인의 약탈을 방지하며, 직업 평등이 전제되어야 한다. 경제적 주체로서 일치단결하지 않은 조선의 미래는 암담했다. 「동아일보」는 그 가능성을 일부 독립군의 활동에서 찾았다. 1920년 6월 홍범도(洪範圖)부대의 봉오동(鳳

梧洞)전투와 더불어, 9월 김좌진(金佐鎭)부대의 청산리(靑山里)전투에서 독립군이 승리를 거두었음에 상기된 동아일보사는 장덕준(張德俊) 기자를 훈춘에 파견하지만 제 일보 송신 후 돌아오지 않아 순직 기자 일호가 되었다. 다른 가능성을 「동아일보」는 단결에서 찾았으며, 단결을 찬양했다.

> 단결아 아름답도다. 그 이름이여. 단결아 너는 문화를 생하고 광명을 득하고 승리를 박하도다. 약한 자의 힘이요, 탐한 자의 방패로다.(「동아일보」, 1920. 07. 09.)

개인의 삶의 표현인 노동은 타자본주의 국가에서는 능력 위주의 생존 경쟁에 입각해야 하건만 조선 사회는 그 신성한 삶의 기회로서 능력을 묵살하고 있다.[99] 더욱이 인생의 생존권을 유지하는 최소한도의 경쟁도 능력주의로부터 배제되었으며, 총독부와 자본의 전횡은 신성한 인생의 능력을 무시했다. 조선인의 산업 정책은 조선인 본위로 실시되어야 하는데, 당시 조선은 자본이 결핍하여 영업에 어려움을 겪고 있었다. 경제의 궁핍에 따라 언어의 황폐화와 혼란도 가중되었다.

사회가 언어를 통한 상호 작용의 조직체이지만, 이 시기의 어휘와 문법은 불완전하여 따라서 정치와 경제도 더불어 후진성을 면치 못하였다. 그뿐 아니라 허술한 언어 능력으로 문화 운동의 가능성마저도 박탈당함으로써 조선인의 삶의 방향은 왜곡이 심화되었다.

당시 조선은 정치의 주체가 권력 계급이지 민중 자체가 아니었다. 자유국에서 정치가 불완전할지라도 그 정치단체는 민중을 위한 민중의 조직체가 되어야 한다는 기본을 잊고 있었다. 민중은 자유의사를 정치에 의해서 차단되었으며, 자신들의 자율성은 철저히 차단되었다.(「동아일보」, 1922. 01. 12.)

총독부는 인선뿐만 아니라, 굶주린 조선인에게 어떤 지속적인 경제활동의 대

---

99) 「생존경쟁과 능력주의」, 「조선일보」, 1921년 5월 18일: 지금까지 「조선일보」의 창사 초기 논조에 대해 친일적 경향, '신문명 진보주의'로만 규정했다. 그렇다면 사회주의적 경향을 지닌 1924년 신석우(申錫雨) 체제의 등장이 우연이었는지에 대한 규명이 아울러 필요하다. 만약 이 논의가 진전된다면 과거, 미래의 문화정치가 부분적으로 규명될 수 있다.

안을 제공하지도 못했다.(「조선일보」, 1922. 06. 18.) 총독부의 진실을 안 국민들은 일본 정치에 대한 회의를 갖기 시작했다.

문화주의는 구호뿐이어서 언론은 사이토 총독을 공개적으로 비판하고 나섰다. 언론은 그의 사직을 의제로 올렸다.

동아일보사 김성수·송진우는 1923년 봄부터 천도교 최린(崔麟)·이광수(李光洙)·최원순(崔元淳)·조만식(曺晩植) 등 15명이 참석하는 연정회(研政會)를 조직하고, "지금 정세 하에서는 직접적인 독립운동은 불가능하다"(최민지, 1983: 91)라는 결론을 내렸다.

연정회는 이광수의 1924년 1월 2일부터 5회에 걸친 〈민족적 경륜〉에서 그들의 의도를 노골적으로 표출했다. 이 단체의 타협적 민족주의를 읽을 수 있는 대목이다. 이광수는 일본을 부인하는 무장 항일 노선의 무모함을 지적하면서, 일본의 주권 아래 법률(제국법률)이 허하는 범위 안에서 정치, 교육, 산업 등 3대 정책을 확립하고, 그 결사체를 조직할 것을 권고했다.

그러나 소작쟁의와 청년 단체들의 움직임이 활발했던 당시 이광수의 논조는 시대 분위기에 역행했을 뿐 아니라 지탄의 대상이 되었다. 「동아일보」는 분위기를 일신하기 위해 사회운동의 기사를 많이 게재했다. 사실 보도에 근거한 「동아일보」의 논조에 총독부조차도 차단할 근거를 찾지 못했다.

치안권을 가진 경무국장(警務局長)은 박춘금(朴春琴)의 노동상애회(勞動相愛會) 등 친일 단체를 결성하고 「동아일보」에 압력을 가하기 시작했다. 당시 동아일보사의 해외동포위문(海外同胞慰問) 모금 3천원(당시 쌀 한가마니 5원 정도)을 박춘금 자신의 사업비로 유용할 것을 제안하는 식도원(食道園) 사건이 벌어졌다. 「동아일보」의 이런 일련의 사건으로 인해 다수의 젊은 기자들은 「조선일보」로 자리를 옮겼다.

타협적 민족주의는 제동이 걸린 것이다. 「동아일보」 송진우(宋鎭禹) 사장은 물러나고, 부사장 주필 장덕수는 1923년 4월 미국을 떠났고, 이승훈(李昇薰)이 그 뒤를 이었고, 주필 겸 편집국장에 홍명희(洪命憙), 논설반 정인보(鄭寅普)가 임명이 되었다. 신문사는 인사 태풍의 소용돌이 속으로 빠져들었다.

심훈(沈薰), 허영숙(許英肅) 최초 여성 학예부장 등이 자리를 지켰으나 이승훈은 약 5개월 후 물러나고, 김성수 사주가 직접 경영 일선에 나섰다. 이에 불만을 품은 홍명희는 1925년 4월 「시대일보」로 자리를 옮겼다.

한편 1923년 일본전보통신사(日本電報通信社)와 제국통신사(帝國通信社)가 각기 서울에서 영업을 하기 시작했다.(최준, 1993: 244) 뉴스망이 확장되어 뉴스공급이 원활하게 이뤄지기 시작했다. 신문 지면에서도 혁신이 일어났다. 각 신문의 사회면 〈단평란(短評欄)〉이 활성화되어, 「동아일보」 사회면의 '휴지통', 「조선일보」 사회면의 '자명종', 「중외일보」의 '거미줄', 「매일신보」의 '붓방아' 등이 등장하여, 신문의 경쟁을 부추기는 듯했다.

한편 「조선일보」는 1924년 9월 13일 송병준(宋秉畯)에서 신석우(申錫雨) 체제[100]로 바뀌면서 지면의 쇄신이 일어났다. 혁신 「조선일보」는 11월 24일부터 최초의 조석간제를 채택하고, 최초의 연재만화 '멍텅구리'[글 이상협(李相協), 그림 노수현(盧壽鉉)]를 연재했다.

한편 혁신 「조선일보」의 인적 구성으로 볼 때, 비타협적 민족주의, 좌익계열이 함께했다. 더욱이 「동아일보」로부터 이상협·김동성·홍증식 등이 입사했으며, 연이어 이들의 소개로 우익계 민태원·유광열(柳光烈)·김형원 등이 함께 동참했다. 한편 홍증식의 소개로 좌익계 논설반의 김준연(金俊淵), 신일용(辛日鎔), 사회부의 박헌영(朴憲永), 임원근(林元根), 김단야(金丹冶) 등이 포진을 했다.

사회부는 사회주의 계열이 많았고, 그에 따른 지방부도 그들이 장악했다. 그 중심 인물은 홍덕유(洪悳裕), 홍남표(洪南杓), 김재봉(金在鳳) 등 좌익계열이었다.(1925

---

100) 신석우(1894~1953)는 일본 와세다대학 정경과를 나와 상하이(上海)에 동제사(同濟社)라는 독립운동단체에서 활동한 인사로서, 조선 왕조말에 경무사(警務士, 오늘날 서울경찰청장)를 지낸 대지주 신태휴(申泰休)의 아들이었다. 신석우 체제는 사장 이상재(李商在), 부사장 신석우(申錫雨), 발행인 겸 편집인 김동성(金東成), 주필 안재홍(安在鴻), 고문에 이상협(李相協), 인쇄인 김형원(金炯元), 편집국장 민태원(閔泰瑗), 영업국장 홍증식(洪增植), 공장장 최선익(崔善益) 등으로 포진됐다.(방상훈, 2001: 123) 혁신 「조선일보」는 1924년 11월 23일부터 조간 2면, 석간 4면을 발행하는 최초의 조석간제였고, 당시 발행부수가 4만부 정도였다. 1931년 7월 신석우는 안재홍에게 물려 주고 상하이로 떠났다. 그는 광복 후 귀국해 초대 주(駐)자유중국 대사를 지냈고, 1953년 세상을 떠났다.(이한우, 2010. 01. 08.)

년 11월 25일 제1차 공산당 사건으로 이들은 대부분 일선에 물러났다)

당시 안재홍 주필이 쓴 「조선일보」 신사명(新使命), 〈천하민중에 신녕(申明)함〉에서 다음과 같이 헌법정신의 민주공화주의 사상을 채용했다.

조선인으로서 딱 당한 문제를 떼어버리고 별로히 세계의 문제가 잇을 수 업다. 사람은 자기에게 당면한 문제를 해결할 사명과 밋 책임을 마튼 것이오…오인은 밋노라. 천하의 진리는 일부인의 독창으로써 귀함이 아니오. 천하의 긴급 사는 일이인의 참신한 제창으로써 그 기교함을 자랑할 수 업는 바이다. 오인은 이제 개인아로서 민족아로서 사회아로서 인류아로서 가장 침핍(侵逼)과 억압과 모독과 유린이 업시 그의 권위와 존엄과 안전과 행복의 온갖 권리와 기회를 평등적으로 향수하여야 할 것이오. 그리하야 종족과 계급과 성과의 차별이 업시 모든 경제적 평등의 안전한 기초를 보장하여야 할 것이오…오인은 다만 최선한 노력-영원한 정전(征戰)이 잇슬 뿐이다.(「조선일보」, 1924. 11. 01; 방상훈, 2001. 130~132)

한편 이들 좌익계는 서울청년회, 화요회, 북풍회 등에 참여했으며, 지면의 좌경화를 부추겼다. 그들은 「통영의 무산자여 단결하라」(1924. 10. 19.), 「레닌회견 인상기」(1925. 01. 27.), 「사상단체 조선해방동맹」(04. 12.), 「돌연 적기(赤旗)를 뒤흔들고 무산자 만세를 고창(高唱)」(04. 20) 등 기사를 게재했다.(이한우, 2010. 01. 08.)

한편 1924년 7월에 지면을 쇄신하면서 사설·논설·학설 등 장편 기획물을 다루던 1면을 뉴스란으로, 10월 3일에는 경제·산업·주식 등을 2면 사회면으로 부각시켰다. 현실적 현장 분위기를 사회부에 배치시켰다.

3. 강점기 언론의 도전

「조선일보」는 「조선일보의 신사명」에서, "'조선인은 개인아(個人我)로서 민족아(民族我)로서 인류아(人類我)로서 가장 침핍과 억압과 모독과 유린이 없이 권위와 존엄과 안전과 행복의 온갖 권리와 기회를 평등적으로 향수(享受)하여야 할 것이며, 종족과 계급과 성과의 차별이 없이 모든 경제적 평등의 안전한 기초를 보장하여야 할 것'을 다짐했다. 또한 '이를 위해 20세기 오늘날 조선인이 된 우리는 무엇보다도 먼저 우리가 당면한 현재의 문제를 해결하지 아니하면 아니 될 숙명에 놓여 있음을 강조했다. 조선일보사는 억압과 착취의 사회를 향해 일전의 불사를 선언했다."

당시 기업으로서의 신문은 복잡한 속사정을 지녔다. 「동아일보」는 일본인 기업의 대리점 광고를 1921년부터 시작하였지만 1923년 일본 광고가 홍수를 이루면서 1923년 9월 오사카·도쿄 등으로부터 직접 광고 수주에 열을 올렸다. 「조선일보」 역시 광고로부터 완전히 독립적일 수는 없었으나, 신석우 체제에서 시대의 흐름을 바꿈으로써 사회운동을 통한 '문화정치'에서 능동적 실마리를 찾은 것이다.

「조선일보」의 지면 쇄신과 조·석간제에 힘입어 언론계의 내적 각오와 외적 분위기는 사회운동의 방향으로 이끌려가고 있었다. 언론인 사회운동은 1921년 11월 27일 결성된 범언론단체 무명회(無名會)의 '문화 보급의 촉진, 언론 자유의 신장, 여론의 선도, 회원의 명예, 그들의 권리의 옹호 및 회원 상호간의 친목 도모' 등으로부터 시작되었다. 남대문 근처 식도원(食道園)에서 「조선일보」 편집국장 선우일(鮮于日)의 사회로 시작한 48인의 언론인 모임을 시작으로, 1924년 11월 19일 청량리 밖 영도사(永導寺)에서 사회부 기자 20명이 참가한 철필구락부(鐵筆俱樂部)를 결성했다.

철필구락부·무명회 그리고 전위기자동맹(少壯신문기자) 등은 1925년 4월 16일 조선기자대회(朝鮮記者大會)를 개최했는데, 여기에 모두 31개 언론 단체에서 언론인 7백 명이 참가했다.(방상훈, 2001: 140) 대회 의장은 이상재(李商在), 부의장 안재홍(安在鴻) 그리고 최선익(崔善益)·최국현(崔國鉉) 등이 참가하여 언론에 대한 법규 개정, 언론·집회·결사의 자유 등의 결의문을 발표했다.[101] 또한 전조선교육협회

---

101) 전조선기자대회 결의문- 의안(全朝鮮記者大會 決議文- 議案) 제1부, 1. 우리는 친목과 협동(協同)을 공고히 하야 언론(言論)의 권위(權威)를 발휘하기를 기(期)함, 1.신문(新聞) 및 기타(其他) 출판물에 관(關)한 현행법규(現行法規)의 근본적 개신(改新)을 기(期)함, 1. 언론집회(言論集會) 및 결사(結社)

는 1924년 6월 30일 언론과 집회 탄압에 맞선 전국기자대회에 동조했다.

언론은 생존의 표현이요, 집회는 그 충동이다. 우리의 생명이 여기에 있고 우리의 향상이 여기에 있다. 만일 우리의 언론과 집회를 압박하는 것도 있다 하면 그것은 곧 우리의 생존권을 박해하는 것이다. 현하의 조선총독부 당국은 직접으로 우리의 언론을 압박하며 집회를 억제한다.(방상훈, 200: 103)

사이토 총독의 문화정치가 생존을 위한 정치라면 언론·집회의 자유는 허용됨이 당연하다. 당시 일본은 대정 민주주의(大正 데모크라시, 1912~1926) 시기로 보통선거, 언론자유, 남녀평등을 허용했고, 청년들 사이에는 서양의 문화, 즉 '모보'(모던 보이), '모가'(모던 걸) 등이 근대화의 상징으로 등장했다. 더욱이 1925년에는 보통선거법으로 25세 남성 전원에 투표권을 부여하고, 총선에서 승리한 정당의 당수가 총리가 되는 관행도 형성되었으며, '정우회'[102](政友會)와 입헌민정당(立憲民政黨)이 번갈아 정권을 잡기도 했다.

물론 당시의 언론·집회·결사의 자유는 소련의 사회주의와 심정적으로 부분적 교감이 있음을 알 수 있다. 한편 「조선일보」는 1925년 2월 20일 김준연(金俊淵), 「동아일보」는 동년 2월 21일 이관용(李灌鎔) 등을 경쟁적으로 모스크바 특파원으로 보냈다. 소련 영사관이 서울에 개설되자 외교를 통한 민족 주체성의 확립에 관심을 가졌다.

의 자유(自由)를 구속(拘束)하는 일절 법규의 철폐를 기(期)함이며, 의안(議案) 제2부, 1. 동척(東拓)을 위시하야 현하 조선인 생활 근저를 침식하는 각 방면의 죄상(罪狀)을 적발하야 대중의 각성을 촉(促)함, 1. 대중운동의 적극적 발전을 촉성하기를 도(圖)함.(방상훈, 2001: 141)

102) 일본의회의 힘이 강해지자 메이지 원로 중 개명파에 속하는 이토 히로부미(伊藤博文)가 입헌정우회의 총재로 임명되면서, 정당정치는 정상궤도에 올랐다. 정당은 거물이 필요하니, 이토가 적임자였다.(박훈, 2022. 6. 24.) 일본의회는 1890년 시작되어 1931년 만주사변까지 창궐했으나, 그 후 군부 쿠데타가 빈번히 일어났고, 군부는 정당정치의 거물 아누카이 쓰요시(犬養毅) 당시 총리를 암살함으로써 총리 임명권을 갖고 있던 천황은 정당정권을 포기하고, 해군 대장이자 조선 총독을 두 번 지낸 사이토 마코트(齊藤實)를 신임 총리로 임명했다.

1924년 6월 17일 모스크바에서 개최된 코민테른 5차 대회의 "조선에 대중 운동이 뿌리를 내리고 있다"는 보고는 퍽 고무적인 예였다. 「조선일보」는 신일용(辛日鎔)이 집필한 1925년 9월 8일자 「조선과 노국과의 정치적 관계」를 게재함으로써 제3차 정간을 당했다. 정간의 법적 근거는 「치안유지법」의 사유재산 제도의 부인이었다.[103] 2차 정간 후 최국현(崔國鉉)·방한민(方漢旻) 등 3명의 배일 기자를 해고함으로써 총독부와 타협을 했듯, 3차에서도 같은 성향의 17명의 기자를 해고함으로써 정간이 해제되었다.(최민지, 1983: 86~92) 말하자면 총독부는 사전·사후 검열, 그리고 기자 해고 등을 통해 자신들의 뜻대로 신문의 논조를 유도해나갔다.

정간이 해제된 「조선일보」였지만 제1차 조선공산당 사건이 신의주(新義州)에서 발생함으로써 일간지의 사회주의자는 전원 색출되었다.(방상훈, 2001: 155) 조선의 사회주의적 민족주의 사상은 지하·지상으로 빈번히 교차하며 발전해나갔다.

1920년 이후 언론통제부서는 경무국 고등경찰과(高等警察課)에서 담당했으나, 1926년 5월 도서과(圖書課)를 신설하여 신문·잡지·출판·음반·연극·영화를 포괄하는 언론과 문화 전반의 광범위한 통제를 실시하였다.(정진석, 2009: 6)

한편 미곡 증산 운동을 위해 1926년 토지 개량 사업이 시작되었다. 전통의 상징이었던 순종황제(純宗皇帝)가 서거하고(장례식 6월 10일), 새로운 시대를 맞은 「조선일보」는 민족주의 단일 전선 기구인 신간회〔신간회(新幹會), 신한회(新韓會)로 명명하고 했으나 일제가 불허, 고목신간(古木新幹)에서 옮〕'[104]가 1927년 2월 15

---

103) 조선출판경찰 개요. (……) 극단적으로 조선 정치에 대한 불평불만을 부채질했을 뿐만 아니라 제국의 국체급 사유재산 제도를 부인하고 그 목적을 이루는 실행 수단으로써 적로(赤露)의 혁명운동의 방법에 의해 현상을 타파 (……).(방상훈, 2001: 146)

104) 신간회는 1927년 2월 15일 창립된 단체로서 주요 구성원은 이상재(李商在)·조병옥(趙炳玉)·안재홍(安在鴻)·홍명희(洪命熹)·허헌(許憲) 등이다. 『시대평론(時代評論)』의 창간호에서 홍명희는 신간회의 사명을 "우리의 민족적 운동으로 그 길로 그르치지 않고 나가게 하는 것은 곧 우리들이 당연히 노력할 일이다. (…) 그럼으로 우리들은 우리의 경우가 허락하는 대로 과학적 조직—일시적이 아니요 계속적인, 또는 개인적이 아니요 단체적인—행동으로 노력하여야 할 것이니 새로 발기된 신간회의 사명이 여기 있을 것이다".(방상훈, 1990: 186, 재인용)라고 규정했다. 그러나 당시 조선의 민중 운동은 경제적 방면에서 진행하면 사회주의적 운동, 정치적 방면으로 진행하면 민족주의 운동이었으나, 신간회는 사상단체로서 '민족단일정당', 정치투쟁단체로서 '민족협동전선'을 구축했다. 창립

일 창립되자 사장 이상재(李商在, 회장), 부사장 신석우, 발행인 안재홍 등이 참가했다. 상하이 임시정부의 법통을 신간회, 「조선일보」가 대리한 셈이었다. 〈신간회의 창립준비〉는 당시 일제를 옹호하는 우경적 사상, 기회주의를 원초적으로 배척했다.(「조선일보」, 1927. 01. 20.) 전진적(前進的)·단계적(段階的) 방법에 의한 민족주의 좌익 전선을 구축하고 단결을 공고히 하고 주의와 정견을 중추로 하고자 했다.

가능한 많은 인민을 신간회에 참여시키는 것이 그들의 목적이었다. 언론을 통한 신간회 운동의 활성화는 사상단체, 정치투쟁단체 등 실천과 관련을 맺고 있었다. 당시 언론은 인민 개개인의 폭넓은 의견을 제외시키고 극소수의 의사를 반영할 때 언론의 사명을 상실하게 됨을 상기시켰다. 언론을 통한 문화정치도 대다수 인민을 제외시킬 때 성공할 수 없음을 당시 언론인은 감지했다. 소수의 편견과 그 사고의 전도에 의해 일 방향으로 여론을 호도하는 것을 언론은 경계했다.(「조선일보」, 1923. 08. 07.) 조선의 언론은 파시즘이 이 땅에 출현함을 지극히 두려워했다. 파시즘은 반대 세력을 몰아내고, 탄압 아래 민족주의적 색채만을 강화시키게 된다. 언론을 떠나서 독행하는 정치는 폭력을 조장하기 쉽고, 전제 군주, 군사형 사회로 이행됨이 명약관화했기 때문이었다. 그러므로 언론의 존중은 곧 문화를 사랑하는 결과물로 여겼다.(「동아일보」, 1928. 01. 27.)

총독부가 지리(至理)를 무시하고 고압 자세를 취하면 그 궤도를 이탈하게 마련이었다. 언론과 사상을 존중하고, 과격한 자이면 조화하도록 바랐던 당시 언론인의 정치관은 정치가 여론화하며, 여론이 정치화한 시대에만 민중의 생활과 안전을 보장한다는 신념을 갖고 있었다. 여론을 무시한 정치는 멸망을 초래할 뿐이라고 단정했다.

언론과 군사적 사회를 지향하는 총독 사이에는 갈등이 항존했다. 군사적 원리를 준수하는 총독부와는 달리 조선의 입장은 편협된 민족주의를 탈피하여 전인

당시 성명은 ①우리는 정치적 경제적 각성을 촉진함, ②우리는 단결을 견고히 함, ③우리는 기회주의를 일체 부인함 등 3대 강령을 규약으로 채택했다.(이한우, 2010. 01. 12) 그 후 1930년이 되면서 전국에 140여 개의 지회와 4만 명에 이르는 정예 회원을 확보했다.

민의 생활을 존중하는 과학적이고 창조적 문화 발전을 이루고자 했다.(「조선일보」, 1929. 07. 16.) 이어 "자유와 창조는 문화의 생명체이기도 했다. 경직되고, 의존적이며, 당파성과 편협성에 기초한 주관주의적 민족주의보다 유연하고 독립적이고 창조적이며, 보편성과 객관성을 지닌 민족주의를 당시 언론은 염원했다. 그러나 강자는 보편성·세계성을 강조하지만 약자는 특수성을 바탕으로 한 민족주의를 전략적 무기로 사용할 수밖에 없었다. 민족주의는 타 국가에 대해 배타성을 지녀야 하고, 자국의 우월감을 선전해야 하는 당위성을 지녔다."라고 했다. 군사형 사회가 장교 중심이라면 조선은 사병의 의사를 존중할 수밖에 없었다. 공정한 여론의 형성은 언론공화국의 이상이었다. 그러나 총독부의 집권 의지와 다른 지방 제도를 개선하도록 조력하는 것이 당시 언론의 의무였다.

한편 '조선 민중의 표현하는 기관'을 기치로 걸었던 「동아일보」는 사실 보도에 충실하며, 비판의 자유를 확장시키며, 자유와 창의가 있는 사회로 이전함에 동조자를 구했다. 언론인들은 문화가 발달한 곳에 언론이 존중되며, 언론문화가 유치하면 언론을 학대한다는 논조를 폈다.

「동아일보」는 현실 타파를 위해 1) 민주적 사상의 확립과 훈련, 2) 자립자조적 정신, 3) 민족적 자조 사상을 토대로 하여 일대의 단결을 작함 등을 강조했다.(「동아일보」, 1929. 02. 17.) 약자를 단결시키는 것이 당시 언론의 사명이었다.

신간회의 결성에 조력한 「조선일보」는 단결은 곧 약자의 무기임을 강조했다. 직업을 통해 인격적 향상의 기회를 박탈당한 노동자, 취업의 기회조차도 갖지 못한 학생에게는 단체를 통한 단결이 그들 약자의 무기임이 당연했다. 신간회의 민족주의는 좌익 경향을 노골적으로 나타내며, 운동의 중추적 기능을 담당하기에 이르렀다.

1924년 이후 줄곧, 특히 신간회 결성을 계기로 사회운동의 활기를 불러 일으켰다. 1928년 들어 「조선일보」와 신간회는 커뮤니케이션 관계성을 주로 다룰 뿐 아니라, 문화 콘텐츠 개발에 앞섰다. 사회의 '중요한 이슈'[105]와 더불어 생활의 개신

---

105) 그 당면한 문제는 ①속한 농민의 교양, 즉 농민의 교양운동과 문맹타파, ②경작권의 확보 및 외래 이

등을 다루는 단체로 간주한 것이다. 더욱이 1929년 시작한 생활개신(生活改新)운동[106]은 문화의 콘텐츠를 생산하는 기틀을 마련한 것이다(안재홍은 해방 후 국민당을 창당하고, 신생활운동을 폈다).

신간회는 민족유일 전선을 형성하고, 조직 책임자는 '대중 속으로 들어가 그들을 지도하기를 독려'하도록 했다. 그들은 '104 지회'[107]를 통해 그 뜻을 펼 수 있게 한 것이다.

신간회와 「조선일보」의 활기찬 모습은 또 다른 시련을 예고하고 있었다. 1928년 난징의 국민정부 장개석(張介石)에 동조하면서 일어났다. 즉 1928년 5월 9일 「제남(濟南) 사건의 벽상관(壁上觀)」[108]을 게재함으로써 133일간의 4차 정간을 당했다. 「조선일보」는 속간사에서 신문사의 방향을 제시했다.

우리는 이 압흐로 주의에 주의를 더하야 우리 일보로 활동을 계속케하되 논평은 엄정히 하야 편견적 감정에 흘으지 안토록하며, 보도는 충실히 하야 인습적 선택에 억매지 안토록 할 것이니, 설사 일시 우리의 붓이 펴이지 못하야 민중의 기망을 만족케 하지 못하더라도 우리 일보는 마츰내 조선인의 심장과 조선민족의 생활 표현물이 되어야 할 것이다. (방상훈, 1990: 203)

민 방지, ③조선인 본위의 교육확보, 즉 문화적 생명 및 세계 문화의 흡수, ④언론, 집회, 결사 출판의 자유의 획득 및 그를 위한 운동, 즉 절개를 지키는 비타협적 언론자유 획득, ⑤협동조합운동, 즉 소 부르주아지와 생활력 향상, ⑥심의단발(深衣斷髮) 여행(勵行), 전통의복인 백의 폐지, 즉 생활개신운동 등을 열거했다.(안재홍, 1928. 03. 27.)

106) 당시 「조선일보」는 ①색의(色衣) 단발, ②건강증진, ③상식보급, ④허례폐지, ⑤소비절약 등을 생활개신운동으로 제시했다. 그 구호는 '새로 살자!', '새로 살자!'였다. 해방 후 안재홍은 개인을 국가 기본단위로 보고, 국민개노(國民皆勞), 즉 '국민은 다 직업을 갖는다.' 운동으로 승화시켰다.(조맹기, 2006: 201)

107) 신간회의 지회(支會)는 경성지회(회원수 1천 명)가 3월 10일 시작으로, 경북 16개, 경남 15개, 전남의 14, 함북 10, 함남 9, 전북 8, 경기 6, 황해도와 충남의 각 5, 강원도 4개, 평남 평북 충북 및 일본 각 3개, 간도 지회, 만주 남북 각지에서 설치 중이었다.(안재홍, 1927. 03. 13.)

108) 「조선일보」가 「갑중내각(甲中內閣)의 대모험(大冒險)」으로 게재한 사설에서 필화가 발생되었는데, 중국과 일본의 제남(濟南) 무력 충돌을 비판하는 글이었다. 이 사건으로 일본은 중국을 침략할 구실을 찾았다.

정간 후 1929년 「조선일보」는 1) 신문의 활자 개량을 하고, 2) 전국의 13개 주요 도시에 상주 기자를 배치했다. 즉 도시 중심에서 벗어나 취재 영역의 광역화 등 체제변혁을 실시한 것이다. 생활개신운동을 벌이는 한편, 조선가요협회를 창립하고 건전가요의 민중화에 앞장섰다. 또한 협동조합, 문맹퇴치 운동 등에도 참가했다.

「조선일보」는 당시 「동아일보」, 그리고 「중외일보(中外日報)」(1926. 11. 15.~1931. 9. 2.)와 단평란 '만물상(萬物相)', '팔면봉(八面鋒)', '횡설수설(橫說竪說)', '반사경(反射鏡)' 등의 사회 비평으로 날카롭게 대결했다. 「매일신보」도 '만물상(萬物相)'으로 맞섰다.

더욱이 「동아일보」·「조선일보」를 두루 거친 새로운 이상협 체제의 「중외일보」는 현실을 날카롭게 비판하면서 무기 정간을 당했다. 논설에서 "중국인의 배일(排日)을 국권 회복의 시대사조에 의거한 애국심의 발로로 규정함으로써 조선인에게 애국심의 향배를 간접적으로 시사하는 한편, 침체 국면의 조선인들은 인간의 존엄과 가치를 상실한 채 심혼(心魂)·정력(精力)·신성(神聖)이 깃들어 있지 않은 속화의 직업화에 몰두하고 있다."라고 현실을 비판했다.[109] 총독부는 무기정간 이유를 현실을 개탄하는 불순 동기라고 간주했다.

「조선일보」는 사회 비평의 성향에 민감했다. 「조선일보」 신석우 사장은 대공황의 조짐이 한반도를 엄습하자, 1927년 7월부터 '창작(創作)'이라는 이름으로 연재 기사인 픽션 형식의 기사 스타일을 선보였다.(방상훈, 1990: 175) 당시 서구에서 유행했던 공항기의 비관적인 삶의 모습을 그린 형태였다. 사실을 근거로 한 하층 계층의 삶의 양식을 고백 형식의, 즉 르포르타주 식 폭로 저널리즘으로 선보였다. 〈국경 순사의 독백〉, 〈동양의 괴사건〉, 〈현정치의 폐해의 제 조건〉 등이 이런 유형에 속했다.

한편 장개석(張介石)이 1928년 7월 난징에 국민정부를 세우자 일본으로서는 위협이 아닐 수 없었다. 서구 자본주의를 받아들여 승전가를 불러왔던 일본이었지

---

109) 「직업화(職業化)와 추화(醜化)」, 「중외일보」, 1928. 12. 06.

만, 서구가 대공황을 맞게 됨으로써 대량생산체제는 더 이상 상품 시장을 확보할 수 없는 문제에 부딪치고 말았다. 그런데다 난징 정부마저 일본의 팽창을 저지하는 형국이 벌어진 것이다. 이 같은 상황에서 조선의 군사형 사회는 더욱 적극적인 사회 변혁을 시도했다.

한편 "총독부는 '내선융화(內鮮融和)'를 위해 중등교육의 선일인공학화(鮮日人共學化)를 기획하며, 공학실시와 군사교련을 함께 하도록 했다. 이는 조선인의 민족문화를 말살하고, 조선인 본위 교육을 자제케 하는 결과를 초래했다. 그러나 대공황의 여파로 조선의 피폐해진 농민은 만주, 일본, 국내 대도시로 몰리기 시작했다. 제국주의적 자본주의가 교차되는 순간이었다. 만주로 이주한 조선 농민은 일본인들의 책략에 말려들어 대리전에 희생되기도 했다."(김상만, 1975: 314)

그 실례로 1931년 7월 3일 장춘 근교 만보산 삼성보(萬寶山 三城堡)의 수로(水路) 공사로 인해 조선 농민과 중국 농민 사이에 일어난 대립이 심해졌다. 당시 조선인과 중국의 감정이 격화되자 신문도 앞을 다투어 보도했다. 「동아일보」는 서범석(徐範錫) 특파원을 현장으로 보내 진상 규명과 양국 간의 화해에 나섰다. 이러한 화해의 무드와는 관계없이 일본은 1931년 9월 18일 만주사변(滿洲事變)을 일으켰고, 일본은 1932년 3월 청(淸)의 황제 부의(溥儀)를 앞세워 만주국을 건설했다. 국제 연맹은 린턴경(卿)을 현지로 파견, 실사를 바탕으로 1933년 2월 일본에게 만주국의 취소를 권장했으나, 일본은 그해 3월 국제 연맹을 탈퇴했다. 만주국을 식민지 시장으로 확보한 일본은 1937년 중일전쟁(中日戰爭)시 이곳을 병참기지(兵站基地)로 삼았다.

조선은 일본의 상품, 노동, 자본 시장이었다. 이러한 일본의 적극적 식민지 정책에 대항한 1929년 11월 4일 광주학생운동의 확산으로 총독부는 일간지의 활자 크기까지 꼬투리를 잡았다.(방상훈, 1990: 224)

1929년 12월 광주학생사건 및 신간회대중집회사건으로 안재홍·조병옥(趙炳玉)·허헌(許憲) 등 지도부 12명이 구속되었다. 더욱이 신간회에 탈퇴하라는 총독부의 말을 듣지 않은 「조선일보」는 강한 압력이 예상되었다. 133일 정간을 당한 후에도 광주학생사건은 「조선일보」에게 계속 타격을 주었다.

한편 1931년 5월 「조선일보」는 당장 경영의 어려움을 겪고 있었다. 경영난으로 신석우 체제는 물러나고, 안재홍은 주필직을 그만두고, 신임사장으로 경영을 책임 맡게 되었다. 일제의 방해로 신문 경영은 여전히 어려운 상태에서 취임한지 10일째, 신간회 자진 해소가 이뤄졌다. 사회주의자들은 '극좌 노선의 완성'을 위해 더 이상 小부르주아 민족주의는 필요치 않다는 논리였다.

신간회 참가자들의 성향이 소개되었다. 당시 이인(李仁)은 "신간회는 농업과 공장노동자들과 관계가 없는 소부르주아지가 지도력을 가졌으며, 지도자는 영웅적 야심에 몰두하여 실천력이 부족하다."라고 했다.(이인, 1931: 07)

한편 1929년 6월 28일, 29일 양일간에 걸쳐 '복(複)대표대회'[110]가 열렸다. 전국 복대표전체대행대회가 중앙기독교청년회관(YMCA)에서 개최된 것이다. 이 대회에서 직제개정과 임원 선출이 있었는데, 지금까지 간사제(幹事制)에서 중앙집권제인 집행위원제도를 채택하기로 규약개정을 하였다.(박명환, 1936: 1580)

이 대회의 특징은 '아래로부터의 조직'으로 규약을 변경시켰다. 이 규약에 따라 중앙 집행위원장 허헌(許憲)이 당선되었다. 신간회 2대 회장이 당선된 것이다. 그리고 서기장 황상규(黃尙奎), 전 부회장 권동진(權東鎭)을 중앙검사위원장, 회계에 김병노(金炳魯) 씨가 뽑혔다. 한편 허헌과 대척점에 있는 조병옥(趙炳玉)을 경성지회임시대회에서 선출했다. 이에 전남 광주목포 양지부에서 준공직이라는 변호사 7직에 있는 자가 중앙위원장에 취임하는 것은 부당하다는 논리도 폈다.(박명환, 1938: 160)

중앙 집행위원장 허헌은 당시 법조계의 원로로서 신간회 경성지부회에 2대를 연임하고, 3대 회장에 취임하자 돌연 신간회 위원장이 된 것이다. 이에 구본부 측은 긴장했다.

허헌은 집행위원장을 포함한 78명의 간부 중 사회주의자로 확인되는 인물로

---

110) 복대표대회는 각 지회에서 회원 수에 비례하여 대표회원을 선출하고 그 대표회원들이 본부에 모여 정기대회를 개최, 규약의 개정과 임원을 선출하자고 결정했다. 당시 상황은 정기대회가 금지되었으므로 수개의 인접지회가 합동으로 대표 즉 복(複)대표 1인을 선출하고 복대표들이 모여 정기대회를 대신하는 형식을 취하게 했다.(이균영, 1993: 26)

49퍼센트 38명을 구성시켰고, 그들은 주로 화요회, 서울청년회, ML 등 조선공산당 재건을 위한 인물들이었다.(이균영, 1993: 215) 신간회의 좌경화는 구 본부 측의 의도와는 전혀 빗나갔다.(박명환, 1936: 159) 그러나 허헌은 곧 신간회민중대회 사건으로 구속되어 사퇴한 것이다.

한편 공석이 된 신간회를 회계 책임자였던 김병노(金炳魯)가 1930년 11월 중앙집행위원장으로 선출되면서 다시 온건한 노선이 유지할 수 있었다. 그는 서기장과 더불어 요직을 겸임함으로써 신간회를 좌우하는 입장이 되었다.

한편 윗 조직은 여전히 정통성을 잃었지만, 밑까지 붕괴될 조짐을 보이지 않았다. 지금까지 지회설립과정은 지방신문 기자들이 많이 참여하여, 신문사 지국사무실을 쓰기도 했다. 「조선일보」, 「동아일보」, 「중외일보」 지국사무실을 같이 쓰기도 했다.(이균영, 1993: 253) 이들 지회를 통해 '생활개신 운동', 웅변대회나 연설회를 개최했다. 그러나 공장 노동자들 조직이 활성화되면서 상황은 달라지기 시작했다. 1928년 「대중신문(大衆新聞)」은 사설을 통해 "노동자·농민의 정치적 훈련은 공장을 중심으로" 하여야 한다고 주장하였다."(이균영, 1993: 253)

기존 신간회 조직은 반드시 생산조직일 수 없었다. 그러나 1928년 12월 10일 '12월 테제'의 노동자 농민의 프롤레타리아 독재의 관점에서 문제가 될 수 있었다. 즉, 공장, 생산, 철도, 농장 등과 기존 신간회 조직은 일치하지 않은 것이다.[111] 작업장을 중심으로 신간회를 이용한다면 공장을 중심으로 사상교육을 하게 되고, 신간회의 지회, 분회는 자신들 목적을 위한 정치동원 수단으로 사용할 수 있었다.

더욱이 코민테른 '12월 테제' 이후 식민지 조선을 개혁시키려는 러시아와의 뜻이 점차 반영되기 시작했다. 사유재산을 부정하는 프롤레타리아 독재 쪽으로 사회조직은 기울어지고 있었던 것이다. 조공(조선공산당)은 1928년 9월 코민테른에 정식 가입하고, 12월 10일 코민테른 6차 대회인 '12월 테제'의 뜻을 따르기 시작

---

111) 鐵岳, "大衆的戰鬪的協同戰線の結城と新幹會及び獨立促成會の任務", 「朝鮮前衛黨面面問題」, 東京: 左翼書房, 1930: 92~3.

했다.

'12월 테제'는 소부르주아 지식인 중심의 조공(조선공산당)의 문제를 언급하고, 앞으로는 '노동자·농민의 정부'를 선호하게 했다. 그 정책에 따라, 조선공산당은 1930년 9월 코민테른의 외곽조직인 프로핀테른(국제적색노동조합, '9월 테제')에 가입하게 된다. 조선공산당은 더 이상 민족주의 성향을 지닐 필요가 없었다. 조선공산당은 세계 공산당 조직, '극좌노선의 완성'〔최좌익(最左翼)〕에 편입된 것이다.

1931년 만주사변 이후 경공업에서 중화학공업으로 산업의 형태가 바뀌고 있었다. 코민테른은 1929년 원산 총파업 이후 노동조합운동의 정강을 바꾼다. 즉, '9월 테제'의 전략에 따라 혁명적 노동조합을, 각 공장에는 '공장위원회'가 건립되고, 작은 규모에는 '자치회'가 설립되었다.

산업사회에서 민족주의는 그 의미를 상실해 갔다. 1931년 전후 조선은 세계 공산주의에 이미 편입되고 있었다. 그해 김일성의 주창으로, 1928년 1월 15일 무송에서 사회주의 선진사상 보급전파의 「새날」이 창간되고, 이어 당 조직의 「볼쉐위크」, 「농민동맹의농우」 등이 창간되었다.(리용필, 1993: 138~141)

러시아는 더 이상 조선공산당에 소부르주아 조직의 허용을 불허하고, 새로운 노동자·농민의 나라를 건설하기를 바랐다. 즉, 코민테른 정책은 "식민지 또는 반식민지에 투쟁은 토착민족주의자와 합동투쟁을 포기한다는 정책에서 나온 정세의 변화로 그 실례를 중국국민당에서 찾고 또한 신간회 중앙위원의 진용이 전자에 비해서 민족주의자적 색채를 농후하게 띈 까닭이라 하였다."라고 했다.(박명환, 1986: 167)

이런 사회주의 계열의 노선에 따라 부산, 인천, 통영, 이원지회 등은 회소 문제를 본격화시켰고, 대부분의 신간회 주축 인사들이 구속된 상태에서, 5월 16일 전체대회로 해소(解消)를 결정했다. 위원장 강기덕(康基德), 위원 31인, 후보 3인, 검사위원 5인의 선거 후 신간회는 회소를 결정한 것이다. 사회주의 계열의 강 씨의 뜻에 따라 신간회는 자진 해산을 했고, 공선공산당은 토착 민족주의와의 공동투쟁을 포기하기에 이른다.

한편 신간회(新幹會)는 1931년 5월 해소되었으나, 김구(金九)는 1930년 봄 '한인

애국단'을 조직했으며, 만주와 상하이를 기점으로 독립군 활동을 폈다. 최좌익이 득세하는 상황에서 어느 누구도 더 이상 신간회에 기댈 생각이 없었다.

조선총독부는 신문 길들이기도 빼놓지 않았다. 빌라즈(미국의 The Nation 誌)가 1930년 4월 16일 「동아일보」의 10주년 기념사를 위해, 〈조선의 현상 하에 귀지의 사명은 중하다〉라는 제하에서 "군국주의에 항의하여 소수 민족의 자유와 각 인민의 생활양식의 자유를 견고히 지켜왔다"(김상만, 1975: 301)라고 전제하고, 이러한 논조를 계속 유지하도록 권하는 글을 보내왔다. 이런 글들이 빌미가 되어 동아일보사는 4개월간 정간을 당한 뒤 9월 1일에 복간했다.

이는 「동아일보」가 1926년 3월 3·1운동 기념일에 모스크바의 국제농민조합 본부의 「조선 농민들에게」를 게재함에 따라 주필 송진우(宋鎭禹), 발행인 김철중(金鐵中)이 구속되면서 2차 무기정간을 당하지만 4년 만에 3차 무기정간을 당했다.

일본의 강압적인 정책에 대항하는 일부 지식인들은 러시아 바쿠닌의 무정부주의 사상에 심취하였으며, 일본으로부터 국내로 잠입한 이혁(李革) 등은 '흑색청년회(黑色靑年會)'와 '경성자아인연맹(京城自我人聯盟)' 등을 조직하여 기관지 『흑선풍(黑旋風)』을 발행할 계획도 세웠다. 그러나 아나키즘은 곧 총독부의 감시로 자취를 감추었다. 신사회의 건설에 대한 노력은 역사의 뒤안길에 파묻혔지만, 사회 내에서는 지금까지의 자유를 바탕으로 창의성 있는 민족주의와는 다른 개념의 민족문화 운동이 사회에 선보이기 시작했다. 「조선일보」는 최대 민중계몽운동으로 문자보급운동에 앞장섰다.(김성현, 2020. 03. 02.)

장지영은 1929년부터 「조선일보」 편집인과 문화부장으로 문자보급운동을 이끌었다. 그의 스승이 국어학자 주시경(1876~1914) 선생이었다. '우리말과 글을 잊으면 민족의 정신과 문화마저 빼앗긴다.'는 주시경의 정신은 제자 장지영에게 이어졌다. 장지영은 '한글원본'과 '한글원번', '문자보급교재' 등 조선어 보급을 위해 「조선일보」의 교재를 직접 제작키로 했다. 2011년 국가 등록문화재로 지정된 이 3점은 현재 서울 흑석동 신문박물관에서 전시하고 있다.

그 후 1931년 '조선어연구회'가 '조선어학회'로 개칭되었으며, 1933년 11월에는 한글맞춤법 통일안을 내놓았다. 또한 신문은 민족문화 운동에 앞장섰다. 「동아일보」는 '조선의 노래'를 공모하고 이충무공 유적 보존 운동, 권율(權慄)장군 사당 중창, 그리고 하계학생농촌계몽 운동의 '브나로드'[112] 등 민족문화 운동을 선도했다. 학생이 중심이 된 민족운동의 실상은 다음과 같이 시작되었다.

아마도 한 고을 7할이 문맹 상태에 있고 9할 이상은 비위생적 비보건적 상태에 있을 것이다. 여러분은 고향 마을에서 고지서를 볼 줄 몰라 모욕을 당하는 농민을 보았을 것이고, 농사짓다 봄을 상해도 의료기관을 찾아갈 여유가 없어 불구자가 되고 결국 가산을 탕진하는 예를 보았을 것이다.(김병관, 2000: 236)

이에 맞서 총독부는 각 도청 소재지의 일문(日文) 일간지를 중심으로 일인의 우월성을 선전했다.(김상만, 1975: 226)

4. 강점기시대의 민족문화운동

우가키(宇垣一成) 총독의 전체주의적 지배가 한반도를 엄습했지만, 자본의 '세계화'로 자본 축적이 한반도에 일어나고 있었다.[113] 동아일보사의 1927년 9월 8일 도쿄 및 오사카의 지부 결성을 계기로 국제 자본의 흐름을 포착하고, 국내의

---

112) 브나로드(V narod!: 민중 속으로!) 운동은 1870년 러시아에서 발생한 것으로, 나로드니체스토보(人民主義)주의자들이 전개한 운동이다. 조선에서는 30년대 심훈(沈熏)의 「그날이 오면」이 상징적으로 표현되었으며, 『상록수(常綠樹)』에서 청년 인텔리겐치아의 실천면을 묘사하고 있다.(황성모, 1990: 247) 이 운동은 「동아일보」에서 1931년부터 1934년까지 4차례에 걸쳐 학생들의 여름철 농촌계몽 운동으로 실시되었으며, 당시 편집국장 이광수가 '흙'의 연재로 불을 지폈다. 계몽주의자는 소설 뿐 아니라 계몽운동, 문맹퇴치, '색의단발', '농사개량', '소비절약', '금주금연' 등을 내용으로 하는 강연, 좌담 등의 선전사업을 벌였다.(리용필, 1993: 114)

113) 만주사변 이후 한국에서는 일제의 식민 시장의 개척, 대륙 침략을 위한 군수품, 혹은 군수품 원료를 생산하는 공업을 발전시켰다.(정진상, 1990: 133~177) 그러나 1925년 이후 평양에서는 메리야스 같은 노동 집약형 토착 산업이 성행했다. 소자본으로 가능했던 메리야스 산업은 결국 국내 자본 간의 경쟁이 심해졌으며, 대공황과 더불어 노동쟁의가 발생했을 때 중국 저임금 노동자를 투입하거나, 일본 경찰의 힘에 의해서 쟁의를 진정시킬 수 있었다. 경제 시민혁명을 거치지 않은 조선 자본주의의 하나의 단면일 수 있다.(정진상, 1990, 133~177)

취약한 광고 산업에 대한 분석이 이뤄졌다. 1931년 이후 조선에는 일본 재벌의 영토 확장이 이뤄지고, '매판 자본가'도 영역을 확장했다.

「동아일보」, 「조선일보」, 「조선중앙일보」는 광고의 영향력으로부터 완전히 독립적일 수 없었다. 한편 조선총독부는 기사 삭제나 압수를 더욱 강화시켰다. 신문은 경무국 도서과의 일개 사무관에 의해 좌지우지당했다. 각 신문사의 사장도 도서과의 사무관 앞에서는 아무런 권위를 내세울 수 없었다.(방상훈, 1990: 319)

검열 방침도 일정한 기준 없이 저들의 사정과 형편에 따라 일방적으로 통고했다. 당시 신문은 수동적 반항의 형태로 검열에 의해 삭제된 자국을 남기기 위해 벽돌 신문을 발행하며, 압수된 기사를 호외 형식을 빌려 발행하기도 했다.

1930년대는 20년대와 달리, 전통의 가치가 새롭게 부각되는 시대였으므로 신문은 사회에 만연한 개인과 집단에 대한 불신을 쇄신해야 할 필요성을 절감했다.(황성모, 1990: 193) 민족주의가 1920년대의 전반적인 사회 분위기가 근대성을 추구함으로써 일어나는 것이었다면, 1930년대 인위적 근대성이란 전통성과 배치되는 것으로 인식되었다. 개인과 민족의 개념이 다시 정립되는 시기였다. 사회 내 노동자·여성·학생들의 문제가 사회에 새로운 범주로 적극적으로 부각되기 시작했다.

광주학생운동 이후 총독부는 일본 학생과 한국 학생을 차별하기 시작했다.(방상훈, 1990: 259) 총독부 당국의 학생에 대한 편파적 태도에 조병옥(趙炳玉)·안재홍·송진우·이시목(李時睦)(중외일보) 등은 규탄 대회에 적극적이었다. 더욱이 신간회의 조병옥은 출감 후 연희전문으로부터 조선일보사 전무로 직장을 옮겼다. 즉 신간회의 해소로 신간회의 정신은 사회주의 지하운동으로, 언론사로 그 방향을 선회했다.

사회운동의 적극성은 「조선중앙일보(朝鮮中央日報)」[114]에서 그 편린을 찾을 수

---

114) 「조선중앙일보(朝鮮中央日報)」는 1933년 2월 상하이에서 체포되어 국내에 돌아온 여운형(呂運亨) 사장에 의해서 中央日報의 제호를 변경시켰다. 1934년 주식회사로 발족시키고, 윤희중(尹希重)이 경영에 참여했다. 1936년 성락헌(成樂憲)이 참여하여 「동아일보」, 「조선일보」와 더불어 조석간 12면을 발행했다. 「조선중앙일보」는 1936년 8월 9일 베를린올림픽에서 손기정(孫基禎) 선수의 일장

있다. 「조선중앙일보」의 1933년 9월 25일 사설 「입도차압(立稻差押)의 소동(騷動)」에서 자본을 중심 삼은 세상에서는 현재와 같은 상황이 의당 예측되었을 것이나, 개인의 채무 이행도 인간 생활의 유지 이후에 있어야 한다는 논조를 폈다. 자본에 대한 고발이 증가하여 사회 문제를 빈번히 일으켰으나 언론의 대처는 소극적일 수밖에 없었다.

문화정치·민족주의운동·신간회의 영향력은 약화되어갔다. 그러나 언론은 밀려드는 광고로 호황을 맞게 되었다. 신문사간에 독자를 끌기 위한 경쟁은 적정 수위를 넘었다. 동아일보사는 1932년 11월 21일부터 조·석간 8면제, 1933년 9월 10일부터는 조·석간 10면제를 실시했다. 1924년 조·석간제 실시가 독립의 가능성과 사상적 동요에 의한 사회의 요구에서 비롯되었다면, 1930년대 초반의 조·석간제는 신문사 간의 광고 경쟁과 관련되었다. 1924년 부분적으로 일제의 광고가 득세했지만, 1931년 이후 일본인의 만주 침략을 위한 전쟁 준비로 과거와는 비교가 되지 않을 정도로 광고 물량이 늘어났다.

광산주 방응모(方應謨)는 1933년 3월 22일 조선일보를 인수하여 시대의 흐름에 편승하여 '사시(社是)'[115]를 정하고, 언론의 기능 중 교육 기능을 부각시켰다.[116] 물론 기업인이 신문 경영에 참여함으로써 신문의 기업화, 상업화는 피할 수 없는 현실이었다.

신문의 교육 기능의 강화를 위해 편집국장 관장 하에 있던 논설부 또는 논설반

기를 말소한 사진을 먼저 게재했으나, 따라온 「동아일보」가 일장기 말소 사건으로 8월 29일 무기정간을 당하자 이 신문도 9월 4일부터 자진 휴간에 들어갔다가 자진 폐간했다.(김주영, 1997: 1045)

115) 「조선일보」는 현재 사용하고 있는 사시(社是)로 1933년 4월 제정한 1) 정의옹호(正義擁護), 2) 문화건설(文化建設), 3) 산업발전(産業發展), 4) 불편부당(不偏不黨) 등이었다. 즉 정의 옹호는 민족지로서 민족의 정의, 2)중립지적 성격은 신석우(申錫雨)의 좌파신문과 분리, 3) 문화건설은 민족문화의 발굴 보존 및 문화 실력의 양성, 4) 산업 장려는 자생적 경제력을 키우기 위해 먼저 경제의 기틀을 마련한다 등이다.(방상훈, 1990: 275)

116) 지금 조선에서 어떤 사업이 가장 필요하고 또한 급무냐? 이것을 생각할 때에 교육이라는 자답을 얻었습니다. 그런데 신문은 과연 보편적이요 현실적이요 사회적인 점에서 가장 큰 교육의 기관이외다.(방상훈, 1990: 274)

을 주필제 하에 두고 논설과 사설 기자를 두었다. 방응모의 조선일보사 창립 취지서는 사회·문화적 의의를 강조한 것이었다.

현대 사회에 있어서 여론의 수립, 민중 이익의 옹호, 사회적 협동의 실천, 기타 일반 사회적 향상을 위하여 신문의 사명이 중차대한 것은 췌론을 불요하는 바다. 더구나 현단계의 조선사회에 있어서 민간 신문의 특수적 역할은 그 사회적, 문화적 의의를 배가하고 있다. (…)(방상훈, 1990: 268)

그는 「취임에 임하여」를 발표하면서 문화에 관해 언급했다.

현대에 있어서 신문의 사명은 중대한 바 있다. (……) 정치, 경제, 사회 등 각 방면의 사건을 유누(遺漏) 없이 신속 보도하여 민중의 안목이 되는 것은 물론이거니와 나아가서는 문화의 보급 발전에 공헌하며 민중 권익의 옹호 신장에 노력하는 등 그 공기로서의 본분은 막대하다.(방상훈, 1990: 270)

즉 문화를 민중 권익의 옹호와 같은 맥락으로 간주했다. 독자의 참여를 유도하며, 학예부(學藝部)를 신설하여 그 부서에서 가정란과 어린이란도 관장케 했다.(방상훈, 1990: 277) 뉴스의 일상생활과의 호흡을 위해 인천·평양·신의주·대구·함흥 등 5대 도시에 특파원을 상주시켰다. 신문 지면에 외신·교양·학예·소설 등을 과감하게 등장시켜, 독자를 늘리고, 민족문화의 계몽을 시도했다.

민족문화 운동은 좌파·민족주의운동(신간회)이 소진된 상황에서 일어나 제한적일 수밖에 없었다. 그러나 「조선일보」는 초창기 문화정치로 시작했던 1920년대 초, 1920년대 말 민족주의운동과 같은 차원에서 생활의식을 철저히 하는 생활 실천 운동을 강화했다.(「조선일보」, 1933. 04. 27.)

가족 본위의 전통적 사고에서 벗어나 새로운 사회공동체, 사회적 윤리 등 합리적 생활을 기본으로 하여 자아를 현실에서 발견하며, 생산 방법을 앞세우며, 연문학(軟文學)보다도 기타 모든 자연과학을 앞세우도록 했다. 즉 사위(事爲)에서도 생활 중심 및 생존 본위에 필수적인 것에 관심을 두도록 한 것이다.

독자들이 바라는 당시 신문상은 '사회적 가치 있는 기사', '신속 보도', '공정히 비판', '민중 지식 개발', '세대를 각성', '조선 민족의 문화 발전'이었다. 그 때의 시대적 요청은 '근본 정신까지 혁신한', '농촌 생활 개선의 지도자', '근로 대중의 정당한 이익을 위한 전위조직', '종래의 주의주장을 고수' 등이었다.(「조선일보」, 1933. 05. 06.) 그러나 「조선일보」는 신문을 '우인(友人)', '말동무', '심부름꾼' 등 (「조선일보」, 1933. 05. 06.)으로 표현했다.

최민지는 언론의 이런 보도 태도를 '소시민적 생활의 안주'로 간주하고 비판했다. 그러나 「동아일보」의 민족문화운동은 '지도자적 입장'에서 더욱 적극적이었다. 「동아일보」는 1926년 이후 벌여온 복고풍의 문화 운동의 지원, 단군입론, 백두산 캠페인, 소설 이순신 등 민족문화운동과 더불어 혁신적인 '농민 속으로'란 구호를 걸고 계몽, 문맹 타파, 국문 보급, 학생 계몽대, 학생 강연대, 학생 기자대, 봉사정신 함양대회 등을 결성했다. 해당 운동의 기금도 자기 부담, 동리 유지, 지방 단체, 교회, 신문 지사 등에 의해 충당했다.(김상만, 1975: 338) 「조선일보」, 「동아일보」에 앞서서 「조선중앙일보」는 인본주의적 마르크스 경향을 짙게 띠고서 문화정치의 이념을 강화했다.

채무자의 사정에 구애하는 자는 자본가로서의 비운을 면치 못한다는 것이 자본가의 불이(不易) 교도사경(敎道使經)으로 되어 있으니 인간을 중심 삼지 못하고 자본을 중심으로 삼은 세상에서는 오히려 의당한 바이라고도 말할 수 있을 것이다. 그러나 자본을 중심 삼은 것이 벌서 근본적으로 불가한 바이어니와 책무의 이행도 인간의 생활의 유지 이후에 있어야 할 일이다.(「조선중앙일보」, 1933. 09. 25.)

「조선일보」는 방응모의 등장과 함께 「조선중앙일보」, 「동아일보」와 함께 출판을 통한 민족문화운동에 앞장섰다. 한편 1935년 7월, 다산 서세 100년을 맞아 '정다산선생서세(逝世) 100주년기념회'를 조직하였다. 그 내용은 "그의 저작전집인

『여유당전서』[117] 간행이 시작되어 1938년 76권이 완간되었다. 이 시기에 정인보(鄭寅普), 현상윤(玄相允), 백남운(白南雲), 최익한(崔益翰) 등은 「동아일보」에, 문일평(文一平), 안재홍(安在鴻), 이훈구(李勳求), 정헌영(鄭憲泳) 등은 「조선일보」에, 그리고 유광열(柳光烈), 유홍열(柳洪烈)은 「매일신보」에 각각 글을 발표했다."라고 했다.(남시욱, 2006: 274)

한편 각 신문사는 문화산업을 활발히 진행했다. 「동아일보」는 『신동아(新東亞)』(1931. 11.), 『신가정(新家庭)』(1933. 1.)을 창간하는 한편, 「조선중앙일보」는 『중앙』, 『소년중앙』(1933. 1.), 「조선일보」는 『조광(朝光)』(1935. 11.), 『여성』(1936. 4.), 『소년』(1937. 4.), 『유년』(1937. 9.) 등을 창간하였다(「동아일보」·「조선일보」·「조선중앙일보」의 잡지는 일장기 사건 이후 조광만 남고 나머지 폐간). 일간지의 잡지들은 광고 물량의 증가로 가능했으나 광고 물량의 무리한 확보를 위해 1935년 6월에 「동아일보」, 「조선일보」는 상호 비방으로 이어졌으며, 결국 방응모의 개인적 문제와 「동아일보」가 운영하는 중앙학교의 비리 폭로전까지 겹쳐 극한적 대립 상황에 놓였다. 일본 자본가의 광고 유치를 위해 각 신문사는 설전을 벌였다. 일제 강점기에서 독자의 영역 다툼은 과다할 수밖에 없었다. 이들 공격전의 틈바구니에서 몇몇 군소 잡지는 원고란·종이란·필자란·자본란 등으로 도산하기 일쑤였다. 그러나 일간지의 잡지도 1920년대 『개벽(開闢)』이 '신문지법'에 의해 검열을 받았던 때와는 달리, '출판법'에 의해 검열을 받음으로써 납본 후 검열을 받았던 사후 검열이 아니라 사전 검열(교정쇄)로 출판의 제약을 감수해야 했다.

신문의 문화혁명 열기는 일제의 강압에 의해 점차 꺾여갔다. 1935년 4월 1일 조선총독부 경무국은 '비상시(非常時)'를 구실로 재향군인의 회원과 청년 단원에 대해 경찰 투입 훈련을 시켰다. 「조선일보」가 여름방학을 기해 실시한 문자보급

---

117) 다산은 「여유당기(與猶堂記)」라는 글을 남겼는데, "나는 내 병을 스스로 잘 안다. 용기만 있지 지략이 없고, 선만 좋아하지 가질 줄 모르며 마음 가는 대로 행한 줄만 알았지 의심하거나 두려워하지 않았다. 나의 성품 탓이니 어찌 감히 운명을 말할 것인가. 노자에는 '머뭇머뭇하노라(與)', '겨울 물을 건너듯, 조심조심하노라(猶)', '사람을 두려워하듯'이라는 대목이 있다"라고 적었다.(이광표, 2014., 10. 01; 조맹기, 2015: 142)

운동에 대해 총독부는 "학생들의 민족주의 선양 운동으로 변질되어 있다"(방상훈, 1990: 293)고 유권 해석을 내렸다. 이를 계기로 총독부는 조선인에 대해 노골적인 강압 정치를 폈다.

1935년부터 조선인에게 군사 교육을 실시하고, 신사참배를 강요했다. 총독부 학무국에 사상계를 설치하고 교육자들의 사상을 취착하도록 하며, 1937년 조선인의 일어 사용을 강요했다. 일제는 1936년 5월 6일 총독을 미나미 지로(南次郞)로 교체시킨 후 언론 탄압의 사슬을 늦추지 않았다.

그는 내선일체(內鮮一體)를 앞세우고, 조선을 '대륙전진병참기지'로 만들어갔다. 미나미 지로는 조선내부에 저항의식을 뽑아내려는 정지작업을 시작한 것이다.

경무국 도서과에서 신문지법과 출판법의 잣대로 모든 기사를 재단하기 시작했다. 미나미 지로에 이어 고이소(小磯國昭), 아베(阿部信行) 등의 강성 총독이 뒤를 이었다.

억압된 언론의 민족문화운동은 엉뚱하게 번져 일간지 3사는 무기정간을 당했다. 즉 억압된 정서적·정감적·열광적 민족문화운동은 일장기 말소 사건[118]으로 옮겨붙었다. 그 결과 「동아일보」와 더불어 「조선일보」·「조선중앙일보」가 그 희생물이 되었다.

한편 「대한매일신보」는 일인의 수중에 넘어가 「경성일보(京城日報)」의 자매지 「매일신보(每日申報)」로 계속했다. 각 관공서가 의무적으로 구독하였을 뿐이라, 1930년대의 경성 시내의 구독의 독자만 수천부에 지나지 않다.(최준, 1993: 295)

---

118) 1936년 8월 독일 베를린에서 제11회 올림픽대회가 개최되었는데 독일의 히틀러는 1935년 3월 베르사유조약의 군사상 사항을 일방적으로 폐기하고는 재군비를 선언하고 올림픽 행사에서 홍보적 노력을 기울였다. 조선은 마라톤·축구·농구·권투 등에 일본 선수단원의 일원으로 참가했다. 마라톤의 손기정(孫基禎)·남승용(南昇龍)이 참가하였으며, 손 선수는 마라톤으로 월계관을 쓰게 되었다. 손 선수의 유니폼에 일장기를 말소한 사진을 1936년 8월 13일자 「동아일보」(동맹통신 8월 12일, 「조선중앙일보」 1936년 8월 13일자), 그리고 『신동아(新東亞)』에 9월호에 게재함으로써 '일장기 말소 사건'이 벌어졌다. 열광하는 국민들의 덕분으로 체육부 이길용(李吉用), 조사부 미술부문 책임자 이상범(李象範) 씨가 구속되고, 「동아일보」는 이 사건으로 4차 정간을 당했으며, 아울러 『신동아』, 『신가정』은 폐간되었다.

그 후 1938년 4월 29일 「매일신보」는 100만 원(圓)의 자본금으로 주식회사를 설립하고, 제호도 「매일신보(每日新報)」로 변경시켰다. 당시 주주는 4할이 경무국의 강권으로 된 한인이었고, 나머지는 역시 총독부 지정의 반관(半官)회사들이었다.(최준, 1993: 296) 당시 「매일신보」의 주식회사 사장은 최린(崔麟), 부사장에 이상협(李相協), 편집국장에 김형원(金炯元)이었고, 전무에는 일인 카와이 시즈오(河合靜夫), 경리부장에는 경무국 추천의 전 경부(警部) 나가시마 구길(長島龜吉)이어서 재정의 실권을 일본인들이 쥐고 있었다.

총독부는 벌써 「조선」·「동아일보」 폐간을 준비하고 있었다. 한편 일제는 1938년 5월 국가 총동원법을 제정하고 노동자·농민·청년들을 회유·동화하도록 노력하며, 한국 관리 등용에 열을 올렸다. 지주 부르주아를 앞세워 언론·문화·경제 활동을 활성화하도록 지원했다. 그러나 총독부는 물자 절약 차원에서 그해 8월 신문 용지, 잉크, 기타 자재의 공급을 억제했다. 1939년 9월 서구에서는 제2차 세계대전의 전운이 감돌자 일제는 조선의 '황민화(皇民化)', 민족말살정책('民族抹殺政策)'의 선전에 광분했다. 그들은 '후방안정화' 정책을 발표하고, 조선 민족 고유의 성명제를 폐지하는 조선민사령(朝鮮民事令)을 1939년 11월 개정했다. 일본식 씨명제(氏名制), 창씨개명(創氏改名)이 본격화된 것이다.

문화정치의 조급한 완성을 위해 일제의 정책에 위배되는 개인·단체 그리고 언론에 압력을 가하였다. 일제는 우선 폐간을 위한 주요 대상을 한글로 발행을 하는 「동아일보」·「조선일보」로 잡고 신문 용지 배급제, 경리 부정, 독립 자금 전달 등을 통해 간접적 압력을 가했다. 결국 일제는 자진 폐간 형식을 빌려 1940년 8월 10일 「동아일보」를 폐간했다.(김상만, 1075: 388) 「동아일보」의 김한주(金漢周)는 폐간사에서 당시 신문의 기능을 다음과 같이 표현했다.

무릇 보도기관으로서의 사명이 결코 새로운 뉴스의 제공에만 그치지 않고 일보 나아가서 변전(變轉)하는 시류에 처하여 능히 엄연한 비판적 태도와 부동의 지도적 입장을 견지함에 있음은 주지의 사실이다. 그러나 이 같은 의의는 특히 과거 조선에 있어서 더욱 광범하였음을 볼 수 있으니 그것은 극도로 뒤진 이 땅의 문화적 수준에서 귀결되는 필연적 사

실이었다.(김상만, 1975: 389)

한편 1940년 8월 10일 총독부가 「조선일보」를 강제로 폐간하자, 조선일보 〈삼국지〉를 연재했던 만해[119]는 '신문이 폐간되다'라는 한시 속에 그 비통함을 담았습니다. '붓이 꺾이어 모든 일 끝나니/ 이제는 재갈 물린 사람들/ 뿔뿔이 흩어지고/ 아, 쓸쓸키도 쓸쓸한지고/ 망국의 서울의 가을날/ 한강의 물도 흐느끼느니…'(유석재, 2023. 08. 10.)

5. 신문에 나타난 강점기시대의 민족문화운동

동아·조선은 폐간 후 「동아일보」는 『동본사(東本社)』를 조직했고, 「조선일보」는 『조광사』(朝光社, 조광은 1935. 11. 1. 창간)를 출범시켰다. 한편 일제 강점기 상황을 회고하면 인민은 문화정치의 산물인 언론 3사로부터 사이토(齊藤實) 총독의 '덕치주의'의 발현을 기대했으나 표현의 자유는 여전히 제약되어 언론·출판·집회·결사의 자유는 걸음마 단계에 머물렀다. 개인의 일상생활은 주관적이며, 창의적이

---

119) 한용운(韓龍雲, 1879~1944)은 1919년 3월 1일, 독립선언서를 발표하고 만세 운동을 펼쳤어요. 운동의 중심 인물인 민족 대표 33인은 감옥에 갇혔는데 '주모자를 모두 극형에 처할 것'이란 소문이 돌았다고 합니다. 지금의 충남 홍성에서 태어난 만해는 어린 시절 서당에서 한학(漢學)을 공부했는데, 15세 때인 1894년 갑오경장과 동학농민운동이 일어나는 격변기를 맞았습니다. 2년 뒤 집을 떠나 설악산 오세암에 들어간 뒤 출가해 승려가 됐습니다. 그는 넓은 세상에 관심이 많아 만주와 연해주를 돌며 여러 독립운동가들과 만났다고 합니다. 이후 『불교대전』을 간행하고 『조선불교유신론』을 저술하며 불교 혁신과 대중화에 힘썼습니다. 1918년엔 불교 잡지 월간 『유심』을 냈습니다. 1926년, 우리나라 근대시의 기념비적 작품으로 평가받는 시집 『님의 침묵』을 발표했습니다. 88편의 시가 들어 있는 이 시집 중 대표작인 「님의 침묵」 시작에서 그는 이렇게 말합니다. '님은 갔습니다 아아 사랑하는 나의 님은 갔습니다./ 푸른 산빛을 깨치고 단풍나무 숲을 향하여 난 작은 길을 걸어서 차마 떨치고 갔습니다.' 그리고 후반부에선 다시 이렇게 다짐합니다. '우리는 만날 때에 떠날 것을 염려하는 것과 같이 떠날 때에 다시 만날 것을 믿습니다./ 아아 님은 갔지마는 나는 님을 보내지 아니하였습니다.' 이 시에서 '님'(현재 표기로는 '임')은 조국, 절대자, 불교의 깨달음, 사랑하는 연인 등으로 다양하게 해석되지만, 대체로 임을 상실한 비극적 현실의 아픔을 기다림과 희망의 사상으로 극복하는 내용이라고 평가됩니다. 독립을 향한 신념을 사랑의 노래로 형상화했다는 것이죠. 1927년 비타협적 민족주의 세력과 사회주의 세력이 손을 잡은 최대 항일 민족운동 단체인 신간회가 출범하면서 중앙집행위원과 경성지회장 자리를 맡았습니다. 불교 계통 항일운동 단체인 '만당'을 지도하기도 했다.(유석재, 2023. 08. 10.)

지 못했다. 1930년대 초 조선어와 일본어를 이해하는 인민의 숫자는 25% 수준에 불과했으므로, 당시 언론이 제시한 윤리적 대본이었던 정신적 생명인 사랑, 인간 생명의 본질인 자유, 각인 존재의 진리인 평등 등 세 가지 요소는 인민 깊숙이 파고들어갈 여지가 없었다.

'분(分)에 안(安)하고 명(命)은 명(明)함'이란 명제는 사이토 총독의 재임 동안 걸음마 단계를 벗어나지 못했다. 총독의 정치력에 인민과 언론은 끌려다녔으며, 일본자본가의 금력 앞에 굴종했다. 개인은 단체를 조직하고, 교섭하고, 행동하는 권한은 극도로 제약되었다. 인민의 '항산(恒産) 없이 항심(恒心) 없다'는 표현은 당시 개인과 조직의 원리에도 적용되었다.

'무항산 무항심(無恒産 無恒心)'은 일상화되었으며, 부박(浮薄)과 방랑(放浪)이 사회를 엄습했다. 사회의 생활 상태가 불건전하고, 사회의 생산력이 발전하지 못하면 문화발전은 걸음마 단계를 탈피할 수 없었다. 물론 사회의식이 발전된 후에야 사회 도덕이 이뤄질 수 있었던 것이 당시의 현실이었다. 그러나 극소수의 인민을 제외한 절대다수는 현실에 소극적으로 대처했으며, 모든 사회정책에 냉소적이었다.

사회에는 사주쟁이·경 읽기·굿·풍수 등이 여전히 성행했으며, 용기·결심·인내의 청년문화는 서구의 르네상스적 문화와 같지 못했다. 서구를 접하고 반세기가 지나 조선인이 개방된 상태였으나, 생활 의식은 여전히 현실과 동떨어져 있었다. 생활 중심, 생활 본위가 문화정치의 실체란 현실을 망각했다.

1930년대 초 영웅적 지도자는 지하에 숨어들었으며, 신간회 해소 이후 다져진 '민족단일정당', '민족협동전선', '정신적 단결' 등은 여전히 구호뿐이었다. 이런 상황에서 인민은 자유를 포기하고, 오히려 사회주의 평등문화에서 더욱 매료되었다.

「조선일보」는 뉴스 제공자, 활발한 토론의 장으로서의 역할을 강조했으나, 더 이상 대중의 선생, 보호자 됨을 포기하고 '말동무', '우인'으로 신문과 독자를 규정했다.(「조선일보」, 1933. 11. 03.) 「동아일보」가 복고풍의 민족문화운동, 혁신풍의 문화정치운동 등을 시도하는 한편, 「조선중앙일보」는 인본주의적 마르크시즘에 전념했지만 초기의 문화운동의 실체는 아니었다.

최민지(崔民之)는 당시 언론을 '소시민적 안주'로 매도했다. 신문은 문화정치의 기치를 건 초기 언론의 위상을 포기한 것이었다. 문화정치를 집요하게 정의하려던 「동아일보」는 전세계의 민족 단위로 이루어지는 생존 경쟁에서 조선인은 자신·도덕·체력·부·집단력을 상실했다고 폄하했다.(「동아일보」, 1932. 09. 08.) '정다산선생 서세 100주년기념회'를 통한 민족문화의 향상을 기했으나, 여전히 추진 동력을 얻지 못했다.

언론인은 당시 세계인의 일부로서 문화정치의 실체인 생존 의식, 생존 경쟁에 실패한 조선의 현실을 개탄했다. 세계사적으로 볼 때 인민의 생존 의식의 최대 집단은 당연히 민족이다. 개인들이 하나의 사회를 형성시켰으며, 일민족이 일국가 단위가 되어 민족 간에 경쟁을 하는 것이 1930년대 당시 상황이었다. 그러나 조선 인민의 생존 의식의 결핍은 결국 조선민족의 민족주의 의식의 결여와 연관지을 수 있었다.

1930년대 언론은 원래의 위상을 포기함으로써 인민의 문화적·경제적·도덕적 의식을 포기한 상태이다. 사회와 각 부분의 분화는 이뤄졌으나 서로의 연결고리가 부재했다.

문화정치를 표방한 언론은 개인의 삶의 질, 경제력, 경쟁력, 조직력, 운동력 등을 기반으로 문화정치, 민족문화, 민족의 경쟁력 등으로까지 승화시켜주는 원동력을 상실했다. 조선은 더 이상 희망이 없는 초라한 일본의 식민지로 골을 깊이 파고 있었다. '비대해가는 조직'[120]으로서의 언론기관은 인민의식의 조직화를 방관했다. 분리된 인민의식으로부터 3·1운동의 열기를 다시 기대할 수는 없었다.

「조선중앙일보」는 문화정치 운동이 자치를 감춘 1933년 초 조선의 봄을 간곡히 염원하는 사설을 게재했다.

---

120) 「동아일보」는 74명의 인원으로 시작했으나 폐간 당시에는 215명이었다. 「조선일보」의 경우 편집국 원이 15명으로 시작했으나 폐간 당시 편집진만도 105명에 달했다.(「동아일보」·「조선일보」의 각 사사 출처)

봄은 왔지마는 그왔다는 봄은 강산에 온 것이오 인간에게 사회에 온 것은 아닌 듯하다. 일부에 화창미와 행락미가 보이지 않는 것은 아니나 그것은 전체와는 확실히 분리된 행락에 불과한 것이니 봄은 환락의 봄인 동시에 오뇌의 봄인 것을 누구도 부인하지 못할 것이다.(「조선중앙일보」, 1933. 04. 03.)

「조선중앙일보」는 또한 사회 개혁의 대안을 제시하지 않은 인본주의적 마르크스 세계관에 몰두했다. 러시아의 공산주의 문화가 대안으로 부각되었다. 그러나 군사형 사회의 군국주의 경향이 점차 그 강도를 더해가고 있었던 때에 강점기의 언론 활동은 위축될 수밖에 없었다.

문화정치의 사범, 독립운동당원, 신간회 구성원, 공산주의자, 무정부주의자 등으로 사상에 관한 사건을 총체적으로 지휘했던 종로경찰서는 1943년 총독부의 '1도 1사 원칙'에 따라 「매일신보」만을 허용함으로써 붐비던 기자실은 냉기를 더해갔다. 그 이후 언론사의 사회부는 문화정치를 표방하고 삶의 현장을 누비던 과거의 경험을 뒤로한 채 일본 통신사 기사의 번역에 전적으로 의존하게 되었다.

참고문헌

국회도서관, 『대한민국 임시정부 의정원문서』, 서울, 1974, p. 3.

김명환, 「조선일보 창간호' 3·4·13,14면 발견」, 「조선일보」, 2010년 3월 5일.

김민환, 『한국언론사』(서울: 사회비평사, 1997).

김상만(金相万), 『동아일보사사 1권(1920~1945)』(서울: 동아일보사, 1975).

김성현, 「경제침탈엔 물산장려운동, 한글 탄압엔 문자보급운동으로 맞섰다.」, 「조선일보」, 2020년 3월 2일.

김운태(金雲泰), 「일제 식민통치체제의 확립」, 『일제 한국의 사회와 문화』 11집(경기도: 한국정신문화연구원, 1990), pp. 1~58.

김을한(金乙漢), 『사건(事件)과 기자(記者)』(서울: 신대한출판부, 1960).

남시욱, 「동아일보의 창간」, 『한국언론 100년사(1)』, 서울:한국언론 인연합회, 2006. p. 520.

리용필, 『조선신문100년사』, 나남, 1993, p. 114.

박훈, 「日, 한 세기 전 꽃핀 '다이쇼(大正) 민주주의'에서 후퇴」, 「동아일보」, 2022년 6월 24일.

방상훈(方相勳), 『조선일보 70년사 I』(서울: 조선일보사, 1990).

야마베 겐타로, 이현희 옮김, 『일제강점하의 한국근대사』(서울: 삼광출판사, 1998).

안영배(2018. 3. 17.), 「3·1운동 100년 역사의 현장-실의 빠졌던 조소앙, 규규식 밀지 받고 다시 '大呼'의 길'로」, 「동아일보」.

유석재, 「일제가 신문 폐간하자 "한강도 흐느끼느니" 외쳤죠」, 「조선일보」, 2023년 08월 10일.

윤주영(尹胄榮), 『한국신문사설선집』 3~6권(서울: 방일영문화재단, 1995~1997).

이광수(李光洙), 「민족개조론」, 『개벽』 통권 23호, 1922년 5월.

이연복(李延馥), 『대한민국 임시정부 30년사』(서울: 국학자료원, 1999), p. 18.

이한우, 「조선일보 지국이 '신간회' 거점 역할... 순식간에 전국적 조직으로」, 「조선일보」, 2010년 1월 12일.

_____, 「조선일보」, 2010년 1월 8일.

정진상, 「일제하 한국인자본의 존재 형태와 성격」, 상게서(『한국의 사회와 문화』 11집), 1990, pp. 133~177.

정진석, 『극비-조선총독부의 언론 검열과 탄압』, 커뮤니케이션북스, 2009. p. 155.

조맹기, 「민세 안재홍의 '민주공화국' 사상-그의 언론 활동을 중심으로」, 『언론과 법』 제9권 2호, 2010년 12월, pp. 289~317.

조성운, "1910년대 일제의 동화정책과 「매일신보」", 수요역사연구회 편, 『일제의 식민지 지배정책과 매일신보 1910년대』, 두리미디어, 2005, p. 17.

최민지(崔民之), 「한말-일제하 민족과 언론」, 『사회와 언론』(서울: 민중사, 1983).

한시준, 「창간 89특집 임정수립 90주년-3·1운동에서 임시정부까지」, 『조선일보』, 2009년 3월 18일.

황성모, 「일제하 지식인의 사회사」, 『일제 한국의 사회와 문화』 11집(경기도: 정신문화연구원, 1990), p. 211.

Rebert L., Carneiro, The Evolution of Society: Selection from Herbert Spencer's Principles of Sociology(Chicago: The University of Chicago Press, 1967), pp.58~59.

『독립』, 1919년 8월 21일(창간호).

「독립운동의 문화적 가치」, 『독립신문』, 1920년 4월 22일.

「창간사」, 『동아일보(東亞日報)』, 1920년 4월 1일.

「조선인의 교육용어를 일본어로 강제함을 폐하라(2)」, 『동아일보』, 1920년 4월 12일.

「조선인의 교육용어를 일본어로 강제함을 폐하라(2)」, 『동아일보』, 1920년 4월 12일.

「현대와 인생」, 『조선일보』, 1920년 6월 1일.

「청년회 연합에 대하여」, 『동아일보』, 1920년 7월 9일.

「조선실업가에게 고함」, 『동아일보』, 1920년 7월 13일.

「반동정치」, 『동아일보』, 1920년 8월 3일.

「생존경쟁과 능력주의」, 『조선일보』, 1921년 5월 18일.

『동아일보』, 1921년 11월 14일.

「총독정치의 제도적 비판(1)」, 『동아일보』, 1922년 1월 11일.

「총독정치의 제도적 비판(2)」, 『동아일보』, 1922년 1월 12일.

「총독정치의 제도적 비판(3)」, 『동아일보』, 1922년 1월 13일.

「언론자유에 철저하라」, 『동아일보』, 1922년 1월 17일.

「인민의 3대공권을 논하노라」, 『동아일보』, 1922년 3월 15일.

「문화건설의 핵심적 사상」, 『동아일보』, 1922년 10월 4일.

「언론과 문화의 관계」, 『동아일보』, 1928년 1월 27일.

「신국면을 타개하자」, 『동아일보』, 1929년 2월 17일.

「생존경쟁과 민족」, 『동아일보』, 1932년 9월 8일.

「실업(實業)의 실지」, 『조선일보』, 1920년 3월 7일.

「현대와 인생」, 『조선일보』, 1920년 6월 1일.

「생존경쟁과 능력주의」, 『조선일보』, 1921년 5월 18일.

「조선총독 제등씨에게 사직을 권고함」, 『조선일보』, 1922년 6월 18일.

「언론기관과 일반의 여론」, 『조선일보』, 1923년 8월 7일.

「조선일보 신사명-천하민중에 신명(申明)함」, 『조선일보』, 1924년 11월 1일.

「신간회의 창립준비」, 『조선일보』, 1927년 1월 20일.

「역사가의 태도」, 『조선일보』, 1929년 7월 16일.

「오늘날 조선인」, 「조선일보」, 1933년 4월 27일.

「본보에 대한 기대와 희망을 읽고」, 「조선일보」, 1933년 5월 6일.

「신문과 독자」, 「조선일보」, 1933년 11월 3일.

이한우, 「조선일보 인수해 혁신시킨 신석우-임시정부 때는 '대한민국' 국호(國號) 정해」, 「조선일보」, 2010년 1월 8일.

이한우, 「박헌영 등 사회주의 성향 기자들 입사(入社)..1년 만에 대부분 떠나」, 「조선일보」, 2010년 1월 8일.

「직업화(職業化)와 추화(醜化)」, 「중외일보」, 1928년 12월 6일.

「봄의 양면상」, 「조선중앙일보」, 1933년 4월 3일.

「입도(立稻)차압의 소동」, 「조선중앙일보」, 1933년 9월 25일.

제4장
강점기시대의 사회구조와 사회주의 언론(1920~1945)

1. 언론을 통한 평등 사상의 추구

프랑스혁명의 산물인 자유와 평등은 사회주의·자유주의 어디든 중요한 요소이다. 자유의 개념과 더불어 평등의 개념은 시대에 따라 천차만별의 뜻을 지닐수 있는 상대적 개념이다. '개화기'의 평등은 신분의 평등, 즉 반상 제도, 노비 제도, 남녀간의 차별, 직업의 차별, 교육 기회의 차별 등 철폐를 나열하지만, 민주주의와 자본주의를 어정쩡하게 택한 국내 입장은 '인간의 존엄성', '천부인권 사상', '기회 균등', '결과의 평등' 등으로 설명한다. 그러나 이러한 잣대는 집단주의적 사회를 규정하는 평등[121]의 개념으로는 설명이 부족하다.

여기서 다루는 평등은 1920~1945년에 러시아·일본 등지에서 영향을 받아 시작된 사회주의에서 추구하는 개념이다. 당시 평등 개념은 초창기에는 의미론적으로만 사용되다가, 다음 단계에서는 태도의 변화에 관심을 가지며, 마지막 단계에 이르러서는 평등의 실천적 차원에서 다뤄졌다. 물론 여기서의 평등은 무산자인 노동자와 농민이 동맹군을 형성하고, 결국 수적으로 다수를 차지하는 무산자와 그들을 지도자로 하는 사회건설과 관련시킨다. 이런 평등을 추진해가는 과정에서 언론은 도구적 역할을 담당했다. 선전, 선동, 진지전 구축 등이 언론의 역할

---

121) 『조선말대사전』(평양: 사회과학출판사, 1992: 797)은 평등을 "주요 자격, 권리, 지위, 의무 등으로부터 차별이 없는 것으로 정의한다. 한편 『정치학대사전』(서울: 박영사, 1984: 1641)은 사회주의 사회에서의 평등을 "시민 계급의 정치적·법률적 평등의 한계를 넘어서 사회적·경제적 평등이 실현되어야 한다고 전제하고, 불평등은 계급 사회를 지향하므로 그 사회를 철폐할 때에만 평등이 보장된다"고 본다. 또한 『마르크스 사상사전』(임석진 엮음, 서울: 청아출판사, 1988: 578~579)은 평등을 "능력에 따라 일하고, 일한 만큼 가져간다"라는 맥락으로 사용하는데, 그 사회에서는 인민들에게 물질적 생활을 충분히 보장해주고, 더 이상의 권력과 권위의 위계질서들이 존재하지 않도록 한다. 사회주의 완성 정도는 사회에 따라서 차이가 생김으로써 상황적 요소를 가미하지 않을 수 없다.

이다. 본서는 이 같은 언론의 도구적 역할에 특히 관심을 갖도록 한다.

일제는 1920년 '신문지법'에 의해 「조선일보」, 「동아일보」, 「시사신문」, 『개벽』 등 몇 개의 자유주의 언론을 허가했다. 신문은 여타 기업의 성격과 같이 자본주의 논리에 따라 경제적 이익을 취하지만, 언론은 공익성을 도외시할 수 없으며, 신문을 통하여 개인의 자유를 보장할 뿐 아니라 사회 구성원 사이에 공유의 범위를 확장시킨다.

자유주의 사회에서는 언론자유가 으뜸 기본권에 속한다. 쉐플(Albert Schaeffle)은 언론을 '사회의 신경'(The Nerves of Society)의 역할을 한다고 봤다.(Hanno Hardt, 1979: 41) 개인은 외부 자극을 감각으로 받아들여 심적 자극을 일으킨다. 개인의 감각은 개인의 생존 조건과 밀접하다. 개인은 사회현상을 언론이란 매개체를 통해 지각한다. 그렇다면 언론은 사회 현상을 정확하게 보도함으로써 사회적 감각형성의 기능을 하며, 개인을 사회적 개인으로 사회화시켜준다.

신문은 주로 보도기능을 통해 여론을 형성하고, 잡지는 의견·논평·평론을 주요 무기로 사회의 여론을 조직화한다. 그러나 공익성을 뒤로한 채 기업에 충실한 언론은 종종 비난의 대상이 되곤 한다. 일제하에서 지식인은 당시 언론이 민중의 의식과 방향을 제시하기를 원했다.

조선의 신문이여! 스사로의 목표를 가즈라! 그리고 스사로의 기치를 세우라! 그리하야 민중으로 하야끔 좀더 굿세인 의식을 갓게하는 동시에 그나갈 바를 찻게하라!… 조선의 민중의 머리는 아즉까지도 스사로 나아갈 진로를 찾지 못하고 헤매이고 있다. 여기에 신문기자로서의 한편 중대한 책임이 있는 것이다.(유완희(柳完熙), 1928년 1월: 40~41)

그러나 당시 언론은 기업적 판로 확장을 위해 병적인 사회적 감각 형성을 일삼았다. 황태욱(黃泰旭)은 1935년 2천만 조선 민족이란 이름을 팔아 이익을 챙기려는 당시 신문들을 자신의 부친의 사체를 챙기는 행위에 비유했다.

어떤 부호가 계집을 몇씩어더서 자식을 여럿을 나코죽엇다. 그후 그자식들이 모다들고 이러나서 각기 그애비 사체를 가져가려고 쟁탈하다. 구린내 나고 썩은내 나는 사체를 무엇이 고와서 그러케 차지하려는가? 효심이 지극한 효자들인가? 아니다. 그것은 그애비의 사체를 마트면 수백만원 유산이 제것이 되리라고 생각한 때문이다. 이러케 내 애비이니 네 애비이니 하고 사체를 가운데 노코 다투다가 한자식이 부엌에 들어가 식도를 들고 나오면서 자-그럴것없이 사체를 반씩 가르자.(황태욱(黃泰旭), 1935년 3월:21)

언론의 상업적 성공은 자칫 언론의 자율성을 포기하고, 자본의 도구가 됨을 의미한다. 그때 언론은 자본을 바탕으로 또 다른 특권을 얻게 되는데, 언론은 지배적 권력을 발휘하고 정치적·경제적·지적 권력을 결합시켜 사회적 초인으로서 능력을 발휘한다. 당시 XY生이란 필명으로 상해 임시 정부의 지방별 싸움, 자기편에 끌어들이려는 무산자 운동, 그리고 '신문 정부'를 비난한다.(XY生, 1925년. 1: 46~56)

신문은 자본주의적 보도기능과 더불어 자유사상, 인본주의사상, 계몽주의사상 등을 통한 여론 형성의 기능을 수행했다. 일제시대의 인민은 이러한 자본주의 요소와 더불어, 제국주의와 자본주의 사회구조에 대항사상으로서 러시아와 일본에서 수입된 사회주의에 심취해 있었다. 그리고 그 사상을 북한의 사회주의 건설에 이용했으며, 이는 박헌영(朴憲永)이 주도하는 '경성콤'[122]의 정책 목표에서 잘 나타난다. 光州 벽돌 공장에서 해방과 더불어 활동을 개시한 박헌영은 1945년 8월 19일 조선공산당 재건준비위원회의 '공산당 강령'을 발표한다.

1. 조선공산당은 조선의 노동자·농민·도시 빈민·병사·인텔리겐치아 등 일반 근로 인민의 정치적·경제적·사회적 이익을 옹호하여 그들 생활의 급진적 개선을 위하여 투쟁한다.

---

122) 경성콤그룹을 본서에서는 토착 사회주의로 규정한다. 「조선일보」 기자 출신 박헌영이 주도한 이 집단은 1939~1941년에 활동했으며, 그들은 기관지로 『코뮤니스트』를 발간한다. 『코뮤니스트』는 '원산'의 사회주의자들이 주로 1939년대 이용한 노동자신문과 쌍벽을 이룬다. (김창순(金昌順)·김준엽(金俊燁), 1986:384; 신주백, 1990년 봄: 36~37)

2. 조선 민족의 완전한 해방과 모든 봉건적 잔재를 일소하고 자유 발전의 길을 열어주기 위하여 끝까지 투쟁한다.

3. 조선 인민의 이익을 존중하는 혁명적 민주주의 인민 정부를 확립하기 위하여 싸운다.

4. 프롤레타리아트의 독재를 통하여 조선 노동계급의 완전 해방으로써 착취와 압박이 없고 계급이 없는 공산주의 사회 건설을 최후의 목적으로 하는 인류사적 임무를 주장한다.(「해방일보」, 1945. 09. 19.)

박헌영의 조선공산당 재건준비위원회는 계급적·봉건적 해방을 통해 자유롭고, 주체적인 '프롤레타리아 독재'를 근간으로 하는 사회주의 국가 건설을 목표로 했으나 확고한 기반 구축에 실패했다. 그 자리를 현재의 북한 정권이 차지하는데, 북한은 1946년 '임시 인민위원회'를 조직해 민주개혁을 시작하고, 이 조직을 후에 '인민위원회'로 개칭한 다음 사회주의 혁명을 일으켰다.

'프롤레타리아 독재'를 표방한 북한은 사회구조와 조직을 강화하고, 힘의 논리에 따른 무산유직정책(無産有職政策)을 추진시켰다. 대중들에게 정부의 사회적·정치적 정책 목표를 달성하기 위한 도구로서 언론을 조직하고, 진지전을 구축하고, 통제하기 시작했다. 언론은 인민대중에게 당의 의도를 제때에 정확히 알려주고, 그들을 당 정책 방향으로 인도하며, 당의 주의에 광범한 대중을 묶어서 혁명 투쟁을 잘해나갈 수 있게 한다. 당과 대중을 연결시키는 도구, 중재자로서의 신문을 레닌은 "집단적 선전자일 뿐 아니라 집단적 선동자이며 집단적 조직자라고 표현하며 언론의 뚜렷한 당성, 계급성, 인민성을 강조한다."(김영주·이범수 엮음: 1991: 18) 즉 신문은 근로 대중, 즉 노동자, 농민, 혁명적 지식인이 레닌주의와 김일성주의 지식으로 무장케 하는 특별한 교육목적을 담당한다.

구체적으로 선전은 하나의 단순한 관념을 다수의 사람에게 확산시킨다. 그리고 선동의 도구로서 신문은 농업의 모든 계획의 성공 여부, 대중 운동의 활성화, 생산력 증강, 물자 절약, 목표 기간 내의 계획 달성에 관한 모든 정보를 제공한다.

또한 신문의 선동 기능은 '대중 속의 작업', '대중과의 작업'을 담당하여 대중의 행위를 유발하고, 행위 변화를 일으키기도 한다. 선동은 행동을 할 수 있는 것을 택한 것이다. 그러므로 신문은 노동자의 현장에서의 작업 신문, 노동자·농민의 경험 기술을 전수하는 신문, 행정적 위계 조직의 작용을 조직화하는 신문, 혹은 당 생활에서 당의 지령을 전담하는 신문 등으로 나뉘어 도구로서의 역할을 충실히 수행한다. 이런 신문은 결국 민족해방운동 및 노동운동의 사회주의 건설 등을 위해 필요불가결한 도구이다.

사회주의 국가의 언론은 당 관료와 당의 견해를 따르며, 당 관리의 지성에 따른다. 그들의 기본 입장은 3.1월간의 1939년 3월호의 조국광복회 창립 선언의 평등 정신에 잘 나타나 있다.

(…) 재산이 있는 자는 금전을 내고, 량식이 있는 자는 량식을 내고, 글이 능한 자는 글로써, 말 잘하는 자는 말로써, 힘 있는 자는 힘으로써 각각 자기의 지능에 따라서 모두 반일 사업에 유리하게 협력한다.(리용필, 1993: 165)

사회주의 언론은 면대면과 대인 커뮤니케이션 형태를 최대한 살려 조직화된 포럼(forums) 형식을 나타낸다.(Charles R. Wright, 1986: 39) 언론인의 업무 수행을 현실과 밀착시켜 때로는 전문 언론인이 아닌 주재원이 신문 제작에 함께 참여한다. 당의 정책 내용에 대한 주재원의 즉각적 피드백뿐 아니라 작업 현실, 경제적 생활, 정치적 경험, 또한 그의 주변의 성공과 실패담이 신문에 실린다. 주재원은 정부 고용인·노동자·선생·군인·농부 등 다양한 부류의 사람들로 이루어진다. 그들의 생활상을 보여줌으로써 독자에게 감동적이며, 생생하며, 영감이 있는 질이 풍부한 교육적 내용을 전할 수 있다. 이를 기사화하기 위해 전문적 특파원은 이들 주재원과 대부분의 시간을 보낸다.(Charles R. Wright, 1986: 39) 기사화된 내용은 전체 인민들에게 배포되어 인민의 독보회·윤독회의 교재가 된다.

사회주의 국가의 진화론적 성숙기에 들어서면, 실제 평등이 인민의 자유를 보장해준다. 자유·재산의 기본권은 보류된 상태이다. 그러나 법학자 한스 켈젠(H. Kelsen)은 자유와 평등의 관계는 공존 관계가 아니라 적대 관계라고 규정한다. 완벽한 평등도 자유가 허용되지 않을 때 경직되고, 또 다른 권력의 구조에 가려지게 마련이다. 그리고 평등의 개념도 기회균등, 결과의 평등, 개인의 존엄성 등을 논할 때 각 개념 사이에 갈등이 있게 마련이며, 그렇다면 결과적으로 평등의 개념도 상대적일 수밖에 없다.

평등과 자유 가운데 평등만이 강조된 북한 사회에 비추어볼 때, 자유를 담보시키고 '상대적 평등'을 추구하는 데는 반드시 문제가 따를 수밖에 없다. 사실 자유가 없으면 책임도 없는 상태이다. 이런 논리를 언론에 적용시킨다면, 평등을 담보로 사회구조를 형성하는 과정에서 언론이 도구화될 때 언론의 의식적 방향 제시와 사회적 감각의 형성 및 여론 형성 기능에 문제가 따른다. 황태욱이 언론의 상업화로 사회 구조의 경직화를 가속화하는 도구로서의 언론을 거부했듯이, 북한의 '프롤레타리아 독재'를 실현하기 위한 당의 선전 도구로서의 경직된 언론도 바람직할 수 없다.

2. 본문의 구조, 방법 그리고 쟁점

사회주의 운동에서 사용하는 매체를 사회구조와 관련시켜볼 때, 1920년에 앞서서 권력을 바탕으로 한 일본 제국주의가 형성되지만 3·1운동과 더불어 일제는 조선인에게 부분적 자유를 허용한다. 즉 일본인과 마찬가지로 한국인에게도 자유기업과 러시아에서 형성된 사회주의 사상을 탐독할 수 있는 자유를 허용했다. 이때 언론기업의 등장과 아울러 '사상의 자유시장' 원리가 부분적으로 도입되었다.

신문과 잡지의 출판이 허용되고, 신문은 일본 제국주의에 대해 정면으로 도전하는 민족주의, 또한 자본주의에 대항하는 사회주의 사상을 허용했다. 1925년 조선공산당 창당과 1927년 신간회(新幹會) 창설은 사회주의와 민족주의를 허용한 대표적 예이다. 그러나 곧 '치안 유지법'을 발표하여 사회주의와 민족주의 사상에 탄압을 가한다. 두 사상에 대한 신문 게재가 제약을 받자 사회주의 운동의 도구는 신문으로부터 잡지로 바뀐다. 그렇지만 독점 자본주의 구축과 더불어 제국주의를 표방하는 1931년 만주사변 이후, 일제는 '신문지법'으로 잡지도 간행할 수 없게 하고, '출판법'에 의해 잡지를 묶어버린다.

1931년을 기점으로 조선에 독점 자본주의 구조가 본격화되었다. 경공업으로부터 중화학 공업으로 기업체제가 형성되면서 공장에서는 노동자의 숫자가 많아지고, 다른 한편으로 토지 및 소작인 제도가 자본주의 메커니즘으로 구조적 이전이 진행되었다. 노동 현장에서 사회변동의 주체 세력인 노동자의 계급의식이 싹트기 시작한다. 이때 공장과 농장에서는 무산 유직자의 '프롤레타리아 독재'를 이념으로 하는 토착 사회주의가 발아되었다.

이를 대표하는 대항 언론(이는 권력과 자본의 사회 구조가 경직화되었을 때 나타나는 비판 언론의 형태이며, 또한 빈번히 노동운동의 도구로 이용된다.)이 싹트며, 언론기업 내부에서도 기자 및 언론기업에 대한 자아비판 정신이 싹트기 시작했다. 사회는 자본주의적 사회구조와 프롤레타리아 독재의 사회주의 구조로 대결을 경험하게 되는데, 사회주의 구조는 조선의 자본주의적 사회구조가 경직화되면서 변혁의 요인으로 작용한다.

자본주의 원리에 따라 언론은 보도 중심으로 상업성에 치중한 정보를 인민에게 제공했으며, 사회구조를 고착화시키는 도구로서 역할을 한다. 한편 권력, 자본, 기술에 대한 대항언론은 사회운동의 도구로 사용된다. 그러나 대항 언론도 초기의 인물 중심에서 조직 중심으로, 구조 변화의 도구로서의 역할을 했다. 결국 이런 사상은 1945년 해방까지 역사의 큰 흐름으로 대별할 수 있는데, 본서는 대항 언론의 잣대를 평등 추구로 잡는다. 즉 권력과 자본의 시대적 흐름 속에서 권력을 통한 신분의 불평등과 자본을 통한 부의 불평등에 대한 대항언론을 본서에서 주로 다룬다.

본서는 언론을 제국주의·자본주의·사회주의 등 사회 구조와 관련시켜 '해석학적'으로 논한다. 즉 어떤 정책적 대안을 제시하기보다 당시의 사회구조와 사회주의 언론의 현상을 묘사하고 해석한다. 이런 영역은 언론사상사의 범주에 속하며, 이와 관련된 주요 서적과 논문은 유재천(1990)·노병성(1993)·박용구(1994) 등의 것이 있다. 이들은 신문을 중심으로 사회주의 경향을 다룬다. 그리고 조선 사회주의 일반에 관해 서대숙(1985)은 정치구조사적 측면에서 논한다. 김준엽(金俊燁)과 김창순(金昌順, 1986)은 한국 사회주의 기원에 관하여, 스칼라피노와 이정식(1986)은 공산주의 운동사적 측면에서 논한다. 그 외에도 김동규(1984)·윤정란(1990)·신주백(1990)·최홍준(1993) 등에 의해 사회운동에 관한 유사한 논문들이 출간됐다.

본서와 관련해서 쟁점이 될 수 있는 문헌은 서대숙(1985)과 신주백(1990)이다. 서대숙은 1930년 이후 외래의 사회주의가 노동 현장에까지 깊게 침투할 수 없었다고 주장하지만, 신주백은 '전국적 정치신문'의 '전위당'의 역할을 강조함으로써 외래 사회주의 경향이 지역 노동자들에게 침투했음을 보여준다. 본인은 근본적으로 신주백의 논조에 동의하나 일제의 검거 소동으로 상부 조직이 취약한 상태에서 하부 조직의 완벽함은 조선의 당시 문화적 요인으로 볼 때 기대할 수 없는 상황이다. 그리고 '환경 감시'를 주무기로 하는 언론의 성격상 '토착' 사회주의 성향도 도외시할 수 없다. 더욱이 노동 현장의 신문·삐라·선전문·포스터·벽보·격문 등의 매체는 노동 현장에서 실천의 측면이 강했을 때 설득력이 있다.

본서는 사회구조와 변동의 실체인 대항 언론에 관심을 집중한다. 언론의 기능을 논하면서 기본맥락은 사회구조와 조직이 언론의 형태를 결정짓기도 하는 한편, 아울러 언론이 사회구조와 조직을 결정지을 수도 있다는 입장을 취한다.

본서는 일제시대의 사회구조와 사회주의 언론을 해석하는 데 몇 가지 순서를 밟도록 한다. 우선 일제시대의 사회구조는 1920~1945년의 권력 구조와 자본주의 논리에 관한 것이며, 그리고 사회주의 언론은 이런 구조의 변동 요인으로 작용한다.

사회주의 언론은 신문·잡지·팸플릿·격문 등에서 사회주의적 경향을 지닌 언론을 일컫는다. 여기서 사회주의 단체와 언론의 상관관계를 살펴보면, 사회주의 단체는 반드시 도구적 언론을 필요로 하고, 또한 1930년대 이후에 나타나는 현상으로 언론이 사회주의 단체를 유지시키는 골격을 제공하기도 한다. 본서의 관점에 따라서 1) 일제시대 사회주의 형성과 신문 매체(기관지), 2) 주로 잡지 매체를 통한 사회주의 운동의 여론화와 조직화, 3) 팸플릿을 통한 일제하의 대항 언론, 4) 그리고 마지막으로 결론과 아울러 현실적 입장에서 문화적 가치 실현을 위한 도구로서의 언론 등을 논한다.

3. 강점기시대 사회주의 형성과 신문 매체(기관지)

일제시대 한국의 사회주의는 마르크스와 레닌을 신봉하는 이르크츠크파, 상해파, 일본의 후쿠모도(福本)파, 서울파 등 갖가지 파벌로 이뤄졌다. 각 파는 마르크스, 레닌의 평등 사상을 축으로 각각의 다른 주의주장을 편다. 조선의 입장에서 보면 이러한 이론들이 신문과 잡지를 통한 외국문화의 이식수준이다. 그러나 초기와는 달리 잡지·팸플릿을 중심으로 확대되는 후기 사회주의는, 수입된 이론의 습득보다 구체적 실천을 강조함으로써 토착화의 길을 걷기 시작했다.

볼셰비즘은 1918~1920년에 본격적인 동진을 시도하는데, 일제(日帝)를 피해 북으로 간 한인 노동자와 농민들에게 전파되었다.(서대숙, 1985: 19) 만주와 러시아 연안에는 1870년 기근으로 이주한, 또 하바로브스크에는 1900년 강제 이주된 한인들이 자리잡고 있었다. 그들의 일부는 조선의 국적을 포기하지 않고 한인으로 남아 있어, 1910년 한일합방으로 조선으로부터의 대탈출을 시도한 노동자·농민·지식인들과 동맹할 수 있는 연대감을 구축한다.

이를 감지한 러시아는 조선인을 위한 유화 정책을 펴는데, 그 예로 러시아인은 블라디보스토크에서 발행되는 영향력 있는 권업보(勸業報)[123]에 관심을 갖는다.(서대숙, 1985: 20) 또한 러시아는 1910년 블라디보스토크에서 '대한국민의회'에 가담하고 있는 이동휘(李東輝)에게 재정적·사회적 지원을 약속했다.(서대숙, 1985: 22) 그후 이동휘는 직간접적으로 소련의 도움(코민테른[124]으로부터)을 받으면서 상

---

123) 「권업보」는 '근업회'에서 발간하는 신문인데, 이것은 경제생활 문제와 정치(반일) 문제를 결부시키는 진보성향의 신문이다. 근업회는 1912년 이동휘·이상설(李相卨)씨가 관여한 조직이었으나 1914년에 해체된다.

124) 코민테른은 제1차 회의를 1919년 3월 26일까지 모스크바에서 갖는다. 이 회의는 제3 국제 공산당(일명 제3인터내셔널)으로 통하는데, 인터내셔널은 유럽과 미국에 관심을 집중시킨다면, 코민테른은 아시아를 포함하여 세계의 각 지역에 회원을 확대한다. 창립 대회에서 논의된 안건은 유럽의 계급 투쟁과 아시아의 식민지 민족의 해방 투쟁에 관한 것이다. 그러나 유럽에서의 볼셰비키혁명은

해로 떠난다. 그후 '상해'[125] 임시정부에 참여하며 수상까지 지낸 이동휘는 임정 간부회에서 자신의 주의주장을 펼 출판 사업을 요구했다.(서대숙, 상게서: 26) 이동 휘는 사회주의 서적, 『공산당 선언』을 번역하는 데 가담할 뿐 아니라, 「공산」, 「신생활」, 「대한독립」, 「서광」, 「효종」, 「투보」 등 여섯 가지 신문 및 잡지 사업에 직접 참여했다.

이동휘는 코민테른의 입장에 따라 계급 없는 사회를 목표로 조선인, 조선신문에 마르크스 사상을 주입시키는 데 주력했다. 계급 없는 평등한 사회 건설이라는 그의 사상은 무산자인 노동자·농민 대중에게 설득력 있는 선전·선동술이 되었다. 당시 「동아일보」는 러시아혁명을 이렇게 묘사한다.

불국혁명은 정치상의 자유와 평등을 실현하기를 목적으로 하였으나 로국혁명은 경제적 자유와 평등이 무하면 정치의 자유와 평등은 공허한 일편형식에 불과한 것이라 하여 사회혁명을 기도한 것이로다.(「동아일보」, 1920. 06. 20.)

경제적 자유와 평등을 바탕으로 사회주의 건설을 위해 「동아일보」는 '프롤레타리아 독재'를 정통성으로 앞세운 사회주의 성격을 다음과 같이 논한다.

약자와 강자를 균등처지에서 자유로 경쟁케함은 일견 공평무사한 듯하나 실은 불연하니 약자를 보호하고 그 권리를 신장케 함이 당연하니, 이 사회주의 발전한 소이(所以)라 (……) 절대 개인의 자유를 제한하여서 사회감독과 지배하에서 각인에게 평등케 함이오. 심지어는 노동자로서의 국가경영과 산업관리를 주장하기까지 하였으니 천하의 대문제

실패하고, 서수동진주의(西守東漸主義)로 동양부를 확산시킨다. 이런 경향 하에 제2차 대회가 열린 1920년 7월 28일 모스크바 회의에서 레닌이 약소 피압박 민족의 해방 투쟁에 대한 지원을 강조하자, 이에 한국의 박은식(朴殷植)·이광수(李光洙) 등 한국의 지식인은 기대를 건다(김준엽·김창순, 상게서(1): 147~149).

125) 상해에서는 당시 언론·출판을 통한 사회주의 운동이 활발하였다. 안병찬·김만겸 등은 공산, 화요보를 발간하고, 이동휘 그룹의 거화, 신생활 등에 참여함으로써 노동자와 농민들이 자유롭게 사상 논쟁에 참여할 수 있었다.(서대숙, 상게서: 57)

노동자의 발흥이라.(「동아일보」, 1920. 4. 3)

절대 다수가 가난한 농민과 일부 노동자·지식인 등 사회주의를 동경한 조선인에게 러시아의 경제적 평등과 프롤레타리아 독재라는 사회주의 사상이 충분히 매력적이었다. 당시 국내 상황을 「동아일보」는 이렇게 표현한다.

(……) 조선은 아직도 타국과 같이 자본의 집중으로 인하여 빈부의 간격이 심하지 아니하다 云할지나, 연(然)이나 조선인 전체가 빈한에 침륜되어 있으므로 과격주의와 공명할 요소가 풍부히 있음이오, 조선인은 정치상이나 경제상으로 자유에 갈뇌 되어 있는 고로 역시 과격파의 공명하는 요소가 풍성하다.(「동아일보」, 1920. 5. 12.)

즉 자본주의 요소가 심화되지 않았으며 경제적으로 빈부 격차가 심하지도, 자본주의적 요소가 발달되지도 않았으나 1920년 조선 인민은 일제의 정치적 권력으로부터 자유쟁취를 원했으며, 3·1운동의 여진을 경험하고 있었다. 동아일보에 입사한 20세 젊은 기자와 논설진은 위에 인용한 사설들에서 보듯 '심정적' 사회주의에 동조했다.

1920년 이전의 조선의 상황은 러시아혁명의 '우렁찬 봄소식'을 들려주지 못했을 뿐 아니라 사회주의를 수용할 기회를 갖지 못한다. 일제는 '광무지법'(1907)과 그 개정법으로 일반 경찰·헌병·고등 경찰·사상 경찰 등을 통해 국내 및 외국인에 의해서 발행되는, 혹은 외국에서 유입되는 언론 출판물을 예외 없이 통제했다. 더욱이 사회주의 사상과 관련해서 '치안 유지법'[126](1925년)을 발표했으며, 1928년 여름부터 사상 탄압을 전담하는 고등 경찰을 배치했다. 그리고 각 재판소에 사상 검사를 배치했다. 또한 '불온문서 임시취체법'(1936), '조선사상범 보호관찰령'(1937) 등으로 황실의 존엄 손상과 더불어 사회주의 사상의 전파에 대해 철저

---

126) 치안 유지법은 1925년 5월 12일 제정한 것인데, 동법은 무정부주의자와 공산주의를 취체(取締)하기 위한 법령이다. 총독부는 이 법을 강화시켜 1928년에는 '최고형 10년'을 '최고형 사형'까지 가능하게 했다.

히 통제했다. 그 외 언론에 관련된 법률로 '보안법'(1908), '출판법'(1909) 등이 있었다. 더욱이 1940년에는 하루 한 건씩 인민을 통제하는 총독부 부령이 설치되었다.(김수, 1995년 봄:110)

1920년 당시까지 「매일신보」, 「경성일보」 그리고 그 외 어느 신문이나 출판물에도 마르크스·레닌주의 혁명 이론은 소개되지 못했다.[127] 언론에서의 사회주의 언급은 「동아일보」, 「조선일보」, 「시사신문」 그리고 신문지법에 의해서 사후 검열을 받던 『개벽(開闢)』이 본격적으로 활성화된 1920년 이후부터이다.

이들 신문과 잡지는 3·1운동 후 조선 민족운동에 대한 대책을 구상한 나머지, 식민 통치에 지장을 주지 않는 범위 내에서 출판 및 결사의 자유를 허용한 총독부의 회유책에 따라 허가된 언론이다. 일인의 기본 정책은 친일파를 형성·보호·우대에 관심을 갖는다. 친일파에게 「시사신문」과 「조선일보」를 허용하고, 민족주의자에게 「동아일보」를 허용한다. 일제시대 '신문'[128]의 정황을 설명한 『개벽』지의 XY生 필자는 광고에 혈안이 된 당시의 신문을 힐난하면서 자유 사상, 인도주의 사상과 사회주의 사상으로 일별할 수 있다고 규정한다.(XY生, 상게 논문: 48~50) 그에 의하면 「동아일보」는 부르주아 자유주의 사상과 민족주의를 내세우는 반면, 「조선일보」는 인본주의 및 사회주의적 색깔을 띤다. 그리고 그 후 생긴 「시대일보」는 다양한 시대물뿐 아니라 사회주의적 급진성을 띤다고 서술한다. 한편 잡지인 『개벽』은 이론적 지도의 기능, 연구 소개, 계몽적 운동, 시의성을 가미한 다량의 자유주의와 인도주의·사회주의 경향을 띤다고 규정한다. 그러나 대체로

---

127) 서대숙은 마르크스·레닌 이론이 본격적으로 수용되기 시작한 때를 3·1운동 이후로 잡는다.(서대숙, 상게서: 64)

128) 일제시대 신문의 지면 배치를 보면 당시 사회의 단면을 볼 수 있다. 4면을 기준으로 할 때 1면을 정치면 기사, 2면을 사회면 기사, 3면을 문화면 기사, 4면을 경제면 기사로 할애한다. 그렇다면 총독부 기사를 우선적으로 처리한다면 정치부의 위상은 떨어질 수밖에 없다. 그것에 비해서 사회운동과 관련된 사회면 기사 취급은 각별했으며, 사회부에는 운동란의 처리 전담 기자가 있어, 그들이 호외도 많이 취급한다. 그러나 대부분의 신문은 자금난에 봉착한 경우가 많아지면서 상대적으로 후기에는 경제란이 부각된다. 당시 정치적·경제적 색깔 논쟁으로 경영진이 바뀌면 편집국의 기자까지 물갈이함으로써 기자의 신분 보장이 문제되곤 했다(복단봉인(牧丹峯人), 1935년 3월: 89~95).

조선의 언론은 十字가두로 봉건·자본주의 그리고 사회주의가 혼재한다는 논리를 편다.(XY生, 상게 논문: 50) 이러한 사상의 혼재 상태는 언론에서 보도기능보다 펴고자 하는 사상의 주입에 주력하는 경향을 두드러지게 한다.

서구 자본주의에 바탕을 둔 언론이지만, 사회상황은 부르주아 언론을 발전시킬 수 있는 상황이 갖추어져 있지 못했다. 일본을 통한 서구자본주의 유입은 이식된 경제 체제를 형성케 함으로써, 조선인은 이에 기계적이고 수동적으로 대처할 수밖에 없었다. 인민은 자본주의에 대한 체험적·철학적·경제적 기반뿐 아니라 자본주의를 지탱하는 합리적 계산, 약속, 계약 등의 습관도 갖지 못했다. 그렇다고 전통을 구성하는 축적된 경험에 의한 자본주의도 아니었다. 수공업 기술과 업무의 전문화·세분화되지 않은 조선의 자본주의는 대부분의 조직이 일본을 중심으로 결성되어 있었을 뿐, 주변으로서의 국내 조직들은 여전히 고립된 상태로 존재했다.

일제하의 지식인들은 친일파를 제외하고는 학문을 할 수 있는 기회와 직장을 가질 수 있는 기회가 크게 제한되어 직업인으로서 신문·잡지사에 몰려들었다. 당시 지식인 집단은 2·8 동경 유학생 지도자들의 YMCA 모임과, 학생들과 협력한 천도교 손병희가 인도하는 국내 지식인 모임이 대표적이다. 3·1운동 후 집결된 힘은 여진을 통해 사회 내에 확산되기 시작한다. 민족주의적 지식인은 '토산장려론 운동', '민립대학 운동', '금주금연 운동' 등을 전개해 가내 공업, 소공업의 생산에 기반을 둔 소생산자 중심의 자급자족을 주장한다. 그들의 일부는 '실력양성론'으로 서구 자유주의적 민족운동을 장래의 희망으로 한다.

좀발트(W. Sombart)의 "자본주의 형성기에 기업 조직이 자본주의를 만들며, 발전된 자본주의의 단계에서는 자본이 기업가를 만든다"라는 말은 '실력 양성론자'들에게 설득력이 있었다. 어떻든 그들은 자본주의 사상, 정신, 조직이 외세에 의존하지 않고 토착적으로 발아되기를 원했다. 그들은 외세에 의존한 자본주의가 부와 신분의 불평등을 가져올 것으로 예상한 것이다.

다른 한쪽의 지식인들은 1920년 6월 10일 조선공산당의 조직과 코민테른 2차 대회를 준비하기 위해 집결했다. 그들은 사회주의 혁명당을 고려공산당이라고 규정하고, 급진 자유주의자(개량 민족주의자)들과 동조했다.(배성용(裵成龍), 1926년 3월: 29) 당시 좌파 지식인의 당면 과제는 무엇보다도 식민지 해방운동이었다. 대부분의 농민이 빈곤하고, 산업이 아직 발달하지 못한 상황에서 혁명 주체 세력으로 노동자를 동원해야 한다는 마르크스의 논리는 조선에 적용될 수 없었다. 이런 여건 하에서 신문과 출판의 선전 활동을 통해 연합할 수 있는 소부르주아 지식인과 학생들은 코민테른 2차 회의로 말미암아 민족해방운동과 사회주의운동을 일체화시킬 수 있는 계기를 만들었다.(서대숙, 상게서: 40)

코민테른 2차 대회 때 제기된 한국 문제는 민족 식민지 문제, 경제 상황, 청년운동, 혁명 운동, 그리고 조선공산당의 다양한 파벌 등에 관한 당면 문제였다.(서대숙, 상게서: 40) 당시 레닌은 "억압받고 종속당하며 평등의 권리를 갖지 못한 민족과 억압하고 착취하며 완전한 권리를 갖고 있는 민족을 명확히 구별할 것"을 발표하고, 덧붙여 피압박 민족해방운동의 초기 단계를 '부르주아 민주주의적 해방운동'으로 규정함으로써 민족주의와 동조하는 사회주의를 원조한다고 밝힌다. 즉 식민지로부터의 독립이 곧 사회주의 건설의 초기 단계로 본 것이다. 젊은 지식인을 상대로 '심정적' 사회주의를 펴는 러시아는 민족주의 의식을 이용하지 않을 수 없었을 것이다. 결과적으로 보면 레닌은 부르주아가 착취 민족주의자인데, '공산주의 독자성'과 '엄격한 국제주의'를 접어둔 채, 코민테른 2차 회의 테제의 원안을 수정하여 '개혁적 부르주아지와 함께 식민 제국주의 투쟁'을 한다고 밝힌다.(최장남, 1987년 가을: 275~277)

사회주의자는 미래의 프롤레타리아 분자들을 결집시키고, 교육시켜 사회주의 국가 건설을 하고자 한다. 사회주의자들은 1921년 흥농회에 침투하여 소책자 10여 종을 출판할 것을 독려한다.(권희영(權熙英), 1993: 248) 노농회는 1922년 기관지 『노농성(勞農聲)』을 발간한다. 노동자를 위해 1920년 4월 전국적 성격의 인쇄공·이발사·전차 운전사·재봉사 등의 노동자들이 참석한 '조선노동공제회'[129]를

---

129) 조선노동공제회는 1920년 4월 11일 조직한 것인데, 여기에 참가 인원은 3만여 명에 달한다. 이 사회주의 조직은 신생활사(新生活社)를 중심으로 "박중화(朴重華), 유진희(兪鎭熙), 신일용(辛日鎔), 김약수(金若水) 등에 의해 주로 주도되어, 최초로 민족주의·사회주의 사상의 분열을 촉발시켰다(최준,

조직하고 『공제』(共濟, 1920~1921)라는 '문화적 성격'의 기관지를 발행한다.

『공제』는 창간호에서 노동의 중요성을 다음과 같이 논한다.

우주란 하오, 노동뿐이로다. 노동이 아니고는 우주가 우주될 가치가 무한 것이니 서양 어느 학자는 말하기를 우주는 물로 되었다 하였도다. 그러나 나는 주저치 안코 대성으로 우주는 노동으로 되었다고 단언하겠노라.(조성돈(趙誠惇), 1920년 창간호:13)

그러나 1922년 조선노동공제회는 해산되고, 이 조직은 조선노동연맹으로 개편되고 사회주의 경향을 확산시킨다.

1920년대 초 새로 등장한 일간지들은 신사상을 갈구하고 있었다.(서대숙, 상게서:72) 이러한 사상적 욕구로 인해 사회주의 지식인은 이르크츠크의 기관지인 『적기(赤旗)』, 상해의 이르크츠크파가 발행하는 『공산』, 화요보보다 국내에서 인기가 있는 『개벽』(이두성(李斗星)), 『조선지광』[130](1922~1932)에 의존했다. 한편 조선지광사는 『신단계(新階段)』란 사회주의적 잡지를 1932~1933년 출간하기도 한다. 『신천지』(백대진(白大鎭)), 신생활(박희도(朴熙道), 1922~1923)등을 이용하여 사회주의 이론을 소개할 수 있었다.(서대숙, 상게서: 110)

결국, 한국에 적용된 사회주의 성향은 마르크스 원론과는 달리, 부르주아와 같이 민족해방 투쟁을 전개하는 것이어서 당장 문제가 따를 수밖에 없었다. 이 문

상게서: 204). 그 후 조선청년연합회가 생겨 와해되었고, 조선노농총동맹과 조선청년총동맹(1923), 조선노동총동맹은 조선노동총동맹과 조선농민총동맹 분리(1927)되어 각자가 무산계급운동을 주도했다. 한편 사상운동은 신사상 연구회, 그 후에 무산자동맹으로 김한(金翰), 신백우(申伯雨), 박일병(朴一秉), 진병기(陳秉基) 등이 활동하여, 김찬(金燦), 윤덕병(尹德炳) 등이 참가하여 화요회(火曜會)를 주동하였다.

130) 『조선지광(朝鮮之光)』(장도빈(張道斌))은 1922년 주간으로 창간되었다가 곧 월간으로 바뀐다. 창간 후 4간년 개벽과 더불어 사회주의에 지면을 많이 할애하며 활동하다, 1926년 『개벽』이 발금된 이후는 신문지법에 의한 유일한 잡지(신문지법에 의한 잡지만이 정치·시사 평론을 할 수 있음)로 사회주의 문화, 정치, 문예 방면에 많은 기여가 있었다. 집필자는 이관구, 주요한, 유광열, 김준연, 조명희, 이기영 등 주로 사회주의 성향을 지닌 사람들만을 필자로 선택한다(이종수(李鍾洙), 1936: 128~129)

제는 중국공산당과 국민당 사이의 국공 연합에서 다시 제기된다.

1923년 트로츠키(Leon Trotsky)와 스탈린 간의 논쟁에서, 트로츠키는 프롤레타리아트의 조직적 자주성의 견지야말로 계급 투쟁에 대처하는 계급 정당의 절대적 요구임을 강력히 주장한다.(최창남, 상게 논문: 282) 즉 트로츠키는 "각성된 노동자 계급에 대한 직접적이고 독자적인 지도를 위해 투쟁하는 것이어야 한다"라고 사회주의 혁명론을 언급한다. 그는 또한 혁명적 소부르주아 혼자서는 혁명 정책의 주요 노선을 결정하지 못한다(최창남, 상게 논문: 283)라고 단언한다. 소부르주아 의식은 당시 상해의 이르크츠크파의 고려공산당 여운형(呂運亨)[131]에게서 잘 나타난다. 그는 가는 곳마다 자신이 공산주의 운동에 가담하게 된 이유를 설명하는데, 프롤레타리아 계급 투쟁을 목적으로 한 것이 아니라 한국 독립운동의 편의상 소비에트 정부와 제휴하는 것이 필요하기 때문이었다고 진술한다.(김창순·김준엽, 상게서: 177~181)

이런 각성된 지식인의 못마땅함이 노정되지만 레닌과 함께 스탈린도 '부르주아 민주주의 혁명'을 과도기적 성격으로 '반제 민족해방혁명'으로만 규정한다. 더욱이 초기 중국공산당도 조선에서 농민 혁명이 사회주의 혁명으로 이행할 것으로 보지 않았다. 그렇다면 노동대중의 약체성, 계급 투쟁의 미발달 상태에서 평등을 바탕으로 한 '프롤레타리아트와 농민의 민주주의적 독재'를 어떻게 성취할 수 있을 것인가. 단지 소비에트화의 준비를 위해 스탈린은 조선과 중국에 혁명적 농민 위원회, 노동조합, 대중 단체를 지원할 뿐 당시로서는 뚜렷한 대안이 없었다.

마르크스·레닌의 언론관에서 볼 때 조선의 반제 민족해방운동은 농민·소지주·수공업자·소상인 등 잡다한 인텔리겐치아에 의해 이루어졌다. 그리고 그들의 생활양식은 종파적·봉건적 이데올로기에서 완전하게 독립하지 못했다.(최창익, 상게 논문: 281)

마르크스·레닌주의 관점에서 보는 신문의 역사가 노동운동의 역사와 불가분의

---

131) 여운형은 기독교인이며 민족주의 독립운동가였는데도, 상해에 파견되어 있는 코민테른의 극동 부장 보이친스키의 권고로 고려공산당에 입당한다. 그리고 여운형은 당의 출판부위원이라는 책임을 맡았다.(김창순·김준협, 상게서: 157)

관계가 있음을 주지할 때, 조선의 반제 민족해방혁명에서의 사회주의는 초보 단계의 한계를 벗어나지 못한다.

1922년 다수의 공산주의자들이 형평운동·노농운동·청년운동·여성운동·학생운동 등을 주도하면서 최초의 사회주의 사상 단체인 무산자 동지회를 조직한다. 이 조직은 다시 이영(李英)이 주도하는 '무산자동맹회'(최창익, 상게 논문: 281)로 개칭되고 『무산자(無産者)』란 기관지를 발간한다(그러나 검열로 인해 창간호 발간이 금지됨). 그들은 나중에 서울 청년회, 서울파로 알려지며 상해파 이동휘와 협력한다. 그들은 1922년 『신생활』 잡지를 운영하는 데 필요한 자금을 이르크츠크 상해파로부터 지원받는데, 이런 노력이 서울파 사회주의자 김명식(金明植)·정백(鄭栢)·이성태(李星泰) 등 소위 서울파 '바람몰이적'(노동 현장의 계급의식으로 무장하지 않은 자) 사회주의자들을 길러내는 온상이 되었다.(권희영, 상게 논문:248)

이르크츠크에서 파견한 김재봉(金在鳳)은 1923년 '신사상연구회'를 주도하며 「조선일보」, 「시대일보」 등 많은 세포 조직을 가졌다. 신문은 사회주의·공산주의 건설이라고 불리는 과정에 봉사한다(이동준, 1968: 164). 그 과정에서 신문은 선전, 선동, 조직자로서 역할을 하고, 언론인은 '대서기(代書機)'가 된다.

구체적 사회주의 과정의 전술을 살펴보면 세포 조직의 확산은 핵심 인물이 당에 가입하면, 그 인물에 연계된 직급이 낮은 노동자들까지 채용되는 관례를 형성시켰다. 이런 방법으로 신문의 경우 인쇄공, 신문 배달수, 이외의 근로자들이 사회주의 운동에 동참했다.[132] 또한 신문기자와 지국장이 되는 일도 어떤 사상적 단체의 배경에 의하기도 했다.

1924년 6월 17일에서 7월 8일까지 모스크바에서 개최되었던 코민테른 5차 대회에서 일본대표 편산잠(片山潛)은, 조선에 대중운동이 뿌리를 내리고 있다고 전제하고, 1923년 이래 프롤레타리아적 농민 및 프롤레타리아 노동자 동맹 등의 연

---

132) 신백우(申伯雨)는 노동공제회의 공제에서 1920~1921년에 일년 동안 기자생활을 했으며, 1924년 9월 조선일보사로 자리를 옮긴 기자 출신이다. 그는 조선노동총동맹의 전신인 조선노동연맹의 지도 역할을 담당한다. 그는 팸플릿들의 매체를 통해 무산자의 지식을 향상시키는 무산자 해방운동을 주창한다(권희영, 1993: 181)

합이 조직화과정에 있다고 지적했다.(권희영, 상게 논문: 199) 종래 조선의 사회주의 운동은 주로 국외의 지식인에 의해 지도되었고, 코민테른은 시베리아에 거주하는 조선인에게 많은 관심을 나타내고 있었기 때문에 왜곡된 사회주의 운동이라고 주장했다.

사회주의 논리에 의하면 현대 사회는 자본과 노동에서 문제가 발생한다고 본다. 두 집단의 관계로 무산자는 물질적 착취와 학대를 받으며, 기계적 노예로 취급된다. 노동자는 자본주의가 심화되면 생명의 박탈권까지 빼앗긴다. 이로부터의 탈피는 자본가 계급을 타파하고 모든 자본을 평등하게 분배하거나, 사회가 공유하는 것이 이상적일 것이다.

평등의 쟁취를 위한 노력은 계속된다. 김재봉(金在鳳)과 조봉암(曹奉岩)의 '신사상연구회'는 마르크스 탄생일을 기념하기 위해 화요회(火曜會)를 발족시키고 농민·노동자조직을 확산한다. 신사상의 사고는 노동 단체, 독서회, 신문사 등의 세포 조직을 통해 이데올로기로서 언론에 소개되었다.[133] 소련의 Pravda, Bolshevik 등과 일본의 사상운동, 측후대 등의 잡지가 사회주의자들에 의해 국내에 소개되었다. 당시 일본에는 의회 정치를 구가했으며 출판·문예운동·사회주의 운동을 위한 언론 자유가 형성되었다. 이런 상황에서 사카에 도시히코(堺利彦) 같은 사회주의 학자는 국내에서 직접 순회강연을 하기도 했다.

당시 설득력 있는 잡지 중 몇 권은 한글판 이르크츠크의 적기, 하바로브스크의 선봉 등이었다. 김재봉은 일본이 허용한 '표현의 자유'를 이용하여, 당시 발행되는 수많은 잡지에 접촉했다.[134] 1923년 이후 「시대일보」의 홍남표(洪南杓), 「조선일보」의 김재봉(金在鳳)을 통한 세포 조직으로 사회주의 이념을 확산시켰다. 더욱이 사회주의자들은 신흥청년 같은 사회주의 계열의 잡지뿐 아니라 1920년 출간한 『개벽』, 그리고 1922년 출간한 『조선지광』, 『신천지』(1923년 폐간), 『신생활』(1923년 폐간) 등의 부르주아 잡지에까지도 특권 계급을 부정하고 평등을 보장하

---

133) 서대숙, 상게서, p. 73.

134) 서대숙, 상게서, p. 74.

는 논조의 글을 기고했다. 특히 『신생활』은 1) 신생활을 제창하고, 2) 평민 문화의 건설을 제공하며, 3) 자유 사상을 고취한다 등,[135] '개조와 혁신'의 기치를 내걸고 사회주의적 경향을 옹호했다.

「조선일보」는 1922~1923년에 밀려드는 사회주의 사조에 발맞추어, 1925년 기자 단체인 무명회와 '전조선 기자 대회'[136] 연차 및 창립총회를 열었다. 당시 언론기관에 소속되어 있는 격렬 공산주의자의 숫자가 적지 않았다.[137] 더욱이 「조선일보」는 9월 8일자 사설에 "조선과 로국과의 정치적 관계"를 게재할 만큼 사회주의 수용에 적극적이었다. 「조선일보」는 1924년 이상재가 사장으로 취임함으로써 「동아일보」 논설진의 김준연(金俊淵)·신일용(辛日鎔), 사회부의 박헌영(朴憲永)·임원근(林元根)·김단야(金丹冶), 지방부 홍남표(洪南杓) 등이 「조선일보」로 이동했다.[138]

언론인 단체와 더불어 조선노농총동맹과 조선청년총동맹이 결성되고, 곧 1924년 조선노농총동맹(朝鮮勞農總同盟)이 창단식을 가졌다. 「조선일보」는 이때의 소감을 다음과 같이 묘사한다.

지나간 17일부터 금일까지 5일간을 긍(亘)하여 전조선노동단체의 대표는 유누(遺漏) 업시모혓다. 그리하여 만장일치의 의견으로서 일대의 단결이 성립되엿다. 아-이것은 조선노동운동의 영원히 기억할 날이다. 조선의 무산대중이 단결한 날이다. 이 노농총동맹이라는 힘잇는 기발을 날이고 노농총동맹이라는 엄숙한 진영을 정돈하고 노농동맹이라는 찬란한 장을 단 무산대중이 전사의 향하는 곳에는 자유로운 해방이 잇슬것을 우리는 밋는

---

135) 정진석, 『한국언론사』(서울: 나남, 1990), p. 474.

136) 전조선 기자 대회는 1925년 4월 15일 전국에서 온 463명의 기자가 참가한 대규모 대회로, 의장과 부의장으로 「조선일보」의 이상재(李商在)와 안재홍(安在鴻)이 선출된다.

137) Robert A. Scalapino & Chong-Sik Lee, Communism in Korea; 한홍구 옮김, 『한국공산주의운동사』 (1)(서울: 돌베개, 1986), p. 115.

138) 정진석, 상게서, p. 463.

다.[139]

　　각 단체들이 연이어 결성된 후 1925년 4월 12일 '조선공산당[140] 창당 대회'를 가졌다. 1923년경 조선의 사회 운동은 사상·노농·청년 운동이 연합하지 못했으나, 여기서의 사회주의 운동은 지방대회, 전국대회 성격을 띠었다.[141] 사회주의 무게 축이 소수 지식인에게서 노농연합과 소작자 운동 같은 다수 민중에게로 넘어가며, 이 연합 조직은 '무산자 민족해방운동'으로 사유 재산까지 거부하기에 이른다. 사회주의 이론을 받아들인 지 약 5년 만에 토착 사회주의가 곳곳에서 심취하기 시작한 셈이다. 민중이 사회주의를 민족적·민주적 평등 국가와 일치시키자, 이에 당황한 총독부는 '치안 유지법'을 발동하여 무정부주의자·공산주의자들을 색출하기 시작했다.

　　조선공산당(조공)은 '프롤레타리아 혁명'과 '계급 없는 사회 실현'을 목표로 했다. 그리고 김재봉을 중심으로 한 20~30대의 젊은이들로 전국망을 형성하는데, 그들은 상해와 러시아에서 사회주의 훈련을 받은 사람들이다.[142] 조공을 이끌던 김재봉은 곧 체포되고, 「조선일보」 진주 지국장인 강달영(姜達永)에게로 조공의 권한이 넘어간다. 강달영은 당의 기관지 발행을 뒤로 미룬 채 『조선지광』에 의존

---

139) 「조선일보」, 1924. 4. 21.

140) 조선공산당은 1925년 4월 17일 화요파가 중심이 되어 창건된다. 뒤이어 고려공산청년동맹이 조직된다. 1925년 11월 '신의주 사건'을 계기로 제1차 조공이 파괴되고, 제2차 조공은 6·10 만세 사건을 계기로 검거, 붕괴되었다. 1·2차 당 대회를 치르는 동안 화요파가 약화되고, 1926년 일월회와 서울파의 일부를 포괄하는 소위 엠엘파가 중심이 되어 3차 공산당을 결성한다(1928년 2월 27~28일). 특히 제3차 조공은 무산 계급 운동의 전국적 통일을 내걸며 노동계급의 전위당을 주장한다. 그러나 곧 엠엘당도 검거, 붕괴되었다. 그해 3월에 제4차 조공이 조직되었으나(1928년 3월 중순), 곧 조선공산당은 해체된다. 그러나 1929년 2월 길림성에서 '조선공산당 재건설준비위원회'를 조직하고 볼셰비키라는 기관지를 발행한다(김창순·김준엽, 상게서(5), pp. 284~404; 신주백, "1930년대 국내 사회주의자들의 민족해방운동론",『역사비평』1990년 봄, pp. 16~59).

141) 배성용(裵成龍), 상게 논문, p. 30.

142) 서대숙, 상게서, pp. 77~78.

한다.[143] 『조선지광』은 사회운동의 정당성을 논한다.

사람에게 만일 그 집회의 자유가 없었다면 인간은 마침내 그 사회적 생활의 원리를 알지 못하였을 것이요. 따라서 그 사회적 생활을 형성치 못하였을 뿐 아니라 그 생을 유지 발전시키지 못하였을 것이다.[144]

제2차 조선공산당 사건 이후 사회주의적 무산자 계급 운동은 학생, 청년 중심의 독서회를 가질 뿐 선전 활동을 할 매체를 확보하지 못하던 터라 잡지 간행물에 크게 의존한다.[145] 그들은 상해와 러시아에서 들여온 삐라를 『신민』, 『개벽』, 『신여성』 등에 삽입하여 독자에게 전달한다.[146] 강달영을 중심으로 한 '제2차 조공대회'[147]는 1926년 6월 10일 조선의 마지막 왕 순종의 서거 날을 기점으로 또 다른 3·1운동을 시도하지만 실패하고 주요 간부들은 체포되었다. 이 같은 화요파가 거세되는 제2차 당 사건에도 불구하고 '무산 계급 의식'은 확산된다. 제2차 당 사건으로 사회주의 주요 요인들은 잠적하나, 서울파의 비주류와 일본에서 돌아온 2진 공산주의자가 등장한다.

한편 북풍회를 계승하고 안광천(安光泉)이 주도하는 '일월회(一月會)'는 1926년 11월 15일 정우회 선언을 한다. 후쿠모도 가츠오(福本和夫)의 후쿠모토주의(福本主義)에 영향을 받은 이들은, 조선에서의 사회주의 투쟁을 경제 투쟁으로부터 정치 투쟁화하는 방향 전환을 모색한다. 그리고 일월회의 김준연(金俊淵)[148]·한위건(韓

---

143) 서대숙, 상게서, p. 82.

144) 유완희(柳完熙), 상게 논문, p. 46.

145) 배성용, 상게 논문, p. 29

146) 서대숙, 상게서, p. 84.

147) 제2차 대회의 격문은 1) 식민지 민족은 누구나 무산자이다, 2) 민족 해방이 계급 해방이다, 3) 정치 해방이 곧 경제 해방이다(Robert A. Scalapino, Chong-sik Lee, 상게서, p. 131).

148) 김준연은 독일에서 돌아와 당시 조선일보 논설반에서 근무한다. 제3차 당에서는 선전 부장직을 맡았다.

偉健) 등을 주축으로 상해파의 김철수, 서울파의 소장파 등이 주축이 되어 마르크스-레닌파를 창설한다. 이를 제3차 당이라고 하지만, 도중에 실패하고 그 잔당이 제4차 당 대회를 준비한다. 이때부터는 기관지를 신문에서 잡지로 바꾼다. 당시 기관지는 '7종'[149]인데, 조선에서 발간되는 『조선지광(朝鮮之光)』, 일본에서 발간되는 『대중신문(大衆新聞)』, 『현단계(現階段)』, 『청년조선(靑年朝鮮)』, 동경에서 발간되는 『신흥과학(新興科學)』, 그리고 만주에서 발간되는 『혁명(革命)』, 『불꽃』 등이다.

4. 사회주의 운동의 여론화·조직화

한편 1927년 1월 14일 사회주의에 대항하는 '개량 민족주의자'인 김성수와 천도교의 최린 등이 동참하는 신간회[150]가 발족되었다. 신간회는 노동자와 농민조합을 정치투쟁과 연결시키려는 사회주의 계열 그리고 조합주의적 경제투쟁을 염원한 민족주의 계열과의 합작이었다.

신간회는 이념 스펙트럼이 넓었다. 그만큼 큰 조직으로 시작했다. 창립 2주년을 맞는 1929년에는 366개 지회(支會)와 76,939명의 회원을 거느린 매머드 조직이었다.[151] 더욱이 사회주의자들에게 신간회는 혁명과업의 획기적 기회를 제공하는 조직이었다. 당시 도시에는 토지를 떠난 농민과 수공업자가 홍수같이 모여 있었으며, 인텔리겐치아는 노동공제회 등 노동 단체를 통해 끊임없이 무산자계급의식 형성을 굳혀 가고 있었다. 1920년대 초 시작한 민족주의자의 물산장려운동에서 이들은 사회주의와 성격을 달리하는 민족 부르주아지의 운동이지만 공업발전을 위한 기틀을 마련하고 있었다.[152]

---

149) 김창순·김준엽, 상게서(3), p. 295.

150) 1927년 2월 15일 YMCA에서 창립 대회를 개최하는데, 그 강령은 1) 우리는 정치적·경제적 각성을 촉구함, 2) 우리는 단결을 공고히 함, 3) 우리는 기회주의를 일절부인함 등이다.

151) Robert A. Scalapino & Chong-Sik Lee, Communism in Korea; 한홍구 옮김, 상게서(서울: 돌베개, 1987), p. 167.

152) 권승덕(權承悳), "민족운동과 사회운동", 『혜성』, 1931년 7월, pp. 53~54.

이 기회를 포착한 마르크스-레닌파(ML파)는 신간회 장악을 시도했다. 그들의 조직력은 탁월했는데, 그 이유로 자유라는 것은 사회주의 내지 공산주의 성취 또 강화 그리고, 대중들에 대한 공산주의적인 사상 개변(改變)을 절대 책임지는 조건 하에서의 까다로운 것을 말한다.(이동섭, 1968: 163) 그들은 개인의 자유를 뒤로하고, 집단적 자유를 택한 것이다.

한편 신간회는 안재홍(安在鴻)·신석우(申錫雨)·이상재(李商在) 등이 장악하고 있었지만 사회주의자들의 헤게모니 운동이 계속되었다. 사회주의 사상은 신간회와 동조함으로써 노동자·농민에게 깊게 침투할 수 있었으며, 코민테른은 조공이 신간회를 장악하도록 권장했다.[153]

조공은 인텔리겐치아로부터 공장과 농민 단체 속으로 그 세력을 뻗어갔다. 인민은 기존에 갖고 있던 사회주의에 대한 반성과 아울러 태도의 변화를 감지케 했다. 당시 지방 지도자들은 약간의 교육을 받았으나 현실적으로 학업이나, 가난, 건강 등 갖가지 이유로 자신의 뜻을 펴지 못한 계층이었으므로,[154] 무산자 계급의식을 확산시키기 위한 교양, 훈련의 집중적인 대상이 되었다.

당시 사회주의운동과 더불어 발생한 '카프의 문예운동'[155]과 1931년부터 시작되는 문자 보급을 위한 '브나로드 운동'은 사회주의 운동을 확산시키는 계기가 되었다. 더욱이 조직으로서의 카프는 조선 프롤레타리아 예술연맹의 문예운동을 시작으로 1927년 예술운동으로 확산되었다. 그러나 그들은 '카프'에 의해 통제받았지만 통일된 조직을 갖고 있지는 못했다.[156]

카프의 동인들은 프롤레타리아 계급의식을 폭로예술의 노동 대중잡지인 군기

---

153) 서대숙, 상게서, pp. 94~96.

154) Robert A. Scalapino & Chong-Sik Lee, 상게서, p. 168.

155) 카프의 문예운동은 조선공산당이 결성되던 해인 1925년 8월 시작된다. 카프 결성 이전의 경향은 소설의 주인공을 막연하게 가난한 사람이라는 의미의 무산자 계급으로서 등장시켜, 사회의 구조적인 모순을 단순하게 빈부 갈등 혹은 개인적인 저항으로 보여주지만, 카프 결성 이후 경향은 주인공이 노동자, 농민, 도시 빈민 등으로 구체화되어 나타난다(서울대학교·연세대학교 국문학과 대학원 연합 연구 발표문, 「1920년대 신경향파 문학의 재평가」, 『역사비평』, 1988년 가을, p. 213).

156) 홍효민(洪曉民), 「조선 프롤레타리아 문화 운동의 신전개」, 『삼천리』 1933년 4월, pp. 587~589.

(群旗)에, 그 후에는 집단에 게재한다. 더욱이 『조선지광』에는 카프회원으로 사회주의적 집필자만 허용하며, 무산자 등을 통해서 각 언론사별로 조직적으로 예술운동을 확산시켰다.

하나의 또 다른 사회주의적 평등 운동은 형평운동('衡平運動')[157]이다. 형평 운동의 사상적 특징은 다음과 같이 논할 수 있다.

1) 전통적 사회 관습에 대한 반전통적 변혁의 시도—대등적 통합 사회로의 변혁 추구.

2) 식민지 차별화에 대한 연대적 변혁의 시도—불평등 사회 구조에 대한 평등성 추구.

3) 관념적 사상에 대한 구체적 생활 실천화의 시도—반관념적인 실천성의 사상 추구.[158]

형평운동은 신분에 관한 평등, 불평등에 대한 반감, 계급적 평등주의에 관심을 둘 뿐 아니라 이들의 생활실천화를 위한 측면이 부각되었다. 노동운동, 소작쟁의 운동이 사회주의를 외부로부터 끌어들인 운동이라면, 이것은 내부로부터의 자생적 운동인데 1928년 4월 제5회 형평사 전국대회 이후는 사회주의 사상이 본격적으로 침투된다.[159] 그들은 노동공제회(진주에서는 1922년 창립) 같은 진보적 사회주의 인사들에게 지원을 받는다.

이런 사회운동들과 일간 신문 및 잡지들을 통한 사회주의 운동, 그리고 그들의 운동을 뒷받침하는 노동운동은 결국 일제의 탄압으로 실패하고 지하의 대항언론을 통한 사회운동과 노동운동으로 평등 추구의 방향을 전환하게 된다. 사회주의 운동은 무산자이지만 작업장과 농촌현장에서 현직을 갖고 있는 노동자들이 주

---

157) 홍효민(洪曉民), 「조선 프롤레타리아 문화 운동의 신전개」, 『삼천리』 1933년 4월, pp. 587~589.

158) 진덕규, 상게 논문, p. 17.

159) 진덕규, 상게 논문, pp. 19~29.

도했다. 이런 역사적 흐름과는 관계없이 과거의 '전위대'로서의 사회주의 운동은 계속되었다. 차금봉은 일본 사회주의 총국으로부터 인쇄물을 대량 준비하여 노동공제회 재창설을 기도하고, 한위건은 신간회에 조공의 침투를 재건한다. 그들은 인텔리겐치아의 완충세력으로 학생운동에 몰두한다. 1928년 9월 조선공산당은 코민테른에 정식 가입하지만, 1928년 3월 중순 제4차 당 대회 계획은 무위로 끝나고 만다.

조선공산당 제3차 및 제4차 대회는 노동조합과 농민조합의 중요성을 강조하기 시작했다.[160] 1930년 프로핀테른(코민테른 외곽 조직의 하나)으로부터 '9월 테제', 즉 "조선의 혁명적 노동조합 운동의 임무에 관한 테제"를 지시받는다. 1931년 '조선공산당 재건설준비위원회'를 '조선좌익노동조합 전국평의회'로 명칭을 변경하고 사회주의자들은 공장의 동맹 파업을 유도했다.[161] 당시 노동자의 집결지로 평양에서는 고무, 양말, 전매 분야, 서울에서는 금속, 화학, 섬유, 일반 사용인 노동, 출판, 원산, 함흥, 흥남 등에서는 철도, 화학, 금속, 자유노동자, 목재 등의 기업이 들어서고 노동운동의 본산이 된다. 당시 남부에는 주목할 만한 운동 조직이 거의 없었다.[162]

혁명적 노동조합은 직업별 노조를 산업별·지역별로 나누고 합동 노동 활동을 청년부·여성부·정치부, 그리고 미조직 공장에 침투하여 산업별 조합을 조직한다.

1929년 원산 총파업에서 보듯 노동운동의 급진화가 이뤄지고 노동 계급 의식은 성장하지만, 혁명적 노동자 대중은 극소수였다.[163] 그러나 노동자·농민·소시민·인텔리겐치아·민족 부르주아지의 제국주의 타도의 방향에는 서로 동조를 한 상태였다.

---

160) 신주백, 상게 논문, p. 20.

161) 김창순·김준엽, 상게서(5), p. 307.

162) 신주백, 상게 논문, p. 39.

163) 신주백, 상게 논문, p. 28.

코민테른 6차 대회(1928년 12월 10일)는 '12월 테제'[164]를 발표하고 조공의 문제를 지적했다. 그해 전술했듯이 김일성의 주창으로, 1928년 1월 15일 무송에서 사회주의 선진사상 보급전파의 『새날』이 창간, 그후 당조직의 『볼쉐위크』, 농민동맹의 『농우』 등이 창간되었다.

한편 코민테른은 프티부르주아 지식인 중심의 조공을 힐난하고 농민과 노동자 중심의 조공을 촉구한다. 그 지식인들은 러시아·중국·일본에서 온 '매판적' 인텔리겐치아와 접촉했으며, 매판적 지식인은 무관심한 노동자·농민의 계급의식 구축의 실패로 조선을 떠난다. 일제의 출판물에 대한 검열은 사회주의적 도구로서의 언론 역할을 차단시켰다. 『조선지광』, 『개벽』 등 일부 언론이 사회주의 건설을 위한 여론화·조직화·형식화의 역할을 수행했는데, 독자가 소부르주아지인 점을 고려한다면, 언론을 통해 소작인에게 반소작인에 대한 적대적 계급의식을 심어 민족혁명운동으로 이끌어감에는 한계가 따른다. 농민은 계급의식이나 단결력과 건설력이 부족할 뿐 아니라 그들의 속성상 보수적 성향까지 지니고 있었다. 그러나 사회주의 운동은 농촌마다 도시마다 사회주의를 열렬히 선전하고, 세포를 조직하고, 사회적으로 혜택받지 못한 사람들의 이익을 옹호함으로써 대중을 일깨우는 데 자극을 주었다.

'신간회의 해소' 과정에서 사회주의 운동을 회고하면서 이인(李仁)은 전술했듯이 '신간회는 소부르주아지가 지도력을 가졌으며, 지도자는 영웅적 야심에 몰두하여 실천력이 부족하다'라고 혹평한다. 그리고 XYZ는 "앞으로의 운동조직은 합법조직으로서는 신간회나 그 밖의 조직을 능가할 수 없으며, 그러한 조직을 당국은 허락하지도 않는다"[165]라고 규정하고, 신간회 해소 이후 사회주의가 노동자·

---

164) 12월 테제의 주요 안건은 식민지 조선이 일제를 위한 원료 생산 및 공산품 소비, 특히 쌀의 공급지로서의 역할 수행을 강요당한다고 규정한다. 실천 강령으로 프롤레타리아트 및 농민의 민주적 지도, 노동자·농민의 정부, 자산과 국유지의 농민에 대한 무상 분배, 토지 혁명, 노동조합 및 노동 단체에서 공인한 8시간 노동제, 남녀 보수의 평등 조건, 노동 보호(산업 재해 방지), 일본인 노동자와 평등 조건, 소작료의 제한, 농산물 강제 가격 폐지, 봉건적 전제 금지 법령 공포 등을 택한다.

165) XYZ, 「지하와 부문적으로」, 『혜성』, 1931년 7월, p. 8.

농민의 기반인 생활현장에서 실천을 통해 대중운동으로 활성화되길 바랐다.

5. 팸플릿을 통한 일제하의 대항 언론

1931년 만주사변 이후 경공업에서 중화학공업으로 공업 형태가 바뀌고 토지와 식량, 그리고 원료는 교환 논리에 지배를 받게 된다. 대규모 자본가가 형성되면서, 본격적인 자본가뿐만 아니라, '프롤레타리아 독재'의 토대를 마련할 수 있었다.

산업 혁명론과 병참 기지화론이 대두되면서 소비재로부터 생산재 산업으로 이전된다. 일제는 조선으로부터 원료를 얻거나 가공하기보다 값싼 노동력 이용에 치중한다. 기술자와 숙련공이 늘어나면서 노동자에 대해 제국주의적 권력의 논리와 자본을 중심으로 한 힘의 논리가 권력으로서 작동하게 된다. 레닌의 식민지 문제에 관한 원안에서 "억압받고 종속되며 평등의 권리를 갖지 못한 민족과, 억압하고 착취하며 완전한 권리를 갖고 있는 민족을 구별하라"는 논리는 다른 말로 조선의 상황에서는 마르크스 이론도 적용할 수 없다는 것이다. 이런 상황에서 자본과 권력의 지배 논리가 엄습해온 것이다.

일제는 사상과 사회운동의 통제 일환으로 사회주의 기사를 언론에 게재할 수 없게 한다. 신문지법에 의해 사후 검열만 받던 시사 잡지들은 출판법의 사전·사후 검열을 받는 형태를 취하기 시작한다. 조선공산당 협의회 기관지 봉화와 코뮤니스트 그리고 노동계급사(勞動階級社)의 노동계급, 무산자사(無産者社)의 무산자 등 좌익 출판물을 발간했지만 그 영향력은 미미했다. 조공은 더 이상 통일 전선을 이룰 수 없었으며, 소련의 영향력도 조선에 그다지 강렬하게 미치지 못했다. 소련이 지도할 수 있는 일본도 아니었으며, 중국 공산당도 소련의 간여 없이도 조선에 상해파를 온존시킬 수 있었다. 1935년 7월 스탈린은 코민테른 제7차 대회에서 '반파쇼 인민 전선'과 '반제민족해방 통일전선'을 발표하여 조선에 적용시키려고 했지만, 이것을 받아들일 국내 사회주의 조직이 취약했다.

소련의 영향력을 멀리하고 조선 내에서는 『비판(批判)』(1930~1936) 등이 발행되어, 신문의 비판을 포함한 제국주의와 자본주의 논리에 일격을 가하고, 비판문화를 형성하며 비대한 민족 언론의 조직을 비판하기 시작한다. 일본 사회주의자는 국내, 혹은 일본에서 제작한 비판적 노동 관계 잡지인 무산자(無産者) 팸플릿, 현단계, 노동운동, 대중신문, 공장, 문예전선 등을 근로 대중에게 선보인다.

독점자본주의에 진입한 일본은 식민지 지배를 강화시키고 노동자·농민에 대한 착취의 고삐를 늦추지 않는다. 사회주의 운동은 지하로 들어갈 수밖에 없는 상황이었다. 일본은 정치적으로는 제국주의, 경제적으로는 자본주의를 농업과 공업 부분에 본격적으로 실시한다. 농업을 자본주의화시킬 뿐 아니라 산업 자본을 금융 자본과 연결시킨다.

자본주의적 생산 과정으로 토지, 생산물의 상품화, 토지의 자본화, 농업노동자가 등장하고 독점자본주의자는 농민을 토지로부터 분리시키고, 신분적 종속에서 해산시킨다. 사회 분업이 강화되면서 현대적 공장과 전근대적 가내 공업, 대기업과 중소기업 등 불평등이 심화된다.

상공업이 취약하고, 교육의 보급이 보편화되지 않은 사회 여건 하에서 신문, 잡지 분야에서도 자본에 의한 지배가 확산된다. 그러나 1931년 만주사변 이후 한국 땅에 중공업이 육성되고, 일본 자본주의의 영향을 받아 독점자본주의가 형성된다. 이런 현상에 순응하여 신문의 상업화가 가속화된다.[166] 신문은 논평과 주의주장보다 보도에 치중하고, 보도는 대중의 호기심 자극에 관심을 갖게 된다. 지사와 지국은 상인에게 의존하게 되고, 주의주장의 문화는 사라지게 된다. 그러나 대판(大阪)의 상공업자는 신문보도에까지 자신의 입장을 주입시키려고 한다.[167]

조선 신문들은 광고와 기사로 지면을 팔기 시작했으며, 기자는 신문을 파는 한편 신문은 그들이 고유하게 갖고 있는 영향력까지 대판(大阪)의 상공업자에게 팔았다.

언론을 도구로 하는 바람몰이식 사회주의는 농촌과 더불어 노동자에게 프롤레

---

166) 김경재(金璟載), 「조선신문의 대중적 비판」, 『개벽』 1935년 2월, pp. 22~26.
167) 김경재, 상게 논문, pp. 22~26.

타리아 계급을 형성시켰다. 공장과 농촌의 작업 현장에서 무산자 계급은 세포 조직으로 얽혀진다. 도시의 세계와 기술적 환경으로부터 언어, 규율, 손놀림 등 모든 것을 동시에 배우도록 강요받은 노동자의 의식은 사회주의적 혁명 전략으로 인도된다.

코민테른은 1929년 원산 총파업 이후 노동조합운동의 정책을 바꾼다.[168] '9월 테제'의 전략에 따라 혁명적 노동조합을 ①산업별로 개편 가능한 기존의 직업별 노조를 산업별로 개편하고, ②산업별로 개편될 수 없는 지역합동노조는 조합 내에 청년부·여성부·정치부를 두어 미조직 노동자를 흡수하고 강화시키는 방향, ③미조직 공장에 침투하여 산업별 조합을 건설하는 경향을 나타내기 시작한다. 각 공장에는 '공장위원회'가 건립되고, 작은 규모에는 '자치회'가 설립된다. 한편 농민은 소작인 조합, 합법적 농민조합, 혁명적 농민조합에 흡수된다. 심지어 '농민위원회'도 구성된다. 그러나 실제 조선에서는 '공장위원회', '농민위원회'와 같은 조직이 전체적으로 활성화되지 못했다.[169]

혁명적 노동조합 건설 수단에는 기관지 등의 각종 출판물, 독서회, 야학 등이 뒤따른다.[170] 사상 무기를 위한 신문, 출판물의 역할 없이는 선진사상의 보급과 부르주아 반동사상의 공세와 악영향으로부터 대중을 분리시킬 수도 없으며, 혁명 조직들의 정규화된 대중적인 정치 사업을 선전할 수도 없었다.

당은 신문에게 민중의 의식 속에 남아 있는 자본주의적 잔재요소를 뽑아내고 민중으로 하여금 공산주의 사회의 적극적인 건설자가 되게 하는데 필요한 수단으로 작동하도록 원한다.(이동준, 1968: 161)

당이 필요한 언론은 그들의 의도에 따라, 대중 언론뿐 아니라, 대항언론이 필요하게 된다. 즉, 무산자 계급 지도자는 '대중의 적극성과 창조성을 발동시킬 수 있도록' 편의에 따라 팸플릿식 언론(대항 언론)을 사용한다.

---

168) 신주백, 상게 논문, p. 28.

169) 신주백, 상게 논문, pp. 29~31.

170) 신주백, 상게 논문, p. 28.

한편 3·1운동 11주년을 맞아 흥분된 대중을 자극시키기 위해 모스크바로부터 자금을 받아 격문을 제작하기도 한다.[171] 격문의 제작도 상해 같은 곳에서 인쇄해서 국내로 가져오거나, 경계가 심한 경성보다 인천 같은 지방 도시를 택한다.

1931년 부산에서 '공장사(工場社)'와 김태영(金台榮)이 주도하는 국제 적색 노동조합 조선 지부' 등에서 공장, 노동자라는 팸플릿식 신문을 발간한다. 더욱이 이들 팸플릿식 신문은 코민테른의 '반제통일전선(反帝統一戰線)'이라는 세계 전략적 차원을 수용한다.[172] 즉 소련은 '개량 민족주의자'까지 포섭하는 한편, 바람몰이적 사회주의로 대항언론에 침투한다. 당시 제국주의 권력과 자본주의의 힘의 논리에 기생하면서 100여 명이 소속된 거대 언론에 대항한 '작은 매체'를 통해 사회주의 이론이 확산된다.

제2, 3차 태평양 노동조합 사건(1930년 12월~1933년 6월)을 주도한 무산자신문(勞動者新聞)은 경성에서 출간되어 전국 노동자에게 배포된다. 이 신문은 자본가에 대한 착취를 비판하는 한편, 공장 안에서의 일인과 조선인 간의 불평등을 시정할 것을 요구한다.[173]

노동자신문은 구체적으로 공장에서 일인을 우대하고, 한국 노동자들의 연락망을 파괴하고, 노동자의 혁명적 진출을 저지하는 일인에 대항한다. 이 신문은 기성 사회단체들의 맹목적인 사회운동을 거부한다.[174]

노동자신문 외에는 원산에서의 혁명적 노조 사건(1933년 9월~1935년 초)의 『노동자의기(旗)』, 신의주에서의 비합법노조사건(1931년)의 「공장신문」, 해주에서의 혁명적 노조사건(1931년~1932년 5월)의 「노동신문」, 여수에서의 혁명적 노조준비회사건(1932년 7월~1933년말)의 『적기』, 교육 노동조합에서의 부산 건설협의회사

171) 김창순·김준엽, 상게서(5), p. 370.

172) 김경일(金炅一), 「일제하 고무 노동자의 상태와 노동운동」, 한국사회사연구회 엮음, 『일제하의 사회운동』(서울: 문학과지성사, 1987), p. 141.

173) 「노동자신문(勞動者新聞)」, 제1호, 한홍구(韓洪九)·이재화(李在華), 「한국민족해방운동사자료총서」 4(서울: 경원문화사), p. 325~334.

174) 한홍구·이재화, 상게서, pp. 325~334.

건(1932년 7월~1933년 10월)의 『노동자』 등이 있었다.[175] 그리고 산업별 노동조합 부산건설협의회는 노동자의 의식 교양 수단으로 1933년 『붉은 항구』를 부산의 방직, 고무 공장 등에 배포했다.[176] 또한 강릉 지역에서 조선공산당재건운동(1932년 11월~1933년 10월)이 일어나는데, 이를 위해 정치교육뉴스를 발간했다.[177] 노동자들은 공장에서 독서회를 통하여 사상적 성장을 이룩하며, 독서회를 중심으로 사상적 훈련회를 갖는다. 그리고 독서회는 기관지로 신문과 팸플릿 제작에 관심을 갖는다.

농민 분야에서는 좌익계와 천도교에서 주도하는 조선농민사(朝鮮農民社)[178]가 1935년에 발간한 『조선농민』과 『농민』 등이 사회 비판적 색채를 짙게 띠고 있다. 『농민』은 전권적 지주계급을 비판했다.

지주의 임의 아닌 것이 잇엇는가 - 소작료를 올릴랴면 올리고 소작권을 떼라면 떼고 하는것이 왼통 지주의 임의이었다. 재래의 소작관행에 잇어 어대 손톱만큼이나마 소작인의 권리와 의사가 섞인 것이 있는가.[179]

『농민』은 다른 잡지 매체와 같이 사회운동의 요인을 발표하고, 여론화·조직화·형식화했다. 잡지뿐 아니라 '노동자 교육 과정', '조선의 혁명적 노동조합의 임무' 등과 같은 격문을 공장에 배포한다. 노동쟁의 건수가 늘어나면서 과거의 비전체적·비구체적·비대중적 노동운동에서 탈피해 전체적·구체적·대중적 운동으로 확

---

175) 신주백, 상계 논문, p. 29.

176) 김경일(金炅一), 상게서, p. 145.

177) 최홍준(崔洪俊), 「1930년대 강릉지역 조선공산당 재건운동연구」, 국민대학교 대학원 석사학위논문, 1993, p. 34.

178) 조선농민사는 출판 성격을 벗어나 전국적인 조직을 갖춘 농민 단체로 순회 강연, 교육, 야학 등 다양한 농민운동을 전개한다(김동규(金東奎), 「일제하 언론과 농민운동에 관한 연구」, 서강대학교 대학원 석사학위논문, 1984, p. 84).

179) 백세명(白世明), 「조선농민운동의 회고와 전망」, 『농민』 vol. 4, 1933년 3월, p. 4.

산된다. 작업장 내부의 숙련에 따른 연대, 지역별 연대 등이 활성화된다. 그리고 지역별로 동정파업을 시도하면서 외부에서의 조직을 통한 사회주의적 지도와 지원이 뒤따른다.

노동자의 계급 교양과 경제적 문제를 언급하며, '인간은 행동이 먼저고 언어가 후에다'라는 구호가 나붙는다. 여공이나 하급 노동자들에게 바람몰이적 사회주의가 득세하게 된다.

노동운동을 살펴보면 1929년 1월에 원산연합 노동조합을 일으킨 원산 노동자 파업, 그해 함경남도 고원에서 동양척식회사에 항의, 대구 토지개발회사에 항의, 1930년 평안북도 용천 불이농장(不二農場)과 다천농장에 소작쟁의로 인한 테러사건 등이다. 그 외 함남의 신흥탄광, 평양의 고무 및 양말공장(1932), 흥남제련소(1934) 등으로 지역별로 쟁의 행위가 일어났다. 그러나 이러한 노동운동은 사회주의자들이 일반 노동자들 속으로 파고들지 못했으며,[180] 서로가 밀접한 관계에 있지 않은 단적인 예로, 때로는 조선노동연맹회에 속한 '직공조합위'가 탈퇴하기도 하는 사태가 빈번히 일어난다.

현실적으로 노동운동 당사자인 각 개인들은 조직 안에서 생활 환경 개선의 차원에서 현실 비판과 아울러 상호부조의 정신, 친목과 단결을 위한 계급의식을 고취시킨다. 엄밀하게 말하면 그들은 소속 집단을 통해서 우선적으로 계급의식을 고취시키기 때문에, 그 조직 밖에 연계된 정치적 동원이 쉽게 이루어지지 않는다. 그러나 조선의 사회주의 운동은 빈번히 밖에서 발단이 되어 공장 안으로 들어온다. 사회주의 운동을 주동하는 지도자가 자신들의 강한 의지를 가질 때 노동자·농민의 자유는 빈번히 묵살되고, 단체의 힘만을 강조하게 된다. 이런 힘은 장래 또 다른 불평등을 배태시킨다.

서대숙의 각 집단별로 '토착적' 사회운동과는 달리, 신주백의 주장은 사회주의가 어느 정도 전국적 전위조직을 갖고 있다고 본다. 신주백은 이들의 활동을 '전

---

180) 서대숙, 상게서, p. 134.

국적 정치신문'(전정신)의 몫이라고 규정한다.[181] 전국적 정치 신문은 조선 '전위 당'의 산파역이고, 또한 부단히 이를 보충하는 기관이다. 정치 신문은 통일적 원칙을 제공하고, 분산된 조직을 일관성 있게 연결한다. 배포망이 기본적으로 당의 뼈대이며 '전정신'은 하향적 건설 과정을 밟아간다.

'작은 매체'인 팸플릿 신문은 작은 조직 안에서 제작되어 독점자본주의 조직 안으로 들어간다. 무기명의 기사가 태반이며, 일부 신문은 발행지도 명확하지 않다. 단지 조직의 일원으로서 신문을 발행하며, 언론 집단(적은 숫자로도 무관함)은 당시 정치 집단과 같이 반드시 지도자를 필요로 하지 않는다. 집단의 이념 자체가 생동하도록 언론의 도구적 역할 수행이 이루어질 때, 언로는 항상 열려 있었다. 집단의 정론지로서의 신문은 보도와 평론을 통해 내적 통합을 다지고, 학습과 정치 사업을 담당하고, 공장과 농장에 모범적 사례들을 제때에 반영하여 대중 교양에 도움을 준다. 작은 매체의 도움으로 원산그룹을 중심으로 한 함경도, 경성의 토착 공산주의자들이 형성되었으며, 박헌영이 주도하는 경성콤 그룹이 두각을 나타내기 시작한다. 더욱이 경성콤의 많은 가담자는 조선공산청년동맹의 젊은 지식인이나, 혹은 신참 사회주의자가 다수였다.[182] 노동자들은 사물을 직접적·총체적인 경험을 바탕으로 사회주의 운동을 시도한다. 그러나 '심정적' 사회주의에 익숙한 노동자들은 검거 열풍이 불 때 쉽게 전향해버린다.

1939년 일본이 중국을 강타하면서 러시아와 중국으로부터 지원받는 사회주의 세력은 약화될 수밖에 없었다.

경성콤그룹은 대총인쇄소, 조선인쇄주식회사, 신문사공장 같은 곳을 통해 격문과 기관지의 인쇄를 시도한다.[183] 기존의 언론사인 「조선일보」, 「동아일보」가 1940년 폐간당했다. 1941년 한글로 발표할 수 있는 잡지는 극소수였으며 신규

---

181) 신주백, 상게 논문, p. 33.

182) 경성콤의 피검자는 1942~1943년 사이에 불기소, 기소유예, 보석, 집행유예 등으로 풀려난 신참자들이었다(김창순·김준엽, 상게서 (5), pp. 384~385).

183) 김창순·김준엽, 상게서, p. 385.

잡지도 허용하지 않았다. 대동아전쟁, 일제의 문화 말살 정책, 황민화 정책으로 언론 환경은 험악해지기 시작했다. 노동력을 가진 남녀는 광산이나 공장으로 강제동원되며, 1944년 전문 학교 이상 학생들에게는 학도병으로, 다른 일반인에게는 징용을 강행한다.

북한은 조국광복회 기관지 월간 『3·1월간』을 1936년 12월 1일 발행하였고, 조선인민혁명군의 기관지 『서광』이 1937년 5월 3일 창간하였다.[184] 한편 민족주의와 사회주의 색채를 띤 몇 안 되는 잡지 중 『삼천리(三千里)』(1929년 창간)는 1942년 『대동아(大東亞)』로, 조선일보사의 『조광(朝光)』(1935년 창간) 정도가 명맥을 유지했을 뿐, 사회주의 운동은 지상 언론으로부터 거의 사라진다. 그러나 '자본주의적 공장, 농장, 그리고 언론은 사회주의를 위한 학교이다'는 명백한 진리일 수 있었다.

6. 문화적 가치 실현을 위한 언론

마르크스는 사회주의를 자본주의가 독점화 단계에 들어갈 때 공장 내부로부터 진화론적으로 일어나는 현상이라고 본다. 자본주의 노동력은 신분과 땅으로부터 해방된 곳, 즉 노동자로부터 확보된다. 자본주의는 현물적 물품 교환에서부터 화폐 교환 형태가 형성되며, 자본주의적 생산 과정으로 토지, 노동 수단, 생산물의 상품화와 구매 과정을 거친다. 봉건적 영세 경영은 자본주의 메커니즘 속으로 진입한다. 이를 뒷받침하는 언론은 평론과 사상보다 객관적 정보의 유통을 원활하게 하며 조직과 조직을 연결시키며, 그런 자본주의적 요소를 사회화시키는 데 도움을 준다. 자본주의 사회는 필히 자본가 계급과 노동자 계급이 생겨나고, 그리고 그 중간에 있는 중소업자·지식인(당시는 민족주의적 지식인)들과 같은 중간 계급이 형성된다. 그러나 독점자본주의가 형성되면 무산 유직의 사람들이 대량으로 등장한다.

---

184) 리용필, 상게서, p.176.

마르크스는 독점 자본주의 상황에서 중간 계급은 프롤레타리아화한다고 가정하며, '오리엔탈리즘'을 아예 여기서 제외시켰지만, 현실은 반드시 그렇지 않다. 교육의 기회가 확대되면서 중산층의 봉급 생활자·교육가·저술가·의사·신문잡지 기자·임금 노동자·중소공업자·하급 관리 등 중간 계급이 폭넓게 형성된다. 그들은 화폐적 보수를 받음으로써 타 계급에 기생할 수 있다. 그들은 생활상의 불안, 경제상의 불안, 지위의 불확실, 신분의 불확실 등의 위협을 받기도 한다. 그러나 마르크스가 예견하지 못한 무산 유직의 사람을 통한 평등 사회도 얼마든지 가능하다. 삶의 질의 근거를 중시하며 양보다 질에 의해 노동을 평가하고, 관용과 명예에 의해 사람을 평가하는 사회가 가능하다면, 유직의 인민도 얼마든지 부를 비교적 평등하게 보유하는 중간 계급사회를 형성할 수 있다. 그들의 부는 개인의 동기 유발을 용이하게 하며, 생활의 불안전으로부터 발생하는 불안감을 줄여줄 수도 있다. 언론이 제때에 정확한 정보와 논평으로 그들을 옳은 길로 인도할 수 있으며, 그들을 서로 계급으로 엮어줄 수 있다.

그러나 1920년대부터 1940년대의 무산 유직의 인민들은 그런 자주인이 되지 못하였으며, 일제는 조선인으로부터 주체적으로 일할 수 있는 무산 유직자를 양산해내지 않았다. 1931년 전까지 농촌에는 소작인이 태반이었으며, 도시에서는 조선인을 하급 노동자로 고용하고, 여성 노동과 18세 미만의 노동자를 단순직에 고용했다. 1930년대 이후 기술자와 숙련공이 늘어나지만, 핵심 기술은 일본인이 갖고 있어 그들은 자발적 노동자가 아닌 수동적 노동자들에 불과했다.

이런 노동관계에서 현실 직시 사회주의가 아닌 바람몰이의 수동적 사회주의가 부분적으로 능동적 사회주의로 발아하기도 한다. 초기 단계 사회주의 운동은 「조선일보」, 「동아일보」, 「시대일보」 등 일간 신문을 주축으로 하고, 아울러 잡지를 통해 이뤄졌다. 둘째 단계는 극소수 내용의 신문과 대부분의 잡지를 통해서 사회주의가 영글어진다. 그리고 세 번째 단계인 1931년 이후 검열이 강화되며, 독점 자본주의도 심화된다. 조선공산당의 기관지인 조선지광, 그리고 그 후신인 신계단에 의존하며, 부르주아 독자를 상대한다. 그러나 1936년 '불온문서 임시취체법'의 제정으로 유사한 기관지는 지하로 숨어든다. 다른 한편으로 1931년부터 원산을 기점으로 팸플릿 신문은 공장, 철도국 등에 뿌려진다. 국제 사회주의 지원 없이 독자적으로 제작되며,[185] 사회주의의 지도자는 검거되지만 신문은 공장 안으로 침투된다. 핵심 지도자가 검거되거나 행동에 제약을 받는 상황에서 신문 필자는, 마르크스·레닌식 사회주의 이론으로 무장하기보다 자신의 현실적 투쟁 경험으로부터 발생하는 이론과 실천을 주무기로 기사화할 수밖에 없다. 그들의 논조도 임금인상, 노동시간 단축, 인종차별 문제, 항일 문제 등을 게재함으로써 '원론적' 사회주의 이론은 아니었다. 이런 유인물은 조직 대중의 사상·교양 사업의 자료로 사용된다.[186] 팸플릿신문이 사회주의 당의 역할과 조직을 대신하며, 신문 배급 조직이 곧 이 사회주의 조직이 된다. 그 시기는 큰 신문보다 오히려 대항 신문, 노동 관련 신문, 격문, 벽보 등을 통하여 평등을 추구하는 집약적 토착 사회주의가 발아된다. 더욱이 노동 현장의 신문, 삐라, 선전문, 포스터와 같은 출판물은 노동자 삶의 실천 내용을 게재한 특징을 지니고 있으며, 밖에서 발아한 바람몰이식 사회주의 운동이 아니라 안에서 발생하여 밖으로까지 확산되는 성격을 지니기도 한다. '공장 속으로', '전인민 속으로'의 구호로 원산으로부터 함흥, 그리고 전국으로 파급된다. 다른 한편으로 팸플릿 신문은 소자본으로 인쇄할 수 있는 매체여서, 사적 이익에 얽매이지 않고 최대한의 공익성과 '나눔의 장'을 확장시킬 수 있었다. 이런 매체는 선동성과 강렬한 호소성, 발간의 기동성과 간편성, 그리고 보급의 간편성으로 사회주의적 계급성을 고취시키기 위한 적극적인 도구가 되었다. 즉 표현의 자유의 결핍, 수입과 실제 수입과의 괴리, 사회적 필요와 수단 간의 괴리, 수입의 불규칙성, 미래의 보증에 대한 불확실성, 고용에 대한 신분상의 불확실성을 폭로하는 도구로서의 작은 언론의 역할이 행해졌다. 이런 인쇄물은 농촌과 노동현장의 인민들에게 배포된다.

　이런 미디어의 성격상 하드 뉴스보다는 평론을 중시 여기며, 심지어 대중언론

185) 임경석, 「원산지역의 혁명적 노동조합 운동(1936~1938년)」, 『일제하 사회주의 운동사』(사상신서 147)(서울: 한길사, 1992), p. 357.

186) 임경석, 상게 논문, p. 357.

의 사회면까지도 평론식의 기사를 작성하듯 주의주장들로 가득 차 있어 '사회의 신경'으로서의 언론으로 사회 내에서 제 역할을 담당한다. 이런 신문, 출판물이 없으면 사회주의자는 그 사상의 보급뿐 아니라 부르주아 반동사상의 공세와 그 악영향으로부터 대중을 떼어낼 수도 없다고 본다. 언론의 조력없이는 혁명 조직들의 정규화된 대중적인 정치 선전도 불가능하다.[187] 민족주의자인 장준하(張俊河)는 1944년 중국중앙군관학교 임시 분교 광복군반에서 훈련 도중 『등불』, 『등대(祭壇)』란 잡지를 낼 당시를 회고한다. 잡지를 출판하는 데 참여했던 사람들은 자기 전공에 따라서 원고를 쓰고, 거기에 시·소설·생활 수기 등을 손으로 써서 등사판을 이용하여 수백 부씩 찍어냈던 것이다. 이 잡지의 출간 목적을 그는 "독립 운동과 선배들의 단결과 행동 통일"로 규정한다.[188]

평등의 목표를 추구하는 토착 사회주의는 경제적인 문제뿐 아니라 사회적·정치적 조건과 같이 싹튼다. 그러나 신분적 평등을 포함한 토착 사회주의 운동은 1930년대부터 부분적으로 일어나기 시작하고, 오히려 1935년 이후에 더욱 활성화된다. 토착 사회주의는 노동자신문과 같은 팸플릿 언론을 통해 더욱 가속화된다. 노동 현장과 관련하여 발행하는 신문 외에 일본 반제 동맹 기관지 「반제신문(反帝新聞)」(1932년 창간), 일본 적색구원회가 발행하는 「구원신문(救援新聞)」(1934년 한글판 발행), 조선공산당 재건 경성 준비 그룹의 『적기(赤旗)』(1936년 창간) 등이 있었다. 사회주의가 있는 곳은 반드시 기관지가 존재했다. 그리고 기관지의 이념적·도구적 언론 활동을 통해 독점 자본주의의 경직화된 사회 구조 안에 사회주의자들의 계급의식을 확산시켜나갔다.

문화적 성격의 노동공제회의 기관지 공제에 기고한 조성돈(趙誠惇)은, 당시 조선의 사회주의는 지식 운동과 자본가계급을 위한 것이었음을 실토한다.[189] 자본주의 사회에서 자산가로의 노동자가 노동 현장에서 자신의 삶의 질을 인정받지

---

187) 리용필, 상게서, p. 188.

188) 정진석, 『한국현대언론사론』서울: 전예원, 1992), pp. 201~202.

189) 조성돈, 상게 논문, pp. 13~20.

못하고, 그 대신 축적된 과거의 노동의 결과에 매몰되어 개인은 사회적 물건, 혹은 비사회적 개인으로 취급받는다. 이를 거부하는 사회주의 운동이 진화론적으로 싹튼다. 이런 사회주의 기본 원리는 조선의 현실과 일치하지 않았다. 또한 조선의 강연회, 신문 발행, 잡지 간행, 서적 출판 등은 식자나 유산 계급을 위한 것이지 노동자 계급의 입장이 되지 못했다. 그렇다면 조선의 사회주의 운동은 유직의 노동자·농민들 누구에게나 자신의 생명 존중, 자기 특유의 개성, 자기 표현의 기회 등을 부여할 수 있는 자아실현의 문화적 가치로부터 시작됐어야만 했다. 이런 운동은 일본과 러시아의 외세에 의존할 성질의 것이 아니다. 유직의 의식을 지닌 중간 계급이 빈곤한 조선에 러시아는 그들의 편의, 혹은 필요에 따라 사회주의 운동을 선전·선동·조직화한다. 다른 한편으로 일본은 전략적 차원에서 사회주의 운동을 허용하기도 하면서, 다른 한편으로 지속적이며, 집요하게 사회주의 언론운동을 탄압한다.

개인의 삶의 질을 바탕으로 한 문화적 가치 증진은 외세가 아닌 자신들만이 추구할 수 있는 고유한 정신적·신분적·물질적 평등 의식을 통해 사회적 조건을 개선할 때에만 가능하다.

참고문헌

최승덕(權承悳), 「민족운동과 사회운동」, 『혜성』, 1931년 7월, pp. 52~55.

권희영(權熙英), 「조선공산당 성립과 코민테른(1923~1925)」, 『한국사학』13(경기도: 한국정신문화연구원, 1993).

ㄱㄴㄷㄹ, 「고려공산당연구(1921~1922)」, 『한국사학』13(경기도: 한국정신문화연구원, 1993), p. 248.

김경일(金炅一), 「일제하 고무 노동자의 상태와 노동운동」, 『일제하의 사회운동』, 서울: 문학과지성사, 1987.

김경재, 「조선신문의 대중적 비판」, 『개벽』, 1935년 2월, pp. 22~26.

김남식, 「한국공산주의운동사 연구를 위한 전제」, 『역사비평』, 1988년 여름.

김동규(金東奎), 「일제하 언론과 농민운동에 관한 연구」, 서강대학교 대학원 석사학위논문, 1984, p. 84.

김동춘, 「1920년대 학생운동과 맑스주의」, 『역사비평』 1989년 가을. 김성수, 「1920년대초 독립운동의 제문제」, 『한국사학』14(경기도: 한국정신문화연구원, 1994).

김영주·이범수 엮음, 『북한 언론의 이론과 실천』(서울: 나남, 1991), p. 18.

김준엽(金俊燁)·김창순(金昌順) 공저, 『한국공산주의운동사』1, 2, 3, 5(서울: 청계연구소, 1986).

김철수, 「일제식민지 시대 치안관계법규의 형성과 적용에 관한 연구」, 『한국사회학』vol. 20, 1995년 봄, pp. 105~145.

노병성, 「일제하 언론의 좌익사상연구」, 『언론문화연구』11(서울: 서강대학교언론문화연구소, 1993), pp. 397~419.

리용필, 『조선 신문 100년사』(서울: 나남, 1993), p. 188.

박성수(朴成壽), 「1920년대초 독립운동의 제문제」, 『한국사학』14(경기도: 한국정신문화연구원, 1994).

박용구, 「일제하 좌파 언론인에 관한 연구」, 『'94 한국언론학회 가을철 정기학술발표회 II』, 한국언론학회, 1994, pp. 89~107.

배성용(裵成龍), 「조선사회운동의 사적 고찰」, 『개벽』vol. 176, 1926년 3월, pp. 22~32.

배성준, 「1930년대 일제의 '조선공업화'론 비판」, 『역사비평』 1995년 봄, pp. 134~145.

백세명(白世明), 「조선농민운동의 회고와 전망」, 『농민』 1933년 3월, p. 4.

ㄱㄴㄷㄹ, 「중산계급의 장래」, 『개벽』vol. 66, 1926년 2월, pp. 19~33.

복단봉인(牧丹峯人), 「신문편집이면비화」, 『개벽』 1935년 3월, p. 89~95.

서대숙, The Koreans Communist Movement; 현대사연구회 옮김, 『한국공산주의 운동사 연구』(서울: 화다, 1985).

「서울대학교·연세대학교 국문학과대학원 연합 연구발표문」, 「1920년대 신경향파 문학의 재평가」, 『역사비평』 1988년 가을.

신주백, 「1930년대 국내 사회주의자들의 민족해방운동론」, 『역사비평』1990년 봄, pp. 16~59.

안병욱 외, 「북한에서는 우리 역사를 어떻게 보는가」, 『역사비평』 1988 겨울, pp. 5~47.

오동석, 「한국 근현대사에 나타난 언론통제법의 본질과 실상」, 『역사비평』 1988년 겨울, pp. 290~310.

오미일, 「1930년대 사회주의자들의 사회 성격 논쟁」, 『역사비평』 1990년 봄, pp. 218~251.

우동수, 「1920년대말~30년대 한국 사회주의자들의 신국가 건설론에 관한 연구」, 『한국사연구』 vol. 72, 1991년 3월, pp. 81~121.

유완희(柳完熙), 「조선의 신문과 민중」, 『조선지광』 1928년 1월, pp. 40~41.

유재천, 『한국 언론과 이데올로기』(서울: 문학과지성사, 1990).

윤석수, 「조선공산당과 6·10 항일시위운동」, 『역사비평』 1989년 봄, pp. 96~117.

윤정란, 「식민지하 제사(製絲)공업 노동자의 상태와 운동」, 숭실대학교 대학원 석사학위논문, 1990, p. 46.

XYZ, 「지하와 부문적으로」, 『혜성』 1931년 7월, p. 8.

XY生, 「현하신문잡지에 대한 비판」, 『개벽』 1935년 3월, p. 21.

이돈화(李敦化), 「조선 신문의 특수성과 그 공과」, 『개벽』 1935년 3월, pp. 28~42.

이연, 「일제하의 조선중앙정보위원회의 역할」, 『언론학논선』 13(서울: 서강대학교 언론문화연구소, 1993).

이인(李仁), 「무엇보다 경제운동」, 『혜성』, 1931년 7월, p. 6.

이종수, 「조선잡지발달사」, 『조광』 vol. 14, 1936년 12월, pp. 122~136.

이창훈, 「러시아의 극동침략정책과 조선」, 『역사비평』 1988년 겨울, pp. 120~149.

이춘원, 「민족개조론」, 『개벽』 1922년 5월, pp. 18~72.

자료, 「조선공산당선언」, 『불꽃』 1926년 9월.

자료 발굴, 「조선공산당선언」, 『역사비평』 1992년 겨울, pp. 349~361.

임경석, 「원산지역의 혁명적 노동조합 운동(1936~1938년)」, 『일제하 사회주의 운동사』(사상신서 147)(서울: 한길사, 1992), p. 357.

정진석(鄭晋錫), 『한국언론사』(서울: 나남, 1990).

ㄱㄴㄷㄹ, 『한국현대언론사론』(서울: 전예원, 1992), p. 201.

조성돈(趙誠惇), 「노동만능론」, 『공제』 1920년 창간호, p. 13.

진덕규, 「형평운동의 사상사적 인식」, 형평운동 70주년기념사업회 엮음, 『형평 운동의 재인식』(서울: 솔, 1993), pp. 11~30.

차상찬, 「조선신문발달사」, 『개벽』 1935년 2월, pp. 2~20.

TY生, 「사회운동단체의 현황」, 『개벽』 vol. 76, 1926년 3월, p. 46.

최민지(崔民之), 「한말-일제하 민족과 언론」, 『언론과 사회』(서울: 민중사, 1983).

최창남, 「중국혁명에 대한 스탈린, 트로츠키 논쟁」, 『역사비평』 1987년 가을, pp. 271~304.

최홍준(崔洪俊), 「1930년대 강릉지역 조선공산당 재건운동연구」, 국민대학교 대학원석사학위논문, 1993, p. 34.

「해방일보」, 1945. 9. 19.

한홍구(韓洪九)·이재화(李在華) 엮음, 「한국민족해방운동사 자료총서」vol 4, 5, 6(서울: 경원문화사, 1988).

홍효민(洪曉民), "조선 프롤레타리아 문화운동의 신전개", 「삼천리」 1933년 4월, p. 587~589.

황태욱(黃泰旭), 「조선민간신문계 총평」『개벽』1935년 3월, p. 21.

Pierre Bourdieu, Travail et travailleurs en Algenie(Paris: Les Editions de Minuit, 1977); 최종철 옮김, 『자본주의의 아비투스』(서울: 동문선, 1995).

Hanno Hardt, Social Theories of the Press(California: Sage Publications, nc., 1979).

Robert A. Scalapino & Chong-Sik Lee, Communism in Korea; 한홍구 옮김, 『한국공산주의 운동사』1, 2, 3(서울: 돌베개, 1986).

Charles R. Wright, Mass Communication(New York: Random House, 1986).

「동아일보」, 1920. 4. 3.

「동아일보」, 1920. 5. 12.

「동아일보」, 1920. 6. 20.

「해방일보」, 1945. 9. 19.

제5장
정론지(政論紙)와 '신문윤리강령'(1945~1961)

1. '신문윤리강령'과 '신문윤리실천요강'의 시대적 과제

현대의 인류는 지구촌(global village)을 형성하면서 세계 곳곳에서 일어나는 경이적 사실들을 이용하며 즐긴다. 첨단의 커뮤니케이션기술이 지구촌 구석구석을 누비고 있다.

그러나 개인은 신뢰가 없는 사회, 진정한 커뮤니케이션이 단절된 사회에 격리되어 있다. 수없이 많은 정보들이 민중들에게 제공되나 진솔한 대화를 위한 도구가 되지 못하며, 그들의 뜻이 직접적으로 미디어를 통해 전달되지도 않는다. 권력 기구를 출입하는 기자의 수는 늘어나지만 시민이 즐기고, 필요를 충족시키는 지역 단체, 사회단체, 혹은 직업단체들에 대한 언론의 관심도는 상대적으로 낮다. 풍요 속에 빈곤을 경험하게 한다. 제도권 언론은 민주노총 등의 '정파적 언론'으로 사유화를 걷는 것이 아니라, 사회 내 커뮤니케이션 활동화에 도울 책임을 갖는다. 그만큼 제도권 언론인 개개인은 절제를 요구하고, 난잡한 언론세계에 질서를 줄 필요가 있게 된다.

또 하나의 포식자인 네이버, 다음, 네이트 등 포털의 등장은 괄목하다. 그들은 알고리즘을 통한 기존 뉴스 선택을 하면서, 동시에 댓글로 중국, 북한 같은 공산권을 무차별적으로 불러들인다. 그 편향성은 정부까지 마음대로 바꿔치기한다.

민주노총 하부기구로서 언노련은 난폭 운전뿐만 아니라, 미디어는 점점 국민들과 거리가 있는 독점적 기업들에 의해 지배되어가고, 그들과 언론의 틈새는 더욱 벌어져 가고 있다. 1996년 여름 「중앙일보」와 「조선일보」 간에 벌어진 판매 경쟁은 여러 신문이 합세하면서 지면 전쟁을 방불케 했다. 「한겨레신문」의 논조에 의하면 '재벌언론'과 '언론재벌'의 한판 대결로 묘사된다. 그러나 '역사는 우연성보다 필연성의 연속이다'라고 볼 때, 이런 지면 전쟁은 결코 우발적인 것이라

볼 수 없다.

언론은 개인과 개인, 개인과 사회, 국가와 국가 간의 신속하고 정확한 보도와 평론을 제공한다. 언론은 개인으로 하여금 만족, 통제, 정체성을 가질 수 있게 하고, 개인들 사이에 진솔한 대화가 이뤄져 사회적 공통성과 문화를 창출하게 한다. 박치우는 「한성일보(漢城日報)」의 〈민족과 문화〉(「한성일보(漢城日報)」, 1946. 02. 26.)라는 칼럼에서 문화를 초역사적인 민족의 결부로만 인식하려는 그릇된 사관에서 벗어나, 우수한 외래문화를 흡수하고 종합함으로써 고유한 문화를 새로이 창조하기를 소망했다. 이렇듯 문화 창조를 위해 언론은 여론의 지도자, 반영자, 사회적 목탁 등의 역할을 부여받는다.

사회 내에서 커뮤니케이션 단절 현상은 언론인 개인의 문제와 더불어 언론이 사회를 다루는 시각과 무관하지 않다. 언론인 개인이 '어떻게 행위하여야 하는가'하는 주체적·내적·자율적 자아에 대하여 관심을 갖지 못했을 때, 공동체의 구성원이 사회적 존재양식(문화 양식)에 대해 보편성을 갖지 못했을 때, 그 구성원은 커뮤니케이션 단절 현상을 경험하게 된다. 이런 현상은 사회의 구성원인 개인과 집단이 '어떻게 행위해야 하는지'에 대한 확고한 의식의 사회화에 문제가 생긴 탓으로 돌릴 수 있다.

본서는 윤리강령과 그 실천요강의 윤리적 성격을 규정할 목적으로 1957년과 1961년 각각 제정된 합리적 사고, 객관 보도를 위한 '신문윤리강령'과 '신문윤리실천요강'을 사회 기능적 세계관과 비교하며, 1996년 제정된 가치적 사고, 대화식 보도의 '한국신문윤리강령'을 사회 통합적 세계관과 비교, 분석한다.

각 언론사는 '옴부즈만' 제도, 독자란, 자율 심의, 신문윤리위원회 등 언론 윤리를 자율적으로 보호할 장치가 현존함에도 불구하고 한국신문협회·한국신문편집인협회·한국기자협회 등 언론인 3단체가 연명하여 한 목소리로 제도적 차원에서 윤리강령과 그 실천요강을 발표했다. 즉 언론인 3단체가 주관적 사고의 계발, 옹호, 당파성을 부분적으로 인정함으로써 사회 내 커뮤니케이션을 활성화하겠다는 '한국신문윤리강령' 및 '신문윤리실천요강'의 개정안을 1996년 4월 7일 발표한 셈이다. 그 의미는 과거를 청산하고, 신문의 역할에 대한 새 장을 펼칠 청사진을 제시한 셈이다. 말하자면 이 '한국신문윤리강령'과 그 '신문윤리실천요강'의 개정안은 한국신문편집인협회가 1957년 4월 7일 제정한 '신문윤리강령'과 1961년 7월 30일 추가로 채택한 '신문윤리실천요강' 내용을 새롭게 한 의미를 지닌다.

윤리강령의 실체를 역사적으로 일별하면, 언론 3단체가 1996년 4월 7일 발표한 '한국신문윤리강령'에서의 '보도와 평론의 원칙'은 다음과 같다.

우리 언론인들은 사실의 전모를 정확하게, 객관적으로, 공정하게 보도할 것을 다짐한다. 우리는 또한 진실을 바탕으로 공정하고 바르게 평론할 것을 다짐하며, 사회의 다양한 의견을 폭 넓게 수용함으로써 건전한 여론 형성에 기여할 것을 결의한다.(김옥조, 1996. 5: 10)

보도를 정확하고, 공정하고, 객관적으로 하며, 평론은 공정하고 용기 있게 개진하길 바란다. 그리고 새로운 윤리관은 객관보도와 더불어 개인의 사명감, 궁극적으로 사회 내의 커뮤니케이션 활성화에 관심을 둔다. 그러나 이 원칙도 인위적 객관보도와 그에 따른 직업인으로서의 언론인의 '사회 책임론'의 범주에서 벗어나지 못한다. 객관보도는 언론인의 품성에 기초하기보다 인위적 형식에 의한 보도 방식이다. 인위적 형식은 자칫 개인의 윤리적 사고를 억제시키며, '正'의 원리의 추구에 왜곡을 가져올 수 있다. 객관 보도에 따른 사회책임도 사회 내 커뮤니케이션에 전혀 도움을 주지 않는 인위적 의무에 머무를 수 있다. 말하자면 본 윤리강령은 전술한 사회 내 커뮤니케이션의 단절 현상을 해결하기에는 미흡하다. 구체적으로 실천요강에서 '보도 준칙'과 '평론의 원칙'을 분리시켜 설명하는데 '신문윤리실천요강'의 제3조 '보도 준칙'은 이렇다.

보도 기사(해설 기사 포함)는 사실의 전모를 충실하게 전달함을 원칙으로 하며, 출처 및 내용을 정확히 확인해야 한다. 또한 기자는 사회정의와 공익을 실현하기 위해 진실을 적극적으로 추적, 보도해야 한다. (…) (보도 기사의 사실과 의견 구분) 기자는 사실과 의견을 명확히 구분하여 보도 기사를 작성해야 한다. 또한 기자는 편견이나 이기적 동기로 보도

기사를 고르거나 작성해서는 안 된다.(김옥조, 1996: 12)

즉 충실한 전문적 직업정신으로 사회정의와 공익적 차원에서 객관적으로 보도하길 바란다. 그러나 자신의 주의주장을 밝힐 것을 옹호하는 '신문윤리실천요강' 제8조의 '평론의 원칙'은 다음과 같다.

평론은 진실을 근거로 의견을 공정하고 용기 있게 표명하되 균형과 절제를 잃지 말아야 하며, 특히 고의적 편파와 왜곡을 경계해야 한다. 또한 평론은 정치적 입장을 자유로이 표현할 수 있으며, 논쟁적 문제에 대해 다양한 공중의 의견을 폭넓게 수용하여 건전한 여론 형성을 위해 노력해야 한다. (…) (논설의 정론성)사설은 소속 언론사의 정론적 입장을 대변해야 하며, 특히 언론사의 상업적 이익이나 특정 단체와 종파의 이권을 대변해서는 안 된다. (…) (정치적 평론의 자유)사설 등 평론은 실정법을 위반하지 않는 한 특정 정당 또는 특정 후보자에 대한 지지 또는 반대를 표명하는 등 언론사의 정치적 입장을 자유로이 표현할 수 있다. (…) 반론의 기회를 주도록 한다.(김옥조, 1996:14~15)

개정된 실천요강은 공정하고 진실된 평론을 원하며, 평론은 논쟁적 문제에 대해 다양한 공중의 의견을 폭넓게 수용하며, 필자의 주장을 밝힐 수 있도록 한다. 그리고 독자에게는 적절한 해명과 반론의 기회를 부여하고 있어 적극적 대화 커뮤니케이션을 수용하며, 주장을 확실히 하며, 당파성도 공개적으로 포용할 수 있도록 권장한다. 그러나 '평론의 원칙'도 '객관화'의 범주에서 크게 벗어나지 못했으며, 적극적 의미의 정론지 성격과 대화 커뮤니케이션에는 미흡하다. 이 '평론의 원칙'은 논평자에게 수사학(rhetoric)의 기술적 기법을 강조했지만, '신뢰의 기풍'(ethos)에 의한 커뮤니케이션을 배려하지 않는다. 맹자는 '자기의 주장'(恒心)을 갖는 것을 찬양하지만(예: '어버이의 섬김', 心志), 마음을 떠나게 하는 것(放心)에 대해 경계한다. 수사학은 개인의 방심상태의 허점을 포착하여 설득한다. 언론사의 긴 역사적 맥락으로 볼 때, 보도와 평론의 객관화(to objectify) 태도를 특히 강화하는 시기가 있었다. 즉 객관화의 강요는 객관화가 사물이나 사건이 처해 있는 모습 그대로, 객관적인 것(to be objective)이 아니라 거짓되고 이데올로기화한 내용이 실제적인 것처럼 위장될 때 빈번히 등장했다. 객관 보도와 평론이 공정성·형평성·진실성을 나타내는 것처럼 보이지만 이데올로기화한 객관화는 정의를 밝히는 자체를 방해할 수 있다. 이런 객관성을 툭크만(Gaye Tuchman)은 '전략적 의례'(strategic ritual)라는 냉소적 표현을 쓴다. 이번 윤리강령은 이 같은 과거에 대한 반성도 포함하고 있다고 전제하고, 본고는 한국언론사의 보도의 객관주의 과정과 윤리강령과 그 실천요강의 관계를 살펴본다.

과거의 윤리강령을 구체적으로 살펴보면, 1957년 4월 7일 제정되어 일부 수정을 거쳐 지금까지 시행해왔던 '신문윤리강령'[190]의 제3조 '보도와 평론의 태도'는 다음과 같다.

보도는 사실의 신속 충실한 전달을 생명으로 하며, 따라서 출처 및 내용에 있어 보도의 가치가 확증될 수 있는 것에 한하여야 한다. 평론은 독립 불기의 소신을 공정 대담하게 표현하며, 특히 진실에서 고의로 이탈하려는 편파를 경계해야 한다. 보도 및 평론은 그 능력이 미치는 한 철저와 정확을 기하여 공중에 대한 성실을 저버리지 말아야 하며, 중대한 오보가 있을 때는 이를 정정하여야 한다.(서정우·차배근·최창섭, 1993: 403~406)

이 가운데 '사실의 신속 충실한 전달', '보도의 가치가 확증될 수 있는', '보도와 평론은 철저와 정확' 등의 표현은 보도와 평론의 객관성을 강조한 대목이다. 인

---

190) 신문윤리강령은 한국신문편집인협회가 독립신문창간 61주년인 1957년 4월 7일 한국의 '신문윤리강령'을 제정, 그리고 1961년 '신문윤리실천요강'을 발표하여 1996년 4월 7일까지 시행했다. 본 윤리강령은 언론 자유의 확보와 신문인들의 품위 및 지위 향상을 위해, 당시 「조선일보」 부사장이며 주필이었던 홍종인(洪鍾仁)과 당 논설위원인 천관우(千寬宇), 그리고 「한국일보」 외신부장인 최병우(崔秉宇)가 모여 대책을 논의한 후 전국의 신문, 통신의 편집부장 이상 48명이 서명함으로써 발효되었다. 본 협회는 명동시립극장에서 창립총회를 열고 초대 회장에 이관구(李寬求)를 영입했다. 당시 시대적 상황으로 언론을 통제하는 '국정보호임시조치법', 李대통령에 대한 경고 결의안의 주동자로서 장택상(張澤相) 의원의 징계 동의안 사건, 장면(張勉) 부통령 피습 사건 등 일련의 정치적 사건이 일어났는데, 본 협회는 이들 사건에 대처하기 위한 성격을 지녔다.(오소백, 1968: 251~253; 방상훈, 1990: 486)

간의 필요·목적·관심 등을 직선적으로 표현할 때는 이런 보도 태도가 문제되지 않는다. 그러나 이런 보도와 평론의 태도는 현존하는 세계를 지나치게 강조하거나, 사실의 부분적 해석에만 치우칠 수 있다.

사건의 숨어 있는 이유, 다른 사람과의 관계, 인간 행위들의 총합을 그려내기에는 불가능한 보도와 평론의 태도이다. 이런 객관 보도는 1961년 8월 3일 제정되어 지금까지 실시되어 왔던 '신문윤리실천요강'의 '보도와 평론의 태도'에서 강화되었다.

보도는 평론과 엄격히 분리되어야 하며, 집필자의 이름을 밝힘이 없이 개인의 의견을 보도에 삽입할 수 없다. (……) 또 비공식이나 사적인 담론은 그것이 공공의 이익에 절대적으로 필요하지 않는 한 보도해서는 안 된다. 사실은 부분만이 아니라 그 전모와 그 의미를 포괄적으로 보도해야 한다. 특히 사실의 요약과 표제에 있어서도 사실이 왜곡되어서는 안 된다. (……) 사실과 다르거나 부정확한 보도를 했을 때에는 스스로 즉각적으로 이를 완전히 정정해야 하다.(서정우·차배근·최창섭, 1993: 403~406)

즉 '보도와 평론의 분리', '개인 의견의 금지', '사적 담론의 보도 제한' 등은 객관보도의 전형이라고 할 수 있다. 더욱이 5·16 군사정부는 뉴스원에 대한 기자의 접촉을 금지함으로써 평론의 범위를 제한시켰다.

본 저서는 윤리강령과 그 실천요강의 보도와 평론 부분을 규명하기 위하여 해방 후(1945년)로부터 군사정부가 들어선 1961년까지를 서술한다. 아울러 보도와 평론 부분에서 가장 관심거리가 될 수 있는 '신문의 당파성', '정론지'에 관심을 집중시키며, 결국 당파성 신문의 종말은 윤리강령의 제정과 시대적 맥락을 같이 한다는 명제를 풀어간다. 즉 본 윤리강령은 당파성 신문을 운영할 수 없는 취약점을 갖고 있다.

이런 방법은 베버의 '해석학'에서도 사용되고 있다. 역사의 긴 과정의 지배 원리, 삶의 양식, 문화와 종교를 '해석'함으로써 문화의 정체성과 그 진행 방향을 거시적으로 추적할 수 있다. 이를 베버는 '유교적 인간관계'(전통 종교)로부터 '합리화의 과정'(rationalization, disenchantment)으로 묘사한다. 즉 인간 사고의 정형화, 과학보도의 전문화, 기사의 형식화, 수습기자 제도의 정규화, 신문 관리의 기업화, 그리고 윤리의 개인화와 문서화 등이 합리화의 길을 걸으며 당파성 신문의 논리는 공정성이라는 테두리 속에 묶이게 되었다.

2. 해방 후 정론지의 선명성

제2차 대전은 이탈리아가 1943년 9월 연합군에 항복함으로써, 그해 1943년 12월 미·영·중 거두들은 카이로선언을 발표하고, '한국 인민의 노예 상태에 유의하여 적당한 시기에 한국을 자유·독립케 할 것을 결정한다.'라고 발표했다.

그러나 러시아 우크라이나 남부 항구도시 얄타(Yalta)에서 1945년 2월 뉴스벨트와 스탈린이 분할 신탁통치를 결정했다. 또한 독일 포츠담(Potsdam Declaration)에서 1945년 7월 26일 실제 '미·소분할 통치'[191]가 다시 확인되었다.

1945년 7월 26일 독일의 포츠담에서 열린 미국의 대통령 트루먼, 영국 총리 처칠, 중국의 장제스〔蔣介石〕〔후일 소련의 서기장 스탈린도 8월 서명을 함〕 등이 참여하여 13개 조항에 서명했다. 그 전문에 '일본의 무모한 군국주의자들이 세계인류와 일본 국민에 지은 죄를 뉘우치고 이 선언을 즉각 수용한다.'라는 내용이 포함되어 있었다. 또한 이 선언문 제8항에 '카이로선언의 실행과 일본영토의 한정'의 규정이 있었고, 제10항에 '전쟁범죄자의 처벌, 민주주의의 부활 강화, 언론·종교·사상의 자유 및 기본적 인권존중의 확립' 등이 있었다.(「포츠담선언」, m.terms.naver.com.)

일본은 포츠담 선언문을 무시했으나, 8월 6일 히로시마에서 원자탄이 터져 7만

---

191) 분할통치에 대한 이승만의 역할이 소개되었다. 그해 5월 대한민국 임시정부 주미외교위원부 대표 이승만이 얄타 회담에서 조선에 관한 '미일 협약'이 있다고 폭로했다. "러시아가 폴란드에서 공산주의자들로 구성된 '루블린 정권'을 세운 것처럼, 조선에서도 공산당 정권을 세우려는 러시아의 뜻을 미국이 받아들였다는 얘기였다. 그리고 30년 넘게 미국에서 쌓은 역량을 동원해서 미국 국무부를 몰아붙였다."라고 했다.〔복거일, 2018. 07. 07.〕 분할 통치가 설득력을 얻어간다.

8,000명의 희생자[그 후 나가사키에 원자탄이 떨어져 2만 3,000명의 희생자를 냈다]를 내고, 1945년 8월 15일 포츠담선언 수락을 수용했다.(김병관, 2000: 267)

해방과 더불어 언론·집회·결사의 자유가 보장되고, 개인의 주장이 강화되었다. 언론들은 제각기 자신의 이데올로기 주입에 몰두하였으며, 한가하게 보도·논평·평론하던 기자의 여유로움을 즐기던 시대와는 달리, '만인에 대한 만인의 투쟁'의 황폐한 인간에게 흥미를 끌 수 있는 시장성 정보만이 사회를 뒤덮는다.

무분별한 의견 표출을 담고 있는 전단·벽보·포스터가 길거리에 나붙기 시작했다. 의견 표출이 난무한 가운데 대표적인 우파와 좌파 신문이 하나씩 등장하는데, 좌파 신문인 조선공산당의 기관지 「해방일보」와 조선인민공화국의 협조지 「조선인민보(朝鮮人民報)」가 그 대열을 주도했다.

소련 서기장 스탈린은 1945년 일본에 선전포고를 하고 있었던 터라 좌파 언론은 엄호할 수 있었다. 여전히 조선 땅에는 일본 아베[阿部]총독이 치안을 담당하고 있었다.

소련군정[192]은 아래와 같이 벌써 기획되었다. 소련은 "제2차 세계대전이 끝난 뒤 한반도 38선 이북과 함께 주도와 부산을 점령하는 방안을 검토했던 사실이 드러났다. 당시 소련의 계획이 실현됐다면 북한뿐 아니라 이 지역들까지 소련의 수중에 들어갈 수 있었다는 뜻이다. 2022년 8월 16일 「요미우리신문」 보도에 따르면 러시아 외교정책문서관이 온라인으로 공개한 문서를 일본 이와테대 아사다 마사후미(麻田雅文) 교수가 확인한 결과, 2차 대전 후 소련이 검토한 점령지에 일본 홋카이도 전체와 한반도 남부 지역이 포함됐다. 또한 1945년 8월 29일 소련

---

192) 소련군정은 1945년 8월 9일부터 대일전을 개시해 북한지역을 점령한 소련군 제25군 군사위원(소군정 정치사령부 사령관)으로 사실상 오늘의 김일성을 만들어 낸 니콜라이 레베데프 소련 육군소장(92년 5월 사망)은 91년 봄 가을 모스크바에 있는 그의 아파트에서 모두 9차례에 걸쳐 특별 인터뷰를 통해 김일성이 북조선의 지도자로 양성된 과정을 소상히 밝혔다.(박길용 외, 1994: 17~19) '생에 처음으로 털어놓은 북조선 역사에 대한 양심선언'이라고 강조했다. 이어 "북조선 인민의 '위대한 수령'은 북조선 인민의 의사에 의해 추대된 것이 아니다. '위대한 지도자'는 소련공산당 정치국과 스탈린의 직접적 구상에 따라 평양주둔 붉은 군대가 교육시켜 창조한 것이다. 일개 소련군 정찰부대의 대위를 일약 김일성 장군으로, 마르크스-레닌주의이론가로 추켜세운 작업은 특정 장교의 특수 임무가 아닌 평양주둔 소련군정 체제의 전반적 기구가 동원됐다."

군 참모본부가 작성한 보고서에는 소련이 한반도 북위 38도 이북 지역을 점령하는 동시에 개별 점령 지역에 제주도와 일본 쓰시마섬을 포함해야 한다고 적시됐다."(이상훈, 2022. 08. 17.)

한편 스탈린을 1945년 9월 20일에 북한의 소련군정에, 소련의 이해관계에 적합한 독자의 정부를 북한에 세우도록 비밀지령을 내렸다. 스탈린의 비밀지령은 7개 항인데, 제2항이 해당 부분이다. '북한에 반일적 민주주의 정당·조직의 광범위한 블록(연합)을 기초로 하는 부르주아 민주주의 정권을 확립할 것'입니다. 간단히 말해 사회주의 혁명을 단번에 실행하기는 힘드니까 공산당의 주도로 제1단계의 민주주의 혁명을 추진하라는 뜻입니다. 이렇게 스탈린의 북한정책은 처음부터 확고하였습니다. 그는 사회의 제국에서는 누구도 그의 권위에 도전할 수 없는 황제와 같은 존재였습니다. 황제의 지엄한 명령으로 한반도 북쪽의 정치적 운명은 1945년 9월 그때부터 이미 결판이 나 있었던 것이다."라고 했다.[193]

소련이 한반도에 야욕을 계속하자, 사회주의 언론은 지상으로 출현했다. 한편 미군정은 "1945년 9월 8일 하지 중장 지휘 하에 제24군단이 인천에 상륙작전을 감행했다. 미군은 진주하자마자 조선총독과 일본군사령관으로부터 항복을 받았다."(이용훈, 2019: 278)

하지 중장은 "1945년 9월 11일 앞으로 언론에 대해 어떠한 간섭도 가하지 않겠다고 약속하면서, '문자 그대로 절대적인 언론자유의 보장'을 선언했다. 유일한 우리말 신문 「매일신보(每日新報)」는 '앞으로 건설할 우리의 독립국가도 자유를 사랑하는 나라인 미국을 본받아야 할 것'이라고 말하고 '민족의 영원한 자연스러운 발전은 먼저 언론자유에서 찾아야 할 것'이라는 희망을 피력했다."라고 했다.(정진석, 1992: 244)

---

193) 그 자세한 배경을 설명하면 이영훈 서울대 교수는 『대한민국 이야기』에서 스탈린이 김일성에게 내린 비밀지령은 "소련이 해체되고 기밀문서가 공개된 문서에 의하면 스탈린은 1945년 9월 20일 벌써 북한의 소련군정에, 소련의 이해관계에 적합한 독자의 정부를 북한에 세우도록 명령한 상태였다. 동 문서는 일본의 마이니찌(每日)신문의 기자가 발견하여 1993년 3월 26일자로 공개하였다."라는 내용이었다.(이용훈, 2019: 209~10)

한편 미군은 "하루 전 포고령 제1호를 통해 정부와 공공단체를 포함한 모든 공공사업 종사자에게 계속 집무를 명령하는 한편 … 미군은 광복 이후 23일간 과도적인 치안담당기구로 국내 유일의 정치집결세력이었던 건준과 3·1운동 이후 한민족의 주권 법통으로 기능한 상해임시정부 모두를 부인했다."라고 했다.(이용훈, 2019: 278)

미군은 "상륙기 종군했던 UP 그램플러 기자를 상주시키고, 12월에 조선통신(朝鮮通信) 뉴스 공급의 계약을 체결했다.(「중앙신문」, 1945. 12. 03; 정진석, 1992: 252). 조선통신은 고려통신, 한국통신, 대한통신 등으로 게재하면서, 1952년 4월 20일 부산에서 동양통신으로 되었다.

한편 일제 강점기 시대의 동맹통신은 8월 17일 해방통신(解放通信)으로 게재하였다. 이 통신은 곧 미군정은 11월 초 윌리엄 E. 그마스 중령을 사장으로 국제통신(國際通信)으로 다시 게재되었다. 그러나 재정난으로 다시 고전하자 김동성(金東成) 주간의 국제통신이 되었다. 한편 11월 30일 Seoul Times 사장 민원식(閔瑗植)은 연합통신(聯合通信)을 창간하여 AP와 계약을 체결하고, 재정난에 있던 국제통신을 습수하여, 12월 30일 합동통신(合同通信)을 발족시켰다.(정진석, 1992: 253) 다른 언론기관의 개혁이 시작되었다. 일제 강점기 시대 언론·사상의 통제에 관한 '치안 유지법' 등은 폐기되었고, 1920년 중반기에 성행했던 사회주의 운동은 수면 위로 잠시 출현했지만, 지하로 다시 몰렸다. 당시 사회주의 명맥을 유지해왔던 박헌영(朴憲永)마저 광주 벽돌공장으로 도피함으로써 그 명맥이 끊어지는 것 같았으나, 해방과 더불어 이데올로기로 다시 사회주의 언론이 득세하기 시작했다.

일제 강점기 시기 「조선중앙일보」 사주 여운형(呂運亨)은 건국준비위원회를 결성하고, 과도정부수립을 목적으로 안재홍을 영입했다. 그러나 여 씨가 김일성 계열의 건국동맹을 앞세운다는 주장을 펴자 안 씨는 건준위를 탈퇴했다. 여 씨는 북한 지역에 이미 들어온 소련군을 의지하여 9월 6일 남쪽에 '전국인민대표자회의'를 주도하고, 조선인민공화국을 발족시켰다.

말하자면 조선공산당은 박헌영과 여운형(呂運亨)이 조선인민공화국을 주도하게 되었다. 그 옹호신문으로 「조선인민보」는 「경성일보」에서 나온 기자들이 중앙기독교청년회관(YMCA)에 편집실을 두고, 김정도(金正道) 발행인 및 사장, 고재두(高在斗) 부사장 등 지도부로 1945년 9월 8일 창간되었다. 한편 「해방일보」는 1945년 9월 19일 창간호를 발행하면서, '조선공산당 중앙위원회 기관지'임을 밝혔다.

그 후 북조선에서는 조선노동당이 10월 10일(13일까지) 창당되었고, 그날 평양에서는 '조선공산당 서북 5도 당책임자 및 열성자 대회'를 열었다. 이 대회에서 '조선공산당 북조선분국'이 생겨나, 김일성 북한체제가 발아했다. 한편 북조선은 소련군정의 언론정책에 따라 정로를 1945년 10월 17일 창간했다. 정로는 소련공산당의 선전, 선동지침에 따라 제작되었으며, '신문과 방송은 혁명의 총알'이라는 목표 하에 발행되었다.(김국후, 2008: 123)

정로는 창간사에서 "조선 프롤레타리아의 전위당은 당내 군중은 물론, 당 외 로동자, 농민과 일반 인민을 교양하며 훈련하며 조직하지 않아서는 안 된다. 당 기관지는 군중의 조직자이며 선전자이다. 북조선공산당 중앙조직위원회는 이 사명을 다하기 위하여 기관지 「정로」를 창간한다. 기관지 「정로」는 그 사명을 다할 것이다."라고 했다.(리용필, 1993: 208) 「정로」는 격일간지(1946. 08. 31), 그해 1월 26일(일간), 그리고 1946년 9월 1일부터 제호를 「로동신문」[194]으로 바꾸었다.

한편 남한에서 발행된 「해방일보」는 뉴스를 다루는 신문이라기보다 당 강령을 발표하는 지면, 당 강령이 곧 사시(社是)인 신문으로 기사는 길고, 선동적이었으며 일제 말기 성행했던 좌파 '팸플릿 신문'을 답습했다. 더욱이 「해방일보」는 1945년 9월 25일 '당과 볼셰비키 규율의 강철 같은 통제에 복종하자'라는 기사를 실어 언론이 당을 위한 도구임을 잘 나타냈다.

「해방일보」는 대표자가 나타나지 않은 기관지임을 강조하나, 1946년 2월 23일부터 편집인 겸 발행 인쇄인 권오직(權五稷)을 등장시켰다가, 다시 주필을 권오직으로 앞세우고, 발행인 겸 인쇄인을 김계호(金啓鎬)로 지명함으로써 정론지적 성

---

194) 「노동신문」은 북조선공산당 기관지 「정로」와 조선신민당(朝鮮新民黨) 기관지 「전진(前進)」이 합동하여 북조선노동당 중앙위원회 기관지로 창간했다.(최준, 1993: 346)

격을 확립했다. 간부의 순위에서도 주필 다음으로 발행인 겸 인쇄인을 둠으로써 정론지(政論紙)로서의 성격을 대변했다. 한편 「해방일보」는 곧 대중의 흥미를 돋우는 장편소설 『강철』을 싣기도 하였으며, 기사의 다원화를 시도했다.

「해방일보」는 1946년 5월 18일 '조선공산당의 위조지폐 인쇄' 죄목으로 군정청으로부터 발행정지 처분을 받았다. 이에 분개한 좌파진영은 철도총파업(1946년 9월 24일), 출판노조총파업(1948년 2월 6일)을 단행했다.

한편 「해방일보」의 정간 후 1947년 6월 19일 '남조선노동당'[195] 중앙위원회에서 「노력인민」 창간호를 발행하나, 남로당 당수 허헌(許憲)이 1947년 8월 11일 검거되면서 다시 정간되었다. 미군정은 공산주의를 불법화 선언을 한 것이다.

또 하나의 좌파지로서 전술한 조선인민공화국의 협조지 「조선인민보」는 진보주의 신문으로 미군정을 과감하게 비판하고, 미군정이 모스크바 삼상회의 결정을 준수하도록 독려했다. 그 결정이 '민족통일전선'의 바른 방향임을 천명한 것이다. 모스크바 입장을 반영시킨 「조선인민보」였다.

한편 백담(白潭)은 당시 「조선인민보」를 "여자의 붉은 치마처럼 색채가 농후하다"(백담(白潭), 1946. 05: 70~71)고 평했다. 「조선인민보」의 초기 사설은 일방적인 선전, 선동용 내용만을 전하며, 뉴스와 가십도 정론적 성격에 알맞은 내용만으로 가득 채웠다. 국내 뉴스는 민전(民戰, 민주주의 민족전선) 쪽으로 기울어져 있었으며, 심지어 외신도 좌익에 유리한 뉴스만을 취급했다. 인민(人民)·민전(民戰)·공산(共産)·정강(政綱)·전평(全評) 등의 단어로 지면을 채우며, 때로는 부총(婦總) 같은 단체의 성명이나 정강·발표·담화 등을 게재했다. 「해방일보」와 더불어 「조선인민보」는 사회주의의 이데올로기적 색깔을 분명히 나타낸다. 「조선인민보」는 다양성을 목표로 하는 문화면에서도 중앙인민위원회·공산당·민전·전농·민

---

195) 남북으로 갈라져 있는 공산당을 유지하기 위해, 북쪽은 김일성(金日成)의 공산당과 김두봉(金枓奉)의 신민당이 합친 북조선노동당을 건설하고, 남쪽의 남조선 노동당은 공산당의 박헌영(朴憲永), 인민당의 여운형(呂運亨), 신민당의 백남운(白南雲)이 합당하여 허헌(許憲)이 위원장을 맡았다. 그러나 허헌에 대한 불만 세력인 여운형 등은 사회노동당(곧 근로인민당으로 개칭)에 참가하지만 1947년 7월 19일 암살로 분파는 좌절했다.(방상훈, 1990: 486)

청 동맹 등의 활동을 소개하여, 오락·여가 선용 같은 기사는 전혀 게재하지 않았다. 그들의 문화정책은 "일제 잔재를 없애고, 자유를 법적으로 확립하고, 문화 생존의 자유를 정치적으로 확립한다"(임화(林和), 1945. 12. 22.)에 머무른다. 즉 문화 면도 다분히 정치적 권리의 표현으로 간주했다. 이 논리에 의하면 당연히 자당의 주장은 모두 옳았고, 타당의 논리는 모두 부당했다. 상대편 주장은 모두 틀렸기에 사회가 혼란되고 의견 불통일의 책임은 당연히 상대편이라는 논리이다. 자기편은 애국자요 혁명가였으며 상대편은 반동분자일 뿐이다. 이를 강변하는 「조선인민보」는 조선인민공화국의 협조지(기관지)일 뿐이다. 각 파당의 좌파 신문 종사자들은 1945년 10월 '조선신문기자회' 조직을 결성했다. 그러나 미군정의 공산주의 불법화 선언과 1947년 8월 우파 '조선신문기자협회'가 결성되면서, 좌측 정파적 목적 활동은 수난을 당했다.

한편 「조선인민보」는 여운형·박헌영·김일성을 찬양했지만 이승만(李承晚)과 김구(金九)에게는 동조하지 않았다. 곧 사회분위기가 일정한 부분 정리되자, 1947년 이승만의 '독립우선론'과 김구의 '통일우선론'이 갈등을 불러왔다.

당시 '엄정중립'이란 당파성 신문에 몰두하는 그들에게 설득력이 없었다. 민족의 위기를 극복하는 정통주의의 격전장을 만드는 데 관심을 둔 지사적 언론인에게, 중립적 주장을 편다는 것은 당시 상황으로 볼 때 쉬운 일은 아니었다.

당시 상황은 "1946년 3월 실시된 한 조사 결과 응답자의 90%가 신문에 불만을 나타냈다(Dep't of Public Information, 31 March). 신문사의 정치적 의도에 따라 신문기사들이 매우 편파적이고 … 신문이 정치집단을 위한 선전기관지이며, 그런 신문들이 너무 많다고 평가했다(Bureau of Public Information, 25 March). 당시 중도정치인 … 김규식은 1946년 3월 신문의 부정확한 보도에 대한 유감을 표시하면서 '사실을 왜곡하거나 사실을 발표하지 않고 또 없는 사실을 조(造)하여 발표하는 것은 언론기관으로서 자격이 없는 것이라고 단언했다'는 담화를 발표하기도 했다.(「동아일보」, 1946. 3. 4.)"라고 했다.(김영희, 2009: 176)

물론 당시 「자유신문」, 「서울신문」, 「현대일보」, 「중앙신문」, 「조선일보」 등은 당파성을 띠지 않은 비교적 중립적 신문이었다. 정파적 속성을 나타내지 않는 상업적 신문은 밖으로 '엄정 중립'을 표방했다.

한편 엄밀히 「자유신문」[196]의 중립 자유란 '그날 그날의 주요 사건 중심'에 관심을 가짐으로써 기회주의와 상통하는 '선택의 자유'로 간주할 수 있었다. 「자유신문」의 주필은 일제시대 「매일신보」의 정진석(鄭鎭石)이었기에, 신문의 색깔에 관한 한 회색주의로 낙인찍힐 수밖에 없었다.(ㄱㄴㄷ生, 1946. 04: 21~22)

「서울신문」[197]과 「현대일보」는 일당일파에 기울어지지 않고 보도에 공정하고 적확(的確)을 기하려고 노력했지만, 주장과 편집은 당시 상황으로 볼 때 좌우로 흔들릴 수 있는 위험은 언제나 존재했다. 김형수(金亨洙)가 발행하는 「중앙신문(中央新聞)」의 실권자는 당시 재벌이었던 최창학(崔昌學)이었으며 김형수는 허수아비에 불과했다.(PQ生, 1946. 5: 72~73) 이런 현상은 당시 신문 운영이 곧 사회적 영향력이라는 단적인 예시가 될 수 있다. 그러나 기업으로 투자한 「중앙신문」이지만 정치적 영향을 피할 수가 없었다.(송건호(宋建鎬), 1983: 172)

당시 대표적 중립신문은 「조선일보」(朝鮮日報, 1945. 11. 23 복간)였다. 「조선일보」는 「서울신문」의 시설을 이용하여 복간했다. 이 신문은 사시에서 '정의 옹호'와 '엄정중립' 등을 신문의 사명으로 간주했다.[198]

---

196) 「자유신문」은 1945년 10월 5일 창간되었는데, 그 신문의 사시는 1) 민족통일 정권 수립을 위한 공기가 되기를 원한다, 2) 민족진로의 지침이 되기를 원한다, 3) 대중의 문화적 신생활 건설을 위한 제반 활동을 기한다 등이다. 한편 「자유신문」은 1945년 10월 25일자 정치 지도자상을 "정치적 지도자라 하는 것은 민족의 권위를 스스로 담당하는 사람이라야 할 것이다. 그 권위를 민족의 하부로서 솟아오르는 강력하고도 광범한 것이 아니면 안 될 것이다"라고 규정했다.

197) 「매일신보」는 「아널드 장관에게 충고함」의 기사로 11월 20일 정간처분을 당한 후, 주주대표와 「매일신보」 자치위원회 타협안으로 1945년 11월 22일 혁신 '속간호' 「서울신문」을 발간했다. 민족대표 33인 중 한사람이었던 오세창(吳世昌) 사장, 이관구(李寬求) 주필, 홍기문(洪起文) 편집국장, 신간회 부회장을 지낸 권동진(權東鎭), 그리고 홍명희(洪命憙) 고문 등이 참가하였다. 「서울신문」은 신간회의 좌·우합작적 성격을 지녔다.(이경형, 2006: 295) 이승만 정권은 1949년 5월 3일 "정부 내부의 의사를 독자의 추측으로 기사를 게재함으로써 민심을 소동시켰다.…"는 이유로 동 신문을 정간시켰다. 그 당시 어긴 법은 '광무신문지법'과 '미군정법령' 제88호였다. 그후 1949년 6월 21일 「서울신문」은 정부 기관지로 속간되었다.(차재영, 2005. 8. 30.: 129)

198) 「조선일보」는 당시 사시는 일제시대 폐간 때 사용하던 것을 그대로 사용하였는데 '정의(正義)옹호', '문화 건설', '산업발전', '불편부당' 등으로 구성되어 있다.

전자는 비록 주의와 강령이 다른 당끼리라도 독립달성을 위해서는 서로 제휴하고 서로 협상한다는 의미를 지닌다. 이때 개인 자유는 상대적 자유가 될 수 있으며, 이상적 지도자는 주견을 세우려는 의지보다 타협 절충하길 바랐다.

후자는 그 과정에서 신문이 문자 그대로 엄정중립적 태도를 취하겠다는 의미를 지닌다. 실제 「조선일보」는 좌우의 색깔 논쟁이 격렬했던 1947년 5월 20일부터 9월 11일까지 사설·논평·단평 없는 신문을 발행했다. 엄정중립적 태도는 '시시비비주의'라는 그럴듯한 논조이지만, 이러저러한 문제들을 다루다보면 지면이 산만해질 수밖에 없다. 더욱이 좌도 우도 아닌 신문(「조선일보」는 실제 우파적 속성을 지님)은 당시로서는 양쪽으로 적대적이었으며,[199] 불편부당의 결과로 주의주장을 뚜렷이 할 수 없었으며, 보편 타당성 있는 해설과 주장만을 고집함으로써 논조의 통일성이 없고, 기사는 단편적이었으며, 사건의 조각 보도에 의해 편집이 산만했다. 그리고 당시 「조선일보」는 책임 없는 외신에 지나치게 의존하는 갖가지 약점을 지녔으나, 1946년 4월 당시 편집 고문인 노련한 김형원(金炯元)과 편집국장 이건혁(李健赫) 등의 역할에 의해 당시 특유의 날카롭고 강한 색채를 지니고 있었다.(동전생(東田生), 1946: 20~21)

「매일신보」가 1945년 11월 22일 「서울신문」으로 제호를 변경시키고, 그 첫날 타블로이드 판형 2면이 같은 신문사에서 발행되었다. 그 날은 중국에 망명 중이던 대한민국 임시정부 김구(金九) 주석을 비롯, 14명이 귀국함으로써 그날을 환국일로 불렀다.

「조선일보」는 복간 당시 9명의 편집 담당 직원(업무 12명, 공무 11명)이 있어 한 사람의 영향력이 클 수밖에 없었다. 유명 기자는 자유롭게 이 신문, 저 신문을 행보하면서 신문에 활력을 불어넣었다. 명성을 가진 기자와 그 추종자들은 직속 부장, 편집국의 편집 방침에 대한 이견 등의 이유로 신문사를 여기저기 옮겨 다녔다.

---

199) 당시 좌파 신문을 지지하는 청년들은 우파 신문에 침투하여 활자를 뒤엎고, 우파지를 지지하는 청년들은 좌파지에 가서 난동을 부렸다. 중립지인 「조선일보」는 양쪽으로부터 난동을 당했다.(東田生, 1946. 04:20~21)

그들은 학력과 신문사 경력보다 개인의 능력에 따라 시대를 조망할 줄 아는 문장력을 지닌 논객들이었다. 그들의 영웅적 기상과 지사적 성격이 신문사 기풍을 세우는 데 한몫을 담당했다. 일제시대 문장가와 소설가가 신문사에 많이 입사함에 따라 지사적 기풍을 가질 수 있었으며, 해방 후 그들이 주필·논설위원·부장직을 두루 맡았다.

논객들의 주관적 의지를 무한정 지면에 반영시킬 수는 없었다. 「해방일보」와 「조선인민보」가 그렇듯 「동아일보」도 기자의 주관에 따라 글을 쓸 수 없는 정론지의 한계가 있었다. 각 정당은 어떤 사회층의 이익을 대표하여 새로운 국가 건설이 그들의 목표라면, 그에 따른 정론지는 당의 강령과 정책에 따라야 한다. 설령 신문이 '불편부당'의 정책을 취한다고 하더라도 경쟁 체제하에서 독점적 뉴스원 확보를 위해 부분적인 정론지로서의 정책을 펼 수밖에 없었다. 다른 한편으로 아버지와 아들, 왕과 신하, 남편과 아내, 늙은이와 젊은이의 관계, 친구들 간의 관계 등 유교적 요체를 중시하는 문화에서 어떤 신문이 어떤 집단 또는 개인과 관계를 유지한다는 것은 지극히 당연하다. 「해방일보」와 「조선인민보」가 사회주의 계열의 신문이었다면, 「조선일보」와 「동아일보」는 그 반대 계열의 신문이었다. 방응모(方應謨) 당시 조선일보사 사장이 김구[200]와 관계를 맺음으로써 「조선일보」

---

200) 임시정부 주석을 지낸 김구(白凡 金九, 1876~49)는 귀국 후 한독당을 세웠다. 한독당은 1930년 상하이임시정부 시절 결성된 민족주의 정당으로, 백범 김구 등 임정 인사를 중심으로 광복 정국에서 활동했다.(유석재·노석조, 2023. 08. 15.) 한독당은 신탁통치 반대 운동에 앞장섰다. 또한 단독정부 노선에 반대해 남북 협상에 나섰다. 그러던 자유와 독립정신을 결했던 백범에게 시련이 찾아왔다. 1948년 4월 18~30일 남북연석회의에 참석한 후, 김일성 세력에 동조함으로써 그의 세력은 자유주의 세력과 멀어졌다. 한독당에 위기가 온 것이다. 그 후 한독당은 1949년 6월 김구 암살 이후 세력이 약화됐고 1950년 6·25 전쟁 때 주요 인사가 납북된 뒤 해체됐다.
1963년 재건된 한독당은 1970년 야당인 신민당에 통합됐다. 김구를 잃은 정당이 위기를 맞았다. 백범이 유명세를 유지할 때인 조국광복 직후 1947년 한국독립당(한독당)의 당원 명부가 처음으로 공개됐다. 유석재 기자는 "대한민국 29년(1947년) 5월 제6기 전당대표대회 대표원명부·자격심사부'라는 제목의 이 자료는 한독당의 공식 문서다. 이 문서는 지난 13일 독립운동가 조소앙(1887~1958) 선생의 종손(從孫)인 조인래(61·조소앙선생기념사업회 회장) 씨가 「조선일보」에 공개한 것이다. 이 명부엔 한독당의 주축인 김구 등 대한민국임시정부(임정) 계열 인사들 외에 이승만, 안재홍 등의 이름이 포함돼 있어 주목된다. 문서를 검토한 전문가들은 '광복 직후 한독당이 신탁통치 반대 운동의 중심 세력이 되면서 기존 임정 세력의 범위를 넘어서 이승만과 중도 우파 등 다양한 세력

의 정론지화가 구체화되듯이, 어느 하나의 정치세력이 생기면 거기에 몇 개 신문이 따라서 생겼다.

해방과 더불어 복간한 「동아일보」(東亞日報, 1945. 12. 01 복간)는 일제시대의 사시를 그대로 유지함으로써 복고적 사고의 일면을 보여준다. 당시 「동아일보」의 복간'[201]('경성일보」 폐간 후 그 시설로)과 더불어 한국민주당 창당에 전 「동아일보」 사

으로 외연을 확대하려 했던 시기의 상황을 보여주는 자료'라고 평가한다. 우파 통합을 염두에 둔 한독당이 '범 우파 정당'으로서 주도권을 잡기 위해 노력했음을 알 수 있는 문서라는 것이다. … 이 문서는 1947년 5월 당시 한독당 당원 477명을 번호와 함께 기록해 놓았다. 김구가 1번으로 가장 먼저 기록됐고, 2번 조소앙, 3번 이승만(대한민국 초대 대통령), 4번 조완구, 5번 조경한, 6번 신익희(국회의장), 7번 이청천(지청천·무임소 장관), 8번 엄항섭, 11번 이범석(국무총리 겸 국방부 장관) 순으로 적혔다. 기존 김구 세력의 주요 인물들에 이승만이 추가된 양상이다. 임정 계열 인사가 아닌 안재홍(19), 명제세(21), 이승복(22), 방응모(28) 등의 인사들도 명부에 기재됐다. … 2023년 08월 13일 공개된 한독당 문서 '제6기 전당대표대회 대표원명부·자격심사부'의 앞부분. 모두 477명이 적힌 이 당원 명부엔 김구(1번)를 시작으로 조소앙(2), 이승만(3), 신익희(6), 이청천(7), 이범석(11), 안재홍(19), 명제세(21), 이승복(22), 방응모(28) 등의 이름이 들어 있다. 한독당이 기존 임정 세력의 범위를 넘어서 '범우파 정당'을 지향했던 시기의 문서로 보인다. … 김구 세력이 아니었던 이승만의 이름이 3번으로 적힌 것에 대해 '당시 반탁 운동으로 우익 세력이 결집하는 상황에서 반탁 운동의 주요 인물인 이승만을 한독당 간부로 추천한 것으로 해석된다'고 했다. 오영섭 대한민국사연구소장은 '한독당 당원 명부는 처음 접하는 것'이라며 '임정 인사들이 명단 상위에 있고, 안재홍·이승복·명제세 등 중간파 인사들이 그다음에 기록된 것은 1946년 안재홍의 국민당이 한독당과 통합한 이후의 상황을 반영한 것으로 보인다'고 했다. 당원 명부에는 당시 「조선일보」 사장이던 계초 방응모의 이름도 기록됐다. 계초가 한독당 당원이었다는 것은 지금까지 여러 증언 등으로 전해졌지만, 당시 문서로 확인된 것은 이번이 처음이다. 장석흥 국민대 명예교수는 '계초가 한독당원이었다는 사실을 입증해 주는 문서'라고 했다. 오영섭 소장은 '계초가 전 「조선일보」 사장인 안재홍의 추천으로 함께 한독당에 입당했던 것으로 보인다'면서 '하지만, 1947년 6월 단독정부 찬반과 당권 문제 등으로 안재홍 계열이 한독당을 탈당하면서, 계초도 이들과 행동을 같이했을 것'이라고 말했다. 이후 한독당은 다시 임정 출신 인사들의 정당으로 축소된다."

201) 복간 당시 사장 송진우, 주간 설의식, 그리고 총무국장 김동섭, 영업국장 김승문, 공장장 이언진에 발행인은 김승문, 편집인은 설의식, 인쇄인은 이언진이었다. 기자 수는 25명 내외였다. … 사시로 민족의 표현기관자임, 민주주의 지지, 문화주의 제창을 그대로 하지만 설의식이 쓴 중간사에 ①민족의 독자성과 민족문화의 완성, ②민주주의에 의한 여론정치·민의에 의한, 민의를 위한, 인민의 정체의 대성, ③근로대중의 행복 보장과 사회정의의 구현, ④국가 간 평등에 기초한 국제민주주의 추구이다. 중간사는 이어서 '불편부당의 언론이라 하여 시비의 병렬(倂列)과 곡직(曲直)의 혼잡을 그대로 용인하기는 우리의 지표가 너무도 확연하여…'(동아일보사, 『동아일보 사사』 권2, 1978, 40~43; 남시욱, 2021:152~3)

장인 송진우(宋鎭禹)가 참가했다. 「동아일보」 사옥을 한국민주당이 태동하기 위한 국민대회준비회에서 사용한 것이다. 창당과 더불어 한국민주당은 이승만 정권을 태동시켰다.

그러나 「동아일보」 당시 주필 겸 편집국장 고재욱은 "정당은 언제나 이합집산을 할 수 있고, 또 때가 오면 이합집산을 하는 것이지만, 신문은 정당하고 달라서 하나의 사업체이니 신문은 신문대로의 사명(시시비비주의)에 충실해야 하오. 다만 지나치게 자극적인 비판은 삼가는 것이 좋겠다."라고 둘 간의 관계를 설정했다.(남시욱, 2021: 167)

한편 이승만 정부가 들어서면서 「동아일보」는 기존의 한민당 계열의 이내 갈등관계를 유지했다. 의원내각제로 먼저 갈등 관계에 부딪친다. 〈의원 대부분 내각제 지지했지만 혼자 힘으로 대통령제 이끌다〉(복거일, 2023. 09. 20.)에서 "가장 큰 정당이라고 자임한 터라, 한민당은 내각책임제를 당론으로 삼았다. 그리고 유진오는 내각책임제의 신봉자였다. 그래서 헌법기초위원회의 초안은 내각책임제를 바탕으로 성안되었다. 이승만의 생각은 달랐다. 그는 한국 처지에선 대통령제가 내각책임제보다 훨씬 낫다고 여겼다. 원래 그는 미국의 대통령제를 최선의 제도로 신봉했다. 다양한 지역과 더욱 다양한 구성원으로 이루어진 미국 사회가 자유롭고 번영하는 것은 미국의 권력 구조가 최선임을 보여준다고 믿었다. 그는 미국의 대통령제가 움직이는 방식에 대해 잘 알았고 그런 지식 덕분에 독립운동을 효과적으로 펼 수 있었다. 그는 내각책임제가 입헌군주제에서 연유했음을 깊이 인식했다. 그래서 내각책임제는 본질적으로 민주정체와 잘 어울리지 않으며 군주가 없는 나라에선 내각이 안정적으로 기능하기 어렵다고 생각했다."

그러나 김성수(金性洙)가 부통령이 됨으로써 다시 동행을 시작했다. 물론 이런 밀월관계는 김성수가 사망함(1955. 2. 18.)으로써 다시 냉각기로 들어갔다.

우파의 「동아일보」는 어떤 전통에 의해서 한국민주당의 기관지 역할을 한 것일까. 「한성순보」, 「한성주보」, 「독립신문」, 「대한매일신보」 그리고 일제시대의 「조선일보」, 「동아일보」, 「조선중앙일보」 등 많은 신문들이 특정한 당파성에 독립성을 유지해왔다. 그렇다면 우파의 대변지 역할을 자처한 「동아일보」, 심지어 엄정 중립을 주장했던 「조선일보」까지 자기의 당파성에 관심을 가진 것은 「해방일보」와 「조선인민보」의 사회주의 기관지 성격으로부터 적대적 관계유지도 한몫을 했다.

한편 자유주의 신문의 입장에서 계산의 정밀성, 합리적 사고 그리고 직업의 전문성은 더욱 서로가 절실하게 공감할 수 있다. 계산을 통한 가치 관계는 중립으로 나타날 수 있지만, 인간관계에서 중립적이란 것은 유교전통에서 흔하지 않다. 이를 간파한 안덕근(安德根)은 당시 신문에서 엄정중립은 상품 신문 이외는 있을 수 없다고 강변한다.(안덕근, 1946. 7: 27~31)

물적 토대와 제도는 여전히 난망이었다. 해방 직후 신문용지는 북조제지(北朝製紙)를 고려제지(高麗製紙)로 바꾼 군산공장이 유일했다.(최준, 1993: 358) 당시 외국에서 사온 종이를 대부분 사용하였고, 그 후 건설된 서울 창동(滄洞)에 삼풍제지공장(三豊製紙工場) 등이 부분적으로 신문지를 충당할 수 있었다.

해방 후 물적 사회구조적으로 문제가 많았다. 해방 당시 절대적 카리스마는 존재하지 않았고, 질서는 변형된 가족의 형태인 소집단이 군웅 할거하는 시기였다. 해방(1945년 8월 24일 현재)과 더불어 정치적 색깔을 띤 50여 개의 사회단체들이 등록을 하는데(G. Henderson, 1968: 131), 각 집단의 구성원은 그 구성원 안에서 자유를 누리며, '어떻게 행위해야 하는지'의 윤리 문제도 자신이 소속한 집단 안에만 국한시켰다. 집단의 자유와 책임의 윤리가 사회에까지 확산해가는 데는 한계가 있었고, 커뮤니케이션의 활성화도 각 소집단의 테두리를 벗어날 수 없었다. 소집단 안에서만 사회적 자본을 형성했고, 전 사회에는 서로 관용을 베풀지 않았다.

3. 미군정기의 좌파 정론지 소멸

한편 미군정의 아놀드(General Arnold)는 한국 사회가 전통성을 유지한 상태에서 다양하고, 강한 소집단들이 서로 경쟁하길 원했다(G. Henderson, 1968: 130~131.). 물론 그 근본사고는 한국의 전통과 달리 미국식 부르주아 민주주의는 개인의 자유, 책임, 양심의 윤리의식을 바탕으로 하며, 서로 타협하도록 했다. 개인은 남에게 피해를 주지 않으면서 자유와 양심의 자유를 누리며, 자기가 한 일에 대하여 책임을 지게 했다. 그리고 민주주의는 습성(習性)의 차이로 일어나는 분쟁을 객관적 법의 잣대로 해결한다.

서울에 진주한 하지(John R. Hodge) 미 육군 제24군 단장은 1945년 9월 12일 소속 사단인 제7보병 사단장 아놀드소장을 군정 장관에 임명하고, 자유방임의 제도적 언론 정책을 발표했다. 한편 미군정은 국내 치안담당 야전사령관으로 유석(維石) 조병옥(趙炳玉·美 콜럼비아 대학 경제원리·재정학 전공자·1894~1960) 박사를 영입했다. 조 경무국장(이후 경무부장)은 1945년 10월 20일 취임을 하면서, 과거 일제강점기 경찰 경력자를 포함, 국립경찰 2만 5천 명과 그 후 경찰을 보조하는 향보단(鄕保團)을 조직했다. 미군정은 경찰의 공권력으로 '공산당 극렬파 파괴주의자들'을 막아낸 것이다. 미군정은 1945년 10월 9일 군정 법령 제11호를 제정·공포하여, 식민통치 시대의 '치안 유지법'과 '출판법' 등을 폐기처분했다.(송건호, 1983: 128.) 그리고 군정청은 1945년 10월 29일 군정 법령 제19호, 즉 언론 출판을 규제하는 '등록법'을 공포하였는데 제5조의 내용은 다음과 같다.

언론 자유, 출판 자유를 유지, 보장하고 불법 또는 파괴 목적에 빠지지 않게 하기 위해 (……) 서적, 소책자, 신문 또는 기타 서적의 인쇄에 종사하는 기관은 등록하라. (……).(송건호, 1983: 140~141)

이 '등록법'은 언론사가 객관적 등록을 함으로써 언론사를 제도권 안으로 들어오게 하며, 다른 한편으로 이 제도권은 정파적 내용의 신문 성격을 위축하는 결과를 가져왔다.

미국은 전통적으로 정파적 신문을 인정하지 않았으며, 사회 체계(social systems)의 부분으로 상업 언론을 허용했다. 그러한 언론의 위상은 단지 다른 체계의 하부에 불과했다.

미군정의 언론 정책은 객관적인 법의 잣대로 국가를 다스리고, 미군정은 좌와 우의 중립적 태도를 취하면서 좌파 신문인 「해방일보」를 정간하고, 극우파인 「대동신문」도 3주간 정간 처분했다. 중도 우파인 김규식(金奎植)을 군정(軍政)에 끌어들이고, 중도 좌파인 여운형도 제도권 안으로 끌어들였다. 중도파인 안재홍(安在鴻, 「한성일보」[202] 사장)을 1947년 2월 9일 민정 장관으로 임명했다. 그러나 중산층이 부재한 나라에서 중도파 입장을 내세우는 신문은 당시 이단일 수밖에 없었다. 당시 조직 자체의 힘으로 홀로서기가 가능한 '언론 재벌', '재벌 언론'이 존재하지 않았던 시기에 중도파 신문의 재정적 지원은 쉽지 않았다. 김구의 민족주의 노선을 따르는 신문이 좌파와 우파의 틈바구니에서 생존할 수 있는 돌파구일 수 있었다.

미군정이 중도파를 중심으로 나라를 지배하는 의도는, 당시 유교적 문화 상황으로는 미군정 외에는 지도자도 없다는 것으로 해석할 수 있으며, 또 다른 측면은 미군정은 중요한 의사 결정에 대한 책임을 회피하겠다는 일면을 보여준다. 그러나 그때의 사정은 긴박했다. 일제로부터의 해방과 더불어 북에는 중공업, 남쪽에는 경공업 중심의 산업체가 남아 있었다. 일제는 1931년부터 한국에 산업을 발전시키기는 했지만, 원자재와 중간재는 일본으로부터 수입하고 그에 필요한 산업만 육성했다. 인구는 도시에 집중되었고, 일상생활은 궁핍했으며, 그로 인한 인플레와 파업은 계속되었다. '건준(建準, 건국준비위원회)'의 여운형은 연합군이 오

---

202) 「한성일보(漢城日報)」는 타블로이드판 2면으로, 1946년 2월 26일에 창간하여 1950년 6월 폐간된 신문이다. 이 신문은 당시 다른 신문과 같이 서울공인사(公印社)에서 발행했으며, 관여한 사람은 발행 겸 편집인 양재하(梁在廈), 사장 안재홍(安在鴻), 인쇄인 김종량(金宗亮, 안재홍 처남), 주필 이선근(李瑄根), 편집국장 함대훈(咸大勳), 편집부장 송지영(宋志英), 정치부장 남국희(南國熙), 사회부장 김제영(金濟榮), 문화부장 조중옥(趙中玉) 등이었다. 그 후 1946년 8월 1일 경제보국회가 기금 500만 원을 모아서 「한성일보」 재단을 설립하였다. 그리고 당시 사장 안재홍, 부사장 공진항, 전무 박기효, 상무 김종량, 주필 이선근, 편집국장 함대훈의 편집 진용에 이사진도 강화하였다.(정진석, 2008: 360) 그 후 1949년 2월 4일부터 7개월간 휴간에 들어갔다가 9월 1일에 속간하였다. 휴간 중에 자본금 2천만 원의 주식회사 설립을 추진하던 안재홍은 1950년 2월 새 재단에 판권을 이양하여, 「한성일보」는 1천만 원의 주식회사가 되었다. 그 때 사장으로는 장내원이 취임했다.(정진석, 2008: 361) 이 신문은 최초 창간사에서 "민족통일, 민주주의, 자주독립국가를 완성하는 도중에 있어 '건국구민(建國救民)'의 목적을 두고, '보도와 주장과 선양(宣揚)과의 성능을 갖추어 갖는 언론기관인 것이니 일개인에게 있어 그 자아를 기점으로 사회에 서서 생활(生活), 생존(生存) 양양 발전하는데 일상에 없지 못할 기능인 것이 일 국가 민족에게 있어서는 더욱 그러한 것이다."라고 했다.(조맹기, 2017: 124)

기 전에 민족 대표 기관을 설치하려 했지만 실패로 돌아가고, 결국 미군정이 들어서게 되었다. 중도파 군정은 중도파 언론 정책에서 보듯이 정보, 능력 및 의도도 없는 것으로 비쳤지만 곧 미군정은 소련을 봉쇄했고, 미국식 자본주의(美國式民主主義), 자본주의(資本主義)를 남한에 이식하여 이데올로기화했으며, 그 방향으로 홍보도 했다.(김복수, 1991: 155)

미군정은 군정법 제11호를 필두로 '법'²⁰³)으로 언론을 통제하기에 이른다. 즉 한국민에 대한 정보를 입수하는 단계로 미군정은 종전의 언론 통치법인 '광무신문지법(光武新聞紙法', 1907년 제정)²⁰⁴)의 허가제를 등록제로 바꾼 셈이다.

미군정(군정장관 러취)은 1946년 5월 4일 군정 법령 제72호 '군정 위반에 대한 범죄', 즉 주둔국, 연합국, 또는 그 국민을 유언비어 유포, 포스터, 삐라 등으로 비난하지 못하게 했다. 또한 1946년 5월 29일 미군정법령 제88호 '신문 및 정기 간행물 허가에 관한 건'을 발표함으로써 언론 통제를 강화시켰다. 그 법령 제1조와 제4조의 내용은 대략 다음과 같다.

제1조는 신문 및 정기 간행물을 허가 없이 간행함은 불법이다. 제4조는 허가 취소 또는 정지에 관해서, 가) 허가 신청서에 허위 또는 오해를 일으킬 신고 또는 유루(遺漏)가 있을 시 (……) 다) 법률에 위반이 있을 시 등을 규정하고 있다. '법률의 위반'은 군정을 비방하고 반대하거나, 군정이 생각하는 사회 질서를 교란하는 행위, 민중의 복리에 위배되는 행위는 일체 허용하기를 거부한다.(김복수, 1991: 23)

---

203) 당시 한국에서의 법은 일제가 독일·프랑스 등의 법을 그대로 모방해온 것으로 연구 가치도 없지만, 당시로서는 두 가지 의미를 지닌다. 즉 한국민에게 법은 강력한 유교 왕조가 백성을 통치하기 위한 수단으로 사용한 것에 불과했다. 헨더슨(G. Henderson)은 미군정이 한국 통치를 과거의 중국식, 일본 식민지 통치 구조 형태를 그대로 답습한 것에 불과하다는 견해를 폈다.(G. Henderson, 1968: 235) 다른 한편으로는 미군정이 한국민에게 자기들과 같이 '법에 의한 통치'(legal domination)를 시도한 것이다.

204) '광무신문지법'은 1907년 7월 24일 제정된 법령으로 모두 38개 조항으로 되어 있다. 그 조항 중 제11조는 황실의 존엄을 모독하거나 국헌을 문란하거나 혹은 국제 교의를 저해할 사항은 게재함을 부득함. 제21조는 내부대신은 신문지가 안녕 질서를 방해하거나 풍속을 훼란하는 자로 인하는 시는 기 발매반포를 금지하야 차를 압수하며 또는 정지 혹은 금지함을 득함.(최기영, 1991: 267~268)

이같이 광무신문지법 제21조의 법령이 전제되었다.(송건호, 1991: 164) 강화된 미군정 법령 제88호에 의해 그들의 미국식 민주주의에 동조하는 신문은 지원하고, 반면 이에 반대하는 신문에는 통제를 가하였다. 또한 1947년 3월 25일 공보부령 제1호는 '정기간행물 허가·정지에 관한 건'을 발표하면서 용지 수급의 이유로 당분간 정기간행물을 허가하지 않기로 했다.

한편 미군정의 '남조선과도입법의원'은 '신문 기타 정기 간행물법안'의 11조를 1947년 9월 19일 다시 발표함으로써 언론법을 더욱 강화시켰다. 본법의 제2조와 제6조를 살펴보자.

제2조는 허가 없이 신문 기타 정기 간행물을 인쇄, 발행, 배포, 판매 또는 판매 권유, 우송, 전시, 진열하지 못함을 규정한다. 그리고 제6조는 범죄 또는 국가의 법률 질서의 파괴를 선동하거나 기타 허위 게재를 유포하여 민심을 현혹케 한 때 (……)(송건호, 1983: 165~166)

이 법의 의미는 '광무신문지법'과 법을 가장한 파당적 성격의 신문을 강도 높게 규제하는 법 정신이 법령으로 실현되었다. 각계에서 이법의 폐기 내지 수정을 주장하고 나섰을 때, 한민당의 대변지인 「동아일보」만이 이 법을 시의에 알맞은 법으로 적극 지지했다.

(……) 조국 재건을 방해하는 현실이 있는 이상, 이 현실을 시정하기 위하여 언론 자유의 진실한 운영을 위하여 적절한 신문지법을 제정하는 것은 신성한 의무일 것이다.(「동아일보」, 1947. 09. 27.)

그러나 '신문 기타 정기간행물법안'은 성공하지 못했다. 한편 정치적으로 모스크바에서 1945년 2차 세계대전의 전후 처리가 협의되고, 한국 문제는 신탁통치(信託統治)로 이어진다. 1945년 12월 27일 모스크바에서 열린 미국 영국 소련 3개국 외무장관회의(삼상회의)에서 4대 연합국인 미국 영국 중국 소련에 의한 한반도 신탁통치안이 채택되었다. 3상회의에서 합의한 3항의 '공동위원회는 조선 임시 정부를 참가시키고 조선민주주의 제 단체를 영입하여 조선 인민의 정치적·경제적·사회적 진보와 민주주의적 자치발전 또는 독립국가의 확립을 원조·협력하는 여러 방안을 논한다.'라고 했다.(조맹기, 2009: 389)

즉, 3개국 외상들은 ①한국임시정부 설립하고, ②미군과 소련군의 '공동위원회'를 설치하고, ③중국을 포함한 4개국이 5년 기한 한국신탁통치를 결정한다는 것이다. 그러나 1945년 12월 26일자 UP 통신 기사 'May Grant Korea Freedom'에서 미국의 번스 국무장관이 "소련의 신탁통치안을 반대하고 한국의 즉시 독립을 주장하라는 훈령을 받고 러시아로 떠났다"라는 기사를 국내 신문들은 전재했다.(오소백, 1968: 329~336)

실제로는 미국의 태도와 달랐다. 1945년 10월부터 지금까지 좌우익은 반탁이 었으나, 소련의 찬탁 결정으로 좌익은 찬탁에 동조하기 시작했다. 소련이 '3상회의 결정에 반대하는 세력은 후에 대한민국 임시정부 수립에 참여할 수 없다.'라고 함으로써 좌익은 1946년 1월 2일을 기점으로 찬탁으로 돌아섰다.

신탁통치 문제를 구체적으로 협의하기 위한 미소 공동 위원회가 1946년 3월 서울에서 열렸다. 각 정론지의 신문들은 이데올로기화한 좌우의 색깔에 따라 신탁통치 찬반에 편승했다. 반탁지는 우익신문이었던 「동아일보」, 「조선일보」, 「대동신문」, 「대한독립신문」, 「민중신문」, 「민주일보」 등이며, 찬탁지는 좌익신문이었던 「조선인민보」, 「독립신문」, 「중외신문」, 「현대일보」, 「중앙신문」, 「서울신문」 등이었다.(오소백, 1968: 329~336) 각 신문들은 광고로 도움을 직접적으로 받거나, 혹은 다른 도움을 간접적으로 받는 정치 사회 세력과의 관계에 따라 신탁통치에 대한 입장을 정리했다. 좌파 신문은 탁치 반대자를 미국의 앞잡이, 친일파, 파시스트 독재, 국수주의자로, 우파신문은 탁치 찬성자를 소련의 앞잡이, 민족 분열자, 좌익 극열 분자로 각각 몰았다. 심지어 중립을 유지하던 「조선일보」도 색깔을 내기 시작했다. 방응모(方應謀) 「조선일보」 사장은 1946년 1월 4일 연두 소감에서 "인민공화국을 반대하나 인정한다"(문종대, 1988: 29)고 함으로써 우파에 기울어졌음을 알 수 있었다. 그리고 미국과 소련을 외세로 규정하고, 미소 양편은 조선의 식민지화를 획책한다는 비난의 논조를 보이지만 이는 「조선일보」의 입장이라기보다 당시 강경한 민족주의자인 김구(金九)[205]의 정책 노선이었다. 당시 언론은 자신의 고유 색깔에 따라 악의로 서로를 비방하며, 허위 사실을 유포하기 시작했다. 적만 넘어뜨리면 좌파는 승리할 수 있다는 '성공하면 군왕이고 실패하면 역적이다'((成則君王 敗則逆賊)'에 집착하기에 이른다. 선동과 음모의 와중에 정론지 언론은 ①정당으로부터 직접 재정적인 지원 아래 신문을 창간하여 처음부터 정당기관지 구실을 한 경우, ②사재를 투자하기는 했으나 처음부터 어느 정당을 지지한 경우, ③신문사업을 하나의 기업으로 알고 투자한 경우(송건호, 1983: 171) 등으로 색깔을 나타내기 시작했다. 그리고 당시 기자들의 성향을 분석해봐도 ①처음부터 어느 정당의 당원 내지 비밀당원으로 기자가 된 경우, ②특정 정당원은 아니나 특정 이데올로기의 지지자로서 여론 지도자로 자처한 경우, ③정당, 사회단체에 매수되어 움직이는 경우 등으로 나눠졌다.

미군정 당국의 언론 정책이 특히 대공면에서 단호하기는 했으나, 단속은 아랑곳없이 좌파 세력은 언론계를 필두로 한 문화계·출판계에까지 손을 뻗쳐 출판 노조가 전에 없이 강력해졌다.(송건호, 1983: 172) 자신의 이념에 따라 국가는 건설되어야 하고, 국토는 반드시 통일되어야 한다는 논리가 지배했다.

미군정의 입장도 정리되었고, 이승만은 1946년 1월 15일 그 후 6월 3일 10시 3만명을 상대로, '李박사 환영강연회'를 정읍 東초등학교 교정에서 열었다. "소련이 제1차 미소공위에서 자신을 협의대표에서 제외시키고 38선 철폐를 반대하자 정읍발언을 통해서 남한만의 임시정부를 만들고, 그다음에 이것을 기본으로 국제사회와 연대해서 통일정부를 만들기를 원했다.(박명수, 2023. 05. 23.: 18쪽) 이제 우리는 무기휴회된 공위가 재개될 기색도 보이지 않으며 통일정부를 고대하나 여의케 되지 않으니 우리는 남방만이라고 임시정부 혹은 위원회 같은 것을 조직

---

205) 해방 전 김구와 해방 후 김구는 다른 양상을 보인다. 소련 붕괴 후 발굴된 소련 자료에 따르면 백범이 참석한 1948년 평양 남북연석회의는 소련에 의해 조정당했다. 그 기록은 "백범은 성시백이라는 남로당원에 포섭되어 김규식과 함께 평양을 방문, 김일성과 소련이 한도를 공산화하려는 계획에 이용당했다.(국가원로회의 서신 242호, '태영호의 정체는?', 2023. 04. 05.)

하여 38이북에서 소련이 철퇴하도록 세계 공론에 호소하여 될 것이니 여러분도 결심하여야 할 것이다."(이승만, 1946. 06. 04.; 박명수, 2023: 40) 그는 선임시정부 수립, 후민족통일 달성론을 편 것이다.

이들 사건들을 계기로 1948년 남로당과 북로당이 서로 호응하여 2·7 구국 투쟁을 벌였으며, 그리고 데모대는 진주·밀양·제주 등지에서 5·0선거가 불가능하도록 선동했다. 이 와중에 사회주의에 대한 국민적 내성을 기르거나, 유교 전통의 보존에는 전혀 관심을 갖지 않은 채, 미군정은 국가를 전복시키거나 미국의 기본이념에 배치되는 언론자유는 허용하지 않았다.(조용만, 1953. 6: 46)

4. 李승만 정부하의 정론지 소멸

미군정청은 자문기관이었던 남조선 대한국민 대표 민주의원과 입법의원을 선정했다.(김영모, 2009: 35) 민주의원은 1946년 2월 14일 주한 미군사령관 하지 중장이 자문기구로서 과도정부수립을 촉진하기 위한 것이었다. 한편 민주의원이 미군정에 비협조적이고, 또 우익 중심의 자문기관이라서 미군정은 김규식(金奎植) 등 중간파를 중심으로 한 남조선과도정부입법의원을 구성했다. 미 군정장관이 임명한 45명의 관선의원과 간접선거에 의한 45명의 민선의원을 선출했다. 남조선 과도정부는 안재홍(安在鴻)을 민정광관에 임명하고, 해방정국을 이끌어갔다.

한편 1948년 5월 10일 유엔 임시한국위원회의 감시 하에 총선이 실시되었다. 이때 38 도선 이북을 점령하고 있던 소련주둔 군사령관은 유엔 임시한국위원단의 자유왕래를 거부하였을 뿐만 아니라, 유엔 총회 결의에 의한 이 총선거를 거부했다. 38도선 이남지역만으로 선거를 치러, 유권자의 92.5%가 투표에 참여하였다.(최준, 1993, 349)

좌익지가 반대하고 나섰다. 1948년 4월 28일 「독립신보(獨立新報)」의 고경흠(高景欽), 배은수(裵恩受), 「조선중앙일보(朝鮮中央日報)」의 이달영(李達永), 윤동명(尹東明), 「신민일보(新民日報)」의 김성수(金成秀), 염상섭(廉想涉) 등 좌익기자들은 미군정 재판소로 넘겨졌으나, 6일 만에 석방되었다.(최준, 1993: 349)

한편 미군정에서 이승만 정부[206]로 권력 이양이 이루어지면서, 이승만 정부는 1948년 8월 15일 이후 제도적 법에 의한 통치보다 성(聖)의 속성에 의한 법을 집행하기 시작했다.

정부는 입법의 비토권·비상대권을 가졌다. 그러나 절차적 정당성을 확보하기 이른다. 즉, "1948년 7월 12일 제헌국회 본회의에서 헌법안 제3독회를 끝냈다. 이어 기립표결로 제헌의원 전원이 찬성에 헌법이 최종 통과했다. 그리고 닷새 뒤인 7월 17일 대한민국 헌법이 공포되었다."라고 했다.[207]

당시 상황은 "'대한민국'이라는 국명은 7월 1일 헌법심의위원회 제1독회에서, 헌법기초위원회가 마련한 헌법 초안 제1조인 '대한민국은 민주공화국이다'라는 원안을 재적 188인 중 찬성 163표, 반대 2표로 채택함으로써 확정되었다.('동아일보」, 1948. 07. 02.) 이에 앞서 헌법기초위원회는 국명을 둘러싸고 대한, 조선, 고려 등의 의견이 나왔으나, 투표 결과 대한민국으로 결정되었다. 30명의 제헌의원으로 구성된 헌법기초위원회에서 6월 7일 국호의 결정을 놓고 표결한 결과 '대한민국' 17표, '고려공화국' 7표, '조선공화국' 2표, '한국' 1표로 '대한민국'이 최종 결정되었다. '고려공화국'은 한국민주당이 강력하게 주장한 국호였다. 또한 중국의 지배를 받던 '조선'이라는 국회는 언급할 가치가 없고, '한(韓)'은 한반도 남부의 부락국가, 그것도 삼한 분립의 의미가 있을 뿐이라는 것이다. 특히 '대한'은 일제

---

206) 이승만 정부는 신문을 통한 리더십의 잠재력을 일찍부터 깨닫고 있었으며, 이 잠재력을 적극적으로 추구해야 한다는 것을 감지하고 있었다.(이병국, 1987: 28)

207) 그 자세한 과정은 "헌법 제정과 정부 수립을 임무로 하는 제헌국회 첫 회의는 1948년 5월 31일 열렸다. 헌법제정은 크게 3단계를 밟았다. 1단계는 전형위원 선출이었다. 2단계에서는 전형위원이 헌법기초위원을 선출하고, 그 기초위원이 헌법 초안을 작성했다. 3단계는 국회에서의 헌법 독회 및 심의했다."라고 했다.(서희경, 2018. 7. 9.) 한편 독회과정에서는 '임시정부의 계승 여부(법통이 아닌, 정신의 계승), 정부형태, 농지개혁, 반민족행위자 처벌 등이었다.(서희경, 2018. 7. 9.)
한편 제헌헌법 초안을 마련한 헌법기초위원회는 제헌의원 30명으로 구성됐다. 헌법기초위원회는 유진오 전문위원의 헌법안을 원안으로 16차 회의 끝에 초안을 작성했다. 당시 헌법기초위원은 제헌국회의 3대 정파였던 대한독립촉성국민회, 한민당, 무소속이 대체로 균형을 이뤘다. 위원장은 한민당의 서상일, 부위원장은 독립촉성국민회의 이윤영이 맡았다("민족운동가 이끌고 법률전문가 보좌」라고 했다.(이선민, 2018. 7. 9.)

에 의해 멸망한 치욕의 국호라는 주장도 제기되었다."라고 했다.(남시욱, 2021, 176
~177쪽)

한편 "미국은 국무부의 정책 노선에 따라 국민투표 때까지 이들 중 어느 집
단에 대해서도 합법정부로 승인하는 것을 거부하고 있다. 그러나 중국과 프랑
스는 1919년 서울에서 조직되어 중국에서 존재하고 있는 임시정부를 승인했
다."라고 했다.(UPI, Independence of Korea is being urged, https://www.upi.com/
Archives/1945/12/25/Independence of Korea is being urged/9; 남시욱 저, 160쪽)

한편 국회의장이었던 이승만은 지역 조직의 취약성이 있었지만 강한 경찰권을
갖고 있었으며,[208] 곧 1946년 5월 1일 육사의 전신인 '국방경비사관학교'가 태릉
에서 창설되었고, 1951년 8군사령관 벤플리트 장군의 도움으로 진해에 4년제 정
규육사가 문을 열게 된 것이다. 그 때 전두환, 노태우 등이 11기 생도로 입교하였
다.

이승만 대통령은 제헌국회의 형식을 통해서 정·부통령의 간접 선거에 의해
1948년 8월 15일 취임했다. 그리고 1948년 12월 유엔 총회에서 '한반도의 유일
합법 정부'(The only, lawful government in Korea)로 승인받았다. 국가기록원 자료
에 대한민국은 '유엔의 선거 감시가 가능한 지역에 수립된 유일한 합법 정부이
다.'라고 규정하였다.(이선민, 2018. 6. 29) 그 과정에서 언론에 관한 유의미한 내용
을 살펴보자.

대한민국 탄생은 유엔에서 찬성48 반대6 기권1로 탄생함.〔마이클 리(전 美CIA직원), 오
이박사 148차 광화문집회, 2023. 10. 7.〕 나라가 건국된 후에는 유엔(UN)에 인준을 받아야
만 전 세계에 출생신고를 하는 셈입니다. 1948년 8월 15일 우리나라는 건국을 합니다. 북
한은 같은 해 9월 9일에 건국을 했습니다. 그리고 우리나라와 북한은 유엔(UN)에 인준을

---

208) 李승만 정부는 위약한 권력 기반을 갖고 있었다. 그 이유는 여러 가지가 있겠으나 그중 경제적 기반
이 약한 데서 오는 사회 혼란에서 주요인을 뚜렷이 찾을 수 있다.(G. Henderson, 1968: 331) 한편
북한은 외국 원조에 의해 국가 계획, 생산 증대, 직업 전문화를 이룩함으로써 정치 안정을 누릴 수
있었으나, 남한은 북한의 현실과는 판이하게 달랐다.

받고자 팀을 꾸려서 파리로 향합니다. 그 당시 국무총리 장면 외 4명이 유엔(UN) 인준을 받기 위해 파리에 도착을 합니다. 1948년 12월 12일까지가 마지막 인준이 되는 날입니다. 11일 첫날부터 공산국가들의 의사진행 방해안이 시작됩니다. "미군의 앞잡이 이승만, 독재자 이승만" 등등 2시간씩 소련, 헝가리, 동독, 체코 등으로 시간 때우기 작전에 11일 날은 시간이 다 지나갔습니다. 다음날 12일에 인준을 못 받으면 우리나라는 출생신고를 못하게 되는 것입니다. 그리하여 장면 총리는 이대로는 안 되겠다는 생각에 함께간 팀원들과 함께 교회를 찾아갑니다. 팀원 중 한 사람은 무릎관절이 심각히 아픈 상태였음에도 밤을 새워 4명과 함께 눈물로 기도를 합니다. 한국에서도 이승만 대통령께서 전국에 교회에 기도부탁과 함께 이승만 대통령께서도 밤새워 기도를 합니다. 다음날 12일이 되어서 또다시 공산국가들의 의사진행 방해안이 시작됩니다. 소련, 헝가리, 동독, 체코 순으로 의사진행 방해안이 시작이 됩니다. 소련 대표가 마이크를 잡고 시작을 합니다. "코리아 이승만은 미국 앞잡이고 독재자고"라고 하다가 갑자기 목에 결절이 와서 숨을 못쉬고 쓰러져서 병원으로 실려갑니다. 2시간 의사진행 방해안으로 알고 느긋하게 다른 데 가서 커피 마시고 즐기는 헝가리 대표는 소련 대표가 병원에 실려간 것을 몰랐던 것입니다. 그리하여 사회자가 "코리아 건국 인준에 관하여 다시 발언이 없습니까?"라고 하였으나 커피 마시고 있던 헝가리 대표는 깜깜 무소식이었습니다. 드디어 가, 부를 결정하는 표결을 하게 되어 찬성 48 반대 6 기권 1로 우리나라의 출생신고 유엔(UN) 인준을 받게 되었습니다. … 순국선열과 호국영령님들께 고개 숙여 감사와 자유 대한민국을 잘 보존하고 사랑하겠다는 마음이 되어야 한다고 생각됩니다. '대한민국은 유엔에서 인정한 유일한 합법적인 국가'-그 과정에서 이승만 대통령의 그 누구도 하기 어려운 조국을 사랑하는 헌신적인 사랑이 있었습니다.(변용진 씨가 이정신 오이박사 단장께 보낸 편지, 2023. 01. 21.) 소련의 방해로 유엔에서는 이미 남한 단독선거 실시로 결정이 났는데도. … 유엔에서는 선거감시단(유엔한국임시위원단)을 파견하였고, (1948. 1. 24.) 유엔한국임시위원단의 북한 입성이 불발되고, 밤이 새면 대한민국은 유엔에서 인정받지 못하는 나라가 되는 절체절명의 몇 시간을 남겨두고 이승만 박사는 달이 밝은 달밤에 잠을 이루지 못하시다가 제3차 UN 총회 한국 대표로 참가해서 외교관으로 활동하던 모윤숙(제8대 국회의원)을 불러서 지금 한국이 처한 절박함을 구구절절 말씀하신 다음 유엔 한국임시위원장(선거 감시단장)을 불러오라고 하셨고, 모윤숙은 유엔 한국임시위원장(선거 감시단장) 메논(K. P. S. Menon)을 은밀히 경무대로 불렀고, 이 자리에서 이승만 박사는 당시 유럽에서 우리처럼 선거를 했으나, 선거 날이 다가오자 공산당은 자유 우파 후보들을 한 명씩 한 명씩 납치를 해서 모두 죽여서, 공정한 선거를 치루어서 자유민주국가가 된 나라가 한 나라도 없다는 사실을 구구절절하게 알리고 대한민국에 (당시에는 4대 4였음) 한 표를 줄 것을 구구절절하게 사정하고 호소하셨습니다. 영어에 능통한 이승만 박사의 말씀을 다 듣고 난 메논 감시단장은 남한 단독선거 결정으로 마음을 바꾸었고, 다음날 대한민국은 남북한 모두 같이 실시하는 선거가 아니라, 남한 단독으로 선거를 실시한다는 투표에서 유엔에서 파견한 감시단 8명 중 5:3으로 결정이 났고, 남한에서 단독으로 선거가 이루어졌다.

이승만은 국회의장 당선 직후 1948년 6월 7일 첫 기자 회견에서 언론계에서는 당파를 조장하는 언론을 펴지 말고 건설적인 언론을 펼 것을 권장했다.(「경향신문」, 1948. 6. 8.)

곧이어 남한 단독 정부 거부의 체제 외적 당파성을 지녔다는 이유(즉 '國是國策'[209]의 위반 이유)로 「제일신문」, 「조선중앙일보」, 「세계일보」 등 진보 계열의 신문들이 1948년 8월 15일 정간 처분되었다.

그러나 이승만 정부는 언론자유의 기본맥락을 유지했다. 그는 1945년 8월 15일 시정연설(施政演說)에서 "국민이나 정부는 항상 주의해서 개인의 언론·집회·종교·결사·사상 등의 자유를 극력 보호해야 될 것입니다."(우남전기(雩南傳記) 편찬회, 1960: 110)라고 선포했다. 그리고 제헌국회(制憲國會)의 헌법 제13조는 "모든 국민은 법률에 의하지 아니하고는 언론·출판·집회·결사의 자유를 제한받지 아니한다."라고 규정했다.

---

209) 이승만 정부가 밝힌 국시국책 기준은 ①대한민국의 국시 국책을 위반하는 기사 ②정부를 모략하는 기사 ③공산당과 이북 괴뢰 정권을 인정 내지 비호하는 기사 ④허위의 사실을 날조 선동하는 기사 ⑤우방과의 국교를 저해하고 국위를 손상하는 기사 ⑥자극적인 논조나 보도로서 민심을 격앙 소란케 하는 외에 민심에 악영향을 끼치는 기사 ⑦국가의 기밀을 누설하는 기사 등이다.(송건호, 1983: 179)

이승만 정부는 친일분자 처벌에 나섰다. 국회에서 1948년 8월 17일 '반민족행위처벌법'을 통과시키고, 그 법에 따라 구성된 반민특위는 1949년 1월부터 본격적으로 활동을 시작했다.[210] 이승만 정부는 좌파척결과 친일청산으로 정통성 보를 위한 교두보를 만든 것이다.

이승만은 공산주의를 '원래 자유롭게 되기를 원하는 인간의 본성을 거역해 가며 국민을 지배하려는 사상체계'라고 간주하고 이 이념을 따르는 정치는 반드시 실패할 것이라고 장담했다. 또한 그는 "소련과 연대하는 것이 바로 공산주의 사상을 받아들여 한국을 노예국화하는 것이라고 주장하며, 오직 미국의 '성의 있는 원조'에 기대야 한다."고 주장했다.(정병준, 2005: 111; 정용욱, 2007: 59)

한편 이승만 정부는 신문의 당파성을 인정하지 않은 상황에서 정론지(政論紙)는 서서히 정론지(正論紙)로 변모해갔다. 신문은 후자의 정론적 입장에서 정부에 비판을 가하기 시작했다. 정부는 1948년 12월 1일에 좌파세력, 친북세력, 비판세력 등을 제압하기 위해, '국가보안법'을 공포하였다. '광무신문지법'과 '미군정법령 88호'가 여전히 작동한 상태에서 '국가보안법'이 공포된 것이다.

이 대통령은 언론을 통제하기 위해, 사전 사후 검열, 기사 삭제, 신문 압수, 정간, 폐간을 계속했다. 대통령을 비롯한 고위공직자는 언론에 직접 자신이 작성한 원고의 게재를 요구하거나, 자신의 비위에 거슬리는 기사의 게재중지를 요구했다(차재영, 2005. 8. 30.: 135)

이승만 대통령은 항상 기자에게 '훈화적 태도'[211]를 유지했고, 법률을 통해 언론은 통제하고자 했다. 같은 맥락에서 이 대통령은 1952년 3월 「신문 정기 간행

---

210) 이한우, 「'친일청산' 여론을 주도하다」, 「조선일보」, 2010. 02. 16.) 이 법은 당초 공소시효를 2년으로 잡았으나, 미군정 3년 동안 정부 구석구석에 자리잡은 친일파의 반발과 건국 사업을 우선시한 이승만 대통령의 방침 등으로 반민특위의 활동은 1949년 8월 31일로 당겨졌다.

211) 훈화적 태도는 인터뷰에서 일면을 볼 수 있었다. 李 대통령 그 분이 우리를 만나면 늘 강조하는 것이 있어요. '언론인은 지사야, 나라를 위해 글을 쓰고 생각해야 해 …'그 분은 신문의 중요성을 잘 이해하고 있었고 언론기관을 통해 여론을 이끌어 나갈 줄 알고 있었어요(유건호 인터뷰, 1985. 12. 28.; 이병국, 1987: 29). 李 대통령은 기자나 언론을 대등한 입장에서 설득하려 하기보다는 한 자리 위에서 훈화적인 태도를 보인 것이다.

물법안」을 국회에 제출하였다. 그러나 야당과 언론의 반대에 부딪치면서 법안은 폐기처분되었다.

한편 언론 통제 법안의 국회통과 실패와는 달리, 1952년 대통령을 선출하도록 되어 있는 법을 고쳐, 대통령 직선제와 상하 양원제의 '발췌개헌안(拔萃改憲案)'[212]을 국회에 통과시켰다. 그리고 다시 1954년 국무총리제 폐지와 대통령 중임제(초대 대통령에 한하여)를 골자로 한 이른바 '사사오입(四捨五入)'[213] 이론을 도입하여 개헌안을 성사시켰다.

미군정 후 집권당인 초기의 한민당 조직 기반은 토착 친일세력으로(송건호, 1983: 184), 상부의 일부 인사를 제외하고는 그 주변의 동조 세력과 함께 대개가 황민화 식민 정책에 봉사했던 친일파였다. 당시 지도층은 이념적·경제적·사회적 기반이 취약하며, 산업의 소유나 토지의 기반이 부실한 '뿌리 없는 집단'이었으므로(Henderson, 1968: 310), 기존의 친일파 인재를 중심으로 파당적 정책 노선을 폈다.

미군정 바로 직후 한민당의 이승만은 「동아일보」를 정책의 정론지로, 김구는

---

212) 발췌개헌안은 1952년 7월 4일 국회를 통과하였다. 이승만 정부는 1952년 5월 25일 임시수도 부산과 그 주변에 계엄령을 선포하고, 비판적 국회의원 12명을 용공 혐의로 구속했다. 5·26 정치 파동이 벌어진 것이다. 야당이 주도한 국회에서 초대와는 달리, 대통령 직선제 개헌을 시도하였으나, 무산되었다. 이승만 정부는 땃벌떼, 백골단, 민중자결단 등 폭력 조직배를 동원하여, 관제 데모를 일으켜, 국회해산을 요구하였다.(고종석, 2004. 05. 25.) 전 부통령이었던 김성수를 비롯하여, 정치지도자 81명이 6월 20일 부산의 국제구락부에 모여 '입법부 수호 및 반독재 호헌 구국 선언'을 하려 하자, 이 정권은 다시 폭력배들을 동원해 회장을 난장판으로 만들었다. 장택상을 중심으로 정부의 대통령 직선제 개헌안과 국회의 내각책임제 개헌안을 기초로, 발췌개헌안이 국회를 통과하였다.

213) 1954년 9월 8일 제안이 있었고, 11월 27일 표결에서 국회의원 재적의원이 203명이므로 136명의 찬성이 필요했다. 11월 27일 국회에서 표결을 강행했으나 , 재적 203명 가운데 찬성이 135표, 반대가 60표, 기권이 7표였다. 헌법 개정에 필요한 정족수 한 명이 모자랐다. 한자에 문맹이었던 자유당 소속 이용범 의원이 잘못 기표를 함으로써 생긴 것이다. 이 법안은 정당한 절차에 따라 부결이 선포되었다. 그러나 2/3선을 정확히 산술한다면 135석과 1/3석인데 자연인은 나눌 수 없으므로 2/3 이상은 135석 이상이라는 황당무계한 이론이 당시 여당 내부(주창자 이익흥 의원)에게 제기되었다. 이에 11월 29일의 표결에서 가결을 선포하는 비상식적인 일이 발행하였다(이완범, 『한국 정권교체의 국제정치』, 서울대학교 국제문제연구소 편, 2007: 150). 결국 이승만 대통령의 3선 연임이 사사오입 개헌으로 가능하게 되었다.

「조선일보」를, 안재홍은 「한성일보」를, 가톨릭계는 「경향신문」을 통해 각 조직의 당파성을 과시했다. 그리고 조병옥(趙炳玉) 미군정 경무부장이 1948년 8월 9일 '광무신문지법'이 폐기되지 않았음을 천명함으로써, 그 법은 정부 수립 이후 계속 적용되었다. 전술했던 광무신문지법 조항 중 황민에게 봉사하는 법 조항이 몇 가지 포함되어 있으며, 이승만 정부는 그에 버금가는 언론 정책 7개 항을 발표한 것이다.

⑦개 항의 각 단어 의미로 보아 보도의 주관성, 신문의 정부 외적 당파성과 논조를 더 이상 용납하지 않겠다는 의지를 포함하고 있다. 이승만 정부는 한민당의 정론지 역할을 했던 「동아일보」와의 관계를 마감하는데 당시 「동아일보」의 간부진은 이승만 정부의 개각 구성에 참여시켜주지 않았다는 이유로(송건호, 1983: 183) 그들과 소원한 관계를 유지했다. 이승만 정부는 정론지(政論紙)의 필요성을 절감하고, 「서울신문」을 1949년 5월 3일 정간 처분하는데, 그 이유로 미군정 법령 제88호 제5항의 위반을 들었다.(송건호, 1983: 182) 그 후 복간된 「서울신문」은 공보처(처장 김동성)의 감독 지시를 받는 사실상 정부 기관지로서의 당파성을 지니게 되었다.

당시 공보처는 국무총리 소속으로 법령의 공포, 정보, 선전, 통계, 인쇄, 출판과 저작권에 관한 사무를 담당하였다. 실제로 공보처는 고유의 업무인 홍보, 선전, 통계 사업 외에 언론·출판 통제뿐 아니라, 방송·연극·영화 등 대중문화 분야에 문예계 통제도 담당하였다.(정용욱, 2007: 25~26)

이승만 정부가 이런 강경 언론 정책을 내세우는 데는 충분한 근거가 있었다. 정부의 출범 이후 좌익폭동이 대구·제주·여수·거창 등에서 수없이 발생했다. 농민 삶의 궁핍은 게릴라전(戰)을 더욱 확산시켰다. 몇 차례의 '농지개혁'[214]과 땅 보유

---

214) 농지개혁은 "1948년 7월 제정한 제헌헌법에는 농지 개혁과 친일파 청산을 명시했다. 친일파 청산은 제헌의회가 주도했고, 농지 개혁은 이승만 정부가 주도했다. 정부는 1949년 농지개혁법을 제정하고 유상 매입, 유상 분배 원칙에 따라 농지 개혁을 단행했다. 정부는 지주가 소유한 3정보 이상 농지(논과 밭)를 매입하고, 이를 소작 농민과 토지가 적은 농민에게 분배했다. 농민은 농사를 지어 5년 동안 생산물 25~30% 정도를 정부에 냈다. 농지 개혁 시행 결과 소작지 58만여 정보가 매입돼 분배됐다. 남한의 농지 개혁은 속도는 느렸으나 6·25전쟁 이전 분배가 거의 완료돼 북한과 마찬가지

의 상한선 제한은 더욱 영세 농민의 생활을 압박했다. 더욱이 미국으로부터의 잉여 농산물의 무상 유입은 농민들의 삶을 더욱 어렵게 했다. 지방에서의 잇따른 농민 항쟁은 군의 육성을 부추겼으며, 다른 한편으로 독재의 강도를 높이게 했다.

이승만 정부는 언론 통제의 강도를 높여 1948년 9월 이후부터 1949년 5월까지의 기간에 7개 신문사와 1개 통신사가 문을 닫았는가 하면(G. Henderson, 1968: 163) 좌익 기자는 구속되었고 편집자는 신문사를 떠났다.

6·25가 발발하면서 「해방일보」, 「조선인민보」 등 좌익계 신문이 다시 고래를 들었다. 지하로 들어간 좌익계 신문은 지상으로 나왔다.

그 당시를 회상하면 '한국전쟁 6·25'[215]는 일요일 새벽 5시 소련제 탱크를 앞세운 김일성 집단은 26일 오후 8시에 벌써 의정부를 점령하고, 28일 새벽 서울을 완전 함락했다.

남한에는 남한 사정에 밝은 이승엽, 김응기 부책임자 등 남로당 토착사회주의가 세포조직을 완성하고 있었고, 이주상과 방학세[216] 등은 북한 출신이 남한에 온

로 지주전호제가 해체됐다. 1945년에는 농민 자작 농지 비율이 약 35% 정도였는데, 농지 개혁 후 1950년에는 약 88%로 증가했다. 6·25 이후 박헌영 등은 북한군이 서울을 점령하면 농민 봉기가 일어나 자연스럽게 공산주의 정권이 수립될 것이라고 예측했으나, 농민 봉기가 일어나지 않았다. 그 이유는 이미 농민이 농지를 분배받아 사상적 동요가 일어나지 않았기 때문이다.(이환병, 2023. 11. 02.)

215) 한국전쟁은 1950년 6월 25일 일어났다. 한국 정부의 공식발표에 의하면 군인만으로 사망, 부상, 행방불명자는 99만이며 북한군까지 합하면 191만이 된다. 여기에다 미군의 피해 15만과 중공군의 피해 90만을 합하면 군인으로 사망, 부상, 행방불명자는 300만에 달한다. (……) 김영호 교수의 "한국전쟁 원인의 국제정치적 재해석-스탈린의 롤백 이론" 논문에서 김일성이 스탈린에게 남침의 의사를 표명한 것은 1949년 3월 5일 모스크바 회담이었으나 스탈린은 남한에는 아직도 미국이 주둔해 있으며, 38선은 소련과 미국이 합의해서 그은 국제적 성격의 분할선임을 상기시켰다. 그러나 1949년 8월 주한미군이 철수했다. 같은 해 10월에는 중국의 공산당 정부가 국공 내전에서 승리하여 장제스(蔣介石)의 국민당 정부를 대만으로 내쫓았다 … 김일성은 1950년 1월 17일 다시 남침의 계획을 스탈린에 올렸다 1950년 1월 30일, 드디어 스탈은 38선을 돌파하겠다는 김일성의 제안을 승인했다. (……) 이후 5월 13일 김일성은 마오쩌둥을 찾아 남침 계획을 밝히고 협조를 구했고, 마오쩌둥은 스탈린의 승인 계획을 확인하고, 만약 미국이 전쟁에 개입하면 중국이 병력을 파견하여 북한을 돕겠다는 약속을 했다.(이영훈, 2019: 267~79)

216) 방학세(方學世, 1914~1992)는 소련 출생 법조인으로서, 북조선인민위원회 내무국 정보처장을 지

인사와 공존하고 있었다. 즉, 위원장은 남로당이 갖고, 실질적 권한 행사는 북에서 온 노동당과 행정기관에서 일한 사람들을 맡겼다.(유진, 2018. 3. 17.) 각 도·시·군 사법검찰, 내무기관에서 노동당 또는 인민위원회 부책임자(부위원장)로 임명한 것이다.

발 빠른 행보가 진행되고 있었다. 북한군이 3일 만에 서울을 점령하고 곧바로 경상도 일부 지역을 제외한 남한 지역 대부분을 장악했으나, 미군의 '인천상륙작전'[217]으로 남쪽으로 내려갔던 북한군에 대한 보급선이 끊기면서 남한지역에서 철수를 하게 되었다. 9월 15일 맥아더원수의 인천상륙 작전으로 9월 28일 수복될 때까지 90일은 김일성 체제 하에 들어가게 되었다. 당시 현상윤(玄相允), 백관수(白寬洙), 안재홍, 이광수, 김규식 등은 납북되었다.(최준, 1993: 360)

맥아더의 기세는 10월 19일 압록강까지 진격을 했으나, 중공군의 불법침입으로 남하는 계속되었다. 전선은 교착상태에 빠졌다. 그러나 이승만은 계속 북진통일을 원했으나, 그 대신 미국은 1953년 10월 1일 미국 워싱턴에서 '한미상호방위조약'[218]을 서명하고, 주한미군 주둔을 통해 계속 안보를 보장했다.(이춘근, 2022.

낸다. https://search.naver.com/search.naver?where=nexearch&sm=top_hty&fbm=0&ie=utf8&query=%EB%B0%A9%ED%95%99%EC%84%B

217) 인천상륙작전은 더글러스 맥아더(General of the Army. Douglas MacArthur)에 의해 1950년 9월 15일 단행되었다. "맥아더 장군은 6.25 전쟁 당시 UN군 사령관이기도 했지만 그 이전에는 태평양 지역 총사령관이자 일본 점령 연합군사령관이었다. 그의 전략은 보급로 차단에 주안점을 두었다. 그는 북한군이 빈약한 육상보급으로 현재의 전선을 유지하고 있기 때문에, 이 보급선을 잘라버리면 침략군 전체의 와해를 예상했다. 북한군의 낙동강 전선까지의 육상 보급로인 경부선 철도와 경부 가도는 필연적으로 서울을 통과했고, 따라서 인천에 상륙해서 서울까지 진격할 경우 이 보급선을 완전히 끊을 수 있었다. 우선 한반도에 진주해 있는 일본군을 몰아내고 무장해제를 시키는 것이었다. 그후 미군의 작전은 언론에 공개되었다. https://terms.naver.com/entry.naver?docId=538591&cid=46628&categoryId=46628. 그들 전투에서 미군 약 3만 7000명이 전사했다.

218) 한미방위조약 체결 배경으로 "1953년 4월 9일 마지막으로 이승만은 휴전에 대한 정식 항의문을 트루먼에게 보냈다. 만일 중공군을 북한에 둔 채 휴전협정을 체결한다면, 한국은 통일을 위해 단독으로 북진할 것이라고 밝혔다. 왜냐하면 한국은 또 다시 남침을 당할 것이기 때문이다. 이러한 한국의 요구를 받아들여지지 않은 상태에서 휴전이 된다면, 한국군은 유엔군으로부터 빼내겠다는 것이었다. 한편 그는 개인적으로 신뢰하는 헌병 사령관 원용덕 장군에게 비밀리에 반공포로 석방을 지시했다. 이렇게 이승만의 사사건건 독자행동으로 치닫는 우남에게 미 국방성은 드디어 칼을 빼 들었

12. 08.)

한국 기자의 얌체 행위는 문제가 되었다. 전쟁 과정에서 당시 한국 기자는 한명도 순직한 경우가 없었으나, AP 통신의 빌 무어 기자는 진주 전선에서 1950년 7월 순직한 이후 16명이 순직을 하게 되었다.(최준, 1993: 363)

한편 전시 동안 통신사도 고려통신, 한국통신은 조선통신으로 발행을 재개했다. 그러나 7월 3일 합동통신, 공립통신, 조선통신사는 평양의 조선중앙통신 서울지사로 9월 10일까지 발행했다.(주동황, 1992: 30) 그 후 좌익계는 한국통신 등으로 변신했으나, 대한통신, 합동통신 등으로 그 명맥을 유지했다. 통신사가 난립하고, 언론사가 좌·우익이 뒤엉키게 되었고, 통신사는 좌익의 손상지가 되어왔다. 한편 정부는 언론통제의 고삐를 늦추지 않았고, 정부 통제에 대한 언론계의 반발도 만만치 않았다. 전쟁이 일어난 1950년 10월 8일 당시 공보처장 김활란(金活蘭)은 '일간신문 정비계획'[219]을 발표했으나 언론의 반발로 무산되었다.

한편 전란 중 장준하(張俊河, 1918~1975)는 사상계를 내어 50~60년대 한국 지성계를 이끌었다. 사상은 1952년 9월 호로 시작했는데, 편집인 및 발행인은 이교승이 창간사를 쓰고, 문교부 장관 백낙준(白樂濬)이 축사를 했다. 그리고 편집후기는 주간이었던 장준하가 작성했다.(조맹기, 2006: 275) 이 잡지는 '겨레의 활로개척'의 사명을 띤 연구적이고 이념적 성향을 지녔으나, 이기붕의 부인 박 마리아가 백낙준 장관의 견제로 시작된 갈등으로 난항을 겪자, 장준하가 받아 1953년 4월 『사상계』로 개제(改題)하여 1970년대 초까지 막강한 영향력으로 계속 발행을

다. 일명 '상비군 작전(Operation Ever ready)'을 통해 우남을 제거하려 한 것이다. 이승만을 권좌에서 밀어내리려는 미국의 시도는 세번이나 있었다.(이춘근, 2022. 12. 08.)

219) 이 계획의 내용은 ①책임자 및 종업원은 사상이 건실한 자로서 신문의 질적 향상을 도모할 수 있는 수완과 역량을 지니며 열의가 있어야 할 것, ② 재산 능력이 신문 경영에 충분할 것, ③ 공장 및 기타 설비를 자기 소유 혹은 관리하는 자로서 신문 발행에 지장이 없어야 할 것 등이다.(주동황, 1992: 33) 당시 공보처는 "전시 계엄령 하 용지를 비롯한 모든 자재를 유효 적절히 활용하고 전쟁 수행 상 권위 있는 신문만을 발행케 할 필요가 절실하다"라는 이유를 제시했다(p. 33). 당시 「조선일보」는 방응모 사장의 납북되었다는 이유로 정비계획에 포함시켰으나, 「조선일보」와 합동통신의 지속적인 반대로 이 계획은 무산되고 말았다.(p. 35)

했다. 장준하는 편집의도를 「권두언」에서 계속 밝혀갔다.

정부의 언론 통제 노력은 계속되었다. '신문 정기 간행물법안'이 1952년 3월에 국회에 제출되었으나 부결되었고, '광무신문지법'도 국회에서 1953년 3월 19일 정식으로 폐기되었다. 그러나 정부는 언론 통제의 고삐를 늦추지 않았다. 1953년 '신문조치안'을 통해 언론 통제를 시도하나 언론계의 반대로 곧 좌절된다.

이승만 대통령은 50년대 중반까지 기자단에서 기자회견을 요청하기도 했고 특별한 이유가 없으면 거절하지도 않았다.(김병관, 2000: 309) 그러나 후반으로 가면서 정부와 언론간의 관계는 살얼음판이었다.

「동아일보」의 1955년 3월 17일 시사만화가 고바우 김성환(金星煥) 필화로 무기 정간을 당했고, 1955년 9월 14일 「대구매일신문」 최석채(崔錫采) 주필의 〈학도를 정치 도구로 이용하지 말라〉의 '이적행위'로 구속되었다.

더욱이 정부는 오보까지 따졌다. 「동아일보」 괴뢰 〈고위층 재가 대개 중/ 한미 석유협정〉에서 한미 앞에 괴뢰(傀儡)가 들어갔고, 「대구매일신문」이 이 대통령을 '이견통령(李犬統領)' 등으로 정부와 언론 간에 갈등이 일상화되었다.

신문은 점차 자신의 입장을 정리하고 친여와 야당지로 갈린다. 당시 「서울신문」 통계에 의하면(조용만, 1953: 41), 1952년 1월부터 1953년 3월까지 정부의 시책에 대해서 불만, 반대 및 불리한 것을 게재하는 기사나 논평의 경우 「경향신문」 152건, 「동아일보」 191건, 「조선일보」 173건, 「서울신문」 134건이었다. 다른 한편으로 찬성·협조·지지를 하는 기사나 논평은 「경향신문」 73건, 「동아일보」 12건, 「조선일보」 100건, 「서울신문」 346건 등으로 「서울신문」이 여당 편에서, 「경향신문」과 「동아일보」가 야당 편에서 정론적 입장을 폈음을 알 수 있다.

정론적 신문의 입장과 무관하게 이승만 정부는 언론을 단속할 목적으로 1955년 12월 '출판물에 관한 임시 조치법'을 다시 마련했다. 그 법 조항 제15조는 다음과 같다.

간행물에 국가 안보를 문란케 하는 선동적인 사항이 있거나, 민심을 혹란하기 위한 허위 또는 왜곡된 사항을 기재하거나, 법률에 저촉되는 사항을 기재하였을 때에는 공보처장은 그것이 정기 간행물인 경우에는 그 허가를 취소하거나 발행을 정지시킬 수 있다.(오소백, 1968: 244)

물론 李 대통령은 취임해서 최초의 18개월간은 일주일에 한 번 내외 신문기자와 정례 기자회견을 가졌고, 6.25가 일어나기 전까지 주례 기자회견을 가졌다. 그러나 '출판물에 관한 임시 조치법안' 상황은 그 전과는 전혀 다른 적대적 태도였다.

집권여당의 자유당은 더 이상 자유가 없어지기 시작했다. 당시를 회상하면서 "자유 없는 암흑 속에서 우리는 어이 살 것인가. 우리가 36년 동안 자주독립을 몽매에도 잊지 못한 것도, 반공투쟁에 수백만이 그 생명을 제물로 바친 것도 이 나라의 자주독립을 위한 것이지만 일당 독재를 내용으로 한 자주독립은 아니었다." 라고 했다.(김병관, 2000: 334)

한편 '출판물에 관한 임시 조치법' 법안은 국회에서 통과되지 못했지만 이에 대해 정부 기관지 「서울신문」은 1955년 11월 1일자 사설에서 〈정부 비판의 한계성〉으로, 「경향신문」은 1955년 11월 13일자 사설에서 〈언론 제한의 역행 망상을 완봉하자〉 등으로 전혀 다른 색깔을 보였다. 한편 가톨릭계 「경향신문」은 야당 부통령 장면(張勉)의 등장으로 정론지화(政論紙化)하는 계기가 되었다.

정부는 1956년 가을 다시 언론 통제의 목적으로 '국정보호 임시조치법안'을 마련했다.

동 법안은 간행물에 허위 사실을 게재하여 개인, 법인, 기타 단체의 성실성 또는 명예를 훼손할 때 집필자, 편집자를 벌하며, 또 이러한 것을 누차 게재하였을 때는 대통령령으로 그 발행을 중지한다는 규제를 포함시켰다.(오소백, 1968: 252)

이 법안도 국회에서 가결되지 못했지만, 신문의 당파성에 대한 결정적 영향을 주는 조항이 포함된 민의원, 참의원 의원선거법안과 동시행령이 1958년 1월 25일 통과되었다. 이 법안에는 언론에 대한 제한 조항이 있었다.

제72조에는 누구든지 후보자를 당선 또는 낙선시킬 목적으로 신문, 통신, 잡지 기타 간행물의 경영자, 또는 편집자에 금품 향응, 기타 이익을 제공하거나 제공할 약속 또는 신입(申入)을 하거나 선거에 관한 보도, 기타 평론을 게재할 수 없다. 제 167조에는 누구든지 연설, 신문, 잡지, 벽보, 선전문, 기타 여하한 방법을 불구하고 당선하거나 당선되지 못하게 할 목적으로 후보자의 신분, 직업 또는 경력에 관하여 허위의 사항을 공표하거나 공표하게 한 자는 3년 이하의 징역, 금고 또는 30만환 이하의 벌금에 처한다.(오소백, 1968: 255)

그 법망에 걸려든 것은 언론인보다 청와대였다. 당시 내무부장관 최인규는 1960년 '3·15 부정선거'[220]에 가담했다. 3·15 부정선거 당시 그는 공무원들에게 "차기 정·부통령 선거에서는 자유당 후보자가 기필코 당선토록 선거 운동하라" 라고 지시를 했다. 부정선거를 기획, 지휘했던 그는 결국 사형을 당했다.

한편 민의원·참의원 선거에 언론 제한 조항과 더불어 '보안법' 개정을 그해 12월 19일 통과시켰는데, 그 제17조와 제22조에 언론 통제 조항이 포함되어 있었다.

제17조 1) (……) 결사, 집단 또는 단체의 지령을 받고 그 목적한 사항의 실행을 단숙, 협의, 선동 또는 선전하거나 기타의 방법으로 관여한 자는 10년 이상의 징역에 처한다. (……) 2) (……) 결사, 집단, 단체 또는 적을 이롭게 할 목적으로 그 목적한 사항의 실행을 협력, 선동 또는 선전한 자도 전 항의 형과 같다. (……) 제22조 ①항과 ②항(……) 결사, 집단 또는 단체를 위하여 또는 그 지령을 받고 집회하거나 문서, 녹음, 음반, 도서, 기타 표현을 반포하여 공연히 헌법상의 기관(대통령, 국회의장, 대법원장)에 대한 명예를 훼손한 자는 10년 이하의 징역에 처한다.(신문편집인협회, 1987: 55)

---

220) '3·15 불법선거' 계획의 작성자는 내무부 장관 최인규(崔仁圭)였고 과거 충북 및 전남 경찰국장을 역임한 김의택(金義澤) 민주당 원내총무가 평소에 가까운 현직 경찰간부로부터 제보 받은 것을 당 선전부장 조재천(曺在天)이 건네받아 순화동의 장면(張勉) 부통령 공관의 금고 안에 보관해 두고 있었다. 이 사실을 탐지한 동아일보 정치부 기자 김준하(金準河)가 조재천을 설득해서 입수해 신문에 대서특필한 것이다.(남시욱, 2021: 204)

보안법은 간첩의 개념을 확대시켰으며, 허위 사실 또는 왜곡된 사실의 유포를 막는다는 미명 아래 실질적으로 언론 자유의 억압을 시도했다. 이러한 시도에 깔려 있는 의도는 지금까지 언론이 취해온 정론지 성격을 말살하는 정책이었다.

한편 정부와 언론 사이에 변화가 일어난 것이다. 문맹률 둔화, 도시화, 종이산업의 발전 등으로 신문은 50만부에서 100만부에 가깝게 성장하고, 신문의 위력은 상당한 수준에 올랐다. 독재 정권도 신문 위력을 감당할 수 없는 위치를 점하게 된 것이다.

이승만 정부를 통제할 수 없는 위치에 이르자 법으로 신문을 옥죄기 시작했다. 李승만 대통령은 법의 지배를 내세우게 되는 계기가 있었다. 당시 정부와 가톨릭계, 민주당계 경향신문과 갈등이 연출되었다. 독재정부가 신문권력을 견제하고 나선 것이다.

1959년 2월 4일 「경향신문」 편집국장 강영수(姜永壽)에 대한 수사가 이뤄지고, 이는 「경향신문」 폐간으로까지 이어진다. '여적(餘滴)'이란 칼럼에 당시 국회의원인 주요한(朱耀翰)의 "다수의 폭정"[221]이 게재된 사실에 대해 정부는 '미군정 법령 제88호 제4조'로 맞섰다.

「경향신문」은 4월 3일 〈간첩 河某를 체포〉란 1단 기사를 내보내었다. 이를 계기로 어임영(魚任泳), 정달선(鄭達善) 두 기자를 구속하고, 주필 이관구(李寬求), 사회부장 오소백(吳蘇白)도 문초 끝에 구속으로 송청(送廳)했다.(최준, 1993, 399) 정부와 신문사 간에 갈등이 첨예화되었다.

한편 '여적'에 대한 「경향신문」의 구체적 죄목은 출판물에 의한 명예 훼손죄와 내란 선동죄였다. 출판물에 의한 명예 훼손죄는 1953년 공포된 '형법(刑法)' 제309조에 의거한 것이다.

---

221) "다수의 폭정"은 "인민이 성숙되어 있어서 인민 스스로 행동할 수 없다는 것을 전제하고 있다. 또 그 미성숙 자체를 이용하여 가장된 다수가 출현한다면 그 다수는 두말없이 폭정이라고 할 수밖에 없다"는 허멘스 교수의 논문을 인용한 글이다.(Ferdinand A. Hermens, "The Tyranny of the Majority," Social Research, Spring 1958: 37~52)

사람을 비방할 목적으로 신문, 잡지 또는 라디오, 기타 출판물에 의하여 제307조 제1항의 죄를 범한 자는 3년 이하의 징역이나 금고 또는 2만 5천 원 이하의 벌금에 처한다.(오소백, 1968: 270)

이승만은 1959년 5월 6일 각의에서 담당으로부터 「경향신문」 폐간에 관한 보고를 듣고 "법대로 할 것이며, 앞으로도 일을 법대로 처리해야 한다"(오소백, 1968: 304)라고 당부함으로써, 지금까지 "내가(인간) 법이다"라는 인식의 전환을 가져왔다.

법을 통한 「경향신문」의 폐간은 잠재적 기능으로 당파성 신문의 종말을 고하는 계기가 되었다. 「경향신문」은 당시 집권당인 자유당이 「경향신문」에 대해 행정 처분을 하기로 사전에 꾸며놓은 음모의 덫에 걸려들은 것이었다.(오소백, 1968: 310) 자유당 후기 이승만은 통제 능력을 상실한 상태였고, 유교적 파당성을 연상케 하는 측근들에 의해 정치가 좌지우지되고 있는 형편이었는데, 「경향신문」 폐간의 경우도 자유당 몇 명의 당무위원과 전성천(全聖天) 공보실장, 홍진기(洪璡基) 법무장관 등이 이 사건에 동참했다. 당시 정부와 자유당 간부는 민주당의 신파와 관련이 깊고 집권당에 대해 비판적이었던 신문을 없애려고 계획하고 있었다.(정진석, 1992: 331)

「경향신문」의 논설진 가운데는 당시 민주당 신파의 간부급 인사도 있었으며, 「경향신문」을 이들의 본부로 간주하였다(이병국, 1987: 61) 신파의 주역인 당시 부통령 장면(張勉)은 1959년 1월 5일 '보안법(保安法, 1958년 12월 24일 2·4 보안법 날치기 통과)' 반대를 논의하기 위해 자신의 공관에 민주당 최고 위원과 주요 간부들을 소집했다. 부통령이 정부의 정책에 대항한다는 사실을 알게 된 李 대통령은 장면뿐 아니라 그를 지지하는 「경향신문」도 받아들일 수 없었다.

「경향신문」 폐간의 법적 근거가 되었던 것은 미군정법 제88호 제4조 제1항[222]

---

222) 본 법은 허가된 정기 간행물도 "①허가 신청서에 허위 또는 오해를 일으킨 신고 또는 태만이 있을 때, (…) ③법률 위반이 있을 때에는 취소 또는 정지 처분을 할 수 있다."

이었는데, 이 논리에 의하면 신문과 정기 간행물에 대한 발행 허가는 정부의 소관이어서, 결국 취소 권한 또한 정부의 수중에 있으므로 야당 신문의 당파성은 계속 용납하지 않음을 의미한다. 다른 한편으로 유교적 신분에 의한 지배의 형태에서 언론법 조항을 강조함으로써, 사람에 의한 통치로부터 법에 의한 통치로 형태를 전환시킨 셈이다. 법의 지배는 다른 한편으로 대통령의 성(聖)의 지도자임을 거부하는 이율배반적 성격을 드러내기도 한다.

5. '신문윤리강령'과 '신문윤리실천요강'

미군정의 제도적 차원과 더불어, 언론의 외적 변화뿐만 아니라 언론 내부에서도 일련의 전환기를 겪고 있었다. 지금까지 사주(社主)가 특정인을 기자로 채용함으로써 담당 기자에게 신분(status)을 부여했다. 사주는 지사적 주의주장과 열정, 통찰력, 그리고 문장력을 가진 언론인을 물색했다. 그 당시 기자는 사상가·철학자·비평가로 모든 지식을 망라한 인물들이었다. 그러나 각 신문사에 수습 기자제가 도입됨으로써 신문의 인적 사항에 큰 변화가 왔으며, 새로운 제도에 의한 신문기자 채용은 보상(rewards) 개념에 의한 계급제를 정착시켰다. 즉 「서울신문」이 1953년, 「한국일보」와 「조선일보」[223]가 1954년, 「경향신문」이 1957년, 「동아일보」가 1959년에 '공채 1기'[224]를 모집함으로써, 기자는 종래의 집단적 자유와 윤리에 기초하기보다 개인적 자유와 더불어 책임을 수반하는 위치에 놓이게 되었다.

---

223) 「조선일보」는 1930년 4월 3일 첫 공채 시험을 치렀다.(이한수, 2010. 01. 29.) 1936년 3월 치른 공채시험은 상식·작문·구술시험 등으로 치렀다. 특히 상식은 정치·경제·사회·역사·국제문제 등 다양한 문제가 출제됐다.

224) 장행훈은 "59년 4월 1일 입사하니 「동아일보」 편집국 인원이 30명을 좀 넘을 정도밖에 안 됐다. 거기에 수습 1기 10명이 들어왔으니 앉을 자리가 없었다. 선배들이 석간 기사를 쓰려고 출입처에서 돌아오면 앉을 자리가 없어 서 있거나 구석에 비켜있어야 했다. 정치부, 경제부가 분리돼 있지 않고 정경부로 한 부가 돼 있었는데도 합해서 10명이 채 안 됐던 시절이다"라고 했다.(장행훈, 2016년 여름: 109)

수습기자제는 관리 문화가 작동하게 되는데, 이 문화는 외부와의 벽을 쌓는 것이었다. 편집국도 편집·공무·업무를 분리시키며 편집부·경제부·외신부·정치부·체육부·문화부·사진부·교정부 등으로 분화되었다. 오종식(吳宗植)이 1955년 당시 내 이름 석자면 5만 명의 독자가 왔다 갔다 한다.(장재국, 1994: 141)라는 영웅적 기질은 전설상의 이야깃거리로 도태되었다. 당시 신문은 누가 글을 쓰는가에 따라 독자층이 옮겨가는 시대였다. 그 발행현황을 보면 「동아일보」 8만부, 「조선일보」 6만부, 「경향신문」 4만 3천부, 「한국일보」 3만 8천부, 「서울신문」 6만 3천부(그중 1만 2천부는 군대) 등으로 당시 총 발행부수는 50만 부 정도였다.(주동황, 1992: 37; 최준 1968: 54) 그러나 여전히 발행부수가 적고 판매 수입과 광고수입에서의 수지불균형으로 적자경영을 벗어날 수 없었고, 용지와 인쇄시설은 열악한 상태였다.(주동황, 1992: 10)

고질적 적자형태는 처음부터 '사상의 자유롭고도 공개된 시장원칙(free and open market-places of ideas)'에 의해서 신문산업이 발전되지 않았다. 여전히 시장 진입은 묶여있었고, 신문산업은 기업이라기보다, 권력의 기구로 작동했다.

출입처 중심의 취재관행은 권력에 비판을 하거나, 권력의 나팔수 역할을 자임하고 나섰다. 언론은 선전, 선동을 하기에 몰두하였고, 진실을 밝히기에 등한시했다.

「한국일보」는 획기적 경영기법을 사용했으나, 여전히 신문은 과거 지사적 의견기사가 주종을 이루었다. 사실 중심으로 기사 쓰는 것에 익숙하지 않았다. 관찰, 실험, 예증, 분석 등 과학보도로 공정성, 객관성, 진실성 교육을 등한시했다.

이 같은 문화에 불만을 토로한 장기영(張基榮)은 1961년 50년대를 회상하면서 과거 20대의 주필, 20대의 편집국장이 있었음을 상기시켰다.(장기영, 1961 봄: 82) 그러나 초기 단계의 공채는 서구식 저널리스트 과정의 교육을 받은 전문인이 아니라, 조선시대의 관리충원과 같이 일반적 관료를 모집했다.

분화된 조직을 위한 기자 교육이 이루어지지 못했으므로 조직은 여전히 미분화되었고, 유교적 상하의 종속과 도제적 관계가 신문사 문화를 형성했다. 그러나 대체로 신문사의 수습 기자제는 1950년대 직업을 통한 신분의 부여, 직업을 통한 보상의 개념을 널리 확산시키는 계기가 되었다.

기자들이 신분을 강화시키는 정서는 '관훈클럽'[225]이 대변하였다. 관훈클럽은 프린트 인쇄간행물로『회지』를 1957년 8월 발행(32페이지)했는데, 그 권두언에 "신문인은 그의 직업 사명에 투철하면서 모든 진실을 두려움 없이 보도, 비판하고 공정과 정확에 철저한 신조에 삼아야 할 것이며…"라고 했다.[226]

한편 언론 전문직에 따른 신분 개념은 '한국편집인협회'[227]가 작성한 윤리강령

---

225) 관훈클럽은 1955년 미국정부 초청으로 노스웨스턴대 메딜 신문학원의 오리엔테이션 6주간, 실무 3개월 과정에서 그 구상이 시작되었다.(박권상, 2007 봄: 19) 박권상, 노희엽, 조세형(평화신문), 진철수(AP통신), 박중희(코리아타임스), 김인호(합동통신) 등은 1956년 3월 말 귀국했다. 귀국 한 달 뒤인 1956년 4월 30일 관훈동 84-2번지 박권상 하숙집에서 미국에 다녀온 6명과 최병우(코리아타임스), 이시호(로이터통신), 임방형(합동통신사), 정인양(합동통신)이 합류했다. 그들은 1956년 4월부터 '자유언론, 자유민주주의 건설에 뭔가 해야겠다.'는 공통가치의 틀 속에 9개월 동안 한 달에 두 번씩 연구·토론 모임을 가졌다. 연구모임을 가지며 어느 정도 자신감이 생겼고, 그러한 자신감이 관훈클럽 공식 발족의 밑바탕이 되었다.(박권상, 2007 봄: 20) 2~3년차 올챙이 기자 10명으로 출범한 관훈클럽은 현재(2007), 897명의 회원을 참가시켰다.

226) 정진석, "관훈저널 60년에 담긴 언론 환경의 변화",『관훈저널』, 2019. 봄, 통권 150호: 62.『회지』는 『신문연구』로 1959년 겨울 발행했으며,『관훈저널』은 1999년 겨울호로 제호를 변경시켰다. 한편 현대그룹 정주영 회장이 관훈클럽에 1억의 신영연구기금을 투척(1977.9.10)함으로써 원고료와 출판비가 보강이 되었다. 1999년 3월 경제지·방송사 기자들이 176명이 신입회원으로 영입되었고, 방송인 구본홍(具本弘)이 47대 총무로 선출되었고, 제호도『관훈저널』로 바뀌었다.(정윤재, "『관훈저널』60년에 비친 기자 변천사",『관훈저널』, 2019년 봄, 통권 150호: 80) 언론사는 관훈클럽을 통해 선후배 서열이 뚜렷했으니, 2001년 동아·조선·중앙·한국일보 등 23개 중앙 언론사를 대상으로 대규모 세무조사가 실시되면서, 회원 간에 갈등이 노출되었다.(정윤재, 2019: 81) 그후 언론사 간부는 서로 대면하면서, 진솔한 대화를 나누기를 꺼렸다.

227) 한국신문편집인협회는 1957년 4월 1일 서울 북창동 공보관실에서 발기위원회를 개최하고, 이관구(李寬求) 사회로 열린 이 회의에서는 신문윤리강령(안)과 편집인협회규약(안)을 검토하고, 별도로 구성된 소위원회에 자구수정을 일임키로 했다.(라항윤(羅恒潤), 1994: 83) 회의 참석자는 고제경(高濟經), 고흥상(高興祥), 김광섭(金光涉), 김봉진(金奉鎭), 남상일(南相一), 박홍서(朴鴻緖), 석보(石輔), 설국환(薛國煥), 성인기(成仁基), 심정섭(沈貞燮), 원경수(元瓊洙), 이관구(李寬求), 임근수(林根洙), 정인준(鄭寅俊), 천관우(千寬宇), 최병우(崔秉宇), 홍종인(洪鍾仁) 등 17명이다. 그들은 1957년 4월 7일 오후 7시 공보관 강당에서「독립신문」창간 61주년 기념식 및 제1회 신문주간대회에서 선포하고, 한국신문편집인협회 창립총회를 개최하였다.
본 회의 창립목적은 국내 일간신문·통신사 편집관계 간부 및 방송사 관련 간부들의 협동단체로서 한국 언론인들에 부가된 중대한 사명을 달성하는데 필요한 다음을 주요사업으로 삼았다. ▶언론자유의 수호와 그 신장에 필요한 사업, ▶언론인들의 품위를 향상하고, 그 지위를 강화하는데 필요한

에서 나타나는데 동 협회는 1957년 '신문 기타 정기 간행물법에 관한 건', '신문 및 정기 간행물 허가에 관한 건', '출판물에 관한 임시 조치법' 등 일련의 신문 탄압에 맞서서, 정치적으로는 '사사오입' 개헌에 대한 불만이 고조되는 시점에서, 이익흥(李益興) 내무장관과 김종원(金宗元) 치안국장이 '장면 저격사건'으로 불신임을 받는 정치적 와중에서 발족되었다. 이는 언론자유의 확보와 신문인들의 품위 및 지위 향상을 위해(오소백, 1968: 253) 달성된 신문부문의 전문가 집단이었다. 그들은 언론 자유의 보장과 자신들의 직업적 권익과 계속성에 관심을 가졌다.

①언론의 자유를 보장하고 그 민주주의적 창달에 도움이 될 수 있는 사업에 협동한다, ②신문들의 품위를 향상하고 그 지위를 강화하기 위하여 공통된 문제를 연구하고 상호 전달 분야에 관한 정보를 교환한다.[228]

직업으로서의 언론은 항상 전문직에 관심을 두었는데, 신문의 당파성이 여전하여 집단적 자유와 윤리가 관행으로 남아 있던 당시, 개인적 자유와 윤리를 바탕으로 한 새로운 윤리강령의 제정은 획기적인 사건이었다.

언론은 그 속성상 공기(公器)의 기능을 지님으로써, 그 윤리를 규정할 때 직업상의 윤리와 아울러 그 사회의 종교와 사회윤리, 그리고 법 등을 고려하게 된다. 언론인의 직업윤리가 강화되었다. 더 이상 신문은 권력기구로서의 기능을 포기하려고 했다. 언론은 독재 권력에 맞서는 것만으로 만족하지 않고, 자성이 일어난 것이다.

공통과정의 연구와 업무에 관계된 정보의 상호교환, ▶신문·통신 및 방송의 공동이익을 위하여 국내 언론계의 힘을 합일시키는데 도움이 되는 사업, ▶회원 간의 친목과 단합의 증진 등이다. 즉, 본 협회는 신문인의 사회적 사명을 지각하고, 신문의 윤리를 바로잡으며, 신문인의 권리를 굳게 지키고자 전국의 신문, 통신의 편집인을 중심으로 조직화되었으며, 그들이 작성한 '윤리강령'에는 자유, 책임, 보도의 한계, 평론의 태도, 독립, 정확, 성실, 관용, 품격 등 9개 항이 들어 있었다.(한국신문협회, 1982: 171)

228) 나머지 2개 조항은 3) 신문, 통신의 공동 이익을 위한 노력에서 국내 언론계의 분산된 힘을 합일시키는 모든 사업을 방조(幇助)한다, 4) 회원간의 친목과 단합을 도모한다(오소백, 1968: 253) 등이다.

직분 관계에서도 맹자는 "임금이 애써 임금의 도리를 다하고 신하가 애써 신하의 도리를 다한다"(김문해 역해, 1991: 188)로 자신의 직업윤리 개념을 편다. 즉 언론인의 직업윤리를 논함에 있어서 수용자의 커뮤니케이션 활성화라는 목적 달성에도 불구하고 기술적 '수사학'을 구사할 때 사회내의 커뮤니케이션의 단절, 혹은 수용자의 선택 제한 등을 가져올 수 있다. 당파성이 성행했던 당시로서 맹자의 논리는 신문의 사명, 기자 개인의 윤리와 맥을 같이 한다. 그러나 원론적 전통과는 달리 인작(人爵)에 의한 권위주의 문화에서는 언론인의 개인적 윤리, 직업윤리가 문제시되었다.

1954년 당시 윤리문제를 논한 우승규(禹昇圭)도 ①신문은 거짓말을 잘한다, ②사적 행동을 폭로하기 좋아한다, ③기사 자체가 진실성을 잃고 횡설수설한다.(우승규, 1954. 12: 118) 등으로, 문제되는 범위를 서구식 개인 윤리와 직업윤리에서 찾고 있었다.

출입처 중심의 언론은 현장성이 약했고, 실험과 관찰 정신이 약할 뿐 아니라, 논리성과 분석력이 부족하였다. 이때 언론 자유는 사실 왜곡, 저속한 표현, 선정성, 오보와 허위 보도 등의 역작용에 대한 부담감을 안고 있다.

언론인의 '책임'(responsibility) 의식은 이러한 부담감을 해소시켜준다. 사회 책임을 지닌 기자는 사실·의견·논쟁을 공정하게 보도함으로써 독자가 판단하도록 도와준다. 그러나 공정이라는 테두리 속에 안주할 때는 중요한 사안을 공정·객관성의 미명 아래 무시하거나, 권력에 대한 지속적인 도전을 시도하지 않는 오류를 범할 수 있다.

언론윤리가 사회윤리적 측면과 맥을 달리할 수 없음에도 불구하고, '신문윤리강령'이 직업윤리와 함께 객관 보도를 강화할 때는 적극적 의미에서의 책무(accountability)를 수용할 수 없게 된다.

'신문윤리강령'의 제3조 '보도와 평론의 태도'는 전술했듯이, 객관 보도를 존중하면서 정론지적 성격을 극소화하는 결과를 잉태했으며, 소극적 책임론에 머물렀다. 윤리강령을 제정하고 난 후 신문 주간의 표어를 '공정성실(公正誠實)'로 사용함으로써 공정한 보도, 객관 보도를 더욱 부각시킨다. 이는 당시 시대적 맥락으로 볼 때 정론지의 상황을 포기하고, 시대 상황을 수동적 입장으로 받아들이는 언론인의 태도와 관련을 맺고 있다. 당시 그 강령을 작성하는 데 결정적 역할을 한 천관우(千寬宇)[229]는 의견의 배제, 균형, 정확성을 기하는 객관 보도에 관심을 갖는다. 윤리강령을 발표했을 당시 관훈클럽에 참여했던 젊은 기자들은 미국 연수를 통해 서구 언론을 직접 경험할 수 있었던 시기였으며, 윤리강령의 '보도와 평론의 태도'에서 나타나는 사회적 책임, 보도와 평론의 분리, 신문의 당파성(partisanship)의 금지 등(서정우·차배근·최창섭, 1993: 403~406)은 전문직을 바탕으로 한 미국의 신문 윤리강령과 다를 바가 없다.

천관우는 윤리강령을 발표한 직후 「매스 커뮤니케이션의 한국적 과제」란 제목으로 「조선일보」에 세 차례에 걸친 칼럼을 통해 그의 객관 보도의 옹호에 대한 편린을 잘 보여주고 있다. 즉 "의식적 왜곡에서 오는 심리적 폭력, 목적적 전달, 이데올로기 강요, 대중 조작을 위한 정치 선전" 등을 경계하며, "뉴스의 형식이 실물을 어떻게 정확하게 재생할 수 있는가" 등에 관심을 가졌다.(천관우, 1957. 4. 13.) 천관우는 아울러 내셔널리즘의 경향보다 합리적 분석 및 여론 형성을 선호했다.

천관우의 객관적·합리적 사고는 그의 지도자론에서도 잘 나타난다.

매스컴이 (……) 지도자의 카리스마적 성격을 강조하여 민중의 주체적인 정치 참여를 결과적으로 저해하는 경향이 있고 (…) 정부가 매스컴을 비정치적인 민중을 정치적으로 동원하는 비합리적 수단으로 구사하는 경향 같은 후진성을 지닌다.(방상훈, 1990: 620, 재인용)

그의 논조는 언론이 지도자의 카리스마적 속성을 경계해야 하고, 통치자를 권력의 관리자로 국한시켰다. 통치의 근거를 법에 의한 합리적 민주주의에 둠으로

---

229) 방상훈, 1990: 620; 천관우는 1952년 미국 미네소타 대학원에서 운영하는 신문학 연수 과정에 참가했다.

써 기존의 지도자의 권력을 법 안으로, 신성한 정치 권력자가 세속적, 합리적인 법의 지배 안에 머무르길 원했다. 그때 언론이 비판 정신으로 여론을 매개하는 완충 역할을 해야 한다고 주장했다.(「조선일보」, 1957. 04. 14.)

'신문편집인협회'가 작성한 '신문윤리강령'이 전적으로 당파성 신문을 약화시키는 데 결정적 기여를 하지는 않았다. 객관 보도를 강화시킬 수 있는 또 다른 형태는 당시 유행했던 전도(顚倒) '피라미드'형(the inverted pyramid type)의 기사 작성이었다. 윤리강령이 발표된 당시(1956~1957년) 국내에 전도 피라미드형 기사 작성에 관심이 집중되었는데,(조세형, 1963 여름: 40) 이 방법은 기자의 주관적 관점에서 사건을 작성하기보다 누가, 언제, 어디서, 무엇을, 어떻게, 왜 등의 요소를 찾아내어 기술하는 방법이었다. 이 방법에 의하면 언론에 나타난 돌발적이고, 진행 중인, 이미 일어난 단편적인 사건들이 의도되거나, 의도되지 않는 갖가지 사건의 복잡한 상황을 묘사하기에는 역부족이지만, 단순히 일어난 행위와 사건을 보도하기에는 적절한 방법이다. 전도 피라미드형에 따라 기자는 자신의 주관을 멀리하고, 사적 증거를 제시하고, 분류하여 진술한다. 이때의 뉴스는 '사회적 사실'들이 나열되어 질서를 형성한다. 정보는 이 질서를 향해 작동하도록 하는 방향 제시에 불과하다. 물론 기자 자신의 내면적 심성을 다른 사람에게 전달하지 않음으로써 기자가 독자에게 자율적인 동의를 얻어낼 필요도 없다.

표현 방식도 표제·리드·본문 등을 보여 중요한 내용을 즉각 인지할 수 있도록 효율적 방법을 도입한다. 전도 피라미드형의 기술 방법은 AP, UP 같은 서구 통신사에서 일찍이 사용한 것이며, 「독립신문」의 잡보란과 영자판에도 익히 사용한 방법이었다. 그러나 정론지를 고수하는 당시의 상황에서는 환영받지 못했다. 만약 신문의 정론지적 사고를 줄인다면 출입처를 통한 간접 취재, 객관적 사실의 전달 등을 위해 전도 피라미드형을 사용할 수 있었다. 그러나 해방 이후 좌파와 우파가 유언비어 유포를 일삼는 분위기에서는 어울리지 않는 방법이었으며 지사적, 혹은 지도성의 논설 작성에는 도움이 되지 않는 것이었다. 그러나 미시적 사건 기사를 기술하는 방법이나, 다른 한편으로 고참 기자들의 속성인 강자에게는 무력하여 타협하고, 부하에게 가혹한 권위주의 문화에 젖어 있는 분위기를 쇄신하기 위해 수습을 막 거친 20~30대 젊은 기자에게는 전도 피라미드형의 방법이 지극히 매력적이었다. 그러나 전도 피라미드형의 고유한 형식은 대화 커뮤니케이션에 적절하지 않으며, 정론지적 성격의 글에는 더욱 설득력이 없다. 전통적으로 한국 신문은 '역대식(歷代式) 기사법'에 의존했는데, 정확한 내용과 분위기를 전하는 데 쉽게 사용할 수 있었다. 뉴스가 의견을 줄이고 상품성 기사를 우선으로 하여 뉴스를 자극적 정보로 간주할 때 전도 피라미드형이 적절하지만, 당성(黨性)을 전할 때는 역대식 기사법이 훨씬 자유롭다. 이 형식은 대중에게 감동적 사고를 하게 하고, 행동하게 할 수 있다. 정통 역대식 기사법은 교육적 내용에는 적절하더라도 범죄·섹스·스포츠·재정 등의 인간 흥미에는 기본적으로 적절하지 않다. 헤드라인이나 광고로 독자를 유혹하는 것과 대중을 정치에 참여시키는 형태는 같을 수 없다. 데드라인과 헤드라인으로 승부를 거는 현대 상업지에게 역대식 기사법은 전혀 도움이 되지 못한다.

인작에 의한 권위주의가 배어 있는 문화에서 기자가 시시비비를 공정하게 보도하고, 책임을 지는 행위는 모험이 뒤따른다. 신문편집인협회의 1957년 '신문윤리강령'의 객관 보도 강조는 민주주의 의사 과정의 복잡성을 단순화하고, 공적 이해를 감소시키는 데 결정적 역할을 했다.

전도 피라미드형의 적용과 함께 과학에 대한 관심과 사고가 언론으로 이식된다. 과학의 도입은 부정적 측면에서 현실 도피의 방편이 되었지만, 긍정적인 시각에서 볼 때 모든 사실을 '유교적 인간관계'(정치 관계)로 풀었던 과거와는 달리, 과학기술에 관심을 가짐으로써 사회체제 내의 사회분화를 시도했다. 즉, 시스템 원리는 과학적 방법으로 접근을 하면서, 전통적 정치관계와는 차원을 달리한다.

「한국일보」[230]는 1958년 3월 1일 과학부 신설을 검토함으로써 한국신문사에 획

---

230) 「한국일보」는 한국은행 부총재 출신 장기영(張基榮)에 의해 1954년 6월 9일 창간되었다. 그는 1952년 4월 「조선일보」 고용사장이었으나, 1954년 4월 이 신문을 퇴사하고, 그 해 5월 25일 「태양신문」을 인수하여, 신문을 발행하다, 제호를 바꿔, 6월 9일 「한국일보」를 창간한 것이다. 「한국일보」는 발행·편집·인쇄인 겸 사장 장기영, 주필 오종식(吳宗植), 편집국장 전홍진(全弘鎭), 공무국장 김완식(金完植) 등으로 출발하였다. 「한국일보」는 사시로 '춘추필법(春秋筆法)의 정신', '정정당당(正正堂堂)한 보도', '불편부당(不偏不黨)의 자세' 등으로 출발하였다(장재구, 2004). 이 신문은 읽을거리

기적 기여를 했다.[231] 다른 신문의 과학부 신설은 「연합신문」(59년), 「조선일보」(64년), 「중앙일보」(65년), 「경향신문」(67년), 「서울신문」(68), 「동아일보」(69년) 순으로 이어지는데(장재국, 1994: 172), 과학부의 기사는 정밀성·정확성·전문성 등 '가치 중립적' 관리 문화의 특성을 갖고 있었다.

과학부의 탄생은 과거의 대기자적 속성으로부터 기능적 전문기자상을 제시하는 계기가 되었다. 초기 「한국일보」는 대학교수를 자유 기고가 형식으로 위촉해서 주제에 따라 적절한 전문가가 해설을 하도록 시도했다.(장재국, 1994: 172) 그러나 곧 서광운(徐光云)을 과학부 부장으로 임명함으로써 「한국일보」는 과학 뉴스, 과학 해설, 과학 상식을 독자들에게 선보여, 새로운 전문 영역과 오락을 모색할 수 있는 가능성을 개척했다.

전문 기자의 등장과 더불어 신문사 안에서는 증면 경쟁이 가열되었다. 「조선일보」가 5·15 정부통령 선거를 계기로 1956년 4월 1일부터 발행 부수를 늘리자, 「경향신문」은 1957년 7월부터 각각 조간 2면 석간 4면의 6면제로 바꾸었다. 1958년에 「서울신문」의 종전의 석간 6면제로부터 조석간 8면제를 시발로 각 신문의 지면 경쟁은 더욱 과열되었다. 신문은 비대해졌으며, 기능 분화는 회사 내 자매지의 증가로 이어졌다. 신문사의 자매지 확산은 인사 이동의 활발한 흐름을 낳게 하여 관리문화를 정착시키는 데 결정적 기여를 했다.

신문의 관리화는 더 이상 이데올로기의 영향에 따라 색깔을 유지하던 시기의 정론지가 아니었다. 일제시대의 친일지라는 색깔 논쟁에 일부 신문은 그 전 것을 답습할 필요가 없어졌다. 해방 후 활발하던 정론지적 성격은 '객관 보도'라는 미명하에 꼬리를 감추었으며, 당시 인기 없던 상업 신문은 고도의 수사학을 동원하여 독자에게로 다가섰다. 신문의 사시(社是)는 무력화되고, 신문의 정론지적 이데올로기는 약화되기 시작했다.

기사를 개발하고, 사설란에 두 가지 사설을 게재하기 시작했다.

231) 과학에 대한 관심은 소련의 1955년 8월 26일, 대륙간탄도유도탄(ICBM)의 발사, 1957년 10월 4일 세계 최초의 인공위성 스푸트니크 1호의 발사, 그리고 미국의 1958년 1월 31일 인공위성 익스플로러 1호 발사 등으로부터 유래했다.(장재국, 1994: 173)

정론지의 성격이 각색되고, 관리 문화 안으로 포섭하게 되는 획기적 계기는 5·16 군사혁명이었다. 군사정부는 5·16 이후 '사이비 언론인 및 언론기관 정화를 명분'으로 1961년 5월 23일 최고회의 포고령 제11호를 발표하였는데, 그 제1조는 "1) 신문을 발행하려는 자는 신문 제작에 소요되는 제반 인쇄 시설을 완비한 자에 한한다."라는 규정을 두었다.(송건호, 1983: 222) 그리고 계엄을 선포한 군사 정부는 기자는 일체의 뉴스원에 직접 접하지 못하도록 했다. 군사 정부는 일부 신문을 육성시키기 위해 인쇄용지의 쿼터제를 도입했으며, 경영상 필요한 자금도 융자해주었으며, 다른 한편으로 기자의 보수를 올려주기를 독려했다. 즉 신문은 일정한 자산을 가진 자만이 발행할 수 있게 되었으며, 출입처의 직접 접근을 제약함으로써 언론을 군사관료제의 원리로 작동하게 했다. 신문의 보도는 곧 정부의 발표문이었으며, 평론의 의미는 약화되었다.

혼란스러웠던 군사정부 바로 직후인 1961년 8월 3일 전술한 '보도와 평론의 태도'를 명기한 신문편집인협회의 '신문윤리실천요강'이 발표되었다.

6. 커뮤니케이션 활성화로서의 윤리강령

'신문윤리실천요강'과 더불어 당파성 신문은 더 이상 존재할 수 없었다. 즉 당의 정책을 개발, 발전, 계획, 그리고 계속성을 유지시켰던 당파성 신문의 역할이 불가능하게 되었다. 신문의 색깔은 점점 희석되어 갔으며, 신문을 통한 당 정책의 표방이 순조롭지 못하게 되었다. 집권당은 언론의 비판기능을 사전에 봉쇄하며 부패의 길로 치닫는 동안, 야당은 정책계발과 홍보를 위한 매체를 몰수당함으로써 장기적 정책 계발의 부재함을 폭로식 인기 전략으로 메울 수밖에 없었다. 이러한 여건 하에서 언론은 '폭로 저널리즘'[232]이 체질화되었으며, 인간 희생양

---

232) 폭로 저널리즘의 기자는 황색 저널리스트(yellow journalists)와 문자 그대로 폭로성 기자 (muckrakers)로 구분할 수 있는데, 전자는 악과 범죄, 추문 등의 내용을 이념적 의미 없이 선정성에 관심을 가진다. 한 예로 「연합신문」이 1953년 전후로 정국언(鄭國殷)에 의한 '정계야화'의 상설란 설치를 들 수 있는데, 이 난은 인작에 의한 권위주의적 속성을 가진 정치인의 공·사생활 이면을 흥미

이 신문의 상품화를 위한 도구가 되었다. 신문은 폭로성 '냄비 언론'을 양산했다. 그러나 당파성을 포기한 신문은 여러 독자층을 포용할 수 있어 판매 부수를 늘일 수 있었으며, 광고주를 쉽게 끌어들일 수 있었다. 물론 신문의 색깔은 희석되고, 각 신문들의 차별성은 점점 약화되었다. 신문이 당파성을 상실하면서 독자는 대중으로 취급받기 시작했으며, 대중문화가 사회를 엄습했다.

해방 후 사회 혼란과 더불어 언론이 난립할 때마다 언론법의 중요성이 재부각되었다. 선정적이고 부정확한 정보들이 난립했을 때, 정부는 언론법 강화의 필요성을 절감했다. 이승만 정부는 유교적 인간관계에 의지하지 아니하고 법으로 언론을 통제하는 동안 언론은 수차례에 걸쳐 정부의 의도에 비판을 가했다. '신문윤리강령'은 정부 통제의 강도가 심한 李승만 정부의 말기에 태어난다. 언론은 객관 보도로 사회를 분화시키며, 분화된 집단을 결속시키는 기능을 담당했다.

신문지상에 '재벌 언론'과 '언론 재벌'의 문제가 대두된다. 이 문제와 더불어 언론 자체 내뿐 아니라 사회 내에서 신뢰와 커뮤니케이션 활성화에 대한 회의가 일기 시작했다.

언론인이라는 직위가 보상〔'覇道'〕의 개념에 지나치게 충실한다면, 사회 내 커뮤니케이션의 활성화라는 본연의 역할 수행이 난관에 부딪친다. 유교의 근본 원리가 인접한 개인간의 인간관계에 의해 실천된다면, 큰 조직은 소집단으로 분류하고, 그 집단 구성원이 각 팀으로 신문의 정신적 색깔을 결정한다. 신문 색깔의 다양함은 독자의 다양함을 원천적으로 소화해낼 수 있다. 그러나 신문의 현실은 인작에 의한 권위주의 속성의 거품적 집단 원리의 순치만이 우선적으로 자리매김을 함으로써 바람직한 유교 문화를 계승해오지 못하고 있다.

당파성 신문의 계승·발전이 지속되었더라면, 언론의 측면에서는 조직 비대화에 따른 초심기능의 상실, 개인적 측면에서는 문화가 단절된 왜곡적 커뮤니케이션을 경험하지 않아도 되었을 것이다. '신문윤리강령'과 '신문윤리실천요강'의 제

본위로 폭로했다. 그러나 당파성 신문의 폭로성 기자는 당의 정치 이념 차원에서 정치인의 권력추구욕망을 파헤친다. '유교적 인간관계'를 근본으로 하는 문화에서 양자의 희생양은 바로 인간 자체이다.

정은 언론인에게 사건의 선택, 평가, 해석할 자유를 제약함으로써 오히려 언론인을 위축시켰으며, 논쟁적 문제, 사회 비판을 제외시킴으로써 사회의 경직성의 완화에 역기능으로 작용하고 있다. 편집·논설·해설·논평의 기능이 강하게 반영되지 않음으로써 지면은 산만해지고, 정론지의 성격은 희석되었다.

맹자는 "인간의 본성은 소용돌이쳐 흐르는 물과 같아서 물길을 동쪽으로 내면 동쪽으로 흐르고 서쪽으로 내면 서쪽으로 흐른다." 마찬가지로 윤리강령과 그 실천요강이 언론의 직업윤리에만 치중되어 있다면, 사회 내의 커뮤니케이션 활성화 문제가 공백을 이룸은 당연한 이치이다. '재벌 언론'과 '언론 재벌'에 대한 문제는 과거의 윤리강령과 그 실천요강이 잉태한 하나의 잠재적 기능의 부산물이다. 1996년에 개정된 '한국신문윤리강령'과 '신문윤리실천요강'의 대화커뮤니케이션의 적극적 수용과 제한적 당파성의 허용은 과거의 반성으로 볼 수 있다.

참고문헌

ㄱㄴㄷ생, 「자유신문: 자유의 성격」, 『신천지』 1946. 4, pp. 21~22.

「경향신문」 1948. 6. 8.

고종석, 「부산 정치파동」, 「한국일보」 2004. 5. 25.

국가원로회의 서신 242호, 「태영호의 정체는?」, 2023년 04월 05일.

기자협회, 「새 신문윤리강령」, 『기자협회보』 1996. 4. 6.

김광섭(金光涉), 「신문검열의 변천」, 『신동아』 복간 1, 1964. 9, pp. 54~62.

김국후, 『평양의 소련군정』, 한울, 2008, p.123.

김남식(金南植)·이정식(李庭植)·한홍구(韓洪九) 엮음, 『한국현대사 자료 총서』(1~5)(1945~1948)(서울: 돌베개, 1986).

김문해 역해(金文海 譯解), 『맹자(孟子)』(서울: 일신서적, 1991).

김봉수(金福壽), 「미군정 언론정책의 발전과정과 성격」, 『언론학보』11, 한양대학교 언론문화연구소, 1991, pp. 145~185.

김상만(金相万), 『동아일보사사』(II)(1945~1960)(서울: 동아일보사, 1978).

김옥조, 『신문과 방송』 305, 한국언론연구원, 1996. 5, p. 10.

김항윤(羅恒潤), 『한국신문윤리 30년』(서울: 한국신문윤리위원회, 1994).

남시욱(南時旭), 「한국신문기사스타일 변천사」, 『신문연구』3(1), 1962 봄, pp. 100~113.

남시욱, 『고재욱 평전』 동아일보사, 2021. 06. 25.

「동아일보」 1947. 9. 27.

동전생(東田生), 「조선일보」, 『신천지』 1946. 4, pp. 20~21.

라항윤(羅恒潤), 『한국신문윤리 30년』, 1994, 83쪽.

문종대, 「미군정기 신문의 이데올로기 구조화과정에 관한 연구」, 서강대학교 석사학위논문, 1988.

박권상, 「50년전 관훈클럽 출범을 회고한다」, 『관훈저널』102호, 2007 봄, p. 19.

박길용(외), 『김일성 외교비사』, 중앙일보사, 1994.

박명수, 「해방 직후 이승만의 민족통일국가 건설운동과 정읍선언」, 「6·3 정읍선언 77주년 기념 학술 세미나」, 우남네트워크, 2023년 05월 23일.

백담, 「인민보의 위기」, 『신천지』 1946. 5, pp. 70~71.

복거일, 「의원 대부분 내각제 지지했지만 혼자 힘으로 대통령제 이끌다」, 「조선일보」 2023년 09월 20일.

방상훈(方相勳), 『조선일보 70년사』(서울: 조선일보사, 1990), p. 486.

서정우(徐正宇)·차배근(車培根)·최창섭(崔昌燮), 『언론통제이론』(서울: 법문사, 1993), pp. 403~406.

송건호(宋建鎬), 「한국현대언론사론」, 한국기독교사회문제연구원 엮음, 『언론과 사회』(서울: 민중사, 1983).

ㄱㄴㄷㄹ, 「논조와 체제」, 『신사조(新思潮)』1(10), 1962, pp. 74~63.

신문편집인협회, 『신문편집인협회 30년사』(서울: 신문편집인협회, 1987).

이경수, "뿌리를 모르면 가만히 있어라!", 카카오톡, 2023년 09월 06일.

이상훈, 「소련, 2차대전 후 제주도-부산까지 점령하려고 검토」, 『동아일보』, 2022년 08월 17일.

이춘근, 「이승만과 한미동맹」, 『이승만 대통령과 오늘의 대한민국』, 바른사회시민회의, 2022년 12월 08일.

안덕근, 「조선신문론」, 『신세대』, 1946. 7, pp. 27~31.

오소백(吳蘇白), 「자유당 치하의 언론」, 『한국의 언론』제1집(서울: 문화공보부, 1968), pp. 329~336.

오기영, 「언론과 정치」, 『신천지』, 1947. 1, pp. 15~24.

우남전기(雩南傳記) 편찬회, 『우남노선(雩南路線)』, 서울: 명세당(明世堂), 1960, p. 110.

우승규, 「신문윤리에 대한 편상」, 『사상계』7, 1954. 12, p. 118.

유선영, 「객관주의 100년의 형식화 과정」, 『언론과 사회』10, 1995 겨울호, pp. 86~128.

유광열, 「언론자유의 한계」, 『신천지』, 1953. 6, pp. 44~49.

이경형, 『서울신문 100년사』(서울: 서울신문사, 1904).

이기백(李基白), 『한국사 신론』(서울: 일조각, 1986).

이병국(李秉國), 『대통령과 언론』(서울: 나남, 1987).

이승만, 「정읍환영강연회에서 단정수립 필요성 주장」, 『서울신문』, 1946년 06월 04일.

이완범, 『한국 정권교체의 국제정치』, 서울대학교 국제문제연구소 편, 2007, p. 150.

이영훈, 『해방 전후사의 재인식 강의-대한민국 이야기』, 기파랑. 2019.

이한수, 「'몬로주의' '콤민테른' '이성계'를 설명하시오」, 『조선일보』, 2010년 1월 29일.

이한우, 「'친일청산' 여론을 주도하다」, 『조선일보』, 2010년 2월 16일.

이환병, 「소작지 17억평 매입해 농민에게 분배… 공산화 막았어요」, 『조선일보』, 2023.11.02.

임화(林和), 「민전의 신정부 설계: 민주적 문화정책」, 『조선인민보』, 1945. 12. 22.

장기영(張基榮), 「20대의 편집국장을 대망한다」, 『신문연구』2(1), 1961 봄, p. 82.

장재구, 『한국일보 50년사』, 2004, 한국일보사.

장재국(張在國), 『한국일보 40년사』(서울: 한국일보사, 1994), p. 141.

장행훈, 「'운명의 연속'이었던 언론인 생활 57년」, 『관훈저널』통권 139, 2016년 여름, 109쪽.

정만교(鄭晩敎), 「정부수립 및 6·25동란」, 『한국의 언론』제1집(서울: 문화공보부, 1968), pp. 183~230.

정병준, 「우남 이승만 연구」(서울: 역사비평사, 2005), p.111; 정용욱, 상게서, p. 59.

정용욱, 「홍보, 선전, 독재자의 이미지 관리」, 서울대학교 국제문제연구소 편, 『이승만과 제1 공화국』, 논형, 2007, pp.25~26.

조맹기, 「좌·우 최전선에서의 성재 이관구-신탁통치(후견제)를 중심으로」, 『현대 커뮤니케이션 사상사』, 나남, 2009, p. 389.

조세형(趙世衡), 「전도 피라미드형의 폐단」, 『신문연구』4(1), 1963 여름, pp. 40~48.

ㄱㄴㄷㄹ, 「신문의 책임」, 『신문연구』2(1), 1961 봄, pp. 5~15.

조용만(趙容萬), 「한국에 있어서의 언론자유」, 『신천지』, 1953. 6, pp. 38~43.

주동황(朱東晃), 「한국정부의 언론정책이 신문 산업의 변천에 미친 영향에 관한 일고찰」, 서울대학교 박사학위논문, 1992.

주식회사 경향신문 문화방송, 『문화경향사사』(서울: 주식회사 문화경향, 1976).

정진석(鄭晋錫), 『한국현대언론사』(서울: 전예원, 1992).

차재영, 「주한 미점령군의 선전활동 연구」, 『언론과 사회』, 1994 가을, pp. 29~52.

차재영, 「한국 정부의 수립과 현대 언론의 정착」, 『광복과 한국 언론의 형성』, 한국언론학회 언론사분과연구회, 2005. 8. 30., p.129.

천관우(千寬宇), 「매스 커뮤니케이션의 한국적 과제」, 『조선일보』, 1943. 4. 13.

최기영(崔起榮), 『대한제국시기 신문연구』(서울: 일조각, 1991), pp. 267~268.

최대림(崔大林) 역해, 『순자(荀子)』(서울: 홍신문화사, 1993).

최세경, 「혁명전과 혁명후」, 『신사조(新思潮)』1(10), 1962. 11, pp. 55~67.

최일남, 「문화면의 기능과 과제」, 『신문연구』3(1), 1962. 1.

최준(崔埈), 「한국 신문해방 20년사」 3, 『신문연구』7(2), 1966 겨울, pp. 167~197.

PQ生, 「중앙신문의 내부」, 『신천지』, 1946. 5, pp. 72~73.

한국신문편집인협회, 『신문편집인협회 30년사』(서울: 한국신문편집인협회, 1987).

한국신문협회, 『한국신문협회 20년』, 서울: 한국신문협회, 1982, p. 171.

「한성일보」, 1946. 2. 26.

「동아일보」, 1948. 7. 2.

Belsey, Andrew and Chadwick, Ruth, "Ethics and Politics of the Media," in Andrew Belsey(ed.), Ethical Issues in Journalism(New York: Routledge, 1992).

Henderson, Gregory, Korea-The Politics of the Vortex(Massachusetts: Harvard University Press, 1968).

Hermens, Ferdinand, "The Tyranny of the Majority," Social Research, Spring 1958, pp. 37~52.

Kim, Kyun, "The American Struggle for Korean Minds: U. S. Cultural Policy and Occupied Korea," University of Wisconsin-Madison, 1995.

Knowlton, Steven R. and Parsons, Patrick, The Journalist's Moral Compass(Connecticut: Westport, 1995).

https://www.upi.com/Archives/1945/12/25/Independence of Korea is being urged/9

https://namu.wiki/w/%EB%8D%94%EA%B8%80%EB%9F%AC%EC%8A%A4%20
%EB%A7%A5%EC%95%84%EB%8D%94.

https://terms.naver.com/entry.naver?docId=538591&cid=46628&categoryId=46628.

제6장
권력, 자본 그리고 언론 노조를 통한 한국 언론사의 이해(1960~1988) - 언론의 민주적 관료제

1. 언론의 민주화

민주화를 위한 6·29선언은 사회 각 분야에 큰 변화를 가져왔다. 헌법전문의 '불의에 항거한 4·19민주이념을 계승하고…'에 방점을 두었다. 언론 분야에서는 각 언론사별로 노동조합이 설립되었으며, 더불어 1988년 11월에는 전국언론노동조합연맹(言勞聯)[233]의 창립을 보게 되었다. 언노련의 제1차 대의원 대회에서 채택한 창립 선언문은 "언론 자유의 완벽한 실천을 통해 사회의 민주화에 이바지하는 것"을 우선 목표로 규정하였으며, 조직 안에서는 "보도 및 논평의 의사 결정 과정을 민주화할 것"으로 규정하였다.

선언문에서 언노련은 스스로를 노동자 계급운동의 '전위적 단체'로 규정하지만, 현실적으로 이들의 목표는 벽에 부딪친다. 언론노동자는 정치권력과 자본으로부터 해방을 공약했지만, '신분집단'으로서 자신의 기득권을 포기하지는 않았다. 언노련은 북한식 '신분집단'을 고수했다. 즉, 권력을 주고, 충성하는 형식이다. 이는 대한민국의 제헌헌법 전문과 '국민교육헌장'과 그 궤도를 달리한다.

"유구한 역사와 전통에 빛나는 우리들 대한국민은 기미 삼일운동으로 대한민국을 건립하여 세계에 선포한 위대한 독립정신을 계승하여 이제 민주독립국가를 재건함에 있어서 정의인도와 동포애로써 민족의 단결을 공고히 하며 모든 사회적 폐습을 타파하고 민주주의 제제도(諸制度)를 수립하여 정치, 경제, 사회, 문화의 모든 영역에 있어서 각인(各人)의

---

233) 1988년 11월 26일 전국 41개 언론 노조 1만 3,000명을 대표하는 122명의 대의원들이 프레스센터 20층에서 전국언론노동조합연맹 창립총회를 열고 위원장에 권영길(權永吉)을 선출했다.(언론노동조합연맹, 「특보」, 1988. 11. 26.)

기회를 균등히 하고 능력을 최고도로 발휘케 하며 각인의 책임과 의무를 완수케 하여 안으로는 국민생활의 균등한 향상을 기(期)하고 밖으로는 항구적(恒久的)인 국제평화의 유지에 노력하여(……)."(이승만, 1948. 07. 12.)

한편 제헌헌법전문뿐만 아니라, 국민교육헌장은 계급의 언어여서 언노련의 신분집단의 언어와 결을 달리한다.

"우리는 민족 증흥의 역사적 사명을 띠고 이 땅에 태어났다. 조상의 빛난 얼을 오늘에 되살려, 안으로 자주 독립의 자세를 확립하고, 밖으로 인류 공영에 이바지할 때다. 이에, 우리의 나아갈 바를 밝혀 교육의 지표로 삼는다. 성실한 마음과 튼튼한 몸으로, 학문과 기술을 배우고 익히며, 타고난 저마다의 소질을 계발하고, 우리의 처지를 약진의 발판으로 삼아, 창조의 힘과 개척의 정신을 기른다. 공익과 질서를 앞세우며 능률과 실질을 숭상하고, 경애와 신의에 뿌리박은 상부 상조의 전통을 이어받아, 명랑하고 따뜻한 협동 정신을 북돋운다. 우리의 창의와 협력을 바탕으로 나라가 발전하며, 나라의 융성이 나의 발전의 근본임을 깨달아, 자유와 권리에 따르는 책임과 의무를 다하며, 스스로 국가 건설에 참여하고 봉사하는 국민정신을 드높인다."(박정희, 1968. 12. 05.)

언노련 창립 이후 상업적 원리에 의해 운영되는 신문은 부수 확장경쟁의 소용돌이 속에서 지면이 늘어남에 따라 노동강도는 심화되었다. 공영 방송과 민영 방송 체제의 경쟁 상황에서 언노련의 계급의식의 활성화문제에 봉착하게 되었다.

각 신문과 방송사의 임금 체계도 고르지 못하며, 사이비 언론까지 득세하는 판이었다. 각 지방의 군소 언론은 생활에 필요한 기본급마저도 지불하지 못하는 형편이었다. '신분집단'으로서 그들에게 적절한 교육과 재교육의 기회를 부여하지 않음으로써 현실의 개선책도 부족하다. 그렇다고 현실적으로 서울 소재의 신문사의 주재원이 각 지역에 배치되어 있지도 못한 실정이다. 서울 소재의 신문사는 지역과 영역에 전문기자들을 배치시켜 조직적인 취재가 이루어지도록 해야 하나, 지역망의 체계적 형성이 미비하여 각 신문사의 강점영역의 부각이 미흡하다.

군부·신군부 정권은 빈번히 사이비 기자란 명목으로 중앙 언론사의 지방 주재기자의 설치를 허용하지 않음으로써, 중앙 언론사는 큰 사건이 생길 때마다 전문적 지식이 없는 기자를 각 지역에 특파하는 실정이다. 각 지방의 대다수 언론은 건설업, 부동산업, 지방유지 등이 신문과 방송을 소유하고 있어 언론의 이권 개입이 상존한다. 언론에 협력하지 않는 인사에게 언론은 폭로전을 내세우며 맞선다. 민선 지역 단체장은 정보 노출을 꺼리며, 더욱이 언론에 그다지 관심을 보이지 않는다. 폐쇄된 지역 단체가 지닌 정보의 허점은 대개가 언론의 폭로물의 대상이 되며, 그때 중앙 언론과 지역 언론은 폐쇄된 지방조직의 비리를 폭로할 적절한 시기를 기다린다.

언노련은 지금의 언론 관련 문제와 더불어 사회민주주의를 돕는 노동운동의 전위적 단체로 규정할 수 있다. 그러나 국내 언론에서의 민주주의는 다름 아닌 지역과 영역을 초월한 커뮤니케이션의 활성화이다. 언론의 환경감시 기능과 사회제도를 연결, 그리고 사회화를 시키는 언론의 주요 기능도 결국 커뮤니케이션의 활성화와 관련을 맺고 있다.

언론은 수용자의 알권리를 충족시켜 그들에게 정신적·육체적 해방을 가져다준다. 또한 언론은 커뮤니티 구성원에게 같은 정보를 제공함으로써 문화 공동체를 형성케 하며, 공론의 장을 만들어 공감의 정도를 넓혀준다. 공동체 형성을 위한 언론의 기능은 환경의 감시로 폭로 언론을 일삼기보다, 참여자로서 현실에 참여하여 사회 문제를 풀어갈 때 가능하다.

민주주의 하에서 언론의 기능이 커뮤니케이션의 활성화라면, 사회민주주의 개념으로부터 사회는 서로의 이익을 공평하게 나누도록 도와주는 기능을 한다. 부와 이익을 공평하게 나눠가질 때 커뮤니케이션이 활성화되며, 서로 참여함으로써 집단의식이 창출되며, 노동 생산성 또한 높아진다. 생산성이 올라가면 잉여가치의 배분 문제가 다시 대두된다. 착취의 정보가 높아지면 커뮤니케이션이 단절되며, 많은 숫자의 노동자는 '대자적' 계급의식을 형성한다. 가진 자와 못 가진 자는 서로 왜곡된 커뮤니케이션을 일삼는다. 그때 언론 노동조합과 언노련은 노동운동의 전위적 단체가 될 수 있다. 즉 안으로의 민주화와 더불어 언노련은 사회 전체의 노동운동을 이끄는 견인차 역할을 한다.

언노련이 갖고 있는 '사회 민주화'를 위한 문제의 실마리를 관료주의적 속성을 이용함으로써 풀어나갈 수 있다. 언론 관료제는 환경감시 자체를 엄격히 시도함으로써 커뮤니케이션 활성화에 도움을 준다.

교육과 그들의 전문직 기능을 통해서 언론은 환경 감시를 시도하며, 사회의 조직 밖에 있는 민중들을 조직 안으로 끌어들여 제도화(制度化)하도록 도와줄 수 있다. 언론은 개인의 사유 재산에 근거한 잉여가치를 공적가치로 전환시키는 노력을 강화시킬 수 있으며, 사회 내에 일어나는 잉여가치를 정당하게 분배하도록 도와줄 수 있다.

언론은 출입처를 조정하여 학교, 종교 단체, 노동 단체, 환경 단체 등 사회단체로부터 집단적·감정적 성격을 지닌 여론을 수렴할 수 있다. 또한 여론을 통해 통제하려는 세력을 사전에 차단하여 합리적 사고로 사회를 끌어갈 수 있는 힘이 있다.

각 언론사의 노동조합과 언노련은 언론인을 노동자로 규정함으로써 자신들의 운신의 폭을 좁혀간다. 언론사를 통해 살펴보면 언론인을 계급으로 규정하기보다 신분집단으로 규정함이 더욱 설득력 있다. 신분집단은 '생활의 형태'(a style of life)(H. H. Gerth, and C. Wright Mills, 1946: 191)의 독특성을 지닌다. 이 구성원은 신분 집단의 독특한 신분의 질적인 풍속, 명예를 즐긴다. 신분 집단은 안에서의 충격뿐 아니라 외부에서 오는 물질적·감정적·갈등적 요소를 흡수할 수 있다. 이 집단은 다른 집단이 쉽게 흉내 낼 수 없는 터부가 존재하며, 이들은 도제에 가까운 독특한 교육 제도, 훈련 방식, 기능 등을 지니고 있다.

언론노동조합의 결성과 더불어 신분적 권력관계는 계급적 경제 관계로 전환되었다. 언론인 개개인은 삶의 질에 도움을 주는 '사용가치'보다, 타인의 삶과 비교를 가능케 하는 '교환가치'에 몰두한다. 노동조합 운동이 가열할수록 계급적 관계가 가속화할 조짐을 보이고 있다. 이때 삶의 양식인 문화 등도 시장 관계로만 규정하려고 한다. 이러한 제반여건은 언론산업을 계급적 관계로 풀이할 충분한 근거를 제공하고 있다.

노동집약적 산업인 언론이 점차 더 많은 관리와 전문가를 요구하게 됨으로써 관료는 비대화되게 마련이다. 비대화된 관료제는 조직 안에서 통제 메커니즘을 통해 언론인을 착취하려고 하며, 조직 자체도 힘의 관성에 의해 군소업자에게 피해를 주며, 외부 조직의 커뮤니케이션을 차단한다. 관료의 타성에 젖은 언론인은 정감적·심정적·경험적·집단적 성격의 의견과 여론을 받아들이길 거부한다. 안으로 계급사회가 아닌, 신분집단으로 변모시킨다. 공영방송 노동조합(민주노총 언노련)은 권력을 주고, 권력을 충성하는 집단으로 변한 것이다.

언론의 자유는 개인의 자유이나, 민주노총의 자유는 단결권·단체교섭권·단체행동권의 집단의 자유를 영위하고 있다. 개인의 언론·출판자유는 점점 줄어들고, 사회는 자유도 없고, 책임도 없는 국가사회주의로 변모한다.

물론 원론적으로 언론관료제는 기술적 우위를 점하면서 시대의 변화에 따라 기자를 정예화하며, 교육과 인사 정책을 통해 관리기구를 계속적으로 정화(purification)시켜왔다.

사주는 자본을 통해 언론을 통제하기에 이른다. 언론 소유주는 편집·인사·관리권까지 장악하며 상업 언론을 운영해왔으며, 소유구조를 사적인 형태로 운영하면서 공적인 요소를 제외시켰다.

본서는 언노련의 '사회 민주화' 정책을 잉태한 언론사 관료제의 자본 축적 과정과, 여론을 차단했던 언론의 시대적 상황을 해석한다. 즉 언노련이 탄생하기 전의 허정(許政)·장면(張勉)·박정희(朴正熙)·전두환(全斗煥) 등의 역대 정부로부터 언론과 정치권력의 공생 관계를 기술할 것이다.

이 과정에서 본 저서는 언론사 관료제의 형성 과정과 언론인의 신분적 속성의 형성 과정을 중점적으로 풀이한다. 언론사의 관료제는 결국 언론 노동조합(언노련) 등을 출범시켰다. 언론의 기능은 선전, 선동, '진지전 구축'으로 바뀌었다.

본서는 이 시대적 맥락을 서술하며, 아울러 언노련의 운동 방향을 '민주적 관료제'로 제시한다. 여기서 '민주적'은 민중민주주의, 국가사회주의를 위한 도구로서 '관료제'를 뜻한다. 그러나 본 연구는 정책적 대안을 제시하기보다 현실을 묘사하고, 역사적 사실들의 의미를 풀이한다.

이 연구는 베버(Max Weber)의 관료제를 풀이하는 해석학적 방법(Verstehen)을 원용한다. 즉 군부의 등장과 더불어 언론인의 신분제도 형성의 의미를 해석하는 한편, 신군부의 등장으로 언론인의 계급적 속성이 지니는 의미를 파악한다. 후자가 관료제의 형태를 표방한다면, 전자는 관료문화의 형태를 지닌다.

본 저서는 각 시대를 축으로 언론사에서 현저한 현상으로 나타났던 행위자의 의도적 활동과 더불어, 사실과 사회적 구조 등으로부터 발생하는 사회 문화적 규칙들을 해석한다. 관리 기구의 작동원리는 법과 문서에 의존하나 '알브로(M. Albrow)의 해석'(M. Albrow, 1975: 17)처럼 본서는 당시 사회 상황, 규범, 규칙, 관습, 조직적 관행 등 행위자를 강압하는 요소들도 포함시킨다. 이런 요소들은 어떤 특정한 요소만을 우위성에 두지 않으며, 현저한 현상이 일어나더라도 이런 현상들은 단지 현저히 출현할 확률에 불과하다.

각 시대의 구체적인 사회 현실에서 두드러졌던 조직적·사회적·문화적·역사적 의미를 풀이할 때, 필자의 주관적 해석이 객관성을 획득할 수 없을 가능성은 언제나 존재한다. 그러나 본 저서는 개인과 조직의 합리적 목적 행위(rational purposive action)에 주안점을 두고 그 행위의 목적과 동기에 관심을 갖는다. 이들은 관료제와 법의 성격을 규정할 때 사회 정치적 요인을 포함시킨다.

주동황(1992)은 정부의 언론정책이 신문 산업에 미친 영향을, 김해식(1994)은 한국 언론이 자본주의로 제도화하는 데 영향을 미친 역사적·구조적 요인들을 밝혔다. 그러나 본 저서는 주동황과 김해식의 언론 기업의 자본 축적 과정에 관한 관심에 공감하면서, 베버주의 입장에서 권력·자본·관료제도 등의 의미를 해석하는 데 관심을 갖는다.

2. 관리 문화의 형성

허정(許政) 과도정부의 국회는 1960년 6월 16일 내각책임제 개헌안을 통과시켰다. 국회는 참의원과 민의원으로 구성하도록 입법화하였으며 대통령과 국무총리를 국회에서 선출하도록 했다. 그리고 과도정부는 신문·출판에 대한 규제를 완화했다. 이때 언론은 상당한 자유를 누렸으며, 언론사는 우후죽순처럼 생겨났다. 자유당 말기 이승만[234] 정부 부정부패가 극에 달했을 때 언론의 폭로저널리즘은 주효했다.

4·19의 도화선이 된 사건은 "'「부산일보」 허종 기자가 우연히 마산 바닷가에서 행방불명이 되었던 마산상고 학생 김주열의 시체를 목격하면서 일어났다. 허 기자는 눈에 최루탄이 박힌 끔찍한 김주열 군의 사진을 찍어 지프차로 「부산일보」에 가져왔다.'(안정환, 2013: 332) 이 사건은 뉴욕 타임스 1면 톱을 장식했다."라고 했다.(송영희, 2013 봄: 5) 이 사실을 당시 「부산일보」 황용주[235] 주필은 「부산일보」 창립 30주년 기념식에서 밝혔다. 그 후 언론의 폭로성 기사는 수용자를 매료시켜 민중의 정치의식을 고조시켰다. 하루하루 일어나는 부정선거 고발뉴스는 수용자들에게 큰 관심거리가 되기에 충분했으며, 기자가 흥분할 때 국민은 환호했다. 집단적 행위로부터 발생하는 여론의 힘을 빌려 포퓰리즘 언론이 득세했다. 그러나 아주 빈번히 신문의 소유주와 정치지도자의 의도에 따라 여론의 행방은 바뀌었

---

234) 이승만 대통령은 하와이로 떠났다. 1960년 5월 9일 서울을 떠나 오아후섬 동북부 카힐루 지역 미오미오 루프 47~259번지 월버트 최의 바닷가 별장에 머물렀다. 이민 2세인 월버트 최는 조경업으로 성공한 사업가였다. 그는 이승만이 하와이에 올 수 있도록 항공편도 마련했고, 미국에 체류할 동안 생활비를 대주었다. 그 인연으로 그는 1962년 9월 11일 이화장 소유권을 그에게 넘기는 위임장을 써주었다. 이승만 전 대통령은 그저 2~3주 쉬다가 들어 갈 생각이었으나, 한국 정부는 그의 귀국을 막았다. 부인 프란체스카(1900~1992) 여사가 '쉬고 오는 게 좋겠다.'고 권했다. 짐이라곤 옷가지가 든 트렁크 2개, 평소 쓰던 타자기와 약품 등을 넣은 가방 2개가 전부였다.…양자 이인수(전 명지대 교수)는 이 대통령의 생전에 남긴 '유언'을 소개했다. 신약 성경 갈라디아서 5장 1절 '그리스도께서 우리에게 자유를 주셨으니 굳게 서서 다시는 노예의 멍에를 메지 말라'는 내용이다. 아버님은 '이 말이 내가 우리 민족에게 주는 유언이야, 반드시 자유를 지켜야 해'라고 하셨어요."라고 했다.('이한수, 2015. 7. 18.)

235) 황용주(黃龍珠, 1918~2001)는 박정희 대통령과 대구사범 동기생이다. 안정환 서울법대 교수는 『황용주-그와 박정희의 시대』(2013, 까치)의 전기를 펴냈다. 그는 부산대 상과대 전임강사시절 국제신보사 상임논설위원으로 언론계에 발을 디뎠다. 1957년 9월부터 「부산일보」 편집국장 및 주필을 역임했고, 1964년 7월 월간지 『세대(世代)』 편집위원으로 중앙무대에 진출했고, 그해 9월 1일에 한국문화방송 사장에 취임했다. 그는 세대 11월호에 '중립통한론(中立統韓論)'으로 ①남북한의 유엔 동시가입, ②양군 철수하 극소수의 유엔 경찰군 주둔 등 주장으로 국시(國是) 위반으로 서울교도소에 수감되었다.(정진석, 358~359)

다. 언론의 발행 부수가 치솟는 동안 수용자는 현재형 인간으로 순치되기 시작했다.

시대의 충격은 신문에 반영되었으며, 흥분한 독자는 현실적 인간형으로 깊이 사고하기보다 신문을 읽으면서 자신의 미래를 설계했다. 그럴수록 신문은 비판의 강도를 높여서 수용자를 사로잡았다. 민중에 힘입어 정권을 잡은 허정은 1960년 7월 1일 법률 제553호 '신문 및 정당 등의 등록에 관한 법률'을 공포했다. 국무원 사무처의 등록만으로도 활동이 가능한 상황에서 언론과 기자들은 마음껏 자유를 누렸다. 밖으로 승리감을 얻은 '4·19기자들'은 안으로의 처우 개선을 위해 언론 출판 노조운동을 전개하기 시작했다. 부산·대구에서 시작한 언론 노조운동에 서울의 「연합신문」, 「자유신문」, 「평화신문」 등이 뒤따랐다. 그러나 일단 정권을 장악한 장면은 1960년 12월 5일 신문사 및 통신사 등 39개 사와 각종 정기 간행물 146개를 폐간했다.(송건호, 1983: 218) 시설도 없이 간판만 내걸고 언론 행위를 하는 사이비 언론에게 일침을 가한 셈이다.

그 와중에 일본 거류민단 조용수(趙鏞壽)는 「민족일보」[236]를 창간하고는 혁신적 언론인 송지영(宋志英)·윤길중(尹吉重) 등을 영입했다. 그러나 5·16으로 5월 19일 92호를 마지막으로 폐간 선고를 받았다. 박정희 군정은 "'용공분자 색출'이라는 목적 하에 대북강경책과 노동자 탄압을 비판해오던 「민족일보」를 폐간하고, 발행인 조용수와 논설위원 송지영을 비롯한 「민족일보」 수뇌부 10인을 구속한 뒤 10월 31일 최종공판에서 조용수, 안신규, 송지영에게 사형을 선고했다."(http//ko.wikipedia.org/wiki/민족일보)

당시 민중의 힘에 비해 위약한 관리 기구 하의 내각은 사상적 자유를 허용하지 않았다. 허정 내각을 승계한 장면(張勉) 내각이 등장했다. 1960년 7월 29일 실시된 총선에서 민주당 출신이 대거 당선되었다. 선거 결과 윤보선 의원(민주당 구파)은 대통령, 국무총리는 장면 의원(신파)이 선출되었다. 정권을 잡은 장면 국무총리

---

236) 「민족일보(民族日報)」(1961. 02. 13. 창간) 사시로 "민족의 진로를 지지하며 부정부패를 고발하며 근로 대중의 권익을 옹호하며 양단된 조국의 비애를 호소한다."를 제시했다.(송건호, 1983: 219)

는 진보적 색깔을 띠기 시작한 「민족일보」를 서울신문사 내의 공무국에서 제작하기를 거부했다.(송건호, 1983: 220)

'4·19기자들'의 속성과 정신은 허약한 내각을 더욱 좌절하게 했다. '데모 금지법'과 '반공법'으로 사태를 진정시키려 했으나, 장면 정권은 끝내 실패하고 관료 문화의 원리에 충실했던 군 관료가 등장했다. '불의에 항거한 4·19민주이념을 계승하고…'라는 헌법전문 정신이 순수한 것만은 아니었다.

군 관료는 마르크스(Karl Marx)가 언급했던 '동양의 전제주의'(Oriental Despotism)의 강압적 중앙 집권의 성격을 지녔지만 강제적 노동력을 사용하지는 않았다. 자유노동을 허용하고, 화폐 경제를 활성화시켰으며, 자본을 권력 안으로 끌어들였다. 물론 군 관료는 경제 테크노크라트의 힘을 빌려 관료 문화와 법을 형성·제정하지만, 자유 선택을 통해 효율성·합리성을 추구하는 관리지배의 순수형은 아니었다.

1961년 5월 16일 새벽 5시에 군사혁명위원회는 장도영 의장(육군 참모총장)의 명의로 중앙방송국을 통하여 학명공약을 발표하고 전국에 비상계엄령을 선포했다.(김영모, 1982: 111) 그 후 박정희(朴正熙) 소장은 국가원수이고 군 통수권자인 대통령의 동의를 받아 군사혁명을 성공시켰다.

후일 김영삼 대통령의 공보처 장관을 지낸 오인환 씨는 「박정희도 처음엔 카리스마 없었다 … 철저한 기획, 단계적으로 이룬 리더십」에서 "박정희(1917~1979) 전 대통령의 리더십을 분석한 평전 『박정희의 시간들』(나남)을 냈다. (……) 그가 보기에 박정희의 본질은 '기획가'였다. 박정희는 기획력이 특출한 작전참모 출신이었고, 계획에서 실행, 사후 평가까지 철저했던 인물이었다. 이 때문에 큰일을 추진하면서도 작은 일을 챙기는 데 소홀함이 없던 만기친람(萬機親覽)형 통치술을 이미 군에서 익힐 수 있었다. (……) 또한 박정희의 리더십이 단계적으로 형성돼 나갔다는 것이다. 5·16 이후에야 비로소 1인자가 됐지만 혁명 주체 세력 중에서도 군 선배가 있었고, 김종필이 만든 공화당이 100% 충성하지도 않는 상황에 처했다. 박정희가 택한 것은 '시스템 정치'로 헤게모니를 강화하는 것이었다. '이후락의 청와대 비서실과 김형욱의 중앙정보부를 서로 경쟁·견제시키며 입지를 강화했습니다. 이 과정에서 출중한 용인술(用人術)과 지모(智謀)를 키웠던 것이죠.'"(유석재, 2023. 06. 15.)

박정희 장군은 군 관료 기구를 국가 이익과 국가 안보의 미명 아래 감정적 여론을 제약할 수 있는 근거를 마련했다. 전통적 의례·관습·규범의 종교적 특성을 규칙·규율·법과 문서로 대치시켰다. 박정희 군사 정부는 국가 지상주의의 '관념철학'을 바탕으로 자신의 지배 형태를 '행정적 민주주의(이병국, 1987: 120)'로 규정하였다. 그는 1962년 6월, 언론에 관한 소신을 "①언론 자유와 책임, ②언론인의 품위와 자질, ③언론 기업의 건전성, ④신문 체제의 혁신, ⑤언론 정화" 등 5개항(송건호, 1983: 180)으로 집약했다. 한편 신문협회가 정리한 통합적 성격은 ①국가이익의 추구가 언론의 일차적인 기능인 동시에 궁극적인 목적이라야 하고, ②이를 위해 언론은 지도적 기능을 수행해야 하며, ③언론의 자유보다는 책임을 더강조하는 내용이었다."라고 했다.(송건호, 1983: 180)

그중 신문 체제의 혁신으로는 다음과 같이 규정했다.

보도 편중의 현 신문 체제에서 탈피하고 대중계몽과 교육을 위해 대폭 증면, 편집함으로써 신문 체제의 일대 혁신을 기하며 조·석간 겸 발행의 경향을 조절하여 조간지, 석간지의 전문지 육성을 기함으로써 신문 증면과 더불어 내용의 충실을 기한다.(이병국, 1987: 141)

군사정부의 기본 언론정책은 혁명 당시부터 시작되었다. 군사혁명위원회는 1961년 5월 16일 위원회령(즉, 布告令) '제1호'를 발표하여 국민의 언론에 관한 기본권을 제약시켰다. 군사위원회는 "1조로 반공을 국시(國是)의 제1의(義)로 삼고 지금까지 형식적이고 구호에만 그친 반공체제를 재정비 강화한다. 그리고 언론 조항 3조는 다음과 같았다.

언론, 출판, 보도 등은 사전 검열을 받으라. 이에 대해서는 치안 확보상 유해로운 시사해설, 만화, 사설, 논설, 사진 등으로 본 혁명에 관련하여 선동, 왜곡, 과장, 비판하는 내용을 공개하여서는 안 된다. 본 혁명에 관련된 일체 기사는 사전에 검열을 받으며 외국 통신의 전재도 이에 준한다.(이병국, 1987: 118)

군사혁명위원회는 당파성 신문과 더불어 신문의 해설·논설·논평 기사는 '공공 안녕 질서의 유지'라는 명목으로 기자가 뉴스원에 직접 접촉하는 것을 금지시켰다. 이어 동년 5월 20일 군사혁명위원회는 '사이비 언론 기관의 정리 조치'를 위한 국가재건 최고회의(군사혁명위원회를 개칭) 포고 제11호를 발표했는데, 그 제1, 2조 등은 다음과 같다.

제1조, 신문을 발행하려는 자는 신문 제작에 소요되는 제반 인쇄 시설을 완비한 자에 한함. 제2조, 통신을 발행하려는 자는 통신 발행에 필요한 송수신 시설을 구비하여야 함. 제3조, 등록사항을 위반한 정기 및 부정기 간행물은 이를 취소함. 제4조, 신규 등록은 당분간 접수치 않음.(이병국, 1987: 119)

신문의 효율성과 경제성을 포함시키고 등록 사항을 위한 인쇄물은 등록 취소를 명함과 함께 신규 등록은 허가하지 않았다.

군사혁명위원회는 신문·'통신'[237]의 정비를 단행하여, 일간지(중앙 49사, 지방 27사), 주간지(중앙 324사, 지방 129사), 통신(중앙 241, 지방 64사), 계 834사가 폐쇄되었다. 잔여 신문 된 신문·통신은 중앙·지방 합해서 일간지 39사, 주간지 32사, 통신 11사 등으로 계 82사로 대폭 정비되었다.(최석채(崔錫采), 2003: 189)

살아남은 언론에 대해 언론시책을 내놓았다. 정부는 단간제, 증면, 기자의 처우 개선, 용지대책, 언론사 경영자금 지원, 언론 단체의 설립 허가 등 정책을 내놓았다.(주동황, 1997: 75)

한편 당시 공보부는 '기자 출입 및 취재 절차'를 각 사에 전달하였는데, 그 내용

---

237) 통신사는 동양, 합동, 동화통신(AP, Reuter 계약) 3파전이었으나, 동화통신은 공과금 미납으로 통신 기재가 차압당하고 공보부가 각 중앙관서에 동화통신을 구독하지 말라는 지시를 내리고, 자진휴간, 폐간의 압박을 받았다.(주동황, 1997: 71)

은 정부의 업무 수행에 지장을 초래하지 않는 한도 내에서 기자 취재 활동에 편의를 도모하였다.(최석채, 2003: 190) 즉, 정부 출입 및 취재 협조는 1) 정부 각 부처장이 발행한 출입 기자증 소지자, 2) 기타 각 부처장의 필요에 따라 허용된 자만을 허용했다. 정부는 언론통제를 강화할 목적으로, 그해 12월 8일 포고령 제1호를 개정하여 '특정범죄처벌에 관한 임시특별법'을 설치하고, '허위 사실 유포 죄'를 신설하였다.

타율규제에 맞서 편집인협회, '발행인협회'[238], 통신협회 등은 언론의 자율 기구 명목으로 1961년 9월 12일 '한국신문윤리위원회'를 발족시키고, 그해 8월 3일 채택한 「한국신문윤리위원회 회칙」과 「신문윤리실천요강」을 승인했다.

박정희 정부는 자율규제를 찬동하였지만, 언론의 계몽, 해설, 교양 등 중심의 지도성을 강조했다. 당시 정부가 가졌던 언론관은 다음의 글에서 잘 나타난다.

한국의 논설은 무조건 비판적이고 반항적이라고 불만을 토로했다. 논설을 쓰는 사람들이 한국의 현실과 여론의 소재를 파악하지 못하고, 다만 탁상에서 자기가 가진 의견과 선

---

238) (일간신문)발행인협회는 1957년 창립되었으나, 5.16 이후 '한국신문발행인협회로 명칭을 변경시키고, 신문협회 창립은 1962년 10월 13일을 창립일로 결정했다.(장대환, 2008: 83) 신문회에서 열린 창립총회는 16개 회원사 가운데 15개(『한국일보』 장기영 불참) 사가 참석하였다. 기존의 이사장제를 폐지하고 윤번제로 '책임이사'(이사장)를 두기로 했으며, 첫 책임이사에 이준구(경향신문)를 선출했다. 이사는 김상만(동아일보), 김남중(전남일보), 황용주(부산일보), 방일영(조선일보)이었고, 감사는 양순직(서울신문), 김동성(코리언 리퍼블릭)이 선출되었다. 그 외 지방신문 발행인들이 참여했다. 발행인협회는 정관에서 그 목적을 ①신문경영에 도움이 될 수 있는 일에 협조, ②신문발간에 필요한 시설 및 원자재의 알선 및 공동구입, ③신문발간에 필요한 통신 수송 등의 알선 및 공동시설 ④신문지대 광고 게재료 등 신문 업무에 필요한 조정, ⑤회원사간의 친목을 꾀하여 신문인의 품격을 향상하고 건전한 신문경영을 위한 공익적 문제의 연구, ⑥신문경영에 필요한 자료의 수집과 상호간 전문분야에 관한 정보의 교환, ⑦유공신문인에 대한 표창, ⑧기타 신문발전에 필요한 일체의 사업 등이었다.(장대환, 2008: 85)
신문협회는 1966년 10월 발행인협회는 명칭을 한국신문협회로 바꾸었다. 이사장을 회장으로 바꾸었다. 신문발행인협회 출범 당시 최대 과제는 ①신문용지난의 타개, ②회원사 운영자금의 융자 알선, ③신문의 증면 등이었다.(장대환, 2008: 85) 협회창립 당시(1962년) 일간 신문들의 발행면수는 하루 8면, 주 48면이었다. 신문용지 문제는 전주제지, 세대제지 등 국내 제지업체가 본격 가동된 1970년대까지 계속되었다.

입견에서 논리를 전개한다.(이병국, 1987: 124)

　뉴스원으로의 접근과 사이비 주재기자의 취재를 금지하는 일종의 조치는 그 잠재적 기능을 논설에 반영시켰다. 더욱이 계몽 중심의 기사와 논설은 건조한 문장을 없애고, PR 효과를 얻기 위해 빈번히 사건을 극화시킨다. 진실을 보도할 때 정확성은 필연적이다. 그러나 사실을 중심으로 한 기사와 논설은 사건의 전체 상황을 묘사할 수 없다. 직접 취재가 부분적으로 허용되지만, 다른 신문과 경쟁적 상황에서 사건의 이해를 증가시킬 기법을 개발하게 된다. 군사 정부 하에서의 언론은 시간과 공간의 제약으로, 혹은 종합적 상황의 취재의 난점으로 사건을 극화시킬 수밖에 없었다. 기자의 독특한 믿음과 기대에 따라 다큐멘터리 기법을 이용하여 선택적 사실을 극화시키거나 오락화시켰다. 사회의 제반적인 윤리 문제는 뒤로 한 채, KBS TV의 1961년 12월 31일 개국과 더불어 TV에서 사용하는 기법인 사건의 행위자와 극적인 장면을 부각시키는 형태를 신문도 뒤따랐다. 그러나 이런 설득 방법은 계몽을 효율적으로 할 수는 있으나 공중의 건강과 안정에 위협을 줄 수 있었다.

　박정희 정부 언론정책은 잠재적 기능으로 PR의 창의성을 발휘하게 하는 한편, 계획성을 동시에 부각시킨다. 신문 구조 개혁의 일환으로 1962년 7월 31일 '언론 정책 시행 기준'을 발표하고 신문의 단간제(單刊制)를 권장했다. 기존 신문은 조간 8면, 석간 4면으로 하루에 12면을 독자에게 선보였다. 그러나 단간제 이후 한 신문이 8면밖에 낼 수 없게 됨으로써, 신문은 조간과 석간으로 분리되었다. 5공 정부에 들어와 12면을 허용(1981년)하게 되기까지 계속되었던 8면의 지면 제한은 신문의 구조변화를 초래했다. 신문의 기사 양뿐 아니라 속보성도 줄어들었다. 각 신문은 일요일 발행 주간 신문을 발행하게 함으로써 신문의 잡지화 경향이 두드러졌다. 신문은 또 정부가 추진하고 있는 경제계획에 대한 기획 해설기사를 게재해야 했다.

　박정희 정부는 신규 신문을 허용하지 않음으로써 신문의 과점 상태를 유지하고, 경쟁의 피해를 줄일 수 있게 했다. 진보계 「민족일보」의 조용수 사장을 사형에 처하고, 다른 굴지의 신문들은 상호 협의하에 경쟁을 제한하는 카르텔, 일종의 불공정 거래 행위를 정부는 묵인했다. 더욱이 일부 신문사에 대해서는 낮은 이자율 적용으로 은행 융자를 도와주며, 신문 제작에 소요되는 제반 인쇄 시설을 구비하도록 도와주며, 신문 용지 수입의 관세 인하, 쿼터제를 인정하여 언론을 기업으로 육성하도록 길을 터줬다. 즉 정치권력이 언론의 사유 재산화를 막고, 언론을 정치권력과 공조 체제를 유지할 수 있는 이윤 추구 기관으로 육성한 셈이다. 재정적 건실함을 갖춘 기업은 관리 기구의 운영을 위해 지방판을 늘리기 시작했으며 수습기자 채용을 서둘렀다. 「조선일보」의 경우 1961년 3기 수습기자 7명, 1962년 4기 6명, 1963년 5기 5명을 채용했다.(방상훈, 1990: 2249) 더욱이 「한국일보」는 1962년 13기 19명, 1962년 14기 7명, 1963년 15명, 그리고 16기 30명 등 수습기자를 대량 채용했다.(장재국, 1994: 829)

당시 기자는 사회 변동에 영향을 미치는 지식인층으로 기술자와 화이트칼라 노동자와 같은 속성을 지니지만, 계속적으로 교육을 받아 자신의 계층적 직위를 상승시키기보다, 시간의 흐름에 따라 도제식으로 자신의 업무 능력을 증진시켰다. 언론인은 '생활양식'을 같이하며, 동일한 명예를 누렸다. 관리 기구 안에서의 기자는 약간의 교육·훈련·재산 등에 의해서 평가받기도 했지만 그것보다 '신분집단'(Irving M., Zeitlin, 1985: 206~210)의 속성인 신분적 정체성으로 인해 다른 고용의 기회를 제공받기도 했다.

당시 신문은 기업으로 성장한 것만이 아니었다. 박정희 군사정부는 "한국의 민주주의는 국회의원과 신문 기자만을 위해 있다"(이병국, 1987: 124)고 규정하지만, 자신의 '행정적 민주주의' 아래에 그들을 두었다. 당시 언론의 환경감시기능은 민중의 민도가 낮고, 경제 단체와 사회단체가 취약했기 때문에 정상적일 수 없었다. 정부는 권력과 자본의 출처를 움켜쥐고 있었다. 자본주의 경제 체제의 도입하에 기자는 사회체제 안으로 끌어들여져 계급, 신분 집단, 정치적 정당들을 형성하지만 그들은 자본을 나누기보다 권력 분배에 참여했다. 당시 언론은 정부의 요구에 따라 공기적·지도적으로 기능을 수행할 뿐이었다. 신문은 정치권력과 밀착되어 있었기에, 결과적으로 환경감시 자체가 권력을 나누는 과정에 불과했다.

물론 박정희 정부도 언론 기본철학을 갖고 있었다. 그는 연두교서(年頭敎書)에서 ①국가이익의 추구가 언론의 일차적인 기능인 동시에 궁극적인 목적이라고 하고, ②이를 위해 언론은 지도적 기능을 수행해야 하고, ③언론의 자유보다는 책임을 더 강조하는 내용이었다.(한국신문협회, 1982: 69~71; 최준, 1993: 409)

박정희 군사정부는 1963년 군정을 다시 4년간 연장한다는 발표와 함께, 이에 따른 소요를 막기 위해(송건호, 1983: 227) 언론 통제법인 '헌법 부칙 개정안과 비상사태 수습을 위한 임시 조치법'을 발동시켰다. 박정희 정부는 1964년 제3공화국 출범 선언과 더불어 한일 회담을 성사시키자, 재야 정치인과 학생들은 거리로 뛰쳐나왔다. 지금까지 억눌려왔던 자유의 목소리가 한꺼번에 폭발한 셈이었다.

신문의 날을 맞이한 언론계는 신문의 독립을 선언하고 ①모든 권력으로부터의 독립, ②정당, 종교 단체 또는 다른 단체로부터의 압력 배제, ③이런 독립은 국가와 사회를 위한 것이라고 규정했다.(이병국, 1987: 228) 그러나 신문의 독립과는 관계없이 6월 3일 박정희 정부는 비상 계엄령을 선포하고 언론에 다시 압력을 가했다.

다른 한편 박정희 대통령은 민주주의를 위한 물적 토대를 마련하고 있었다. 〈압축 성장 한국형 경제 기적 뒤 '반기업 정서' 그림자〉(최병, 2023. 07. 28.)에서 그 자세한 내용이 언급되었다. "'자본주의 이전' 경제와 '자본주의 이후' 경제에서 달라지는 가장 큰 차이점은 무엇일까? 그것은 대기업의 등장이다. 대기업은 자본주의의 핵심(core)에 해당한다. 자본주의에 비판적인 시대가 되면 '반(反)기업 정서'가 확산한다. 자본주의에 우호적인 시대가 되면 '친(親)기업 정서'가 확산한다. … (물적 토대를 만드는 과정이 소개된 것이다.) 대기업과 관련해 박정희 정부의 경제 정책은 크게 두 번의 변곡점을 겪었다. 첫번째 변곡점은 수출 노선의 채택이다. 채택 연도는 1964년이다. 이 노선의 채택으로 박정희 정부는 수출 기업에 대해 파격적인 수준의 금융 혜택을 제공한다. '무역금융' 혹은 '수출금융'으로 불리는 정책이다. … 1966~72년의 기간 동안 일반 대출금리는 23.2%였다. 무역(수출)금융 금리는 6.1%였다. 무역금융 대비 일반대출의 금리 격차는 무려 17.1%포인트였다. 배율로 보면 3.8배였다. 수출 기업 중에는 대기업 비중이 중소기업보다 더

컸다. 결과적으로 '대기업을 더 많이' 지원하게 된 셈이다. 둘째 변곡점은 중화학공업 노선의 채택이다. 채택 연도는 1973년이다. 당시 중화학공업은 선진국이나 하는 산업이었다. 저개발 국가는 경공업 정도만 해도 대단한 것으로 평가됐다. 박정희 정부가 중화학공업 정책을 편 이유는 안보위기 때문이었다. 미국은 1960년대 중후반에 걸쳐 강력한 흑인 민권운동과 베트남 반전운동에 직면한다. 닉슨 정부는 1969년에 닉슨 독트린을 발표한다. 닉슨 독트린의 골자는 '아시아가 공산주의 위협을 받더라도 우리는 간여하지 않겠다'는 것이었다. 1972년 2월, 닉슨은 전격적으로 중국을 방문한다. 한국전쟁 기간에 서로 죽고 죽이는 원수로 지내다가 서로 화해하게 된 것이다. 베트남 반전운동→닉슨 독트린→중국과의 데탕트 과정을 거치며 주한미군이 한국에서 전면 철수할 조짐을 보였다. 한국의 안보위기 상황에서 박정희 정부는 '자주 국방'을 추진했다. 자주 국방의 연장에서 방위산업 육성을 추진했다. 방위산업 육성에는 돈이 필요했다. 처음에는 외국에서 차관 도입을 시도했다. 그러나 빌려주는 나라가 없었다. 결국 차관 도입은 실패했다. 이런 난관을 맞아 당시 청와대 김정렴 비서실장과 오원철 제1비서관이 아이디어를 제시했다. 요지는 ▶모든 군사 무기는 조립과 분해가 가능하다 ▶한국 대기업들에게 방위 산업을 분담시킨다 ▶정부는 국방과학연구소를 통해 대기업이 생산한 부품에 대해 정밀한 품질관리를 실시한다 등이었다. 박정희 정부는 '전시에는 방위산업, 평시에는 중화학공업'을 겨냥했다. 박정희 정부가 잘한 것은 중화학공업 육성 정책의 초점을 단지 자주국방에만 맞추지 않았다는 점이다. 수출 100억 달러 달성과도 연동했다. 한국 경제사에서 중화학공업은 '안보정책'이자 '경제성장 정책'이었다. 문제는 한국 대기업들 입장에서는 방위산업도 중화학공업도 하고 싶어하지 않았던 일이었다는 점이다. 중화학공업은 엄청난 자본이 투입되어야 했고, 성공확률도 극히 희박했기 때문이다. 자본의 회수 기간도 지나치게 길었다. 불확실성은 매우 컸지만 기대 수익은 불투명했던 것이다. 박정희 정부는 절반은 당근으로, 절반은 협박으로 대기업들에게 중화학공업과 방위산업을 동시에 관철했다. (친기업 정서를 만들기 위한 노력의 일환으로) 정부가 중화학공업을 위해 대기업에 얼마나 강력한 세제 혜택을 줬는지 알 수 있다. 1973년 이후 중화학공업과 경공업에 대한 세율이 확 갈라지는 것을 알 수 있다. 중화학공업은 법인의 유효한계세율이 20% 미만이었다. 반면 경공업은 50%대 수준이었다. 중화학공업은 대기업이 하는 사업이다. 경공업은 중소기업이 주류를 이룬다. 대기업에는 20% 미만의 세율이, 중소기업에는 50% 수준의 세율이 적용된 셈이다. 말하자면, 1000개 기업 중 950개의 중소기업에는 높은 과세를 하고, 그렇게 걷은 돈을 50개 대기업에 몰아준 것과 다를 바 없었다."

기업의 성장과는 달리, 언론에 대해서는 냉혹했다. 박정희 정부는 '공안보장법'과 '언론윤리위원회법'[239]을 1964년 국회에 통과시켰다. 언론은 자치적으로 언론인 행위의 윤리적 코드, 자문위원회, 그리고 독자에게 봉사하기 위한 제도의 설치를 강제했다.

윤리를 논할 때 언론의 정당성을 확보하기 위해 소유 문제를 제기함도 당연하다. 주식회사의 경우 주식을 민중들에게 공개적으로 매각하며, 자신의 재정 상태를 공개함으로써 사회로부터 용인을 받을 수 있는 공기업이 될 수 있다. 이때 자신의 이익을 공개적으로 취할 수 있으며, 이것은 사회 복지와 밀접히 연관되어 있다. 공개 주식을 통해 자신의 제도적 가치를 민중으로부터 인정받으며, 아울러 자신의 가치를 보장받는다.

언론 기업은 사회로부터 자유와 책임을 동시에 부여받으며, 언론인도 자체 통제 기구의 원활한 활동을 통해 사회 책임을 수행할 수 있다. 당시 언론인은 '언론윤리위원회법'에 비교적 자유로울 수 있었지만 언론 경영자는 그렇지 못했다. 정부의 완강한 태도에 서울신문사·한국일보사·일요신문사·문화방송사·동화통신사 등이 굴복하는 한편, 발행인협회도 여기에 동조했다.(송건호, 1983: 231) 발행인

---

239) 언론윤리위원회 법안은 전문 20개로 구성되어 있었는데, 그중 1) 윤리 상설 기구로 심의회를 두고, 2) 심의회는 문제된 언론 보도 내용을 판정한다는 것을 주요 내용으로 하고 있었다. 언론의 정간할 수 있는 권한을 지닌 언론윤리위원회는 이 판정에 불복하는 발행인에게 3년 이하의 징역, 정부가 언론의 창간, 폐간을 임의로 할 것을 명했다.(안재희, 1994: 182) 정부는 언론윤리위원회의 소집에 반대한 5개 사에 대해 1) 정부 기관의 5가지 구독 금지, 2) 신문 용지 가격의 차별 대우, 3) 광고 의뢰 금지 및 압력, 5) 은행 융자의 제한 및 기대출금 회수, 6) 취재 편의 제한 등의 조치를 단행했다.(안재희, 1994: 185)

들과는 달리 비교적 목소리를 낼 수 있는 기자들은 1964년 8월 17일 신문·통신·방송 등 19개 社 대표로 '기자협회'[240]를 탄생시켰다. 당시 기자는 정부 부처에 비교적 많이 주재하고 있었는데, 정부의 주요 부처인 중앙청·국회·내무부·상공부 등 4개 부처의 출입 기자단이 기자협회 발족의 모체가 되었다.(안재희, 1994: 158~175) 대다수 분회 회원들은 자사 경영주의 입김 속에서 자신의 행동을 자제했으나, 국회 출입 기자는 한 신문사에서 서너 명이 파견되어 10개 분과에서 취재함으로써 집단적 힘을 통해 비교적 자유로웠다. 국회의 특수성과 전문 지식의 필요성으로 출입기자들은 삼삼오오로 연구 모임을 형성하고, 이들의 집단적 힘이 결국 기자협회를 창설하는 원동력이 되었다.(안재희, 1994: 160)

언론사 내의 기자, 편집인, 그리고 경영자는 분리되기 시작했다. 과거 지사적 언론인과는 달리 언론사는 수습기자를 모집하여 그들에게만 중요 직책을 맡겼다. 과거의 지사적 언론은 관료제 형식을 도입시킴으로써 활동 범위를 좁혀갈 수밖에 없었다. 언론인은 무기력해지고, 경영자는 관리 기구의 힘에 의해 더욱 강해지며, 정부의 도움도 그들에게 큰 힘이 되어주었다. 그러나 언론의 경영이 점차 부각되면서 언론은 기자, 편집인, 그리고 경영자가 서로 힘겨루기에 몰두했다. 기자들의 집단인 기자협회는 1966년 국제기자연맹(IFJ)에 가입과 동시에 가능한 단기간 안에 전국 규모의 기자 노조로 전환할 것을 약속했다.(기자협회보, 1966. 06. 15.) 노조의 형성은 다른 한편으로 역사적 특성으로 잉태된 신분 집단의 특권보다 같은 삶의 기회, 경제적 기회, 노동 시장에서 형성되는 일반적 특성의 '사회 계급('Irving M. Zeitlin, 1985: 206~210)을 택한 셈이다.

3. 의존적 관리기구

박정희 정부 때 시도한 물적 토대구축은 전두환 정부 때 일단 완성이 되었다.

---

240) 기자협회는 강령으로 ①조국의 민주 발전과 언론인의 자질 향상, ②언론 자유를 침해하는 압제와의 투쟁, ③친목과 권익 옹호, ④국제적 유대 강화 등을 채택했다.(송건호, 1983: 230)

자본주의적 기업이 건전성을 유지하게 된 것이다. 그러나 언론의 입장에서 보면 자본주의를 비판할 기회를 갖게 된 것이다. 더욱이 박정희 대통령 갑작스런 서거 (1979. 10. 26.)로 서울의 봄이 찾아오고, 그 과정에서 광주 5·18이 터진다. 헌법전문의 '불의에 항거한 4·19민주 이념을 계승하고…'을 실행할 수 있는 기회를 맞는다. 독재&민주화 2분법의 프레임이 형성되었다. 헌법정신이 왜곡되기 시작한 시점이었다.

북한 개입설이 설득력을 얻을 만큼 잘 기획된 일이었다. 종북 성향의 '386 운동권 세력'이 등장한 것이다. 한편 발행인들은 1964년 '언론윤리위원회법' 파동 이후 기자를 철저히 간섭하기 시작했다.[241] 편집인협회 주최로 열린 1969년 11월 29일 제6회 매스컴 관계 세미나에서 박권상(朴權相)은 "한국 언론 기관을 공익 기관이라기보다 정치적·경제적 사유물"(송건호, 1983: 256)로 간주했다. 언론기관 종사자들은 부와 명예를 권력으로 환원할 수 있음을 보여줬다. 권력을 나누는 과정에 참여한 언론 기업은 엄청난 성장을 가져왔다.[242] 그러는 동안 언론인의 상하위계질서가 성립되고, 기자는 자기 자신들끼리 경쟁하는 샐러리맨화를 면치 못했다. 그러나 신문 기업이 언론의 기능을 독점한 것은 아니다. 신문 기업은 KBS TV와 상업 방송인 '동양 TV'[243](1964년 12월 7일 개국)와 함께 광고 시장을 두고 경쟁해야 했다. 자신의 탐미적 자율과 예술적 시장 전략을 내세운 독창적 기업이 아닌, 이익을 추구하는 언론기업의 대열이 형성되었다. 언론 기업이 이익을 추구

---

241) 최석채, 「신문은 편집인의 손에서 떠났다」, 『기자협회보』, 1968. 12. 27.

242) 한국 경제가 1960년대 경제 성장을 기록하는 동안 언론의 성장률은 20%에 달했으며, 판매 부수의 성장은 63년 102만 부로부터 65년 142만 부, 67년 205만 부, 69년 280만 부를 기록했다. 신문 제작에 참여하는 편집기자의 인원은 64년 1천 5백 95명, 71년 3천 3백 99명이었으며, 주재기자는 66년 7백 44명, 71년 1천 6백 3명 등이었다(송건호, 1983: 256~257).

243) 동양TV와 「중앙일보」 등 중앙 매스컴은 1964년 삼분폭리사건(밀가루·설탕·시멘트)에서 기인한다. 이 사건은 미국이 원조물자 공급을 줄여 국민들이 식량난에 허덕이고 있을 때 삼성이 시장 가격 담합을 유도해 폭리를 취했다는 내용이다.(김춘효, 2018. 04. 04.) 그 당시 밀가루와 설탕, 시멘트 등 분말제품이 시중가격이 200~300%까지 폭등했다. ('재벌 밀수'의) 삼분폭리사건을 겪으면서 이병철은 중앙 매스컴 설립을 서둘렀다. 그렇게 탄생한 언론사가 동양방송국과 「중앙일보」이다. 이들 삼성 언론사들의 역할은 모기업 보호가 최우선 과제였다.(김춘효, 2018. 04. 04.)

한다는 명목 하에 자신의 고정 관념을 취재 활동에 적용시켰을 때, 언론의 공익성에도 문제가 될 뿐 아니라 기자의 취재 환경에도 문제가 따를 수 있었다.

기자채용은 전문지식과 기능에 의존하기보다 유교적 전통에서 관료들을 선발하는 방식을 취했다. 일련의 군사정부 하에서 과거 신분집단의 형태가 계속 유지된 것이다.

취재원을 확보하는 데 필요한 전문지식을 교육시키지도 않았으며, 목적을 위한 수단의 합리화도 기자에게 익숙지 않았다. 1960년대 중반부터 각 신문사는 1면 편집을 유연하게 하는 종합 편집을 시도했으나, 관리기구 하에서 전문 기자가 허용되지 않았던 시점에서 단지 피상적 시도에 머무르고 말았다. 당시 언론인은 의사나 변호사 같은 실제적 직업코드와 사시(社是)를 중심으로 한 조직 코드를 적용하지 않았다. 실천에 약한 언론인은 당연히 정확성·객관성·공평성·신뢰성 등에 문제가 생길 수 있었다. 그러나 그것들보다 직감에 의한 취재 방식이 민도가 낮은 민중에게, 그들이 쉽게 매료되는 여론에 다가가는 하나의 해결책일 수 있었다.

기자의 취재는 내외적 요인에 따라 상황을 판단하는 비합리적 육감(intuition)을 사용할 수 있다. 비합리적 상황 인식을 통해 가능한 육감은 비의도적일 수 있으며, 정신적인 것이 아닌 신체적인 외부 자극에 의해 경험적으로 형성될 수 있다.(J. Herbert Altschull, 1990: 63) 육감의 관점에서 볼 때, 기회주의와 분파주의가 빈번히 득세한 한국적 집단문화가 언제나 득세함으로써 정치적 타락, 선거 부정, 권력과 금력의 부정부패의 온상을 취재하는 데 적절했으나, 폐쇄된 한국적 상황에서 언론인이 취재원을 접할 때, 전문성이 결여된 기자는 정치 문제는 폭력이 무서워서 취재하지 못하고, 사회문제는 돈에 탐닉하면서 눈감아주는 결과를 초래했다.

탐욕적인 상황으로부터 탈피하는 하나의 방안으로 특수한 목적에 의해 출입하는 경우를 제외하고, 출입처를 2~3년에 한 번씩 교체했다. 잦은 출입처의 교체는 비전문가적 기자를 양산했으며, 언론인은 전문지식보다 육감에 의한 취재를 할 수밖에 없었다.

설령 당시 언론인이 전문성을 확보해도, '기능적 전문성', '샐러리맨화'에 머물렀다. 이런 결과는 충분한 자유를 누릴 수 없는 상황에서 책임 의식도 희박하기 때문이었다.

육감에 의한 기자의 취재는 권위주의적 정부를 닮아가고 있었다. 더욱이 직관의 남용은 막연한 만족감에 도취될 수는 있어도, 전문지식의 축적 없는 상황의 이해는 확실한 정신적 기초를 무너지게 했다. 기자의 언어는 미학(美學)의 추구까지 승화시킬 수 없게 되었다.

기본이 되지 않은 상황에서 더 높은 단계를 넘볼 수 있는 것도 아니었다. 물론 직관은 사실에 대한 정확한 지식이나 논리적 고리로 환원시킬 때 얼마든지 좋은 도구일 수 있으며, 감정적 여론을 제도권 안으로 끌어들이는 데 기여를 한다.

흄(David Hume)은 자연주의적 입장에서 인간의 본능을 부각시켰다.(G. Carl Jung, 1964/ 1996: 63) 그는 육감을 이기적 인간상의 반영과 동시에 동정이 교차되어 일어난다고 여겼다. 파인애플을 먹어보지 않으면 그 맛을 알 수 없듯이, 흄에 의하면 인간에게는 이성보다 감각·인상·인지 등이 더욱 가치가 있게 봤다. 융(G. Carl Jung)도 예술가는 무의식적·본능직 심성으로부터 작품성을 도출하더라도 그 작품은 자연 법칙에 순종하는 것이라고 여겼다.(G. Carl Jung, 1964/ 1996: 61) 즉 자연법칙과 인간 마음의 법칙을 동일시한 것이다. 본능적 감각의 경험 세계는 융화되어 경험과 결합하며, 그리고 이 경험은 기존의 관습과 전통이 함께 어우러짐으로써 합리적으로 행동화하게 한다. 이 과정은 가능성의 집합, 혹은 일정 부분 픽션으로 이어질 수 있다.(J. Herbert Altschull, 1990: 60)

능동적 인간이 강하게 들어오는 외부의 자극의 집합들을 자신의 정신적 이미지로 고착시킨다. 기자는 프로그램을 제작하는 PD와 같이 다큐드라마(docudrama) 형식을 빌려 자신의 육감을 정리한다. 사건의 작중 인물의 행위를 자세하게 묘사하며, 사건의 스릴 넘치는 장면에 초점을 맞춘다. 신문의 상업성의 목적을 실현시키기 위해 언론은 사건 주인공의 범죄 행위를 부각시키거나 극화시켜 보도한다.

박정희 정부는 언론통제로 천편일률적으로 제작되는 조간과 석간신문의 중복된 문장까지 제재했다. 당면한 고정관념으로부터 탈출하기 위해 당시 사회 윤리적으로 받아들일 수 없는 섣부른 탐방 기사가 등장했다.

「한국일보」는 1964년 9월 27일『주간한국』을 발행하여 재미있고, 새로운 기획, 해설 논쟁, 오락 등을 선보였다.『주간한국』은 심지어 일간지가 외면하는 연예기사를 과감히 수용하는(김해식, 1994: 242) 한편, 「일간스포츠」, 「소년한국일보」, 『주간여성』까지 가세시켰다.

「동아일보」도 뒤질세라『신동아』(1964. 9),『여성동아』를 복간했으며, 상업신문을 표방하는 「신아일보」와 「중앙일보」(1965. 09. 22. 창간)가 1965년 선보였다.『신동아』,『월간중앙』,『사상계』,『정경연구』,『월간조선』(1980. 04.) 등은 월간지 시장을 위해 한판 승부수를 겨누었다. 연이어 1968년『주간 조선』,『주간 중앙』,『선데이 서울』,『주간 경향』 등이 가세했다. KBS TV와 TBC TV 등도 1967년부터 드라마 경쟁을 벌이는 동안, 1969년에는 MBC TV까지 선정적인 오락 프로그램에 뛰어들었다. 기자는 기사의 오류와 프라이버시 침해와 같은 치명적인 과오에도 둔감해졌다. 마치 권력자가 힘을 휘두르듯 기자는 권력 기구로서 수용자에게 다가섰다.

자의식이 결여된 수동적 기자는 정치지도자와 언론사주의 상업성에 노예가 되거나, 이에 준한 여론에 몰두했다. 집단적 행위이며, 감정적 정감의 성격을 지닌 여론을 조성하려는 정치적·경제적 실권자는 빈번히 부정적 편견, 무의식, 콤플렉스를 홍보했다. 이러한 권위에 수동적으로 뒤따르는 기자를 천관우(千寬宇)는 사이비 자율과 사이비 협조 정신에 몰두하는 기자(천관우, 1969. 01. 10.)라고 일침을 가했다. 그 기사를 접한 민중은 '가스중독'에 취하게 된다.

타인에게 자신의 뜻을 관철하려는 의도를 지닌 정치 권력자는 '언론윤리위원회법 파동'을 겪고 난 후 언론 경영자와 편집인과의 대화를 모색했다.(송건호, 1983: 246) 박정희 정부는 지금까지 특혜로 도와준 의존적 언론들이라는 고정관념을 버리고, 언론과 협력의 자세를 유지한다. 당시 정부는 한·일회담과 월남 파병이 결정되고 경제적 안정을 눈앞에 두었다. 그리고 사회 안정도 되찾는 듯했으나 이는 순간적이었으며, 박정부 정부는 1969년 3선 개헌 작업에 몰두했다.

「조선일보」, 「동아일보」, 동아방송 등에 대한 테러 사건이 1965년 8월 이후 계속적으로 일어났고, 야당 성향을 지녔던 「경향신문」을 1967년에 경매 처분했다.

　제11회 신문의 날을 맞은 1967년 4월 7일 언론은 "국민의 알 권리를 지키자"는 자성의 목소리를 표어로 내걸었다. 그해 '한국기자상'(송건호, 1983: 246)이 제정되었다. 그 취지는 "뛰어난 보도활동과 민주언론 창달에 뚜렷한 공적이 있는 기자를 격려하고 포상하기 위해 제정되었다. '영예와 권위 상징이 되도록 하자.'라는 각오로 시작한 것이다.(송건호, 1983: 246)

　또한 한국기자상은 "취재현장에서 풍찬노숙하며 노력한 결정체이고, 사소한 단서에서 시작해 진실을 찾으려는 진한 노력이 있었고, 외압에 견디고 내부에 저항하며 소중하게 지켜낸 기사도 있었다. 일선 기자들은 기자상을 통해 팍팍한 기자생활을 조금이나마 보상을 받았다."라고 했다.(우리의 주장, 2019. 02. 20.)

　한편 1969년 4월 제13회 신문 주간은 '신문의 자주'를 언론인들의 행동 목표로 삼았다. 수용자의 권리와 이를 위한 정치권으로부터 독립은 신문이 공익기관임을 천명하는 자성의 목소리였다. 그러나 1960년대 말 이미 한국 언론은 공익을 뒤로 한 채 이익 추구를 위한 사기업의 형태로 경쟁하는 상태에 놓여 있었다.

　언론사는 사업 확장, 자매지 숫자 증가, 독자 증가, 관료 문화의 도입 등 개인 기업적 성격을 어느 때보다도 부각시켰던 시기였다. 기자는 자신의 이념적 성향과는 관계없이 샐러리맨으로서 봉급의 액수에 따라 옮겨 다녔던 시기였다. 출입처 분할을 봐도 개인들의 이기주의가 팽배한 사적 관료 문화의 원리가 작동할 때였다. 즉 편집국 안의 사회부는 국방부와 내무행정을, 정치부는 자신의 고유 영역 외 내무 행정 가운데 중요한 중앙청을, 그리고 경제부에서 담당해야 할 생활경제는 사회부에서 담당하게 되었다. 견고한 정치 권력과 경제적 이익이 우선되는 출입처 분할이었다. 이러한 출입처 분할은 뉴스의 획일성을 피할 수 없게 했다.(홍유선 외, 1982: 92)

　언론이 공기업의 형태로 전환하려면 집단적·감정적 여론을 받아들일 수 있는 기자배치, 기자교육, 조직구조, 소유구조 등이 구비되어 있어야 한다. 당시로서는 '국민의 알 권리를 지키자'란 언론인의 목소리는 단지 구호에 불과했다. '신동아 사건'은 박정희 정부의 장악해왔던 언론사와 보도관행의 약점이었다. 「동아일보」의 『신동아』는 1968년 12월호에 지금까지 언론사가 특혜를 받아온 '차관'[244]에 관해서 폭로성 사실로 특집을 엮었다.

정부는 차관의 특집과 더불어 『신동아』 10월호의 북한과 중소분쟁 기사를 문제를 삼았다. 정부의 압력에 굴복한 신문은 편집인 손에서 떠났다. 신문사 사주는 개인기업의 관행에 따라 주필 등 간부 3명을 퇴사시켰다. 신문사 사주의 조치를 지켜봤던 당시 편집인협회 회장 최석채(崔錫采)는 "신문은 편집인 손에서 떠났다."라고 했다.(송건호, 1983: 255) 현재 언론인들은 신문사가 일종의 성(城)임을 잊고 있다. 성 안에서 언론인은 경영자, 편집인, 기자가 공존하고 있다는 사실을 망각하고 있다고 전제하고, "신문사의 정화 방법으로 언론 노조의 결성과 신문사의 주식을 사원들이 가져야 한다."는 말을 남겼다.(송건호, 1983: 255) 이는 공기업으로서 견고한 관리기구를 유연케 하는 하나의 방안일 수 있었다. 노조 결성과 사원 지주제는 '신문의 자주'를 사수할 수 있는 확실한 방법이었을 것이다.

최석채의 온건적 체제 개혁과는 달리 함석헌(咸錫憲)은 1967년 1월 사상계에 '언론의 게릴라전'을 주창했다. 그러나 정부의 권력, 자금, 기술 등을 우위로 하는 관리기구의 힘을 당할 여타의 조직은 당시로서는 존재하지 않았다.

3선 개헌은 박정희 정부의 의도대로 1969년 무난히 치러지고, 박정희는 1971년 3선 대통령에 당선되었다. 신문의 관리화는 가속화되고, 신문사의 고속 윤전기 숫자는 불어났으며, 사옥은 근대식으로 지어졌다. 편집 중심의 언론사 체제와는 달리 기업중심 체제로 경영 전략을 구사하기 시작했다. 기업으로서 신문이 성공을 거두었다. 그러나 이 기회에 언론은 사실의 정확성, 공정성, 객관성, 독립성 등 확립에 전념하기보다, 언론노조 쪽으로 더욱 무게를 두었다. 기업은 이 기회에 해외에서 돌파구를 찾았는데, 언론은 여전히 계급으로 가지 않고, 신분집단에 머물렀다. 그 관행을 떨치지 못함으로써 계속 후진성을 면치 못했다.

기업으로 성장하면서, 문화를 선진화시키지 못한 것이다. 한편 신문의 발행부

---

244) 차관이 윤전기 도입, 건물 증축 등을 위해 언론사에 직접 유입된 경우도 있다. 그러나 대부분 자본이 취약했던 당시, 언론사는 은행으로부터 자금을 융자받을 수 있었는데, 은행의 대주주인 정부는 차관에 의존했다.(이현구, 1994: 24~30)

수 현상을 보면 "신문협회에 따르면 1960년 1월경 전국 일간지의 총 발행 부수는 약 80만부였고 1965년 1월에 120만부로 50%의 증가를 보였으며 1970년 1월에는 200만부로 늘어나 1965년과 비교해 66.7%의 성장을 기록한 것으로 추정되고 있다.(한국신문협회, 1962: 194; 주동황, 1992: 82)

한편 언론사는 기능적 관리가 득세함에 따라 데스크의 권위가 상승하였으며, 취재 영역과 조직의 관행이 정형화되었다. 사원 간의 위계질서가 확립됨으로써 기자의 자유영역이 제한되며, 이에 따라 언론인의 샐러리맨화는 피할 수 없었다.(송건호, 1983: 257) 민중은 3선의 대통령에 대한 불만을 '언론 화형식'의 형식으로 언론에게 화살을 겨누었다.

언론에 대한 냉대는 「동아일보」의 젊은 기자들을 부추겨 '언론 수호 선언'[245]을 감행케 했다. 「한국일보」, 「조선일보」, 「대한일보」, 「중앙일보」, 「매일신문」, 「동양방송」 등이 '언론수호선언'에 동참하는데, 더욱이 「조선일보」의 주동자는 1969년 입사한 제12기 수습기자들이었다.(방상훈, 1990: 963) 학생과 민중, 정부 권력자 양쪽으로부터 압력을 받은 샌드위치 언론은 돌출구를 찾지 못한 채, 기자협회는 각 신문사의 언론수호선언을 '언론 자유 수호 행동 강령'으로 발표한다. 기협은 "기사를 취재 보도함에 있어 진실을 진실대로 기사화할 것"을 선언하고, 그 해 신문주간 표어를 '신문인의 단결'로 정했다.

기자는 개인의 자유를 뒤로 하고, 패거리 자유를 앞세웠다. 사회는 책임을 뒤로 하니, 자유는 점점 고갈되었다. 공정한 심판자가 정파성에 휩싸였다. 언론이 믿는 구석은 김대중·김영삼 등 '제야세력'이었다.

개개인의 탁월한 능력을 내세우고 자신의 조직에 대한 타조직과의 차별성을 주장하며, 노동조합은 천한 행동이라던 과거의 고정관념을 언론인은 타파했다. 언론은 환경감시기능과 그 부조리를 행동으로 옮겨 해결할 수 있는 양면성을 지

---

245) 「동아일보」 기자 일동의 명의로 3개 항의 결의문을 채택했는데 ①기자적 양심에 따라 사실을 진실대로 자유롭게 보도한다, ②우리는 외부로부터 직접, 간접으로 가해지는 부당한 압력을 일치단결하여 배격한다, ③우리는 우리의 명예를 걸고 기관원의 빈번한 사내 출입을 거부한다.(송건호, 1983: 262)

녔다. 당시 시대를 지배했던 강압적 정치권력과 각 신문사의 물질 추구 경향, 물적 토대로 언론인의 집단적 행동을 가능케 했다.

사업으로 성공한 신문이었지만, 콘텐츠에 문제를 발생시켰다. 기자는 전문성의 기회를 놓친 것이다. 박용규 연구위원은 1973년 11월에 실시한 「전국기자들의 의식조사」에서 당시 기자들은 한국 신문은 통속적이고 피상적이라고 하여 사실보도조차 제대로 이루어지지 않고 있다는 인식을 나타냈다.(한국신문연구소, 1974. 01: 25~34; 박용규, 1995 여름: 38~39)

정부도 문제가 있었다. 언론사가 경영관리체제로 전환함으로써 경영자 위주로 통제가 이뤄진다면, 당연히 경영자가 앞장서서 문제를 해결해야 했다. 그러나 당시 정부는 다원주의 체제로 이행하기 위한 소유권을 경영자에게 부여하지 않았다.

물론 언론 소유주가 받은 차관의 공세, 인쇄용지의 쿼터제, 과점 상태로 언론사의 보호, 세제 혜택 등 어떤 것도 박정희 정부의 경제적 수혜가 아니라고 볼 수 없었다. 의존적 관료제에서 득세하는 소유주가 정부로부터 자유로울 수는 없었다. 정부는 국가이익과 국가안보를 앞세워 1971년 12월 8일 자유의 일부도 유보할 수 있다는 논조를 폈다. 「동아일보」는 사설을 통해 반박했지만, 정부는 주필 이동욱(李東旭)과 전 주필 천관우(千寬宇)를 사임하도록 강요했다.(송건호, 1983: 263) 문공부는 12월 17일 '사이비기자'의 색출을 빌미로 한국신문협회로 하여금 언론자유에 관한 내용을 발표하게 했다.[246]

국가이익과 국가 안보를 앞세운 유신의 정부는 1971년 12월 13일 문공부가 프레스 카드를 실시하도록 하고, 신문 기자의 자격, 취재 자격까지 결정했다.

1972년은 미국의 닉슨이 2월 중국을 방문하고, 5월에는 소련으로 들어갔고 9월에는 일본과 중국이 국교를 맺었다. 그해 7월 4일 이후락(李厚洛)은 박성철(朴成哲) 북한 제2부수상을 만나, 남북공동성명을 발표하고, 8월 29일에는 제1차 남북적십

---

246) 그 내용은 ①지사, 지국 보급소의 명칭 통일, 새로운 설치 규제, ②지방 주재 기자의 인원 제한(주재 기자는 일간 종합지 상한 45명, 특수 일간지 15명), ③보급과 취재 업무의 분리, ④기자의 보수는 대폭 개선한다, ⑤기자는 정부가 발급하는 프레스 카드를 소지하게 한다.(송건호, 1983: 265)

자 회담을 평양에서 열었다.(김병관, 1996: 389)

　이해 10월 17일 박정희 대통령은 국회를 해산하고, 전국에 비상계엄을 선포했다. 그 여파로 기자에게 프레스 카드를 지급하기에 이른다. 정부로부터 프레스 카드를 발급받은 기자 수는 신문·방송·통신 등 모두 통틀어 1972년 2월 10일 당시 3,975명이었으며, '사이비 기자'로 언론계를 떠난 언론인도 1,063명이었다.(안재희, 1994: 207) 정부는 3월 7일 '정부 출입 기자 대책'을 발표하고, 각 부처의 기자실과 출입 기자의 숫자를 줄였다. 정부는 1973년 국회의원에 출마할 수 있는 특권을 언론인에게 부여했으며, 정부 12개 부처에 대변인 제도가 신설되어 언론인이 대폭 기용되었다.

　대변인 제도가 확립됨에 따라 관급기사 양이 많아지고, 일선 언론사에 출입하는 기관원은 기사의 보도 여부와 크기, 제목까지 통제했다.(심재택, 「노예의 사슬을 끊고」, 안재희, 1994: 202~203) 관급기사는 기사 마감시각이 임박할 때 출입 기자단 전부를 동석시킨 후 발표하는 것이 상례여서, 오보가 허다할 수밖에 없었다.

　행정부는 또한 공적 행사에 기자의 숫자를 줄여 '정보풀제'를 운용하도록 권장했다. 더욱이 1974년 1월 8일 내린 긴급조치 제1호는 유신 헌법에 대한 비판을 금지할 목적이었으며, 1975년 5월 13일 발표한 긴급조치 9호는 '헌법 논의 금지'의 목적으로 명분상으로는 언론이 유언비어를 유포하거나 사실을 왜곡하지 못하도록 하는 것이었다. 당시 기자는 특종도 모험이 따랐지만 낙종도 두려움의 대상이 되었다.

　「동아일보」 편집국, 방송국, 출판국 200여 명은 1974년 10월 24일 '자유 언론 실천 선언'[247]에 참여했다.(송건호, 1983: 269) 밑으로부터 시작한 정치 개혁 운동

---

247) '자유 언론 실천 선언'은 우선 「동아일보」 기자 180일 동의 명의로 3개 항의 결의문을 채택했는데 l.신문 방송 잡지에 대한 어떠한 외부 간섭도 우리의 일치된 단결로 강력히 배제한다. l.기관원의 출입을 엄격히 거부한다. l.언론인의 불법연행을 일체 거부한다. 만약 어떠한 명목으로라도 불법연행이 자행되는 경우 그가 귀사할 때까지 퇴근하지 않기로 한다.(김병관, 「민족과 더불어 80년」, 동아일보사, 2000: 392)
　그 후유증도 만만치 않았다. 이 선언으로 해임된 「동아일보」 사원은 49명, 무기정직 85명 등 모두 134명이었으며, 한편 조선일보사 사원은 파면 32명, 무기정직 1명 등 모두 33명이었다.(이부영,

은 논설위원들까지 동참하여 전사회 운동으로 확산되었다. 「동아일보」는 1974년 3월 7일 '전국 노조 「동아일보」 지부'를 결성하려고 했으나 실패하였으며, 그 후 1974년 12월 10일 한국일보사는 출판노조 「한국일보」 지부를 결성했다.[248] '인사 불만과 저임금을 개선한다.'(안재희, 1988: 389)는 이유에서 비교적 열악한 분위기에 있는 「한국일보」가 앞장선 것이다. 그러나 전술했듯 언론 기업의 발전이 전적으로 사유 재산에 의존하지 않았으므로, 노사 간의 갈등도 계급 갈등이라기보다 궁극적으로는 신분갈등, 즉 권력과의 갈등으로 이어졌다. 당시 이창숙(李昌淑) 노조위원장도 경영진과 편집 간부와 대결하기보다 서로 좋은 신문을 만들기 위해 노조를 결성했다(이창숙, 1974. 12. 20.)고 밝혔다.

출입처는 정부의 기구가 주종을 이룬다는 사고에서 벗어나기 시작했다. 신민당·천주교정의구현사제단·민주수호국민협의회·한국기독교회협의회·학생 등 사회단체 등에 기자출입이 잦아졌다. 이에 따라 정치기사 대신 점차 사회 문제와 관련된 기사가 늘어났다. 물론 그게 자유와 독립을 위한 몸부림인지, 고려할 부분이다.

1974년 12월 10일 「동아일보」 광고 탄압 사태로 기업 광고의 지면에 사회단체와 수용자가 게재되기 시작했다. 정치권력으로부터 이전된 언론의 환경감시기능이 발동되고, 언론사 내부의 민주화를 위한 노력이 시작되었다. 엄정 중립을 사시로 표방하는 「조선일보」는, 1974년 12월초 전재구(全在球) 의원의 유신헌법 체제를 일방적으로 옹호한 〈허점을 보이지 말자〉란 글을 게재했다. 정부 여당의 한쪽

「70년대 한국사회와 언론」, 한국기독교 사회연구소 편, 『언론과 사회』 서울: 민중사, 1983: 330) 장행훈은 "73년 말 귀국했는데(파리 특파원을 마치고) 당시를 회고하면서 "편집국에 언론자유실천선언이라는 큼지막한 방이 벽에 붙어 있었다. 분위기를 짐작할 수 있었다. 언론자유투쟁이 본격화하면서 백지광고 사태가 벌어지고, 해를 넘기더니 마침내 1975년 3월 17일 동아 편집국과 방송국 기자, PD, 아나운서 130명이 회사에서 동원한 용역들에 의해 강제 추방되는 동아사태로 폭발했다. 나는 사장실 비서부장이었지만 아무 힘도 없어 방관자에 불과했는데 사태가 일어난 다음 날 신문사에 가 보니 여기저기 핏자국이 난자하고 책상과 의자가 나뒹굴었다. 간밤에 한바탕 소란이 있었음을 증언해 주었다.(장행훈, 2016년 여름: 122)

248) 「동아일보」와 「한국일보」의 노동조합 설립 신고는 발기한 임원이 해직된 상태라는 이유로 서울시가 반려했다.(이부영, 1983: 312)

주장만을 일방적으로 게재함에 불만을 품은 백기범(白基範)·신홍범(愼洪範) 기자가 편집진에 반발하자, 「조선일보」는 위계질서를 문란케 한다는 이유로 기자 두 명을 해고했다.(송건호, 1983: 273)

「조선일보」의 두 기자 해고를 발단으로 1975년 봄 편집권 독립에 대한 논쟁이 활발해졌다. 당시 편집권 독립은 소유주뿐만 아니라 정치권력으로부터 독립의 내용을 포함하고 있었다.(송건호, 1983:: 273~274) 정부에 대한 기자들의 강성 목소리가 팽배한 동안 언론사는 경제논리로 맞서지 않을 수 없었다. 경제논리가 강했던 사회 상황에 따라 동아일보는 계속해서 관리정책을 펼쳐나갔다. 동아일보는 1974년 3월 5일 언론인 30명의 인사이동 때 기자 3명을 방송국 프로듀서와 업무사원으로, 또 프로듀서를 기자로 발령하는 사건이 일어났다.(이부영, 1983: 305)

언론인의 신분변경은 언론사가 기업화하면서 일어난 현상이었다. 자매지의 증가로 기자를 주간지·월간지 등으로 이동시키는 파격적 인사는 정치적 갈등이 있을 때 사용하는 충격 요법이며, 신분집단의 독특한 자율성을 빼앗는 징표이다.

한국일보의 급료, 인사 복무규정, 전보 승진 등 노동문제는 순수경제 논리에 속했다. 노동조합의 결성은 경제 논리에 대항한 노동자의 의식화·조직화를 위해 출발하여 결국 전국으로 확산되어 기자협회로 비화했다. 언론사의 상황을 감지한 기자협회는 변론에 나섰으며, 이에 불만을 품은 정부는 1975년 3월 10일 신문·통신 등의 등록에 관한 법률 제3조 "법정 시설 기준을 갖추지 못했다"고 기자협회보를 폐간했다. 결국 노조의 운동은 정치논리로 비화했다.

중립을 주장했던 「조선일보」는 1973년 상반기 국내정치의 기사량을 줄이고, 객관적인 외신과 경제 기사로 대체했다.(방상훈, 1990: 1026) 신문의 정치기사를 신뢰하지 않는 당시의 시대적 상황을 감지한 정부는 국내 정치 기자 대신 외국 기자들을 상대로 산업화 성공을 홍보하게 했다. 외신은 늘어났으며, 필터링도 거치지 않은 외신까지 더하여 독자에게 선보였다.

정치기사가 규격화되며, 논설까지 규격화되기 시작했다. 당시 한 조사에 의하면 해설형·비판형 사설이 적었던 반면 건의형·칭찬형의 사설이 주종을 이뤘다.[249] 사설조차 정부의 계몽적·계도적 기능을 벗어나지 못함으로써, 신문은 사실상 사회의 각 정당과 사회단체의 연결 고리 기능을 상실했다. 신문의 실상을 인지한 독자의 신문에 대한 신뢰도는 날로 저하되어갔다.

권력 기구로서 한걸음 물러선 언론은 기존의 뉴스 가치를 변경시켜 개방적 태도를 취할 수 있었다. 독자에게 다가가 차분한 이성적 판단의 흥미 있는 내용을 선보일 수 있는 영역을 찾았다. 그러나 다분히 경제 논리에 충실한 상황에서는 비정치적 분야의 뉴스 가치에 관심을 집중시킴으로써, 복잡한 현대인의 관심을 끌기 위해 흥미 기사에 몰두했다. 정치와 분리시켜 관리적인 측면에서 보면 「동아일보」에서 1973년 3월에 일어났던 '연판장 사건'[250]은 신문의 잡지화 경향과 맥을 같이했다. 그 내용 중 '합리적인 인사이동'에 관한 것은 당시 자매지가 유난히 많았던 「한국일보」 등에서 적절히 사용한 방법이었다. 즉 편집국 기자를 다른 자매지로, 자매지를 편집국으로 인사 조치했다. 신문과 주간지는 서로 영향을 주고받으며, 신문의 잡지화 경향은 더욱 뚜렷하게 나타났다.

신문의 상업성은 60년대와 다른 경향으로 발전했다. 제22회 신문의 날 1978년 표어로 '독자에게 봉사하는 신문'을 채택하였지만, 결과적으로 탈정치화한, 생활정보지로서의 신문이 선보이게 된다. 신문의 구독권은 안방 주인에게 달려 있다는 논리에서 생활과학란·여성란·가정란·건강란이 증가하게 되었다. 그러나 당시 언론의 속성상 여성 문제도 사회 구조 내에서의 여성의 지위 향상과 여성의 해방과는 무관한 것들만 다루었다.

신문은 건전한 교양과 생활 방식을 소개하는 지적 서비스 산업에 머물렀다. '정의 옹호'를 사시(社是)로 내세운 「조선일보」이지만 문화 사설, 과학 사설을 독자에게 선보였다.(방상훈, 1990: 1273) 독자가 참여하는 신문을 위해 정치면까지 연성화하며, 공화당 국회의원 후보자 공천 신청에 둘러싼 정치 화제를 가십으로 처리

---

249) 본 조사는 「동아일보」와 「조선일보」의 1979년 9월 1일에서 10월 31일까지를 분석 대상으로 삼았다.(홍유선, 1982: 122)

250) '연판장 사건'은 1973년 3월 정치부 기자 안성열(安聖悅)을 중심으로 이뤄졌는데, 그 주요 내용은 ① 신문 지면의 쇄신, ②합리적인 인사 이동, ③근무 연한에 맞는 봉급 조정이었다.(이부영, 1983: 305)

하기 시작했다. 이후 정치적 가십은 오랫동안 고정란으로 자리를 잡았다.(방상훈, 1990: 1292)

신문의 기업화·관료화에 반발하며 1978년 6월 7일 중앙 매스컴(「중앙일보」, 동양방송) 종사자들이 집단행동을 시도했다. 삼성그룹으로부터 경영의 분리, 협업 중심 체제의 구축, 인사 고과 제도의 철폐, 급여의 현실 등을 구호로 채택했다.(이부영, 1983: 337) 그중 편집 및 제작의 자율성과 이를 위한 편집권과 경영의 분리가 주요 이슈였다. 「경향신문」도 1979년 6월 16일자 1면 기사 「전환기의 농촌: 선진농업 한국 발돋움하다」에 반발한 기자들은 6월 19일 편집권 독립을 주장하며 언론정도(言論正道) 구현에 앞장설 것을 다짐했다.(이부영, 1983: 339)

언론사 내의 민주적 참여는 사회 참여와 구별해서 논할 수 없다. 그해 제23회 신문의 날 표어는 '독자가 참여하는 신문'으로 규정했는데, 각계각층 국민 대중의 건실한 의사와 욕구를 더욱 솔직하게 전할 것을 다짐했다. 판매 경쟁의 기본 조건을 충족시키기 위해 특색 있는 신문을 실천하려고 했다. 그러나 '독자가 참여하는 신문'의 역할은 언론의 노동자적 성격을 함께 부각시키기 마련이므로, 지식산업의 노동자와 다른 노동자의 연대감을 심어주었다. 당시 공업 구조로 보아도 2차 산업이 득세하고 있어서 노동자의 숫자와 힘이 어느 때보다 강했다. 노동자의 힘은 사회 변동의 잠재력을 지니고 있었다. YH사에서 여공들의 파업이 시작되었으며, 정부가 벌인 이념 논쟁은 도시 산업 선교회였다.

경제 논리는 노동자들에게 복지를 가져다주는 데는 미흡했으며, 노동운동의 이념 앞에 속수무책이었다. 당시 김영삼(金泳三)은 1979년 의원직 강제제명을 당했다. 이 사건은 부산·마산 민주화 운동으로 이어져 유신 정권이 끝나는 계기가 되었다.(사설, 2015. 11. 23.)

10·26 사태로 언론은 봇물처럼 터진 정신적 자유를 누리기 시작했다. 제24회 신문 주간을 맞은 언론은 '언론의 자유와 책임'을 표어로 내걸었다. 조선일보사는 새해 초부터 월간부·주간부·출판부를 합쳐 출판국을 독립시켰으며, '일요일 아침의 대화'로 뉴스 인물에 따라 대담을 나누는 지면을 할애했다. 대화의 활성화는 감정적 여론을 언론사 안으로 끌어들이는 결과를 낳았다. 언론은 문단속을

위해 상호 인격을 존중하며, 인격에 바탕을 둔 팀워크를 강조했다.(장재국, 1994: 377)

4. 관료제의 정립

10·26 사태 이후 감정적 여론의 폭발은 교련 반대, 학원 민주화, 자율화, '솜北 사태' 등을 가져왔으며, 체제 내에서 사회 변동을 수용할 수 없다고 판단한 신군 부는 광주 사태를 경험하면서도 새로운 체제를 준비했다. 그 과정에서 5·18을 만나게 되었다. 이는 7개월 전인 1979년 10월 발생한 '국가원수 시해'라는 국난 상황에서 호시탐탐 적화를 노리던 북한과 남로당 잔당들의 직·간접 개입, 권력을 잡으려는 정치인들의 과잉 경쟁과 대학생·시민들의 지나친 정치화, 그리고 군부의 과잉 대응과 권력욕이 뒤범벅돼 빚어진 불행한 사건이다.(조정진, 2023. 06. 12.)

그 후 언론의 변화가 감지된다. 정통성과 도덕성을 결여한 신군부는 경제 논리를 적용시켜 언론에게 엄청난 혜택을 부여했다. 「조선일보」, 「동아일보」, 「중앙일보」, 「한국일보」 등 4대 신문의 1980~1987년 동안 총매출액의 증가는 858억 5천만 원에서 2,795억 4천만 원으로 무려 3.26배나 증가되었다(이현구, 1994: 87)

'신군부'[251]는 국가보위비상대책위원회를 결성하고 저항 언론인 해직을 시도했으나, 언론의 반발도 심했다. 언론 검열을 시작했으나, 1980년 5월 20일 전두환 정권 '언론 검열'에 맞서 제작거부를 시도한 것이다. 언론의 반발에도 불구하고, 신군부는 언론 개혁의 고삐를 조여갔다. 언론 기구 통폐합을 시도하고 '언론기본

---

251) 신군부는 '언론창달계획'을 발표하고, '언론 통, 폐합'을 단행했다. 이 계획은 전국 64개 언론사를 신문사 14개, 방송사 3개, 통신사 1개 등 18개로 강제 통, 폐합하고, 언론인 1000명이 해직시켰다.(이로사, 「신군부 언론통폐합, 강제해직 국가에 책임」, 「경향신문」, 2010. 01. 08.) 진실화해위(진실,화해를 위한 과거사정리위원회)는 2010년 1월 7일 "80년 3월 전두환 당시 보안사령관 중심의 신군부는 집권에 장애가 될 수 있는 언론을 조정, 통제하는 '언론대책반 K-공작계획' 등을 세운 것으로 조사됐다. 이어 4월부터 각 언론사의 친정부 성향, 특정 정치인과의 친소관계, 비리 여부 등을 조사해 통, 폐합 대상 언론사를 선정했다. 보안사 요구에 불응하면 경영상 위해를 가하겠다고 협박하고 보안사 사무실 등으로 언론사 사주를 소환, 포기각서 제출을 강요하기도 했다. 모두 아무런 법적 근거가 없는 임의집행이었다.(이로사, 2010. 01. 08.)

법'[252]을 제정, 홍보 조정실 신설 및 보도 지침을 발표했다.

언론인 대량해직은 1980년 두 차례에 걸쳐 단행되었다. 그중 하나는 1980년 7월 29, 31일에 각 언론사별로 진행된 언론인 강제 해직이었고 다른 하나는 12월 언론사 통폐합에 뒤따른 대량 해직이었다. 전자의 경우 신문협회, 방송협회, 통신협회 등 3개 단체가 '언론자율정화 및 언론인의 자질향상에 관한 결의문'을 발표한 5일 후인 8월 2일부터 전국 37개 언론사에서 단행됐다.(주동황, 김해식, 박용규, 1997: 167)

한편 '언론기본법'[253]은 1980년 12월 19일 제정한 것인데, 언론의 설립을 등록제로 하되 언론이 공적 책임을 반복하여 현저하게 위반할 때 등록을 취소할 수 있도록 명했다. 제도적으로 특정인이 신문·방송의 과점을 금지하며, 모든 민간 방송을 공영 체제로 전환했다. 중앙지의 과점 체제를 유지시키며, 각 지역별로 1도 1사 독점 체제를 유지토록 했다. 신군부는 1985년 6월 「스포츠서울」의 등록허가를 제외하고는 단 한 건의 일간지도 신규로 허가하지 않았다. 신군부는 홍보조정실을 1981년 1월 9일 설치하고 통제 관리 언론을 확고히 했는데,[254] 이 기구는 언론이 기자를 출입처에 주재시킨다는 가정 하에 성립된 것이다. 물론 여기서

---

252) 언론기본법 제 1조(목적)에서 '국민의 표현의 자유와 알 권리를 보호하고 여론형성에 관한 언론의 공적 기능을 보장함으로써 인간의 존엄과 가치를 존중하고, 공공복리의 실현에 기여함을 목적으로 한다'고 명시하고, 제2조에서 언론의 자유를, 제3조에서 언론의 공적 책임을 강조하고 있다.(오진환, 1985: 28)

253) 언론기본법은 박용상(70·사시 8회) 등이 주도했으며, 당시 그는 8년 차 판사였다. 朴 판사는 임관한 지 3년 만인 1975년 독일 정부의 장학금을 받아 독일 프라이부르크 대학에서 1년 3개월간 연구할 기회를 얻었다. 그는 언론법과 언론의 자유를 연구한 선구적 법조인이었다.(신소영, 2014. 07. 07.) 그 분야에 석사와 박사 학위를 받은 그는 34년이 흐른 2014년 자신이 주도한 언론중재위원회의 수장이 되었다.

254) 홍보조정실은 언론 통폐합, 언기법 등으로 언론을 장악하고 난 후 문공부 내에 홍보조정실을 신설, 운영함으로써 언론 통제의 창구를 공식화했다.(안재희, 1988: 262) 과거 문공부 내 보도 담당관실과 홍보 조사 연구소는 폐지되었다. 각 정보기관의 언론 통제 업무도 홍보조정실로 수렴되었으며, 이 기구의 공식 업무는 정부가 외교, 안보 등 국가 이익과 직결된 사안 또는 사회 안정과 유지를 위한 시책 등을 폈다. 1985년 10월 11일 홍보정책실로 그 명칭을 변경시켰지만 1987년 12월 폐지되었다.(안재희, 1988: 262)

홍보는 '언론에 잘 보도되는 것', '잘못한 것은 보도되지 않는 것'이라는 2분법 사고에서 벗어나서 '언론은 길들여야 한다.'라는 적극적 발상도 생각할 수 있다.(김사승, 1999. 02.)

그 '길들이기' 현실이 밝혀졌다. 5공 시절 '보도지침'을 폭로한 김주언 언론개혁시민연대 사무총장은 "'군사독재시절 기관원들이 신문사 편집국이나 방송사 보도국에 상주하면서 보도지침을 시달한 곳이 바로 공보처 홍보조정실이었다.'"라고 했다.(김사승, 1999. 02.)

물론 홍보조정실과 같은 출입처가 행정 편의적 취재 활동, 통제 목적, 정책 홍보 차원, 카르텔 형성 차원 등을 내포했다면 언론의 입장은 출입처를 통해서 새로운 정보를 수집하려는 의도가 맞물려 있다. 그러나 관료 기구의 속성은 내부 문제를 공개하지 않음으로써, 출입처를 통한 언론 활동은 정부의 정책에 끌려갈 수밖에 없다.

신군부의 정책에 따라 컬러 TV 방송이 1980년 12월 1일자로 방영됨으로써 컬러 TV형 인간을 만들어내는 초석이 되었다. 1981년부터 신문도 묶여 있던 지면수가 증면되어 8면에서 12면으로 늘어났다. 신문을 조간과 석간으로 분리시켰는데, 조간은 「서울신문」, 「조선일보」, 「한국일보」, 「한국경제신문」으로 하며, 석간은 「경향신문」, 「동아일보」, 「중앙일보」, 「매일경제신문」 등으로 정리하였다. 정부는 독자에게 정정 보도 청구권(언기법 제6조)을 허용했으며, 이를 중재할 언론중재위원회를 발족했다. 그해 언론 주간의 표어는 '공기(公器)로서의 신뢰 회복'으로 정했다.

전두환 정부와 박정희 정부의 언론 정책에서 근본적으로 차별성을 나타내는데, 후자의 경우 신문업의 공익성을 주창하지만 사유재산을 전제로 논리를 전개시켰다. 일부분을 제외한 대부분 신문기업은 확고한 사유재산을 바탕으로 언론의 경영을 주도함으로써, 정치권력 부분 이외의 영역에는 관료 문화를 받아들일수 있었다. 언론기업은 기술을 우위로, 효율성을 얻을 수 있는 양적 경영을 할 수 있었으며 기업에 이익이 되는 기사와 소재를 선택할 수 있었다. 언론기업은 사유재산을 축적시키기 위해 관리 제도를 도입하게 되며, 이는 장래 노조 결성을 부채질하는 계기가 되었다.

「조선일보」는 1981년 2월 5일 경영 합리화 3대 원칙을 발표하였으며, 앞으로는 ①국단위 경영을 강화하고, ②인사 고과제를 확대하며, ③정년을 낮추되 우수 사원에겐 재계약제를 실시했다.(방상훈, 1990: 1461)

관리 체제의 특징은 일률성, 단일성, 안일성, 특색 상실 등을 유도할 수 있었다. 관리 체제의 원리가 편집 쪽으로 기울어질 때 기자는 자율성의 제약을 경험하게 되며, 특종보다 낙종을 무서워하며, 창의적 기사보다 모방을 일삼았다. 자신의 전문성과 의무 정신을 살리기보다는 데스크, 편집국장, 주필과 사장에게 아첨을 일삼았다. 경영자의 비위를 맞추기 위해 기자는 읽히는 생활 정보, 현실 도피성 오락물, 감각적 내용들로 독자들을 설득, 홍보했다.

축적된 자본은 사주를 배불리며, 자신의 신분적 정체성을 찾지 못한 기자는 언제든지 사주에게 도전장을 내놓을 구실을 찾는다. 그러나 언론인의 숫자를 늘림으로써 관료제의 견고성은 더욱 강해지며, 기자들의 자유와 운신의 폭은 좁아졌다. 자신들은 사주에게 노동강도와 착취의 정도가 심화된다고 불평하지만, 자신들도 관료제의 관성의 힘으로 다른 사회구조와 조직에게 피해를 주고 있다.

신군부 하에서 언론은 과거와 달리 독자의 목소리를 반영시키려고 했다. 그러나 독자 투고란은 「경향신문」, 「동아일보」, 「서울신문」, 「조선일보」, 「한국일보」 등 5개 신문사에서 1978년 12월 한 달 동안 61건에 불과했다(편집부, 1979. 2: 40) 밤을 새워 제작한 신문이지만 기사에 대한 독자의 반응은 기대치 이하였다. 그러나 「동아일보」는 1981년 신년사에서 어떤 사람이 다른 사람의 명령을 따르기보다 대화의 폭을 넓힐 것을 밝혔다. 조선일보사는 독자들의 여론을 분석, 제작하는 '오피니언 매거진' 형식의 『월간조선』을 1980년 3월 15일 창간했다.(방상훈, 1990: 1413)

독자와 더불어 지면을 채워가기를 원했으며, 독자란도 고발성보다는 흐뭇한 이야기나 경각심을 환기시키는 등의 내용으로 실리곤 했지만, 대체적으로 대화보다는 관리문화 성격에 머물러 있었다. 지방 주재기자제를 폐지하며, 지역 정보는 연합 통신에 맡겼다. '언론기본법' 제6조의 '정정 보도 청구권'은 언론중재위원회의 관리적 기능을 통해 독자에게 액세스권으로 선사하였지만, 그들의 적극적 의견개진을 할 수 있는 '반론 보도 청구권'은 오히려 제약했다. 그리고 언론인에게 정보 청구권(제6조)을 허용했지만 '국가 기밀에 위배되지 않은 한'이라는 단서를 붙였으며, 취재원 보호권(8조)을 근본적으로 허용하였지만, '가벌적(可罰的)인 것'은 허용할 수 없다는 단서를 붙였다.

언론기본법은 '언론의 자유와 책임'을 강조하면서, 언론을 사기업이 아니라 공적 기업으로 규정한다.(방상훈, 1990: 1455~1459) 즉 1980년 11월 한국신문협회에서 규정한 언론의 공적 기능은 나라와 국민 모두의 이익을 증진하는 사회의 공기로서 민족 성원의 번영 및 국가적 성장 발전으로 규정했다.(장재국, 1994: 369)

동아일보사는 80년 4월 17일 「자유 언론을 위한 선언문」을 발표한 후 새 시대의 새 질서를 확립하기 위한 '동아쟁화추진위'를 발족했다.(김병관, 1990: 81) 그러나 당시 자유의 영역은 전술했듯 관리 문화 영역 안에 머물렀으며, 책임도 상업적 속성 속에 매몰되고 말았다. 감각적 내용들로 독자들을 설득, 홍보할 때 상식·규율·법 등은 공유된 이해로 정립되지 못하고 이데올로기화, 소모성화한다. 이를 이성적으로 규정하고, 발전시키기에는 시간과 노력이 필요하다. 그렇지 않을 경우 개인의 본능과 소비 성향이 높아가고 문화는 전통의 고삐를 잃게 되고, 혼돈된 무질서가 범람하는 사회를 형성했다. 개인을 강제하는 법은 공유된 사회 규범에 근거하기보다 강한 힘의 도움으로만 규정되고 집행된다.

'모세의 법'은 하층 노예를 보호하기 위해 제정했다.(Irving M. Zeitlin, 1985: 308) 주인의 노예에 대한 신체상해를 금지했으며, 하층민은 부채 탕감을 위해 자신의 처를 재력가에게 양도할 수 없도록 했다. 이 법은 약자를 위한 보호 조치로서 오랫동안 상식·규율·법으로서 작동할 수 있었던 반면에, 공유된 의미를 지니지 않았던 '언론기본법'은 곧 위력을 상실하게 마련이었다.

강한 힘을 바탕으로 한 로마는 노예 경제를 활성화시킬 수 있었으나 교환경제를 활성화시키지는 못했다.(김병관, 1996: 297) 합리적 교환이 가능하며, 화폐가 발전된 곳의 강한 정치권력은 사상누각일 수밖에 없었다. 신군부는 유성환(兪成煥) 의원을 1986년 구속하고, 민통련을 강제 해산시켰으며, 야당의 대통령 직선제 개헌촉진 국민대회를 원천 봉쇄시켰다. 경색된 정국에 1987년 1월 15일 '박종철(朴鍾哲)군 고문치사 사건'과 '말²⁵⁵ 誌 보도 지침 사건', 'KBS 시청료 납부 거부 운동' 등이 연이어 벌어졌다. 동아일보사 편집국과 출판국 소속 1백 32명이 '민주화를 위한 우리의 주장'에 서명했다(김병관, 1996: 297.)

김영삼(金泳三) 전 야당 총재는 6·29의 동력을 끌어내고, '닭이 목을 비틀어도 새벽은 온다', '동트기 직전이 가장 어둡다' 등 발언으로 앞장섰다. 6·29 사태' 이후 언론의 자유는 다시 회복되었다.

1975년 제정된 국가원수모독죄 형법 제 104조 2항이 1988년 폐지되었다. 언론 자유는 더욱 활성화되는 계기를 마련한 것이다. 주당 신문의 지면 수는 늘어나 여론의 활성화, 스포츠·경제·지방 뉴스는 확충되었다. 지방 주재기자를 갖지 않았던 신문은 '의령(宜寧) 경찰관 총기 난동 사건', '咸安 바둑이 사건' 등 무더기 오보 사건을 기록했다. 지방면 취재에 약점을 보완하기 위해 동아일보사는 1987년 9월 1일 편집국 제2사회부를 신설했다.(김병관, 1996: 314)

사회 변동을 신문사 안으로 끌어들이려는 노력은 다각도로 이뤄졌으며, 그들의 목소리를 직접 대변하는 「한겨레신문」이 1987년 탄생했다. 외부 사회 운동 덕분에 언론노조가 탄생했다. 1980년대 이후 언론 노조의 출현 가능성은 상존했지

---

255) 보도지침(報道指針)은 제5공화국 시절 문화공보부 홍보정책실정부가 언론통제를 위해 각 언론사에 시달하던 지침이다https://terms.naver.com/entry.nhn?docId=1185702&cid=40942&categoryId=31637. 홍보정책실은 매일 각 언론사에 기사보도를 위한 가이드라인인 보도지침을 시달하였는데, 이를 통해 정부는 언론을 철저히 통제하였다. 1986년 9월, 해직된 언론인들이 만든 단체인 민주언론운동협의회(언협)가 「말」지를 통해 폭로함으로써 처음 알려졌다. 당시 「한국일보」의 김주언 기자가 제공한 자료를 바탕으로 1985년 10월부터 1986년 8월까지 문화공보부가 각 언론사에 시달한 보도지침 584건을 폭로하였다. 이 사건으로 말지(誌)의 발행인 김태홍 언협 의장과 신홍범 실행위원, 김주언 기자가 국가보안법 위반 및 국가모독죄로 구속되었으며, 이 지침은 '가, 불가, 절대불가' 등의 구분을 통해 각종 사건이나 상황, 사태 등의 보도여부는 물론 보도 방향과 내용, 형식까지 결정해 시달함으로써 언론의 제작까지 정부기관이 전담하는 기이한 현상이 벌어졌다 https://terms.naver.com/entry.nhn?docId=1185702&cid=40942&categoryId=31637. 김주언 기자는 당시 언론통제 유형으로 언론통폐합, 언론인강제해직, 보도지침, 언론기본법을 비롯한 각종 제도적 통제방법을 비롯하여 언론인의 강제연행, 고문, 구타 등 물리적 통제를 가했다. 그러나 언론사에는 금융특혜와 세제상의 특혜를 베풀고 언론인들에겐 급여인상, 언론인금고의 융자, 해외연수 등의 특전으로 회유하려 했다.(김주언: 1989. 여름: 193)

만 언론은 노조를 결성하지 못했다. 즉 언론 노조는 '노동 가치'(the price of labor) 결정 과정에서 심각하게 일어나는 계급갈등을 경험하지 못한 셈이다.

「한국일보」 노동조합은 사회 내에서의 커뮤니케이션 활성화와 노조 설립의 붐을 타고 출현했다. 1987년 10월 29일 종로 2가 YMCA 2층 친교실에서 경영권에 대한 노조의 입장을 발표했다.(최해운, 1987. 12. 10.) 관리적 측면에서 언론은 낮은 임금과 열악한 근로 조건을 개선하며, 편집권에 관해 사내 민주화를 통해 올바른 노사 관계를 정립할 것을 다짐했다.

「한국일보」에 이어 결성된 각 언론사의 노동조합은 자본주의 체제하에서 언론인도 육체 노동자와 다를 바가 없음을 재천명했다. 언론인은 노동자계급의 지위를 형성하기를 원했다. 즉 같은 상황의 기회를 공유하는 집단, 경제적 기회와 노동 시장적 상황의 기회를 중요시하는 계급적 성격에 언론인은 찬동했다. 언론인은 신분 집단에 부여되는 명예를 포기하고, 자신의 값어치를 올릴 수 있는 각기 다른 교육의 기회를 갖도록 다짐한 것이다. 기사는 공익성과 윤리적 문제에 관심을 두기보다 수용자의 이익과 관련된 정보(情報)를 제공할 것을 다짐한 것이다. 사회구조를 주요 취재원으로 삼겠다는 선언은 과거 집단의 수장인 지도자, 혹은 개인을 표적의 대상으로 삼았던 취재 양식을 포기한 셈이다. 과거의 부서 중심에서 개인 중심의 취재 방식을 채택하며, 수습 기자제보다 능력에 따라 우선하는 인사 제도를 선호할 것을 결의했다. 부서의 집단의식은 더 이상 필요 없는 구시대의 유물로 취급받게 되었다. 말하자면 신분집단으로 형성된 질서의 포기 대신 물질적 이익으로 형성된 계급의 질서를 받아들이게 되었다.

「한국일보」의 김창열(金昌悅)은 1986년 사장 취임 인터뷰에서 편집과 경영을 하나로 봤다.(장재국, 1994: 482) 전방으로서의 편집은 창의적 신문 제작에 책임이 있다. 하루하루의 작업이지만, 이 작업이 하루로 끝나지 않고 지속적인 언론 창달을 위해 노력하는 한편, 후자인 경영은 그 후방을 돕는다. 경영은 조직을 활성화하도록 사람을 키우는 인사를 하며, 개인의 능력 발휘를 위해 고른 기회를 주어 성장하도록 촉진한다. 양자가 어우러져 업무를 수행하지만, 후자의 관리는 계산 가능한, 통제할 수 있는 예측 가능한 관리제 원리를 주장한 것이다. 그러나 결과적으로 보면 신문 기업이 법인 조직인 한 중역회·이사회 등이 경영 관리자로서 편집권 행사의 주체가 됨은 당연하다.

그러나 현실은 경영인과 노동자가 갈등하는 기존 노동운동의 전형을 언론도 수용했다. 신문산업의 자본종속이 심화될수록 언론인의 자율성이 축소되며, 사주로부터 편집의 종속성이 심화된다. 노동 집약적 산업인 언론은 당연히 노조가 경영과 인사에 참여해야 했다.(권영길, 1988, 285~310)

편집권은 편집의 방침 결정, 시행 및 보도와 논평의 적정선 유지 등 편집 제작에 관련된 일체의 권능으로써(「한국일보」, 1988. 07. 13.) 정치 권력, 자본 그리고 내적 통제 등과 끊임없는 마찰을 빚곤 했다. 더욱이 환경감시기능과 사회를 연결시키는 기능에 직결되는 것이 편집권이다.

신군부 정부는 지금까지 언론의 공적 기능을 강조했으나 경영, 관리형태로 보면 사적인 기능의 강조점이 드러난다. 즉 대부분 주식회사인 언론은 국가에 세금을 낼 뿐 공기업으로서 면모를 갖추지 않았다. 언론은 주식을 국민에게 공개하지도 않았으며, 사원 주주제를 실시하길 거부했다. 사유재산을 공익 재산으로 환원하려는 노력이 미흡했다. 사원을 재교육시키고, 사회 교육적 차원에서도 공개적인 언론 재단이 되지 못했다.

언론인은 전통적으로 전위적 지식산업으로 치열한 경제구조에서 이겨야 한다는 흥분과 스릴, 보통 사람이 접근하기 어려운 권력 핵심으로의 접근 기회, 자기 성취욕이 보장되는 직업으로 매력을 갖는다. 언론인은 어느 직업군보다 창의성을 가지는 직업이다. 이는 "정치, 경제, 사회, 문화의 모든 영역에 있어서 각인(各人)의 기회를 균등히 하고 능력을 최고도로 발휘케 하며 각인의 책임과 의무를 완수케 하여 안으로는 국민생활의 균등한 향상을 기(期)하고 밖으로는 항구적(恒久的)인 국제평화의 유지에 노력하여…"라는 헌법정신과 일치한다.

현실은 많이 달랐다. 관리문화는 언론인의 이와 같은 이점을 미끼로 언론인의 노동강도를 높여왔다. 언론인을 기자·전문기자·차장·팀장·데스크·대기자 등으로 분화시켜 통제의 강도를 높였다. 분화된 조직 안에서 허위의식을 지닌 언론인은 자의식을 바탕으로 전통적 '지식 기사'로서의 역할을 수행하지 못한 것이다.

즉, 안으로는 위계질서를 완성하고, 선정적 사건 기사로 독자를 끌어들였다. 관리 기구는 밖으로 정치·경제 등 권력 기구에 출입처를 중점 배치함으로써 결국 허위 의식을 민중에게 전파한다.

관료 기구가 경직될수록 그 안의 소외된 사회단체와 '대자적 민중'은 격노하게 되게 마련이다. 경직된 관리 체제하에 예속되어 있던 언론인들은 1987년 그들의 '지식 기사'적 성격을 뒤로 한 채 노동조합 운동에 참여했다.

'불의에 항거한 4·19민주 이념을 계승하고…'에 몰두하게 된다. 노동조합원은 근로 조건을 개선하며, 보도의 공정성을 기하며, 사내 민주화를 이룩하려 했으나 노사의 입장이 '편집권 독립'에서 부딪치게 되었다.

편집권을 현행법은 발행인 또는 편집을 위임받은 편집인에게 귀속시켰다. 그러나 노조 측은 편집권을 국민의 알 권리를 충족시키고 올바른 물질적 정보를 제공하며, 민의를 충분히 반영하기 위해 언론인에게 이임된 권리라고 맞섰다. 편집권 독립의 실천은 1988년 7월 11일 부산일보(釜山日報) 노사 교섭에서 ①회사는 편집국장의 인사에 있어 노조의 의견을 최대한 반영한다, ②회사와 노조는 편집 제작진의 편집권을 존중한다 등으로 명문화되었다.(안재희, 1994: 401)

편집권 쟁취의 시발점으로 언론사 노조운동은 전국적으로 확산되었다. 언론사 노조위원장들은 1988년 4월 6일 전국언론사 노동조합협의회를 발족시켰으나, 그해 11월 발전적 방향으로 이를 해체하고 전국언론노동조합연맹(언노련)을 탄생시켰다.

5. 언론의 민주적 관료제

물론 각 사의 언론 노동조합의 출현이 '노동가치'에 관한 갈등적 요소에 직접적인 원인이 있지 않듯, 언노련의 출현과 목표 설정도 노동의 '잉여가치'에 대한 논란이 시발점이 된 것은 아니다. 언노론은 곧 정치투쟁으로 번지고, 정치만능사회를 만들어갔다. 헌법정신과는 전혀 달리 움직였다. 오히려 '불의에 항거한 4·19 민주이념을 계승하고…'에 몰두하게 이른다. 언론·출판의 개인자유를 뒤로하고,

단결권·단체교섭권·단체행동권 등 집단적 자유를 앞세웠다.

물론 노동집약적 언론산업으로 언론은 능동적·창의적 정신으로 민중을 역사 창조에 참가시킨다. 환경감시기능을 통해 언론은 부의 불평등 현상과 갈등적 요소를 제거하고, 민중을 제도권 안으로 끌어들인다. 즉 언노련 정책은 정치적·경제적·사회적 지도자들에 대항하여 문제가 제기된 여론을 걸러서 입법화시키도록 영향력을 행사할 수 있었다. 언노련은 여론을 조정하는 지도자가 누구든 강력한 여론의 배경이 있다면 도울 수 있다.

이데올로기에 사로잡혀 입법화된 법이나 제도까지도 무효화시켜 계급 갈등을 일으킨 원인이 되는 법 체제를 전복시킬 수 있었다. 그러나 사회 체계든, 그 안의 관료 조직인 언론이든, 그 자체의 효율성, 정밀성, 계산 가능성, 예측성을 고려하지 않을 수 없다. 언론인은 발전된 문명을 원시상태로 환원할 것을 원하지 않는 현대인의 심리와 같은 마음을 갖는다.

현대사회의 언론은 노동 집약적 산업일 뿐 아니라 막대한 자본이 소요되는 기업의 형태이다. 기업의 형태에서 공적인 기능의 지속적 수행이 이루어지지 않을 때 언론은 사적 영역에 머무르고, 언론기업 자체가 계급 갈등의 소용돌이에 휘말리게 되어있다. 이때 언론은 집단적·감정적 여론의 참여를 제한시키고, 이성과 합리성의 집단지성을 만들어 간다. 그렇지 못할 때, 언론은 물질적 사회구조에 깊게 탐닉하게 됨으로써 노조활동을 유발시키고, 결국 사회 내 커뮤니케이션의 활성화라는 언론 본연의 임무를 소홀히 하게 된다.

언론인들이 집단행동을 통해 편집권을 갖게 되었다. 중세의 영주와 직업 기사는 생산에 참여한 농부로부터, 농업 기술이 획기적으로 변하지 않는 한, 매해 같은 양의 수확에 대한 세금을 받고 그들을 보호해주었다. 농부는 신분질서를 유지했으며, 그들은 안전의 대가로 영주와 직업 기사에게 복종할 고정된 의무를 지녔다. 커뮤니티의 세속적 카리스마가 나타나 여론을 조직화하고 이 고정된 신분 질서를 혼돈시키지 않는 한 영주, 직업 기사, 그리고 농부들은 같은 질서를 유지했다.

상업이 발달된 해안지역은 교역량에 따라 영주와 직업 기사는 보수를 달리 받았다. 교역이 발달된 곳에서 영주와 기사는 농촌에서의 신분 관계와는 분리됨으로써 과거에 누렸던 혜택과 특혜를 포기하고, 그 대신 새로운 계급적 질서 하에 새로운 신분적 혜택을 누린다.

과거 신분집단은 의례·관습·관례 등을 바탕으로 커뮤니티의 행동에 영향력을 행사했으나, 새로운 사회계급은 경제적 이익을 바탕으로 같은 계급적 상황에 있는 개인들의 사회적 행위를 부추겼다.

언론도 영주와 직업 기사처럼 신분집단으로 사회 내 커뮤니케이션 활성화를 이룸으로써 그 대가로 언론 기업을 유지시켜왔다. 1960~1970년대 한국언론이 신분적 속성의 성격을 현저하게 지녔다면, 1980년대 한국언론은 계급적 속성을 뚜렷하게 지녔다.

무슨 일일까? 언론이 집단의 힘으로 신분집단으로 돌아가게 된다. 이들 언론은 정치권력이 감지할 수 없는 현대사회의 의지들을 고정된 틀로 집합시켰다. 힘에 의한 정치권력을 제도화하도록 도왔으며, 감정적이고 집단적 의견은 제도권 안으로 끌어들이는 '공론장'(public sphere)의 역할을 담당했다.

민중민주주의가 등장한다. 헌법적 가치로 볼 때 위험천만이다. 원래 공론장은 관료제의 원리를 이용한 언론 기업으로 이뤄진다. 언론사주는 비일상적이고 창의적인 기술 혁신과 더불어 기술적·계산적·통제적 관료제를 언론 경영에 도입했다. 취재망을 효율적으로 운영하기 위해 언론인의 역할을 분화시키며 전문화를 시도했다. 감정적 여론을 수렴할 수 있는 제도적 장치를 마련하여 조직을 유연하게 했다. 사주는 자본주의적 통제와 질서 안에서 자신의 특수한 재능을 발휘하여, 부의 축적을 가져온다. 관리제의 속성상 언론사주는 기자들의 자치권을 제한함으로써, 그들에게 책임과 의무를 부가할 수도, 윤리 의식을 강요할 수도 없게 된다. 언론사주는 공적인 언론의 기능을 뒤로 한 채 사적인 영역에 몰두하면서 언론노동조합과 갈등관계를 증폭시킨다.

물론 현대의 다원주의 사회는 다양한 행위자를 수용한 결과, 그들의 권리를 인정하게 되는 당위성에 직면했다. 박정희 정부의 강한 정치적 통제력에 의한 공법 형식의 국가재건회의 '포고령'과 '유신 헌법', 전두환 정부의 '언론기본법' 등과는 달리, 선진된 형태로 개인의 자발적 통제로 인간관계를 규정하는 사법 영역의 언론법을 발전시켜야 할 때가 온 것이다.

　민중의 정치적·경제적·사회적 권리를 찾는 것이 민주화이며, 민주주의는 사회지도자에게 전권을 부여하지 않는다. 그러나 과거의 타성에 젖은 정치권과 자본의 속성은 주변과의 커뮤니케이션 갭을 좁히려 하지 않았다. 뉴스는 정보상품의 영역을 배회했다. 언론은 대기업 광고를 선호함으로써 부의 불평등을 부추겼다. 금융 실명제 하에서도 언론은 사적 자본으로 남기를 원하며, 자본 축적을 공개하길 거부한다. 이 결과 언론은 정치권력에 빌미를 잡히고, 노동조합의 계급운동을 유발시키며, 사회단체를 불러들였다.

　비판여론이 쉽게 형성되는 독특한 분위기를 타파하기 위해 언론은 과거와 같이 정치권력을 끌어들일 수는 없다. 그 대신 감정적·집단적 여론을 주도하는 입장에 있는 언론은 환경감시기능을 강화하여 민중과 사회단체의 의지를 제도권 안으로 끌어들여, 서로를 연결시킬 수 있었다. 사회민주화를 위한 운동단체에 언론은 동참할 수 있었으나, 결과적으로 볼 때 포퓰리즘이 강화된 민중민주주의로 갔다.

　언론은 권력과 자본의 홍보를 담당했던 과거의 출입처 제도를 개선해서 지역단체, 사회단체, 그리고 독자에게 다가가 그들의 감정적·집단적 생활양식을 공론화할 수 있었다. 지역 개발보다 환경 보존, 중앙집권보다 지역 분산, 강자보다 약자의 목소리에 언론은 귀를 기울일 수 있었다. 자매지를 활성화하여 독자의 취향에 따라 여론을 수렴할 수 있었다. 독자와 사회단체의 목소리가 신문편집에 반영될 때 광고 문제는 해결될 수 있었다. 언론이 사회의 갖가지 감정적 요구를 받아들일 때, 편집권 독립의 문제가 자연스럽게 대두되고, 신문의 고유한 색깔이 형성될 수 있었다. 사건의 결과보다 진행 과정을 묘사할 때 신문의 방향과 색깔은 더욱 현저하게 부각되게 마련이다.

　언론은 '일반 의지'를 대변할 수 있는 사건 기사와 더불어 사설과 해설 기능을 확충시켜 사회 전체를 엮어주는 기능을 강화시킨다. 민중의 의견을 대변하는 기자는 독특한 사회정신을 지면에 반영시켰다. 논설과 해설의 기능이 부각되면 사회 집단과 소집단을 서로 연결시킬 수 있었으며, 사건의 의미와 원인을 규명할 수 있었다.

또한 노조를 통한 강압적인 편집권 독립의 문제는 인위적이 아닌 자연적으로 해결될 것이었다. 물론 아래로부터의 여론 수렴은 편집권의 독립없이는 무의미하다. 편집국장 인선에서도 감정적 민주제에 의해 편집 담당자를 선출하는 대신, 질적 의견을 수렴할 수 있는 관리제에 의한 선출 방식을 택한다. 언론의 민주적 관료제는 과거의 선정주의적 언론 기업의 구태에서 벗어나 영상 세대의 기호에 맞춰 여론의 행방을 찾는 데 도움을 줄 수 있었다.

언론의 기능은 환경감시를 통해 사회 제도를 연결시키며, 사회화를 통해, 또 오락을 통해 중앙과 주변의 정서적 갭을 좁힌다. 언론은 정보 제공으로 개인에게 해방을, 그리고 집단에게는 문화 공동체를 형성시켜준다. 언론은 정치권력의 통제력이 미치지 않는 영역을 공론화시킨다. 언론은 민중의 삶의 질을 높여주고, 권력의 창출을 도와주며, 경제적 부의 축적을 도와준다.

언론은 특종상을 두고 계급 안에서 언론인 개인의 카리스마적 속성을 찬양했다. 계급으로서 언론 커뮤니티는 독특한 언론 개인의 카리스마가 일으키는 지속적인 긴장의 충격을 완화시키는 데 크게 기여한다. 그러나 언론이 관리문화 자체에 만족한 나머지 그 문화의 굴레에 예속될 때, 사회 내의 커뮤니케이션은 왜곡되고 단절되었다. 그 결과 한국언론은 계급의 현실을 포기할 뿐 아니라, 신분집단의 명예까지 포기하기에 이른다.

언론의 민주적 관료제가 이상하게 발전한다. '민주이념'이 북한식 체제로 수렴된다. 민주노총의 힘을 통한 신분집단 형성은 권력을 주고, 그 권력에 따라 충성하는 형태의 문화가 만연하게 된다. 그렇다고 과거와 같이 신분의 명예가 있는 것도 아니다. 노조가 중심이 된 민중민주주의로 가고 있었다. 지극히 포퓰리즘적 국가사회주의로 전진하고 있다. 언론은 선전, 선동, '진지전 구축'에 관심을 두고 있다. 그 경향은 공영방송을 중심으로 더욱 가열차게 전진하고 있다.

참고문헌

권영길, 「언론자유의 좌표 심포지움」, 『저널리즘』 1988년 가을, pp. 285~310.

김병관, 『동아일보사사』 5권 (서울: 동아일보사, 1996).

김사승, 「국정홍보처의 정기능을 위한 제언」, 『관훈저널』 71, 1999, p. 2.

김주언, 「제5공화국 독재권력의 언론통제」, 『신문연구』 통권 47호, 1989, 여름, p. 193.

김춘효, 「사카린 밀수 사건과 X-파일 보도로 본 삼성」, 『미디어오늘』 2018. 4. 4.

김해식, 『한국언론의 사회학』 (서울: 나남, 1994).

남시욱 (2021. 6. 25.), 『고재욱 평전』, 동아일보사.

방상훈(方相勳), 『조선일보 70년사』 (서울: 조선일보사, 1990).

신소영, 「한국언론법 분야 산증인 박용상 언론중재위원장-"최선 다해 행동하고 주어진 것에 만족할 수 있으면 행복"」, 『법률신문』(lawtimes), 2014년 07월 07일.

송건호(宋建鎬), 「한국현대 언론사론」, 한국기독교사회연구소 편, 『언론과 사회』 (서울: 민중사, 1983).

안재희, 『기자협회삼십년사』 (서울: 한국기자협회, 1994).

언론노동조합연맹, 『특보』 1988. 11. 26.

주동황(朱東晃), 「한국정부의 언론정책이 신문산업의 발전에 미친 영향에 관한 일고찰」, 서울대학교 박사논문, 1992. 12.

주동황, 김해식, 박용규, 『한국언론사의 이해』 1997, p. 167.

유석재, 「박정희도 처음엔 카리스마 없었다… 철저한 기획, 단계적으로 이룬 리더십」, 『조선일보』, 2023년 06월 15일.

이로사, 「신군부 언론통폐합, 강제해직 국가에 책임」, 『경향신문』, 2010년 1월 8일.

이병국, 『대통령과 언론』 (서울: 나남, 1987).

이부영(李富榮), 「70년대 한국사회와 언론」, 한국기독교 사회연구소 편, 『언론과 사회』 (서울: 민중사, 1983).

이원영(李元榮), 『편집기자회 30년사』 (서울: 한국편집기자회, 1994).

이창숙, 「노조설립은 자연적 순리」, 『기자협회보』 1974. 12. 20.

이현구(李顯求), 「정부의 언론통제와 신문산업의 변화」, 서강대학교 언론대 학원석사학위논문, 1994.

장대환, 『한국신문협회 50년사』, 한국신문협회, 2008. p. 83.

장재국(張在國), 『한국일보 40년사』 (서울: 한국일보, 1994).

조정진, 「광주는 스스로 5·18 정화하라」, 『스카이데일리』, 2023년 06월 12일.

천관우, 『기자협회보』 1969년 01월 10일.

최병천, 「압축 성장 한국형 경제 기적 뒤 '반기업 정서' 그림자」, 『중앙일보』, 2023년 07월 28일.

최석채, 「신문은 편집인의 손에서 떠났다」, 『기자협회보』, 1968. 12. 27.

최석채(崔錫采), 『반골 언론인 최석채』(서울: 성균관대학교 출판부, 2003).

최해운(崔海雲), 「노조 통해 언론의 참기능 수행할 터」, 『기자협회보』, 1987년 12월 10일.

최희봉, 『흄의 철학』(서울: 자작아카데미, 1996).

편집부, 「독자투고란 분석」, 『신문과 방송』 99, 1979. 2, p. 40.

편집자, "단간제 1년: 독자의 심판", 『사상계』, 1963. 10, pp. 229~234.

한국신문협회, 『신문협회 20년』, 1982, pp. 69~7; 최준, 상게서, p. 409.

「한국일보」, 1988. 7. 13.

홍유선(洪惟善) 외, 『한국신문협회 20년』(서울: 한국신문협회, 1982).

Albrow, Martin, "Legal Positivism and Bourgeois Materialism: Max Weber's View of the Sociology of Law, British Journal of Law and Society, vol. 2, 1975, pp. 14~31.

Altschull, J. Herbert, From Milton to McLuhan(New York: Longman, 1990).

Gerth, H. H. and Mills, C. Wright, From Max Weber(New York: Oxford University Press, 1946).

Jung, G. Carl, Man and His Symbols, J. G. Ferguson Publishing Co., 1964; 이원기 옮김, 『인간과 상징』(서울: 열린책들, 1996).

Mueller, G. H., "Weber and Mommsen: Non-Marxist Materialism," British Journal of Sociology, vol. 37, 1986, pp. 1~20.

Shils, Edward, "Charisma, Order and Status," American Journal of Sociology, vol. 78, 1973, pp. 20~32.

Zeitlin, Irving M., "Max Weber's Sociology of Law," University of Toronto Law Journal, vol. 35, 1985, pp. 183~214.

http//ko.wikipedia.org/wiki/민족일보.

제7장
한국인의 현대사로서의 방송 70년(1927~1997)

1. 한국 방송의 실제

한국근대사의 역동기에서 방송은 신문과 더불어 한국사의 주축을 이루어왔다. 한국 근대사가 치욕의 역사였다면 방송의 발자취도 예외가 아닐 수 없다. 한국인의 심성 깊이 자리를 잡은 방송 70년(1927~97)은 한국인의 삶 그 자체라 하겠다.

긴 역사를 일별하면, 일제강점기 이승만 정부 시절은 제한된 방송을 허용했다. 국영방송, 기독교 그리고 극동방송(1956. 12. 23. 개국) 방송 정도였다. 그러나 박정희 대통령 시절에는 공민영으로 상업방송까지 확장이 됐으나, 전두환 정부가 들어서면서 '전파는 국민의 재산이다.'라는 명제 하에서 방송의 공익성, 공영방송체제를 강조했다. 2023년 체제의 변화가 일어날 전망이지만, 공영방송의 전성시대이다. KBS1, KBS2, EBS, MBC, YTN, 연합뉴스, 연합뉴스TV, 국회방송, KTV, 아리랑TV, 국군방송, 직업방송, 사이언스TV, TBC 등 수 없이 많은 공영·준공영방송이 존재한다.(이창섭, 2023. 08. 03.)

공영방송뿐만 아니라, 김영삼 정부 때 민영방송의 팽창도 괄목하다. 이젠 외국방송 유튜브, 넷플릭스의 OTT까지 경쟁에 뛰어들었다. 문제도 동시에 발생시킨다. 제한된 광고에 확장된 방송은 국가경제뿐만 아니라, 사회상황을 위기로 몰아넣을 가능성을 존재케 했다. 1997년 IMF 구제금융은 그 한 예가 될 수 있다.

방송을 이념적으로 이해하면 맥루한(Marshall McLuhan)은 미디어와 메시지를 동일시했다. 미디어로부터 송출하는 소리·리듬·색채·제스처·언어·비언어 등은 곧 메시지인 것이다. 현대인들은 그 메시지에 의존하여 사고하며, 웃으며, 울며, 고뇌하면서 그들의 삶을 미디어에 꾸려간다.

미디어가 건전하지 못하면 민중의 정서는 황폐화되고 만다. 미디어가 포퓰리즘에 맞추면, 국가사회주의는 명약해져 아마추어 사회가 도래하는 것이다. 방송은 선전, 선동 그리고 '진지전 구축'에 나선다. 1997년에 치른 15대 대통령 선거도 텔레비전의 위력을 유감없이 보여준 경우였지만, 지금 사회 일각에서는 방송 미디어에 대한 평가가 그렇게 곱지만은 않다.

텔레비전의 역사는 라디오로부터 시작한다. 말코니(Marconi)는 1899년 상업적 목적으로 무선통신을 발명했다. 그러나 1912년 호화 여객선 타이타닉 호(Titanic) 침몰시, 주파수로 통신하려는 사람들의 통신 혼란으로 인해 사고를 면치 못하자, 그해 미국의회는 라디오 조례(The Radio Act)를 제정하여(David Croteau, and Hoynes, William, 1997: 277) 정해진 사람에게만 방송을 허가하여 영업할 수 있는 특권을 부여했다.

한 방송사가 여러 청취자로부터 이익을 얻으며, 선전하고, 통제하며, 봉사할 수 있게 된 것이다. 기술의 발달로 많은 채널이 생겨났고, 라디오 기술의 발달로 멀리 떨어져 있는 사람에게까지 정보와 경험의 교환을 가능케 했다.

미디어는 기술발달과 충격적 수사학을 동원함으로써 많은 시청자와 청취자를 흡수해갔다. 미디어는 위에서 아래로 선전·설득하고자 한다. 리프만(Walter Lippmann)은 '의사 환경(擬似環境)'을 만들어내는 미디어에 대하여 언급했다. 그러나 대부분의 수용자는 두 사람 사이에 무선으로 통신을 즐겼던 초기 통신시대에 대한 애틋한 향수를 지니는 것처럼 생각한다.

한편 방송기술은 짧은 세대(life cycle)를 구가하며 broadcasting으로부터 narrowcasting으로, 대면 커뮤니케이션의 형태도 가능하게 했다. 방송은 지역·직업·성·나이 등에 따라 구체적인 시청자·청취자를 찾아 나섰다. 또한 방송기술이 발전됨에 따라 대인간의 상호교환(interaction)이 늘어나게 하며, 그 영역의 확장을 가져왔다.

하이데거(Martin Heidegger)는 기술을 어떤 목적을 이루기 위한 수단으로 보거나, 인간 행위 자체로 보았다. 그는 양자가 합쳐진 결과물을 기구·연장·기계 등으로 간주했는데, 이를 라틴어 'Instrumentum'(Einrichtung)으로 묘사했다.(Martin Heidegger: 4~5) 결국 하이데거는 기술을 다름 아닌 '인간 행위', '사고방식' 등으로부터 그 기원을 찾았다. 그렇다면 기술과 문명은 인간행위의 발전과 별개의 것이 아니다. 기술을 통해 '능숙함으로의 의지'(the will to mastery)를 확장시키기도 하고, 개인의 영역을 증폭시키기도 하고, 정체성을 찾기도 하고, 집단의 정체성을 모색하기도 한다. 현대 기술은 집단이 하나됨(community, common, communis)을 가능하게 한다.

그러나 기술을 보는 우리의 상황은 착잡하기만 하다. 김영삼(金泳三) 정부가 한정된 자원을 가진 나라임을 망각한 채 추진한 세계화정책 하에서 무리하게 투자한 위성, 방송 장비, 프로그램, 그리고 이에 따른 기술도입은 IMF 구제금융 체제를 초래하게 된 한 요인으로 작동했다.

세계 신경체계(nervous system) 안에 '가상현실'을 통해 한반도를 끌어넣은 셈이다. 시간과 공간을 확장시킴으로써, 지구촌에 동참하게 했다. 가상현실의 IMF 경제체제는 다른 사회, 문화적 체제를 재편시켰다. 이는 목적 지향적 의미를 지니는 바, 국가·민족·개인·계급의 정체성 등 모든 부분을 경제 논리로 귀착시켰다. 종전과는 다른 기호 및 상징체계로 경제체제를 뒷받침했다. IMF로 끌려들어가는 속도가 광속이라면, 경제 논리가 가져올 파장 또한 엄청났다.

정부와 더불어 전국 방송망·민방·케이블·위성방송 등도 경제 논리의 수사학 최면술에 걸리게 되었다. 방송 프로그램은 경제논리로 수용자를 선전, 설득하기에 이른다. 기술은 발전되었지만, 인간 정신의 지체 현상은 그 수준을 넘어섰다. 혼란스럽게 자살행위도 세계 제1의 오명을 낳고 있다.

더욱이 과거의 경제 논리에 의해 축적되었던 경제력은 개인의 삶의 의미와 국가의 정체성에 맞물리지 않음으로써 결국 거품이 되어버렸다. IMF 구제금융 체제가 만들어져버린 것이다.

본 장은 '귀와 눈의 확장'의 라디오·텔레비전의 역사를 통해 '인간 행위'의 의미를 반추한다. 즉 과거 일제시대부터 김영삼 정부에 이르기까지 방송정책을 기술결정론적으로 설명한다. 문화·정보·오락 등의 매체로서의 라디오, 흑백 TV, FM 라디오, 컬러 TV 그리고 인터넷을 기반으로 하는 매체 등이 어떤 선전, 설득, 수사학의 형태를 띠며 수용자에게 다가갔는지를 규명한다.

방송을 통한 커뮤니케이션은 방송이 중간 매개된 커뮤니케이션 형태로 개인과 개인 간의 커뮤니케이션을 도와준다. 개개인의 직접 커뮤니케이션을 하도록 중간에서 매개 역할을 한다. 그렇다면 방송은 개인 삶의 의미를 찾도록 정보를 주고, 심리적 위안을 얻도록 오락을 제공한다. 뿐만 아니라, 방송은 개인적 주체를 사회적·공동체적·국가적 주체로 형성케 하여 질서를 형성토록 도움을 준다.

경제 결정론적 관점에서 볼 때, 방송의 기능은 상업 방송일 경우 경제 체제의 활성화에 한정시킬 수 있다. 즉 공영 방송은 재화 및 용역의 유통 구조 활성화에 도움을 줄 뿐 아니라, 그 상품의 유통으로 인해 일어나는 부의 불평등 문제를 해소함에 관심을 갖는다.

물론 경제적 요인과 사회 내의 커뮤니케이션 활성화는 빈번히 갈등 관계에 놓이게 된다. 방송이 비대한 관료제일 때는 양자가 더욱 어렵게 꼬인다. 그러나 궁극적으로 사회 내 커뮤니케이션을 활성화시키는 역사·국가·전통 문화·집단 문화 등은 경제력에 우선한다. 양자를 어떻게 균형 있게 발전할 것인지가 본고의 관심이다.

이 글은 정책적 글이 아니라 방송 70년사를 통해 가장 현저했던 매체 현상과 특성을 해석하는 데 주안점을 둔다. 즉 방송의 역사적 맥락으로 방송기술이 가져올 수 있는 사회·문화적 상황에 관해서 논한다.

과거의 방송사에서 다수의 방송이 생성·발전·소멸을 반복하고 있다. 그중 본장은 방송사 중 가장 현저했던 KBS史를 중심으로 서술한다.

방송 70년사에 대한 논의에는 강대인(1997)·조항제(1997) 등이 있다. 강대인은 방송구조와 권력구조의 변화에 관심을 두는 한편, 조항제는 미디어 내용(뉴스와 드라마)을 축으로 그 시대적, 사회 상황적 요소를 가미시킨다. 그러나 본고는 정치권력의 선전·홍보 수단으로 사용한 라디오, TV, FM, 컬러 TV 등의 기술적 속성과 그 효과에 관해 논한다. 즉 시간을 축으로 각 매체의 기술이 도입되는 과정에서 외국과의 관계, 국내의 사회·문화·법·경제적 요인, 방송의 운영형태 등의 변화 등을 해석하고 설명하며, 아울러 각 기술이 가져오는 사회적 파급 효과를 언급한다. 더욱이 컬러 TV는 기존의 문화, 정보 매체와 더불어 오락을 매체화하며, '가상현실'을 창조한다.

본 장은 가상현실의 신드롬 현상에 따른 인간성의 변화 과정에 대한 해석을 집단문화의 해체 과정의 역사와 동일시한다. 즉, 방송의 역사적 분석을 통하여 현실적 문제점의 해결의 실마리를 찾고자 하며 그 주요 대상을 KBS 위상과 관련시킨다.

본 장은 시간을 축으로 각 시대의 현저한 기술적·사회 상황적 요소를 해석하고 '사실'의 나열과 의미를 특수성과 보편성의 가능성의 관점에서 설명한다. 더욱이 방송을 이해하는 데 가장 현저한 용어들, 즉 기술, 기술의 이전, 소유, 권력, 법, 문화, 국가, 공영 방송, 국영 방송, 민영 방송 등의 역사적 상황과 의미를 해석한다. 아울러 본 장은 라디오가 가장 현저한 역할을 했던 일제시대와 해방 후를 먼저 언급한다. 이어 흑백·컬러 텔레비전 방송 시대 그리고 인터넷 방송 등을 언급한 후, 결론으로 한국인의 현대사로서의 방송 70년을 정리한다.

2. 라디오 방송 시대

1) 일제 강점기하의 라디오 매체

소리는 인간 생명체의 조직에서 나온다. 인간과 마찬가지로 자연·동물·식물 등이 나름대로 소리를 지닌다. 라디오는 소리를 기술적으로 전달하는 도구이다. 리듬을 가진 소리는 인간에게 더욱 설득력을 지닌다. 음악은 리듬을 타고 조화를 이룸으로써 인간의 뇌를 편안하게 해준다. 인간은 누구나 이런 리듬을 가진 음악을 듣기를 좋아하는데, 라디오는 멀리 떨어져 있는 사람에게 소리 전달을 가능케 한다.

인쇄 매체가 문자 기호를 사용하듯, 라디오는 소리의 기호를 사용한다. 라디오는 성우·아나운서 등을 등장시키고 자연의 음성과 음악의 율동을 대치시켰다. 그들의 기계적·통제적 음성을 통해 정보·오락을 전한다. 방송은 미드(Gerge H. Mead)가 언급했듯이 '객관적 자아'(me)를 형성하도록 도와준다.

감정적 호소력에 예민한 방송 청취자가 증가함에 따라 사회구조 내에 방송의 통제 메커니즘이 작동한다. 청취자가 증가할수록 방송요원의 이성·감정·윤리·정체성 그리고 직업관은 대중에게 확산된다. 그에 따른 새로운 '감각적' 라디오형, 텔레비전형 퍼스낼리티, 지배 질서가 형성된다. 즉 한국 방송 70년사의 과정을 통해 지배 질서가 고착화되어갔다.

1924년 조선 총독부 체신국에서 라디오 최초 실험방송을 시작했다.(강현두: 2006: 606) 현재 서울의 신세계 백화점 자리에 있던 미쓰코시(三越) 백화점에서 오사카방송(大阪放送)으로부터 송출된 전파를 수신하여 다시 송신했다.

한편 「조선일보」는 1925년 4월 서울 수표교 부근의 한옥건물의 사장실에서 시청자에게 공개 시험 방송을 시작했다. 조선일보사는 1924년 12월 18일부터 3일간 독자와 학생, 일반시민을 대상으로 서울에서 무선전화방송 시연회를 모두 7차례에 걸쳐 개최하여 7000여 명이 참여하였다.(김영희, 2009: 118)

당시 방송에 관심을 가진 11개 단체도 총독부 체신국에 방송사업 허가 신청을 냈으나, 일본 우정성은 1927년 2월 16일 '경성방송국'(JODK)[256]만을 개국하도록 허가해 주었다. 호출부호는 JODK, 호출명칭은 경성방송국, 출력은 1kw였다. JO는 일본의 호출부호였으며, 4번째 한국에 있는 방송국이었다.

사단법인인 경성방송국은 총독부의 산하기관으로 그 설립 목적을 '반도 민중의 문화를 개발하여 복지를 증진시킨다'에 두었다.(김재중, 1977: 18)

일제 지배하의 경성방송국은 '일본방송협회'[257]와 총독부의 통제를 전적으로 받았으며, 보도와 계도의 교양 프로그램으로 일본을 선전하는 기능을 담당했다. 다른 학설도 존재한다. 정진석은 "초기 방송이 총독부의 선전과 홍보를 위한 내용 위주가 아니었다. 아침 9시 30분 일기예보로 시작하여 물가의 가격, 주식시세,

---

256) 경성방송국은 1927년 2월 16일 정동(貞洞) 1번지에서 방송을 시작했다. 방송국의 기구는 방송부, 기술부, 총무부, 가입부 등이며, 한국인 직원은 기술과 한국어 프로그램의 일본 유학파 노창성(盧昌成), 무선통신사 한덕봉(韓德奉), 편성 직원 최승일(崔承一), 아나운서 이옥경(李玉慶), 마현경(馬賢慶) 등이었으며, 한국어와 일본어 방송은 1 : 3 정도였다.(김재중, 197: 19)

257) 일본의 방송은 1925년 3월 사단법인 동경방송국 개국 후, 오사카, 나고야 방송국이 뒤따랐다. 3개의 상업 방송국은 1926년 8월 사단법인 일본방송협회로 개칭되어, 1951년 9월 민간 방송국인 중부일본방송, 신일본방송 등이 탄생할 때까지 공익 방송을 유지했다.(카타오카 토시오, 1994: 32)

연예, 강좌, 음악, 어린이시간 등으로 뉴스는 평일에는 오후 3시 15분에서 5분간, 일요일과 공휴일에는 15분과 저녁에 잠시 편성되었다.(「조사시보(調査時報)」, 1927. 01; 정진석, 2008: 14)

방송의 내용은 시대적 상황과 맞물려 편성되었다. 당시 일본의회와 정부는 의원들을 선거로 선출했다. 토크빌(Alexis de Tocqueville)은 언론의 검열 정도와 대중의 선거권 확대는 서로 연관성이 있다고 봤다.(Alexis De Tocqueville, 1969: 180~188) 그러나 당시 선거에 의해서 선출된 일본 정부였지만, 언론은 여전히 정부의 강한 통제에 의해서 지배되고 있었다. 정치인과 관리는 직·간접적으로 개인·기업·언론을 통제했다. 일본 정부는 국가 질서 유지, 혹은 공공질서를 앞세우면서 방송의 허가와 내용을 통제했다. 통제의 사슬에서 전문성을 지닌 주요 전국지의 일부 기자를 제외하고는 취재 활동의 전부를 직·간접적으로 통제받는 상황에 놓여 있었다.

선전을 용이하게 하기 위해 언론의 검열 표준(censorship standards)을 정하고 정부는 왕족을 비난하거나, 사유재산제를 거부하거나, 민주주의를 폄하하거나, 법과 국가 안에 특정한 계급을 강조하거나, 테러에 동조하거나, 체제 위협의 가능성에 대해서 철저히 규제했다.(Gregory J. Kasza, 1988: 33.) 사전 검열을 강화시키고, 방송뉴스의 경우 제목까지 체신국 검열과에 통고하도록 했다.

일본 방송은 경제시황보도(經濟市況報道), 물가 시세, 일기예보, 공지 사항을 방송하고, 한국어 방송은 일본어 방송의 번역물과, 오락물인 창·민요·동화·고담 등을 방송했다. 당시 수신기 보급 현황을 보면 개국 일주일 후인 1927년 2월 22일 라디오 총수 1,440대 중 일본인과 한국인의 보유대수는 각각 1,165대, 275대였다.(김재중, 1977: 19) 그러나 시대의 급변함과 개인에게 다가가는 설득력 있는 매체의 기술적 특성 등으로 한국인의 수신기 보유대수는 점점 늘어났다.

초기 '운영재원'[258]은 출자금, 기부금, 가입료, 청취료, 기타 잡수입 등이었다. 출

---

258) 경성방송국은 비영리 공공협회의 성격을 지키고 있었고, 그 재원은 이사회를 구성하고 있는 중역들의 기부금과 NHK의 차입금(30여만 엔 차입) 그리고 청취자로부터 받은 청취료에 의존했다.(노정팔, 1968: 484) 청취료는 발족 당시 2원(圓)을 받았으나, 10월에는 1원으로 낮췄다.

자금은 일본방송협회(NHK)로부터 차입한 30여만 엔으로 그 자금으로 계속 방송 국을 운영하는 데는 무리가 따랐다. 재원부족이 심각한 상황이었다.(정진석·김영 희·한진만·박용규·서재길, 2008: 14)

만주사변이 일어난 1931년 9월 18일 이후 한반도의 상황은 변했다. 지금까지 '문화주의'를 표방하던 상황과는 달리, 문화주의와 더불어 군국주의적 일본 문화 의 주입 시기가 등장한 것이다. 일본은 방송을 군국주의 확장의 '목적을 위한 수 단'으로 삼았다. 일본 국내의 격렬한 노동조합 및 좌파운동은 값싼 노동력에 의 한 공업 발전에 제동을 걸었다. 일본 정부는 경공업을 중심으로 공업단지를 한국 에 이전하기 시작했다. 일본은 한국의 노동력을 사용하기에 이르렀으며, 산업 기 지로 인구 이동이 증가되었다. 일본은 조선인에게 그들의 공적 질서(public order) 로의 유입을 강요했다. 산업기지로서의 조선에 대한 상품의 시장 개척 등 산적한 문제에도 불구하고 일본은 경성방송을 통해 조선인들의 공적 질서로의 강제적 편입을 강조했다.

수신료 수입으로 방송을 운영했던 일인들은 수신기 보급에 힘쓰는 한편, 1932 년 4월 7일 사단법인 경성방송국을 사단법인 조선방송협회로 법인명을 개칭하 고, 조선방송협회는 총독부 체신국의 완전 통제하에 두었다.

방송과를 방송부로 승격시켜 체제를 정비하고, 일본어 방송과를 제1과로, 조선 어 방송과를 제2과(과장 윤백남(尹白南))로 분리시켰다. 그 참여자는 윤교중(尹 教重, 호 백남), 김정진(金正鎭), 심우섭(沈友燮), 노창성(盧昌成), 이혜구(李惠求) 씨 등 으로 엔지니어 노창성만 빼면 모두 신문기자 출신이거나 문인들이었다.(윤병일, 2001: 41)

한편 제2과를 분리시킨 이유가 있었다. 당시 '경성방송국은 등록대수가 적어 계속 적자를 유지'하자, 자구책으로 이뤄진 것이다(김영희 2009: 129). 뿐만 아니 라, 기자, 문인 등을 영입하면서 방송의 경쟁력도 갖춘 것이다. 그렇다고 대부분 관변 단체가 그렇듯 일본인 '낙하산' 인사들과 무관할 수는 없었다.

1935년 지방방송이 설치되었고, 1937년 4월 제2방송의 출력이 50kw(1932, 10kw)로 증강되어 전국적으로 방송 청취가 가능해지면서 비로소 100가구에

1(1932년 1000가구 대 1)대 이상이 보급되었다.(김영희, 2009: 129)

방송을 통해 일인들은 선전, 통제를 강화시켰다. 경성방송국은 '심전 개발', '농촌 진흥', '부녀 교육' 등 세 가지 방침으로 조선인을 계도하였다.(김재중, 1977: 43) 조선인들의 방송 수신기 보유 대수가 증가하자 방송의 위력도 상대적으로 강화되었다. 뒤쪽으로 갈수록 권력을 뒤로 한 일본의 선전정책은 군국주의적 문화정책으로 변경되었다.

방송 매체는 일본식 문화이식의 도구로 사용되어 일본 제국주의의 영토확장목적에 부합하도록 강요당했다. 일제는 방송내용에 대한 검열의 고삐를 늦추지 않았다. 체신국에는 방송 감독계를 설치하고, 방송 원고를 사전에 검열하고, 승인했다. 방송국에서는 감청원을 상주시켜 장비사용에 대한 통제를 가했다. 또한 방송 내용의 완벽한 통제를 위해 불순한 방송을 방해하는 최후의 조치로 차단기까지 설치했다. 더욱이 체신국은 '방송심의 기구'를 설치하여 체신국 감독과장, 감독계장, 경무국 보안과장, 도서과장, 사회과장, 해군무관, 사단무관, 경성일보사 사장 등을 참가시켰다.(최동호 외, 1997: 107)

당시 일본은 방송에 대해 신문과 영화보다 더욱 엄격한 통제를 가했다.(Gregory J. Kasza, 1988: 72) 중요한 채널권, 기술, 장비에는 허가·면허제를 하도록 강요했다. 방송은 기술적 복합성으로 기술을 통해 통제를 강화할 수 있는 영역이었다. 허가와 면허를 복잡하고 강화할수록 관리 및 통제의 목소리가 방송에 반영되었다.

미국이 상업적 목적으로 방송을 사용한 것과는 달리, 일본은 방송을 통해 국민을 직접 통제하거나 아울러 군사적 기능까지 수행할 수 있다고 판단함으로써, 더욱 권력에 의한 통제의 고삐를 늦추지 않았다. 일본인들은 방송의 독점을 통해 대중의 정치적 자유를 장악할 수 있을 것으로 여겼다.(Gregory J. Kasza, 1988: 73) 더욱이 정치인은 대체로 변화를 선호하는 반면, 관리는 보수적 색깔을 띤다는 당시 통념을 염두에 둔다면 관리가 통제하는 방송은 당연히 보수적일 수밖에 없었다.

노동조합과 사회주의 옹호에 대한 허용 불가방침하에, 아나운서의 육성으로 방송하는 라디오는 총독부의 입장을 되풀이하길 강요당했다. 총독부의 입장은 곧 관리의 주의 표명인데, 당시 관리는 기득권을 가진 계층으로 퇴직 후에 정치인으로 변신하기도 했으며, 그들은 군인과도 밀접한 관계를 맺고 있었다. 따지고 보면 그들도 사무라이 후손들이다. 관리는 이익집단과 밀접한 관계를 맺고 넓은 망을 형성했다.(Gregory J. Kasza, 1988: 157~167)

관료 엘리트는 라디오를 통해 자신의 주의와 이익을 충실히 선전하며, 그들에 대립되는 견해를 철저히 봉쇄했다. 일본내각의 정보위원회는 조선 중앙정보위원회(1937년 10월 1일 발족)를 통해 방송을 통제했다. 이 위원회의 간사는 방송편성위원회에 직접 참가했다. 프로그램 내용은 주로 '심의위원회', '편성위원회'를 통해서 통제되었다.

대중 매체인 라디오는 개인이나 작은 공동체에 직접 다가가 그들을 설득하는 힘을 가진 특유의 매체이다. 라디오는 청취자에게 쉽게 다가가 그들을 사로잡는다. 일본은 라디오 방송에 공보적 내용의 뉴스와 드라마를 선보이며, 이를 상업적 목적으로 이용하기도 했다. 일본의 목적은 기본적으로 방송기술을 통해 조선인을 일본인의 '사회적 객체'로 만드는 데 있었을 뿐, 조선인들의 자의식을 가진 성숙된 이성적 인간에 도달하게 함과는 거리가 멀었다. 같은 맥락에서 식민지 정책을 설득, 선전하기 위한 수단으로 일인의 동맹통신(同盟通信)[259]을 주로 이용하게 했다.

조선방송협회는 1935년 9월 지역 방송망을 확장시키면서 경성중앙방송국으로 개칭했다. 중국으로부터 발사되어 청취되어오는 선전용 라디오의 내용을 차단하며, '대동아공영권(大東亞共營圈)'의 진출을 위한 중계 시설을 갖추기 위해 총독부는 일본방송협회로부터 소요자금을 빌어 정동방송국을 연주소(演奏所)로 개조하고, 연희(延禧)에 송신소를 보강시켰다. 1937년 1월 10일부터 출력을 50kw로 널려, 남경·북경에서 오는 중국어 방송 75kw, 소련에서 발사되는 100kw에 맞섰다.

---

259) 동맹통신(the United News Agency)은 외무성과 정보성의 도움으로 1935년 11월 설립되었다. 정보위원회(the Information Committee)는 내각에 의해서 움직였으며, 외무성, 육군과 해군 등으로부터 재정 지원을 받았다. NHK의 보도 내용도 동맹통신사의 내용과 정부의 관급기사로 채웠다.(Gregory J. Kasza, 1988: 157)

확장된 방송망을 통해 동맹통신의 내용을 게재하거나 도쿄방송국의 뉴스와 해설을 번역, 송출하거나, 우리 문화를 소개하기도 하고, 육상·권투·유도·럭비 등의 스포츠 게임도 방송했다. 대체로 당시에도 우리 음악의 리듬을 일정 시간 동안 방송하는 것을 허용했지만, 일제의 황민화주의의 '국가 중심주의'에 머물렀다. 요즘 방송과 다른 점은 '금욕주의 문화'를 반영했다는 점이다.

정치적 경향에 민감한 방송은 일본 정치인의 움직임과 직결되어 있었다. 일본은 1932년부터 문화주의를 표방한 정치인과 군인엘리트 간에 갈등이 생기게 되자, 방송도 문화주의와 군국주의 사고의 양면을 수용했다. 성우·아나운서의 음성을 통해 일본식 대중문화를 이식하며, 문화 특성(cultural traits)을 형성해왔다.

일본은 조선인에 대한 방송 교화 프로그램을 강화시키고, 사상 선도에 열을 올렸다. 방송 교화강좌를 위해 총독부가 직접 강사를 명하기도 했으며, 일본의 명사들을 초청하여 강의를 하기에 이르렀다. 그리고 1936년 1월 총독부 학무국에 사상계를 설치하고, 한국인 교직원에 대한 사상동향을 감시하기 시작했다. 방송은 1937년부터 군국주의와 황민화주의를 강화시키며, 동원에 따른 선전을 강화했다. 조선 인민에게 시국 인식의 철저성을 강화하도록 하며, '내선일체(內鮮一體)'의 정신을 확산시켰다. 국민정신 총동원연맹 총력방송연구회를 1941년 1월에 신설했다. 그리고 기존의 '방송심의회'도 그해 12월에 총력방송심의회로 개칭시켰다.

총독부는 1941년 11월 26일 전쟁을 효율적으로 수행하기 위해 정보과를 신설하고, 선전과 홍보를 강화시켰다. 정보·보도·영화의 3계(係)를 중심으로 ①여론의 지도계발(啓發), ②정보수집 보도 및 선전, ③보도 및 계발선전기관의 지도, ④내외사정의 조사와 소개 등을 담당하도록 했다.[260] 한편 1940년 6월에는 방송프로그램의 검열을 경무국 도서과에서 받게 했다. 이전까지 방송원고는 경무국 보안과에서, 행정적 감독은 체신국에서 담당했다.

더욱이 태평양전쟁이 터지면서 조선군 사령부의 보도부가 막강한 힘을 갖기

---

260) 「매일신보」, 1941. 11. 27.; 정진석·김영희·한진만·박용규·서재길, 2008: 34.

시작했다.(정진석, 2009: 6) 1941년 12월 진주만 기습, 대동아전쟁 동안 그 기구들은 선전, 독려방송에 열광이었다.

물론 언론의 홍보전략은 일시적 현상이 아니었다. 황민화주의에 대한 독려 작업을 하기 위한 방송 개혁을 순차적으로 단행한 것이다. 통제를 위한 수단과 청취료 징수를 위해 부산방송국의 개국(1935년 9월)과 더불어 평양·청진·이리·함흥·대구·대전·춘천·목포·마산·광주·해주·강릉·장전 등으로 방송국을 확장시켰다. 1937년 6월 경성중앙방송국의 직제를 지금까지의 이사장을 회장제로 명칭을 변경시키고, 편성과를 신설했다. 그리고 1939년 9월 제2방송과를 방송부로 승격함과 더불어 노창성(盧昌成)을 부장으로 임명하고, 편성과와 보도과를 두었다.

당시 보도과에서는 한국인을 고용했으나, 일본어 방송을 번역·중계하는 일에 한정되었다. 그 밖의 보도는 물가 정보, 일기 예보, 증권 관련 정보가 고작이었다. 보도업무는 지금의 아나운서의 것과 대동소이했다.

군국주의자들이 운영하는 관료제 하에서 보도를 통한 언론자유는 '이기적 발상'으로 여겨질 수밖에 없었다. 언론인은 자유와 독립을 누릴 수 없는 문화였다. 일본 지식인들이 운영하는 방송국에 한국인은 그들이 필요로 하는 분야의 기능만을 담당하였고, 청취자 역시 청취료를 납부할 뿐이었다. 한국인이 한정된 기능 외에 행한 능동적 행위는 법적인 문제를 야기시켰다. 한 단편적 예로 '단파방송청취사건'[261]을 들 수 있는데, 이 사건으로 인해 경성중앙방송국의 조직이 개편되었다. 방송국의 제2방송부는 폐지되고, 기획부와 방송부만 남게 되었다. 방송부

---

261) 단파방송청취사건은 1942년 12월 25일 미국에서 방송되는 「미국의 소리」 한국어 단파 방송을 듣던 기술자들이 일본 경찰에 발각되는 사건이 벌어졌다.(강현두, 2006: 620) 미국의 소리는 제2차 세계대전 중에 미 전시정보국(Office of War Information) 소속으로, 첫 방송은 1942년 2월 24일에 내보낸 독일어 뉴스 방송이었다.(김민환, 「아나운서 임택근」, 나남, 2008: 70). 한국어 방송은 8월 29일부터 아나운서 유경상(劉慶商)이 진행했다. 이 방송은 '정확하고 빠른 국제뉴스 공급원 역할'을 담당했다.

단파 방송 청취사건으로 성기석(成基錫, 방송기술), 송진근(宋珍根,방송), 홍인범(洪仁範, 편성), 송남현(宋南鉉,편성), 양재현(楊濟賢,편성), 이이덕(李二德,기술), 김동하(金東河,기술) 등이 무선통신법, 보안법 위반죄로 체포되어 옥고를 치르게 되었다. 총독부는 단파방송 청취단속을 한층 강화하였고 정보통제는 더욱 심해졌다.

에는 기획과와 편성과가 있었는데 방송부의 부장과 편성과장을 일본인이 맡았으며, 방송부의 제1, 2보도과 중 제1보도과는 일본인이 담당했다. 조선인들은 할 일이 없어진 것이다.

일본인의 '권력에의 의지'가 방송기술을 통해 실현되었다. 반면 당시 조선인은 군사형사회에서 패배의식에 사로잡혀 있다. 방송은 그걸 부추긴 것이다. 일본 방송의 중계방송 역할이 주요 업무였던 한국의 방송은 사이토 총독의 문화정치와는 달리, 1931년 6월부터 군국주의자 육군 대신 우가키 카즈시게(1936년 8월), 해군 출신 미나미(1937년 8월) 총독을 거치면서 군국주의·황민화주의에 익숙하도록 길들여졌다. 방송의 편성·기획·보도 등의 기능은 군국주의 역할 수행에 만족하고 있었다.

2) 해방 후 라디오 매체

일본 히로히토 천황은 1945년 8월 15일 연합군에게 무조건 항복을 고힘으로써 점령군 사령관은 한반도를 지배하기에 이르렀다. 지배형태가 바뀌면서 경성중앙방송국의 일본어 제1방송은 1945년 9월 9일자로 자취를 감추었다. 그동안 기획과 편성이 예속된 상태였으나 갑자기 독립된 방송은 혼돈 상태에 빠져들었다. 그러나 여전히 문맹률이 높은 상황에서 비교적 많은 수용자를 상대할 수 있었던 방송은 실효성이 있는 도구임에는 틀림이 없었다.

'건국준비위원회'의 방송을 가지려는 북한의 발빠른 순발력은 허사로 끝나고 미군이 방송을 접수했으며, 그들 방식대로 기획과 편성이 이뤄졌다. 조선방송협회는 1945년 9월 15일 선거를 통해 초대 협회장으로 이정섭(李晶燮)과 경성중앙방송국장에 이혜구(李惠求)를 선출했다.

1945년 10월 2일 방송의 직제는 다시 변경되었다. 서울중앙방송국은 편성과, 방송과, 업무과등 3개로 개편했다. 일제시대의 잔재를 부분적으로 수정하여, 통제를 용이하게 할 통·폐합조치를 단행했다. 미고문관의 관리하에 조선방송협회와 중앙방송국이 편입되었다.(김재중, 1977: 130)

한편 북한은 평양, 신의주, 청진, 함흥, 원산, 해주, 성진 등지의 방송국을 장악하고(강현두, 1997: 136), 당중앙위원회 선전선동부에서 직접 방송을 관할하게 이른다. 그들은 1945년 10월 14일 김일성이 '조국개선환영 평양시 군중대회'에서 '모든 힘을 새 민주조선 건설을 위하여'라는 연설을 실황 중계한 것으로 방송이 시작되었다.[262]

남한의 미군정은 라디오를 어떤 매체보다, '공보매체', '선전기관'으로 간주하고, 방송을 통제하였다. 물론 미군정의 '공보매체'는 영화를 빼놓을 수 없다. 즉, 해방 이후 상영된 영화의 절반 이상이 미국영화였고, 한국영화는 비중이 매우 작았다.(김종원·정중헌, 2001; 김영희, 2009, 233)

한국영화는 영화기재의 빈약과 시설 미비, 기술 부족의 어려움 속에서 대부분 16mm 무성영화를 상영했다. 열악한 환경에서도 해방 이후 6·25전쟁까지 약 70편의 영화가 제작되었고, 주로 극영화로 1955년 15편에서 1956년 30편, 1957년 37편, 1958년 74편, 1959년 111편이 제작되었다(김영희, 2009: 233~234).

1955년 1월 개봉한 이규환 감독의 「춘향전」은 2개월간의 장기 흥행으로 관객이 10만 명이 동원되었다.(김영희, 2009: 234) 최초 한국영화로 꼽히는 「똘똘이의 모험」[263]이 인기를 끌었고, 1956년의 「자유부인」은 28일간 상영으로 13만 관객을 끌었다.

한편 미군정은 1946년 미군정 법령 115호인 '영화에 관한 포고령(영화법)'을 발

---

262) 강현두, 2006: 137; 1907년대에 와서야 이날을 방송절로 제정한 것은 그 즈음에야 주체사상에 입각한 보다 안정적인 체제가 구축되었다는 사실을 의미한다. 그들은 경성방송국 개국에 정통성을 부여하지 않았다. 북한은 1967년 12월 300kw 출력으로 조선중앙방송국을 '조선중앙 제1방송'(300kw)과 '조선중앙 제2방송'(500kw)으로 분리하여, 제1방송을 대내방송, 제2방송은 대외 및 대남 방송을 맡게 했다. 그로부터 5년 뒤인 1972년 11월에는 다시 '조선중앙 제1방송'은 조선중앙방송으로 '조선중앙 제2방송'은 평양방송으로 개칭되었다(북한연구소, 1983; 강현두, 1997: 142).

263) 「똘똘이의 모험」은 KBS 라디오의 어린이 연속극을 영화한 반공영화로, 미 여성고문인 브라운이 '톰소녀의 모험'에서 아이디어를 얻어 창안해낸 라디오 프로그램이었다.(이내수, 2001: 318; 강준만, 2007: 322) 똘똘이와 복남이가 창고에서 쌀을 훔쳐 북으로 가려는 도적들을 추적하여 일망타진한다는 것이었다. 이 영화는 '간첩을 신고하라고 제작한 반공 계몽·영화'였으므로 나중에 무료로 상영되기까지 했다.(강준만, 2007: 322).

표하였는데, 주요 내용은 "상영 전 사전허가, 사전허가 미필영화에 대한 조치, 허가수속 방법, 허가 불허의 경우에 관한 규정, 허가증명방법 등이 기재되었다. 이에 문화 8개 단체는 10월 23일 조선영화동맹 회의실에서 모여 '조선 영화의 민주주의적 재건을 저해하고 영화상영의 자유를 압박하는 것이므로 포고령 115호는 철폐되어야 한다.'는 결의를 하고 이를 미군정청에 보냈으나, 미군정청은 답변조차 없었다."라고 했다.(강준만, 2007: 322)

미군정은 1945년 9월 8일 남한에 진주하자마자 미국영화 배급을 위해 중앙영화 배급사를 설립케하고 국내 극장에 미국영화를 독점적으로 상영할 수 있도록 했다.(강준만, 2007: 322)

영화 뿐 아니라, 방송에도 통제를 가했다. 초기에는 방송 내용이 美고문관의 사전 검열을 받았으나, 사후 검열 체제로 바뀌었다. 방송은 일제 강점기 말기의 수용자 설득 형태를 답습하여 미군정의 공보 기능을 담당한 것이다.

일제 강점기 시대의 '관료주의적 방송행정'에 탈피한 조짐도 일어났다. 미군정은 미국의 상업방송 플레임인 '정보'와 '오락' 제공과 더불어 '다원성' 확보에 관심을 가졌다.

방송 내용에는 미국식 민주주의를 준비하기 위한 초석이 되는 정당연설회·종교강연회 등이 강화되었다. 언론자유가 발아하는 분위기였다. 각 정당 지도자들이 정치 소신을 밝힐 수 있도록 시간을 허용했다. 그러나 여기서의 방송은 '객관적 자아'(me)의 확산을 위한 강한 통제를 바탕으로 하고 있었다. 즉 미국식 민주주의 이념 하에 강한 '인간행위'의 아시아적 권위주의의 방송 통제 방식을 택하며, 방송의 운영 형태는 상업주의 내용이 주축을 이루고 있었다.

국제 정세에 관련한 방송은 미국의 소리방송(VOA, 1945년 12월 2일)부터 샌프란시스코에서 시작을 한국으로 송출하고, 미군정청의 소식을 전했다. 방송 요원도 성우·아나운서·기술자 등이 주류를 이루었으나, 차츰 취재 능력을 지닌 기자를 부분적으로 등장시키기 시작했다.

즉 방송 매체는 군국주의식 문화 매체로부터 정보매체로 변모해갔다. KBS는 폭주하는 정보를 체계화하는 보도와 더불어, 식민지의 뼈아픈 경험으로부터 우

리 문화 되찾기에 관심을 가졌다.(김재중, 1997: 130~131)

음악·강연, 그리고 뉴스가 당시 라디오 방송의 주요 내용이었다. 뉴스로는 동맹통신사에 의존하던 일제시대의 관행과는 달리, 폭주하는 AP, UP의 뉴스 그리고 국내의 조선통신, 합동통신 등의 뉴스가 대부분이었다. 한편 방송기자 제도가 생기고 오전 6시 30분, 11시 30분, 오후 4시 30분, 7시, 9시에 시보와 함께 뉴스가 방송되었다.(박용규, 2005: 86)

한편 방송국 기자가 직접 취재하고 보도한 내용은 아직 제한된 행태였다. 당시 활약했던 기자는 우익의 내용을 취재했던 문제안(文濟安)과 좌익의 내용을 담당했던 조동훈(趙東勳) 등이었다.

'건국준비위원회'의 결성으로 좌·우파의 격렬한 논쟁에도 불구하고, 방송은 몇 사람의 기자를 통한 현장 취재를 하는 수준이었다. 그 외 대부분 내용은 통신사 기사를 아나운서가 읽는 수준이었다.

녹화방송은 여전히 문제로 지적되었다. 물론 '원반녹음기(圓盤錄音器)'(1938년 도입)가 있었으나 녹음시설이 제대로 구비되지 않았던 당시에는 대부분 생방송에 의존할 수밖에 없었다. 즉 면대면의 커뮤니케이션을 활성화시킬 수 있는 라디오의 특성에 따라 방송의 프로그램을 제작한 셈이다.

그러나 미군정기가 본격화됨으로써 현장방송이 늘어나고, 미국식 사회, 교양, 그리고 흥미, 오락 방송이 빈번해졌다.(김재중, 1977: 154) 직접 취재가 가능해짐으로써 시사해설, 방송토론회 등 갖가지 미국식 프로그램을 청취자에게 선보였다.

KBS는 방송의 사회, 교육 프로그램을 강화시킬 장비를 구비하게 되고, 프로듀서를 채용하기에 이른다. 장비가 들어오면 그 장비에 맞춰 방송 프로그램의 다양성을 시도하였으며, 미국인의 지시에 따라 그들의 프로그램을 모방했다. 아나운서와 프로듀서가 취재하는 상황에서 정확성을 강조하며, 정론지가 득세하는 상황에서 방송은 중립성을 강조했다. KBS는 미국인들의 제작 방식을 모방하여 1946년 10월 18일 프로그램의 정시제(定時制)를 시작하고, 방송 프로그램을 15분 단위로 편성했다.

방송은 정해진 자유주의 이념에 따라 편성기능과 기획기능이 돋보이게 했다.

방송기술은 내부조직체에서만 습득 가능하게 하는, 도제식(craftsman) 형태를 취했다.

외국 방송장비와 기술로 정시제 방송을 자리잡게 했다. 기술이 일정부터 축적됨으로써 미군정청의 한 부서로 자리를 잡아갔다. 조직의 재편이 함께 이뤄졌다. 체신부 산하 조선방송협회에 기술과·연희송신소·시험소 등을 남기고, 방송 부서는 공보부 안으로 편입되었다.

군정법 제64호에 의해 공보국을 공보부로 개편하는 한편, 국영 서울중앙방송국(Seoul Korea Key Station of the Korean Broadcasting System)은 1946년 4월 1일부터 기획과(조사계·편성계), 연출과(연출계·음악계), 방송과(방송계·편집계) 등을 설치하여 운영하기 시작했다. 또한 군정법 제71호에 따라 도청 내무국의 공보과에 지방 방송을 관할토록 했다. 미군정은 방송의 정권 홍보 기능과 더불어 편성과 편집 등 관리기능을 강화했다.

미군정은 공산당의 선전 활동을 적극적으로 차단했다. '방송국 적화 음모 사건'[264] 이후 미군정 공보부는 1948년 8월 '방송 보도에 관한 규칙'을 발표했다. 이 규칙에 의거하여 '방송뉴스 편집요강'(李德根 작성)을 발표했다.

정론적 성격의 신문보도와는 색다른 취재 가이드라인이었다. 그 내용 중 일부는 ①뉴스는 객관적인 사실로서 새로운 의미를 가져야 한다, ②뉴스는 신속 정확해야 하며 그 편집은 불편부당(不偏不黨) 공평무사해야 한다. (……) ④아무리 새 의미를 갖는 뉴스일지라도 그것이 사회에 미치는 영향을 고려하여 (……) ⑤보도 자유에도 한계가 있으므로 법률로 금지되었거나 공공 이익을 해치는 것은 보도할 수 없는데 이 점은 조금도 완전한 자유를 저해하는 것이 아니다, ⑥보도 부문은 누가 무엇을 언제 어디서 어떻게 왜 등 요소를 갖추어야 한다(김재중, 1977: 135)

편집요강에 따라 그 내용을 공중의 이익과 방송 책임자의 책임을 강조했는데,

---

264) '방송국 적화 음모 사건'은 1946년 12월에 발생한 것으로, 좌파 성향의 김응환(金應奐) 등이 방송국 직원 20여 명과 같이 송신기, 방송전파장애를 일으킨 사건을 비롯해, 1947년 7월 28일 미소공동위원회 촉진 대회에서 소련 측 대표 연설을 왜곡보도하는 사례가 발생했다고 판단한 미군정은 방송기술자, 아나운서 등 12명을 구속시키고, 7명을 불구속 처리했다.(김재중, 1977: 135)

미국의 상업방송이 취하는 형태의 취재준칙이기도 했다.

1947년 9월 3일 미국 애틀랜틱시에서 개최된 국제무선위원회 회의에서 한국의 독자적 호출 부호인 HL을 배정받아 그날을 방송의 날로 정했다. 최신부에서는 KBS 등 전국 10개 방송국의 호출부호를 지정하여 10월 2일부터 정식으로 사용하도록 했다. 당시 호출부호는 서울중앙방송(HLKA), 부산방송국(HLKB) 등이었다.

미군정은 한국정부에 행정을 이양할 목적에 따라 1948년 6월 1일 방송국 업무까지 다시 조선방송협회로 이관했다.

1948년 8월 6일 조선방송협회는 대한방송협회로 이름을 바꾸었다. 이 협회의 방송 업무는 곧 대한민국 정부수립으로 정부 산하 공보처로 이관되었으며(유명무실한 협회는 1956년 해산됨) 공보처장은 김동성(金東成), 방송국장은 이관희(李觀熙)가 맡았다.

방송국은 공보처 산하의 국영이 되었으며, 직원은 공무원이 되었다. 정부는 월, 수, 금요일 주 3차례, 저녁 7시 15분부터 30분까지 방송 시간을 할당하도록 하였으며, 각료들의 발표와 국무회의 내용을 방송하도록 했다. 당시 방송의 주요 목적은 대외 홍보, 반공 의식 고양, 건국의 모습 설명 그리고 국민 계도 등에 두었다.(최동호 외, 1977: 179~212)

이승만(李承晩)은 1948년 6월 7일 국회의장으로서 첫 기자 회견에서, 언론계에서 당파를 조장하는 언론을 펴지 말고 건설적인 언론을 지향할 것을 강조했다.(「경향신문(京鄕新聞)」, 1948. 06. 08.) 물론 이승만 국회의장은 초기 국영방송을 정부의 홍보용으로 생각하고 있었다.

방송 내용도 철저한 검열 하에서 방송국장·차장·데스크를 거치면서 뉴스내용을 심하게 훼손시켰다. 그렇더라도 정보매체로서의 방송국은 폭주하는 정보를 처리하기 위해 기자 10명을 충원하여 총인원이 18명에 달했다.(김재중, 1977: 169)

정부수립 이후 도입된 휴대용 녹음기는 보도의 질을 높이고, 현장감 있는 취재를 가능케 하여 밀실보도로부터 현장 보도를 강화시킬 수 있었다. 더욱이 1948년 '건설의 모습'을 녹음방송 체제로 가져감으로써 현장감 있는 드라마틱한 면을 보

여주었다.(최동호 외, 1977: 213)

　미소의 대결로 치닫던 한반도의 상황은 곧 6·25전쟁으로 이어졌다. 유엔사령부는 텔레타이프와 선진화된 방송 장비로 세계의 움직임을 국내에 선보였고, 전시 보도는 테이프 녹음기를 통한 현지 르포를 가능하게 했다. 주한미군은 1950년 10월 4일 AFKN 라디오 방송을 시작했다. 전시 체제란 이유로 방송국을 1950년 6월 26일 국방부 정훈국의 관할 하에 두었다.

　6월 28일 새벽 2시 30분 육본 명령으로 한강 인도교가 폭파되고 육군 본부가 수원으로 이동했다. 국군 7사단 정면을 파고들어 의정부에 진입했던 북한군은 미아리 고개를 넘어 서울로 진입했다.(백선엽, 2010. 02. 12.)

　관리기구의 홍보 매체로서의 방송은 6월 27일 아침 6시 '정부가 수원으로 천도했다'는 국무총리서리 비서인 신성모(申性模)의 메모로 정확한 보도를 정정 보도한 경우와 대통령이 대전(大田)에 내려와 있음을 마치 서울에 남아 있는 것처럼 보도한 오보를 자청했다. 즉 여전히 방송은 정치인에 의해 좌지우지되었다.

　북한군은 1950년 6월 28일 서울을 점령했고, 서울중앙방송은 평양방송의 지국으로 전락하였다. 국군은 9월 28일 서울을 수복했으나, 1951년 1월 4일 중공군의 개입으로 서울을 다시 빼앗기고, 3월 14일 재수복했다. 그 과정에서 최초의 방송 기술자 한덕봉(韓德鳳), 시인이며 해방 직후 방송국 업무국장이었던 김억(金億), 방송국장이었던 홍양명(洪陽明), 초대 방송협회장을 지낸 이정섭(李晶燮), 인기 아나운서 전인국(全仁國)과 윤용로(尹用老), 드라마 연출가였던 윤준섭(尹駿燮) 등이 납북되었다.(김민환, 2008: 33)

　한편 정부 수립 이후 6·25전쟁 직전까지 KBS는 공보처의 한 국(局)이었다. 당시 방송국은 방송과, 서무과, 기술과, 경리과, 업무과의 5개 과(課)를 거느렸고, 방송과는 기자, 편성, 아나운서 등을 총괄했다.(김민환, 2008: 77)

　1952년 4월 전시에 공보처의 기구를 개편하고 방송국 전체를 공보처 직속으로 하였다. 전쟁을 치르면서 방송의 위력을 실감케 된 것이다. 그러나 1953년 7월 27일 정전협정 이후 방송 제도는 또 한 차례 바뀐다. 대통령령 816호에 의해 방송국을 서울지방방송국과 각 지역 방송 그리고 정부가 직접 통괄하는 방송관리국을 공보처에 신설한 것이다.

전쟁을 치르면서 국민들은 라디오가 생산해낸 '의사환경(擬似環境)', 혹은 '귀의 확장'의 노예처럼 감금되었다. 방송의 필요성을 실감한 정부는 국내 뉴스와 더불어 외신 뉴스를 확대했다.

자본은 언론 쪽으로 몰렸다. 합동통신·동양통신이 설립되고, 이들은 세계통신사(AP, UP, INS, 로이터) 등과 계약을 체결했다. 텔레타이프를 1955년 4월 1일부터 설치하고, 외신부를 강화시켰다. 현장감 있는 취재를 위해 휴대용 녹음기(아이스케키통 크기)와 녹음테이프를 사용하는 한편, 1956년부터 직접 중계 장비인 가두 방송 차와 이동 방송 차를 구입하여 취재 현장에 투입시켰다.

지역국과 직통전화로 연결시킴으로써 속보성을 배가시켰다. 방송의 세계화와 현장 밀착취재의 보도체계가 확립된 것이다. 그 결과는 1956년 12월 이후 하루에 뉴스방송을 11회로 늘렸고, 가장 인기 있는 뉴스 프로그램이 오후 9시로 자리를 잡아갔다.(김민환, 2008: 88)

'방송관리국'[265]은 1955년 2월 '정부조직법' 법률 제354호에 의해 공보처가 공보실로 바뀌면서, 직제상으로 방송은 1년 동안 문교부 소속으로 있게 되었다. 문교부는 출판·문화·영화·방송 업무를 맡았다. 그만큼 방송의 위상이 높아지고, 여야는 방송쟁탈전에 돌입한 것이다.

당시 국회는 공보처가 공보 선전만을 전담하도록 한 것이다.(최동호 외, 1977: 257.) 그러나 정치적 흥정의 산물로 1년간 표류하다 1956년 2월 1일자로 국영방송은 공보실 소속으로 복귀했다.

한편 1955년 연희송신소는 최대출력 100kw, 56년 수원에 100kw의 중파 송신소를 건설했다. 이에 KBS는 1955년 10월 1일부터 2중 방송의 기회를 갖게 되었다. 제1방송은 국내 청취자, 제2방송은 대북 및 해외 방송을 취급했다. 1957년 12

---

265) 방송관리국은 1953년 8월 15일 관리과, 지도과, 시설과 등 3개의 과로 구성되었다. 관리과는 방송 사업에 관한 기획, 조사, 보급의 관장 업무를 맡았으며, 지도과는 방송의 질적 향상을 위한 편성을 지도하는 업무를 관장했다. 그러나 방송 업무는 각 방송국이 자체적으로 업무를 수행했다.(최동호 외, 1997: 256)

월 KBS의 명칭도 서울중앙방송국으로 환원되었다. 아울러 그해 12월 10일 남산 연구소가 준공되었다.

방송인이 속보성에 얽매이게 되면 사고의 폭을 넓히지 못함으로써 정치권력이나, 기술 결정론적 사고에 몰입하게 되었다. 방송관리국 산하 '방송문화연구소'[266]는 1957년 6월 1일부터 외국방송의 정보수집, 국내방송의 분석과 평가, 여론 조사, 청취율 조사, 수신 상태 조사, 모니터를 통한 감청 등을 통해 프로그램의 질적 향상에 관심을 두었다.

1956년 방송연구실은 방송관리국 지도과에서 『월간 방송』, 1958년 『주간 방송』 등을 발행하기도 했다. 1959년 방송문화연구실은 청취율 조사를 실시하고, 유선방송센터를 설치하고 간단한 앰프 시설과 유선으로 농가에 보급했다. 이 연구실은 최초의 자율적 방송규제기구인 방송윤리위원회 설립(1962년)의 산파역을 맡았다.(정진석·김영희·한진만·박용규·서재길, 208: 45)

정부는 1956년 5월 15일 정·부통령 선거를 마무리하고, 1958년 1월 25일 공보실은 '방송의 일반적 기준에 관한 내규'[267]를 다음과 같이 마련했다.

①모든 방송은 민주주의 발전에 기여하고 민족문화 향상에 공헌하며 국민의 복지 증진에 이바지하는 것이어야 한다. ②방송은 교양, 오락 등 모든 순서를 통해서 자주적 판단을 기르고 독립 정신을 기르는 것이어야 한다. ③방송은 국시에 위배되거나 적에게 이로운 것이어서는 안 된다. ④방송은 사회의 공기로서 공정성을 잃거나 부정확한 것이어서는 안 된다. ⑤방송은 어떤 순서를 막론하고 가장 과학적이고 합리적이어야 한다. 미신을 조장하거나 긍정하는 내용이어서는 안 된다. ⑥방송은 공공질서를 문란하게 하거나 미풍양

---

266) 방송문화연구소는 오재경 당시 공보실장이 주도하여 1957년 6월 1일부터 업무를 시작하였다. 당시 파괴력을 가진 모니터가 중심이 된 이 연구소는 10명의 모니터 요원들이 주 1회 '주간 모니터보고서'를 작성하여, 남산의 서울 중앙방송국으로 배달했다(정순일, 2001, 49). 한편 서규석 씨는 전국 방송 여론 조사와 학교 방송 이용 실태 조사, 앰프 및 트랜지스터라디오 보급실태 조사, 프로그램 반응 조사 등을 제시하여 방송 편성과 제작에 큰 도움이 되었다.(노정팔, 1955: 241; 정순일, 2001: 49)

267) 이 내규가 1960년대 '방송법'과 '방송윤리규정'을 정하는 데 기초가 되었다.(김재중, 1977: 269)

속을 해하는 것이어서는 안 된다. 민심을 불안하게 하거나 공포에 빠지게 해서도 안 된다. (……) ⑧방송은 어느 개인이나 특정한 단체를 선전하거나 광고해서는 안 된다. 또는 개인의 인격을 존중하고 명예를 훼손시켜도 안 된다. (……) ⑬마지막으로 방송은 항상 많은 청취자의 뜻을 반영시켜야 한다.

이 내규는 선거 후에도 방송을 여전히 정권 홍보용으로 묶어두고 있음을 보여주고 있다. 그러나 이 내규는 1964년 1월 제정한 '방송법'의 법률 제1535호의 모태가 된다. 그 내규로 '민주주의 발전', '민족문화 향상', '국민의 복지 증진' 등이 규정된 것이다.

한편 정부는 1957년 12월 앰프촌의 시범지역으로 처음 설치된 경기도 광주의 역리 118호 가구의 613명이 스피커를 통해 라디오 방송을 듣게 했다.(김영희, 2009: 228)

중계된 라디오 방송은 문맹자와 적적한 국민들의 마음을 달래기에 충분했다. 방송발전에 힘입어 민영방송이 등장했다. 국영방송과 더불어 미국인이 세운 최초의 민간 방송인 HLKY의 기독교방송(CBS, 1954. 12월 15일 개국)[268]이 등장한 것이다. 이 방송은 "대중에게 기독교적 교양을 심어주고 그리스도의 복음을 널리 선교하며 올바른 도의심을 향상 시킬 목적을 두었다.(송건호, 1983: 199)

CBS는 국영방송의 독점 시장을 파괴시키고, 시청자를 분할하는 데 의욕을 보였다. 그러나 CBS는 국영방송의 아나운서 조병해(趙炳海)·이종완(李鐘完) 등을 스

---

268) 기독교방송국은 1954년 4월 2일 설립 허가를 취득했다. 미국인 선교사 Otto E. Decamp(甘義道)는 한국기독교연합회 산하 音影위원회(Committee of Mass Communication)를 설치하고 시청각, 영화를 통한 복음을 전파키 위해 이 방송국을 설립했다. 기독교방송국의 후원회는 유명 인사 15명으로 구성됐는데 김활란(金活蘭), 김명선(金鳴善) 등이 참가했다. 이 방송은 미국 시청각위원회 재원으로 가능했으며 1959년부터 1961년까지 대구, 부산, 광주, 이리 등 전국 네트워크사를 실현시켰다.(최동호 외, 1997: 286~289) 또한 CBS는 1962년 1월 1일 '전파관리법'에 의해 외국인 방송법인을 허용할 수 없다는 규정의 제정으로 한국 경영인이 참여하게 되었으며, 1962년부터 광고 방송을 할 수 있게 되었다. CBS는 1970년 5월 1일부터 보도과를 보도부로 격상하여 보도 기능을 활성화했으나, 1980년 '언론기본법'으로 선교 방송만을 담당했다. 1987년 6·29선언 후 다시 개정된 '방송법'으로 보도기능이 부활되었다.

카우트해감으로써 방송요원의 충원은 기존 방송의 방송 요원에 의존하는 바람 직하지 못한 선례를 남겼다. 즉 새 방송국의 방송인은 '틀에 맞춤'(enframing)에는 익숙하지만 '드러냄'(revealing)에는 부족한 태도로 새로운 질서를 부르짖고 있었 다.

정부는 방송의 영향력을 우려한 나머지 통제에 관심을 가져도, 자유로운 활동 에는 항상 부정적이었다. 정부와 방송 간에 갈등이 상존하게 되는 것이다. 이 문 화는 방송이 야당 정치권력과 합세할 때 난맥상이 예상되고 있었다.

CBS 뉴스는 "불편부당 시시비비주의를 견지하며 정확성과 엄정중립의 이상 을 향해 노력한다."라는 모토를 내걸고 정보매체로서의 보도 방송을 강화시켰다. CBS는 정부의 통제기구로서의 방송을 거부한 셈이다.

초기 CBS는 선교 차원의 교양, 음악 프로그램을 선보이거나 KBS 뉴스의 중개, 정부의 공지 사항 방송, 동화통신사 뉴스 제공 그리고 각 신문의 기사를 발췌, 방 송할 뿐이었다. 그러나 1958년 2월 1일부터 CBS는 독자적인 방송을 시작했다. 방 송 프로그램도 15분 단위제를 파기하고 1956년부터 프로그램을 늘이기도, 줄이 기도 하는 유동적 편성을 시작했다. 보도부문에서 방송의 기동성과 속보성을 무 기로 일간 신문과 겨루는 전통을 마련했다.

CBS를 의식한 국영방송은 방송극에 비중을 두기 시작했다. 서울중앙방송국은 제한된 자원으로 시청자를 쉽게 매료시킬 수 있는 드라마 프로그램을 선보였다. 1957년 10월 1일 프로그램 개편 후, 20분짜리 일일 연속극, 즉 '청실홍실(1956년 12월 2일부터 방송, 성인극 창작물, 조남사(趙南史 작품)', '꽃피는 시절', '봄이 오면', '로 맨스 빠빠', '현해탄은 알고 있다' 등은 드라마 청취자를 끌어들이는 계기가 되었 다. 또한 영화인들은 연속극을 영화화하였다. 드라마의 성공은 영화의 성공과 직 결된 시기였다.(최동호 외, 1997: 282)

1956년 당시 청취양상을 보면, 가구의 41%가 국립인 서울중앙방송(HLKA)을 청취한다고 했고, 기독교방송(HLKY)이 33%, 미군방송이 17%, 일본방송 청취가 9% 등이었다.(김재복, 1956: 11; 김영희, 2009: 229)

한편 당시 연속극은 현실(reality)에 바탕을 두기보다 극의 형식을 빌려 청취율 증가에 한 몫을 차지했다. 이런 현상은 창의성을 바탕으로 방송하기보다는 한 번의 포맷으로 흥미를 끌면 그 프로그램을 확장, 모방하는 근성을 길러내게 했다.

CBS는 라디오극뿐 아니라 방송음악의 확립에 큰 기여를 했다.(김민환, 2008: 147) 전통음악과 더불어 클래식 음악의 확산과 보급에 일익을 했다. 또 다른 CBS의 기여는 방송의 보도 기능이었다. 4·19 전후로 CBS는 방송부에 보도과·보도부를 두고 정확, 공정, 신속하게 보도 방송의 활로를 개척함으로써 청취자들에게 방송의 보도기능의 중요성을 인식시켰다.

4·19가 불을 댕길 때 민영인 HLKU의 부산문화방송[269]은 보도전에 가담했다. 상업 방송인 부산문화방송은 '다채롭고 다양한 방송을 청취자에게 선사한다'란 목표 하에 보도 기능 강화, 녹음 구성에 의한 방송 논평, 스포츠 보도의 확장 등을 방침으로 세우고 방송을 시작했다.(최동호 외, 1997: 292)

4·19가 전국으로 확산되자 CBS, 부산문화방송은 호기를 맞았다. 부산문화방송은 마산의 의거 현장을 취재하기 위해 '마산사태 취재반'을 편성하여 기동력과 속보성으로 불붙는 취재 경쟁을 벌였다. 이 방송은 마산 앞바다에서 눈에 최루탄이 박힌 김주열(金朱烈)의 시체가 인양되었을 때 이것을 최초로 보도했다.(김민환, 2008: 147)

방송 보도의 위력, 정치적 이용에 대한 논의가 나온다. 방송은 늘 정치의 희생물이 된 이유가 밝혀진 것이다. 당시 「부산일보」 편집국장 겸 주필로 있던 황용주는 "태풍 사라호가 부산 지방을 강타했던 때와 4·19 학생의거 때에 '전파미디어의 속보성과 예상 밖의 호소력이 얼마나 장대한가.'를 실감했으며, 방송은 '누구라도 매력을 느끼는 기업이 아닐 수 없는 것이다'"라고 술회했다.

문화방송은 헌법전문의 '불의에 항거한 4·19민주이념을 계승하고'에 열중할

---

269) 부산문화방송은 부산 지역의 요정·카바레·장의사 사업가 김상용(金相用)·방송기술인 정완용(鄭完鏞)이 일본상업방송의 침투를 막고자 하는 의도에서 쉽게 허가를 받았다.(윤병일, 2001, 37) 실제 정환옥(鄭煥玉)이 1958년 7월 정부로부터 상업 방송 허가를 얻어 이듬해 4월 15일 최초의 상업 방송을 개국시켰다. 그러나 그해 9월 경영권은 당시 조선견직 주식회사 및 부산일보사 사주인 김지태(金智泰)에게 넘어갔다.(최동호 외, 1997: 291~294)

수 있었다. 황용주 주필은 "대중의 에너지를 하나의 정치적인 목표를 향하여 집약케 하는 데는 전파미디어의 호소력이 어느 수단보다도 직접적이라고 확신했다."라고 했다.(정진석, 1992: 363)

또한 그는 1964년 9월 1일 MBC 사장에 취임하면서 "낫세르수상이 수에즈운하를 국유화하였을 때 영·불의 막강한 군사력이 이에 대항할 수 없었던 것은 카이로방송의 '아랍의 소리'의 위력 때문이다. '아랍의 소리'는 그때까지 전체 아랍민족의 단결과 독립을 이룩해 놓았으며, 세계 여론을 이미 자기편으로 기울게 했다.(『문화경향사사』, 문화방송경향신문사, 1976: 361; 정진석, 1992: 363)

그후 정치 이벤트가 벌어질 때마다 방송이 고개를 들고 나왔다. 부산문화방송 기독교방송은 '국민의 알권리' 차원에서 전 사원이 필사적으로 나섰다.(윤병일, 2001, 38) 방송이 국민과 일심동체가 되기 시작한 것이다. 서울중앙방송은 '정부의 앵무새' 역할을 해온 KBS가 불만을 품고 나섰다. 4·19 혁명 열기가 가열되자, 1960년 4월 26일 국영방송 아나운서실의 28명은 '중립화 선언문'을 발표했다.

1. 방송은 본연의 자세로 돌아가 불편부당 공정성을 유지해야 된다.
1. 우리들은 방송의 중립화를 요구한다.
1. 우리들은 앞으로 공정성을 잃은 일제의 편파적인 방송을 거부한다.(최동호 외, 1997: 304)

즉 KBS는 정부의 통제로부터 독립하여 4·19 학생의거에 적극 참여한 셈이다. 그러나 고정관념에 사로잡힌 방송인은 중립화선언에 대해 소극적으로 대처함으로써,[270] 정권을 잡은 민주당정권은 국영방송을 명확한 정책의 제시도 없이 마치 민주당의 예속물처럼 운영하였다.(최동호 외, 1997: 305)

---

270) 이종남(李鍾南) 의원은 1960년 5월 31일 방송중립화를 위한 '대한방송협회법안'을 국회에 제출했으나, 방송 종사자들은 이를 한국의 새로운 방송제도를 마련하는 데 걸림돌이 된다고 거부했다.(송건호, 1983: 235)

3. 텔레비전 방송 시대

1) 흑백 TV 매체

라디오 방송은 1950년대 말에 이르러 전성기를 맞이하고 있었다. 한편 1956년 5월 12일에는 서구의 방송기술유입으로 인해 한국 최초의 TV방송국 HLKZ[271]이 개국했다. 텔레비전 방송은 전자파(빛)를 통해 '감각적 상'을 만들어냈다. 라디오는 '귀의 확장'을 통해 대중에게 다가갔지만, 텔레비전은 '귀와 눈의 확장' 등 공감각을 시청자에게 선보였다. 텔레비전은 '가상현실'을 조직하여 '문화의 특성'(cultural traits)을 창출함으로써 기존 문화와 사회질서를 파괴하는 힘을 지닌 것이었다. 그리고 그 질서에 따라 개인을 사회화시키며, 생활을 규격화하며, 대중문화를 형성케 했다. 맥루한이 지적했듯이, 텔레비전은 대중의 생각과 분석을 삼가하게 하는 '쿨' 미디어이다. 이런 사전 지식도 갖추지 못한 채 대한방송은 텔레비전 기술과 문화를 수입·모방했다. 그러나 헌법전문은 "자율과 조화를 바탕으로 자유민주적 기본질서를 더욱 확고히 하여 정치·경제·사회·문화의 모든 영역에 있어서 각인의 기회를 균등히 하고, 능력을 최고도로 발휘하게 하며, 자유와 권리에 따르는 책임과 의무를 완수하게 하여…"라는 것을 이념으로 하고 있었다.

당시 방송의 편성은 미국의 ABC, CBS, NBC 등 상업 방송의 포맷을 본뜬 것으로 교양·연예·외화 등을 중심으로 시청자에게 선보였다.(최동호 외, 1997: 296)

그러나 5·16 군사 쿠데타를 계기로 박정희(朴正熙) 군사정부는 KBS의 기구를

---

271) HLKZ의 KORCAD-TV는 1956년 5월 12일에 종로2가 동일빌딩에서 개국한 국내 최초의 TV방송국이었다. 한국 RCA 배급사가 세운 이 방송은 초대 사장으로 미국인 조셉 밀러 그리고 국장에는 황태영(黃泰永)이었다. 그러나 당시 TV수상기, 광고주의 부족 등으로 고전을 면치 못하다, 1957년 5월 6일 개국 1년 만에 한국일보사 장기영(張基榮)에게 양도되었다. 인수를 끝낸 「한국일보」는 대한방송(주)(DBC)로 명칭을 변경시켰다. 그해 9월 15일은 주한 미군방송인 AFKN-TV가 개국되고, PX로부터 수상기가 급속히 보급되어 TV 산업에 활로가 보였다. 그러나 대한방송은 1959년 2월 2일 원인 모를 화재로 방송 시설이 소각되었다. AFKN 채널의 할애로 대한방송은 오후 7시부터 하루 30분씩 방영했으나 1960년 4월 AFKN-TV도 원인 모를 화재로 소실되면서 대한방송은 방송사업을 중단하고 말았다.(최동호 외, 1997: 294~296)

확장하고, 방송을 통한 정책 홍보에 열을 올렸다. 혁명 공약에 명시된 이념의 구현, '구악을 일소하고, 국가 재건을 위한 참신한 국민 기풍을 진작'하는 내용의 홍보에 관심을 가졌다. 현재의 KBS 공룡화는 그들의 정권홍보에서 비롯되었다.

국가재건을 위해 참신한 국민 기풍을 진작시킨다는 이유로 KBS의 해외방송채널을 독립시켜 제2라디오 채널로 개국했다. 말하자면 KBS는 몇 개의 채널을 증가시키면서 방송의 공룡화·관료화의 길을 걷기 시작한 셈이다. 박정희 군사정부는 홍보차원에서 1961년 서울문화방송국(주)[272]을 발족했다. 박정희 군사정부는 사이비 기자를 홀대하는 명목으로 신문을 현상 유지에 힘쓰고, 국영방송을 우대했다. 때로는 신문을 통제하기 위해 방송을 이용함으로써 신문과 방송은 서로 적대적 입장을 취하기도 했다.

군관료 체제에 익숙한 박정희 군사정부는 거대한 조직망을 가진 국영 방송의 라디오, TV를 통해 정권 홍보에 열을 올렸다. 1961년 9월 중순 KBS-TV의 준비를 위해 공보부 방송관리국을 가동했으며, 12월 31일자로 'KBS-TV(HLCK)의 개국'[273]을 가능케 했다. 초창기는 스튜디오의 부재로 거의 외국 프로그램에 의존할 수밖에 없었다. 이듬해 3월에는 중계차를 이용함으로써 프로그램의 활성화에 도

---

272) 서울문화방송국(MBC)은 김지태에 의해 1961년 12월 2일 개국했다. 김지태는 곧 서울, 부산의 문화방송과 「부산일보」를 5·16장학회에 기부했다. MBC는 1963년부터 대구·광주·대전·전주 등 도시를 연결하는 네트워크를 형성시켰다. 1969년 8월 MBC는 서대문구 정동으로 옮겨 TV방송국을 개국했다. 정부로부터 받은 혜택과 더불어 전두환 정권의 1980년 11월 30일 언론통합 당시도 대부분의 주식은 KBS에 귀속되고, 가맹사의 주식 51% 이상을 인수, 지방 조직망을 계열화했다. 1980년 12월 22일 MBC는 TV의 컬러화를 받아들이고 1982년 3월 여의도 스튜디오를 준공했다. 6·29선언 후 1988년 12월 KBS 소유 주식 70%는 방송문화진흥회의 특별법인으로 넘겼다.

273) 공보부는 장기영(張基榮)의 DBC-TV 9채널을 회수하고, KORCAD-TV에서 방송부장을 지낸 최창봉(崔彰鳳, 1925~2016)을 준비실장으로 영입했다. 그는 '개국(開局) 전문가'로서 KBS-TV, 동아방송, MBC 그리고 KBS 공영화에 앞장섰다.(김우룡, 2001: 73) 그는 '우리나라 PD 1호이다'(PD; 제작자 및 연출자). 현재 PD는 뉴스분야에서까지 확장시켜 기획과 구성 또한 연출을 한다. 그 대표적 프로그램으로 〈추적60분〉, 〈PD 수첩〉, 〈시사매거진〉까지 확장했다. 한편 당시 중앙정보 부장 김종필(金鍾泌)은 월북인사 황태성(黃泰成, 김종필의 장인 박상희(朴相熙)와 친분)이 남파 간첩활동을 위해 보유한 20만 달러를 빼앗아, 그 돈을 KBS-TV 개국에 쓰게 했다.(김민환, 상게서: 171) 한편 북한은 '조선중앙텔레비전방송국'을 1963년 3월 3일 개국했다.(강현두, 1997: 153) 그러나 실제 1970년대에 들어서야 북한은 전국적으로 수상기가 보급되면서 주요 매체로 등장했다.

움을 주었다. 개국 당시 프로그램은 오락이 38.9%에 달했으며, 그 외에 교양·어린이·보도·스포츠 순이었다.(최동호 외, 1997: 384)

정부는 KBS-TV의 재정확충을 위해 1962년 12월 3일 '국영 텔레비전 방송사업 특별회계법'과 국영 텔레비전 방송사업에 관한 '임시조치법'을 제정했는데, 후자는 기존의 시청료뿐 아니라 KBS-TV의 광고를 허용했다.

그 후 1970년대 TV 매체는 정부의 중화학공업 정책으로 대량 생산한 상품을 소비하도록 돕는 순기능을 담당했다. 그러나 방송광고는 특정인의 상품 유통 기간을 줄여주는 목적론적 입장을 대변해줌으로써 개인과 개인 사이에 커뮤니케이션의 왜곡을 가져올 수 있었다. '유사환경'이 만들어진 것이다. 더욱이 광고를 끌기 위한 오락 행위는 고프만(Erving Goffman)이 언급한 '사적 영역'(back stage)을 '공적 영역'(front stage)으로 옮겨오는 결과를 초래한다. 개인의 동기는 확장시킬 수 있었지만 소비문화의 창출과 그에 따른 거품문화는 피할 수 없었다.

국영방송은 그 자체가 지니고 있는 공공 정책적 '이미지'에 사적 영역을 삽입시킴으로써 사적영역의 공적 기능화가 이뤄졌다. 사적 영역에서 공적 영역화할 때에는 공론장의 충분한 시간, 즉 숙의(熟議) 시간을 할애해야 하는 입장이다.

국영방송이 상업방송의 새로운 질서를 받아들인 셈이다. 이 문제에 직면한 전통인은 의례·예식·제의 등을 통해 이를 정제할 뿐 아니라 커뮤니티에 의한 책임의식을 강화했다. 그러나 군사정부는 전통의례를 뒤로하고, 법으로 방송을 규제코자 했다.

1962년 6월 28일 '언론에 관한 기본 방침'인 ①언론의 책임 강조, ②언론인의 품위와 자질의 향상, ③언론 기업의 건전화, ④신문 체제의 혁신, ⑤언론 정화 등(최동호 외, 1997: 334)으로 해결책을 제시했다.

한편 정부는 방송 통제의 사슬을 더욱더 조여갔다. 법률 제924호인 '전파관리법'을 1961년 12월 30일 공포하여 그 법의 제6조는 무선국의 허가를 얻고자 하는 자는 대통령이 정하는 바에 의하여 신청서를 체신부 장관에게 제출토록 했다.

동법 시행령 22조는 체신부장관이 위의 여러 가지 방송을 목적으로 하는 무선국의 허가를 할 시에는 공보부장관과 합의하도록 규정했다. 또한 이 법의 제5조는 외국 법인 또는 단체가 방송을 소유할 수 없도록 했다.

CBS의 운영권은 이 법률에 따라 한국인 소유로 넘어왔다. CBS는 1963년 10월 15일 실시될 대통령 선거의 본격적 채비를 위해 1962년 아나운서실과 보도과를 신설해서 뉴스 방송을 본격화하려고 했지만 '전파관리법'은 이를 저지했다.

정부는 '방송법' 법률 제1535호를 제정하여 1964년 1월부터 실시케 했는데, 방송법의 총칙은 "방송의 자유를 보장함으로써 국민 문화의 향상과 공공 복지의 증진에 기여함을 목적으로 (······)"(1조)를 규정하고, 총칙 외에 방송윤리위원회 규정,[274] 방송국의 준수 사항 등을 규정했다. 이 준수 사항에는 심의기구를 두도록 명시했다.

공보부는 1968년 문교부의 문화행정을 이관 받아 문화공보부로 개편하고 서울중앙방송국·서울국제방송국·서울텔레비전방송국을 통합 중앙방송국으로 명명했다. 중앙방송국의 기획조사실은 방송전반에 관한 기획과 조정 및 종합적인 편성 업무를 담당하면서 방송지침서의 작성, 방송의 조사, 기획 조정, 총체적 캠페인 등을 담당했다.(최동호 1997: 342)

여타 제반 통제 장치가 마련된 상태에서 당시 개국한 동아방송[275]은 '라디오 조

---

274) 방송윤리위원회 규정의 본법 제4조는 "국내의 모든 방송국은 방송의 공공성과 그 질서를 자율적인 방법으로 유지하기 위하여 방송윤리위원회를 조직해야 한다"라고 규정했다. 1964년 8월 '언론윤리위원회법'이 공포(보도부문은 윤리법 파동으로 무산)됨으로써 이는 자동폐기됐다. 그러나 1962년 방송윤리위원회가 발족되었고, 모든 방송이 자발적으로 준수해야 할 '방송윤리규정'이 제정되었다.(정진석·김영희·한진만·박용규·서재길, 2008: 45)

275) KHLJ의 동아방송은 민주당 정권기인 1961년 1월 16일 허가, 1963년 4월 25일 오전 5시 30분 개국했다. 전영우 아나운서의 개국인사로 "①사회공기로서 자율성과 불편부당이라는 매스미디어 본연의 자세를 끝내 간직하고 민주언론의 자유를 확보할 것입니다, ②전파의 공공성에 입각해서 여론을 존중하고 공정과 언론표현의 자유를 확보하여 민족문화 형성에 공헌하겠습니다. ③광고 전파매체로 사명과 기능을 충분히 발휘해서 이 나라 산업경제 번영과 공공복지에 이바지할 것을 청취자 여러분 앞에서 스스로 다짐합니다.(김병관, 1996: 419) 개국 얼마 지나지 않아, 6·3사태가 일어났고, 동아방송은 앵무새 사건[(1964년 6월 3일); 앵무새' 고발적 성격의 방송 칼럼 사건]이 발생했다. 당시 성우 이은미가 매섭고 당찬 목소리로 내레이션을 주도, 학생들에 인기가 있었으나, 1964년 6월 3일 비상계엄이 선포되었고, 정부는 선동죄로 방송인들을 감금을 시켰다. 최창봉(방송부장), 고재언(뉴스실장), 이윤하(편성과장), 조동화(제작과장), 이종구(동아일보 외신부장), 이영효(프로듀스) 등 6명이 반공법과 특정범죄처벌에 관한 임시특례법 등의 위반혐의로 계엄보통군법회의에 회부되

간', '라디오 석간' 뿐 아니라 본격적인 앵커 시스템을 도입했다. 더욱이 「동아일보」는 '민중의 소리를 대변'하고, '격조 높은 민족의 방송'을 전제로 인쇄 매체와 전파매체를 결합했다.(김상기, 1985: 140~142) 명실상부한 공민영시대가 열린 것이다.

「동아일보」는 1963년 신년호에서 동아방송 설립의 필요성을 "정보의 정선(精選)을 위해서는 높은 경륜과 도덕적 안목을 가진 언론의 세련된 평가작업이 요구된다."고 밝혔다.(정미경, 2010: 11. 29.) 김상만 전 「동아일보」 명예회장은 "'「동아일보」의 방송화, 방송의 동아일보화에 목표를 뒀다'고 말할 정도로 동아방송은 뉴스와 정보의 속보성과 정확성의 전달에 뿌리를 두고 출발했다."라고 했다.(정미경, 2010: 11. 29.)

동아방송은 정시뉴스를 하루 15회를 내보내며, 건전·공정·명랑의 품위 유지, 우리말의 보급과 순화, 자유와 정의 편에 서서 방송의 권위와 공신력의 높임 등을 주지했다. 보도방송의 속보성과 현장감 있는 취재, 아울러 깊이 있는 보도 등을 모토로 시작한 동아방송은 '라디오 조간', '라디오 석간' 등 뉴스 프로그램을 선보였다. 더욱이 동아방송은 '귀로 듣는 신문'을 표방하며 시사 문제에 활력을 더해갔다. 한일 국교 교섭의 굴욕 외교 등 사회 비판, 고발 프로그램을 방송했다. 당시 도입된 첨단 녹음기로 현장감을 살렸으며, 생생한 음성의 녹음을 시도했다.

민방이 동참하는 시점에서 KBS는 중앙방송국과 TV방송국 보도를 분리시켜 TV 방송국의 기술적 우위를 점했다. 1968년 7월 다시 중앙, 국제, 텔레비전 등 3국이 통합하여 보도실을 보도부로 하는 한편, 1961년 당시 20명이던 기자의 숫자를 1968년에는 78명으로 늘리고, 보도부의 조직도 보도과·방송과·국제방송과 등 3과로 분리 운영했다. 이 와중에서 인사의 무원칙, 정치권력의 인사 개입 등으로 방송의 공정성 시비가 끊이질 않았다. 그러나 잇따른 민방의 출현으로 인해 PD,

---

어, 구속송치됐다. 이 사건은 5년에 걸친 법정투쟁 끝에 1969년 7월 서울 고등법원에서 전원 무죄가 확정됐다.(정미경, 2010. 11. 29.) 또한 동아방송은 1974년 10월 24일 자유언론 실천선언에 참가했고, 1975년 1월 동아일보사 광고 해약 사태를 경험했다. 그 후 동아방송은 1980년 '언론기본법'에 의해 KBS에 흡수되었다.(송건호, 1983: 233~239)

기자, 아나운서, 기술직 직원들이 대거 이동하는 일이 생겼다.

1965년 전후 방송계의 획기적 현상은 FM 방송, 동양방송의 개국이다. 서울 FM 방송과 함께 AFKN-FM(1964년 개국)이 등장했다. AFKN-FM을 모방한 서울FM방송은 1964년 10월 1일부터 12시간(일요일 15시간) 방송을 하면서 음악 75%(클래식 45%, 라이트 30%), 교양 15%, 교육 7%, 보도 3% 등으로 방송 구성을 하였다.(김성호, 1997: 219) FM 방송은 스테레오화 음악과 경음악, 그리고 입체 드라마의 기술을 사용하여 청취자에게 다가감으로써 음악은 리듬의 경쾌함과 자연의 친화력을 바탕으로 흡입력이 강한 젊은 층에게 인기를 끌었다. 음악은 삶을 풍요롭게 할 수 있는 장점도 지녔지만, 외국문화의 무분별한 유입이라는 문제점을 야기시키면서 자국의 소리 습성과 생활 리듬을 변화시켰다. 결국 현실에 바탕을 두지 않은 무분별한 리듬은 대중 간의 동질감과 정체성을 잃게 했다.

서울FM[276]은 군 엘리트와 재벌의 합작품으로 1965년 동양방송이 흡수하여 TBC FM으로 개칭했다. 기존 라디오 서울로 개국(1964년 5월 9일)한 동양방송은 라디오·FM·텔레비전·신문 등을 모두 거느린 복합 매스컴 회사로 발전했다. 동양방송은 "민간 방송으로서의 상업성과 미디어가 갖는 공공성, 공익성을 조화시키고 균형을 잡는다."는 방침 아래 '즐겁고 보람 있는 방송'[277]을 시도했다. 재력을 가진 새로운 민방의 출현으로 방송 요원이 대량 이동했다. 동양방송은 새로운 장비와 기술로 근무 조건을 개선했으며, VTR 사용으로 녹화 프로그램을 선보였다. 동양방송은 능력·성과 위주의 경영 관리를 사원에게 적용했다.

---

276) 서울FM방송은 1965년 1월 대표이사 회장에 조응천(曺應天), 대표이사 사장에 정일모(鄭馹模) 등으로 하여 1965년 6월 26일 종로1가 영안빌딩에서 개국식과 함께 정규 방송에 들어갔다. 초기 편성은 음악 75%, 교양 15%, 교육 7%, 보도 3%였으며, 보도는 동화통신과 「신아일보」의 협조를 얻었다. 서울FM방송의 수용자는 젊은 층을 주요 타깃으로 잡았다.(김성호, 1997: 213~219)

277) 사사편찬위원회, 995: 122: 한편 동양방송은 "1966년 9월 15일 삼성재벌의 '(주)한국비료가 같은 해 5월에 건설자재를 가장해 일본으로부터 사카린을 밀수입해 시판하려다가 세관에 적발된 사실이 각 신문에 보도되었다." 「한국비료 사카린 밀수사건」은 계열사 중앙일보와 동양방송이 삼성재벌을 비호하면서 문제가 되었다. 이 사건을 계기로 같은 해 11월에 「신문, 통신, 방송의 공공성 유지를 위한 법률안」을 발표, 신문·통신·라디오·텔레비전사업 가운데 한 종류 이상을 운영할 수 없도록 했으나, 언론계의 반대로 입법이 성공을 거두지 못했다.(주동황, 1992: 77~78)

동양방송은 보도와 더불어 연예, 오락, 그리고 광고 방송 등의 프로그램을 시청자에게 선보였다. 상업적 목적을 지닌 TBC는 일상생활에 밀접한 생활 및 교통 정보를 제공하면서 구체적으로 청취자·시청자에게 다가갔다. 드라마, 쇼, 외화, 스포츠 중계, 그리고 오락 프로그램을 강화했으며, 재력을 바탕으로 할리우드 외화 수입에 열을 올리며, KBS와 중복 편성을 시도했다.

동양방송은 정치가와 기본 방송국이 사용하는 권력 개념보다 수사학을 통해 대중들을 설득하기 시작했다. 그러나 단지 수사학에 머물 뿐, 구체적 시청자에게 개인의 정체성, 의식, 그리고 집단 의식화를 심어주는, 문화 집단을 형성하기 위한 노력은 아니었다. 대중과 대중 사이를 연결시키는 커뮤니케이션의 기능보다 상업적 목적을 위해 현실을 극화시키고, 수용자에게 자신의 목적을 선전했다. 수용자는 강한 자극과 반응에 의해서 제스처를 갖게 되고, 태도를 형성하고, 행위를 내면화했다. 그 결과 사회적 신드롬이 형성되고, 이 신드롬은 모방을 통해 확대 재생산되었다. 결국 신드롬은 하나의 거품 문화를 형성했다.

동양방송은 1965년 11월에 라디오와 텔레비전을 통합시키고, 1969년 2월 보도부를 보도국으로 승격시켰다. 보도방송에 주력하며 동아방송과 같이 특종 경쟁에 참여했다. 동양방송은 전화로 출입처를 연결시키는 기술을 발전시켜 출입처 중심의 취재 구조를 견고하게 했다. 그리고 취재원을 청년층·장년층·노인층·사회 계층적 차원으로 확산시켜 구체적인 타깃을 설정하고 시청자·청취자를 겨냥했다.

방송에 적합한 '카메라 초점' 등 보도 프로그램을 개발하는 한편, 주부층을 대상으로 드라마경쟁에 몰입했다. 1969년 8월 등장한 MBC-TV는 사회 교양 프로그램 등 공익성을 강조하면서 출발한 민방이었지만, 곧 공익에 대한 정확한 개념이 무산되고 기존 방송과 더불어 드라마 경쟁에 합세했다.

민방은 1967~1971년에 전국 16개 도에 지역 민영방송을 설치한 상태에서 전국 네트워크를 갖고 경쟁하기 시작했다. 정치적·문화적 선전에만 익숙해 있던 KBS도 '저급 문화취향'의 영역에까지 뛰어들어 한국 방송의 새로운 장을 열었으며, 그 결과 '드라마 망국론'에까지 이르게 되었다.

국영방송 KBS도 '민족문화향상'이라는 기본명제를 뒷전으로 하고 채널의 특성을 파괴하는 데 앞장섰다. 수용자의 일상생활은 거품으로 가득 차게 되었다. 방송이 가상의 현실을 조작하여 선전하기 시작하자, 수용자는 가상의 신분집단을 만들어 그 집단에 자신을 몰입시켰다. 즉 정가·정부 등으로부터 독립한 또 다른 목적지향적 사회 질서가 재편된 것이다. TV문화는 모방의 수용자를 만들며 이기적 개인, 혹은 개인의 '사회적 객체'화에 열중했을 뿐, '사회적 주체'로서의 개인의 발돋움과 문화창출은 도외시했다. 개인은 질서 속에 살기보다 환상의 중독 속으로 빠져들었다. 과시적 공론장이 일상화되었다.

TV 3사는 드라마에서 외화로 경쟁에 불꽃을 당겼다. 그러나 정부가 중간광고를 불허함으로써 외화경쟁은 한풀 꺾이고, 1970년부터 다시 일일연속극 경쟁이 일어났다. 또 일일연속극은 주간연속극·단막극 등으로 그 범위가 확대되었다.

보도 부분에서도 치열한 경쟁이 벌어졌다. KBS, MBC, TBC, 그리고 동아방송들은 각기 자기 매체를 중심으로 보도 경쟁을 벌였다. 1970년 5월 1일 CBS도 보도과를 보도부로 격상시켜 보도 활동을 강화했다. CBS 리디오와 같은 맥락에서 TV에서도 보도전이 확산되었다.

KBS는 1969년 대통령 3선 개헌을 앞두고 전술했듯이 구조를 조정했다. 한편 1970년대 TV방송은 출입처를 정점으로 국내 보도망을, 특파원을 중심으로 국외의 독자적 보도망을 구축하고 경쟁에 돌입했다.

사회적으로 분출된 정치적 열기는 결국 유신정부를 잉태케 했다. 비상국무회의는 1972년 12월 30일 '방송법 개정안'[278] 법률 제2418호를 발표하여 방송윤리위원회를 법적 기관화하는 한편, 방송 프로그램의 '자율적인 사전 심의제'를 채택하도록 권장했다. 이 개정안에 따라 기획, 심의실이 강화되었다. 1964년 언론윤

---

278) 개정된 방송법의 골자는 ①각 방송국에 심의실을 두고, 사전에 반드시 프로그램을 심의한 뒤에, 한 달에 한번씩 문공부 장관에게 보고해야 하고, ②방송윤리위원회를 구성해서 방송된 프로그램을 철저히 심의하고 방송의 질을 높여야 하며, ③각 방송국이 방송윤리위원회의 심의 결정을 이행하지 않을 때는 문공부장관에게 그 이행을 위한 시정 명령권을 부여해서 (……) 등이다.(정순일, 1991: 214)

리위원회 파동 이후 사라졌던 방송윤리위원회가 다시 발족되었다. 방송은 기획·편성을 강화시킴으로써 문화 매체로서의 복귀를 시도했다. 그리고 '방송공사법 시행령'이 발표되어 국영 방송의 공사화가 이뤄졌다. 국영방송이 공사화(1973년 3월 3일)함으로써 정부 출자공기업이 된 것이다.

공영방송은 경제적 이익보다, 사회적 가치와 공익적 성격을 강화시키고자 한 것이다. '번영의 길잡이', '민족의 방송'을 기치로 세웠다. 다른 한편으로 공영방송은 신문산업, 출판산업, 영화산업, 광고산업, 음반산업 등을 선도하는 의미를 지녔고, 과거 이승만 정부 때 신문이 주도한 문화를 방송중심으로 구조를 재편하고자 했다.

박정희 정부는 미디어산업 전반을 공영미디어 안으로 묶고자 했다. 묶기에는 더욱 팽창하는 방송시장이었다. 신문에 8면 체제를 유지토록 하고, 방송을 팽창시킨 것이 화근이 되었다. 엮으려는 정부의 의도와 탈출하려는 방송시장의 갈등이 노출되었다. 박정희 정부의 말년은 방송의 통제와 시장의 갈등이 더욱 노골화했다. 결국 방송시장의 승리로 끝이 난다. 그러나 그 후 전두환 정부는 아예 방송을 '공영체제'로 묶고, 방송팽창을 법으로 막았다.

한편 공영방송 기자들은 공무원에서 공사의 직원이 된 것이다. 당시 폐간한 「대한일보」, 동화통신 기자도 그 대열에 합류시켰다. 공영방송 KBS는 민방과 겨루기 위해, 또 방송발전을 위해 여의도 방송센터 건립 계획(1976년 12월 1일 완공)을 추진하였다.

TBC, MBC와 같이 '한국방송공사법'[279]은 KBS를 경쟁체제에 돌입할 수 있게 했다. 가시적으로는 방송이 인사의 무원칙, 정치 개입의 상존화로부터 벗어나는 것 같았다.

KBS-TV는 뉴스의 색깔을 강화시키기 위해 타민방과 같이 앵커제를 도입하고, 보도 해설을 강화시켰다. 아나운서가 아닌 기자의 퍼스낼리티가 강화되었다. 방

---

279) 한국방송공사법의 설립 목적은 "국내외 방송을 효율적으로 실시하고, 전국에 방송의 시청을 가능케 함으로써 방송문화의 발전과 공공복지의 향상에 기여한다"라는 내용이며, 그 재원은 "시청료, 전파료, 부대사업 수입, 정부 교부금, 사채 및 차관 등"(정순일, 1991: 211)으로 하였다.

송공사 발족 후 KBS-TV는 기자수를 117명(본사 78명, 지방 39명)으로 늘리고(최동호 외, 1997: 523), 같은 해 서울과 지방의 동시 방영을 가능케 했다. 1973년 3월 TV뉴스 담당 PD를 고용하고, 편집요원을 강화시켰다. 뉴스는 직접성·현장성을 중시했을 뿐 아니라 흥미성·폭로성도 덧붙였다. 정보·오락 매체의 방송 뉴스는 현장감을 살리기 위해 음성·음향·영상을 합쳤다.

관료제의 경직화를 완화시키기 위해 앵커를 기용하면서 뉴스의 유연성이 높아졌다. 스트레이트 뉴스를 극화시키고, 해설 기사를 강화시켜 뉴스의 쇼화를 강화시킬 수 있었다. 기술적으로도 녹음과 특수 카메라의 사용으로 장비의 효율화와 뉴스의 와이드화·쇼화가 이뤄졌다. 1970년 이후 MBC의 '뉴스데스크'와 1972년 'TBC석간(夕刊)'에 뒤따른 조치였다.

상업방송에 눌려 방송공사는 PD·기자·아나운서·기술력을 MBC 등에 많은 인재를 빼앗긴 상태이다. 여전히 방송공사는 정치적 색깔을 나타낼 수 없는 한계점을 갖고 있었다.

당시 한국방송공사는 「서울신문」과 간접적으로 서로 영향을 공유했지만, 실제적으로 다른 방송의 교차 소유(Cross ownership)에 대한 경쟁력 확보를 위한 노력이기도 했다. 문화방송은 1972년 7월 24일 경향신문을 흡수·통합했다. 동아방송은 「동아일보」와, 동양방송은 「중앙일보」와 서로 교차 소유 관계를 유지했다.

방송은 1972년 10월 제9회 '방송의 날'에서 "시청자의 알 권리를 충족시키도록 노력한다."는 선언에서 보듯, 1971년 대통령 선거 후 민중의 힘이 상승하기 시작했다. 연이어 「동아일보」와 「중앙일보」의 '언론 자유 수호 선언문'이 불을 당겼으나, 방송공사는 여전히 정치적 색깔에 위약했다. 정부는 1970년 홍보 조사 담당관을 임명하고, 1971년 홍보조사연구소를 설치하여 과거 중앙정보부의 기능을 각각 맡도록 했다. 당시 상황으로 볼 때 방송공사의 설립 자체도 이어지는 유신 정권을 홍보할 목적과 무관할 수 없었다. 방송공사와 정부의 의도와는 달리 상황은 호전되지 않았으며, 결국 「동아일보」, 「조선일보」 기자들의 무더기 해고 사태가 벌어지고 1975년 5월 13일 긴급조치 9호가 발동되었다.

방송의 정치적 규제는 계속되었다. 문공부는 1976년 4월부터 '방송프로그램 편성 기준'을 정해 시달하고, '윤리위원회'는 1977년 6월부터 '드라마 기준'을 발표했다. 방송공사의 편성권을 직·간접적으로 문공부가 가진 셈이었다. 또한 정부는 1974년 3월 '방송법 시행령' 개정, 제10조 3항에 따라 중간광고를 할 수 없게 규제하는 한편, 좋은 방송 프로그램을 권장하기 위해 1973년부터 '대한민국 방송대상'을 제정함으로써 당근과 채찍의 원리를 동시에 사용했다.

2) 컬러 TV 매체

TV 방송 3사가 흑백 TV로 경쟁을 일삼는 동안 1976년 AFKN은 정부가 불허해 오던 컬러 TV 방송을 국내 시청자에게 선보이고 있었다. 1978년 미국 백악관 특별통상대표부 부대표의 상공부 방문에서 "국내에서도 팔지 않는 컬러 TV 수상기를 남의 나라로 수출하는 것은 국제 상도의에 어긋난다"(정순일, 1991: 244)는 항의와 더불어, 컬러 TV 방영의 당위성이 국내에서 논의되었다. 메이커가 없는 흑백 방송장비 구입은 난항에 부딪쳤다. 그러나 컬러 시대의 도입은 외국 프로그램의 범람화, 뉴스의 쇼화, 드라마·스포츠 프로그램의 대형화를 부추길 것은 명약관화했으며, 방송공사의 재정문제가 새로운 쟁점으로 부각될 수밖에 없었다.

'전자산업 육성'을 위해 컬러 TV 조기 도입에 대한 논쟁이 자연스럽게 뜨거워질 때, 1979년 10월 26일 박정희 대통령 서거를 맞았다. 공영방송도 공정방송을 시도할 기회를 갖게 된 것이다. 개헌 공청회가 벌어진 1980년 1월 16일 방송이 위력을 발휘했다. 그리고 연이어 30일부터 3일간 개헌 공청회를 제작, 방영했다. 가열되는 정치 행렬에 공영방송이 적극적으로 참여한 셈이다. 서울의 봄 다음 광주 5·18 사태는 북한군 개입으로 아직 풀리지 않는 숙제로 남아있다. 그러나 5공화국 전두환 정부가 들어섬으로써 다시 공영방송의 운영과 편성이 정부 측으로 기울어졌다.

신문협회와 방송협회는 1980년 11월 14일 '건전 언론 육성과 창달을 위한 결의

문'을 채택, '언론통폐합'[280]('방송의 공영체제 구축 명분') 지지에 참가했다. '국보위'의 언론대책반을 통해 언론 통제를 계획했던 것이다.

그해 12월 31일 전두환 정부는 '신문통신 등의 등록에 관한 법률', '방송법', '언론윤리위원회법' 등을 폐지하고 단일화된 통합 형태의 법률 제3317호 '언론기본법'을 제정했다. 이 법의 목적은 제1조에서 "국민의 표현의 자유와 알 권리를 보호하고 여론 형성에 관한 언론의 공적 기능을 보장함으로써 인간의 존엄과 가치를 존중하고 공공복리의 실현에 기여함을 목적으로 한다"라고 규정했다. 언론의 공적·공익 기능을 부각시킴으로써, 박정희 정부가 추진한 '국민문화향상'보다는 방송의 공영성을 강조한 셈이다.

언론은 개인과 단체의 커뮤니케이션의 활성화를 돕는다는 의도를 담고 있었으며, 또 다른 측면에서 상품의 유통구조에 언론이 참가하겠다는 의미를 지녔다. 더욱이 후자는 방송을 통해 분배의 정의를 실현하려는 의도를 내포하고 있다. 그 외에 언론의 정보 청구권, 취재원의 비밀 보호를 위한 '진술 거부권', '정정보도 청구권' 등 기존의 법보다 발전된 새로운 내용을 신설함으로써 신진된 형태를 취하는가 하면, 심의 제도를 강화하기 위해 '방송위원회', '방송심의위원회', '방송자문위원회', '언론중재위원회' 등을 설치하여 규제 또한 더욱 강화했다.

'방송윤리위원회'는 '방송심의위원회'로 대치되었다. 그리고 색다른 '정정보도 청구권'을 허용했는데, 이는 1963년 12월 10일 제정된 '방송법' 제12조의 내용을 확대한 것으로써 '사실적 주장'에 의해 피해를 받는 사람에게 방송을 청구할 수 있는 권한을 부여하는 것이었다. 이런 논리에 따라 정정보도 청구에 의한 분쟁은 민사 소송에 회부하기 전에 반드시 언론중재위원회의 중재를 거치도록 했다.

'언론기본법'은 '정정보도 청구권'으로 대중 참여의 길을 열었지만 언론에 대해

---

280) 언론통폐합으로 방송에 취해진 조치는 ①신문과 방송의 경영 분리 원칙, ②방송의 공영화 등이었다. 전국의 방송사 29개 중 6개(중앙 3개, 지방 3개)가 KBS에 흡수되고, MBC 계열사 21개의 주식 51%를 서울 MBC가 보유하게 되었다. 동아방송, 동양방송, 기독교방송의 뉴스 편집은 KBS로 흡수되고, 기독교·극동방송은 광고를 할 수 없는 선교 기능만을 담당하게 했다.(최동호 외, 1997: 614~619)

강한 통제를 구가했다. 전두환(全斗煥) 정부는 보안사령부의 언론대책반을 문공부 산하 '홍보조정실'로 바꿔 가동시켰다. 홍보조정실은 ①홍보 활동에 관한 조사 연구, ②언론기관의 보도 협조 지원에 관한 종합 계획 수립, ③신문, 방송, 통신 등의 보도 활동에 관한 협조 지원 등의 업무를 수행했다.(이현구, 1994: 79) 전두환 정부는 강도 높은 통제하에 1980년 12월 KBS와 1981년 1월 MBC에게 컬러 방송을 허용했다.

한편 '언론기본법'은 채널의 전문성을 파괴하고 KBS에게 컬러 TV방송까지 허용했다. KBS는 KBS-1, KBS-2, 그리고 1981년 2월 KBS-3 채널뿐 아니라, 몇 개의 라디오 채널까지 포함하는 거대망을 구축했다. KBS가 여러 채널하에서 어떻게 전문성을 살릴 수 있을지가 그 당시 관건이었다.

전두환 정부하에서의 공영방송은 홍보조정실의 전직 기자들이 작성한 기획에 따라 정권홍보의 선두에 나섰다. 이승만 정부는 라디오, 박정희 정부는 흑백 TV, 그리고 전두환 대통령은 기존의 방송 기술에다 색상을 덧붙인 컬러 TV를 통해 정부의 홍보수단으로 삼았다. 수용자는 컬러형의 인간상을 모방해갔다. 그러나 방송은 명목상으로 공영제를 실시한 것인데, 여기서 공영제의 '공'은 사실상 국가라는 의미와 같다.(조항제, 1997: 74) 유신체제 하에서의 KBS의 공사화가 경쟁력을 높이기 위한 기업적 효율성에 있었다면, 공영제는 민간 또는 사적 의미를 아예 없애버린 방송의 국가화[281]였다.

국가화의 의미를 포함하나 사실 공영방송은 한국광고공사를 통해 수주한 광고를 할 수 있게 함으로써 영업권을 간접적으로 장악하고 있었다. 전두환 대통령의 공영방송은 시청료를 징수하면서 동시에 방송광고를 함으로써 과거와는 다른 성격을 지녔다. 국민 누구에게나 시청료를 받음으로써 공적인 봉사의 임무를 부여

---

281) 조항제는 국가와 정부를 같은 차원에서 논하나 실제는 다르다. 정부는 인위적 정치 권력의 실체이며, 국가는 정치 권력보다는 역사·문화적 의미를 지닌다. 국가를 전통적으로 사직(社稷)이라고 일컫는데 '社'는 토지의 신을 의미하며, '稷'은 곡식신의 의미를 지님으로써 종교적 의미를 지닌다. 그 기원은 종교·언어·문화·영토 등의 역사로부터 규명할 수 있다. 더욱이 민족 종교로부터 규명함으로써 국가는 시·공간 안에서의 '금욕주의'적 의미를 지닌다.

받았다. 공영방송은 국민 개개인의 삶의 의미와 정체성을 찾도록 도와주고, 개개인에게 참여할 수 있는 기회를 부여하였으며, '정정보도청구권'까지 주어졌다. 그러나 공영방송의 명분과 달리 수용자의 적극성이 결여된 상황에서, 정치 권력을 강화하기 위해 정부가 방송을 사용함으로써 과거의 국영, 공사화와 별로 다를 바가 없었다. '가상체험'을 정당화시킬 컬러TV는 자칫 국민을 시냇가의 '가붕개'(가재·붕어·개구리)로 몰 수 있었다.

더욱이 공영방송은 광고를 허용함으로써 영업을 하게 되고, 시민사회(시장)의 영역으로까지 활동 범위를 확산시키는 결과를 초래했다. 광고를 허용한 공영방송은 곧 자신의 딜레마에 빠지게 되었다. 독점적 채널을 지닌 공영방송의 광고단가는 상당하여 중소기업이나 개인에게는 광고의 기회가 허용되지 못했다. 결국 부를 나누는 과정에 참여하지만 불평등을 조장하는 의미를 지님으로써 공정의 시장 질서를 부여하는 진정한 공영 방송이 될 수 없었다.

공영방송은 불평등을 조장함으로써 얻은 이익으로 공영방송의 공룡화를 이루었다. 인위적 관료화 그리고 비대한 인론은 시청자에게 권위적·선전적 사회화를 조장시킬 수는 있었으나, 커뮤니케이션의 활성화에 이르기에는 역부족이었다.

광고는 물건의 유통속도를 증가시킴으로써 개인의 부의 축적을 도와준 공영방송의 수입 중 20%를 공익을 위해 안배한다는 설정 아래, 광고를 통해 개인의 부의 축적을 도와주었다. 그러나 부의 축적이란 목적이 명확할 때 방송은 타 방송과 경쟁을 일삼는다. 이즈음에, 마키아벨리의 목적에 대한 절제를 결한 수단론이 대두된다. 공영방송은 이때 커뮤니케이션의 활성화, 문화적(집단적)·개인적 정체성에 조력하기보다 개인이 기계 부품화하는 '사회적 객체화' 형성에 조력한다.

공영방송은 시청률 경쟁이 아니라 수용자에게 최소한의 생존권을 보장하고, 정보를 통해 그들의 삶을 윤택하게 할 의무를 지닌다. 더욱이 문화매체로서 방송은 전국민을 하나의 계급화로 동질화시키며 물질적·정신적으로 정부와 국민 모두에게 신뢰를 쌓아나가야 한다. 진정한 커뮤니케이션 활성화를 통해서 신뢰가 회복된다면, 공영방송으로서의 제 기능을 담당한 결과라고 할 수 있다.

정통성을 결한 정부와 공영방송은 공중을 참여시키기보다 분리시키는 데 한몫을 했다. 일제시대 경성방송국은 조선의 수용자를 기계부품화, 파편화시킨 후 그들의 군사형사회 이데올로기를 주입시켰다. TV의 컬러화는 이를 더욱 부추길 수 있었다. 컬러방송은 듣는 뉴스에서 보는 뉴스로의 전환점이었다.

방송은 '쿨 미디어'로 말·표정·행위·태도 등의 많은 요소가 언어화한 것이다. 컬러방송과 더불어 도입된 ENG(Electronic News Gathering)카메라는 방송 기술과 삶의 형태에 많은 변화를 가져왔다. 방송인은 방송 장비를 통해서만 프로그램의 완성도를 높일 수 있다는 오류에 빠짐으로써 수동적 인간으로 전락했다.

ENG를 통한 화면의 분리는 시간을 쪼개는 작업이었으며, 공간을 분리·확장시키는 형태였다. 공간의 확장과 시간의 분할은 지역 공동체의 의미 상실을 가져오며, 역사성을 도외시하게 한다. 역사성의 부재는 '사회적 주체'의 성립을 방해한다. 크로커(Arthur Kroker)는 실리콘 칩을 장착한 전자 매체는 중심부와 주변부의 개념의 성립을 방해하는 가상현실을 형성한다고 봤다.(Arthur Kroker, 1984: 129) 즉 기존의 사회집단, 신분집단, 계급, 국가 엘리트, 정치 엘리트 등의 질서를 붕괴시킨다. 문재인 청와대 들어 민주노총 언노련은 '진지전 구축 전쟁'(war of Positioning)에 열을 내고, 민중민주주의로 국가를 끌고 갔다.

물론 분리된 영상에 닮아가는 개인의 기존의 관습, 규범, 삶의 양식 등을 파괴시킨다. 가상현실(hyper-reality)을 창조하는 방송은 기능적 수사학을 과다하게 사용한다. 권력·이익·이데올로기 등을 주입하려 할 때 직접적으로 권력의 수단을 쓰는 대신 지도자는 수사학을 통해 소리의 리듬, 삶의 양식, 얼굴, 느낌 등으로 수용자의 일상생활을 지배한다.

'귀와 눈의 확장'을 통한 감각의 질서가 개인의 생활세계를 통제하기에 이른다. 영상 기술을 통한 생활 세계의 통제방식은 일제시대 방송에서 보는 직접적 권력에 의한 것보다 수사학을 동원한다. 시간을 분리시킴으로써 과거의 질서는 해체되고, 목적론적 관점에서 이를 다시 재편한다.

현장을 조작하는 카메라의 기능에 힘입어 기획, 통제력을 바탕으로 기동성·생동감·긴장감을 갖춘 프로그램이 시청자에게 다가갔다. 권력자의 특수한 선전·홍보 목적이 방송기술과 프로그램에 침투되었다. 최신 카메라를 통해 뉴스의 와이

드화와 쇼화를 부추기며, '뉴스 파노라마' 등 대형 프로그램을 가능케 했다. 간편성과 기동성, 그리고 구성의 짜임새를 주무기로 자연적 현실 보도를 돋보이게 했다. 특별 기획·르포·현장 취재 그리고 앵커의 인성을 중심으로 한 주제별 프로그램이 시청자에게 선보였다. 특수 기술과 장비는 심층적·자연적, 테마별 방송을 가능케 했다.

정치권력과 함께 한 일방적 통제, 왜곡된 방송은 1986년 1월 KBS 시청료 납부 거부운동으로 더욱 가시화되었다. "정부는 언론을 장악할 수도 없고 장악하려고 시도해서도 안 된다"라는 1987년 6·29선언으로 문화공보부 산하 홍보조정실의 '보도지침', 홍보정책실(1985년 10월) 등의 기능은 막을 내렸다.

1987년 11월 10일 국회에서 언론기본법을 폐기하고, 새로운 방송법과 한국방송공사법이 개정되었다. 방송위원회는 1988년 8월 3일 기능이 강화된 모습으로 다시 시작했다. 그 관련단체로 한국방송프로듀서 연합회(1987년 9월 5일), 한국방송학회(1988년 9월 10일) 등이 발족했다.

방송은 외부 상황에 의해 민주화를 쟁취했고, 노소(MBC 1987. 12, KBS 1988. 5)가 결성되어 민주화를 가속화시켰다. 전통 사회의 예의·의식·제의 등을 통한 사회 정제수단을 노조가 떠맡은 것이다. 방송은 아이러니컬하게도 권력 기구의 관행을 그대로 지닌 채 더 이상 권력 기구임을 포기했다.

4. 한국인의 현대사로서의 방송 70년

정부는 홍보조정의 실제적 업무를 방송에 이양했다.[282] 그러나 공영 방송은 기획·편집·편성 정책의 위기를 맞았다. 정부의 울타리에서 벗어난 공영방송은 자신의 관리 기구를 보존하고, 사기업의 재화의 선전에 급급한 나머지 시청자의 취향에 매달리게 되었다. 방송편성의 통제 기능을 통해 공적 영역을 강화했던 과거

---

282) 정부의 홍보 업무는 1987년 12월까지 공보실 산하 홍보협력관이 담당했으며, 1988년 4월까지 문공부의 홍보담당관이 자율 협조 형식에 의해, 1994년 5월 이후 공보처의 종합홍보실이 그 기능을 담당했다.(이현구, 1994: 83)

와는 달리, 방송은 자유로운 사적 영역을 공개적으로 끌어들였다. '필요'의 영역보다 '욕구'의 영역을 활성화시켰다. 사적 영역이 TV 화면을 통해 공적 영역화함으로써 금욕주의 문화가 세속적 문화로 탈바꿈하게 되었다. 과거 정부 정책의 홍보 영역을 수용자의 영역까지 확산시킴으로써, 결국 욕구의 거품 문화 현상이 일어나고 사회에는 신드롬, 중독 현상이 생산·재생산되었다. 오락과 정보 매체로서 프로그램의 심층성과 폭로성을 과장했다. '귀와 눈의 확장'을 통한 감각적 송신자, 수용자의 욕구는 현실(reality)을 넘어서 가상의 세계를 꿈꾸게 되었다. 일상생활의 단조로움을 탈출하려는 수용자에게 일상생활을 직시하도록 돕기보다는 현실과 거리가 먼 픽션의 세계를 꿈꾸게 했다. 드라마, 보도의 영역이 같은 차원에서 혼란스럽게 전개됨으로써 보도의 현실성과 윤리성이 모호해지며, 방송은 방향을 잃어갔다.

선진기술을 바탕으로 전두환 정부는 방송에 대해 일제시대와 같은 통제를 구가할 수 있었다. 그러나 한 쪽은 금욕주의 문화였으며, 다른 한 쪽은 물질 만능주의 대중문화를 구가했다. 공영 방송은 '민족문화향상'의 공헌이란 대명제를 뒤로한 채 채널의 특혜 및 장비, 기술, 권력 관계 등의 우위 등을 무기로 삼고 신드롬 생산의 새로운 질서에 앞장섰다.

훈련된 인력과 전문화된 시스템하에서, 거대 자본을 투입한 외국 프로그램이 국내 시장의 우위를 점함으로써 현실을 직시하지 않은 가상 세계는 무방비 상태의 수용자를 사로잡았다. 국민은 점점 주체성을 상실하고 있었다. 이 과정에서 수용자는 삶의 정체성과 금욕주의적 속성을 상실했다.

육체의 기계적 메커니즘에 정신을 맡겨 사회는 정신없는 육체적 욕망의 논리로 가득 차 있었다. 방송의 문화매체로서의 역할도 혼돈상태에 빠졌다. 국가와 정부가 혼돈된 상태에서 유독 방송만이 국가의 영역을 고수하리라곤 기대할 수 없다. 국민, 시민사회, 공·사기업, 공영·민영방송, 정부, 국가 등은 각기 역할을 혼돈하고 있다. 언론과 기업의 노동조합 운동은 사회운동 차원으로까지 승화되지 못하고 혼돈되어 새로운 '전자질서' 쪽으로 재편하도록 직·간접적으로 돕는다.

'방송법' 법률 제3978호는 1987년 11월 28일 국회를 통과했다. 이 법은 제1조에서 목적을 "방송의 자유와 공적 기능을 보장함으로써 민주적 여론 형성과 국민 문화의 향상을 도모하고 공공 복지의 증진에 기여함을 목적으로 한다"로 규정했다. 또한 이 법은 민주·공익 등을 강조했다. 그리고 '한국방송공사법' 법률 제3980호가 개정되어 독립 법인으로서 새로운 이사진이 결성되어 서영훈(徐英勳)을 민선사장으로 선출했다. MBC도 '방송문화진흥회법' 법률 제4032호에 따라 최창봉(崔彰鳳)을 사장으로 선출했다. 그리고 CBS의 보도 기능을 다시 허용했다.

'방송법' 법률 제4263호는 1990년 8월 1일 다시 개정되었는데, '방송제도연구위원회'의 연구 결과를 바탕으로 개정한 이 법은 민방을 허용하는 기초가 되었다. 1990년 11월 14일 민방 서울방송이 출범했다. 그러나 1990년 개정된 방송법 제4조 제2항은 "방송은 공익 사항에 관하여 취재, 보도, 논평 기타의 방법으로 민주적 여론 형성에 기여하여야 하며, 사회 각계 각층의 다양한 의견을 균형 있게 수렴함으로써 그 공적 임무를 수행하여야 한다"라고 함으로써 여전히 공익 방송을 겨냥하고 있지만, 제6조는 '방송국의 경영과 방송법인'의 장에서 민영방송을 할 수 있게 규정하고 있었다. 이 법의 정신에 따라 민영이든, 공영이든 광고 영업권을 '한국방송광고공사'에 맡겨야 했다.

서울방송(SBS)은 라디오와 TV 채널을 부여받음으로써 특혜를 누리게 되었다. 정보·오락을 위한 전문 매체로서의 채널로 등장한 서울방송은 KBS, MBC 등 기존의 채널들과 다양한 인간들의 삶의 모습을 무시한 채, 정해진 주제로 무차별적인 시청률 경쟁에 뛰어들었다. 3사 방송은 채널의 특혜, 외국에서 생산한 장비, 장비에 따른 기술, 프로그램 등에 따라 서로 물고 물리는 경쟁을 일삼았다. 어느 쪽이든 '인간 행위'의 '능숙함으로의 의지'(the will to mastery)가 위약했으며 방송인 개인, 프로그램, 매체 등의 전문성을 결여했다. 한국의 방송은 인간행위를 뒤로 한 채 목적을 위한 수단, 장비의 긴요성에만 몰두하였다. KBS도 문화·정보·오락 매체의 특성에 대한 구분이 없는 목적을 위한 형식의 프로그램에 얽매였다. '가상현실', '유사 환경' 등을 현실로 끌어들여 사회적 상호 관계와 그에 따른 새로운 규범, 그리고 사회질서를 형성하지 못한 채, KBS는 방황할 뿐이었다. 개인의 '욕구'는 사회운동이 뒤따라주지 않으면 사회적 자아, '객관적 자아'(me)를 형성할 수 없는 한계가 있다. 본능적 욕구는 현실을 미화시키거나, 사고의 경직성을 가져오거나, 혹은 미래를 위한 설계를 거부하거나, 사회적 상호작용을 축소시킨다. 사회적 상호 작용은 일상적 자아, 일상적 행위, 그리고 일상적 사회 환경을 조성한다. KBS를 포함한 공영·민영 방송도 공익이란 당위성에 안주하였다. 이제 각 채널은 공중파·케이블·위성 등과의 경쟁 시대에서 생존할 수 있도록 문화·정보·오락 등 프로그램의 내용에 따라 자신의 위상을 선택해야 할 때이다.

그 전에 헌법정신에 대한 논의가 필요하다. 전술했듯 우선 ①'불의에 항거한 4·19민주이념을 계승하고', ②'자율과 조화를 바탕으로 자유민주적 기본질서를 더욱 확고히 하여 정치·경제·사회·문화의 모든 영역에 있어서 각인의 기회를 균등히 하고, 능력을 최고도로 발휘하게 하며, 자유와 권리에 따르는 책임과 의무를 완수하게 하여,' 등의 논의이다. 후자, ②의 정신으로 철저한 환경감시가 될 때, 굳이 '불의에 항거한 4·19민주이념을 계승하고'라는 독재&민주화의 2분법적 사고가 필요하지 않다.

이는 1987년 386민주화세력이 만든 프레임이다. 이들 상황정리가 되지 않은 상태에서 미디어는 팽창 일로에 있었다. 1994년 1월 7일에 개정 '종합유선방송법' 법률 제4737호가 통과됨으로써, 케이블 방송이 산업으로 등장했다.

공영 방송인 KBS, MBC도 프로그램 선점 주자로서 제작산업의 경쟁에 참여한 것이다. 방송은 지금까지 커뮤니케이션의 활성화와 광고를 통해 유통 과정을 줄이는 차원에 머물렀지만, 이젠 방송도 자유기업 원리에 의해 산업화되었다. 1988년 12월 문공부 홍보정책실의 '언론인 개별 접촉'을 통한 언론 통제의 의도가 문제시된 후 정부 통제도 현저히 감소했다. 정부의 통제 도구였던 공보실·공보처 등이 공보협력과 종합홍보실 차원으로 과거의 기능을 축소한 상태에서 지상파·케이블·위성방송이 서로 경쟁하게 되었다.

김영삼 정부의 방송의 팽창은 괄목했다. 채널이 늘어날 때마다 관행적으로 새로운 채널은 타 방송의 도제공을 스카우트함으로써 인적 자원을 충당했다. 이들은 일정한 노하우로 같이 경쟁한 셈이다. 방송인은 타성에 젖은 기획·편성·편집을 일삼으며 육감에 의한 프로그램을 운영했다. 군사형 사회의 관료문화를 수동적으로 받아들였던 일제시대의 모습을 아직도 답습하고 있다. 일본인들의 '목적을 위한 수단'이 되어왔던 정신없는 일본식 관리 문화를 모방하고 있다. 모방의 타성에 젖은 시청자·청취자도 정해진 포맷에서 위안을 얻었다. 방송내용은 구체적인 다양성과 가능한 변수들을 도외시하고 오로지 의도된 한 가지 국면만을 부각시킴으로써 자기 생각에 대한 도취와 타인들의 생각, 사실에는 적대감을 잉태케 했다. 한 나라의 생각이 경박하고 깊이가 없을수록 그만큼 열광과 광신의 추상성이 기승을 부렸다.(김형효, 1997: 129)

각 방송사는 설립 목적에 따라 창의성 있는 프로그램에 모험을 하기보다 청취자·시청자가 '욕구'하는 내용을 선보였다. 채널의 전문성을 결여한 망라주의 편성은 시청자의 사고를 더욱 보수적으로 만들었다. 전체적으로 볼 때 방송은 시청자의 정신을 위약하게 할 뿐 아니라 채널의 증가에 따른 사회적 비용을 배가시킨다.

채널의 특권, 기술·장비·인력의 우위성으로 부풀려진 방송은 관료제의 힘을 동원하여 보호막을 침으로써 타 조직이 이를 서부할 수 없게 했다. 조직 안에 개인의 전문성, 팀워크, 독립 제작사와의 유연한 관계 등을 정치로 풀이하는 '유교적 속성'에 충실한 관리 기구는 경직화되었다. 방송노조도 노동조합 운동을 사회민주주의 운동으로 확산시키지 못한 채 '가상현실'의 신드롬 문화를 파괴시킬 힘에 근접하지 못하고 있다.

장비·기술 결정론에 의존한 한국 방송은 수용자에게 선전, 설득술을 사용하여 '인간행위'를 통제하고 권력 기구로 작동할 수 있더라도 수용자를 창의적·의식적·지적인 삶으로 인도하기에는 역부족이다. 그렇다면 KBS의 바람직한 기능은 다양한 주체, 정부의 행위자, 다양한 매체, 시간과 공간 등을 분리하고 합하는 일에 초점이 맞춰진다.

민영방송이 감각적 속보성을 추구한다면 공영방송은 당연히 다양한 사회적·문화적 맥락, 커뮤니케이션의 활성화 등에 관심을 갖는다. 자원이 적은 국가의 공영방송일수록 자원의 효율적 배분과 집결을 위해 기획, 계획하는 필요성이 요구된다. 여타 어느 방송보다 공영 방송으로서 KBS의 편집, 기획과 그에 따른 다양한 정보력을 보강해야 할 필요성이 절실히 요구되는 때이다.

KBS는 지금까지 답습해온 일본식 문화매체, 혹은 미국식 정보와 오락 매체 등에서 탈피해야 한다. KBS는 '방송문화발전'과 '공공 복지의 향상'을 위한 '한국방송공사법'의 정신에 지극히 충실할 필요가 있게 된다.

설령 필요에 의해 정부가 1997년 IMF 구제금융과 동조하더라도 국가와 KBS는 이 체제로부터 독립할 필요가 있다. KBS가 정부와의 분리화를 적극적으로 추진할 때, 자체의 정체성을 확보하게 된다. 그러나 여전히 위성·공중파·라디오·TV 등 다채널의 견고한 관료제를 고수하고 있는 공영방송은 기술적 우위의 관료제의 특성에 따라 수용자의 일상성의 강조보다, 쉽게 모방할 수 있는 인위적 가상현실을 창출하여 선전·홍보할 뿐이었다.

넓기는 하지만, 깊이가 없고, 정서는 담았지만, 정신은 결했다. 민중민주주의에 휘둘리기에 딱 맞은 수준이었다. 국가의 역사성과 헌법정신에 충실할 필요가 있다.

현실은 다르다. 수용자가 축적된 영상물의 이미지에 따라 수동적으로 선입관, 고정관념을 형성함으로써 '한국방송공사법'의 정신은 하나의 허상에 불과하다. 현재 상황에서 공영 방송은 목적론적 사고의 수단으로서 대기업·다국적기업·정부 등의 홍보용으로는 긴요할지 몰라도, 의식적 개인, 창의적 집단, 굳건한 정부, 민족국가 건설 등에 동참할 수는 없게 되어 있다.

KBS를 중심으로 오늘날에 이른 공영 방송 70년사는 권력의 통제 메커니즘 하에서 장비·기술에 의존하며 기술·매체 결정론적 인간상을 조성하는 작업에 일조를 해왔다.

일제강점기 시대의 군사형사회의 군국주의식 문화매체의 역할을 맡아왔던 공영방송은 해방 이후에는 미국식 정보, 오락매체의 역할에 충실했다. 군사정권 초기에는 문화·정보 매체로 기능하였으나 컬러 텔레비전이 유입되면서 오락·정보 매체화하는 과정을 일별했다. 매체에 따른 수용자의 인간성의 다변화를 보여줌으로써 한국 방송 70년사는 역동기 한국인의 현대사 그 자체라고 할 수 있다.

참고문헌

강대인, 「한국방송 70년의 정치·경제적 특성」, 『한국방송 70년의 평가와 전망』(서울: 커뮤니케이션북스, 1997), pp. 13~48.

「경향신문(京鄕新聞)」, 1948. 6. 8.

강택수, 「상징적 상호작용론의 관점에 의한 일상생활론 연구」, 『한국사회학』, vol. 30, 한국사회학회, 1996, pp. 417~448.

강현두, 「JODK 사단법인 경성방송국의 개국」, 서정우 편, 『한국언론 100년사』, 서울: 사단법인 한국언론인연합회, 2006, p. 606.

강현두, 『북한 매스미디어론』, 나남, 1997, p. 136.

김동철, 「해방 후 우리나라 언론법제의 변천과정」, 崔禎鎬 교수 회갑기념논문집, 『언론사상과 언론사』(서울: 나남, 1993), pp. 25~52.

김민환, 『아나운서 임택근』, 나남, 2008, p. 70.

김병관, 『동아일보사사』 5권(서울: 동아일보사, 1996).

김상기, 『동아일보사사』 3권(서울: 동아일보사, 1985).

김성호, 『한국방송인물지리지』(서울: 나남, 1907).

김재중, 『한국방송사』(서울: 한국방송공사편, 1977).

김형효, 「열광주의와 추상의 정신」, 『형성과 창조』(경기도: 한국정신문화연구원, 1997), p. 129.

노정팔, 『한국방송과 50년』(서울: 나남, 1995).

「매일신보」 1941년 11월 27일.

『문화경향사사』, 문화방송경향신문사, 1976년. p. 361.

박용구, 『한국방송총람』(서울: 나남, 1991).

박용규, 「미군정기 방송의 구조와 역할」, 『광복과 한국 언론의 형성』, 한국언론학회언론사분과연구회, 2005, p. 86.

백선엽, 「'전선 사수하라' 명령한 육본, 한강 다리 끊고 수원으로 철수」, 「중앙일보」, 2010년 2월 12일.

사사편찬위원회, 『중앙일보 30년사』(서울: 중앙일보, 1995).

송건호, 「한국 현대 언론사 연구」, 『언론과 사회』(서울: 민중사, 1983), p.199.

이창섭, 「문재인 정권 언론인 숙청 실상」, 「진실보도」 상실한 방송, 언론의 실상과 대안」, 자유통일을 위한 국가대개조 네트워크·자유언론대안포럼·공정언론국민연대·한국NGO 연합, 2023년 08월 03일.

이현구, 「정부의 언론통제와 신문산업의 변화」, 서강대학교 언론대학원, 1994.

정미경, 「여기는 동아방송 DBS·뉴스로 첫 전파...방송저널리즘 새 모델」, 「동아일보」, 2010년 11월 29일.

정순일, 『한국방송의 어제와 오늘』(서울: 나남, 1991).

정진석, 「방송 80년, 발전과 명암」 정진석·김영희·한진만·박용규·서재길, 「한국방송 80년, 그 역사적 조명」, 나남, 2008, p. 14.

사사편찬위원회, 『중앙일보 30년사』(서울: 중앙일보, 1995), p. 122.

조항제, 「한국의 방송 프로그램에 대한 역사적 고찰(1945~1990): 뉴스와 드라마를 중심으로」, 『한국방송 70년의 평가와 전망』(서울: 커뮤니케이션북스, 1997), pp. 55~96.

최동호 외, 『한국방송 70년사』(서울: 한국방송협회·한국방송공사, 1997).

카타오카 토시오, 「放送概論」; 이창근·김광수 옮김, 『일본의 방송제도』(서울: 한울, 1994).

Croteau, David and Hoynes, William, Media and Society(London: Pine Forge Press, 1997).

Heidegger, Martin, The Question Concerning Technology and Other Essays(New York: Harper and Row Publishers, 1977), p. 4.

Innis, Harold A., The Bias of Communication(Toronto: University of Toronto Press, 1973).

Kasza, Gregory J., The State and the Mass Media in Japan, 1918~1945(Los Angeles: University of California Press, 1988).

Kroker, Arthur, Technology and The Canadian Mind: Innis, McLuhan, Grant(New York: St. Martin's Press, 1984).

Lippmann, Walter, Public Opinion; 김규환 옮김, 『여론』(서울: 현대사상사, 1973).

McLuhan, Marshall, Understanding Media; 박정규 옮김, 『미디어의 이해』(서울: 커뮤니케이션북스, 1997).

Stark, Frank M., Communicative Interaction, Power and the State: A Method(Toronto: University of Toronto Press, 1996).

Tocqueville, Alexis De, Democracy in America(New York: Doubleday and Company Ins., 1969).

제8장
6공화국에서의 언론 정체성(1987~2002)

1. 6공화국과 미디어 중심주의

6공화국은 1987년 민주화 항쟁 이후 정치권력이 미디어에 도전을 받는 시기이다. 과거 정치권력 중심 시대가 종식되고, 미디어에 의해 형상화된 민주화가 부각되었다. 또한 헌법전문의 '불의에 항거한 4·19민주이념을 계승하고…'라는 독재&민주화의 2분법 논리가 작동한 시기이다.

민주화로 각종 지방자치의 기초단체장, 광역단체장, 그리고 국회의원, 대통령 선거가 연이어 실시되었다. 선거의 양상도 '대중집회', '정치 지도자의 연설'로부터 미디어를 통한 선거가 실시됨으로써, 과거의 선거와는 전혀 다른 양상을 띠고 있었다. 더욱이 TV 선거방송의 개막은 신문 미디어로부터, 방송 미디어로 무게 축이 옮겨감을 암시했다. 방송이 권력기구로 된 것이다.

라디오·지상파·케이블·위성방송 그리고 인터넷의 시대가 열림으로써, 미디어는 더욱 세분화되었다. 다매체·다채널 시대가 도래했다. 광속도로 지구를 이어주는 위성 시대가 도래함으로써, 미디어의 콘텐츠는 국내·국제적 정보를 실어 나르며, 언론의 속보성의 진가를 발휘했다. 멀티미디어의 인터넷 서비스가 상용화됨으로써, 미디어는 단위시간의 통제와 동일한 내용의 반복 주입을 수용자에게 강요하였다. 미디어 수용자는 미디어의 반복적 논리에 매료되었다.

전 산업은 미디어를 중심으로 정보를 주고받는 '미디어 중심주의'로 재편되기 시작하였다. 미디어산업의 흥망은 국가산업의 진로와 맞물려 발전하게 되었다. 미디어는 언론 본연의 역할뿐만 아니라, 문화산업으로서의 역할까지 떠맡게 되었다.

팽창정책을 구가하는 미디어는 소리·문자·영상·그래픽 등 수많은 상징을 소모한다. 의미 없는 상징을 조작하여, 뿜어낸다. 광속의 위력을 과시하는 미디어로 인해, 세계화라는 외면할 수 없는 당위성에 직면하게 되었다.

88올림픽을 기점으로, 9월 공산 국가 헝가리·소련과의 관계 정상화, 중국과의 외교 관계의 수립이 실현되었으며, 그리고 '햇볕정책'으로 남북 정상회담이 가능하게 된 것이다.

6공화국 시대의 현저한 언론현상은 형식적 독자·시청자 참여의 폭발적인 증가 추세이다. 이에 맞서 언론윤리강령이 발표되었으며, 기자 실명제, 기사 사전 검열제가 시작되었으며, 정정보도청구권이 강화되었다.

팽창과 자정의 움직임이 언론사 내부에서 일어났다. 네티즌에게 가져다준, 무제한적 참여권은 괄목할 만했다. 인터넷 매체는 멀티미디어의 속성을 지녔으며, 통제와 참여를 동시에 부추길 수 있는 강력한 힘을 지녔다. 인터넷 매체의 인터랙티브 상황에서 '월드컵', '촛불시위'의 열기가 대선의 방향까지 바꿔놓았다. 대중의 참여가 늘어났고, '참여정부'는 인터랙티브 미디어의 시대를 열었다.

정보사회에서 미디어 영역이 확산됨에 따라, 분석의 난항에 직면하게 된다. 분석 영역은 사회학·정치학·사회심리학 그리고 미디어 고유의 영역을 포함하고 있다. 6공화국 노태우(盧泰愚), 김영삼(金泳三), 김대중(金大中), 노무현(盧武鉉), 이명박(李明博), 박근혜(朴槿惠), 문재인(文在寅), 윤석열(尹錫悅) 등 6공화국 정부들의 전체 경향을 체계론(system theory)으로 분석한다. 6공화국의 사회 체계는 하나의 큰 시스템으로 작동하며, 사회 체계 안의 시스템의 부분은 미디어를 중심으로 네트워크가 형성되고, 공존하는 미디어 중심주의에 관심을 갖는다. 미디어 중심주의는 미디어의 존재를 전제로 한다. 전체의 체계는 각 부분으로 형성되어, 미디어를 통해서 이런 체제가 하나의 형태(patterns)를 그리면서 미디어의 도움으로, 조직의 행위를 반복, 역동적 균형과 체제의 발전을 거듭한다.

미디어 중심주의에서 미디어의 정체성(identity)을 논한다. 이러한 체계이론의 발전은 머턴(Robert Merton), 파슨즈(Talcott Parsons), 디플로(Melvin L. De Fleur) 등에 의해 구체화되었다. 본 장은 디플로(1989)의 체계이론을 사용하지만, 미디어체계의 시대사적 의미, 비판적 해석과 이에 따른 정책적 대안을 집중적으로 연구함으로써, 독특한 분석 틀을 제시한다. 체계 안에서 거시적 관점으로 미디어 분석을 시도하며, 정부의 규제, 미디어 소유, 프로그램 내용, 수용자의 구조, 참여자의 관점 등의 역사적·비판적 해석을 덧붙였다.

2. 노태우 정부와 언론의 분화

'민주화', '세계화'의 6공화국은 노태우(盧泰愚) 정부(1987년 12월 16일 당선)가 그막을 열었다. 대중민주주의 실체를 경험코자, 1842년 미국 보스턴을 방문한 디킨스(Charles Dickens)는 "미국의 갖가지 기구 중, 미국 사회를 망치는 끔찍한 동력기가 바로 언론이다."라는 극단적인 표현을 하였다. 디킨스에 비쳐진 미국 언론은 "몹시 건방진 데다 온통 인간의 관심사인 가십거리로 채워져 있었다."(J. Herbert Altschull, 1984/ 1991: 86.)" 이 상황에서 민중민주주의가 발아한 것이다.

상업적 대중민주주의와 언론은 디킨스의 부정적 이미지와 함께 성장·발전하였다. 양자의 공통적 원리는 효율성을 지닐 때만 체제가 작동한다는 점이다.

노태우 민정당 대표는 "정부는 언론을 장악할 수도 없고, 장악하려고 시도히여도 안 된다. 언론을 심판할 수 있는 것은 독립된 사법부와 국민이다"[283]라는 '6·29선언'의 언론 민주화를 발표하였다.

김영삼·김대중 씨의 '후보 단일화' 실패에 이어서, 당선된 노태우 정부는 언론자유의 창달을 위해, 관련 제도와 관행을 획기적으로 개선하겠다는 전제하에, '언론기본법'을 폐지하고, '정기간행물의 등록 등에 관한 법률'과 '방송법' 등을 새로 개정했다. 노태우 정부는 프레스 카드제를 폐지하고, 지방 주재기자를 부활하였으며, 16면(종전 12면) 시대의 개막을 허용하였다.

1987년을 기해 선거 여론조사가 처음으로 도입되었고, 산업화 이후 민주화는 그만큼 발전을 거듭했다. 정부의 언론장악과 장악 시도가 사라진 것은 결코 아니었지만, 언론기본법이 폐지되고, 보도 지침이 사라짐으로써, 언론의 자율성을 최

---

283) 노태우 전 대통령은 자서전에서 "언론자유가 민주화의 견인차라고 생각했다. 언론자유는 모든 자유를 자유케 하는 자유의 어머니라고 한다. 내 재임기간 중 언론의 자유는 획기적으로 신장되었다."라고 했다.(노태우, 2011: 14)

대한 보장토록 하였다. 군사정권의 권력 중심의 시대는 학생·시민·노조의 '민주화운동'으로 막을 내린 것이다. 그러나 각종 이익 사회 단체의 사상적 독립과 성장의 가능성을 받쳐줄 수 있는 제도적 힘의 축적이 미비한 채, 갑작스런 자유의 길을 걷게 되었다. 다급한 6공화국 정부는 국제화 추세에 걸맞은 사회 구조를 정비하기도 전에, 팽창 일변도의 정책 드라이브를 계속하였다.

다수당의 위치를 상실한 집권 민정당은 1990년 1월 21일 민정당·민주당·공화당 3당 합당의 민자당을 발표함으로써 위기를 극복하려고 하였지만, 노태우 정부는 야합 정치로 정당성을 잃어갔다. 애초 약속했던 민주화는 현실과 차이를 보였다. 정치체제는 동원력을 상실하였으며, 국민 대중의 참여가 적절히 이루어지지 못했다. 모든 재정 지원은 재벌의 국제 경쟁력 강화에 치중되었다.(김종찬, 1992: 64) 국제화는 재벌의 독점지배력을 활성화시킴으로써, 강자 위주의 게임 구도가 더욱 견고해갔다.

사회 노동운동은 철도기관사 파업, 지하철노조 파업, 현대중공업 노사분규 등으로 이어졌다. 재벌을 앞세운 정부는 농성장에 경찰을 투입하였다. 정부는 '범죄와의 전쟁'을 선포하고, '사이비 언론', '인신매매단', '조직폭력배' 등을 '민생 침해 사범'으로 간주하였다. 정부는 각 사업장의 노사분규를 파괴와 폭력이라는 도식으로, 언론에 홍보성 기사를 남발하였다. 그러나 각 언론사는 사내 민주화를 앞세워 독자의 알 권리에 반하는 어떤 부당한 압력과, 사적 이익으로부터의 독립에 사운을 걸었다.

6공화국 언론운동은 박종철(朴鍾哲) 군 '고문치사 가능성'의 의문 제기에서부터 시작되었다. 「중앙일보」 사회부 신성호 기자는 "1987년 1월 15일 오전 9시 50분 이홍규 대검찰청 공안 4과장 사무실에 들렀다. 주요 사건을 담당한 검사실을 돌며 취재거리를 찾던 중이었다. '경찰 큰일 났어'(이 과장) '그러게 말입니다'(신 기자). 그 친구 대학생이라지. 서울대생이라며? 조사를 어떻게 했기에 사람이 죽은 거야. 더구나 남영동에서…(이과장). 치안본부(현 경찰청) 대공수사단이 있는 남영동에서 서울대생이 경찰 조사를 받다가 숨진 사건이 일어났다. '쇼크사' '고문 가능성' '언어학과 3학년 박종철'이라는 사실도 확인했다. 「경찰에서 조사받던 대학생 '쇼크사'」. 그날 오후 석간 「중앙일보」 사회면에는 이런 제목의 1단 기사가 실렸다."라고 했다.(고대훈, 2017. 12. 30.) 한편 1987년 1월 16일 석간 「동아일보」는 "두피하 출혈과 목, 가슴, 하복부, 사타구니 등 수십 군데에 멍 자국이 있었다."는 박종철 군의 삼촌 박월길의 증언을 바탕으로 타살의 실마리를 찾아내기 시작하였다.(오명, 2000: 481~482) "책상을 탁 치니 억 하고 쓰러졌다"는 쇼크사로 박종철 군의 사인을 거짓 발표한 경찰에 비난의 질책이 쏟아지던 와중에 연세대생 이한열(李韓烈) 군이 머리에 최루탄 파편이 박혀 사망한 사건이 벌어졌다. 학생들의 데모가 격렬하던, 그해 6월, 천주교 정의구현사제단이 '5월 18일' 광주사태 추모 미사를 마친 뒤, 김승훈(金勝勳) 신부가 박종철 군 고문 치사 사건이 조작되었음을 발표하면서, 6·29선언이 전격 발표되었다.

폭력문화는 계속되었다. 노동계와 학생은 여전히 노태우 대통령에 대한 정통성 부여를 거부하고 나섰다. '독재&민주화'의 프레임을 강하게 작동시킨 것이다.

1991년 당시 노동자였던 오창균 씨는 "경찰의 쇠파이프 진압으로 사망한 대학생 강경대를 추모하고 정권퇴진을 요구하는 시위에 참여했다. 시위 진압 차량이 페퍼포그를 앞세워 '지랄탄'(다연발 최루탄)을 난사하는 경찰과 흰색 헬멧을 쓴 백골단에 맞서 우리는 깨진 보도블록을 던졌다. 소주병에 심지가 박혀 있는 화염병을 들었을 때 몸이 부르르 떨렸지만 할 수 있는 최선을 다해 싸웠다."라고 당시의 상황을 회상했다.(오창균, 2020. 02. 22.)

당시 노태우 대통령은 "'물태우'란 소리가 싫었는지, '법집행 과정에서 소신껏 일하다가 일어나는 문제에 대서는 정상참작을 할 것'이라고 했는데 그 한마디가 일선에서는 쇠파이프로 커진 것이다."라고 했다.(이기홍, 2020. 02. 21.) 그 후 노동·학생운동은 쇠파이프로 서로 맞서는 것이 관행화된 것이다.

한편 방송에 대한 비판이 거세졌다. 1986년 1월 20일 시청료 거부 기독교 범국민운동본부가 설치되고, 'KBS-TV를 보지 않습니다.'라는 문구가 새겨진 스티커와 전단을 제작·배포하였다. 기독교·천주교·불교·여성 단체 등은 1987년 7월 8일 'KBS 시청료 거부 운동'과 관련하여, 「KBS의 진정한 각성을 촉구한다」라는 성명서를 발표하였다. 언론사 사내에서도 자성의 목소리가 나왔다.(안재희, 1994:

914) MBC 보도국 95명의 기자는 8월 13일 허울뿐인 공영제 철폐, 관선 경영진 퇴진, 기관원 출입 금지, 해직 기자 전원 복직 등 4개항 요구와 방송 언론 민주화를 위한 우리의 다짐을 발표했다. 또한 KBS 프로듀서 139명은 7월 18일 「참다운 공영 방송을 위한 우리의 선언」을 발표하였다.

노태우 정부는 KBS, MBC에 대한 획기적 개혁 방안을 내놓았다. 그는 "KBS가 전액 정부출자기관임에도 불구하고, 언론기관의 특성을 감안하여 '정부투자기관 관리기본법'의 규제를 배제하도록 했다. KBS이사회를 심의의결기관으로, 최고의 결기관으로 격상하였고 사장 임명의 추천권까지 갖게 하였다. 한편으로는 종전에 KBS가 소유하고 있었던 MBC의 주식 대부분을 방송문화진흥회에 출연하도록 하여, 정부와는 무관한 주식회사 형태로 체제를 바꿈으로써 MBC의 독자성을 보장하였다."라고 했다.(노태우, 2011: 15)

신문의 팽창은 괄목했다. 김영삼 정부가 방송의 확장을 가져왔다면, 노태우 정부는 신문의 팽창을 허용했다. 뿐만 아니라, 노조까지 허용함으로써 언론의 방임 시대가 열린 것이다. 그 강성의 정도는 상상을 초월했다. 그 결과로 개인의 언론·출판의 자유는 허용하지만, 집회·결사의 자유가 확대되면 오히려 집단의 자유는 개인의 자유를 질식시켰다. 더욱이 독재&민주화로 프레임을 잡는 386 운동권세력은 정파성의 언론을 남발하게 되고, 사실의 정확성·공정성·객관성·독립성의 문화는 점점 희석되어 갔다.

자유주의 언론의 기능이 환경의 감시, 사회제도의 연계, 사회화, 오락의 기능을 뒤로하고, 사회주의 언론의 기능, 즉 선전, 선동, 진지전 구축(war of postioning)을 만연시키게 된다.

한편 '정부는 언론을 장악할 수도 없고, 장악하려 해서도 안 된다'라는 6·29를 발표한 후, 노태우 전 대통령은 자서전에서 "…언론 자유가 소중하다는 인식에는 변함이 없다. 「한겨레신문」이 창간된 것도, 언론사에 노조가 생긴 것도 모두 6공화국 시절이었다."라고 했다.(노태우, 2011: 101)

언론사 노조는 「한국일보」(1987년 10월 29일)를 시작으로, 「조선일보」(1988년 10월 25일), 「동아일보」(11월 18일), 「중앙일보」(12월 1일), MBC(12월 9일), 「부산일보」

(1988년 1월 22일), KBS(5월 20일), 그리고 전국언론노동조합연맹(언노련, 11월 26일)이 탄생하였다. 언노련은 '강령'[284]을 발표하였으며, 각 단위조합은 편집권 독립, 공정 보도, 처우 개선 등 당면 과제를 앞세웠다.

「한국일보」 노조[위원장, 최해운(崔海雲)]는 노조 결성 취지문에서 "우리는 노동조합 활동을 통해 올바른 노사 관계를 확립하고 나아가 사회민주화과정에서 언론이 가지는 중대한 자기 역할을 수행할 것을 천명한다"고 창립 선언을 했다.(안재희, 1994: 392) 한편 「부산일보」 노조[위원장, 조영동(趙永東)]는 노조 설립의 단계를 넘어서, 1988년 7월 운영재단인 정수장학회로 교섭에서 ①회사는 편집국장의 인사에 있어 노조의 의견을 최대한 반영한다, ②회사와 노조는 편집 제작진의 편집권을 존중한다는 규정을 단체 협약에 삽입시켜, 자신들이 요구한 편집국장 추천제를 사실상 관철시켰다.(안재희, 1994: 401)

여기서 '만주화'는 민주공화주의 민주화가 아니라, 민중민주주의이고, 포퓰리즘·정치동원체제·국가사회주의 개념을 갖고 있었다. 언론은 외부 권력에 맞설 수 있는 노동조합의 탄생을 서둘렀으나, 노조의 명암, 그 문화를 음미하지도 않은 채, 마치 열병에 걸린 것처럼 전 언론사가 노조의 열풍에 휘말렸다.

서구 각국은 언론인의 저임금, 무차별적 해고에 기인한 경제적 이유에서 시작되었지만, 우리의 노조설립은 6·29선언의 정치적 이유에서 유래된 것이었다. 또한 언론사는 자본의 논리에서, 경쟁체제로 성장하기보다, 정치적 논리로 자기 정체성을 확보했다.

물론 노동조합의 기여도 있었다. 노동조합의 사회적 공헌은 소속 기관 내에 커뮤니케이션을 활성화시켰다. 언론노조는 상부 조직의 집중된 권력·자본·인사 등 하부 조직 참여를 통해 견제함으로써, 조직의 유연성을 유지토록 하였다. 언론

---

284) 언노련 강령은 ①언론의 역사적, 사회적 책임을 깊이 인식하여 보도 자유의 확보와 민주언론실천에 전력한다, ②굳건한 단결력을 바탕으로 언론노동자의 정치적, 사회적, 경제적 지위 향상과 권익 보호 신장을 위해 투쟁한다, ③민주적인 노동운동을 강력 지원한다, ④편집, 편성권에 대한 정치 권력이나 자본 등 어떠한 세력의 간섭도 거부한다, ⑤ 민주적인 조직 운영으로 조합원 대중의 폭넓은 참여를 보장한다, ⑥언론 내부의 권위주의적, 비민주적인 요소 척결에 노력한다 등이었다.(안재희, 1994: 394~395)

은 집권당뿐만 아니라, 야당에도 공정한 기회를 부여하는 공정보도에 관심을 가졌다. 또한 노조의 설립은 언론인의 고용, 해고, 고정적 봉급 등 예측 가능한 관리 문화를 조성시켰다.

그러나 공영 방송·민영 방송·공기업 통신사·공기업 신문사·사기업 신문사 등 사회 전체의 동시적 노조설립은 각 조직의 정체성 확립에 혼란을 유발시켰다. 공영방송이 민영 방송의 역할을 일삼고, 민영방송이 케이블 방송의 역할을 떠맡고, 위성 방송이 또 하나의 공영 방송을 만들었다. 평준 하향의 문화적 양상과 더불어 정치권력은 서로를 통해 서로를 견제하는 이이제이(以夷制夷)의 정책을 시도하였다.

노태우 정부는 자신들을 '보통사람의 시대'로 규정했다. 물론 집단적 자유는 개인의 자유를 질식시킬 뿐만 아니라, 책임의식을 약화시킨다. 민중민주주의 '잠재적 기능'으로, 집단 이기주의 카르텔 문화는 언론사를 넘어 사회 전반으로 확산되었다.

생산현장에서는 노동자 계급의식, 노동문화가 파괴되었다. 지식인이 지식인 고유의 특성을 상실했듯이, 노동자는 거친 노동문화의 고유 특성을 잃어버렸다.

노동자도, 지식인도 자신의 고유 언어를 잃어버린 채, 각 매체의 기술적·내용적 속성에 따라 기술 결정론적 '가상 공간'의 언어에 의해 노동문화의 현실을 송두리째 빼앗기고 있었다.

현실적 언어는 집단생활을 하는 가족, 커뮤니티, 그리고 다른 사회 집단들로부터 발생하는 정치적 소재의 내용을 담고 있다. 그러나 현실적 감각을 상실한 가상세계의 언어는 허위의식의 이데올로기를 사회 내에 양산한다. 이데올로기는 당연히 기사의 독창성·공정성의 확보, 질 좋은 프로그램의 양산에 걸림돌이 되었으며, 공정한 사회 건설의 저해 요인으로 작용했다.

임금 노동자인 기자가 단결권을 가지는 것은 당연하다. 단결권을 바탕으로 기자·PD가 사회적 중요 이슈를 감시하고, 공정하게 조정하며, 교육의 기능을 담당할 수 있다. 그러나 언론인이 수용자를 적극적으로 참여시키지 않은 채 사회를 검열할 때, 문제는 왜곡되며, 이데올로기가 양산된다. 언론은 같은 논조를 일정한 시간 단위로, 지속적으로 반복하여 수용자를 설정함으로써 왜곡된 '미디어 중심주의'로 지향하게 된다.

노동조합의 설립은 군사 문화의 비판에서 출발했으나, 그들도 닮은 획일적 군사문화를 수용하였다. 당시 언론은 '공정보도'를 위한 조건의 차원을 고려하지도 않은 채, 전 언론이 노조를 허용하였다. 언론의 사명을 망각할 수 있는, '패거리' 언론, 무기명 기사, 권위에 대항한 무조건 적대 문화, 출입처제도, 자사이기주의 등 권력 기구로서의 언론을 여전히 상존 시킨 채, 평준 하향화의 노조 문화의 단점으로 사회는 혼란을 가중시켰다.

물론 그 단서는 군사정권이 제공하였다. 6·29 이후 언론 통제의 산실이 되어왔던 문공부의 홍보정책실을 폐지하고, 1980년 언론계 정화조치로 해직된 기자를 복직시키자는 의견이 부각되기 시작했다. 5공화국 비리청산의 청문회는 1988년 10월 5일부터 삼청교육대 문제, 언론통폐합의 진상 규명, 과거의 5공화국 비리, 광주 민주화운동 진상 규명 등 청문회를 개최하고, 12월 13일 마지막 날, 「동아일보」 김상만(金相万) 회장, 「조선일보」 방우영(方又榮) 회장, 「한국일보」 장강재(張康在) 회장, 「중앙일보」 이종기(李鍾基) 사장 등을 국회 증언석에 세웠다. 「조선일보」는 1988년 11월 25일자 「청문회를 본 우리의 다짐」의 사설에서 제5공화국의 기자 대량 해직, 언론사 통폐합, 홍보실을 통한 보도 지침, 안기부 및 보안사의 기자 연행 및 폭행 등으로 이어지는 한국언론의 왜곡 양식에 대해 결연히 저항하지 못했음을 시인하였다.(방상훈, 2000: 1597)

한편 '언론기본법'은 '발행의 자유 제한', 지방의 '1道 1社' 원칙, '등록 규정'과 '등록 취소', '지방 주재기자 파견' 등 독소 조항을 지니고 있었다. 정부는 대체 입법으로 '정기간행물 등록 등에 관한 법률' 3979호를, 1987년 11월 28일 공포하였는데, 새 법 제3조에 의하면 일간 신문이 방송의 겸영을 가능케 하였으나, 정기간행물 발행자는 반드시 문공부장관에게 등록토록 했다.

5공화국 당시 신문과 방송을 분리시켜, 정부가 분리·통치함으로써, 언론의 발전, 언론자유의 걸림돌이 되어왔던 조항이 여전히 작동하게 되었다. 나머지 독소 조항은 일간 신문 발행자는 일정한 인쇄 시설을 갖출 것, 그리고 문공부장관은 정기간행물의 등록 취소를 법원에 청구할 수 있도록 규정하였다. 결과적으로 중소신문 기업의 신규 진입은 여전히 차단시킨 채, 문화공보부 장관의 막강한 권한은 계속 유지되었다.

'정기간행물의 등록 등에 관한 법률'이 발표되면서 많은 신문이 창간·복간되었다. 「한겨레신문」(1988년 5월 15일), 「평화신문」(1988년 5월 15일), 「국민일보」(1988년 12월 10일), 「세계일보」(1989년 2월 1일) 등이 창간되었다. 「경북일보」, 「인천신문」, 「전남일보」, 「무등일보」, 「경기일보」 등 새로운 지방 신문이 창간, 혹은 복간되었다. 그리고 재벌 신문이 두드러지게 등장하기 시작하였다. 한국화약의 「경향신문」, 롯데그룹의 「국제신문」, 대우의 「부산매일신문」, 대농의 「내외경제신문」과 「코리아헤럴드」, 현대그룹의 「문화일보」 등이 창간하게 되었다. 신문은 출혈 경쟁체제를 경험하였으며, 각 언론사는 언론시장에서의 생존에 초점을 맞추었다.

언론은 본질적으로 대중의 정치참여를 활성화시키고, 대중에게 정치적 비판 기능을 부여함으로써 대중이 책임의식을 갖도록 한다. 정부의 정치적 정보를 공중에게 공유토록 함으로써, 참여민주주의가 가능케 된다. 그러나 현실적으로 언론은 사회에 만연된 노동조합의 생존적 투쟁을 비판적으로만 취급함으로써, 노동자의 사회적 이미지를 부정적으로 비치게 하였다.

새로운 사회적 환경은 쇄신한 신문을 요구하였다. 「한겨레신문」[285]은 민주·민족·통일 등 사시(社是)로 한국의 새로운 민주주의와 신문업계에 신선한 바람을 불어넣었다. 이 신문사는 최소 이익, 최대 공익에 봉사한다는 전제 하에, 편집위

---

285) 「한겨레신문」은 1987년 9월 1일 동아, 조선의 해직 기자 196명을 중심으로 창간 발의자 대회를 열고, 1인당 50만 원 이상씩 창간 기금을 출연함으로써, 구체화되었다.(권근술, 1998: 294) 창간 발기 선언문(10월 30일)에서 "우리는 언론 사상 유례를 찾아보기 어려운 범국민적인 모금에 의한 새 신문의 창간을 내외에 선언한다"고 전제하고, "인간의 자유와 기본권을 유린해온 오랜 독재 체제를 청산하고 사회 구석구석에 만연되어 있는 비민주적인 요소를 제거하며 국민이 주인이 되는 진정한 민주화를 실현시키고 분단을 극복하여 민족의 평화 통일을 성취해야 할 중대한 과업을 안고 있다"고 창간 의미를 밝혔다.(상게서·304) 주요 관련자는 대표이사 송건호(宋建鎬), 초대 편집위원장에 성유보(成裕普), 제2대 편집위원장 정윤환, 초대 노조위원장 고희범 등이 참여했다. 「한겨레신문」의 독특한 색깔은 민생인권부·민족국제부·생활환경부 등 생소한 부서로부터 시작되었다.

원장을 직선으로 선출하였고, 기자들의 촌지를 거부했다. '가로쓰기'[286], 한글 전용, 종합 편집, CTS 도입 등은 당시로서 획기적이었으며, 더 나아가 자체 윤리강령을 제정하였다.

한편, 정부·여당은 '방송법' 법률 제3978호를 1987년 11월 28일 국회에서 통과시켰다.(서정우·차배근·최창섭, 1993: 371) 새 방송법은 5공 정권 하에서의 편파·왜곡 방송, 저질적 프로그램으로 국민의 지탄을 받았던 공영방송 체제를 개선·유지한다는 취지에서 개정되었는데, '민주'와 '공익'을 목적으로 하는 개정된 방송법에 따르면 정부의 통제력을 방송위원회를 통해 가능케 했다.

새 방송법 제21조는 ①항에 방송위원회는 심의규정을 위반한 방송국에 대하여 사과, 정정, 해명 또는 취소 등을 하게 하거나 (…) 또한 2항에 제①항의 규정에 따라 명령을 받을 때, 그 내용을 방송케 하고, 4항에 ①, ②항의 문제를 보고 받을 때, 지체 없이 이를 문화공보부장관에게 통보토록 규정하였다. 즉, 방송위원회를 정부예속 하에 둔 것이다. 또한 방송위원회의 수를 9명에서 12명으로 늘리는 한편, 12명 중 야당 추천 인사는 국회의장 추천 4명 중에서 선임할 뿐, 나머지는 여당 인사들로 채워졌다. 방송위원회는 정부·여당 인사에 의해 독점되었다. KBS, MBC 인사도 정부·여당이 지배권을 행사한 것이다.

정부는 방송위원회를 통해 방송을 장악하고, '정권의 나팔수'로 작동토록 하였다. 즉, 방송위원회 권한을 '공보처'로 이관함으로써, 공보처의 권한이 강화되었다. 그리고 전파 개방, 채널 선택의 다양성 보장, 선의의 경쟁을 통한 방송 발전, 선진국의 규제 완화 추세 등을 골자로 방송 경쟁 구조의 확립을 시도하였다. 즉, 당시 방송 정책은 ①공영방송을 육성하자는 분위기보다 ②시장개방을 통한 민영화에 더욱 초점이 가 있었다.

방송위원회는 민간기구 '방송제도 연구위원회'[287](방제연)를 1989년 4월 20일

---

286) 가로쓰기는 「한겨레신문」이 시작한 후 1995년에 「중앙일보」가 그 뒤를 따랐고, 1996년 「문화일보」, 1997년 「경향신문」, 그리고 1998년 「동아일보」, 「한국일보」, 「조선일보」가 동참했다.

287) 방송제도연구위원회는 1990년부터 2000년까지 향후 10년간의 세계 방송 환경의 변화를 예측하면서 보다 장기적이고 종합적인 국가방송정책 수립에 도움을 줄 수 있는 방향 제시와 자료 제공을 목

에 구성, 41명의 각계 전문가들이 참여하였다. 이 위원회는 1990년 5월 상업 방송 허용을 골자로 하는 보고서를 정부에 제출하고, 그해 6월 14일 정부는 방송구조 개편안을 발표했다. 1990년 7월 14일 국회는 여당 단독으로 '방송법', '한국방송공사법', '한국방송광고공사법' 등 3개 '방송관계법 개정안'을 야당이나, 방송 노조, 시청자 단체의 격렬한 반대에도 불구하고 통과시켰다.

노태우 정부는 1980년 언론통폐합의 공영방송 체제로부터 발전적 방향으로 새로운 판짜기의 성과를 거두었다. 새로운 방송법인 법률 제4183호에 의해 5공 정부의 방송 구조의 개편을 위한 여론을 조성시키고, 방송 구조 개편을 획기적으로 단행한 것이다. 새 방송법은 방송국 경영과 방송법인의 범위를 확장시켜, 공영방송 이외의 민영방송을 허용했다.

한편, 1989년 1월 CBS의 보도기능을 허용하는 분위기에 편성하여, 방송채널을 허용하기 시작했다. 1990년 4월부터 6월까지 평화방송(4월), 불교방송(5월), 교통방송(6월)이 FM 라디오 방송을 시작했다. 1991년 3월에는 서울방송(SBS), AM 라디오, 12월에는 SBS TV 방송이 시작됨으로써 '공민영 체제'가 본격적으로 시작되었다.

KBS를 전국 매체의 성격을 갖게 하는 한편, 민영방송은 존립 기반을 지방사회에 밀착한 것으로 다른 어떤 방송사업자의 영향 하에도 들어가지 않는 독자성을 갖도록 했다. 즉, 민영방송은 국민 전반에 공통된 일반적인 필요에 부응하는 외

적으로 1989년 5월 방송위원회의 위촉에 따라 설립된 독립적 전문 연구 집단이었다.(방송제도 연구위원회, 1990,: 머리말.) 본위원회는 방송, 신문, 광고 및 홍보, 경제, 경영, 전자공학, 정치, 사회학의 전문 연구자와 법률가, 방송인, 광고 전문인으로 구성되었으며, 운영위원회와 5개 분과위원회로 나누었다. 제1분과는 방송 이념, 제2분과는 방송 제도와 법, 제3분과는 재원 및 광고, 제4분과는 한국방송공사의 위상과 독립 제작사 문제, 그리고 제5분과는 유선 텔레비전과 뉴미디어 분야를 다뤄왔다. 본위원회의 기본 명제는 자유민주주의에 뿌리를 둔 개방 사회를 지향하며 기술 발전을 위시한 제반 방송 상황의 변화에 유연하게 대처하고, 전파의 합리적 사용으로 국민의 선택의 폭을 확대하며, 방송 매체의 궁극적 사명인 공공성 제고를 위해 독립성을 확보하고, 미래의 새로운 방송 질서를 마련하고자 하는데 있었다(상게 보고서, 「머리말」). 본위원회는 ①민영방송 허용, ②정부의 방송 행정주도 배제, ③방송광고공사 폐지, ④방송위원회 면허권 및 방송 정책 소집 기능 강화, ⑤방송심의 자율화, ⑥MBC의 위상 변화, ⑦KBS의 운영 방식 변화 등을 주요 내용으로 최종 보고서를 1990년 3월 31일 방송위원회, 정부에 보고했다.(이범경, 1994: 448~449)

에도 특별히 해당 지방사회의 필요를 충족시키도록 했다. 그러나 방제연 보고 중 '민영 방송 허가' 부문만 정부가 받아들이고, 방송위원회 기능 강화(규제조항 강화), 시청자위원회설치,[288] 한국방송광고공사 현행 체제 유지, 공익 자금 존속, 종합 유선방송 도입 등을 골자로 방송법을 통과시킨 것이다.

이 과정에서 정부의 언론 정책에 대한 반대가 만만치 않았다. 1987년 11월 28일 통과시킨 '방송법', '방송문화진흥회법', '한국방송공사법'에 각각 노조는 제동을 걸었다. MBC노조는 1989년 1월 최창봉(崔彰鳳) 대표이사 내정과 관련, '새 사장 내정 과정의 반 민주성을 규탄한다.'는 성명을 발표하였으며, KBS노조는 1990년 4월 서기원(徐基源) 서울신문사 사장 임명과 관련, 취임 반대 농성을 벌렸다. 반대 농성은 방송이 친 여당 편향으로부터 독립을 시도할 수 있는 기회 제공뿐 아니라, '방송민주화 투쟁', '방송 관계법 개악 저지 대회' 등으로 확산되었다. 그러나 공보처는 제작 거부로 이어지는 현상을 차단할 명분으로 '더 이상 밀릴 수 없다'며 경찰병력을 투입했다.

그 갈등의 첨단에선 최창봉 사장은 3월 문화방송 사장으로 취임하면서, '한국 리얼리즘의 방송 시대'를 일구어나가자고 주장하였다.(김우룡, 2001: 82) 최 사장은 'PD 저널리즘'에 방향을 제시한 것이다.

한편, 정부는 1990년 1월 1일부터 문화공보부를 공보처와 문화부로 분리·개편한 후, 최병렬(崔秉烈) 문화공보부 장관을 초대 공보처 장관으로 임명하였다. 집권 민정당은 1990년 1월 21일 민정·민주·공화 3당 합당 민자당을 발표하고, 다수당으로서 위치를 확고히 하였다. 공보처는 정보사회에서 전파 개방은 필연적이며, 민영화는 세계적인 추세라는 명분으로 정책을 폈다. 그러나 공보처는 전 방송의 제작 거부, 언론학자 61명, 방송위원회 한승헌(韓勝憲)·한완상(韓完相) 위원 등의

---

288) 시청자위원회는 '시청자를 대표할 수 있는 자'로 시청자의 폭 넓은 참여를 독려했다(박선미, 「방송공익의 제도철학적 고찰- 1990년 이후 방송정책 결정과정을 중심으로」, 동의대학교, 201: 140). 실제 참여와 접근의 도를 넘어 프로그램의 사전 게이트키핑의 역할을 부여한 것이며, 나아가 비전문인에 의한 방송 내용의 장악과 다름 아니었다. 이는 방송법 3조의 '방송국의 장은 방송의 편성, 제작이나 방송국의 운영에 관하여 누구로부터라도 규제나 간섭을 받지 않음'을 명문화한 조항과 법리적으로 모순이 되었다.

반대에 귀를 기울일 필요가 있었다. 비합리적 권력의 논리는 후유증을 낳게 마련이었다.

공·민영 방송제도에 알맞은 제도 개선이 이뤄지지 않은 채, 서울방송만을 첨가한 것이다. 공보처는 1990년 10월 31일 새로운 민방, 대주주 5인, 소주주 25인 등 모두 31개 주주 구성을 확정했다.(최창봉·강현두, 2001: 316) 서울방송(SBS)[289]은 1991년 3월 20일 라디오, 12월 9일 SBS-TV를 개국하였다. 서울방송은 '토크 라디오'의 참여 문화의 경험 축적도 결한 채, 단지 정책적 배려에 힘입어 가상문화 형성에 참여한 것이다.

저속한 모방 방송문화는 외부의 문화와 상황에 민감하며, 외부의 권력·자본·기술·기자재 등에 항상 의존하게 마련이다. 예속 문화의 근성은 사고의 경직성, 기술 결정적 사고, 매체 자체의 기득권 등에 의외로 강하게 집착하게 된다. 서울방송 개국 초기 TV 편성은 보도 26.7%, 교양 44.5%, 오락 28.8%로 시작했다.(최창봉·강현두, 2001: 318) 서울방송은 8시 저녁 종합 뉴스를 실시하였다. 공영 방송의 프로그램이 뉴스, 공적 문제, 피처, 다큐멘터리, 예술, 음악, 연극 등을 중심으로 편성되어 있음을 감안한다면, 신생 SBS는 분명 공영 방송의 포맷을 모방한 것이었다.

개정 방송법(4183호)의 제6조에 의하면 민영방송국의 경영과 방송 법인은 민영 방송의 자체 규정을 따르고 있었으나, 실제 공·민영이 한국방송광고공사에게 광고를 맡김으로써, 민영 방송이 공영 방송과 같은 형태로 경쟁을 시작한 것이다. 3개의 공·민영 방송은 확실한 자기 정체성을 결한 채, 정체 불명의 공·민영 종합

---

289) 노태우 전 대통령은 자서전에서 "케이블 TV 역시 앞으로의 다매체 시대에 대비하기 위한 것이었다. 통신위성의 덕으로 전파의 국경이 없어진 것이나 마찬가지인 시대에 KBS, MBC 두 개의 공중파 방송에만 매달려 있다면 정보 분야의 후진을 면할 수 없다는 것이 나와 참모들의 공통된 생각이었다." 라고 했다.(노태우, 2011: 102) … 한편 최병렬(崔秉烈) 공보부 장관은 우선 30대 그룹을 제외시키고 중소기업들의 신청을 받아 전체 자본금을 1000억 원으로 책정하고 지배주주에게는 30%가 배정되도록 했다. … 최종 심사에까지 이른 곳은 태영(泰榮), 일진, 인켈이었다. 일진은 방송국이 들어갈 자체 건물이 없었고, 인켈 회장은 나이가 고령이기 때문에 상대적으로 우수하게 평가된 태영이 선정된 것이다."라고 했다.(노태우, 2011: 103)

방송을 시작한 것이다. 국제화에 따른, 국가 경쟁력의 청사진은 국회 다수당의 비합리성 앞에서 무산되었다.

새로운 상업방송은 공영방송의 아류로 모방을 일삼았다. 마치 KBS, MBC가 'AFKN'의 프로그램을 모방하듯, 새 민방도 공영 방송을 모방한 것이다. 즉, KBS, MBC는 공영 명분으로 상업방송을 계속하였으며, SBS는 상업 명분으로 공영 방송을 시도하였다. 모방의 '패거리' 문화는 단순하고 반복적인 산업구조 하에서 묵인될 수 있으나, 세계화의 탈냉전 시대에는 전혀 맞지 않았다. 세계화의 방송문화는 전문성을 가질 때, 각자의 정체성은 확립되며, 전문화는 서로의 네트워크를 요구한다. 네트워크 사회에서 방송 간의 협조 체제와 신문 등 타 미디어와 연계는 필수적이다.

민영방송은 인적 구성부터 문제점을 안고 있었다. 기존 관리문화에 익숙한 방송 인력이 새 민방에 채워졌다. 질 낮은 집단이기주의 문화, 포퓰리즘 문화는 여전히 공존한 채, 사회적 갈등 구조는 증폭되었다. 외국 기자재, 외국 프로그램 남발은 허위의식의 이데올로기 생산을 부추기며, 국민경제를 더욱 어렵게 만들었다.

사회체제의 분화는 전문화의 원리를 받아들이면서, 사회 봉사적 '형제애'를 작동시킨다. 서로가 서로를 아끼고 더불어 사는 미덕을 갖게 된다. 그러나 기존 방송을 견제하기 위해 또 하나의 방송이 설립되며, 신문을 견제하기 위한 수단으로, 또 다른 하나의 방송이 설립되는 어처구니없는 발상은 갈등을 증폭·심화시킨다. 더욱이 방송이 자본과의 연대를 굳혀감에 따라, 저속한 '미디어 중심주의'는 그 기반을 더욱 굳혀갔다.

내용은 별로 차별화가 되지 않은 채, 방송국 수만 늘어났다. 방송은 컬러 영상·음향·문자·디자인·그래픽을 가진 도구로서, 신문 매체의 문자·디자인 등을 주축으로 하는 매체와는 그 영향을 달리하였다. 1980년 12월 방영 개시 이후, 받아들인 컬러 TV는 그 문화의 진가를 발휘하기 시작하였다. TV문화의 역동성·화려함·현란함은 본능적 욕구를 부추기기에 충분하였다. 더욱이 1988년 서울올림픽 이후, 방송은 '지구촌'을 안방에 이전시켜 놓았다. 지구촌의 저질문화 유입은 소비시장을 부추기면서, 수용자의 기대치를 상승시켰다. 공·민영 방송은 무차별 시청률 경쟁을 시도함으로써, 현란한 가상문화는 노동자문화 등 사회 내 하부 문화를 파괴시키고, 수용자의 참여를 제도적으로 차단시켰다. 천박한 '기술 결정론', '미디어 중심주의' 사고가 수용자를 압도한 것이다.

한편 6공화국 초기의 공보처는 전문 채널의 정립에 일정 부분 기여를 하였다. 교육방송(KBS 3TV)은 1990년 12월 27일 전국 네트워크 교육 전문방송으로서, 학교 수업 보완, 일반 교양 프로그램 등을 담당하였다. 교통 전문 채널 교통방송(TBS, Traffic Broadcasting System)은 1990년 6월 10일 개국하고, 통신원 체제를 구축하여 민첩성·기민성을 바탕으로 '시민을 위한 방송', '시민의 방송'을 시도하였다. 새로운 방송법에 따라 1991년 7월 1일부터 1992년 6월 30일까지 1년 동안 서울 목동과 상계동 케이블 TV의 실험 방송을 실시했다. 그리고 1991년 12월 31일 '종합유선방송법안'이 법률 제4494호로 국회에 통과되었다.

방송이 팽창되면서, 다양한 프로그램을 선보였다. 그러나 괄목할 만한 하드웨어의 도입에 비해 빈약한 소프트웨어의 보완을 위한 작업이 병행되었다. 더욱이 서울올림픽은 세계 속에서의 정보화를 부추기는 동기를 만들어 놓았다. 해외 제작물을 증가시키기 위해 해외 복수 특파원제, PD 특파원제가 활성화됨으로써, 세계인의 삶의 모습을 직접 취재하기 시작하였다. 특파원 숫자가 늘어나면서, 신문사의 보도에 생동감을 줄 뿐 아니라, 문화적 교류도 활발해졌다.

「조선일보」는 1988년 12월 13일 북한부장 김주일(金周一)을 최초 공산권 헝가리에 특파하였다. 베를린 장벽이 1989년 11월 11일자로 붕괴됨으로써, 공산권의 취재 영역을 확장시켰다. 체코슬로바키아·헝가리·모스크바 특파원과 지국을 각 언론사마다 경쟁적으로 설치했다. 자사 중심주의에 익숙한 망라주의 문화에서 '정보풀'의 개념은 위약한 채, 자사 나름의 효율적인 특파원제를 채택하였다. 1990년 이후 복수 특파원제, 세계 각국의 순회 특파원제 등을 이용하여 해외 뉴스를 쉽게 접할 수 있게 하였다. 더욱이 1992년 8월 24일 중국과 수교가 맺어짐에 따라, 「동아일보」는 「인민일보」와 제휴하고, 1995년 중국 이붕(李鵬) 총리와 회견을 가졌다.

행위이론·체계이론에서는 목적론이 우선적으로 고려된다. 동구권의 정보가 수용자에게 필요한 이유가 먼저 규명이 되면, 기사의 수준 정도를 결정할 수 있다. 그러나 망라주의 방송과 신문은 사건 위주의 피상적 보도에만 머물렀으며, 올림픽으로 열어놓은 정보망을 관리하기에 급급하였다. 정보망이 확장될수록 국민의 의식 수준은 점점 피상적·형식적으로 흐르기 일쑤였다.

독버섯처럼 성업을 하고 있는 민중민주주의 문화가 엄습하고 있었다. 포퓰리즘 정책은 자유를 제약시키고, 책임의식을 약화시켰다. 대신 강력한 노조문화로 사회주의 문화까지 엄습했다. 북한과의 교역 구상이 본격화되었다. 노태우 정부는 1988년 2월 25일 취임사에서 북한에 관련, '언제 어느 곳에든 방문해 누구와도 진지한 대화 용의'가 있음을 발표하였으며, 국회에서는 '남북교류협력 관계법'을 통과시켰다.

노태우 대통령은 1988년 10월 19일 유엔연설에서 '한반도에서 칼을 녹여서 쟁기를 만드는 날 세계는 확실한 평화가 올 것이다.'라고 했다. 그 맥락하에서 그는 1990년 7월 20일 민간 차원의 교류를 포함시킨, '7·20 민족 대교류 제의 선언'을 발표하였다. 1989년 2월 2일 정주영(鄭周永) 현대그룹 명예회장은 '금강산 관광', '원산조선소와 철도 공장 합작' 등의 접촉성과를 발표하였다. 또한 밀입북 사건도 벌어져, '보안법'에 저촉되는 사례들이 생겨나게 되었다. 서경원(徐敬元) 의원, 문익환(文益煥) 목사가 1989년 3월 25일 평양에 도착하였으며, 김영희(金泳禧) 교수가 '김일성(金日成) 면담 추진'을 시도하였으며, 임수경(林秀卿) 씨, 문규현(文奎鉉) 신부가 평양을 방문하였다.

남북 간에서 가장 선진된 남북기본합의서와 비핵화공동선언을 발표했다. 전자는 1992년 2월 19일 제6차 남북고위급회담을 통해 발효시킨 「남북사이의 화해와 불가침 및 교류·협력에 관한 합의서」이며, 후자는 「한반도의 비핵화에 관한 공동선언」이다. 그리고 구체적 이행과 실천대책을 합의하기 위한 「남북고위급회담 분과위원회 구성·운영에 관한 합의서」를 선언했다. 한편 「남북기본합의서」는 1991년 12월 13일 서울에서 개최된 제5차 남북고위급회담에서 채택·서명되고,

1992년 2월 19일 평양에서 열린 제6차 남북고위급회담에서 최종 발효했다.[290] 한편 고조된 관심을 대변하기 위해 「중앙일보」는 1990년 3월 국내 처음으로 북한부를 신설하였다.

공산권, 북한 보도는 '국가보안법'[291]으로 제약된 사항이다. 공산권의 교류를 준비하여 문공부는 1988년 9월 8일 북한 및 공산권 국가에 관한 보도 요강을 만들었다. 이 요강에 따르면 ①국내 언론기관의 북한 및 공산권 국가에 관한 보도 기준을 정함으로써 국리(國利)의 증진함을 목적, ②국내 언론기관 또는 종사자 모두가 직접 취재와 외신 및 자료 인용 등을 광범위하게 규정하였다.(김종찬, 1992: 337)

국리의 표현이 애매할 때, 군사정권 때의 밀실 행정을 떠올리면 쉽게 이해될 수 있었다. 당시 대통령의 연두기자회견은 청와대 측의 주문에 따라 사전에 질문과 질의 내용을 선정한 뒤, 청와대 출입 기자단의 시나리오를 그대로 연출한 형태였다. 출입처에 안주한 기자는 홍보기사를 양산하였다. 5공화국 정권의 언론 통제는 '보도 지침'에 의해 이뤄졌으나, 6공화국의 노태우 정부의 언론 조작은 '언론인 개별 접촉'으로 이뤄졌다.(『기자협회보』, 1988. 12. 16.) 문화공보부 홍보조정실이 지탄의 대상이 되자, 홍보정책실로 이름을 변경시킨 뒤, 개별 접촉을 시도한 것이

---

290) 「남북기본합의서」는 서문과 남북화해, 남북불가침, 남북교류, 협력, 수정 및 발효 등 4개장 25개 조로 구성되어 있다. 서문에서 "분단된 조국의 평화적 통일을 염원하는 온 겨레의 뜻에 따라, 1972년에 채택된 7·4남북공동성명에서 천명된 조국통일 3대 원칙을 재확인하고 정치군사적 대결상태를 해소하여 민족적 화해를 이룩하고, 무력에 의한 침략과 충돌을 막고 긴장완화와 평화를 보장하며, 다각적인 교류·협력을 실현하여 민족공동의 이익과 번영을 도모하며, 쌍방 사이의 관계가 나라와 나라 사이의 관계가 아닌 통일을 지향하는 과정에서 잠정적으로 형성되는 특수관계라는 것을 인정하고, 평화통일을 성취하기 위한 공동의 노력을 경주할 것을 다짐한다."고 선언하고 … 이후 북한은 2006년 10월에 1차, 2009년 5월에 2차, 2013년 2월에 3차 … 2017년 9월 3일 6차 핵실험을 강행함으로써 비핵화 공동선언을 보기 좋게 무력화시켰다(terms.com/entry.nhn?docId=532872&cid=46626&categoryId=46626). 북한은 1994년 김일성 사후, 권력승계의 도구로 핵을 사용한 것이다.

291) '국가보안법'은 1980년 12월 31일 법률 제3318호로 개정된 법으로서, 제1조로 "국가의 안전을 위태롭게 하는 반국가 활동을 규제함으로써 국가의 안전과 국민의 생존 및 자유를 확보함을 목적으로 한다"를 규정하며, 제2조에 '반국가 단체'를 규정하고, ②항에 "'반국가 단체'의 목적으로 공산 계열의 노선에 따라 활동하는 국내외의 결사 또는 집단도 반국가 단체로 본다"고 규정하였다.(서정우·차배근·최창섭: 1993: 332)

다. 홍보정책관은 언론사 중진, 간부, 사주, 심지어 평기자, 노조 간부까지 비밀 접촉을 시도하였다. 정보의 교환, 신문·방송 논조의 변경 등은 언론의 부정적 관행으로 각인되었다. 언론인 개별 접촉은 과거 군사정권의 보도 지침에 비해 진일보한 것이나, 권언 유착의 고리가 여전히 견고했다.

당시 시국 관련 해설 기사, 공안 당국의 발표, 인터뷰 기사 등은 무기명으로 기사화되었다. 정부는 새로운 언어를 만들어, 국민에게 발표하고, 언론은 받아쓰는 것을 반복했다. 그 과정에서 '숙의(熟議) 민주주의'를 찾을 수 없었다. 정부와 언론의 품격뿐만 아니라, 신뢰는 말이 아니었다.

원래 언론은 실체(facts)의 전달에 충실하며, 사실의 정확성·공정성·객관성은 기자에게 절대적 요소로 작동한다. 그러나 정치권의 정책 입안과 비판, 그 비판을 위한 비판으로 이어지면서 정확한·공정한 사실은 사회정책으로 자리를 잡지 못하게 된다.

민주화로 급조된 사회정책은 정치 권력, 언론사, 언론인 등에 의해 왜곡되기 시작하였다. 정부는 의식화 교육 사건, 노동 문제, 여론 조사, 대북 보도 등 사회에 민감한 사건에 관한 비판과 반대 여론에 대응하여, 정보의 원천봉쇄에 관심을 두면서 기사는 왜곡되기 시작하였다.

한편 언론의 증면, 경쟁 상태에서 언론사가 자사 이기주의에 헤어나지 못할 때, 정부의 개별접촉은 빈번해졌으며, 이런 수단으로 체제는 유지되었다. 언론인 뇌물 사건, 언론인 개별접촉 사건들이 사회에 이슈화되었다. 상당한 액수의 촌지사건이 1991년 2월 수서 사건, 10월 보사부 기자단 사건 등에서 폭로되었다. 기자촌지사건은 언론 민주화운동과 언론 자정운동에 찬물을 끼얹었다.

언론 자정운동의 활성화를 위해 노사가 공동으로 '공정보도위원회'를 구성하기도 하였으며, 단결된 투쟁을 전개하기 위해 직업적 권익 쟁취가 필요하다는 인식을 갖게 되었다. 「조선일보」는 1989년 1월 14일 노조와 단체 협약을 체결하였다. 회사는 노동조합을 유일 교섭단체로 인정하며, '편집권의 독립'[292]의 부분을

---

292) 편집권 독립에 관련한 제52조는 ①회사와 조합은 편집에 관해 외부로부터의 부당한 간섭이나 압력

노동조합과 합의한 것이다.

　서울올림픽 이후 광고시장의 급격한 팽창을 가져왔다. 신문지상에 컬러 광고가 올려지고, 광고수입은 1989년부터 1992년까지 연평균 50%의 상승을 경험하였다. 신문의 숫자도 늘어나, 전두환 정부 당시 28개의 전국 일간지가 존재하였으나, 1992년 말까지 무려 112개로 급증했다.[293] 신문 시장의 부익부 빈익빈 현상이 나타나면서 사활을 건 신문전쟁의 조짐이 보이자, '한국ABC협회'가 설립을 서두르게 되었다. 그러나 '한국ABC협회'[294]의 부수공증은 시장 공정경쟁의 문제를 야기시켰다. 독점적 지위에 있는 신문과 방송은 독점을 유기하려고 했고, 신규 진입자는 시장에서의 생존에 관심을 가졌다. 자사 이기주의에 급급했던 당시 언론에게 정부는 이이제이 정책을 펼 수 있는 좋은 기회를 얻었다.

　과거의 신문 시장의 독과점은 약화되었으며, 신문 카르텔은 무너졌다. 1988년 이후 신문협회가 구독료와 발행 면수를 자율로 정함으로써, 카르텔은 급속히 해

을 배제함으로써 편집권의 독립을 지킨다. ②편집권은 「조선일보」의 편집 방향과 독자의 알 권리에 반하는 경영지원의 부당한 영리적 압력이나 주주의 사적 이익에 의해 침해받지 아니한다. 또한 양심과 품위의 제53조는 ①회사와 조합은 헌법이 보장하는 표현의 자유의 뜻을 깊이 인식하여 진실하고 공정한 보도와 논평을 통해 사회 공기로서의 사명을 다하기 위해 힘쓴다. ②기자인 조합원은 자신의 신념과 양심에 반하는 기사를 쓰지 아니하며 회사는 이를 강요하지 아니한다. 그리고 제54조의 공정 보도의 부분에서 편집 보도는 공정하게 이루어져야 하고 조합은 조합 내에 공정보도위원회를 설치, 운영한다. 그러나 조합은 편집권 행사에 간여하는 활동을 하지 아니한다.(방상훈, 1990: 1631)

293) 신문의 숫자는 1987년 말 30개이던 일간 신문이 1988년 말 65개, 1992년 말 100개, 1995년 말에는 148개 지로 증가되었다. 한편 지면은 하루 1988년 4월에는 16면, 1989년 말에는 20면, 1990년 24면, 1993년 32면, 그 뒤에 40면이 넘었다.(차배근 외, 2001: 360)

294) 한국ABC(Audit Bureau of Circulations)협회는 1989년 4월 12일, 신문사 13명, 잡지사 3명, 광고주 8명, 광고회사 7명, 소위원회위원 5명 등 36명이 참석, 발기인 대회를 개최, 창립준비위원회를 구성했다.(방상훈, 2001: 579) ABC협회는 그해 5월 31일 프레스센터에서 78개 창립회원(신문 발행사 34개 사, 광고주 27개 사, 광고 회사 14개 사, 조사 회사 3개 사)이 참석한 가운데 창립 총회가 개최하고, 서정우(徐正宇) 준비위원장을 초대 회장으로 선출했다. 1993년 2월 ABC협회 정기 총회는 1993년 7월부터 가능한 신문사부터 단계적으로 공사를 실시하기로 했으나, 일부 신문사는 협조하지 않았다. 일부에서는 한국ABC협회가 공익 자금을 지원받는다는 사실을 들어 협회의 공정성과 객관성에 문제를 제기했다.(방상훈, 2001: 580)

체되었다. 카르텔의 형성은 지탄의 대상이 되었지만, 자사 이기주의는 카르텔의 폐습을 인계한 것이다. 상업 방송이 시장에 진입하면서, 공영 방송도 상업 방송의 경쟁 상대가 되었다. 방송국·신문사·기자 서로 간의 신뢰도 잇달아 무너졌다. 언론뿐만 아니라, 책임의식 결여는 사회전반적으로 신뢰가 땅에 떨어졌다.

신문시장경쟁은 20면 발행에서 나타났다. 신문 지면은 1962년 8면, 1980년 12면, 1988년 16면, 1989년 20면으로 늘어났다. 각 신문사는 휴일판, 부록판, 지방 동시 인쇄, 조·석간 동시 발행을 실시했다. 「한국일보」가 1989년 휴일판, 1991년 12월 조석간제를 실시함으로써, 신문시장에 변동이 일어났다. 「한국일보」석간은 곧 막을 내리고, 「한겨레신문」, 「세계일보」가 조간으로, 그리고 「경향신문」이 1991년 4월 조간화로 전환했다. 「중앙일보」는 1995년 4월 15일 조간 전환을 실시하였다. 조간화의 집중, 지면의 증가, 섹션 신문의 확장에 따라 신문사 간의 경쟁은 피할 수 없었다. 「중앙경제」는 1994년 7월 16일 종간(1988년 8월 9일 창간)을 고하고, 경제 전문지 「매일경제」, 「한국경제」에 그 자리를 양보하였다. 신문사 간의 출혈 경쟁과 지면을 메우기 위해 신문 기자는 '자동판매기' 노릇을 하면서, 다양하고 깊이 있는 정보의 제공을 뒤로 한 채, 타 신문의 모방과 오락, 흥미 위주의 기사를 증가시켰다.

집요한 언론사끼리의 경쟁은 여타 산업이 근실한 수준에서 광고물량의 처리를 원활하게 하기 위한, 자연발생적 현상은 절대 아니었다. 1988년까지 당시 산업은 단순 기능직 굴뚝 산업에 의존하였다. 1987년 이후 노동조합이 활성화됨으로써, 회사들은 공장 자동화를 앞당겼다. 말하자면 산업구조가 취약한 채, 단지 올림픽 특수를 순간적으로 누릴 뿐이었다.

언론 산업은 기형적으로 경쟁이 심한 상태였다. 축적된 자본으로 신문사는 CTS(computerised typesetting systems)체제를 도입했다. 「한겨레신문」이 1988년에 시작한 이후 1992년 9월 17일에는 「중앙일보」, 9월 30일에는 「조선일보」가 뒤따랐다. 기사 작성과 전송, 지면 편집 등 신문제작의 모든 과정을 컴퓨터로 처리하게 됐다.

제작 전산화(CTS)는 납·먹을 편집국에서 몰아내는 획기적 일대 변혁으로 장인 정신이 사라지는 역사적 사건이었다. 공무국의 문선·정판·사진 제판부는 신문사 노동조합을 형성시킬 고유의 영역이었는데, 이 기능이 단지 역사 속에 남게 된 것이다. 원래 'the press'는 인쇄기를 지칭하며, 금속 활자가 프레스를 가능케 하였다. 그러나 공장의 전산화는 1450년 이래의 구텐베르크의 역사를 신문사에서 추방시켰다. 1990년 CTS 체제를 본격적으로 시작한 회사들은 '실시간 뉴스 서비스'(Real Times News Service)를 시작하였다.

멀티미디어의 인터넷에 신문도 동참한 것이다. 멀티미디어는 문자·소리·동영상·그래픽·디자인 등 요소를 담고 있으며, 이는 네트워크로 연계된다. 「중앙일보」는 1989년 12월 20일 전자 신문 JOINS(Joong-ang Online Information & News Service)를 시작하였다. 그 후 1995년 3월 2일 「중앙일보」는 최초로 인터넷 뉴스 서비스를 시작했다.

「중앙일보」는 도시바社가 개발한 G8090 등 호스트 슈퍼미니컴퓨터, 통신장비 콘솔(Console) 등으로 1992년 3월 30일 전지면 CTS 체제를 구축하였다. 「조선일보」(기자협회보, 1993. 01. 14.)·한국경제신문사·데이콤(당시 한국데이터통신) 등 2개 사와 기사 정보 제공 계약을 맺었으며, 양사의 'KETEL', '천리안'을 통해 뉴스 속보 서비스를 시작함으로써, 전자 신문의 시대를 열었다. 그리고 서체 개발을 서두르면서, 1992년 4월 11일부터 전산화가 본격화하기 시작하였다. 곧 전국 동시 인쇄 시대를 맞이하였다. 1993년 4월 1일부터 「동아일보」는 조간신문으로 탈바꿈하였다. 그리고 '섹션 신문'의 본격적 등장이 이루어진 것이다. 「중앙일보」는 독자들의 다양한 정보욕구를 충족시킬 목적으로 1994년 9월 1일 3섹션으로 구성된 섹션 신문을 발간한 후, 타 신문도 과거의 간지를 확대하여, 곧 섹션 신문의 문화를 받아들였다. 섹션 신문(48면 체제)은 뉴스 전달뿐 아니라 세분화·계열화·집중화를 시도할 수 있다.(배종렬, 1995: 162) 현실적으로 각 계층의 새로운 정보와 요구에 부응함으로써, 공익성을 확고히 하는 장점도 부각될 수 있다. 그러나 섹션신문이 신문의 색깔 경쟁이 아니라, 구독자 수에 관심을 두게 되었다. 광고 물량에 의존하는 섹션 신문은 고급지를 지향할 수가 없었다.

더욱이 언론이 인간의 관심사에 국한된 상업적 도구가 될 때, 평범성·대중성을 확산시키며, 사회적 비용을 증가시킬 수 있다. 더욱이 포퓰리즘의 세계 확장은 체제위험으로까지 치닫게 된다.

늘어난 지면은 교육정도에 따른 현실적 내용, 정치적 복잡성, 당파적 성향, 사회의 정체성의 확립 등 중요한 사회적 문제의 공론화를 뒷전으로 한 채, 유행하는 오락물, 새로운 언어의 남발을 부추길 수 있었다.

17세기 영국 신문은 당파성으로 출발하였다. 전국민을 상대로 독자층을 형성한 19세기말 미국의 대중 신문은 민주주의 이데올로기적 문제를 발생시킴으로써, 미국을 시민전쟁(the Civil War, 1861~1865)의 긴 소용돌이 속으로 이끌었다. 19세기 중기 미국의 민주주의와 더불어 성공하였던 대중지, 『뉴욕 선』, 『뉴욕 저널』, 『뉴욕 월드』 등은 역사의 뒤안길로 사라졌다.

「한겨레신문」과 「조선일보」의 주요 독자군은 각기 기본적인 의식배경을 달리하고 있다. 개별 언론사는 다른 의식구조에 의해, 각자의 충성스런 독자군을 형성하는 데 관심을 집중시켰다. 또한 여·야의 정권 교체가 비교적 쉽게 이뤄진 원만한 정치적 상황은 정론지의 가능성을 배가시켰다. 섹션 신문의 활성회로 인해 기사가 길어지면 당연히 정론적 성격을 지니게 마련이다. 신문의 섹션 면은 망라주의 관점을 유지하거나, '인간의 관심사'로 채워질 필요가 없다. 전문화된 사회에서 요구하는 각 부분의 전문화 내용, 혹은 신문의 독특한 색깔로 섹션 지면을 채울 때, 국가의 경제적 손실을 막고, 신문의 정체성이 확립되며, 수용자 주권론이 확립된다. 그러나 섹션신문은 독자확보에 실패하자, 광고는 떨어져 나감으로써 실패하고 말았다. 독자가 확보되지 않은 상태에서 신문만으로 전문화를 계속할 수는 없었다.

수용자 주권의 개념을 확산시키는 사회적 차원의 운동, 캠페인이 지속적으로 추진되어야 한다. 언론은 국가 정체성의 논의나, 허위의식의 문제를 공론화하여야 한다. 수용자 주권을 확산시키는 작은 노력의 하나의 예는 「동아일보」와 「조선일보」의 환경 운동을 들 수 있다. 환경을 변화시키고, 인간을 변화시킨다. 「조선일보」는 1996년 3월 3일부터 키드넷(KidNet, Internet for Kids)운동을 정부부처와 공동으로 실시하였으며, 키드넷 미디어 교육(NIE) 캠페인을 추진하였다.

3. 김영삼 정부와 다매체

김영삼(金泳三) 정부(1928. 12. 04.~2015. 11. 22, 1993년 2월 25일 취임)는 군사정부와 결이 다른 권위주의적 기반하에서 출발하였다. 1992년 대선에서 '군정 종식'을 외친 김영삼은 자신의 정부를 '문민정부'로 선포했다. '민주화 실상 바로 세우기'에서 김영삼 정부의 역사 바로 세우기는 ①4·19부마 민주화 운동과 6·10 민주항쟁, ③광주 민주화 운동과 5·18 특별법 등을 강조했다.(강희중, 2023: 25~26)

14대 대통령 취임사에서 '어느 동맹국도 민족보다 더 나을 수는 없습니다. 어떤 이념이나 어떤 사상도 민족보다 더 큰 행복을 가져다주지 못합니다. 김일성 주석이 참으로 민족을 더 중요하게 생각한다면, 그리고 남북한 동포의 진정한 화해와 통일을 원한다면, 이를 논의하기 위해 우리는 언제 어디서라도 만날 수 있습니다.'라고 했다.(강희중, 2023: 31) 그 논리라면 군부의 국가적 민족주의와는 결이 달랐다. 좌파·북한 등에서 이야기하는 '우리 민족끼리'와 같은 개념이다.

실제 언론과 정치는 혼란스러웠다. 당초 '신한국 창조'는 "취재와 보도의 성역을 두지 않는다"라는 결의에 차 있었다. "정치가 국민을 편안하게 하는 것", 즉 "국민이 정치가 있는지 없는지 잘 모를 정도로 적게 하는 것이 좋다"라던 김 대통령의 말과 현실은 판이하게 달랐다. 1993년 신년 기자회견은 질문을 받지 않은 채 보도 자료에 의존하였다.(기자협회보, 1993. 01. 14.) 기자의 회견 내용은 사전에 작성하여 비서실에서 배부한 것이지만, 대부분 신문사는 자사 편집국장이 인터뷰를 한 형식으로 보도하였다. 각본화된 기자회견을 기사화한 것이었다. 정부의 언론은 홍보도구에 불과했다.

'문민정부'의 공보처는 1993년 7월 9일 공영방송 정책 및 제도에 관한 연구를 전문가들에게 의뢰하였다. 유재천(劉載天) 등 15명이 「방송위원회」의 공영방송 발전연구 보고서」[295]를 발표하였는데, 그 내용은 "향후 방송환경이 지역 민방의

---

295) 방송위원회 산하 「공영방송 발전연구위원회」, 「방송편성 정책연구회」를 설치하여, 전자는 방송의 구조 및 이념분과, 시스템분과, 재원분과, 편성분과 등 24개의 분과로 후자는 프로그램 편성에 관한 조사를 실시하였다.(이강수, 1993: 285)

신설 및 종합 유선방송, 위성방송 등 뉴 미디어의 도입으로 인해 다매체·다채널의 경쟁시대로 급격히 변화될 것으로 전망됨에 따라 이를 능동적으로 대처하기 위해서 공영방송이 시청률에 구애받지 않는 국민의 방송으로서 그 위상이 시급히 재정립되어야 한다고 판단하고 있습니다."라는 취지를 담고 있었다.

공영방송의 안정적 수입을 위해 1994년 KBS 홍두표 사장은 수신료 징수를 전기료에 합산할 수 있도록 하는 방송법 시행령이 통과시켰다. 현재는 연 6900억 원대의 수신료를 거두고, 한전은 6.15%의 대행수수료를 챙겼다.(이현종, 2023. 07. 13.)

한편 공보처는 연이어 방송 개발원의 「2000년 보고서」, 공보처의 「선진 방송 보고서」 등을 발표하였다. 또한 공보처는 1995년 '선진 방송 5개년 계획'을 발표했다.

이 계획안은 1997년 1월까지 통합방송위원회를 설립한다는 내용을 담은 통합방송법을 국회에 제출한다는 것이다. 통합방송법은 방송의 개념을 재정립, 방송을 총괄할 기구로서의 통합방송위 위상을 실질적으로 강화한다는 취지었나.(이근영, 1995. 08. 02.)

이전까지의 방송법이나 유선방송법은 방송의 개념을 전송내용과 방법에 따라 이분법으로 정의한 것이다. 그러나 새로운 방송법은 공중파 방송은 무선국, 유선방송은 유선 전기통신 시설을 통해 음성·영상을 공중에게 전파하는 행위로서 전화 비디오 서비스, 컴퓨터통신 서비스 등 뉴미디어 매체들까지 포괄하고 있었다. 방송의 용어를 포함한, 전문 프로그램 공급자, 내지 방송사업자 개념을 첨가하였다. 현 방송법에는 방송국이 무선국으로, 방송법인은 방송국을 경영하는 법인으로 규정돼 있었다. 현행 방송법은 방송시설이 없는 방송국은 존재할 수 없으나, 미래 방송산업은 소프트웨어 중심으로 발달하는 추세를 감안했다.

한편, 통합방송위가 방송을 총괄할 수 있도록 권한과 독립성이 강화돼야 한다는 의견이다. 통합방송위 위원선임방식은 국민의 대표성을 갖는 방향으로 개선해야 한다.

국회가 구성한 추천인단이 천거한 방송위원들을, 인사청문을 통해 선임해 대통령이 임명한다는 내용이다.[296] 또한 '선진 방송 5개년 계획안'은 통합방송위에 방송 운용, 편성권과 방송국 허가, 재허가시 의견 제출권을 부여하고 있었다. 현 방송법에도 방송위가 방송 운용, 편성권을 갖게 돼 있어 구체적 권한 이양이 시급하였다.

통합방송위의 경영, 프로그램 심의 결과를 계수화해 방송국 재허가시 반영하는 방안을 마련했다. 현재 방송위는 한국방송광고 공사법에 따라 공익자금을 받고 있어, 재정운용권이 공보처장관의 권한 아래 놓여 있었다.

당시 오인환 공보처장관은 영국과 독일 공영방송을 기초로 1993년 7월 1일 한국방송개발원 세미나의 기조연설에서 '국민의 방송'은 ①권력으로부터 독립된 자율성을 누리는 방송, ②정치권력에 대해 책임을 지는 것이 아니라, 국민에 대한 책임을 지는 방송, ③자율과 책임 간의 균형을 이루는 방송이라고 규정했다.(오인환, 1993: 297)

한편 정부의 방송정책 프로젝트 정신에 따라 '국민의 다양한 정보 욕구를 충족시킨다.'는 취지 아래, 김영삼 정부는 '케이블 방송'[297]의 다채널 시대를 열었다. 그리고 1995년 5월 14일 부산·대구·광주·대전 등 4개 직할시에 지역 민방이 설

---

296) 기자협회는 정부의 안에 우려를 표명했다. 즉, 새 방송법에서 방송위원회가 갖는 의미는 지금과 다르다. 공중파방송뿐 아니라 케이블TV, 위성방송 그 외 방송으로 분류할 수 있는 모든 매체들을 총괄하게 된다. 방송위원회가 자칫 삐끗하면 방송 부문 전체가 흔들리게 된다. 방송위원회가 지배권력이 장악한다면 이는 곧 방송의 정치적 악용으로 이어지게 되는 형태이다. 3권 분립이라는 명분을 내세우고 있지만 정권을 잡은 자가 위원 자리를 독식할 수 있는 방식이다. 또한 우리는 위원회의 독립성을 온전하게 지키기 위해서는 지배권력으로부터 가장 중립적이라고 할 수 있는 국민의 대표성을 직접 지니고 있는 국회의 일괄추천을 주장해왔다. 문제는 그 권한과 기능이다. 방송을 정부의 홍보기구인 공보처와 떨어뜨려놓기 위해서도 위원회의 권한과 기능을 강화해야 한다는 기자협회의 논리이다.(우리의 주장, 1996. 02. 13.)

297) 케이블 방송은 보도, 영화, 스포츠, 교양, 오락, 교육, 문화 예술, 음악, 어린이, 그리고 홈쇼핑, 만화, 바둑 분야를 대상으로 추가 허가함으로써, 국민의 선택을 넓혔다. 각 케이블방송은 종합유선방송국(System Operator, SO), 프로그램 공급업자(Program Provider, PP), 전송 사업자(Network Operator, NO)의 3자가 독립적으로 운영되도록 하고, 11개 분야의 21개 채널로 케이블 방송이 95년 3월 1일 시작하였다. 여기서 전송사업자는 한국전력공사와 한국전기통신공사 두 업체가 독점적으로 맡기로 하였다. 종합유선방송국은 53개 사로서 한국통신 계약업체가 21개 사, 한국전력 계약업체가 32개 사이였다.(황선표, 1998: 204)

립되었다.

정부는 일자리 창출로 방송·케이블·지역민방 등을 구상했다. AFKN 채널은 1996년 4월 30일 한국 정부에 반환되었다. 이 방송은 1957년 9월 15일 첫 TV 방송을 실시한 후, 미국의 ABC, CBS, NBC 3대 상업 방송의 정수를 미군 및 한국 시청자에게 선보였다. AFKN은 개국 후, 한국방송의 지침서로 원용되곤 했다. 그러나 AFKN이 떠난 빈자리에 국내 공영방송은 큰 짐을 지고 있었다.

AFKN이 공중파는 포기하였지만, 케이블에서 건재하고 있었다. 그리고 CNN과 BBC World Service Television(홍콩의 STAR TV를 통함)은 국내 시청자를 겨냥한다. 또한 온라인시대는 모든 체제가 열려 있었다. 그러나 KBS는 시청료·상업 광고료 수입으로 안주한다. 공영방송의 이름을 내걸고, 수많은 지역총국의 위력을 과시하며, 국영(정부) 방송의 내용을 내보냈다.

정부의 '나팔수'로 알려진, 독립성·신뢰성을 결한 KBS는 인천민방, 서울방송, 문화방송, YTN, MBN 등과 동등하게, 상업적 경쟁을 일삼고 있었다.

BBC는 1991년 재정적 보조수단으로 광고방송을 시작하었다. 그러나 BBC는 국영방송의 성격을 벗어나면서 오히려 독립성과 신뢰성을 더욱 확고히 하고 있었다. 정치 의존적 공영방송은 해외 시장을 겨냥할 때, 태생적 장애에 부딪치게 된다.

결론적으로 KBS는 해외 뉴스의 난맥상에 여전히 직면하며, 국내 뉴스의 위치 강화 등 풀어야 할 난제를 안고 있다. 신뢰·독립성의 정체성을 결한, 의존적 공영방송은 여타 국내 타 방송과 다를 바가 없었다.

한편, 케이블 보도방송 YTN은 '연합뉴스'[298]로 분사하여, 24시간 실시간 뉴스 채널, 뉴스속보, 테마기획, 그리고 시간대별 맞춤형 뉴스 프로그램을 개발하였다. 그러나 연합뉴스로부터 분사한 YTN의 재정적 어려움은 분사한 쪽이나, 분사를

---

298) 연합뉴스는 1980년 11월 14일 합동통신과 동양통신을 인수하여, 방송사와 신문사가 주주로 참여하여 「연합뉴스」를 출범시켰다. 그후 신생 신문·방송사가 생기면서, 그들은 주주의 지위에서 제외되었다. 「연합뉴스」의 1994년 소유 지분은 KBS 42.35%, MBC 32.14%, 그리고 중앙지 17.55 %, 지방지 7.96%를 갖고 있다.(김서중, 2002: 75) 당시 모든 방송사와 신문사가 주주로 참여하였다.

당한 쪽도 마찬가지였다. 연합통신은 KBS, MBC 양대 대주주 아래서 발전이 지연되고 있으며, 재정적 어려움으로 지방·해외 취재를 약화시킴으로써 서울 뉴스 서비스 수준에 머물고 있었다. 세계 4대 통신사의 의존도가 점차 높아지는 추세였다. 개인들의 소자본으로 출발한 국내 유일의 민영 통신사 '뉴시스'(최해운 사장)가 2001년 연합통신과 법정 투쟁에서 승소함으로써, 또 하나의 국내용 통신사가 경쟁체제를 형성하였다.

AP, APTV, Reuters, ReutersTV, UPI, Worldwide Television News 등 세계의 대형 통신사와 보조를 맞추고, 비디오 뉴스까지 확장하여야 할 연합뉴스가 정체성 위기에 직면하였다. 더욱이 각 언론사의 속보성 온라인 서비스는 통신사를 압박하며, 로이터 금융정보 서비스(RKI)가 외국 금융정보, 뉴스 서비스를 시작함으로써, 공영 연합뉴스의 정체성이 약화되고 있었다. 통신의 세계화의 추세로 국가가 개입한 국영, 공영만으로는 국제 경쟁력을 잃어갔다.

케이블 YTN은 1999년 2월 2일 주식회사 연합텔레비전 뉴스에서 주식회사 YTN으로 회사명을 변경시켜, 독립 위상을 추구하였다. 그러나 여전히 공영방송, 정부, 한전 등에 정치적·재정적 도움을 요청함으로써, YTN의 위상은 연합뉴스의 위상 그리고 KBS의 위상과 같이 풀어가야 할 과제였다. KBS는 독립적 위상과 그에 걸맞는 정보체계를 구비할 필요가 있었다. 즉, 국제·국내 사회에 산재한 다양한 수용자를 함께 흡수할 수 있도록 정보 체계를 갖출 수 있어야 했다.

물론 KBS가 일본 NHK와 같이 국내정보 중심에 만족할 수 있었다. NHK는 AP, Reuters 통신에 추종하기보다, 실리적 차원에서 NHK 영어 방송을 실시하며, 특파원 대신 프리랜서를 많이 고용하였다. 설령 특파원을 보낸다고 할지라도, 질 높은 방송 프로그램, 사진은 큰 통신사에 의존하게 되었다. 그러나 세계화의 상황은 로컬과 더불어 글로벌 취재를 함께 할 필요가 있었다. 해외 취재내용을 외국 대형 통신사에 맡기면, 어젠다의 기능까지 그들에게 의존하게 된다. 더욱이 세계화를 지향하면서, 국내 어느 방송도 세계의 조직적 취재체제를 갖추고 있지 않는다면, 문제의 심각성이 지대했다.

KBS는 정보체계의 인력을 확장하고, 해당 프로그램의 시간을 연장해야 했다.

지금까지 인간의 관심사와 극적·갈등적인 표피적 사건들에만 국한된 제작물에 국가·사회 구조, 건설의 정책적 과제를 반영해야 했다. 편집팀은 인물을 부각시키며, 조직의 정책을 계속적으로 분석·홍보했다. 공영방송은 사회의 중요한 과제를 캠페인하며, 세계 정보를 활용하는 유연한 체계를 갖추고, 그들의 문화를 우리의 문화에 접목시킬 노력을 지속시켰다.

정부가 공영의 이름으로 '문어발식' 매체 확장과 통제를 일삼는 것은 권력의 남용이었고, 경제 발달의 걸림돌이 되었다. 국민을 통제하기 위해 확증편향 수단을 사용했다. 여기서 확증편향은 자신의 믿음에 대해 근거 없는 확신을 갖게 한다. 물론 개인은 자신의 정치적 지향으로 다른 사실을 불신하며, 과학적 사실에 반해 자신의 믿음을 고수하려 하기도 한다. 당시 정부가 우선적으로 확증편향 방법을 쓰나, 나중 공영방송들이 이를 답습했다. 사회주의 언론의 선전·선동·진지전 기능과 유사점이 많다.

KBS, MBC, EBS, 연합뉴스, 연합뉴스TV, YTN 등 어떤 매체일지라도 전문화된 자기 정체성을 갖지 못할 때, 그 매체는 다산입, 국민경제에 손해를 끼침이 명약관화하다. '망라주의', 선전, 선동, 진지전을 구축하는 언론이 국민에게 무슨 도움이 될지 의문이었다.

신문사 방송국 늘리기 팽창 일변도로 갔던 언론은 1997년 11월 21일 IMF의 구제금융을 선물로 안겨줬다. 구제금융을 선언한 하루 전날에도 언론은 감도 잡지 못했다. 언론은 환경감시를 게을리한 것이다.

또한 이들 공영언론은 안으로는 무차별적 정보전달, 숙의(熟議) 민주주의는 결한 채, 강성의 노동조합을 갖고 있었다. 기술에 따라 더욱 확장성을 갖는다. 무궁화 위성 1호가 1995년 8월, 2호가 1996년 1월에 발사되었다. 1996년 7월 1일에 KBS가 위성 시험방송을 시작했다. 오락 채널 성격의 위성방송을 공영방송의 실험 방송으로부터 시작하면서 공중파·케이블·위성의 중복투자 현상을 유발시켰다.

과연, 위성시대에 케이블 TV가 필요하였는지, 공중파 3사가 기술·인력·장비를 소프트 제작에 투입하지 않고, 채널의 기득권에 집착하는 와중에서, 채널은 늘어났지만, '국민의 다양한 정보욕구 충족'에서 더욱 멀어져갔다. 하드웨어 설비를 서둘렀지만, 소프트웨어가 부족한 상태에서 내세운 '세계화'는 식민지화의 의미를 지녔다.

속이 빈 강정으로 팽창 정책으로만 일관하는 6공화국 정부들의 정책 후유증에 직면한 언론은 환경보존 캠페인 운동을 벌이기 시작하였다. 국외에서도 1992년 6월 브라질 리우데자네이루에서 열린 '유엔환경회의'로 환경에 대한 관심은 고조되었다. 「조선일보」, 「동아일보」가 주동이 되어 국내 환경운동의 일환으로 '쓰레기 줄이기', '자원 절약', '환경 오염', '신문지 재활용', '자원 재활용', '배기 가스 줄이기', '자전거 타기 운동', '맑은 물 되찾기 운동'(그린스카우트), '샛강을 살립시다', '바다를 살리자', '부패 추방' 등이 1998년까지 사회 정화운동으로 추진되었다. 「중앙일보」는 1994년 '밝은 사회건설'을 목표로, '자원봉사 캠페인', '이제 할 말은 하자'는 이색적인 캠페인을 주도하였다.(배종렬, 1995: 333~337)

방송도 환경운동에서 예외가 될 수 없었다. 방송의 선정성·저질성을 문제삼아 1993년 'TV 끄기 운동'이 실시되었다. 그해 가을 방송 3사가 'TV 속의 TV', 'TV를 말한다', '시청자 의견을 듣습니다' 등 자사 비평 프로그램을 방영했다. 시청자 평가 지수 AI(Appreciation Index)를 만들었으며, KBS 방송 프로그램의 공익성을 측정, 평가할 공영 지수, PSI(Public Service Index)를 도입했다.

한편 신문은 독자들의 참여를 확대하기 위해, 「조선일보」가 1993년 3월 19일 '옴부즈맨'[299]을 신설하였으며, 3월 28일부터 '기사 실명제'를 발표하였다. 기사의

---

299) 옴부즈맨 제도는 19세기 초 스웨덴에서 시작된 것으로 국민의 권리를 보호하기 위해 입법 기관에 의해 임명된 옴부즈맨이 정부 관리의 행위에 대한 시민들의 불평과 항의를 접수하여 그 적법성 여부를 조사하고 필요한 경우에는 그 시정을 요구하는 제도적 장치이다.(황선표, 상게서(1998): 314) 언론옴부즈맨 제도는 1967년 미국의 루이스빌 쿠리어 저널(Louisville Courier Journal)에서 처음 시작한 후, 1980년대 미국의 CBS(1982)나 캐나다의 CBS(1989) 등에서 시작하였다. 우리나라에서는 「조선일보」가 1993년 4월 3일 연중무휴 24시간 옴부즈맨 팩시밀리를 설치하고, 편집국 내에 있던 독자부를 사장실로 옮겨 옴부즈맨의 독립성을 강화시켰다.(황선표, 상게서: 316) 기존에 「중앙일보」 '독자상담실', 심의실, 방송의 시청자 상담위원회, 시청자 센터 등이 있었다. 옴부즈맨 제도는 수용자의 불만이나 의견을 적극적으로 수렴하는 의미가 있으며, 독자들에게 반론권을 행사할 수 있는 기회를 제공하기도 하였다.

책임과 정확성을 높이기 위한 노력의 일환으로 단신을 제외한 모든 기사에는 작성기자의 기명(記名)이 들어가게 하였다.(방상훈, 2000: 1856) 지금까지 대부분 기사를 무기명으로 작성함으로써, 기자는 전문 소양 부족, 사생활 침해, 명예 훼손 등의 문제에 직면하였다.

아울러 노태우 정부에서 잠시 유보되었던 금융실명제를 김영삼 정부가 들어선 해인 1993년 8월 12일 20시를 기하여 대통령 긴급명령 형식으로 전격 실시토록 했다. 이 긴급명령에 의해 종전의 금융실명거래에 관한 법률은 폐지되고, 모든 금융기관과 거래할 때는 실지명의(實地名義) 사용이 의무화되었다.

실명제 광풍이 불어온 것이다. 그 여파로 사회 내에는 평범주의(mediocrity)가 형성되었으나, 장점도 있었다. 뷰허(Karl Buecher)는 기사 실명제가 피상적, 무비판적 부주의, 무책임 등을 피할 수 있음을 피력하였다.[300] 실명제는 분명 전문가적 윤리를 돋보이게 한 것이다.

1995년 전문가 양성을 위해 언론사는 팀제운영과 '대기자제도'를 도입하였다. 대기자 제도는 전문기자이 형식의 이상적 제도이지만, 계급·서열제에 충실한 한국적 상황에서 정착될 수 없었다. 신문사 편집국의 초기 취지와는 달리, 'IMF'(1997년) 시기에는 고위직을 해고하는 분위기에 편성하여, 대기자는 '명예퇴직'의 대상이 되었다.

안으로는 금융실명제를 강화시키고, 밖으로는 '세계화'에 박차를 가했다. 김 대통령은 '세계화'로 금융시장을 거의 무방비 상태로 외국에 개방했다.[301] 그리고 대한민국은 1997년 11월 19일 외환위기를 맞은 것이다.

한편 언론은 윤리문제를 강화하기 위해, 1996년 윤리강령 개정[302]을 서둘렀다.

---

300) Karl Buecher, 1979: 123.

301) 성한용, 2007. 2.: 15.

302) 새 신문윤리강령과 실천 요강이 1996년 4월 8일 선포식을 가졌다. 한국신문협회, 한국신문방송 편집인협회, 한국기자협회가 참여하였다. 강령개정위원회는 세 단체가 추천한 각계인사 7인으로, 위원장은 원로 언론인 박권상(朴權相)「동아일보」고문, 그리고 공정원「조선일보」논설위원, 김동환 변호사, 김창구 신문윤리위원회 심의실장, 김철수 서울대학교 법대 교수, 이용원 서울신문 문화부

「조선일보」는 자회사 FEEL지 1994년 8월호에 실린 '호스티스 출신 서울대생 충격 고백'의 명예 훼손 사건 후, 1996년 12월 4일부터 '전담 변호사에 의한 기사 사전 열람제'(방상훈, 2000: 1928)를 도입하였다.

'인사가 만사다'라던 김영삼 정부에 대해 언론은 1993년 3월 4일 서울시장 김상철(金尙哲)의 재산문제와 법무장관 박희태(朴熺太)의 딸의 국적 문제 등을 집중 추궁하여 이들을 낙마시키는데 일조를 하였다. 김영삼 정부 초 '박철언(朴哲彦) 의원 거액 수뢰(受略) 혐의', '약국이 한약 제조 문제의 로비 의혹' 등이 불거져 나왔다.

1994년 3월 16일 『한겨레21』창간'[303] 특집에서 김현철 비리 특집을 다루었고, 그 기사로 법정소송까지 가게 되었다. 더욱이 1997년 한보 사태가 터지고 그해 3월 김현철 씨의 YTN 인사개입 의혹까지 불거졌다. 검찰이 수사에 착수하자 언론은 김현철 씨 비리를 집중보도하기 시작했다.(성한용, 2007: 15)

물론 김영삼 정부는 언론과의 갈등관계가 존재했다. 그는 1993년 4월 대검 중앙 수사부에 '언론사 사주라도 비리가 있으면 처벌하라'는 지시를 하면서, 언론사 세무조사가 다음해 실시되었다. 1996년 3월 신문부수공사제도(ABC)를 정착시켜, 무가지 강제 투입, 경품 제공, 정가 위반 등 양산을 막자는 운동이 벌어졌으나, 7월 15일 경기도 고양시에서 「중앙일보」 지국원이 「조선일보」 지국원을 칼로

차장, 김정기 한국외국대 교수가 참여하여, 1995년 6월 발족하였다. 새 강령은 자유롭고 책임 있는 언론의 실현을 강조함으로써, 1957년의 언론 자유의 수호와는 달리, 언론의 자유와 함께 언론의 사회적 책임을 명실 공히 균형 있게 강조하고 있다. 새 강령은 개인의 기본권 존중과 수용자의 매체 접근권 등을 존중하고 있으며 실천요강은 언론인과 언론사가 사회적 책임을 다 하기 위한 직업 윤리준칙을 대폭 보강, 신설하고 있다(김정기, 「정확성에 더해 진실성 원칙 천명」, 「신문과 방송」 305, 1996년 5월, 한국언론연구원: 8~12). 특히 구 강령 제3조 '보도와 평론의 태도'에서 사실의 신속 정확한 전달을 생명으로 한다고 규정하였으나, 새 강령에는 '사실 보도'의 정확성뿐만 아니라, '진실'을 적극적으로 추적해야 함을 요구하였다. 또한 구 실천요강에는 없는 '정치적 평론의 자유'의 제9조 2항 "사설 등 신문사의 정치적 입장을 자유로이 표현할 수 있다"고 규정하였다.

303) 『한겨레21』의 정치는 물론 사회의 전반적인 사항들을 날카로운 시선으로 비판하는 데 중점을 둔다. 창간호에서 대통령 아들의 비리 의혹을 파헤친 이후 각종 기획기사, 발굴 특종 등을 통해 정치적·사회적인 성역을 두지 않고 사실적이고 비판적인 논조로 일관해 왔다.(두피디아 doopedia& doopedia.co.kr)[출처] 한겨레21 [The Hankyoreh21] | 네이버 백과사전

찔러 숨지게 사건이 벌어졌다. 그후에도 한동안 경품 살포나 공짜 신문 강제 투입 같은 무리한 판촉 경쟁이 행해졌다.

허위의식의 이데올로기 논쟁이 1994년 7월 20일 서강대학교 박홍(朴弘) 총장이 '주사파 배후에 북한이 있고, 운동권 핵심이 밀입북 교육을 받았다'고 밝히면서 불을 지폈다. 이에 대한 사회의 반발이 거세지면서, '사실 보도'에 대한 요구가 빗발쳤다. 언론은 '마녀 사냥'의 부당성을 강변하였다. 다른 한편으로 이데올로기 청산운동이 벌어졌다. '이제 할 말은 하자'는 지식인의 사회적 역할과 이데올로기 청산 작업의 일환으로, 밑으로부터의 사회 변혁이 일어나기 시작한 것이다. 남북문제의 냉전 이데올로기는 정의와 부정을 떠나 더 이상 논의에서만 존재할 수 없다는 사회적 분위기가 팽배하였다. 사회가 지탱하려면, 그 사회에 대한 건전한 이념이 존재해야 하지만, 지금까지 이념 논쟁의 금기로 인해 우리 사회는 이념의 건전성에 취약점을 갖고 있었다.

그 이듬해 '5·18특별법'[304]이 만들어졌다. 김영삼 대통령은 1995년 11월과 12월에 노태우·전두환 두 전 대통령을 갑자기 체포 투옥한 뒤에 부랴부랴 12월 20일 홍준표의 건의에 따라 '5·18특별법'[305]을 만들어 전두환에겐 사형을, 노태우에게

---

304) '5·18 특별법'의 지역갈등 후유증이 만만치 않다. 북한군 개입문제가 불거지고, 헌법전문에 5·18 게재 문제로 더욱 혼란스럽게 했다. 그 사이 5·18 유공자 문제가 언론에 회자되었다. 스카이데일리 특별취재팀 기자(2023. 05. 30.), 〈5·16 유공자 진실을 묻다-언론인 181명 중 135명 가짜… 추악한 '숟가락 얹기'〉, "5·18 유공자로 등록된 전·현직 언론인 중 46명은 실제 5·18 당시 신군부에 대항하거나 언론검열에 반대하다 해직되거나 투옥된 것으로 확인됐다. … 해당 명단과 공적을 분석한 결과, 전체 유공자 중 전·현직 언론인만 총 181명으로 정치인(310명) 다음으로 많았다. … 가짜 유공자로 의심되는 이들 중 전·현직 신문기자가 74명으로 가장 많았으며, 방송계 종사자가 42명, 잡지·출판사에 근무했던 인사가 각각 9명이다. 나머지 10명은 언론학회나 기자협회·칼럼니스트 등으로 활동했던 인사들이다. 이들을 직급별로 보면 언론사 대표나 발행인이 18명을 차지했다. 특히 이들 중에는 국내 경제지 사장·지역 방송국 사장·지역 신문사 대표 등도 포함돼 있다. 또 주필이나 논설위원·편집국장 등 언론사 고위 간부가 53명이나 됐으며, 일반 기자나 PD 등이 64명인 것으로 확인됐다. 5·18 유공자 명단에서 이들의 공적 내용은 모두 공란으로 비어 있어 '인우보증' 등 편법을 동원해 유공자로 등록됐을 합리적 의심을 사고 있다.(『스카이데일리』 특별취재팀 기자, 2023. 05. 30.)

305) … "5·18당시 대학생들은 계엄이 선포되자마자 산산이 흩어졌다. 이해찬도, 그 어느 종북 좌파 골수분자도 탱크와 M16으로 무장한 계엄군에 맞설 대학생들은 없었다. 특히 부모들의 애간장이 새끼

는 무기징역을 구형하였다.(김태산, 2023. 05. 30.)

한편 전국민주노동조합총연맹(민주노총)이 1995년 11월 11일 서울 연세대학교 노천광장에서 창립대의원대회를 열었다. 그 대회에서 "생산의 주역이며 사회개혁과 역사발전의 원동력인 우리들 노동자는 오늘 자주적이고 민주적인 노동조합의 전국중앙조직, 전국민주노동조합총연맹의 창립을 선언한다. (…) 민주노총으로 결집한 우리는 인간다운 삶과 존엄성을 유지할 수 있는 노동조건의 확보, 노동기본권의 쟁취, 노동현장의 비민주적 요소 척결, 산업재해 추방과 남녀평등의

들을 집에 가둬놓았다. 광주 현장에서도 계엄군에 붙잡힌 학생들은 극소수였고 서울에서 온 학생은 기록에도 없다. 그렇기에 5·18은 김대중 내란 음모로 촉발된 광주폭동이라고 대법원은 명백히 확정판결하였다. 김영삼 정부가 들어서고 1995년 10월 박계동이 노태우 비자금 사건을 폭로하기 전까지는 그랬다. 반전의 내막은 "박정희의 주도로 사업을 시작하게 된 대부분의 경제주체는 오일쇼크와 중동전을 비롯하여 수많은 관문에 가로막혀 코너에 몰릴 때마다 정부의 지원 없이는 한 발짝도 나아갈 수 없었고 국가 경제는 주저앉을 지경이었다. 그때마다 박정희 등 위정자들이 똑같이 내놓은 절박한 해결책으로서의 캐치프레이즈는 '유동성에 문제가 없고 부채보다 자산이 많은 기업은 무조건 살린다'는 것이었다. 망했다가 살아나 엄청난 부가가치가 쏟아지자 경제인들은 너도나도 그들을 도와준 모든 공무원에게 성의를 표시하게 된다. 정치인들에게도 뒤탈이 없을 만큼 소위 정치자금을 쥐여준다. 사정기관은 돈의 흐름을 알았지만 눈감아 주었던 것이 당시의 분위기였다. 국가지도자는 떡고물이 아닌 떡을 받았으니만큼 액수도 컸다. 그쯤 되면 그들은 그 돈을 공금으로 생각한다. 그렇기 때문에 박정희는 가족에게 한 푼도 남김없이 그 공금을 공복들에게 나누어 주었고, 전두환은 수천억 원을 노태우에게, 노태우도 수천억 원을 김영삼에게 물려주었다. 당시 육사 출신으로 해박한 경제 지식을 신문 지상에 표효하고 있던 지만원을 인재로 점찍고 함께 북경을 방문하고 있던 김대중은 깜짝 놀라, 자기는 20억 원밖에 안 받았다고 기자들에게 실토했다. 김영삼을 좌표 삼은 전략이었다. 100배 이상을 받은 김영삼의 수습책은 김대중을 달래는 일이었다. 그 해법이 호남인과 관계가 있는, 김대중이 내란음모의 수괴가 된 '5·18사태'를 '5·18민중항쟁'으로 바꾸는 작업이었다 … 자칭 모래시계 검사인 홍준표가 검찰에서 하도 까불어 왕따가 되자 영남고 선배 김기섭 기조실장이 그를 법률특보로 데려온다. 형벌 소급, 이중 처벌, 연좌제를 금지하는 것이 대한민국 헌법 제13조이다. 그중 제1항은 "모든 국민은 행위 시의 법률에 의하여 범죄를 구성하지 아니하는 행위로 소추되지 아니하며, 동일한 범죄에 대하여 거듭 처벌받지 아니한다."인데 홍준표는 일사부재리의 법 조항과 함께 '형벌 불소급의 원칙'을 위배한 '5·18특별법'을 김영삼에게 진상하여 전두환과 노태우를 감방에 처넣게 했다. 종전의 대법원판결을 휴지 조각으로 만든 홍준표는 김영삼의 키즈가 되어 국회로 진출하는 전리품을 챙겼다. 이때로부터 5·18관련법은 보상을 빙자한 6차, 7차 등 복잡다단한 누더기 '광주의 恨 풀이법'으로 바뀐다. 가장 무서운 것이 유공자 서훈에 따라 100점 만점에 5%에서 10%의 가산점을 받아, 국가기관은 물론 하루 20명 이상이 근무하는 사기업에도 취업을 할 수 있다는 가산점 제도이다.('5·18민진사(민간5·18진상규명조사위 위원장 장성홍)' 지령 2호 - '전라도 한(恨) 풀이의 흑역사']

실현을 위해 가열차게 투쟁할 것이다."(민주노총 출범 선언문 중에서)(구은회, 〔민주노총 창립 20주년 기념식〕「강산 두 번 변해도 노동자 현실 그대로」,「매일노동뉴스」, 2015. 11. 12.)

대체적으로 냉전의 이데올로기는 민주주의·사회주의에 대한 이론적 논쟁을 충분히 거치지 않은 채, 남과 북이 대치한 상황에서 진통을 겪게 된 것이다. 한글의 정착 과정에서도 유사한 문제가 곳곳에서 드러난다. 역사적으로 한글은 한자의 보조 수단으로 사용됨으로써, 시·운문 등을 통해 언어의 정제, 위계질서화를 정착시키는 꾸준한 작업을 체계화시키지 못하였다. 그리스의 호머(Homer, 10 B. C. ca)는 몇십 세기의 구전으로 내려오는 『오디세이』, 『일리아드』를 기록으로 남겼다. 희랍어에 비해, 한글은 모음(10개)이 유난히 많은 글로써, 다산의 말을 만들 수 있어, 국가의 정체성을 상실할 위험성을 갖고 있다.

글과 말의 정제과정과 이데올로기의 논쟁은 사회의 정체성 정립 작업에서 필수 요소이다. 그러나 한국 사회는 이념 논쟁 대신, 효율성만을 강조한 나머지, 국제 금융과 중소기업 등 경제적·심리적 문제에 더욱 관심을 집중시켰다.

언론은 경제적 이익 추구를 우선시하였으며, 그 결과 광고주의 압력과 이익 집단의 압력에 노출되었다. 언론이 실질적으로는 산업의 형태를 띠고 있으면서, 허위의식의 이데올로기로 가시적 언론의 군림을 한 것이다. 언론은 원래 삶의 의미, 언론 자유, 정의, 진리, 국가 정체성 정립 등을 논하는 공론의 장이다.

탈이데올로기 시대를 맞으면서, 권력 분권이 이뤄졌다. 1995년 6월 27일 지방 선거가 실시되어, 민주당 조순(趙淳)이 서울시장에 당선됨으로써, 지방 분권 시대를 열었다. 분권 시대에 치러진 1997년 15대 대통령 선거는 미디어 캠페인 선거였다. 예비 선거부터 다자들이 겨루는 선거는 미디어와 여론 조사에 의해 주도되기 시작하였다. 디플로의 '의존이론'(dependency theory)이 작동한 것이다. 여론조사의 지명도는 미디어의 보도 방향을 결정지었으며, 미디어의 보도는 후보자들에게 캠페인 방향을 결정하였다.

김영삼 정부는 선거를 앞두고 불법도청을 강화했다.[306] 김 대통령은 대선에 직접 개입을 시도한 것이다. 그 결과는 김대중 후임 대통령에게 유리한 정보가 흘러갔을 가능성을 배제할 수 없었다.

한편 미디어 형태도 변화하기 시작하였다. 지역 민방·지역 신문이 설립되고, 새로운 인터넷 미디어를 바탕으로 인터넷 신문이 등장했다. 1992년 오프라인 기사를 온라인에 게재한 시카고 트리뷴이 시도한 이후 한국은 1995년 3월 「중앙일보」가 첫 시도를 한 이후 「조선일보」, 「동아일보」, 「한국일보」가 뒤따랐다.(유선영·박용규·이상길, 2008: 533)

한편 네트워크 형태의 지역 신문 연대가 생겨났다. 즉, 바지연(바른 지역 언론 연대, bjynews.com) 같은 대안 매체가 등장한 것이다. 바지연은 군이나 중소 도시, 또는 대도시의 구 등 기초자치단체 단위로 활동하는 신문·방송이다. 현재 활동하는 지역 언론사 중 36개가 바지연에 속하면서, 서울 특파원 김광석은 서울 소식을 전역에 전한다.(「경향신문」, 2001. 02. 19.)

그 주요 언론으로, 1987년 6월 항쟁 후, 1988년 5월 「한겨레신문」이 창간되었으며, 그해 12월 1일 「홍성신문」이 최초 같은 계열의 지역 언론으로 창간되었다. 그후 「고양신문」, 「옥천신문」, 「진주신문」, 「남해신문」, 「설악신문」, 「해남신문」, 「나주신문」, 「서귀포신문」 등이 연이어 창간되었다. 그러나 1995년 9월 19일 공보처가 「홍성신문」, 「부천시민신문」, 「해남신문」, 「나주신문」, 「영천신문」 등 5개 지역 언론을 사이비 언론으로 규정하고, 10월 1일부터 2개월간 발행 정지를 명하였다.(「경향신문」, 2001. 2. 19.)

'정기간행물 등록 등에 관한 법률'에 따르면 윤전시설이 없는 특수 주간 신문

---

306) 최훈·이영종·이상복·서승욱, 2005. 07. 25; 불법 도청과 도청 테이프 불법 유출이 낳은 파문의 시작은 1997년 대통령 선거를 앞두고였다. 안기부의 비선조직인 미림팀이 한정식집과 호텔 식당 등 정·관계, 언론계 고위인사들이 만나는 곳에서 무차별로 불법 도청을 하면서다. 복수의 정부 관계자들에 따르면 대개 불법 도청은 예약명단을 확인해 도청기를 미리 설치한 해당 음식점의 옆방에서 미림팀 요원들이 듣는 식이었다. 이를 안기부 사무실에 가져와 녹취록으로 풀어 미림팀의 공모 팀장이 당시 오모 대공정책실장에게 보고하는 수준이었다. 보고방식은 보안을 위해 프린트(출고)가 금지된 컴퓨터 온라인망을 이용해 온 오모 대공정책 실장에게 보내졌다고 한다.

(지역 신문은 대개 주 1회 발행)은 정치 기사를 게재할 수 없게 되어 있었다. 그러나 전국언론노동조합연맹은 1995년 5월 17일 「미디어오늘」을 창간함으로써 정부에 반기를 들기 시작했다. 이 주간 신문의 발행인 이형모는 '권력, 자본을 뛰어넘어 진실되게'라는 기치를 걸고, 언론의 '심층' 보도를 시도했다.(이형모, 1995. 05. 17.) 이어 "당시 특별기고한 정현백 성균관대 교수는 거대언론사의 횡포에 대적하는 방법으로 '대안적인 언론'을 모색하는 매체들을 지원하고 적극적으로 활용하는 방식이다."라고 창간의미를 부여했다.

한편 1995년 11월 연대 투쟁으로 정간법 개정을 위한 개정 입법청원서를 국회에 제출, 개정안이 1995년 12월 18일 법률 제5145호로 국회에 통과했다. 제7조 ⑧ 항은 특수 주간 신문 및 특정 지역을 대상으로 하는 신문 등록에 관한 업무를 서울특별시장·광역시장 또는 도지사에게 위임할 수 있게 하였다. 1996년 4월 20일 대전 유성에서 결성된 바지연을 기점으로, 2001년 2월 19일 '사단법인 바른 지역 언론 연대'가 마침내 제도권 안으로 진입하였다.

4. 김대중 정부와 디지털 미디어

바지연은 디지털 미디어의 네트워크를 중심으로 연결됨으로써 정보 '발상자'(initiators)의 연대의 성격을 지녔다. 가입자는 수용자들에게 일방적으로 전하는 과거의 문자·비디오 미디어로부터 인터랙티브가 첨가된 것을 사용하기 시작하였다. 순수 네트워크를 중심으로, 대안 매체로 활성화된 「내일신문」[307]은 소외

---

307) 「내일신문」은 일간지로 63개 「지역내일신문」·「대학내일신문」·본지·대학판·금융·노동 행정 5개 사이트 운영, 사원출자 회사로 ㈜내일기획과, (주)내일인쇄, (주)내일 PD 등이 있다. 1993년 소액주주운동으로 시작, 1997년 사원주주회사로 변신, YTN의 장명국(張明國) 운영위원장 체제가 성공을 거둔 것이다. 이 회사는 단단한 기업, 국민에게 봉사하는 종합정보서비스회사를 지향한다. 전통 미디어와 뉴미디어의 결합, 지역과 중앙의 결합을 지향하는 종합정보서비스 회사인데, 소유 경영 노동이 통일된 벤처형 자주 관리 경영을 목표하였다. 「내일신문」은 1997년 8월 15일 이후, 사원주주회사, 96년부터 취재·편집·조판·사진 영역을 하나로 통합하였다. 창간 때부터 정기 독자 마케팅에 전 직원이 참여했다. 촌지 돌려보내기, 광고주에 지배당하는 신문을 거부하며, 국민 위에 군림하는 언론이 아니라, 국민에게 봉사하는 언론, 사람을 위한 서비스에 관심을 갖고 있었다.(www.naeil.

된 계층을 대변하기 시작했다. 네트워크를 바탕으로 발전된 인터넷 신문인 「딴지일보」(발행인 김어준)는 1998년 7월 6일 인터넷 전자 신문 1호를 개설한 지, 4개월 만에 조회수 2백만을 넘어갔다. 격주로 시작한 「딴지일보」는 국내 최초 패러디 매체로 소수자 입장을 대변함으로써, 야유 정신, 사적 담론의 공공연화 등이 상품력을 지닌 기사로 대중적 성공을 거두었다(「문화일보」, 1998. 11. 11.) 소수자 입장의 변질에 대한 우려나, 패러디 정신의 1회성 등이 이 인터넷 신문의 약점이자, 강점이었다.

인터넷 매체는 통제, 체제 파괴적 양면성을 지니고 있다. 후자의 경우 기존의 질서, 가치, 사고방식의 붕괴적 속성을 지닌다. 잘못된 체제를 해체, 비판적 사유를 획득하는 강점을 지녔지만, 체제 해체 후 대책에 관해서는 적절한 대안을 제시하지 못했다. 전문적 치밀한 분석이 부족한 것이다.

조직·기술 결정론적 사회는 체제 파괴적 요소를 거부함으로써, 아나키스트들에게 신뢰를 주지 않았다. 신뢰를 구축하기 위한 조건으로 사회운동을 시도하지만, 비대한 국내적·국제적 자본의 메커니즘과 조직적 권력, 기술적 한계에 부딪치게 됨으로써, 자기조정능력을 상실하게 된 것이다.

인터넷은 문자·소리·동영상·그래픽·디자인, 그리고 쌍방향 등을 포함한 멀티미디어 매체이다. 쌍방향의 네트워크를 형성하는 요소를 지녔지만, 인터넷은 기술의 속성에 자유를 제약받는다. 또한 자유가 기본적으로 책임과 관용을 요구한다는 관점에서 볼 때, 제도권 안에서의 인터넷의 자유는 더욱 제약받을 수 있다.

홈페이지로부터 발전된 인터넷매체 문화가 본격적으로 시작되었다. 「이데일리」(온라인 및 종이신문, 2000년 3월 28일, 2011년 7월 14일)가 창간되었고, 「오마이뉴스」(발행인 오연호(吳連鎬))가 2000년 2월 22일 창간하여, 기사의 공식을 파괴하고, 더 쉽게, 더 생생하게, 더 자연스럽게 뉴스 제작을 시작함으로써, 인터넷 언론을 주도하였다.(「주간 동아」, 2000. 08. 31.) 과거의 부정기 간행물(웹진)인 패러디 사이트의 한계를 극복하고, 인터넷 독립 일간지(웹페이퍼)가 '온라인 뉴스'를 실시하

com: 「내일신문」 홍보실 제공)

였다. '시민 기자制'의 구호를 걸고 속보성, 쌍방향의 인터넷 속성을 지니고 시작한 것이다. 사이버 공간에서의 신문·방송·통신 등 디지털의 기술을 바탕으로 '기술 중심주의' 미디어를 개발하였다. PC통신 게시판의 형태로 성장한 '탈저널리즘 시대'·'언론 민주화'·'뉴스 게릴라'의 인터넷 신문이 등장한 것이다.

　인터넷신문 중에서 고급지를 지향하는 매체가 나타났다. 백낙청(白樂晴)[308] 고문과 박인규(朴仁奎) 사장이 함께 하는 고급 정론지「프레시안」인터넷 신문이 2001년 9월 24일 창간되었다.「프레시안」은 국내 정치뿐 아니라, 경제·국제 문제에 대한 심층기사를 중심으로 엮었다. 보통 사람들의 입장에서, 전문가들의 안목으로 급변하는 현실에 대처한다는 의도에서 창간되었다.(www.pressian.com) 이 인터넷 신문은 세계적 시야와 역사의식, 그리고 이념을 무기로 위기의 근원을 파헤치고, 이를 극복할 길을 찾고자 하였다.

　한편 90년대 후반 이후 뉴스 포털이 인터넷이 급성장하면 강자로 부상했다. 야후·심마니가 득세한 후 '네이버 포털의 포식자'[309]로 등장했다. '모든 뉴스는 포털

---

308) 백낙청(1938. 01. 10.~)은「창작과 비평」(1966. 01~2015. 11. 25.)의 발간인·편집인으로 역할을 했으나, 그 직에서 물러나면서도 여전히 31.1% 지분을 갖고 있다. 그는 경기고·브라운대·하버드 대박사·서울대 영문학과 교수로 재임했다. 한국문학계에서 순수문학을 비판하고, 민족문학·참여문학을 주장했다.(네이버·나무위키·백낙청) '연방제 통일론'·'범여권 후보 단일화'('희망 2013'·'승리 2012 원탁회의' 좌파진영의 콘트롤 타워) 등으로 '한국 좌파의 숨은 신', '철옹성의 문화권력자'·'한국 사회 좌경화의 원점'으로 불린다.(송의달, 2023. 10. 08.) 20대 대선 전 오마이TV 인터뷰에서 이재명을 김대중 이후 최고의 정치지도자로 꼽았다. 그는 '군림하되 통치하지 않는다.'는 말을 남겼다.

309) '네이버 포털의 포식자'는 "현재(2018) 뉴스 제휴 매체 124개와 검색 제휴 매체 567개가 네이버 플랫폼에서 경쟁을 벌이고 있다. … 하루 네이버 방문자는 3000만 명이고 PC는 900만 명 수준이라 모바일에 적용한다."라고 했다.(신무경, 2018. 5. 10.) 그 사용 경로로 보면 네티즌은 포털사이트에 키워드를 쳐 넣어 정보 검색 시간을 단축한다. 현재 NHN의 네이버, 다음, 야후코리아의 야후 등의 포털사이트는 단순한 정보 전달자를 넘어 여론을 생성, 조작하는 매체가 되었다. 온라인 뉴스들을 모두 종합해 대문에 전시하여 뉴스에 대한 댓글을 달 수 있도록 한 것이다. … (헤드라인 클릭의 숫자에 따라 뉴스 순위를 결정한다.) 중국과 북한의 댓글을 통해 여론조작 도구로도 사용할 수 있었다. 현재 포털 사이트는 뉴스 서비스와 댓글 시스템, 그리고 토론 게시판을 통해 네티즌들이 의견을 나누는 온라인 광장으로 자리매김했다. 네티즌들의 수가 늘어나고 온라인 언론의 영향력이 커지면서, 네티즌과 온라인 언론을 연결시켜주고 온라인 공론장을 형성시켜주는 포털사이트의 힘 역시 강화된 것이다.(강명구, 2008: 538) 그 문제점은 포털 사이트가 언론사가 아니라는 이유로 언론 윤리규

로 통한다.'라는 말이 설득력을 얻어갔다. 그 영향력은 더욱 커져 "2001년 1600만 명의 방문자가 네이버에, 1800만 명이 다음에 방문했다."라고 했다.(강명구, 2008: 536)

한편 시민방송의 인터넷 방송 서비스가 2001년 12월 10일 실시되었으며, 2002년 9월 16일 디지털 위성방송 열린 시민방송(RTV·백낙청 이사장)이 개국으로 시청자 상호간의 만남, 시청자와 제작자의 만남, 시청자와 축적된 자료와의 만남을 시도하였다. 시민방송은 '표현의 자유'를 적극 행사할 수 있는 참여 민주주의 실현의 공간임을 자처한다.(김호기, 2003. 03. 07.) 시민방송은 시청자가 매스 미디어를 이용해 자신의 의사를 표현할 수 있는 퍼블릭 액세스권(權)을 보장하고, 어떤 이슈에 대한 상이한 견해들을 공개하는 공론의 장을 제공한다. 액세스권으로 시민이 사회문제에 참여함으로써, 시민은 타인의 목소리가 아닌, 자신의 고유한 목소리를 갖게 된다. 또한 2001년 12월 7일에는 무단복제를 제약하기 위한 온라인 디지털 콘텐츠 산업발전법이 제정돼 다음 해 7월부터 시행되었다.

시민의식의 성장으로 나타난 인터넷 신문에 발맞춰 각 신문사에도 전자신문을 받아들이고, '독자란', '옴부즈만'을 활성화시켰다. 방송프로그램에서도 시민 접근 채널이 생겨났다. 시민기자가 사회 문제의 다양한 주제로 만든, 보통 사람들의 의견을 담은 '열린 채널'이 생겨난 것이다. KBS TV1 채널에서 2001년 5월 5일 설치된 공중 접근(Public Access) 프로그램은 방송전문가들이 아닌 아마추어 시청자들이 제작하였다.(「경향신문」, 2001. 05. 02.) 2000년 1월 통과된 '방송법'에 의해 KBS에 월간 100분 이상의 열린 채널의 배당을 의무화하였다. 이 프로그램은 ① 시청자가 방송발전 기금의 제작비 지원을 받아 직접 기획, 제작하고, ②편성 및 송출은 KBS가 하되, ③프로그램 선정 등 모든 운영에 관한 사항은 시청자 참여 프로그램 '운영협의회'[310]에서 결정했다.

범을 따르지 않았다. 더욱이 2018년 '드루킹 사건'과 같이 포털이 민주주의 파괴자로 등장했다.

310) 운영협의회는 KBS 시청자위원회의 부위원장을 위원장으로 시민 단체, 시청자 단체, 방송진흥원 관계자, KBS 편성부장, 변호사 등 9명으로 구성되었다. 열린채널 첫 프로그램은 한국여성단체연합이 제작한 호주제 폐지와 평등 가족으로 가는 길이었다.(「경향신문」, 2001. 05. 02.)

한편 방송노조가 '방송의 민주화'라는 정당성을 갖추면서 세력화되었다.(강현두, 2001, 30) 진실을 규명하고, 정확성, 공정성, 객관성 등을 생명으로 하는 방송이 아니라, 국민을 선전, 선동하는 방송이 된 것이다.

질 높은 문화의 정립이나, 숙의 민주주의가 도래한 것이 아니라, 포퓰리즘 시대가 온 것이다. 민중민주주의, 국가사회주의 기틀이 마련되었다.

확정편향이 일상화가 되었다. 이데올로기의 격전장이 된 방송은 "한쪽에서는 정치권력에 의한 언론 장악의 수단으로서 방송을 이념화시켰고, 다른 한쪽에서는 그에 대한 국민적 저항의 수단으로서 방송을 이념화시켰다. 이 두 이념의 갈등 속에서 방송은 자기 자신의 위치를 찾지 못하였고, 더이상 프로페셔널리즘의 영역에 남아 있기가 어렵게 되었다.(강현두, 2001: 30)

한편 신문에서도 변화가 이뤄졌다. 「경향신문」·「중앙일보」·「문화일보」 등의 재벌 언론사에도 밑으로부터의 변혁이 이뤄졌다. 한화그룹의 김승연(金昇淵) 회장이 1993년 11월 30일 대검 중수부에 구속되는 사건이 벌어졌다. 언론사 사주이며, 대기업 회장이었다. '언론 길들이기'란 말이 나돌았으나, 결국 한화그룹은 경향신문 포기 선언을 단행하였다. 「경향신문」[311]은 1998년 사원주주제로 모든 사원이 96%의 주식을 출자하는 형식으로 출범했다. 「경향신문」은 전사원이 주주가 되고, 스스로 신문 제작·편집 방향을 정하고, 경영하는 독립적 언론사로 등장한 것이다.(「경향신문」, 2001. 04. 03.) 외부로부터의 독립, 회사 내부의 부당한 간섭과 압력, 사주나 경영인의 편집권 간여 또한 심각한 문제 등 자유를 제약하는 것을 배격하고, 오직 독자만을 신문의 힘으로 간주하였다. 「경향신문」은 언론개혁의 시발점이 된 것이다. 언노련·기자협회·PD연합회 등 언론 세 단체는 언론개혁위원회의 결성에 합의하고 1997년 7월 29일 '언론 개혁 10대 과제와 정책 대안'을 마련했다. 그중 신문산업의 개혁과 관련된 것은 ①재벌의 언론사 소유 제한

---

311) 「경향신문」은 한국화약그룹으로부터 1998년 4월 1일 독립 언론 출범을 선언했다. 독자적 생존 전략 및 발전 방향을 내걸고, 1999년 11월 11일 편집국장 직선제를 도입, 2000년 2월 25일 초대 편집국장 박명훈(朴明勳)을 선출하고, 6월 29일에는 언론사상 최초로 사장 공모로 장준봉(張峻峰) 사장이 발행인으로 선출되었다.(「경향신문」, 2002. 04. 01.)

및 언론 기업의 소유 집중과 시장 과점 해소, ②언론사 편집 편성권독립의 제도적 보장 등이었다.(김남석, 2001: 40)

　언론 개혁은 언론개혁시민연대[언개련, 상임대표 김중배(金重培)]가 1998년 8월 27일 발족함으로써 본격화되었다. 언개련은 '민주언론운동시민연합'[312](민언련) 등 시민, 사회 단체 51개가 모인 언론 개혁 시민 연대였다. 2000년 9월 20일 '조선일보 반대 시민 연대'(안티조선연대)를 발족하고, 지식인 선언 1차 154명(8월)이 참가하고, 2차 152명(9월 20일)으로 사회운동을 본격화하였다. 시민사회 단체 및 언론 노동자는 2000년 12월 6일 '정간법 개정'·'방송법'·'신문 개혁 촉구' 그리고 총선연대는 2000년 4월 16일 실시되는 '총선 낙천 낙선운동'[313]을 본격화했다.

　민주언론은 지방분권, 새로운 미디어의 등장과 더불어 일어났다. 새로운 미디어에 따른 사회운동은 27년 여당과의 정권 교체와 맥을 같이 하고 있다. 김대중(金大中) '국민의 정부'는 열린 정치를 표방하고, 1998년 1월 18일 TV 3사에 '국민과의 대화'를 시도함으로써, 국정 운영을 국민과 더불어 가려는 의지를 표명하였다. 즉, '국민과의 대화'는 쌍방향 정치의 가능성을 제시한 것이다.

　'DJP' 연합으로 힘을 얻은 '국민의 정부'는 새로운 이념으로 '제2건국'을 시도한 것이다. 외환 위기의 극복과 경제 구조조정, 대북 포용정책·햇볕정책·인권·복지 분야의 지속적 개선 노력 등은 '국민의 정부'의 치적이었다. 그러나 각종 권력형 부패의 의혹 사건, 햇볕정책의 대북 비밀 지원 논란, 무리한 개혁을 앞세운 의·약 분업, 소수파 정권의 태생적 한계, 집권 내 야당 및 비판세력의 견제, 상생

---

312) 민주언론운동시민연합(민언련, 성유보)은 1984년 12월 19일 해직 기자들이 만든 '한국 언론 운동 단체'이다. 1985년 민중·민족·민주 언론의 디딤돌, 「말」誌를 창간하고, 김주언(金周彦)·김도연 등이 1986년 9월 6일 '보도지침'(문공부 용어로 홍보 조정지침)을 폭로하였다. 민언련은 1988년 「한겨레신문」 창간의 주도적 역할을 하였으며, 1990년 시민 언론 운동의 새 시대를 열었으며, 1998년 사단법인 '민주언론운동시민연합'으로 다시 태어났다(www.ccdm.or.kr/ccdm).

313) 총선연대는 16대 총선을 위해 낙선 대상자로 선정한 국회의원 86명의 후보 중 68%인 59명을 낙선시켰다. 그중 수도권에서는 낙선 대상자 20명 중 95%인 19명이 낙선되었다.(김재범, 2000. 04. 20.)

(相生)의 정치보다는 국정 주도권 장악에 집착했고, 준비된 전략과 프로그램의 부재, 절차적 정당성의 확보 등 개혁의 제도화보다는 인치적 개혁에 의존함으로써, 정쟁과 갈등, 정책적 난맥상을 자초하였다.(「경향신문」, 2003. 02. 24.)

'국민의 정부' 말기의 언론 개혁은 언론사에게 관심의 대상이 되었다. 언론 개혁의 평가 기준은 ①언론의 다양성 확보와, ②언론의 감시견으로서의 역할의 강화, ③사적 권력의 도구로 전락하지 않는 독립적인 언론으로서의 지위 확보 등이 관건이었다.(김남석, 2001: 38)

'국민의 정부'의 언론 개혁 평가 기준은 이것과는 차이를 나타내면서, 언론 개혁의 정당성을 확보하지 못했다. 정치적 개혁을 시도한 것이다. 그러나 공헌이라면 당시 언론개혁은 언론도 개혁의 대상이 될 수 있음을 보여줬다.

'국민의 정부'의 언론 정책은 1998년 2월 대선 공약 사항인 공보처 폐지에서 시작되었다. 그러나 1999년 5월 총리실 산하에 국정홍보처를 신설했다. 국정홍보처[314]와 문화관광부가 언론, 홍보의 기능을 분담해서 담당하게 되었다. 언론관련 부서는 국정홍보처, 신설 문화관광부, 청와대 공보수석실, 국무총리 공보실 등 비대하게 확장되었다.

미군정 때의 정보과는 국내 정보와 여론을 수집하고자 만들어진 얼룩진 역사를 보여주고 있다. 공보과·공보국·공보부로 이름을 달리하면서, 더욱 강화된 형태로 문화공보부로 개명한 후, 김영삼 정부에서 공보처로 특수목적에 의해 분리된 후, 김대중 정부는 기능 축소의 대선 공약과는 달리, 국정홍보처 신설과 더불

---

314) 국정홍보처는 국무총리실 산하공보실을 차관급의 국정홍보처로 승격시켜 문화관광부와 공보실 등으로 나뉘어 있던 국정 홍보와 언론 정책 기능을 한데 묶기로 했다.(「한겨레신문」, 1999년 3월 23일) 국정홍보처 신설안은 총리실 산하 공보실이 갖고 있는 국정 홍보 기능과 문화관광부의 신문·방송 정책 기능을 일원화한 것이다. 또한 문화관광부 소속 해외 공보 기능도 국정홍보처에 흡수하기로 했다. 그 논의 과정을 보면 "언론계와 시민단체들은 국정홍보처의 신설을 옛 공보처의 부활이라는 시각에서 강력하게 반대했다. 그러나 정부는 '국정홍보처는 언론을 통제할 생각이 전혀 없으며 부처 간 홍보조정 업무를 담당할 것'이라면서 애초 국정홍보처로 이관시키려 했던 문화관광부 소속의 언론관련 부서를 문화관광부에 그대로 두겠다고 물러섰다."라고 했다.(김사승, 상게 논문: 6)

어 '춘추관에서의 브리핑을 대폭 강화'[315]함으로써 홍보 기능을 보강했다. 정부는 홍보문화를 더욱 세련화, 선진화를 시도한 것이다.

개정 방송법[316]은 1999년 12일 28일 법률 제 6139호로 국회에 통과되었다. 개정 방송법의 통합방송위원회는 방송 환경에 적절히 대응하기 위해 필요와 판단에 따라 수시로 정책을 결정, 집행할 수 있도록 법적 토대를 설정해놓았다.(황근, 2000)

개정된 방송법 제2조 1항은 방송이라 함은 "방송 프로그램을 기획·편성 또는 제작하고 이를 공중(시청자)에게 전기통신설비에 의하여 송신하는 것으로서 다음 항목의 것을 말한다"로 규정하였다. 1995년 12월 30일 개정된 것은 "전파함을 목적으로 방송국이 행하는 무선통신의 송신을 말한다"에서 전파 대신 '전기통신 설비'로 방송의 개념을 재정립했다. 또한 2000년 방송법은 방송을 목적으로 하는 지상의 무선국을 이용하여 행하는 지상파 방송, 전송·선로 설비를 이용하여 행하는 다 채널 종합 유선방송, 인공위성의 무선국을 이용하여 행하는 위성방송 등을 통합하는 의미를 지녔다.

2000년 방송법 제21조에 따르면, "방송위원회의 구성은 전문성 및 사회 각 분야의 대표성을 가진 자 중에서 대통령이 임명하는 9인의 위원으로 구성한다. 대통령은 위원회를 임명함에 있어 3인은 국회의장이 국회 각 교섭단체 대표 의원과 협의하여 추천한 자를 임명하고, 3인은 방송관련 전문성과 시청자 대표성을 고려하여 국회 문화관광위원회의 추천 의뢰를 받아 국회의장이 추천한 자를 임명한다"로 규정하고 있어 여전히 방송의 독립성에 문제를 제기할 수 있다. 또한

---

315) 브리핑제도를 강화하는 한편 정부는 기자와 "하루 두 번씩 비서실 출입가능, 오전 11~12시, 오후 4~5시 하루 2시간 제한, 비서실장과 수석비서관 사무실로 취재장소 제한 등 타협을 내놓았다.(조순용, 1999: 12)

316) 개정 방송법의 제9조 ①항은 지상파방송사업 또는 위성방송사업을 하고자 하는 자는 방송위원회의 추천을 받아 전파법이 정하는 바에 의하여 정보통신부장관의 방송국 허가를 받아야 한다. ②종합유선방송사업 또는 중계유선방송사업을 하고자 하는 자는 방송위원회의 추천을 받아 대통령령이 정하는 기준에 적합하게 시설과 기술을 갖추어 정보통신장관의 허가를 받아야 한다.(유일상, 2001: 543)

방송법 제27조의 "방송위원회의 직무는 방송의 기본 계획에 관한 사항, 방송 프로그램 및 방송 광고의 운용, 편성에 관한 사항, 방송 사업자, 중계유선방송사업자, 음악유선방송사업자, 전광판방송사업자의 허가, 재허가의 추천, 승인, 등록, 취소 등에 관한 사항 등"을 들고 있어 통합방송법은 방송위원회 권한을 확대했다.

제9조 1항은 "지상파방송사업 또는 위성방송사업을 하고자 하는 자는 방송위원회의 추천을 받아 전파법이 정하는 바에 의하여 정보통신부장관의 방송국 허가를 받아야 한다"로 그 기능이 강화되었다.

개정 방송법은 1998년 대통령 자문기구로 방송개혁위원회를 위촉, 방송 개혁을 연구케 하여 1999년 2월 보고서가 제출되었다. 개정 방송법은 시청자 주권의 강화, 방송 소외 계층의 방송 접근권이 보장되었다. 또한 한국교육방송공사법을 제정하고, EBS를 교육부 산하 교육개발원의 부설기관에서 독립시켰다. 또한 '위성방송'[317]이 2002년 3월 본격적인 유료 상용화 서비스 등을 실시하였다. 물론 새 방송법은 CATV를 활성화시키려는 의도를 갖고 있었다. 지상파 방송사의 외주 제작 비율 확대를 통해 방송문화의 유통 과정을 확고히 하고자 의도하였다. 그러나 공중파 방송은 여전히 인력·기술·장비 등을 구비하고 있어, 군소 제작자의 위치가 제도적으로 축소되어 있는 상태였다. 공중파 공영방송은 공익방송에 앞서 프로그램 사업자의 성격을 지니고 있음을 간과할 수 없다.

개정 방송법에서 공중파·케이블·위성방송의 방대한 방송체계에서 케이블 방송의 정착은 하나의 중요한 과제였다. 그 이유로 ①케이블TV는 방송 매체로서뿐 아니라 정보화 사회에서 중추적 역할을 담당하게 될 정보통신망의 기능을 수행

---

317) 위성방송, 스카이라이프는 한국통신이라는 통신 사업자와 지상파 방송사의 주도적인 참여에 의해서 만들어진 사업자로서 공공 기업을 통한 공익의 실현을 강조하였다.(이수영, 「영상산업의 활성화를 위한 위성방송정책」, 『서강커뮤니케이션즈』 2, 2001: 95) 그러나 실제 정책적 의미는 산업적인 측면이 강하다. 방송개혁위원회(1999)의 단일 독점 위성방송 사업자로 하는 이유를, 위성방송 관련 기술 및 산업발전을 통하여 국내 경제의 파급 효과 확대, 영상산업 활성화 및 시청자 채널 선택권 확대, 위성방송을 준비한 국내 기업의 투자비용 매몰 방지, 외국 위성방송의 국내 방송 시장 잠식 방지 등을 들고 있다.(정용준, 2002: 117)

할 수 있다, ②케이블 TV는 정보화사회에 필요한 고속 인터넷, 검색, 주문형 비디오, 홈뱅킹, 홈쇼핑 서비스 등 다양한 멀티미디어 서비스를 제공할 수 있다, ③케이블 TV는 전문성과 제작 위주의 상업적 성격이 강하기 때문에 발전 속도가 빠르므로 영상산업의 선두 주자가 될 수 있다. ④케이블 TV는 풀뿌리 민주주의 정착을 위한 유용한 매체이다 등이다.(이광재, 1998. 08. 11.)

케이블 TV는 광케이블을 통해 하나의 국가를 형성하고, 지구촌(a global village)을 형성한다. 케이블 TV는 개인의 현실을 분리시켜, 기술인력에 의한 가상현실(virtual reality)을 창출케 한다. 이는 확증편향성 등 통제 매카니즘이 강화될 수 있었다. 보도국 편집국의 인적 쇄신을 통해 선전·선동·진지전 구축을 강화했다.

TV가 개인에게 시간과 공간을 뛰어넘어 가상의 세계 안에서 살아가는 가상현실을 조장한다. 오락이 전체 국민의 오락으로 탈바꿈한다. 그리고 수용자는 인터랙티브(interactive)를 가미하여, 몇 사람의 오락을 전체 국민의 것으로 만든다.

케이블 TV는 노태우·김영삼 정부의 정책적 산물로서, 특히 김영삼 정부는 21세기 고도 정보화사회 출현에 대비하고 또한 국민 모두의 총체적 풍요를 창출하기 위해서 공보처에서 적극적으로 케이블 TV의 활성화를 주도하였다.(황선표, 1998: 203) 케이블 방송이 개국하면서 탈규제화의 현상이 방송 현장 곳곳에서 나타나기 시작하였다. 그러나 정책이 시행되어 사업자가 생긴 이상, 존폐에 관한 논의가 용이하지 못한 현실이다.

탈규제화의 초기 단계에서 제도의 개선 문제를 집중적으로 논할 필요가 있다. 우선 케이블 TV의 홈쇼핑을 통한 국내 상품의 유통구조의 활성화, 지역주민의 정보 교환 등은 괄목할 성과이다. 앞으로 케이블 TV는 쌍방향 채널의 강점을 살림으로써, 국민의 선택을 확장시켜줄 수 있으며, 홈쇼핑·뮤직·오락 등의 채널로 자리잡을 수 있다.

케이블 TV는 위성방송, 공중파 방송과의 연계가 관건인데, 2002년 시작한 디지털 위성방송[318][사장 강현두(姜賢斗), skylife]은 142개 채널의 송신주체를 KBS,

---

318) 스카이라이프 위성방송은 2002년 3월 1일 개국했다. 위성 TV방송은 디지털 방송 신호를 이용하기

MBC가 도맡음으로써 당초부터 문제의 소지를 안고 있었다. '전파의 공공성'으로 위성방송의 개념을 정하거나, 공영 방송이 위성방송을 독점할 때, 지상파 공영방송과 더불어 위성까지 공영으로 포장한다면 문제가 아닐 수 없었다. '수용자 주권'을 뒤로 한 미디어 권력의 독주였다. KBS, MBC 공영방송은 5공화국의 개념으로 공영방송, 상업 방송, 케이블 방송, 위성방송을 규정하고 있다. 5공식 공영방송 개념의 틀로 본다면 SBS, 지역민방, 위성방송 등도 전파의 공공 재산의 개념을 공유할 수 있다. 모든 방송에게 같은 공공 재산의 개념을 적용할 경우, 신기술의 개념은 발상의 전환을 가져올 필요가 있다.

채널 중심이 아닌, 프로그램의 공급적 측면에서 풀어갈 때, 케이블·위성·공중파 등 방송을 산업의 일부로서 인식할 수 있다. 이때, 방송의 국제 경쟁력은 강화될 수 있다. 분업의 원리에서 양질, 다양화의 프로그램을 선보임으로써, 수용자의 주권을 확보할 수 있다. 유기체의 체계이론은 분업과 자율, 그리고 역할, 역할에 따른 사회 제도를 근간으로 하며, 확고한 자기정체성의 확립이 사업 승패의 관건이다.

방송의 제반 문제는 다른 여타 산업과의 연계로 인해 더욱 파장이 크다. 방송이 국제 경쟁력을 지니지 못할 때, 과거와 같이, 다른 영역의 자본을 방송에 투입시킬 수 없는 우리 경제의 현실을 자각해야 한다.

'미디어 중심주의'에서 만약 방송 산업이 위기에 처하면, 다른 문화 영역, 경제 영역이 동시에 도산하는 위기를 맞는다. 이전투구(泥田鬪狗)식 방송의 운영은 환경 감시, 사회적 연계, 사회화 등 언론의 공익성을 해칠 수 있다. 예를 들면, 공영방송은 공영의 고유의 영역을 지니지만, 문어발식의 무리한 사업 확장은 언론과 사업의 혼돈을 가져온다. 산업의 집단 이기주의는 진리를 빈번히 왜곡시키며, 사회를 분리시키며, 수용자의 사회 정체성을 망각케 한다. 더욱이 영상세대는 영상

때문에 고화질, 고음질, 다기능을 자랑한다.(김우룡, 「블랙홀에 빠진 위성방송」, 「동아일보」, 2002. 3. 14.) 위성방송은 철저한 비즈니스인데 공공성·공익성의 논리를 앞세워 컨소시엄을 구성하였는데, 한국통신, KBS, MBC 등 대주주가 참여했다. 한국통신은 위성체를 직접 소유·운영하고, KBS, MBC는 좋은 프로그램을 제공하는 일에 참여했다.

을 통해, 자신을 사회화시킨다는 현실을 직시할 필요가 있다.

문화방송(MBC, 사장 김중배)은 '미디어 비평'[319]을 2001년 4월 28일 실시하였다. 이 프로그램은 정확한 사실의 전달, 개혁과 사회적 약자에 대한 관심, 지역주의, 색깔론, 음모론에 대한 비판적 시각 유지, 대북 정책의 화해 지향적 인지 등에 관심을 가졌다.(전종휘, 2003. 03. 18.) 매체간의 비평은 1947년 '언론자유위원회'에서도 권장한 프로그램이었다. 그러나 매체간의 비평은 자아비판, 자기 정체성 확립부터 출발할 때, 타인, 타기관으로부터 설득력을 얻게 된다. 즉, 자기비판을 통한 자기 정체성 확립이 우선되어야 한다. 자기비판은 자유를 얻게 한다. 여기서 정체성은 우선 MBC 공영방송의 정체성이다.

미디어 비평은 그 전제 조건으로 공영·민영 방송의 개념부터 재정의할 필요가 있다. 공영은 수용자를 '발상자'로 간주한다. 그리고 이에 따른 공익 프로그램과 조직을 개편함으로써, 진정한 공영방송으로 자리잡을 수 있다. 한편, 상업방송일 때는 외국에서 수입하는 만큼 수출하는 원론에 충실한다면, 우리 경제가 안고 있는 당면 과제를 풀 수 있다.

1994년 체결된 우루과이라운드(UR) 협정 이후 개방되는 전문상업 위성방송은 아마추어 채널이 아니다. 상업 전문 채널과 겨룰 수 있는 MBC는 정부의 그늘에서 벗어나, 건강한 상업방송으로 굳게 자리잡을 것이다.

문화방송의 '미디어 비평'은 언론사 세무조사가 무르익을 당시 시행되었다. 4월 13일 정부 규제개혁위원회가 전체회의에서 신문고시를 7월 1일부터 시행키로 한 결정적 시기에 미디어비평을 시도한 것이다. 미디어 비평 프로그램은 각 방송사의 논조와 함께 하였고, 일부 신문과 연대를 시도하였다. 정부의 의도대로 신문과 신문, 신문과 방송은 서로 분리되어 있었다. 방송은 당시 자치·자율을 확보하

---

319) 미디어 비평은 최용익(崔龍益) 팀장이 주도한 방송사상 최초의 매체 비평 프로그램이었다. 최 팀장은 1987년 문화방송 초대 노조의 공정방송위원회 간사를 맡고, 1990년대 초부터 민언련 소식지, 민주언론운동의 편집위원으로 일하는 등 언론 운동에 관심을 보여왔다.(전종휘, 2003. 03. 18.) 그는 이 프로그램을 맡기 바로 전에는 '100분 토론'을 1년여 간 끌어오면서 안티조선운동, 주한미군 철수 문제 등을 다루었다.

지 못함으로써, 대리전을 방불케 하였다. 결국 언론은 피상적 수준에서 다매체·다채널로 발전된 것 같았으나, 6·29선언의 의미를 무색케 하였다.

언론사들은 1999년 2000년 사이 자회사·관계사 설립의 붐이 일어났다. 인터넷·케이블·위성방송·프로그램 제작 및 판매, 무대예술, 프로그램 공급, 인터넷, 광고 제작 등 뉴미디어 사업을 전담하는 회사들이 신설되었다. KBS, MBC도 물론이거니와 신문도 마찬가지였다.

「중앙일보」의 경우 신문·방송·출판·교육 부문·인터넷·케이블 방송 등 20개 자회사를 갖고 있다. IMF의 구제금융 체제가 설립된 1997년 이후, 언론 기업은 대규모의 자회사 그룹을 만들었다.(「미디어 오늘」, 2002. 05. 16.) 언론사는 날로 번창하건만, 언론의 실체는 점차 실종되어가고 있다.

확장된 언론기업은 자신의 자유를 제약하며, 여타 기업가들의 시장 질서를 교란케 한다. 그러나 언론이 공정성·공익성·형평성·객관성 등을 실천할 때, 헌법에 명시한 자유민주주의·시장경제 원리가 작동할 수 있을 것이다. 언론이 사회 제 세력과 견제, 균형을 유지한다면, 보다 용이하게 사회민주주의에 다다를 수 있다.

언론기업의 효율성을 증진시키기 위한 조치로, 여타의 기업과 같이 적성 수준의 경제적 규모를 유지할 필요가 있다. 2001년 언론개혁 보도가 나라를 떠들썩하게 한 당시, 언론이 사회에 끼친 여파는 대단했다. 미디어 중심사회에서 각 미디어를 중심으로 독자군·시청자군이 형성됨으로써, 미디어 사이의 갈등은 사회의 갈등으로 표출되었다. 언론사의 세무조사는 우리 사회가 미디어 중심주의 사회로 이전하였음을 실감케 한 사건이었다. 다른 사업의 영역에서 상존해온 탈세 문제, 소유 제한 규정이 언론에 적용되었을 때, 사회적 충격은 엄청났다. 언론의 소유 구조가 산업 쪽으로 기울 때, 세무조사 문제는 계속 사회문제화될 전망이다. 언론 기업의 공익성과 기업성은 서로 밀착되어 있는, 풀 수 없는 난제이다. 그러나 공익을 대변하는 언론은 법적·사회적 보호를 받을 수 있다. 즉, 헌법 제21조의 '언론자유의 조항'은 국가의 정체성과 관계되는 기본 조항이다.

언론기업은 언론 자유와 간접적 관계를 갖고 있다. 「한겨레신문」의 '이익을 적게 남긴다'라는 초심이 더욱 설득력 있다. 언론 기업이 자회사를 통해 재산 증식,

비대한 관료제를 형성하고 있는 한, 다른 여타 산업 영역, 정부와 갈등 관계는 계속 증폭될 전망이다.

언론개혁의 정점은 이문열(李文烈) 작가와 추미애(秋美愛) 의원과의 논쟁이었다. 李작가는 「조선일보」 '시론'에서 "국세청이 언론 기업을 탈세 혐의로 검찰에 고발하는 것을 3개 방송사가 모두 재중계하고, 종일 그 뉴스로 화면을 뒤덮는 걸 보면 유태인 학살을 정당화하는 나치의 대국민 선전 선동을 연상케 한다"(이문열, 2001. 07. 02.)고 포문을 열었다. 추의원은 7월 3일 민주당 당4역 회의에서 "지식인이 일부 신문의 지면을 통해 성장한 뒤 언론에 '곡학아세(曲學阿世)'해서야 되겠느냐"라고 李작가를 공격하면서 사건의 파장이 확산되었다. 그리고 곧이어 李작가의 책값 반환 소동이 벌어졌다. 李작가는 「동아일보」 '시론'에서 "요즘의 시민운동에서 이따금씩 홍위병(紅衛兵)을 떠올리는 것은 소수에 의한 다수 위장", 그리고 "정치 논리에 의지한 전문성 억압도 홍위병식 특징이다"라고 강변했다.(이문열, 2001. 07. 09.)

언론과 시민단체, 이익단체, 정부와의 관계는 늘 긴장 관계에 놓이지만, 2002년 대선을 앞둔 시점의 '국민의 정부'에서는 그 정도가 지나쳤다. 『월간조선』 1998년 10월호에서 '반공 소년 이승복(李承福)의 공산당이 싫어요'의 이데올로기 문제가 다시 재현되었다. 1998년 8월 27일 여름 언개련(언론개혁시민연대)은 서울 시청 앞 지하보도 전시회 '한국 언론 오보 50선'에서 「조선일보」 이승복 사건을 '대표적인 오보 사례'로 간주하였다. 「조선일보」는 언개련(사무총장, 김주언(金周彦))과 미디어오늘(편집장, 김종배(金鍾培)) 등을 문제삼았다.(방상훈, 2001: 2022~2023)

한편 『월간조선』 1998년 11월호는 최장집(崔章集) 위원장(대통령 자문정책기획위원장)의 사상 검증에 관해 문제삼았다. 최 위원장이 1993년과 1996년에 각각 발표한 한국민주주의의 조건과 전망과 한국 민주주의 이론이라는 논문에서 ① 6·25는 김일성의 역사적 결단, ②개전 초기 한국전쟁은 민족해방전쟁, ③38선 이북으로의 북진은 한반도 전체의 초토화를 면치 못할 가공할 사태, ④6·25전쟁 최대의 피해자는 북한 민중 등, 6·25를 평가함에 있어 대한민국에는 불리하게,

북한에는 유리한 논지를 전개하고 있다는 주장을 『월간조선』이 문제삼은 것이다.(「동아일보」, 1998. 11. 13.)

사상논쟁의 주요 대목인 "민족해방 전쟁이었다", "북한 쪽 기준에 따라 6·25를 설명했다", "김일성의 6·25 남침을 역사적 결단" 등에 관심이 집중되었다. 崔 위원장은 「조선일보」를 상대로 서울지법에 『월간조선』 11월호의 "6·25전쟁 사관 관련 기사 배포 금지 가처분 신청"을 받아들임으로써 양자간에 법적·사상적 논쟁이 시작되었다. 그러나 崔 위원장은 「화해와 상생의 통일시대로」(「조선일보」, 1999. 01. 17.)의 특별 기고에서, 본인의 한국전쟁, 이념, 북한, 통일문제 이해에 대한 심각한 오해가 있었다고 전제하고, 구시대의 대립과 반목의 역사를 대상으로 한 사회 분열적, 시대 역행적 논쟁은 이제 종식하고, 새로운 사회질서를 대상으로 한 미래 지향적이고 건설적인 토론으로 전환하도록 요구함으로써, 이 사건은 일단 종결되었다.

최장집 교수의 사상검증을 계기로 「조선일보」의 보도태도와 논조에 불만을 표출한 네티즌과 시민단체 등은 함께 결집하였다. 지금까지 개별적으로 진행되던 안티조선운동은 2000년 8월 학계·종교계·문인·시민 단체 등 각계 인사 154명을 결집하여, 1차 「조선일보」 거부 지식인 선언으로 확대하게 되었다.(김동원, 2002. 05. 29.)

『월간조선』은 崔 위원장 논의를 국가 정체성 문제로 토론의 장에 끌어들인 것이다. 주간지와 잡지는 당파성을 지녀야 하며, 1996년 개정 윤리강령 평론의 원칙, 제9조 2항 "사설 등 평론은 실정법을 위반하지 않는 한 특정 정당이나 특정 후보자에 대한 지지나 반대를 표명하는 등 신문사의 정치적 입장을 표현할 수 있다"라는 규정을 신문협회·신문방송편집인협회·기자협회가 공동으로 서명하였다. 신문·잡지 등이 당파성을 지닐 때, 국가의 정체성 차원에서 위계질서를 줄 필요가 있었다.

물론 언론의 토론 기능을 활성화시킬 때, 선전·조작적 행위의 허위의식의 이데올로기가 설자리를 잃게 된다. 언론이 숙의 민주주의 장이 되는 것이다. 결과적으로 이때 민족의 정서를 표현하는 한글은 독창성을 갖게 되고, 진정한 역사가 축적된다.

『월간조선』은 기사의 정확성에는 충실하였지만, 안티조선 지식인의 목소리를 함께 지면에 반영하지 않았다. 언론은 헌법의 허용범위 내에서, 좌·우의 균형성을 가져야 독자로부터 신뢰를 받을 수 있다. 그 전제 조건으로 언론은 세계적 정보를 흡수할 수 있는 충분한 정보체계를 가져야 한다.

TV의 기술상의 속성은 정보의 게재 한계를 가짐으로써, 당파적 특성이나, 탐사보도 영역에서는 주요 신문과 동참할 필요가 있었다. 정당의 지지를 달리하는 신문은 자신의 정당을 지지함으로써, 정체성이 명확하게 된다. 그러나 현재와 같이 방송과 신문의 소유를 분리시키고, 주요 언론을 적대시하는 한, 언론의 통합적 역할을 기대하기는 어렵다.

이념적 내부의 갈등, 국제 정세의 산물로서 남북간의 화해의 분위기는 '국민의 정부'의 '햇볕정책'[320]으로 진일보하여, 2000년 6월 14일 '남북 정상 공동선언문'[321] 체결을 이뤄냈다. 상생(相生)의 분위기가 싹튼 것이긴 하나 상호조건 없는

---

320) 햇볕정책(영어: Sunshine Policy, Engagement Policy)은 조선민주주의인민공화국에 대한 대한민국의 김대중 정부와 노무현 정부의 대외 정책으로, 북한에 협력과 지원을 함으로써 평화적인 통일을 목적으로 하는 정책이다. 햇볕정책은 비유법으로 사용된 상징어로 대북화해정책, 대북포용정책 또는 포용정책으로도 불리고, 공식적인 명칭은 대북화해협력정책이다. 화해협력정책의 공식 영어 명칭은 'Sunshine Policy' 혹은 'Engagement Policy'라는 명칭이 더 대중적으로 알려져 있고, 단절을 극복하고 개방하며, 대결하지 않고 협력한다는 의미를 내포하고 있다. … 햇볕정책은 세 가지 원칙을 바탕으로 하고 있다. 1. 북측의 무력 도발을 허용하지 않는다. 2. 남측은 흡수 통일을 시도하지 않는다. 3. 남측은 화해와 협력을 추진한다. 이러한 세 가지 원칙을 토대로 김대중 정부는 보다 많은 접촉과 보다 많은 대화, 보다 많은 협력을 추구했다. 또 정경분리 원칙에 따른 경제 교류를 활성화했고, 인도적 차원의 대북 식량 지원과 이산가족 문제 해결에 주력했다.(https://ko.wikipedia.org/wiki/%ED%96%87%EB%B3%95%EC%A0%95%EC%B1%85) 일명 김대중 북한퍼주기정책이었다. 1997~2001 IMF 외환 위기에도 불구하고 김대중 정부의 불법 대북송금 사건으로, 2000년 현대그룹이 대북 사업권을 획득하는 대가로 북한에 4억 5000만 달러를 지급했다. 그러나 북한의 도발은 멈추지 않았다. 2002년 월드컵 3, 4위전 새벽에 북한 함정이 접근해 함포사격을 사격을 가해, 제2차 연평해전을 일으켰다.

321) '남북 정상 공동 선언문'의 내용은 ①남과 북은 나라의 통일문제를 그 주인인 우리 민족끼리 서로 힘을 합쳐 자주적으로 해결해나가기로 하였다. ②남과 북은 나라의 통일을 위한 남측의 연합 제안과 북측의 낮은 단계의 연방제 안이 서로 공통점이 있다고 인정하고 앞으로 이 방향에서 통일을 지향시켜 나가기로 하였다. ③남과 북은 올해 8·15에 즈음하여 흩어진 가족·친척 방문단을 교환하

교환은 요원하였다. 북한은 1991년 12월 당시 나진·선봉 지역을 자유경제·무역 지대로 지정하며 관계 법령을 제정하였다. 북한은 외국인 기자에게 무비자 입국을 허용하였으나, 남측 언론은 취재에서 제외되었다.

남북관계의 흐름에 맞춰 언론의 활발한 취재를 뒷받침하는 전향적 법 개정이 이뤄져야 하는 당위성이 존재하지만, 국내신문은 여전히 진보·보수 성향의 첨예화가 계속되었다. 적대관계가 심화됨으로써, 민주주의의 운영 원리인 서로의 관용(寬容)은 뒷전에 밀리게 되었다.

국민의 정부는 IMF 관리체제로 '금모으기 운동' 등으로 언론과 많은 부분 보조를 맞췄으나, '옷 로비 사건'[322] 등으로 갈등이 표출되었다. 더욱이 정부의 '적폐' 청산은 인사 불균형, 즉 호남편중 인사, 대북포용정책은 매카시즘, '국세청 선거자금 모금'은 언론과 갈등이 일상화되었다.(박선숙, 1996: 27)

정부와 보수 언론 간에 정쟁이 시작되었다. 조중동, 한경대가 딱 갈라져 이전투구를 일삼았다. 정부는 신문의 사적기업을 사회적 가치와 공익적 성격을 부각시켰다.

언론사 세무조사가 2001년 1월 11일 김대중 대통령의 '연두기자회견'의 언론개혁에 대한 언급에서 가시화되었다. 대통령이 앞서 언론개혁을 주장하고, 그 소유 지분 30% , 재벌족벌에 의한 신문의 사적 지배, 편집과 경영의 문리, 편집권 독립, 편집위원회 설치, ABC 공사제도의 확립 등을 문제를 삼고 2001년 내내 최대 쟁점으로 부각되었다. 그것도 2002년 차기 대선을 앞두고 김대중 대통령은

며 비전향 장기수 문제를 해결하는 등 인도적 문제를 조속히 풀어나가기로 하였다. ④남과 북은 경제협력을 통하여 민족 경제를 균형적으로 발전시키며 사회·문화·체육·보건·환경 등 제반 분야의 협력과 교류를 활성화하여 서로의 신뢰를 다져나가기로 하였다. ⑤남과 북은 이상과 같은 합의 사항을 조속히 실천에 옮기기 위하여 빠른 시일 안에 당국 사이의 대화를 개최하기로 하였다, 등이었다.(「한겨레신문」, 2000. 06. 15.)

322) 옷 로비 사건은 1999년 11월 강인덕 전 통일부장관 부인 배정숙의 전화 통화 녹음테이프와 사직동 팀 최종 보고서 내용이 잇따라 「동아일보」 지면에 특종 보도됐다.(오명, 2000: 583~584) 같은 해 6월 검찰의 수사 결과 발표로 옷 로비 사건이 일단락된 것으로 간주되었다. 여론이 빗발치자 10월 들어 특별 검사가 다시 수사를 시작하였다. 당국의 은폐 시도가 드러나, 김태정(金泰政) 전 법무부장관과 박주선(朴柱宣) 청와대 법무비서관이 구속되었다.

선수를 치고 나왔다. 누가 봐도 불순한 의도였다.

그 내용을 자세히 보면 김대중 대통령은 "강한 정부·강한 정치 실현"을 주제로 연두기자회견을 자청했다. 기자회견 중 김 대통령은 "언론 개혁문제와 관련, 언론 자유는 사상 최대로 보장돼 있는 만큼, 국민과 일반 언론인 사이에 언론 개혁을 요구하는 여론이 상당히 높다는 것을 알고 있으며, 언론계·학계·시민 단체·국회가 합심, 투명하고 공정한 언론개혁을 위한 대책을 세워야 할 것으로 언론개혁의 강한 뜻을 비쳤다.(『조선일보』, 2001. 01. 11.)

김대중 대통령은 1999년 12월 16일 민주화운동 관련 단체 소속 인사들과 오찬을 하면서 "세계가 한국의 경제 회복을 기적이라고 하는데, (한국 언론은) 잘했다는 소리보다 비판의 소리가 심하다. '옷 로비'만 갖고 7~8개월간 언론이 쓰고 있다"(이광재, 1999. 12. 17.)는 언론에 대한 강한 불만을 표현하였다.

언론개혁은 세무조사로부터 시작되었다. 물론 '국민의 정부'에서 언론사 세무조사는 1999년 7월 5일 보광그룹 3개 사, 세계일보에 대한 세무조사가 시작되어, 홍석현(洪錫炫) 중앙일보사 사장은 1999년 10월 1일 조세포탈 혐의로 구속되었다.

대통령의 언론개혁의 일환으로 결과를 비공개하였지만, 1994년 김영삼 정부 당시에도 언론 세무조사를 실시한 바 있었다. 그러나 세무조사의 강도는 당시와 비교할 바가 아니었다. 공정거래위원회는 2001년 2월 7일 신문·방송·잡지 등 13개 언론사에 대한, '신문고시' 조항의 '신문사의 과다한 경품 제공과 무가지 배포', '방송사 광고의 부당한 거래' 등 거래 위반 행위를 문제 삼았다. 그 외 신문·방송의 부당한 광고 수주, 신문 계열사에 대한 부당 지원 행위, 독과점 지위 신문사 규정 등 규제가 대폭 강화된 새로운 내용을 담고 있다. 더욱이 신문사들의 해묵은 판매, 광고 관행, 현실적으로 불가피한 회계 업무 처리, 신문 경영 환경의 변화에 따른 과도기적 투자 및 경영 형태 등 모두를 규제의 대상에 포함시켰다.(『조선일보』, 2001. 03. 02.)

또한 국무총리 산하 규제개혁위원회는 2001년 4월 13일 전체 회의를 열고, ① 무가지와 경품을 합해서 20%로 하되, 공정위가 최종 결정, ②신문업계 준비 기간을 감안해 7월 1일 시행, ③자율 규약을 제정, 시행할 경우 우선적으로 존중하도록 함, ④강제 투입 허용 기간을 3일에서 7일로 연장 등을 결정하였다.

공정거래위원회는 2001년 4월 13일 '신문고시(新聞告示)'제를 7월 1일부터 시행키로 결정하였다. 이는 신문고시제가 1999년 1월 '자율 규약'³²³'을 제정·시행할 경우 우선적으로 존중한다는 원칙 아래 폐지되었던 것이다. 공정거래위원회는 6월 20일 규제개혁위원회와 신문협의 의견을 반영한 신문고시안을 최종 확정했다. 1999년 1월 규제 완화차원에서 폐지됐다가 2년 반 만에 다시 부활하였다.

신문고시제는 공정거래위원회가 1996년 12월 26일 경품 제공 금지, 유료 구독 부수의 20%를 초과하는 무가지 제공 금지, 무가지 투입 2개월까지 허용 방침 등을 정한 바 있다. 언론개혁시민연대(언개련)도 2000년 8월 16일 정부와 국회에 신문고시 부활과 신문의 불공정 거래 규제를 촉구하는 신문 시장 개혁 의견서를 제출했다.

2001년 1월 국세청은 신문·방송·통신사 등 23개 중앙 언론사에 정기 법인세 조사를 서면 통보를 한 후, 2월 8일 언론사 세무조사가 착수되었다. 국세청과 공정거래위원회는 2001년 2월 8일 자산 규모 100억 원 이상의 사업체에 대해 5년마다 정기 조사를 한다는 원칙 아래 142일 동안 1,000여 명이 세무조사를 실시하였다. 그 결과를 손영래(孫永來) 서울지방국세청장은 6월 20일 중앙 언론사 23곳이 모두 1조 3,594억 원의 소득을 탈루한 것으로 5,056억 원의 세금을 추징한다는 결과를 발표하였다. 공정거래위원회는 13개 언론사에 대한 과징금 242억 원을 부과하였다. 금융실명제 상황에서 언론사 탈세가 벌어진 것이다. 2001년 8월

---

323) 신문고시제의 취지는 신문협회가 1977년 8월 「신문 판매 정상화를 위한 결의문」을 발표하고, 무가지 배포, 구독료 확인, 경품 제공을 일체금지하도록 하였다. 또한 97년 3월 일산에서 일어난 폭력 사건 이후, 1999년 7월 두 차례에 걸친 신문판매의 과당 경쟁을 방지하고, 구독자의 권익을 보호한다는 명분 아래, 신문판매 자율규약을 만들어 스스로 공정 경쟁을 결의한 바 있다. 그러나 신문협회 자율규약을 지키는 신문사가 없고, 규약은 비현실적이어서 오히려 공약을 지키면 손해로 간주하였다.(조현호, 2000. 07. 13.) 세무조사 이후 신문협회는 2002년 6월 다시 「신문 시장 질서 회복 특별 결의문」을 채택하고, 무가지를 유료 부수의 20%를 초과할 수 없도록 한 현재의 신문 공정경쟁 규약을 확인하였다.

16일 「조선일보」, 「동아일보」, 「국민일보」 등 언론사주 5명의 사전 영장이 청구되고, 이어 「조선일보」 방상훈(方相勳) 사장, 「동아일보」 김병관(金炳琯) 전 명예회장, 「국민일보」 조희준(趙希埈) 전 「국민일보」 회장 등 언론사주 3명이 구속되었다.

김대중 대통령은 2001년 7월 2일 국무회의 자리에서 "언론사 세무조사는 공정성이 완벽하게 보장됐고 외부 간섭이 없었다. 검찰이 법과 원칙에 따라 처리할 것이며, 이번 조사와 처리 결과는 투명하고 건전한 언론 발전의 계기가 될 것이다"라고 언급하였다. 그러나 2001년 2월 22일 『시사저널』은 3건의 "조중동 비판 카르텔을 깨라"는 「여권 내부 언론 관련 보고서」 전문을 공개하였다.

그 과정에서 한나라당 언로자유수호 비상대책특위〔위원장 박관용(朴寬用)〕는 "김대통령이 국세청·검찰을 지휘했고, 향후 지휘하겠다고 확연히 천명한 것이다"고 반박하였으며, 한국신문방송편집인협회〔회장 고학용(高學用)〕는 국세청의 언론사 세무조사의 검찰 고발 조치와 관련한 성명을 내고 "이번 조치는 언론사 모두를 권력의 규제 속에 묶어두겠다는 의도로 언론사가 막대한 추징금을 내기 위해 정부에 매달리거나 아니면 문을 닫거나 양자 간 택일을 하라고 요구하는 것"이라고 비판했다.

한편 '국제 언론 기구'[324]인 국제언론인협회(IPI)·세계신문협회(WAN), 또 다른 성격의 국제기자연맹(IFJ)[325]이 세무조사에 대한 각기 다른 내용의 성명을 발표하

---

324) 국제언론기구는 IPI(국제언론인협회), WAN(세계신문협회) 등이다. 2001년 9월 정부의 언론사 세무조사 실태 조사를 위해 요한 프리츠 IPI 사무총장, 로저 파킨슨 WAN 회장은 공동 성명서를 내고, "한국 정부의 세무조사와 공정위 조사가 자유, 독립 언론을 괴롭히며 협박하며 통제하려는 정치적 동기에서 촉발된 정부활동 중 일부라는 증거를 발견하였다"고 전하였다. 한편 IPI는 한국을 언론자유 탄압 감시 대상국으로 지정하였다.(미디어팀, 2000. 03. 05.) IPI는 신문·잡지·방송·통신사의 발행인과 주필·편집국장 등이 참여하는 국제 기구이며, 언론 자유 수호를 목표로 1950년 뉴욕에서 창설했다. 이 단체는 서방 측의 자유언론 이데올로기를 대표하는 모임이나, 사회주의 이념과 평등이 이념은 백안시하는 경향이 있었다.(권재현, 2001. 05. 23.)

325) 국제기자연맹(IFJ)은 6월 11일에서 15일까지 5일간 제24차(3년마다 개최) 서울총회를 열고, '정보화 시대의 언론'을 주제로 발표하였다. 주요 논의 내용은 언론인 보호를 위한 행동 방안, 뉴미디어와 세계화에 대한 대응 방안, 성 평등과 언론의 질, 한국의 언론 상황에 대한 공식 입장 등을 밝혔다. 그

였다. 후자는 세무조사의 정당함을 주장하는 한편, 전자는 세무조사의 부당함으로 천명하였다. 더욱이 국제언론인협회는 한국을 '언론 자유 탄압 감시 대상국'으로 간주하였다.

언론사 세무조사에 대해 시민 단체들은 개혁 방식에 대한 부정적인 평가에도 불구하고, 언론개혁 운동은 나름대로 성과가 있었다고 주장하였다.(「동아일보」, 2001. 01. 28.) 그후 시민 단체와 언론 전문가 등을 중심으로 신문고시의 부활 필요성이 꾸준히 제기되었으며, 관련 부처 및 관련 단체의 의견이 수렴되었다. 2002년 6월 18일 헌법재판소가 '신문고시 합헌 판결'을 결정하였다. 그러나 헌법 제21조 제1항 "모든 국민은 언론·출판의 자유와 집회, 결사의 자유를 가진다"는 민주국가의 존립과 발전의 기초를 무시할 수 없는 일이다.

세무조사의 회오리 속에서, 신문 내부의 개혁과 변화가 일기 시작했다. 「대한매일」은 2001년 우리사주조합(조합장, 김경섭, 39% 주식)을 설치하였다. 「경향신문」의 순수 사원주주제와는 달리, 「대한매일」은 여전히 정부(재정경제부 30.5%, 포항제철 22.4%, KBS 8.1%)가 61% 주식을 가졌지만, 진일보한 상황이었다. 한편 '신문 공동 배달제'(이정민, 2005. 07. 25) 실시가 2002년 3월 가속화되었다. 언론노조 산하 신문통신노협은 발족식을 계기로 공동 배달제를 시도하였다. 전국 지국과 판매망을 중앙통제 안으로 끌어왔다.

「조선일보」는 2002년 3월 명예훼손 소송을 대비하여 언론사 자문변호사 제도를 활성화하고, 상근변호사 제도를 도입하여, 5명을 배치시켰다. 이 조치는 '검찰의 감청 의혹'의 「조선일보」 1999년 7월 31일 사설을 문제 삼았던, 서울지검 검사 12명이 「조선일보」를 상대로 36억 원의 손해배상을 청구하였던 사건과 무관할 수 없다. 당시 법 집행 기관에서 언론 자유에 대하여 개인과 같은 잣대를 요구한 것이다. 이에 대하여, 국제언론인협회(IPI)가 문제를 삼고 성명을 발표하였다. 기

리고 1) 한국 언론 발전을 위한 결의문, 2) 한반도 평화 정착을 위한 서울 선언, 3) 일본의 역사 교과서 왜곡에 항의하는 특별 결의문 등 3개의 한국 관련 결의문을 채택하였다.(신문과 방송 117, 2001년 7월) 국제기자연맹은 서울총회 개막을 앞둔 6월 1일 성명을 내고, "세계 모든 언론인들은 한국의 일간지 세무조사가 언론 자유 탄압이다"라는 주장을 수용할 수 없음을 확인하였다.

사의 정확성, 개인의 명예훼손에 대한 사회의 인식을 반영한 자문 변호사 상근제도를 받아들인 것이다.

후일 인권에 관한 사건이 벌어졌다. 국가안전기획부(국정원의 전신) 내 비밀도청팀(미림팀) 팀장으로 알려진 공 모씨가 2005년 7월 24일 입을 열었다.(이정민, 2005. 07. 25.) 미림팀 책임자였던 공 모씨 DJ정권 출범 후 국정원 구조조정 때 해직, 이때 도청 테이프 100~200개를 들고 나온 것이다. 당시 공 씨는 SBS와의 인터뷰에서 "자신이 '1994~98년까지 미림팀장이었다'며 '지금까지 밝혀진 내용은 극히 일부일 뿐'이라고 말했다. 다수의 다른 도청 테이프의 존재 가능성을 시사한 것이다."라고 했다.(이정민, 2005. 07. 25.)

검찰이 김은선 전 국정원 2차장(국내정보 담당)을 기소하면서 밝힌 국정원의 불법도청은 조직적이고 치밀했다.[326] 당시 김대중 정부는 "휴대전화가 감청이 불가능하니 안심하고 통화하라'라는 신문광고까지 냈다."라고 했다.(사설, 2005. 10. 27.)

한쪽은 불법도청을 일삼으면서 다른 한편으로 김대중 정부는 2001년 5월 24일 법률 제6481호 국가인권위원회를 통과시켰다. '인권위'[327] 설치배경은 "모든 개인이 가지는 불가침의 기본적 인권을 보호하고 그 수준을 향상시킴으로써 인간으로서의 존엄과 가치를 구현하고 민주적 기본질서의 확립에 이바지함을 목적으로 한다."라고 했다.(www.humanrights.go.kr)

또한 김대중 정부는 2000년 8월 민주화보상심의위원회를 출범시키고, "일시

---

326) 선근형, 2005. 10. 27: 국정원은 자체적으로 만든 '카플러(도청시 주파수 조절을 위한 조정 장치)'를 통해 내국인의 휴대전화 번호를 R2에 직접 입력, 실시간으로 통화 내용을 엿들었다. 또한 임(동원) 전 원장도 검찰의 조사에 대해 '한마디도 안하기로 했다', '노 코멘트'라고 말했다. 신(건) 전원장은 아예 외부와의 연락을 끊었다.

327) 인권위는 1997년 11월 국민인권위원회설립준비단이 발족하였다. 이후 2001년 8월에는 조용한 변호사를 단장으로 8명의 시민사회 단체원으로 구성된 인권위 설립기획단이 꾸려졌고, 그해 11월 말 김창국 초대 인권위원장의 취임과 함께 정식 출발했다.(이성기·남상욱 2010. 11. 02): 국가인권위원회법에 따르면 인권위는 인권의 보호와 향상을 수행하기 위해 입법 사법 행정 어디에도 속하지 않는 국가기구로서 독립해 업무를 수행하는 기구이다. 그 후 2003년 헌법재판소에 '호주제는 위헌이며 인권침해'라는 의견을 제출해 2년 후 호주제의 헌법불합치 결정이 내려지는데 기여했고, 사형제 폐지, 공무원 채용 시 나이제한 철폐, '살색' 용어 시정 등의 권고도 대표적인 활동 사례로 꼽힌다.

적으로 거꾸로 해석되는 역사는 반드시 재해석된다. 억울한 사람을 역사 위로 끌어내 정당한 위상을 정립시키는 데 노력해 달라"고 했다.[328] 이 위원회는 2002년 4월 동의대 사건 관련자 46명을 민주화운동자로 인정했고, 이들에게 평균 2500만 원씩의 보상금이 지급됐다. 한편 동 위원회 9명 가운데 3명은 찬반 표결을 전후해 "대법원에서 방화치사죄로 유죄판결이 난 사건을 민주화운동자로 결정하는 데 휩쓸려가고 싶지 않다'며 사퇴했다.(사설, 2009. 02. 26.)

또한 김대중 정부는 2002년 1월 「5·18 민주유공자 예우에 관한 법률」을 통과시켰다.[329] 그 법은 계속 논란이 되었고, 언급을 못하게 성역화(聖域化)를 시킴으로써 두고두고 비판의 대상이 되었다.

한편 정부의 이중성 하에서 언론의 내부개혁은 계속되었다. 「중앙일보」는 2001년 10월 16일 신문가판(초판)을 폐지함으로써 정교한 서비스로 독자에게 선보이게 되었다. 그러나 신문 초판은 완성도를 높일 수 있는 좋은 제도이다. 초판 발행은 실수요자의 검증을 거침으로써, 오보를 줄일 수 있으며, 독자와의 신속한 대화의 장을 마련해준다. 앞으로 과거의 출입처 기자 제도가 폐지되면, 초판 발행은 기사의 정확성, 객관성, 기자의 책임 등을 활성화시켜 신문의 완성도를 높이는 데 필요한 제도이다.

초판 발행제도의 보다 근본적 문제는 우리의 왜곡된 문화에 기인한다. 자기비

---

328) 동의대 사건이란 1989년 5월 경찰이 동의대 도서관 7층으로 들어갔다가 시위대가 복도에 석유를 뿌리고 화염병을 던지는 바람에 경찰관 7명이 목숨을 잃은 사건이다. 후일 경찰 유족들이 '고인의 명예가 실추됐다'며 낸 헌법소원을 헌법재판소가 재판관 5대 4의 결정으로 각하됐다. 그러나 소수 의견을 냈던 주선회 전 헌법재판관은 그의 서초동 법률사무소에서 "동의대 사건은 입시부정이라는 학내 문제로 학생들이 시위를 하다가 경찰관 7명을 희생시킨 사건입니다. 헌법과 법률에 의해 주어진 정당한 공권력을 행사하는 경찰에게 화염병을 던져 목숨을 앗은 사건이에요."라고 했다.(박정훈, 2009. 02. 26.)

329) 김대중 정부의 「5·18 민주유공자 예우에 관한 법률」(법률 6650)은 김영삼 정부의 「5·18 민주운동 등에 관한 특별법(법률, 5029호; 1995. 12. 21.)」을 강화시킨 것이다. 이들 5·18 특별법은 명단을 공개하지도 않고, 계속 늘어나는데 문제가 생겼다. 선정 기준도 모호하고, 보훈처가 담당하는 것이 아니라 광주시장이 주도를 하게 됨으로써, 공정성·객관성이 계속 문제가 되었다. 그 혜택도 관심거리가 되었다. 더욱이 탈북자 중 5·18에 참여한 인사가 있다는 증언이 나오면서 '민주화' 개념에 대한 논의가 계속되고 있다.

판을 게을리하면서, 신문사가 공익성 차원의 허위의식으로 신문 제작을 해온 관행이다. 즉, 각종 통제로부터 종속됨으로써, 신문은 기득권을 옹호하는데 급급하였다. 기자는 '무임승차'로 남의 신문, 출입처의 기사 베끼기 관행에 길들여져 왔으며, 가판 구독자의 정치·경제 권력으로부터 외부 단체와 협상해왔다. 「중앙일보」는 '무임승차', '봐주기 언론'의 언론관행으로부터 독립을 선언한 것이다.

「조선일보」가 1998년 4월 24일 E메일 실명제를 실시함으로써, 신문사의 사설 등 일부를 제외하고, 지면의 모든 기사에 기자의 실명제와 함께, 전자우편 주소(E메일 ID)를 함께 표기하는 제도를 택하였다. 신문의 E메일 실명제는 멀티미디어로서의 윤리규범에 따른다는 의미를 지녔다. 과거의 윤리강령이 멀티미디어의 윤리강령으로 확대됨을 뜻하며, 신문·방송·케이블·위성 등은 인터넷 멀티미디어 체제로 돌입함을 의미한다. 언론사는 네트워크의 통제를 받으며, 네트워크 안에서 국내·국외를 동시에 연결하게 되었다. 체계이론의 전체, 부분, 그리고 부분과 부분들이 네트워크로 연결되었다.

한편 인터넷의 외부망과 절도 없는 연결은 부정선거 논의에 휩싸이게 된다. 즉 방송국과 선관위중앙서브 보고용PC와 제어용 PC가 단일망으로 구성되어 외부에 의한 해커와 내부에 의한 프로그램 조작이 가능하다. 또한 인터넷의 여론조사로 2002년 11월 25일 대통령 후보가 결정되고, 여론조사에서 노무현과 정몽준의 대결에 인터넷 연결망이 사용될 수 있었다. 그걸 믿고 패한 정몽준(鄭夢準) 의원은 패배를 자인하며 네트워크 사회에 합류했다. 네트워크 안에서 세계적 자유민주주의와 시장경제 원리가 작동한 것이다. 국제법이 국내법을 대치하고, 국내 정치가 국제 정치화하였다.

5. 미디어 팽창과 언론 정체성

전방기 6공화국 정부들과 달리, 인터넷 연결망이 현실화되면서 미디어 부분에서 일대 통제의 변혁을 경험하였다. 독재&민주화의 2분법이 작동할 시점이었다. 좌우갈등이 첨예하게 부딪친다. 더욱이 '노사모'(노무현을 사랑하는 사람들의 모임)

는 디지털 인터넷을 통해 대통령 당선의 견인차 역할을 담당하였다.

인터넷이 활성화되면서, 신문·방송·케이블·위성·인터넷의 매체가 팽창되었다. 「중앙일보」가 1993년 1월 11일부터 데이터뱅크국의 조인스(JOINS)를 통해 멀티미디어의 시대를 열어나갔다. 신문도 인터넷의 멀티미디어 시대에 참가한 것이다. 지상파·케이블·위성·인터넷 등이 네트워크를 형성하였다. 신문·방송 등은 문자·음성·동화상·그래픽·디자인의 기술을 통해서 디지털 미디어를 완성시키고 있다. 멀티미디어는 각 영역이 서로 결합할 뿐 아니라, 각 영역을 분화시킨다. 사회는 전문직의 사회체계 원리로 분화되기 시작하였다. 미디어 산업에는 각기 다른 기술의 성격에 따라 분화의 경향을 가속화시키고 있었다. 멀티미디어의 상황에서 신문·방송·케이블·위성의 영역은 확장됨과 동시에 통합된다. 정부에서 집요하게 신문·방송을 소유와 제도로 분리시켰던 과거와는 달리 멀티미디어의 속성 자체가 통합을 의미한다. 멀티미디어 언론과 산업이 동시에 발전하게 되었다. 노태우 정부는 국민을 통합하고, 언론의 분화를 촉진시켰다. '언론기본법'을 폐지시키고, 과거 언론의 규제를 풀었다. 그리고 민영 방송, 케이블의 강화 시험 방송에 관심을 가졌다.

김영삼 정부는 케이블 방송을 확장시키고, 언론과 산업을 분리시켜, 다매체·다채널의 산업영역을 확장시켰다. 또한 김대중 정부는 멀티미디어 그리고 언론을 인터넷의 네트워크 안으로 끌고 오는 견인차 역할을 하였다. 멀티미디어의 위성을 시작함으로써, 통제와 아나키즘을 함께 시도하였다. 아나키즘의 기존 미디어를 통제하려 한 것이다.

케이블·위성의 '탈규제화' 상황은 산업의 영역을 확장시켰다. 가상세계의 오락산업은 단순화·비현실·비상황·비역사성 등 자극과 반응에 몰두함으로써 공적 영역에서 시민의 참여를 무의미하게 만들었다. 공·민영 공중파, 케이블, 위성 TV 방송은 오락 쪽으로 영역을 확장시켰다.

대중은 충동적 소비성향에 노출되어, 우민화(愚民化)의 길을 걸었다. 공영의 아이디어, 민영의 산업 등으로 미분화된 상태에서, 오락의 방송 문화산업은 다양성과 막대한 자본을 요구했다. 공영 방송사는 자본·기술·인력을 독점하지만, 제작은 다품종 소량 생산을 하고 있다. 그들의 생산품도 국내 소비자의 취향을 충실히 반영하고 있었다. 젊은 층의 빠른 속도의 취향 변화, 그리고 위성방송이 개방된 현시점에서, 방송 제작물은 서구오락 산업의 벤처성 문화산업이 아닌, 관리문화로 얻어낸 토착적 결과물이어서, 국경을 넘는데 한계를 지녔다. 결국 소량 생산물은 많은 채널의 수요를 맞추기 위해 외국 제작사에 의존하게 되었다. 서구는 국내소비 시장을 더욱 공략할 전망이다.

풀기 어려운 난제일수록 원론에 해답이 존재한다. 채널이 많고, 복잡할수록 상업방송은 오락 중심으로 운영하고, 공영방송은 공익에 몰두할 필요가 있다. 멀티미디어 상황에서 공익방송이 뉴스제작의 질적 수준을 저하시킬 경우, 신문도 방송보도를 할 수 있도록 허용할 수 있다. 한편, 상업 방송을 산업영역으로 간주하고, 국제 경쟁력 차원에서 우선 고려해야 할 것이다.

질 높은 다량의 프로그램 생산은 분업·네트워크를 하면 된다. 오락 산업을 육성시킬 자본이 필요하다면, 한국방송광고공사의 공익 자금을 방송산업 육성용으로 사용하면 된다. 방송의 국제 경쟁력 강화가 정부 외곽 단체 보조만큼 시급하다.

한편 신문의 섹션페이지는 대중지의 경연장이 되었다. 그러나 섹션 페이지는 24시간의 시간적 제약에서 벗어나서 심도 있게 다뤄졌다. '해석적 보도'는 주제(theme)를 선정함으로써, 섹션페이지에서 길어진 기사를 처리한다. 기사는 정확한 사실, 그 사실들과의 관계에 근거하여, 드라마틱하지만, 긴 호흡의 지식, 전문적 내용을 포함한다.

섹션페이지는 신문 내용의 실험장이었다. 허위의식의 이데올로기를 걷어낸 곳에, 국제 감각에 맞는 보편적 가치를 형성하도록 캠페인하는 페이지이다. 독자는 이 페이지로 신문의 색깔을 판별할 수 있다. 그러나 현재 선거보도 태도는 설령 정치면을 섹션페이지로 둔다고 하더라도, 리더십의 인물 보도에 열중한 나머지, 복잡한 정당의 조직적 원리, 정당 정책은 뒷전으로 밀쳐내고 있었다. 어떤 신문도 각 정당의 미묘한 문제를 표출하고, 어려운 정책을 캠페인하는 현대 당파성 신문의 기능을 담당하지 못하고 있다. 언론과 정치가 비판과 더불어 '게임'하는 당파성 신문이 필요했다. 여기서 당파성 섹션신문은 독립성을 유지하면서, 정책적으로 당파성을 지님을 의미한다.

현대의 상업적 선전·설득·조작을 일삼는 섹션신문은 기자의 전문성을 결한 채, TV를 닮아가면서, 독자의 '인간의 관심사', '소비 지향형' 쪽으로 관심을 집중시켰다. 섹션 페이지를 채용한 신문은 광고주로부터 언론 자유를 제한받고, 주제의 범위를 오히려 축소시켰다.

섹션신문의 순기능은 전국지 성격을 유지하면서, 사회를 분화하기 위한 새로운 정보를 제공한다. 신문의 고유 기능인 대중의 정감을 엘리트에게 전하고, 엘리트는 신문을 통해 사회 정책의 진행 과정을 알 수 있다. 공론장으로서의 신문은 사회적 의제를 제시하고, 토론의 장이 되며, 당파성을 확보하고, 독자에게 깊은 믿음을 준다. 신문의 지면(주로 2면)은 이념적 성향을 명기하고, 반대 의견도 수렴한다.

기록의 역사성은 '사회적 시간'을 만들고, 사회적 언어·규범을 만든다. 섹션신문은 고유하고, 독특한 사회를 만들도록 노력함으로써, 네트워크 안에서 세계체제 안으로 수동적으로 접근하는 것을 막는다. 그러나 섹션페이지의 신문은 새로운 상업 정보의 개발·실험을 시도함으로써, 기사의 길이가 길어지며, 지면의 확장에만 관심을 가진다. 그 결과 섹션신문은 오히려 정보 공해를 남발하고, 독자의 지적 수준을 저하시키며, 다른 산업영역, 언어에 피해를 줄 수 있었다.

미디어 중심사회에서 정체성을 잃은 언론은 타 영역을 종속화·황폐화시킨다. 정치 권력이 이에 편승하면서, 미디어는 정치적 정당의 활동까지 인계받는다. 미디어는 인계 받은 권력으로 세를 불려서 정치권에게 고스란히 되넘긴다. 결과적으로 우리 사회의 민주주의는 정체성뿐 아니라 언어의 혼란을 경험하고 있었다. 언어가 무정형형태로 무질서하게 사용되고 있다. 헌법과 개인의 삶, 의식과 행동이 서로 다르게 작동한다. 언어에 따른 사회적 분화가 이뤄지는 대신, 한쪽으로 집중됨으로써, 국력의 손실을 가져왔다. 상위·하위 개념 사이의 무질서가 질서를 대신한다.

언론사가 자기비판을 게을리한 상태에서 생존 경쟁만을 유일한 전략으로 간주할 때, 집단 이기주의적 발상은 사회를 지배했다. 카르텔이 형성되고, 선전·선동·진지전 구축에 열중한 것이다. '멀티미디어의 네트워크'[330]는 제기능을 못한 채, 공익보다 사익의 사회를 지배했다. 결국 상업방송·공영방송·케이블·위성, 그리고 신문 등이 앞다투어 독점의 길을 걷게 되었지만, 미디어 중심주의의 언론은 그 정체성을 잃어갔다.

6·29 선언의 진정한 색깔이 나타난 것이다. 공영방송 KBS, MBC는 뉴스 채널의 연합통신, YTN과 경쟁하며, 사회 교육을 교육 방송과 공유하고, 위성 시민 방송에 퍼블릭 액세스권 전문채널과 함께 하고, 상업방송의 측면에서 SBS·케이블·위성·지역 민방과 서로 경쟁하고 있다. 덩치가 기묘하게 부풀어진 KBS, MBC 위상에서 공영방송의 이미지를 찾기란 거의 불가능했다.

원론적으로 SBS 뉴스가 소프트하다면, KBS 뉴스는 하드하며, 이들은 연합뉴스에서 국내외의 다양한 소재를 얻는다. 그리고 그 뉴스의 밀집도를 신문이 보강할 때, 다매체·다채널의 국가 정보 채널이 완성된다. 그러나 탈규제화로 이행되는 현실적 상황에서 공영방송은 좌충우돌하면서, 영역 확장에만 관심을 가짐으로써, 체계는 비전문적으로 운영되었다.

비대한 공영방송은 오히려 가상세계를 더욱 확장시킨다. 신문 계열사의 무분별한 확장은 언론의 자유를 축소시켰다. 언론사 간의 중복 편집·편성은 서로를 동반자로 간주하기보다, 오히려 서로의 입장을 약화시켰다.

서로간의 깊은 믿음은 타인에게 관용을 창출하게 한다. 그러나 신뢰 없는 미디어는 관용을 창출할 수 없게 된다. 멀티미디어 상황에서 공익 방송이 뉴스의 질

---

330) '멀티미디어의 네트워크'는 후일 큰 파장을 일으켰다. 중국과 북한이 선거 개입도 할 수 있는 수준이 되었다. 그들이 난맥상은 선거란 선거에 부정을 저지르는 결과를 갖고 왔다. "나는 중앙선관위 노조위원장(한성천 초대 선관위) 출신이다. 두 번이나 노조위원장을 지내면서 부정선거에 대한 모든 증거를 모아놓았다. 노조위원장으로써 부정선거에 대해 투쟁을 하다 감옥(1년 1개월까지) 경험했다. 이번 부정선거는 2002년 전자개표기를 사용했을 때부터 부정이 쌓여오다 이번(2020. 04. 15.)에야 터진 것뿐이다. 이번 부정선거의 핵심은 QR 코드다. 공직선거법을 정면으로 부정하는 불법행위다. 단순한 의혹이 결코 아니라는 사실이다. 근 20년 동안 선관위가 저지른 부정선거에 대한 모든 증거를 가지고 있다."(네이버 블로그 네아이아빠(2020. 4. 29)), 〈전직 중앙선관위 노조위원장의 핵폭탄급 폭로."〉

적 수준을 계속 저하시킬 경우, 신문이 방송보도 영역을 확보할 명분을 얻게 된다. 언론사가 자기비판 없이, 집단 이기주의로 비대한 우위를 계속 고집한다면, 서로 간의 자유 영역 입지는 더욱 좁아진다.

김영삼 정부는 1997년 12월 3일 정부와 IMF의 550억 달러 지원에 최종 합의하면서 임기를 끝마쳤다. IMF 구제금융 상황에서 연합뉴스·방송사·신문사는 우선적으로 특파원을 줄였다. 신문 지면은 축소되었으며, 간부급을 중심으로 전문 언론인들이 연이어 명예퇴직되었다. 언론의 전문직화는 멀어지고, 오히려 통제의 매커니즘 안으로 몰입했다. 6공화국 정부들은 언론 정책을 폄에 있어서, 통제를 위한 확장에만 관심을 두었다. 신문은 전통적으로 당파성의 비판 매체임을 상기할 필요가 있듯, 각 미디어는 자기비판을 통해 자유·신뢰를 확보하고, 고유한 정체성을 갖게 된다.

신문은 사회적 의제를 설정하고, 캠페인을 벌이고, 국가 정체성을 확립한다. '부패 추방', '밝은 사회 건설', '맑은 물 되찾기 운동', '샛강을 살립시다' 등과 같은 사회운동을 신문의 섹션 지면에 확산시켜, 세무조사 이후 추락한 신문의 위상을 높일 수 있었다.

TV는 소리·영상·그래픽·문자·디자인 등을 통합하지만, 멀티미디어의 인터넷은 쌍방향의 특성을 갖고 있다. 미디어는 고유한 정체성의 영역을 확보함으로써, 다른 영역과 공존의 필요성을 공유하게 된다. 네트워크의 사회체계는 각 미디어의 정체성을 확보함으로써, 타인·타기관에 도움을 줄 수도, 청할 수도 있다. 즉, 체계 안에서 작동하는 모든 하부 체계는 철저한 자기 정체성을 확보함으로써, 궁극적으로 체계의 종속화를 벗어날 수 있다.

참고문헌

강휘중, 「민주화 실상 바로 세우기」, 『문민화와 민주화의 허상과 실상』, 한국근현대사연구회, 2023년 11월 07일.

고대훈, 「"그런다고 세상이 바뀌나요?"」, 『중앙일보』, 2017년 12월 30일.

권근술, 『세상을 바꾸고 싶은 사람들』(서울: 한겨레신문사, 1998).

권재현, 『경향신문』, 2001년 5월 23일.

김남석, 「한국 신문산업의 시장구조와 언론개혁 과제의 의의」, 『서강커뮤니케이션즈』 2호, 2001.

김동원, 「안티조선 새 국면 (……) 대중화 급류」, 『기자협회보』, 2002년 5월 29일.

김서중, 「정보화시대의 통신사와 정보주권」, 『김대중 정부와 언론』(서울: 서강대학교 출판부, 2002).

김우룡, 「블랙홀에 빠진 위성방송」, 『동아일보』, 2002년 3월 14일.

김재범, 「낙천낙선 운동과 언론보도의 역학관계」, 『저널리즘 비평』 통권 30호, 2000년 4월, 한국언론학회, pp. 20~23.

김정기, 「정확성에 더해 진실성 원칙 천명」, 『신문과 방송』 305, 1996년 5월.

김종찬, 『6공화국 언론조작』(서울: 아침, 1992).

김연종, 『DJ 정부의 언론 정책』 제3회 서강대학교 언론대학원 학술대회 발표문, 2001년 10월 20일.

김우룡, 「블랙홀에 빠진 위성방송」, 『동아일보』, 2002년 3월 14일.

김태산, 「마약 환자 발언·'광주 정신'에 넋 빼앗긴 보수 우파」, 『스카이데일리』, 2023년 5월 30일.

김호기, 「독일 퍼블릭 액세스 운동」, 『중앙일보』, 2003년 3월 7일.

미디어팀, 「정부와 언론」, 『조선일보』, 2003년 3월 5일.

박선미, 「방송공익의 제도철학적 고찰- 1990년 이후 방송정책 결정과정을 중심으로」, 동의대학교, 2011, p. 140.

방상훈, 『조선일보 80년사』 상, 하 (서울: 조선일보사, 2000).

방상훈, 『한국신문통감』 서울: 조선일보사, 2001년, p. 579.

방송제도연구위원회, 『방송제도연구보고서』, 1990년 4월.

배종렬, 『중앙일보 30년사』(서울: 중앙일보사, 1995).

서정우·차배근·최창섭, 『언론통제이론』(수정판)(서울: 법문사, 1993).

성한용, 「정권은 측근비리로 무너지고 언론은 신뢰 떨어지고」, 『신문과 방송』 No. 434, 2007월 2월, p. 15.

송의달, 「백낙청은 왜 이재명을 '김대중 이후 최고 정치인'으로 띄우고 있나」, 『조선일보』, 2023년 10월 08일.

안재희, 『한국기자협회 30년사』(서울: 한국기자협회, 1994).

오명, 『민족과 더불어 80년: 동아일보 1920~2000』(서울: 동아일보사, 2000).

우리의 주장, 「일그러진 통합방송법」, 『기자협회』, 1996. 02. 13.

유일상, 『언론정보윤리론』, 서울: 아침, 2001, p. 543.

이광재, 「국민의 정부와 언론」, 『국민의 정부와 언론』(서울: 서강대학교 출판부, 2002).

이광재, 「케이블 TV 회생시켜야 한다」, 「문화일보」, 1998년 8월 11일.

이근영, 「한겨레신문」, 1995년 8월 2일.

이문열, 「신문 없는 정부 원하나」, 「조선일보」, 2001년 7월 2일.

이문열, 「홍위병을 떠올리는 이유」, 「동아일보」, 2001년 7월 9일.

이범경, 『한국방송사』, 서울: 범우사, 1994, pp. 448~449.

이성기·남성욱, 「인권위의 어제와 오늘」, 「한국일보」, 2010년 11월 2일.

이수영, 「영상산업의 활성화를 위한 위성방송정책」, 「서강커뮤니케이션즈」 2, 2001.

이정민, 「불법도청 테이프 유출- 조선·동아 지금 제정신 아니야...역겨워」, 「중앙일보」, 2005년 7월 25일.

이형모, 「권력, 자본을 뛰어넘어 진실 되게」, 「미디어 오늘」, 1995년 5월 17일.

이현종, 「TV 수신료 흑역사」, 「문화일보」, 2023년 07월 13일.

이훈·민동용, 「독선과 편향된 시각 빠져 시민 없는 시민운동 자초」, 「동아일보」, 2002년 1월 28일.

전종휘, 「한겨레가 만난 사람」, 「한겨레신문」, 2003년 3월 18일.

정용준, 「김대중 정부의 위성방송정책」, 「서강커뮤니케이션즈」 3, 2002.

조현호, 「신문판매 자율규약 지키면 손해」, 「미디어 오늘」, 2000년 7월 13일.

차배근 외, 『우리신문 100년』(서울: 현암사, 2001).

최창봉·강현두, 『우리방송 100년』(서울: 현암사, 2001).

최훈·이영종·이상복·서승욱, 「7년 대선 앞두고 무차별 도청-안기부, 보안 위해 프린트 금지」, 「중앙일보」, 2005년 7월 25일.

특별취재팀 기자, 「언론인 181명 중 135명 가짜...추악한 '숟가락 얹기'」, 「스카이데일리」, 2023년 05년 30일.

황근, 『방송위원회의 정책 과제와 방향』(서울: 커뮤니케이션북스, 2000).

Altschull, J. Herbert, Agents of Power: The Role of The News Media in Human Affairs(New York: Longman, 1984); 강상현·윤영철 옮김, 「지배권력과 제도언론」(서울: 나남, 1991).

Buecher, Karl, "The Linkage of Society," Hanno Hardt, Social Theories of the Press(London: Sage Publications), 1979, p. 123.

Defleur, Melvin L., Theories of Mass Communication(5ed)(New York: Longman, 1989).

「경향신문」, 2001년 2월 19일.

「경향신문」, 2001년 5월 2일.

「경향신문」, 2001년 5월 23일.

「경향신문」, 2002년 4월 1일.

「경향신문」, 2003년 2월 24일.

「기자협회보」, 1988년 12월 16일.

「기자협회보」, 1993년 1월 14일.

「동아일보」, 1998년 11월 13일.

「동아일보」, 1월 28일.

「문화일보」, 1998년 11월 11일.

「미디어 오늘」, 2002년 5월 16일.

〈사설〉, 「동의대 사건 재심(再審), 권력 입맛 맞춘 역사는 다시 쓰인다」, 「조선일보」, 2009년 2월 26일.

「주간동아」, 2000년 8월 31일.

「조선일보」, 1999년 1월 17일.

「조선일보」, 2001년 1월 11일.

「조선일보」, 2001년 3월 2일.

「중앙일보」, 1999년 12월 17일.

「한겨레신문」, 1999년 3월 23일.

「한겨레신문」, 2000년 6월 15일.

「한겨레신문」, 2003년 3월 21일.

www.ccdm.or.kr/ccdm

www.naeil.com

www.humanrights.go.kr.

www.pressian.com

www.ccdm.or.kr/ccdm

https://ko.wikipedia.org/wiki/%ED%96%87%EB%B3%95%EC%A0%95%EC%B1%85)

제9장
노무현 참여정부와 이명박 정부(2003~2012)

1. 노무현 참여정부

1) 인터넷 시대의 정부

6공화국 후기에 노무현 정부가 처음으로 등장했다. 1987년 386 운동권 세력의 실현이 눈앞에 보였다. 386운동권 세력이 역사의 전면에서 나서고, 노골적으로 중국·북한의 국가사회주의 체제를 수용하는 시기였다. 포퓰리즘의 강화는 국가의 기능을 더욱 확대했다.

노무현(盧武鉉)[331] 정부는 김대중 정부와의 관계적 맥락에서 논의되는데, 김대중 정부는 언론개혁으로 보수언론과 적대관계를 유지했다. 그는 기득권을 파괴시키고, 새로운 언론이 나와야 언론의 공정성·공익성·다양성이 유지될 수 있다고 본 것이다. 그러나 그런 사고는 기존 주류 언론이 '좌파 10년'이라고 평했다. 당시 '조중동', '한경대'라는 말이 시중에 회자되었다. 그리고 방송은 노골적으로 정부 편에 서게 되었다. 정파적 언론이 득세하게 된 것이다. 초기 노 정부는 정부와 언론의 '건전한 긴장관계'를 표방했다.(최영재, 2007. 02: 10) 그렇더라도 결국 정부는 언론개혁을 성공하지 못함으로써, 과도기적 언론형태를 유지했다.

노무현 정부는 첫 전자개표기 사용으로 그 직에 당선되었다. 당시 조해주 선거

---

331) 노무현 대통령은 1946년 8월 6일 경남 김해시 진영읍 본산리에서 태어났다. 그는 부산상고(1966) 입학, 제17회 사법고시에 합격(1975), 대전지방법원 판사(1977), 조세 관련 소송 변호사 개업(1978) 및 인권변호사(1981), 국회의원 당선(13대, 1988), 국회 노동위에 참여하여 '제5공화국 비리 조사 특별위원회' 위원으로 활동한 청문회 스타(1988)였다. 김대중 대통령후보 청년특위 물결 유세단장을 맡아 대선에 참여, 그후 해양수산부 장관(2008), 그리고 대통령 당선(2002. 12. 19, 제 16대)으로 이어졌다. 평양에서 김정일 국방위원장과 남북정상회담(2007. 10.), 고향 봉하마을 귀향(2008. 2. 25), 그리고 베일에 싸인 자살(2009. 5. 22.)을 선택했다.(노무현, 2010: 278)

과장은 2002년 12월 19일 KBS의 개표방송에 나와, '최첨단 전자 개표기'를 사용했다고 실토했다.[332]

노 대통령은 취임 첫해인 2003년 4월 7일 '신문의 날' 기념식에 참석하여, 자신이 생각하는 권력과 언론의 관계를 '건전한 긴장관계'로 규정지었다. 그는 "'긴장관계라는 것은 공무원들이 취재진에게 주눅 들지 말고 떳떳하게 대하라는 것'이라며 '(공무원들이) 편하고 당당했으면 좋겠다. 그게 제 소망이다.'고 했다. 노 대통령은 언론인은 '공무원 사회까지 들어와 정책을 왜곡하고, 심지어 인사나 이권에까지 개입하는 집단이다.'"라고 했다.(신정록, 2007. 겨울: 14)

노 정부는 "사무실 취재금지, 기자와 공무원의 개별접촉 제한, 정례 브리핑 활성화 등을 골자로 하는 개방형 브리핑 제도가 2003년 4월 시행됐다. 중앙 언론사가 중심이 돼 꾸려진 청와대 출입기자들에 비판을 가하고, 인터넷 매체 등 사실상 모든 언론이 청와대에 출입할 수 있게 한 점도 새로운 출입처제도가 가져온 변화다. … 이 제도로 김대중 정부 시절 100명이었던 청와대 출입기자가 300명(카메라 및 사진 기자 포함)으로 늘어났다."(문동성, 2017. 여름: 78)

노 정부는 자신의 이런 언론정책을 직접 챙기기 위해 국정홍보처에 일관되게 자기 사람을 파견했다. 「부산일보」 편집국장 출신으로 부산지역에서 알고 지냈던 조영동 씨를 첫 홍보처장으로 발탁하더니 인수위 대변인 출신인 정순균 씨를 그다음 홍보처장으로 임명했고, 이어 김창호 홍보처장을 임명했다.

---

332) 정부는 "전자 개표기! 도입을 위해 공직선거법 제278조 ④항을 개정했다. 그 ④항(2005. 08. 04.)에, 노무현 대통령은 전자개표기 합법적 사용을 위해 여대야소 국회에서 국회를 배제한, 선관위가 독자적으로 관리할 수 있게 했다. 그 당시 문재인 씨는 민정수석비서관이었다. 세계표준 에러율은 1/25 만%인데 한국 선관위는 7.2%(2020. 04. 15.)를 당연하게 언급하였다."(Sott 인간과 자유이야기, 2021. 7. 28.), 〈20년 동안 진행된 흉계, 2006년(2006년 국회통과) 노무현은 선관위에 '전자선거 전권을 주고 국회를 배제〉, 「유튜브」 대한민국재향군인회 게시판(2007.02.04.)에서 〈16대 대선 부정선거는 이러했다.〉에서 "전국평균 7% 이상 오차가 나오고 노원구 일부선거구는 30%이상 오류, 관악구는 개표상황표 전체가 위변조되었다."라고 했다. 이어 "16대 대선 개표 시스템 구성도를 보면 방송국과 선관위중앙서브 보고용PC와 제어용 PC가 단일망으로 구성되어 외부에 의한 해커와 내부에 의한 프로그램 조작이 가능하도록 설계되었다." 부정선거를 위한 컴퓨터 네트워크를 구축한 것이다.

자기 사람으로 외통수로 끌고 가면, 당연히 기자와 갈등관계가 문제된다. 우리 편은 동지, 그렇지 않은 편은 적이 되었다. 그게 심화되면 정부와 언론은 곧 '악의적 적대관계'가 이뤄진다.

보수신문들은 대통령 임기 초반부터 야당의 일부 정치인들이 그랬던 것처럼 비판을 넘어 비방과 공격을 가하기 시작했다. 심지어 일부 보도의 뉘앙스는 대통령 자체를 인정하지 못하겠다는 논조까지 풍겼다.[333] 그 적대관계는 결국 헌정사상 최초의 '대통령 탄핵'까지 몰고 갔다.

한국사회의 정치문화가 가까운 사람은 엄청 가깝고, 먼 사람은 엄청 멀게 대하는 습성을 가졌다. 확증편향이 일상화되었다. 국가사회주의에서는 먼 사람은 '적폐'의 대상이었다. 노 대통령에게 그 정도가 심화되었다. 더욱이 자나 깨나 '승부수'를 던진 노무현 대통령은 다른 편의 언론에게 늘 독설을 퍼부었다.

노 대통령에게 그렇게 기존 세력을 적대할 만한 이유가 있었다. 노무현 대통령은 변화와 개혁을 기치로 내걸고 탈권위주의, 원칙과 상식이 통하는 사회, 부정부패가 없는 사회, 평등이 실현되는 사회를 이루고자 하는 희망을 가지고 참여정부를 출범시켰다.(정대수, 2009: 298)

노 대통령의 이런 외통수적 성격을 달리 보면, 타인에게 부정적으로 비칠 수 있었다. 그는 자기 도취성과 편협성으로 분류할 수 있으며, 자기 중심적이며, 자기확대, 저돌성, 선동성, 불안정성 등 성향을 가지고 있었다.(정대수, 2009: 317) 이러한 통치심리 유형에 속한 노무현 대통령은 민주적이면서도 독선과 아집의 권위주의적 리더십이 혼합된, 명확하게 규정하기 어려운 리더십 유형에 속했다.

노무현 대통령은 취임사에서 "반칙과 특권이 용납되는 시대는 이제 끝나야 합니다. 정의가 패배하고 기회주의자가 득세하는 굴절된 풍토는 반드시 청산되어야 합니다." 그는 나라를 언급하는 대신, '시대와 풍토'를 강조함으로써 '태어나서는 안 될 국가'라는 전제가 있었다. 노 대통령은 처음부터 전통 상식으로 과거 수

---

333) 최영재, 2007. 2. 11; 「동아일보」의 경우, 노태우·김영삼 대통령 임기 중에 게재한 대통령 관련 사설 수의 3배가량의 사설을 김대중 대통령 임기 중에 썼고, 또 그것의 2배가량의 사설을 노무현 대통령에 대해 쓴 것으로 나타났다. 그 사설은 대부분 부정적 논조였다.

용하기 힘든 정치적 경험을 갖고 있었다. 그러나 노무현 정부는 그의 성격에 맞는 매체를 등장시킴으로써 힘을 받기 시작했다.

인터넷이 노 대통령의 정책을 가능하게 한 것이다. 김대중 정부가 깔아놓은, 인터넷의 인프라는 권위주의 정부들에 도전할 수 있는 기회를 제공했다. 그렇다면 인터넷은 노무현 대통령의 특색을 발휘하도록 근거를 마련해준 것이다.

노무현 대통령은 세계를 앞서가는 정보기술(IT) 강국 한국이 배출한 최초의 인터넷 시대 대통령이었다.(최정호, 2009. 04. 16.) 이회창(李會昌)과 정몽준(鄭夢準) 등 막강한 경쟁자를 물리치고 대박을 안겨준 것은, 그의 캠프만이 능히 동원할 수 있었던 누리꾼 유권자들이었다.

2002년 대통령 선거는 인터넷에서 판가름이 난 것이다. 선거는 박빙의 승부로 끝났지만, 인터넷 여론에선 노무현 후보가 이회창 후보를 9대 1 정도의 비율로 누르고 있었다.(홍찬식, 2006. 10. 04.) 당시 유권자 500명을 상대로 면접조사를 실시했던 숙명여대 양승찬 교수의 연구 결과도 비슷하였다.

노 대통령 자신도 그렇게 생각했다. 그는 "인터넷의 확산은 우리 모두에게 말할 수 없이 큰 영향을 미쳤지만, 특히 저와의 인연은 각별한 것이었습니다. 2004년 4월 총선에서 낙선하고 '노사모'가 만들어진 것도 인터넷을 통해서였고, 네티즌들의 성원과 도움 없이 과연 대통령 후보가 되었을지 의문입니다."라고 했다.[334]

라디오도 대선 때부터 한몫을 차지했다. 그 내용은 "2002년 대선을 앞두고 노무현 당시 대통령 후보를 지지하는 '노무현 라디오'로 출발했다. 당선 이후 문성근, 명계남, 김갑수, 유시민 등 親노인사들이 모여 '라디오 21'로 이를 바꾸고 2003년 새로 개국했다. 특히 특정 진영에 소속돼 B급 콘텐츠를 생산했다."[335]라

---

334) 노무현, 「서프라이즈 창간 1주년 축하기고-참여 민주주의의 광장, 인터넷 언론」(2003. 10. 28.);
   2004. 02. 25: 466.

335) 팟캐스트 문화는 노무현 시대에 끝난 것이 아니라, 문재인 정부 때에도 공영방송을 지배했다. "최근
   (2019) 지상파에서 막말과 편향성으로 논란을 빚는 진행자는 대부분 '팟캐스트' 출신이다. TBS '뉴
   스공장'을 진행하는 김어준과 KBS '라이브'를 진행하는 김용민은 2011년 4월부터 방송한 '나는 꼼

고 했다.(배수진, 2019. 2. 12.)

노 대통령은 그 후 청와대에 입성한 뒤에도 인터넷 홈페이지를 열어 국민과 소통한 첫 대통령이 됐다. 변덕스러운 '휘발성의(volatile) 유권자', 마음을 그때그때 포착하고 소구할 수 있는 '레토릭(언변)'의 달인이었다. 그는 인터넷을 통해, 연방 '대통령 못해먹겠다'[336]라는 막말을 늘어놓곤 했다. 일부 언론의 비판에도 불구하고, 그는 이런 형태의 커뮤니케이션을 즐겨 사용했다.

인터넷 언론 뉴데일리가 2005년 10월 12일 창간되었고, 포털이 뉴스 서비스를 본격적으로 시작한 것은 2001년 야후코리아가 처음이다. 당시 포털은 뉴스 콘텐츠를 별도의 편집 없이 뉴스 목록으로 보여주는 형태의 서비스 정도였다. 그렇다면 뉴스가 포털의 주요 서비스라기보다는, 단순히 이용자를 위한 정보제공이라는 부가 서비스적인 성격이 강했다. 그러나 포털뉴스가 미디어로서 주목받기 시작한 것은 2001년 9·11테러, 2002년 월드컵과 붉은 악마 열기, 미군장갑차 사건으로 인한 촛불시위, 대선에서의 활발한 네티즌 정치참여 등 민감한 사회이슈가 이어져 포털뉴스를 비롯한 온라인 미디어이 영향력이 급격히 확대되면서부터, 그 영향력을 발휘하기 시작했다.(정대필, 2007년 7:42~43)

더욱이 2003년 포털 다음을 시작으로, 포털들이 뉴스를 제공하면서 젊은 층의 뉴스 소비행태를 변화시키기에 이른다. '뉴스 포식자' 박정용 네이버 유닛장은 "뉴스 사이트 하루 방문자 수만 평균 450만을 넘는다. 그는 또 80여 개 미디어로부터 하루 8천여 건의 뉴스를 제공받아 그중 500여 개 정도를 편집해 사이트에 게재한다."라고 했다.(김택환, 2006 여름: 11)

또한 포털은 디지털의 최대 장점인 쌍방향과 네티즌의 참여를 확대시켰다. 즉,

수다'(이하 나꼼수)로 이름을 알렸다. '나꼼수'는 인터넷 매체 '딴지일보'에서 제작한 '팟캐스트 방송'으로 '이명박 대통령 현정방송'을 표방하며 출발했다. BBK 사건이나 MB 내곡동 사저 문제를 예능처럼 풀어내고, 당시 집권세력을 거칠게 풍자하면서 '대안 미디어'로 떠올랐다."라고 했다.(동면)

336) 2003년 5월 30일 처음으로 가진 언론사 편집, 보도국장 청와대 간담회에서 국장들은 노무현에게 말의 가벼움에 대한 충고를 했다. 즉, "'못해먹겠다.'는 말은 가까운 친구한테나 할 수 있는 말이라며 '행동은 크게, 말은 무겁게 하는 게 좋으며, 지휘관이 자신의 의견을 너무 많이 이야기하면 선택의 폭이 좁아진다.'고 조언했다.

이 매체는 종합 플랫폼으로 진화하면서 시민의 참여를 확대함으로써 미디어 기능을 강화하였다. 쌍방향 미디어를 사용하는 네티즌은 직접 제작하는 콘텐츠 (User Created Contents, UCC)를 활성화시켰고, 블로그, 인터넷 카페 등에서 개인이 콘텐츠를 제작해 올리는 '1인 미디어'를 선호했다.(김택환, 2006: 15)

한편 5대 포털에 접속하는 사람은 하루 2000만 명에 이른다. 점유율 1위의 어느 포털은 하루 방문객이 1250만 명이다.(홍찬식, 2006. 10. 04.) 포털의 지분을 보면 2007년 6월 6일 기준으로 네이버(39.2%), 네이트(23.82%), 다음(20.57%), 야후 코리아(4.3%)였다. 상위 4개 업체의 점유율은 88.3%에 이르렀다.(임정수, 2007. 07. 09.) 신문과 방송이 그렇듯 포털에도 과점이 형성된 것이다. 그 현상은 2023년 08월 22일 꼭 같이 실현되고 있었다. 한국행정학회 국가정보연구회의 「2024년 대한민국 총선과 중국의 샤프파워 전략」에서 「교포 등 中 세력 국내 100만 … 댓글부대 동원 '주의보'」(류혁, 2023. 08. 24.)라고 했다.

포털의 힘은 대통령이 네티즌과 직접 대화하고, 그 내용을 생중계까지 하기에 이른다. 당시 참여 미디어는 네이트, 다음, 야후, 엠파스, 파란 등 5개 포털이었다.(김택환, 2006: 11~12) 기존의 신문과 방송에 인터넷이 그 영향력을 행하면서, 3대 미디어가 서로 경쟁하는 체제를 맞이한 것이다.

인터넷 미디어가 대통령을 선택하기에 이른다. 그 환경에서 방송이 첨가된다면 그 힘은 괄목할 만했다. 노 대통령은 "방송이 없었으면 대통령이 될 수 있었겠는가. 방송에 대해 고맙게 생각하고 있다."라고 했다.[337]

신문매체는 인터넷의 위력에 별로 관심을 두지 않았으나, 실제 그렇지 않았다. 벌써 인터넷 전자매체의 시대가 도래한 것이다. 인터넷과 중국, 북한 등이 합세하여, 선전, 선동, '진지전 구축'의 도구가 된 것이다.

노 대통령은 서프라이즈 1년 기념사에서 그 사실을 인정하고, 나름대로 인터넷 매체의 특징을 이야기했다. 그는 "인터넷 언론의 특징은 다른 매체에 비해 물리적인 제약이 덜하다는 점입니다. 시간과 공간의 제약은 물론 편집권에 있어서도

---

337) 노 대통령, 2003년 3월 4일 KBS 창립 30주년 기념 리셉션; 정연욱·이진영, 2006. 07. 18.

부당한 간섭을 받지 않습니다. 모든 사실이 시시각각 있는 그대로 전파되고, 오직 독자들의 평가에 의해서만 견제를 받습니다. 현안에 대한 신속하고 다양한 여론을 한꺼번에 읽을 수 있는 곳도 인터넷 언론공간입니다. 인터넷 언론이 가진 또 하나의 강점은 투명성에 있습니다. 정보 독점과 그로 인한 특권, 밀실 야합과 같은 구시대적 양태는 인터넷 공감에서 용인되지 않습니다. 모든 정보가 숨김없이 공개되고 공유되며, 네티즌 한 사람 한 사람이 감시자와 비판자 역할을 하고 있습니다."라고 했다.(노무현, 2004: 467)

또 다른 측면에서 순발력을 요구하는 인터넷은 노 대통령에게 화근을 가져다 주었다. 인터넷 미디어는 싸고돌고, 기존 미디어에 비판만 할 때 당장 기존 미디어는 사사건건 시비를 걸어왔다. 막말을 일삼는 노무현 대통령에게 탄핵이라는 큰 위기가 닥쳐온 것이다.

포털과 방송이 자신의 편이면 못할 것도 없었다. 2004년 3월 9일, '새천년 민주당과 한나라당 야 2당은 '선거법 위반', '측근 비리' 등으로 대통령 탄핵안을 발의했고, 3월 12일 그 안을 가결시켰다.

각 신문은 여러 지면을 할애하면서 헌정 사상 초유의 충격적 사태를 보도했다. 인터넷 미디어는 불을 뿜기 시작했다. 13일 이후, 탄핵반대 여론이 거세졌고, 친노단체가 중심이 되던 촛불시위도 파병이나 FTA 등의 문제로 노무현 정부에 등을 돌렸던 세력을 포함하는 범시민단체와 일반인들이 참여하면서 대규모화되기 시작했다.(이용성, 2004. 04: 57) 그들의 연대매체가 인터넷이 되었다.

2) 인터넷과 TV의 융합

2004년 3월 12일 국회의 대통령 탄핵소추안 결의(193 가결/271 정족수)로 시작된 탄핵정국 파동은 5월 14일 헌법재판소의 기각 결정(헌-나1)과 함께 정확히 63일 만에 막을 내렸다. 헌재는 당시 판결 결정에서 선거법의 경우, '이익을 얻은 후보자가 특정되지 않았다.'라는 이유로 국회의 탄핵소추안을 기각시켰다.

물론 탄핵을 막은 공로자도 있었다. 인터넷의 힘은 위력을 발휘했고, 방송도 탄핵 사태에 개입했다. 당시 70% 국민들은 탄핵사유에 대해 의심했고, 방송 지도부는 여전히 노무현 세력들로 포진했다. 공정성·공영성에 묶여있던 방송매체를 인터넷이 선도하고 나선 것이다. 그 결과 방송은 공정성 문제에 휩싸이게 되었다. 이른바 탄핵방송 시비는 한 달 뒤 또다시 논란의 초점으로 떠올랐다. 사내 강동순(姜東淳) KBS 감사가 24일 오후 서울 영등포구 여의도동 KBS 본사 자신의 사무실에서 기자회견을 자청해 KBS의 문제점을 조목조목 지적하고 개선안을 제시했다.(서정보, 2006. 04. 25.)

이어 강 감사는 "맨 먼저 편파 보도 문제를 지적했다. 그는 '노무현 대통령 탄핵소추안이 가결된 2004년 3월 12일 KBS 9시 뉴스에서 19건의 편파성 기사가 나갔고, KBS는 탄핵안 가결 이후 15일간 중계차를 동원해 전국 각 지역에서 탄핵에 반대하는 목소리만 생중계로 내보냈다"라고 했다.

한편 방송위원회의 의뢰를 받아 지상파TV 3사의 탄핵 관련 방송을 분석한 '한국언론학회가 보고서'[338]를 내놓았기 때문이다. 지금까지 전자 매체는 정보전달 수준에 머물렀으나, 정파성을 지닌 전자매체로 탈바꿈한 것이다.

인터넷과 방송은 정치권력, 혹은 자본에 의해 언제든지 휘둘릴 수 있는 가능성을 열어줬다. 공영방송은 공영성의 기능을 상실하게 된 것이다. '전파는 국민의 재산'이라는 개념을 묵살시킨 역사적 사건이었다. 말하자면 인터넷 정파성이 방송에까지 바이러스를 전했다.

---

338) 탄핵방송에 대한 시비는 3월 12일 탄핵소추안 결의와 함께 시작됐다. '한국언론학회 보고서'는 국회의 탄핵안 가결 직후인 2004년 3월 12일과 13일 이틀 동안 방송된 지상파 방송 3사(KBS 1, 2, MBC, SBS)의 뉴스 특보 및 속보, 그리고 같은 달 14일부터 1주일간의 정규 뉴스 및 시사 토론 프로그램 등 6개 장르를 분석 대상으로 삼았다.(원용진, 홍성일, 방희경, 2008: 25)
한나라당과 민주당 등은 '방송 3사가 국회의 탄핵 의결과정을 반복해서 보여주는가 하면 탄핵에 반대하는 시민들의 목소리를 편파적으로 담았다'며 방송에 강한 불만을 나타냈다. 공정성 검증을 위해 방송위원회가 언론학에 조사를 의뢰했다. 공을 넘겨받은 언론학회는 책임연구원 이민웅(한양대), 윤영철(연세대) 교수와 공동연구원 윤태진(연세대), 최영재(한림대), 김경모(연세대, 이준웅(서울대) 교수로 연구진을 구성해 그해 5월 29일 보고서를 완성했다. 연구팀은 결론적으로 '아무리 느슨한 기준을 적용해도 공정했다고 말하기는 어렵다'면서 TV 방송이 공정성을 지키지 못한 이유로 '탄핵안 가결을 둘러싼 갈등을 합법적 논쟁의 영역에 속하는 제도권 정치 집단 간의 정치적 갈등으로 본 것이 아니라 일탈적 행위'로 보았다.

탄핵 파동으로 17대 총선에서 열린우리당(152석)이 한나라당 121석으로, 지배정당으로 탈바꿈했다. 노 대통령을 뽑아준 것도 포털 등 인터넷 매체였고, 지켜준것도 인터넷 매체였다. 노 대통령은 인터넷을 통해, 언제나 국민과의 직접 커뮤니케이션을 시도했다.

과거 권위주의가 갖고 있던 갖가지 왜곡된 현실의 정보가 인터넷으로 흘러나왔다. 국가통치 문화가 과거와는 전혀 다른, 새로운 문화가 형성된 것이다. 그 때마다 노 대통령은 언제나 인터넷을 통해 여론을 부추기고 있었다.

그는 국정 홍보처 관리들에게 인터넷으로 댓글 달기를 권장하고, 그것을 관리들에게 권장했다. 국정홍보처가 '토요일 날 부처의견(댓글) 달기가 제대로 되지않음', '부처별로 계획을 수립', '이행에 철저를 기해 달라.' '반드시 2차례에 걸쳐(댓글)다는 것이 원칙' 등을 시달했다. 이 방법은 "국정홍보처가 외교부, 국가정보원 등 정부 부처 47곳에 공문을 보내 설명한 '댓글(의견달기) 오리는 표준방법' 중일부다."라고 했다.(김봉기, 2006. 09. 28.)

한편 홍보처는 '대통령 지시사항'이라며 매일 부처별 댓글 실적을 점검하고, 공무원들의 인터넷 주소 확인에까지 나섰다.(사설, 2006. 04. 25.) 국정홍보처는 정부정책 홍보사이트 '국정브리핑'에 언론보도를 비판하는 댓글달기 경쟁을 시킨 것도 모자라 그 실적을 점검하겠다며 공무원들의 인터넷 주소(IP)까지 파악한 사실이 뒤늦게 드러났다.

또한 노 대통령은 인터넷 댓글로 정책을 직접 진두지휘했다. 노 대통령은 당초미국의 '라디오 주례 연설'을 검토했었다. 2003년 7월 라디오 주례연설을 시도했으나 무산되기도 했다. 노 대통령이 이후 인터넷 서신 정치로 전환한 것은 '루스벨트식 노변정담이 라디오의 시대였다면 지금은 인터넷 매체의 시대'라는 판단에 따른 것이라고 참모들은 전했다.(최훈, 2005. 07. 07.) 노 대통령은 관저의 데스크 톱 컴퓨터를 통해 주로 밤에 서신을 작성했다. 아침에 서신이 부속실에 건네지면서 안별로 홍보, 민정, 시민사회 수석과 이종석 국가안전보장회의(NSC) 사무차장 등에게 e-메일로 보내져 가감의 의견을 듣는다.

한편 문화관광부는 2006년 5월 22일 '국정브리핑이 자체 취재 인력으로 시사 문제에 대해 보도와 논평을 하므로 신문법이 규정한 인터넷 신문으로 볼 수 있다'며 '정부가 운영하는 사이트여서 등록의 의무는 없지만 인터넷 신문으로서 법적인 책임은 져야 한다.'고 밝혔다.(이진영, 2006. 05. 23.) 청와대와 문화관광부는 인터넷 언론을 운영하고, 노 대통령은 인터넷 기자가 된 것이다.

국정홍보처가 꾸리는 국정브리핑은 세계 언론사상 유례없는 실험을 하고 있었다. 노 대통령은 그의 임기 말인 2007년 5월 22일 '취재지원시스템 선진화'를 발표했다. 그 방안은 ①합동브리핑센터 설치, ②전자 브리핑시스템 구축, ③정보공개법 개정 등을 뼈대로 하였다.(황준범·서정민, 2007. 05. 23.)

정부는 "'낡은 관행을 버리고 선진적인 체계를 만들자는 것'이라고 밝혔으나, 언론학계나 일선 취재 현장에서는 공급자(정부) 위주의 정보 의존성이 높아지고, 정보 접근성이 떨어지며 정부 감시기능이 크게 위축될 것"이라고 했다.(황주범·서정민, 2007. 05. 23.)

한편 국정브리핑은 자체 취재 편집 직원을 두고 보도와 논평, 그리고 이의 제기를 했다. 노 대통령은 정부 정책에 대해 배경을 설명하고 홍보를 하는 데 그치지 않고 논평가의 역할까지 자임하고 나섰다. 또한 국정브리핑에 게재되는 칼럼은 국정 현안을 설명하기보다는 비판 언론을 공격하는 내용이 많았고, 국정브리핑은 스스로를 '국민과 소통하기 위한 관영 대안매체'라고 주장하기도 했다.(사설, 2006. 05. 23.) '청와대 블로그'는 '브랜드 블로그'로 대안매체였다. 이 블로그에는 '대통령의 요즘 생각', '대통령의 메모' 같은 코너가 마련됐고, '사실과 주장'이란 코너는 비판적 신문들을 반박하는 내용들이 대부분을 차지할 것으로 알려졌다.[339]

더욱이 노 대통령은 2005년 18건의 인터넷 편지를 빈번히 썼다.(정우상·안용현, 2005. 12. 23.) 원고지로 환산하면 230여 매이고, 웬만한 단편 소설 2편의 글이었다. 18건의 인터넷 댓글을 분석한 결과, 정치 분야는 1건당 평균 23.2매를 상회했

---

339) 정우상, 2006. 01. 17; 대안 매체는 '노무현 브리핑'(2002년 대선 당시), '인수위 프리핑', '청와대 브리핑', '국정브리핑', 포털 사이트 파란의 '청와대 섹션' 등이었다.

다.

이 글은 정치(5건), 사회적 논란에 참여한 글(3건), 논쟁사안 개입(3건) 등, 그리고 노 대통령은 10월 말부터 '국정 브리핑'과 청와대 홈페이지 등을 통해 40여 건의 댓글을 달았다. 그는 댓글을 통한 '국정브리핑 띄우기'를 시도했다.(정우상·안용현, 2005. 12. 23.)

대한민국 정치는 중국, 북한 등이 포털 댓글을 통해 언제나 개입할 수 있게 했다. 그의 '승부수'의 성격은 인터넷에 적합하게 보였다. 노 대통령은 승부수를 즐겨 사용했다. 그는 2000년 4월 16대 총선을 맞아 주변의 결사반대에도 불구하고 서울 종로를 버리고 '지역주의를 깨겠다.'며 부산 북·강서 을에 도전장을 내밀었다.

그는 낙선했지만 '바보 노무현'이라는 별칭을 얻으며 국민적 정치인으로 부상했고, 훗날 집권의 씨앗을 마련했다.(최우규, 2009. 04. 14.) 그는 상황을 정확히 계산을 하고 있었다. 또한 2002년 여당 대선 후보가 된 뒤 지지율이 급락, 후보 사퇴 압력이 거세지자 '국민통합21' 정몽준 후부와의 여론조사로 단일화 키드로 승부를 걸었고, 결국 집권에 성공했다.

대통령 재임기간에도 그는 위기에 몰릴 때마다 재신임 요구, 보수를 포함하는 대연정, 개헌 제기 등 벼랑 끝 승부를 던졌다. 그는 그 때마다 국면을 반전시키는 데는 대부분 성공했다.

재임 기간에는 인터넷으로 벼랑 끝 승부수를 던졌다. 盧 대통령의 성향에 따라 다음(Daum)은 '아고라'[340] 여론광장을 설치했다. 또한 盧 대통령은 2009년 4월

---

340) 아고라(agora)는 고대 그리스 도시국가에서 시민들의 토론을 벌이던 장소를 본 따 서비스 이름을 지었다.(김강한, 2018. 12. 4.) 포털사이트 다음 아고라는 2004년 12월 서비스를 시작(2019년 1월 7일 폐쇄)했다. 김강한 기자는 아고라 여론광장을 폐쇄하는 이유로 "아고라에 특정 정치세력을 지지하는 글이 집중적으로 올라오면서 오히려 건전한 여론형성에 지장을 준다는 비판도 적지 않았다. 대표적인 것은 2008년 광우병 사태이다. 당시 미국산 쇠고기의 광우병 유발과 관련된 가짜 뉴스들이 아고라를 통해 광범위하게 확산되면서 일부 좌파세력들의 토론장은 변질돼 버렸고, 이는 중도적인 이용자들이 다음을 대거 이탈하는 원인이 됐다."라고 했다.(동면) 물론 2008년 광우병 사태가 전부가 아니라, 박근혜 대통령을 몰아내는데 성공시킨 곳이 '아고라 토론방'이었다. 법원은 아고라의 인민재판을 받아 朴 대통령을 감방에 감금시키고, 33년의 중형을 선고했다. 그 내막은 드루킹(김동

12일 인터넷 게재 글에서 "보도를 보니 박(연차 태광실업) 회장이 내가 아는 사실과 다른 이야기를 했다.'고 밝혔다.(최우규, 2009. 04. 14.) 이와 같이 그는 기회 있을 때마다 인터넷으로 승부수를 던진 것이다.

인터넷과 TV가 융합하는 법안이 2007년도 말 만들어졌다. IPTV 등 방송통신 융합서비스가 차세대 성장 동력산업으로 부각한 것이다. 방송위원회와 정보통신부의 관할권 다툼은 예상된 일이었다.

노 대통령은 "사회 현실은 방송과 통신을 구분하기 어려운 수준인데 국가 제도는 2가지로 나뉘어 있는 것이 현실에 안 맞다."고 지적했다.(정연욱·이진영, 2006. 07. 18.) 후일 정부와 방송의 갈등이 첨예화할 전망이었다. 노 대통령은 "요즘 방송사 이기주의 또는 직원 이기주의, 노동조합 이기주의가 중심이 돼 있는데 거기에 대해 마땅한 통제 수단이 없다."라고 했다.(정연욱·이진영, 2006. 07. 18.) 취임 초 방송을 향한 '찬사'가 3년여 만에 '조직 이기주의'를 비판하는 직격탄으로 바뀐 것이다.

한편 IPTV의 조기 도입을 위해 정부는 2006년 11~12월 시범 서비스를 실시하여, 상용서비스 도입과 관련한 기반을 조성하였다.(이에스더·최선욱, 2007. 01. 11.) 11월 22일부터 인터넷으로 TV를 볼 수 있는 IPTV사업이 서울과 경기도의 일부 지역에서 시범적으로 실시되고 있었다. 방송과 인터넷이 융합된 인터넷방송, 휴대폰과 방송이 결합된 DMB서비스, 인터넷과 휴대폰이 결합한 와이브로(Wibro) 서비스에 이어 IPTV가 등장했다.(박성호, 2007. 01: 16) 이에 따라 방송과 통신의 융합현상을 규제하고 관리할 '방송통신위원회'를 설립 준비할 '방송통신융합추진위원회'가 2006년 7월 말에 출범하였고, 이를 위해 국무총리실 국무조정실은 방송통신융합추진지원단을 구성했다. 그리고 국무조정실은 지난 12월 6일 '방송통신위원회'의 설립 및 운영에 관한 법률(안)을 입법 예고했다.

인터넷멀티미디어방송사업법(IPTV법)이 2007년 말 통과된 뒤 대통령직인수위원회가 정보통신부 해체 등 관계 정부 부처 개편을 거론하는 상황에서 IPTV에

원)의 댓글조작 사건으로 그 실체가 드러났다.

대한 산업적, 제도적 이슈는 강조되었다.

한편 IPTV는 2008년 11월 17일 업계 최초로 KT의 '메가TV'가 실시간 지상파 방송을 시작하여 상용화의 첫걸음을 내디뎠다. 이어 SK브로드밴드, LG데이콤 등 IPTV 사업자들은 IPTV 개국식을 가졌고, 2008년 9월쯤 방송업계와 통신업계 정책 담당자 측의 커뮤니케이션을 원활히 하고 방송과 통신을 아우르는 협회의 필요성을 제기했다. 그 필요성에 따라 김인규(金仁圭) 씨가 디지털미디어산업회 초대 회장으로 선임되었다.

3) 새로운 정치문화

집권 초기 노 대통령의 주변에는 '밀실', '측근', '가신', '권력의 비자금'도 들리지 않았다. 권력기관 독립은 상당 부분 이뤄졌고, 공직사회의 투명성도 개선됐다. 민주화 20년에 걸맞게 민주주의도 많이 성장했다. 대통령을 둘러싼 권위주의 성향도 허물어졌다.(사설, 2007. 01. 24.) '노무현 효과'가 나타나기 시작한 것이다. 노무현 대통령은 전자 미디어를 통해, 정치문화를 바꾸는데 일조를 했다. 당시 '노무현 정신'은 지역주의 타파, 권위주의 청산, 남북 화해, 사회적 약자 및 소수자 보호, 검찰 개혁 등으로 요약할 수 있었다.(오태규, 2009. 05. 29.)

인터넷의 속성에 맞게 노무현 정부를 '참여정부'라는 이름을 붙이고, 정부는 국민을 참여시키려는 노력을 했다. 정부의 명칭이 인터넷 쌍방향에 맞는 이름이 달린 것이다.

노 대통령의 '국정목표와 국정원리'[341]가 그의 취임사에서 녹아있었다. 노 대통

---

341) 참여정부의 국정 목표는 ①국민과 함께하는 민주주의, 더불어 사는 균형발전사회, 평화와 번영의 동북아 시대, ②경제발전 공약이 빠졌다는 지적이 있었다. 우리는 너무 당연한 것이어서 시대적 과제가 될 일이 아니라는 생각이었다. 오해에 많이 시달렸다.(노무현, 2010: 22) 또한 국정원리는 ①원칙과 신뢰, 투명과 공정, 대화와 타협, 분권과 자율, 이것은 내가 만들자고 하여 만든 것이다. ②나는 이것을 국가발전의 전략으로 생각한 것이다. 기본을 바로하자, 나는 이것이 전략이라고 생각했던 것이다. 빠진 것은 '국민통합'이었다. 또한 '무엇을 했느냐'에서 민주주의와 정치발전, 국민통합, 지역구도 극복, 균형발전, 동북아 평화와 번영, 민생과 경제, 제도개혁 … 그는 자주국방, 균형외교, 역사의 정

령은 제16대 대통령 취임사로 '평화와 번영과 도약의 시대로'를 걸었다. 즉, 정부는 개혁과 통합을 바탕으로, 국민과 함께 하는 민주주의, 더불어 사는 균형발전사회, 평화와 번영의 동북아 시대를 열어 나갈 것을 약속했다. 이러한 목표로 가기위해 저는 "원칙과 신뢰, 공정과 투명, 대화와 타협, 분권과 자율을 새 정부 국정운영의 좌표로 삼고자 합니다."라고 했다.(노무현, 2004. 02. 25: 29)

그는 과거의 왜곡된 정치형태로부터 변화에 초점을 뒀다. 진정으로 국민이 주인인 정치가 구현되기를 기대했다. 지금까지 당리당략보다 국리민복을 우선하는정치풍토가 조성되도록 힘쓸 것을 공언했다. 대결과 갈등이 아니라 대화와 타협으로 문제를 푸는 정치문화가 자리 잡도록 염원했다.

또한 노 대통령은 언론개혁에 관해서도 언급했다. 언론개혁과 관련해서 저는"정부가 할 수 있는 일은 한계가 있다고 생각합니다. 국민들이 분위기와 방향을만들면 언론 스스로 개혁해 주기를 바랍니다."[342)]라고 했다. 다만 적어도 '유착하지는 말자, 아니면 적당히 타협하지는 말자.'라고 했다.

정부가 깨끗해지기 위해서는 정부와 언론 사이에 약간의 긴장관계가 필요하다. 그러나 그는 '서로 무례한 행동은 삼갈 필요가 있었다.'라고 했다. 그는 취재관행에 언급했다. 노 대통령은 '국민의 알 권리와 언론의 취재 권리도 중요하지만 공무원들이 안정되게 일할 권리도 보호되어야 한다. 열심히 일하는 공무원들의 사무실에 기자들이 들어오는 것은 삼갈 필요가 있다.'라고 했다.

그는 불합리한 취재관행을 정상화하는 것에 관해서 논했다. 노 대통령은 '언론이 또 하나의 권력이다.'라고 생각했다. 언론은 견제 받지 않는 권력인데, 견제받지 않는 권력은 위험하다고 본 것이다.

더욱이 그는 몇몇 언론사가 시장을 독과점하고 있는 상황에서는 더더욱 그렇다고 봤다.

그는 "그동안 대통령 선거 때마다 되풀이되었던 언론의 편파적인 보도에 대해

리 등에 관심을 가졌다.(노무현, 2010: 22)

342) 노무현, 「참여정부 국정토론회 강연」, 2003년 3월 7일; 노무현, 2004: 58.

서는 이야기하고, 군사정권이 끝난 이후에도 몇몇 족벌언론은 김대중 대통령과 '국민의 정부'를 끊임없이 박해한 것"으로 간주했다.(노무현, 2004: 58)

그의 기본적 사고와 언론의 자유, 표현의 자유는 반드시 갈등을 유발시킬 수 있었다.[343] '정부와 언론의 적대적 관계'가 형성된 것이다. 노 대통령이 평시에 갖고 있었던 생각에 언론을 생각할 필요가 있었다. 그는 2003년 6월 9일 일본 국빈방문 시 일본 의회에서 연설을 했다. 그 자리에서 국정의 원리로서 '원칙과 신뢰', '공정과 투명', '대화와 타협', 그리고 '분권과 자율', 이 네 가지를 강조했다.(노무현, 2010: 224)

그의 이상은 의외로 쉽게 무너졌다. 즉, 노 대통령의 말실수로 곧 언론과 국민들로부터 신뢰를 잃어갔다. '노무현의 실수'가 그의 발목을 잡았다. 그는 2003년 3월 9일 검사와 토론에서 '이쯤 되면 막 하자는 것'(대통령이 취임 전에 청탁 전화에 대해 따지자)이라고 했다. 또한 그는 5월 21일 5·18 행사추진위 간부들과 면담에서 '이러다 대통령직을 못해먹겠다는 생각에 위기감이 든다.'라고 했다.

청와대 쪽은 이를 두고 '대통령이 근본주의자이기 때문'이라고 설명한다. 근본주의의 치명적인 약점은 대중과의 호흡에서 드러난다.(김의겸, 2005. 08. 25.)

국민적 공감을 얻지 못하면, '무능'이나 '무책임'이라는 비판을 받게 된다. 또한 다른 한편으로 근본주의적 문제의식을 참모들도 제어하지 못하고, '나 홀로' 판단, 결정이 늘 문제가 되었다. 언론은 청와대와 당과 상시적 소통기구 필요성을 강조하기도 했다.

더욱이 그는 인터넷에서 쉽게 사용한 즉흥적 발상이 그의 앞을 가로막았다. 그는 개인 카리스마적 속성으로 정치를 하고자 했다. 그는 한 사람의 연예인처럼

---

343) 노무현 정부는 시종일관 언론을 권력기구로 봤다. 그렇다면 국민이나, 정부의 권한을 빼앗는 사람들로 본 것이다. 그 현실이 임기가 끝난 시점에서 술회했다. 그의 자서전 『성공과 좌절』에서 "검찰에서 조사를 받고 온 날 아내가 불쑥 말합니다. 권력은 돈하고, 언론하고, 검찰에 있어요. 정치인들은 껍데깁니다. 정치인들, 먹고 살 것도 없는 사람들이 큰소리만 뻥뻥 쳤지, 뭐가 있어요? 돈이 있어요? 걸핏하면 감옥이나 들어가고, 불쌍한 사람들이에요."(노무현, 2010: 75) 또한 그는 "정말로 언론은 사회의 공기일까? 정도를 넘으면 흉기가 된다. 카메라도 볼펜도 사람도 생각도 흉기가 된다."라고 했다.

정치를 했고, 그의 머리에서는 시스템이라는 개념 자체가 없었다.

국가원수답지 않은 경박한 언행, 행정수도 추진 등 위헌행위, 엉뚱한 '대연정' 추진과 하야 가능성 시사, 국민지지를 얻지 못하는 개헌 제안, 수없이 이어졌던 부실, 종합선물세트 같은 이런 허점과 실수를 연발했다.

노 대통령은 상대방의 심기를 불편하게 했다. 그는 "자기들 나라, 자기 군대 작전통제도 제대로 할 수 없는 군대를 만들어 놔놓고 그렇게 별들 달고 거들먹거리고 말았다는 얘깁니까"라고 했다.(2006년 12월 21일, 민주평화통일자문회의 상임위원회 연설)

또한 2008년 그가 대통령직에서 물러났을 때, 재임 시 말실수가 화근이 되었다. 남상국 전 대우건설 사장의 부인이 전직 대통령을 고발한 것이다.[344] 또한 승부수를 기꺼이 던지는 청와대와 언론 간에 긴 논쟁이 갈등을 유발했다. 김대중 정부와 '언론개혁'으로 사이가 소원해진 보수신문과 분란이 끊이지 않았다.

첫 시작은 대통령직 인수위원회에 대한 언론의 지나친 취재경쟁으로 부풀리기와 추측 보도 등 부정확한 기사가 양산되고, 취재현장에서 내부서류를 절취하는 사건까지 잇따르는 등 물의를 빚고 있다.(조현호, 2003. 01. 9.) 이에 따라 인수위 측은 기자들과 위원들 간의 개별접촉을 불허하기로 방침을 바꾸고, 취재 창구를 단일화했다.

노 대통령은 보수언론에 지금까지 좋은 감정을 가지지 않은 터라, 또 다른 승부수가 작동하였다. 그는 승부사 기질을 갖고 있어, 언론을 일시에 반전시키도록 했다. 특유의 반전 승부수를 던져 국면을 돌파하는 습성이 작동한 것이다.

물론 노 대통령은 한국 언론의 '경마식 보도'의 속성을 잘 알고 있었다. 그는 '공격'의 언어를 만들어내고, 그리고 그 언어로 승부수를 던진 것이다. 물론 언어

---

344) 노무현 대통령으로부터 공개 비난을 받은 직후 한강에 투신자살한 남상국 전 대우건설 사장의 부인 김선옥 씨와 자녀, 남 전 사장의 남동생 등 유족 8명은 19일 노 전 대통령을 명예훼손 혐의로 서울중앙지검에 고소했다.(전성철, 2008. 12. 20.) 유족은 고소자에서 "남 전 사장이 노 전 대통령의 형 노건평 씨를 찾아가 머리를 조아리거나 돈을 준 사실이 없으며, 오히려 노 씨가 그의 처남 민경찬 씨가 사장 연임을 도와주겠다며 먼저 요구해 어쩔 수 없이 3000만 원을 준 것"이라고 밝혔다.

는 '인간생성의 기본원리'이고 '인간존재의 집'이다.(서정우, 2010: 14) 이어 "의사소통이 '인간존재의 보편적 조건'이고 '인간을 본능에서 영감으로 인도하는 힘'이다. 의사소통의 궁극적 목적은 더불어 사는 공동체를 구현하는 데 있다고 말할 수 있다."

과거 정부들이 가졌던 잘못된 위계질서의 언어는 노 대통령에게 비위가 거슬리게 마련이었다. 즉, 과거의 정부는 여전히 권위주의적 속성을 지녔고, 제도화에 더욱 관심을 가졌다. 그러나 노무현 정부 이후 국민들은 언론자유가 본격적으로 논의되었다. 당시 언론자유는 절대적 자유가 아니고, 상대적 자유이기 때문에 법이 보장하는 다른 권리와 자연스럽게 갈등하게 된다.(서정우, 2010: 123) 그 갈등은 ①개인적 권리와의 갈등, ②사회적 권리와의 갈등, ③국가적 권리와의 갈등 관계이다.

자유는 인류의 가장 보편적 가치, 생명과 같이 창조주로부터 부여받은 양도할 수 없는 천부적 인권이다. 그러나 개인의 자유는 다른 사람과 부딪쳤을 때, 자유는 상대성을 띠게 마련이었다.

언론자유가 상대적 자유를 가진다면 개성 강한 노무현 대통령의 사고는 다른 사람에게 특별한 갈등관계에 놓이기 일쑤였다. 물론 그의 갈등은 언론뿐만 아니었다. 그는 "대통령 임기 내내 나는 경제 파탄, 민생 파탄, 총체적 파탄, 잃어버린 10년, 이런 평가를 하는 사람들과 싸웠다."(노무현, 2010: 16) 그는 새로운 정치문화 정립에 관심을 가졌고, 그는 그 갈등이 "권력의 사유화가 권력의 속성이고, 이를 막는 것은 정치의 근본 과제입니다."라고 봤다.(노무현, 2010: 19)

그는 국정의 최고 책임자로서 권력의 사유화를 막기 위해, 국방과 외교, 질서, 민생, 정부의 관리와 개혁, 위기관리, 국민통합, 민주주의와 정치개혁 등 갈등을 풀어갔다.(노무현, 2010: 20) 노 대통령은 개혁에 모든 관심을 집중시켰다. 지금까지 잘못된 관행을 고치려고 했다. 후일 그는 그의 자서전에서 "대통령이 되려고 한 것이 가장 큰 오류, 개인적으로 준비되지 않은 사람이, 준비된 조직적 세력도 없이 정권을 잡았고, 우리 사회가 미처 받아들일 준비가 안 된 개혁을 하려고 한 것이 무리였을 것이다."라고 했다.(노무현, 2010: 29)

4) 미완의 언론개혁

설령 실패한 개혁이었지만, 당시 그의 개혁의지는 괄목했다. 그러나 자유는 누렸고, 책임은 질 수 없는 상황이었다. 그의 패착 중 하나는 김대중 정부와 같은 맥락에서, 언론개혁을 집요하게 강조했다. 그는 나름대로 개혁을 정리했다. 개혁은 "자기 극복입니다. 개혁의 첫 번째 조건은 절제입니다. 불편 없는 개혁, 현재 서 있는 자리가 위험하지 않은 개혁이 어디 있습니까? 그러나 개혁이 성공하면 훨씬 더 좋은 기회를 가질 수 있습니다. 안주하면 우리가 타고 있는 배가 가라앉거나 기껏해야 현상유지입니다."라고 했다.[345]

또한 노 대통령은 개선을 개혁으로 봤다. 그는 "왜 언론과의 합리적 관계 개선이 중요한가? 첫 번째 이유는 어떤 권력이든 상호 견제와 균형의 건전한 긴장 관계가 필요하기 때문입니다. 많은 사람들은 '권력'하면 '정치권력'을 머릿속에 떠올립니다. 그러나 우리 사회에는 보이지 않는 많은 권력집단이 존재합니다. 그중 대표적인 것이 '언론권력'입니다 … 이러한 권력은 노력에 대한 보상이나 전리품이 아니라 국민이 부여한 '소명'입니다. 권력을 마치 전리품인 것처럼 착각하는 순간, 권력에 도취하게 되고 그것을 남용하게 됩니다 … 그러므로 모든 권력은 절제해야 합니다. 힘을 행사하는 자격과 합리성을 갖춘 권력이 되어야 합니다."라고 했다.(노무현, 2004: 29) 그는 언론권력을 개혁시켜야만, 정부와 건전한 긴장 관계를 유지할 수 있다고 본 것이다.

노 대통령은 언론개혁에 관심을 갖기 시작했다. 그가 갖고 있었던 평상심은 '많은 사람들이 언론개혁을 얘기하고 있습니다. 그러나 정부가 나서서 할 수 있는 일은 없습니다. 할 수 있는 일이 있다면 오로지 언론과의 부당한 유착관계를 끊는 일뿐입니다. 물론 언론은 정부가 하는 일은 사실 그대로 국민들에게 전달되어야 합니다. 정부가 한 일이 잘못 전달되었을 때 정부는 이것을 바로 잡아야 합니다. 이것은 권리이자 의무입니다. 정부는 부당한 왜곡보도에 대해서는 원칙에 따

---

345) 노무현, 「제1차 중앙부처 실·국장과의 대화 말씀」, 2003년 6월 20일; 노무현, 2004: 264.

라 대응할 것입니다. 오보에 대해서는 정정보도와 반론보도 청구로 대응하고, 경우에 따라서는 민·형사상의 책임도 물어 나갈 것입니다.'라고 했다.

노 대통령은 자신이 인터넷 기자로서 기존 언론을 기득권이나 지키는 존재로 봤다. 그는 "크게 보아서 한국 언론에 문제가 있지요. 사실에 치열하지 않습니다. 진실과 사실에 치열하지 않고 공정한 평가에 대한 책임감이 조금은 부족한 것 같다. … 일부 소수언론은 특수한 과거의 부조리한 상황에서 기득권을 쌓고, 또 그 기득권적 질서를 그대로 관철해 나가고자 하는 이런 시대 역행적인 경향이 있거든요. 입맛 맞는 곳 얘기만 듣고, 그 쪽과만 소통했다. 정당과 언론이라는 소통 채널을 처음부터 무시했다."라고 했다.[346]

국정홍보처는 언론사에 정정보도 청구권에 대해 대법원에 기소했다. 동아일보 대 국정홍보처 사건에 대한 대법원판결의 요지는 "언론이 보도한 기사나 사설의 본질적인 내용이 사실 전달보다는 의견 표명일 경우에는 반론보도를 인정할 수 없다"는 것이다.[347] 대법원은 "국정홍보처가 이 사건에서 요구한 반론 내용이 사실관계 부분이 아니라, 의견 표명 부분을 문제 삼는 점도 기준으로 삼을 수 있다."라고 했다.

노무현 대통령이 2007년 5월 20일 국무회의에서 밝힌 기사 송고실폐지 검토와 관련한 언급을 살펴보면 곳곳에 격한 감정이 배어 있었다.(신정록, 2007. 05. 30.) 즉 "'비양심적 태도', '터무니없는 특권주장' 등의 표현에 그런 흔적이 묻어 있었다. 그는 나름대로 언론을 배려해서 브리핑 룸과는 별도로 기사송고실을 두기로 했는데 지금처럼 반발을 계속하면 이마저도 없애겠다는 말은, '그래? 한번 해보자'는 심리였다."

---

346) 노무현, 「취임 1주년 KBS 특별대담 '도올이 만난 대통령' 말씀」, 2004년 2월 20일: 노무현, 2005: 89.

347) 이항수·신은진, 2006. 02. 11; 통상 언론 보도는 크게 사실적 주장(사실을 토대한 주장), 의견표명(주로 사설이나 시론)으로 나눌 수 있고, 단순히 사실만 전달하는 스트레이트 기사 이외에는 이 세 가지가 뒤섞여 있다. 법원은 그 동안 사실이나 사실적 주장이 다르다는 반론보도 청구는 인정했지만, 의견 표명의 경우에는 인정하지 않았다.

청와대 참모들에 따르면 노 대통령은 국정홍보처의 정부부처 브리핑룸 통·폐합, 취재 통제 조치 발표 이후 언론의 보도태도에 화가 많이 났다고 전하고 있다.(신정록, 2007. 05. 30.) 노 대통령은 항상 언론에 의해 피해를 입고 있다는 생각을 하고 있었다. 노 대통령의 머릿속에 기자실은 '기자들이 죽치고 앉아 담합이나 하는 장소'이고, 언론은 '특권을 이용해 정치에 개입하고 자기 입맛에 따라 기사를 왜곡하는 도구'라는 논리이다.

실제 참여정부는 2007년 10월 12일 각 부처 기사송고실을 폐쇄했다. 독단적 결정이었다. 기사송고실의 인터넷과 일부 전화선을 차단한 지 하루 만이다. 정부는 이날 서울 종로구 세종로 정부중앙청사의 국무총리실·교육인적자원부·통일부·행정자치부 외교통상부(별관), 정부과천청사의 건설교통부, 그리고 독립청사를 사용하는 문화관광부·정보통신부·해양수산부·국세청 등 10개 부처의 기사송고실 출입문을 걸어 잠갔다.

기자들은 '설마'라고 했던 기사송고실 폐쇄 조치가 실제로 강행되자 격앙된 반응을 보였다.(김진균, 2007. 10. 13.) 그러나 기자들은 불편이 있더라도 정부의 일방적인 취재통제조치를 받아들일 수 없다면 이전을 거부하기로 해 정부와 기자들 사이에 갈등의 골이 깊어지고 있었다.

노 대통령은 당연하다고 생각하고, 힘들고 불편하지만 각자의 정도를 가야 한다고 했다. 정부기관의 가판구독을 중단하고, 기자실을 폐지하고 브리핑 제도를 도입한 것이다. 언론과의 관계에 대한 참여정부의 입장은 분명했다. 정부와 언론 모두 자기절제의 토대 위에서 각자의 소임에 충실하자는 것이다. 그는 정정당당하게 상대방을 견제해 나가자는 것이다.[348] 또한 그는 언론과의 합리적 관계 개선이 우리 사회에 '건강한 공론의 장'을 만드는 일이 시급하기 때문이라고 했다.

언론은 노 대통령의 변화무쌍한 발상에 대해 숙고의 시간도 없이, 또 다른 이슈가 기다리고 있어, 정부와 언론은 적의가 대단한 분위기였다. 그의 변명은 언론개혁으로 이어졌다. 김대중 정부의 언론개혁에서 좀 더 나간 것이다. 물론 정부의

---

348) 노무현, 「대한매일 2만 호 기념 특별기고-공정한 언론, 투명한 정부」; 노무현, 2004: 376.

뜻에 따라 당시 국세청과 공정거래위원회가 언론개혁의 본질을 훼손하면서까지 일을 벌였던 전례가 없다.(진성호·한현우, 2001. 04. 05.)

물론 언론개혁이 정부 입장에서 진행되는 것이 문제였다. 정부가 신문고시 부활, 언론이란 정보의 흐름을 스스로 만들어 영향력을 얻는 것이지, 행정체계, 특히 정부권력에 의해 만들 수는 없는 것이었다. 당시 언론개혁은 무가지 기준 20%를 10%로 제한하였다. 이는 새로 창간하는 신문엔 영업하지 말라는 것과 다를 바가 없었다.

당시 언론개혁은 두 가지 측면에서 핵심에서 벗어났다.(진성호·한현우, 2001. 04. 05.) "첫째, 권력자가 언론비판에 대한 인내의 한계를 드러내 불만이 폭발한 것입니다. 그에 이어 조세권과 공정위 권한이 발동됐지요. 권력이 언론에 대한 불만으로 '매'를 든 것입니다. 둘째는 시민단체들이 주장하는 이른바 '족벌신문' 3사가 한국 언론계를 지배하고 있어 이를 무력화시키자는 주장입니다. 이에 따라 소유 지분 30% 제한이라는 세계 유례없는 발상이 나온 것입니다."라고 했다.

과거 김대중 정부 때 불만 사항이 노무현 정부에서 다시 증폭되었다. 노 정부의 정간법 개정이 논의되는 과정에서 드러난 핵심적인 쟁점은 3가지다.(김교만, 2004. 04. 22.) 하나는 대기업과 개인의 언론사 소유 지분 제한여부, 둘째, 편집권 보호 장치 마련, 셋째 경영투명성 확보를 위한 자료신고 의무화 등이다.

그 내력을 자세히 살펴보면 민변·언개련은 16대 국회 때인 2000년 11월 14일 정간법 개정안을 입법 청원했고, 2002년 2월 8일에는 민주당 심재권 의원 등 27명이 국회에서 정간법 개정안을 발의했다가 모두 폐기되었다. 2003년 2월 출범한 노무현 정부는 17대 국회에서 열린우리당이 과반의석을 차지하면서 언론관련법 제정을 본격적으로 밀어붙여 제정에 성공한 것이다.(정진석, 2006 여름: 5)

열린우리당 신기남 상임중앙위원은 2004년 4월 22일 "17대 국회는 정치권과 외부인사가 참여하는 언론발전위원회를 만들어 신문시장의 독과점 해소와 소유 지분 제한, 편집권의 독립, 공동배달제 문제를 논의할 것"이라고 밝혔다.(김교만, 2004. 04. 22.)

새 신문법에 따라 노무현 정부는 언론 역사에 일찍이 없었던 3개의 새로운 기구를 설립한 것이다. 신문발전기금을 운영하는 '신문발전위원회, 신문의 공동배달은 신문유통원', 그리고 2004년 10월에 제정, 시행 중인 「지역신문발전특별법」은 신문법과는 별개지만, 지역신문발전위원회도 설립했다.

한편 「신문 등의 자유와 기능보장에 관한 법률(신문법)」이 2005년 1월 1일에 국회를 통과하고, 1월 27일에 공표되어, 7월 28일에 발효되었다. 동 신문법은 '인터넷 신문'이라는 개념을 등장시켰다. 여기서 인터넷 신문은 '컴퓨터 등 정보처리 능력을 가진 장치와 통신망을 이용하여 정치·경제·사회·문화·시사 등에 관한 보도·논평·여론 및 정보 등을 전파하기 위하여 간행하는 전자간행물로서 … '라고 규정했다. 정부는 인터넷 신문·방송을 기존의 미디어에 편입시켜 기존 언론의 권위를 무력화시킨 것이다.

이들 강제는 중국이나 북한에서 통제할 수 있는 장치이다. 이들 법은 언론을 완전 정부통제 하에 두고 싶어, 언론자유는 위축될 수밖에 없었다. 언론은 국가사회주의, 즉 공산주의 모양으로 선전·선동·진지전 구축을 위한 장치를 마련한 것이다. 그 언론자유를 질식시키는 아이디어가 노무현 정부에서 나왔을 이유가 없었다.

2007년 1월 26일 개정된 방송법은 "방송은 방송프로그램을 기획·편성 또는 제작하여 이를 공중(개별 계약에 의한 수신자를 포함하며, 이하 '시청자'라고 한다)에게 전기통신설비에 의하여 송신하는 것으로…"라고 했다. 새로운 신문법과 방송법은 인터넷 신문과 더불어 통신에 의한 방송의 개념을 등장시킨 것이다.

노무현 정부는 이 법을 두고 '개혁 입법'이라고 주장하지만 이 법 속에는 몇 가지 위헌적인 요소가 포함되어 있어서 헌법소원을 포함한 법적 논쟁의 대상이 되었다.(서정우, 2010: 107)

우선 위헌적 요소는 신문법 제17조에 규정되어 있는 시장지배적 사업자조항이다. 신문법은 한 신문의 발행부수가 전국 일간지 부수의 30%를 넘거나 3개 신문사가 60%를 초과하면 '시장지배적 사업자'로 규정해서 과징금을 물린다는 내용을 담고 있다. '시장지배'의 기준은 일반 일간신문과 특수 일간신문을 대상으로 하고 무료신문은 여기서 제외시켰다. 따라서 138개 일간지의 시장점유율로 산정한다. 한 신문이 30%를, 세 개 신문이 60%를 넘어서면 과징금을 매기겠다는 논리이다. 신문법과는 달리, 공정거래법은 1개사 50%, 3개사 75%를 시장지배적 사업자로 규정한다.

이 법에 따라 2005년 신문유통원 설립 준비위원회가 구성되고, 그해 11월 2일 신문유통원이 설립됐다. 2006년 3월, 서울시 중구 정동에 사랑의 열매빌딩 별관에 '신문유통원'이 입주했다. 신문 공동배달을 통한 신문유통구조 개선이라는 설립 목적과 국민의 문화정보복지 서비스 향상이라는 가치실현을 위해 유통원이 시작된 것이다.(신문유통원, 2009. 12.) (2009년 12월 14일 기준) 직영센터 29개, 민영센터 527개, 소형센터 105개 등 전국에 총 661개의 공동배달센터가 생겼다.

또한 유통원은 2007년 상반기까지 220개의 공동배달센터를 세워 수도권망을 확보하고, 2008년까지는 700~1000곳의 전국망을 완전히 갖추겠다는 계획을 밝혔다. 유통원은 초기에는 수도권에 공배센터 설립을 집중해 2006년까지 100곳, 2007년 상반기까지 220곳의 수도권 '전략지역' 배달망을 일단 완성하고 2007년 말까지 350곳, 2008년에는 700곳 이상을 설립해 전국망을 갖출 계획이었다.(김규원, 2005. 11. 17.)

한편 신문법 제27조와 33조에 규정되어 있는 신문발전위원회의 설치와 신문발전기금의 설치, 조성 및 운용조항이다. 신문법은 신문발전위원회의 설치, 신문발전기금의 조성, 신문진흥원을 통한 군소신문에의 재정적 지원 등을 규정하고 있다. 더욱이 신문법 제16조는 언론사로 하여금 발행부수와 광고수입 등을 포함한 일체의 경영정보를 신문발전위원회에 신고하도록 의무화하고 있다.

즉, 신문발전위는 경영정보 공개를 의무화한 신문법 조항에 따라 140개 신문사에 대해 이달 말까지 발행부수와 광고수입, 주요 주주의 내용 같은 경영 자료를 제출하라고 요구했다. 한국신문협회(회장 장대환 매일경제 대표이사 회장)는 위헌소송 중인 신문법에 근거해 설치된 신문발전위원회가 신문사에 경영 자료제출을 요구한 것과 관련해 신문발전위와 문화관광부에 지료제출 기준을 재고해달라는 의견서를 전달했다.(이진영, 2006. 05. 27.)

또한 1980년 언론기본으로 언론중재위원회가 탄생하더니, '언론중재 및 피해

구제 등에 관한 법률'[349]까지 통과되었다. 이에 따르면 법정기관인 언론중재위원회가 직권으로 언론사에 시정권고를 하게 했다. 또한 피해구제법이 포함하고 있는 또한 피해자도 아닌 제3자에게 시정권고 신청권을 부여했다. 즉, 제3자에 의해서도 중재신청이 가능하도록 제32조 제2항의 규정을 두었다.

한편 이 법률은 '고충처리인을 두어야 한다'라고 규정한 제6조의 규정이다. 이 규정을 지키지 않을 경우에는 3천만 원의 과태료를 부과하도록 규정하고 있다.(서정우, 2010. 110~111)

이 법의 문제점은 언론사에 대하여 손해배상을 청구할 수 있게 한 제30조 제1항의 규정이다. 이 규정은 피해구제법의 본래 취지를 훨씬 넘어서는 규제적 조항이라고 말할 수 있다. 피해구제법이 정하는 피해구제의 범위는 정정보도, 반론권, 시정권고 수준에 머무는 것이 법의 취지상 바람직스럽다.

그런데 신문법과 '언론중재 및 피해구제 등에 관한 법률(언론중재법)'이 언론자유를 침해하는 위헌적 내용을 담고 있다며 「동아일보」, 「조선일보」 등이 제기한 헌법소원과 관련해 헌법재판소가 2006년 6월 29일 일부 위헌 결정을 내렸다.[350] 핵심 쟁점이던 '시장지배적 사업자 지정' 조항과 시장지배적 사업자가 되면 신문 발전기금을 지원하지 않는다는 조항은 각각 재판관 7대 2와 전원 일치로 위헌판정을 받았다.

헌법 재판소는 신문판매업자가 '신문 구독자에게 1년간 제공할 수 있는 무가지 및 경품 범위를 유료 신문대금의 20% 이하'로 제한한 신문고시 조항은 '합헌'이

---

349) 이 법의 목적(제1조)은 "이 법은 언론사의 언론보도로 인하여 침해되는 명예나 권리 그 밖의 법익에 관한 다툼이 있는 경우 이를 조정하고 중재하는 등의 실효성 있는 구제제도를 확립함으로써 언론의 자유와 공적 책임을 조화함을 목적으로 한다."라고 규정했다.(「언론중재 및 피해구제 등에 관한 법률」, 제정 2005년 1월 27일, 법률 제7370호)

350) 사설, 2006. 06. 30; 2005년 7월 발효된 신문법과 언론중재법에 대해서는 헌법소원이 제기된 상태다. 「동아일보」와 「조선일보」, 「환경건설일보」는 각각 2005년 2월, 3월, 6월 이 법에 대해 헌법소원을 제기했고 헌재는 7월 5일 전원재판부에 회부해 심리 중이다. 언론의 공적인 의무와 개인(특히 공인)의 인격권이라는 가치가 충돌할 경우 사실상 언론이 침묵해야 한다고 규정해 놓은 것이나 다름없기 때문이다.(전지성, 2006. 01. 21.)

라는 헌법재판소의 결정이 나왔다.(사설, 2002. 7. 25.) 이 조항은 신문업계의 과당경쟁을 완화하고 독자들의 신문 선택권을 보호하기 위한 것으로 '침해되는 사익에 비해 공익이 크다'는 것이다. 민주주의 사회에서 언론의 기본적인 역할은 국민들의 다양한 의견을 반영하는 데 있으며, 거대 신문들이 경제력을 무기로 독자들에게 구독을 유인 또는 강요하는 것은 국민의 신문선택권을 침해한다는 요지다.

한편 신문법 '편집권의 독립'에 대한 문제가 발생했다. 2006년 6월 『시사저널』의 발행인 겸 편집인인 금창태(琴昌泰) 사장이 삼성그룹 관련 기사를 인쇄 직전에 독단적으로 삭제한 데서 비롯됐다.[351] 기자들은 즉각 거대 자본의 압력에 굴복해 독립언론으로서의 정체성을 훼손했다고 반발했고, 사장은 명예훼손 소송을 우려해 결단을 내렸다고 맞섰다.(사설, 2007. 01. 24.)

당시 기자들은 과거의 자신의 생활에 대해 언급했다. 외환위기가 터졌을 때 『시사저널』은 부도가 났고, 사장은 도망가고 기자들은 월급을 못 받았다. 그러면서도 결호 한번 없이 1년 반을 버텼던 것이다. 서른 명의 기자가 열 명으로 줄고 밥을 굶어가면서도 그들은 『시사저널』이라는 이름을 지켰다.(김선주, 2007. 01. 11.) 그런데 경영주는 다른 뜻을 갖고 있어, 노조가 분개한 것이다.

기자를 중심으로 노조가 결성됐고, 편집권 문제 등을 둘러싼 노사 교섭이 6개월 넘게 이어졌다. 하지만 끝내 협상이 결렬되자 노조는 지난한 파업에 들어갔고,

---

351) 2006년 6월 16일 심야에 일어난 삼성기사 삭제사건은 기자들과 사측의 전쟁을 촉발시켰고 이후 있었던 수많은 사건과 사연들을 그 누구도 예상치 못한 것이었다. 2006년 6월 15일 시사저널 경제부의 이철현 기자는 제870호에 실릴 기사 탈고를 두어 시간 앞두고 삼성홍보팀에 전화를 했다. 기사에 대한 삼성의 공식적인 입장을 듣기 위해서였다. 몇 시간 뒤 삼성홍보팀에서 두 명의 관계자가 찾아왔고 만나서 기사내용에 대한 의견을 들었다. 이후 금창태 사장의 호출을 받았다. 금 사장은 이 기자에게 기사 내용은 묻지 않고 기사를 빼는 문제를 언급했고 이 기자는 이를 편집국장과 상의하라고 답했다. 뒤이어 금 사장은 이윤삼 당시 편집국장을 불렀다. 이 편집국장은 기사를 읽기 전이었고, 물론 기사 출고전이라 교열본도 없는 상태였다. 금 사장은 이 국장에게 '삼성그룹 임원으로부터 전화를 받았다. 이 국장도 알다시피 우리 경영상의 문제도 좀 있고 이학수 부회장과 자신이 친분이 있지 않느냐 기사를 좀 뺏으면 좋겠다. 이번 기사를 빼주면 앞으로 삼성그룹과 관련된 기사를 빼달라고 요구하지 않겠다. 그리고 이 국장이 요구하는 편집국 요구사항을 한 가지 들어주겠다 라고 제안했다. 이 국장은 요청을 거절했다.(강혜주, 2007. 8: 106)

회사는 기자 없는 잡지 발행과 직장폐쇄로 맞서고 있다.

2007년 7월 2일, 『시사저널』 사직 기자 22명이 서울 목동 방송회관 방송노조협의회 사무실에서 '참언론실천' 시사기자단(문정우 단장)'을 출범시키고 신매체 창간 선포식을 열었다. 그리고 2007년 9월 17일 새 매체 『시사IN』 사무실을 개소하고 본격적인 창간 작업에 들어갔다고 한다.

또한 2004년 12월 31일 ITV(경인TV)가 방송을 중단했으나, 2007년 6월부터 OBS(경인TV)로 개국을 결정했다. 10월 시험방송, 11월 개국을 목표로 했다. 권영만 오비에스 부사장은 "'게임이나 스포츠 분야의 쏠림 현상을 지양할 것이다. 생활정보·정책·인물 등 지역 밀착성 기사를 적극 발굴하겠다.'고 말했고, 홍종선 편성국장도 '편성부분을 계속 논의 중이지만 공익성과 지역방송의 특성으로 차별화하겠다.'라고 했다."라고 한다.(문현숙, 2007. 05. 29.) 한편 노무현 정부는 신문법뿐 아니라, 역사 바로 세우기에 열심이었다. 김대중 정부 말기에 2002년 2월 김희선 민주당 의원이 대표로 있던 '민족정기를 세우는 의원모임'이 '친일반민족행위자'라며 708명의 명단을 발표했다.(김기철, 2009. 11. 28.) 김희선 의원이 주동이 되어, 16명 구성원이 노무현 정부에서 '일제강점하 친일반민족행위 진상규명에 관한 특별법'을 제안했다. 2004년 5월 국회를 통과했고, 이 법에 따라 '친일규명위'가 출범했다.

한편 노무현 정부는 중국에 대해 호의적이었다. 2005년 8월 법제정으로 20년 가까이 생각했던 영주권자에게 3년만 체류하면 지방선거 투표권이 부여되었다. 지난해(2022년) 3월 기준 지방선거 투표권을 가진 외국인 12만 6668명 중 9만 9969명(78.9%)이 중국 국적이었다.

5) 과거사 정리와 미완의 개혁

강만길(姜萬吉) 고려대 교수가 위원장이 되어, 「오마이뉴스」 편집국장 출신 정운현 씨와 위원 11명(대통령, 4, 국회 4명, 대법원장 3명) 등으로 구성했다. 과거사 정리는 사설 '민족문제연구소'[352], 친일인명사전편찬위원회가 활동을 시작했다. 그리고 동 연구소는 4430명을 포함시킨 친일인명사전을 발간했다. 그 명단에는 「시일야방성대곡(是日也放聲大哭)」을 쓴 장지연도 포함시켰다.

또한 노 정권은 2005년 12월 1일 '진실·화해를 위한 과거사정리위원회(진실화해위)를 출범시켰다.[353] 그 결실은 이명박 정부에서 나타났다. 노무현 정부는 과거사에 열심이지만 언론 과거사는 외면했다. '5회 송건호상' 상을 수상한 동아자유언론수호투쟁위원회(동아투위) 정동익 위원장은 1975년 3월 「동아일보」 기자 대량 해직에 항의해 편집국장을 사직하고, 84년 민주언론운동협의회를 창설하면서 의장을 맡았다. 그는 "요즘 정부나 언론이 과거사 이야기를 많이 하지만, 왜 언론 과거사는 한결같이 외면하는지 모르겠다."고 했다.(노형석, 2006. 12. 07.) 그러나 과거사는 그 결과나 이명박 정부에서 하나씩 공개되었다.

한편 그는 북한에 인권을 주장하기보다, 친북한 정책을 폈다. 그의 재임기간 동안 송두율(宋斗律) 귀국 사건과 강정구 사건이 벌어졌다. 송 씨는 1973년 9월 처음 방북, 노동당에 입당했으며, 2003년 3월까지 18회에 걸쳐 대남적화 등 목적으로 방북했다.[354]

---

352) 민족문제연구소는 재야 지식인 임종국(林鍾國)의 1966년 출간한 『친일문학론』, 1979년 『해방전후사의 인식』에서 실린 "일제 말 친일군상의 실상"에서 소개되었다. 임 씨가 1989년 사망하자 그가 남긴 1만 2,000여 친일 인명 카드를 이용하여, 1991년 반민족문제연구소를 창립하고, 그게 나중 민족문제연구소로 이름을 고쳤다. 그 후 『친일파 99명』 3권과 『청산하지 못한 우리 역사』 3권, 1994년 『친일인명사전』 편찬위원회를 조직했다. 그리고 노무현 정권 때 2004년 3월 「일제강점 하 친일반민족행위 진상규명에 관한 특별법」이 제정 공포되었고, 친일반민족행위 진상규명위원회가 2005년 5월에 조직되었다.(이영훈·김낙년·김용삼, 2019: 216~7)

353) 강규형, 「진실화해위원회」, 역사가 어떻게 평가할까.」, 「중앙일보」, 2010년 12월 30일; 위원장에 안병욱, 이영조 등이 활동으로 1만 1000여 건의 조사가 완료됐고, 그중 8500여 건이 '진실 규명' 되었고, 5년 1월의 활동을 공식적으로 2010년 12월 30일 종료되었다.

354) 정대수, 상게서(2009), 313; 송두율은 2003년 10월 1일 국정원은 재독 사회학자인 송두율이 북한 노동당 서열 23위로서 정치국 후보위원이며, 당 중앙위원회 '김철수'로 밝혀졌다. 그리고 1991년부터 1995년까지 매년 2만~3만 달러씩 모두 15만 달러를 연구비 명목으로 북한 측으로부터 받았다고 한다. 그는 9월 22일 민주화운동기념사업회 초청으로 '2003 해외민주인사초청한마당' 행사에 참석차 귀국했다.(정대수, 2009: 313)

노무현은 2003년 10월 3일 기자간담회에서 "'송 교수 같은 사람이나 그 밖의 많은 사람이 분단체제 속에서 생산된 것이고, 이런 것을 가지고 건수 잡았다고 좋아할 일은 아니다.'라고 전제하고, '어떻든 이런 문제들을 가지고 원숙하게 처리하는 것이 한국사회의 수준을 의미하는 것'이라고 말했다."라고 주장했다.(정대수, 2009: 314)

그는 2003년 10월 23일 간첩혐의로 구속되었다. 또한 2005년 10월 동국대 교수 강정구(姜禎求)의 국가보안법 위반혐의 구속 문제를 둘러싸고 또 한 번 논란을 불러 일으켰다. 10월 11일 청와대 관계자가 구속영장 청구는 신중해야 한다는 의견을 검찰에 전달, 일선 검찰이 반발하는 등 수사개입 논란이 일었다.(정대수, 2009: 314)

노 대통령은 자신이 좌파임을 속이지 않았다. 김대중 전 대통령처럼 그는 방북길에 올라 김정일(金正日) 국방위원장을 만났다. 그는 2007년 10월 4일 김 위원장과 함께 2007년 10월 4일 오후 1시 평양 백화원 영빈관에서 '남북 관계 발전과 평화번영을 위한 선언'(2007년 남북 정상선언)에 서명했다. 그 내용은 "민족경제 발전과 공동번영을 위한 경제협력 사업을 확대·발전시키기 위해 북한 해주의 '주변 해역'을 포괄하는 '서해 평화협력 특별지대'를 설치하기도 했다. 이를 위해 공동어로구역과 평화수역 설정, 민간선박의 해주 직항로 통과, 경제특구건설, 한강하구 공동이용 등을 추진키로 했다.(조흥민, 2007. 10. 05.)

노 대통령과 김 위원장은 "남북 '평화번영' 정상선언발표"[355]를 했다. 그 내용은 ①6·15 공동선언 적극 구현, ②상호존중·신뢰의 남북관계 전환, ③적대관계 종식

---

355) '2007년 남북 정상회담 대화록' 존재 여부에 말이 많았다. 검찰은 '노무현 청와대가 아예 대화록을 이관 대상 기록물로 분류하질 않았다.'고 했다. 처음부터 대화록을 넘길 뜻이 없었고 실제 넘기지도 않았다는 것이다. 검찰은 '노 전 대통령이 퇴임하면서 봉하마을 사저로 가져갔다가 반환한 이른바 '봉하 이지원(청와대 전자문서 시스템)'에서 최종본 형태의 대화록을 발견했다.' 봉하 이지원에서 대화록(초본)이 삭제된 흔적을 찾았다고도 했다. 노 전 대통령 측은 공문서인 대화록 초본은 없애버렸고, 대화록 최종본은 개인적으로 빼돌렸다. … '국가기록원에 보관된 대화록을 보자'고 일을 시작했던 사람은 민주당 문재인 의원이다. 문 의원은 대화록을 빼돌릴 당시 청와대 비서실장으로 누구보다 노 전 대통령과 가까웠다.(사설, 2013. 10. 03.) 문제의 핵심은 '대화록은 있고 NLL 포기는 없었다.'라는 것이다.

및 군사긴장 완화, ④평화체제 구축 및 종전선언 실현, ⑤경협확대, 서해 평화지대 설치, ⑥사회문화 분야 교류·협력발전, ⑦인도주의 협력사업 적극 추진, ⑧민족이익과 해외동포 협력 강화 등이었다. 그런 노력에도 보수주의자는 '퍼주기'로 폄하했다.(조흥민, 2007. 10. 05.)

북한 말을 전적으로 수용한 노무현·문재인이 아닌가? 국민이 선거로 뽑은 대통령이면, 이 정도는 아닐 터인데…. 후임 문재인은 남북군사합의서에서 이를 보강시켰다.

노 전 대통령이 전하는 북한 입장은 다음과 같았다. 즉, "(북한의) 2007년 10월 3일 대부분 내용은 말하자면 한국정부의 태도를 질책하는 것입니다. 사실 오래 듣고 있으면 기본적으로 힘이 듭니다. 내용 면에서도 지적하는 것들이 감당하기 버거운 것이었습니다. 말하자면 '우리 민족끼리 하자고 해놓고, 왜 계속 외세의 영향을 받느냐', '왜 다른 나라의 눈치를 보느냐', '그렇게 해서 남북경제협력이 자꾸 지체되고 합의도 지켜지지 않는다', '그래서 앞으로 어떻게 남북협력을 할 수 있겠느냐' 주로 이런 이야기들이었습니다."라고 했다.(노무현, 2009: 200)

그의 노력에도 보수주의자는 냉혹했다. 안병직은 2006년 4월 27일 한 방송과의 인터뷰에서도 '뭘 하는 척 하면서도 아무 것도 이루어지지 않는다.'는 뜻에서 '건달정부'라며 그 믿음에는 변함이 없다고 밝혔다.(정대수, 2009: 300)

또한 그는 코드인사, 회전인사, 보상인사 등 관련 내부 집단에 속하는 사람들로 인사를 하다 보니 인사가 망사가 되는 경우를 벗어나지 못했다.(정대수, 2009: 301) 더욱이 거대담론에 치우친 좌파 이념적 접근과 일방적 독선적 밀어붙이기는 국민과의 소통을 어렵게 만들었다. 노무현이 안간힘을 쏟았다는 국정운영의 결과는 참담했다. 국민에게 참여정부 5년의 평가는 무능과 실정으로 투영되었다.(정대수, 2009: 299)

한편 투명성을 앞세운 '건달정부'였지만, 노무현 정부는 비자금 때문에 곤혹을 치렀다. 노 대통령은 2002년 대선 당시 한나라당 이회창 후보 측근 서정우 변호사가 LG 그룹으로부터 100억 원이 넘는 현금을 '만남의 광장'에서 차로 실어왔다고, '차떼기 당'을 조롱했다. 그는 노무현 탄핵소추 역풍 때도 '차떼기 한나라당'을 비난했다.

그는 "책임지겠다고 한 데 대해서 말씀드리겠습니다. 이 정도 과오와 허물이 드러나면 뭔가 책임을 져야 합니다. 당연한 도리입니다. 게다가 무게를 감당하지 못해서 재신임받겠다고 약속하고 아직 그 일을 매듭짓지 못하고 있습니다. '10분의 1약속' 또한 해 놓고 있는 상태입니다."[356]라고 했다. 엊그제 이회창 후보께서 책임질 것을 요구했고, 지금은 탄핵이 발의되어 있는 상황이라고 사실을 알렸다.

불법선거 자금에서 그렇게 큰 소리를 치던 노 대통령은 말년에 큰 결점을 남기고, '자살'[357]까지 했다. 즉, 노무현 대통령은 태광실업 박연차 회장의 수사로 입을 닫았다. 그는 2003년 2월 대통령 취임사에선 "반칙과 특권이 용납되는 시대는 이제 끝나야 한다. 사회지도층의 뼈를 깎는 성찰을 요망한다."라고 했다.[358]

지금까지 그는 깨끗함과 기득권을 타파하고 개혁을 주장했다. 또한 "재임 중

---

356) 노무현, 「대선자금 등과 관련한 특별기자회견 모두 말씀」, 2004년 3월 11일; 노무현, 2004: 129.

357) 「盧 돕지 않던 문재인, 좌파언론 … 서거 후 상주(喪主) 코스프레」(이인규 전 중수부장 인터뷰)에서 "지난달 '나는 대한민국 검사였다'(조갑제닷컴)는 제목의 회고록을 냈다. '누가 노무현을 죽였나'란 부제가 암시하듯, 2009년 노무현 전 대통령 뇌물수수 의혹 사건 수사 과정에서 벌어진 일들을 관련자들의 실명(實名)과 함께 공개해 파문이 일었다. 2억짜리 명품 시계를 비롯한 노 전 대통령의 뇌물수수 혐의가 대부분 사실이었고, 노 대통령을 사망에 이르게 한 책임이 문재인 당시 변호사에게도 있다고 주장해 노무현재단과 더불어민주당으로부터 '정치 검사의 2차 가해' '유족을 두 번 죽이는 일'이란 비난을 받았다. … '책에는 노 전 대통령 수사 내용만 있는 것이 아니라 내가 검사생활을 하면서 겪은 일들을 가감 없이 적었다. 내가 정치검사였다면 정치적 이해득실을 따져가며 유리한 내용만 썼을 것이다. '검찰 정권', '검찰 공화국' 하는데 문재인 정권 때는 적폐 청산한다고 임기 내내 얼마나 많은 수사를 했나. 그때 수사는 로맨스이고 지금 하는 수사는 불륜인가.', "그는 노 전 대통령이 자살하기 직전 7일 동안 한 번도 찾아가지 않았다. 극단적 선택 다음 날인 5월 24일 권 여사에 대한 조사가 예정돼 있음에도 '현안이 없었다'면서 수사의 문제점을 지적하는 의견서 한 장 제출한 적이 없으며, 검찰과 접촉해 수사 내용을 파악하려는 시도조차 하지 않았다. 검찰의 솔직한 입장을 묻고 증거와 사실을 정리해 나갔더라면 대통령이 죽음으로까지 내몰리진 않았을 것이다." … 진보 진영과 진보 언론도 노무현을 가혹하게 비난하면서 그를 죽음으로 몰고 갔다고 썼다. … 그랬던 그들이 노 대통령이 서거하자 검찰에 모든 비난의 화살을 돌리고 노무현 정신을 외치며 상주 코스프레를 했다. 그 모습에 제일 당황한 이는 '누구도 원망하지 마라. 집 가까운 곳에 아주 작은 비석 하나만 남겨라'고 유언한 노 전 대통령이었을 것이다. 그는 친구이자 동지인 문재인이 자신의 주검 위에 거짓의 제단을 만들어 대통령이 될 줄은 꿈에도 생각하지 못 했을 것이다.'"(김윤덕, 2023. 04. 10.)

358) 사설, 2009. 04. 01.

일부 측근들이 비리 혐의로 수사를 받을 때도 '깜도 안 되는데 소설 쓴다.'며 부정 했던 그가 박연차 회장 수사로 그의 형과 핵심 측근들은 물론 자신에게까지 수사 망이 좁혀지자 이번에 말문을 닫고 있다."라고 했다.[359] 그는 대통령 퇴임 직전인 지난 2월 노 전 대통령 조카사위에게 우리 돈 70억 원에 상당하는 미화(美貨) 500 만 달러를 송금한 것으로 검찰 수사에서 밝혀진 것이다.

또한 박연차 회장은 "노무현 정권 시절 검찰 간부들과 유착관계에 있었으며, 검찰인사까지 좌지우지할 정도로 막강한 영향력을 행사했다."라고 했다.[360] 그는 "대검 중수부의 조사를 받는 과정에서 고검장급을 포함해 전·현직 검찰 간부 7명 에게 돈을 줬다고 진술한 것이 이를 결정적으로 뒷받침한다."라고 했다.

검찰은 '죽은 권력'에게는 용감했다. 그러나 '살아있는 권력' 앞에서 검찰은 침 묵했다. '검찰은 거짓말을 하지 않는다.'라는 실체가 드러난 것이다. 박래용 「경향 신문」 논설위원은 "2007년 8월 13일 검찰의 이명박 당시 한나라당 경선 후보의 도곡동 땅 브리핑이 그랬다. 김홍일(金洪一) 당시 서울중앙지검 3차장(현 대검 중 수부장)은 도곡동 땅 차명의혹사건 중간수사 결과를 발표하면서 '문제의 땅 중 이 상은 씨(이명박 대통령의 형) 지분은 이 씨 본인이 아닌 제3자의 차명재산인 것으로 판단된다.'고 밝혔다."라고 했다.[361]

박 위원은 "며칠 전 김 중수부장을 만났다. 단도직입적으로 물어봤다. '제3자가 누굽니까. 검찰은 알고 있죠?' 김 중수부장이 대답했다. '그 때 일은… 하나도 기 억이 안 납니다.' 내가 웃었다. 그도 소리 내어 웃었다."라고 했다.(박래용, 2009. 12. 01.)

또 다른 검찰의 수사에 허점이 드러났다. 이명박 대통령과 관련된 BBK특검이 '삼청각 꼬리곰탕 값'으로 끝났다. 정호영(鄭鎬瑛) 특검팀은 "'필요하다면 이 대통 령 당선인을 소환조사하겠다. 이 당선인이 소환에 불응하는 사태는 오지 않길 바

---

359) 정우상, 2009. 04. 01.

360) 이명진·류정, 2009. 03. 23.

361) 박래용, 2009. 12. 01.

란다.'며 강력한 수사의지를 밝혔다."라고 했다.[362] 검찰은 이명박 정부에게 면허증을 준 것이다. 그 후 「경향신문」 기자는 "『시사저널』이 2009년 4월 7일 2007년 말 대선 직전, 당시 노무현 대통령의 형 건평 씨와 이상득 의원이 만나 '검찰의 BBK 수사'와 '노 대통령의 로열패밀리 보호'를 주고받는 '빅딜'을 벌였다는 의혹이 제기됐다."라고 보도했다.(장관순, 2009. 04. 09.) 검찰의 양편을 가르고, '죽은 권력'(박진석, 2009. 04. 13.)에 대해 냉혹하고, '살아있는 권력'의 칼날은 무뎌지기 시작했다. 한나라당 이상득 의원에 대한 '박연차 구하기' 로비 의혹이 증폭되는데도 관련자 소환을 하지 않고 있고, 이명박 대통령 측근인 천신일 세종나모여행사 회장에 대한 수사도 전혀 속도를 내지 못하고 있는 상황이다.(박진석, 2009. 04. 13.) 이명박 정권은 시작 때부터 국회, 검찰과 법원, 감사원, 국정원 등 정부 견제기관의 수난시대가 예고되었다. 한쪽은 밀어붙이고, 다른 쪽은 죽은 듯이 조용하였다. 견제기관은 균형을 잃게 되었고, 한쪽 방향으로 정국은 운영될 역사가 시작되었다. 노 전 대통령은 되돌릴 수 없는 오점을 남기고, 자살을 택했다. 그의 개혁은 미완으로 끝난 것이다.

2. 이명박 정부

1) 정책운용 원리

이명박(李明博) 정부의 키워드는 '사유화(私有化)'[363]이다. 자신의 '기호'(말)가 곧

---

362) 조현철·장은교·박영흠, 2008. 12. 29; 특검팀은 이 당선인을 삼청각 한정식집에서 꼬리곰탕을 먹으며 3시간 동안 조사하고 수사를 마무리 지었다. 특검팀은 이후 '특검이 규명한 것은 삼청각 꼬리곰탕 가격(3만 2000원), 꼬리 하나 못 건진 수사'라는 비판을 받았다.

363) 「중앙일보」 사설은 「국가 원수의 권력 사유화..착잡한 MB 중형」이라고 전제하고, "재판장 정계선 부장판사는 TV 생중계된 선고 재판에서 16가지 공소사실 중 7~8가지를 유죄로 인정한 뒤 77세의 피고인에게 징역 15년에 벌금 130억 원을 선고했다. 자동차 부품회사 '다스'의 자금 횡령을 유죄로 인정하고 삼성그룹이 대납한 다스 미국 소송비와 이팔성 우리금융지주 회장에게서 받은 현금을 뇌물로 판단했다. 특히 2007년 대통령 후보 경선 때부터 제기된 '다스는 누구 것인가'라는 국민적 의혹에

국가의 정책이었다. 주관적 목적(subjektive Zwecke)을 객관화(Objektivierung)시키지 못함으로써, 처음부터 정부가 세운 '중도실용주의'가 난항을 겪었다. 그 대신 이명박 정부 이름도 사유화이다. 사적 소유의 강조는 부의 불평등을 심화시켰다. 모든 영역에서 가진 자는 더 가지게 되고, 빈자는 더욱 궁핍하게 되었다. 사회의 다양한 가치는 점점 자본과 권력에 의해 침식당했다.

6공화국 들어 지금까지 정치를 오래 한 사람도 자기 이름을 붙여 정부를 명하지는 않았다. 그러나 이명박 정부는 개인의 이름을 정부 이름으로 사용했다. 공적 체계의 의사결정이 개인의 판단력에 의존함으로써, 공정성·공공성·사회 정의·다양성 등 사회적 가치가 문젯거리로 등장했다.

언론, 경찰, 검찰, 법, 국회, 공정거래 위원회, 국세청, 감사원 등은 객관화, 공적 역할을 하는 기구이다. 이들 기구가 이명박 정부들 독립성을 유지할 수 없으니, 수없이 많은 사건들이 제대로 결론을 내지 못한 채 미제로 남았다. 한 사건이 일어나고, 다른 사건이 일어나고, 또 다른 사건이 일어난다. 끊임없이 일어나는 사건들이 숙제로 남았다. 설령 어떤 결론이 나도 공정성을 확보할 수 없으니, 문제를 발생시켰다. 정권 말기가 되니, 그 현실은 더욱 심각하게 국민들에게 다가온다.

집권 초기 정부에 대한 기대도 있었다. 최진(崔進) 대통령리더십연구소장은 취임 6개월을 기해, "'이 대통령 리더십은 강점과 약점이 극명하게 교차한다.'면서 '이 시대가 요구하는 경제리더십을 구현하는 데 적임의 자질을 갖고 있지만 국민이 원하는 안정성과 통합능력은 크게 부족하다.'라고 했다.(주용중, 2008. 08. 25.)

한편 「한겨레신문」 김기석 논설위원은 4년 차에 이명박 정부를 험하게 평가했다. 그의 칼럼은 "한 평가자는 소통부재 정권, 국민무시 정권, 복지혐오 정권, 밀어붙이기 정권, 고소영 정권, 민간독재 정권, 신관치정권, 삽질 정권, 안보무능 정권 … 이명박 정권을 일컫는 다양한 별칭이다. 당사자들로서는 억울한 점이 있겠

대해 '이 전 대통령이 실소유주'라는 첫 사법적 결론을 내렸다는 점이 눈에 띈다."라고 했다.(2018. 10. 06.)

지만, 모두 나름의 근거를 갖는 말이다. 하지만 이 모두를 합친 것보다 더 적절한 표현이 있다. '위험한 정권'이 그것이다.'라고 했다.(김지석, 2011. 01. 12.)

언론은 공정성을 담보로 성장하는 곳이다. 이명박 정부 들어 언론인 수난의 시대가 전개된 것이다. 이명박 정부 들어 언론인 징계 건수가 1980년 언론통폐합 이후 최대치를 기록한 것으로 나타났다.(이문영, 2010. 10. 11.) 즉, 최근 전국 언론노동조합이 집계한 '엠비(MB)정권 출범 이후 언론사 징계 현황'을 보면, "2008년부터 계속된 언론법 저지 투쟁과 방송사 낙하산 사장 반대 투쟁 과정에서 현재까지 모두 180명의 언론인이 징계를 받았다. 8명이 해고를 당했고, 각각 30명과 32명이 정직과 감봉처분을 받았다. 경고 근신과 출근정지는 각각 109명과 1명이었고, 재판중인 언론인만 61명이다."라고 했다.

공정성이 무너진 증거가 표출되었다. 또한 사유화의 증표는 권력과 자본의 결탁이 쉽게 이뤄진다. 이명박 정부에서의 결합(권력과 자본)은 몇 가지 특징을 보여준다.(장덕진, 2011. 01. 06.) 그 특징의 "하나는 그 결합이 매우 노골적이라는 것이고, 다른 하나는 그것이 적어도 정권의 쪽에서는 상당히 무의식적으로 일어난다는 점이다. … 자본은 의식적인데 권력은 무의식적이다. 자본은 권력으로부터 무엇을 얻어낼 것인지, 그 대가로 무엇을 제공할 것인지, 그리고 그러한 지원을 언제까지 어떤 조건 하에 계속할 것인지 분명하게 의식하고 있다."라고 했다.

사적 이익이 모든 사회영역을 지배한다. 사유화는 고정관념의 기득권의 보존으로 이전된다. 노무현 정부는 개혁을 '절제'로 가능하다고 봤는데 절제는 기득권 포기를 의미했다. 그런데 사유화는 절제는 뒤로 하고, 고정관념만 부추긴다. 이명박 정부가 고정관념만을 주장함으로써, 집권 3년이 지나도록 독자적인 정치논리를 바로 세우지 못했다는 것은 놀라운 일이다.

2011년 대통령 신년 연설에서조차 핵심은 또 다시 경제와 안보였다.(장덕진, 2011. 01. 06.) 같은 칼럼에서 장덕진(張德鎭) 서울대 사회학과 교수는 "공공의 영역에 존재해야 할 권력이 스스로의 위치를 찾지 못하고, 사익의 영역인 경제논리만 반복하는 것은 시민을 위해서나 스스로를 위해서나 재앙이다."라고 했다.

그렇다면 사유화의 고정관념을 타파시킬 이념이 있어야 한다. 이명박 정부는 뉴 라이트의 힘을 얻어 정권을 얻게 되었다. 뉴 라이트 구성원은 "2004년 중반 이후 중도 보수성향의 지식인들이 제3의 대안을 모색하는 운동으로서 '자유주의 연대'가 출범, 뉴 라이트 운동을 전개하기 시작했다."라고 한다.[364] 그들은 한국정치의 우익보수 선회를 상징했지만, 그 실체는 뉴 라이트란 명칭이 시사하듯, 절충형이다. 다시 말해 뭔가 다른 우익이었고 좀 모호한 보수이다.(홍준형, 2009. 08. 11.) 노무현 전 대통령 세력이 운동권 좌익이라면, 뉴 라이트는 운동권 우익이다.

'강부자'와 '고소영' 정부의 오명을 뒤집어쓰면서도 그 기조를 굽히지 않고, 운동권 논리로 정부를 운영했다. 운동권 논리의 '확증편향성' 논리가 짙게 작동하였다. 이것은 이명박 정부의 민생 캠페인을 벌이며 '중도실용'을 내세운 것과 같은 논리이다. 물론 그에게 필요한 명제는 중도실용과 친서민 정책에 대한 국민의 신뢰를 쌓는 일이었을 것이다.

중도실용주의가 갑자기 등장한 이유가 설명이 되었다. 이명박 정부 출범 이후 이 대통령은 낮은 지지율로 고민해야 했다. 특히 광우병 정국 이후 이명박 대통령은 10%대까지 지지율의 추락을 경험해야 했다. 하지만 중도실용정책을 표방하며 친서민 정책을 가시화하자 상황은 변화하기 시작했다.(신율, 2010: 70) 예를 들어 대학생들의 학자금 대출 상환기간을 25년으로 대폭 늘리고, 서민들을 위한 대출기관인 미소금융 설립 등 친서민 행보가 본격화되자 이명박 대통령의 지지율은 40%를 훌쩍 넘어 50%대까지 다다르게 된 것이다.

국가의 이익이 개인으로 흘러들었다. 돈으로 정부는 친서민 정책을 편 것이고, '퍼주기' 정책을 고수했다. 더욱이 한 칼럼은 "이 대통령의 실용주의는 "경험을 앞세운 실용주의가 '일사분란'과 결합하면 '잘못된 만남'이 된다. 지도자가 그렇게 하면 전횡이 된다. 제 시각만 강요해 자신의 복사판만 양산한다."라고 했다.(여

---

364) 정대수, 상게서: 322; 뉴 라이트 구성원은 "80년대 주사파로 지칭되는 사회주의 성향 운동권에 몸담았다가 변신한 지식인들이 중심이되, 그들은 북한민주화네트워크, 뉴라이트 싱크넷, 교과서 포럼, 자유주의교육운동연합 등과 뉴라이트 네트워크를 형성, '연대'조직으로서 활동 폭을 넓히게 된다. 2006년 4월 26일 뉴라이트운동의 싱크탱크로서 뉴라이트 재단을 설립, 서울대 명예교수이며 1980년대 운동권의 이론적 대부이자 좌파 경제학자였다가 시장경제학자로 변신, 안병직 이사장을 맡아 주도하게 되었다."라고 했다

현호, 2008. 03. 14.) 그의 실용주의, 친서민 정책에 절제가 있었던 정책이 아니었다. 이 과정에서 국민들은 이명박 가치관의 혼란을 경험하게 되었다. 이 시대는 지식인의 독서 성향을 대변했다.

당시 국민들은 '정의(正義) 신드롬'[365]에 심취했다. 한국인들이 왜 갑자기 '정의'에 관심을 갖는가. 샌델 교수는 "지난 수십 년간 경제학이 순수 정치학을 밀어냈기 때문이다. 그동안 경제적 관심과 추구, 집착이 삶의 중심에 있었다. 그 덕분에 많은 성과를 내서 물질적으로 부유해졌고, 번영을 가져왔다. 하지만 경제적 집착은 도덕과 윤리에 대한 민주주의적 성찰을 몰아내는 예상하지 못했던 결과를 초래했다."라고 했다.(박종세, 2010. 12. 31.)

동 인터뷰는 "사회적 통합, 안보, 평등, 커뮤니티와 개인의 권리에 대한 존중 등은 고귀한 사회, 정의로운 사회에 매우 필요한 가치들이다. 하지만 시장 중심사회는 너무 개인적 소비주의에 집착하기 때문에 이와 같은 가치들을 훼손할 수 있다."라고 했다.

그 책의 형식으로 "샌델은 학생들이 흥미를 느낄 만한 도덕적 딜레마를 던진 후에, 학생들의 반응에 따라 계속 질문을 던진다."라고 했다.(김현, 2011. 02. 19.) 인터넷 발달로 정보는 많아졌지만, 네티즌은 표피적 정보로 창의성과 자기 성찰의 기회를 박탈당한 데 대한 보상심리가 작동한 것이다.

2) 언론정책 방향과 그 실천

언론정책에도 혼선이 예상되었다. 대통령 인수위는 이명박 정부의 각종 규제를 최대한 줄이면서 자율성을 늘려가는 방향으로 미디어환경이 바뀌어야 한다고 강조해왔고, 당선 후 대통령 인수위는 이명박 정부의 국정철학인 실용주의와 규제

---

365) 마이클 샌델(Michael J. Sandel) 하버드대 교수의 『정의란 무엇인가(Justice)』가 60만부가 팔렸고, 2010년 여름 그가 방한했을 때 딱딱한 철학강의가 한꺼번에 4500명이 몰렸다. 그는 「조선일보」 박종세 특파원과 인터뷰에서 "한국 사회가 시장중심주의에 경도됐음을 지적하며, '한국사회는 시장이 답을 주지 못하는 정의의 문제에 대해 깊이 토론해야 한다'고 말했다.(박종세, 2010. 12: 31)

완화, 시장경쟁을 바탕으로 미디어 산업을 활성화해 나가야 된다는 언론정책의 주요 골자를 제출하였다.(윤창빈, 2008. 03. 26.)

이명박 정부는 인수위에서 '미디어 구상'을 발표했다. 그 내용은 ①위헌 조항이 있는 신문법 대체 입법→'시장점유율 60% 넘는 3개사 독점규제', ②신문·방송 겸영(兼營) 허용→아직 구체적 기준 나오지 않았지만 올해 안에 대안 마련, ③1공영 다(多) 민영 방송체제→KBS 분리, MBC 단계적 민영화 검토 위한 논의 필요, ④21세기 미디어 위원회 운영→방송·통신 융합, 포털 규제 등에 일관성 있는 정책 추진 등이었다.(김봉기, 2008. 01. 08.)

미디어 정책들을 공정성의 관점에서 자세히 보자. 이명박 정부는 "신문·방송 겸영 금지가 2006년 6월 헌법재판소에서 합헌으로 결론 났지만, 새로운 언론환경 변화에 대응하지 못한다는 지적을 했다. 그 해결책으로 이 당선자는 매체 간 교차 소유는 기본적으로 허용해야 한다. 방송과 통신이 융합하는 것처럼 신문과 방송을 구분한다는 것 자체가 무의미하다면서 이를 고치겠다는 입장이다."라고 했다.(김봉기, 2008. 01. 08.)

또한 이어 "문화부가 신문지원의 효율성을 위해 기존 신문유통원, 신문발전위원회, 언론재단 등을 통합해서 운영하는 내용도 포함했다."라고 했다.

한편 기자실 폐지 문제가 논의되었다. 노무현 정부는 전술했듯, 기자들의 취재원 접근을 막기 위해 정부 부처 기자실 폐쇄를 자행했다. 노무현 임기 말에 세금 60억 원을 들여 브리핑룸을 통폐합하고 기자들의 출입을 제지할 방향을 강조하면서, '취재지원시스템 선진화' 정책을 펴왔다.

이명박 대통령과 한나라당은 대선 당시 "정권을 잡으면 가장 먼저 언론 브리핑룸을 복원하고 취재 자유를 보장하겠다고 약속했고, 새 정부는 계속 '프레스 프렌들리(언론 친화)' 방침을 믿어 달라."라고 말했다.(사설, 2008. 03. 07.)

그는 그 이유를 설명했다. 2007년 5월 31일 언론과의 우호적 관계를 강조했다. 이 대통령은 "어떤 사항을 결심할 때 언론인들의 얘기가 도움이 많이 된다. 언론과 긍정적 관계가 형성이 된다면 국정에 도움이 된다고 보고 대체로 언론 보도를 긍정적으로 생각한다."고 말했다.(윤창빈, 2008. 03.)

또한 이명박 대통령 후보는 "정부가 기자실을 폐쇄하고 있다. 권력이 아무리 대못을 박아도 언론의 문을 닫지는 못한다."라고 했다.('관훈토론회', 2007. 11. 05.) 그는 이런 언론자유 강화 논조를 계속했다.

그는 "대한민국 언론이 정부를 견제하면서 중요한 사회적 기능을 하고 있다고 본다. 최근 노무현 정권이 기자실을 폐쇄한 것은 부정적인 개인적 언론관 때문인 것으로 본다. 무슨 정권이 언론에 대한 간섭을 하느냐, 신문법도 몇 가지 조항은 바꿔야 한다고 본다."라고 했다.(「조선일보」 대선 인터뷰, 2007. 12. 07.) 한편 이 당선자는 "언론이 두렵다고 대못을 박지는 않겠다. (언론의 자유를 제약하는) 전봇대를 모두 뽑을 것."이라고 했다.('방우영 「조선일보」 명예회장 출판기념회', 2008년 1월 22일)

이명박 대통령은 밀턴(John Milton, 1608~74)이 말한, '정보의 자유시장', '자유 검증원리', '공정성의 파수꾼' 등에 충실한 시장론자 같았다. 그는 노무현 정부의 기득권 파괴를 통한, 개혁성향까지 비판했다. 그러나 이 대통령은 말과 실제가 달랐다. 취재시스템은 기득권을 옹호하고, 사유화를 부추길 수 있는 과거 정책을 답습하는 수준이었다. 즉, 대통령 후보 시절 노무현 정부의 언론 통제를 강력 비판했던 '이명박 사람들'도 새 정부 출범 후 개방형 브리핑제를 답습했다.

정부는 '국정홍보처를 폐지'[366]하였으나, 대변인제를 강화했다. 그리고 쇠고기 파동 이후 2008년 6월 25일 대통령실에 '국민과의 소통 강화'를 위해 정무와 홍보 기능을 대폭 강화한 직제개편을 단행했다.(염영남, 2008. 06. 25.) 정부는 홍보기획관을 신설하고, 박형준 전 의원을 기획관으로 내정했다. 홍보기획관 밑에 홍보 1, 홍보 2, 연설기록, 국민소통 비서관 등을 두었다.

한편 정부는 갈수록 언론자유를 제약시켰다. 이명박 정부는 청와대 직원과 기

---

366) 홍보처(김영삼 정부 공보처 1998년 2월 폐지)는 김대중 정부 시절인 1999년 5월 3국 규모로 출발했지만 노무현 정부에서 취재통제 조치에 앞장서며 1실·4단·20개 팀으로 몸집을 불렸다.(안용현, 2008. 02. 29.) 그러나 홍보처 폐지 등을 담은 정부조직법 개정안이 2008년 2월 29일 관보에 실려 홍보처는 역사 속으로 사라지고, 문화체육관광부의 1개 국(局)으로 축소하게 되었다. 직원은 364명에서 100여명 정도가 될 전망이었다.

자 간에 연결을 차단했다. 청와대에서 모든 직원에게 '함구령'이 내려졌다.(박민혁, 2008. 12. 03.) 이어 청와대는 "전 직원에 대한 출신 분석, 각 수석비서관실이 추진하고 있는 업무 등 대외비 사안들이 수사로 언론에 보도되면서 청와대에 '보안비상'이 걸린 상황이다."라고 했다.

청와대는 기자들과 식사뿐 아니라, 전화도 하지 못하게 했다. 만약 기자를 만날 경우에 직원이 사전에 보고하도록 한 것이다. 한쪽은 막아놓고 일방적으로 정권 홍보에만 열을 올렸다.(성기철, 2009. 11. 04.) 비서동은 여전히 기자 접근금지 구역이었다. 비서동에서 무슨 일이 벌어지는지 기자들은 까맣게 모르고 있다고 보면 되었다.

노무현 정권에서 이뤄진 일을 이명박 정부가 받아 처리할 수 있게 되었다. 취재 시스템 변경에는 소극적이었지만, 뉴 라이트 및 큰 신문사는 정부가 제기한 일에는 앞장섰다. 정부는 신문법 개정에 앞장섰다. 18대 정기국회에서 논의될 신문법 개정 쟁점은 포털 관련 조항을 제외하면 세 가지로 요약된다.(천원주, 2008. 10. 18.)

우선 헌법 재판소가 2006년 6월 위헌 결정을 내린 바 있는 신문법 제17조 '시장 지배적 사업자' 조항과 제34조 2항의 '기금지원 대상 자격' 조항이다. 두 번째는 가장 뜨거운 감자가 되고 있는 일간신문의 방송진출을 금지한 신문법 15조 2항의 폐지 여부이다. 마지막으로 신문지원기구의 통폐합 문제가 언론계의 관심거리가 되고 있다.

노무현 신문법으로 설립된 신문유통원, 한국언론재단, 신문발전위원회 등에 개혁을 시도했다. 신문법 개정으로 이들 3개 언론지원기관이 해산되게 됨에 따른 한국언론진흥재단 설립준비가 되다.

즉, 개정 신문법 29조(2010년 1월 25일 법률 제9974)에 "신문 및 인터넷신문의 건전한 발전과 읽기 문화 확산 및 신문산업 진흥을 위하여 한국언론진흥재단을 둔다."라고 했다. 동 법에 따라 이 기관은 설립되는 준정부 기관이고, 대상 업무는 ①언론산업 진흥, ②신문발행, 유통, ③한국 언론매체 해외진출 및 국제교류 지원, ④언론진흥기금 조성과 관리 운용, ⑤언론산업 진흥 등을 위한 조사 연구 교육 연수, ⑥문화부 장관이 위탁하는 사업 등이다.(「한국언론진흥재단, 설립 준비 순향」, 2009. 12.)

이명박 정부 모든 기관이 그렇듯, 한국언론진흥재단 인사의 공정성이 문제가 되었다. 즉, 2010년 2월 1일 공식 출범하는 이 재단이 친정부 인사 위주의 편향인사와, 언론에 대해 직접 지원 대신 간접 지원을 하겠다며 지원방식의 수정을 일방적으로 밝히면서 논란이 일었다.[367]

또한 이 재단에서 지원하는 정부광고도 자신의 코드가 맞는 신문사에 집중적으로 지원했다. 2010년 9월 28일 국회 문화체육관광 방송통신위원회 소속 최문순(崔文洵) 민주당 의원이 한국언론진흥재단(이사장 이성준)에게 제출받은 '정부부처 언론사광고 현황'에 따르면 2010년 1월부터 8월 현재 전국단위 종합일간지 중 정부광고 수주액이 가장 많은 언론사는 「동아일보」로 나타났다.[368]

한편 공배제가 기본취지에 맞지 않아 위기를 맞이했다. 본래 공배제 첫 논의 때는 농어촌 등 오지에서 제 기능을 발휘할 것으로 기대했다. 그러나 한계지역은 배달 부수가 적어 신청 지국도 없고 효율성이 떨어진다는 점 때문에 정작 실행은 수도권 중심으로 집중되었다. 또 '공배 품질의 제고'보다는 '센터 숫자 늘리기'라는 실적주의에 사로잡혔었다.

한국언론진흥재단이 2010년 7월부터 꾸려온 신문유통사업 테스크 포스(TF)는 최근 정부 직접 지원의 현행 신문공동배달제도를 잠정 중단하고, 신문사 주도의 대안협의체 구성을 제안하는 최종보고서를 채택한 것으로 확인됐다.(문현숙,

---

367) 박창섭, 「언론진흥재단 '보수인사' 전면 포진」, 2010년 1월 6일; 시민 언론단체들은 언론진흥재단의 독립성 확보를 통해 공정하고 실질적인 언론 지원 사업을 진행해야 한다고 목소리를 높이고 있다. 언론진흥재단은 이사장과 상임이사(본부장) 3명, 그리고 비상임 이사 5명 등 모두 9명으로 구성되는 이사회가 운영 주체이다. 현재까지 사업본부장을 맡게 될 상임이사 1명을 뺀 8명이 확정됐는데, 친정부 인사 일색이다. 먼저 이성준 이사장은 2007년 한나라당 대선후보 경선과 대선 때 이명박 후보의 언론위원회 본부장 겸 특보단장을 맡았고, 최근까지 대통령 언론문화특별보좌관을 맡아온 전형적인 '엠비(MB)맨'이다.

368) 김원정·류정민, 2010. 09. 29; 동아는 3억 5500만 원의 정부광고를 받아, 2~3위권과의 격차를 더욱 벌렸다. 올해 2위는 「조선일보」로 2억 3000만 원, 「중앙일보」는 1억 8500만 원으로 3위로 나타났다. 지난해는 동아, 조선, 중앙 순으로 3억 9100만원~3억 7800만 어치의 정부광고를 수주했다. 올해 「동아일보」 쏠림현상이 더 심화되었다.

2010. 11. 17.) 2010년까지 5년간 유통원에 들어간 국고 지원금은 총 832억원이었다. 공배센터는 직영센터 22곳을 포함해 민영센터, 소형공배센터 등 모두 700여 개에 달했다. 정부는 큰 신문사들이 원하는 공배제 폐지를 강력하게 밀고 간 것이다.

3) MB 기호의 제국

정부는 자신이 하고 싶은 일만 선택하고, 홍보했다. 확증편향성이 농후했다. 정책과 인사에서 사적 코드가 크게 작동한 것이다. 이명박 정부를 'MB의 기호의 제국'이라고 했다.[369] 2010년 8·15 경축사에서 '공정한 사회'는 기호(sign)가 지시하는 내용이 없다. 즉, 이 대통령은 '공정한 사회는 출발과 과정에서 공평한 기회를 주되 결과에 책임지는 사회다'라고 연설하며 한국 사회에 '공정한 사회'라는 화두를 던졌다.

이 대통령은 "'공정한 사회야말로 대한민국 선진화의 윤리적 실천적 인프라'라며 '저는 앞으로 우리 사회 모든 영역에서 공정한 사회라는 원칙이 확고히 준수될 수 있도록 최선을 다하겠다.'"라고 밝혔다.(황준범, 2010년 겨울 17~23) 즉, '공정한 기회와 결과에 대한 책임', '큰 기업과 작은 기업이 상생하고, 서민과 약자가 불이익당하지 않는 사회'였다.

이 대통령은 공정한 사회를 말하고 있다. 그러나 현실은 공정사회와는 달리 움직인다. 원래 말의 의미는 사전적으로 전달되는 것이 아니라 말하는 사람과 듣는 사람의 관계에 의해 정해진다. 그렇지 않을 때, 사람들은 분노 이전에 기존 인식 구조가 붕괴되는 공황 상태를 맞게 된다.(정희진, 2010. 08. 24.)

이명박 대통령은 출범 초기인 2008년 '섬김의 리더십', '머슴론'을 내세웠다.

---

369) 정희진, 「MB의 기호의 제국」, 「한겨레신문」, 2010년 8월 24일; 정희진 『페미니즘의 도전』 저자는 '녹색 성장'이 후세를 위해 자원을 남겨두는 지속가능성(sustainable)인데, 정부는 산, 강, 집의 파괴를 녹색 성장이라고 주장해 왔다. … 정부의 언어는 그에 해당하는 의미가 없다. 그래서 언어를 통제하는 것이 아니라 국민 스스로 침묵하도록 만든다. 그야말로, 기호만의 제국을 건설하려는 것이다.

그는 3·1절 기념식 등에서 단상을 없애는 등 '격식 파괴'를 선보이며 실용, 실천, 현장, 변화를 역설했다. 하지만 실제 국정운영에 나타난 것은 공권력과 행정력을 앞세운 '통치'와 '이명박식 법치'였다. 기호론의 관점에서 머물고 만 것이다.

말하자면, 이명박 정부에서 쪽방투기, 위장 전입, 병역 비리, 탈세, 위조와 표절이 일상인 사람들이 공정함을 부르짖을 때, 이 '공정한 사람들'[370]로 인한 피해자(국민)의 판단은 정지되고 언어는 증발한다.

또한 이 대통령의 이번 기자회견은 '하고 싶은 말'만 하려는 청와대의 일방 통행식 홍보 의식이 드러난 대표적 사례다. 청와대는 2008년 10월 23일부터 7시부터 한국방송 라디오에 8분 30초 동안 '안녕하십니까? 대통령입니다.'라는 국정 연설을 시작했다. 청와대는 방송사와는 아무런 협의도 하지 않은 채 혼자 결정해 통보했다.(「사설」, 2008. 10. 23.)

또한 청와대는 2009년 9월 기자회견을 주요 20개국(G20) 정상화의 한국 개최에 초점을 맞추고, 이를 흐릴 수 있는 기타 현안 질문에는 극도로 거부감을 보였다. 이 대통령의 기자회견 기피증이 지나친 것 같았다.

2009년에 이어 2010년에도 '기자회견'[371]이 아닌, '연설'을 택했다. 이 대통령은 1월 4일 청와대 본관에서 수석비서관들이 배석한 가운데 생중계로 20분에 걸쳐 연설문을 읽었다. … 그러나 이를 두고 이 대통령의 기자회견 기피증이 지나친 것 아니냐는 지적이 나온다. … 우상호 민주당 대변인은 "국민의 궁금증을 풀어주는 게 목적이 아니라 내가 하고자 하는 것은 이것이라고 발표하는 것으로, 이 대통령의 오만과 독선적인 태도가 고스란히 드러난다."라고 말했다.(황준범, 2010. 01. 05.)

---

370) '공정한 사람들'은 '공정사회' 불씨 살리기에 나섰다.(박영환, 「공정사회 불씨 살리기 이 대통령 뜻대로 될까」, 「경향신문」, 2011년 2월 18일; 이 대통령은 2월 17일 청와대에서 제1차 공정사회추진회의를 직접 주재했다. … 정부는 이날 회의에서 병역, 납세, 교육, 근로 등 국민의 4대 의무 등과 관련한 '공정한 사회 구현을 위한 정부 계제'를 제시했다.

371) 이명박 대통령이 취임 뒤 기자회견을 한 것은 쇠고기 촛불시위 때인 2008년 5월과 6월, 2009년 9월 주요 20개국(G20) 정상회의 유치 때 등 세 차례뿐이다.(황준범, 2010. 01. 05.)

2011년 2월 1일 설 연휴를 앞두고 '신년 방송좌담회'(3개 방송 동시 중계)에서도 같은 차원이었다. 정부의 대(對)국민 소통을 강조하면서도 정작 이명박 대통령 자신은 재임 3년 동안 기자회견다운 회견을 별로 하지 않았다.(「사설」, 2011. 01. 31.) 즉, 기자회견이란 행사는 20여 차례 있었지만 홍보성 정책으로 한정되거나 정상회담 결과를 '놓고 몇 마디' 답변하는 것으로 그쳤다.

이명박 정부는 기자회견의 '원천봉쇄' 선호는 집회나 시위에만 국한되는 게 아닌 듯싶다. 대통령 기자회견 장에서까지 원천봉쇄가 난무하니 말이다.(「사설」, 2009. 10. 02.) 예를 들면, 엊그제(2009년 9월 31일) 이명박 대통령의 기자회견에 앞서 기자들에게 최근 정국의 최대 현안으로 떠오른 세종시 문제(이전)에 대해서는 질문을 하지 말 것을 요청했다고 했다.

그러나 개헌에 대한 자신의 뜻은 집요했다. 2011년 2월 1일 방송 좌담회에서 이 대통령은 "이 다음 (누가) 대통령이 되더라도 시대에 맞지 않기 때문에 (개헌은) 해야 한다."고 했다.(권대열·정시행, 2011. 02. 02.)

물론 이명박 정부에게도 일방적 홍보를 강화시킨 이유가 있었다. 정부는 2008년은 조각(組閣) 인사파동과 광우병 촛불사태, 2009년은 '용산참사'[372]·세계경제 위기, 2010년은 세종시 파동과 천안함·연평도사태로 많은 에너지를 소진해야 했다.

더욱이 정부가 정상궤도에 진입할 때, 미국발 금융위기가 닥쳤다. 월스트리트 투자은행 리먼 브라더스(Lehman Brothers)가 2008년 9월 15일 파산되었다. 2008년 12월 초 이명박 대통령은 경제위기에 대처하기 위해 속도전을 단행했다. 재정

---

372) 용산 참사는 2009년 1월 20일 용산구 남일당 건물 상인들이 건물 재개발 철거에 저항하자 대테러 업무 전담 경찰특공대를 투입했다.(손준현, 2011. 01. 12.) 당시 '살인진압'의 책임자 김석기 당시 서울경찰청장은 경찰청장후보로 지명된 직후였다. 사망한 철거민 이상림, 양회성, 한대성, 이성수, 윤용헌 씨 시신은 355일 동안 병원 냉동고에 보관되었다. 그 후 경기도 마석 모란공원에 안장되었다. 서울중앙 지방법원은 '용산참사' 재판에서 농성자들에 대해 징역 8년에서 5년에 이르는 무거운 형을 구형했다. 농성자들이 시너지를 뿌리고 화염병을 던진 것이 경찰관들을 다치거나 숨지게 한 화재의 직접 원인이라는 이유다. 민간과 국립과학수사연구소의 전문가들은 발화 지점이나 발화 원인은 단정할 수 없다고 밝혔다.(「사설」, 2009. 10. 22.) 오히려 인화성 물질의 유증기가 가득 차 있던 상태에선 발전기나 경찰의 전기절단기 등이 발화 원인일 가능성이 더 크다고 했다.

조기 집행 등 어느 정도 성과도 나타났다.(고기정·차지완·박민혁, 2009. 4. 18.)

정부는 주요 20개국(G20) 서울 정상회의를 개최했다. 그 의제는 "환율 전쟁을 방지하고 경상수지 가이드라인을 정하는 게 과제다."라고 했다.(사설, 2010. 11. 12.) 2010년 10월 말 "G20 재무장관과 중앙은행 총재들이 '경주 합의'로 '시장결정적 환율제도 이행'과 '경쟁적인 통화절하 자제'를 결정하고, 그 해법을 서울 정상회의에서 확인한 것이다.

정부는 G20 서울회의 개최(2010년 11월 11~12일)로 한국 외교의 지평을 넓혔다. 그 회의는 '재정건전화를 포함해 지속적인 경기회복과 지속가능한 성장 도움이 되는 거시 정책을 수행했다.'라는 G20 정상회의 선언문을 내놓았다.

정부는 G20 의장국으로 국제적 위상을 올렸으나, 정부의 고질병도 갖고 있었다. 정부 정책의 속도전은 현 정부의 국정 스타일로 각인돼왔다. 그런 관행은 사회 곳곳에서 '저속', '과속', '차선 위반' 등이 벌어졌다. 당·정·청 소통이 부재하게 되고, '속도 피로감'이 정권을 엄습한 것이다. 국정의 관심이 불을 끄는 데 관심이 집중되었다. 정부는 그 위기 현실을 미네르바에 돌리게 되었고, "'인터넷 논객 미네르바'[373]가 올린 글 때문에 지난해 외환보유액이 20억 달러 이상 추가 소진됐다."라고 발표했다. 그리고 미네르바에게 '공익을 해할 목적'으로 허위사실을 유포한 혐의로 씌워 검찰이 그를 구속했다. 검찰의 계산이다. 쉽게 말해 미네르바

---

373) 인터넷 논객 미네르바 사건은 표현의 자유에 대한 논쟁이 불거진 사건이었다. 헌법재판소는 2010년 12월 28일 '미네르바 박지성 씨'가 낸 헌법소원 소송에서 '전기통신법'의 위헌을 결정했다. 즉, 헌재는 인터넷이나 휴대전화 등으로 허위사실을 유포하면 처벌하도록 한 전기 통신기본법 조항이 위헌이라는 헌법재판소 결정을 냈고, 또한 수사기관의 감청영장을 무제한 연장할 수 있도록 한 통신비밀보호법 조항에 대해서도 헌법불합치 결정을 했다. 헌법재판소가 '공익을 해칠 목적으로 허위의 통신을 한 경우 처벌하도록 규정한 전기통신기본법 47조 1항에 대해 위헌 결정을 한 것.'이다. 헌재는 이 조항이 헌법상 표현의 자유 등을 침해한다며 인터넷 논객 '미네르바' 박대성 씨 등이 낸 헌법소원 사건에서 재판관 7(위헌)대 2(합헌)의견으로 위헌 결정을 선고했다.(이범준, 2010. 12. 29.)
한편 헌법재판소가 인터넷 유언비어 처벌의 근거가 돼 온 전기통신법 조항을 위헌이라고 결정한 이후 대체(代替) 입법 마련을 놓고 논란이 벌어지고 있다.(김철웅, 2009. 01. 13.) 헌재는 '공익을 해칠 목적으로 허위의 통신을 하면 처벌한다'는 이 조항이 공익(公益)의 뜻이 모호해 위헌이라고 결정했다.(사설, 2010. 12. 31.) 그동안 정부와 정치권이 국익(國益)이나 공익 같은 말을 앞세워 국민의 기본권을 제하는 법을 양산해 온 것이다.

때문에 정부가 환율방어를 위해 안 써도 될 20억 달러(약 2조 700억원)를 몇일새 탕진해야 했다는 것이다.(사설, 2010. 12. 31.) 미네르바 구속을 계기로 새롭게 조명 받게 된 용어가 '환율조작', '환율개입'이었다. 정부가 자본시장에 직접 개입한 것이고, 정부의 일방적 정책이 계속되었다.

한편 권위주의 정부의 '졸속 협상'으로 미국산 쇠고기 수입 재개 결정이 내려졌다. 캠프 데이비드 골프회동 후 즉석에서 허락한 것이 화근이 되었다.

인터넷을 통해 10대들은 청계천 광장에서 열린 집회에 참여했다. 2008년 5월 16일 "미국산 쇠고기 수입반대 촛불문화제에 참석하여, 정부는 미국과의 전면 재협상을 요구했다."(박수정·오동근, 2008. 05. 17.) 시위 참가 시민들은 "디지털 카메라와 캠코더, 노트북, 와이브로(wibro)와 같은 무선 인터넷을 통해 전 세계에 실시간으로 방송되고, 해외에서도 촛불집회가 열리는 계기가 됐다."(공동기획취재팀, 2008. 07. 31.)

또한 방송은 촛불시위에 불을 붙였다. MBC 〈PD 수첩〉은 그 직후인 2008년 4월 29일 「긴급취재! 미국산 쇠고기, 과연 광우병에서 안전한가」[374]라는 제목으로 정부 결정의 문제점과 광우병 위험성을 지적하는 내용을 방송했고, 이후 촛불시위가 석 달 넘게 지속되는 등 쇠고기 수입 반대 여론이 높아졌다.

당시 검찰 수사 일지에서 2008년 4월 18일 한미 쇠고기 수입협상이 타결되고,

---

374) 인간광우병의 아레사 빈슨(Aretha Vinson)의 크로이츠펠트야콥병(CJD)은 변종크로이츠펠트야콥병(variant vCJD, 인간 광우병)과는 달랐다. 빈슨의 어머니가 PD수첩과 인터뷰에서 '내 딸이 CJD로 사망했다.'라고 했다. … PD수첩은 오프닝에서 도축장에 도착해 '일어나지 못하는 소(Downer)'들을 모두 광우병 의심소라고 단정적으로 보도했다.(이창섭, 2009. 02, 143~144) 제작진과 통화 직후 PD수첩의 오류들을 지적한 기사를 작성했다. 영상 원본(PD수첩이 촬영한 것이 아니라 미국 동물보호단체가 촬영해 인터넷에 올려둔 것이어서 손쉽게 인터넷을 통해 구할 수 있었다. 희대의 가짜뉴스답게, 직접 취재한 것과 자료도 구분하지 않았다)과 PD수첩이 직접 촬영하거나 가공한 영상을 대조하면서 오류를 부각한 내용이었다. 이 기사는 김보슬과 조능희의 육성도 다 들어간 리포트였다. 그러나 우여곡절 끝에 연합뉴스에서는 보도되지 않았다. 연합뉴스의 편집책임자가 MBC와 싸울 수 없다며 송고를 반대했다. 광기 어린 촛불이 광화문을 뒤덮고 있어서 연합에도 공포 분위기가 있었다. 진실을 알려야 한다고 완강히 저항했지만 결국 경영진의 주장을 받아들이기로 했다.(이창섭, 연합뉴스 뉴미디어국 영상제작부장이 직접 보낸 카톡 내용, 2022. 02. 24.)

5~6월 '광우병 괴담'[375]이 퍼지며 전국 대규모 촛불시위로 국정은 몸살을 앓았다. 검찰은 MBC 〈PD수첩〉에서 '광우병 왜곡' 보도로 결론을 내린 것이다.(염강수, 2009. 06. 19.)

검찰은 2008년 4월 피디수첩의 광우병 보도 뒤 특별전담수사팀을 꾸려 피디수첩 압박에 나섰지만, 코드에 맞는 대법관을 임명했다. 신영철(申暎澈) 대법관은 '촛불재판'에서 이메일, 개별 재판부 접촉을 시도한 것이 화근이 되었다. 즉, 신 대법관이 2008년 7~11월 서울중앙지법 형사 단독 판사 10여 명에게 여섯 통의 e-메일에는 촛불시위 관련 재판에 대한 법원장의 요구 사항이 적혀 있었다.(김승현, 2009. 03. 06.)

또한 신 대법관의 개입 파문을 수습하기 위해 2009년 4월 20일 '전국법관회의에서 신대법관의 행위가 재판의 독립을 침해했다는 의견이 다수를 이뤘던 것'으로 밝혀졌다.[376]

주임 검사(임수빈 부장 사표 제출, 2009년 1월 7일)가 사임하는 등 내부에서도 무리

---

375) 이영순 서울대 수의대 명예교수는 「조선일보」 박돈규 기자와 인터뷰를 했다. 동 인터뷰는 "미국산 쇠고기는 괴담으로부터 명예를 회복했다. 지난해 국내 수입 쇠고기 시장에서 호주산을 제치고 14년 만에 1위(수입량 17만 7445t)를 탈환했다. 한·미 FTA에 따른 관세율 인하로 싸졌고 안전에 대한 우려도 없어진 덕이다. 광우병은 신종플루나 메르스에 비하면 잘 통제돼 있고 훨씬 덜 위험하다."라고 했다.(박돈규, 2018. 04. 07.) 이 교수는 "광우병은 원인이 밝혀졌기 때문에 곧 소멸될 질병이라고 제가 그랬지요. 학자적 양심을 걸고 한 말입니다."라고 평가를 했다(동면). 박 기자는 "이영순(74) 서울대 수의대 명예교수는 10년 전으로 돌아간 표정이었다. 미국산 쇠고기 수입반대 촛불 시위가 한창일 때 그는 '미국 쇠고기 먹어도 광우병에 안 걸린다.'고 했다가 '관변 학자'라는 조롱을 들었다. 지난달 27일 서울대에서 만난 이 교수는 '통계가 증명하듯이 광우병은 사실상 사라졌다'며 '(학자든 연예인이든 언론인이든 광우병 공포를 확대 재생산했다가 잘못을 늦게라도 시인하고 사과한 사람은 없다시피 하다'고 했다."라고 했다. 오히려 〈PD 수첩〉의 당시 담당 최승호 PD는 2017년 12월 8일 MBC 사장으로 취임했다. 그 이유로 촛불 세력은 크게 위축되지 않은 상태에서 이명박 정권 때를 거쳐 2017년 3월 10일 박근혜 대통령 탄핵을 주도할 수 있었다. 탄핵 결과로 최승호 신임사장이 취임된 것이다.

376) 대법원은 지난 20~21일 충남 천안시 상록리조트에서 신 대법관 사태의 원인과 해결책 등을 논의하기 위해 6년 만에 '전국 법관 워크숍'을 열었다.(박현철, 2009. 04. 28.) 전국 법관 워크숍 논의의 결과에서 "상당수의 참석자들이 신 대법관의 행위가 재판 독립을 침해했거나 부적절한 것으로 보인다는 취지의 의견을 개진했다"고 밝혔다. 많은 판사들이 신 대법관의 '이메일 발송'이나 개별 재판부 접촉 등의 행위가 재판의 독립을 침해했거나 부적절한 것이라고 지적했다는 것이다.

한 수사라는 지적이 적지 않았다.(사설, 2010. 01. 21.) 결국 광우병 보도와 관련해 명예훼손 등 혐의로 기소된 MBC 조능희 PD 등 PD수첩 제작진 5명이 모두 무죄 판결을 받았다.[377]

국정은 한나라당의 전횡으로 비춰졌다. 2008년 12월 18일 오후 국회 외교통상통일위원회(위원장 박진)는 한나라당 의원들만 참석한 가운데 전체회의를 열어 한·미 자유무역협정(FTA) 비준동의안을 상정했다. 한나라당은 미리 책상과 소파 등 집기를 이용, 출입문을 통제해 진입에 실패했다.(이가영, 2008. 12. 19.)

야당 측은 회의장 문을 부수기 위해 해머와 노루발(일명 빠루)·전기톱 등의 장비를 동원했으며, 이 과정에서 격렬한 몸싸움이 벌어지는 등 물리적 충돌 사태가 빚어졌다. 민주당 측이 물대포를 쏘자 한나라당 측이 소화기로 응사하는 등 회의장 주변은 전쟁터를 방불케 하는 아수라장이 되었다.

국회가 행정부를 견제하는 것도 아니었다. 연말예산 국회가 계속 비정상적으로 운영되었다. 한나라당 예결특위위원인 조해진 의원이 쏟아낸 지적들은 자신을 포함한 예결위원의 70~80%가 예산서를 제대로 읽지 못하는 초선으로 경험과 전문성이 부족해 예산심의가 수박 겉핥기식으로 이뤄진다고 고백했다.(사설, 2008. 12. 05.) 18대 국회 의석수는 전체 299명에서 한나라당 170석으로 다수를 차

---

377) 서울중앙지법 형사 13단독 문성관 판사는 20일 미국산 쇠고기의 광우병 위험을 과장, 왜곡 보도해 정운천 전 농림수산식품무부 장관과 민동석 외교통상부단장(전 한미 FTA쇠고기협상 수석대표)의 명예를 훼손하고 미국산 쇠고기 수입업체들의 업무를 방해한 혐의로 불구속 기소된 이춘근 MBC PD 외 5명에 대해 전원 무죄를 선고했다. 재판부는 판결문에서 'PD수첩이 주저앉는 소(다우너 소)를 '광우병 의심소'로, 아레사 빈슨을 인간광우병(vCJD 의심환자)으로 표현한 부분 등은 전후 사정을 감안할 때 허위보도라고 볼 수 없다'고 밝혔다.(박진석, 2010. 01. 20.) 판결 내용을 자세히 보면 PD수첩의 미국산 쇠고기 광우병 위험 보도에 대한 항소심의 유·무죄 판단은 1심과 다르지 않았다. 하지만 이러한 결론에 이르기까지 사실관계에 대한 판단과 논리는 달랐다. 1심 재판부는 방송의 핵심보도내용 5가지에 대해 모두 허위가 아니라고 판단해 허위사실 적시에 의한 명예훼손이 아니라고 결론 내려졌다.(강아름, 2010. 12. 03.) 하지만 항소심 재판부는 그중에 3가지는 허위사실이라고 판단했다. 그럼에도 불구하고 항소심 재판부는 ①보도의 취지가 정부 정책을 비판하는데 있었고, ②방송 효과를 극대화기 위한 과장이 있긴 했지만 일부러 허위사실을 만들 의도는 없었다는 점 등을 들어 무죄를 판결했다.

지했다.[378] 한 정당에 의해서 좌우되는 정치판도였다.

조 의원의 말을 종합하여, "지난 6개월 간 예결위원 활동을 통해 국민의 피 같은 세금을 물같이 쓴다는 것을 알게 되었다는 조 의원의 토로에 여야는 공히 책임을 통감해야 한다."라고 했다(사설, 2008. 12. 5.)

한편 국회는 2010년 12월 8일 본회의를 열어 309조 567억 원 규모의 2011년도 예산안을 비롯, 예산 관련된 법안(예산부수법안) 14건, 일부 쟁점 법안 등 모두 41건의 안건을 의결했다.(김기봉, 2010. 12. 9.) 이는 2002년 이후 8년 만에 정기국회 회기(올해의 경우 9일까지) 내에 예산안이 처리된 것이지만, 이날 국회 본회의장 안팎에선 전날에 이어 여야 간 격렬한 몸싸움이 이어지는 등 '폭력국회'의 모습은 여전했다. 2011년 예산의 쟁점은 4대강 사업이었다.

남북관계에 일어난 기호의 제국에 관한 건이다. 북한관계는 금강산 관광 당시 '박왕자(53)' 씨가 2008년 7월 13일 오전 5시경 북한군의 총격으로 숨진 사건이 벌어졌다. 그 후 남북관계가 경색일로로 치달았고, 북한과의 갈등관계가 결국 천안함·연평도 사건으로 이어졌다.

이명박 정부 들어 남북간 긴장은 고조되었으나, 정부의 경계태세는 이완돼서 안보가 붕괴된 것이다.(이인숙, 2010. 05. 25.) 그로 인해 장병 46명의 희생된 천안함 사건이 벌어졌다. 국가안위를 책임져야 할 정부가 애꿎은 젊은 장병을 희생시키고, 이제는 대북 정책을 '끝까지 가보자'는 식으로 끌고 가고 있었다.

그런데 그 사건은 조사 과정에서 객관성·공정성 문제가 대두되었다. 정부가 하는 조사는 다른 사건들이 그렇듯, 신뢰성을 잃어갔다. 민·군 합동조사단의 천안함 침몰원인 조사결과를 발표했다. 당시 「한겨레신문」은 "조사단이 북한의 연어급 잠수정이 발사한 어뢰로 천안함이 침몰했다'고 했으나, 누구나 납득할 수 있는 최종 결론으로 보기에는 미흡하다."라고 했다.(사설, 2010. 5. 22.)

외교통상부 장관을 지낸 송민순(宋旻淳) 민주당 의원은 2010년 5월 24일 국회

---

378) 국회의석은(정수 299), 한나라당 170석, 민주당 83석, 자유선진당 18석, 친박연대 8석, 민주노동당 5석, 창조한국당 3석, 무소속 7석 등이었다; (구동본, 2009. 04. 29.)

의원회관에서 가진 한 인터뷰에서 "'우리가 다 조사했으니 따르라'는 식으로는 중국과 러시아가 수긍할 수도 없고, 유엔안전보장이사회에서 획기적 메시지를 끌어낼 수도 없다."라고 정부를 비판했다.(이인숙, 2010. 05. 25.) 송 의원은 또 "남북과 중국, 러시아도 참여하는 합동조사단 형식으로 기존 천안함 침몰 조사결과를 검증하도록 할 필요가 있다."라고 제안했다.

정부의 대선 공약의 허언도 표출되었다. 2002년 대선에서 노무현 민주당 후보는 수도이전을 대선공약으로 제시했다. 그 후 노 대통령은 2004년 1월 16일 '신행정수도건설을 위한 특별조치법'을 국회에서 통과시켰다. 그러나 수도권 이전에 대한 헌법재판소 위헌 결정으로 2005년 3월 18일 '신행정수도후속대책을 위한 연기공주지역 행정 중심복합도시 건설을 위한 특별법'이 다시 국회에서 통과되었다.

이명박 후보는 '당내 경선 및 대선 때', 2007년 8월 7일 「대전일보」와의 서면 인터뷰에서 "대통령이 되면 행정중심복합도시 건설을 변함없이 추진하겠다. 국제과학기업도시를 함께 건설하겠다."라고 했다.(황준범, 2009. 11. 25.)

또한 동 기사는 대통령 취임 뒤 2008년 3월 20일, "내가 행복도시건설청장과 본부장을 바꾸지 않은 것은 행정도시의 지속적인 추진을 말하는 것이다. 계획대로 추진할 것이다."라고 했다.

이들 말과는 달리, '공약 뒤집기'가 일어났다. 2009년 11월 4일 '정운찬(鄭雲燦) 국무총리 주례보고'에서 "세종시 대안은 원안보다 실효적 측면에서 더 발전적이고, 유익해야 한다. 국가 경쟁력, 통일 이후의 국가 미래, 해당지역의 발전을 염두에 두고 대안이 마련돼야 한다."라고 했다.

세종시 이전 문제가 박근혜(朴槿惠) 전 한나라당 대표가 '공약대로'라는 대립각을 세움으로써, 갈등이 첨예하게 대두되었다. 이명박 정부 들어 2009년 11월 16일 국무총리실 직속으로 '세종시 민관합동위원회(세종시 위원회)'에서 충청지역의 여론을 수렴하고, 세종시 수정안 마련을 위한 정부의 각종 보고서에 대해 심의, 자문을 시도했다. 이 조직은 정운찬 국무총리를 비롯해 정부위원 7명, 민간위원 16명 등 23명이었다.

MBC가 주관한 '대통령과의 대화'가 2009년 11월 27일 밤 10시부터 100분간 방영되었다. 세종시 수정논란과 '4대강 사업'[379], 미디어법 등 사회적 이슈들에 대해 여야의 입장이 첨예하게 갈린 시기에 정부 최고 책임자의 입장을 들을 수 있는 자리였다.

'국민과의 대화'는 전국 35개 방송사가 공동 중계를 했다. 그러나 대화의 자리가 대통령의 일방적 주장으로 끝났고, 국민과의 소통을 위한 자리라는 프로그램 본래의 취지를 퇴색하게 만들었다.[380] 패널이나 방청석의 일반인들이 던진 질문들이 이미 청와대측과 사전에 조율된 것이라는 점은 주지의 사실이다.

결국 '세종특별자치시 설치 등에 관한 특별법'(세종시 특별법)은 국회 재적의원 166명 중 찬성 141, 반대 8명, 기권 18명으로 2010년 12월 8일 국회를 통과했다.(김현진, 2010. 12. 08.) 그 과정에서 정부는 방송을 홍보기구로 사용했다. 정부는 언론을 통해 홍보기능을 강화시켰다. 정부가 '세종시 수정' 홍보를 위해 방송을 들러리를 세웠다. 코드 제국의 실상이 공개되는 현장이었다. 이들 방송은 "수정안의 장점만을 강조하는 이명박 대통령과 정운찬 총리의 발언을 무비판적으로 내보내거나 정파 간 갈등을 단순 전달하면서 여론조사 결과를 경마식으로 중계 보도한 것"이다.(김진구·이호준, 2010. 01. 20.)

4) 언론의 운용

한편 방송과 관련된 현실은 방송통신위원회(방통위)에서 결정을 했다. 방통위

---

379) 4대강 사업은 대운하 건설(이명박 대통령 공약사항) 준비를 위한 것이란 의혹이 끊임없이 제기됐다.(사설, 2010. 08. 18.) 보(洑)의 높이와 준설 깊이 등 4대강 사업의 핵심 내용이 물 확보와 홍수 방지 수질 개선, 생태 복원 등 정부가 제시하는 사업 목적과 맞지 않기 때문이었다. 정부와 갈등을 빚은 MBC 〈PD 수첩〉은 보도 자료를 통해, 8월 17일 방영 예정인 '4대강 수심 6m의 비밀' 편에서 당초 소규모 설치가 중심이던 4대강 사업이 대형 보 위주로 바뀌는 과정에 청와대가 적극 개입한 의혹을 제기했다.

380) 김진구·이호준, 2010. 01. 20; "'청와대 홍보문건'과 손발 척척, KBS 뉴스라인 편성개입 의혹, MBC·SBS도 단순 전달 그쳐"라고 했다.

법안은 2008년 2월 26일 국회 본회의에서 재적 209명 중 173명의 찬성으로 통과돼 여러 해에 걸친 방·통 융합의 논란이 종식됐다.(설원태, 2008. 03. 3.) 27년간 존재했던 방송위원회가 사라지고, 초대 방통위위원장으로 이 대통령의 최 측근인 최시중(崔時仲) 전 한국갤럽 회장이 내정되었다.

방통위법에 따르면, 대통령은 위원 5명 중 위원장과 위원 1명을 임명하고 나머지 3명의 위원은 여당에서 1명, 야당에서 2명을 추천하며, 부위원장 1명은 호선하게 되어있다.

한편 최시중 방통위 위원장은 세종로 방통위에서 2008년 3월 26일 열린 취임사에서 "독립성 객관성에 대한 저의 철학 위에 위원들의 전문지식, 직원들의 열정을 보태 국민의 기대에 부응하겠다."라고 했다.[381]

또한 이 대통령은 방통위의 위상과 실제 기능에 관해서 논했는데, 그는 2008년 12월 26일 "방송통신 분야는 정치논리가 아닌 실질적 경제 논리로 적극적으로 해 나갈 수 있기를 바란다."라고 말했다.(서승욱·김필규, 12. 27.) 이 대통령은 이날 오전 청와대에서 방송통신위원회로부터 업무보고를 받으며 '방송통신 분야는 새로운 기술 융합의 선도 부서이고, 새로운 일자리를 창출하는 부서'라며 이같이 밝혔다. 이 대통령은 '다음세대를 기대할 수 있는 성장 동력도 방통 융합을 통해 가져올 수 있다'며 '앞서가는 IPTV 기술을 도입하면 가능하다. 방송통신위원회는 합심해서 그 목적을 달성하기 바란다'고 말했다.

한편 야당 상임위원 몫으로 방통위에 임명된 양문석 위원은 최시중 체제를 평가했다. 「경향신문」 김주현 기자는 양문석 신임 상임위원과 인터뷰를 시도했다. 양 상임위원은 "'신정정치(神政政治)'의 대표적 예로 방통위의 업무추진 방식을 꼬집었다. 위원장이 한마디 하면 사무국이 위원장의 생각을 좇아 코드를 맞추려고 한다는 것이다. 그러다 보니 건강한 비판은커녕 토론도 사라진다."라고 했다.(김주현, 2010. 08. 09.)

---

381) 병영욱, 2008. 03. 27; 방통위는 대통령 직속의 중앙행정기관이면서 위원장(장관급) 1명과 상임위원(차관급) 4명의 합의로 주요 의사가 결정되는 구조다.

방통위는 2008년 5월 14일 방통심위에 박명진(朴明珍, 서울대 언론정보학) 교수를 위원장으로 임명했다. 동 위원회는 손태규, 엄주웅 등을 부위원장으로 임명했다. 그들은 9명의 위원과 보도교양부문, 연예오락 부분, 광고 및 상품판매부문 등 3개의 부분으로 나누었다. 동 위원회는 '이익집단으로부터 압력을 배격하고', '공정성의 기준에 대한 사회적 합의 설정', '시민사회단체의 지속적인 모니터링도 약속했다.' 그러나 '심의 판단은 위원 개개인의 양심에 맡기기로 했다.'

그러나 14개월 후 코드 인사가 자리를 차지했다. 이명박 대통령은 2009년 9월 6일 박명진 방송통신심의위원장의 사표를 수리하고 후임에 이진강(李鎭江)을 임명한다고 했다. 이 전 회장은 "고려대 법대를 졸업하고 대검 형사1과장, 수원지검 성남지청장, 서울지방변호사회장, 국가인권위원 등을 지냈다. 대한변협 회장 재임 시인 2007년 12월 'BBK 특검법'에 위헌 소지가 많다는 입장을 밝히는 등 이 전 회장은 보수적인 성향의 인사로 알려져 있다."라고 했다.(남도영, 2009. 08. 07.)

방통위 인사가 시작되었다. KBS 이사회(이사장 손병두(孫炳斗))가 2009년 11월 19일 KBS 신임 사장에 김인규 디지털미디어산업협회장을 선정했다. 이명박 대통령의 대선 캠프의 방송전략실장 출신인 김 회장이 신임사장으로 선정되면서 KBS의 정치적 중립성을 둘러싼 논란은 더욱 거세졌다.(이호준, 2009. 11. 20.)

공영방송 사장들은 "'케이비에스를 정치권력으로부터 지키기 위해 왔다.'(2009년 11월 김인규 사장 취임), 한편 MBC도 코드 인사로 채워졌다. MBC 김재철 사장은 '위기에 처한 MBC를 구하고 싶다'(2010년 3월 18일 사장취임사)"라는 말을 했다.

한편 MBC 대주주인 방송문화진흥회(방문진)가 2010년 2월 8일 보도, 제작, 편성 본부장 등 MBC의 새 이사 후보 3명을 선임했다. 방문진과 다른 인사안을 갖고 있던 '엄기영(嚴基永) MBC 사장'[382]은 이에 반발해 사표를 제출했다.(사설,

---

382) 사퇴의 자세한 과정은 다음과 같다. 엄기영 MBC 사장이 취임 11개월여 만인 2월 8일 전격 사퇴했다. 방문진에 사표를 제출했다가 반려된 엄 사장은 지난해 12월 초 새 이사진을 자신이 선발할 수 있게 맡겨달라고 요청했다. 한편 방문진은 인사권은 방문진에 있다며 받아들이지 않아 갈등이 깊어졌다. 8일 공식적으로 사직서를 낸 후 엄 사장은 "'MBC 사장이 인사 대상자를 추천하고 방문진이 이를 승인해 왔는데 (방문진이) 직접 이사를 선임하는 것은 일종의 직권남용'이라며 '압력, 청탁으로 인한 인사일 개연성이 짙어 보인다.'고 발언 수위를 높였다."라고 했다.(허정헌, 2010. 02. 09.)

2010. 02. 09.)

　이에 대해 동「중앙일보」사설은 "'국민의 재산인 공중파를 사용하는 MBC가 보도, 교양, 오락 프로그램을 통해 공영성과 공익성을 제대로 구현하는지 관심거리다.'라고 했다. 또한 '엄기영 사장도 이에 대한 책임을 진작 느꼈어야 마땅했다. 왜곡, 과정을 일삼아 어린 여중생들까지 패닉 상태로 빠뜨렸던 PD수첩 '광우병' 편이 대표적인 사례다. 그런데도 반성하기는커녕 진행 중인 재판의 당사자격이면서 버젓이 '잘못된 게 없다'면서 후속 프로그램을 제작해 내보냈다."라고 했다.

　한편「경향신문」사설은 "'최근 MBC가 겪은 일들을 돌아보면 엄 사장의 사퇴는 어쩌면 정해진 수순에 따른 것처럼 보인다. 이 정권은 진작부터 MBC '손 보겠다.'는 의도를 감추지 않았거니와 2009년 8월 방문진이 뉴라이트 중심 친여인사들로 물갈이 되면서 그 작업은 본격적으로 진행됐다. 이 정권의 대리인격인 방문진의 행태는 안하무인식이었다. 법에 방문진의 설립 목적은 방송사의 공적 책임 실현, 민주적이며 공정한 방송문화의 진흥이라고 돼 있지만 방문진은 비판성 거세에 주된 관심이 있는 듯했다. 또 김 이사장은 '엄사장이 스스로 (사퇴를) 검토하는 계기가 되기 바란다.'고 노골적으로 압박했다."라고 했다.(사설, 2010. 02. 09.)

　인사에서 굴절을 겪은 공영방송은 사장들의 포부와 실제는 공약과 달랐다. 김인규 사장은 취임 이후 노골적인 친정부 보도 논란에 휩싸였다. 문화방송은 김재철 사장이 조직을 장악하는 과정에서 청와대 인사개입 의혹까지 불거지면서 구성원 반발에 직면했다. 김우룡(金寓龍) 방문진 이사장은 3월 17일 신동아 인터뷰에서 '김우룡 큰집 조인트 발언'으로 3월 19일 방문진 이사장 사퇴를 하게 되었다.

　2010년 방송을 읽는 열쇠 말은 '코드 방송'과 '노조 파업'(KBS) 새 노조와 문화방송(MBC) 노동조합은 올해 나란히(2010년 12월) 30일과 39일 동안 장기파업을 벌였다.[383] 임금 인상이나 복지 개선을 요구한 경제파업이 아니다. 한국방송 새

---

383) 문현숙, 2010. 12. 28; 김인규의 KBS, '추적 60분' 등 정부 비판 입막기, 김재철의 MBC, 시사프로 폐지로 공영성 약화, '낙하산 사장 저지' 파업노조원 무더기 해고·정직 등이 주요 이슈였다.

노조는 '공정방송'을, 문화방송 노조는 '낙하산 사장 저지'를 기치로 내걸었다.

정부와 방송사 간에 끊임없는 갈등이 노출되었다. 한편 이명박 정부는 언론인 프로그램 진행자 교체를 시도했다. MBC 뉴스데스크 신경민 앵커, KBS TV와 라디오 토론 프로그램 진행자 시사평론가 정관용 씨, KBS TV와 라디오 프로그램 진행자 윤도현 씨, KBS2 스타 골든 벨 진행자 방송인 김제동 씨, MBC 100분토론 진행자 손석희 씨 등이 도중하차했다. 이들은 정부에 비판적 논평을 하고 진보주의적 입장에서 토론을 이끌거나 사회참여에 적극적이었다.(사설, 2009. 10. 14.)

한편 프로그램의 공정성에 문제가 발생했다. KBS 〈추적 60분〉에 계속 말썽이 났다. KBS "정권 홍보와 권력 눈치 보기는 열심, 권력 비판은 무시·외면"이라고 했다.(김종목, 2010. 12. 15.) KBS가 사실에 입각한 보도내용마저 통제하며 정권홍보 방송으로 고착화되고 있다는 지적이 나온다. 〈추적 60분〉의 '사업권 회수 논란, 4대강의 쟁점은?'편 불방 사태가 불거졌다.

동 기사는 "전국언론노조 KBS본부 새노조는 〈추적 60분〉 불방 사태에서 공공연한 권력 눈치보기가 드러났다고 말한다. 새 노조는 청와대 김연광 정무 1비서관의 'KBS가 천안함 〈추적 60분〉에 이어 경남도 소송 관련하는 〈추적 60분〉을 반정부적인 이슈를 다룬다며 KBS가 왜 그러느냐는 부정적인 보고를 했다. 그런 분위기도 참고해야 할 것 같다.'는 발언을 공개했다."라고 했다.

청와대 등 정부 관계자들의 말 한마디가 보도지침이 되었고, KBS 간부진은 굴복하는 듯한 형태가 드러난 것이다. 그러다 보니 KBS는 청와대와 한나라당, 재벌 등 기득권에 불리한 보도는 아예 외면하거나, 축소하였다.(김종목, 2010. 12. 15.)

한편 2010년 8월 17일 밤 방송 예정이었던 문화방송(MBC) '피디수첩'의 '4대강 수심 6m'(대운하 의문) 비밀 '불방 사태 파문'이 확산되고 있다. MBC 노조는 '사측의 부당한 개입으로 방송이 보류됐다'며 강경한 물리적 대응에 나서기로 했다. 야당과 언론시민단체들도 '방송의 독립성을 침해하는 행위'라며 거세게 비판했다.(김정필 고나무, 2010. 08. 19.)

당시 이명박 대통령이 4대강 사업을 정당화하기 위해 안창호 선생의 '강산개조론'을 또 다시 들고 나왔다. 이 대통령은 어제(2010년 12월 28일) 국토해양부 업무 보고에서 "4대강 사업이 되면 도산 안창호 선생의 강산개조의 꿈이 이뤄지는 것이고, 그러한 꿈에 도전하는 긍지를 가지고 해야 한다."라고 말했다.(사설, 2010. 12. 28.)

그러나 동아투위는 "정부의 '4대강 살리기' 사업이 사실상 운하 사업이나 다름없다는 점을 밝혀 큰 파장을 일으켰다."라고 했다.(김종목, 2010. 10. 27.) 또한 동 기사에서 안종필 자유언론상 수상 〈PD 수첩〉의 최승호 PD는 2010년 8월 '4대강 수상 6m의 비밀' 편으로 상을 받았고, 연말에 동아자유언론수호투쟁위원회가 수여한 것인데, 그는 "언론계가 정상적이라면 제가 상 받으면 안 되는 것"이라고 전제하고, "영혼 없는 저널리즘이 양산되고 있다."라고 세태를 비판했다.

제한된 언론이 정부를 감시하고 나섰으나, 다른 여타의 기관은 공정성을 상실했다. 즉, "4대강 사업감사를 했으나, 감사의 정당성이 의심스러웠다. 즉, 1년여 동안 진행한 감사(4대강 감사) 결과는 적어도 이 사업의 타당성 부분에서는 한마디로 국토해양부가 제시한 자료를 꼭두각시처럼 받아 적은 것에 지나지 않았다."라고 했다.(박창근, 2011. 02. 11.)

공정성, 객관성, 정의 같은 것에 위기를 경험했다. 그러나 일부 언론은 물질적으로 풍요성을 누렸다. 케이블 방송시장에 공룡사업자가 등장한 것이다. CJ는 2009년 12월 24일 온미디어를 인수함으로써 총 22개의 채널을 운영하게 되었다.

김영삼 정부 때 인가한 케이블의 SO(system operator)와 PP(program provider)가 융합이 이뤄진 것이다. CJ홈쇼핑 외에 CJ 미디어 계열 9개(tvN, 채널 CGV 등)와 Mnet 미디어 계열 2개(Mnet·KM) 등 12개에 온미디어가 보유한 OCN·슈퍼액션 등 10개가 합쳐지는 것이다. 이들 채널의 시청 점유율은 케이블 전체의 30% 수준으로 지난해 방송 매출만 8400억 원 규모다.(강혜란, 2009. 12. 25.) 방송 제작과 영화 시장이 대기업에 의해 독점되는 시대를 맞이한 것이다. 영상물의 시장은 기획, 제작, 배급이 큰 회사 중심으로 이뤄지게 되었고, 영세 독립제작사의 독립영화는 점점 그 영향력을 잃게 되었다.

한편 인쇄매체의 「중앙일보」는 베를리너판을 2009년 3월 17일 시작했다. 베를리너판으로 새 출발하면서 「중앙일보」가 내건 최상의 가치는 '신뢰'였다. 하지만 신뢰는 추측, 과장 왜곡 부실을 배격하고, 반드시 확인된 정보와 정확한 팩트, 일관성 있는 시각으로 콘텐츠를 만들어 내는 노력이 필요하다고 했다.(이재훈, 2009. 03. 19.) 판형을 바꾸고 가진 언론학회 세미나에서 남재일은 「중앙일보」 판형변화가 "'한국 신문의 혁신 작업 중 가장 전면적이자 실질적인 변화의 기능성을 담고 있다,' 또한 '긴 기사는 길게, 짧은 기사는 짧게 하는 양자택일의 과정을 통해 기사의 '밀도'를 높일 수 있다', '불필요한 익명 보도를 줄이고 사실과 논평을 구분해 신뢰성을 높이는 한편 독자의 생활 리듬에 맞춰 생활 밀착 정보를 제공하고 있다.'"고 했다.(김영욱, 2009. 05. 22.)

「중앙일보」는 사고를 통해, 베를리너판 전환에 앞서 국내 언론 최초로 편집국에 팩트체커(Fact Checker)제도를 만들었다. 경력 20년 이상의 베테랑 기자 3명이 편집국 기자들이 쓴 기사의 진실성과 정확성을 지면 게재에 앞서 면밀히 검증하고 있다. 데스크나 에디터가 기사라는 건축물의 시공 책임자라면 팩트 체커는 감리책임자인 셈이다. 본지는 김성해 한국언론재단 객원논설위원 등 전문가 20명을 발표했다.

한편 「중앙일보」는 「중앙SUNDAY」를 2007년 3월 18일 발행했다. 이 신문은 창간사에서 그동안 일요일에 신문을 발간하지 않아온 게으름을 사과하고, 에디터 대표는 "「중앙SUNDAY」는 정보통신 혁명의 시대에 맞는 새로운 신문이고자 합니다. 우리는 정보가 홍수처럼 쏟아지는 뉴미디어 시대에도 차별화된 콘텐츠로 제 기능을 다하는 언론이고자 합니다. 빠르지만 단편적인 흐름을 예측하에 적합한 이성적 매체입니다. 「중앙SUNDAY」는 파편화된 사실들을 지식으로 직조(織造)해 내는 뉴스의 안내자, 정보의 바다를 헤쳐나가는 데 필수품인 나침반의 역할을 하고자 합니다."라고 했다.(「중앙SUNDAY」 Editor 일동, 2007. 03. 18.)

5) 신문·방송 겸용 허용과 신문법 개정

미디어 관련법이 관건이 되었다. 국회 문화체육관광방송통신위 산하 '미디어발전국민위원회'(이하 미발위)는 3월 6일 자문기구로 미디어위원구성 의결, 6월 25일 문방위에 보고서를 제출하기로 했다. 이 위원회는 3월 2일 3당 원내 대표, 문방위 산하에 여야 동수의 사회적 논의기구를 구성했다.

이 위원회는 2012년 말까지 신문, 대기업이 지상파 방송을 겸용하지 못하도록 하는 내용의 최종 보고서를 확정했다. 2012년 12월 31일은 지상파의 디지털 전환이 끝나는 시기다. 이번 보고서는 신문법, 방송법, 정보통신망법, IPTV법에 관한 다양한 개정 의견을 담았다.

좀 더 논의하면 미디어발전국민위원회(위원장 강상현(姜尙炫)·김우룡)은 활동 기간을 100일 잡고, 보고서를 제출키로 했다. 미발위는 여론조사 형식을 놓고 의견이 뚜렷이 갈려있다. 한나라당 측 김우룡 공동위원장(한양대 석좌교수)은 '여론수렴이 곧 여론조사는 아니다'라고 했다. 지난달 22일 인천지역 공청회를 끝으로 사실상의 여론조사를 포함한 4개항에 합의했다. 즉 ①활동시한 확인, ②지상파방송 3사 및 YTN에 TV토론 요청, ③지역 여론수렴을 위한 종합토론회 개최, ④수용자 인식조사 실시 등이다.(민동용, 2009. 06. 13.)

미디어위는 이날 마지막 전체회의를 개최, 신방 겸용 허용과 대기업의 방송 소유구제 완화, 사이버모욕죄 신설 등을 긍정 평가하는 보고서를 확정, 25일 문방위에 제출키로 했다. 하지만 회의에는 전체 20명 중 한나라당과 선진 창조당 모임 추천 위원 11명만 참석, '반쪽 보고서'에 그쳤다.(양정대, 2009. 06. 25.)

그 과정은 미발위가 2009년 5월 6일 부산시청미디어센터(해운대구)에서 공청회를 개최하고, 춘천, 광주, 대전 등에서 지역공청회를 열 예정이었다. 그러나 그 결과는 퍽 비관적이었다. 이날 부산 공청회는 미디어위가 계획한 다섯 차례의 지역 공청회 첫 번째 순서였다. 부산에서 열린 공청회에서 야당 쪽 공술인인 김창덕 경남 민주언론시민연합 대표는 '정부·여당의 언론법이 그대로 통과되면 지역은(서울에 본사를 둔 언론사의) 하청과 재하청업체로 전락할 것이라고 우려했다.(이문영·박창섭, 2009. 05. 07.)

한편 방통위는 2010년 9월 2일과 3일 종편과 보도채널 도입 방법을 둘러싼 공식 의견수렴 절차를 마무리했다. 공청회, 공식 의견수렴, 그 국민 의견청취, 야당 추천 위원들은 '기본계획 의결은 사전준비 차원에서 가능하나 실제 선정 행위 돌입을 뜻하는 공모 절차부턴 헌법재판소 결정 이후로 미뤄야 한다.'고 요구하고 있다.

'합리적 의견수렴? 그게 가능하겠나?' 두 차례의 '종합편성 및 보도채널 승인 기본계획안 공청회'가 종료된 직후 방송통신위원회 한 고위관계자가 한 말이다. '요식행위 공청회'로 우회했던 종편 문제가 정권의 정치적 판단과 방통위 상임위원 간 '머리싸움'으로 결국 되돌아왔다는 얘기다.(이문영, 2010. 09. 08.)

그 미발위 노력에도 불구하고, 그 구도는 이미 결정되었다. 그러나 정부는 미디어 관련법 통과에 적극적이었다. "정부는 5년 전 IPTV관련법이 통과가 됐으면 우리가 세계표준이 되었을 것이다. 우리가 늦은 바람에 … 일자리를 못 만들었다. '방통융합하면 바로 2만 명의 일자리가 생기지만 무궁무진한 새로운 기술이 만들어져서 정말 젊은이들이 원하는 일자리가 많이 생길 수 있다.'라고 했다. 이후 정보통신정책연구원은 연구 용역 보고서를 통해 미디어법 개정으로 음식점과 택시 운전사 등을 포함 2만 6천개 일자리가 새로 창출된다고 주장했다."[384]

그러나 김형오(金炯旿) 국회의장은 방송의 사유화, 사유화의 제도화에 퍽 비관적이었다. 그는 "미디어관련법이 시급한 민생 법안이 아니며 「조선일보」, 「중앙일보」, 「동아일보」(조중동)를 어떻게 방송에 참여시키느냐 하는 게 관건인 법이다."라고 했다(사설, 2009. 07. 28.) 그러나 한나라당 지도부는 이어 "여기서 밀리면 앞으로 국정운영을 제대로 할 수 없다고 판단한 순수한 정치 법안이었다."라고 했다.

2009년 7월 22일 국회에서 미디어법 날치기가 있었다. 미디어법 처리 과정에서 이뤄진 이른바 '메뚜기 투표'(본회의장 내 같은 의석에서 여러 명이 와가며 '찬성'을 표시하는 대리 투표) 의혹이 제기되었다.

이 사건이 '부작위(不作爲) 권한쟁의심판'을 의뢰해 헌재로 넘어갔다. 헌재는 야당 의원 85명이 김형오 전 국회의장을 상대로 낸 '권한쟁의심판 청구(부작위 권

---

384) 「소통 없는 국민과의 대화」①, 2009. 12. 04.

한쟁의심판 사건)에서, 재판관 4(인중) 대 1(기각) 4(각하) 의견으로 기각을 결정했다.(김남일, 2010. 11. 26.) 인용 의견이 4명이나 됐지만 결정정족수(5명)에 못 미친 탓에 청구는 받아들이되 청구인의 일부 사항은 배척하는 기각(김종대 재판관 의견)으로 최종 결정이 났다.

헌재는 2010년 11월 25일 입법절차 과정에서 무권(대리)투표, 일사부재의 원칙 위반 등 국회의원 심의, 표결권 침해가 인정된 언론 관련법에 대해 가결선포 무효 선언 등의 후속조처를 하지 않았다. 미디어법에 찬성하는 대리투표가 이뤄졌더라도 최종적으로 본인이 찬성투표를 했다면 '적법하다'는 설명이 설득력을 잃자, 이번에는 '컴퓨터 과열 탓'을 하고 나선 꼴이다.(장관순, 2009. 07. 28.)

거대 여당이 날치기 입법을 해도 헌재가 이를 시정할 의무까지 국회에 부과할 수는 없다는 것이다. 종편 강행에 힘이 실렸다. 이미 입법이 이뤄진 해당 법률의 입법절차상 하자는 제거할 방법이 없었다. 따라서 국회의장에게 이를 시정할 의무가 없다는 논리로 각하 의견을 냈다. 당시 김종대(金鍾大) 재판관은 "국회의장에겐 시정 의무가 있지만 이는 전적으로 국회의 자율적 판단에 맡길 수밖에 없다."라는 기각 의견을 발표했다.(김남일, 2011. 01. 21.)

헌법재판소가 국회의 미디어법 처리와 관련해 이중적인 결정을 내렸다. 야당이 제기한 권한쟁의심판 청구에서는 심의 표결권 등 권한이 침해됐음을 인정하면서도 효력정지 가처분신청에 대해서는 기각 결정을 내린 것이다.(「사설」, 2009. 10. 30.)

인터넷 신문 스카이데일리가 창간되었다.(창간일, 2011년 9월 2일) 한편 방송통신위원회가 2010년 12월 31일 종합편성채널과 보도전문채널을 각각 「조선일보」, 「중앙일보」, 「동아일보」, 「매일경제」와 「연합뉴스」에 허용했다.(이문영·김정필①, 2011. 01. 01.) 신문시장을 과점으로 운영하는 보수신문이 '종합채널'[385]을 얻게 된

---

385) '종편'의 선정 과정에 관해 "방통위는 심사위원회 채점표를 근거로 중앙미디어네트워크(중앙일보)가 대주주인 '제이티비씨'(jTBC)에 1위(850.79점)를 줬다. 조선일보사가 대주주인 '씨에스티브이'(CSTV)는 2위(834.93점), 동아일보사와 매일경제신문이 대주주인 '채널에이(A)'와 '매일경제티브이' 각각 3위(832.53점)와 4위(808.07점)를 차지했다. 한국경제신문과 태광 쪽은 점수 미달로 탈락

것이다. 심사에 참여했던 14명 중 방송전공은 2명뿐이고, 나머지는 경제·경영·회계·법·기술 전공이어서 프로그램 적절성 평가에 대한 의문이 제기됐다.

또한 평가의 정당성에 의문이 제기되었다. 「경향신문」이 2011년 1월 16일 단독 입수한 '종편심사위원회 세부 평가점수' 자료에 따르면, 「조선」·「중앙」·「동아일보」는 출연금을 제외한 총 18개 항목 중 11개 항목에서 나란히 3위 안에 들었다.(김준일, 2011. 01. 17.) 3사가 비계량적 항목(공적책임·공정성·공익성의 실현계획, 시청자 권익 실현방안, 방송프로그램 기획·편성, 수급, 제작협력 계획, 경영의 투명성·효율성, 방송발전 기여계획, 콘텐츠 산업 육성·지원계획 등)에서 높은 점수를 받았으나, 이는 대부분 계량화되지 않은 항목이었다. 반면 계량화가 가능한 납입자본금규모, 자금 출자 능력, 재정적 능력 항목 등에서는 낮은 점수를 받았으나 배점 자체가 낮아 당락에 큰 영향을 끼치지 못했다.

방송의 시장이 밝지만 않을 전망이다. 미디어미래연구소가 2011년 12월 15일 발표한 자료에서 "새해 방송광고 매출이 3조 5336억 원으로 지난해 3조 1928억 원보다 3408억 원이 늘어날 것으로 전망했다. 이는 올해 지디피 성장률 4.2%를 가정해 종편 도입과 민영미디어렙, 중간광고 도입 요소가 반영된 전망치다. 이 증액분이 모두 종편 4곳에 흘러간다고 가정해도 종편 한 곳당 800여억 원이다."라

했다. 보도채널은 '연합뉴스티브이'(829.71점)만 선정했다."라고 했다.(이문영 김정필①, 2011. 01. 01.) 동 기사는 "최시중 방통위원장은 의결 직후 '국회 미디어법 충돌과 헌법재판소 결정 등 여러 번의 큰 고비가 많았지만, 올해 안에 사업자 선정을 마무리짓겠다.'라는 약속을 마지막 날에 지킬 수 있어 다행으로 생각한다."고 밝혔다. 한편 최 위원장은 "신규 사업자들이 성공적으로 방송을 개시하면서 기존 사업자와 공정한 룰 아래 경쟁하고 상생·발전하는 정책을 위원들이 많이 고민할 것"이라고 밝혔다.(이선희, 2011. 01. 01.) 「한겨레신문」 기사는 "이날 의결은 야당 위원들의 불참 속에 여당 상임위원 3명의 손에서 마무리됐다. 이경자 부위원장은 심사 돌입 직후 불거진 이병기 심사위원장의 '공정성 훼손'(박근혜 전 한나라당 대표 싱크탱크 참여) 논란을 문제 삼아 퇴장했다. 양문석 위원도 결과 발표 수 기자회견을 열어 '조중동에 대한 정치적 보은이자 한국방송시장에 대한 재앙'이라고 말했다."라고 했다.(이문영 김정필①, 2011. 01. 01.)
한편 한겨레가 여론조사 전문기관인 리서치 플러스(전국 19살 이상 남녀 700명을 대상으로 전화면접 방식으로 진행됐으며, 95% 신뢰수준에서 표본오차는 ±3.7%)에 의뢰한 조사결과, 종편 선정에 "여론 다양성을 훼손할 것인지 여부를 묻는 질문에 55.2%가 '그렇다', 29.5%가 '그렇지 않다'고 답했다. … 신문사 4곳을 사업자로 선정한 결정에 대해 "45.8%는 '부적절'했다며 부정적인 태도를 보였다. 찬성은 27.3%였다."라고 했다.(문현숙, 2011. 01. 06.)

고 했다.(김정필, 2011. 01. 03.)

신규 방송에 투입될 자금이 만만찮게 생겼다. 예측 수치는 "방송업계에선 초기 시설투자와 인건비에만 1000억~2000억 원, 평균시청률 1% 올리는 데 제작비 1000억 원이 들 것으로 내다보고 있다. 김민기 숭실대 교수는 '종편 한 곳당 초기 3년간 최소 4000억~5000억 원 정도의 손실이 불가피하다'고 전망했다."라고 한다.(김정필, 상게 기사)

종편은 2011년 12월 출범을 한 후 돌파구를 찾기 위해 '시사토크 프로그램'을 선보였다. 그동안 지상파 방송의 딱딱하고 천편일률적인 '대담' 형식이 아니라 유연한 형태의 시사토크였다. 그 효시는 채널 A의 '박종진의 쾌도난마'라고 할 수 있다.[386] 2012년 4월 총선과 12월 대선에서 큰 정치 시장을 만나 MBN 1% 시청률을 보여, 종편의 위상을 올렸다.

한편 종편 설립 당시 장비업체도 만만치 않다. 한국방송기술 산업협회(KBTA)에 따르면 2011년 국내 방송장비 시장규모는 지난해 1조 9000억 원보다 40%가량 늘어난 2조 7000억 원가량으로 전망됐다. 종합편성채널 1개 업체당 1500여억 원, 보도채널을 500여억 원의 장비 투자가 이뤄질 경우 700억 원가량의 새 시장이 생기는 셈이다."라고 했다.(백인성, 2011. 01. 04.)

이어 "방송통신위원회에 따르면 카메라 등 국내 방송장비 시장의 80% 가량을 소니와 파나소닉 등 일본 제품이 석권하고 있고, 국내 제품 시장 점유율은 19.3%이다. 특히 콘텐츠 핵심인 카메라 등 영상제작 장비 국산화율은 5%에 불과하다."라고 했다. 앞으로 장비뿐 아니라, 외국 광고가 득세하면 미디어 시장은 예측 불허의 상황에 벌어질 전망이다.

한편 새 신문법(「신문 등의 진흥에 관한 법률」, 2010년 1월 25일 법률 제9974호)은 위헌적 요소가 된 신문법 제17조에 규정되어 있는 시장지배적 사업자조항이다. 즉, 「신문 등의 진흥에 관한 법률」은 언론사의 요구를 적극 수용한 것이다. 선의로 해

---

386) 황태순, 2019. 6. 17; "방송과 유튜브의 차이점과 정부·여당의 편향적 조치", 「방송, 유튜브와 표현의 자유」, 자유와 법치를 위한 변호사 연합·미디어연대.

석하면 언론의 자유를 확장시켜준 것이고, 다른 한편으론 '사유화'의 제도화를 강화시킨 것이다.

자세히 따져보면 새 신문법은 '시장지배적 사업자조항'이 누락되었다. 17조는 '여론집중도조사 등'으로 (언론 기관은) '여론 집중도를 대통령령으로 정하는 바에 따라 조사하며 이를 공표할 수 있다.'라고 규정했다.

또한 제33조(신문유통 지원 기구)에서 '①한국언론진흥재단은 신문의 원활한 유통을 지원하기 위한 기구를 설립·운영할 수 있다, ②신문유통 지원 기구의 설립·운영에 필요한 사항은 한국언론진흥재단 정관으로 정한다.'라고 했다.

새 신문법으로 한국언론진흥재단이 설립되었고, 언론진흥의 설치 및 조성이 됨으로써, '신문발전위원회'는 그 존재 의미를 상실했다. 설령 지역신문발전위원회가 존재한다고 하더라도 '언론사로 하여금 발행부수와 광고수입 등을 포함한 일체의 경영정보를 신문발전위원회에 신고한다.'라는 조항은 삭제된 것이다.

한편 언론중재에 관한 법률이다. 피해구제법이 포함하고 있는 또한 피해자도 아닌 제3자에게 시정권고 신청권을 부여했다. 즉, 제3자에 의해서도 중재신청이 가능하도록 제32조 제2항의 규정을 두었다. 또한 이 법률은 '고충처리인을 두어야 한다.'라고 규정한 제6조의 규정이다. 이 규정을 지키지 않을 경우에는 3천만 원의 과태료를 부과하도록 규정하고 있다. 이 법은 2009년 2월 6일 개정되었다. 그 법에 따라 '과태료' 조항이 삭제되었다.

6) 인권과 과거사 정리

한편 진실·화해를 위한 과거사정리위원회(진실화해위) 과거사는 하나씩 그 결과를 발표했다. 1951년 거창양민학살사건(2010. 10. 11.)으로부터 죽산 조봉암 사형사건(2011. 1. 20.), 조용수 「민족일보」 사장(2008. 01. 16.) 등에 진상규명이 있었다.

진실화해위원회는 5년 1개월 활동을 하고, 공식적으로 종료된 것이다. 4년여간 진보성향 위원들이 압도적 다수를 차지했고, 남은 1년간은 보수 성향 위원들이 근소한 우위를 점했다. 정권의 편향으로 "과거사가 거의 다 악이요 조작이다."

라는 결과를 낳게 했다.(강규형, 2010. 12. 30.)

한쪽 편향은 역사의 객관적 조사에 의심을 받게 된다. 인권은 인간에게 가장 중요한 덕목이나, 그러나 과거사 정리는 그 역사적 상황을 균형 있게 보는 시각 또한 중요하다. 우리의 과거사 정리는 유행처럼 일망타진한다. 더욱이 그 역사적 사실의 조사가 김대중, 노무현, 이명박 정부가 한 세트로 움직였다. 그 의도에 의심을 하게 된 대목이다.

이런 논의는 크게 역사를 보면, 동아시아 모델에 우선 규명이 선행될 필요가 있다. 즉, 동아시아 모델을 국가가 주도한 자본주의 발전모델이다.[387] 그 이면에서는 전쟁을 통해 형성된 국가주의도 함께 성장했다. 국가는 발전과 억압의 두 얼굴을 가지고 있었다. 그 상처를 어떻게 규명하는가도 역사를 보는 안목이다.

그러나 아직도 '동아시아 근대화 모델'이 완전히 규명되지 않은 채 과거사 정리가 진행되었다. 이용훈(李容勳) 대법원장은 2008년 9월 "과거 사법부가 헌법상 책무를 충실히 완수하지 못함으로써 국민에게 실망과 고통을 드린 데 대해 죄송하다."(조현철·장은교·박영흠, 2008. 12. 29.) 이 대법원장은 현재 사실은 밝히지도 못하면서, 과거 잘못을 사과한 셈이다. 그는 '살아있는 권력'에 약한 검찰과 법 상황에서 과거사를 발표한 것이다.

조봉암 사건은 대법원 전원합의체〔주심 박시환(朴時煥) 대법관〕가 2011년 1월 20일 진보당의 당수로 북한과 내통해 평화통일을 주장(국가보안법 혐의)했다는 혐의로 처형된 죽산 조봉암(1899~1959)의 재심사건 선고공판에서 대법관 13명 전원 일치 의견으로 무죄선고 했다.[388]

---

387) 이일영, 2011. 02. 28; 동아시아는 국가 폭력의 상처가 깊은 곳이다. 2월 28일은 대만 사람들에게 잊을 수 없는 날이다. 1947년 이날의 시위는 국민당 정부의 대대적인 탄압으로 이어졌다. 학살과 약탈 끝에 희생된 사람이 3만 여명에 이르는 것으로 추산된다. 이후 유사한 국가폭력이 동아시아 여러 곳에서 자행되었다.

388) 김남일, 2011. 01. 21; 대법원은 이날, 52년 전 자신들이 유죄로 판단한 부분을 모두 뒤집었다. 1959년 판결 당시 대법원은 "①공산독재는 물론 자본가·부패분자의 독재도 배격하는 혁신정치 실현, ②생산·분배의 합리적 계획으로 민족자본 육성, ③평화통일 실현 등을 내세운 진보당 강령에 대해 '국헌에 위배해 정부를 참칭, 북한에 동조해 국가를 변란할 목적이 있다.'라고 했다. 한편 조봉

또한 조용수(趙鏞壽) 「민족일보」 사장이 47년 만에 무죄가 선고되었다. 서울중앙지법 형사합의 22부(재판장 김용석(金容奭))는 2008년 1월 16일 '민족일보 사건'으로 체포돼 북한 정권에 동조했다는 혐의(특수범죄 처벌에 관한 특별법 위반)로 사형이 선고됐던 조용수 사장과, 함께 기소돼 징역 5년이 선고됐던 양실근(76)씨에 대한 재심선고 공판에서 무죄를 선고했다.(박현철, 2008. 01. 17.)

또한 국가정보원 과거사건진실규명위가 2005년 12월 7일 인혁당 및 민청학련 사건 고문조작 사실 인정을 했다.[389] 그 사건은 1998년 11월 9일 인혁당사건진상규명 및 명예회복을 위한 대책 위원회 문정현·이돈명 등이 발족하였고, 김대중 정부와 노무현 정부는 그 사건을 받아 국가정보원 과거사건진실규명위로 넘긴 것이다.

그 후 이 사건은 2005년 12월 27일 서울지방법원 형사합의 23부(재판장 이기택) 인혁당사건 재심결정이 이뤄졌다. 이 사건은 "서울고법 민사3부〔부장판사 원유석(元裕錫)〕는 2010년 12월 17일 '인혁당' 창당인물로 누명을 쓴 고(故) 김상한 씨의 가족들이 '죽은 김 씨를 간첩으로 조작해 오랜 기간 동안 피해를 봤다'며 국가를 상대로 낸 손해배상 청구소송에서 '국가는 김 씨 유족에 28억 원을 배상하라'며 원심과 같이 원고 일부 승소 판결했다."라고 했다.(송윤세, 2010. 12. 17.)

인혁당 사건은 박정희 정부가 1974년 4월 3일 긴급조치 4호를 발동할 때였다. 그리고 그달 25일 중앙정보부가 '인혁당 재건위' 관련자를 구속했다.

1972년 이 시기는 닉슨과 모택동이 '핑퐁외교'가 이뤄졌고, 미중수교가 실시되었다. 한편 닉슨은 '닉슨 독트린'을 1967년 7월 25일 발표했고, 1970년 7월 8일 미국은 '주한 미군을 5년 내 2만 명 한국에서 철수시키겠다.'라고 통보했다. 그리고

암은 당시 "나에게 죄가 있다면 많은 사람이 고루 잘 살 수 있는 정치운동을 한 것밖에 없다. 내 죽음이 헛되지 않고 이 나라의 민주발전에 도움이 되기 바랄 뿐"이라고 말했다.(사설, 2011. 01. 21.)

389) 김하영, 2007. 08. 21: 인혁당 사건은 1974년 4월 중앙정보부가 '북한의 지령을 받은 인혁당 재건위가 민청학련을 배후에서 조종해 학생시위와 정부전복을 기도했다'고 발표한 사건으로, 이듬해 4월 8일 대법원은 고(故)우홍선 씨 등 관련자 8명에 대해 사형을 선고했고 확정판결 뒤 불과 20여 시간 만에 사형이 집행됐다.

미국은 남베트남 파리평화협정(1973. 6. 13.), 남베트남 패망(1975. 4. 30.)을 선언했다.

이승만 대통령은 보안법을 1948년 12월 1일 제정했다. 그 잣대를 놓고 보면, 기결수 중 대부분 정치인은 이적죄에 해당한다. 더욱이 1987년 이후 헌법전문은 '불의에 항거한 4·19민주이념을 계승하고'에서 이는 독재&민주이념 2분법으로 놓는다. 1948년 7월 제헌헌법 정신과 그해 12월 제정된 보안법 정신은 독재로 보고, '불의에 항거한' 내용은 민주화로 규정했다.

'불의에 항거한' 민주화가 북한 찬양이라고 한다. 그 구체적 사례로 보자. 한편 박범진(朴範珍) 전 국회의원은 명지대 국제한국학연구소가 최근 출간한 학술총서 「박정희 시대를 회고한다.」에 수록한 증언에서 1차 인혁당 사건은 조작된 사건이 아니라고 밝혔다.(사설, 2010. 06. 30.) 그의 증언에 따르면 "'서울대 정치학과 4학년 때인 1963년 입당할 때 문서로 된 당의 강령과 규약을 직접 봤고 북한산에 올라가서 오른손을 들고 입당선서도 했다'고 증언했다. 인혁당 강령은 '민족 자주적인 정권을 수립해 북한과의 협상으로 통일을 했다.'고 증언했다."라고 했다.

사법부는 '상황에 따른 시간'(Kairos)을 염두에 두지 않았다. 이명박 정부는 사유화로 시작하여, 과거사까지 사유화의 길을 열어줬다. 실패한 운동권의 비극이었다.

다른 한편으로 대법원(이용훈 대법원장)은 다른 과거사 정리를 발표했다. 긴급조치 1호에 관한 사건으로, 이 조치는 1974년 1월 8일 박정희 전 대통령이 내린 조치였다. 그 조치는 "유신헌법을 반대·비방하는 행위를 한 사람은 영장 없이 체포·구속할 수 있고, 15년 이하의 징역에 처한다는 내용이었다."라고 한다.(김낭기, 2010. 12. 17.)

〈만물상(萬物相)〉은 "대학생 시위가 계속되면서 1975년까지 긴급조치가 9개 선포됐다."라고 했다. 긴급조치 위반으로 기소된 사건은 1140건에 이르렀다. 이용훈 대법원장은 2010년 12월 16일 "유신체제에 대한 국민 저항을 탄압하기 위한 것으로 국민 기본권을 침해해 위헌이라고 판결했다."라고 판결한 것이다.

그렇다면 당시 법관은 어떤 판결을 했는지, 1979년 3월 박정희 정부에 의해 대법원장으로 임명받아, 전두환 전 대통령에 퇴임한 이영섭 대법원장은 그의 퇴임사에서 "사법부를 사법부(司法府)라 쓰지 않고, 사법부(司法部)라고 적어 사법부의 위상이 행정부의 일개 부처로 전락하였다는 사실을 자조적으로 표현했다."라고 했다.(한홍구 2009. 05. 19.) 더욱 그는 구체적으로 그 뒤 소장 법관들이 스스로 반성했듯이 "한국의 사법부는 '판결로 말해야 할 때 침묵했고, 판결로 말하지 말아야 할 것을 말했던 것'이다."라고 했다.

법은 균형감각을 갖고 그 시대적 상황에서 판결을 할 필요가 있다. 그때 공정한 판결을 보류하고, 지금에 와서 오늘의 잣대로 판결했다. 한편 언론에도 과거사 정리가 시작되었다. 한편 진실·화해를 위한 과거사정리위원회는 2010년 1월 7일 기자회견을 열고 "전두환 신군부가 정권장악 목적으로 80년 언론 통·폐합 및 언론인 강제해직 사건에 직접 관여했음을 확인했다."고 밝혔다.(이로사, 2010. 01. 08.)

'언론 통·폐합 사건'은 80년 11월 14일 공화국 당시 신군부가 '언론창달계획'이란 이름으로 단행해 전국 당시 전국 64개 언론사를 신문사 14개, 방송사 3개, 통신사 1개 등 18개로 강제 통·폐합하고, 언론인 1000여명이 해직된 사건이다.

진실화해위는 "'국가는 공권력을 이용해 강압적으로 언론자유를 침해한 책임을 인정하고 관련 피해자에게 사과할 필요가 있다'며 '피해자의 명예를 회복시키고 피해 구제를 위한 적절한 조치를 취하라'고 권고했다."라고 한다.

진실화해위는 2007년 11월 언론 통·폐합과 관련한 신청사건 6건을 직권 조사키로 결정하고 그간 관련기록 4만 5,000여 쪽을 분석했으며 29개 언론사에서 4,000쪽 분량의 서면 답변과 증빙자료를 제출받아 검토했다.

같은 역사는 계속되었다. 이로써 외눈박이 과거사 정리는 2010년 12월 30일로 과거사 정리를 끝을 맺었다. 원샷 과거사 정리가 끝난 것이다. 따지고 보면 이념적 과거사 정리이지, 정통적 헌법정신의 과거사 정리는 아니었다.

그런데 이명박 정부의 인권은 전혀 개선되지 않았고, '용산참사'에서 검찰·법원은 한 목소리로 경찰과 정부 손을 들어줬다. 법원은 '법과 양심'의 소리를 외면한 것이다. 법원은 강자에는 지극히 약하고, 약자에게 지극히 강한 면을 보여줬다.

'용산참사'는 2009년 1월 21일 오전 7시 20분쯤 철거민과 경찰과의 대치 상태에서 불이 붙어, 농성자 5명과 경찰특공대원 1명이 숨진 사건이 벌어졌다. 그 사건의 법원 1심에서의 1차 공판에서 재판부는 검찰의 손을 들어줬다. 용산 범대위는 28일 성명서를 통해 "'재판부가 정의보다 정치권력의 힘을 택했다.'면서 '대한민국의 사법부에 절망했다.'"라고 밝혔다.[390]

또한 인권침해 사례가 문제로 떠올랐다. 벌써 인수위 시절, "문화관광부가 언론사 간부들에 대한 '성향조사'를 했을 때와 비슷한 시기인 지난해(2007년) 말 산하단체에 중앙일간지의 경영상황과 부대사업, 내부동향을 파악해 보고하도록 지시한 것으로 밝혀졌다."라고 했다.(최재영·김광호, 2008. 01. 14.)

인수위 병이 도진 것이다. 2010년 10월 22일 총리실 '공직윤리지원관실의 불법민간인 사찰'[391]이 문제가 되었다. 불법사찰 피해자로 한나라당 정두언 최고위원과 남경필 의원이 검찰의 수사를 의뢰하고 나섰다.(이주영, 2010. 10. 23.)

민주당 우제창 의원은 국회에서 기자회견을 열고 총리실로부터 제출받은 다가우저 구매 영수증과 다가우저 사용일지인 '하드디스크 불용처리 관리대장'을 공개했다. 이 자료는 "국무총리실이 2006년 구매한 다가우저(하드디스크 영구 파괴장비)를 쓰지 않다가 공직윤리지원관실의 민간인 불법사찰이 집중된 2009년부터 사용해 수십만 건의 문서를 삭제한 것으로 8일 밝혀졌다. 검찰이 수사 과정에서

---

390) 김지환·구교형, 〈공소장 대신 읽는 줄 알았다〉, 「경향신문」, 2009·10·29; '용산참사 재판 주요 쟁점 및 재판부 판단'은 화재원인, 발화지점, 경찰특공대 진입에서 ①검찰 농성자들이 던진 '화염병 때문에', '망루 3층', '정당한 공무집행', ②변호인단, '특정어렵다,' '발전기+전동그라인더 가능성', '특정어렵다.' '망루 밖일 가능성', '과도한 진압(상부지시?)', ③재판부 판단, '농성자들이 던진 화염병 때문', '망루 3층', '정당한 공무집행' 등으로 재판부는 검찰의 조사 사실을 전부 인정했다.(김지환·구교형, 2009. 10. 29.)

391) 총리실 공직윤리지원관실 불법사찰은 김종익(KB한마음 대표·56)에서 2008년 9월에 문제가 되었다. 김 씨는 자신의 블로그에 올린 이른바 '쥐코' 동영상을 빌미로 공직윤리지원관실은 김씨가 대표로 있는 KB, 한마음에 대해 두 달간 불법 압수수색과 광범위한 관련자 소환 조사를 벌였다. 지원관실은 회사 직원들과 원청업체인 국민은행에 압력을 행사해 김 씨를 대표직에서 물러나게 하고 지분 이전까지 하게 했다. 공직자의 윤리를 감시하는 기관이 민간인에게 무차별 사찰을 감행한 것이다.(허정현, 2010. 12. 20.)

이를 알아내고도 묵인·은폐했다는 지적도 제기됐다.(이인숙·정제혁, 2010. 11. 09.)

또한 민주당 이석현 의원은 "대포폰이라는 건 사기행각을 벌일 때 쓰는 건데 청와대가 불법적으로 대포폰을 만들어 공직윤리지원관실에 보내 쓰게 했다니, 얼마나 나쁜 짓을 하길래 대포폰까지 동원하느냐는 생각이 들었다."라고 했다.(이유주현, 2010. 11. 03.)

검찰의 수사는 청와대와 손발이 맞지 않았다. 김희정 청와대 대변인은 2010년 11월 2일 대포폰에 대한 입장을 설명하면서 '검찰이 수사 중인 사안'이라고 했다.(사설, 2010. 11. 04.) 그런데 수사책임자인 노환균 서울중앙지검장은 "지난달 국감 때 '수사가 종결됐다'고 했고, 이후 계속되는 재수사 촉구에도 검찰은 '재수사할 근거가 없다'고 버텨왔다."라고 했다. 검찰은 '살아있는 권력' 앞에 있으나 마나한 존재였다.

이명박 정부 초기부터 민간인 사찰이 문제가 되었다. 이명박 대통령 당선인 인수위원회가 정부에 요청한 자료에서 "정부 부처에 언론사 간부들과 산하기관 단체장 등에 대한 대규모 '성향조사'를 지시한 것으로 밝혀져 파문이 일고 있다. 인수위는 언론사 간부진은 물론 영향력을 행사할 수 있는 광고주, 산하단체장 등 광범위한 대상을 조사대상에 포함하도록 지시했다."라고 했다.(최재영·김광호, 2008. 01. 12.)

인권침해에 대해 헌법재판소가 위헌판정(재판관 위헌 7, 합헌 2)을 내렸다. 헌재는 '미네르바 기소 근거 전기통신법의 공익 개념 불명확'으로 판결을 내었다. 박대성(32) 씨는 "2008년 우리나라의 외환보유고가 고갈돼 외화예산 업무가 중단된 것처럼 허위 내용의 글을 인터넷에 게시한 혐의(전기통신기본법 위반)로 기소돼 1심에서 무죄를 선고받았으나 검찰이 항소하자 헌법소원을 냈다."라고 했다.(임현주, 2010. 12. 29.)

또한 헌재는 "국가정보원 등 수사기관의 '감청 중독증'에 제동을 걸었다. 2010년 12월 28일 범죄정보 수집을 위한 통신제한 조치(감청)의 기간이 2개월을 넘지 않아야 한다고 규정해도 연장 횟수 등을 제한하지 않은 통신비밀보호법 제6조 7항이 통신의 자유를 침해한다는 법률이라며, 재판관 4(헌법불합치) 대 2(단순 위헌)

대 3(합헌)의 의견으로 헌법불합치라고 결정했다."라고 했다.(노현웅, 2010. 12. 29.)

인권침해는 제도권 안에서도 문제가 되었다. 김대중 정부가 설립한 인권위가 유명무실하게 되었다. 행안부 직제개편안을 통해 208명의 직원이 164명으로 줄어들었다.(이성기·남상욱, 2010. 11. 02.) 더욱이 현병철 위원장 체제에서 인권위가 '식물 위원회', '봉숭아 학당'이라는 소리를 듣게 되었다. 이는 "당연히 목소리를 내야 할 정치사회적 인권문제에 침묵하고 있다."라고 했다.[392] 유남영, 문경란 상임위원들이 현 위원장의 독선적 조직운영과 정책방향에 동반사퇴를 한 것이다. 현 위원장은 정부에 코드를 맞춘 결과였다.

국가인권위원회법 제2조 1항은 "'인권'이라 함은 「헌법」 및 법률에서 보장하거나 대한민국이 가입·비준한 국제인권조약 및 국제관습법에서 인정하는 인간으로서의 존엄과 가치 및 자유와 권리를 말한다."라고 했다. 그 법과 국내 인권상황은 거리가 멀었다.

인권이 존중되지 않은 상황에서 신·구 권력관계에 갈등은 심해지게 마련이었다. 진보계열과 보수정부 간의 갈등이 첨예화했다. '김대중 전 대통령'[393]은 2009년 4월 27일 『김대중 마지막 일기-인생은 아름답고 역사는 발전한다』 일기에서 "지금의 민주주의 위기, 중소서민 경제위기, 남북문제 위기 해결을 위해 노력하겠다."라고 했다.(김광호, 2009. 08. 22.)

갈등이 첨예화 되면서 2009년 5월 23일 노무현 전 대통령의 자살 사건이 벌어

---

392) 이성기·남상욱, 「효 위원장 부임 후 파행·왜곡의 길을 가고 있다」, 「한국일보」, 2010년 11월 2일; 현병철 위원장 취임(2009. 7. 20.) 이후, ①MBC- PD 수첩 검찰 수사 사건에 관한 의견 제출 부결(2009. 12. 1.), ②용산 철거민 사망사건에 관한 법원 의견 제출 부결(2009. 12. 28), ③야간시위 헌재 의견 표명 부결(2010. 3. 8.), ④박원순 변호사 명예훼손 사건 의견제출 내부종결 및 부결(2010. 4. 26.), ⑤4대강 공사 반대농성 이포보 농성자들 긴급구제 요청 기각(2010. 8. 13.), ⑥강제철거 반대농성 두리반 긴급구제요청 기각(2010. 7. 23.) 등 인권위 활동은 거의 유명무실하게 된 것이다.

393) 김대중 전 대통령은 이명박 대통령에 대한 평가가 인색했다.(이인숙, 2010. 07. 30.) 대통령 취임사부터 철학이나 비전이 보이지 않았고, 정부조직 개편안은 시대에 역행하는 것이었으며, 북한에 대해선 자신이 표방한 실용에서 완전히 벗어나 있다는 것이다. (이 대통령) 대통령 후보로 나를 찾아왔을 때는 햇볕정책에 공감한다고 여러 번 말했다. 그의 말대로 실용적인 사람으로 알고 대세에 역행하지 않을 것으로 믿었는데 내가 잘못 본 것 같았다.

졌다. 그 전 노 전 대통령은 2008년 7월 16일 공개된 '이명박 대통령께 드리는 편지'를 공개했다. 그의 편지에서 "'지금도 내가 처한 상황을 믿을 수 없다'고 했다. 그는 이 대통령이 '전직 대통령은 내가 잘 모시겠다.'는 말을 여러 차례 되뇌었다는 점을 상기시킨 뒤 '내가 이 대통령을 오해해도 크게 오해한 것 같다.'라고 짙은 불신감을 드러냈다."라고 전했다.(강희철·고제규, 2008. 11. 15.)

이어 『김대중 마지막 일기』는 "노무현 전 대통령이 자살했다는 보도, 슬프고 충격적이다. 그간 검찰이 너무도 가혹하게 수사를 했다. 노 대통령, 부인, 아들, 딸, 형, 조카사위 등 마치 소탕작전을 하듯 공격했다. 그리고 매일같이 수사기밀 발표가 금지된 법을 어기며 언론플레이 했다. 그리고 노 대통령의 신병을 구속하느니 마느니 등 심리적 압박을 계속했다. 결국 노 대통령의 자살은 강요된 거나 마찬가지다."라고 했다.(김광호, 2009. 08. 22.)

현 대통령과 전직 대통령 간에 갈등이 도를 넘었다. 한 인사는 말만 앞세워 '건달정부'라는 소리를 듣고, 다른 인사는 '노가다 정치'를 한 것이다. 더욱이 법과 원칙은 부정선거로부터 무너지기 시작했다. 처음에는 못된 습성이 여론조사에서 시작해서, 부정선거로 이어졌다.

2007년 한나라당 경선 여론조사도 요지경임이 틀림이 없었다. 지금도 아니라고, 일부에서는 몽니를 부리지만, 결과가 그렇게 증명이 된다. 지역갈등이 심하게 일어났고, 지지자 간에 갈등도 함께 도출되었다. 그 때 사회통합을 이뤄야 할 검찰과 법원은 전혀 역할을 하지 못했다.

갈등이 심해지자, 대통령 직속 자문기구로 '사회통합위'[394]가 2009년 12월 23일 발족되었다. 위원장에는 고건(高建) 전 국무총리가 임명되었다. 사통위는 이명박 대통령이 8·15 광복절 경축사에서 '분열과 갈등을 극복하고 따뜻한 자유주의,

---

394) 사통위는 산하에 계층분과, 이념분과, 지역분과, 세대분과 등 4개 분과 위원회를 두며 각 분과엔 민간전문가와 고위공무원 30명씩 총 120명이 참여한다. 내년 예산은 27억 원으로 책정했으며 정부중앙청사 창성동 별관에 31명으로 구성된 사무국 성격의 지원단을 두고 있다.(고기정, 2009. 12. 22.) 지원단은 최근 △사회적 합의 도출 △정책 조정 △사회통합 저해요소 모니터링 등 3대 중점과제를 마련했다.

성숙한 민주주의를 실현하기 위해 대통령 직속으로 구성하겠다.'고 약속한 기구이다.(고기정, 2009. 12. 22.)

한편 DJ-盧정부 인사를 다수 참여시킨 사통위는 "그 역할이 세종시나 4대강 등 정치현안보다는 사회적 갈등 요인을 해소하고 대안을 제시하는 쪽에 초점을 맞췄다."라고 했다.(고기정, 2009. 12. 22.)

그러나 현실은 전혀 달랐다. 이명박 정부는 갈등이 도가니 속에서 과거 정권의 인사를 낙마시키고, 코드 인사를 난발시켰고, 양승태 신임 대법원장의 등장은 보수색깔을 더욱 강화시켰다. 양 대법원장은 보수 성향의 법관들이 많이 가입해 있는 것으로 알려진 민판연(민사판례연구회)395) 출신이었다.

한편 보수, 진보 양쪽에 반기를 든 새로운 인물 정치인 '안철수'396)가 등장했다. 이명박 정부 들어 부패가 만연되자, 정치권에 새바람이 불기 시작했다.

한편 사회는 인터넷 발달로 권위주의가 거하고, 새로운 사회가 도래했지만, 정부는 이를 인지하지 못했다. 정부는 오히려 홍보기능을 강화시킴으로써 소통부재의 사회가 계속되었다. 언론은 홍보기구에 만족했으나, 인터넷이 활성화된 지금 오히려 분란만 일어났다. 정부는 결국 인터넷 미디어에 따른 국민들 사고를 고려하지 않았던 것이 불찰이었다. 권력의 사유화와 제도의 사유화가 하나씩 공개되는 시점이었다.

이명재 자유언론실천재단 편집기획위원은 22일 민주언론시민연합이 주최한 「기자단, 존재 이유는?」에서 "더 이상 정부나 공공기관이 정보를 독점하지 않은

---

395) 민판연은 1977년 처음 만들어진 이 모임은 서울법대 출신자 중에서도 사법연수원 성적이 극히 우수한 일부만을 골라 새 회원으로 영입하는 '이너서클'이었다. 양승태 신임 대법원장은 이 단체 소속이었다.(노현웅, 2011. 08. 20.)

396) 안철수 서울대 융합과학기술대학원장은 정치권에 진보도 보수도 아닌, 새 바람을 불러들였다. 그는 서울시장 출마 가능성에서 수위를 달렸다. "서울시장 보궐선거를 앞두고 지난 3일 「국민일보」가 실시한 3자 가상대결 여론조사에서 안철수 대학원장은 55.4%를 얻어 24.6%의 나경원 의원, 9.1%의 박원순 변호사를 가볍게 제쳤다. 다른 기관의 조사 결과들도 비슷했다. 그런데 출마를 고심해왔던 안 씨는 출마설이 나온 지 닷새 만에 지지도가 자신의 6분의 1에 불과한 박 씨에게 후보를 양보한다고 발표했다.(홍준호, 2011. 09. 07.)

상황에서 언론 스스로 보도자료를 받아쓰는데 그치지 않고 다양한 취재를 위해 노력해야 한다는 지적이다."라고 했다.[397]

또한 동 기사는 "'어느 정권보다 언론을 철저히 억압했던 박정희 정권 때에 청와대 기자실이 마련됐다는 것은 아이러니'라며 즉 기자실은 권력에 불편한 침입자이기도 하지만 동시에 잘 길들이면 '한 식구'로 지내며 우군으로 활용할 수 있다는 것을 권력은 간파했던 듯하다."라고 했다(동면).

한편 야당의 목소리는 거세졌다. 국회선진화법 2012년 5월 19대 국회 임기 개시일부터 시행됐다. 이 법은 "쟁점 법안의 경우 과반수가 아닌, 재적 의원 5분의 3 이상이 동의해야 신속처리법안으로 상정할 수 있도록 한 법안이다. 국회의장의 직권상정과 다수당의 법안 강행 처리를 제한하는 것이 목적이다. 직권상정(職權上程)은 국회의장의 권한으로 상임위원회 심사를 거치지 않고 법안을 본회의에 바로 넘기는 것을 말한다. 만일 국회의장이 중립적 태도를 잃고 직권상정을 남발할 경우 거대·다수당에 의해 법안이 일방적으로 처리될 수 있다. 18대 국회에서는 90여 건의 직권상정이 처리되면서 이를 저지하는 과정에서 여당과 야당 간 몸싸움과 폭력이 다수 발생하기도 했다. 이로 인한 국회파행 등의 문제점을 막기 위해 2012년 18대 국회 마지막 본회의에서 국회선진화법이 여야 합의로 통과되었다."라고 했다.[398] 이 법의 문제점은 "다수 국민의 의사를 대변하는 국회 다수

---

397) 금준경, 2018. 03. 28; 그 문제점으로 "△폐쇄적인 운영과 정보독점 △보도자료에 의존한 기사 쓰기 방식 △기자실 운영비로 인한 혈세 낭비 △촌지 수수 등의 의혹의 온상이라는 등이다."라고 주장했다(동면).

398) 국회선진화법은 국회의장 직권상정의 요건 제한과 안건 조정위원회의 설치, 안건 신속처리제도 도입 등의 내용을 골자로 한다. 국회의장의 직권상정을 천재지변이나 전시, 사변과 같은 국가 비상사태나 의장이 각 교섭단체 대표와 합의한 경우로 제한해 일방적인 법안 처리를 막았다. 또한, 3분의 1 이상의 상임위원회 재적 의원이 요구하면 쟁점 법안에 대해 안건조정위원회를 구성해 최장 90일간 논의할 수 있도록 했다. 필리버스터 제도를 도입한 것도 국회선진화법의 특징이다. 필리버스터(Filibuster) 제도는 주로 소수당이 다수당의 일방적인 법안 처리를 막거나 표결을 지연시키기 위해 장시간 토론으로 시간을 끄는 것으로 의회 운영 절차의 한 형태이다. 국회선진화법에서는 재적 의원 3분의 1 이상이 찬성하면 최장 100일까지 무제한 토론을 할 수 있도록 했다. 재적 의원 5분의 3 이상의 중단 결의가 있으면 토론을 중단할 수 있다(http://100.daum.net/encyclopedia/view/47XXXXXXd112).

당이 소수당이 반대하면 아무 것도 할 수 없는 反대의제적인 요소이다."라고 했다.[399] 다른 한편 그 결과 국회는 법주고 법 받기를 언제나 시도할 수 있는 '야합(野合)국회가 꼬리를 물고 나오는 결과를 초래했다.

---

399) 허영, 〈정치난맥 근본 원인 '국회선진화법'〉, 「조선일보」, 2015년 07월 13일.

참고문헌

강규형, 「'진실화해위원회', 역사가 어떻게 평가할까」, 「중앙일보」, 2010년 12월 30일.

강아름, 「정책비판 보도에 언론·표현의 자유 폭넓게 인정」, 「한국일보」, 2010년 12월 3일.

강혜란, 「채널 22개 SO(종합유선방송사업자) 18개 … 케이블 TV 공룡탄생」, 「중앙일보」, 2009년 12월 25일.

강혜주, 「시사저널 사태 1년의 의미- 편집권 수호위한 새로운 항해」, 「신문과 방송」No. 440, 2007년 8월, p.106.

강효진, 「박근혜 대통령 취임사 '경제부흥, 국민행복, 문화융성 이루겠다.'」, 「티브이데일리」, 2013년 2월 25일.

강희철·고제규, 「승부사 노무현의 '역공'?」, 「한겨레신문」, 2008년 11월 15일.

「경향신문」, 1948년 6월 8일.

고기정·차지완·박민혁, 〈저속 과속 차선위반 '위기극복 속도전' 靑 조율기능 고장〉, 「동아일보」, 2009년 4월 18일.

고기정, 「사회통합위 출범 … 위원장에 고건 前 총리-DJ-盧정부 인사 다수 참여」, 「동아일보」, 2009년 12월 22일.

공동기획취재팀, 「온라인 참여 민주주의 새싹」, 「서울신문」, 2008년 7월 31일.

구동본, 「정치권, 거센 후폭풍 속으로」, 「서울경제」, 2009년 4월 29일.

권대열·정시행, 「개헌론(改憲論), 발원지는 결국 이대통령」, 「조선일보」, 2011년 2월 2일.

금준경, 「기자 스스로 '기자단'을 버려야 산다」, 「미디어오늘」, 2018년 3월 28일.

김규원, 「신문 공동배달센터 수도권부터 집중」, 「한겨레신문」, 2005년 11월 17일.

김교만, 「'신문사주 지분 제한' 첨예 대립」, 「문화일보」, 2004. 4. 22.

김광호, 「일기로 본 DJ의 시국인식과 고뇌」, 「경향신문」, 2009년 8월 22일.

김기봉, 「'새해 예산안' 與 단독처리」, 「조선일보」, 2010년 12월 9일.

김기철, 「노무현 정권이 만든 규명위원회 반민특위·광복회 기준까지 무시」, 「조선일보」, 2009년 11월 28일.

김남일, 「헌재, '국회 언론법 날치기' 끝내 눈감았다」, 「한겨레신문」, 2010년 11월 26일.

김남일, 「'사법살인에 희생' 조봉암 무죄〉, 「한겨레신문」, 2011년 1월 21일.

김낭기, 「긴급조치 위헌판결」, 「조선일보」, 2010년 12월 17일.

김봉기, 「댓글 '강요하는' 홍보처」, 「조선일보」, 2006년 9월 28일.

김봉기, 「신문·방송 겸영 허용키로」, 「조선일보」, 2008년 1월 8일.

김선주, 「'시사저널' 사태에 발언하자」, 「한겨레신문」, 2007년 1월 11일.

김승현, 「대법, 신영철 대법관 '촛불 재판 e-메일' 조사」, 「중앙일보」, 2009년 3월 6일.

김영욱, 「단순 사건 전달서 심층 뉴스 보도로 베를리너판, 정보 패러다임 바꾼다.〉, 「중앙일보」, 2009년 5월 22일.

김영희, 「독립신문 발행주체의 언론사상」, 『독립신문과 한·중·일 근대신문의 생성』, 1996, 한국언론학회.

김윤덕, 「盧 돕지 않던 문재인, 좌파언론 … 서거 후 상주 코스프레」, 『조선일보』, 2023년 04월 10일.

김의겸, 「당과도 … 국민과도 … '말이 안 통한다'」, 『한겨레신문』, 2005년 8월 25일.

김원정·류정민, 「공정사회 비웃는 정부광고 '쏠림'」, 2010년 9월 29일.

김정필, 「종편 '승자의 저주' … 방송시장 '레드오션' 칼바람 예고」, 『한겨레 신문』, 2011년 1월 3일.

김주현, 「방통위, 최시중 신정 정치 무대 한마디 하면 일사천리로 전행」, 『경향신문』, 2010년 8월 9일.

김준일, 「종편 심사 '조중동 편들기' 사실로」, 『경향신문』, 2011년 1월 17일.

김종목, 「영혼없는 저널리즘 판치는 암울한 세상」, 『경향신문』, 2010년 10월 27일.

김종목, 「KBS가 말하는 공정은 '공공연한 정권 홍보'」, 『경향신문』, 2010년 12월 15일.

김정필·고나무, 「'피디수첩 4대강편 불방' 비판 확산」, 『한겨레신문』, 2010년 8월 19일.

김지석, 「갈수록 더 '위험한 정권'」, 『한겨레신문』, 2011년 1월 12일.

김지환·구교형, 「공소장 대신 읽는 줄 알았다」, 『경향신문』, 2009년 10월 29일.

김지환·구교형, 「검찰 주장 다 들어주고 '약자 절규'엔 귀 막아」, 『경향신 문』, 2009년 10월 29일.

김진구·이호준, 「정부 '세종시 홍보' 들러리 선 방송」, 『경향신문』, 2010년 1월 20일.

김진균, 「'언론자유' 자물쇠 채웠다」, 『동아일보』, 2007년 10월 13일.

김철웅, 「〈여적〉- 환율조작과 미네르바」, 『경향신문』, 2009년 1월 13일.

김하영, 「'인혁당사건' 희생자에 245억 원 배상 판결」, 『Pressian』, 2007년 8월 21일.

김현, 「'정의란 무엇인가' 샌델은 묻고 플라톤은 탐구한다」, 『한겨레신문』, 2011년 2월 19일.

김택환, 「포털사이트와 한국언론」, 『관훈저널』 통권 99호, 2006 여름, p. 11.

김현진, 「세종시설치법 국회통과」, 『뉴시스』, 2010년 12월 8일.

남도영, 「새 방통심의위원장에 이진강 前 변협회장 내정」, 『국민일보』, 2009년 8월 7일.

노무현, 『노무현 대통령 연설문집 제1권』, 대통령비서실, 2004년 2월 25일.

노무현, 『노무현 대통령 연설문집 제2권』, 대통령 비서실, 2005년 2월 25일.

노무현, 『성공과 좌절-못다 쓴 회고록』, 도서출판 학고재, 2009.

노현웅, 「'감청 무제한 연장' 통비법, 헌재서 제동」, 『한겨레신문』, 2010년 12월 29일.

노현웅, 「보수성향 강한 '법원내 성골 집단'」, 『한겨레신문』, 2011. 08. 20.

노형석, 「'현정부 왜 언론 과거사는 외면하는지 …'」, 『한겨레신문』, 2006년 12월 7일.

대한민국재향군인회 게시판, 「16대 대선 부정선거는 이러했다」, 2007년 02월 04일.

『독립신문』, 1899년 1월 10일.

류혁, 「교포 등 中세력 국내 100만 … 댓글부대 동원 '주의보'」, 『스카이데일리』, 2023년 8월 22일.

문동성, 「청와대 취재 시스템의 변화와 평가」, 『관훈저널』 통권 143호, 2017년 여름, p. 78.

문현숙, 「11월 '개국' 향해 뛰는 'OBS 경인TV'」, 「한겨레신문」, 2007년 5월 29일.

문현숙, 「2010-부끄러운 자화상② 언론- 방송, 정권코드 맞추고 노조 반발엔 보복성 징계」, 「한겨레신문」, 2010년 12월 28일.

문현숙, 「공동배달제, 신문사 협의체로 넘어간다」, 「한겨레신문」, 2010년 11월 17일.

문현숙, 「조중동 방송, 여론다양성 훼손' 55%, '종편 위한 광고규제 완화 반대' 69%」, 「한겨레신문」, 2011년 1월 6일.

민동용, 「'여론수렴' 발목잡힌 미디어발전위」, 「동아일보」, 2009년 6월 13일.

민원실 보고서, 「'소통 없는 국민과의 대화」, 「문화방송 노보」, 149, 2009년 12월 4일.

박돈규, 「10년 전 괴담에 홀로 맞섰던 학자, 그가 옳았다」, 「조선일보」, 2018년 4월 7일.

박민혁, 「靑 '기자와 접촉땐 사전보고 하라」, 「동아일보」, 2008년 12월 3일.

박래용, 「도곡동 땅, 검찰은 거짓말 하지 않았다」, 「경향신문」, 2009년 12월 1일.

박래용, 「'박연차 게이트' 관전법」, 「경향신문」, 2009년 5월 11일.

박성호, 「정책과 규제 기구를 별도로 해야」, 「신문과 방송」, No.433, 2007년 1월, p. 16.

박수정·오동근, 「촛불든 10代에 부끄러운 대학생」, 「경향신문」, 2008년 5월 17일.

박영환, 「공정사회 불씨 살리기 이 대통령 뜻대로 될까」, 「경향신문」, 2011년 2월 18일.

박종세, 「'정의' 신드룸 일으킨 마이클 샌델 하버드大 교수 송년인터뷰」, 「조선일보」, 2010년 12월 31일.

박진석, 「盧 패밀리 수사는 '토끼뜀' … 현(現)정권 인사 수사는 '거북이'」, 「한국일보」, 2009년 4월 13일.

박진석, 「PD수첩 광우병 제작진 무죄」, 「한국일보」, 2010년 1월 20일.

박창근, 「안쓰러운 4대강 감사원 보고서」, 「경향신문」, 2011년 2월 11일.

박창섭, 「언론진흥재단 '보수인사' 전면 포진」, 「한겨레신문」, 2010. 1. 6.

박현철, 「법관회의서도 '신영철, 재판독립 침해'」, 「한겨레신문」, 2009년 4월 28일.

박현철, 「조용수 민족일보 사장 47년만에 무죄」, 「한겨레신문」, 2008년 1월 17일.

백인성, 「종편 1개당 방송장비 1500억 … 일본 업체만 배불린다」, 「경향닷컴」, 2011년 1월 4일.

병영욱, 「최시중 위원장 취임」, 「동아일보」, 2008년 3월 27일.

사설, 「신문시장, 공정위가 나서야」, 「미디어 오늘」, 2002. 7. 25.

사설, 「공무원은 정권의 '인터넷 홍위병'이 아니다」, 「동아일보」, 2006년 4월 25일.

사설, 「무책임한 국정브리핑과 청와대 통계 왜곡」, 「동아일보」, 2006년 5월 23일.

사설, 「'핵심조항 위헌' 신문법 폐기해야」, 「동아일보」, 2006년 6월 30일.

사설, 「국민의 눈을 가리는 대통령」, 「중앙일보」, 2007년 1월 24일.

사설, 「한국 언론계의 불행, '시사저널 사태'」, 「한겨레신문」, 2007년 1월 24일.

사설, 「李 정부 '프레스 프렌들리' 말뿐인가」, 「동아일보」, 2008년 3월 7일.

사설, 「야당에도 '라디오 연설' 시간 줘야」, 『한겨레신문』, 2008년 10월 23일.

사설, 「예산협상 한발씩 양보해 접점 찾아라」, 『한국일보』, 2008년 12월 5일.

사설, 「盧 전 대통령의 '반칙·특권 없는 세상'이 이런 거였나」, 『조선일보』, 2009년 4월 1일.

사설, 「국민 뜻 무시하는 게 서민정치인가」, 『한겨레신문』, 2009년 7월 28일.

사설, 「기자회견 질문까지 '원천봉쇄'하는 청와대」, 『한겨레신문』, 2009년 10월 2일.

사설, 「이번엔 손석희 〈100분토론〉 진행자인가」, 『경향신문』, 2009년 10월 14일.

사설, 「용산 참사, 도대체 누구에게 죄를 묻겠다는 것인가」, 『한겨레신문』, 2009년 10월 22일.

사설, 「헌재의 '미디어법 결정', 기만 아닌가」, 『경향신문』, 2009년 10월 30일.

사설, 「'정치검찰'의 억지 기소 일축한 피디수첩 판결」, 『한겨레신문』, 2010년 1월 21일.

사설, 「국민의 눈을 가리는 대통령」, 『중앙일보』, 2007년 1월 24일.

사설, 「MBC는 여전히 환골탈태 필요하다」, 『중앙일보』, 2010년 2월 9일.

사설, 「방송장악의 완결이라고 보면 오산이다」, 『경향신문』, 2010년 2월 9일.

사설, 「대응은 현실적으로 조사는 더 철저하게」, 『한겨레신문』, 2010년 5월 22일.

사설, 「'인혁당 實在했다'는 박범진 씨의 용기 있는 증언」, 『동아일보』, 2010년 6월 30일.

사설, 「4대강 사업, 이래도 대운하 준비 아닌가」, 『경향신문』, 2010년 8월 18일.

사설, 「청와대 대포폰 누구의 지시로 덮었나」, 『경향신문』, 2010년 11월 4일.

사설, 「G20 정상회의, '경주 합의' 후퇴해선 안 된다.」, 『중앙일보』, 2010년 11월 12일.

사설, 「이 대통령의 끝없는 '도산 선생모독'」, 『한겨레신문』, 2010년 12월 28일.

사설, 「공익(公益)' 개념, 헌재(憲裁) 판결 계기로 보다 구체화할 필요 있다」, 『조선일보』, 2010년 12월 31일.

사설, 「사형집행 52년 만에 누명 벗은 조봉암 선생」, 『경향신문』, 2011년 1월 21일.

사설, 「대통령은 정식 기자회견 해야」, 『중앙일보』, 2011년 1월 31일.

사설, 「노무현·김정일 대화록, 누가 왜 빼돌렸나」, 『조선일보』, 2013. 10. 03.

서정우, 「언론자유와 사회윤리」, 나남, 2010, p. 14.

설원태, 「'정치색' 더욱 짙어진 방통위 출범」, 『경향신문』, 2008년 3월 3일.

「소통 없는 국민과의 대화」, 『문화방송 노보』 149, 2009년 12월 4일.

손준현, 「다시 '슬픈 망루'를 보라」, 『한겨레신문』, 2011년 1월 12일.

송윤세, 「고법 '인혁당 사건' 김상한 유족에 28억 배상」, 『뉴시스』, 2010년 12월 17일.

송진원, 「"법치 빌린 정치보복" 주장 박근혜, '국정농단' 상고도 포기」, 『연합뉴스』, 2018년 9월 1일.

서정보, 「KBS 강동순 감사 2004년 탄핵방송 비판」, 『동아일보』, 2018년 4월 25일.

서희경, 「유진오 초안엔 내각제…국회 상정 전날 대통령제로 바꿨다」, 『조선일보』, 2018년 7월 9일.

성기철, 「대통령의 언론관을 알고 싶다」, 『국민일보』, 2009년 11월 4일.

서승욱·김필규, 「방송통신은 경제논리로 봐야」, 「중앙일보」, 2008년 12월 27일.

신문유통원, 「창립4주년 기념-신문유통원, 신문 역사에 한 획을 긋다」, 「해다미」, 2009년 12월.

신율, 「욕구이론을 통해서 본 남남갈등」, 「한국정치학회보」 제44집 제 2호 2010, p. 70.

신정록, 「盧 대통령 또 '오기' 비판일자 더 강공」, 「조선일보」, 2007년 5월 30일.

신정록, 「노무현 대통령과 언론 기사」, 「관훈저널」 통권 105호, 2007년 겨울, p. 14.

「언론중재 및 피해구제 등에 관한 법률」 제정 2005년 1월 27일, 법률 제7370호.

안용현, 「홍보처, 오명만 남기고 …」, 「조선일보」, 2008년 2월 29일.

양정대, 「신방겸영 허용 … 2012년까지 유보」, 「한국일보」, 2009년 6월 25일.

오태규, 「노무현 대 이명박」, 「한겨레신문」, 2009년 5월 29일.

오창균, 「'평생기름밥 먹고 살래?'가 일으킨 나비효과(창간 20주년 공모-나의 스무살, 심장이 뛰는 세상으로 들어가다.)」, 「오마이뉴스」, 2020년 02월 22일.

유통원창, 「한국언론진흥재단, 설립 준비 순항」, 「해다미」, 2009. 12.

윤창빈, 「시장경쟁을 바탕으로 한 미디어산업 활성화에 초점-이명박 대통령 미디어정책 관련 발언」, 「신문과 방송」447, 2008년 3월.

원용진, 홍성일, 방희경, 「PD 저널리즘: 한국방송 저널리즘 속 일탈」, 한나래, 2008, p. 25.

여현호, 「일사분란의 유혹」, 「한겨레신문」, 2008년 3월 14일.

염강수, 「'온 국민의 것'인 공중파 방송을 PD수첩이 '정치' '선동'에 이용해」, 「조선일보」, 2009년 6월 19일.

염영남, 「국민과 소통 정무·홍보 기능강화」, 「한국일보」, 2008년 6월 25일.

이가영, 「2008년 12월 18일 국회는 전쟁터-해머·전기톱 동원-'한·미 FTA 충돌 끝 상정」, 「중앙일보」, 2008년 12월 19일.

이기홍, 「대통령이 잘못 굴린 눈 뭉치, 눈사태 된다」, 「동아일보」, 2020년 2월 21일.

이로사, 「신국부 언론통폐합, 강제 해직 국가에 책임」, 「경향신문」, 2010년 1월 8일.

이명진 류정, 「박연차, 盧 정권 검찰 人事 좌지우지 … 그에게 줄 댄 간부도 여럿」, 「조선일보」, 2009년 3월 23일.

이문영·박창섭, 「여당쪽 '미디어위 부산 공청회' 일방종료-청중들 '요식행위 공청회 무효' 반발」, 「한겨레신문」, 2009년 5월 7일.

이문영, 「종편-보도채널 동시선정 빼곤 공회전한 공청회」, 「한겨레신문」, 2010년 9월 8일.

이문영, 「MB정권 징계 언론인 180명」, 「한겨레신문」, 2010년 10월 11일.

이문영·김정필, 「'종편'에 보수편향 언론 무더기 선정」, 「한겨레신문」, 2011년 1월 1일, p. 1.

이범준, 「미네르바 옭아맨 법 조항은 '위헌'」, 「경향신문」, 2010년 12월 29일.

이선민, 「민족운동가 이끌고 법률전문가 보좌」, 「조선일보」, 2018년 7월 9일.

이선민, 「장막 뒤에서 역사 집필 기준 밀어붙이는 교육부」, 「조선일보」, 2018년 6월 29일.

이선희, 「청와대 사전통보설 사실 아니다'」(양문석 위원 제기), 「국민일보」, 2011년 1월 1일.

이성기·남상욱, 「인권위의 어제와 오늘」, 「한국일보」, 2010년 11월 2일.

이성기·남상욱, 「玄 위원장 부임 후 파행·왜곡의 길을 가고 있다」, 「한국일보」, 2010년 11월 2일.

이에스더·최선욱, 「논쟁과 대안-'진화하는 방통 융합 기술 … 법·제도가 퇴화시키는 셈'(방송통신위원회 구성 논란)」, 「중앙일보」, 2007년 1월 11일.

이영훈·김낙년·김용삼(2019), 「반일 종족주의」, 미래.

이용성, "'친노 대 반노' '민주 대 반민주' 구도로 양분", 「신문과방송」 No. 400, 2004년 4월, p. 57.

이유주현, 「청와대, 얼마나 나쁜 짓 하길래 대포폰까지 동원하나 생각들어」, 「한겨레신문」, 2010년 11월 3일.

이인숙, 「북·중·러 참여시켜 '천안함 조사' 검증 필요」, 「한국일보」, 2010년 5월 25일.

이인숙, 「김대중 자서전- MB엔 '사람 잘못 봤어'..박정희 앞엔 언제나 '독재자'」, 「경향신문」, 2010년 7월 30일.

이인숙·정제혁, 「총리실, 지난해부터 '다가우저' 사용-'사찰' 수십만건 지웠다」, 「경향신문」, 2010년 11월 9일.

이일영, 「2·28 사건과 동아시아 모델」, 「한국일보」, 2011년 2월 28일.

이재훈, 「전문가 20명 팩트체커(Fact Checker) 활약 … 추측·과장·왜곡 보도 걸러낸다」, 「중앙일보」, 2009년 3월 19일.

이주영, 「검찰, 불법사찰 재수사하라」, 「경향신문」, 2010년 10월 23일.

이진영, 「홍보처 국정브리핑도 언론」, 「동아일보」, 2006년 5월 23일.

이진영, 「신문사 경영자료 요구 언론자유 침해할 우려」, 「동아일보」, 2006년 5월 27일.

이창섭, 「언론이 책임 걸린 일, 어설픈 사과로는 부족해」, 「신문과 방송」, 2009년 2월.

이항수·신은진, 「'언론의 의견표명엔 반론정구 못해' 홍보처 패소 판결-국가기관 반론청구 남발에 제동」, 「조선일보」, 2006년 2월 11일.

이호준, 「KBS 신임 사장에 김인규 씨 내정」, 「경향신문」, 2009년 11월 20일.

임정수, 「사회적 쟁점 유발 미디어로서 위상 높아져」, 「신문과 방송」 No. 439, 2007년 7월, p. 39.

임현주, 「인터넷 허위글 처벌 조항, 위헌」, 「한국일보」, 2010년 12월 29일.

장관순, 「이상득-노건평 '빅딜' 의혹」, 「경향신문」, 2009년 4월 9일.

장관순, 「메뚜기투표 26일엔 '적법' 27일엔 '컴퓨터 탓'」, 「경향신문」, 2009년 7월 28일.

장덕진, 「권력과 자본, 그 위험한 결합」, 「경향신문」, 2011년 1월 6일.

전지성, 「법원, 언론중재법 일보조항 위헌심판 제청」, 「동아일보」, 2006년 1월 21일.

정대수, 「선동가 노무현, 김대중 둥지에서 날다」, 서울: 에세이퍼블리싱, 2009.

정대필, 「언론사와 포털이 윈윈할 수 있어야」, 「신문과 방송」, No.439, 2007년 7월. pp. 42~43.

정연욱·이진영, 「방송에 감사한다던 盧 대통령 요즘 왜?」, 「동아일보」, 2006년 7월 18일.

정우상, 「盧 대통령, 끝없는 대안매체 만들기」, 「조선일보」, 2006년 1월 17일.

정우상, 「파탄 난 '노무현 정치'」, 「조선일보」, 2009년 4월 1일.

전성철, 「前 대우건설 사장-故남상국씨 유족, 盧 전 대통령 고소」, 「동아일보」, 2008년 12월 20일.

정진석, 「신문법·언론중재법과 헌법재판소」, 「관훈저널」 통권 99호, 2006 여름, p. 5.

정진석, 「『대한매일신보』 창간의 역사적 의의와 그 계승문제」, 『대한매일신보연구』, 커뮤니케이션북스, 2004.

정희진, 「MB의 기호의 제국」, 「한겨레신문」, 2010년 8월 24일.

주용중, 「추진력 강점 … 독선적, 인사능력 부족, 개혁에 대한 반발 포용력이 성공조건」, 「조선일보」, 2008년 8월 25일.

조맹기, 『한국언론인물사상사』, 나남출판사, 2006.

조현철·장은교·박영흠, 「BBK특검이 밝힌 건 삼청각 꼬리곰탕 값」, 「경향신문」, 2008년 12월 29일.

조현호, 「'인수위 보도' 추측·문서절취 물의」, 「미디어 오늘」, 2003년 1월 9일.

조홍민, 「서해 평화지대·종전선언 정상회담 추진」, 「경향신문」, 2007년 10월 5일.

중앙SUNDAY Editor 일동, 「중앙SUNDAY를 창간하며」, 「중앙SUNDAY」, 2007년 3월 18일.

진성호·한현우, 「조용중 남시욱 원우현 좌담, '신문시장 판도까지 개입 … 의도적인 언론 탄압'」, 「조선일보」, 2001년 4월 5일.

천원주, 「신·방 겸영 놓고 대치 불가피 기구 통합에도 시각차 뚜렷」, 「신문과 방송」 No. 454, 2008년 10월, p. 18.

최영재, 「노무현 대통령- 정파성 농후해지면서 공격 저널리즘화」, 「신문과 방송」 No. 434, 2007년 2월, p. 10.

최재영·김광호, 「인수위, 언론사간부 성향조사」, 「경향신문」, 2008년 1월 12일.

최재영·김광호, 「언론사 내부동향까지 조사」, 「경향신문」, 2008년 1월 14일.

최우규, 「벼랑 끝 '승부사 노무현' 반전 카드 통할까」, 「경향신문」, 2009년 4월 14일.

최정호, 「한국현대사와 노무현 시대」, 「동아일보」, 2009년 4월 16일.

최훈, 「노 대통령 '인터넷 서신 정치' 왜 하나」, 「중앙일보」, 2005년 7월 7일.

「한국언론진흥재단, 설립 준비 순항」, 「해다미」, 2009년 12월.

한홍구, 「법관도 국민도 고통스러운 '사법부 치욕의 과거'」, 「한겨레신문」, 2009년 5월 19일.

허정헌, 「MBC 개편 갈등' 결국 폭발하나」, 「한국일보」, 2010년 2월 9일.

허정헌, 「'불법 사찰 드러났는데 왜 정부는 사과 안하나' 마르지 않는 눈물」, 「한국일보」, 2010년 12월 20일.

홍찬식, 「'포털'이라는 괴물」, 「동아일보」, 2006년 10월 4일.

황준범, 「또 '연설'만 … '회견' 기피증?」, 「한겨레신문」, 2010. 1. 5.

황준범·서정민, 「정보공개 '선진화 방안'은 정작 빠져」, 「한겨레신문」, 2007년 5월 23일.

황준범, 「공정사회 담론과 인사청문회」, 『관훈저널』 통권 117호, 2010년 겨울.

황준범, 「이 대통령 '공약 뒤집기' 이유대며 '여론 뒤집기'」, 「한겨레신문」, 황준범, 「또 '연설'만...'회견' 기피증?」, 「한겨레신문」, 2010년 1월 5일.

홍준호, 「'안철수 정치' 감상기」, 「조선일보」, 2011. 09. 07.

홍준형, 「중도와 실용」, 「한국일보」, 2009년 8월 11일.

황태순, "방송과 유튜브의 차이점과 정부·여당의 편향적 조치", 「방송, 유튜브와 표현의 자유」, 자유와 법치를 위한 변호사 연합·미디어연대, 2019년 6월 17일.

한국신문협회, 『신문협회 20주년』, 1982, pp. 69~71.

Horace N. Allen(1901), A Chronicle Index, Some of the Chief Events in the Foreign Intercourse of Korea, Seoul: Press of Methodist Publishing Hourse.

Sott 인간과 자유이야기, 「20년 동안 진행된 흉계, 2006년(2006년 국회통과) 노무현은 선관위에 '전자선거 전권을 주고 국회를 배제」, 「유튜브」, 2021년 7월 28일.

제10장
박근혜 정부의 국민행복과 문재인 정권(2013~2022)

1. 박근혜 정부의 개혁과 좌절

1) 정부의 개혁 구상

이명재 자유언론실천재단 편집기획위원은 22일 민주언론시민연합이 주최한 「기자단, 존재 이유는?」에서 "더 이상 정부나 공공기관이 정보를 독점하지 않은 상황에서 언론 스스로 보도 자료를 받아쓰는데 그치지 않고 다양한 취재를 위해 노력해야 한다는 지적이다." 그 문제점으로 "△폐쇄적인 운영과 정보독점 △보도 자료에 의존한 기사 쓰기 방식 △기자실 운영비로 인한 혈세 낭비 △촌지수수 등의 의혹의 온상이다."라고 주장했다.(금준경, 2018. 03. 28.)

그 결과로 국내 언론환경의 현실은 공정성과 다양성이 지켜지는 언론문화가 아니었다. 기사의 정확성·공정성·객관성의 준칙은 자유와 독립성을 결한 언론에게는 지켜지기 쉽지 않은 조건들이다. 1987년 이후 각 정부마다 미디어 숫자 늘리기에 바빴다. 그렇다고 다양성이 존재했다고 볼 수 없다. 오히려 비용론만 늘어나니, 언론무용론이 고개를 들기 시작했다.

박정희 대통령은 적은 언론으로 '민족중흥'의 역사를 이뤄냈다. 그는 언론의 홍보기능을 통해 반듯한 질서(order)를 형성시켰다. 언론활동이 항상 변동(change)만을 추구할 수 없다. 더욱이 "어느 정권보다 언론을 철저히 억압했던 박정희 정권 때에 청와대 기자실이 마련됐다는 것은 아이러니라며 즉 기자실은 권력에 불편한 침입자이기도 하지만 동시에 잘 길들이면 '한 식구'로 지내며 우군으로 활용할 수 있다는 것을 권력은 간파했던 듯하다."(금준경, 2018. 03. 28.).

변화무쌍한 언론문화는 혼란을 가중시킬 수 있다. 더욱이 6공화국 후반기에 와서 한국 민주주의는 중병을 앓고 있다. 다양한 '미디어가 융합'(convergence)을 이루면서 혼란은 더욱 가중되었다.(강상현, 2011. 04.) 여기서 미디어 융합은 "컴퓨터, PC, 노트북, 넷북, PC통신, 인터넷, 초고속 인터넷, 휴대 인터넷, HSDPA, 인터넷 포털, 인터넷 신문, 인터넷 방송, 웹TV, 웹진, 디지털 이동통신, GMPCS, 디지털 위성방송, 지상파 DTV, 디지털 케이블 TV, DMB, TV 포털, IPTV, 3D TV, UCC, 블로그, 마이크로 블로그, SNS, 스마트폰, 태블릿PC, 스마트 TV, 유튜브" 등이 함께했다.(강상현, 2011. 04.)

미디어가 제 방향을 잡지 못하면 엉뚱한 일이 벌어진다. 사실의 정확성·공정성·객관성 등을 외면한 언론은 흉기로 작동하기도 한다. 난립한 미디어환경 속에서 주류언론은 여타 매체를 선도하기는커녕, 오히려 혼란을 부추기는 존재가 되어왔다. 그들은 '질서'보다 집단이기주의로 변동(change)에 몰두했다. 국가사회주의, 즉 공산주의나 제3세계의 언론을 꼭 빼닮았다.

미국산 쇠고기 수입 현상을 반대했던 촛불시위나 월드컵 거리 응원전 등이 민중민주주의 문화를 강화시키는 결과를 가져왔다. 좌파 진영의 정치선동 나팔수가 되거나, 그 보도로 숙청문화를 만연시켰다. 북한의 선전·선동·진지전 구축의 문화를 만들어가고 있었다.

"'PD수첩' 같은 한 방송국의 사회 고발 프로그램이 방영된 후, 일부 학생들은 인터넷과 휴대전화 등으로 친구들에게 알리고, 사이버 공간의 다수 커뮤니티를 움직이면서 즉흥적인 관심과 자발적 참여를 확대시켰다."(강상현, 2011. 04: 39) 더욱이 이들 행동이 다시 신문과 방송 등의 대중매체와 사이버 공동체 및 1인 미디어 등에 의하여 반복적으로 부각시킴으로써 사회 전체 구성원들의 인지·관심·참여를 더욱 증폭시켜 나갔던 것이다. 언론은 포퓰리즘·민중민주주의사회·국가사회주의사회를 부추기고 있었다. 모든 문제를 정치로 풀어가는 사회는 제3세계가 안성맞춤이다.

기술은 발전되었으나 기술문화는 혼돈 자체였다. 그 문화의 특질은 미디어 이용이 개인화와 네트워크화된 단말기(terminal machine)로 '디지털 위험 사회'(digital risk society)를 불러들인다. 더욱이 미디어가 정치 현장에서 선수로서 뛰면, 민주주의는 위기에 처하게 된다. 더욱이 미디어는 그 산업에 그치지 않고,

정치의 나팔수·발표저널리즘·부역자 역할을 자처하고 나선다. 더욱이 변동만을 강조하면서 국민을 불안하게 만들어 비정상이 정상화로 이끌 채비를 하게 된다. 과거 '4·19 기자'에게 이런 현상은 있었으나, 지금과 같이 선진화 시대의 무정부주의는 곤란하다.

더욱이 미디어 정치로 만들어진 정치선동사회는 민주주의를 위기에 몰아 넣는다. 언론은 정부를 감시하고, 진실을 밝히는 것이 아니라, 선전·선동·조직술로 국민을 기만한다. 확증편향성이 강화된다. 숙의(熟議) 민주주의는 점점 약화되고, 공감의 영역은 축소의 길을 걷는다.

부역자 언론, 나팔수 언론 하에서 불법이 일상화되었고, 민주주의 꽃인 선거는 점점 불법화되어 간다. 전자개표기, 사전선거, 투표용지 바꿔치기, 몇 개의 투표용지 인쇄, 코드 인쇄문제 등 부정선거는 꼬리를 물고 일어난다. 선거 후 돌아서면 곧 선거 불복이 일어난다. 자유는 누리나, 책임을 지지 않는 문화가 고착화되었다.

선거 관행도 이상한 조류를 타고 있다. 그 중병이 조금씩 누적된 것이 크게 불거졌다. "언론이 유권자에게 선거의 중요성을 일깨워주고 선택에 필요한 정보를 제공해 주기는커녕 오히려 방해한다는 의구심을 갖게 하는 요인이 돼온 것이 사실이다."(김무곤, 2002 가을: 31)

'선거보도'[400)]는 "편파보도, 가십성 보도, 운동경기 중계식 보도, 홍보성 보도, 인물 중심 보도, 후보자 일변도 보도, 지역 무시 보도, 패키지 보도, 무협지 보도, 풍설보도, 백화점식 공약나열 보도 등이다."(김무곤, 2002: 31)

선거보도는 정확성·공정성·객관성 그리고 전문성이 빠져있었다. 언론인은 실험·관찰·분석·예증 등 과학적 사고로 훈련되어 있지 않았다. 분석적 사고는 시간

---

400) 선거보도의 문제점으로 ①흥미 위주로 후보자 간 우열을 서열화하는 경마식 보도, ②갈등이 지연, 혈연, 학연 등이 연계되어 부각되고 승자와 패자를 가르는 식의 갈등, 대결구도 조장, ③네거티브 전략에 기초한 추문 밝히기식 폭로, ④여당 중시의 편파보도, ⑤확대, 축소, 은폐 보도, ⑥미확인 추측보도 남발, ⑦유력후보자 중심의 가십성 보도, ⑧선거쟁점보다는 스케치 중심 보도, ⑨비정치적 요인 중시보도, ⑩부정부패, 선거 무관심 방조 등을 지적했다.(고영신, 2002 가을: 9)

과 공간의 콘텍스트(contexts) 하에서 상대적 논리를 추론(reasoning)의 경지까지 올린다. 이성과 합리성이 함께 작동하게 한다. 그러나 분석적 사고가 결하면, 정치인의 정치공학에 쉽게 넘어가, 그들의 나팔수 신세를 면치 못한다. 언론인의 정치화는 언론문화 자체를 붕괴시켰다. 더욱이 현대 사회의 정보처리 능력은 종합적으로 분석할 능력을 가진 전문기자가 필요하나, IMF 구제금융 이후 대기자·전문기자 등 명목으로 몰아내기 시작했다.

고영신 「경향신문」 출판국 편집위원은 "부정적 선거보도는 언론사의 정치적, 상업적 이해관계 등에 따른 의도적인 경우도 있고 선정성을 추구하는 언론의 속성에 기인하기도 한다. 업무량 과다, 취재기자와 언론사의 이면적 성향과 가치관, 편견 그리고 출입처 제도 같은 구조적 이유와 잘못된 관행 탓도 있다. 문제는 이같은 정치보도, 선거보도의 문제점들이 개선되지 않고 있다."라고 했다.(고영신, 2002 가을: 11)

언론의 선거 문제가 사회 문제, 정치 문제, 나아가 급기야는 대통령을 탄핵시키는 일까지 벌어졌다. 6공화국 언론팽창은 결국 386 운동권 세력의 권력 증식도 도와줬다.

민노총 언노련이 주축이 된 언론은 개인의 언론자유를 질식시키고, 단결권·단체교섭권·단체행동권 등 집단적 자유를 선호하게 되었다. 그렇다면 전통적 개인의 언론자유는 점점 그 영향력을 잃어갔다. 더욱이 편집·편성권이 사장과 소유주에 있지 않고, 노조에 이전하면서 그 현상까지 더욱 두드러졌다.

노무현 정책을 총괄한 김병준 교수는 지난 5년간 국정 경험을 바탕으로 '깨어 있는 시민이 던져야 할 7가지 질문'에서 "사실이 아닌 것이 사실인 것처럼 퍼져나가고, 급기야는 인신공격까지 가해지죠. 합리적 토론이나 비판보다는 비난과 조롱이 판을 칩니다. 적대감과 분노를 유발시키는 이야기들이 만들어가고, 상황을 머릿속에 각인시켜 버리는 폭력적 언어들이 만들어집니다. '좌파 빨갱이' '수구 꼴통' '놈현' '2MBc8nomA'등이 회자된다."(이용식, 2012, 겨울: 3)

헌법정신의 '자유민주적 기본질서'가 작동하지 않고, 헌법정신을 넘어 이념적 논의로 끌고 가고 있었다. 저항권의 헌법전문은 독재&민주이념 등으로 사회가 짝 갈라졌다. 18대 대선 여당, 야당 두 사람의 후보 시절을 보자. 박근혜 후보의 강인함의 기저에는 "원칙과 신뢰라는 그의 철학이 자리 잡고 있었다. 18대 대선 과정에서 블랙홀에 빠뜨린 야권 후보 단일 과정과는 달리, 그는 정치 공학을 허용하지 않았다."(방승배, 2012 겨울: 11) 물론 박근혜 후보의 원칙과 신뢰는 '공감부족', '소통부족'이란 평가를 받기도 했다.

朴 후보의 원칙은 책임을 강조하고, 포퓰리즘 자체를 거부하기에 이른다. 박 위원장은 "지난 2012년 4월 23일 강원도 동계올림픽유치위원회를 격려 방문한 자리에서 기자들이 완전국민경선제에 대한 입장을 묻자 그는 단호히 반대의사를 폈다."(방승배, 2012, 겨울: 12)

한편 문재인 후보는 전혀 달랐다. 그는 끝판까지 안철수 후보와 단일화를 시도했다. 문 후보는 "현장 방문 목적과 전혀 상관없는 내용일 때가 많다. 후보가 실컷 정책을 발표했는데 질의응답 시간에는 이와 무관한 대선판 네거티브 공세에 대한 입장을 묻는 질문이 수시로 날아든다."(이영준, 2012, 겨울: 19)

"한치 앞도 내다보기 힘들다고 해서 정치를 '생물'이라고 표현하듯, '한 정치인이 변해가는 모습도 이에 버금갈 정도로 입체적이다.'라는 견해도 있었다. 대선 현장의 기자들은 문 후보의 성장기를 함께하고 있는 셈이었다."(이영준, 2012: 20)

한편 박근혜 대통령은 '희망의 새 시대'를 열고자 했다. '제 2의 한강의 기적'을 향해 구조개혁을 시도했다. 그러나 1987년 이후 '민주화' 기득권 세력은 남북대화를 앞세워 변화를 거부하고, 박 대통령 탄핵과 구속이라는 초유의 사건까지 몰고 갔다. 언론이 앞장서고, 검찰·국회·특검·헌재·법원이 탄핵에 동조하고 나섰다. 법조 쿠데타로 봐야 한다. 이들 행동은 결국 언론·민주노총·시민단체들이 뒷마무리를 했다.

당시 언론은 민주노총의 '전위대', '진지전'(war of positioning) 구축의 역할을 했다. 특히 연합뉴스, 연합TV, KBS, MBC, YTN, TBS(교통방송) 등 공영방송 및 공영언론에서 이런 좌파적 성향이 심하게 나타났다.

한편 민주노총 산하 전국언론노동조합연맹의 규약/규정에서 정치위원회는 "… ②정치방침에 따라 조합의 정치 활동 역량을 강화하고 민주노총과 제 민주단체 및 진보정치세력과 연대하여 노동자 민중의 정치세력화를 위하여 다음 각 분회의 사업을 추진한다."(http://media.nodong.org/com/com-4_2013.html)

부르주아 언론계급은 자유와 책임의 잣대로는 이해할 수 없는 상황이 벌어진 것이다. 자유와 책임은 점점 줄어들고, 민주노총 중심의 정치언론만 늘어났다. 언론은 사회제도의 선전·선동·진지전 구축의 기능을 담당했다. 선거 때마다 언론은 전면전에 나서 '선수로 뛰다.'라는 등식을 성립시켰다.

사회주의 조직적 원리에 따라 사회 각 곳은 '유기적 지식인'들이 '진지전'을 구축하고 있었다. 인터넷 언론, 방송·신문 그리고 여론조사, 포털 등이 한 색깔로 똘똘 뭉쳤다. 그들은 근로대중의 변혁에 참여했다. 민주노총의 파업 현장 뒤에는 항상 언론이 선전기능을 담당했다. 선전·선동·동원·나팔수·부역자 등으로 자유와 독립을 포기한 채, 언론은 정치와 공생관계를 유지했다.

언론사(言論史)는 전문 영역의 역사가 아닌, 환경의 감시, 사회 제도와 연계, 문화전승 등을 통한 사회 전체의 융합적 관점에서 봐야 할 때가 왔다. 한국 언론사는 과거와 다른, 융합적 사고의 신론(新論)을 준비해야 할 시기가 온 것이다.

복잡한 언론환경은 다른 여타의 변화와 같이 논할 필요가 있게 된다. 시금까지 사회분화는 통합으로, 동원 체제로 운영이 되었다. 그때 언론사는 각 분야의 전문성을 엮어왔으나, 복잡한 언론환경은 언론이 그 기능을 상실하게 했다. 언론의 자유와 책임을 바탕으로 한 전문성도 더불어 퇴색되기 시작한 것이다.

정부와 언론의 방향이 전혀 달랐다. 정부는 관료제의 전문성을 요구했고, 언론은 '전위대', '진지전', '유기적 지식인' 등을 강조했다. 박근혜 정부 초기부터 정부와 언론은 처음부터 엇박자를 내고 있었다.

朴 대통령은 2013년 2월 25일 취임사에서 글로벌 금융위기 이후 "자본주의 역시 새로운 도전에 직면해 있습니다. 이번 도전은 과거와는 달리 우리 스스로 새로운 길을 개척해야만 극복해 나갈 수 있습니다. 이젠 자랑스러운 우리 국민 여러분과 함께 희망의 새 시대, '제2의 한강의 기적'을 만드는 위대한 도전에 나서고자 합니다."(박근혜, 2013. 02. 25.)

朴 대통령의 개혁정신은 난관이 있을 것으로 예감했다. 이어 "새로운 길을 개

척하는 것은 쉽지 않은 일입니다. 그러나 저는 우리 대한민국의 국민을 믿습니다. 역동적인 우리 국민의 강인함과 저력을 믿습니다."(박근혜, 2013. 02. 25.) 그의 취임사는 일과 사람에게 초점이 맞춰 경제부흥, 국민행복, 문화융성 등 3가지 개혁의 실마리를 찾았다.

朴 대통령은 '희망의 새 시대를 열겠다.'라는 각오로 이 3대 과제를 제시한 것이다. "국민 개개인의 능력을 주춧돌 삼아 국가가 발전하게 되는 새로운 시스템을 만들어야 한다."(강효진, 2013. 02. 25.) 그는 제도의 개혁을 주문한 것이다. "우리 국민 모두가 새로운 한강의 기적을 일으키는 기적의 주인공이 될 수 있도록 함께 힘을 합쳐 국민행복 희망의 새 시대를 만들어 갑시다."(박근혜, 2013. 02. 25.)

개인의 도전정신에 기초하여 '창조경제'〔사람중심 경제〕를 경제부흥의 동력으로 앞세웠다. 대기업 중소기업의 상생구조에서 경제민주화를 건설코자 했다. 그 과정에 낙오된 사람을 맞춤형 복지〔생애주기적 복지〕로 도와주기로 했다. 더욱이 그는 낙오된 사회의 약자에게 국가가 보살펴주는 정책을 펴고자 했다.

그는 작은 인수위를 꾸리고, 국민의 행복에 다가갔다. 부(富)가 골고루 갈 수 있게 하고, 약자에게 패자 부활전(戰)을 준비토록 했다. 중소기업도 성장할 수 있도록 창조경제센터〔중소기업+대기업+학계+정부+지역사회 등이 함께 운영〕를 설치하여, 상생과 공감을 넓히도록 했다.

국민 개개인의 행복과 서로 신뢰하는 점진적 과정을 통해 '국민행복'을 이룰 것을 공약하고, 북한도 남북 간에 신뢰의 과정을 통해 행복한 통일시대를 열기 열망했다. 또한 생활 속의 문화, 문화가 있는 복지를 구현코자 했다. 문화융성으로 더 행복한 나라를 만들고자 한 것이다.

국민 개개인의 상상력을 콘텐츠로 육성하는 시대에 '스스로 만들어가는 문화융성'에 초점을 두었다. 국가는 '개인이 주인공이 된다.'라는 명제의 정신에 충실코자 했다. 그만큼 생명, 자유, 행복 등 헌법정신에 충실하겠다고 했다.

朴 대통령의 공약은 '모든 사회적 폐습과 불의를 타파하며, 자율과 조화를 바탕으로 자유민주적 기본질서를 더욱 확고히 하여 정치·경제·사회·문화의 모든 영역에 있어서 각인의 기회를 균등히 하고, 능력을 최고도로 발휘하게 하며, 자유와

권리에 따르는 책임과 의무를 완수하게 하여 … '라는 헌법정신을 구현코자 했다.

이어 "우리 국민 모두가 또 한 번 새로운 한강의 기적을 일으키는 기적의 주인공이 될 수 있도록 함께 힘을 합쳐 국민행복, 희망의 새 시대를 만들어 갑시다."라고 했다.(박근혜, 2013. 02. 25.)

朴 대통령은 모든 것을 직접 챙기는 '만기친람(萬機親覽)'식 국정운영을 시도했다. 여성의 섬세함도 있었고, 시간을 효율적으로 쓰는 습관도 있었다. 대부분의 연설문도 자신이 직접 보고서를 읽고, 정리해서 암기한 상태로 연설을 했다. 당연히 장점도 있었고, 단점도 있었다. 박 대통령을 부를 때 '수첩공주', '불통'으로 불렀다. 원론에 충실한 나머지 소통이 부족하다는 이야기를 듣기도 했다. 스킨십의 '공감'이 리더십을 놓친 것이다.

반칙 언론과는 전혀 다른 분위기였다. 또한 朴 대통령은 언론과의 스킨십 자체를 즐겨하지 않았다. 그의 정책은 언론 나팔수를 대동하고, 숙청문화를 일상화시키는 것과는 거리가 멀었다. 그는 식사·술자리 대화 대신 수시로 통화 '전화 정치'를 강조했다.(강찬호, 2013. 8. 25.)

이어 대통령은 밤에 함께 시간을 보낼 가족이 없고, 그렇다고 친구들과도 만나는 일이 적었다. '퇴근 뒤엔 TV뉴스를 보거나 보도내용에 관해 보고를 받는다.' 따라서 박 대통령은 주로 '전화로 소통을 하지 않겠느냐'는 것이다. 또한 박 대통령은 밤중에 청와대로 장관들을 부른 경우가 있지만 이는 긴급하고 중요한 현안을 논의해야 할 때였다고 한다. 그만큼 그는 실제적 스킨십의 관계보다 일의 능률과 효용성을 으뜸으로 했다.

박근혜 정부는 '희망의 새 시대'를 위해 우선 역사 바로 세우기, 정체성 확립에 열정을 쏟았다. 그는 좌편향 중등 역사 교과서를 손보기 시작했다. 민중사관을 배척한 朴 대통령은 2017년 봄학기용 '(중등학교 한국사) 국정 역사교과서' 집필 작업에 관심을 가졌다.

'민주화(운동권) 세력'이 전유물로 간주했던 한국사 부문을 깨고자 했다. 그의 논리로 고등학교 한국사 교과서를 분석하니, 신문 제목만으로 그 실정을 짐작할 수 있었다. 「'교과서 8종 모두 분단책임이 남한에 있는 것처럼 서술'」, 「4개 교과서 '주체사상은 인민위한 혁명' … 北 선전 그대로」, 그리고 「균형 잃은 교과서 … 北인권 눈감고(천재교육·두산동아·지학사)」, 「美원조 나쁜 면만 부각(비상교육)」 등과 같은 결과를 도출한 상태였다. 그중 교학사 한국사 교과서는 공정하게 기록되었으나, 전교조가 주동이 된 환경에서 이 교과서의 각 학교의 선택은 쉽지 않았다.

교학사 한국사 교과서가 문제가 된 것인데 전주상고가 고교 한국사 교과서 7종 가운데 교학사 발행 교과서를 선택하기로 한 결정을 철회한다고 발표했다. "올 3월 개교 예정인 경기도 파주 한민고도 이 교과서 채택을 유보하기로 했다. 이로써 전국 고교 2322개 가운데 교학사 교과서를 선택한 곳은 단 한 곳도 찾아볼 수 없게 됐다. 전교조는 이를 두고 성명서에서 '몰상식에 대한 상식의 승리'라고 표현했다."(사설, 2014. 01. 08.)

당시 야드 바셈에 홀로코스트 추모관장 로버트 로제트(59)는 "국민이 역사를 서로 다르게 기억한다면 그 나라의 앞날은 분열이 예견되어 있다."(노석조, 2015. 08. 15.)라고 이야기하면서, 역사의 통일성을 강조했다.

한편 '대한민국을 태어나지 말아야 하는 나라'로 각인된 학교의 분위기에 반기를 든 김정배(76) 국사편찬위원장은 언론과 인터뷰에서 "국정화 참여는 나라를 위한 소신으로 좋은 책 낸 걸로 내 역할은 끝'이라고 정치적 해석에 대해 선을 긋고 있었다."(최보식, 2016. 12. 19.) 이어 김 위원장은 집필자의 섭외와 그 방향을 제시했다. 전권으로 직접 설득하여 "초빙으로 20명, 공모로 16명을 선정했다. 그 과정에서 '좌우 극단의 학자를 배제'하고, '역사학뿐 아니라, 전문 영역의 집필자'를 초빙했다."(최보식, 2016. 12. 19.)

또한 김 위원장은 '기존 검인정 교과서의 이념적 편향성을 다른 방법으로 바로잡을 수 없었다.'라고 강변했다. 더욱이 기존의 검인정 교과서들은 '1948년을 대한민국 정부 수립'이라고 기술했지만, 이번 교육과정에서는 '대한민국 수립'으로 건국 개념을 명확히 했다.

또한 국정화 교과서에서 '대한민국의 좌(左)편향된 이유 그리고 대한민국의 정통성과 성공 그 사례'도 부각시켰다. 그 과정에서 역사의 객관적 평가를 원했다. 그 논리로 김 위원장은 또한 "'바깥에서는 대한민국을 단기간에 산업화와 민주화를 동시에 이룬 나라로 평가하고 있다. 교과서에는 이런 자랑스러운 모습은 제대로 기술되지 않고, 흡사 정통성이 북한에 있고 대한민국은 태어나서는 안 될 나라로 기술돼 있다.'"(최보식, 2016. 12. 19.)

물론 문재인 정권에서 다시 2020년 교육부 확정안을 발표함으로써 초중등 역사 교과서가 정권의 전리품으로 다시 돌아간 형세였다. 수정한 새 역사 교과서는 "'자유민주주의'가 남고 '유일 합법정부'가 빠졌다. '한반도 유일 합법정부', '북한 도발', '북한 인권'이라는 세 가지 문구를 삭제한 것이 2020년 교과서의 핵심이었다."(양지호·주희연, 2018. 07. 24.)

문재인의 계획에 따라 2018년 7월 27일 교육과정 개정 고시를 통해 이를 확정했다. 국정인 초등사회과 교과서는 "2019년 3월부터, 검인증 중·고교 새 역사교과서는 2020년 3월부터 학교 현장에서 쓰이게 된다."(양지호·주희연, 2018. 07. 24.)

'자유민주적 기본질서'는 남겼지만, 그 '유일 합법 정부'는 "한국은 38 이남에서 수립된 '유일한 합법 정부'라는 고(故) 리영희 한양대 교수의 주장을 따른 것이다. 그러나 역사학계는 '리영희 교수 주장은 유엔 총회 결의 앞·뒤 부분을 연결하면서 빚어진 오역이며, 대한민국이 1948년 12월 12일 유엔이 인정한 유일 합법정부가 맞다.'고 지적해왔다. 유엔 총회 결의 제195호 2항은 '그리고 이것은 한반도에서 유일한 그런(합법) 정부임을 선언한다(and that this is the only such Government in Korea)'고 돼 있다."[401]

'유일 합법 정부'라고 하면 북한과 중국에 브레이크가 걸리게 마련이었다. 당시 중국은 1919년 상해 임시정부에 더욱 정통성을 부여하는 입장이었다. 그러나

---

401) '자유민주주의'라는 사실도 실제 지켜지지 않고 있었다. '헌법을 생각하는 변호사 모임'과 '한반도 인권과 통일을 위한 변호사 모임'은 "2018년 11월 14일 학생과 학부모·교사 등 1150여명을 대리해 교육부 고시(告示)와 관련한 헌법소원을 제기했다."(신수지, 2018. 01. 15.) 그들의 주장 내용은 "보수성향 변호사 단체들이 초·중등 역사 교과서 교육과정에서 '자유민주주의' '한반도 유일 합법 정부' 등 문구를 삭제한 교육부 고시(告示)에 대해 헌법소원을 제기했다."

1948년 7월 12일 공포한 제헌헌법 제4조 '대한민국의 영토는 한반도와 그 부속 도서로 한다.'라고 규정함으로써 1919년 논의를 재론할 여지를 차단했고, '한국은 38 이남에서 수립된 '유일한 합법 정부'라는 말도 의미가 없다.

또한 영토 문제는 박근혜 정부 때 노무현 정부의 NLL 사초 처리 문제를 다시 언급했다. '2007년 남북정상회담 회의록'에 적힌 NLL 문제는 당시 검찰의 '盧 지시로 회의록 원본 삭제'로 끝이 났다.(정우상·류정, 2013. 08. 08.)

검찰은 "'삭제된 회의록은 현장 분위기나 (노 전 대통령과 김정일의) 말투 등이 더 생생하게 담겨 있다'고 했다. 검찰이 일부 밝힌 삭제본과 수정본의 차이를 보면 '김정일 위원장님' 같은 노 전 대통령의 존댓말은 낮춤말로 바뀌었고 … '하지 뭐' 같은 김정일의 반말은 존댓말로 바뀌는 내용이 주를 이룬다."(정우상·류정, 2013. 08. 08.) 이 논리에 따르면 盧 전 대통령은 북한의 신민인 것처럼 행동한 내용이 드러났다.

서울중앙지검 공안 2부(부장 김광수)는 이날 "'사초 실종' 사건 수사 결과를 발표하고 '당시 회의록은 2007년 10월 노 전 대통령 지시에 따라 의도적으로 수정·변경됐고, 2008년 1월 대통령 기록관이 아닌 국가정보원에 1급 비밀로 보관됐다.'고 밝혔다. 또 2007년 12월 원본이 청와대 이지원(문서관리시스템)에서 비정상적인 방법으로 삭제됐다고 밝혔다."(정우상·류정, 2013. 08. 08.) 검찰과 더불어 이 사실은 11월 16일 서울중앙지법 형사합의30부(재판장 설범식)에서 사건을 마무리했다.

국정원 댓글과 NLL문제가 꼬리를 물자, 북한은 박근혜 정부에 대한 비판의 수위를 높여갔다. 북한의 대남 비방공세가 강해지자, 2013년 10월 8일 통일부는 "'북한에 단 1명의 존엄이 있다면 대한민국에는 5000만 명의 존엄이 있다.'면서 '허황된 비난에 개개인이 모두 존엄인 우리 국민을 위협하고 국민이 뽑은 대통령에 대한 모욕적인 언사는 즉각 중단해야 한다'고 요구했다."(홍제성, 2013. 10. 08.) 북한은 당시 분위기로 존엄의 대표가 박 대통령일 뿐이라는 논리이다.

한편 "김정일이 NLL法 포기 제안을 했을 때 盧 전 대통령은 '예, 좋습니다.'"라는 표현을 사용했다.(정우상, 2013. 06. 21.) 발췌본에는 "노 전 대통령이 'NLL을 평화협력지대로 만들자고 하자 김정일이 '그것을 위해 쌍방이 실무적인 협상에 들어가서는 (NLL 관련) 법을 포기하자고 발표해도 되지 않겠느냐'고 했고, 이에 노 전 대통령은 '예 좋습니다.'라고 답한 것으로 돼 있다고 여러 정보위원은 전했다."(정우상, 2013. 06. 21.)

한편 문재인은 "당시 '너무 당당하게' 검찰에 출두했다. 그리고 '대화록 멀쩡히 잘 있다.' 그러나 국가기록원에 왜 이관 안 됐는지에 대해 함구했다."(강훈·김경화, 2013. 11. 07.) '사초 실종' 사건을 수사 중인 서울중앙지검은 '2007년 남북 정상회담 회의록 작성 당시 청와대 비서실장이었던 문재인 민주당 의원을 6일 참고인 신분으로 소환조사를 했다.'

"'이 사건의 본질은 참여정부가 국정원에 남겨놓고 국가비밀기록을 국정원과 여당이 불법적으로 빼돌리고 내용을 왜곡해 대통령 선거에 악용했다.'는 것이라며 '검찰 수사는 잡으라는 도둑은 안 잡고 오히려 신고한 사람에게 '너는 잘못이 없느냐.'라고 따지는 격'이라고 했다. 그러나 문 의원은 이번 수사가 자신의 회의록 열람 주장에서 비롯됐다는 점에 대해서는 한마디도 하지 않았다."(강훈·김경화, 2013. 11. 07.)

그 후 NLL 평화협력지대 설정은 2018년 「판문점선언 이행을 위한 군사분야 협의서」에서 반복되었다. 이 협의서는 'NLL을 평화협력지대로 만들자'라는 내용을 당연시하고 작성한 것이다.

한편 북·중 관계가 난항이었다. 박근혜 정부는 사드 배치로 중국과 갈등을 빚었다. 중국은 사드(THAAD·고고도미사일방어체계) 배치에 대해 시비를 걸어왔다. 윤석열 정부에서 '환경영향평가서'가 당시 억지였음이 밝혀졌다. 국방부와 환경부는 2023년 06월 21일 '5월 11일 국방부 국방시설본부가 접수한 성주 사드 기지 환경영향평가서에 대한 협의를 완료하고 환경영향평가서를 승인했다'고 밝혔다. 환경부는 '사드 전자파와 관련해 "국방부(공군)와 신뢰성 있는 제3의 기관인 한국 전파진흥협회의 실측 자료를 관계 전문기관 및 전문가 등과 함께 종합 검토한 결과 측정 최댓값이 인체 보호기준의 0.189% 수준으로, 인체 및 주변 환경에 미치는 영향은 미미한 것으로 판단됐다'고 밝혔다."(이근평·정진우, 2023. 06. 22.)

당시 朴 대통령은 단호했다. 그는 러시아 국영 '로시야 시보드냐' 통신과의 서면 인터뷰에서 '북핵 위협 제거되면 사드 필요 없어'라고 논리를 전개하고, 사드 배치는 "북한의 핵과 미사일 위협으로부터 국가적 안위와 국민의 생명을 지키기 위해 불가피하게 내린 자위적 방어 조치'라고 했다. 그러면서 '사드가 제3국을 목표로 할 이유도 없고 실익도 없으며, 그렇게 할 어떠한 의도나 계획도 가지고 있지 않다'고 강조했다."(장택동, 2016. 09. 03.)

당시 박 대통령은 미국과의 동맹 관계를 더욱 돈독히 했다. 그는 개방적 정치를 시도하면서, 2013년 5월 8일 美 상·하원합동 영어연설회를 가졌다. 그는 미 의회 연설에서 '한반도 평화와 통일기반 구축, 동북아 지역의 평화협력체제 구축, 지구촌 평화와 번영의 기여 등 한·미 공동비전과 목표' 등을 강조했다.

한편 한·일 국교정상화 50주년인 2015년 6월 22일 '朴, 과거사 짐 내려놓고 미래지향 협력' 방향을 정하고, "'현재 교착상태에 있는 한·일 관계의 실타래를 어떻게 푸느냐가 보다 중요한 의미를 가진다.'면서 '현안은 현안대로 풀어 가면서 협력이 필요한 사안들을 중심으로 한·일 양국 관계의 미래지향적 발전을 위한 방안을 찾아주기 바란다.'고 밝힌 바 있다."(신보영, 2015. 6. 22.)

이어 윤병세 장관과 기시다 후미오(岸田文雄) 외무상은 한·일 외교장관 회담을 갖고 "△'일본군 위안부 문제'[402]로 '한·일 위안부 합의'를 2015년 12월 28일 체결했고, 2016년 11월 23일 한민구 국방장관과 나가미네야스마사(長嶺安政) 주한 일

---

402) 박근혜 정부와 아베 신조 일본 정부는 2015년 12월 28일 한·일 외교장관 회담을 열고 일본군위안부 피해자 문제(위안부 문제)의 해결 방안에 합의했다. 공동기자회견에서 기시다 외무상은 발표문을 통해 "위안부 문제는 당시 군의 관여 하에 다수 여성의 명예와 존엄에 깊은 상처를 입힌 문제로서 이러한 관점에서 일본 정부는 책임을 통감한다.'고 밝혔다. 그는 이어 '아베 (신조) 내각 총리대신은 일본국 내각 총리대신으로서 다시 한번 위안부로서 많은 고통을 겪고 심신에 걸쳐 치유하기 어려운 상처를 입은 모든 분들에 대한 마음으로부터의 사죄와 반성의 마음을 표명한다'고 말했다."(김봉규, 2015. 12. 28.) 한편 위안부 재단 설립에 양국이 일정 부분 분담하기로 결정했다. 즉 "기시다 외무상은 또 '한국 정부가 전(前) 위안부 분들의 지원을 목적으로 하는 재단을 설립하고 이에 일본 정부 예산으로 자금을 일괄 거출하여 한·일 양국 정부가 협력하여 모든 전 위안부분들의 명예와 존엄 회복 및 마음의 상처 치유를 위한 사업을 시행하기로 한다'고 밝혔다. 일본 정부는 한국 정부가 설립할 위안부 상처 치유 관련 재단에 10억엔을 출연하기로 했다."(김봉규, 2015. 12. 28.)

본대사 간에 한일조사정보보호협정(GSOMIA, 군사정보 직접 공유)을 체결했다."

한편 박근혜 정부는 미국 등 여러 나라와 FTA 체결을 서둘렀다. '시장, 미래, 세계'의 키워드로 정부의 역할을 약화시켰다. 규제를 걷어내고, 기업이 앞장서게 했다. 대한민국은 세계체계 안으로 깊숙이 파고 들어가 관료제(bureaucracy, disenchantment, lost in chaos)를 수용하고 있었다. 감정적·정서적·정파적 사고는 뒤로하고 '만국공법'에 따르게 하는 습관의 훈련이 필요한 시점이었다.

아니면, 사회통합은 당장 장애를 받게 되었다. 언론의 경우 사건의 정확성, 공정성, 객관성 등 덕목이 필요한 시점이었다.

궁극적으로 본다면 미국과의 FTA에서 상장한 이익 공유 분위기에서 '한미FTA를 누가 '매국'이라 외쳤나'(김승범, 2017. 3. 13.)라는 평가이고, 또한 한국은 'FTA 중심국'으로 자리 잡았다. "2012년 3월 15일 한미 FTA(노무현 대통령 결정)로 그 해 대미 무역흑자가 152억 달러, 2013년 205억 달러로 늘었다. 2011년과 비교하면 2배 가까이 늘어난 규모였다."(사설, 2014. 3. 17.)

또한 중국과의 FTA도 체결하여, 시장을 넓혔다. 자유주의·시장경제 헌법정신에 충실한 정책이었다. 중국과는 경제를 중심으로 외교관계가 자리 잡고 있었다. 2015년 연말 중국과의 자유무역협정(FTA)이 발표되면서 '우리나라는 일본을 제외한 세계 거대 경제권과 모두 FTA를 맺었다.' "'올해는 'FTA 중심국' 도약 원년이다.'라는 각오로 '칠레를 시작으로 아세안(동남아국가연합), 유럽연합(EU), 미국, 인도, 중국에 이르기까지 역사상 가장 많은 FTA를 통해 가장 넓은 시장을 확보했다."(박영렬, 2016. 01. 12.)

물론 FTA의 개방화로 국내 반발도 만만치 않았다. 국내는 포퓰리즘, 민중민주주의, 국가사회주의 트랙에 함몰되어 있었다. 국회의원, 공무원, 언론인, 민주노총 등은 각국과의 FTA에 심기가 불편했다. 교육도 평준화의 대중교육에 심취한 상황에서 영화계와 문화계는 쌍수를 들어 반대하고 있었다.

시장, 미래 그리고 세계 정책이 실효를 거둔 것이다. 연세대 박영렬 교수는 "자유 경쟁을 통해 FTA 상대 국가들을 우리 시장으로 끌어들이고, 혁신을 통해 FTA 상대 국가들에 신 성장동력을 제공한다면 우리나라는 명실공히 세계 FTA 중심

국가로 우뚝 서게 될 것이다. 이러한 천재일우(千載一遇)가 우리에게 다가오고 있음에도 우리는 구태의연하게 정권획득을 위한 정쟁에만 몰두하고 있다.”라고 당시 상황을 비관했다.”(박영렬, 2016. 01. 12.)

정부의 실적에도 사회개혁을 거부하는 노조 세력과 더불어 여당 내에서도 반기를 들고 엇박자를 내기 시작했다. 김무성 새누리당 대표는 사회개혁 의미조차 거부하고 영도다리로 옥쇄를 들고 ‘나르샤’를 시도했다.

총선에서 여당이 고전했고, 박 대통령의 앞날은 불길한 예감까지 들었다. 또한 ‘엉터리 여론조사’는 박 대통령을 괴롭혔다. 朴 대통령에게 여론조사 결과뿐만 아니라, 네이버, 연합뉴스, TBS, MBC, 교통방송, 서울신문 등 좌파 언론은 융단폭격을 가했다. 당시 그들의 편집·편성권은 민주노총 산하 언노련에 있었다.

당시를 회상한 한 칼럼에서 ‘보수 몰락’의 시작은 엉터리 여론조사로 결론을 얻었다. 한국갤럽의 주간 데일리오피니언 조사를 살펴보면 “‘친박’(친박근혜)과 ‘비박’(비박근혜) 간 공천 갈등으로 선거 패배를 경험했고, 여파로 2016년 총선 후 넉 달 만에 당시 새누리당 지지율이 10%대로 추락했다. ‘그 후 재역전(2021년 7월 2주차)까지는 무려 245주가 걸렸다. 190주 연속 10%대 지지율을 기록했고 10% 미만도 13주나 됐다.’(한규섭, 2023. 05. 16.)

민주당에 43%포인트까지 뒤지는가 하면 2018년 8월 한 달간은 정의당에도 뒤졌다. 진정 ‘보수 몰락’이었다. 그러나 2016년 총선 당시 지역구별 여론조사는 새누리당의 압승을 예상했다. “필자 연구팀이 당시 실시된 지역구별 여론조사 674건에 기반하여 후보별 당선 확률과 의석수를 추정해보면 새누리당이 166석(신뢰구간 158~173석), 민주당이 83석(신뢰구간 75~91석)이었다.”(한규섭, 2023. 05. 16.)

한편 “2016년 4월 13일 치러진 20대 국회의원 선거 투표율은 58%였고, 의석분포는 더불어민주당(123), 새누리당(122), 국민의당(38), 정의당(6), 무소속(11) 석이었다. 민주당, 국민의당, 정의당 등 야당은 합쳐 167/300석을 차지했다.”(한규섭, 2023. 05. 16.)

잘못된 여론조사로 새누리당 당시 친이(親李) 세력은 ‘2원집정제, 의원내각제’까지 관심을 두기 시작했다. 박근혜 대통령은 그 상황에 집착하지 않고, 사회개혁을 시도했고, 창조경제 센터를 부지런히 세우기 시작했다. 그는 1년 7개월 동안 뚝심있게 '창조경제혁신센터' 다수를 세운 것이다. 그 실적이 나타나기 시작했다. 2105개 센터에 7500억 원 지원을 했다. 스타트업기업 929사 800명 채용을 했다.(남기현, 2016. 4. 13.)

또한 시장을 확산시키기 위해 박 대통령은 해외 순방 때 경제사절단이 순방 현지에서 진행하는 1대1 비즈니스 상담도 했다. 한편 야당은 헌법정신과 다른 일을 기획하고 있었다. 그들은 생산이 아닌 소비, 자유·민주주의가 아닌 국가사회주의 정책을 펼 생각을 계속했다. 정부에 협조할 생각은 전혀 없이, 국정원 댓글 확대, '세월호 사건'(2014. 4. 16.) 등을 부풀리고, 대선불복 및 집권준비에 열중했다. 그 상황의 흐름 속에서 세월호 사건이 터진 것이다.

당시 야당의 기조는 자유주의·시장경제가 아니라, '소득주도 성장'의 기조를 갖고 있었다. 새정치민주연합 문재인 야당 대표는 '유능한 경제정당론'을 내세우고 구체적 방법론으로 '포용적 성장론'을 제시했다. 문 대표는 최고위원회에서 "'소득 주도 성장, 조세정의, 경제민주화 등의 목표를 실현할 유능한 경제정당의 구체적 방안을 만들기 위한 기구를 출범시킬 것'이라며 '장기 침체에 빠진 우리 경제를 살리는 한편, 경제성장의 과실을 국민 모두에게 골고루 나누는 포용적 성장에 (정부·여당도 최저임금 법제화 등으로) 동참해 달라'고 말했다."(하어영, 2015. 03. 10.)

한편 朴 대통령은 현실 타개와 개혁에 더욱 적극적이었고, 북한의 관계에서 차별적 노선을 강하게 주장했다. 朴 대통령은 2016년 2월 10일 오후 5시 북한의 '핵무기와 미사일을 동원한 무력시위'를 한다고 '개성공단'을 폐쇄시켰다.

개성공단의 운영실태가 밝혀졌다. 개성공단 입주기업 가운데 처음으로 2009년 자진 철수한 모피의류업체 '스킨넷'의 김용구 사장(45)은 2013년 4월 29일 한 인터뷰에서 '2008년 7월 금강산 관광객 박왕자 씨가 북한군 총격에 사망하고 12월 북한이 남측 인원과 통행 시간을 제한한 '12·1 조치'를 내놓았다. 더욱이 결정적 계기는 이듬해 3월 한미 연합 군사훈련 키리졸브 때 북한이 남측 인력의 귀환을 막았다. "발이 묶이자 그의 아내와 어머니는 회사로 찾아와 '내 아들 살려내라'며 통곡했다."(강유현, 2013. 05. 01.) 사업에도 문제가 생겼다. "개성공단을 믿지 못한 바이어들 때문에 주문량은 30% 급감했다. 김 사장은 '개성공단이 북한 정권 맘대로 움직이는 곳이라는 걸 그때 확실히 깨달았다.'고 회고했다."(강유현, 2013. 05. 01.) 결국 입주한 지 1년 10개월 만인 2009년 6월 개성공단에서 철수했다."

朴 대통령은 '핵개발 자금과 통치 자금화하는 개성공단을 더 이상 볼 수 없다.'라는 입장이었다. 또한 국내 안전보장을 강화키 위해 정부는 전시작전통제권(전작권) 전환 때까지 용산 미 8군 현 부지에 잔류를 결정했다.

한편 박근혜 정부는 공공·노동·금융·교육 등 4대 개혁에 박차를 가했다. 개혁 반대세력의 몽니로 험난한 길이 예상되었다. 20대 국회는 야당 성향이 167석이었고, 초·재선 90명 이상이 386 운동권 강성을 국회에 포진시켰다. 더욱이 노동계 출신이 12명 당선되어, '더 험난해진 노동개혁'이 예고되었다. 더욱이 당시 김무성 새누리당 대표와 그 후 유승민 원내대표까지 박 대통령에 사사건건 반기를 들고 있었다.

정권인수위에서 '근혜노믹스'를 주도했던 강석훈(52) 청와대 경제수석은 '국민에게 희망을 주는 경제정책을 만드는 게 목표'라고 전제하고, "일자리 창출에 온 힘을 쏟을 것이고, 미래 일자리를 창출하기 위해서는 구조개혁 및 산업구조조정이 제대로 이뤄져야 한다."라고 했다.(도병욱, 2016. 05. 15.)

朴 대통령은 당시 20대 총선을 앞두고 '선진화법'에 묶여 있는 개혁입법 풀기를 시도했다. 이 법에 의하면 반대당이 반대하면 어떤 입법도 시도할 수 없었다. 타협이 불가능한 좌파의 속성이 노출된 것이다. 朴 대통령은 국민에게 직접 다가갔다. 당시 야당과 언론은 국회 설득은 않고 거리 서명을 나선 朴 대통령을 폄하했다. 朴 대통령은 선진화법으로 막혀 있는 '경제활성화 입법' 촉구 1천만 서명운동에 참여한 것이다.(최혜정, 2016. 1. 19.) 또한 그는 "'민생안정과 경제 활성화에 매진하는 새로운 국회가 탄생해야만 한다. 그 결과는 고스란히 우리 국민이 져야 하고 국가의 빚은 점점 늘어나게 되고 결국 세금으로 매워야 한다."라고 자신의

심정을 토로했다.'"(이제교, 2016. 4. 12.)

2) 개혁의 실천

朴 대통령은 개혁에 박차를 가했다. 공공부문은 공무원 연금뿐만 아니라, 공기업에도 구조개혁을 시작했다. 공기업 철도의 부실화를 막고, 수서발(發) KTX를 공·민영 합작으로 운영하게 했다. 또한 불법파업 중인 철도노조 지도부를 검거하였다.

정부는 노조와 일전을 준비했다. 철도파업 13일 만에 협상을 시도했다. 철도 지도부가 조계사 은신처에 칩거하자 조계종 화쟁위원장 도법 스님은 최연혜 코레일 사장과 박태만 철도노조 수석부위원장의 중재에 나섰다. 2013년 12월 26일에 일어난 일이다. 당시 노조 측 주장은 "①KTX 자회사 면허 발급 중단, ②국회 국토교통위 산하에 철도발전 소위 구성, ③노조원에 대한 고소·고발 취하, ③ 파업 참가자 직위 해제 문제 해결 등을 요구한 것으로 알려졌다."(김성모, 2013. 12. 27.) 그 후 철도노조 '민영화 운동'이 다시 불을 지폈을 때 최연혜 코레일 사장은 한 인터뷰에서 "철도노조원들, 복지 아닌 정치투쟁에 의구심을 표했다."(김민철, 2014. 10. 17.)

한편 금융 부문 개혁에서 성과제도를 시도했다. "당시 국내 금융회사의 경쟁력을 규모, 수익창출 능력과 미래가치, 수익원 다각화, 자산 건전성 등 4개 분야로 나눠 평가했을 때 자산 건전성을 뺀 나머지 분야가 모두 '글로벌 상위권 금융회사에 비해 미흡하거나 부정적이다.'라는 평가가 나왔다."(송종현, 2016. 04. 08.)

노동생산성이 턱없이 낮은 것이다. 연봉제의 개혁이 필요한 시점이다. 서정호 (금융연구원 은행보험연구실)는 국가 미래연구원 주최 4월 7일 서울 중구 서울클럽에서 열린 '산업경쟁력포럼 제9회 세미나'의 발표에서 "수익 창출 능력 및 미래가치, 수익원 다각화 측면에 대해선 각각 '부정적', '미흡'의 평가를 내렸다. 2013년 회계연도를 기준으로 비교한 결과 국내 3대 은행지주의 총자산수익률(ROE)은 각각 0.45%와 5.76%로, 글로벌 100대 금융회사의 평균치의 0.83%와 9.39%보다 낮았다."(송종현, 2016. 04. 08.)

성과제도는 노조의 걸림돌로 작동했다. 노동개혁 부문에서 금융권의 성과주의 도입이 노조 반발로 시작부터 난항을 겪지만, 금융당국은 "예금보험 공사와 예탁 결제원, 주택금융공사 등에 먼저 성과연봉제를 도입할 계획이다. 노조 반대가 적은 금융 공기업부터 도입해 다른 곳으로 확산하겠다는 구상이다."(김은정·이태명, 2016. 04. 08.)

한편 朴 대통령은 불법 정당에 대한 개혁을 시도했다. 정부는 통진당 불법 행동을 직시하기 시작한 것이다. 통진당은 당시 그들의 숙주인 경기동부연합이 '기억' 공동체로 출발하여 이념 공동체와 정치 공동체를 경유한 다음 마침내 '이익 공동체'로 진화하여 왔다.[403]

'민주적 기본질서' 중 통진당 대리투표가 문제가 되었다. 대법원은 "상식을 선택했다. 법 규정이 미흡하더라도 정당 내 선거의 4대 원칙(보통·평등·비밀·직접선거)에 따라 공정하게 치러져야 한다고 판단했다."(최현철, 2013. 11. 29.)

불법선거가 문제가 되었다. 대법원 3부(주심 박보영 대법관)는 지난해 통합진보당 비례대표 선출을 위한 당내 경선에서 대리투표를 한 혐의(업무방해)로 기소된 전 통진당 조직국장 이 모 씨 등 2명에 대한 상고심에서 징역 1년에 집행유예 3년을 선고한 원심을 확정했다.

통진당은 벌써 정당을 통한 사회주의 사회변혁을 시작하고 있었다. 전국언론노동조합연맹의 강령에 따라 그들은 당연히 진보정당과 '업무협약'으로 연대를 모색했다.

---

403) 통진당 경기동부연합은 1971년 경기도 광주대단지 사건으로 시작한다. 성남시의 모태가 된 이곳은 광주민주화운동 때에는 전국에서 가장 먼저 병력이 배치되었다. "이 연합이 정치와 만난 것은 1991년 민주주의민족통일전국연합'(전국연합)의 산하단체가 되면서부터이다."(전상인, 2013. 09. 16.) 2000년대에 들어와 잠시 민노당 소속이었다가, 통진당 당권파로 제도권 안에서 성장하게 되었다. 이들은 "2012년 4·11 총선에서 민주당과의 야권 연대로 수도권 도처에서 공공기관이나 사회적 기업을 접수했을 뿐 아니라 홍보·행사·기획·연구개발·관광·용역 등 다양한 제도권 영역의 사업장에서 물적 토대를 확보했다. 통진당은 창당 이후 불과 1년 반 동안 정당보조금 및 선거보조금 명목으로 100억 원 가까운 국고 지원을 챙겼다."(전상인, 2013. 09. 16.)

통진당의 변혁과정은 '자유민주적 기본질서'에 벌써 문제를 노출시켰다. 이석기(51) 의원의 비리와 특혜로 구속기소사건이 벌어졌다. 물론 정당의 목적이나 활동이 '민주적 기본질서'에 위배될 땐 정부는 국무회의 심의를 거쳐 헌법재판소에 정당해산 심판을 청구할 수 있다.'라는 헌법정신의 논리이다.(사설, 2013. 09. 08.) 그 규정에 따라 헌법 재판소는 통진당 해산을 명하게 되었다.

더욱이 국정원 등에 따르면 "구속된 RO(Revolutionary Organization) 핵심 조직원인 이상호(51), 경기진보연대 고문과 홍순석 통합진보당 경기도당 부위원장 등은 최근 몇 년간 미국 내 조직원과 수시로 통화하고 이메일을 교환했다."(권상은·강훈, 2013. 09. 04.) 국정원에 따르면 "이 조직원은 중국에 있는 한 기업인과 접촉하고, '미국 조직원은 RO의 연락책이며, 그가 교신한 중국 기업인은 북한 공작원으로 추정된다. 또한 RO 조직원들의 해외 조직원과 연락할 때 미국에서 서버를 둔 구글의 지메일 계정 30~40개를 사용한 사실을 포착했다."(권상은·강훈, 2013. 09. 04.)

당시 법무부 측 참고인인 김상겸 동국대 법대 교수는 '정당해산이 예방적인 조치'라는 논리를 폈다. 그는 "'정당이 추구하는 사상의 자유는 보장하지만, 그 이념이 민주적 기본질서나 헌법의 기본원리인 국민주권 등에 반할 경우 위헌'이라며 '정당해산 심판 제도는 정당의 목적이 민주적 기본질서 요소를 위배하고 헌법질서를 침해 파괴할 수 있을 때 이를 사전적으로 차단하는 목적이 있다'"라고 주장했다.(김창환, 2104. 02. 19.)

반면 통진당 측 참고인인 정태호 경희대 법학전문대학원 교수는 "'유럽인권재판소 판례를 보면 '절박한 사회적 필요'가 있을 때만 정당을 해산할 수 있도록 하고 있다'며 구체적 위험성이 있을 때 최소한으로 해야 한다는 점을 강조했다."(김창환, 2104. 02. 19.)

내란음모 항소심 2차 공판에 나온 이석기는 "'RO라는 조직의 존재 자체를 알지 못한다.' 지하 혁명 조직 RO의 총책으로 내란을 음모한 혐의 등으로 기소돼 수원지법 1심 재판(서울고법 형사9부, 재판장 이민걸)에서 징역 12년을 선고받은 이석기(52) 통합진보당 의원이 항소심에서도 관련 혐의를 전면 부정했다."(김은정,

2014. 05. 09.)

한편 박근혜 정부는 민주노총과 일전을 벌였다. 朴 대통령은 특히 공공기관에 대해 비판적 시각을 갖고 있었다. '공공기관이 국민의 신뢰를 받지 못하면 없는 것이나 마찬가지 정도가 아니라 차라리 없는 게 낫다는 상황이 될 것'이라는 논리이다. 같은 논리로 "청와대 집무실에서 주재한 수석비서관회의에서 '공공기관 합리화 방안은 공공기관의 재정 건전성 문제와 방만한 경영에 대한 우려를 불식시킬 수 있어야 한다.'"(이동훈, 2013. 06. 25.)

한편 정부는 노동개혁에 박차를 가했다. 공공기관에서 몽니를 부리는 민주노총은 당시 구성원이 전체 임금 근로자 1931만 명의 3%(63만여 명) 수준이지만, '뿌리 깊은 폭력성'을 보여왔다. 그 일례로 "창립 10년을 맞은 2005년 당시 온건파 집행부가 '노사정위원회 대화 참여'를 대의원 대회 안건으로 올리자 강경파가 회의장에서 시너와 소화기를 뿌리고 집단 난투극을 벌인 사건이다."(박은호·배준용, 2015. 12. 09.)

노동 전문가 B 씨는 "'이후 민주노총은 노사정 대화에 일절 참여하지 않아 여론으로부터 스스로를 고립시켜 왔다.' … 경찰은 '최근 3년간 투석·쇠파이프 등을 사용한 과격폭력 시위는 모두 민주노총 집회에서 발생했다.'"라고 했다.(박은호·배준용, 2015. 12. 09.) 그것도 노동운동이 아니라, 정치투쟁이었다.

노조의 폭력성은 계속되었다. 노조간부는 '유기적 지식'인으로 이들 운동을 사회민주화운동으로 이전시킬 준비를 하고 있었다. 그들은 구성원의 사회주의적 '지적 성찰'(intelligent reflection)에 심취했다.

한편 박근혜 정부의 구은수 서울지방경찰청장은 조계사에 은신 중인 한상균 민주노총 위원장 검거에 나섰다. 그는 "서울 도심 폭력 시위 등 8차례 불법 시위를 주도한 혐의로 구속영장과 체포영장이 발부됐으나 지난달 16일부터 조계사로 숨어들었다."(김정환·이순홍, 2015. 12. 09.) 한 위원장은 조계사에 은신한 후 "'5일 서울 도심 집회가 끝난 뒤 거취를 결정하겠다.'고 했다가 최근엔 '정부의 노동 개악 입법이 저지될 때까지 못 나간다.'라고 변명했다."(김정환·이순홍, 2015. 12. 09.)

당시 한상균 위원장이 피신한 후 민주노총 최종진 수석부위원장은 "'87년 노동자 대투쟁의 역사와 전노협 정신을 이어 받아 민주노총이 1995년 11월 11일 깃발을 올린지 오늘은 20주년이 됐다.'며 '그동안 민주노총은 노동시간 단축과 최저임금 인상, 민영화 저지와 사회공공성 쟁취, 비정규직 철폐, 노동자 정치세력화, 노동자 남북교류를 위해 앞장서 투쟁해 왔다.'고 평가했다."(구은회, 2015. 11. 12.)

한편 전국교직원노동조합(이하 전교조)은 1999년 합법화된 이후 15년 만에 법적 지위를 상실했다. 서울행정법원 행정 13부(재판장 반정우)는 19일 전교조가 고용노동부를 상대로 '법외노조 통보 처분을 취소하라.'며 낸 소송에서 패소 판결을 내렸다.

당시 고용부는 '해직자를 조합원으로 인정하는 규약을 수정하지 않으면 법외노조를 통보하겠다.'라고 했다.(김연주, 2013. 10. 10.) 전교조 조합원은 '이를 거부함으로써 비합법 단체의 길을 걷게 되었다. 그 결과 전교조가 법외 노조가 되면서 단체협약 교섭권 등 법 권리를 잃게 된 것'이다.

朴 대통령은 '모든 사회적 폐습과 불의를 타파하며..'라는 헌법 전문정신에 충실코자 했다. 또한 그는 북한에 대해서도 원칙론을 유지했다. 그는 북한의 '탄도미사일 발사', '비핵화 작업'에 성의를 보이지 않은 가운데, '드레스덴 연설'에서 남북 기조의 '한반도 신뢰프로세스 원칙'을 밝혔다. 여기서 '드레스덴 연설'은 구동독 드레스덴 지역의 경제·과학 도시에서 한 연설인데, 박 대통령은 2014년 3월 28일 드레스덴 공과대학에서 남북 통일의 전체 구상을 밝힌 것이다. 그는 2014년 3월 25~28일 네덜란드 제3차 핵안보정상회의, 그리고 독일 국빈방문 때 '박근혜 독트린', 혹은 '박근혜 통일 독트린' 구상을 밝혔다. 후일 朴 대통령의 드레스덴 연설문은 탄핵의 도화선이 되었다. 당시 JTBC 손석희 팀은 최순실 씨가 '박 대통령의 드레스덴 연설문을 30곳이나 빨갛게 고쳤다.'라는 가짜뉴스를 만들어냈다. 그 연설에서 박 대통령은 전부터 '핵을 머리에 이고 살 수 없다.'라는 전제로, 핵이 없는 한반도를 구성하고 있었다.(사설, 2014. 03. 29.)

더불어 朴 대통령은 드레스덴 연설에서 '신뢰 프로세스'로 평화통일 구상을 밝혔다. 남북 간 단계적·포괄적 교류·협력 방안을 구체화시키기 위해 '남북교류협력사무소 설치'를 제안했다. 그는 '통일 대박론'을 구체화시킨 것이다.

또한 朴 대통령은 그곳에서 "4개의 장벽을 허무는 통일의 비전을 제시했다. ①
남북 간 군사적 대결, ②불신, ③사회·문화의 장벽 그리고 ④국제 사회와 북한 간
단절과 고립의 장벽 등을 허물어야 한다는 것이다."(사설, 2014. 03. 29.)

동 연설에서 박 대통령은 교류·협력의 구체적 3분야를 북한에 제시했다. 즉
"①인도적 문제 해결로, 북한에 이산가족 상봉의 정례화와 북한 산모와 유아 지
원 사업, ②남북 공영을 위한 어젠다 개발, 북한 지역에서의 남북 복합 농촌단
지 조성 제안과 남한의 북한 교통·통신 인프라 투자와 북한 지하자원 개발, 그리
고 ③남북 간 동질성 회복을 위한 작업으로 역사·문화예술·스포츠 교류를 밝혔
다."(사설, 2014. 03. 29.)

당시 대통령의 '통일 대박론'에 북한은 맹비난하고 나섰다. 당시 朴 대통령의
드레스덴 연설에 북한은 격하게 반응을 한 것이다. 북한은 '신뢰 프로세스' 즉, 과
정에 참여토록 권장하는 것을 거부했다.

북한은 계속해서, 관습적으로 대한민국 중심의 통일을 원치 않았다. 당국자는
드레스덴 선언이 '흡수통일'로 간주한 것이다. 북한 국방위원회는 "'민족 반역과
위선, 반통일 속내로 얼룩진 시대의 퇴적물'이라고 맹비난했다."(김명성, 2014. 04.
14.) 물론 박 대통령의 드레스덴 연설은 북한의 남조선 해방 구상과는 전혀 다른
맥락이었다.

당시 야당은 '명쾌한 설득 청사진'이 없다고 朴 대통령에 대한 비판의 강도를
높였다. 새정치민주연합 한정애 대변인은 28일 박근혜 대통령의 통일 구상에 대
해 한반도 평화통일의 구상에 대해 '총론적으로 동의한다.'며 '비핵화나 인권개선
등 북을 압박하는 표현 대신 인도주의, 공동번영, 통합의 원칙 등을 의미 있게 밝
힌 점도 눈에 띌만하다.'고 했다. 그러나 그는 "이번 연설에서 북한을 대화의 장으
로 나오도록 하는 구체적이고 명쾌한 설득의 청사진은 제시되지 못했다.'며 '이
번 연설 준비 과정에서 야당과의 소통이 거의 없었다.'"라고 했다.(최승현, 2014.
03. 29)

물론 대화가 불가능한 야당이 협조할 이유가 없었다. 국내로 돌아온 朴 대통령
은 다시 구조개혁에 집중했다. 그는 준비된 사회개혁 프로그램을 선보였다. 대처

(Margaret Hilda Thatcher, 1925. 10. 13.~2013. 04. 08., 1979. 05. 04.~1990. 11. 28. 재임)
의 자유주의·시장경제 초심의 정책에 근접해 있었다.

대처리즘(Thatcher, 1992, On Thatcherism: Its Ideology and Practices)은 자유주의·
시장경제의 원칙에 방점을 두었다. 그는 큰 시장, 작은 정부의 구상을 실현했다.
즉, "①내 믿음의 뿌리에서는 자유가 도덕적 원칙이라는 신념이 있다. 각 개인은
선천적인 재능과 능력을 지니고 있으며 개인은 이것들을 사용할 책임이 있고, 국
가는 가능한 주어진 상황 속에서 개인들의 이러한 재능을 완성토록 한다. ②공공
지출과 정부 차입금은 줄여야 한다. ③기업에 대한 세금을 폐지하거나 줄이고, 노
동조합의 특권을 폐지해야 한다."(김대호, 2023. 09. 01.)

또 자유·생명·재산 등 기본권을 강조하면서 그 제도의 견고함에 힘을 실어준
다. 우리 헌법은 '자유민주적 기본질서'에 관한 논의이고, 헌법 정신의 초심으로
돌아가자는 언급이다. 즉, 대처는 "④사적 소유제도가 가능한 한 넓게 확산되어
야 한다. ⑤자유로 인해서 무정부상대가 되어서는 안 되고, 사법행정의 신뢰가 강
조되어야 한다. ⑥평화는 결코 완전하게 보장되지 않으며, 새로운 독재자가 등장
할 수 있다. 새로운 독재자들을 유화정책으로 쓰지 말고 패배시켜야 한다. ⑦헌법
이 유지되어야 한다."(김대호, 2023. 09. 01.)

전통 자유주의와는 달리, 당시 한국적 상황은 국가사회주의로 진전하고 있었
으며, 그만큼 규제는 많아지고, 기업가 정신은 퇴색되고 있었다. '한국 기업의 기
업가 정신'이 필요한 시점이었다. 당시 朴 대통령의 규제개혁에 대한 국민의 호
응이 높았다. 매경과 MBN 여론조사 기관 매트릭스에 의뢰해 설문조사한 결과
"박근혜 대통령의 국정운영 지지도는 65.2%에 달했다. 이는 이명박, 노무현 전
대통령이 취임 1주년을 맞아 지지율이 각각 32%, 22%(한국갤럽 조사) 수준이었던
점을 감안하면 상당히 높았다."(김선걸, 2014. 2. 20.)

당시 세평은 朴 대통령의 아버지는 '개발', 딸은 '혁신'이라고 했다. "세부 경제
구조 개혁 과제 중에 규제개혁은 유일하게 대통령이 '직접 챙기겠다.'고 말해 무
게를 실었다."(김태근, 2014. 2. 26.)

朴 대통령은 창조경제를 앞세우고, '창조경제를 만드는 데 가장 중요한 것은

청년들이 사회에 처음 나올 때부터 원하는 분야에서 일하도록 한다.' 이는 "영국의 경영컨설턴트인 존 호킨스(68) 대표가 창조경제의 성공 조건으로 꼽는 내용이다. 여기서 창조경제란 새로운 아이디어를 내놓은 것이 창의성이고, 창조경제는 그 아이디어가 반영된 상품이나 서비스를 사람들이 구매할 수 있도록 하는 것이다."(김혜미, 2013. 05. 31.)

"당시 삼성 전자, LG 전자, 현대자동차 등 국내 대기업은 벌써 노동집약형으로부터 R&D로 산업 전략을 바꾸고 있었다. 채용 인원도 반 이상이 연구·개발에 집중되어 있었다."(손진석, 2014. 03. 07.) 당시 朴 대통령은 경제혁신 3개년 계획을 위해 4조원을 들여 '벤처 붐'을 조성코자 했다.

朴 대통령은 농업 부문에서 "세종시 연동면, 농업-ICT 결합 '창조마을'로 선정하고, '판교테크노밸리에 입주기업 1121개의 매출이 70조원을 돌파하도록 하는 한편, 벤처 새 역사 '스타트업' 기업육성에 박차를 가했다."(최준호, 2016. 07. 24.)

또한 朴 대통령은 규제개혁에 적극적이었다. 그는 '경제혁신 3개년 계획' 담화문에서 '경제성장과 가장 밀접한 부분은 규제 혁파를 주문하고, 5대 서비스산업과 벤처 및 창업 활성화'를 발표했다. 구체적 규제의 핵심과제로 '정부가 과감한 규제개혁과 제2 벤처붐을 일으키고, 국내 기업의 내수 활성화를 돕겠다.'라고 했다.

세계 수출시장 경제가 정부의 핵심과제이지만, 내수도 강화해 수출과 균형을 맞추게 했다. 규제개혁과 벤처 붐이라는 양 날개로 경제성장 견인을 하고자 했다. 朴 대통령은 항상 '돈 한 푼 들이지 않고 투자를 늘릴 방법은 규제개혁 뿐'이라고 강조했다. 또한 그는 '규제 장관회의를 주재해 자신이 직접 규제개혁 과정을 챙기겠다.'고 말했다. 정부는 규제개혁으로 "'기업투자환경개선→유망 서비스산업 육성→내수 활성화'의 선순환 구조가 이어질 것으로 기대했고, 보건·의료, 교육, 관광, 금융, 소프트웨어 등 5대 유망서비스업 분야에 규제가 과다하다고 보고 이를 철폐하거나 완화할 방법을 찾을 계획이다."라고 했다.(김민호, 2014. 02. 26.)

창조경제센터는 새로운 콘텐츠제작에 참여했다. 청와대는 대기업 총수와 오찬을 갖고, "17개 창조경제 혁신센터 시너지 창출을 목표로 창업혁명을 일으켜 경제 제2도약을 이룬다."라는 계획을 발표했다.(김명환, 2015. 7. 24.)

한편 국제경쟁력을 확보하기 위해 창업에 필요한 이스라엘의 창조경제 방식으로 ①벤처펀드, ②R&D투자, ③CEO 열정 등을 등장시켰다. 창조경제는 '귀족노조'의 노동개혁과 갈등을 일으킬 전망이었다.

박근혜 정부 핵심 정책 중 하나인 '창조경제혁신센터의 지원을 받은 창업 기업들의 해외 진출 성공 스토리를 발표케했다.' 대규모 해외 투자 유치와 수출 계약에 성공하면서 세계 시장으로 확장시키는 노력을 강조했다. 각국과의 FTA로 시장의 지평을 넓힐 수 있다는 논리이다.

朴 대통령은 '창조경제가 자생적으로 성장하는 새로운 단계로 도약해야 한다.'고 강조했다. "미래창조과학부와 문화체육관광부는 2016년 8월 26일 서울 성동구 한양대에서 박 대통령과 창업기업 관계자 등이 참석한 가운데 '2016 창조경제혁신센터 페스티벌'을 개최했다."[404]

그 성공사례로 "다수의 카메라로 촬영한 영상을 원하는 시점의 동영상으로 조합해 4D 업체영상을 제작하는 기업 ESM랩은 미국과 유럽, 일본 등에서 사업 협상이 밀려들고 있을 정도였다."(장석범·김민용, 2016. 08. 26.)

창조경제뿐 아니라, 朴 대통령은 2013년 후반기에 노동개혁 프로그램을 가동시켜, 본격적인 성과를 가시화시켰다. 더욱이 이를 심화시켜 2015년 후반은 '노동의 유연화'를 위해 규제를 개혁하고, 임금 피크제, 성과제, 여성 인력의 활용을 위해 시간제 근로, 연금개혁 등을 시도했다. 물론 순조롭지는 않았다. 공공부문 노동자는 카르텔을 깨야 하는 아픔을 경험할 수 있어, 불만이 증폭되어 갔다.

朴 대통령은 김대중·노무현 전 대통령의 평준하향화의 사회주의 문화에 쐐기를 박고, 엘리트의 역동성과 기업주의 열정을 함께 묶고자 했다. 공공부문까지

---

404) 창조경제센터는 전국 17개 시·도에 설립되어 지난 2016년 8월 12일까지 모두 1175개의 창업기업과 1664개의 중소기업을 지원했다.(장석범·김민용, 2016. 08. 26.) 박 대통령은 "이날 격려사를 통해 '혁신센터가 미래 신산업 분야 창업과 혁신을 선도하고 지역별 특화산업 육성의 허브로서 지역경제 활성화와 청년 일자리 창출에 앞장서야 한다.'면서 '민관 협업으로 창업혁신을 통해 우리나라의 새로운 성장 모멘텀을 만들어 달라.'고 당부했다."(장석범·김민용, 2016. 08. 26.)

도 유연성과 역동성을 살리고자 했다. 2015년 6월 17일 부채 비율이 높은 공기업 316개에 우선 임금 피크제를 도입했다. 그들의 리그가 아닌 국민에게 도움을 주는 공기업을 원한 것이다. '현대차의 모든 계열사도 임금피크제'(8월 12일)를 시작했다. 당시 기업은 71%(「동아일보」 조사, 8월 14일), 국민 68.7%(박주희 바른사회시민회의, 9월 1일 발표)는 임금피크제를 찬성하고 나섰다.

2013년 5월 朴 대통령은 노동의 유연성과 고용률 70%를 달성하기 위해 노동개혁에 적극적이었다. "노동권과 비정규직, 고용확대, 노동 유연성 등 우리 사회 노동 현안을 더 이상 방치할 수 없다."라는 당시의 분위기였다.(김진우·강병한·유정인, 2013. 05. 30.)

한편 박 대통령은 여성인력 활용을 위해 '시간제 일자리가 중요하다'라고 언급했지만, 야당과 노동계는 '비정규직만 양산할 것'이라고 비판하고 있다. 더욱이 비정규직 문제 해결이나 노동3권 인정 등 선행 노력이 이뤄지지 않은 상태에서 박 대통령 접근법은 야당에 비판의 빌미를 줬다.

朴 대통령의 개혁에 야당은 사사건건 딴죽을 걸었다. 개인의 기본권 확장과 국가사회주의 '소득주도 성장'과는 결이 달랐다. 노동의 질을 높이고, 전문사회를 가기 위한 노력의 반대에 朴 대통령은 개의치 않았다.

노동의 유연성의 일환으로 철도 민영화에 대한 논의가 가속화되면서 '철도노조 6000명이 상경 투쟁'을 벌였다. 당시 코레일의 누적 부채가 17조 원을 넘었고, 부채 비율이 40%를 넘는데도 운송사업 총매출액 대비 인건비 비중은 50%나 되었다.(이신우, 2013. 12. 18.)

코레일 노동조합은 그동안 대기업 특혜와 공공성 훼손을 초래할 것이라면서 민영화에 결사반대해 왔다. 공기업 독점이 공공성을 확보할 수 있을지 의문이었다. 오히려 공기업 독점 카르텔로 갈 수 있었다. 카르텔은 전문성이 점점 떨어지고, 경쟁 시스템이 작동을 멈춘다. 여기서 박근혜 정부는 포기하지 않았다. 반대에 부딪치자, 민영화를 하지 않은 대신 제2철도공사를 자회사로 만들어 코레일과의 경쟁을 유도하겠다는 방안이었다. "코레일 노조(위원장, 김명환)는 이것조차 민영화의 연막전술이라면 파업 명분으로 삼고 있었다."(이신우, 2013. 12. 18.) 그러나 새로 기획한 당시 수서발 KTX 자회사의 지분은 '코레일(41%)과 정부 및 지자체 등 공공자금(59%)으로 구성시켰다.'

한편 철도 강경 노조에 체포영장이 발부되었고, 사회의 갈등은 높아졌다. 노동 개혁에 브레이크가 걸린 것이다. 한편 당시 세종시 출범으로 공무원 반발도 만만치 않았다. 세종시는 2002년 9월 신행정도시 건설을 공약으로 내세우고, 10년 만에 실현이 되었다. 이명박 정부에서 폐기시키려고 했으나, 박근혜 한나라당 전 대표는 2010년 1월 7일 '행정중심복합도시건설을 위한 특별법', 즉 '9부 2처 2청을 세종시로 이전하는 원안을 관철시켰다.

공무원 입장에서 봤을 때는 난감했다. 서울에서 출퇴근하는 공무원은 '길과장'으로서 하루 4~5시간을 출·퇴근 길에서 보내는 입장이었다.

1단계 작업으로 "2012년 9월 총리실 이전을 시작으로 기획재정부, 농림식품부, 환경부 등 6개 부처 및 소속 기관이 1단계로 이전을 완료하고 2013년 2단계로 보건복지부, 고용노동부 등 18개 기관, 2014년까지 나머지 6개 기관이 이전을 끝내게 되는 진정한 행정중심도시로서 면모를 갖추게 된 것이다."(민경명, 2012. 06. 29.)

뚝심 있게 계속 밀어붙였다. 2단계로 박근혜 정부는 2013년 12월 12일 "13일부터 29일까지 정부부처 6곳과 10개 소속기관이 세종시로 이전한다고 11일 밝혔다. 이전 기관은 교육부와 문화체육관광부, 산업통상자원부, 보건복지부, 고용노동부, 보훈처 등 6개 부처와 10개 산하기관으로 이전 공무원 수는 4888명이다."(이재덕, 2013. 12. 12.)

공무원의 불만이 쏟아지고, 사회는 점점 갈등의 독 안에 있었다. 공공부문의 기득권 카르텔 세력의 반발은 불보듯 뻔했다. 공무원은 민주노총을 부추기게 마련이었다. 2013년 11월 20일 박 대통령은 시정연설을 위해 국회를 방문했다. 그 당시 민주당 강기정 의원(3선·광주북갑)은 국회에서 대기 중인 청와대 경호 차량 앞을 지나가다 열린 차문을 발로 걷어차며 "'야! 이 xx들. 너희들이 뭔데 여기다 차를 대놓는 거야. 차 안 빼!' 라는 욕설을 했다. 운전을 담당한 경호 순경은 '누구시길래 차량을 발로 차고 가느냐.'며 상의 뒤편을 잡아 제압하다가 강 의원의 뒤통수에 가격당해 입술 안팎에 열 바늘을 꿰매는 상처를 입었다."(사설, 2013. 11. 20.)

19대 운동권 세력의 국회 진입이 문제가 되었다. 운동권 카르텔이 형성된 것이다. 2013년 대선평가위원장을 맡은 한상진 서울대 명예교수는 "'운동권 출신 정치인이 다수 들어와서 당을 망쳐놓았다. 국민 대중으로부터 멀어졌다.'라 전제하고 '이제는 운동권 경력만을 정치에 들어오는 것은 막아야 한다. 전문성을 가진 능력 있는 각계각층 인사가 충원돼야 한다.'"라고 했다.(정녹용, 2015. 09. 19.)

20대 국회는 운동권이 더욱 기승을 부리고 있었다. 최근 더불어민주당 친문 초·재선 그룹이 선명성 경쟁의 전면에 나서고 있다. 이들은 주요 사안마다 "청와대를 비난하며 민주당의 강경 노선을 주도하고 있다. 전술했듯 민주당(128)은 총 90명에 달하는 초·재선이 주요 이슈에서 '강경론'을 주도하고 있었다."(선정민, 2019. 02. 03.)

김영삼 정부뿐만 아니라, 김대중·노무현 집권 하 386 운동권세력은 공공직 곳곳에 과다한 규제 집행으로 숫자를 늘려왔다. 법이 많아지면 공공직 종사자가 힘을 쓰게 마련이었고, 법조의 확장과 그 몽니는 하늘을 찔렀다. 공공직의 비대화가 행정의 비효율을 가져오는 것은 당연한 일이었다.

국가사회주의는 눈앞에 전개되었다. 어느새 국가 노동생산성은 떨어지고, 경제성장은 제자리걸음을 재촉하고 있었다. 그 상황의 엇박자를 내면서 朴 대통령은 계속적 규제개혁을 들고 나왔다. 더 이상 국가사회주의를 허용하지 못했다는 논리이다. 그는 규제 개혁과 관련, '잘되고 있는 것은 됐으니, 잘 안 되고 있는 것을 나에게 갖고 오라.'라고 지시한 것으로 알려졌다. 아울러 朴 대통령은 규제 개혁 사안들을 만기친람 정신으로 하나하나 직접 챙길 것으로 알려졌다. 운동권 국회는 계속 규제를 만들고, 기업 혐오증을 확산했다. 그러나 朴 대통령은 자유주의·시장경제 측면에서 이를 저지했다. 당시 청와대 관계자는 "대통령의 머릿속에는 규제 개혁 과제들이 매우 구체적으로 입력돼 있다.'며 '만약 해당 공무원들이 이를 제대로 이행하지 않는다면 상당한 곤란을 겪을 것'"이라고 했다."(최재혁, 2014. 03. 14.)

朴 대통령은 규제개혁에 열을 올리고 있었으나, 야권 시민단체들은 의원 법안 만들기로 국회의원을 평가하기에 이른다. 그들은 국회의원 한 사람 한 사람을 거

론하면서 '실적 쌓기 규제법안' 발의 폭주를 부추겼다.(배정철, 2014. 02. 06.)

이어 "'20대 국회' 들어 의원들의 법안 발의 건수도 1만 6000건을 넘어섰다. 하루 평균 17.4건 꼴이다. 4년 동안 1만 5444건의 발의된 19대 국회와 비교하면 큰 폭으로 증가했다. 김종회 민주평화당 의원은 지난달 하루에만 25개 법안을 무더기 발의해 눈길을 끌었다."(배정철, 2014. 02. 06.)

20대 국회는 예견된 일이었다. 자기들 유리한 대로 의원 카르텔을 강화시켰다. 운동권, 선관위 그리고 호남이 똘똘 뭉친 결과였다. 선거일 조정도 현역의원을 유리하게 했다. 김정태 한국공산화반대 비상 국민회의 상임의장은 당시 '조국근대화와 한반도 통일'(21)에서 '여·야가 「선거구획정」을 2016년 3월 3일에 가서야 「19대 국회」를 통과시켰다. 왜냐하면 선거구획정이 늦어졌음에도 선거일을 2016년 7월 1일로 늦추지 않고 국회의원 선거를 2016년 4월 13일 밀어붙였다.' 규제는 자기들 유리한 측면에서 운영되었다. 20대 「4.13 총선」의 법률적 근거는 공직선거법 부칙(2016. 3. 3. 제14073호) 헌법 제116조 제1항과 공직선거법 제60조 2, 1항 2호를 위반했다. 「19대 국회」는 선거운동기간을 120일로 규정한 것을 어기고 41일밖에 허용치 않았기 때문이다. 헌법 제116조 ①항은 '선거운동은 각급 선거관리위원회의 관리하에 법률이 정하는 범위 안에서 하되, 균등한 기회가 보장되어야 한다.'라고 규정하고 있다.

'졸속 20대 국회'는 처음부터 난항이었다. 이들은 의원의 자세를 의심하는 대목이다. 더욱이 규제가 많아지면, 기업의 자유는 위축되고, 사회는 사회주의 경향을 띠게 된다. 공무원은 그 규제를 풀기 위해 불어났고, 공공직 종사자는 '유기적 지식인'으로서 역할을 하게 된다. 언론과 민주노총은 보조를 맞추면서 각 기관을 자신들의 '기울어진 운동장'으로 끌어 올려갔다.

朴 대통령은 자유주의·시장경제·자유민주적 기본질서 등 헌법정신에 충실코자 했고, 국회·공공직 종사자는 국가사회주의를 기획하고 있었다. 그들은 공공직 신분의 벽을 높이 쌓아갔다.

역설적으로 이야기하면 규제가 많다는 것은 따지고 보면 규제가 없다는 소리와 일맥상통하다. 국회와 공무원은 국가 권력 만능사회를 만들어가고 있었다. 영양가 없는 법만 수두룩하게 되나, 법은 또 다른 법만 만들게 마련이었다. 목소리 큰 사람이 주인이 되는 문화가 싹트고 있었다. 공무원 숫자가 늘어나고, 외국 기업들이 국내에 투자하기에 적합지 않게 된 것이다.

국가사회주의, 즉 전체주의 문화가 벌써 진행되고 있었다. 노조는 사회변동의 주체세력으로 자리 잡음을 했다. "'떼쓰면 돈 나오는 풍조 탓에 강성 노조 바람 분다.'라는 기류는 갈수록 심해졌다."(사설, 2013. 10. 25.)

당시 여당에도 문제가 있었다. 좌편향을 주창한 유승민 새누리당 원내대표가 '앞으로 국회 중심으로 정국을 이끌어 간다.'라는 선언으로, 다른 국회의원들에게 설득력을 얻어갔다. 2원집정부제, 의원내각제도 생각할 수 있는 일이었다. 야당과 북한이 항상 강조해온 의원내각제, 연방제통일안을 강변했다. 국회는 그들을 위한 행진을 계속했고, 규제는 계속 쌓여갔다. 더욱이 국회는 벌써 2012년 국회선진화법을 만든 상태였다.

국회선진화법으로 국회 다수당이나, 강성 야당이 반대하면 아무것도 할 수 없는 구조로 변모해 있었다. 당시 386 운동권 야당은 시민단체, 민주노총의 힘을 빌려 국회를 마음껏 이용할 속셈이었다. 당시 국회는 '법주고 법 받기'라는 합의 가면을 쓴 '야합(野合)' 정치를 계속했다.

합의명분 내세운 맞교환 법을 보면 여러 가지가 있었다. 물론 여야의 합의 외에도 국회에선 상임위별로 여야의 법안 맞교환이 빈발하고 있었다. 민생과는 관계없는 카르텔 국회를 위한 법이 대량으로 만들어진 것이다.

공무원뿐만 아니라, 법조가 신바람이 났다. 그 사이 국민기본권은 점점 잠식당하고 있었다. 그 원칙은 포퓰리즘에 근거했다. 법과 표와 바꾸는 형태였다. 법 윤리가 도마 위에 오를 수 있는 상황이었다. 민중민주주의를 지향하는 386 운동권 여야는 자본가 혐오증으로 기업을 할 수 없는 분위기를 만들어놓았다.

당시 朴 대통령은 규제개혁을 강하게 들고 나오면서 갈등의 요소를 안고 있었다. 전술했듯 그는 규제 개혁과 관련, '잘되고 있는 것은 됐으니, 잘 안 되고 있는 것을 나에게 갖고 오라'고 지시한 상태였다.

朴 대통령은 국회, 공직자, 언론 등 어느 누구도 꺼리는 '김영란법'을 강행했다.

김영란 국민권익위원회 위원장이 2012년 8월 최초 제정안을 제시한 '부정청탁 및 금품 등 수수의 금지에 관한 법률'이 제정되었다.

청탁금지법·김영란법은 2015년 3월 3일 국회 본회의에서 통과돼 3월 27일 공 포됐다. 이 법은 1년 6개월의 유예 기간을 거쳐 2016년 9월 28일부터 시행됐다. '청탁금지법'은 크게 ▷금품 수수 금지 ▷부정청탁 금지 등이었고, 여기서 '청탁 금지법'은 크게 이들 둘 외에 ③외부강의 수수료 제한 등의 세 가지 축으로 구성 돼 있었다(https://terms.naver.com/entry.nhn?docId=2724013&cid=43667&category Id=43667).

김영란법은 직무 관련성이나 대가성이 없어도 100만원을 초과하는 금품을 받 으면 형사처벌(징역 3년 이하 또는 벌금 3,000만 원 이하)하고, 100만 원 이하인 경우 는 직무 관련성이 있으면 받은 돈의 2~5배를 과태료로 물리는 것이다. 국민권익 위원회 원안에는 '국가공무원법, 공직자윤리법, 초·중등 교육법 등에 따른 공직 자의 공직유관단체 임직원이 대상이었다. 공직유관단체는 'KBS, EBS에 적용되 는 만큼 일반 언론사 임직원도 적용돼야 한다'라고 했다.(김성후, 2015년 여름: 11) 언론의 반발은 불 보듯 명료했다. 당시 언론자유 침해란 논의가 언급되었고, 기 자들의 정부에 대한 불만이 고조된 것은 사실이었다. 그러나 헌법 전문의 정신은 '모든 사회적 폐습과 불의를 타파하며, 자율과 조화를 바탕으로 자유민주적 기본 질서를 더욱 확고히 하여…'라고 규정한 상태였다.

3) '진지전' 구축의 언론 활동

한편 이명박 대통령은 전혀 좌파색출에 손도 대지 못한 상태였고, 6공화국 정 부 미디어는 팽창 일로의 정책을 폈다. 미디어 난립은 험난한 국정운영을 예고하 고 있었다. 박근혜 정부가 직면한 언론은 신문, 지상파, 지역민방, 종편, 케이블, IPTV, 네이버·다음 등과 포털, 트위터, 페이스북 그리고 유튜브 등이 서로 경쟁 하고 있었다. 더욱이 유튜브(YouTube)는 '대안미디어'의 일인 미디어로서 현장성, 탁월한 전문성을 가진 지식인군이 참여함으로써 방송시장의 강자로 부상했다.

여전히 지상파는 출입처 중심으로 운영된 신분적 카르텔 성격을 지녔고, 언론에게 공정성을 이야기할 수 없는 문화였다. KBS 등 공영언론은 진보정당과 '업무협약'을 맺은 상태였다. 더욱이 김대중, 노무현 정권을 거치면서 언론은 강한 신분적 특징이 크게 노출되었다. 벌써 민주노총 산하 언노련은 공영방송을 중심으로 편성권을 갖고 있었다.

더욱이 방송시장을 주도하고 있는 공중파 공영방송 중심은 '유튜브'를 능가할 수 없게 되었다. '나는 꼼수다' 등 '대안적 미디어 유튜브'의 실험이 이뤄지기 시작했다. 같은 정파성의 방송은 이들을 맹목적으로 논조를 맞춘다. 대안적 미디어 유튜브 팟캐스트는 이명박·박근혜 정부 시절 진보세력을 주도했다. 그러나 '촛불혁명' 이후 태극기 집회에서 다수의 유튜브가 등장했다. 김병민 경희대 행정학과 겸임교수는 "보수 집권기에 진보성향 인사들이 팟캐스트를 통해 정부와 권력을 강하게 비판했고 이것이 정권을 무너뜨리는 동력이 됐던 것처럼 보수 인사들도 이를 모방, 흡수해 유튜브를 활용한다."라고 했다.(정승임·이상무·손영하, 2019. 01. 05.)

'뉴스타파' 등 극성을 부리지만, 가짜 언론을 걸러내기 위해선 무엇보다 매스 미디어가 정화돼야 했다. 더욱이 게이트키핑 없이 무분별한 정보들을 쏟아 낼 때 매스 미디어는 적절한 수준의 견제 수단이 필요했다. '언론의 자유'를 위한답시고 '팟캐스트' 방송을 방치해 둔다면 제2, 제3 광우병 파동이 우려된다."(조광형, 2013 봄: 106)

이들이 주동이 된 언론은 언제든 희생양을 만들어낼 준비를 하고 있었다. 원래 팟캐스트는 웹라디오에서 1998년 휴대용 MP3를 사용하여, 2004년 정식적으로 팟캐스트 이름을 처음 사용하였다.

(https://ko.wikipedia.org/wiki/%EB%8C%80%ED%95%9C%EB%AF%BC%EA%B5%AD%EC%9D%98_%ED%8C%9F%EC%BA%90%EC%8A%A4%ED%8A%B8)

팟캐스트를 추종하는 문화가 엄습하면서 지상파방송의 공정성은 더욱 흔들리게 되었다. 그 경향은 어제오늘 일이 아니었다. 2004년 3월 12일 국회의대통령 탄핵소추안이 가결되었고, 노무현 대통령은 새로 창당된 열린우리당을 지지하는 정치적 발언을 했다. 즉, 그가 2004년 2월 24일 방송기자클럽 초청 대통령 기자회견에서 "'국민들 총선에서 열린우리당을 압도적으로 지지해 줄 것을 기대한다.'라고 한 말이 선거개입 결과를 낳았다. 덧붙여 '뭘 잘 해서 열린우리당이 표를 얻을 수만 있다면 합법적인 모든 것을 다하고 싶다.'"라는 말이 문제가 되었다.

(http://blog.moneta.co.kr/jjoodol/8239610/3418335)

선관위 경고를 무시하고, 당시 지상파 언론은 노 대통령을 감싸고 나섰다. 방송의 '공정성'은 아예 무시하는 분위기였다. 확증편향성이 작동한 것이다. 이 경향은 그후 문재인 정권을 관통했다. 언론은 공정성 대신 오보·왜곡보도·편파보도를 양산했다.

노무현 정권 때 그렇게 많이 언급했던 '공정성'은 문재인 정권 때에 방송인이나, 연구자가 현저히 사용을 줄였다. 선거의 부정은 벌써 하나의 습관으로 굳어지고 있었다. 지방선거를 끝내고 2018년 6월 18일 미디어연대 3차 토론회에 나온 박한명 미디어연대 운영위원은 "6·13 지방선거 야당 선수로 뛴 지상파."라고 했다. 그는 선거 일주일 전부터(6월 6일~12일) 지상파 방송 보도를 중심으로 6·13지방선거보도 특징을 모니터로 조사한 결과를 발표한 것이다.

더불어민주당이 수도권 기초단체장 66곳 중 60곳이 압승을 했다. 서울은 조은희 서초구청장만 자유한국당이 차지했고, 강남, 송파까지 이겨 23:1이 되었다. 전교조 교육감은 17곳 중 13곳이 당선되었고, 광역 단체장은 17곳 중 14곳이 이겼고, 대구 경북, 제주 등만이 예외였다.

그후 6·13 부정선거 시비는 끊이지 않았다. 노무현 정권 당시 조해주 선거과장이 2002년 12월 대선에서 '최첨단 전자개표기'를 사용했다는 것을 의심할 수 있는 대목이었다. 후일 2020년 4·15 총선 부정선거 씨앗은 벌써 뿌려지고 있었다.

언론은 더 이상 진실을 파헤치거나, 환경감시를 할 생각을 망각하고 있었다. 당시 언론의 기능은 벌써 바뀌고 있었다. 환경의 감시, 사회제도의 연계, 사회화, 오락의 기능 등이 아니라, 선전, 선동, 진지전 구축의 기능을 담당했다.

진실 따위는 벌써 관심 자체를 잃었다. 민노총 언론노조의 특수 이익을 대변하고, 그들의 카르텔을 형성하는 독특한 문화를 창출했다. 언론은 '진지전'을 구축하는 전위대 역할을 한 것이다. 이들에게 노동생산 향상을 기대할 수는 없었다.

지상파 공영방송은 시청률이 추락하고, 시청자에게 외면당하면서, 더 이상 인터넷, 포털, 유튜브, 블로그, 트위터 등의 경쟁력을 따라갈 수 없게 되었다. 지상파 방송은 현 체제와 딴 길로 가고 있었다. 그들은 민주노총 산하의 본부로 작동하였다. KBS, MBC, SBC 등 본부노조의 명칭이 붙여졌다.

한편 공영언론은 1988년 11월 26일 결성된 전국언론노동조합연맹(언노련)의 규약을 따랐는데, 「전국언론노동조합의 규약/규정」에 따르면, "제2조 목적과 사업에서 정치위원회는 조합의 강령과 규약, 정치방침에 따라 조합의 정치 활동 역량을 강화하고 민주노총과 민주단체 및 진보정치세력과 연대하여 노동자 민중의 정치세력화를 위하여 다음 각 분회의 사업을 추진한다."

http://media.nodong.org/com/com-4_2013.html.

한편 朴 대통령은 언론에 냉담했다. "박근혜 의원을 취재했던 상당수 정치부 기자들은 '질문이 무엇이든 하고 싶은 말만 했다'고 기억한다. 불편한 질문을 하는 기자에게는 '레이저 광선'을 쏘았다고 한다. 대선이 끝난 뒤로는 아예 언론과의 접촉 자체를 자제했다."(심석태, 2013 봄: 97)

상황은 서로에게 좋지 않은 감정으로 출발했다. 국회 정론관의 기자단은 419개 언론사에 1,420명에 이른다.(장세훈, 2013 봄: 18) '보따리장수', '아사리판' 언론을 예감할 수 있는 대목이었다. 현장 중심이 아닌, 출입처 중심의 기사는 나팔수 언론이 되거나, 가십(gossip) 유형의 기사를 많이 취급하게 마련이었다. 기사는 의견이 사실을 압도했다. 현장의 합리성(rationality of reality)을 결하기 일쑤였으며, 언론이 현장을 분석하고, 공정한 보도와 객관보도를 할 분위기는 전혀 아니었다. 포퓰리즘 정책은 된서리를 맞은 시기였다. 더욱이 청와대가 기삿거리를 양산하는 분위기를 창출하지 못함으로써 불길한 징조의 강도를 더해갔다.

언론시장이 최대 팽창이 되었기에 빅뱅이 예상되는 시기였다. 정부는 더 이상 확장된 그 많은 기자를 신분집단으로 유지시켜줄 수 없었고, 그렇다고 언론이 시대적 절박성을 참아줄 이유가 없었다. 즉, 정부도 국가의 부채, 가계부채는 늘어난 상태에서 어느 한 언론사만 도와줄 수 없는 상황에 있었다.

'박근혜 정부에서 언론정책이 없다.'라는 말이 설득력을 얻어 갔다. '우연한 무관심 혹은 미필적 고의로 박근혜 정부의 언론정책은 실종되었다.'(김성해, 2013 봄: 110) 더욱이 언론에게 치명타를 줄 김영란법(法)이 2016년 9월 28일 시행되었다.

물론 박근혜 정부가 시작되자 국내, 국외 상황은 엄중했다. 산업은 점점 경쟁력을 잃어가고 있었다. 주변국은 견제를 심화시켰다. 당시 '일본 아베정부의 보수정책, 중국의 팽창주의와 북한 핵실험 등 주변 사회의 형세는 거칠었다.' 더욱이 국내 사회상황은 녹녹치 않았다. 정부는 중산층 붕괴, 치솟는 비정규직, 노인의 잇단 자살과 청년백수 등 난제를 양산하고 있었다. 대선 동안 박근혜 후보는 대한민국의 안팎으로 직면하고 있는 도전을 직시했고, "새로운 일자리를 만들고, 비정규직을 줄이고, 경제적 약자를 보호하고, 반사회적 폭력을 근절하고, 모두가 잘사는 세상을 이루겠다는 정책공약을 발표했다."(김성해, 2013 봄: 109)

朴 대통령은 호불호를 떠나서 국가가 필요한 것은 처리해야 한다는 논리였다. 그러나 국회와 야권은 불법 당선 등 이유로 처음부터 딴죽을 걸었다. 더욱이 노무현 정권의 코드 인사는 여전히 사회 내에서 온존하고 있었으며, 인터넷과 방송, 포털, 팟캐스트 등은 좌파를 확산시키고 있었다. 이명박 정권은 정통성이 결핍으로 반대세력을 독버섯처럼 온존시켰다.

문재인 후보는 처음부터 '국정원 댓글'로 대선불복을 공개화했다. 그 발단은 '국정원 댓글'[405]이었는데, 대선 끝난 후에도 그 이슈로 흔들기를 시도한 것이다. 후일 문재인·홍준표 대선 당시 '드루킹 댓글 여론조작'과 비교하면, 국정원 댓글 조작은 미미한 것으로 안보 차원에서 외국 해커를 막는 수준이었다.

---

405) 국정원 댓글 사건은 "현재까지 드러난 것은 원세훈 전 원장의 '지시말씀', 국정원 직원 2명과 일반인 1명의 게시글이 전부지만 이들 이외에 심리정보국 직원들의 이들이 고용한 일반인들이 쓴 게시글의 규모가 드러나면서 선거 결과의 정통성까지 의심받을 수 있다."라고 했다.(이재진, 2013. 5. 01.) 그 후 "내부 고발자(공익신고)가 없자 민주당에서는 이와 관련해 14개 법안을 만들었다. 즉, "김기식(전 금융감독원장, 공익신고가 일부 사실 아니어도 신고자 보호-공익 신고 목적의 증거 수집은 형사처벌 금지), 박범계 의원(공무원을 공익신고자보호법 보호 대상으로 명문화-현행은 보호대상에 국가 공무원법 미포함), 그리고 민병두 의원(공익 신고자를 상훈법에 따라 포상 추천할 수 있도록 개정) 등 조항을 입법화 시도했다."(엄보윤, 2019. 01. 08.)

3차 TV 토론이 2012년 12월 17일 이뤄졌으나, 일종의 난동이었다. 민주통합당 당원들이 국정원 여직원이 살고 있는 서울 한 오피스텔 앞을 점거했다. 선거전 한 건 하고 싶은 그들이다. 이들은 "40시간 동안 김 씨를 사실상 감금하며 '문재인 후보 관련 비방 댓글을 달았다는 제보를 받았다'며 경찰 수사를 요구했다. 하지만 경찰은 16일 '문 후보에 대한 비방 댓글을 달았다는 혐의를 발견하지 못했다'고 밝혔다."(김형원·안준용, 2012. 12. 17.) 그러나 서울중앙지검 특별수사팀(팀장 윤석열)의 조사는 달랐다. '국정원 심리전담 직원들이 지난해 대선 당시 "트위터에서도 5만 5,689회에 걸쳐 특정 정당을 지지·반대하는 글을 올려 공직선거법과 국정원법을 위반했다는 내용이 공소사실에 추가됐다.'(김혜영, 2013. 10. 19.)

한편 야당과 검찰이 임기 초기 10개월 이상 끈질긴 국정원 댓글을 문제 삼았지만, 당시 박근혜 정부는 여전히 사회개혁으로 돌파구를 찾았다. 더욱이 당시 총선에서 국민들은 박근혜 대통령이 일을 할 수 있도록 길을 터줬다. 이명박 대통령 말기 2012년 4월 12일 19대 총선에서 54.2% 투표율에서 보수 158(새누리당 152+자유선진당 5+친여 무소속 1)과 진보 142(민주통합당 127+통합진보당 13+친민주 무소속 2) 등 결과는 박근혜 체제를 성공적으로 청와대에 입성할 수 있는 발판을 마련해줬다.

국회는 朴 대통령 정책에 사사건건 갈 길을 막았다. 박근혜 대통령은 자유주의·시장경제·자유민주적 기본질서를 강조했다. 갈등은 쉽게 풀리지 않았다. 박 대통령은 규제를 직접 풀겠다고 하면, 국회는 朴 대통령에게 우려를 표명하곤 했다. 당시 김한길 민주당 대표는 2014년 3월 21일 "최고위원회에서 '무차별적인 규제 철폐는 재앙을 불러올 수 있다.'라고 주장했다."라고 했다.(채병건, 2014. 03. 22.)

이는 '세월호 사건'이 일어나기 25일 전이다. 朴 대통령은 2007년 제17대 대통령 선거를 위한 한나라당 경선에서 '줄푸세'를 주장했다. 그는 세금과 정부의 규모를 '줄'이고, 불필요한 규제를 '풀'고, 법질서를 '세'우기를 원했다. 그는 그 원칙에 따라 2010년 12월 '사회보장기본법 정부 개정을 위한 공청회'를 개최했고, 2011년 2월 14일 '사회복지보장 기본법 개정안'을 발의했다.

맞춤형 복지(생애주기적 복지)로 사회 서비스, 즉 기초 생활을 영위할 수 있도록 했다. 불평등이 아닌, 빈곤문제 해소로 정책 방향을 잡았다. 그러나 국회의 분위기는 박 대통령의 뜻과는 전혀 달랐다. 유승민 의원은 그 후 원내대표를 출마한 2015년 1월 27일 '증세 없는 복지는 거짓말'(실제 금융거래가 전산망에 노출됨으로써 지하경제가 감소)이라고 반기를 들었고, 김무성 새누리당 대표는 '오픈 프라이머리(완전경선제)로 기득권 가진 국회의원 중심'으로, 이원집정부제, 혹은 의원내각제를 구상하고 있었다.

한편 朴 대통령은 2015년 6월 24일 '국회법 개정안'에 거부권을 행사했다. 모든 행정부의 일을 국회에서 간섭하기로 한 것에 반기를 든 것이다.

새정치민주연합 이종걸 원내대표는 당시 "입법부를 상대로 전쟁을 선포한 것'과 마찬가지라며 '이런 와중에 정상적인 본회의는 불가능하다"고 정부를 비난했다.(오남석·조성진, 2015. 06. 25.)

이 원내대표는 "청와대에서 열린 국무회의에서 '국회법 개정안은 행정부의 입법권과 사법부의 심사권을 침해하고 헌법이 규정하는 3권 분립원칙을 훼손했다"라고 거부권 행사를 정당화했다.(오남석·조성진, 2015. 06. 25.)

국회가 행정부에 발목을 잡은 것을 반대하며, 청와대는 야당의 뜻을 거부하기에 이른다. "'국회와 정치권에서 국회법 개정 이전에 당연히 민생법안에 사활을 건 추진이 필요함에도 불구하고 정치적인 이해관계에 묶인 것들부터 서둘러 해결되는 것을 보고 비통한 마음마저 든다.' '국회법 개정안으로 행정 업무마저 마비시키는 것은 국가의 위기를 자초하는 것이기 때문에 불가피하게 거부권을 행사할 수밖에 없다.'"라고 강변했다.(오남석·조성진, 2015. 06. 25.)

朴 대통령은 국회와 각을 세울 뿐만 아니라, '성과연봉제'로 민주노총과 한국노총에 대해 각성을 촉구했다. 갈등은 점점 깊어져 갔다. 비정상의 정상화가 혁명보다 더욱 어려운 상황이었다.

노조는 밖에서 '노조 전임자'라는 이름으로 3천 명의 숫자를 능가하는 숫자를 기록하고 있으며, 그들은 1억 원이 넘는 연봉을 받고, 법인카드로 귀족노조 행세를 했다. 그들이 평소 촛불시위 등을 주도하는 것도 공공연한 비밀이었다.

한편 朴 대통령은 4월 19일 '장애인 고용을 늘려나가려면 우리 노동시장이 능력에 따라 평가되고 보상받는 공정한 시스템이 정착돼야만 한다.'라고 전제하고, 이날 제9회 국제장애인기능올림픽 선수단을 청와대로 초청해 연 오찬에서 "'지금 정부에서 노동개혁에 힘을 쏟고 있는 이유도 노동시장의 변화가 장애인은 물론 우리 경제 전반에 큰 도움이 될 것이다.'"라고 노동개혁의 필요성을 언급했다.(신용호, 2016. 04. 20.)

물론 '성과연봉제'는 공공직 노조가 거부한 상황이었다. 공무원, 공기업의 노동조합은 '능력 따라 평가·보상받는 체제를 선호하지 않았다. 당시 일부 언론은 구조조정의 절박성을 토로했다. 그리고 정부와 채권은행은 부실기업을 구조 조정한다고 호들갑을 떨었지만, 어느 부분을 도려내야 할지, 어떻게 살려야 할지, 누구에게 책임을 물어야 할지 등 현실적 문제가 따랐다. 실제 '비정상의 과열화'된 상황에서 관리 부실에 책임을 따질 수가 없었다.

당시 언론은 폭로를 일삼았고, 포털의 댓글을 포함하여 치밀하게 계획된 '진지전'을 구축하고 있었다. 희생양이 필요한 시점이었다. 심훈 성균관대 교수는 "중세 영국의 신학자, 철학자인 윌리엄 오컴에게 '수많은 조건과 경우들이 덕지덕지 붙여' 범죄로 모는 '오컴의 면도날(Ockham's razor)'이라고 언급했다."(심훈, 2015년 봄:68)

朴 대통령에게 검증도 할 수 없는 사적 공격을 퍼붓고 있었다. '가짜뉴스'인지 진짜 뉴스인지 확인이 되지 않은, 사적 문제의 사건이었다. 정윤회 문건 파동으로 2014년 11월 28일 「세계일보」가 특종을 했다. 당시 동 신문은 '청와대 대 공적기강비서실의 내부 감사 결과 공식 직함도 없는 정윤회 씨를 포함한 10인의 '십상시(청와대 실세)'가 김기춘 비서실장 해임을 논했고, 이를 주도한 것이 바로 정윤회 씨'라는 논리이다.

「세계일보」 보도 이후 모든 언론은 청와대를 향해 집중 포문을 열었고, 야당을 비롯한 정치권은 청와대가 박근혜 대통령의 측근들로 운영되고 있는 게 아니냐는 의혹을 제기하기에 이르렀다. 가십(gossip) 형식의 기사였다. 한편 문건 유출 경로를 파악한 검찰은 "지난 2014년 2월 청와대 공직기강 비서관실 파견근무를 마치고 복귀한 박관천 경정이 이른바 '정윤회 동향문건' 100여 건을 반출했고, 이를 자살한 최 모 경위와 함께 한 모 경위가 몰래 복사해 언론에 유출했다."라고 했다.(심훈, 2015년 봄: 68)

'정윤회 동향문건'뿐만 아니라, 박근혜 정부의 규제 개혁은 세월호 사건(2014. 04. 16.), '메르스 사태'(2015. 5.)로 치명타를 입었다. 정부의 무능을 질타하는 메르스 사태로 20兆 이상 추경을 할 위기에 처했다. 여기서 중동호흡기증후군(메르스)은 2015년 5월 20일 처음 생겨 전국을 강타했다. "고열, 기침 등의 증상을 가진 메르스 환자는 2015년 첫 환자가 나오고 같은 해 12월 23일 '상황 종료'가 선언될 때까지 186명이 감염되고 그중 38명이 사망했다. 격리 해제자는 1만 6천 752명에 달했다."(서한기, 2018. 09. 08.)

당시 1987년부터 태동하기 시작한 386 운동권세력의 전투력이 정점에 다가오고 있었다. 그들은 표적을 세우고, 여론조사기관이 나서고, 포털이 여론몰이하고, 공영언론이 나팔수 역할을 했다. 아주 정형화된 형식이었다.

운동권의 이런 선민의식은 헌법정신과는 아주 딴판이었다. 이런 현상을 우려하는 글이 언론에 회자되었다. 이기형 경희대 교수는 "징기간에 걸쳐서 관습적으로 자명한 것으로 분류되던 이른바 '단일민족'이나 '순혈주의' 등의 강건한 '집합주의'(collectivism)나 민족과 국가를 몇 가지의 본질적인 요소로 과도하게 단순화시켜 규정했다. 일종의 신화(myth) 혹은 상상적인 구성물로 표출된 것이다."라고 했다.(이기형, 2012년 겨울:44)

386 운동권 세력들은 사사건건 연이어 정부 공격 포인터를 찾아다녔다. 그게 장기적 국가발전에 무슨 도움을 줄지 의문이었다. 언론은 '카더라'로 야성의 탐욕을 부추긴 것이다. 한 사람의 인터뷰에서 모든 것을 진실인양 보도했다. 더욱이 성완종 사건은 '박근혜 정권 실세 8인의 불법 정치자금 수수혐의'를 폭로한 것인데 정권의 치명타를 줬다. 물론 정치인 뒤에는 같은 정치 성향의 시민단체가 있었다.

여기서 '성완종 사건'은 한때 잘 나가던 대기업 회장이었고 19대 여당 국회의원이었던 인사가 '횡령 및 비자금 조성, 그리고 분식회계 및 정부 융자금 사기대출 혐의'로 검찰수사를 받던 중 스스로 목숨을 끊는 일이 벌어졌다. 검찰이 또 '별건수사'를 한 것이다. 기업인에게 별건 수사를 하면, 없는 죄도 털겠다는 의도이다. 검찰이 인권을 무시한 못된 버릇이다. 물론 그 표적은 박근혜 대통령에 있었다.

성 전 회장이 "검찰 수사가 타깃수사, 별건수사라고 생각하며 억울해하던 차에 언론과 수사 국면까지 상당히 불리하게 돌아가고, 즉, 신체적으로도 구속 수감될 위기에 처하게 되자, 메모 그리고 자살 하루 전날 「경향신문」(이기수 부장)에 녹취기록을 남기고, 극단적 선택을 했다.(정낙원, 2015년 여름: 81)

진지전 구축의 소아병적 과정이 계속 설명되었다. 언론뿐 아니라, 시민단체가 정치인의 아바타로 역할을 했다. 시민단체가 정치인과 언론을 엮어주었다. 전통적으로 강력한 시민단체는 '재야' 운동권 인사였다. 한국사회는 서구 선진국과는 달리, 시민단체가 처음부터 전문직 단체가 아니라, '재야' 정치단체로 행동을 했다. 설령 순수한 직능단체가 있어도, 정치인들은 그들을 정치로 끌어들였다.

당시 문창극 전 중앙일보 논설위원은 "지금의 시민단체라 할 수 있는 재야가 있었지만 국민의 입장에서는 민주화 운동의 대표성을 두 김 씨가 있는 야당에 더 두었던 것이 사실이다. 그것은 야당이라는 제도가 국민의 여망을 수용해 갔다는 얘기가 된다."라고 했다(문창극, 2000:37) 시민단체가 겉으로는 공익을 내세우나 사실 내막을 파헤쳐 보면 특정의 이해를 대변하게 된다.

시민단체의 역할이 명료하게 된다. 시민은 시민단체에 참여하도록 바랐다. 더욱이 시민단체가 언론기능을 대신하도록 권장한 이효성 교수(후일 방통위원장)는 "우리 언론은 정치에 대한 시민들의 참여의식이 아니라 막연한 불신과 냉소주의만 조장했던 것은 아닌가. 그래서 결국 시민단체들이 언론을 대신하여 정치권을 감시하고 견제하는 일에 나서고, 시민들은 그런 시민단체운동을 전폭적으로 지지하면서 선거참여 의지를 천명하고 있는 것은 아닌가."라고 했다.(이효성, 2000: 50)

그럴 만한 이유가 존재했다. 이 교수는 과거 언론인 출신으로서 시민운동을 이끌고 있었다. 그는 "언론사로 가야 할 제보가 이제는 시민운동 단체로 쏟아져 들어온다고 한다. 이는 사람들이 언론을 불신하고 시민단체를 더 신뢰한다는 뜻이다."라고 했다.(이효성, 2000: 50)

민언련·언개련 등 시민단체는 세분화된 전문영역을 확보하고 있어, 언론을 주도할 수 있다고 본 것이다. 그의 논리에 따르면 과는 언론이 앞서고, 시민단체 뒤를 섰으나, 이젠 시민단체가 앞서고 언론이 뒤따라오는 형국을 기획한 것이다. 보수정권 때 방송이 정권의 나팔수가 되었다면, 좌파정권 때는 시민단체가 방송을 통제할 수 있게 되었다. 더불어 이런 고리는 언론단체가 민주노총에 가입하면서, 제도권 안에서 노총을 통해 정치적 목소리를 함께 높일 수 있었다.

방송이 공정성을 해치는 일이 일어나고 있었다. 「전국언론노동조합의 규약/규약」에서 ①노동자의 정치세력화 및 진보정당 활동 관련 교육선전, ②노동자 정치활동 역량의 조직화, ③정치방침 수립 및 정책개발, ④각종 정치행사 주관 및 참여조직화(http://media.nodong.org/com/com-4_2013.html), 그 활동 강령은 '진보정당 활동의 교육선전'이라고 했다. 대부분의 공영방송은 언노련에 주축을 이루고 있었고, 언노련은 당파성의 색깔을 갖고 있다. 헌법은 언론의 당파성을 배격하도록 한다. 민주공화주의 헌법은 입법·시법·헹정을 정부의 제노로 간주하고, 언론은 그 당파성을 갖지 못하도록 감시를 했다. 말하자면 당파성을 갖지 못하도록 견제하는 유사 헌법 기구(quasi constitutional institutions)가 강한 당파성을 가진 것이다. 결과적으로 제도권 기구·언론·시민단체가 같은 당파성을 갖게 되면, 공정성의 민주공화주의는 물을 건너 갈 수 있었다.

지상파방송은 공정성에 위배됨으로써, 더더욱 공영이 될 수 없는 단체에 가입하고 있었다. 특히 우리의 헌법 전문은 '…항구적인 세계평화와 인류공영에 이바지함으로써…'라고 규정했다. 그 정신하 개인은 이성을 가진 존재로서, 자연법사상을 존중한다는 뜻이 된다. 이성은 세계와 열릴 수 있었고, 언론이 바른 공론장만 허용한다면, 서로 왜곡된 진실을 바로 잡을 수 있다.

지상파방송이 민주노총의 당파성을 갖게 되면 공론장이 아니라, 프롤레타리아의 독재 등 특수이익에 봉사하게 된다. 정파성 언론은 바른 이성의 실천에 방해하는 형태가 이뤄진다. 지상파방송은 자유주의 공론장의 장치를 사전에 차단시키는 결과를 가져왔다.

언노련은 강한 정파성을 노골화시킨다. 그 강령의 단체교섭 및 쟁의에서 보면 제39조(단체교섭 권한)는 '조합 내 모든 단체교섭의 대표자는 위원장이 된다.'라고 했다. 정치적 연대를 강조함으로써 자유와 독립된 언론의 감시 기능은 약화되게 마련이다.

또한 본 위원장은 중앙집행위원회의 의결을 거쳐 본부·지부·분회장 또는 특정인을 지명하여 교섭권을 위임할 수 있다. 공영언론의 편성권을 노조가 갖고 있으면, 그 편성권은 중앙에서 행사할 수 있게 된다.

조합은 대의원회의 의결을 거쳐 조합이 가입한 상급단체 등에 교섭권을 위임할 수 있다. 한편 제42조(노동쟁의 지정신청 및 인준)에서 "조합 및 각 본부·지부·분회의 조정신청은 다음에 의하여 신고한다. ①조합의 조정신청은 위원장이 결정한다. ②위임받은 본부·지부·분회의 조정신청은 해당 본부·지부·분회의 의결을 거쳐 신청한다(http://media.nodong.org/com/com-4_2013.html).

지상파방송은 언노련의 힘에 의해서 조직화되고, 집단 행동화했다. 그들은 진지전 구축의 전위대가 되었다. 그들이 이야기하는 공정성과 공영방송은 방송법에서 이야기하는 공정성과 다른 잣대를 갖고 있었다. 그렇다면 겉과 속이 달라, 공정성을 강조하는 것 자체가 현장성을 결여한 이데올로기에 불과했다.

4) 세월호 사건으로 동력 상실

결국 시민단체와 언론노조가 손을 잡고, 정치권과 공생을 시도하게 된 것이다. 그것도 북한·중국과 연대를 형성하고, 386 운동권세력의 정치동원 방식, 즉 진지전 구축방법이다. 1987년 이후 이런 카르텔은 브레이크 없이 확장하고 있었다.

시민단체·언론단체·민주노총·국회 등이 함께 엉켜 자유민주적 기본질서를 혼란하게 만들었다. '비정상적 과열' 현상이 계속된 것이다. 체계는 붕괴되고, 분업정신은 실종되었다. "모든 사회적 폐습과 불의를 타파하며, 자율과 조화를 바탕으로 자유민주적 기본질서를 더욱 확고히 하여 정치·경제·사회·문화의 모든 영역에 있어서 각인의 기회를 균등히 하고, 능력을 최고도로 발휘하게 하며…"라는 헌법정신은 실종되었다.

박근혜 대통령은 이 정신으로 개혁코자 했다. 그러나 '세월호 사건'이 터지고, 정홍원 총리는 낙마하고, 변호사 활동 16억 수입의 이유로 안대희 후보자도 청문회에 걸리고, '교회 간증을 문제삼아 문창극' 총리 등이 거듭 낙마를 하였다.

문창극 총리 후보자의 낙마는 KBS 뉴스가 '문창극 후보자가 교회강연에서 일제의 식민 지배와 이어진 남북분단이 하나님의 뜻이라는 취지의 발언을 한 사실이 확인됐다'는 앵커 멘트로 시작했다. 그 간증이 총리 청문회 낙마 이유가 되는지 의문이었다.

완장차고 설치는 북한 사회의 모습이다. 2008년 촛불시위의 불을 댕긴 MBC 'PD수첩-긴급취재, 미국산 쇠고기 광우병 안전한가.'와 KBS의 문창극 뉴스는 일란성 쌍둥이다. 언론은 정확성·공정성·객관성의 잣대를 상실한 것이다. "정연주 사장 시절(2003~2008년) 뿌려놓은 씨가 '점령군'으로 되살아나 '부역자' 거세 중이라는 웅성거림이 KBS 안에서 나오고 있다. 문창극은 첫 희생자일 뿐, 그들의 입맛과 이념에 맞지 않는 누구라도 '딱지만 붙이면 훅 가버리는 납량 공포세상이 도래했다.'"(김순덕, 2014. 06. 23.)

이들 사건으로 박근혜 대통령의 집권동력이 상실되었다. 여론 조작이 일어난 것이다. 여론조사기관 리얼미터가 이날 발표한 6월 둘째 주 정례조사에서 "'박대통령이 국정수행을 잘하고 있다'는 긍정평가는 전체 응답자의 48.7%였다. 세월호 침몰사고 당시 지지율은 64.76%(6월 10일, 6월 2주)에서 48.7%(4월 16일, 4월 3주)로 떨어진 것이다. 더욱이 문창극 총리 후보 지명과 낙마에서 지지율이 급속히 떨어졌다."(정환보, 2014. 06. 17.)

세월호 사건의 여파는 박근혜 정부에게 치명타를 준다. 중국·북한의 정치공세는 더욱 거세졌다. 세월호 사건은 이런 상황에서 일어났다. 당시 SNS를 통한 대남심리전 시도가 두드러지고 있다. 지난해 해외에 서버를 둔 친북 SNS 계정 차단 건수는 338건에서 805건으로 138% 증가했다.(손영일, 2014. 09. 11.)

물론 북한의 사이버 테러는 어제오늘 일이 아니었다. '북한의 사이버 댓글 공세가 기승을 부렸다. 조선노동당 통일전선부의 사이버 전담 부서에는 200명이 넘은 댓글 전문 요원이 활동 중이다.', '북한은 3만여 명의 사이버 전사를 보유하고 있으며 역량은 미국 중앙정보국(CIA) 수준에 필적한다.'"(손영일, 2014. 08. 13.)

자유민주연구학회(회장 조영기·고려대 북한학과 교수)는 12일 오후 서울 중구 태평로 한국프레스센터에서 북한의 사이버 남침 이대로 방치할 것인가"를 주제로 안보 세미나를 열었다. 이 날 세미나에 참석한 사이버 안보 분야의 전문가들은 '사이버 심리전, 사이버 테러 등을 통한 북한의 사이버 남침이 위험 수위에 이르렀다.'라고 진단했다. 유동열 치안정책연구소 선임연구관은 "북한의 대남 심리전은 사이버 테러에 비해 저강도 공격이지만 그 위험성이 눈에 보이지 않는 탓에 국민의식을 서서히 '적색 의식화'하는 위험한 수단이다."라고 말했다."(손영일, 2014. 08. 13.)

카르텔의 홍위병이라고 다를 바가 없다. 미몽에서 깨어난(disenchantment) 관료제와는 거리가 멀다. 각국과의 FTA로 맺어진 세계시장의 경쟁력과는 전혀 다른 문화이다. 황근 교수는 이런 문화를, "가짜뉴스의 악성진화와 반민주주의"에서 팬덤 정치의 특징-"①참여 범위(scope)의 확대가 아닌 참여 강도(intensity)에 의존하는 정치, ②비가시화(invisible)된 정치(익명성에 기반한 정치), ③권력은 있지만 책임은 지지 않는 정치권력: 권력 쟁취가 목적인 천민 민주주의(pariah democracy)의 부활, ④정서적 급진주의: 정치의 유사 종교화"라고 지적했다.(황근, 2023. 08. 31.)

공영방송·미디어오늘 등이 가짜뉴스 선동에 앞장서고, 팬덤 정치를 이끌어갔다. 신학림 전국언론노조 위원장은 2003~2007 그리고 그는 2013~2016년 미디어오늘 대표를 역임했다. 그들의 문화로 세월호 사건을 이끌어가고 있었다.

세월호 사건, 신임총리 낙마 등 난제로 정부는 구조조정, 성과급제는 동력을 상실했다. 한편 그 후 서울시는 혼란의 틈을 탄 후 "근로자 대표의 이사회 참여를 골자로 한 '근로이사제'가 공기업에 처음 도입되었다."(김도연, 2016. 05. 10.)

여기서 근로이사제는 박원순 시장이 2016년 9월 서울시가 지방자치단체 중에서 처음으로 '서울특별시 근로자이사회 운영에 관한 조례'를 만든 이후 부산, 인천, 광주, 대전 등 14곳에 노동이사제를 채용했다. 그리고 공공부문 노동이사제 도입을 골자로 '공공기관의 운영에 관한 법률(공운법)' 개정안이 2021년 1월 11일 국회 본회의에서 재적 의원 210명 중 찬성 176명(83.80%), 기권은 31표, 반대표는 3표로 압도적으로 통과되었다. 그 결과로 "한국전력공사, 인천국제공항공사, 국민연금공단 등 131개 공공기관 이사회에 노동자 대표가 경영에 참여하게 되었다. 당시 노동가입률은 민간 11.3%, 공공 부문은 69.3%, 공무원 노조 조직률은 88.5%였다."(김기찬, 2022. 01. 12.) 공무원은 노조에 장악된 것이고, 국가의 노동생산력과는 직접 관련되지 않았다.

한편 박근혜 정부 때인 2014년 4월 16일 세월호 사건이 일어났다. 세월호 사건은 '이정현 재판'[406]에서 언론의 행태가 공개되었다. 언론은 지금까지 일방적인 보도만을 하는 것이 아니고, 희생자 가족을 참여시키고, '의식적 공중'을 만들어 간 것이다. 때로는 오보로, 때로는 과장으로 증폭시켰다. 언론이 '진지전'을 형성시켰다. 즉, 일방적인 선전의 헤게모니가 아닌, 공동참여를 극대화했다. 지상파방송이 주축이 된 언론은 '의식적 공동 참여'를 유도한 것이다.

세월호 침몰 사건은 당시 인천에서 제주로 항하던 여객선 세월호가 진도군 인근 바다에서 침몰하면서 승객 304여명이 사망, 실종된 대형 교통사고가 일어났다.(9번이나 조사를 했지만, 여전히 사고인지, 사건인지 결론이 나지 않았다. 그 관련자 주요 인사는 조사조차 하지 않았기 때문이다.) 수학여행 가던 안산 단원고 학생을 비롯해

---

406) 이정현-김시곤 간 2014년 4월 21일 오후 9시~10시 통화에서 녹취록은 이정현: "지금 이 서점에서 그렇게 해경하고 정부를 두들겨 패야지 그게 맞습니까?", 김시곤: "아니, 이게 아니…", 이정현: "그런 위기 상황이라면", 김시곤: "아니. 이 선배", 이정현: "자기들이 명령을 내려야지. 그 멀리서 목소리만 듣고 있는 이 사람들한테 '뛰어내려라' 소리 안 해서 이 사고가 일어난 겁니까?", 김시곤: "아니. 이 선배. 이게 뭐 일부러 우리가 해경을 두들겨 패려고 하는 겁니까?", 이정현: "지금 그런 식으로 9시 뉴스에서 다른데도 아니고 말이야! 지금 해경이 잘못한 것처럼 그런 식으로 내고 있잖아요!', 김시곤: '우리 보도가 무슨 의도가 있는 것도 아니고요. 그렇지 않습니까?", 이정현: "솔직히 말해서 의도 있어 보여요.", 김시곤: "무슨 의도가 있어요? 저희가요?" 등이 공개되었다.(https://microibm.blog.me/220751871803)
'이정현 재판' 1심 판결이 나왔다. 서울중앙지법 형사 17부 단독 오연수 판사는 방송법 위반 혐의로 재판에 넘겨 이정현 의원(무소속)에게 징역 1년에 집행유예 2년 선고를 했다.

탑승객 476명 가운데 304명이 사망했다. 그 사건이 '국제적 이슈'가 되어 2014년 8월에서는 '프란치스코 교황이 한국에 와' 직접 위로를 하기도 했다.

세월호 선박 침몰의 원인은 3가지로 집약할 수 있다.(세월호 참사」, 「지식백과」, // m.terms.naver.com.) 즉, "①관리의 무능을 처음으로 꼽을 수 있다. 국민신문고에 3개월 전, 청해진 해운에 잦은 사고 민원이 올라왔다. 그러나 청와대와 정부부처는 묵살했다. ②'진도 VTS' 특수한 현황은 '4월 16일 세월호 사고 당시 배에 이상 징후가 나타난 오전 8시 48분간의 골든타임을 허비한 것은 이와 무관치 않다.' ③ 구조의 문제를 들 수 있다." 한편 세월호는 당일 10시 18분 선수 일부만 남고 사실상 침수를 했다. 그 과정을 보자. 소방본부는 학생들로부터 119신고 전화를 여러 차례 받았다. 상황을 일찍 파악했다.(사설, 2014. 05. 03.) 구조 전문대원은 헬기 기다리다, 시간만 허비하고 배로 이동을 했다. 엉뚱한 관리가 자기 사진찍기 홍보를 위해 긴급 상황처리를 가로막은 것이다. "전남도 소방본부는 곧바로 오전 9시쯤 소방헬기 1호기 출동지시를 내렸다. 그러나 상부보고 등으로 시간을 끌다가 현장에 도착한 시간은 오전 10시 10분이었다. 30분도 채 걸리지 않는 거리인데 1시간 10분 이상이 소요됐다. 또 다른 헬기는 이륙했다가 '박준영 전남지사'를 태우느라 수십 분을 잡아먹었고, 광주시 소방헬기도 도중에 전남부지사를 태우느라 시간을 허비했다."(사설, 2014. 05 .03.)

그 당시 경기교육청(교육감 김상곤)은 '전원구조(오전 11시)', 안행부는 탑승자 숫자 세느라 하루를 보냈다. 물론 선장과 선주에 문제가 있었다. 해수부와 해운업계에 따르면 "해수부 산하기관인 인천지방해양항만청은 1999년 세모해운이 인천~제주 항로 면허를 청해진해운에 매각하도록 승인했다."(문병기, 2014. 04. 23.)

또한 선원의 문제가 뒤따랐다. 세월호의 "1등 항해사(승객안전 실무책임)·조기장(선박사고 담당)은 탑승전날 입사한 '초보'"라는 것이 밝혀졌다.(김병채, 2014. 04. 29.) 그리고 16일 오전 세월호가 50~60도 기울어져 있는 가운데 "15명 선원들이 제일 먼저 탈출하여, 목포해경 소속 경비정(100t급)에 올라탔다. 이 순간 400명에 가까운 승객들이 배에 갇혀 있었다."(이가영, 2014. 04. 23.)

세월호 선장 이준석 등 선원 15명은 '선실 대기하라'라는 방송만 10여 차례 하도록 하고, 출구를 잠그도록 지시하고, 배를 버리고 '1호 탈출'을 한 것이다. 또한 그 선주인 유병언 전 세모그룹 회장 등 '기독교복음침례회(구원파)'라는 종교 단체도 도마 위에 올랐다.

이들의 조사는 뒤로 하고, 언론은 희생양을 찾았다. 사고 뒤처리도 흥미롭다. 당시 박근혜 대통령은 이 사건이 발생했던 당시 '세월호 7시간'이 도마 위에 올랐다. 그 7시간이 박근혜 대통령 탄핵 내내 문제로 떠올랐다. 그러나 조사 결과 7시간에 일어난 언론보도는 다 허위로 밝혀졌다.

'의식적 공중'은 엉뚱한 책임론으로 흘러갔다.[407] 386 운동권은 시체팔이를 적극 사용했다. 원래 헤게모니는 지배적 세계관에 작동하여 일반적 상식을 전하거나 강제한다. 세월호 사건의 특수한 상황은 '의식적 공중'을 만들어 헤게모니를 피하는 것 같았으나, 결국은 당시 문화를 종합적으로 살펴보면 이것도 허위의식의 표출이었다.

언론은 현장성을 결한 사회주의 언론의 선전·선동·진지전 구축의 기능을 담당했다. 그들의 진지전 구축은 성공한 것이다. 검찰과 경찰은 '朴 퇴진' 시국선언을 IP 추적하는 일이 벌어졌다. 박근혜 대통령의 퇴진 운동이 싹트고 있었던 것이다. 그 후 '퇴진 운동'의 단서를 포착한 박성춘 보훈처장은 "'우리나라는 무슨 큰 사건만 나면 우선 대통령과 정부를 공격하고 있다'고 말했다. 그는 또 '(미국 9·11테러 당시) 부시 대통령의 지지도가 56%에서 90%로 올랐다'며 박 대통령의 지지율이 떨어지고 있는 현실을 비판했다."라고 했다.(박성우·유성운, 2016. 05. 12.)

후일 검찰이 기자가 쓴 '세월호 7시간' 동안 '로맨스', '호텔에서 로맨스', '성형

---

407) 결론은 엉뚱했다. 지난 석 달간 세월호 CCTV 조작 의혹 등을 수사해 온 세월호 특검팀은 2021년 8월 10일 의혹이 제기된 '수사 대상 전부를 무혐의 처분했다.'라고 밝혔다. 이현주 특별검사가 10일 서울 서초구 서울변호사회에서 4·16 세월호 참사 증거자료의 조작·편집 의혹 사건 진상규명을 위한 수사 결과를 발표했다. "169테라바이트 분량의 디지털 증거를 확보하고 4000시간 상당의 해군·해경 음성 교신을 녹취해 면밀히 검토했지만 범죄 혐의점이 없었다"고 밝혔다.(박국희·권순완, 2021. 08. 11.) 이 특검은 "민변(民辯) 출신으로 노무현 정부 법무부에서 인권정책과장을 지낸 여권 성향 인사. 세월호 사건에 대해선 2014년 참사 발생 후 검찰, 감사원, 국회 등 국가기관 7곳이 7년에 걸쳐 수사와 조사를 벌인 결과, 400여 명이 입건되고 150여 명이 구속 기소돼 처벌을 받았다."(박국희·권순완, 2021. 08. 11.)

수술', '굿 판' 등은 사실이 아님이 밝혀졌다. 과다한 오보로 기자는 '기레기'라는 달갑지 않은 이름을 달게 되었고, 세월호 사건으로 인해 공영방송의 신뢰는 추락해 갔다.

한편 세월호 사건 이후 2014년 8월 14일부터 4박 5일 동안 프란치스코(Jorge Mario Bergoglio Francis) 교황이 방문하여 세월호 사건 유족을 위로했다. 교황은 "'너의 눈이 아니라 그리스도의 눈을 보라'고 말했다. 그건 전체의 눈이다. 그 눈을 통해 대한민국을 보자. 내가 뽑아냈던 독, 내가 휘둘렀던 칼이 결국 어디를 향했을까."라고 했다.(백성호·이정봉, 2014. 08. 14.) 그리스도의 눈으로 '소통과 화해'를 주문한 것이다.

교황은 윤지충 바오로 등 124위 순교자 시복행사를 집전하고, 한반도 통일에 대해 관심을 가졌다. 교황은 "'한반도 분단 60년'의 현존하는 인간의 아픔과 전쟁의 공포로부터 해방을 위한 기도를 방한 목적에 포함시켰다."(김성제, 2014. 04. 06.)

박근혜 정부 때 실제 가톨릭과의 갈등은 심각한 수준에 있었다. 정의구현 사제단 천주교구 소속 박창신 신부는 "2013년 11월 22일 군산 시국 미사에서 'NLL(북방한계선)에서 한·미 군사훈련을 하면 북한에서 어떻게 해야 할까요. 쏴야죠. 그게 연평도 포격'이라며 박근혜 대통령 퇴진을 요구했다."(사설, 2013. 11. 26.)

천주교의 기본 입장은 달랐다. 천주교 서울대교구장 염수정 대주교가 24일 명동성당 미사 강론에서 "최근 정의구현사제단 소속 신부들의 정치적 발언과 관련, '가톨릭교회는 사제가 직접 정치적·사회적으로 개입하는 것을 금지하고 있다'며 '(신부들) 자신이 하느님처럼 행동하고 판단하려는 교만과 독선은 더 큰 문제'라고 했다. 염 대주교는 '현세의 질서를 개선하는 것은 평신도의 고유 영역"이라고 했다.(사설, 2013. 11. 26.)

한편 박근혜 정부는 언론의 난타전을 당했다. 신문은 네이버에 독자를 빼앗기고, 방송은 유튜브로 그 영향력을 잃을 상황에 직면하게 되었다. 유튜브가 득세했지만, 여전히 지상파는 출입처 중심으로 운영된 신분적 성격을 지녔다. 언론은 권력기구로 변한지 오래 전이다.

기자 사회에서도 임금피크제가 필요한 시점이었다. 기자 개개인이 꾸준한 전문성이 필요했으니, 열악한 근무조건과 늘어난 지면에 기사를 채우기에 바빴다. 일주일에 2~3꼭지 쓰는 서구 언론인과는 차별화를 두었다. 기자는 자기가 잘 할 수 있는 분야를 스스로 개발하는 분위기를 연출하지 못했다. 기자 개개인은 행복지수가 떨어질 수밖에 없었다.

디지털 미디어 환경은 변하고 있었다. 미디어 환경은 격변하고 있었다. 저널리즘의 정확성·공정성 가치가 혼돈되고, 기사의 품격은 점점 추락했다. 반면 디지털은 쉽게 고치고 내리고 쉽게 하는 문화이다. 디지털 퍼스트의 그림자 '온라인 오보'가 문제된다.(김고은, 2019. 02. 27.)

언론사는 '지구촌' 시대에 맞게 역할을 할 수 없었고, 여타 사회제도도 존재하나 어느 것도 제대로 기능을 하지 못했다. 언론의 품격이 말이 아니었다. FTA 상황에서 '미몽에서 깨어나다.'(disenchantment)로 관리문화는 패거리 문화로 앞을 가렸다.

이 상황에서 기자협회의 반성은 "독자들은 더 이상 신문을 읽지 않고, TV로 뉴스를 소비하지 않는다. 포털이 뉴스 유통을 장악하더니 유튜브는 전통 미디어의 보루였던 뉴스 공급마저 잠식할 태세다."(우리의 주장, 2019. 02. 20.)

정치인들은 유튜브에서 뉴스를 생산해 전달·확산하고 있다. 2019년 1월 2일 유시민 노무현 재단 이사장이 시작한 유튜브 방송 '유시민의 알릴레오' 구독자는 "2019년 2월 19일 현재 70만 명을 넘었다. 「동아일보」와 「중앙일보」의 2017년 유료부수에 육박하는 구독자 수다."라고 했다.(우리의 주장, 2019. 02. 20.)

유튜브는 그만한 이유도 있고, 단점도 있다. 현장 취재역이 부족한 소셜 미디어 시대의 특징은 '가짜 뉴스로 골머리를 앓는다.' 실제 '가짜뉴스'는 유튜브가 아니라, 공영방송 등 제도권 언론이었다. 현장의 합리성은 뒷전이고, 자신들의 이념을 전파하는데 관심을 가졌다.

그 문화로 국민들은 자기 관점에 부합하는 뉴스만 골라 보게 하고, 세계에 대한 시야를 좁힌다. "무수한 속보와 '페이크 뉴스'가 넘쳐나는 시대에 '처음이 되기보다 정확하게 하는 것이 낫다.(It's better to be right than to be first)"(신동흔, 2019. 02.

13.)

　조녀선 먼로 BBC 총괄 본부장은 "'모든 것은 브랜드의 가치로 되돌아오는 법'이라며 '산업으로서 우리는 높은 수준의 저널리즘에 초점을 맞춰야 한다.'고 강조했다. 그는 특히 '우리가 보도하는 내용이 정확하고 공평할 때 어떤 권위가 이의를 제기해도 우리는 진실성에 근거해 반박할 수 있다.'라고 말했다.'"(신동흔, 2019. 03. 13.)

　언론은 '표현의 자유와 언론의 독립성'에 대한 가치를 다시 생각하는 기회가 될 필요가 있었다. 특히 방송시장을 주도하고 있는 공중파 공영방송 중심은 유튜브를 능가할 수 없게 되었다. '나는 꼼수다', '뉴스타파'[408] 등 독립성을 주 무기로 한 대안적 미디어의 실험이 이뤄지기 시작했다. 방송은 정파성이 강한 이들을 맹목적으로 따르기까지 했다.

　한편 선거 등 주요 이슈가 터질 때마다 '팟캐스트'(Podcast)가 등장했다. 김신동 교수는 "매스 미디어는 공적이고 사회적인 반면, 소셜미디어는 훨씬 더 사적이고 개인적이다. 이용자들도 그러한 성격과 특성을 잘 알고 있고, 주로 그러한 특성에 근거하여 이용하고 있다."(김신동, 2012년 겨울, 32쪽)

　물론 소셜 미디어는 정치공학이 작동할 좋은 미디어인데 이 미디어와 기존의 공중파, 신문이 합작할 때는 진실과 진리가 정의로 둔갑하여, 민주주의 판을 바꾸기까지 한다.

---

408) 「뉴스타파」는 방송통신심의위원회가 제 기능을 못한 문화에서 독버섯처럼 성장했다. 물론 통신영역은 지상파와는 수준을 달리하지만, 그들의 정파성은 일정 수준을 넘어선다. 그들은 사건의 정확성·공정성·객관성, 독립성의 잣대를 아예 무시했다. 팟캐스트는 "이명박 정권 당시 문화방송과 YTN 등에서 해직 당한 언론인 중심으로 2012년 첫 방송을 내보냈다. 뉴스타파는 설립 일 년 만에 탐사저널리즘의 위력을 보여줬다."(성한표, 2013. 06. 07.) 또한 「뉴스타파」는 국제탐사보도언론인협회(ICIJ)와의 공동작업을 통해 국외 조세회피처에 페이퍼컴퍼니(유령회사)를 설립한 한국인 명단 245명을 확보하고, 이들 중 전두환 전 대통령의 장남 전재국(시공사 대표)씨 등 18명의 명단을 올렸다. 한편 문화방송에서 〈피디수첩〉을 담당했던 최승호 피디는 기존 방송과 뉴스 타파를 비교한 "기독교방송(CBS)과의 인터뷰에서 '거대 조직인 문화방송에서는 보호막은 튼튼했지만, 권력 견제는 불가능했다. 반면에 뉴스타파에서는 보호막은 취약하지만 원하는 취재를 마음대로 한다.'라고 말했다."(성한표, 2013. 06. 07.)

전술했던 팟캐스트, 또는 네트캐스트(netcast) 등 국내 활동을 보자. 이들은 2004년 처음 사용하였다. 김대중, 노무현 정권의 IT 선호로 선점을 할 수 있었다. 그들의 보도는 지상파가 추종하는 형식이었으나, 2009년 아이폰이 고급되면서 이런 뉴미디어가 활개를 쳤다. MBC, KBS, SBS가 라디오 프로그램으로 팟캐스트를 보내기 시작했다. 이들 인터넷 방송은 시청을 원하는 사용자가 프로그램을 선택하여 자동으로 구독할 수 있도록 했다.

물론 인터넷 방송은 자신의 주장을 강하게 함으로써 사실을 왜곡하는 가짜뉴스를 양산했다. '언론의 자유'를 위한답시고 '팟캐스트 방송'을 방치한다면 제2, 제3 광우병 파동이 일어나지 말란 법이 없다."(조광형, 2013 봄: 106)

물론 팟캐스트 출신의 정치 편향성은 심각했다. 그들은 "좌파 정권을 비호하거나 보수 진영을 공격하기 위해 실체 없는 의혹들을 무차별 제기해왔기 때문이다. 김어준은 지난 2016년 팟캐스트에서 '세월호 선원들이 고의로 닻을 내려 배를 침수시켰다.'는 취지의 주장을 제기했다. 더불어 2017년 3월 교통방송의 〈뉴스공장〉에서도 '세월호 고의 침몰설'을 이어갔다."(구본우, 2019. 02. 12.)

2015년 11월부터 민중총궐기로 도심폭력 해방구를 만들어가고 있었다. 백남기 농민 물대포 실신 사건이 벌어졌고, 317일간 계속되었다. 법원은 사망 후 부검을 지시했으나, 시체팔이까지 곁들였다.(김진, 2019. 06. 25.) 65만 민노총 산하 언론노조는 '최순실 태블릿PC' 그리고 딸 정유라 승마 뇌물로 탄핵의 나팔을 불었고, 민주노총은 박근혜 대통령의 퇴진 촛불을 들었다.

말하자면 권력 기구 종사자, 즉 기득권 세력의 불만이 증폭되고, 사회 개혁 거부세력이 기승을 부리기 시작했다. 한편 박근혜 대통령은 2016년 10월 1일 제68주년 국군의 날 기념식에서 북한 주민에게 '언제든 대한민국의 자유로운 터전으로 넘어오라.'라고 탈북을 권유하고, '북한이 핵을 포기하지 않는다면 체제 균열과 내부 동요가 더욱 확대될 것이다.'라고 했다. 또한 군에는 '더욱 강한 군대가 유지되어야 한다.'를 주문했다. 그리고 그는 북한에 '희망계획'을 발표한 것이다.

북한까지 박근혜 정부에 반기를 드는 상황이 연출한 것이다. '희망계획'은 '최순실 태블릿PC'가 보도되고 첫 촛불 집회가 시작된 2016년 10월 29일 이전 국군기무사령부의 '계엄령 검토 사건'을 수사 중인 군검 합동수사단이 촛불 시위가 일어나기 직전인 2016년 10월 중순 박근혜 정부가 북한 급변사태에 대비해 "'남북한 전역에 계엄령을 선포하는 계획을 논의했다.'는 진술을 확보했다. 여기서 희망계획은 '김정은 북한 노동당 위원장의 유고와 내부 쿠데타 등 급변 사태 발생 시 북한 붕괴에 대비한 정부와 군의 구체적인 대응 방안이 포함된 것"으로 전해졌다.(박태인, 2018. 09. 03.)

한편 언론은 정부에 대한 분노를 표출하기 시작했다. '최순실 태블릿PC의 JTBC 국정농단'[409] 사건이 이슈화가 되었다. 이슈화, 그리고 숙청 문화는 북한 언론의 특징이다. 전 언론이 한 패가 되어 선전·선동을 시작했다. 사실 확인도 없이 언론은 마녀 사냥식 보도를 시작한 것이다. '최순실 태블릿PC 국정농단'은 10월 19일부터 시작되어, 24일 본격적으로 불을 지폈다.

물론 온 언론이 패거리 오보를 낼 정도이면, 언론의 정부에 대한 불신의 정도를 알 수 있는 대목이었다. 그러나 당시 상황은 더 이상 언론을 기득권 신분집단, 즉 권력기구에 포함시킬 수 없는 상황에 놓여 있었다.

한편 종편은 "2016년 20대 총선을 앞두고, 공천파동 그리고 진박감별과 옥새파동 등으로 당의 위상을 잃게 되자 논조를 바꾸어 민주당 패널로 바꾸기 시작했다. 종편은 '시사토크' 프로그램에서 민주당 편을 들기 시작한 것이다."라고 했다.(황태순, 2019. 06. 17.)

더욱이 2016년 10월 24일 JTBC의 최순실 국정농단으로 완전히 돌아서, 마녀 사냥을 시작한 상태였다. 그 후 종편은 촛불집회를 지상파와 더불어 생중계에 나

---

409) 최순실 태블릿을 포렌식(Forensic) 분석한 게 2016년 10월 25일이다. 포렌식이란 '법의학적인'이란 뜻이다. 기기 안의 내용을 지워도 원래 담겨 있던 내용을 역(逆)추적해 찾아내는 조사이다. "1년 전 진실의 열쇠처럼 여겨졌던 최순실 태블릿은 당연히 국정 농단의 증거가 돼야 했는데 지금은 거들떠보는 이가 없다. 그 안에 담긴 사진 1900여장이 젊은 여자, 여자애 유치원생으로 보이는 남자애, 여성용품, 아이돌 스타뿐이기 때문이다. '주인' 최순실의 사진은 2장뿐이다."(문갑식, 2017. 09. 16.) 더욱이 이번에 발견된 문제는 "시스템 파일이 원형대로 보존하고 있지 않았다. '2016년 10월 31일 오후 2시 47분쯤 문제의 태블릿PC 시스템 파일들이 대거 변경됐다는 점이다.' 시스템파일이 대거 변경된 기간에 태블릿PC를 소유했던 곳은 검찰이다."(문갑식, 2017. 09. 16; 김현지, 2010. 06. 04.)

섰다. 그러나 "운동권 세력은 2017년 3월 10일 헌법재판소 탄핵 후 기선을 잡은 다음, 민주당은 '언론 탄압'에 나섰다."(황태순, 2019. 06. 17.)

1987년 노태우 민정당 대표는 "정부는 언론을 장악할 수도 없고, 장악하려고 시도하여도 안 된다. 언론을 심판할 수 있는 것은 독립된 사법부와 국민이다."라고 했다. 이 말은 전혀 맞지 않았다. 6·29 선언은 몰골이 우습게 되었다.

세월호 사건 이후 朴 대통령은 개헌을 언급했다. 2016년 10월 24일 국회 시정연설에서 '오늘부터 개헌을 주장하는 국민과 국회의 요구를 국정 과제로 받아들이고, 개헌을 위한 실무적인 준비를 해 나가겠다.'라고 말했다. 그러면서 "'임기 내에 헌법 개정을 완수하기 위해 정부 내에 헌법 개정을 위한 조직을 설치해 국민의 여망을 담은 개헌안을 마련하도록 하겠다.'고 말했다. 박 대통령은 '1987년 개정돼 30년간 시행돼 온 현행 5년 단임 대통령제 헌법은 과거 민주화 시대엔 적합할 수 있었지만 지금은 몸에 맞지 않는 옷이 됐다'며 '이제는 1987년 체제를 극복하고 대한민국을 새롭게 도약시킬 2017년 체제를 구성하고 만들어야 할 때'라고 강조했다."(blog.naver.com/ewon33/220843901661)

한편 야당 주류 문재인 전 더불어민주당 대표는 '박 내통령에 의한, 박 대통령을 위한 개헌은 절대 있어선 안 된다'며 '정권 연장을 위한 제2의 유신헌법이라도 만들자는 거냐.'고 강력 반발했다. 특히 민주당에서 박 대통령의 개헌 제안이 "'최순실 게이트를 덮으려는 국면전환용(유관석 대변인)이란 비판이 나오는 게 변수다.'라고 했다."(김정하, 2016. 10. 25.)

곧 이어 '박근혜 대통령의 국회 탄핵'이 2016년 12월 9일 이뤄졌다. 그 과정을 살펴보자.

국회탄핵은 이영렬 대검찰청 특별수사본부장(서울중앙지방검찰청 검사장) 건의에 의해 이뤄졌다. 그는 2006~2008년 대통령비서실 사정비서관으로 재직하면서 당시 비서실장이었던 문재인과 같이 일을 했다. 또한 박근혜 대통령 탄핵과정이 박지원 의원에 의해 공개되었다. 박 의원은 14일 TBS(교통방송) '김어준의 뉴스공장'에 나와 5·18 망언을 한 자유한국당 의원 3명 제명도 가능하다는 설명을 하는 과정에서 박 대통령의 탄핵에 얽힌 비화를 소개한 것이다. 박 의원은 "박근혜 탄핵 때 우리가 얼마나 어려웠는가, 그래서 우상호, 故 노회찬, 박지원이 뭉쳐서 새누리당 격파 작전을 하자, 제가 김무성 전 대표하고 만나서 '내가 20표가 필요하다. 안전하게 40표 달라'고 했더니 저한테 '형님 40표 됐습니다.'라고 해 박 전 대통령의 탄핵을 시작한 것이라고 했다. 이어 '나중에 보니까 이 분위기가 좋아져서 60표 이상 확보됐다.…' 이렇게 해서 표결했는데 62표 차로 탄핵이 가결된 거"라고 했다.(박태훈, 2019. 02. 14.) 그 후 검은 고리 상황이 소개되었다. 자유한국당 경선과정에서 그 상황이 다시 회자되었는데, 자유한국당 대표 경선 첫날 TV 토론회에서 "오세훈 후보가 바른정당 창당 과정을 언급되었는데 '2016년 12월 27일 (새누리당) 의원 29명이 탈당을 했다. 그들은 박근혜 대통령을 탄핵하고, 반기문 대안론에 기대를 걸었다. 그러나 반기문 전 유엔 사무총장은 2017년 1월 12일 귀국하여 2월 1일 불출마를 선언했다.'"(황태순, 2019. 2. 15.)

물론 그 과정의 시대적 상황 언급이 필요한데 중국이 먼저 대한민국 대통령 탄핵을 예측했다.(사설, 2016. 8. 15.) 실제 박근혜 대통령은 2017년 3월 10일 헌재에서 '파면'을 결정했고, 김세윤 판사와 김문석 판사 등은 朴 대통령에게 징역 25년(합계 33년), 벌금 200억을 선고했다. 물론 朴 대통령은 재판과정에서 '재판 거부'의 의사를 밝혔고, 우종창 기자는 탄핵의 부당성을 영화 '위대한 침묵'에서 조목조목 밝혔다.

박근혜 (전) 대통령의 재판 거부 발언 전문- "한 사람에 대한 믿음이 상상조차 하지 못한 배신으로 되돌아왔고 저는 모든 명예와 삶을 잃었습니다. 무엇보다 저를 믿고 국가를 위해 헌신하던 공직자들과 국가경제를 위해 노력하시던 기업인들이 피고인으로 전락한 채 재판받는 모습을 지켜보는 것은 참기 힘든 고통이었습니다. 저는 롯데와 SK를 비롯하여 재임기간에 그 누구로부터 부정한 청탁을 받거나 들어준 사실이 없습니다. 재판과정에서도 해당 의혹은 사실이 아님이 충분히 밝혀졌다고 생각합니다. 오늘은 저에 대한 구속기간이 끝나는 날이었으나 재판부는 검찰의 요청을 받아들여 지난 13일 추가 구속영장을 발부했습니다. 하지만 검찰이 6개월 동안 수사하고 법원은 다시 6개월 동안 재판했는데 다시 구속수사가 필요하다는 결정을 저로서는 받아들이기 어려웠습니다. 오늘 (저의) 변호인단은 사임의 의사를 전해왔습니다. 변호인들은 물론 저 역시 무력감을 느끼지 않을 수 없었습니다. 이제 정치적 외풍과 여론의 압력에도 오직 헌법과 양심에 따른 재판을 할 것이라는 재판부에 대한 믿음이 더는 의미가 없다는 결론에 이르렀습니다. 향후 재판은 재판부의 뜻에 맡기겠습니다. (앞으로) 더 어렵고 힘든 과정을 겪어야 할지도 모르겠습니다. 하지만 포기하지 않겠습니다. 저를 믿고 지지해주시는 분들이 있고 언젠가는 반드시 진실이 밝혀질 것이라 믿기 때문입니다. 이 사건의 역사적 멍에와 책임은 제가 지고 가겠습니다. 모든 책임은 저에게 묻고 저로 인해 법정에 선 공직자들과 기업인들에게는 관용이 있기를 바랍니다."(박근혜, 2017. 10. 16.)

국내와 국외가 함께 한 부분도 존재한다. 우 기자는 "2016년 북한에 급변사태 조짐이 대통령 탄핵으로 기회를 놓쳤다."라고 했다.(우종창, 2018. 09. 10.)

'68주년 국군의 날' 축사에서 '북한 군인과 주민을 향해 '언제든 대한민국의 자유로운 터전으로 오시길 바란다.' 당시 朴 대통령 스피치는 격한 심정으로 국군 장병들 앞에서 애국심을 강조한 것이다. 실제 朴 대통령은 남북통일에 대한 기대를 갖고 있었다. 당시 외교부도 "북한 정권이 붕괴될 시 단기간에 발생한 대규모 탈북자에 대비해 2조 원을 투입해 '10만 탈북촌'을 건립하는 계획을 검토했다. 전직 정부 고위 관계자는 '당시 북한 정권이 붕괴될 가능성에 대비해 외교안보 부처 간 논의가 이뤄졌'며 '희망계획'과 기무사 계엄령과 관련이 없는 것으로 알고 있다.'"(박태인, 2018. 09. 03.)

한편 윤덕민 전 국립외교원장은 "'국제적인 제재를 받고 있던 김정은 정권에 대한 공격적인 대북 정책을 펼친 것'이라고 해석했다. 북한 노동신문은 '동족 대결로 적대의 독기를 쏟아내고 있다'며 강하게 반발했다."라고 했다.(박태인, 2018. 09. 03.) 박근혜 대통령의 대북 정책이 북한에게 치명타를 줄 수 있었다. 중국뿐만 아니라, 북한도 탄핵에 가담한 것을 쉽게 알 수 있는 대목이다.

한편 「조선일보」가 기획 보도한 2014년 '통일이 미래다' 캠페인은 유라시아 자전거 통일대장정, 2015년 통일 나눔 재단 출범과 통일 나눔 펀드운동으로 이어졌다. 2015년 출범한 통일 나눔 펀드에 170만 명이 기부에 참여해 3137억 원을 모금했다.(김성현, 2020. 03. 02.) 물론 야당도 전혀 다른 역할을 한 것은 아니다. 당시 야당이던 더불어민주당은 "'북한 정권보다 박근혜 정부가 먼저 붕괴됐다'며 야유를 쏟아냈다. 합수단은 '희망 계획'이 대통령 기록물로 지정돼 국가기록원에 이전됐다는 관계자 진술에 따라 서울고등법원으로부터 영장을 발부받아 문건의 존재 여부와 내용을 확인할 계획이다."라고 했다.(박태인, 2018. 09. 03.)

국군기무사령부의 '계엄령 검토 사건'을 수사 중인 군검 합동수사단이 촛불시위가 일어나기 적전인 2016년 10월 중순 박근혜정부가 북한 급변 사태에 대비해 '남북한 전역에 계엄령을 선포하는 계획을 논의했다.'라는 진술을 확보했다. 그러나 "'희망계획'과 기무사의 계엄령 검토와의 연관성은 낮은 것으로 보고 있다. '희망계획'이 논의됐던 시점이 '최순실 태블릿PC가 보도되고 첫 촛불집회가 시작된 2016년 10월 29일보다 이전이기 때문이다.'"(박태인, 2018. 09. 03.)

실제 북한의 동요도 감지되었다. 2016년 9월 9일 국제사회가 우려하는 5차 핵실험을 강행했다. 북한은 내부 동요를 막기 위해, 무력시위를 계속한 것이다.

이런 역동적 관계 속에서 이에 朴 대통령은 사드배치를 강행했고, 이를 반대하여 중국은 여행금지를 명했다. 엄중한 상황임에도 2017년 3월 10일 헌재에서 '헌법수호 의지가 없다'라는 이유로 朴 대통령을 파면시켰다.

2016년 10월 19일 JTBC 최순실 태블릿PC 국정농단, 「한겨레신문」 '비선실세' 등에 열을 올렸다. 그러나 그 후 과정에서 '국정농단', '비선실세'는 허위임이 밝혀졌다.

5) 개혁과 국민행복의 좌절

종편 TV 방송 개국 후 3년의 평가를 할 차례가 되었다. 종편채널을 도입하면서 "정부가 내걸었던 목표는 지상파 중심의 방송시장에 경쟁을 도입하여 프로그램 및 여론의 다양성을 제고하고, 콘텐츠 출구 확대를 통해 프로그램 제작 기반 및 콘텐츠 산업 기반을 강화하여 방송영상산업을 활성화한다는 것이었다."(하주용,

방송영상산업은 많은 투자를 필요로 하는 영역이다. 물론 기술의 발전으로 유튜브 1인 방송이 가능하나, 종합편성 채널은 막대한 자본이 소요된다. 한편 그럴 여력이 없이 시작한 종편 TV 방송은 국내용 시사 프로그램을 양산했다.

40% 이상(JTBC는 예외)의 정치 시사 프로그램으로 시청자에게 다가갔다. 정치 시사 프로그램은 속성상 가십형(型) 기사가 많게 마련이다. 사실주의 저널리즘의 속성을 망각하기 일쑤였다. 정확성·공정성·객관성을 무시한 채, 기사에 정파성을 지나치게 삽입한다.

종합 편성 채널의 실상을 보면 채널A의 '쾌도난마', '돌직구쇼', '직언직설', '시사병법', TV 조선의 '시사토크 판', '돌아온 저격수다', '시사탱크', '황금펀치', '정치옥타곤', 나머지 JTBC는 '썰전' 등 시사, 교양, 오락 등의 장르를 넘나드는 토크 프로그램이 지상파에서 볼 수 없었던 새로운 형태의 시사평론을 제공하고 있다."(한규섭, 2014년 가을: 67~68)

가십성 시사토론을 중심으로 이뤄져 해외 프로그램 경쟁력은 전혀 보유하지 못했으며, 이들 프로그램은 기존 언론 기사의 정확성, 공정성, 객관성, 분석 수준 등을 지키지도 못했다. 기사를 부풀리고, 축소하고, 왜곡하고, 빼곤 했다. 기사의 품격은 말이 아니었다.

2014년 4월 16일 세월호 사고 이후 '세월호 7시간', '박근혜 대통령의 사생활' 등 보도는 후일 검찰 조사에서 오보로 판명이 났다. 대부분의 시사프로그램 프레임은 "'정제되지 않은 표현'이 등장하며, 제시되는 의견 또한 지나치게 주관적이고 편향적인 경우가 적지 않다. 일반적으로 시사토크 프로그램은 치밀한 논리와 예리한 시각으로 무장한 패널들이 치열하고 합리적인 공방전을 벌이는 공론장이다."(하주용, 2014년 가을: 67)

또한 종편의 트레이드마크는 '정치·시사토크 프로그램'이다. 가십류(類)의 편향성 보도는 시청률 지상주의를 표방했다. 두 경우를 예를 들어보자. "세월호 참사 이후 불거져 나온 '유병언 관련' 보도다. 세월호 참사의 본질은 한국 사회의 구조적 문제다. 그러나 정치·시사 토크의 관심사는 곧 유병언 일가로 옮겨갔다. 전직 경찰관과 젊은 변호사를 대거 패널로 불러내기 시작한 것도 이 무렵이다."라고 했다.(하주용, 2014년 가을: 67)

종편의 북한 관련 보도는 북한 이념·구조·실제 문제와는 전혀 다른 보도를 하고 있었다. 일부 북한 관련 보도가 사실 직시를 외면한 채, 그 선정성이 위험 수준을 넘어섰다. 한편 한규섭은 "일부 프로그램에서는 탈북자 출신 또는 극우 성향 패널들이 출연해 김정은의 고도비만으로 인한 성기능 장애나 급사 가능성 등을 제기하기도 했다. 이것은 국가안보를 담보로 한 시청률 장사다."(한규섭, 2014년 가을: 67~68)

문재인發 야당의 반응이 나왔다. 그 내용은 더불어민주당 문재인 전 대표는 15일 '대통령이 조건 없는 퇴진을 선언할 때까지 국민과 함께 전국적인 퇴진 운동에 나서겠다.'고 말했다. 그와 민주당 추미애 대표는 이날 동시에 野3당과 시민단체들이 참여하는 '비상시국 기구'를 구성해 대통령 퇴진 운동에 나서겠다는 계획을 밝혔다(정녹용·정우상, 2016. 11. 16.)

당시 김수남 전 검찰 총장은 2016년 11월 18일 '법불아귀(法不阿貴, 법은 귀한 자에게 아부하지 않는다)'라는 말을 썼다. 그리고 '이영렬 특별수사본부장'은 11월 20일 현직 '박근혜 대통령을 피의자로 입건한다.'[410]라고 했다. 검찰은 진실을 규명

---

410) 이영렬 대검찰청 특별수사본부장(서울중앙지방검찰청 검사장)은 박영수 특검의 '유죄의 증거가 차고 넘친다.'라는 말을 근거로 했으나, 대법원 판결은 전혀 달랐다. '사상 초유의 현직 대통령 탄핵을 불러온 '국정농단' 사건을 둘러싼 2년 반 동안의 법정 공방이 사실상 마침표를 찍었다.' 2019년 8월 29일 대법원 전원합의체 판결로 박근혜(67) 전 대통령과 '비선실세' 최순실(63)씨, '뇌물공여자'인 이재용(51) 삼성전자 부회장 모두 2심 재판을 다시 받게 됐다. 하급심에서 엇갈렸던 주요 쟁점들에 대해 대법원이 최종적인 판단을 내렸다.
대법원 전원합의체는 "이날 이재용 삼성전자 부회장의 2심 판결 중 무죄로 봤던 부분을 추가로 뇌물로 인정해 서울고법으로 파기 환송했다. 이 부회장에게 징역 2년 6월에 집행유예 4년을 선고한 2심 판결을 뒤집은 것이다. 대법원 전원합의체는 최씨 딸 정유라(23)씨에 대한 승마지원 명목으로 제공된 말 세 마리 구입대금(34억 1797만원)과 삼성이 최씨 조카인 장시호 씨가 설립한 한국동계스포츠영재센터에 낸 후원금(16억 2800만원)을 모두 뇌물로 인정해야 한다는 취지의 판결을 내렸다."(이종혜, 2019. 09. 02.)
한편 14명 대법원 판사 중 조희대, 안철상, 이동원 대법관 등 3명은 "말 3마리 구입액과 관련해서도 뇌물로 볼 수 없다는 소수의견을 냈다. 말의 소유권은 삼성에 있다는 근거를 제시했다."(이종혜, 2019. 09. 02.)

할 생각은 않고, '촛불 민심'과 그 주도세력에 기대고 있었다.

이영렬의 K스포츠·미르재단에 관한 조사내용을 구성한 것이다. 당시 상황을 잘 종합함으로써, 필자는 구성재TV에게 양해를 구해 그 전문을 게재한다. (구성재, 2023. 06. 10.) "2016년 11월 20일 검찰 특별수사본부는 대한민국 검찰 역사상 가장 이례적인 발표를 했다. 특별수사본부가 구성된지 24일만에 최순실 관련 유언비어를 수사해 박근혜 대통령이 최의 공범이라고 공표한 것이다. '박근혜 대통령이 최순실의 교사를 받아 안종범 경제수석을 시켜 대기업들을 강요하여 미르재단, 케이스포츠재단을 설립하고 출연금을 기부받았다'면서 '형법의 강요죄와 직권 남용죄의 범죄에 해당한다'고 수사 결과를 발표했다.(김평우, 대통령의 변호인: 224) 이어 박근혜 대통령과 최, 안 세 사람을 모두 기소하여야 하는데 박 대통령은 헌법 84조의 대통령에 대한 형사소추 면책 특권 규정에 따라 부득이 최, 안 두 사람만 기소한다고 발표하였다. 그 대신 박 대통령에 대하여는 국회에 탄핵 소추를 건의하였다.(p. 41.) 촛불시위가 한창인 서울 한복판에 그야말로 휘발유를 살포한 거나 마찬가지라 할 수 있다.

우종창 기자의 『대통령을 묻어버린 거짓의 산』 2권 '공소사실은 한편이 소설판'(p. 54.)에 따르면 '검찰이 작성한 공소 사실은 안종범의 일방적 주장과 언론에 보도된 허위 내용들을 적절히 섞어놓은 것에 불과했다. 그것도 얼기설기 엮다보니 마치 한 편의 '소설' 같았다'라고 평가하고 있다. 검찰의 관련 기록이 얼마나 부실한가를 보여주는 사례 3가지를 소개한다. 제일 먼저 공소 사실의 사실성 여부이다. 이 책 57~58쪽에 따르면 '9개의 공소사실 중 팩트는 4개뿐이다. ▲대통령이 청와대 경제수석 안종범에게 7대 그룹회장과 단독 면담을 지시했다는 점 ▲대통령이 대기업 총수 7명을 삼청동 안가에서 만났다는 점 ▲안종범이 전경련 부회장 이승철과 청와대 경제비서관 최상목에게 문화 재단을 설립하라고 지시했다는 점 ▲10월 27일 미르재단에 대한 설립 허가가 났다는 점이다. 적어도 이 책에 따르면 대통령이 재단 설립을 지시했다는 점은 입증되지 못했다. 이번에는 박근혜 대통령의 검찰 조사 내용을 보자. 2017년 3월 21일 제1회 피의자 신문조서 내용이다. 헌법재판소의 파면 결정이 있은지 11일 후인 이날 오전 9시 43분부터 밤

11시 38분까지 14시간 동안 서울중앙지검 10층에 위치한 영상녹화조사실(1001호)에서 조사받았다. 그 내용 중 미르재단 관련 일부분이다.(위의 책 p. 61.)

문 : 피의자는 2015. 1. 안종범에게 문화 체육재단을 설립할 방안을 검토해보라고 언급한 사실이 있습니까?'

답 : 제가 명시적으로 안종범에게 재단을 설립하라고 말한 사실은 없습니다.

문 : 안종범의 2015. 1. 19. 수첩에는 'VIP, 대기업별 문화재단, 갹출 → 공동문화재단'이, 1. 29. 수첩에는 'VIP, 대기업 재단출연, 기업 문화기금 조성'이 기재되어 있는데 이런 말을 언급한 사실이 없습니까?

답 : 저는 그렇게 이야기한 사실이 없습니다. 또 저는 예전 정부에서 기업들에게 '이거 내라, 저거 내라'고 한 적이 있었다고 하여, 오히려 그렇게 하는 부분에 대하여 상당한 거부감이 있었습니다.

보통 피의자는 숨기거나 거짓말을 하려 할 경우 '잘 기억이 안 난다', '모르겠다'는 반응이 주류를 이룬다고 한다. 그러나 박 대통령은 5번에 걸친 검찰 조사 내내 분명히 강하게 일관되게 자신이 재단 설립을 지시한 사실이 없음을 밝히고 있다."

한편 여론몰이 후 朴 대통령의 탄핵은 이뤄졌다. 이날 본회의에서 "재적의원 299명 중 78.3%인 234명(불참 1, 반대 56, 무효 7)이 박 대통령 탄핵안에 찬성했다. 10월 29일 주최 측 추산 2만 명으로 시작된 박 대통령 퇴진 촛불집회가 이달 3일 232(?)만 명으로 100배 이상 커진데 대해 정치권이 응답한 결과이다."(이재명, 2016. 12. 10.)

朴 대통령은 끝까지 결백을 주장했다. '朴 대통령'은 '가결 직후' 가진 국무위원들과의 간담회에서 "'제 부덕과 불찰로 이렇게 큰 국가적 혼란을 겪게 돼 진심으로 송구스럽다'면서도 '헌재의 탄핵심판과 특검 수사에 차분하고 담담한 마음가짐으로 대응해 나가겠다.'고 밝혔다. 야권 일각에서 주장하는 '즉각 사퇴' 요구를

일축한 것이다."(이재명, 2016. 12. 10.)

언론인은 가짜 뉴스를 퍼나르고, 민주노총은 촛불을 들었고, 국회는 그 기사를 받아 대통령을 탄핵시켰다. 특히 주목할 점은 JTBC 보도에 따르면 "'드레스덴 연설문(2014년 3월 28일) 파일 30곳 빨간 글씨, 연설 땐 20곳 달라져'라는 논리였지만, 조사 결과를 보면 태블릿PC에는 문서 수정 기능이 없었다.(특별취재팀, 2016. 10. 25.)

또한 더불어민주당과 국민의당이 박근혜 대통령의 탄핵 소추를 위한 단일안을 29일 확정했다. 전날 야 3당이 각각 내놓은 탄핵안을 토대로 만든 단일안이었다. 논란이 됐던 '제3자 뇌물죄'와 '세월호 7시간'이 모두 포함됐다.(박성훈·유성운, 2016. 11. 30.)

지상파는 종편과 다른 점이 없었다. 그들은 공정성을 실종시킨 것이다. 물론 책임 없는 보도는 어제오늘 일이 아니었다. 2004년 3월 12일 국회의 대통령 탄핵소추한이 가결되었다. 그때 노무현 대통령은 새로 창당된 열린우리당을 지지하는 발언을 했다.

더욱이 생활 밀착형으로 교묘하게 파고들어 오보를 낸 것이다. 박 대통령의 사생활에 대한 확인할 수도 없는 내용이었다. '최순실 국정농단' 사건은 "연설문이 됐건 인사가 됐건, 그럴 듯한 전문가와 의논했다면 대통령이 이토록 궁지에 몰리지는 않을 것이다. 이번 스캔들이 피부에 와 닿는 것은 입시비리, '태반 주사', '흙수저', 옷, 가방 등처럼 대중의 감성을 자극하는 생활 밀착형 뉴스가 쏟아지며 공분(公憤)을 샀기 때문이다."(김기철, 2016. 11. 18.)

정치의 예능화가 평시 삶의 영역, 혹은 일상화로 자리를 잡았다. 희화화한 정치, 이미지 정치의 우려도 있고, 대의정치의 붕괴를 가져올 수도 있었다.(조현호, 2012. 1. 11.)

상상을 뛰어넘는 가십류의 해설이다. 물론 이는 거의 명예훼손에 속하는 내용이다. "SBS 이경규·한계진·김제동 씨 등 MC진이 박 위원장의 별명 '얼음공주', '박설공주', '수첩공주', '발끈혜'를 제시하면서 '야근혜'는 어떠냐고 농을 주고받기도 했다. (SBS에 출연한 박 위원장은) MC들의 권유로 폭탄주를 직접제조하면서

'내가 이공계 출신인 것 아느냐. 그래서 정확하다. 비율 잘 맞춰야 하고 각도 중요하고, 손에서 적외선이 나오니까 쥐고 하는 손의 영향을 받는다.'고 '비법'까지 설명했다."라고 했다.(조현호, 2012. 1. 11.)

사소한 생활정치는 '최순실 국정농단'에 여과 없이 오보로 반영되었다. 전여옥 전 한나라당 의원은 '과거 정윤회·최순실 부부 주변에 좀비 같은 사람이 많아 괴이한 형태로 국정이 흘러갈 것이라고 봤다.'(김태규, 2016. 11. 02.) 박 대통령이 그 사람과 같이 '경제공동체', '국정농단' 등 그런 것은 원래 없었다. 회고록에 그 내용을 봐 '경제공동체'라는 말은 맞지 않았다. '최서원 원장이 독일에 비덱 스포츠라는 회사를 세워 삼성으로부터 돈을 받았다.'라는 보도가 10월 중순에 나왔을 때 그녀에게 전화를 해서 "'지금 언론에 보도되고 있는 비덱이라는 회사를 아느냐'고 물었더니 최 원장은 나에게 '대통령님, 비덱이 뭔가요?'라고 반문했다. 전혀 모른다는 것이었다. 나는 그렇게 말한 그녀를 믿었다. 이것이 최 원장과의 마지막 통화였다.(김정하·유성운·손국회, 2023. 12. 25.)

이런 유형의 '가짜뉴스'가 소개된 것이다. 즉, 최순실 사건과 관련해 연예인들 이름을 거론하며 무책임한 폭로를 이어갔다. 언론보도는 무책임하고, 초점을 흐리는 것이 일반적 경향이었다.

지금까지 국내 언론의 나쁜 관행이 거의 동원되었다. "국회의원이 구체적 근거를 내놓지 않고, 'oo가 최순실과 관련 있다더라.', '특혜를 받았다더라.'는 '카더라통신'을 남발하면서 '억울하면 고소하든지' 식(式)으로 나오는 건 꼴불견이다. 매일 쏟아져 나오는 '특종'을 확인하는 것도 정신적으로 버거운데, '정보'라는 이름으로 묻지마식(式) '지라시'까지 활개치는 건 말 그대로 공해다."(김기철, 2016. 11. 18.)

2016년은 기자의 난폭 운전시대였다. 그 시대를 묘사한 옥스퍼드 사전 올해의 단어를 '포스트 트루스'(post truth·脫진실)의 시대로 규정했다. 여기서 포스트 트루스는 "1992년 세르비아 계 미국 극작가인 고(故) 스티브 테쉬흐가 잡지 네이션에 쓴 에세이에 처음 등장했다. 테쉬흐는 1987년 미국의 레이건 정부가 이란에 무기를 불법적으로 판매하고 그 이윤으로 니카라과 콘트라 반군을 지원한 '이란·

콘트라 스캔들'을 다룬 글에서 '자유인인 우리는 포스트 트루스의 세상에서 살고 싶다는 것을 자유의사로 결정했다'고 썼다."(변희원, 2016. 11. 17.)

그 '캐스퍼 그래스월 옥스퍼드 사전 대표는 "'소셜 미디어가 뉴스의 원천으로 부상하고 기득권에서 나온 '팩트'를 향한 불신이 늘어났다.'며 '이 단어가 우리 시대를 정의하는 단어가 된다 해도 놀라운 일은 아니다.'고 했다."라고 했다(변희원, 2016. 11. 17.)

朴 대통령이 국회 탄핵을 당하고 새해 첫날 기자들을 불러놓고, "국정농단 의혹을 '왜곡과 오보'라고 해명했지만, 그 근거는 대지 못했다. 언론보도를 마치 삼류 소설인 양 치부했지만, 국정을 막장 드라마로 만든 주인공은 박 대통령 자신이다."라고 했다.(우리의 주장, 2017. 01. 04.)

기자협회의 〈우리의 주장〉은 여전히 朴 대통령의 잘못으로 간주했다. 그러나 저널리즘의 기본은 '사실 확인이다'라는 명제에 기자는 당혹스러웠다. 지난해 12월 14일~20일 현직기자 172명을 대상으로 조사한 설문조사 결과, "저널리즘 기본과 멀어진 이유로 기자들은 '수익 우선', '자사 이기주의', '정치적 편향성', '자본권력과 유착', '속보 경쟁' 등을 들었다."(김창남, 2017. 01. 04.)

탄핵을 지켜보고, 박근혜 대통령과 직접 단독 인터뷰를 한 정규재 한국경제신문 주필은 신문사를 퇴사하고, 2017년 12월 6일 팬앤마이크를 창간했다. 그리고 유튜브로 정통보수 논조를 강화했다. 자유주의 성향을 띤 팬앤마이크는 언론으로서 '자유, 진실, 시장'을 캐치프라이즈로 방송을 시작한 것이다. 한편 '불법 탄핵'에 맞서 국민은 '태극기 집회'를 매주 토요일 열기 시작했다. 제도권 언론의 '촛불집회'에 분노한 시민들이었다. '박근혜 대통령 퇴진 운동'(촛불집회, 2016. 10. 29.~2017. 04. 29.)은 "박근혜의 대통령직 사퇴 및 기타 목적을 목표로 했던 사회운동이다. 언론은 촛불을 들고 참여해 촛불집회라는 용어를 사용한다. 집회시위의 경우 초기에는 민중총궐기 투쟁본부에서 주최하였으나 이후 여러 시민단체들의 연대체인 박근혜정권 퇴진 비상국민행동이 대한민국 주요 도시에서 정권 퇴진 탄핵 찬성 집회를 이어나갔으며 그 중 매주 토요일에 대규모 집회를 열었다. 촛불을 사용한 항의행동이라는 점에서 촛불항쟁으로도 불린다."

https://ko.wikipedia.org/wiki/%EB%B0%95%EA%B7%BC%ED%98%9C_
%EB%8C%80%ED%86%B5%EB%A0%B9_%ED%87%B4%EC%A7%84_%E
C%9A%B4%EB%8F%99

촛불집회는 이렇게 진행되었다.

2016년 11월 8일 촛불집회를 주도한 민주노총은 "민중총궐기 때 청와대 200m 옆인 청운효자동 주민센터 앞 신교동 교차로까지 행진을 한다고 신고했다. 청와대 100m 이내의 행진만 금지한 집시법과 '집회·시위를 항의의 대상으로부터 떨어뜨리는 것은 집회·시위의 자유를 침해하는 것'이라는 헌법재판소 결정을 근거로 (하면서) '이번 집회 목표는 박근혜 대통령 퇴진이므로 청와대 인근으로 가야 한다.'는 입장을 밝혔다."(동면)

또한 촛불집회는 "'2016년 12월 4일 정점으로 30만 명이 동원되었다. '최순실 게이트로' 촛불 시위가 일어난 것이다. 당시 미국은 위성으로 판독한 결과 촛불 시위에 나온 인파를 11만 명으로 잡았다.(김준호·장덕종, 2016. 12. 03.)

한편 '태극기 집회'[411]가 계속되었다. 대한애국당[412]·국본·자유대연합 등 5개

---

411) 탄핵 정국 도중 '태극기 집회'의 주도권은 박사모, 어버이연합, 나라지킴이 고교연합, 전국구국동지회 등의 연합 단체 '탄기국'에서 갈라졌다."라고 했다.(정우영, 2018. 8. 27.) 그 후 태극기 집회는 대한애국당과 박근혜 대통령 1000만 석방운동본부(석방운동본부, 서울역, 5000명 규모), 태극기 시민혁명 국민운동본부(국본, 대한문, 800명), 일파만파 애국자연합(일파만파, 동화면세점, 1000명), 박근혜 구명총연맹(구명총, 보신각, 50명), 자유대연합(자유대한민국 수호 국민대회, 교보 앞, 300명) 등 5단체가 주도하여, 2년 이상 계속된다.(정승임·이상무·손영하, 2019. 01. 05.) 한편 2008년 미국산 쇠고기 반대 집회는 거의 매일 3개월간 계속되었지만, 태극기집회는 2년 이상 계속했다. 그 목적을 ①집회로 정권 교체를 이뤄낸 진보세력 학습효과, ②자유주의 시장경제, 헌법질서 파괴에 대한 위기의식, ③문재인 정부 지지율 하락과 맞물린 보수 세력의 결집력 등으로 풀이했다.(정승임·이상무·손영하, 2019. 01. 05.)

412) 대한애국당(창당준비위원장, 허평환·조원진)은 2017년 8월 30일 13시 장충체육관에서 창당대회를 가졌다. 그 강령은 "대한애국당은 탄핵 내란사태와 함께 시작된 태극기 애국 국민운동을 통해 거리와 광장에서 투쟁하면서 정의와 진실을 끊임없이 외치며, 진정한 국민에 의한 국민을 위한 국민의 정당으로서 8개월 만에 창당이라는 기적을 창출했다.…"(창당 자료집) 대한애국당은 이승만, 박정희, 박근혜 전 대통령 등의 전통을 이어왔으며, 탄기국 전통을 이어받은 대한애국당은 2017년 3·10 헌재 탄핵 때 희생된 고 김완식, 고 김주빈, 고 김해수, 고 이정남(성명 미상 1인), 그리고 고 조

단체가 주도했다. 이들 집회는 2016년 11월 19일 서울 중구 서울역 앞에서 열린 '박근혜 대통령 하야 반대 집회'를 최초로 본다. 당시 집회를 주최한 사람은 경제 정의실천연합(경실련) 설립을 주도했던 서경석(71) 목사였다. 탄핵 정국 도중 '태극기 집회'의 주도권은 박사모, 어버이연합, 나라지킴이 고교연합, 전국구국동지회 등의 연합 단체 '탄기국'으로 넘어갔다."(정우영, 2018. 08. 27.) '태극기 집회 참여자'[413]에 대한 분석도 나왔다.

한편 촛불을 들었던 민노총의 탄핵으로 탄핵청구서 내용이 많아졌다. 민노총은 "'수감 위원장 석방', '노조 파괴 금지법 입법', '최저임금 인상' 등 요구 조건을 내걸고 있었다. 장관 자리에 누구 앉히라, 누구는 안 된다는 식의 인사 압박도 요구했다."(사설, 2017. 05. 26.)

거리로 나온 민노총은 '촛불 덕 본 文 정부에 요구할 권리 있다.'라고 그 말의 정당성을 이야기했다.(김배중, 2017. 6. 22.) 실제 민노총의 말이 실현되고 있었다. '文 정부 첫 내각 보니, 장관급 17명(어제까지 발표) 중 15명이 친문·보은 인사'라고 했다.(박국희, 2017. 06. 14.) 그들 인사들의 면면도 공개된 것이다. 더욱이 민주노총 신하에 있었던 방송사 인사를 보면 그 현실이 두드러지게 나타났다. 노조 경험이 있는 인사를 대부분 보은 인사에 이름을 올렸다.

'떡고물' 논쟁은 연중행사로 계속되었고, 문재인 정권 때는 지상파 방송이 선거에서 '선수로 뛰는' 결과를 초래했다. 노무현 정권 때 그렇게 많이 언급했던 '공정성'은 말하는 방송인이나, 연구자가 거의 사라졌다.

인환 등 인사들의 추모행사를 열어왔다. 한편 애국당은 "2019년 5월 10일과 11일 두 차례에 걸쳐 이순신 장군 동상 서쪽에 천막 두 동을 설치했다. 2017년 3월 10일 박근혜 전 대통령 탄핵 결정 당일 시위하다 숨진 5명을 추모하기 위한 천막이라고 주장한다.(전준우, 2019. 05. 19.)

413) 「조선일보」는 "8월 14~15일 네이버 밴드, 카카오톡 등 가입자 5470명을 상대로 설문조사를 했다. 이 중 한 달 한 번 이상 태극기 집회에 참가한다고 답한 3037명을 분석했다. 연령별로는 60대, 70대 이상이 62.2%, 40~50대는 33.2%였다. 사회적 계층을 묻는 말에는 중산층이라고 답한 사람이 49.8%로 가장 많았다. 서민층(41.8%), 상류층(4.4%), 빈곤층(4%) 순이었다. 학력 수준도 높았다. 4년제 대학 졸업 이상이라고 답한 사람은 59.5%였다. 통계청에 따르면 한국의 50대 이상 서민 중 4년제 대졸 이상 학력자 비율은 16.2%(2015년 기준)다. 취업 여부에 대한 질문에는 59%가 '일을 하고 있다.'고 답했다."라고 했다.(남혜경, 2018. 08. 28.)

한편 언론의 기능은 바뀌고 있었다. 언론의 기능은 환경의 감시, 사회제도의 연계, 사회화, 오락의 기능이 아니라, 선전, 선동, 조직자의 기능을 담당했다. 각사의 편집권, 특히 공영방송은 언론노조가 갖고 있었다. 언론은 확증편향성으로 진지전 구축에 결정적 기여를 했다. 지상파 방송은 시청률이 추락하고, 시청자에게 외면당하면서, 더 이상 인터넷, 포털, 유튜브, 블로그, 트위터 등의 경쟁력을 따라갈 수 없었다.

지상파 방송은 돌아앉아 딴 길로 가고 있었다. 그들은 각 지회의 민주노총 산하의 기구로서 작동하였다. KBS, MBC, SBC 등 본부노조로 명칭이 생겼다.

민주노총의 기관지 역할을 담당했던 「미디어오늘」의 11주년 기념 사설을 보면 그 경향을 알 수 있다. 그들이 말하는 시대적 요구는 "①언론 파수꾼으로서 언론의 다양한 정보를 더 많이 담아내겠다. 언론 현장의 생동감 있는 정보를 전달하고 뉴스 생산 과정에 대한 이해를 통해 진보매체로서의 소임을 다하기 위해 노력하겠다, ②언론 변혁운동의 선봉에 서겠다, ③언론 일꾼들의 공론의 장이 되도록 하겠다."(사설, 2006. 5. 17.)

기관지의 성격을 볼 때 사회주의 언론 기능이 눈앞에 전개되었고, 언론의 새로운 사명이 부여되었다. 국가는 민중민주주의, 국가사회주의로 변하고 있었다. 방송의 불공정성 문제는 자유주의 언론의 싹을 자른 노력이다. 물론 보수의 고대영 사장 시절에 이뤄진 일이지만, 시대적 맥락 속에 정확하게 읽히는 대목이다. 그 실례로 미디어 비평 프로그램이 폐지되었다.

KBS가 "외부 전문가들의 뉴스 비평 프로그램인 'KBS뉴스 옴부즈맨'을 폐지하기로 했다. 지난 4월 미디어비평 프로그램인 '미디어 인사이드'가 종영된지 두 달만이다. 여기서 '미디어인사이드는 2003년 〈미디어포커스〉로 거슬러 올라간다. 방송 저널리즘을 쇄신하자는 당시 방송사 내부 분위기 속에서 '매체 비평' 역시 적극적으로 개혁해야 할 영역으로 각광을 받았다. 문화방송(MBC)의 〈미디어비평〉이 그 첫발을 뗐고, 곧이어 한국방송의 미디어포커스가 뒤따랐다. 이전에는 방송사가 다른 언론사 보도에 관해 다루는 일이 거의 없었기 때문에 미디어포커스는 큰 반향을 일으켰다.(최원형, 2016. 4. 19.) 고대영 사장 취임 후 KBS의 미디어

비평 프로그램 3개 가운데 2개가 사라지게 되면서 공영방송의 책무를 외면하고 있다는 비판이 나왔다.(최승영, 2016. 6. 22.)

비평 프로그램은 언론노조 KBS본부 등에 따르면 '자사뉴스를 전문적으로 비평한다.'는 기치 아래 지난 2011년 11월부터 제작돼 온 '자사 뉴스 옴부즈맨'이 6월 방송을 끝으로 폐지될 예정이다. "이는 뉴스 보도를 독립적으로 평가할 수 있는 외부전문가(옴부즈맨 위원)들이 참여, 보도와 간부들이 직접 참석한 가운데 보도와 관련한 질의와 답을 듣는 프로그램으로 월 1회 30분 편성돼 왔다."(최승영, 2016. 6. 22.)

또한 전국언론노동조합(위원장 김환균) '공정언론 다시 시작합니다.'(광화문광장, 2016. 6. 24. 19:30)라는 기치로 "김 위원장은 지난 16일 보도자료에서 '(4·13총선은) 정부여당에 대한 국민의 심판이라는 것에 모두 동의한다.'라고 했다.(최승영, 2016. 06. 22.)

과거 해직기자들이 다시 모여 언론의 정치투쟁을 시작한 것이다. "박혜진 아나운서와 노종면 전 언론노조 YTN지부장이 사회를 맡고, 최승호 PD·조승호 기자 등 공정 보도와 언론자유를 요구하다 해직을 당한 언론 노동자들이 함께 하는 자리다."(최승영, 2016. 06. 22.) '7년 그들이 없는 언론' 티저 영상 등이 상영되며, 김어준·주진우 기자가 함께 연단에 섰다. 전인권 밴드, 크라잉넛, 옥상달빛, 브로콜리너마저 등 뮤지션들이 참석할 예정이었다. 주최 측은 언론노조 조합원을 비롯해 약 2000여명이 참가를 할 것으로 보고 있다.

탄핵문제로 다시 돌아가자. 물론 이런 계획은 우연이 아닐 것이다. 한편 중국 「인민일보」는 '박근혜, 대통령 탄핵될 수 있다.'라고 경고했다.(2016. 8. 15.)

중국이 대한민국 대통령탄핵을 기획하고 있다는 소리이다. 「인민일보」는 광복절을 기해 이런 예측을 했고, 실제 박근혜 대통령은 2017년 3월 10일 헌재에서 '파면'을 결정했고, 김세윤 판사, 김문석 판사(고법 형사4부), 노태악(주심·대법원 3부) 등 과정을 거치면서 노태악 대법원(후일 선관위원장)이 2021년 1월 14일 朴 대통령에게 징역 20년(새누리당 공천 개입 2년 포함 22년), 벌금 180억 원, 추징금 35억을 선고했다.(남정민, 2021. 04. 14.)

국민 각자는 이 과정에서 자신의 위치를 되돌아볼 필요가 있다. 그게 민주공화주의 주인이 가져야 할 기본자세이기 때문이다.

2. 문재인 정권의 언론과 북한

1) 언론을 앞세운 체제 개혁

1987년 이후 어느 대통령에서도 볼 수 없을 정도로 분량이 많다. 아니 1945년 이후 어느 대통령에 비할 수 없을 만큼 많은 분량이 기술되었다. 그는 좋은 공적 가치를 많이 파괴시킨 것이다. 문재인 정권 등장은 '탄핵'의 결과가 어떤 의도를 갖고 있었는지 분명하게 했다. 그 인사가 누구였으며, 그들의 허위의식의 이데올로기가 어디로 향하고 있었는지 가감 없이 보여줬다. 아울러 '진지전 구축'의 최종 방향이 노출된 것이다.

한편 탄핵에 참여한 사람도, 촛불 청구서를 내는 인사도 많아졌다. 목적이 아무리 훌륭하더라도, 수단의 정당성 확보가 관건이었다. 끌어안아야 할 국내·국외 정치인도 적지 않았다.

탄핵 후 정치권에서 탄핵 당시 캐스팅보트를 쥔 정당은 바른미래당이었다. 바른미래당은 2018년 2월 14일 경기도 고양 킨텍스에서 창당 대회를 열고 일정을 시작했다. 이날 창당대회에선 박주선(광주 동남을)·유승민(대구 동을) 의원이 공동 대표로 추대됐다.

유 대표는 "낡은 부패한 기득권 보수, 무책임하고 불안한 운동권 진보와 분명 다른 길을 갈 것'이라고 전제하고, '불안하고 무능한 집권 여당과 경쟁해서 승리하는 보수권 정당이 되고, 자유한국당과 경쟁해서 승리하는 중도 보수의 개혁 정당이 될 것이다."라고 덧붙였다.(박수찬·이슬비, 2018. 02. 14.)

한편 박주선 대표는 '집권하는 중도 개혁 정당을 만들겠다'며 '지역주의 청산과 동서 화합을 통해 진정한 국민통합의 정치를 하겠다.'라고 취임사를 대신했다. 당시 바른미래당은 국민의당 의원 21명과 바른정당 소속 9명을 합쳐 총 30석을 확보했다.

이들은 탄핵 정국에서도 캐스팅 보팅 역할을 했다. 2017년 3월 10일 헌법재판소의 탄핵은 정족수 문제가 생겼다. 헌법재판소는 원래 입법·사법·행정 등이 각 3인으로 구성되게 되어 있었으나, 판결 당시 8명의 구성원을 갖고 있는 상태였다. 시작부터 헌재의 정통성이 문제가 되니, 원로들[414]은 일정 부분 역할을 했다. 이들이 '추인'하는 형식을 취한 것이다.

한편 국회가 탄핵(2016. 12. 09.)을 의결하자, 朴 대통령은 국무의원 간담회를 가졌다. 그는 '비통한 말'[415]을 남기고, 퇴진을 거부했다. "청와대는 박근혜 대통령의 즉각적인 하야나 '질서 있는 퇴진'은 고려하지 않고 있다는 점을 강변하고, 검찰 수사 역시 '서면조사'를 원칙으로 하고 조사 시기도 늦춰 줄 것을 검찰에 전달했다."(정녹용, 2016. 11. 16.)

물론 당시 대통령을 탄핵시킬 법률은 2개에 근거해야 했다. 헌법 제84조, '대통령은 내란 또는 외환의 죄를 범한 경우를 제외하고는 재직 중 형사상의 소추를 받지 아니한다.'

국회는 '내란 또는 외환의 죄'를 찾을 수 없는 상태에서 대통령을 탄핵시켰다. 또한 헌법 제65조, '대통령·국무총리·국무위원·행정 각부의 장·헌법재판소 재판관·법관·중앙선거관리위원회 위원·감사원장·감사위원 기타 법률이 정한 공무원이 그 직무집행에 있어서 헌법이나 법률을 위배한 때에는 국회는 탄핵의 소추를

---

414) 국가원로들은 전직 국회의장들을 비롯한 정치권 안팎의 원로들이 2016년 11월 27일 긴급회동을 갖고 '박근혜 대통령은 시국 수습을 위해 하야 선언을 하고 적어도 내년 4월까지는 하야해야 한다.'고 요구했다.(신정민·엄보운, 2016. 11. 28.) 촛불에 경도된 그들이었다. 이날 오후 3시 롯데호텔에서 열린 회동은 김수한, 박관용, 김원기, 임채정, 김형오, 박희태, 강창희, 정의화 전 국회의장과 이홍구 전 국무총리, 김진현 전 장관, 신영균·유흥수 새누리당 상임고문, 권노갑·정대철 국민의당 상임고문, 이종찬 우당 장학회 이사장, 신경식 헌정회장, 송월주 스님, 최성규 목사, 김덕룡 국민동행 상임공동대표, 이영작 서경대 석좌교수 등 사회원로 인사들이 참여한 가운데 4시간 가량 진행됐다.

415) 朴 대통령은 탄핵안 9일 가결 이후 가진 국무위원 간담회에서는 '피눈물이 난다는 게 무슨 말인가 했는데 이제 어떤 말인지 알겠다.…'며 '가슴이 찢어질 듯 아프다'고 자신의 심경을 토로했다고 참석자들이 전했다. 간담회 후 청와대 참모들과는 별도로 차를 마시면서 '여러 어려운 일 처리로 고생이 많았다.'고 한 것으로 전해졌다.(정녹용, 2016. 12. 12.)

의결할 수 있다.'

실제 형사재판이 끝나지도 않은 채 朴 대통령이 탄핵이 되었다. 헌법 제65조에 따라 재판을 할 때 노태악 대법원 3부의 재판이 끝난 2021년 1월 14일 파면이 이뤄지게 된다. 그런데 국회, 헌재 탄핵이 끝난 후, 형사재판의 결과가 나왔다. 이는 '자유민주적 기본질서' 헌법정신의 절차적 정당성에 하자가 있다.

'박영수'[416] 특검은 2가지를 들여다봤다. 우선 특검은 JTBC가 보도한 '최순실 태블릿PC'의 '국정농단'이었고, 다른 하나는 언론에 보도된 '경제공동체', '제3자 뇌물죄', '포괄적 뇌물죄', '묵시적 청탁' 등을 탄핵 근거로 삼았다. 검찰은 형법 적용에 이런 종류의 애매한 말을 사용했다. 확실한 증거를 찾아내지 못한 채 '차고 넘친다.'라고 결론을 낸 것이다. 특히 경제부문에서 박근혜 대통령 본인이 K스포츠·미르재단에 관여하지 않았다면, 그에 관련한 증거를 확보해야 한다. 그러나 그러지 못했다.

특검과 검찰의 근거로 헌법재판소는 '헌법수호 의지가 없다.'라는 이유로 '파면'을 시켰다. 실제 '박근혜 대통령 탄핵은 답(은)·정(해졌으니)·너(너는 판결만 해)'라는 말이 회자되었다. 더욱이 "헌재 재판관들은 朴 대통령에게 1주일 전 (탄핵을) 만장일치로 정하고, '험한 꼴 보기 싫으면 빨리 하야하라.'라고 급박했다."(정규재, 2019. 03. 08.) 결과적으로 헌재가 '자유민주적 기본질서'를 팽개치고, 촛불세력의 '민중민주주의' 정치놀음을 한 것이다.

또한 '최보식이 만난 사람'에 나온 배보윤 전 헌재 공보관은 "'탄핵소추의결서'는 부실했다. 장문의 탄핵 취지가 있었지만 알맹이는 검찰 공소장과 언론 보도였다."(최보식, 2018. 01. 29.) 탄핵 소추의 판단 근거가 된 공식 문서로는 최순실 등을 기소한 '검찰 공소장'뿐이었다. 그 속에 '박 대통령과 공모(共謀)하여…'라는 문구

---

416) "박영수 특검은 탄핵 정국에서 사상 최대 규모의 수사단을 이끌며 90일간 30명을 기소하여 13명을 결국 감옥에 보냈다. 많은 국민은 그들의 활약에 열광했고, 언론들은 '가장 성공한 특검'이라 칭송했다. 당시 특검은 '경제 공동체'나 '묵시적 청탁' 등 형사재판에 있을 수 없는 법률 용어로 대통령에게 뇌물죄를 걸었으나 그는 네 차례 재판에서 모두 재단 출연금의 뇌물성은 부인됐다. (송재윤, 2023. 09. 01.)

가 들어있었기 때문이다. 공소장은 검찰의 의견이며, 미리 공개해선 안 되는 문서이다. 물론 공소장은 국민에게 예단을 시켜준 것이다.

당연히 법 적용의 공정성이 도마 위에 오른다. 헌법은 생명·자유·재산 등 기본권과 인권이 법으로 보장이 되어있을 뿐만 아니라, 언론(speech) 자유를 조장하고 있다.

법원 조직에도 난맥상이 얽혀 있었다. 문재인 청와대는 법관 임명에 문제를 잉태하고 있었다. 김명수 대법원장(2017. 09 임명)이 이후 좌파성향의 우리법연구회, 국제인권법연구회, 민변 등을 재판에 직·간접적으로 간여시킨 것이다.

뿐만 아니라, 실제 법원은 법관 임명부터 문제가 되곤 했다. 대법관이 임명되는 것을 보면 '원세훈 유죄, 김어준 무죄 판결한 김상환 대법관 제청'이라고 했다.(김영민, 2018. 10. 03.) 법 집행이 정파성에 의해 결정이 됨으로써 법의 공정성에 문제가 생겼다.

코미디 헌법재판소장 임명에 코미디 발언이 이어졌다. 박근혜 대통령의 탄핵이 끝난 후, 김이수 헌재소장 대행이 국회 청문회장(2017. 10. 23.)에서 김이수 대행이 인사하기 전 '빨리 나가세요.'(김진태) '앉아 있겠다는데 왜 그래요(박범계)'라고 했다. 한편 권성동 법사위원장이 '조용히 하세요!'라고 제지하자 박 의원은 '왜 나한테만 그래!'라는 대화가 오갔다. 김이수 헌재 재판관의 탄핵과정에서 역할이 노출된 것이다.

탄핵에 대한 대선후보들의 행보가 주목되었다. 당시 야당후보는 '촛불혁명'에 앞장 선 경험이 있었다. 문재인 의원은 국정원 댓글로 처음부터 대선불복을 했다. 또한 그는 "2018년 11월 12일 '서울 광화문광장에서 열린 박근혜대통령 퇴진을 요구하는 촛불 집회에 참석해 촛불을 들었고, 국민의당 안철수 전 상임공동대표는 13일 대전 국민체육센터에서 열린 비상시국 간담회에서 정권 퇴진을 촉구하는 피켓을 들었다."[417]

---

417) 문재인은 '박 대통령은 이미 국민 마음속에서 탄핵당했다. 국민 목소리에 귀를 기울여주길 바란다'(12일 서울 광화문 촛불집회, 대통령 2선 후퇴 거국중립내각; 안철수 '국가 붕괴는 막아야만 한다. 박근혜 대통령은 이제 더 이상 대통령이 아니다') 13일 대전 대통령 퇴진 촉구 서명운동, 국회 추

다른 한편 문재인 자신들의 댓글 조작이 이뤄지고 있었다. 탄핵 과정에서도 네이버, 다음, 네이트 등 포털을 이용하여, 문재인 공보특보·수행팀장 김경수 현 경남지사는 '드루킹'이라는 댓글 여론조작팀을 운영하였다.

드루킹 댓글 조작 사건이 처음 언론에 보도된 것은 지난 2018년 2월 1일 SBS '김어준의 블랙하우스'에서 시작되었다. 당시 블랙하우스에서는 '평창 동계올림픽 남북 아이스하키 단일팀 구성'과 관련한 기사에 달린 '문재인 정부 비판 댓글'의 추천수가 '매크로'(한꺼번에 여러 댓글이나 추천 등을 자동적으로 올릴 수 있는 프로그램) 조작을 통해 부풀려졌다. 민주당은 이와 관련해 경찰에 고발했고, 수사가 시작되었다. 그 두달 후 한겨레는 "'정부 비방 댓글 조작' 누리꾼 잡고 보니 민주당원이었다."라고 했다.(허재현·서영지, 2018. 04. 13.)

'드루킹 댓글 여론조작' 특종으로 「TV 조선」 홍혜영(洪慧榮) 정치부 차장은 36회 최은희 여기자상을 수상했다. 또한 불법 탄핵의 여파가 계속 남아 있었다. 한편 5·9대선은 '가짜 뉴스'가 난발하는 선거였다.

언론은 '진지전 구축'을 위해 앞장설 환경을 만들어냈다. KBS 등 공영언론은 나팔수·부역자를 자임하고 나선 것이다. "박근혜 대통령 탄핵 후 2017년 5월 9일 대통령 선거가 벌어졌는데 2주 가량 앞두고 2017년 4월 24일에 언론노조는 더불어민주당 문재인 후보와 정책 협약을 맺었다."(이영풍, 2020: 146) 또한 언론노조는 다음날인 25일 정의당 대선 후보인 심상정과 정책협약식을 맺었다. 당시 5·9 대선은 더불어민주당 문재인 후보, 자유한국당 홍준표 후보 그리고 국민의당 안철수 후보 3파전이었으나, KBS 선거방송은 '공정성'을 기대할 수가 없게 되었다.

지상파 방송을 평정한 더불어민주당은 여론조작에 앞장선 것이다. 드루킹을 통한 인터넷 포털, 지상파 그리고 여론조사기관 등의 조작이 조직적·동시적으로 이뤄진 것이다. 이들 일당 대부분은 박근혜 정부 내내 '국정원 댓글', '세월호 7시간', '정윤회 게이트', '최순실 태블릿PC 국정농단', 'K 스포츠·미르재단을 통한 경제공동체', '문화블랙리스트' 등 사건 때마다 습관적으로 여론 조작한 경험을

천 총리 중심. 질서 있는 대통령 퇴진이다"라는 주장들이었다.(김진균, 2016. 11. 14.)

갖고 있었다.

'가짜뉴스'가 대선 토론회에까지 언급되었다. 홍준표 후보는 대선후보 토론회에서 문재인 더불어민주당 후보를 향해 "'언론사 팩트체크 팀'에서 문 후보의 사건 해명 가운데 사실이 18%, 거짓말이 54%로 밝혀졌다.'"라고 주장했다.(정철운, 2017. 05. 03.) 그 실례로 '지니계수부터 DJ·노무현 대북지원금 액수까지 사실과 다른 주장을 펼친 경우도 한두 번이 아니었다.' 당시 문 후보 측 신경민 선대위 TV 토론 본부장은 오히려 역공을 폈다. "홍 후보가 토론회에서 내놓은 가짜뉴스만 열댓 개가 넘는다. 홍 후보는 문 후보에게 계속해서 거짓말쟁이 콘셉트를 만들려고 한다."라고 했다.(정철운, 2017. 05. 03.)

진정성의 문제도 계속되었다. 2015년 2월 15일 새정치민주연합 신임대표로 당선될 때, 문 대표는 '탕평책'의 근본을 제시했다. 그는 취임 후 기자회견에서 "'계파논란'[418]은 제가 확실히 없애겠다.'며 '백 마디 말보다 실천이 중요하다.' '계파정치 'ㄱ'자도 못나오게 하겠다.'"라고 했다.(김혜원, 2015. 02. 15.)

당 대표와 대통령이 된 후 후보자 때와는 말과 달리, 문재인은 코드정치의 왕국을 만들었다. "언론·검찰·법원·국회·청와대 등 어느 곳 하나 객관성·공정성에 기초한 인사 및 국정운영을 시행하는 곳이 없을 정도였다."(김혜원, 2015. 02. 15.)

한편 정적을 '적폐'라는 빌미로 단죄했다. "대권 말·말·말 … '당선되면 바로 야당 당사 찾겠다. 저 문재인의 사전에도 정치보복은 없다."라고 했다.(강해인, 2017. 05. 08.)

현실에는 그런 엄격성이 없었다. "7일 MBC 방송연설에서 '사실 이명박·박근혜 정부는 정치보복을 했지만, 다음 정부는 절대 그런 못된 짓 하지 않겠다.'"(강

---

418) 문재인의 인선에서 "문재인 대통령이 6일 청와대 비서관 후속 인선에서 운동권과 시민단체 출신들을 대거 기용하면서 비서실의 이념 색채가 더욱 강해졌다."(이민석, 2018. 08. 08.) 청와대 비서실과 정책실, 안보실의 비서관급 이상 참모 중 전국대학생대표자협의회(전대협)나 대학 총학생회장 등 운동권 출신이나 각종 시민단체 출신은 전체 64명 중 23명(36%)이었다. 또한 "임종석 비서실장이 관장하는 비서관급 이상 31명만 대상으로 좁히면 운동권·시민단체 출신은 전체의 61%(19명)에 달한다. 문 대통령을 측근에서 보좌하는 핵심 참모 그룹에 운동권·시민단체 출신이 대다수 포진해 있는 것이다."(이민석, 2018. 08. 08.)

해인, 2017. 05. 08.) 그는 절제·공정의 화신처럼 말했으나, 실제는 허위의식의 이데올로기로 똘똘 뭉쳐있었다. 자유한국당 이경환 수석부대변인은 브리핑을 통해 "'말로는 한국고용정보원 부정특혜 채용이 없었다고 주장하지만, 막상 아들 문준용 씨가 선거 현장에 나타나면 지금까지의 거짓 해명이 국민들과 언론 앞에 고스란히 드러날 것이 두려운 것이다.'"라고 했다.(강해인, 2017. 05. 08.)

한편 문재인 대통령은 2017년 5월 10일 서울 여의도 국회의사당 중앙홀에서 취임선서와 함께 취임사에서 자신의 정책을 공언했다. '국민 통합의지'를 밝힌 그 취임사에 의하면 "현직 대통령의 탄핵과 구속 앞에서도 국민들이 대한민국의 앞길을 열어주셨습니다. 전화위복의 기회로 승화시켜 새로운 길을 열었습니다."(문재인, 2017. 05. 10; 안상현, 2017. 5. 10.)

문 대통령의 '통합과 공존', '소통'을 강조했다. "우선 권위적 대통령 문화를 청산하겠습니다. 준비를 마치는 대로 지금의 청와대에서 나와 광화문 대통령 시대를 열겠습니다. 참모들과 머리와 어깨를 맞대고 토론하겠습니다. 국민과 수시로 소통하는 대통령이 되겠습니다. 주요 사안은 대통령이 직접 언론에 브리핑하겠습니다."(문재인, 2017. 05. 10.; 박용필, 2017. 05. 10.)

국민통합과 인사원칙에 관해 설명도 했다. "분열과 갈등의 정치도 바꾸겠습니다. 보수와 진보의 갈등은 끝나야 합니다. 대통령이 나서서 직접 대화하겠습니다. 야당은 국정운영의 동반자입니다. 대화를 정례화하고 수시로 만나겠습니다. 전국적으로 고르게 인사를 등용하겠습니다. 능력과 적재적소를 인사의 대원칙으로 삼겠습니다. 저에 대한 지지 여부와 상관없이 유능한 인재를 삼고초려(三顧草廬)해 일을 맡기겠습니다."(문재인, 2017. 05. 10; 안상현, 2017. 5. 10.)

그리고 결과적으로 '기회는 평등할 것입니다. 과정은 공정할 것입니다. 결과는 정의로울 것입니다.'라고 했다. 물론 현실은 신문 제목에서 보듯 전혀 달랐다. 인사는 운동권·시민단체·노조 출신 등 386 운동권 세력으로 채워졌다. 당시 언론의 인사 분위기는 이렇게 진행되었다. 「더 세진 청와대 정부… 각 부처 홍보·정책 사실상 장악한다.」(이민석, 2018. 07. 27.), 「공공기관 채용 복마전-'제 눈에 들보' 무시 민주노총에 취준생 '피눈물 비판'」(정진영, 2018. 10. 23.), 「고용 재난 속 민노총 조합원만 급증, '민노총의 나라'되나」 등이 현실이었다.(사설, 2018. 10. 22.)

또한 "국민들의 서러운 눈물을 닦아드리는 대통령이 되겠습니다. 소통하는 대통령이 되겠습니다. 낮은 사람, 겸손한 권력이 돼 가장 강력한 나라를 만들겠습니다. 군림하고 통치하는 대통령이 아니라 대화하고 소통하는 대통령이 되겠습니다."(문재인, 2017. 05. 10.; 안상현, 2017. 05. 10.)

한편 청와대국민청원(靑瓦臺國民請願)은 '세상을 바꾼 국민청원'으로 '국민이 물으면 정부가 답한다.'라는 국정철학을 지향·반영하고자, 청와대는 전자청원 플랫폼을 설치했다. 2017년 8월 17일 문재인 정부 출범 100일을 맞아 청와대 홈페이지를 '국민소통플랫폼'으로 개편했다. '국민소통광장'이라는 탭을 새로 만들어 갖가지 아이템, 즉 정치개혁, 정책, 토론방, 국민신문고, 인재추천, 효자동 사진관 등을 게재키로 했다.

선심성 포퓰리즘의 공약은 즐비하지만 듣기 좋은 소리에 불과했다. 문재인 후보의 공약은 '일자리를 책임지는 대한민국'과 '일자리 확대가 국민께 드리는 최고의 선물입니다.'라고 했다. 2017년 5월 10일 취임 공약에 따르면 '①삶의 질을 향상시키는 공공·사회 서비스 일자리 창출, ②혁신적 4차 산업 경제 생태계 구축으로 좋은 일자리 창출, ③스타트업·벤처 창업하기 좋은 기업 생태 환경조성, ④노동시간 단축으로 일, ⑤삶·가정 양립 및 일자리 창출 등'이었다.

그러나 실제 일자리에도 문제가 생겼다. 자본가 혐오는 계속되었고, 자영업자와 중소기업의 피해는 불어났다. 더욱이 민주노총 중심의 친노조정책, 즉, 최저임금인상, 노동시간을 주 52시간제 도입 등 시도로 규제만 늘리는 꼴이 되었다.

공급망 생태계는 친노조정책으로 무너지고 있었다. 그 이득은 중국이 보는 상황이었다. 산업계의 갈등은 계속 증폭되었다. 제도권 언론은 찬양 일색이었으나, 유튜브와 집회는 사회를 비판적으로 보기 시작했다. 특히 '평창올림픽'[419]은 남

---

419) 평창올림픽(2018. 02. 09.~02. 25.)은 2011년 7월 국제 올림픽위원회(IOC) 제123차 총회에서 프랑스의 안시, 독일의 뮌헨을 제치고 3번 도전 끝에 유치에 성공했다. 유치를 위해 박근혜 전 한나라당 대표, 나경원 의원, 정몽준 의원, 원희룡 의원 등이 참여했다. '평화와 화합'이라는 표어를 걸고, 시작했으나, 남북 고위급회담(1월 9일), 북한 예술단 파견을 위한 남북 실무접촉(1월 15일), 남북고

북의 '평화와 화합'을 희망했다. 그러나 홍준표 자유한국당 대표와 당원은 서울 청계광장에서 열린 '북한 김영철 방한 규탄대회'를 열었고, 평창에는 대한애국당 조원진 대표 등이 김정은 초상화 화형식을 가졌다.

2) 남북 정상회담에 따른 북한 추켜세우기

한편 문재인 정권은 중국에 대해 3가지 군사적 약속을 해줬다. 정부는 '2017년 10월 중국에 '사드 추가 배치, 미 MD(미사일방어) 참여, 한·미·일 동맹' 등을 하지 않겠다.'라는 이른바 '사드 3불'을 약속해 줬다. "국가 주권, 미래 군사 주권 침해를 허용한 국가적 수치였지만 당시 정부는 '사드 경제 보복을 풀기 위한 고육책'이라고 변명을 했다."(사설, 2019. 11. 20.)

文 정부는 북한과의 밀월관계를 계속했다. 북한 고위급 대표단을 대동한 김영철 노동당 중앙위 부위원장 겸 통일전선부장은 "방한 이틀째인 26일 외부일정을 모두 함구했으나, 정의용 청와대 국가안보실장, 서훈 국정원장 등 우리 정부 인사들이 오·만찬을 베풀고, 숙소인 서울 광진구 워커힐 호텔 내에서 비공개 행사를 계속했다."(이용수·김명성, 2018. 02. 27.)

올림픽 내내 '천안함 48용사' 유족협의회(이성우 회장) 등의 성명으로 시종일관 어수선한 분위기였다. 기본적으로 이번 행사에서 올림픽 정신도 그리고 대한민국도 없었고, '우리끼리' 정치화만 있었다. 당시 "정부는 올림픽을 치르면서 이미 대북제재를 많은 부분 풀어준 상태이고, 한·미 군사훈련도 연기한 상태였다.

북의 요구는 갈수록 늘어났고 미·일 동맹에 대한 대북 압박 강도는 갈수록 높아졌다. '대선 청구서'가 계속 날아온 것이다. 더욱이 개막을 하루 앞둔 평창올림픽이 남북한과 미국·일본이 첨예하게 부딪치는 국제정치 무대로 변질되는 한편, 김정은은 친동생 김여정까지 보내면서 올림픽을 자신의 체제 선전장으로 만들고 있었다.

위 실무회담(1월 17일) 등으로 평창올림픽 행사가 '우리 민족끼리' 잔치로 끝났다.

문재인發 평창올림픽으로 남북화해 무드가 조성되었다. '판문점 남북정상회담'[420]은 '완전한 비핵화를 통해 핵 없는 한반도를 실현한다.'라는 공동의 목표를 확인했다.

「판문점 선언」선언문은 3개 장 13개 조항으로 이루어져 있다. 남북관계 개선, 전쟁 위험 해소, 비핵화를 포함한 항구적 평화체제 구축 등이 주로 다루어졌다. 줄여서 '판문점 선언'이라고도 한다. 그 후 2018년 9월 19일 제3차 판문점회담의 평양회담을 가졌고, 선언문을 남겼다. 「남북 평양공동 선언문 전문」에서 '양 정상은 민족자주와 민족자결의 원칙을 재확인하고, 남북관계를 민족적 화해와 협력, 확고한 평화와 공동번영을 위해 일관되고 지속적으로 발전시켜 나가기로 하였으며, 현재의 남북관계 발전을 통일로 이어갈 것을 바라는 온 겨레의 지향과 여망을 정책적으로 실현하기 위하여 노력해 나가기로 하였다.' 그리고 송영무 국방부장관 조선인민군 대장 노광철은 「판문점선언 이행을 위한 군사분야 협의서 전문」을 올렸다. 동 합의서는 "북한 핵무기에 대한 구체적 언급이 없다. 단지 「남북 평양공동선언문 전문」 5조 ③항에서 '남과 북은 한반도의 완전한 비핵화를 추진해나가는 과정에서 함께 긴밀히 협력해나가기로 하였다.'라고 했다.(https://blog.naver.com/okinawapark/221362218232)

구체적으로 「판문점선언 이행을 위한 군사분야 협의서」"제1조 … ③쌍방은 2018년 11월 1일부터 군사분계선 상공에서 모든 기종들의 비행금지구역을 다음과 같이 설정하기로 하였다. 즉, 동부지역 40km, 서부지역 20km를 적용하여 비행금지 구역을 설정한다. 제2조, 남과 북은 비무장지대를 평화지대로 만들어 나가기 위한 실질적인 군사적 대책을 강구하기로 하였다. ①쌍방은 비무장지대 안에 감시초소(GP)를 전부 철수하기 위한 시범적 조치로 상호 1km 이내 접근해 있

---

420) 판문점 남북정상회담이 2018년 4월 27일~4월 28일 오전과 오후 두 차례에 걸쳐 약 2시간 10분 간 열렸다. 文 씨는 판문점에서 북한 김정은에게 비공개로 USB를 넘겨주기도 했다. 그 당시 판문점 선언문은 '완전한 비핵화' 공동목표 확인, 올해 종전선언, 평화협정 체결, 서해 NLL 일대 평화수역, 단계적 군축·확성기 방송 수단 철폐, 개성에 남북공동연락사무소 설치, 문 대통령 답방, 8·15 이산가족 상봉 등 수 많은 내용을 담았다. 그러나 문재인이 임의적으로 한 행사였고, 이는 '국정농단' 자체였다.

는 남북 감시초소 등을 완전히 철수하기로 하였다. ②쌍방은 판문점 공동경비구역을 비무장하기로 하였다. 제3조, 남과 북은 서해 북방한계선 일대를 평화수역으로 만들어 우발적인 군사적 충돌을 방지하고 안전한 어로활동을 보장하기 위한 군사적 대책을 취해 나가기로 하였다."라고 했다.(https://blog.naver.com/africasyk/221362067154)

이들 선언은 국회비준을 거치지 않았다. 문재인이 자가발전을 한 것이다. 문재인 대통령이 2018년 10월 23일 "국무회의에서 '평양선언'과 '남북 군사합의서'를 심의·의결한 뒤 비준한 것을 두고 학계에서는 '국회의 비준 동의를 무시한 처사'라는 지적이 나왔다. 그 근거로 헌법 60조는 '국가 안전 보장에 관한 조약, 중대한 재정적 부담이 되는 조약 등은 국회 비준 동의를 얻도록 규정'하라고 하고 있다. 헌법 위반의 '국정농단'이 이뤄진 것이다. 더욱이 북한은 「판문점선언 이행을 위한 군사분야 협의서」를 깨고, 2019년 5월 4일 아침 9시 '이스칸데르 탄도미사일'을 쏴올렸다.

김정은은 '온 겨레가 전쟁 없는 평화로운 땅에서 번영과 행복을 누리는 새 시대를 열어나갈 확고한 의지를 같이하고 실천적 대책에 합의했다.'(황대진, 2018. 04. 28.) 「남북 평양공동 선언문」에 대한 평가로 막상 전체 나온 합의문을 보니 비핵화 문제는 '마치 마지못한 장식용처럼 맨 마지막 항에 단 3문장으로 들어가 있다. 분량 면에서도 전체 합의문의 10분의 1도 안 되었다.'

이 조치는 분명 2005년 합의한 9·19 공동성명보다 후퇴한 내용이다. 9·19공동성명엔 '북은 모든 핵무기와 현존하는 핵계획 포기를 공약했다'는 명확한 내용이 담겨 있었다."(사설, 2018. 04. 28.)

한편 문재인 정권은 '우리민족끼리'를 지나치게 강조했다. 文 정권의 대표적 정책은 북한과의 대화였다. 5년 내내 북한 관련 뉴스만 쏟아내었다. '남북판문점 정상회담'은 4·27과 5·26일 우선 두 번 이뤄졌다.

후자는 판문점 지역 통일각에서 언론에 사전 공개도 없이, 극비리에 열렸다. 한편 전자는 언론이 생중계까지 허용하여, '풀(Pool) 취재기자'가 뽑혀 두 정상의 움직임을 가까이에서 볼 수 있었다.(손제민, 2018년 여름: 26) 당시 전 세계의 관심거리로 청와대는 "36개국, 184개 매체에서 868명이 일산 킨텍스 프레스센터에 등록을 마쳤다."라고 했다.(루루이, 2018년 06 여름: 41)

남북정상회담 전후 방송 취재는 손발을 꼭꼭 묶어놓았다. 방송통신심의위원회(강상현 위원장)가 남북 정상회담을 보도하는 방송사들을 대상으로 취재 경쟁에 따른 오보를 막겠다면서 이른바 '취재·보도 유의 사항'을 발표했다. 즉, '남북정상회담 가이드 라인'을 만들고, 더불어 방송통신위원회의 '정정보도 관련 보도기준'을 만들었다. "한마디로 '국가기관의 공식 발표를 토대로 보도하는 것이 가장 바람직하다.'라는 것이다. 쉽게 말해 정부 발표대로 방송하라는 요구다. 그러려면 공산국가처럼 관제 방송 하나만 있으면 될 일이다."(사설, 2018. 04. 28.)

남북정상회담을 연 이후 청와대는 야심차게 사회주의 개헌안을 끌고 나왔다. 문재인 대통령이 2018년 3월 26일 그 개정안 발의를 앞두고 20일 헌법 전문과 국민의 권리와 의무, 즉 기본권 개정안을 공개했다. 언론을 순치시킨 다음 청와대는 개헌안의 선전·선동의 여론전을 전개했다. 그 분위기를 봐 헌법개정안이 무슨 내용을 담았을지 예측할 수 있는 일이었다.

문 대통령은 이날(2018. 5. 24.) 국회 본회의에서 이 총리가 대독한 헌법개정안 제안 설명을 통해 '국민께 그 기회를 드리도록 국회가 헌법개정안을 의결해 주시기를 부탁한다.'며 '헌법의 주인은 국민이니, 국민이 스스로의 권리로 헌법을 선택하실 수 있도록 국회가 길을 열어주셔야 한다고 생각한다.'(blog.naver.com/merjay1/221235212295)라고 했다.

그 전문에 "4·19 뒤에 부마항쟁과 5·18 민주화 운동, 6·10항쟁을 추가하겠다는 구상이다. 또한 경제와 지방 분권 부문에 대한 개요를 밝혔다. '토지 공(公)개념' 규정을 신설하고 경제민주화 조항도 확대한다는 예정이었다. 지방 분권 강화를 위해 헌법 제1조에 '대한민국은 지방 분권 국가를 지향한다.'는 제3항을 신설한다. '수도(首都)를 법률로 정한다.'는 조항을 뒤 수도 이전의 가능성을 열어뒀다."(사설, 2017. 03. 22.)

그 부칙 제3조에는 '2018년 이 헌법 개정 제안 당시 대통령의 임기는 2022년 5월 9일(공직 선거법에는 2018년 2월 24일 임기만료)까지로 하며, 중임할 수 없다.' 그러나 이 헌법안은 "정세균 의장이 5월 24일 본회의장에 상정했으나, 360회 국회 (임시회) 제4차 본회의에서 야당이 불참함으로써, 정족수(192명) 미달로 의결이 불가능하게 되었다. 당시 與·무소속 114명만 참여했다."(이재원, 2018. 05. 24.)

캐스팅보트를 쥔 바른미래당이 여당에 손을 들어주지 않았다. 전술했듯 바른미래당은 국민의당 의원 21명과 바른 정당 소속 9명을 합쳐 총 30석을 확보한 상태였다.

문 대통령은 '현직 대통령의 탄핵과 구속'에 대한 명쾌한 결론을 얻지 못한 채 임기를 이어가고 있었다. 정통성에 계속 브레이크가 걸리고 있는 상태였다. 더욱이 그는 '촛불혁명'의 주동자의 한 사람이었다. 민주노총의 중요한 집회 때마다 앞장서 '박근혜 OUT'의 구호를 외쳤다. 민주주의 사회에서 대선 불복은 특별한 하자가 없으면 당사자가 할 행위가 아닐 뿐 아니라, 관용 자체의 헌법정신을 도외시한 만용이었다.

'촛불혁명'의 양태가 설명되었다. 이런 폭력 사태가 박근혜 정부 탄핵 때 늘 있어왔다. 경찰대 학생회장 출신 홍성환 경감이 2018년 9월 13일 경찰청 앞 1인 시위를 하면서 '불법과 타협한 경찰청', '폭력시위에는 열려 있는 경찰 고위층' 등 구호를 사용함으로써 당시 민주노총의 촛불 집회 양상을 알 수 있게 했다.

사실 문재인 정부의 출범은 우리 사회 왼쪽의 저수지 수문을 활짝 열었고 좌익의 극단에 있는 활동가들이 대거 정부 요직에 기용되었다.(이기홍, 2018. 09. 20.)

문재인 청와대는 국민의 집회·시위에 관한 기본권에 인색했다. "집회 및 시위에 관한 현 법률(집시법) 위반보다 훨씬 무거운 죄목인 '소요죄'는 유신시대의 계엄령 때 외에는 딱 두 번 등장했다. 1986년 5·3 인천사태와 2015년 11월 14일 '민중총궐기 시위 때다.'"[421](이기홍, 2018. 09. 20.)

---

421) 당시 집회시위의 단면이 설명되었다. 한상균 민주노총 위원장이 구속된 사건으로 2015년 11월 14일 오후 상황이 묘사된 것이다. "별다른 충돌 없이 진행되던 집회에서 오후 3시를 넘으면서 불길한 조짐이 일었다. 차벽으로 세워놓은 경찰 버스들에 시위대가 밧줄로 걸고 당기기 시작했다. 경찰버스가 맥없이 끌려 나가자 앞으로 나선 의경들을 향해 파이프와 쇠사다리를 마구 휘둘렀다. 경찰 살수차가 물을 뿜기 시작한 건 한참 뒤였다 … 경찰 차량 52대가 부서지고 수백 명이 다쳤다. 농민 백남기 씨가 경찰의 직사살수에 쓰러져 숨지는 비극도 벌어졌다. 경찰은 소요죄를 적용했으나 검찰

한편 박근혜 대통령 탄핵은 촛불 시위뿐 아니라, 전술했듯 탄핵 사태에 대한 언론의 오보가 문젯거리로 등장했다. 기사의 정확성·객관성·공정성·독립성이 문제가 된 것이다. "언론이 많아졌다고 해서 언론의 오보가 비례해서 늘어나야 할 이유는 없다. 지금은 오보가 넘친다. 더 심각한 것은 오보를 하고도 그 오보에 별책임을 지지 않는다는 점이다."(김서중, 2018. 07. 15.)

또한 불법 탄핵에 대한 문제가 계속되었다. 국정농단이라고 선전했던 최순실의 미르·K 스포츠 재단에 관여했다는 증거를 찾을 수 없었다. 또한 박 대통령의 뇌물죄는 찾을 수 없었고, '경제적 공동체', '묵시적 청탁', '궁예의 관심법'이 다시 언급이 되었다. 여기서 '궁예 관심법'은 "박근혜 정부 '비선 실세' 최순실 씨의 변호인인 이경재 변호사가 박 전 대통령의 항소심에서 징역 25년, 최 씨의 항소심에서 징역 20년이 각각 선고된 것에 대해 한 말이다."(고동욱, 2018. 08. 24.)

이 변호사는 이날 서울고법 형사4부(김문석 부장판사)의 항소심 선고를 마친 뒤 기자들과 만나 '후삼국 시대 궁예의 관심법'이 21세기에 망령으로 되살아났다.'고 주장했다.

그 나머지는 '최순실 태블릿PC 국정농단'이 그 주요 의제로 등장했다. JTBC 2016년 10월 19일, 24일 뉴스로 '국정농단'이 일어났다는 논리이다. 그러나 "대부분의 기사를 포털 뉴스 서비스를 통해 접하는 우리는 오보나 왜곡 기사를 보고도 그 기사를 쓴 기자나 언론사에 거의 주목하지 않는다. 기사가 맘에 안 들면 기사를 떠나고, 다시 제목에 낚이는 일이 반복될 뿐이다."(김서중, 2018. 07. 15.)

당시 언론에 세뇌된 인사들의 언급도 문제가 되었다. 김종철 자유언론실천재단 이사장은 "'허수아비 여왕' 박근혜와 '상왕' 최순실의 4년"이라고 했다.(김종철, 2017. 02. 22.) 김 이사장은 2월 18일 JTBC에 따르면, 최순실은 "'2014년 4월 세월호 참사 이후 추진된 이른바 '생존 수영 교육'까지 돈벌이에 이용하려 들었다.' 참사를 상징한 노란 리본 때문에 노랑색을 싫어한다는 그가 돈에 걸신이 들렸는지 박근혜 정권의 무능과 직무유기로 희생된 학생들을 '본보기' 삼아 실시하려던

기소 단계에서 빠졌다."(이기홍, 2018. 09. 20.)

'생존 수영 교육'까지 주도하려 했다."라고 했다.(김종철, 2017. 02. 22.)

당시 언론사는 '사실과 진실을 검증하는 내부 게이트 키퍼 체계'를 갖지 못한 것이다. 전술했듯 언론사 약 150개는 민노총 산하 언노련의 하부기관으로 작동하고, 언론노조가 편집·편성을 갖고 있는 상황이었다.

언론사는 이념이 중요하고, 상징체계가 중요하지 현장성을 따지지 않았다. 그들의 선전·선동으로 허위를 진실로 둔갑시켰다. 언론 오보가 나고, 촛불이 붙여지고, 국회탄핵이 결정되고, 헌재 파면이 결정되고, '인민재판'이 시작되고, 태극기 애국국민은 서울역, 대한문, 동아면세점, 보신각 등에서 목소리를 높여갔다.

JTBC가 그렇게 열을 올렸던 태블릿PC는 최순실 씨가 법정에서 본 적도 없다고 했다. '국정농단'은 실체 없는 언론의 패거리 오보였다. 또한 특검·검찰 등은 엉터리 조사를 계속했다. 검찰 자체조사와 국과수 보고서(2016년 12월)에서는 '여러 사람이 사용한 흔적이 있다.'라고 결론을 맺었지만, 특검·검찰·방송통신심의위·국회·헌재·법원은 그 진실을 외면한 채, 한쪽으로만 몰아갔고 JTBC의 '최순실 태블릿PC 국정농단' 보도에 무게를 실어줬다.

한편 당시 언론은 진실을 외면한 채, 선전·선동의 사회주의 문화를 계속했다. 박근혜 정부와 달리, '시장, 미래, 세계'의 정책은 뒤로하고 정부의 역할을 강화시켰다. 규제를 강화하고, 정부가 매사에 앞장섰다.

언론은 '진지전' 구축에 열심이었으나, 그것도 따지고 보면 중국·러시아·북한에서 쓰는 전술이다. 설령 '연방제 통일'이 이뤄진다고 하더라도, 그 문화가 쉽게 없어질 이유가 없다. '남조선 해방'이라는 구호가 설득력을 얻고 있었다.

'진지전' 구축은 기획자의 의도에 따라 진실을 거짓으로 둔갑시키고, 거짓을 진실로 선동한다. 물론 여기서 진지전(War of Positioning)은 그람시(Antonio Gramsci)의 전략론에서 유래되었다. 이는 "1917년 러시아 사회주의 10월 혁명과 같은 기동전의 폭력적 정면 대결이 아니라, 성숙한 선진사회에서는 기동전보다 점진적이고 전면적인 진지전이 적합하다."라는 데서 유래한 것이다.(남정욱, 2019: 45)

혁명이 어느 날 갑자기 찾아오는 것이 아니라, 그람시는 '과정으로서의 혁명', 즉, 소수 특정계층이 주도하는 것이 아니라 인민대중이 그 주체세력이 되는 것이라고 했다.

그람시는 그 구체적 방법으로 "인민들의 일상생활을 구조화하고 여가시간까지 구조화한다. 나아가 정치적 관심과 사회적 행동을 구성하고 정체성 형성의 재료까지 제공한다."(남정욱, 2019: 458)

그 진지전의 판별법은 누가 그런 문화에서 이익을 봤고, 그 이익을 본 사람의 지향하는 목적을 따질 필요가 있게 된다. 같은 맥락에서 취재 방식에도 변화가 일어난다. 지금까지 환경의 감시, 사회제도의 연계, 사회화, 오락의 기능이 주요 이슈였으나, 그후 사회주의 언론 기능은 선전·선동·조직자의 기능이 강화된다. 목적을 위한 수단은 어떤 것이든 상관이 없게 된다.

헌법정신은 철저한 개인을 단위로 하고 있지만, '문화계 블랙리스트' 등과 같은 불법의 집단 패거리 문화가 엄습한다.

'문화계 블랙리스트'는 국립극단 연극 '개구리'(박근혜정부 출범 6개월, 2013년 9월 공연)에서 시작되었다. "'우리 딸애 작년에 기말시험 본 걸 가지고 커닝하고, 점수 조작했다 그러는데 학교 때 커닝 페이퍼 안 만들어 본 사람 있어? 부모 없이 혼자 자란 애라고 지랄 발광을 하고 있어요. 옛날 같으면 탱크로 확!' '벌써 잊었는가. 왜놈 앞잡이가 되고자 손수 혈서를 쓰고, 만주 벌판에서 벌인 그 치욕적 활동을…' 청와대와 집권 세력은 분노하게 마련이다. 대통령과 그 아버지를 욕하다 못해 '대선 선거 부정'까지 들먹이다니, 금도를 넘은 '가짜 뉴스'였다. 청와대는 공무원들을 앞세워 '불온한' 예술가들이 정부 지원을 받지 못하게 했다."(김기철, 2016. 11. 01.)

물론 박근혜 정부 블랙리스트는 문재인 정부와는 전혀 달랐다. 후자는 '적폐'[422]

---

422) '적폐' 청산의 실상이 공개되었다. 문 대통령은 취임사에서 "감히 약속드린다. 2017년 5월 10일은 진정한 국민통합이 시작된 날로 역사에 기록될 것'이라고 했다. '오늘부터 저를 지지하지 않았던 분도 진심으로 우리 국민으로 섬기겠다.'고 했다. 그러나 취임하자마자 시작된 '적폐' 청산으로 사회 곳곳에서 인민재판과 같은 행태가 벌어졌고 수사받은 전 정권 인사만 110명이 넘는다. 징역형 합계가 130명을 넘겼다. 4명이 자살했고, 1명은 모두 국가기관의 공격을 받던 중 유명을 달리했다."라고 했다.(양상훈, 2019. 05. 02.)

가 아니라, 숙청에 가까웠다. 문재인 시대를 '내로남불' 시대로 규명하는 것이 정확한 표현이다. 그 예로 당시 환경부 직원들은 '청와대·김(은경) 前 장관 내 사람 심기 갈등을 심각하게 토로했다.'(윤주헌·김정환, 2019. 04. 07.)

청와대에 '국정농단'이 일어난 것이다. 전임정권은 이념 경도된 문화계 단체에 지원을 하지 않는 차원이고, 문재인 정권은 북한과 같이 적폐, 즉 '숙청' 차원의 블랙리스트가 이뤄진 것이다.

문제의 심각성은 전적으로 청와대에 있었다. 김 전 장관은 "청와대가 원하는 사람이 아닌 인사를 산하기관 몇몇 자리에 임명하려 했지만 무산되었다. 산하기관의 대부분 자리가 결국 청와대 의중대로 채워졌다."라고 했다.(윤주헌·김정환, 2019. 04. 07.)

정치동원 사회로 '적폐청산'이 이뤄진 것이다. 적진을 정하고, 증오의 '가짜뉴스'를 난발했다. 개인의 자유·진실 규명은 질식되고, 집회·결사의 '촛불정신'이 그 자리를 차지했다.

박근혜 대통령 탄핵은 남조선 진지전의 결과였다. 그 중심에 "문혁조직·전교조·언론노조·민주노총·문화연대·진보연대 등의 혁명 핵심 세력들이 함께했다."(남정욱, 2019: 459)

뿐만 아니라, 5·9대선이 치러지고, 그 이듬해 6·13지방선거가 실시되었다. 선관위 3,000명의 공무원 중 많은 관리가 민주노총에 가입한 상태였다. 유권자는 선관위의 선거 공정성에 의문을 품었다. 6·13 지방선거에서 서울 구청장 25개 중 여당이 24개를 독식했다. 선거사상 유례가 없는 일이 벌어졌다. 그 당선자도 거의 한 지역 출신이 집중되어 있었다.

3) 언론을 통한 진지전 구축

물론 문재인 정권 때 방송 발전을 위한 논의도 있었다. 방통위는 '방송계 7개 단체' '독립창작자 인권선언문'을 발표했다. 한국방송협회(회장 박정훈), 한국독립PD협회(회장 송호용), 한국방송영상제작사협회(회장 김옥영), 전국언론노동조합(위원장 김환균), 한국PD 연합회(회장 류지열), 희망연대노조 방송스태프지부(지부장 김두영), 한국드라마제작사협회(회장 송병준) 등이 "2018년 11월 9일 '상생 방송제작을 위한 독립창작자 인권선언'을 공동으로 발표한 것이다."(장슬기, 2018. 11. 14.)

이로써 정부가 2017년 12월 '방송프로그램 외주제작시장 불공정 관행 개선 종합대책'도 내놓은 것이다. 이는 박환성·김광일 PD 등이 열악한 환경에서 해외 촬영을 하다, 세상을 떠난 후 일어난 일이다. 창작자의 인권선언문은 "△독립창작자 기본 인권보장, △안전한 방송제작 환경, △공정한 방송제작 노동관계, △폭력 예방 및 보호, △상생의 방송제작 문화 등 총 15조항으로 구성했다."라고 한다.(사설, 2018. 04. 28.)

그러나 대부분 문재인 정권 때 방송은 선전·선동·진지전 구축에 혼이 팔렸다. 네이버, 다음, 네이트 등 포털의 댓글 조작사건이 일상화되었다. 이 사건은 '민주당 추미애 대표'[423]가 고발함으로써 이뤄진 사건이다. 더욱이 민주노총 '촛불혁명'과 댓글 여론 조작 시기와 일치했다. 그 수혜자 중 김경수 대선 당시 공보특보/수행팀장은 '드루킹' 댓글은 경남지사인 자기와는 상관이 없다고 하였지만, '허익범 특검'은 2018년 많은 것을 밝혀냈다.

여기서 허익범 특검의 드루킹 특검법(「드루킹의 인터넷상 불법 댓글 조작 사건과 관련된 진상규명을 위한 특별검사의 임명 등에 관한 법률」), 또한 약칭은 「더불어민주당원 댓글 조작 사건에 대한 특별 검사 수사를 위한 대한민국의 법률」이다. 허 특검은 "'민주주의 토대인 여론을 조작하는 방법으로 공론을 왜곡하고 조작했다는 의혹에 대해 진실을 밝히는 게 이번 특검의 임무'라며 '이번 특검을 계기로 여론이 건강하게 작동하는 계기가 마련됐으면 좋겠다.'"고 했다.(정우상, 2018. 06. 09.)

'국정원 댓글'과는 차원이 다른 댓글 부대 운영이다. '국정원 댓글'을 직접 조사

---

423) 이 사건은 2018년 1월 민주당이 '댓글 조작 의혹'을 경찰에 고발하면서 이슈가 되었다. 당시 평창올림픽 여자 아이스하키 경기의 남북 단일팀 추진을 놓고 이를 비판하는 댓글이 많이 달렸는데, 민주당이 '일부 세력의 여론의혹이 있다'며 경찰에 고발한 것이다. 당시 대표는 추미애 전 법무장관이다. 조사결과는 문재인 대선캠프와 관련이 되었다. 김경수와 관련되었다는 증거는 "드루킹이 킹크랩(자동입력 반복 프로그램) 등 보고하자… 김경수 '고맙습니다^^ 문자'"에서 단서가 잡혔다.(윤주헌·권순완, 2021. 07. 22.)

한 윤석열 후보는 문재인 정권 때 서울지검장·검찰총장까지 했다. 더욱이 20대 대선 후보로 나선 윤석열 전 검찰총장은 자신의 페이스북(2021. 07. 25.)에서 "문재인이 여론 조작을 지시하거나, 관여했을 거란 주장은 지극히 상식적이다."라고 했으나, 허 특검은 당시 문 씨에 대한 관련 조사는 하지 않았다.

결국 '문고리 권력'이 '네이버'[424], 다음, 네이트 등을 통해 여론조작을 한 것이다. 이들은 박근혜 전 대통령 탄핵, 이어지는 대선에 앞섰다는 소리가 된다. 이쯤 되면 정도(正道) 국가경영과는 거리가 멀었고, 선전·선동술에 따른 여론 조작의 실상이 공개된 것이다.

드루킹사건은 포털 댓글 여론조작 사건이다. 곽성문 「더 자유일보」 사장은 서울역 대한애국당 109차 태극기 집회에서 '성창호 부장 판사의 1심 판결문 170쪽을 분석한 결과로 드루킹 댓글 조작의 몸통을 밝혔다.'라고 했다.

"①문재인은 경제공진화 모임을 경인선(경제도 사람이 우선이다)이라고 이름 붙이도록 했고, 김정숙은 전당대회 마지막 날 '경인선 가자를 5번 외쳤다.'라고 했다. ②김경수는 11월 (9일) 파주 느릅나무 출판사에서 드루킹과의 킹크랩 시연회에서 사실을 확인하고, 몸통에게 보고한 뒤 2016년 12월 탄핵과정, 5·9대선뿐만 아니라 6·13 지방선거에까지 사용했다."(곽성문, 2019. 02. 23.)

포털에 종속된 언론문화가 심각하게 논의된다. "기본적인 저널리즘의 가치인 객관성과 공정성이 희박해지는 것이 가장 큰 원인이다. 취재도 하기 전에 기사의 방향이 잡혀 있는 경우가 태반이다. 기사나 인터뷰 내용에 맞지도 않은 제목을 입맛대로 뽑고 억지주장을 펴는 것도 일상화되었다.'"(한규섭, 2018. 06. 26.)

포털은 공산주의 세포들의 '진지전', '속도전'(war of speed), 그리고 '시민사회를 통한 체제전복을 성공시키는데 앞장설 수 있었다.' "당시 언론사는 네이버에 종

---

424) 네이버는 2017년 12월 기준으로 연간 매출액 4조 6,784억 원을 차지한다. 그 현재 뉴스 제휴 매체 124개의 검색 제휴 매체 567개가 네이버 플랫폼에서 경쟁을 벌이고 있다. 하루 모바일 방문자는 3000만 명이고 PC는 900만 명 수준이다.(신무경, 2018. 05. 10.) 언론사의 네이버 종속이 심각하다. 언론사가 네이버로 받아낸 전재료는 총 350억 원대고, 주요 매체가 10~20억 원을 챙겼다.(최승영, 2018. 05. 02.)

속되었다."(정진아, 2020. 09. 09.)

포털은 언론사 역할을 하고 있었다. 작년 말 발표된 한국언론진흥재단의 '2019 언론수용자 조사' 결과에 따르면 "'포털'도 '언론'이라고 답한 비율이 64.2%였고 더욱이 20대와 30대에서는 75%로 그 추세가 더욱 강화되고 있다. 가장 영향력 있는 언론사 매체에서도 KBS, 네이버, JTBC, MBC 순으로 조사됐고, 당시 모바일 인터넷 뉴스 이용률은 80%에 달했다."라고 했다.(『신문과 방송』, 2020년 01월 16일)

한편 드루킹 선거조작과정에서 이주민 서울경찰청장, 윤석열 서울중앙지검장은 조사는커녕 윗선에 눈치만 보고 있었다. 전체적으로 선관위, 경찰, 검찰, 여당 등은 그 사건 덮기에 부역자로 자처하고 나섰다.

드루킹 사건에 국회가 움직이기 시작했다. 드루킹 사건의 특검법이 국회에 통과되었는데, "자유한국당·바른미래당·민주평화당 등 야(野) 3당은 21일 문재인 대통령의 최측근들이 드루킹 댓글 조작 사건에 연루된 의혹에 대해 '대통령이 직접 입장을 밝히라'고 요구했다."(이슬비, 2018. 05. 22.)

또한 정부는 드루킹 사건을 교묘하게 남북대담으로 덮었다. 그만큼 문재인은 '남북회담'에만 전력을 기울였고, 남북회담은 요술방망이인 셈이다. 그러나 결과적으로 보면 국내에서 이야기하는 기본권, 북한 인권 그리고 존엄성은 전혀 다른 의미를 지녔다. 여의도 63빌딩에서 열린 방송의 날 행사에서 문 대통령은 '지난 10년, 우리 방송은 많은 어려움을 겪었고 국민들은 방송의 공공성이 무너져 내리는 것을 참담하게 바라봐야 했다'며 '다시는 없어야 할 일'이라고 했다. 한편 계속된 논리는 "'4·27 판문점 남북 정상회담에서 군사분계선(MDL) 위의 파란색 도보다리, 정상 간 대화를 대신한 바람 소리와 새소리를 잠시 해설을 멈추고 고스란히 전한 것은 우리 방송이었다.'고 했다. 그러나 당시 야권에서는 '3차 남북정상회담을 앞두고 사실상 정부 홍보 방송을 해달라는 뜻 아니냐.'"고 비판했다.(이민석, 2018. 09. 04.)

文 정부가 말한 방송에 대한 '공정성'은 과거의 프레임과 전혀 달랐다. 전 연합뉴 편집국장 이창섭 국장은 (언론사에) 경영진을 밀어 내기 위한 공작이 있어왔다.

그러나 '개별 언론인(기자, PD) 근로자직을 타겟팅해서 밑에서 위원회를 만들어 공작하고, 숙청하는 일은 없었다.' "KBS 이영풍 기자같은 기자(민주노총 노영방송 거부하고, 김의철 KBS 사장 퇴진 성토)가 없는 이유로 징계를 먹고, 조명기구로 가서 근무도 하고, 온갖 수모를 당했다. 그 결과 언론은 위축되었으며, 이런 문명국에서 있을 수 없는 일이 벌어졌다." (이창섭TV, 2023. 07. 04.)

한편 청와대에 걸어놓은 신윤복[425]의 춘풍추상(春風秋霜: 남에게 너그럽고, 자기에 엄격함)은 앞뒤가 맞지 않다. 앞에는 이 소리를 하고, 뒤로는 엉뚱한 '적폐청산'의 칼을 휘둘렀다. 그것도 여론조작까지 자행했다.

그 여론조작의 실체가 드러났다. 허익범 특별검사팀은 김경수 경남지사가 '드루킹' 김동원씨와 공모해 지난해 대선을 겨냥해 집중적인 댓글 조작을 벌였다는 내용의 수사 결과를 27일 발표했다. "2016년 12월부터 올해 2월 초까지 댓글 조작 프로그램인 킹크랩을 활용해 118만 8866개의 기사 댓글에 대해 8840만 1214번의 조작을 했다."라는 것이다. (윤주헌·김정환, 2018. 08. 28.)

댓글 여론조작 사건 이후 '뉴스 편집서 손 떼는 네이버'라는 비난이 나왔다. 그들은 알고리즘(2019년 4월 3일부터)으로 방패막이를 했다. 물론 그런 문화에서 알고리즘을 사용할 것이라고 했지만, 그 '공정성'도 믿을 수 없는 상황이었다.

4) 망가진 사회 체제 그리고 경제, 언론

한편 문재인 정부 들어 사법기관이 좌경화되었다. 탄핵으로 권력을 얻은 집권 세력은 검찰·경찰·사법부 조직을 완전 무력화시켰다. "법원은 우리법연구회, 국제인권법연구회, 민법 등 출신으로 채워졌고, 과거 법원은 '적폐'의 대상이 되어

---

425) 문 전 대통령은 "2018년 2월 강원 평창 겨울올림픽 때 북한 최고인민회의 상임위원회 위원장 김영남을 앞에 놓고 '제가 존경하는 한국의 사상가 신영복 선생'이라는 말을 했다. 물론 신영복은 전향서를 썼고 1988년 가석방됐으나 통혁당에 가입한 적도 없다고 2006년 거짓말했던 사람이다. 그러나 '신영복은 통혁당 최고책임자 김종태(사형 뒤 북에서 '공화국 영웅' 칭호를 받았다)의 조카 김질락으로부터 지도받았다'라고 안병직 서울대 명예교수는 2010년 증언한 바 있다." (김순덕, 2023. 06. 21.)

검찰이 조사를 받았다."[426]

고영한·김신·김창석 대법관 등이 퇴임하면서 '사법 신뢰 훼손 너무 안타깝다.'라는 말을 남기기도 했다. 더욱이 문재인 사법부 코드화는 괄목했고, 전 정권 수사에도 가혹했다.

한편 헌재에서도 자성의 목소리가 나왔다. 이진성 헌재소장은 '권력 탐하면 오만·과욕 부릴 수 있다.'라고 일침을 가했다.(김윤수, 2018. 09. 20.) 이진성 소장을 포함해 김이수, 김창종, 안창호, 강일원 헌재재판관 등 5명이 함께 퇴임식을 가졌고, 2012년 9월 19일에 함께 취임해 같은 날 임기를 마친 이들은 "6년의 임기 동안 박근혜 전 대통령 탄핵 심판, 통합진보당 해산 결정 등 굵직한 사건들을 처리했다."라고 했다.(김윤수, 2018. 09. 20.)

한편 사법부 좌 편향성이 계속 문제가 되었다. 김명수 대법원장이 취임 일성은 거룩한 말들이었다. 김 대법원장은 '내 취임 자체가 사법개혁 상징'이라고 장담했다.(배준석, 2017. 09. 27.) 과연 김 대법원장이 사법개혁의 적임자였을지는 의문이었다. 김 대법원장은 '충실한 재판'을 여러 차례 강조하면서 "'재판이 속도와 처리량에만 치우쳐 있지 않은지 근본적으로 돌아봐야 한다.'며 '성실을 다한 충실한 재판을 통해 국민이 절차와 결과 모두에 수긍하고 감동할 수 있는 사법을 규명해야 한다.'고 강조했다."(배준석, 2017. 09. 27.)

그렇다면 '지연된 정의도 정의였나?' 김 대법원장은 이어 '법관의 영광은 재판에 있음을 다시 한번 새기면서 재판 중심의 인사제도가 구현되도록 노력하겠다.'고 말했다. 현실은 말과 행동이 전혀 다른 분위기였다. "잇단 국가적 논쟁 사안 판결과 대법원 정치화 우려된다."라는 분위기였다.(사설, 2018. 11. 02.)

법원이 법조 사조직에 의해 운영된다면 재판은 증거로 진행되는 것이 아니라,

---

426) 검찰이 법원을 옥죄고 있다. 그 내용은 "양승태 대법원장 시절의 '재판거래 의혹' 및 '사법행정권 남용 의혹을 수사 중인 서울중앙지검 수사팀이 2018년 9월 6일 대법원 예산담당관실과 재무담당관실에 대한 압수수색을 벌였다. 법원행정처가 2015년 상고법원 설치를 위해 3억 원의 비자금을 조성한 의혹을 수사하기 위해서다. 대법원에 대한 압수수색은 지난달 20일 이후 18일만이다.(김민상, 2018. 09. 07.)

집단의 편향성에 의해 좌우되게 된다. 최근 내려진 '일제 강제징용·종북' 등 국가적 논쟁 사안들에 대한 판결을 보면 기우가 아니었음을 보여준다. '양심적 병역거부' 사건을 포함해 '일제 강제 징용 재상고심 판결'[427], 이정희 전 통합진보당 대표에 대한 이른바 '주사파·종북 발언' 사건 등은 정치적으로 이념적으로 매우 민감한 사안이다. 그런데 최근 "교체된 박정화·민유숙·김선수·이동원·노정희 대법관 등 5명이 3건의 판결에서 똑같은 목소리를 냈다."(사설, 2018. 11. 02.)

사법부가 '법의 지배' 하에 이런 현실이 있어 입법·사법·행정이 견제와 균형이 아니라, 공정성을 상실한 편향성을 노출시켰다. 그러나 문재인 정권의 말은 현실과 크게 달랐다. 문재인 대통령, 사법부 70주년 기념사 전문에서 "국민에게 사법부는 국민주권을 실현하는 핵심적인 수단입니다. 삼권분립에 의한 사법부 독립과 법관의 독립은 독재와 국가권력의 남용을 막고, 국민의 권리와 이익을 지켜주는 최후의 보루입니다."라는 논리이다.(문재인, 2018. 09. 15.)

더욱이 문재인 당시 법조계의 비리 현실은 괄목했다. 퇴임 법관 전관 카르텔까지 문제가 되었다. "판사나 검사 등으로 공직에서 근무하다 변호사 개업을 한 전국의 '공직퇴임 변호사'(이른바 '전관 변호사')가 지난해 수임한 사건이 같은 기간 서울에서 활동한 변호사의 평균 3배 가량 되는 것으로 드러났다."(이호재·김예지a, 2019. 04. 22.)

드루킹 댓글로 여론을 조작하여 선거에 이긴 군상들이나, 전직 판·검사들이나 '자유민주적 기본질서'와는 거리가 멀었다. '판사의 법과 양심' 그리고 독립은 현실감이 없었다. 2017년 변호사가 2만 명을 넘어섰다. 요즘 변호사 업계에선 '사건을 맡으려면 자존심 따위는 버려야 한다.'는 말을 입버릇처럼 할 정도로 무한 경쟁이 벌어지고 있다. 그러나 "판사나 검사 출신 등 공직퇴임 변호사들은 대부분

---

427) 2018년 대법원 전원합의체가 다른 강제징용 피해자들이 일본 기업을 상대로 낸 소송에서 피해자들 손을 들어준 것은 과거와 정면 배치된다. "서울중앙지법 민사합의34부(재판장 김영호)는 7일 강제징용 피해자와 유족 85명이 일본제철·닛산화학·미쓰비시중공업 등 16개 일본 기업을 상대로 낸 손해배상 청구소송에서 '원고 청구를 모두 각하한다.'라고 밝혔다. 재판부는 1965년 한·일 청구권 협정으로 강제징용 피해자들의 개인청구권이 사실상 소멸했다."라고 판단했다.(표태준, 2021. 06. 07.)

예외다. 사건 의뢰 상담전화를 단번에 끊어버릴 정도로 사건이 몰린다."라고 했다.(이호재·김예지b, 2019. 04. 22.)

전관예우 비리가 소개되었다. 지난달 법조윤리협의회로부터 원데이터를 분석한 자료를 처음 확보했다. 물론 개인정보 공개 불가라는 현행법의 취지를 살려주면서, 전관예우의 실태를 국민에게 알렸다. "원데이터는 한 해 2,000여 명에 달하는 전관 변호사 등의 7년 치 자료로 A4 용지 70만 장에 달하는 분량이다. 1t 트럭 몇 대에 나눠 담아야 할 정도다."(이호재·김예지b, 2019. 04. 22.)

그러나 당시 현실 인식은 적폐 청산 시기에 이뤄졌다. 그 적폐는 인적 청산이어서, '숙청'에 가까웠다. 더욱이 사회 각 분야의 진지전 구축은 괄목했다. 이는 "남조선 각 분야 진지로 침투해 세력을 확장하여 진지를 구축하고 장악하는 새로운 투쟁을 전개한 것이다."(남정욱, 2019: 457)

말은 전혀 달랐다. 문재인은 '여러분! 지금 국민들은 나라다운 나라를 염원하며, 정의로운 대한민국을 만들어가고 있습니다.' 1천 7백만 개의 촛불이 헌법정신을 회복시키고, 그렇게 회복된 헌법을 통해 국민주권을 지켜내고 있습니다. "행정부뿐만 아니라 입법부와 사법부, 그리고 저를 포함한 공직자 모두는 국민이 다시 세운 법치주의의 토대 위에 서 있습니다."라고 했다.(이호재·김예지a, 2019. 04. 22.)

또한 文 청와대는 '한분 한분이 공정한 재판을 위해 쏟는 정성, 국민의 품으로 돌아가야만 한다는 절박함이 법원을 다시 태어나게 하는 계가가 될 것입니다.'라고 했다. 그러나 현실의 법치는 '지연재판'으로 난망이었다.

법치가 흔들릴 뿐만 아니라, 경제정책도 좌충우돌하고 있었다. '소득성장'으로 흔들리자 대통령이 던진 '포용국가'까지 끌고 왔다. 그리고 소득주도 성장은 '원래 국제노동기구(ILO)가 오래전부터 임금주도성장을 주창해 왔고, ILO가 주창한 임금주도성장은 많은 나라에서 받아들이고 있다'라고 강조했다. 그러나 소주성이 경제학적으로 근거 없는 '실험'이란 지적에 대한 반박이 일었다.

박정수 서강대 경제학과 교수는 "ILO는 임금 인상이 총수요를 늘리는 측면만 강조했을 뿐, 총공급에 미치는 영향은 객관적으로 분석하지 않았다'며 '빈곤 퇴치와 분배 개선을 위해서라면 저소득층 임금 인상을 고려해볼 수 있겠지만 이를 통해 성장을 견인하려는 건 잘못된 기대'라고 지적했다."라고 했다.(이민석, 2018. 09. 07.)

한편 OECD는 포용적 성장(Inclusive Growth)을 '모든 구성원에게 공평한 기회를 창출하고 번영의 배당을 사회 모든 구성원에게 공정하게 분배하는 경제성장'이라고 정의했다.(사설, 2018. 07. 24.)

문 정권 처음부터 언급한 소득주도 성장의 차이점은 "포용적 성장은 정부가 시장에 적극 개입하지 않으면서 성장을 추구하고 그 대가를 함께 나누는 데 중점을 둔다. 반면 소득주도성장은 최저임금의 급격한 인상, 근로 시간의 급속한 단축 등에서 보듯이 정부가 처음부터 적극적으로 개입해 소득을 끌어올리고, 소비를 늘려 성장을 이루겠다."라는 경제실험이다.(사설, 2018. 07. 24.) 친절한 설명과 달리, 실제 문제가 생기니, 담당 비서관이 바뀌고 말았다. 청와대 인사에서 소득주도성장의 홍장표가 물러나고 경제관료 출신인 윤종원 전 경제협력개발기구(OECD) 대사가 대통령 경제수석비서관으로 임명되었다.

당장 하층계층의 소득이 늘지 않았고, 실업률이 계속 늘어났다. 더욱이 '소득성장' 정책을 밀고 나가기 위해 정부는 '통계 조작'까지 왜곡했다.[428] 그러나 '통계는 조작할 수 있어도, 현실은 조작할 수 없었다.'라는 논리이다.(배준용, 2018. 09. 11.) 이 논의에서 유경준 전 통계청장은 "'통계조작'의 유혹은 나쁜 부분을 숨기려는 단기적인 관점에서 주로 생겨나지만 종국에는 그 성과가 드러날 수밖에 없다."고 말했다.(배준용, 2018. 09. 11.)

물론 여기서 논한 소득주도성장 이론은 정부가 개입해 저소득층의 소득을 늘

---

428) 당시 분위기는 "소주성 실패 뜨자, 홍장표 밤새 통계조작"이라고 했다.(김경필, 2023. 09. 22.) 문재인 정부는 "'소득 주도 성장'(소주성) 정책 이후 저소득 계층의 소득이 오히려 줄었다는 통계가 나오자, 청와대가 통계청 공무원 등을 불러 통계를 뒤집기 위한 밤샘 회의를 한 것으로 감사원 감사에서 확인됐다. 2018년 5월 28일 문재인 대통령이 주재한 청와대 수석·보좌관회의에서 가계 소득 점검 회의에서 조작통계가 보고됐고, 소주성 재검토는 없는 일이 됐다. (그러나) 문 전 대통령은 이틀 뒤 '국가 재정 전략 회의'에서 '(최저임금 인상의) 긍정적 효과가 90%'라고 공개 발언했다. 당시를 회상한 통계청 직원들은 전산망까지 변조해 통계조작을 했다는 것이다."(김경필, 2023. 09. 22.)

릴수록 총 수요가 증가해 경제가 성장한다는 내용이다. 그 공식은 '소득증가→소비증가→기업 이윤 증가→고용확대→소득증가'라는 선순환을 통해 국가 경제가 성장한다고 본다."이다.(김기환, 2019. 04. 03.)

소득주도성장 정책이 나오게 된 이론적 근거인 '임금 없는 성장'은 "박종규 전 한국금융연구원 선임연구위원(현 청와대 재정기획관)의 잘못된 데이터 활용에서 비롯됐고, 이에 따라 장하성 주중대사(전 청와대 정책실장)·홍장표 소득주도 성장특별위원회 위원장(전 청와대 경제수석) 저서와 발표문에서 동일 오류가 반복됐음을 처음 알린 것이다."(이유섭, 2019. 05. 05.)

한편 안보문제가 다른 하나의 관건이었다. 문재인 정권이 가장 심혈을 기울인 것이 「판문점 회담」1, 2차, 그리고 「평양회담」이었으나, 그렇다고 북한 문제가 잘 풀리는 것은 아니었다. 정부가 9월 18일 평양회담에서 '핵무기 신고' 그리고 '검증'에 관한 객관적 정보를 얻어온 것인가? '카더라' 수준이면 곤란하고, 군사공동위에 관한 언급이라면 '소통'과는 거리가 멀었다.

후반기로 갈수록 권위주의 정권의 강도는 더해가고, 노골적이었다. 숙의(熟議)의 과정이 생략된 채 문재인 대통령이 말 한마디 시시로 국가 정책 등을 결정·추진하는 사례가 늘어나면서 법치주의 아닌 인치주의가 위험 수위에 달했다. 청와대가 "선의를 앞세워 여당과 정부에 하달하듯 정책을 밀어붙인 결과 당정의 혼란을 부추기는 것은 물론 결국 정책의 부작용, 사회 분열 양상만 부추긴다는 지적이 나온다."(김유진, 2020. 12. 21.)

그 후 '자유민주적 기본질서'는 고사하고, 위법이 일상화되었다. 그 실예로 '종전선언', '평화협정'은 윤석열 정부에서 2023년 06월 7일 삭제한 일이 벌어졌다. '촛불 청구서'로 들통난 것이다.

이들은 국제문제와도 관련이 된 것으로 핵문제와 제재는 미국의 공화·민주만의 문제가 아니고, 유엔 안보리 만장일치 결정사항이었다. 정부와 언론은 정부의 속 뜻을 밝힐 생각이 없었고, 오직 브리핑 수준의 선전·선동술에 의존했다.

또한 문재인 청와대는 북한뿐만 아니라, 민주노총 편애가 병적이었다. 청와대는 대선 공약이라는 이유로 '노동자 이사제를 강행했으나, 금융권은 후일 사실상 무산시켰다. 여기서 문재인 대통령의 대선 공약인 '노동이사제'에 발맞춰 추진된 금융권의 '노조 추천 이사제'가 난항이었다. "2017년부터 시중은행과 금융공공기관들이 도입을 추진했지만 소관 부처 및 주주들의 반대의 벽을 넘지 못했다."(김형민, 2021. 06. 22.) 그들의 반대논리는 '금융 전문성이 떨어지는 인사가 경영 상황과 상관없이 노조의 요구 사항만 주장할 경우 경영 효율성이 떨어진다는 주장이다.'

김상봉 한성대 경제학과 교수는 "노조 추천 이사제는 법으로 제도화돼 있지 않아 추진 동력을 얻기 쉽지 않다'며 '특히 금융권 노조는 다른 산업과 비교해 권한이 강한 편이라 사외이사마저 노조를 대변하는 인물을 앉힐 수 없다."라고 했다.(김형민, 2021. 06. 22.)

한편 '종전선언'이 북한 인민들에게 그런 사항이 싹트고 있었을까? 물론 국내에서도 '종전선언'에 의문을 표시했다. 그러나 문재인 때 적폐를 넘어, 숙청까지 이뤄진 것인데, '사람이 먼저다.'라는 말을 앞세웠다. 더욱이 얼마 전『문재인의 힘-사람이 먼저다』라는 책까지도 나왔다. 물론 "'사람이 먼저'라면 북한 인권도 관심이 있어야 했다. 최근 통일부가 "북한 인권재단 사무실을 폐쇄한 것을 볼 때, 남북에서는 기업·제도·공권력보다 사람이 먼저라고 해놓고, 주민보다 세습 체제가 먼저일 수 있다"라고 했다.(김광일, 2018. 07. 10.)

한편 유엔과 미국의 북한 제재에 대한 노력을 거부하고, 청와대는 북한 도움에 직접 나섰다. 청와대가 유엔 대북제재를 위반한 신문 제목을 보자.「정부, 작년 3월에 이미 '출처 의심 석탄' 신고 받아」,「북 석탄 운반선, 올 3월에 '우범선박 목록' 올라 … 5개월간(작년 10월~올해 2월) 13차례 韓입항 … 11번은 검색도 안 받았다.」등이 현실이었다. 청와대는 유엔과 미국을 속인 것이다. 당시「판문점 선언」당시에 나온 '비핵화'와 '종전선언', '경협' 등은 국민들에게 알리지도 않았다.

이런 일이 계속됨으로써 여적죄로 고발까지 당하고 있다. 좌우 문제 차원을 넘어, 소통 대통령이 불통이 되어 여적죄로 고발을 당하게 된 것이다. 국민은 여적죄에 더욱 심정을 굳혀갔다. 더욱이 북한이 2019년 5월 4일 아침 9시 러시아의 '이스칸데르 탄도미사일' 북한판을 쏘아 올림으로써「판문점선언 이행을 위한 군사분야 협의서」가 무용지물이 되었다.

네이버 블로그(2018. 09. 22.) 정의철 씨는 "대한민국 대통령의 지위에서 2018년 9월 10일 국방부장관 송영무로 하여금 '판문점선언 이행을 위한 군사분야 합의문'에 서명케 했다."라고 주장했다.

그는 이어 "NLL 등 영토보전의무, 국가보위 의무 등에서 피고발인은 무슨 자격으로 수십만 명이 죽음으로 지키고, 70년 세월의 땀과 눈물로 버텨 온 강토와 주권을 마음대로 내어 주었는가. 대한민국 헌법과 국민은 피고발인에게 그러한 권한을 부여한 적이 없다."라고 했다.(미디어워치 편집부, 2018. 09. 10.)

당시 美 폼페이오 국무장관은 '완전한 비핵화 이후에만 대북 제재 해제될 것'이라고 단언했다.(유지혜, 2018. 6. 16.) 그는 "아셈(아시아·유럽정상회의) 전체회의 1차 세션 발언에서 '북한 김정은 위원장과 세 차례 만나 비핵화와 한반도 평화에 대한 의지를 확인했다'며 '한반도의 평화는 궁극적으로 아시아와 유럽의 공동번영으로 이어질 것이다.'"라고 했다.(강태화, 2018. 10. 20.)

한편 국제원자력기구(IAEA)의 핵 폐기에 대한 개념을 정의하면서 '北 모든 핵무기 반출·핵시설 완전 폐기 때 되돌릴 수 없는 비핵화 단계라 할 수 있어.'라고 했다.(조의준, 2018. 10. 19.)

국제 「군사 분야 협의서」에 대해서도 에이브럼스(주한미군사령관 지명자)도 'GP 철수는 유엔사 판단 거쳐야'라고 했다.(정효식, 2018. 09. 27.) 한편 북한 리용호 외무상도 '美 행동 없으면 우리만 먼저 움직이지 않아'라는 입장으로 '동시·단계적 이행'이라는 입장을 고수했다.(유윤정, 2018. 08. 04.)

국제사회에 대해 文 청와대는 항상 엇박자였다. 유엔은 안보리(미국, 영국, 프랑스, 러시아, 중국) 만장일치로 북한 제재를 결정했으나, 관세청과 산업통상자원부는 한전 산하 남동발전에 북한산 석탄 수입을 허용했다. 이들은 "'러시아 산이니 문제가 없다.'라고 했지만, 윤한홍 자유한국당 의원은 '한전, 北 석탄 반입 관련 로펌에 법률 자문한 것으로 드러나.'"라고 했다.(유병훈, 2018. 08. 07.)

청와대의 북한 '촛불 청구서' 주장은 그 정도를 넘어섰다. 결국 저돌적인 종북 성향은 '코리아 패싱'이라는 말까지 떠돌았다. 문재인 정권과 유엔을 포함한 미국과의 갈등이 첨예화된 것이다.

한편 문재인 청와대는 헌법정신을 무시하고, 공작 선거개입으로 패거리 정치를 하고 있었다. 민주당 울산시장 후보(송철호)에 관한 건이다. 문재인 대통령은 오랜 정치적 동지이자 사석에서는 호형호제라고 부르는 '30년 지기 절친'이었다. 대통령은 그의 당선을 '내 가장 큰 소원'이라고 말하곤 했다. 그런데 그 소원을 이루는 데 결정적 도움을 준 야당 시장 수사에 대통령의 최측근 실세가 개입했다. 자기 담당 업무가 아닌데도 나선 것이다.

또한 민주당의 정권 연장욕은 대단했다. '20년 집권도 짧다, 나 죽기 전엔 정권 안 뺏긴다.'라고 했다.(최보식, 2019. 11. 29.) 이는 '선심성 헌금 살포 정책 등은 점잖은 편이고, 표만 된다면 어떤 수단·방법도 다 쓸 것이다.'와도 연결된다.

또한 문재인 청와대의 공직자 비리는 빈번히 터졌다. 당시 검찰·경찰·법원뿐만 아니라, 언론은 한쪽으로 기울어진 운동장이었다. 공영방송 등 기존 언론은 한목소리로 정부의 편을 들었다. 민주노총 산하 언론노조는 전술했듯, '목적과 사업에서 정치위원회는 조합의 강령과 규약, 정치방침에 따라 조합의 정치 활동 역량을 강화하고 민주노총과 제 민주단체 및 진보정치세력과 연대하여 노동자 민중의 정치세력화를 위하여 다음 각 분회의 사업을 추진한다.'라고 규정했다.

이 강령 하에서는 언론, 집회·결사의 자유 중 집회·결사의 집단의 자유가 과다하나, 언론인 개인의 자유가 질식당하게 되었다. 물론 언론노조는 다른 민주노총과 보조를 같이 했다. 그 상황은 계속 악화시키고 있었는데, 세계경제포럼(WEF)이 2019년 10월 5일 발표한 국가경쟁력 평가에서 "한국은 평가대상 141개국 가운데 13위를 차지했다. (그러나) 노사관계는 달랐다. 노사협력이 130위로 최하위 수준이다. 정리해고 비용(116위), 고용 및 해고 유연성(102위) 등도 100위권 밖이다.… 노사관계와 노동시장 경직성 등 고질적 병이 나아지지 않고 오히려 악화됐음을 보여준다."(사설, 2019. 10. 10.)

운동권 문화에 앞장선 곳은 물론 언론노조였다. 공영방송의 편성권은 민주노총 산하 언론노조가 갖고 있다. 대표 공영방송은 KBS의 경우 고영대 사장, '이인호' 이사장을 2018년 1월 23일 사퇴시키고, 조우석, 차기환, 강규형 이사를 몰아냈다.

정권이 바뀌고 KBS 이사장직을 물러난 이인호 서울대 명예교수는 'KBS가 노조의 권력 놀이터가 될 것'이라 강변했다. 그는 "'지식인의 한 사람으로 나는 죽어 마땅하다. 나라가 이 지경 되는 걸 막지 못한 죄, 국민의 역사 인식이 잘못돼 가는 걸 막지 못한 죄, 지식인들이 앞장서 나라 파괴하는 걸 막지 못한 죄 … 배웠다는 사람들, 머리로만 살아온 자들이 우리 앞 세대가 온몸으로 피땀 흘려 일군 나라를 망치고 있다.' … 서울대 교수로 김영삼·김대중 정부에서 핀란드·러시아 대사를 지낸 그가 개탄한 '망국의 근원'은 역사 왜곡이다."라고 했다.(김윤덕, 2018. 04. 28.)

한편 MBC는 2017년 2월 김장겸 사장이 취임을 했으나, 6월 29일 고용노동부가 부당노동행위로 특별근로감독 조사를 착수하고, 9월 5일 체포영장이 발부되어 고용노동부에 출두했다. 김 사장은 "'공영언론에 수장으로서 언론자유와 방송독립을 어떻게 지킬까 고민이 많았습니다.' … '취임 6개월밖에 안 된 사장이 정권의 편인, 사실상 무소불위의 언론노조를 상대로 무슨 부당노동행위를 했겠느냐.'며 혐의를 전면 부인했다."(김달아, 2017. 09. 06.)

한편 "MBC본부 노조는 김 사장의 퇴진과 MBC 정상화를 위해 총파업이라는 마지막 카드까지 꺼내 든 상황이다."(김달아, 2017. 09. 06.) 2012년 170일간의 파업 이후 5년 만이다. "언론계는 KBS·MBC 총파업을 지지하고 동조 파업에 나섰다."(김아영, 2017. 09. 06.)

문재인 정부 들어 노조파업에 희생된 인사를 대부분 복직시켜줬으나 나머지 문제를 양산한 상태이다. 문재인 청와대의 '언론 정책'은 '정책이 없는 게 정책이다.'라는 것이 기본 맥락이었다. '적폐' 청산은 있어도, 언론개혁은 아예 없었다.

평가도 부정적이었다. 기자협회보는 한국기자협회 창립 56주년을 맞아 여론조사 기관 한길리서치에 의뢰해 지난 2020년 08월 7~11일까지 기자 653명을 대상으로 여론조사(신뢰수준 95%, 표본오차 ±3.83% 포인트)를 실시했다. "문재인 정부의 미디어 정책에 대한 평가를 물은 결과, 60.2%가 잘못한다.('매우 잘못' 27.5%, '잘못하는 편' 32.7%)라고 응답했다. 잘한다는 응답은 28.8%로 나타났다."(김성후, 2020. 08. 19.)

한국기자협회·한국인터넷신문협회가 주간이 되어 「언론윤리헌장」[429]을 2021년 1월 19일 발표했다. 언론은 "시민을 위해 존재하며, 시민의 신뢰는 언론의 가장 소중한 자산이다. 시민의 알 권리를 충족하고 민주주의 가치를 실현하기 위해 자유롭고 책임 있는 언론이 필요하다. 언론은 인권을 옹호하며, 정의롭고 평화로운 공동체를 추구한다."(언론윤리헌장, 2021. 01. 27.)

한편 문재인 정권의 공영방송의 실체를 보자. KBS는 양승동 사장 체제가 2018년 4월 9일 '권력과 자본으로부터 독립을 선언하고, 시민자문단을 약속'했다. 그러나 언론노조 중심이 된 '노영방송'이 실제 그들을 앞세워 공정성을 확보할 수 있을지 의문이었고, KBS는 경영도 책임지고, 취재도 책임져야 하는 실험을 해야 했다.

조작된 뉴스로 방송의 정치인 들러리가 심했다. '최순실 국정농단'의 최순실 태블릿PC는 존재하지 않았고, 미르·K 스포츠는 박근혜 대통령과 관계가 없었다. 그러나 이 사건으로 "KBS 구성원은 2017년 9월 이후 창사 최장인 142일 파업이 이뤄졌다. 파업 와중인 지난해 12월 광화문에서 547명이 240시간 동안 릴레이 발언을 했다."(우리의 주장, 2018. 04. 11.)

한편 KBS는 고대영 사장, 이인호 이사장을 물러나게 하는데 성공을 거두었다. "지난 정권 때 임명된 KBS 이사는 법인카드 사용 내력을 꼬투리 잡아 쫓아냈다. 해임된 '강규형 이사'는 2500원짜리 김밥 결제까지 확인하는 먼지털기식 조사를 통해 밝혀진 게 한 달 평균 약 13만 6300원을 부당 사용했다는 것이다."(사설, 2018. 09. 29.)

---

429) 「언론윤리헌장」(제정위원장, 배정근 숙명여대교수)은 "이를 위해 정확하고 공정한 보도를 통해 시민의 올바른 판단과 의사소통을 도우며, 다양한 가치와 의견을 균형 있게 대변함으로써 사회통합을 위해 노력한다. 아울러 권력을 감시하고 비판해 사회정의를 실현하고 민주주의를 발전시키는 데 기여한다. 그 구체적 항목은 ①진실을 추구한다, ②투명하게 보도하고 책임 있게 설명한다, ③인권을 존중하고 피해를 최소화한다, ④공정하게 보도한다, ⑤독립적으로 보도한다, ⑥갈등을 풀고 신뢰를 북돋우는 토론장을 제공한다, ⑦다양성을 존중하고 차별에 반대한다, ⑧품위 있게 행동하여 이해상충을 경계한다, ⑨디지털 기술로 저널리즘의 기능성을 확보한다."라고 했다.(「기자협회보」 2021. 01. 27.)

새로운 체제는 여전히 문제가 있었지만 적극적으로 풀어갔다. 공영언론은 세월호 참사(2014. 4. 16.) 이후 얻어진 '기레기' 언론을 개혁하겠다고 했다. KBS 양승동 사장 그리고 김상근 이사장과 MBC 최승호 체제가 출범했다. MBC는 2018년 1월 노사공동으로 '이명박·박근혜 정부 10년에서 쌓은 '적폐청산'을 할 수 있는 '정상화위원회'를 설치하고, KBS는 '진실과 미래위원회(진미위)'[430]를 출범시켰다.

한편 KBS 운영방침이 설명되었다. KBS 1라디오가 "시사 전문 라디오 채널로서의 경쟁력 강화를 위해 오는 2018년 6월 28일 개편을 단행한다. '대한민국 뉴스 시사 오늘부터 1라디오'를 슬로건으로 내건 1라디오는 전통적인 시사보도 기능 복원과 팟캐스트 시장에서도 '먹힐' 콘텐츠를 선보이는 데 주력할 방침이다."라고 했다.(노지민, 2018. 06. 07.) KBS는 최승호 PD가 시도한 팟캐스트 방송을 기획하고 있었다.

한편 부산 경성대에서 열린 한국언론학회 봄철 정기학술대회 「사회변화와 미디어 진실성」에 나온 최승호, 양승동, 장해랑(교육방송사장)은 JTBC와 같은 프로그램을 만들고자 했다. 최승호 MBC 사장은 "'종편, CJ계열 채널들이 새로운 형식의 콘텐츠를 만들고, 막강한 자본력을 동원하면서 젊은 층들에게 인기를 끌고 있다.'고 진단했다. 사장이 되기 전 즐겨 보던 타사 프로그램을 묻자 양승동 사장은 JTBC '뉴스룸'을, 장해랑 사장은 JTBC '썰전'을 꼽았다."(금준경, 2018. 05. 23.)

양승동·최승호 사장은 "'지난 10년 동안 공영방송이 외압만 받은 게 아니다. 외압에 호응해 동료들 등에 칼을 꽂고 과실을 차지하고, 뉴스를 정치에 이용한 구

---

430) 진미위는 향후 10개월 동안 과거 KBS에서 벌어진 △방송 공정성·독립성 침해△부당인사·부당노동행위·부정청탁 사례 등에 대한 진상 조사와 재발 방지 대책을 추진하게 된다.(노지민, 2018. 06. 07.) 그 후 KBS공영노동조합은 성명을 내고, "서울 남부지방법원은 KBS 기자 등 17명의 직원들이 낸 징계절차 중지 가처분 소송 판결문에서, '진미위가 KBS 직원들에 대해 징계 요구한 것은, 인사규정상 징계 요구 권한이 있는 자가 아니기 때문에 절차상 위법'이라는 판결을 내렸다. KBS는 지난 2018년 6월 이사회에서 야당 측 이사들이 퇴장한 가운데 여당 측 이사들이 일방적으로 통과시켜 진실과 미래위원회를 만든 뒤, 과거 사장 시절에 일했던 기자와 PD 등을 마구잡이식으로 조사했다. 이에 따라 전 KBS보도국장에 대해 해임 등 모두 17명에 대한 정직과 감봉, 주의 촉구 등의 조치에 대한 효력이 모두 정지됐다. … 이번 판결로 사측의 조사와 징계가 법적인 타당성이 없는 '보복성'인 것으로 드러난 셈이다."(KBS 공영노조성명, 2019. 10. 29.)

성원들이 있다. MBC가 새롭게 시작하기 위해서는 이 문제를 정리할 수밖에 없다'(최승호 MBC 사장) ··· '과거 10년을 포함한 문제를 분명히 정리해야 한다. 그렇게 하지 않으면 근현대사를 통해 보다시피 통합도 되지 않을 것이고, 도약도 할 수 없다.(양승동 KBS 사장)'"(금준경, 2018. 05. 23.)

방송사는 칼바람이 불기 시작했다. MBC 인사위원회는 MBC정상화위원회 및 보도제작국의 징계 요청에 따라 2018년 6월 26일 박상후 전 부국장에게 징계 결과를 통보했다. 박상후 부국장은 세월호 '전원구조' 오보를 확대 재생산해 보도한 내력을 페이스북에 공개한 적이 있었다.

사측은 "세월호 참사 불공정 보도에 직간접적 책임을 피하기 어렵다.', '박원순 서울시장에 대한 표적 보도를 주도했다.' 등의 MBC 정상화위원회의 징계 요청을 두고 '사실로 확인됐다.'며 탄핵 사유를 덧붙였다.(임예진, 2018. 06. 27.)

코드에 맞으면, 공정성 방송이고, 코드가 틀리면 왜곡방송의 논리이다. 최근 MBC에서 벌어지고 있는 '인사대란'의 연속선상이다. 최승호 신임 사장 부임 후 80여명의 직원들이 일선에서 물러났다. 보도국장은 중계차 PD로, 보도국 부국장과 부장들은 스포츠국으로 발령이 났고 지난 5월 최대현 아나운서 및 권지호 카메라 기자는 해고당했다."(임예진, 2018. 06. 27.)

MBC는 정파성 간의 싸움이 지나치고, 방송의 정치화는 일상화되어 있었다. 공영방송은 안에서 정권의 입맛에 따라 부역자·나팔수 역할을 하고, 그 청구서에 따라 사장 임명을 하고, 정파 방송을 계속했다. '관여'와 보험이 작동되었고, 청구서를 청와대에 제출했다. 그 사이 공영언론의 자유와 독립정신은 공염불이 되었다.

김재철·김장겸 등 전 사장 때도 인사대란은 있어왔다. "'해고'라는 극단적인 조치는 '비정상'의 일면일 뿐이었다. MBC 노조가 성명과 광고 등을 통해 밝힌 '해고 10명, 중징계 110명, 유배 157명'이란 숫자는 그간 MBC구성원 개개인은 물론 노동조합, 기자들에 대한 탄압이 얼마나 일상적이었는지를 방증한다."(최승영, 2017. 08. 16.)

한편 양 사장이 말한 KBS 주권은 '시민과 시청자에게 있고, 모든 권력은 시민과 시청자로부터 나온다.'고 밝힘으로써 '완전히 새로운 KBS를 만들겠다.'며 취재·제작의 자율성 보장, 인적 쇄신을 약속했지만 실제 전혀 다르게 회사가 운영되었다. 기자·PD 등은 민주노총 노동조합 구성원의 코드에 맞추고, 국장과 본부장 거의 전원을 노조출신으로 채운 상태였다.

결국 방송의 부역자 역할로 감투 하나 얻는 것이다. 방송은 과거 아픈 기억을 계속 반복했다. 과거사 논의는 "정연주 전임 사장은 재판을 받으러 법정에 가는 길이 정말 고통스러웠어요. 지금도 서초역을 지날 때마다 아픈 기억이 자꾸 나요"라고 했다.(김고은, 2018. 4. 11.)

정 전 사장은 "지난해 7월 뉴스타파와의 인터뷰에서 '배임 사건은 저한테 굉장한 트라우마로 남아있다'며 고통을 호소했다. 배임 사건이란 이명박 정부 출범 직후 정 전 사장을 해임시키는 계기가 된 사건을 말한다."(김고은, 2018. 4. 11.)

정연주 전 사장은 방송통신심의위원장으로 취임하면서, 다시 방송국 인사에 관여했다. 양승동 사장 후임으로 들어온 김의철 사장은 주요 임원 및 실·국장 인사에 20년 전 '친 정연주·친 사원행동' 세력이 주요 본부장 및 실국장에 기용됨으로써 친정파·반대파 코드로 회사 내 정치가 계속되었다.(KBS 노동조합 성명, 2021. 12. 19.)

정파성이 심하니, 당연히 사실 왜곡, 즉 가짜 뉴스가 회자되었다. 사실은 이념으로 비틀려진 것이다. 이념 경도의 가짜 뉴스 전성시대가 도래했다. 그러나 주류 언론의 가짜뉴스를 문제 삼지 않고, 이젠 유튜브의 뉴스를 문제 삼았다. 그 만큼 유튜브의 영향력이 그만큼 커진 것이다. "최근 SNS 등을 통해 유통되는 가짜뉴스는 뉴스라는 형식만 빌린 전혀 근거 없는 애기부터 사실과 허위정보가 교묘하게 뒤섞인 것까지 다양하다. 얼핏 봐선 사실 여부를 구분하기 어렵다. 이런 가짜뉴스의 범람은 '팩트'[431]와 신뢰를 생명으로 하는 언론을 위기로 몰아넣고 있

---

431) CNN 기자 브룩스 잭슨은 정치 광고를 검증하는 '애드워치'(AD Watch)와 정치인의 발언을 검증하는 '팩트체크'(fact check) 코너를 시작했는데, 이것이 지금의 팩트체크의 시초라 할 수 있다. 또한 2003년 펜실베이니아대 애넌버그 공공정책 센터의 '팩트체크닷 오알지'((Factchech.org)가 개설되어 언론사로부터 독립된 팩트체크 기관이 출범하였고, 2011년 워싱턴포스트(Washington Post)는 팩트

다."(정세훈, 218: 79)

영국 옥스퍼드사전은 「2016년 올해의 단어」로 '탈진실'(post truth)을 선정했다. "객관적인 사실보다 개인적 신념이나 감정이 여론 형성에 더 큰 영향을 미치는 상황을 이르는 용어다."(정세훈, 218: 79)

탈진실 보도는 이명박·박근혜 정부 때는 그 정도가 병적이었다. 2008년 광우병 파동 때 일어난 난동은 전부 허위로 판명이 되었다. 그러나 그 책임 PD였던 최승호 씨는 문재인 정권 때 MBC 사장에까지 승진했다.

한편 전술했듯 박근혜 정부 때 2014년 4월 16일 세월호 사건이 일어났다. 과다한 오보로 기자는 '기레기'라는 평가를 받은 것을 상기할 필요가 있다. 언론인이 이념과 코드를 시도 때도 없이 기사에 삽입시키면서 일어난 일이다.

세월호 사건뿐만 아니라, "한국 사회에서 6월 민주항쟁 이후 최대 사건이랄 수 있는 2017년 촛불시위와 박근혜 대통령 탄핵이 언론 보도에서 촉발됐음에도 '기레기' 논란은 여전하다. 여기에 사회 전반의 이념적 양극화가 언론사 간 이념 대결로까지 이어져 언론이 더 이상 공론장 역할을 못하고 있다는 지적은 끊이지 않고 있다."(오남석, 2018년 봄: 166)

공론장이 붕괴되니, 부역자 언론만 늘어났다. 나팔수 언론에서도 문제가 생긴다. 청와대는 언론을 신뢰하지 않은 것이다. 고성·속초 산불에서 재산 주관방송 KBS에 대한 질타가 쏟아졌다. 산불 현장 취재는 강릉에서 현장취재인 것처럼 기사를 내보냈다. 특히 KBS는 그런 신뢰 가지고는 정권이 바뀌면 그 타격이 예상되었다.

재난주관방송 KBS는 "전국의 소방차 긴급 동원령이 내릴 만큼 긴박한데도 산불 뉴스를 전하다 말고 밤 23시 5분 정규프로인 '오늘밤 김제동'을 방영했다. 강원도민과 누리꾼들은 '전국이 불바다 됐는데 오늘밤 김제동 틀어주는 KBS'이다." 라며 강하게 비판했다."(박서연, 2019. 04. 10.)

체커(The Fact Checker)라는 칼럼을 연재하는 등 다양한 팩트체크 매체가 등장하기 시작했다.(정세훈, 2018 봄: 79)

뿐만 아니라, 자유한국당 과방위 의원들이 재난방송 태만을 성토하기 위해 KBS에 항의 방문했지만, 양승동 사장은 면담조차 거부했다. 국민의 대표들이 KBS 항의 방문을 했는데, 정필모 부사장이 나와 의원들을 만났다. 이들 의원들은 사장 면담을 거부함으로써 일간신문은 그날 그 사실을 주요 뉴스로 다루었다.

KBS는 국민의 생명·자유·재산이 훼손되는데, 엉뚱한 나팔수·종북 놀이를 한 것이다. 그들의 임무는 선전·선동·진지전 구축이 고작이었다. 4000명의 이재민이 생겨 국민이 용납할 정도를 넘어섰다. 민경욱 한국당 의원의 페이스북을 소개한다. "오늘만 인제, 포항, 아산, 파주, 네 곳에서 산불, 이틀 전에는 해운대에 큰 산불, 불이 많이 나도 원인규명은 없었다."(박재현, 2019. 4. 5.)

그 사건으로 KBS 통합 뉴스룸 국장이 물러났다. 이번 산불의 피해 면적은 고성·속초만 700ha였다. 강릉·동해·인제를 합하면 1700ha에 이른다. 그 밤 정부 어디서도 재난방송 요청을 하지 않은 이유가 궁금했다. 정부 관계자는 "'산불이 나면 산림청에서 행안부로 요청하고 행안부가 방통위와 과기정통부를 통해 방송사와 인터넷 사업자에게 재난방송을 '요청'(카톡으로 받은 수준)하는데 당일엔 산림청에서 요청이 없었다.'라고 해명했다."(강주안, 2019. 4. 23.)

그 산불은 청와대의 불찰로 결론이 났다. '탈원전'으로 한국전력 적자를 줄이기 위해, 변압기 교체를 늦춘 것이 이곳 화제의 화근이 되었다고 한다. 일부 원자력발전소 가동 중단으로 일어난 일이다. '국정농단'은 이렇게 이뤄진 것이다.

탈원전의 실상이 소개되었다. 정부는 월성 1호기(중수로, 핵무기 가능한 플루토늄 추출) 등의 가동을 중단하고, 신재생 에너지인 풍력, 태양광을 주력산업으로 육성할 계획이었다. 석탄과 LNG는 탄소배출 때문에 문제를 일으키게 되었다. 청와대는 환경문제 운운, '판도라' 영화를 보면서 탈원전을 결심하게 되었다고 변명했다. 혹은 '대선 공약이다.'라는 변명을 했으나, 다 거짓말이다. "산업통산자원부가 2019년 12월 감사원의 월성 원전 1호기 감사(최재형 감사원장) 기간에 삭제한 내부 문건 444건 중 '북한 원전 건설 추진' 보고서 10여 건이 포함된 것으로 2020년 11월 22일 확인됐다. 북한 원전 관련 문건은 모두 2018년 5월 초·중순 작성한 것이다. 문건 작성 시기는 문재인 대통령과 김정은 국무위원장의 1차 남북 정상회담(4월 27일) 직후이자, 2차 남북 정상회담(5월 26일) 직전이었다. 정부는 '탈원전 정책'을 밀어붙이며 '새 원전 건설은 없다'고 했으나 북한에는 원전을 새로 건설해주는 방안을 비밀리에 검토했던 것이다."(조백건, 2020. 11. 23.)

탈원전 보고서가 공개되었다. "여러 정부 관계자에 따르면 북한 원전 건설 관련 보고서는 '북한 지역 원전 건설 추진방안' '북한 전력 인프라 구축 협력 방안' '한반도에 에너지 개발 기구(KEDO) 업무 경험 전문가 목록' 등 제목이 붙은 10여 건으로 알려졌다."(조백건, 2020. 11. 23.)

또한 에너지 주권을 중국과 북한에 넘길 생각까지 했다. 그러나 비판이 일자 당시 청와대는 "2022년 3월 25일 '원전이 지속 운영되는 향후 60년 동안 원전을 주력기저 전력으로 충분히 활용해야 한다.'고 선언했다."(조백건, 2020. 11. 23.)

脫원전으로 김종인 국민의힘 비대위원장은 '이적죄'까지 언급했다. "공소장 범죄 일람표에는 산업부 공무원 3명이 월성 1호기 감사 직전 삭제한 530개 파일 목록이 담겨 있다. 대전지검 형사5부(이상현 부장)는 지난해 12월 이들을 공용전자기록 등 손상, 감사원법 위반, 방실침입 혐의로 재판에 넘겼다. 검찰이 산업부가 삭제한 복구 파일 중에 2018년 6월 15일 한수원 이사회가 월성 1호기 폐쇄를 의결하기 3주 전 작성된 것으로 추정되었다."(강광우·정유진, 2021. 01. 29.)

또한 성윤모 산업부 장관은 지난해 국정감사에서 "'월성 1호기 조기폐쇄와 관련해 한수원에 부당한 강요나 압박을 가한 적은 없는 것으로 안다'면서 '한수원도 이사회를 통해 경제성이 불투명하다는 점과 정부 정책 방향 등을 고려해 폐쇄를 결정한 것'"이라고 했다.(강광우·정유진, 2021. 01. 29.)

탈원전 보도에 대해 시종일관 "2018년 당시 청와대는 침묵했고, 청와대 국정기획 상황실장이었던 더불어민주당 윤건영 의원은 '소설 같은 이야기'라며 부인했다. 이로부터 2개월 뒤인 지난 23일 대전지검은 산업부 공무원 3명을 감사 방해 등 혐의로 기소도 했고, 공소장에 첨부된 범죄 일람표에 총 17건의 북한 원전 건설 관련 문건의 제목이 적혀 있었다."(노석조, 2018. 01. 30.)

한편 방송이 선전·선동·진지전 구축에 앞장을 서게 됨으로써, 신뢰는 땅에 떨어졌다. 기존 방송이 한쪽으로 편향된 기울어지는 운동장이 됨으로써 유튜브는 국민이 선호하는 미디어가 되었다. 시장조사업체 와이즈앱에 따르면 "8월 기준 국내 유튜브 어플리케이션의 월간 순(純)사용자수는 3083만 명으로 국민의 대다수가 유튜브를 사용한 것으로 나타났다."(이진우, 2018. 09. 12.)

반면 정부여당 인사는 자신들의 가짜뉴스를 숨기고, 유튜브를 탓했다. 남 탓이 생활화된 정부 여당이다. "이낙연 국무총리는 2일 정부서울청사에서 열린 국무회의에서 '개인의 사생활이나 민감한 정책 현안은 물론 남북관계를 포함한 국가안보나 국가원수와 관련된 턱없는 가짜뉴스까지 나돈다.'며 '검찰과 경찰은 유관기관 공동대응체계를 구축해 가짜뉴스를 신속히 수사하고 불법은 엄정히 처벌하기 바란다.'"라고 했다.(유성운, 2018. 10. 03.)

한편 방송통신위원회는 '악의적 의도로 가짜뉴스를 만든 사람, 계획적·조직적으로 가짜뉴스를 유포하는 사람은 의법 처리해야 한다.'라고 공언했다. 동 위원회는 "조국 비리사건이 한참 소란한 2019년, 그의 보도 확산을 막기 위해 법무부가 '오보 뉴스 언론사 취재제한 조치'와 '형사사건 공보 규정' 등을 제정했다."라고 했다.(유성운, 2018. 10. 03.)

가짜 뉴스를 분석한 자유한국당 이채익 의원은 경찰이 조사한 내용을 공개했다. "경찰청에서 입수한 '국민생활 침해 허위사실 생산·유포사법 진행 목록'에 따르면 경찰이 최근 한 달 동안 단속한 가짜 뉴스 37건 가운데 국민의 일상생활과 관련된 사안은 3건에 불과했다."(조동주, 2018. 10. 12.)

정부가 말하는 법의 공정성이 도마 위에 올랐다. 대한민국은 생명·자유·재산 등 기본권과 인권뿐만 아니라, 언론(speech) 자유가 광범위하게 보장되고 있다. 그러나 당시 법은 제 기능을 못했다. 더욱이 대법관 좌편향 임명을 보면 실제 법치주의가 위태롭게 되었다.

그 실례가 '진보 대법관 일색이다.' '김상환' 대법관의 과거 행적이 문제가 되었다. 예를 들면, "2012년 대선 때 팟캐스트 '나는 꼼수다'에서 박근혜 전 대통령 측을 명예 훼손한 혐의로 기소된 김어준 씨, 주진우 기자에게 '언론·표현의 자유가 위축될 우려가 있다'며 무죄를 선고했다."(김영민, 2018. 10. 03.) 김 판사는 심지어

'가짜 뉴스'를 표현의 자유로 둔갑시켜준 것이다.

한편 방송의 편향성도 문제였다. 물론 좌편향에도 이유가 있었다. 386운동권 세력이 남북통일과 경제발전을 주요 이슈로 삼은 것이 명료하게 나타난다. 여의도연구원(김선동 원장)은 '빅 데이터 전문업체와 함께 2017년 5월 11일부터 2018년 9월 11일까지 문 대통령 공식 연설문 267건과 청와대 공식 브리핑 1186건 등 1453건을 전수 조사해 문 대통령과 청와대 '관심사 순위'를 집계했다고 밝혔다.' 또한 "'지난 16개월간 문 대통령 또는 청와대가 현안과 관련해 가장 많이 사용한 단어는 평화(1580건)였다. 이어 북한이 1453건으로 2위였고, 경제는 1260건으로 3위였다.'"(원선우, 2018. 11. 05.)

북한 핵 문제에서 리용호(북한 외무상)는 미국에 '한반도 비핵화'를 위한 선제적 조치를 촉구했다. 이들은 미국에 미국과 북한 간 신뢰를 쌓기 위해 대북 제재완화나 종전선언 등 상응하는 조치를 내놓으라고 주장했다. 그러나 "미국의 선제적 조치가 없을 경우 일방적 북핵 포기는 없을 것이다."라고 경고했다.(송기영, 2018. 09. 30.)

물론 리용호 외무상의 연설에서 '신뢰'는 진실이 아니었다. 북한은 1992년 2월 19일 제6차 남북고위급회담을 통해 발효시킨 「남북사이의 화해와 불가침 및 교류·협력에 관한 합의서」와 「한반도의 비핵화에 관한 공동선언」을 발표했다. 그 합의서는 이후 북한은 "2006년 10월에 1차, 2009년 5월에 2차, 2013년 2월에 3차, 2017년 9월 3일 6차 핵실험을 강행함으로써 비핵화 공동선언을 보기 좋게 무력화시켰다."(송기영, 2018. 09. 30.) 그리고 앞뒤가 맞지 않게, 리용호 외무상은 유엔에서 '신뢰'를 강조한 것이다.

한편 트럼프 美 대통령은 2018년 9월 25일 유엔 연설에서 6월에 저는 싱가포르를 방문해서 "북한의 김정은 위원장과 직접 면대면으로 회담을 가지고, 유익하고 건설적인 회담을 가졌다. 그리고 그 싱가포르 회담에서 양국의 이익을 위해서 미국과 북한이 한반도의 비핵화를 추진할 것이다."라고 공언했다.(트럼프, 2018. 09. 26.)

리용호 외무상은 트럼프 행정부의 '선(先) 비핵화, 후(後) 제재완화' 기조에 반대 입장을 명확히 했다.(송기영, 2018. 09. 30.) 물론 트럼프의 유엔 연설은 2017년 김정은에 평한 것과는 전혀 달랐다. "2017년 트럼프는 유엔 연설에서 '로캣맨은 자신과 정권에 대한 자살 임무를 수행 중이다. 미국과 동맹을 방어해야 한다면 북한을 파괴하는 것 말고는 다른 선택이 없다.' … 트럼프는 6차 핵실험과 대륙간 탄도미사일(ICBM) 발사를 잇달아 감행한 북한 국무위원장을 향해 '로캣맨'이라고 노골적으로 압박했다."(이정은, 2018. 09. 22.)

한편 '판문점 남북정상회담'은 '완전한 비핵화를 통해 핵 없는 한반도를 실현한다.'는 공동의 목표를 확인했다. 문 대통령은 공동 발표에서 "'한반도의 완전한 비핵화를 위해 남과 북이 긴밀히 협력해 나갈 것'이라고 했다. 김정은은 '온 겨레가 전쟁 없는 평화로운 땅에서 번영과 행복을 누리는 새 시대를 열어나갈 확고한 의지를 같이하고 실천적 대책에 합의했다'고 말했지만, '핵 언급은 없었다.'"(황대진, 2018. 04. 28.)

한편 이번 회담은 북핵 폐기를 위해 열린 회담이었고, 누구나 그렇게 기대했다. 그러나 비핵화 시간표가 빠졌다. 더욱이 "막상 나온 합의문을 보니 비핵화 문제는 마치 마지못한 듯 맨 마지막 항에 단 3문장으로 들어가 있다. 분량 면에서도 전체 합의문의 10분의 1도 안 된다. 몸통은 잘 안 보이고 꼬리가 요란한 합의문이라고 해도 과언이 아니다.(사설, 2018. 04. 28.)

이에 대한 미국의 입장이 발표되었다. 주한미군 사령관으로 에이브럼스 사령관 지명자는 美상원 군사위 인준청문회에서 비무장지대선 중개·심사·사찰·이행까지 유엔사를 거치도록 했다.(정우상·조의준, 2018. 09. 27.) 「남북 평양공동선언문」, 「판문점선언 이행을 위한 군사분야 협의서」가 유명무실화된 것이다.

결과적으로 「판문점 선언」은 북한의 유엔제재 상황에서 생명줄을 이어주는 역할만 한 것이다. 북한 편에서 그들이 유리하도록 협의서에 서명하는 결과를 낳게 함으로써 친북세력의 성향이 적나라하게 드러난 것이다. 그 과정에서 북한이 언급을 꺼리는 비핵화는 '한반도 비핵화', 즉 미군철수 및 유엔군 해체라는 논리와 궤를 같이한다.

한편 586운동권 정부가 유엔에 제출한 '남북이 올해 안에 종전선언에 합의했다'란 대목도 문제가 되었다. 영문본과 국내본이 내용이 달랐다. 文 정권은 중국·북한·대한민국이 함께 동맹으로 엮어 국내용으로 '올해에 종전을 선언하고'라고 했다.

VOA(Voice Of America)에 따르면, "이날 유엔이 공개한 판문점선언 영문본의 3조 3항에는 '남북이 정전협정 65주년이 되는 올해 종전선언을 하기로 합의했다.'며 '정전협정을 평화협정으로 대체하고, 항구적이고 공고한 평화체제 구축을 위해 한국과 북한, 미국이 관여하는 3자 혹은 중국을 포함한 4차 회담 개최를 적극 추진하기로 합의했다.'"라는 내용이다.(박수현, 2018. 9. 12.)

한편 국내본은 "남과 북은 정전협정체결 65년이 되는 '올해 안에 종전을 선언하고' 정전협정을 평화협정으로 전환하며 항구적이고…"하고 함으로써 '올해에 종전을 선언하고'라는 것이다. VOA는 내용이 다르다고 지적했다.(박수현, 2018. 9. 12.)

이 영문 문구에는 "올해 종전선언을 하기로 했다"와 "3자 혹은 4자 회담 개최를 적극 추진하기로 했다"라는 2개의 합의가 등장한다. 올해 종전선언이 성사될지, 3자 혹은 4자 회담이 이뤄질지도 의문이다. 그러나 '올해 안'에가 등장한다. 문재인 정권의 정책은 주로 목적을 정하고, 갖가지 수단을 사용하는 것이 습관화되었다. 더욱이 그는 2018년 9월 26일 유엔연설에서 한반도 문제의 '운전자'이자 비핵화 협상의 '촉진자'로서 각국 정상들 앞에서 평화 프로세스 진전을 통한 연내 종전선언 달성이라는 로드맵을 공식화하며 협조를 당부했다.(전상천, 2018. 09. 28.)

이를 본 미국의 경제통신사 블룸버그(Bloomberg)는 "9월 26일 김정은의 수석 대변인(top spokesman)은 바로 문재인이다."(전상천, 2018. 09. 28.) 촛불청구서가 날아 들어온 것이다. 블룸버그 통신은 "유엔 총회에 참석하지 않았지만 김정은을 칭송하는(sing praises) 사실상의 대변인을 뒀다."라고 했다.(전상천, 2018. 09. 28.) 물론 문 대통령의 유엔 총회 기조연설을 보면 '상당 부분 김정은의 비핵화를 설명하는 내용으로 가득 차 있었다.'

김정은만 쳐다보면서 돈·시간을 낭비하는 문재인 정권을 위해 국민은 세금을 내고 있었다. 문재인은 그 사이 서훈 국정원장, 정의용 국가안보실장을 부지런히 북한으로 보냈다. 또한 본인은 북한과 유엔에 다녔지만, 북한 핵의 제거는 요원하였고, 미국은 계속 '북한 제재'를 강조했다.

한편 문재인 대통령은 "김정은 북한 국무위원장만 바라보지만, 김정은은 도널드 트럼프 미국 대통령만 쳐다봤다. 균형자→운전자→중재자→촉진자, 그 위험한 집착은 계속되었다."(박제균, 2019. 03. 25.)

한편 국제원자력 기구(IAEA)가 20일(현지시각) '북한에서 플루토늄 분리와 우라늄 농축 등 핵 프로그램이 전속력으로 진행되고 있다.'라고 했다.(김아진, 2021. 09. 23.) 당시 라파엘 그로시 IAEA 사무총장은 오스트리아에서 열린 IAEA 총회에서 "북한 핵 개발에 대해 '명백한 유엔 안전보장 이사회 결의 위반이다.' 또한 '에리카 바크스러글스 미 국무부 국제기구 담당도 유엔총회를 앞두고 언론 브리핑에서 '미국은 북한의 미사일 발사를 규탄하고, 이런 행동은 유엔 안보리 결의 위반'이라고 했다."(김아진, 2021. 09. 23.)

물론 북한과 상생이면, 국민과도 상생이었을 터인데, 현실은 전혀 달랐다. 웰빙지수는 바닥을 치고 있는데 라이나 생명 모기업인 시그나그룹은 "23개국 1만 4천 476명(한국 1천명)을 대상으로 2018년 2~3월 조사한 '시그나 360' 웰빙지수로 51.7점을 받아 지난해 53.9점보다 하락했다."(홍정규, 2018. 07. 10.)

그 통계에 의하면 "남아프리카공화국보다 낮고 사회주의 국가 홍콩 56.8보다 낮았다. 탄핵 정국 이후 일어난 일이다. 박근혜 대통령 시절 웰빙 지수는 우리 역사상 가장 높았다.(국가미래연구원, 2003년부터 18년간 조사, 박근혜 정부 146.67, 문재인 정부 107.13) 웰빙지수가 계속 뒷걸음치고 있다. 이어 "스트레스 지수도 97%로 23개국(평균 86%) 중 가장 높았다."

청와대 '국정농단'의 내부폭로가 이뤄졌다. '내로남불' 현상이 이뤄진 것이다. 춘풍추상(春風秋霜)이 다시 문제가 되었다. 이 액자는 청와대 방마다 걸어놓았다. 당시 그 실상은 "'담장 안에는 '봄바람', 담장 밖에는 '된서리', '내 편에게는 '봄바람', 네 편에게는 '가을 서릿발'이었다.'"(최경운, 2019. 01. 12.)

한편 전임정권 관리는 '적폐'로 가을 서릿발이 계속되었다. 공익 제보자 김태우 민정수석실 전 수사관은 서울동부지검 형사 6부(주진우 부장검사)에게 2019년 1월 3일 조사를 받았다. 그는 민간인 사찰 공익제보 폭로건으로 검찰에 불려 다니게 했다.

민간인 사찰뿐 아니라, '국채 발행 의혹'도 폭로했다. 김 전 수사관은 "'이번 정부에서 특감반원으로 근무하면서 지시하면 열심히 임무를 수행해왔다.' '그런데 업무를 하던 중 공직자에 대해 폭압적으로 휴대전화를 감찰하고 혐의 내용이 나오지 않으면 사생활까지 탈탈 털어 감찰하는 것을 보았다.'며 '자신들의 측근 비리첩보를 보고하면 모두 직무를 유기하는 행태를 보고 분노를 금치 못했다.'"(임헌정, 2019. 01. 03.)

또 다른 제보자 신재민 전 기재부 사무관은 "①청와대가 박근혜정부 때 임명되 KT&G 사장 교체를 지시하고 KT&G 2대 주주인 금융 공기업 기업은행을 통해 이를 시행하려 했다고 폭로했다. ②서울신문 사장 교체를 지시했다는 것이고, ③2017년 기재부에 정치적 이유로 불필요한 적자 국채 발행을 강요했다."라고 했다.(사설, 2019. 01. 04.)

한편 이낙연 총리에 이어 문재인 대통령은 가짜뉴스에 조직적 대응을 주문했다. 가짜뉴스는 언론의 자정 노력에 의해 개선되어야지, 정부가 앞서면 일종의 언론통제이다.

2019년 1월 9일 청와대에서 국무회의를 주재하며 이 총리는 "'정부 정책을 부당하게 또는 사실과 다르게 왜곡하고 폄훼하는 가짜뉴스 등의 허위정보가 제기되었을 때는 초기부터 국민께 적극 설명해 오해를 풀어야 한다.'며 '가짜뉴스를 지속적으로, 조직적으로 유통시키는 것에 대해서는 정부가 단호한 의지로 대처해야 할 것'이라고 밝혔다."(유성운·위문희, 2019. 01. 09.)

한편 밖으로 유엔 안보리와 미국은 진실된 분위기 속에서 남북문제의 꼬인 스탭을 풀기를 원했다. 트럼프 대통령은 북한에게 국제사회의 일원으로 나오기를 주문했다.

하노이에서 2019년 2월 27~28일 미북 정상회담이 있었으나, 성과 없이 끝났다. 회담에 대해 태영호 전 영국주재 북한대사관 공사는 "'김정은 위원장은 머리가 좋고 영리하지만 무자비하다'고 혹평하고, '역대 북한 지도자는 적어도 가족을 살해하지 않았으나, 김정은은 삼촌과 이복형제를 살해했다.'"라고 했다.(박은주, 2019. 03. 01.)

트럼프 미국 대통령은 김정은과 마주 앉았다. 김 위원장의 정상회담 목적은 "'첫째 시간을 벌고, 둘째 제재 해제를 얻어 내는 것'이라며 '최종적으로 그는 핵 보유국 지위를 원한다.'고 밝혔다."(박은주, 2019. 03. 01.)

태 전 공사의 말이 현실화되었다. "2016년 북한의 잇단 핵실험과 장거리 미사일 도발에 맞서 채택된 유엔 제재는 북한의 광물 수출을 금지하고 외화 수입을 근절하며 원유 정제유에 상한선을 부과하는 내용이다. 북한이 민생을 내세워 일부 해제만 요구한다지만 거기엔 사실상 대부분의 제재가 포함되는 품목이다."(사설, 2019. 03. 02.)

미국은 단호했다. "북한이 제재 해제와 맞교환을 요구하며 내놓은 것은 핵시설 폐기에 국한됐다. 이미 보유한 핵탄두와 물질은 그대로 놔두고 추가 생산만 하지 않겠다는 것인데, 이는 비핵화가 아니라 핵 동결일 뿐이다."(사설, 2019. 03. 02.)

미·북 정상회담이 있고, 3·1절 기념시에서 文 청와내는 '미국과 개성공단·금강산 재개 협의'라고 했다. 한편 '볼턴'[432]은 '文 대통령은 하노이 회담 앞두고 트럼프에 종전선언 설득'을 했다고 언급했다.(이정은, 2020. 06. 22.) 또한 볼턴은 문재인 대통령이 2월 19일 트럼프 대통령과의 통화에서 '종전 선언' 등 한국의 어젠다로 선정했다고 전했다. 그러나 조지프 던퍼드 미국 합참의장은 "그 어떤 종류의 종전선언도 법적인 효력을 갖지 않는다는 점을 확실히 하기를 바랐다."라고 했다.(이정은, 2020. 06. 22.)

---

432) John Bolton(Jun 23, 2020), The Room where it happened: A White House Memoir, Kindle: 볼턴은 동 서적에서 '종전선언'을 트럼프에게 설득했다고 회고록에서 밝혔다. "볼턴은 지난해 2월 24일 하노이로 향하는 비행기 안에서 엘리슨 후커 백악관 국가안보회의(NSC) 한반도 보좌관으로부터 비건 대표가 작성한 북-미 합의문 초안을 받았다. 볼턴은 '북한의 구체적인 비핵화 조치 없이 북한의 요구 사항을 들어주는 내용들이 나열돼 있었다. 마치 북한이 만든 초안 같았다'고 혹평했다. 트럼프 대통령이 역시 하노이로 향하는 전용기 안에서 비건의 합의문 초안을 보고받고 '마음에 들지 않는다.'고 일축했다."

文 청와대의 북한에 대한 '더러운 평화' 주장은 지나쳤다. 김정은은 대한민국 나팔수 언론 보도만 본 것이 틀림없었다.

한편 문 대통령은 "'新한반도 체제'와 관련해 남북과 미·중·일·러 등이 참여하는 동북아 철도 공동체를 강조하면서 에너지 공동체, 경제 공동체로 발전하고, 미국을 포함한 '다자 평화 안보체제를 군건히 하게 될 것"이라고 했다.(정우상, 2019. 03. 02.)

文의 북한 경도 사고는 바이든 행정부에 들어서며 가진 2021년 5월 22일 '한미정상회담', 영국 G7 회의, NATO 등에서 중국 봉쇄정책, 북한에 핵무기 CVID(complete, verifiable, irreversible dismantlement: 2005년 9월 19일 남북공동성명에서 조지 부시 행정부 1기 때 수립된 북핵 해결의 원칙) 요구 등으로 그 기세가 꺾이는 형세였다. 영국 G7 회의에서 한국·호주·인도·남아프리카 등이 초청되어 회원국은 중국 코로나19, 북핵 등에 강경한 태도로 일관했다. 더욱이 NATO 국가의 성명은 더욱 이들도 공산권에 대한 봉쇄정책을 계속 펼 것을 주문했다.

미국이 끝까지 문재인 청와대를 의심하는 사이 태극기 애국국민들은 2020년 3·1 운동 기념식을 기해 정부에 반기를 들고 광화문·서울역으로 몰려나왔다. 경찰 추산 2만 2000여 명(주최측 100만 명)이 참가했다. 대한애국당은 서울역을 비롯하여, 대한문·광화문 동아면세점 앞·보신각 등에 운집하여 서울역, 남대문, 안국동, 청와대 앞, 종로 1가 등 주변에 행진을 계속했다. 전국에서 온 태극기 애국국민은 '탄핵무효', '드루킹 댓글 여론조작', '경제 참사', '문재인 OUT' 등 구호로 문재인 청와대를 압박했다.

북한 주변에도 변화가 감지된다. 3·1절을 기해 북한 망명정부가 생겨났다. 김정남의 아들 김한솔의 망명정부를 세운 것이다. 즉, 김정은 북한 국무위원장의 이복형 김정남 암살 이후 그의 아들 김한솔을 구출한 것으로 알려진 단체 '천리마 민방위'가 '자유 조선의 건립을 선언했다.'며 '이 정부가 북조선 인민을 대표한 단일하고 정당한 조직'이라고 밝혔다. 단체명도 "'자유 조선(Free Joseon)'으로 변경하고, 이 조직을 '임시 정부'라고 지칭했다."(김명성·윤형준, 2019. 03. 02.)

북한 뿐 아니라, 대한민국에도 문재인 청와대 폄하 발언이 이어졌다. 나경원 자유한국당 원내대표가 이해찬 여당 대표의 '100년 집권' 프로젝트 아킬레스건을 건드렸다. 더욱이 나 원내대표는 "더는 대한민국 대통령이 김정은 수석대변인이 라는 낯 뜨거운 이야기를 듣지 않도록 해 달라.'고 한 나경원 자유한국당 원내대 표의 국회 교섭단체 대표연설에 대해 청와대가 반발했다."(윤성민·김준영, 2019. 3. 13.)

한정우 청와대 부대변인은 브리핑을 통해 '나 원내대표의 발언에 강력한 유감 을 표한다.'며 '국가 원수에 대한 모독일 뿐 아니라 한반도 평화를 염원하는 국민 에 대한 모독'이라고 지적했다.(박선우, 2019. 03. 13.)

'김정은 수석 대변인'은 외신엔 침묵하더니 갑자기 6·29 이후 폐기된, '국가원 수 모독'으로 들고 나온 것이다. 그러나 실제 김정은 수석 대변인임이 실제 2019 년 6월 30일 밝혀졌다. 제14차 G20 정상회의가 6월 28~29일 양 일간 오사카에 서 열렸다.

트럼프 미국 대통령은 일본에서 서울을 방문(29~30일)하고 30일 3시 46분, 군 사분계선에서 미·북 정상은 악수했다. 문재인 배석 없이, 사상 처음으로 판문점 에서 미·북 정상이 만났다. 그 과정은 "깜짝 '월경(越境)'으로 미국의 현식 대통령 이 처음 북한 땅을 밟았다. 이어 두 정상은 당초 20분 정도 회동할 것이란 예상을 넘어 약 53분간 함께했다."(안준용, 2019. 07. 01.)

실제와는 달리, 문재인 대통령이 '한반도 운명의 주인은 우리'라는 말을 자주했 다. 지난달 25일 청와대 수석보좌관회의에선 '한반도 운명의 주인은 우리다', '한 반도 문제의 주인으로서 비핵화와 항구적 평화의 길로 나아가도록 최선을 다하 겠다.' 3·1절 100주년기념식에서도 '신한반도 체제'는 우리가 주도하는 '100년의 질서'이다. 그러나 현실은 정반대로 가고 있었다. "'한반도 운명을 좌우'하는 북핵 회담에서 한국은 '왕따' 신세가 된 것이다."(지해범, 2019. 03. 13.)

5) 자유민주적 기본질서 실패

북한의 북핵 개발이 체제 유지의 수단으로써 체제에 변화를 줄 의사가 없다면 그들은 절대 핵무기도 포기하지 않는다. 태영호 전 공사도 이를 확인해줬다. "현재까지 나타난 것과 같이 북한은 큰 체제 변화를 원하지 않았다. 비핵화 시늉으로 경제 지원을 받고, 협력과 개방도 체제를 건드리지 않는 범위에 국한한다."(박형준, 2019. 03. 05.)

한편 文 청와대의 뜻이 신임 통일부 장관에게 투영되었다. 김연철 통일부 장관 후보자는 2차 미·북 정상회담 직전인 2월 11~12일 중국 상하이 출장시 "유엔군사령부 해체 방안이 담긴 '평화협정 시안'을 중국 전문가들과 논의한 것으로 확인됐다."(윤형준, 2019. 3. 13.)

문재인 정권은 벌써 김정은과 공동 운명체가 된 것이 어제오늘 일이 아니었다. 文의 북한 짝사랑은 지나쳤지만, 대한민국 헌법 제3조는 '대한민국의 영토는 한반도와 그 부속도서로 한다.'라고 규정했다.

文은 '촛불청구'를 계속 수용하고 있었다. 더욱이 "지금 중국이나 러시아 같은 나라를 빼고 '세계에서 하노이 미·북회담을 성공했다.'고 주장하는 정부가 딱 둘 있는데 그게 한국 문재인 정부와 북한 김정은 정권이다."(양상훈, 2019. 03. 07.) 그들은 '영변 시설 폐기'에 무게를 두고 있었다.

오사카에서 2019년 6월 28~9일 G20 정상회담이 '자유롭고 공정하며 차별 없는 무역'을 주제로 열리고, 트럼프 미국 대통령은 서울로 날아와 판문점에 미·남·북 정상회담을 진행했다. 그러나 북핵은 여전히 진전이 없었고, 유엔제재는 계속된 상태였다.

일본은 북한으로 흘러들어간 화학물품 소재 단속에 나섰다. 서울 뉴시스 2019년 07월 07일 보도는 '후지뉴스네트워크스(FNN) 보도에 따르면, 집권 자민당의 하기우다 고이치(萩生田光一) 간사장 대행은 BS 후지방송 뉴스 프로그램에 출연해 '(한국으로 수출된 화학물질의) 행선지가 어디인지 알 수 없는 사안이다.' 같은 차원에서 다른 여당 간부는 '북한으로 간 '에칭가스(고순도 불화수소)는 우라늄 농축과 화학무기 제조용이다.'라고 했다.

일본은 안보차원에서 반도체 3대 핵심 소재인 에칭가스, 플루오린 폴리이미드, 감광제 리지스트 등을 열거했다. 이들 소재는 국내 삼성반도체·SK하이닉스 등이 쓰고 있는 소재였다.

문재인 청와대가 편 논의는 주로 증거가 아니라, 요망사항을 계속함으로써 말의 신뢰를 계속 잃어갔다. 그가 만들어낸 뉴스는 이념 경도가 심했기 때문에 왜곡 현상이 심했다. 더욱이 청와대의 북한 편향은 '김정은 수석대변인'이라는 말까지 듣게 되었고, 민주당 '수석 대변인'의 논평에 대해 IPI(국제언론인협회)가 비난하고 나섰다.

「미국의 소리」(VOA)에 따르면 "국제언론인협회가 '문재인 대통령은 김정은의 수석대변인'이라는 제목의 기사를 쓴 미국 블룸버그통신 기자를 향해 더불어민주당이 '매국 행위'라며 비난한 것에 대해 '용납할 수 없다."라는 입장을 밝혔다.(황인찬, 2019. 03. 22.)

IPI는 민주당에 일침을 가했다. "민주당이 기자의 역할이 정부의 '응원단원'이 아니라 '공익 사안에 대해 독립적이며 비판적으로 보도하는 것이다.' 또한 '기자에 대한 민주당의 이 같은 공격은 기자의 안전을 해칠 수 있는 잠재력이 있다. 앞으로 이러한 선동적인 발언을 자제할 것을 촉구했다.'"(황인찬, 2019. 03. 22.)

'김정은 수석 대변인'에 대한 논평에 시시비비를 판단할 필요가 없이 현실로 다가왔다. 유엔 제74차 2019년 9월 24일(현지 시각) 대표연설에서 문재인은 북한 문제를 끌고 나온 것이다. 그는 유엔총회 기조연설에서 "'한반도 비무장지대(DMZ)에 국제평화지대를 만들자'고 제안했다. 남북한 군사적 대결이 낳은 비극적 공간인 DMZ를 군사적 충돌이 영원히 불가능한 지역으로 만들어 평화를 확산시키자는 구상이다."(사설, 2019. 09. 25.) 문재인은 미사일을 후방에서 쏘는 북한에게 'DMZ 평화지대 구상'을 과감하게 들고 나온 것이다.

한편 당시 영토조항까지 문제가 되었다. "'함박도는 2017년 5월 대선이 있는 시기에 북한이 공사를 시작했다.' 그러나 국방부 홈피엔 'NLL 이남'이라고 했다."(양승식, 2019. 09. 27.)

북한의 공세는 계속되었다. 2020년 6월 16일에는 북한이 일방적으로 개성공단 내 남북 공동연락사무소를 폭파하고, 9월 21일은 서해 최북단 소연평도에서 해양수산부 서해 어업지도 관리원 소속 항해사 이대진(47)에게 총격을 가해 사살했다.

한편 국회는 "'대북전단 살포 3년이하 징역'이라는 대북전단금지법을 만들었다. 일명 이 법은 '김여정 하명법'이라고 한다. 이인영 당시 통일부 장관은 '남북관계개선 촉진법'이라고 했다."(주희연, 2020. 12. 02.) 이는 정보의 자유로운 유통을 막는 법으로, 더불어민주당은 '접경 지역에서 대북 전단 살포와 확성기 방송 등을 금지하는 이른바 대북전단금지법을 야당의 반대에도 국회 외교통일위원회에서 처리하며 이 법안을 강행 처리했다.'

헌법재판소가 '북한 김여정 하명법'으로 불리는 '대북 전단 금지법'에 대해 위헌(違憲) 결정을 내렸다. 이 법은 "지난 2020년 한 탈북민 단체가 대북 전단 50만장을 북한 상공으로 살포한 데 대해, 문재인 정부와 민주당이 처벌 조항을 신설한 것이다. 문재인 정부는 대북 전단을 살포한 탈북민 단체의 설립 허가를 취소했고, 이 단체의 대표는 이후 대북 전단을 추가 살포한 혐의로 기소돼 재판을 받고 있다. 헌법재판소는 26일 '대북 전단 금지법(남북관계 발전에 관한 법률)'에 대한 헌법소원 사건에서 '위헌 7 대 합헌 2' 의견으로 위헌 결정을 내렸다고 밝혔다. 이 헌법소원은 2020년 대북 전단을 살포한 탈북민 단체인 '자유북한운동연합'의 박상학 대표 등이 낸 것이다."

한편 헌재는 위헌과 합으로 갈렸다. '정보의 자유로운 유통'에 관한 논의이다. 이날 위헌 의견을 낸 헌법재판관 7명은 유남석 헌재소장과 이은애·이종석·이영진·김형두·이미선·정정미 재판관이다. 이들은 "'해당 조항은 대북 전단 살포를 금지하면서 미수범도 처벌하고, 징역형까지 두고 있는데 이는 국가 형벌권의 과도한 행사'라며 '이는 표현의 자유를 지나치게 침해한다'고 판단했다. 반면 김기영·문형배 재판관은 합헌(合憲) 의견을 냈는데 두 재판관도 문재인 정부가 임명했다. 이들은 '해당 조항은 접경 지역 주민의 생명과 신체의 안전이라는 중요한 법익에 대한 침해·위험을 방지하기 위한 것'이라며 '(기본권 제한을 위해 헌법이 요구하고 있는) 침해의 최소성, 법익의 균형성 등이 인정된다'"라고 했다.(이슬비·김정환, 2023. 09. 27.)

민주당은 "이날 외통위 전체회의에서 민주당 소속 송영길 위원장이 대표 발의한 남북관계발전법 개정안을 처리하려 하자 국민의힘과 국민의당 의원들은 표결 직전 집단 퇴장했다."(주희연, 2020. 12. 02.)

청와대의 노골적인 종북 논란이 계속되니, 미 의회가 나섰다. 美의회 하원 산하의 톰 랜토스 인권위원회(Thomas Lantos Human Rights Commission)가 15일(현지 시간) 한국의 대북전단금지법(남북관계발전법 개정안)에 대한 화상 청문회를 열었다. "미 국무부 인권보고서는 인간의 존엄성, 시민의 자유, 정치 참여, 부패 및 정부 투명성 결여 등 7개 부문을 점검했다. 시민의 자유 부문에서 표현 자유로 지적된 것이 대북전단금지법 말고 2개가 더 있다."(김순덕, 2021. 04. 15.)

한편 청문회에 증인으로 참여한 이인호 전 주러시아 대사가 16일 "북한과 관계 개선을 모색하려면, 지금까지 우리가 누리던 모든 것을 북한 주민도 누릴 수 있게 해주는 것이 우선"이라고 말했다.(박현주, 2021. 04. 16.)

한편 국제적 망신살과 더불어 국내문제도 복잡하게 전개되었다. 국회에서 여당 및 범여권 3당의 선거제·고위공직자비리수사처(공수처) 법안 패스트트랙(신속처리안건 지정)으로 자유한국당과 대립각을 세웠다. 나 원내대표는 이날 국회에서 열린 의원총회에서 "연동형 비례대표제와 공수처 법안이 패스트트랙에 태워지는 순간 민주주의 생명은 시한부가 된다."라고 했다.(장혜진, 2019. 04. 24.)

한편 비례 대표 줄이는 방향에 대한 의견이 개진되었다. "한국당이 '비례대표를 폐지하고 의원 정수를 270석으로 줄이는 안을 내놨는데 왜 논의를 하지 않나'라며 '이유는 딱 하나다. 좌파연합세력이 내년 선거에서 절대 과반을 확보하기 위한 것'이라고 비판했다."(장혜진, 2019. 04. 24.)

국회는 이권 챙기기에 여념이 없었다. 그 실례가 「이권 챙기려 주권 파는 사람들」(전영기, 2019. 12. 16.), 「문 의장, 의원직 아들 주려 대통령 수족 노릇 하는가」 등에서 노출되었다.(사설, 2019. 12. 17.)

문희상 국회의장 아들이 '내년 총선에 출마하겠다.'라고 공언했다. 아버지 지역구인 경기 의정부갑에서 출마하겠다는 얘기다. 그는 '세습 논란을 알고 있다'면서도 '억울하다'고 했다.(사설, 2019. 12. 17.)

문 의장은 이번 예산 처리 과정에서 "초당적이고 중립적이어야 할 국회의장이 아니라 무리한 강행 처리의 선봉장을 맡았다. 예산안 부수 법안부터 처리해서 세입을 확정한 후 세출 예산을 통과시키는 당연하고 확립된 절차조차 무시했다."(사설, 2019. 12. 17.)

성난 우리공화당 당원, 자유한국당 당원, 그리고 애국국민(자유시민)이 국회를 난입했다. 우리공화당이 본청 난입을 시도했다. 다시 그 열기를 더해 갔다. 우리공화당 지지자들로 추정되는 100여 명 이상의 애국시민들이 단체로 국회 본관에 난입했다. "이날 경찰에 따르면 우리 공화당 지지자들 100여 명은 국회 본청 계단으로 올라와 2층 로텐더홀로 들어가려고 시도했다. 경찰들은 곧바로 막아섰지만 지지자들은 계속 밀치면서 몸 싸움이 벌어졌다."라고 했다.(허남설·심진용, 2019. 12. 16.)

국회에 법에도 없고 정치 관례에도 없는 '4+1'이라는 해괴한 말이 돌아다니고 있다. 즉, "정의당(대표 심상정)+바른미래당(당권파·대표 손학규)+민주평화당(대표 정동영)+대안신당(대표 유성엽)이 4요, 더불어민주당(대표 이해찬)이 1이다."(전영기, 2019. 12. 16.)

국회의 정치공학 실체가 드러난 것이다. 이에 대해 자유대한호국단 박성현 씨는 「유튜브 백모」 2019년 12월 17일 '자유시민! 국회를 정복한다!'로 '국회가 급소네… 찔러 보니까 별거 아니네…'라고 했다.

한편 나 원내대표는 핵심이 '판사·검사·경무관급 이상 경찰을 수사할 때 공수처에 기소권을 준다.'라는 주장을 했다. 한마디로 '청와대가 마음대로 법원·검찰·경무관에 대한 권력을 행사하겠다는 것'이다.(장혜진, 2019. 04. 24.) 또한 공수처는 장·차관급과 대통령 친인척은 기소대상에서 제외됐다. 국회의원도 슬그머니 대상에서 빠졌다. "이대로 통과되면 공수처가 아니라 '판검사 수사처'가 될 것이라는 비판이 나온다."(사설, 2019. 04. 24.)

한편 공수처 설치에 대해 판·검사 수사권을 가지면, 공수처가 청와대의 뜻에 따라 움직이게 된다. 이에 대해 "법조인들은 '무소불위의 「괴물 기관」이 탄생할 것'이라고 했다.(최재혁, 2019. 04. 30.) 한 검찰 고위간부는 '공수처가 생기면 민변에서 너도나도 손들고 갈 것'이라며 '지금 좌충우돌하고 있는 대검 과거사 진상조사단 같은 사람들 손에 전속적 수사권까지 쥐어주는 격'이라고 우려를 표시했다.

공수처 설치가 권력형 비리를 묻기 위한 기구임이 드러났다. 조국법무부 장관이 임명되었으나, 조국 장관과 그 부인 정경심 동양대 교수의 입시비리 그리고 웅동학원 학원 비리 등으로 얼마가지 않아 낙마했다. 그 후임으로 추미애 법무장관(2020. 01. 03. 취임)이 임명되었다.

추 장관은 "문재인 경희대 동문을 서울지검장에 이성윤을 앉히고, 수사를 직·간접적으로 지휘했다. 그는 윤석열 검찰총장의 수사팀 인사에 직접 개입한 것이다."(안준용·김정환·이민석, 2020. 01. 23.) 그리고 윤석열 검찰총장의 무력화 작업이 현실화되었다. 문재인 사람으로 '검찰 개혁'의 속도를 내었다. 물론 '공수처법'이 통과된 의미와 관련된 것이다.

그 후 추미애 법무장관은 권력범죄를 수사한 검사들에 대한 '대학살 인사'와 무리한 직제개편에 이어 중대 범죄자들의 공소장 공개마저 거부했다. 국회 법제사법위원회 의원들이 '울산시장선거 공작' 사건으로 기소된 송철호 울산시장, 백원우 전 청와대 민정비서관 등 13명의 공소장 제출을 요청한 데 대해, 법무부는 4일 '인권 침해 우려가 있다'며 불응했다. "법무부 간부들도 만류했지만 추 장관은 '내가 책임지겠다.'며 거부를 지시했다."(사설, 2020. 02. 05.)

한편 패스트트랙에 놀란 문희상 국회의장은 2019년 4월 25일 18시 50분 1987년 이후 한 번도 시도하지 않았던 '국회 경호권'을 발동했다. 경찰국가(garrison state)가 눈앞에 보였다. 뿐만 아니라, 경제에도 경찰국가가 강화될 전망이었다.

금융감독원 특별사법경찰(특사경)이 '내달 첫 활동을 시작할 예정이지만 아직도 정체성을 찾지 못하고 있었다.' 물론 특사경은 경찰은 아니지만 경찰과 다름없는 수사권한을 가졌다. "특사경으로 지명되면 금감원 직원도 통신기록 조회, 압수수색 등을 활용한 강제수사를 벌일 수 있었다. 그만큼 자본시장 각종 거래행위에 대해 막강한 영향력을 행사하게 되었다."(조진형, 2019. 04. 24.)

국회의원 선거에서 사표를 막는다는 이유로 '연동제'로 비례대표제로 눈면 국회의원을 탄생시킬 전망이다. 정치공학이 반영된 것이다. 독일, 뉴질랜드 등만 채택하고 있는 제도이다. 그 속내를 보면 비례대표를 늘리면, 결국 정치권력의 독점을 오랫동안 유지시키겠다는 의도로 볼 수 있다. 의원 봐주는 척하면서 국가사회주의 제도, 즉 경찰국가로 가게 된다.

연동형 비례대표제로 바꾼다는 것이 골자인 선거법 개정안은 '집권 여당의 영구집권'을 위한 계획이나 다름없다. 집권여당은 "정의당과 평화당, 바른미래당을 자신들의 집권 연장 도우미를 끌어들였다. 그 고리는 '연동형 비례대표제'[433]다."(이동화, 2019. 04. 23.) 이제 여야 4당은 선거제 패스트트랙 합의로 좌파 100년 집권도 가능하게 법을 만들었다. 한국 민주주의는 위기를 맞이한 것이다.

정치권에서 집단이기주의가 지배적 담론을 형성하고, 자유주의·시장경제 그리고 '자유민주적 기본질서'가 무너지는 현실이었다. 그날 의회는 '폭력 국회', '광기의 국회', '막장 드라마 국회' 등의 표현으로 막말과 고성, 몸싸움이 벌어졌다.(김고은, 2019. 05. 08.)

한편 집권여당은 자유한국당을 계속 옥죄면서, 그 지지 세력인 대기업을 홀대했다. 이들은 '대기업'을 범죄 집단으로 매도하는 경향이 농후했다. 한진그룹 '조양호 회장의 죽음'으로 몬 국민연금은 재벌 갑질을 문제 삼았다. 문재인 정부는 삼성과 한진KAL을 손아귀에 넣고 싶었다.

여기서 '땅콩회항'은 '대한항공 조양호 회장의 장녀인 조현아 전 부사장이 2014년 12월 5일 뉴욕발 대한항공 1등석에서 마카다미아를 봉지째 가져다준 승무원의 서비스를 문제 삼으며 난동을 부린 데 이어, 이륙을 위해 활주로로 이동 중이던 항공기를 되돌려 수석 승무원인 사무장을 하기(下機)시키면서 국내외적으로 큰 논란을 일으킨 사건이다.' 조 전 부사장의 행동으로 "당시 같은 비행기에 탑승했던 250여 명의 승객들은 출발이 20분 가량 연착되는 불편을 겪었다. … 이

---

433) 연동형 비례대표제는 정당의 득표율에 연동해 의석을 배정하는 방식으로, 예컨대 A정당이 10%의 정당득표율을 기록했다면 전체 의석의 10%를 A정당이 가져갈 수 있도록 한다. 이는 지역구 후보에게 1표, 정당에게 1표를 던지는 '1인 2표' 투표방식이지만, 소선거구에서의 당선 숫자와 무관하게 전체 의석을 정당득표율에 따라 배분한다. 그리고 정당득표율로 각 정당들이 의석수를 나눈 뒤 배분된 의석수보다 지역구 당선자가 부족할 경우 이를 비례대표 의석으로 채우게 된다. 이는 '혼합형 비례대표'로도 불리는데, 이를 택하고 있는 대표적 국가로는 독일, 뉴질랜드 등이 있다. https://terms.naver.com/entry.nhn?docId=5687412&cid=43667&categoryId=43667

사건은 12월 8일 언론을 통해 공개되면서 땅콩리턴, 재벌가 갑질 논란을 촉발시켰다.”

청와대는 이런저런 이유로 재벌 소유에 관여하기 시작했다. 당시 연금사회주의화를 우려하는 목소리가 높아졌다. 그러나 헌법 제126조에서 ‘국방상 또는 국민경제상 간절한 필요로 인하여 법률이 정하는 경우를 제외하고는, 사영기업을 국유 또는 공유로 이전하거나 그 경영을 통제 또는 관리할 수 없다.’라고 했다.

또한 헌법 정신과 달리 움직였다. “국민연금의 최고의사결정기관인 기금운용위원회 구성원(20명)을 대통령과 복지부장관이 임명하는 위원들로 전원 구성되고 있다. 2018년 6월 기준으로 현재 국민연금이 5% 이상의 지분을 보유한 기업은 299개, 10% 이상인 기업도 96개에 달한다.”(전삼현, 2019. 01. 16.: 38)

‘국민의 노후자금을 굴리는 국민연금은 ‘지난해 -0.92%의 운용 수익률을 기록했다. 글로벌 금융위기 이후 10년 만의 ‘마이너스’ 성장이었다. “하지만 캐나다 국민연금(CPP)은 똑같은 시장 환경에서도 같은 기간 8.4%의 수익률을 올렸다.”(유창재, 2019. 04. 21.)

한편 국민연금은 이렇게 취약한 포트폴리오를 가지고 있지만, 이를 개선하기위한 노력에는 별 관심이 없었다. 신상진 자유한국당 국회의원이 보건복지부에서 제출받은 ‘2017년 이후 국민연금 전문위원회 회의 실적’에 따르면 “국민연금기금의 자산 배분 전략과 투자정책을 논의하는 투자정책전문위원회는 단 세 차례 열렸다.”(유창재, 2019. 04. 21.)

정치공학적으로 경제를 운용하니, 경제가 제대로 돌아갈 이유가 없었다. 정치동원 사회가 한참 진행되면서 사회 곳곳에 자유·시장경제가 질식당한다. 중견·중소기업에 정부 정책의 타격을 받는다. 제조업의 뿌리산업까지 흔들리고 있다. “‘제조업 뿌리’ 주물공장은 절반이 문 닫았다.”(김낙훈·서기열·나지수, 2019. 04. 21.)

중소기업이 문을 닫면서 공급망 생태계가 망가졌다. 어떤 상품을 생산하려고해도 중국 공급망에 의존하지 않고는 아무것도 할 수 없게 되었다. ‘촛불 청구서’는 대단한 위력을 발휘했다. “최근 3~4년 동안 자동차 조선 등 전방위산업의 침체와 최저임금 인상 등 경영환경 악화로 가동 업체는 16곳으로 줄었다. 전체 면적도 4분의 1 수준인 6만㎡로 쪼그라들었다. 공장 가동률은 60% 안팎에 머물고 있다. 금형과 도금 기업이 몰려 있는 경기 부천 오정산업단지와 안산 반월도금단지도 사정이 비슷하다."(김낙훈·서기열·나지수, 2019. 04. 21.)

'제조업 뿌리산업' 공장이 절반이 줄어, 산업의 생태계가 무너져 부품공급이 원활치 않았다. 그러나 청와대는 엉뚱한 선전·선동을 계속한다. 종북 논의는 계속된 것이다. 그 와중에 중국이 주장하는 중앙아시아 일대일에 나섰다.

당시 뿌리 산업에 대한 논의가 심도있게 논의되었다. '한국 제조업을 떠받쳐온 주물·금형·도금 등 '뿌리 산업'의 기반이 흔들리고 있었다. '국가뿌리산업진흥센터에 따르면 2017년 "전국 뿌리산업 기업은 2만 5056개로 2016년에 비해 731개 줄었다. 지난해에는 1000개 이상의 '뿌리기업'이 문을 닫았을 것으로 업계는 추정하고 있다.'"(김낙훈·서기열·나지수, 2019. 04. 21.)

기계공업 뿐 아니라, 반도체 소재도 문제가 되었다. 소재산업의 취약한 약점을 일본 총리가 들고 나왔다. 아베 일본 총리는 2019년 7월 1일 불화수소, 플루오린 폴리이미드, 포토레지스트 등 3개 품목의 수출관리를 선언한 것이다. 그는 '수출관리', '안보차원'이라는 말을 이어갔다. 그중 에칭가스(불화수소)는 99.999%의 순도를 가진 것은 일본 독점이며, 전술했듯 그 소재가 2017 이후 북한으로 유입되었다는 논리를 폈다.

일본은 수출규제를 위한 화이트리스트(수출 절차 우대국)에서 2019년 8월 2일 한국을 빼버렸다. "일본은 이런 조치가 '국가 간 신뢰 관계가 깨졌기 때문'이라고 둘러대지만, 진짜 이유는 대법원의 징용판결 때문임을 모두가 알고 있다"라고 했다.(사설, 2019. 08. 02.)

한일 외교가 비틀어지게 했다. "지난해 10월 말 '김명수 대법원'의 징용배상 판결은 '1965년 한·일 기본조약과 청구권 협정'을 뿌리에서부터 흔드는 것임에도 문재인 정부는 '사법부 판결에 관여할 수 없다.'며 조약과 판결의 괴리를 무책임하게 방치했다."(사설, 2019. 08. 02.)

여기서 한일 청구권협정은 '1965년 일본 도쿄에서 체결됐다.' 제1조에서 '일본은 한국에 10년 동안 3억 달러를 무상 제공하고, 2억 달러의 차관을 주기로 했다.' 제2조에서 '양국 및 그 국민(법인 포함)의 재산, 권리 및 이익과 청구권에 관한 문제가 완전히 그리고 최종적으로 해결'되는 것으로 합의했다. "제1조와 제2조를 직접적으로 연결 짓는 조항은 없다. '배상'이라는 낱말도 명시돼 있지는 않다. 일본은 대가 없이 돈을 주고 한국은 대가 없이 청구권을 없앤 격이다. 이에 대해 2018년 대법원의 확정판결이 무상 3억 달러와 차관 2억 달러가 배상이 아니라고 보면서 국내법과 국제조약이 충돌하게 됐다."

(https://m.post.naver.com/viewer/postView.nhn?volumeNo=22576960&memberNo =39094895&vType=VERTICAL)

대법원이 외교에까지 나서 갈등을 증폭시켰다. 반일 종족주의가 작동한 것이다. 대법원(주심 대법관 박상옥, 대법관 노정희)은 "강제징용배상판결(2013다67587)로 미쓰비시중공업주식회사가 강제징용 대상자에게 손해배상을 하도록 하는 판결을 했다. 일본은 1965년 '한·일간의 국교 정상화 때 개인청구권은 국가가 해결한다."라는 조항을 재론했다.(사설, 2019. 08. 02.)

김명수 대법원장은 과거 정권이 국정논단, 즉 '재판거래', '적폐 청산'(사법농단 즉, 강제 징용 배상 문제 포함)' 등의 이유를 들어 양승태 대법원장을 구속시켰고, 일본은 강제징용에 계속 문제를 제기했다.

문재인 청와대는 박근혜 정부가 맺은, 한일군사정보보호협정(GSOMIA) 연장을 거부하고, 폐기를 공언했다. '종족적 민족주의'가 발동하였고, 북한·중국이 박수칠 일이다. 정부는 '반도체 소재 수출금지에 대한 보복 조치로 WTO 제소의 칼을 빼들었다.' 동맹 파괴는 생각지도 않은 채 종북과 친중 노선을 강화시킨 것이다. 그러나 당시 미국의 압력에 의해 청와대는 '2019년 11월 22일 지소미아 '조건부 연장, WTO 제소 정지' 등을 선언했다.(23일 0시 종료 예정)

한편 일본의 화이트리스트 문제로 소재부품이 고갈 나게 생겼다. 뿐만 아니라, '우한(武漢) 폐렴'(2020. 01. 20.)으로 2020년 1월 20일부터 2021년 10월 31일까지 '사회적 거리두기'로 국민을 꽁꽁 묶어놓았다.

여기서 우한 폐렴(코비드19)은 "2019년 11월 말~12월 초순 우한 시장에서 30km 떨어진 중국인민국립생물안전성연구소(중국인민군 생물학전연구소)에서 처음 발생한 뒤 세계로 확산된 새로운 유형의 코로나바이러스 호흡기 질환이다.

(https://search.naver.com/search.naver?sm=top_sug.pre&fbm=1&acr=(2020. 02. 26.)

설 연휴〔春節〕를 기해 28만 명, 그 후 하루 2만 명 수준의 중국 여행객이 한국으로 몰렸고, 그들이 가장 많이 유입된 대구에서 발병이 심했다. 그 후 '정치방역'이 시작된 것이다. 당시 '정은경 질병관리 본부장이 컨트롤 타워를 맡고 있었으나, 대통령·총리가 주도권을 잡았고, 사회적 거리두기 4단계까지 끌어올렸다.

확진자가 신천지교인이 많았다고 함으로써 신흥종교가 수난을 당했다. 중국 홍위병 같은 광기로 신천지 신흥종교를 희생양으로 삼을 심산이었다. 의사협회 등은 음압 시설과 의사 수급 등 이유로 7차례 여행객을 중지시키도록 건의했다. 그러나 문재인 대통령은 중국은 한국과 운명공동체라는 말로 묵살했다.

산업에도 영향을 줬다. 코로나 이후 중국에서 생산된 자동차 부품 소재 와이어링 하니스(배선뭉치) 부품 등 10개의 중국산 자동차 부품 결핍 사태로 공장문을 굳게 닫게 되었다. 자동차에 이어 脫원전에 문제가 발생할 전망이었다. 월성 1호기는 중수로로 원자탄을 만들 수 있는 핵 무기 물질을 추출할 수 있는 회사이다. 그 소재가 국내 산업에 발목을 잡게 될 전망이었다.

물론 중소기업의 문제가 크게 부각되었다. 문재인 정권 들어 중소·중견 기업만 문제가 되는 것은 아니었다. '52시간제 역설로 대기업(종업원 300명 이상) 일자리는 8개월 새 10만개 줄어들게 되었다.'(김도년, 2019. 04. 01.) 1987년 이후 노동조합 운동이 심해지면서 공장의 기계화가 심해지는 현상이 반복될 전망이다.

김원식 건국대 경제학과 교수는 '주 52시간 제도가 도입된 시점이 공교롭게도 4차 산업혁명 진행으로 기계가 노동을 대체하는 속도가 빨라지는 국면'이라며 '제도 도입 이후 시간당 노동비용이 커지게 되면 노동을 기계로 대체하는 속도도 더 빨라질 수밖에 없기 때문에 일자리도 빨리 줄게 된다.'고 강조했다."(김도년, 2019. 04. 01.)

더욱이 52시간제로 노동시간을 자본가가 통제하는 것이 아니라, 국가가 통제함으로써 더 이상 자본주의 사회가 아니었다. 한편 언론계도 출입처 변화가 일고 있었다. 정부의 52시간 노동 시간단축에 발맞춰 하리꼬미(경찰서 붙박이 교육)가 역사의 뒤안길로 사라지게 되었고, 출입처 중심의 기사 취재, 발굴은 일단 변화를 겪게 되었다. 일제 강점기 이후 계속 있어온 경찰출입기자 제도의 수술이 눈앞에 다가왔다. 새 시대의 취재방식은 현장의 실험·관찰·논리·추론·분석 등을 요구하게 된 것이다.

이에 대해 그 근로 시간 단축에 따라 이영준 「서울신문」 시경캡은 "수습의 출퇴근 개념이 생기는 것뿐 교육이나 보고·취재 체계가 이전과 다르지 않다. 다만 경찰서 중심의 사건·사고보다 기획기사, 우리사회가 돌아가는 모습에 더 집중하게 될 것 같다."라고 했다."(김달아·강아영, 2018. 07. 04.)

앞으로 기자 교육의 방안에 대해 강나루 KBS 보도기획부 기자는 "'보도기획부 차원에서 처음으로 2주 정도 집합교육을 했다.'며 '탐사보도 관련 특강, 생방송 중계차 참여 교육, 방송 출연 교육 등을 실시했다.'(김달아·강아영, 2018. 07. 04.) 이 점도 있었다. 출연 교육 같은 경우엔 직접 스튜디오를 빌리고 앵커와 PD도 섭외해 '온에어 환경을 구축한 뒤 진행함으로써 수습기자들 반응은 좋았다.'라고 말했다."(김달아·강아영, 2018. 07. 04.)

출입기자제 수술도 논의되고 있다. 엄경철 KBS 통합뉴스룸(보도국) 국장이 지난 2019년 11월 6일 임명동의 투표를 통과하면서 출입처 제도 폐지를 선언했다. 엄 국장은 "출입처 제도에 대해 '패거리 저널리즘이라는 비판이 오래전부터 제기돼왔고, 이 과정에서 과다 경쟁이 발생하면서 온통 신뢰 하락의 중요한 요인이 되고 있다'면서 '출입처 제도를 점진적으로 폐지하겠다.'고 밝혔다. 궁극적으로는 영역에 따라 '통합뉴스룸 취재진의 50% 이상을 탐사, 기획 취재 중심의 구조로 바꿔 차별화된 뉴스를 지향하겠다.'라고 했다.(김고은, 2019. 11. 13.)

실제 우한(武漢)코로나19가 창궐한(2020. 1. 20.) 이후, 긴장관계로 머물다 사회적 거리두기 4단계를 격상한 2021년 7월 12일부터 청와대 출입처도 폐쇄된 상태이다.

사회적 거리두기로 취재 풍속도가 바뀌었다. 정보 공개원칙에 의존한 취재 시스템이 아니라, 언론 통제를 위한 청와대 출입처 운영도 문제일 수밖에 없었다.

"취재 공간을 아예 막아버리는 게 과연 타당한지 따져볼 필요가 있다. 청와대 조치는 감염 위험이 높아진 코로나19 예방 차원의 성격이라고 이해하고 싶지만 청와대 춘추관과 같이 통제된 정부 부처 공간이 폐쇄된 사례는 찾기 힘들다."(사설, 2021. 07. 28.)

물론 춘추관을 폐쇄하는 것은 정부 발표만 받아쓰라는 말과 다를 바가 없다. 현재 청와대 기자들은 브리핑 녹화본을 보는 것과 출입기자단 단체 카톡방에 질문을 남겨놓은 정도의 알 권리만 있다. 물론 원론적으로 청와대의 책임 있는 인사가 대통령의 의중과 현안을 설명하는 것이 현장 브리핑의 원칙이다. 그러나 "현재 청와대의 경우 질문 내용을 취합해 아예 활자화된 답변만을 얻는 것이 취재의 전부가 돼버렸다."(사설, 2021. 07. 28.)

또한 기자 출입제한에 조치가 나왔는데, 형사사건에서 피의 사실과 수사 상황 공개를 금지하는 '형사사건공개금지 규정제도'가 지난 2019년 12월 1일 시행됐다. 쉽게 말해, 범죄 혐의가 있어 수사를 받더라도 재판에 부치기 전까지는 원칙적으로 아무것도 공개하지 않는다는 의미다. 또한 '검찰개혁' 방안으로 내놓은 방안이 법무부가 전문공보관 및 그 담당관 등에만 기자를 접근하도록 했다."(강다은, 2019. 12. 05.)

정치 권력의 오만이 심했다. 52시간 노동제, 최저임금제 등은 생산성과는 관계없이 청와대의 뜻에 의해 이뤄졌다. "사회주의 배급사회, 퍼주기 형태의 사회가 한 발씩 가까워 가고 있었다. 우리나라는 2008년에 28조원이던 급여 지출이 불과 10년 만에 70조원에 달하고 증가율은 OECD 최대 수준이다. GDP 대비 의료비 비중도 OECD 평균에 육박해 의료비 지출이 선진국보다 적다는 것도 옛말이 됐다."(윤희숙, 2019. 06. 17.)

경제정책에 책임의식은 전무한 상태였다. "문 정권 이후 성장율 2% 경제에서 최저임금은 16.8% 올리는 무리수로 핵심 기반의 지지를 다진 후, 영세·자영업자의 지지가 휘청대니 나 몰라라 한 셈이다."(윤희숙, 2019. 06. 17.)

더욱이 기업주를 '적폐'로 보고, 상속세를 올림으로써 기업이 줄도산하고 있다. 상속세뿐만 아니라, 전기사용료는 중소기업을 공포의 분위기로 몰고 간다. 경제에서 폭력과 테러가 다른 것이 아니었다. 더욱이 상속세 공포로 알짜기업(중소·중견기업) 매물이 수백 개나 되었다.(신은진·석남준, 2019. 04. 22.) 세계의 경향과는 전혀 다르다. 스웨덴, 러시아, 노르웨이 등은 상속세를 없애는 분위기로 전환했다. 그러나 "국내의 상속세는 경제협력개발기구(OECD) 회원국 평균인 26.6%의 두 배에 이른다. 경영권이 있는 최대 주주 지분을 상속할 때는 10~30% 할증까지 적용돼 세율이 최고 65%까지 높아진다. 상속세가 실제 세계에서 가장 높은 나라이다."(신은진·석남준, 2019. 04. 22.)

국민의 빈곤 수준이 점점 높아지고 있었다. "정부가 발표한 공식 물가는 마이너스 수준으로 떨어졌지만, 체감 물가는 다르다. 한국은행에 따르면, 소비자들의 체감물가 상승률은 2.1%를 기록했다. 이는 2013년 10월(2.1%) 이후 거의 6년 만에 가장 컸다."(한경진, 2019. 9. 17.) 그 기준은 스위스에 이어 세계 2위라고 했다.

국민이 삶이 팍팍하다는 소리가 된다. 그런데 청와대는 엉뚱한 소리를 한다. "금리를 내려도 돈이 은행 주변에서 맴돌 뿐 생산투자처로 흘러들지 않는 이른바 '돈맥경화' 현상이 깊어지고 있다는 한경 보도다. 한국은행이 집계한 올 2분기 통화승수(한우이 공급한 돈이 경제현장을 돌면서 창출하는 통화량의 배수)가 15.7로 역대 최저치로 추락했다는 것이다."(사설, 2019. 9. 17.)

문재인 정권 집권시 "총통화가 1226조 원이 증가하고, 국가채무 400조원 증가, 외화보유고는 550조 원이 감소되었고, 산업 업종별 GDP 증가율은 제조업에서 서비스 산업으로 급격한 이전이 이뤄졌다."(양준모, 2023. 05. 04: 86~88)

문재인 청와대는 경제를 망친 정권임에 틀림이 없었다. 정부는 돈을 풀어 계속 퍼주기를 하고, 기업은 투자할 생각을 할 수 없는 기업문화였다. 일자리는 기업이 만드는데 기업이 투자를 하지 않으니, 일자리는 오히려 줄어들고 있었다. 국민은 점점 궁핍화 길로 들어가는 데 문재인 청와대는 엉뚱한 소리만 했다.

文 대통령은 '경제가 올바른 방향 가고 있다.'라고 전제하면서 '소득주도성장을 더 적극 추진'한다는 논리이다. "문 대통령은 '가장 저소득층인 1분위(하위 20%) 소득이 연속 감소세를 멈추고 소폭 증가한 것은 고령화 등 구조적 요인에도 정부 노력이 거둔 의미 있는 성과'라고 했다. 문 대통령은 '물론 아직 부족하다'며 '정

부는 저소득층의 가계 소득을 늘리는 정책을 한층 강화할 것'이라고 말했다."(정우상, 2019. 09. 17.)

문재인 청와대는 성장 동력이 떨어지는데 지엽적인 것으로 경제 지표를 말하고 있다. 문재인 대통령이 어제 "'우리 경제가 올바른 방향으로 가고 있다.' 수석·보좌관 회의에서 한 말이다. 청와대 수보 회의라고는 하지만 자기들끼리 하고 싶은 말, 듣고 싶은 말을 주고받는 자리가 아니다. 그대로 전 국민에게 공개되는 발언이다."(김광일, 2019. 09. 17.)

정말 문 대통령 자신감, 근거가 어디서 발생하는지 궁금하다. 통계조작이 이뤄질 수밖에 없는 분위기이다. "문 대통령은 늘어난 취업자가 45만 명이라고 했는데 그 내용을 뜯어보면 45만 명 중에서 60세 이상 '노인 일자리'가 39만 명이다. 우리경제의 기둥이라고 할 수 있는 30대 40대의 취업자는 23개월째 연속으로 감소하고 있다."(김광일, 2019. 09. 17.) '노인 일자리'는 노동 생산성과는 관계가 없다.

이 현실을 두고 바른사회시민회의 200인 교수 일동은 2019년 9월 5일 프란치스코 회관에서 교수 시국선언 기자회견을 했다. 흠 많은 '조국 법무부 장관의 후보사퇴 촉구 및 문재인 정권 국정 파탄 규탄'이란 내용이다.

바른사회TV의 2019년 09월 05일에 따르면 교수들은 "노동과 자본이라는 대립적 시각으로 국민을 분열시키고 최저임금의 급격한 인상으로 자영업자의 생존권을 위협하고 있다. 온갖 포퓰리즘 정책으로 국민의 혈세를 낭비하고 정부의 가격통제 및 개입 정책으로 일자리는 사라지고 있다."라고 했다.

한편 흠 많은 조국 법무부 장관 지명 후 정부·여당의 지지 발언은 계속되었고 비판의 목소리도 높았다. "대통령은 검찰의 조국 법무장관 수사와 관련해 '검찰 개혁의 목소리가 높아지는 것을 성찰해 달라'며 '특히 검찰은 인권을 존중하는 절제된 검찰권 행사가 무엇보다 중요하다'고 했다. 적폐수사라며 사람 4명이 자살하고 무고한 사람들을 떼로 사냥하듯 할 때는 잘한다더니 조 씨 집 한번 압수수색했다고 검찰에 경고장을 보냈다."(사설, 2019. 09. 28.)

비판의 목소리를 높여갔다. 갑질한 재벌 가족 하나를 잡겠다고 대한민국 전 국가기관을 총동원하면서 인권을 아예 말살하다시피 했고 조양호 한진 칼 회장은 그 원성에 사망하고 말았다. 그러나 "文 대통령은 검찰에 경고하는 동시에 지지자들에게는 검찰에 대한 항의 시위에 나서라는 메시지를 보낸 것으로 보인다. 이미 민주당 원내대표는 '이번 주말 10만 명 이상 서초동(대검찰청)으로 향한다고 한다.'"(사설, 2019. 09. 28.)

법조도 한 팩으로 움직였다. "조국 수사가 40일이 넘었지만 검찰은 아직 조 장관과 아내 휴대전화를 압수 수색하지 못했다. 법원이 여러 차례 영장을 기각했기 때문이라고 한다. 조국 펀드나 웅동학원 관련 계좌 추적이 더딘 것도 '영장 기각'과 무관하지 않다고 한다."(사설, 2019. 10. 11.)

한편 정치방송이 계속 문제가 된다. 유시민(노무현 재단 이사장) 씨는 "문재인 정부의 '어용 지식인'을 자처하고 있지만 아무런 공직과 권한을 갖지 않은 사인일 뿐이다. 그런 사람이 KBS 사장의 이름을 거론하며 경고하자 KBS는 곧바로 조국 사태를 두 달간 담당해온 자사 법조팀 기자들을 취재에서 배제하고 이들의 취재 과정에 잘못이 없었는지 조사하겠다고 했다."(사설, 2019. 10. 11.)

대통령과 지지자들은 극성을 부렸지만, 조국 법무장관은 결국 임명 35일 만에 사퇴를 했다. 조국 사태로 빚어진 법무부의 '가짜 뉴스' 검열이 강행되었다. 언론 자유를 옥죄는 일이 벌어진 것이다. 지난달 30일 법무부는 '형사사건 공개 금지 등에 관한 규정'을 12월 1일부터 시행한다고 밝혔다. 이에 대해 검찰 내부에서도 이견이 표출되었다. "특수통인 한 검찰 간부는 '앞으로 수사 기사가 마음에 들지 않으면 오보라고 하고 기자들을 내쫓으면 되겠다.'라고 냉소했다. 이 규정을 주도한 사람은 김오수 법무부 차관과 이성윤 검찰국장이다."(윤주헌, 2019. 11. 02.)

또한 기자의 출입처 제한 조치로 전술했듯, '법무부가 새로 만든 규정안으로 검찰이 수사 중인 형사사건에 대해 수사 상황이나 피의 사실 등을 원칙적으로 공개하지 못하게 했다. 또 전문공보관을 제외한 검사나 수사관도 기자와 개별적으로 만나지 못하게 했다.

방송은 그 규정안에 순응했다. 정권과 한 몸이 된 TV, 라디오 등은 '조국 수호'의 나팔수가 되고 있다. KBS, MBC 등 지상파방송은 서울 광화문에서 열린 조국 반대 집회를 "그 규모가 2016년 이후 최대였음에도 극히 무성의하게 다루고 조국 옹호 집회는 헬기까지 띄워 중계했다. 서울시민 세금으로 운영하는 tbs 교통방송에선 교통, 날짜 등 본래 방송 목적의 내용이 아니라 조국을 위한 선전·선동만 열을 올렸다."(사설, 2019. 10. 11.)

이에 대항한 정당, 시민단체, 종교계는 SNS를 통할 뿐만 아니라 「조선일보」·「동아일보」 등 광고를 통해 10·3, 10·9 시위를 독려했다. 개천절인 3일 서울 도심에서 '문재인 대통령 퇴진'과 '조국 법무부 장관 사퇴를 요구'를 독려하는 대규모 집회가 열렸다. "서울 광화문광장에서 서울광장까지 1.3km 구간의 왕복 11~12개 차로와 광장이 집회 인파로 완전히 뒤덮였다."(곽래건, 2019. 10. 04.)

이어 3일 도심 일대의 구간별 집회 신고 명의자는 보수 단체 연합체인 '문재인 하야 범국민투쟁본부(전광훈 목사)'와 자유한국당, 우리공화당 등이 참가했다. "하지만 이런 단체와 무관한 일반시민이 대거 몰려들었다. 지도부를 제외하고 일반인들은 한마음이었다. 가장 많이 터져 나온 구호는 '문 정부 심판, 조국 사퇴'였다."(곽래건, 2019. 10. 04.)

이날 오후부터 광화문 광장에서 서울시청 앞 서울광장을 거쳐 서울역 일대까지 도로가 집회 참석자로 가득 찼다. "'조국 장관이 거짓말을 너무 많이 해서 나왔다'는 할머니, '나라가 망가져 가는 것을 더 볼 수가 없다.'는 중년 남성, '조 장관의 위선과 조로남불에 화가 난다'는 30대 청년, '검찰 개혁을 핑계 삼아 거짓말쟁이를 감싸는 문 대통령에게 더 실망했다.'는 대학생에 이르기까지 집회 참석자들은 '화가 나서 참을 수 없었다.'고 했다."(사설, 2019. 10. 04.)

문재인 청와대는 정권에 부담이 될 내용, 즉 소득주도성장, 남북한군사합의서, 세월호 사건, 최순실 태블릿PC, 5·18 유공자 명단 등을 성역(聖域)으로 두고, 직·간접적으로 비판을 못하도록 했다. 이 때마다 공영언론을 동원해 선전·선동·세뇌의 나팔을 불어대었다.

주로 바람을 잡는 쪽은 갤럽과 리얼미터 등 여론조사였다. 2007년 한나라당 경선 때 갤럽은 신뢰성을 잃었고, 문재인 청와대는 리얼미터에 주로 바람잡이를 했다. 여론조사는 교통방송, YTN 등에서 일주일에 1, 2번씩 조사 내용을 공개했다.

교통방송은 정치 여론조사를 하지 않았으나, 문재인 정권이 들어선 2017년부터 시작했다.(이석우, 2019. 10. 01: 1) 물론 교통방송은 거의 전국 네트워크를 갖고 있지만, 60% 이상을 교통, 기상보도를 하게 되어 있으나, 노골적으로 김어준 씨 등을 불러놓고, 정치방송을 하기 시작했다. 교통방송이 정치동원 방송이 된 것이다.

그 여론조사의 높은 호감도는 "네이버에서 선전·선동이 크게 먹혔다. 한국소비자연맹이 2019년 2월 27일 발표한 포털 설문조사 결과 이용자 71.8%는 네이버와 다음 등 포털이 뉴스를 선정하는 기준을 공개해야 한다."고 응답했다.(이석우, 2019. 10. 01:1)

또한 tbs 교통방송은 해마다 세금 약 300억 원씩을 지원받는 공영방송사이다. 그런데도 패널진을 친여 인사 중심으로 편중되게 구성돼, 확인되지 않은 일방적 주장을 퍼뜨렸다. tbs는 "2017년부터 지난달(2019. 10.)까지 허위 사실 유포 등 총 14건의 방송심의위원회 제재를 받았는데 그중 11건이 '김어준의 뉴스공장' 때문이었다."(표태준·서유근, 2019. 11. 15.)

정확성과 진실을 외면하고 선전·선동·진지전 구축 등 그 한계도 노출이 되었다. 경제가 무너지고, 생명·자유·재산에 기본권이 흔들리고 있었다. 언론은 이런 엄중한 상황에서 본업은 팽개친 친여·친중·종북 이념놀이를 하고 있었다.

한편 KBS가 종북 논쟁으로 곤혹을 치렀다. 또한 재난주관방송사 KBS 정규프로 방영 논란부터 YTN 화약고 앞 생중계까지 이어지고, 강원 산불 재난보도 '우왕좌왕' 등 그 난맥상은 어제 오늘일이 아니었다.

재난방송 KBS는 지금까지 산불이 계속 나는데, 지금까지 무슨 역할을 한 것인가? 민경욱 한국당 의원의 페이스북은 "오늘만 인제, 포항, 아산, 파주, 네 곳에서 산불. 이틀 전에는 해운대에 큰 산불·왜 이리 불이 많이 나나?"라고 했다.(박재현, 2019. 04. 05.)

KBS가 재난방송에 문제를 발생시킨 것 뿐 아니라, 환경감시를 외면하는 문제점을 노출시켰다. 공영방송은 나팔수 언론의 한계를 경험케 했다. 그들도 이젠 탐사보도를 포기하기에 이른다. 'KBS 추적 60분'은 1983년 시작했으나 'KBS 스페셜'과 더불어 KBS의 대표 탐사보도 프로그램이 역사 속으로 들어가고 말았다.'(재진, 2019. 08. 28.)

또 다른 공영언론이 문제거리로 등장했다. 연합뉴스 CG(컴퓨터 그래픽) 처리 오류사건이 일어났다. 촛불 청구서로 얻은 감투가 허망하게 떨어지는 순간이다. 연합뉴스TV가 12일 보도본부 책임자인 김홍태 보도본부장 겸 상무이사의 직위를 해제했다. 지난 1일 "연합뉴스TV가 한·미 정상회담 관련 보도에서 문재인 대통령 사진 아래 북한 인공기를 배치하는 '사고'를 낸 뒤 이성섭 연합뉴스TV보도국장과 김가희 뉴스총괄부장을 보직 해임한 다음 날 보도 총책임자까지 문책한 것이다."(신동훈, 2019. 04. 13.)

청와대의 북한 사랑이 지나치니 이런 일이 일상화되었다. 이명박·박근혜 정부에서는 일어날 수 없는 일이 반복되었다. 청와대가 말하는 '평화통일' 정책의 실상이었다. '더러운 평화' 정책이 계속된 것이다. 그 와중에 국정원 대공수사팀이 간첩사건을 폭로했다. "현 정부 계획에 따라 2024년 대공수사권을 경찰에 넘겨주게 될 국정원이 청와대의 반기를 든 것이다. 박지원 당시 국정원장은 '간첩이 있으면 잡는 게 국정원'이다."라고 했다.(김아진, 2021. 8. 10.)

북에서 온 지령으로 움직이는 일당들이 잡혔다. '자주통일충북동지회'는 '생명 다할 때까지 원수님과 함께' 발견된 그 지령문만 84건이라고 했다.(표태준, 2021. 08. 07.)

충북 청주 지역 활동가 4명이 2017년 5월 충북도청 브리핑룸에서 문재인 대선후보 지지선언을 했다. 이들 중 일부가 "2017년 대선 당시 문재인 캠프 특보로 활동했고, 여당 중진과 함께 통일 사업도 추진하는 등의 의혹이 줄줄이 터져 나왔다."(김아진, 2021. 08. 10.)

한편 "청주지역 노동단체 출신 4명의 국가보안법 위반 혐의 사건을 수사하는 국정원과 검·경이 이들이 체제 전복을 위해 '여당 인맥 이용' '민노총 전직 간부 포섭' '지역 청년 의식화' '보육 교사 의식화' '충북 간호사 조직화' 등 다양한 임무를 부여받아 활동한 것으로 파악한 사실이 확인됐다."(김아진, 2021. 08. 10.)

문재인의 북한 찬양 논리는 끝이 없었다. "P4G회의(2021 서울 녹색미래 정상회의,

Seoul Summit, Partnering for Green Growth and the Global Goals 2030)는 탄소중립 및 지속가능발전 목표를 달성하기 위한 글로벌 협의체다. 그 영상에 북한을 부각시키고 싶었다. "'P4G 서울 정상회의' 개최지를 소개하는 오프닝 영상에 서울 대신 평양의 지도를 삽입해 논란을 빚은 영상업체가 제작비로 3850만 원을 받은 것으로 드러났다. P4G는 탄소중립 및 지속가능발전 목표를 달성하기 위한 글로벌 협의체다.(고현석, 2019. 06. 02.)

한편 주류 '언론의 좌경화'가 괄목한 가운데, 유튜브가 동영상 시장의 강자로 부상했다. 다양한 미디어가 다양한 갈등을 불러들였다. 광주 5·18 39주년 기념식을 봐도 文 대통령은 과거 공권력을 비난하면서, "80년 5월 광주가 피 흘리고 죽어갈 때 광주와 함께하지 못했던 것이 그 시대를 살았던 시민의 한 사람으로 정말 미안합니다. 그때 공권력이 광주에서 자행한 야만적인 폭력과 학살에 대하여 대통령으로서 국민을 대표하여 다시 한 번 깊이 사과드립니다."라고 했다.(문재인, 2019. 05. 16.)

38년이 지나도 5·18이 갈등의 중심에 있는 것은 규명의 문제였다. 제도권 언론은 문재인 대통령 중심의 기사를 소개했다. 한편 당일 태극기연합회는 서울국립현충원 28묘역에서 「5·18군경 전사자 추모회」를 열고, 전사자 군경(23+4)을 추모하는 행사를 했다. 연사로 나온 지만원 박사는 '5·18에서 북한군 600명의 개입 내용을 설명했다.' 또한 광주에서는 자유연대, 자유대한호국단, 틴라이트 등이 '광주 5·18 유공자 명단' 공개를 촉구했다.

현재 유튜브는 94.2%의 국민이 선호하는 미디어가 되었다. 시장조사업체 와이즈앱에 따르면 "8월 기준 국내 유튜브 어플리케이션의 월간 순(純)사용자수는 3083만 명으로 국민의 대다수가 유튜브를 사용한 것으로 나타났다."라고 했다.(이진후, 2018. 09. 12.)

한편 정부여당 인사는 유튜브에 대해 비판적이다. 현장취재 능력이 없는 유튜브가 가짜 뉴스를 양산한다는 논리이다. 이낙연 국무총리는 "2일 정부서울청사에서 열린 국무회의에서 '개인의 사생활이나 민감한 정책 현안은 물론 남북관계를 포함한 국가 안보나 국가원수와 관련된 턱없는 가짜뉴스까지 나돈다.'며 '검찰과 경찰은 유관기관 공동대응체계를 구축해 가짜뉴스를 신속히 수사하고 불법은 엄정히 처벌하기 바란다.'"라고 했다.(이진우, 2018. 09. 12.) 유튜브를 '가짜뉴스'로 사회통합을 흔들고 국론을 분열시키는 민주주의 교란범으로 본 것이다.

방통위가 '허위조작정보 자율규제 협의체'(가짜뉴스 협의체)[434]를 발표했다. 그 실체가 약 8개월 후 2019년 6월 12일 실현되었다. 이는 "총선 앞두고 '유튜브 규제'를 시작함으로써, 선거개입 의심의 눈초리도 받았다."(신동흔, 2019. 06. 12.)

방송통신위원회가 11일 가짜뉴스(fake news) 대책 마련을 위해 학교와 시민단체, 전문가들로 구성된 '허위조작정보 자율규제 협의체'(이하 협의체)를 출범시켰다. 당초 참여할 것으로 알려졌던 네이버·카카오·페이스북·구글 등 인터넷 기업들은 포함되지 않았다.

'가짜뉴스와의 전쟁 선포'에 고춧가루가 뿌려졌다. "일인미디어 「유튜브 상진아재」가 윤석열 서울지검장의 입 앞에서 박근혜 대통령 석방하라고, 달걀 2개로 협박하다 구속되었다.(금준경, 2019. 06. 12.)

그 당시 현실을 직시한 50대는 지상파 시청을 거부하고, 유튜브로 옮겨갔다. 지금 신의한수, 황장수TV, 정규재TV, 뉴스타운 등은 일인 미디어를 잘 운용하고 있다. 한편 정부는 잘 나가는 유튜브를 규제하기 위해 광고를 줄이게 함으로써 유튜브 재정은 갈수록 악화되었다.

유튜브 프리덤뉴스에서 성창경 KBS공영노조위원장은 2019년 6월 2일 통계기관 「Big Foot」데이트를 소개했다. 그 조사에 의하면 "지난 4월 50대 이상 유튜브 시청 시간은 1억 분으로 지난해 같은 기간보도 100% 성장했다."라고 했다.

그 조사에 따르면 KBS, MBC, SBS 지상파 시청률은 55~64세까지 62.23%(2000년)→33.4%(2018년)이고, 그 연령대의 유튜브 이용률은 32.7%(2014

---

434) 협의체 위원은 "이재경 이대교수, 문재완 외대교수, 이희정 고려대 교수, 이재국 성균관대 교수, 안형준 방송기자협회회장, 박아란 한국언론진흥재단 선임연구위원, 정은령 서울대 팩트체크센터장, 진상옥 순천향대 초빙교수, 송상근 스토리오브서울 편집장, 양홍석 참여연대 공익법센터 소장, 김언경 민주언론시민연합 사무처장, 김연화 소비자공익네트워크 회장 등 12명으로 구성됐다.(신동흔, 2019. 06. 12.) 협의체 구성은 했으나, 실행은 하지 못한 상태에서 이효성 방통위원장은 언론자유를 해친다고 강하게 주장하면서 방통위원장이 한상혁으로 인사조치가 되었다.

년)→69.1%(2018)를 기록한다. 유튜브 성장의 결정적 요인은 '박근혜 대통령 탄핵에 있다.'라고 했다. 탄핵 후 시청자는 대거 '유튜브'로 옮겨간 것이다.

유튜브 연매출은 6조 5천억 원에 이른다. 반면 KBS 2018년 적자는 570억 원이고, MBC는 1,000억 원에 육박한다. 지상파 합쳐도 그 수입액이 3조 원대에 머문다. 연합뉴스와 더불어 앞으로 그 적자분을 국민의 혈세로 갚아야 할 판이다.

한편 이 총리의 가짜 뉴스 양산 주장은 코드 판사를 믿기 때문이다. 전술한 '원세훈 유죄, 김어준 무죄 판결한 '김상환' 대법관 제청'이라고 사실을 음미할 필요가 있었다. 법원은 '법과 양심'에 의한 공정한 재판을 기대할 수 없게 되었다. 또한 그들의 입맛에 따라, 제도권 언론은 사건을 선전·선동하는 방식을 소개했다.

2019년 6월 18일 KBS '시사기획 창-태양광사업 복마전'(태양광)이 방영됐다. 방영 후 '사내 심의에서도 좋은 평가를 받았고 올해 들어 가장 높은 시청률(7.1%)을 기록했다.(서정보, 2019. 07. 17.) 그러나 청와대는 그 프로그램에 비판의 날을 세웠다. 사흘 뒤인 21일 윤도한 대통령 국민소통수석은 출입기자들을 상대로 한 브리핑에서 "'해당 프로그램에 대해 (KBS에) 정정 보도를 요청했는데 사흘째 아무 반응이 없다'며 강한 어조로 비판했다. 그러자 청와대 외압 논란이 일면서 과연 청와대가 누구에게 어떻게 '즉각 시정 조치'를 요청했는지가 핵심 논란거리로 떠올랐다."(서정보, 2019. 07. 17.) KBS도 난감했다. 그들의 신뢰도는 바닥이었는데 메인 뉴스인 KBS9 시청률이 10% 미만으로 떨어져 10년 전에 비해 반 토막이 나고, 손혜원 의원, 윤지오 씨 등을 스튜디오로 불러 일방적 입장을 여과 없이 들려주는 것도 문제였다.

한편 태양광 발전소는 탈(脫)원전 이후 중요한 국가 에너지 정책이다. 그러나 태양광 발전소가 비정상적으로 가동되었다. 언론이 앞장서고, 운동권 세력의 이삭을 줍기에 나선 것이다. 허인회 이사장 협동조합(녹색드림협동조합)에서 태양광 불법하도급 의혹이 불거졌다.(박해리·권유진, 2019. 07. 17.)

녹색드림은 특혜의 수렁에 빠졌다. 2017년부터 지난해까시 서울시에서 37익여 원의 보조금을 받아 소형 태양광 발전 집광판 8300여장을 설치했는데 이 중 약 5500장을 녹색 건강 나눔에 불법 하도급한 것이다. 그런데 녹색드림 이사장은

"더불어민주당 전신인 열린우리당에서 청년위원장을 지낸 허인회 씨였고, 녹색건강나눔 그가 대표이사로 있는 개인회사다."라고 했다.(박혜리·권유진, 2019. 07. 17.)

그들끼리 예산을 나눠 갖는 형상이다. 또한 언론에서도 진지전 구축에 앞장선 선동 매체에게 언론자유의 짐을 지웠다. 나팔수 언론, 기레기 언론, 발표 저널리즘, 홍위병 언론 등이 한창일 때 「조선일보」는 팩트(Fact) 저널리즘을 강조했다. 이색적 캠페인을 한 것이다.

민심이 흉흉하고, 김일성주의가 눈앞에 선 상황에서 나팔수 언론의 자성이 일어난 것이다. 사회는 국가사회주의 이념과 코드에 의해 움직이기 시작할 때 사실주의(寫實主義) 사조가 필요한 시점이었다.

19세기 사실주의자 랑케(Leopold von Ranke)는 '사실로 하여금 스스로 이야기하게 했다.'라고 했다.(길현모, 1975: 44) 그는 "1820년 동생인 하이니케 랑케(Heinrich Ranke)에게 쓴 편지에서 신은 살아 있으며 전 역사 속에서 찾아 볼 수 있다. 모든 행위는 그에 대한 증거를 지니고 있으며 모든 순간은 그의 이름을 선포하고 있다."라고 했다.(Pieter Geyol, 1958: 16; 길현모, 1975: 51)

설령 종교적 의미로 해석하지 않더라도 사실의 구조적 의미를 종합하고, 분석하고, 결과에 대한 인과관계를 뽑아냄으로써, 논리적 근거에 의해 사건을 도출할 과학보도가 필요한 시점이었다.

변덕스러운 관리는 이를 방해한다. 386 운동권 청와대는 국민에게 종교와 언론의 자유를 빼앗을 모양이다. "한상혁 방송통신위원장이 20일 '방통위는 허위조작 정보 유통을 방지하는 정책을 내놓을 권한이 있다'며 이와 관련해 '국민 합의 도출을 위한 기구' 설치를 검토 중이라고 밝혔다. 야권에서 '사실상 방통위가 직접 뉴스 규제를 추진하겠다는 뜻을 밝힌 것 아니냐'는 반발이 나왔다.(안준용, 2019. 09. 21.)

한 위원장은 2019년 08월 30일 국회 청문회에선 방통위의 '가짜 뉴스' 규제와 관련해 '현행법상 방통위가 직접적으로 내용을 규제할 권한을 갖고 있지 않다'며 '표현의 자유는 민주주의의 완성과 발전을 위해 보장돼야 하는 중요한 기본권 중

하나'라고 했었다. 인사청문 서면 질의 답변서에서도 그는 '지배 세력의 잣대로 허위 조작 정보를 판단해 표현의 자유를 해치는 일은 있을 수 없다'"라고 했다.(안 준용, 2019. 09. 21.)

방통위원장은 말을 바꿔가면서 언론통제의 고삐를 늦추지 않았다. 사실 '가짜 뉴스' 논란은 '조국 비리'로부터 일어났다. 언론은 사실의 정확성·공정성·객관 성·독립성 등을 지키면 문제가 없었다. 그 준칙만 지키면, 언론이 정치와 가까이 할 필요가 없다. '불가근불가원'(不可近不可遠), 즉 '너무 가깝게도 멀게도 말라'라 는 것이 정석(定石)이다. 그 때 언론의 감시기능이 살아난다. 국가사회주의는 언론 을 선전·선동을 위한 도구로 사용하기 때문에 문제가 생긴다.

한 위원장이 말바꿈을 하는 사이 정부의 언론통제가 심화되었다. KBS 공영노 동조합 성명은 "거의 대부분의 언론들이 조국 씨의 비리의혹(각종 비리의 백화점처 럼 되어버린 조국)을 구체적으로 제기하는 보도를 하는 마당에, 공영방송 KBS는 조 국을 보호하는 듯한 보도를 하고 있으니 이게 말이나 되는 것인가?"라고 강변했 다.(KBS공영노동조합 성명서, 2019. 09. 24.)

내부의 반발도 심했으며, 양승동 사장 불신임으로까지 번졌다. "KBS노동조합 은 24일 '조합원·비조합원(2노조+공영노조)을 합쳐 1143명이 참여한 투표에서 '불 신임' 998표(87.31%), '모르겠다' 85표(7.44%), '신임한다' 60표(5.25%)로 불신임의 견이 절대다수를 차지한 것으로 나타났다.'"(구본우, 2019. 09. 25.)

KBS 구성원 자체도 나팔수가 싫다고 하나, 문재인은 나팔수 경향을 더욱 강화 시킨 것이다. 그 때 내부의 분열도 만만치 않았다. 조국 전 법무장관 부인 정경심 씨와 같이 동양대에서 교편을 잡았던 진중권 씨가 조국 씨를 폄하하기 시작했다. 또한 임미리 고려대 한국사연구소 연구교수가 「경향신문」에 '민주당만 빼고' 하 라는 칼럼[435])이 문제가 되었다. 임 교수가 "'민주당을 폄하했다.'라는 논의로 민주

---

435) "지난 촛불집회의 성과를 국민 스스로 포기했기 때문이다. 누적 인원 1700만 명이 거둔 결실을 고 스란히 대통령 선거에 갖다 바쳤다. 2016년 10월 29일 시작된 집회는 2017년 4월 29일의 23차까 지 이어졌다. 5월 9일 치러진 19대 대통령 선거를 열흘 앞둔 날이었다. 주최 측은 '우리가 대통령 선거 날짜 앞당기자고 촛불 들었나?'며 '장미대선 NO! 촛불대선 YES!'를 외쳤다. 하지만 촛불의 열

당은 곧 고발에 들어갔으나, '사회정의를 바라는 전국 교수모임'(정교모) 377개 대학 6094명의 교수가 반발하자 곧 고소를 취하했다."(노경민, 2020. 02. 14.)

한편 4·15 총선을 앞두고 2020년 3월 3일 갓 창당한 김문수 자유통일당 대표와 야당의 조원진 우리공화당 대표와 합쳐 서청원 무소속 의원 등과 여의도 국회에서 자유공화당(나중 갈라섬) 창당대회를 가졌다.

한편 국내 상황은 전염병으로 혼란스럽다. 중국 우한〔武漢〕「코로나19」는 확진자 34,571,873명, 사망자 35.934명(2023. 08. 31까지 나무위키 통계)에 이르렀다. 법무부장관과 대통령은 대한의사협회(최대집 회장)와 질병관리본부(정은경 본부장, 컨트롤 타워)가 7번이나 여행객을 막아달라고 정부에 건의했으나 청와대는 이를 무시하고, 환자수를 늘렸고, 우리와 주요 무역국 10개 중 9개가 우리나라 여행객 입국 제한 조치를 취했다.

사망자가 계속 늘어나고 책임문제가 대두되면서 3월 한국기자협회·방송기자협회·한국과학기자협회·한국언론진흥재단(후원)으로 「감염병보도준칙」을 발표했다.

「감염병보도준칙」을 과학저널리즘의 입장에서 발표한 것인데 그 둘째 조항은 "①발생 원인이나 감염 경로 등이 불확실한 신종 감염병의 보도는 현재 의학적으로 밝혀진 것과 밝혀지지 않는 것을 명확히 구분하여 전달한다, ②현재의 불확실한 상황에 대해 의·과학 분야 전문가의 의견을 제시하며, 추측, 과장 보도를 하지 않는다, 그 넷째 조항은 ①감염병의 새로운 연구결과 보도 시 학술지 발행기관이나 발표한 연구자의 관점이 연구기관, 의료계, 제약회사의 특정 이익과 관련이 있는지, 정부의 입장을 일방적으로 지지하는지 확인한다. 그 다섯째 조항은 … ②감염인은 취재만으로도 차별 및 낙인이 발생할 수 있으므로 감염인과 가족의 개인정보를 보호하고 사생활을 존중한다."라고 했다.(한국기자협회보, 2021. 03. 17.)

망은 선거에 담은 순간 모든 것은 문재인 후보를 위해 깔아놓은 비단 길과 다름이 없었다. 많은 사람들이 '죽 쒀서 개 줄까' 염려했다. 이젠 국민이 볼모가 아니라는 것을, 유권자도 배신할 수 있다는 것을 알려주자. 선거가 끝난 뒤에도 국민의 눈치를 살피는 정당을 만들자. 그래서 제안한다. '민주당만 빼고' 투표하자."(임미리, 2020. 01. 28.)

한편 박근혜 전 대통령은 4·15 총선 옥중서신으로 야권의 통합을 독려했다. 그리고 여야는 우한(武漢) 코로나19 열기 속에서 2020년 4·15 총선이 치루었다. 청와대는 선거중립을 어기고, 민주당을 위해 선수로 뛰고 있었다. 선거 전 文 대통령은 유난히 호들갑을 떨었다. 문 대통령은 "이날 인천공항 검역 현장을 방문해 코로나 대응 '홍보 메시지'를 냈다. 그는 검역소 직원 등을 격려하며 '워크스루 등 혁신적이고 창의적인 방법까지 도입해 전 세계의 모범이 됐다.'며 '방역에서 메이드인 코리아, 브랜드 K가 세계 최고로 평가 받게 됐다'"라고 자화자찬했다.(안준용·박상기, 2020. 04. 08.)

한편 문 대통령은 지난 1일 경북 구미시구미산업단지를 방문했을 때도 "'G20 특별화상정상회의에서 기업인, 과학자, 의사 등 필수 인력의 국가 간 이동을 허용하자는 저의 제안이 공동선언문에 반영됐다.' 또 그가 '코로나 대응' 홍보에 나서는 사이, 정세균 총리는 코로나 확산 우려, 자가 격리 강화·단속 방안 등 강경 메시지를 내고 있었다."(안준용·박상기, 2020. 04. 08.)

코로나19 '정치방역'에도 불구하고, 청와대는 선거법 위반 이야기는 꺼내지도 않았다. 선거용 '정치방역'을 의심할 대목이었다. 서울시는 2020년 2월 26일(정부 발표 2월 22일, '감염병의 예방 및 관리에 관한 법률' 49조에 의거)부터 서울역광장, 서울광장, 청계천 광장 등 도로 및 주변 인도에서 집회를 못하도록 '사회적 거리 두기'를 실시했다.(2022년 4월 18일 해제) 다른 한편 2020년 4·15 부정선거는 그들 계획대로 치러졌다. 말썽 많은 선거임에는 틀림이 없었다.

6) 부정선거와 언론의 수난

언론은 입법·사법·행정이 한 정파성에 매몰되어 있을 때, 언론인 개인은 언론 자유를 갖고 위 3개 권력기구를 감시한다. 그러나 실상은 언론도 한 팩으로 움직이니, 나라를 나락으로 떨어지게 한다. '사유민주적 기본질서'를 위한 절차적 정당성이 막혀 버린 것이다. 그 때 공영방송은 나팔수·부역자로 자처하고 나섰다. 언론인 그들은 사실의 정확성·공정성·객관성·독립성을 상실한 것이다.

정부는 이런 틈을 타 좌편향으로 급속히 진행시킨다. 박근혜 정부가 만들어 놓은 각국과의 FTA를 스스로 닫는 꼴이 되었다. 시장, 미래 그리고 세계는 조종을 울리고 있었다. 더욱이 가치중립의 관료제(the disenchantment of the world) 문화는 편협된 이데올로기로 대치시켰다. 공정해야 할 중앙선거관리위원회조차도 선별적 제재를 일삼았다. "그제 서울 동작을 미래통합당 나경원 후보 측이 사용한 '민생파탄, 투표로 막아주세요'란 투표 독려 피켓이 공직선거법 위반이라며 불허했다. 투표 참여 권유 시 정당 명칭이나 후보자를 유추할 수 있는 내용이 포함될 수 없으며, '민생파탄'은 현 정권을 연상시킨다는 것이다. 반면 선관위는 같은 지역구의 여권 지지자들이 사용한 '투표로 70년 적폐청산', '투표로 100년 친일청산' 현수막을 허용했다."(사설, 2020. 04. 14.)

선관위 인선에도 문제가 있었다. "선관위의 편파성 우려는 지난해 1월 문재인 후보 캠프 출신으로 대선백서에 이름이 오른 조해주 씨가 상임위원으로 임명되면서 일찌감치 제기됐다. 현재 중앙선관위원은 정원 9석 중 7명뿐인데, 문 대통령이 추천 3명, 김명수 대법원장 추천 2명 등 5명이 범여권 인사들이다."(사설, 2020. 04. 14.)

선거 공정성을 위한 시스템 자체가 붕괴된 것이다. 그럴 만한 이유가 있겠지만, 이로써 문재인 청와대의 색깔을 정확하게 알 수 있는 대목이었다.

국회에 그 문화가 옮겨붙었다. 후일 일어난 일로 21대 국회는 여전히 386운동권 출신이 국회를 장악하고 있었다. "북한 외교관 출신인 국민의힘 태영호 의원이 더불어민주당 의원들에게 '쓰레기'라는 막말을 들었다. 지난 6일 국회 대정부 질문에서 북한인권재단 출범을 7년째 가로막고 있는 민주당을 비판하며 '민주당은 민주라는 이름을 달 자격도 없는 정당' '이런 것이 바로 공산 전체주의에 맹종하는 것'이라고 했다가 공격을 당했다."(사설, 2023. 09. 08.)

막말은 계속되었다. 한 민주당 의원은 '북한에서 쓰레기가 나왔어, 쓰레기가'라고 했고, '부역자야', '빨갱이가 할 소린 아니지'라고 소리친 의원들도 있었다. 물론 "'쓰레기'는 북한 당국과 관영 매체들이 탈북민 앞에 관용적으로 붙이는 수식어다. 1997년 망명한 황장엽 노동당 비서를 '인간쓰레기'라고 표현한 것을 시작으로 탈북민을 지칭할 때면 어김없이 등장한다."(사설, 2023. 09. 08.)

문재인 정권의 역사해설은 동기를 먼저 따질 필요가 있다. 상식으로 이해할 수 없는 측면이 다수 존재하기 때문이다. 이는 비정상의 정상화 현실이다. 즉, 구체적 현실에서 난해한 역사서술은 행위자의 동기를 먼저 관찰한다. 그리고 그 행위자의 다른 여타의 동기와 논리적 일관성을 찾는다. 그 다음 다른 행위자들의 동기와 비교를 하면서 서술을 한다. 그게 막스 베버의 역사 이해(Verstehen, interpretative understanding)이다.

또 다른 방법은 개인의 주관적 동기는 독일 문화론자인 新칸트주의자들(neo-Kantians), 즉 딜타이(Dilthey), 빈델반트(Windelband), 리커트(Rickert), 마이어(Eduard Meyer) 등이 말한 '가치 관련성(적절성)'(Wertbeziehung or value-relevance)으로써 주관적 동기를 가치와 연계시킴으로 문화적 적절성을 설명한다.(Max Weber, 1970: 9~10) 물론 여기서 말하는 가치는 전문성·정직성·역동성을 따지나, 그 가치는 근본적으로 ①행위자의 동기, ②그렇더라도 그게 보편성(standard)을 지니고 있는지, ③행위자의 동기가 각각 자신을 대표할 수 있는 것인지, ④그것으로 미래를 설계할 수 있는지 등을 따진다.(Philip Emmert and William C. Donaghy, 1981: 70)

문재인 청와대는 언론인 적폐정산(방송정상화), 부정선거, '김정은 수석 대변인' 등 동기가 그의 북한 체제의 성향과 무관할 수 없다. 같은 동기로 부정선거의 판을 바꾸는 것이다. 4·15 총선과정이 소개되었다. 총선결과가 사전투표 26.69%, 본투표 66.2%에서 여당 압승으로 끝났다. 300명 의원 중 민주·시민당(180), 통합·한국당(103), 정의당(6), 국민의당(3), 열린민주(3), 무소속(5) 등 순위였다.

4·15 총선에서 친문 핵심인사인 윤미향 정대협 문제가 되었으나, 그와 상관없이 더불어민주당 비례대표 7번에 당선되었다. 여기서 정대협(한국정신대문제대책협의회) 회원들은 "1992년 1월 6일 미야자와 당시 일본 총리의 방한을 일주일 앞두고 일본 대사관 앞에 모여 '일본 정부는 정신대 희생자 위령비를 건립하라'고 외쳤다. 지난주 1439차를 맞은 수요집회의 시작이었다. 정대협의 수요집회는 전 세계에 일본의 만행을 알리는 역할을 했다. 정대협은 2018년 '일본군 성노예제

문제해결을 위한 정의기억재단'과 통합해 지금의 '정의기억연대'가 됐다.(한현우, 2020. 05. 19.)

정대협은 2008년 광우병 파동, 2014년 세월호 사건, 2016년 '촛불혁명'의 전위대 중 한 단체이다. 더욱이 '반일 종족주의'로 정신대 문제가 고질병 역할을 했다. 그 노력 덕분에 국회의원 감투 하나 얻은 것이다.

더욱이 "위안부 피해자 이용수(92) 할머니가 2020년 5월 7일 정의연의 기부금 운용방식을 비판하며 '증오와 상처만 가르치는 수요집회엔 더 이상 참가하지 않겠다.'"라고 했다.(이동휘·이해인·장근욱, 2020. 05. 14.)

한편 4·15 사전 선거에서 선관위는 52 자리수 QR 코드(공직선거법 146조 ③항 투표를 함에 있어서는 선거인의 성명 기타 선거인을 추정할 수 있는 표시를 하여서는 아니 된다.)를 사용했다. 여기서 QR 코드는 인터넷 사용을 전제로 한다. 그렇다면 QR 코드를 사용하는 한 서버를 중국·북한 등 어디에 두고, 선거를 조작할 수 있고, QR 코드를 사용함으로써 선관위는 비밀투표의 헌법 정신을 위반하게 된 것이다.

한편 중앙선관위는 페이퍼 컴퍼니인 UNIX(임차 서버 회사)의 서버를 사용했다. 유튜브 「진자유TV」는 총선 직후 그 실상을 적나라하게 밝힌다. 많은 국가 공식 정보를 UNIX 회사 '임차 서버'에 맡긴다니 문제가 아닐 수 없었다. 그 회사 운영자는 김성철로 조선족 중국인이라고 했다.

또한 유튜브 「공병호TV」는 "한틀시스템 대부분 장비(이명박·박근혜 정부는 미르 시스템을 사용)는 통신기능을 탑재하게 되어 있다."라고 했다. '투표 분류기'[436], 제어 컴퓨터도 연결돼 있었나?'(공병호TV, 2020. 05. 15.)에서 공병호TV는 "선관위가 2016년 4월 8일 20대 지방선거에서 투표에 사용되는 기기는 인터넷과 연결되지

---

436) A씨는 "노트북 컴퓨터를 다루는 개표사무원을 포함한 선관위 측에 집계한 투표지를 보여달라고 요구했다"고 했다. A씨는 "개표 용지를 보니 1번 투표용지 묶음에 2번 투표용지가 섞여 있는 것도 발견했다"고 말했다. A씨는 '개표를 다시 해야 한다'고 했고, 부여군 선관위는 A씨의 주장을 수용했다고 한다. 결국 투표용지 415장을 다시 모아 분류기로 재검표했다. A씨는 '이 과정에서 개표사무원이 노트북 컴퓨터를 껐다가 켠 다음 분류기를 작동하는 것 같았다'라고 했다. 재검표 결과 더불어민주당 박수현 후보 159표, 미래통합당 정진석 후보 170표였다. 정 후보가 11표 차이로 앞서는 결과가 나온 것이다.(김병현, 2020. 05. 14.)

않았다."라고 한 것에 의문을 제기했다. 투표행위에 들어가는 거의 모든 장비, 즉 투표지분류기, 개표기 등이 통신 기능이 가능하다고 했다. 이들이 통신을 타고 가면 컴퓨터 조작이 가능한 경로로 가게 된다. 그렇다면 선관위가 선정한 LG U+는 중국 화웨이 장비이고, 이 장비는 그들의 통신망으로 한국 선거과정을 일별할 수 있게 됨으로써 4·15 총선에서 외세개입설이 설득력을 얻어가고 있었다.

선관위는 부정선거의 격랑 속에 쓸려가고 말았다. 선관위원 구성에도 문제가 있었다. 또한 지난달 28일에는 부정선거를 탐지하는 통계분석 전문가 월터 미베인(Walter Mebane, Jr) 미시간대 교수까지 가세했다. '2020년 한국 총선에서의 사기(Frauds in the Korea 2020 Parliamentary Election, April 29, 2020)'라는 제목의 논문에서 '사전 투표에 이상한 점이 발견된다.'라는 논의를 끌고 왔다. 그 이틀 뒤 전국 377개 대학 전·현직 교수들이 소속된 '사회정의를 바라는 전국 교수 모임'은 선거부정 의혹에 가세했다.

미베인 교수는 구체적인 문제를 제시했다. "중앙선거관리위원회는 '수도권 유권자들의 투표 성향 흐름이 유사하게 나타난 것일 뿐'이라고 설명하고 있는데? '그렇다 해도 이렇게 동일한 비율이 나올 확률은 매우 낮다.' -이번 비율은 전체 선거구 253곳 중 17곳(6.7%)에서만 그렇다. 몇몇 의심할 만한 사례를 모아놓고 보편화하는 오류를 범하고 있는 게 아닌가? '선거구 17곳에서도 63:36으로 나올 확률은 통계적으로 거의 불가능하다. 더욱이 서울·인천·경기의 광역 단체에서 똑같이 63:36으로 나올 확률은 아주 낮다.'"(최보식, 2020. 05. 04.)

또한 많은 문제가 언론에 공개되었다. 예를 들면 4·15 총선은 사전투표에서 QR 코드 사용, 서버(I+ tech. 격에 맞지 않는 회사) 임차, 사전투표 용지 관리, 스티커 바꾸기, 우체국의 허술한 관리 등이 문제가 되었을 뿐 아니라, 전 과정에서 선거부정 사례가 발견되었다. 또한 선거에 찍은 도장은 개인의 직인이 아니라, 이상한 도장도 찍었다. 안동데일리 조충열 기자는 '사전투표를 위해 선관위가 2월 28일까지 등록하도록 했다.'라고 했다. 원래 도장은 당일(4·15) 찍은 것이 관행이다.

기표용지 운반에도 문제가 발생했다. "지난 4·15 총선과 관련해 부정의혹을 지속적으로 제기했던 4·15 부정선거국민투쟁본부(국투본, 상임대표 민경욱)가 9일 새로운 문제를 제기했다. '국투본의 전수조사에 따르면, 투표지가 담긴 등기우편물에 수신날짜가 없는 우편투표가 13만 8860건이었고, 배달 결과가 '배달 완료' 상태가 아닌 것이 13만 8851건에 달했다. 심지어 전혀 배달 기록이 없는 투표지도 6개 있었다. 더욱 이상한 것은 관외사전투표지 수령인이 해당 '지역구선거관리위원회'가 아니라 '○○○님 배우자' '형제자매'가 400건, '동거인'이 400건이었다. 선관위 직원이 아닌 누군가가 대신 투표지를 수령했다는 뜻이다.'(송원근, 2020. 09. 09.)

결국 선거의 불공정 문제는 '대선캠프 출신' 조해주 상임위원의 연임에서 불거졌다. 중앙선거관리위원회 1~9급 직원 전원(2900명)과 전국 17개 시도 선관위 지도부가 정치 편향 논란에 휘말렸고, 그들은 조해주 상임위원 사퇴를 촉구해 조 위원이 2022년 1월 21일 사직서를 제출했다.

"선거의 공정한 관리를 위해 설치된 선관위 조직 전체가 대선 직전(2022. 3·9 대선의 40일 전)에 '중립성 훼손 우려'를 제기하며 집단행동에 나선 것이다. 더욱이 상임위원 임기(3년) 만료를 앞둔 조 상임위원은 관례를 깨고 비상임위원으로 전환해 3년 더 선관위원직을 이어가려 했지만 직원들의 반발로 사의를 표했고, 앞서 두 차례 사직서를 반려했던 문재인 대통령은 이를 수용했다."(노석조, 2022. 01. 22.)

또한 4·15 총선 기간 중 지상파 방송의 편파성은 괄목했다. 방송은 출입처를 통해 선전·선동·진지전 확립을 일삼았다. 4·15 선거에서 공영방송은 여당과 같이 '선수로 뛰었다.'라는 결론을 얻었다. 언론의 공정성은 허물어진 것이다. 선거 후 유투버들은 부정선거 흔적을 찾아내고, 선관위는 계속 증거인멸의 조직적 숨기기에 의심을 받아왔다. 그리고 ''부정선거' 규탄대회'는 교대 앞 대검찰청, 법원 등 4곳에서 토요일마다 열렸다. 당시 국투본 성명이 예사롭지 않았다.

[국투본 성명, 2021. 07. 03.]: 4.15부정선거 진실규명과 선거 정상화, 자유체제 수호를 향한 본격적인 투쟁의 막이 올랐다. 소 제기 후 14개월 만인 6월 28일 실시된 인천 연수을 지역구 투표지 재검표 기일에서 이미지 파일 대조, 통합선거인명부 조사 등이 제대로 개

시되지 못했음에도 이미 조작 투표지의 물증이 포착되었다. 프린트물이 아니라 인쇄되어 나온 사전투표지들이 각종 유형으로 쏟아져 나왔다. 잔영이 중복 인쇄된 배춧잎 투표지, 절단 짜투리가 남은 투표지, 풀기가 남아 옆구리, 모서리, 등짝이 붙은 투표지, 글자색과 간격, 네모귀퉁이가 변이를 일으킨 투표지 등이 부지기수로 쏟아져 나왔다. 인쇄된 거짓 투표지들이 개표 전후를 통하여 다량 반입되었음을 강력히 추정케 한다. … [출처] [국투본 성명] 본격적인 4.15부정선거 무효 투쟁으로 자유체제 수호의 최전선을 사수하자!(작성자 카리스마)(2021. 07. 05.)

한편 "선관위는 인천연수을에 사용한 사전투표 용지 150g짜리를 증거로 내놓았다. 전자개표기는 일부 기표용지 한 묶음이 100개가 아니라, 80장 내외로 판별한 것이다. 무게를 측정하는 센서가 작동하면 그렇게 될 수밖에 없다. 선관위 3000명 관리는 국민을 안중에 두지 않은 것이 아닌가?"(공병호, 2021. 07. 16.)

부정선거에 대한 반발은 기독자유통일당은 총선 전체 무효소송을 제기했고, 또 다른 반발은 "①전·현직 국회의원 25명이 증거보전 신청 중('나중 39개 선거구'), ②전국 100개 이상의 선거구에서 증거 보전 신청 중, ③3천명 이상의 시민들이 부정선거 고소 등으로 이어졌다."(김채환, 2020. 06. 02.)

국정원도 선거제도의 문제를 지적했다. 국정원은 선관위·한국인터넷진흥원(KISA)과 함께 지난 2023년 7월 17일~9월 22일 합동 보안점검을 실시한 결과, "선관위 사이버 보안관리 부실을 확인했다고 이날 밝혔다. 국정원은 '개표 시스템'의 경우 해커가 개표 결과를 바꿀 수 있었다고 했다. 해커가 인터넷으로 내부 개표 데이터베이스(DB)에 침투해, 특정 후보자의 득표수를 임의로 바꿀 수 있다는 것이다."(손현수, 2023. 10. 11.)

국정원은 내부 조력자가 있으면 부정이 가능하다고 했다. "선관위는 '사전투표에 사용되는 통합선거인명부 관련 시스템은 선관위의 독자적인 환경에서만 운영되는 것으로 소프트웨어산업 진흥법상 인증 대상에 해당하지 않는다'라며 'GS인증'을 받지 않아도 된다'라는 주장을 해왔다." 이런 내용은 지난 선거무효소송 재판에서도 실제로 제출되었고 대법관들도 이를 인정해 줘 선거무효소송 재판 판결에 큰 영향을 주었다."(조충열, 2023. 04. 27.)

실제 안동데일리 취재결과 선관위의 이와 같은 주장은 "사실과 다른 허위인 것으로 확인되었다. 인터뷰 과정에서 소프트웨어 GS인증 담당자는 '갑자기 그런 유형의 제품이 의뢰가 들어왔을 때 저희가 역으로 그 조항에 의해서 거부할 수 없습니다.'라고 했다.(조충열, 2023. 04. 27.)

불법 장비로 선거를 관리한다는 것은 문제가 있다. 그건 상식의 문제이다. 국민이 제안한 관리(2023. 11. 09.)는 그 서면 답변으로 "소프트웨어 진흥법 제8조 1항 제1호에 "시스템과 같은 독자적인 환경에서만 운영되는 범용성이 없는 소프트웨어 제품은 품질인증대상에서 제외되므로 '소프트웨어신업진흥법' 상 인증대상에 해당하지 않는다고 소명하였고."라고 했다.

한편 부정선거는 2022년 3·9대선에서 불거져 노정희 중앙선거관리위원장이 사퇴했다. '우리법연구회' 출신 코드 인사인 노 위원장은 2022년 4월 18일 사퇴 의사를 밝혔다. 사퇴의 변으로 '대선 확진자 사전 투표 관리에 대한 책임을 통감한다.'라고 했다. 여기서 문제가 된 대선 사전 투표는 투표용지를 소쿠리나 라면 박스에 담아 옮기고 이미 기표한 용지를 다시 유권자에게 나눠 주는 등 총체적 혼돈 속에 진행되었다.

선거가 계속 난항을 겪고 있다. 2021년 4월 7일 박원순 서울시장, 오거돈 부산시장 성추행 사건으로 재·보궐 선거가 실시되었다. LH(토지주택공사) 부동산 투기 사건, 김진욱 공수처장의 이성윤 서울지검장 '황제조사' 등으로 여론이 나쁜 상황에서 치른 선거는 여당에 참패를 가져다줬다.

투표율이 55.5%, 서울 58.2%, 부산 52.7%이며 각 후보의 득표율은 오세훈 후보 57.50%: 박영선 후보 39.18%; 박형준 62.7%: 김영춘 34.4% 등이었다. 그 통계에서 서울 25개구, 부산 16개구가 싹쓸이를 한 셈이다. 더욱이 20대 남(男)은 72.5%가 오세훈 후보를 선택했다.

민주당은 '꼰대 정당'으로 낙인찍히고, 그 여세를 몰아 국민의힘은 이준석 씨(36)를 당대표로 옹립했다. 당원 투표(70%), 일반 국민 여론조사(30%)로 총 9만 3392표(43.8%)(나경원 후보, 37.1%)를 얻었다. 이 씨는 당선 수락연설에서 '우리의 지상 과제는 대선에 승리하는 것이고 그 과정에서 저는 다양한 대선 주자들이 공조할 수 있는 당을 만들 것'이라며, '세상을 바꾸는 과정에 동참해 관성과 고정관념을 깨 달라.'라고 했다(김승재, 2021. 06. 12.)

한편 재·보궐선거 과정에서 김어준을 감쌌던 교통방송과 KBS는 유탄을 맞았다. 그들은 '내곡동 생태탕집 방문'에 오세훈이 나타났다는 거짓말 이슈를 만들어냈지만, 결론은 바뀐 것이 없었다. 방송에 화풀이가 증폭되었다. KBS 등 공영방송은 큰 이슈나 선거 때마다 공정성을 해치고, 국민의 자유권을 바탕으로 종합적 판단을 하지 못하도록 세뇌하는데 앞장섰다. 그 주역에 엄경철 신임 부산총국장이 도마 위에 올랐다.

그는 文 정부 들어 9시 뉴스 앵커, 보도본부 통합뉴스룸 국장(보도국장)을 거치면서 부산총국장으로 영전했다. 실제 4·7 재·보궐 선거로 문책인사가 이뤄진 것이다.

그는 2019년 11월 취임 일성으로, '각 취재부서에 출입처 없는 기획취재팀을 만든다.'는 목표를 이루지 못한 채 보도국장 자리를 떠났다.

엄 씨는 2010년 전국언론노동조합 KBS 본부 위원장을 역임했다. 그는 박근혜 대통령 탄핵과정을 성공적으로 수행해 청와대 부역자 노릇을 톡톡히 했다. 엄 국장 외에 하석필 창원총국장, 박태진 진주국장이 같이 도마 위에 올랐다.

바람이 잘날 없는 KBS 공영방송이었다. 진미위 활동으로 양승동 사장에게도 벌금형 선고가 내려졌다. "과반수 직원의 동의 없이 공영방송인 KBS 내부에 '적폐 청산' 기구를 만들어 운영한 혐의로 재판에 넘겨진 양승동 KBS 사장이 1심에서 벌금형을 선고받았다." 또한 KBS 미디어 비평프로그램 '저널리즘 토크쇼 J'는 2020년 12월 종영 후 4개월 후인 이듬해 4월 18일 '질문하는 기자들 Q'를 선보였다.

첫 방송을 내보낸 18일 '질문하는 기자들 Q'에서 기자단의 생리, 일부 언론을 중심으로 권력화된 출입처 제도를 정면으로 다뤘다. 의미 있는 시도임에도 아쉬움은, 그 시도를 넘어서는 무언가를 Q로부터 찾기 어려웠다. 이날 Q(출연자 한승연 KBS 기자, 채영길 한국외대 교수, 김동훈 한국기자협회장)는 한승연 KBS 기자의 리포트로 기자단의 현실적 문제점을 다룬 뒤 출연한 패널들이 토론을 이어가는 방식이었다.

리포트는 "소수 매체가 참여하는 기자단이 검찰·법원을 비롯한 정부 부처·기관의 출입기자 등록 및 백브리핑 참석 등을 제한하는 문제, 높은 기자단 가입 문턱을 악용한 일부 기자단 소속 매체의 갑(甲)질 등 난제를 전했다."(노지민, 2021. 04. 21.)

물론 근무 환경·취재방식으로서의 출입처 제도는 언론보도 전반의 방향과 관련이 있다. 그들의 주요 담론은 정부가 환경의 감시 문화를 만들어줘야 한다는 이야기이다. 김동훈 기자협회장은 '올바른 뉴스가 제대로 전달되기 위해서는 올바른 정부가 우선 투명하게 공개되어야 한다. 그 출발점이 바로 정부 부처의 기관들이다. 그것이 한 축의 정보 공개 투명성을 전달하는 매개가 되는 기자들 역시 공정하고 투명하게 전달을 해야 할 것'이라 말했다. 또한 한승연 기자는 역시 '정보공개청구 제도 현실화'를 촉구했다. "'언론의 자유라는 키워드보다 모두를 위한 언론 그리고 평등한 언론의 키워드가 되어야 한다'는 채영길 교수의 당부는 긴요한 조언으로 남았다."(노지민, 2021. 04. 21.)

선거 통계가 꼬이니, 다른 모든 사회통계 왜곡이 심해졌다. 한편 소득주도 성장 기조에서 퍼주기 정책은 계속되었고, 통계조작까지 이뤄졌다. 나쁜 통계가 계속 나오니, 통계조작을 시도한다. 당시 통계조작 담론은 '부동산 분노에 또 통계 물 타기', '재작년 소주성 통계 최악으로 나오자 통계청장 교체', '통계기준 갈아엎는 게 문정부의 상투적 수법이었다.' 물론 '관행이 어떻든 통계는 죄가 없다.' '잘못된 정책은 안 고치고 또 통계 물 타기부터 하나' 등이 당시 회자된 잘못된 실증적 담론들이다.

평등의 문제가 통계조작으로 발전했다. 2020년 2월에 정부는 코로나 사태에도 신규 취업자가 40만 명 늘고 고용률은 66%로 올라 2월 기준 역대 최고라고 치켜세웠다. 그러나 "대부분 세금 일자리인 60세 이상 취업자가 1982년 통계 작성 이래 최대인 57만 명이나 늘어난 때문이었다. 코로나 사태로 노인 세금 알바의 63%가 중단됐는데도 이들을 '일시 휴직자'로 분류해 취업자로 발표한 것이다."(사설, 2020. 08. 20.)

통계조작의 일상사는 방송이 선전·선동해줌으로써 가능한 일이다. 그러나 국민들은 방송의 정치화에 냉소적이었다. 현실정치와 삶이 코미디이니, 따로 코미디를 볼 필요가 없어졌다. 2003년경 코미디 프로그램은 35% 시청률을 기록했다. 그러나 "현재 정치인·법조인·운동선수 할 것 없이 말발 센 인사들이 '예능'이란 이름의 프로에 몰려 나와 대본도 없고 분장도 안 한 채 말장난 경연을 벌여 코미디 시청자를 빼앗아갔다. 그 결과 SBS '웃찾사'는 2.5%로 종영을 가속화시켰다."(한현우, 2020. 05. 16.)

중국에 대한 국민 혐오증이 노골화되었다. 국민은 77%까지 중국을 비호감으로 돌아선 상태에서 친중 일변도 SBS의 '조선구마사'가 2회 후 종영이 이뤄졌다. 역사 왜곡 드라마 '조선구마사'와 관련된 YG엔터테인먼트, SBS 등 관련 종목 시가총액이 700억 원 이상 줄어들었다. 조선구마사는 1회가 방영된 이후 온라인을 중심으로 역사 왜곡과 친중국·동북공정 우려 등이 제기됐다. "드라마를 협찬했던 광고주와 지방자치단체는 제작 지원을 철회했고 이 과정에서 방영사인 SBS는 조선구마사 제작과 방송을 전면 폐지하기도 했다. 이미 80% 가량 촬영을 마친 조선구마사가 폐지됨에 따라 320억 원에 이르는 제작비 상당 부분은 손실이 불가피할 전망이다."(신유경, 2021. 03. 28.)

한편 지상파 방송국도 적자 재정에 비상이 걸렸다. 2019년 영업 손실은 "MBC 966억 원, KBS는 759억 원이다. MBC는 벌써 3년째 영업적자를 내고 있다. 또한 KBS가 이런 수준이라면 2020년 영업 적자는 1270억 원으로 예상한다."(김도연, 2020. 04. 08.)

방송사 재정은 날로 어려워지고 있었다. 지난해에도 MBC 출신 김성수 더불어민주당 의원이 MBC를 공영방송에 포함해 수신료를 받을 수 있도록 방송법 개정안을 발의했지만 주목받지 못했다. 하지만 21대 국회에서 상황이 달라졌다. "'여당이 절대 우위를 점한 21대 국회에 MBC 출신들이 대거 진출하면서 MBC가 원하는 방향으로 방송 정책이 수립될 가능성이 높아졌다.' MBC 고위 임원을 지낸 한 방송계 관계자는 '지난 총선에선 MBC가 KBS보다 더 노골적으로 친여 성향을 보였다.'며 '총선이 끝나자 청구서를 내민 것이다.'"(신동흔, 2020. 05. 09.)

　시청자는 유튜브나 네이버로 옮겨가고 정부여당도 통신까지 협박하고 나섰다. 인터넷·통신업계에선 '통신 3법' 논란이 되었다. 20대 마지막 본회의(5월 20일 예정) 상정될 방송통신발전기본법·전기통신사업법·정보통신망법 등 3개 법률 개정안 때문이다. 이들은 각각 '데이터센터 규제법' '넷플릭스 무임승차규제법' 'n번방 방지법'으로 불린다. '현행 정보통신망법에도 매년 정부에 데이터센터 운영 보고서를 제출하도록 하는 조항이 있다. "김재환 한국인터넷기업협회 정책실장은 '세계에서 민간 데이터센터를 국가가 관리하는 나라는 없다'고 말했다. 또한 n번방 방지법은 인터넷사업자에게 불법 음란물을 삭제하고 접속 차단의무를 부과한다. 하지만 이 법은 정작 'n번방' 사태를 막지 못한다. n번방 사태가 터진 텔레그램과 같은 외국 서비스는 아예 한국 지사도 없다. 규제가 어렵다는 이야기이다."(성호천·최인준, 2020. 05. 16.)

　국가사회주의 경향은 수용할 수 있었지만, 그 담당 공무원이 문제를 일으켰다. 정부의 신뢰가 말이 아니었다. 광역 단체장도 성범죄 사실, 거짓말, 부정선거 등이 노출되었다. 더불어 성추행으로 안희정 충남지사, 오거돈 부산시장, 박원순 서울시장(자살) 그리고 이재명 경기지사(형 정신병원 강제 입원), 송철호 울산시장(부정선거) 등 광역 단체장이 각종 문제를 일으켰으나, 공영방송 나팔수들은 이들 사건을 무력화시켜줬다.

　예견된 일이었다. 그람시가 연극으로 진지전 구축자를 끌어모으듯, 극단 「개구리」는 '화이트 리스트'로 박근혜 대통령 탄핵을 주도했다. 좌파 팟캐스트까지 앞장서 공영언론이 진지전 구축에 앞장섰다. 공영언론은 현장의 합리성을 도외시한 채, 선전·선동·진지전 구축에 열을 올렸다.

　이 결과로 탄핵은 성공적으로 이끌었으나, 그 이후 모든 사회 체제는 흔들리고, 선거 시스템이 붕괴되었고, 부정선거로 대의정치가 붕괴되었다. 민주주의 절차적 정당성의 과정은 망가졌고, 언론의 자유는 환경 감시를 포기한 결과를 가져왔다.

　문재인이 말한 '한번도 경험하지 못한 세상'이 맞다. 이런 위기의 상황에서 공영방송은 현장의 합리성(rationality of reality)을 전하지 않았다. 나팔수·부역자 언론의 실상을 알려준 것이다.

6·29 선언의 의미를 다시 생각할 필요가 있게 된다. '정부는 언론을 장악할 수도 없고, 장악하려고 시도하여도 안 된다. 언론을 심판할 수 있는 것은 독립된 사법부와 국민이다.'라는 선언이 무색했다.

언론은 감시 기능을 상실하게 되었고, 또한 사법부 김명수號는 청와대 거수기 역할만 했다. 곡판아세(曲判阿世)가 일상화되었다. 한편 전자 개표기를 사용함으로써 투표율을 조작할 수 있었다. 선관위부터 문제를 안고 시작했고, 이런 성향에 여당을 견제할 기구가 없었던 것이다. 선관위는 부정선거의 격랑 속에 쓸려가고 말았다. 시중에 '투표는 국민이 하고, 관리는 중국인이 하고, 조작은 선관위가 한다.'라는 말이 회자되었다.

정치검찰이 상대편 검찰 죽이기 위해 안달이 났다. 추미애 법무장관파, 윤석열 검찰총장파가 격돌했다. 이는 '검언유착' '권언유착' 보도로 MBC뿐만 아니라, KBS도 문제가 생겼다. 출입처와 유착은 발표되지만, 기자의 언론 자유와 독립은 여전히 미궁이었다. 이 사건은 이철 전 VIK를 상대로 '신라젠 로비 의혹'을 취재했던 이동재(35) 전 채널A 기자가 2020년 7월 17일 강요미수 혐의로 구속됨으로써 사건이 크게 번졌다. 이 사건을 처음 검언유착(檢言癒着)으로 몰고 갔고, MBC KBS가 '검언유착'을 강조했으나, 결과는 검언유착은 증거가 없고, 오히려 권언유착(權言癒着)으로 결론이 나면서 KBS·MBC 보도는 오보를 정정하는 사태가 벌어졌다. 4·15 총선 코 앞에서 나팔수·부역자 공영언론의 본색이 드러난 것이다.

4·15 부정선거를 앞두고, 정치꾼은 법조와 언론을 앞세워 연극을 한 것이다. 이런 형상을 이론적으로 풀어보자. 칸트는 실천이성 비판에서 창세기 에덴동산의 선악은 이성적 판단의 지렛대로 삼았다. 쉽게 말하면 육의 세계로부터 절제를 통해 육의 세계를 벗어나도록 한다. 성서 갈라티아서 5장 19장~21절 '육의 행실은 자명합니다. 그것은 곧 불륜, 더러움, 방탕, 우상 숭배, 마술, 적개심, 분쟁, 시기, 격분, 이기심, 분열, 분파, 질투, 만취, 흥청대는 술판, 그 밖에 이와 비슷한 것들입니다.' 그러나 자유와 창세기 창조는 육의 세계에서 벗어나야 한다. 갈라티아서 5

장 13~14절 '형제 여러분, 여러분은 자유롭게 되라고 부르심을 받았습니다. 다만 그 자유를 육을 위하는 구실로 삼지 마십시오. 오히려 사랑으로 섬기십시오. 사실 모든 율법은 한 계명으로 요약됩니다. 곧 '네 이웃을 너 자신처럼 사랑하여라.' 하신 계명입니다.'

한편 김형효 한국학중앙연구원 명예교수는 그의 저서 『마음혁명』에서 "이 운명을 일러주는 신화가 구약의 창세기에 나오는 금단의 열매를 먹은 원죄다. 금단의 열매를 먹었기에 인류는 원죄를 지었고, 그 대가로 선악과 호오(好惡)를 분별하는 지능을 얻었다. 아득한 옛날에는 모든 것이 하나로 서로 회통했는데, 어느 날 문득 인간에게 지능을 분별하는 무명(無明)이 생기면서 이 세상을 하나로 보는 마음이 산산 조각났다는 이야기다.(김형효, 2007:20)

헌법 정신의 이성과 합리성이 전무한 상태이다. 육(肉)의 세상이 전개된 것이다. 한편 법원은 기자를 먼저 구속부터 시켰다. 이 전 기자 혐의는 '여권인사 비리를 내놓으라.'며 이철 전 VIK 대표를 상대로 '협박 취재'를 했다가 실패(강요미수)했다는 것이다.

법조계에선 '강요죄 아닌 강요미수 혐의로, 그것도 취재 과정의 문제로 기자를 구속한 것은 전례가 없다'며 '언론의 취재 활동에 상당한 제약을 가하는 결정'이라는 결론이다. 그러나 "서울중앙지법 김동현 영장전담 판사는 영장 발부 사유로 '피의자가 특정한 취재 목적을 달성하기 위해 검찰 고위직과 연결하여 피해자를 협박하려 하였다고 의심할 만한 상당한 자료들이 있다.'"라고 했다.(이민석, 2020. 07. 18.)

한편 시민단체 자유언론시민연합은 성명을 내고, "KBS 9시 뉴스가 한동훈 검사장과 채널A 기자와의 '확인되지 않은' 대화내용을 보도했다가 사과하는 일을 벌였다. 문재인 정권은 채널A기자와 한동훈 검사장을 엮어서 이른바 '검언 유착'[437] 의혹을 만들어내는 데 집요하게 나서왔다. 추미애 법무부 장관이 이 사건

---

437) '권언유착'은 2020년 4·15 총선을 앞두고 여론 조작이 일어난 일이다. "문재인 정부 당시 MBC의 보도로 한동훈 당시 검사장과 채널A 이동재 기자가 손잡고 금융사기범에게 '유시민 비위를 진술하라' 강요했다는 의혹이 제기되었다. 당시 여권과 친여 언론은 '검언유착'으로 몰았고, 추미애 법무부 장

때문에 윤석열 검찰총장을 괴롭히는 장관 지휘권을 발동하는 등 희한한 행태를 보여온 게 단적인 예다. KBS 보도는 이 같은 문재인 정부의 일련의 흐름을 뒷받침하려는 기사로 이해했다."(자유언론시민연합 성명, 2020. 07. 21.)

또한 지상파 방송의 나팔수·부역자의 역할은 괄목했다. 2020년 4·15부정선거, 2021년 4·7 서울시장·부산시장 보궐선거 등에서 방송의 프레임 편파가 심했다. 더욱이 4·7 선거는 박원순, 오거돈 부산시장의 성추행 사건으로 낙마한 후 치른 선거였다. '결격 사유가 있을 경우 후보자를 내지 않는다.'라는 민주당의 당규를 고쳐 후보자를 냈다.

편파방송의 대가로 합리적 추론을 할 수 있는 것은 지상파방송은 방송법 시행령을 고쳐 7월부터 '지상파 중간광고'를 허용했다. "1973년부터 48년을 묶어놓은 광고를 허용한 것이다. 광고총량은 유료방송과 동일하게 편성 프로그램 시간당 최대 18%에서 20%로 늘어난다. 가상·간접광고 시간도 5%에서 7%로 늘어났다."(정성택, 2021. 04. 01.)

청와대는 방송에 대해 당근과 채찍(부역자)으로 일관했다. 그 원리로 이념과 코드의 대명사로 불리는 정연주 전 KBS 사장을 다음 대선용 방송통신심의위원장에 임명했다. KBS노동조합까지 '특정 세력의 방송 장악'이라며 반발한 '정연주 내정설'이 결국 현실화된 것이다. 정 전 사장은 "노무현 정권에서 KBS 사장에 임명돼 임기 내내 정권을 편들고 사실을 왜곡하는 방송으로 논란을 빚었다. 당시 KBS 내부의 발전협의회조차 '지난 어느 정권 때보다 더욱 철저한 권력의 하수인으로 전락하고 말았다'고 했다. 2004년 노무현 전 대통령 탄핵 당시 하루 10시간 이상 편성된 특집 프로에서 탄핵 반대와 찬성 인터뷰 비율이 '31대 1'이었다.(사설, 2021. 07. 24.)

그 당시 국가사회주의 이념이 소개되었다. 시사프로에 북한 군가인 '적기가(赤

관은 윤석열 검찰총장의 수사지휘권까지 박탈했다. 그러나 이 기자는 무죄가 확정됐고, 여권과 검찰, 사기꾼, 친정권 방송의 조작·허위사실 유포임이 드러났다. 이 기자가 문재인 정부 당시 '권언유착' 의혹 전말을 알려왔다. 총선을 2주 앞둔 2020년 3월 31일, MBC는 이른바 '검언유착' 보도를 대대적으로 시작했다.(이동재, 2023. 03. 25.)

旗歌)'가 배경음악으로 등장했고, 또한 검찰에 구속 기소된 친북 인사 송두율과 베네수엘라를 망친 독재자 차베스 등을 찬양하는 프로그램이 등장했다.

뿐만 아니라 문재인 청와대는 통신 통제에 관심을 가졌다. 이젠 언론중재법을 개정하여 '징벌적 손해배상죄'(5배까지), 신문법을 개정하여 포털의 편집권 제약, 미디어바우처법을 만들어 정부 광고를 나눠주겠다고 했다.

한편 문재인 청와대가 앞장서 상징조직을 부추겼다. 2022년 1월 3일 신년사에서 '적대와 증오와 분열이 아니라 국민의 희망을 담는 통합의 선거가 되었으면 합니다.'라는 덕담을 이야기했다. 또한 그는 '언론자유와 인권이 신장된 나라가 되었습니다. 세계에서 인정하는 '완전한 민주주의 국가' 대열에 합류하며 더욱 성숙한 민주주의로 나아갔습니다.'라고 했다. 또한 취임사에서 '기회는 평등하고, 과정은 공정하고, 결과는 정의로울 것'이라고 했다. 지금 되돌아보면 취임사가 상징조작임을 쉽게 알 수 있는 대목이었다.

상징조작으로 커뮤니케이션에 장애를 받으면 원시공산사회의 문화적 특징으로 되돌아간다. 그 사이 문명 수준은 끝없이 추락하고, 자기 코드 외 다른 코드는 전리품으로 생각하게 된다.

문재인 청와대의 무리수는 계속되었다. KBS노동조합이 1인 시위에 나섰다. 노조 지도부가 일인시위 현장에서 '대선용 언론 재갈 물리기? NO!-민주당은 징벌손배법 즉각 철회하라!'라는 피켓을 들었다.

KBS노동조합은 '징벌적 손배법 규탄'에 나섰다.

KBS노동조합은 악법인 「징벌적 손배법」이 이번 8월 국회에서 철폐될 때까지 무기한 릴레이 시위를 이어갈 것임을 밝힙니다. … 지난달 상임위를 통과한 「징벌적 손배법」을 집권 민주당이 이번 달 안에 국회 본회의에서 강행처리하고자 한다. 이 법은 언론 관련 단체들이 빠지지 않고 규탄하는 대로 우리나라 언론자유를 말살하고 파괴하고자 하는 악법으로 규정됐다. 그동안 선거철마다 빠지지 않고 민주당과 각종 정책 협약식을 맺어온 민주노총 산하 언론노조까지 반대하고 나선 악법이다. 언론보도가 '고의 또는 중대한 과실로 인한 허위·조작보도에 따라 재산상 손해를 입거나 인격권 침해, 정신적 고통'이 있을 경우엔 손해액의 5배까지 배상이 가능하도록 함으로써 언론자유를 크게 훼손하는 길을 열어줬다는 비판이 거세다. '허위·조작 보도'라는 애매한 기준은 자칫 권력자들의 잣대로 예단될 수도 있다. 또 언론사들이 고의, 악의, 중과실이 없다는 입증 책임까지 져야 한다는 건 무분별한 소송으로 이어져 언론의 제기능을 막겠다는 의도인 셈이다. 여러 언론보도의 지적대로 매출액에 비례해 손배액을 정하겠다는 법안이 이번 달 국회를 통과하게 되면 KBS의 경우 수십억 원의 손배액을 고스란히 떠안을 수도 있는 우려가 크다.(성명, 2021. 08. 03.)

'언론자유 파괴하는 징벌적 손배법 규탄, KBS인 국회 앞 릴레이 시위 돌입'(2021. 08. 01.)이라는 2탄 성명이었다. "오늘(8월 2일/월)부터 집권 민주당이 국회 처리를 강행하고 있는「징벌적 손배법」철폐투쟁에 돌입합니다. 8월 2일 낮 12시 허성권 위원장과 손성호 부위원장을 시작으로 국회 앞 1인 릴레이 시위를 시작하고, KBS 기자·피디·아나운서·경영·기술직종을 포괄한 KBS인 백여 명이 자발적으로 시위에 참여하겠다고 선언했다.

당시 언론중재법 개정안은 '①징벌적 손해배상: 허위·조작 보도의 손해액의 5배까지 산정, ②언론사의 고의·중과실 추정: 취재 중 법률 위반, 정정보도 등의 경우에 언론사가 고의·중과실이 없음을 입증해야 함, ③기사 열람차단 청구권: 보도가 진실하지 않거나 사생활 침해 등의 경우 기사 열람 삭제 청구 가능' 등을 포함하고 있었다.

국회와 민주당사 앞에서 KBS노동조합은 '언론독재법 철폐 범국민 공동투쟁위원회'(위원장: 이영풍, KBS 기자)는 '대선용 언론 NO! 언론자유 다 죽인다 YES.'라는 구호를 내세웠다.[438]

---

438) KBS노동조합은 9월 9일 프레스센터 18층 외신기자클럽에서「언론중재법, 어떻게 자유민주수의를 무너뜨리는가?」로 외신기자를 위한 토론회를 가졌다. 발제는 최진녕 변호사와 장세정 중앙일보 논설위원 및 5명의 변호사, 기자, 시민단체 대표, 교수 등이 참여했다. KBS 노동조합이 밝힌 언론중재법 처리 주요일지는 ①언론중재법 개정안, 야당 반대 속 국회 문체위 소위통과(2021. 7. 27.), ② KBS노동조합 언론사 최초로 (국회 앞) 반대 피켓팅 시작(08. 02.), ③언론중재법, 여당 단독으로 국회 문체위 전체회의 통과(08. 19.), ④국회 앞 범국민 반대 필리버스터 투쟁(08. 24~25), ⑤국회 법

한편 관훈클럽·한국기자협회·한국신문방송편집인협회·한국신문협회·한국여기자협회·한국인터넷신문협회·대한언론인회 등 7개 단체가 「언론중재법」 개정에 반기를 들고, 서명에 돌입했다. 그들은 결의문에서 "전·현직 기자, 보도 및 편집국장, 해설 및 논설위원, 편집인, 발행인 등 언론인들은 민주당의 언론중재법 강행 처리에 대해 대한민국 민주주의를 퇴행시키는 입법 독재로 규정하고, 모든 수단을 동원해 이를 저지할 것을 다짐한다."라고 했다.(이상현, 2021. 08. 10.)

한편 정부 측 인사는 가짜뉴스에 우려를 표명했다. 정연주 방심위 위원장은 2021년 8월 9일 취임사에서 "표현의 자유, 언론의 자유라는 이름 아래 아무런 책임도 지지 않는 채 거짓과 편파·왜곡을 일삼는 행위에 주어진 책무를 다하겠다."라고 했다.

또한 KBS 김의철[439] 사장은 2021년 12월 10일 취임 일성으로 'KBS의 독립'을 공식 선언했다. 그는 '정치적·상업적 압력 배제', 'KBS 독립선언'을 발표했다. 김의철 사장은 여의도 KBS 아트홀에서 열린 취임식에서 'KBS는 국민을 위해 존립하는 공영미디어로서 일체의 정치적 간섭이나 상업적 압력을 배제한다'고 선포했다. 그 구체적인 방법으로 '공영미디어 KBS의 독립성은 공정한 이사회 구성과 사장의 선출 방식뿐만 아니라, 이사회, 경영진, 직원 모두가 정치적 간섭이나 상업적 압력을 배제하고 우리 스스로 결정하는 것에서 시작된다'고 강조했다. 물론 그는 "공영방송 KBS가 위기에 처했다고 진단하면서도 수익을 좇아 무한경쟁의 장에 뛰어드는 것은 KBS가 가야 할 길이 아니라고 단언했다."라고 했다.(김고은,

---

제사법위, 국민의힘 퇴장 속 여당 단독 처리(09. 25.), ⑥범국민 반대 필리버스트 15시간 생방송, 언론중재법 본회의 상정 무산(09. 30.), ⑦여야, 언론중재법 내달 27일 처리 및 8인 논의 기구 설치 합의(08. 31.), ⑧언론중재법 본회의 상정(09. 27)(KBS 노동조합 2021. 09. 03.), ⑨국회 앞 범국민 반대 필리버스터 투쟁(09. 27), 여기서 '언론중재법 논의 8인 기구'는 더불어 민주당 의원 2명, 민주당 추천 언론계 인사 2명, 국민의힘 의원 2명, 국민의힘 추천 언론계인사 2명이었다.

439) 김의철 KBS비지니스사장은 양승동 사장 시절 보도본부장으로 '진실과미래위원회'에서 참여하여, "자의적으로 좌표를 찍은 적폐 직원들에게는 엄혹한 보복조치를 자행하면서도 문제 소지가 있는 자진 퇴사한 직원들에게는 온갖 사유를 만들어 특별채용을 했던 사실이 기록으로 남아 있다. 이런 것이 박근혜 탄핵 이후 우리 사회가 그토록 바라던 정의이고 공정의 실현이었나요? KBS 노동조합은 진미위를 당시 '보복과 인사농단, 홍위병'으로 간주했다.(KBS 노동조합 성명, 2021. 10. 18.)

2021. 12. 15.)

김의철 사상은 'KBS만의 품격을 지고, 신뢰를 얻도록 노력하겠으나, '독립성은 시청자의 신뢰가 있어야 더욱 공고해진다.'라고 했다."(김고은, 2021. 12. 15.)

실제 KBS본부노조는 더불어민주당과 업무협약을 맺고, 그들의 지부 역할을 톡톡히 하고 있었다. 이론과 실천이 전혀 다른 행동을 한 것이다. 더불어 「언론중재법」 개정의 문제가 아니라, 정부여당과 더불어 야당의 부패가 언론에 회자되었다. '가짜뉴스', '권력형 비리'가 집권당에서 더 크게 부각되면서, KBS 김의철 사장의 발목을 잡았다.

여당의 선두주자 이재명 전 경기도지사가 성남시장 시절 '모범적 공영 개발 사례'라는 대장동 중심의 '화천대유' 자산관리 관계사가 문제로 등장했다.

'대장동 의혹'의 중심에 있는 화천대유자산관리(이하 화천대유)와 관계사인 천화동인 1호의 등기이사가 이재명 경기지사의 측근으로 꼽히는 이화영 전 경기도 평화부지사(현 킨텍스 대표)의 국회의원 시절 보좌관인 것으로 27일 확인됐다. 또한 이화영 전 부지사는 이해찬 전 민주당 대표의 측근 출신으로 2004년 총선 때 열린우리당 소속으로 17대 국회의원에 당선됐다. 2018년 6월 이 지사의 당선 이후 지사직 인수위원회 기획운영분과위원장을 시작으로 같은 해 7월부터 2020년 1월까지 경기도 평화부지사를 지냈다.(허진·성지원, 2021. 09. 28.)

한편 화천대유 권력형 비리는 박영수 전 특검, 권순일 전 선관위원장, 곽상도 야당 의원까지 포함되어 있었다. "성남시 대장동 개발 사업 시행사인 화천대유에 7년째 근무하고 있는 박영수 전 특검의 딸이 회사가 보유했던 84㎡ 아파트 1채를 최근 분양받은 것으로 확인됐다. … 박 전 특검은 화천대유 고문을 맡았다. 화천대유에 6년간 근무했던 국민의힘 곽상도 의원 아들도 아버지 소개로 입사해 200만·300만원대 월급을 받으며 일하다 지난 3월 퇴직금으로 50억원을 받은 사실이 드러났다. … 권순일 전 대법관은 변호사 등록도 하지 않은 상태에서 '전화 자문 정도만 응했다'면서도 화천대유에서 10개월간 고문료로 월 1500만원을 받았다."(사설, 2021. 09. 28.)

한편 「언론중재법」 개정에 대한 우려는 언론의 자유와 독립을 찾으려는 노력의 일환이었다. 이는 사물인터넷(Internet of Things)의 선두주자다운 정략이었는데 「조선일보」는 100주년(2020년)을 기해 대대적인 캠페인을 계속하고 있었다. 언론의 담론은 사실의 정확성·공정성·객관성(합리성)·독립성 등이어야 다른 관료제와 소통이 가능하게 된다. 언론이 그 형식을 무시하면, 체제가 계속 변동(change)만 하게 되고, 질서(order)가 불가능하게 된다.

그들의 캠페인 내용은 "누군가는 경제 상황을 통계 숫자로만 말할 때 우리는 단지 뒤덮인 공장을 찾아갑니다. 진실은 팩트가 있는 곳에 「조선일보」가 있습니다."라고 했다.(이기훈, 2019. 05. 18.)

구체적으로 "가짜 뉴스가 과학의 탈을 쓰고 왔을 때 우리는 검증하고 또 검증합니다. … 지금 진실에 눈감으면 오늘보다 나아질 수 없습니다. 진실은 팩트에 있습니다. 팩트가 있는 곳에 「조선일보」가 있습니다."라고 했다.(100주년 社告, 2019. 04. 05.)

또한 세상이 "속도전으로 뉴스를 쏟아낼 때 우리는 팩트를 찾아 나서며, '총알 빗발치는 전쟁터부터 총성 없는 외교 전쟁터까지'(강인선, 2019. 4. 22.)에서 강인선 워싱턴 지국장은 "전쟁과 외교 현장을 오가면서 진정한 평화를 원하면 어떠한 환상도 갖지 말아야 한다는 걸 배웠습니다. 지금까지 「조선일보」가 그랬던 것처럼 현장에 한발 더 가까이 다가서서 독자들께 현실을 더 정확하게 알 수 있는 기사를 전해드리고자 노력하겠습니다."(강인선, 2019. 4. 22.)

한편 한국신문협회 17대 회장으로 「조선일보」홍준호 발행인이 선출되었다. 홍회장은 2020년 3월 27일 한국프레스센터에서 열린 신문협회 정기총회 및 임시이사회에서 '지금 신문업계는 여러 방면에서 많은 도전을 받고 있지만 이런 때일수록 모두가 힘을 모으고 지혜를 나누며 하나가 되는 것이 중요하다'라고 전제하고, '그 첫걸음은 언론의 기본으로 돌아가는 것'이라며 '언론계는 내부의 차이를 넘어 언론본연의 가치를 최우선으로 삼아야 한다.'라고 말했다.(신동훈, 2020. 03. 28.)

문재인 시대는 부정선거가 최고조에 달하고, 언론의 수난, 그중에도 공영방송의 추태를 보인 때이다. 그는 자유와 독립정신 자체를 망각하고, 북한의 수석 대변인 역할을 했다. 지난 5년은 대한민국의 치욕의 역사 그 자체였다.

난맥상이 거듭되는 가운데 20대 대선이 치러졌다. 여전히 부정투표는 고질병으로 도졌다. 사전투표에서 유권자의 기표된 투표지가 소쿠리에 담겨('소쿠리 선거') 돌아다니고, 누군가 기표한 투표지가 다른 투표자에게 배부되는 일이 벌어졌다.

그 결과로 20대 대통령으로 윤석열 후보가 당선되었다.[440] 그러나 흠결이 많은 선거임에는 틀림이 없었다. 이번 대선은 "'어느 후보(정당)가 더 혐오스러운가를 경쟁하는 대결'이라는 세간의 조롱처럼 거대 정당들이 윤리·도덕적 흠결이 큰 후보들을 내세웠고 정치적 대립이 극심한 상황에서 진행되고 있다.

정치권의 네거티브전략이 기승을 부릴수록 공약에 함축된 정당들의 정책 비전을 소개하고 검증에 집중하면서 중심을 잡아야 하지만 언론은 오히려 정치권의 무차별적인 의혹제기와 정략공세에 편승했다."(우리의 주장, 2022. 03. 02.)

언론의 무책임한 보도에 반기를 들기 시작했다. 26개 시민·언론단체가 2022년 1월 출범시킨 '2022대선미디어감시언대'는 2월 10~16일 사이 6개 종합일간지와 2개 경제일간지의 대선보도를 검증한 보고서에서 "선거보도 796건 중 정책을 언급한 보도는 31%에 불과했고 함량 미달 보도도 속출했다.

전체 선거보도 중 정책에 대해 언급만 한 보도는 17%였고, 정책을 검증까지 한 보도는 14%였다. 유권자가 정책의 장단점을 판단하고 실현가능성이 있는지를 판단할 근거를 제공하는 보도는 선거보도 10건 중 1건 남짓하다."라고 했다.(우리의 주장, 2022. 03. 02.)

문재인 정권은 처음부터 끝까지 불법의 난맥상을 보였으나, 언론도 정교한 대안을 제시하지 못했다. 정치공학이 심해, "노무현 때부터 한국 국가 의제의 중심

---

440) 2022년 3월 10일 오전 3시 20분 현재 개표가 94.3% 진행된 가운데 윤 후보는 1546만 1012표 (48.6%)를 얻어 더불어민주당 이재명 후보(1522만 9316표, 47.8%)를 0.8%포인트 앞서고 있다. 정의당 심상정 후보는 75만 3569표로 2.4%를 얻어 그 뒤를 이었다.(조의준, 2022. 03. 10.) 최종은 1639만 4815표(48.56%)를 얻었고, 이 후보는 1614만 7738표(47.83%)로 표차는 0.73%였다.

이 경제에서 국내 정치로 바뀌었다.

1980년대 운동권들이 정치에 본격 진출한 때와 일치한다. 시간이 지나면서 한국은 무엇을 향해 가는 나라인지 그 방향을 알 수 없게 됐다. '버는 사람이 아니라 쓰는 사람이 먼저'가 된 문재인 정부가 대표적이다. '엄청난 빚을 내 선심용으로 뿌리고도 그것을 업적'이라고 하는 나라가 됐다. 그 결과로 조동근 명지대 명예 교수는 바른사회시민회의 토론회(05월 25일)에서 "문재인 정부는 경제성장률, 소득5분위 배율, 비정규직 비율, 재정건전성 등에서 낙제에 가깝다."(조동근, 2022. 5. 25.) 또한 민주당 출신 정치 원로 한 분은 '지난 10년간 정치는 정치질만 했다'라고 했다."(양상훈, 2022. 04. 28.)

정권이든, 언론이든 자유민주적 기본질서, 즉 '절차적 정당성' 확보에 실패한 형태였다. '시장, 미래 그리고 세계'는 실종된 상태였다. 정부가 앞장선 국가사회주의는 헌법의 궤도를 한참 이탈했다.

더욱이 언론은 나팔수에 만족함으로써 언론에 대한 평가는 냉정할 수밖에 없었다. 권력을 주고, 충성하는 신분사회의 전형이었다. 더욱이 문재인 정권 마지막까지 '알박기'로 정치적 기득권 지키기에 몰두했다. 정권은 두 가지 문제를 직면했다. '공영방송 지배구조 개선안'과 '검찰청법 개정안'(즉 '검수완박', 검찰 수사권 완전박탈) 문제로 국회 안팎이 소란스러웠다. 이 법안은 2022년 04월 30일 국회를 통과했다.(재적 177, 찬성 172)

물론 국민의힘 권성동 원내대표가 승인한 것이나, 그 과정은 더불어민주당의 기습통과의 과정을 거쳤다. 여야가 '합의'한 '검수완박'은 검찰의 직접수사권과 기소권을 분리하고, 검찰의 기존 6대 범죄(부패·경제·공직자·선거·방위사업·대형참사) 수사권 가운데 '부패'와 '경제'만 한시적으로 남기고 나머지 업무를 삭제한 상태였다.

내막을 보면 문재인 청와대는 자유를 누렸으나 뒷감당이 되지 않은 상태이다. 양향자 무소속 의원은 '(민주당이) '검수완박'을 처리하지 않으면 문재인 청와대 20명이 감옥 갈 수 있다.'라고 경고했다. 이런저런 이유에서 민주당 윤호중 비대위원장, 박홍근 원내대표, 황운하·최강욱·김용민·김남국·민형배 등 의원이 앞장서 이법을 통과시켰다. 한편 문재인 대통령은 25일 마지막 기자간담회에서 '검수완박 중재안 잘됐다.'라고 했다.

도대체 수사기관이 몇 개인가. 앞으로 설 중수청, 자치경찰과 국가경찰(국가수사본부), 기소를 전담하는 검찰, 고위공직자범죄수사처 등이 즐비하다. 이들이 많다는 소리는 수사기관이 권력에 따라 움직인다는 소리가 된다. 한편 문재인 보호법에 이어, '김의철 KBS 사장 보호법'이 나와 국회 앞에서 성토를 했다. KBS 전부사장 정필모 민주당 의원이 발의한 법안이다. 그는 KBS '진실과 미래위원회'에서 '적폐청산'에 앞장선 인사이다.

정 의원은 '방송통신위원회법 일부 개정안', 일명 '공영방송 영구장악법안'을 발의한 것이다. 이들 기구는 21명으로 구성된 위원회를 설치코자 한다. 공영방송 사장을 선출코자 했으나, 대통령 거부권으로 이 법도 실현되지 못했다.

한편 윤석열 차기 대통령 당선자는 1990년 완공된 춘추관을 폐지하고, 용산 국방부 청사 집무실 아래층에 프레스센터를 둔다고 했다. '청와대 출입'은 32년 만에 막을 내린 것이다.

"문재인 정부 청와대 출입기자는 설립 초기 300명이었으나, 지금은 1,000명이다. 그는 임기 동안 8번 기자회견을 하고, 나머지는 SNS로 대국민 소통을 시도했다."(김달아, 2022. 4. 20.) 또 다른 내용은 대변인이나 소통수석을 통해 메시지를 홍보하는 수준이었다. 한편 윤석열 당선자는 3월 20일 집무실 이전 계획을 밝히면서 "일단 청와대 경내로 들어가면 제왕적 권력의 상징인 그곳을 벗어나기가 더욱 어려워질 것"이라고 했다.(김달아, 2022. 4. 20.)

참고문헌

한국기자협회보, 「감염병보도준칙」, 2021년 03월 17일.

강광우·정유진, 「'한수원 자율 결정'이라더니 … 산업부 문건 '조기폐쇄 요청'」, 「중앙일보」, 2021년 01월 29일.

강다은, 「그게 왜 중요하십니까?」, 「조선일보」, 2019년 12월 05일.

강상현, 「한국 사회의 디지털 미디어 기술과 사회 변동」, 「한국 사회의 디지털 미디어와 문화」, 커뮤니케이션북스, 2011년 04월.

강성원, 「'자네만 아니 나도 죽어' 길환영, 왜 김시곤 사퇴 종용했을까」, 「미디어오늘」, 2016년 07월 20일.

강유현, 「2009년 첫 철수한 김용구 사장, '개성공단은 북한 뜻대로 움직여 그들에겐 사업 아닌 정치하는 곳'」, 「동아일보」, 2013년 05월 01일.

강인선, 「총알 빗발치는 전쟁터부터 총성 없는 외교전쟁터까지」, 「조선일보」, 2019년 4월 22일.

강주안, 「세월호 5년, 정부는 KBS를 욕할 자격이 있나」, 「중앙일보」, 2019년 04월 23일.

강찬호, 「식사·술자리 대화 대신 수시로 통화 '전화 정치'」, 「중앙SUNDAY」, 2013년 8월 25일.

강태화, 「메이·메르켈 만난 문 대통령 '대북 제재 완화 역할을'」, 「중앙SUNDAY」, 2018년 10월 20일.

강해인, 「대권 말·말·말 '당선되면 바로 야당 당사 찾겠다. 저 문재인의 사전에도 정치보복은 없다.'」, 「경기일보」, 2017년 05월 08일.

강훈·김경화, 「너무 당당한 출두-문재인, 검찰에서 '대화록 멀쩡히 잘 있다.' 국가기록원에 왜 이관 안 됐는지는 말 안해」, 「동아일보」, 2013년 11월 07일.

강효진, 「박근혜 대통령 취임사 "경제부흥, 국민행복, 문화융성 이루겠다."」, 「티브이데일리」, 2013년 02월 25일.

고동욱, 「최순실 변호인 '궁예 관심법 망령 21세기에 되살아나' 반발」, 「연합뉴스」, 2018월 08월 24일.

구가인·박훈상, 「사장 임명에 정치적 입김 … 임기 내내 공정성 시비 휘말려」, 「동아일보」, 2014년 5월 28일.

구본우, 「'세월호 고의 침몰' 등 음모론 전파 … 김어준(TBS시사프로)의 뉴스공장은 루머공장?」, 「조선일보」, 2019년 02월 12일.

구본우, 「법원 'MBC 정상화촛 직원 강제 조사는 위법'-KBS '진미위' 이어 적폐청산 제동」, 「조선일보」, 2019년 12월 06일.

구본우, 「KBS 노동조합(1노조)에서 실시한 투표 참여자 87% '양승동 사장 불신임'」, 「조선일보」, 2019년 09월 25일.

권순완(권순완), 「'양승동 KBS 사장, '적폐청산 기구 운영' 1심서 벌금 300만 원」, 「조선일보」, 2021년 4월 16일.

고대훈, 「우리는 지금 혁명 중인가」, 「중앙일보」, 2018년 10월 26일.

고동욱, 「최순실 변호인 '궁예 관심법 망령 21세기에 되살아나' 반발」, 「연합뉴스」, 2018년 08월 24일.

고영신, 「유용한 선거보도란 어떤 것인가?」, 「관훈저널」84호, 2002년 가을.

고현석, 「'서울 대신 평양지도' 영상만든 업체, 제작비 3850만원 받았다」, 『중앙일보』, 2012년 06월 02일.

공병호, 「한국 100g 모조지. 중국 150g 관행. 사전투표지, 중국산?」, 『공병호TV』, 2021년 07월 16일.

곽성문, 「성창호 판사 판결문 정말 잘썼다/자유일보 대표」, 『유튜브 개미애국방송』, 2019년 02월 23일.

곽래건, 「"'그들의 뻔뻔함 못 참겠다.' 터져 나온 민심"」, 『조선일보』, 2019년 10월 04일.

구성재, 「하극상, 불법 탄핵, 무죄 박근혜 대통령 복귀」, 『백두산TV 4』, 2023년 06월 10일.

구은회, 「[민주노총 창립 20주년 기념식] 강산 두번 변해도 노동자 현실 그대로」, 『매일노동뉴스』, 2015년 11월 12일.

권상은·강훈, 「이석기의 'RO' 在美 조직원 통해 북한과 접촉 혐의」, 『조선일보』, 2013년 9월 4일.

공병호, 「투표분류기, 제어 컴퓨터 연결돼있나?」, 『공병호 TV』, 2020년 05월 15일.

금준경, 「문재인 정부 보수 유튜버 탄압 논란의 전말」, 『미디어오늘』, 2019년 06월 12일.

금준경, 「기자 스스로 '기자단'을 버려야 산다.」, 『미디어오늘』, 2018년 03월 28일.

금준경, 「공영방송 3사 사장, '공영방송 내부 적폐 청산 필요해'」, 『미디어오늘』, 2018년 05월 23일.

길현모, 「랑케사관의 성격과 위치」, 전해종·길현모·차하순, 『역사의 이론과 서술』, 서강대학교인문과학연구소, 1975년.

김강한, 「[감사원 감사] 관할 떠넘기다 골든 타임 21분 날리고.. 모니터링 손 놓다 5분 허비」, 『조선일보』, 2014년 07월 09일.

김경필, 「'소주성 실패' 뜨자, 홍장표(靑 경제수석) 밤새 통계조작」, 「'소주성' 통계 조작 직후...文 '긍정효과(최저임금 증가) 긍정효과 90%'」, 『조선일보』, 2023년 09월 22일.

김광일, 「'사람이 먼저다'에서 '주류 교체'까지」, 『조선일보』, 2018년 07월 10일.

김광일, 「문 대통령 자신감, 근거가 뭡니까?」, 『조선일보』, 2019년 09월 17일.

김경희, 「송인배 비서관-드루킹 연루 후폭풍. 야당 '이래서 여당이 특검 반대했나.'」, 『중앙일보』, 2018년 05월 2일.

김고은, 「진실(을) 밝히고 책임자 사과해야 진정한 과거사 정리」, 『기자협회보』, 2018년 4월 11일.

김고은, 「쉽게 고치고 내리고 … 디지털 퍼스트의 그림자 '온라인 오보'」, 『기자협회보』, 2019년 02월 27일.

김고은, 「'동물 국회'의 동물은 누가 쓴 단어인가」, 『기자협회보』, 2019년 05월 08일.

김고은, 「'패거리 저널리즘' 출입처 제도 혁파, KBS 통합뉴스룸 국장의 파격 제안」, 『기자협회보』, 2019년 11월 13일.

김고은, 「"정치적·상업적 압력 배제" 신임 KBS 사장의 작심선언」, 『기자협회보』, 2021년 12월 15일.

김기철, 「이토록 소소한 스캔들」, 『조선일보』, 2016년 11월 01일.

김기찬, 「'수퍼파워' 공공노조 '조직력(노조조직률 69.3%)·경영참여' 양손에 쥐었다」, 『중앙일보』, 2022년 1월 12일.

김기환, 「문 대통령이 '족보' 있다는 소주성(소득주도성장) → '검증 안 된 이론모형」, 「중앙일보」, 2019년 04월 03일.

김낙훈·서기열·나지수, 「'제조업 뿌리' 주물공장 절반이 문 닫았다.」, 「한국경제신문」, 2019년 04월 21일.

김달아·강아영, 「수습기자 경찰서 붙박이 교육, 이젠 역사 속으로」, 「기자협회보」, 2018년 07월 04일.

김달아, 「'언론자유' 앗아간 김장겸의 적반하장식 궤변」, 「기자협회보」, 2017년 09월 06일.

김달아, 「청와대 춘추관, 32년 만에 역사 속으로」, 「기자협회보」, 2022년 4월 20일.

김대호, 「자유주의 시대의 공영미디어존재 의미와 구조개혁」, 「2023 수용자 제대로 인식하기 주간 토론회-공영미디어 구조개혁과 공적 재원 확보방안」, 미디어연대, 2023년 09월 01일.

김도연, 「2014~2019 지상파 3사 및 주요일간·경제지 영업손익 그래프」, 「미디어오늘」, 2020년 04월 08일.

김도년, 「52시간제 역설 … 대기업(종업원 300명 이상)」, 「중앙일보」, 2019년 04월 01일.

김도연, 「(김시곤 전 KBS 보도국장) '이정현 방송법」, 「미디어오늘」, 2018년 12월 19일.

김도연, 「서울시, 산하 공공기관 '근로자이사제' 강행」, 「문화일보」, 2016년 05월 10일.

김동혁, 「드루킹-경공모 회원, 김경수 국회사무실 18차례 방문」, 「동아일보」, 2018년 6월 29일

김명성, 「北 "南 드레스덴 선언, 흡수통일 의도" 맹비난」, 「조선일보」, 2014년 04월 14일.

김명성, 「남북미 정상 4분 환담 … 文 대통령, 미북 정상 회담 때는 빠져」, 「조선일보」, 2019년 07월 01일.

김명성·윤형준, 「김정은 이복형 김정남의 아들 김한솔 구출한 '천리마 민방위'-"북한 인민을 대표하는 임시정부', '자유 조선 건립 선언」, 「조선일보」, 2019년 03월 02일.

김명환, 「17개 혁신센터 시너지 창출 창업혁명으로 경제 제2도약」, 「매일경제신문」, 2015년 7월 24일.

김무곤, 「선거보도의 패러다임 전환」, 「관훈저널」 84호, 2002년.

김민상, 「검찰이 대법원 압수수색」, 「중앙일보」, 2018년 09월 07일.

김민철, 「철도노조원들, '복지 아닌 정치투쟁에 의구심'」, 「조선일보」, 2014년 10월 17일.

김민호, 「과감한 규제 개혁·제2의 벤처 붐 통해 내수 활성화 견인」, 「한국일보」, 2014년 02월 26일.

김병채, 「1등 향해사(승객안전 실무책임)·조기장(선박사고 담당)은 탑승전날 입사한 '초보'」, 「문화일보」, 2014년 04월 29일.

김배중, 「거리로 나온 민노총 '촛불 덕 본 文 정부에 요구할 권리 있다.'」, 「동아일보」, 2017년 6월 22일.

김병현, 「부여, '개표한 분류기 이상하다' 선관위 '기계 이상 없다.'」, 「중앙일보」, 2020년 5월 14일.

김봉규, 「한·일, 위안부 문제 해결 합의 … "군 관여 여성에 상처"」, 「한겨레신문」, 2015년 12월 28일.

김서중, 「기자와 언론사에 주목하자」, 「경향신문」, 2018년 7월 15일.

김선걸, 「'원칙' 있는 안보·외교 통했지만 인사·복지는 '불통'」, 「매일경제신문」, 2014년 2월 20일.

김성모, 「13일 만에 실무협의 … 子.회사 면허 놓고 또 대립」, 「조선일보」, 2013년 12월 27일.

김성제, 「교황 방한, 한국 가톨릭 브랜드에 어떤 영향 미칠까?」, 「가톨릭신문」, 2014년 04월 06일.

김성후, 「비윤리적 취재관행 쇄신 계기 삼아야」, 「관훈저널」 135호, 2015년 여름.

김성후, 「기자 60% '문재인 정부, 미디어 정책 잘못하고 있다.'」, 「기자협회보」, 2020년 08월 19일.

김성현, 「경제침탈엔 물산장려운동, 한국탄압엔 문자보급운동으로 맞섰다」, 「조선일보」, 2020년 03월 02일.

김순덕, 「광우병 선동'에 뺨치는 KBS 문창극 보도」, 「동아일보」, 2014년 06월 23일.

김순덕, 「인권침해 낙인찍힌 '문재인 보유국'」, 「동아일보」, 2021년 04월 15일.

김순덕, 「더불어민주당, 혁신하려면 신영복의 '더불어'부터 떼라」, 「동아일보」, 2023년 06월 21일.

김승범, 「한미FTA를 누가 매국이라 외쳤나」, 「조선일보」, 2017년 03월 13일.

김승재, 「2030, 판을 뒤집다」, 「조선일보」, 2021년 06월 12일.

김승범, 「한미FTA를 누가 '매국'이라 외쳤나」, 「조선일보」, 2017년 3월 13일.

김신동, 「한국 대통령선거와 소셜미디어」, 「관훈저널」, 2012년 겨울.

김아영, 「언론계 'KBS, MBC 총파업 지지한다.'」, 「기자협회보」, 2017년 9월 06일.

김아진, 「박지원 국정원, 지금 간첩 잡은 이유는」, 「조선일보」, 2021년 8월 10일.

김아진, 「IAEA 북핵경고 다음날, 文 또 '종전선언'」, 「조선일보」, 2021년 09월 23일.

김연주, 「전교조, 14년(만) 만에 법외노조로 간다.」, 「조선일보」, 2013년 10월 10일.

김영민, 「원세훈 유죄, 김어준 무죄 판결한 김상환 대법관 제청」, 「중앙일보」, 2018년 10월 03일.

김영주, 「국회 '드루킹 특검법' 찬성 183명 가결」, 「더 자유일보」, 2018년 05월 21일.

김유진, 「文 대통령 말 한마디에 정책 뚝딱 … 위험한 '인치 공회국'」, 「문화일보」, 2020년 12월 21일.

김윤덕, 「지식인으로 나는 죽어 마땅하다」, 「조선일보」, 2018년 04월 28일.

김윤수, 「이진성 헌재소장, '권력 탐하면 오만·과욕부릴 수 있다.'」, 「동아일보」, 2018년 09월 20일.

김은정, 「RO 총책 이석기 'RO 자체를 모른다.' 주장」, 「조선일보」, 2014년 5월 9일.

김은정·이태명, 「'금융권 성과 연봉제' 논의 시작부터 '삐거덕'」, 「한국경제신문」, 2016년 4월 8일.

김정하, 「박 대통령이 던진 개헌, 성사는 국회 몫」, 「중앙일보」, 2016년 10월 25일.

김정하·유성운·손국희, 「내 신뢰 저버린 최서원(개명 전 최순실) '대통령님, 비덱(최서원의 독일 스포츠 법인)이 뭐죠?' 잡아뗐다」, 「중앙일보」, 2023년 12월 25일.

김정하, 「"제 부덕·불찰로 국가 혼란 송구"」, 「중앙일보」, 2016년 12월 09일.

김정환·이순흥, 「경찰, 한상균에 최후통첩..민노총, 총동원령」, 「조선일보」, 2015년 12월 9일.

김정환, 「드루킹 '재주는 내가 부리고 돈은 네이버가 가져'」, 「동아일보」, 2018년 07월 05일.

김종철, 「허수아비 여왕' 박근혜와 '상왕' 최순실의 4년」, 「미니어오늘」, 2017년 02월 22일.

김준호·장덕종, 「朴 3차 담화에 여론 폭발 … '즉각 퇴진' 최대 규모 집회로 응답」, 「연합뉴스」, 2016년 12월 03일.

김진, 「박근혜 탄핵주범 민노총, 공언대로 文을 끌어내려라」, 「김진TV」, 2019년 06월25일.

김진균, 「퇴로 열어주자는 文 (문재인) vs 하야 외친 安(안철수) … 같은 촛불, 다른 속내」, 「동아일보」, 2016년 11

월 14일.

김진우·강병한·유정인, 「왜 지금 '노동'인가 … 정국기를 핵심의 제로」, 「경향신문」, 2013년 05월 30일.

김창남, 「사업에 치이고 윗선 눈치 … "이러려고 기자했나" 자괴감」, 「기자협회보」, 2017년 01월 03일.

김창환, 「'비밀결사 RO(Revolutionary Organization)와 통진당 관계는 … ' 치열한 설전」, 「한국일보」, 2104년 2월 19일.

김성해, 「우연한 무관심 혹은 미필적 고의」, 「관훈저널」, 2013년 봄.

김창균, 「文의 분신 공수처, 무능·위선·파렴치도 빼닮았다」, 「조선일보」, 2021년 12월 16일.

김채린, 「강규형 전 KBS 이사, 해임취소 소송 1심서 승소 … 법원 "재량권 남용"」, 「KBS」, 2020년 06월 11일.

김채환, 「우리가 기다렸던 판사, 그가 진정한 영웅이다.」, 「유튜브 김채환 TV」, 2020년 06월 02일.

김태규, 「전여옥 '최순실 주변에 좀비 같은 사람들 많아 … '」, 「한겨레신문」, 2016년 11월 2일.

김태근, 「"계곡 건너려면 걷지 말고 점프해야" … 경제구조 개혁에 칼 빼들다.」, 「조선일보」, 2014년 2월 26일.

김평우, 「대통령의 변호인」, 조갑제닷컴, 2019년.

김형민, 「금융권 '노조 추천 이사제' 사실상 무산 … 수출입은행도 안갯속」, 「동아일보」, 2021년 06월 22일,

김형원, 「('종북 콘서트' 신은미·황선씨) 從北은, 脫北을 두려워한다.」, 「조선일보」, 2014년 12월 08일.

김형효, 「마음혁명」, 살림출판사, 2007년.

김혜미, 「대기업 강점, 사회가 받아들여야」, 「중앙일보」, 2013년 5월 31일.

김혜영, 「국정원 대선 트윗글 5만여 건 확인」, 「한국일보」, 2013년 10월 19일.

김혜원, 「문재인 '탕평책' 계파 갈등 잠재울 수 있을까」, 「아시아경제」, 2015년 02월 15일.

김희균·신진우, 「4개 교과서 '주체사상은 인민위한 혁명' … 北 선전 그대로」, 「동아일보」, 2013년 10월 22일.

김형원·안준용, 「40시간 여직원 사실상 감금하며 제기한 의혹 … 결국 허위로」, 「조선일보」, 2012년 12월 17일.

김현지, 「검찰이 JTBC 태블릿 조작 … 국과수 증거 나왔다.」, 「NewDaily」, 2019년 06월 05일.

금준경, 「문재인 정부가 약속한 '언론개혁' 어디쯤 왔나」, 「미디어오늘」, 2021년 01월 16일.

남기현, 「창조경제혁신센터」, 「매일경제신문」, 2016년 4월 13일.

남정민, 「'국정농단' 박근혜 전 대통령, 징역 20년·벌금 180억 확정」, 「한국경제」, 2021년 04월 14일.

남정욱, 「북에서 본 남조선 력사」, 「백년동안」, 2019년,

남혜경, 「태극기 집회엔 돈 받고 동원된 노인뿐?」, 「조선일보」, 2018년 08월 28일.

노경민, 「'"나치식 자기검열 유도, 비열한 민주당"' … 377개 대학 6094명 교수 '정교모' 성명」, 「NewDaily」, 2020년 02월 14일.

노석조, 「국민이 역사를 서로 다르게 기억한다면 … 그 나라의 앞날은 분열'」, 「조선일보」, 2015년 08월 15일.

노석조, 「北원전문건 첫보도..당시 청와대 윤건영은 '소설같은 이야기」, 「조선일보」, 2021년 01월 30일.

노석조, 「선관위 전직원 "중립성 훼손" … 靑 결국 인사철회」, 「조선일보」, 2022년 01월 22일.

노지민, 「'정상화' 첫발 떼는 KBS, 숨 고르는 MBC」, 「미디어오늘」, 2018년 06월 07일.

노지민, 「'질문하는 기자들Q'가 던져야했던 질문」, 「미디어오늘」, 2021년 04월 21일.

뉴시스, 「日 '韓수출규제 품목, 北화학무기에 사용될 수도' 억지」, 「문화일보」, 2019년 07월 07일.

도병욱, 「'근혜노믹스' 설계자 강석훈, 구조조정 '조율사로 등판」, 「한국경제신문」, 2016년 5월 15일.

루루이, 「내 눈으로 본 제3차 남북정상회담」, 「관훈저널」, 2018년 06월.

문갑식, 「'탄핵 도화선'이라던 태블릿 3대의 정체」, 「조선일보」, 2017년 09월 16일.

문병기, 「해수부, 청해진(세월호 운영사)에 20년째 항로 독점권」, 「동아일보」, 2014년 04월 23일.

문병기, 「유럽 정상들 'CVID(완전-검증가능-불가역적 비핵화)' 한목소리 … 대북 제재 완화에 선그어」, 「동아일보」, 2018년 10월 22일,

문재인, 「문재인 취임사」, 2017년 05월 10일.

문재인, 「문재인 대통령, 사법부 70주년 기념사 전문」, 「Legal Times」, 2018년 09월 15일.

문재인, 「문재인 대통령 5·18기념사 … 5·18 망언 외쳐는 현실 너무나 부끄러워 … 진실 통한 화해가 국민통합의 길」, 「국민뉴스」, 2019년 05월 16일.

문창극, 「견제 없는 '제5권력' 등장하는가」, 「관훈저널」74호, 2000년.

민경명, 「7·1 세종시 출범 의미와 과제 … 「상」 국토중심 명품도시 위용, 그러나 우려도」, 「news1」, 2012년 06월 29일.

박국희, 「文 정부 첫 내각 보니-장관급 17명(어제까지 발표) 중 15명 '친문·보인 인사'」, 「조선일보」, 2017년 6월 14일.

박국희·표태준, 「검찰, 이동재(채널A 前 기자)」, 「조선일보」, 2020년 07월 22일.

박국희, 「'미스터 소수의견' 이동원 대법관이 주심 맡아 … 허익범 특검, 경찰 부실수사 뒤집고 실체 밝혀」, 「조선일보」, 2021년 07월 22일.

박국희·권순완, 「9번째 세월호 조사 '전부 무혐의'」, 「조선일보」, 2021년 08월 11일.

박국희·권순완, 「민변 출신 輿성향 이현주 특검 "CCTV 조작 의혹 등 근거 없어"」, 2021년 08월 11일.

박근혜, 「박근혜 대통령 취임사」, 2013년 2월 25일.

박근혜, 「前 대통령의 재판 거부 발언 전문」, 「뉴스타운」, 2017년 10월16일.

박서연, 「재난주관방송사 KBS 정규프로 방영 논란부터 YTN 화약고 앞 생중계까지-강원 산불 재난보도 '우왕좌왕' 했다」, 「미디어오늘」, 2019년 04월 10일.

박선우, 「靑 '나경원, 김정은 수석 대변인' 발언은 국민에 대한 모독」, 「국민일보」, 2019년 3월 13일.

박성훈·유성운, 「탄핵 사유에 제3자 뇌물죄, 세월호 7시간 포함시켰다」, 「중앙일보」, 2016년 11월 30일.

박성현, 「자유시민! 국회를 정복한다!」, 「유튜브 Bangmo」, 2019년 12월 17일.

박영렬, 「올해는 'FTA 중심국' 도약 원년이다」, 「문화일보」, 2016년 01월 12일.

박영률, 「대한민국헌법」 박영률 출판사, 2003년.

박은주, 「태영호 '김정은, 핵보유국 원해' … 북·미회담 결렬 후 재조명된 발언」 「국민일보」 2019년 03월 01일.

박태인, 「[단독] 촛불집회 직전 '남북 전역 계엄령' 준비한 朴정부, 왜」 「중앙일보」 2018년 09월 03일.

박태훈, 「박지원 '김무성 40표됐다고 해 朴 탄핵 시작 … 망언 제명도 가능'」 「세계일보」 2019년 02월14일,

박한명, 「6·13 지방선거 야당 선수로 뛴 지상파」 「미디어연대 3차 토론회」 2018년 6월 18일.

박해리·권유진, 「허인회 이사장 협동조합(녹색드림협동조합)서 태양광 불법하도급 의혹」 「중앙일보」 2019년 07월 17일.

박형준, 「본질은 결국 북한체제 문제다.」 「국민일보」 2019년 03월 05일.

박은호·배준용, 「'3% 민노총'이 노동계를 대변한다는 모순」 「조선일보」 2015년 12월 9일.

박성우·유성운, 「큰 사건 일어나면 우선 대통령 격」 「중앙일보」 2016년 05월 12일.

박훈상, 「朴 정부 때 4회 이상 지원 받았던 96곳, 文정부 들어 44곳이 제외돼」 「동아일보」 2018년 05월 26일.

박현주, 「이인호 '북한도 같은 권리 누려야'」 「중앙일보」 2021년 04월 16일.

방승배, 「원칙따라 '뚜벅뚜벅' 박근혜 후보」 「관훈저널」 2012년 겨울.

박근혜, 「박근혜 대통령 취임사 '전문' 훑어보니 … 」 「경향신문」 2013년 02월 25일.

박명진, 「'탄핵 방송 보고서'는 공정했다.」 「중앙일보」 2004년 06월 14일.

박수찬·이슬비, 「바른미래, 박주선·유승민 투톱으로 … 강령서 '햇볕' 뺐다.」 「조선일보」 2018년 2월 14일.

박수현, 「판문점선언 3조 3항의 3가지 영문 번역이 다른 이유」 「조선일보」 2018년 9월 12일.

박영렬, 「올해는 'FTA 중심국' 도약 원년이다.」 「문화일보」 2016년 01월 12일.

박영률, 「대한민국 헌법」 박영률출판사, 1987년.

박용필, 「문재인 취임사 오늘부터 나라를 나라답게 만들겠다.」 「경향신문」 2017년 05월 10일.

박재현, 「'산불 북과 협의' 문 대통령 지시에 … 민경욱 '빨갱이 맞다.' 공유 논란」 「국민일보」 2019년 4월 5일.

박제균, 「균형자 → 운전자 → 중재자 → 촉진자, 그 위험한 집착」 「동아일보」 2019년 03월 25일.

박현주, 「[전단법 청문회 증인 인터뷰] 이인호 "북한 주민도 같은 권리 누려야"」 「중앙일보」 2021년 04월 16일.

배정철, 「국회 개점휴업 와중에 … 의원들 '실적 쌓기 규제법안' 발의 폭주」 「한국경제신문」 2014년 2월 6일.

배준석, 「김명수(대법원장) '내 취임 자체가 사법개혁 상징'」 「동아일보」 2017년 09월 27일.

배준용, 「통계는 조작할 수 있어도, 현실은 조작할 수 없었다.」 「조선일보」 2018년 9월 11일.

백성호·이정봉, 「교황 방문 메시지는 대한민국 소통과 화해」 「중앙일보」 2014년 08월 14일.

변희원, 「옥스퍼드 사전 올해의 단어-포스트 트루스」 「조선일보」 2016년 11일 17일,

사설, 「창간 11주년과 오늘의 언론」 「미디어오늘」 2006년 5월 17일.

사설, 「정의구현사제단, 왜 세상의 조롱거리 됐는지 아는가.」 「조선일보」 2013월 11월 26일.

사설, 「통진당 해산 심판 청구, 철저히 법치 준수해야」 「중앙SUNDAY」 2013년 9월 8일.

사설, 「떼쓰면 돈 나오는 '풍조' 탓에 강성 노조 바람분다.」, 「동아일보」, 2013년 10월 25일.

사설, 「강기정 의원의 불량스러운 언행」, 「중앙일보」, 2013년 11월 20일.

사설, 「2322대 0은 비정상이자 광기일 뿐」, 「중앙일보」, 2014년 01월 08일.

사설, 「FTA 승자는 한국' 美 평가에 '촛불 민주당' 할 말 있나」, 「동아일보」, 2014년 3월 17일.

사설, 「드레스덴 선언, 남북교류·협력 확대 전기돼야」, 「중앙일보」, 2014월 3월 29일.

사설, 「세월호 침몰 헬기특공대 왜 늑장 출동했나」, 「한국일보」, 2014년 05월 03일,

사설, 「구조조정 시기 놓치면 경제위기 다시 온다.」, 「중앙SUNDAY」, 2016년 06월 12일.

사설, 「박근혜, 대통령 탄핵될 수 있다.」, 「인민일보」, 2016년 8월 15일.

사설, 「靑 개헌안 '토지 公 개념' 남용 소지 … 지방분권 강화는 필요」, 2017년 3월 22일.

사설, 「"빚 갚아라.'는 촛불 단체들, 文 정부 첫 시험대」, 「조선일보」, 2017년 05월 26일,

사설, 「북핵은 美·北에 넘기고 대북 지원 앞세운 남북 정상회담」, 「조선일보」, 2018년 04월 28일.

사설, 「방송심의委 이제 보도 지침까지, 아예 정치를 하라.」, 「조선일보」, 2018년 04월 28일,

사설, 「가시화된 '사법 주류' 교체-권력의 절제가 필요하다.」, 「중앙일보」, 2018년 07월 04일.

사설, 「'포용적 성장' 강조한 문재인, 실패한 '소득주도 실험' 접어야」, 「동아일보」, 2018년 07월 24일.

사설, 「잇단 국가적 논쟁 사안 판결과 대법원 정치화 우려」, 「문화일보」, 2018년 11월 02일.

사설, 「노조의 촛불, 진보단체의 촛불이 아니었다.」, 「중앙일보」, 2018년 10월 29일.

사설, 「고용 재난 속 민노총 조합원만 급증, '민노총의 나라' 되나」, 「조선일보」, 2018년 10월 22일.

사설, 「前 정부 것은 2500원 김밥 결제까지 털더니」, 「조선일보」, 2018년 09월 29일.

사설, 「국채 발행 의혹 국회 상임위 열어 진상 밝혀야」, 「국민일보」, 2019년 01월 04일.

사설, 「'김정은 대변인' 외신엔 침묵하더니 갑자기 '국가원수 모독'」, 「조선일보」, 2019년 3월 13일.

사설, 「北, '고철 폐기' 대가로 '제재 풀라' 고집해선 고립과 궁핍뿐이다.」, 「동아일보」, 2019년 03월 02일.

사설, 「의원 빼주고, 끼워 팔고, 국가 중심 제도 갖고 장난」, 「조선일보」, 2019년 04월 24일.

사설, 「아베 '백색국 제외' 철회하고 文정부 '1965체제' 인정해야」, 「문화일보」, 2019년 08월 02일.

사설, 「北 미사일 쏘아 대는데 'DMZ 평화지대구상'은 과욕 아닌가」, 「한국경제신문」, 2019년 09월 25일.

사설, 「대통령이 패럼치 장관 수사 방해, 이게 국정농단 사법농단」, 「조선일보」, 2019년 9월 28일.

사설, 「갈수록 분명해지는 '재정 살포와 금리 인하만으론 안 된다.'」, 「한국경제신문」, 2019년 9월 17일.

사설, 「유시민 앞에 벌벌 떤 국가 공영방송, 이게 나라 맞나」, 「조선일보」, 2019녀 10월 11일.

사설, 「조국 동생의 환자 연극, 속아준 판사, 보통 사람들 아니다.」, 「조선일보」, 2019년 10월 11일.

사설, 「여전히 국가경쟁력 발목 잡는 노동시장 후진성」, 「국민일보」, 2019년 10월 10일.

사설, 「3不 폐기하고 사드 이상 도입해서라도 미사일 방어 강화해야」, 「조선일보」, 2019년 11월 20일.

사설, 「문 의장, 의원직 아들 주려 대통령 수족 노릇하는가」, 「조선일보」, 2019년 12월 17일.

사설, 「문희상 국회의장 아들이 '내년 총선에 출마하겠다.」 「조선일보」, 2019년 12월 17일.

사설, 「靑선거공작 공소장 감춘 秋, 장관 아닌 범죄 은닉범인가」 「문화일보」, 2020년 02월 05일.

사설, 「인적 구성부터 기울어진 중앙선관위의 기울어진 판정」 「동아일보」, 2020년 4월 14일.

사설, 「잘못된 정책은 안 고치고 또 통계 물타기부터 하나」 「조선일보」, 2020년 08월 20일.

사설, 「정연주 방심위장 곧 임명 강행, 방송 장악 막장극 벌일듯」 「조선일보」, 2021년 07월 24일.

사설, 「청와대 춘추관 폐쇄 조치 과연 옳은가」 「미디어오늘」, 2021년 07월 28일.

사설, 「채널A 사건 무죄 판결, 정권의 조작 의혹 규명은 지금부터」 「조선일보」, 2021년 07월 17일.

사설, 「갈수록 일확천금 요지경, 당장 압수수색으로 증거 인멸부터 막아야」 「조선일보」, 2021년 09월 28일.

사설, 「까도 까도 끝없는 박영수, 4년 반 특검 어떻게 했길래」 「동아일보」, 2021년 10월 4일.

사설, 「탈북민 의원에게 "쓰레기" "부역자" 공격한 민주당 의원들」 「조선일보」, 2023년 09월 08일.

서정보, 「6월 19일 KBS에선 무슨 일이?」 「동아일보」, 2019년 07월 17일.

서정보, 「6월 19일 KBS에선 무슨 일이?」 「동아일보」, 2019년 07월 17일.

서한기, 「국내 메르스 사태 일지」 「연합뉴스」, 2018년 09월 08일.

선정민, 「민주당 초·재선 90명, 사안마다 '靑 호위대'로」 「조선일보」, 2019년 02월 03일.

「세월호 참사」 「지식백과」 http://terms.naver.com

「성경」 갈라티아서, 한국 천주교 주교회의, 2008.

성호철·최인준, 「민간 사찰, 국내외 업체차별 … 말 많은 통신 3법」 「조선일보」, 2020년 05월 16일.

성한표, 「'뉴스타파'가 주는 두 가지 올림」 「한겨레신문」, 2013년 06월 07일.

손덕호·김민우, 「與, '위헌논란' 공수처법 강행 처리 … 찬성 160, 반대 14, 기권 3」 「조선일보」, 2019년 12월 30일.

손봉석, 「윤석열 협박, 유튜브 김상진, 구속적부심 석방」 「경향신문」, 2019년 05월 16일.

손영일, 「北 댓글요원만 200명 … 종북앱도 유포」 「동아일보」, 2013년 08월 13일.

손영일, 「북, 세월호 이후 더 집요해진 '남 흔들기' … 대남비방 배(4월 1278건~5월 2387건)로 껑충」 「동아일보」, 2014년 09월 11일.

손제민, 「반전 또 반전 … 숨 돌릴 틈 없었던 1년」 「관훈저널」 통권 147호, 2018년 여름.

손진석, 「〔경제혁신 3개년계획〕4조원 들여 '벤처 붐' … 1만 3000명 신규 창업 목표」 「조선일보」, 2014월 03월 07일.

손현수, 「국정원 "선관위 투·개표 해킹 취약" … 선관위 "현실화 어려워"」 「한겨레신문」, 2023년 10월 11일.

송기영, 「리용호, 연설 15분간, '신뢰'만 18번 언급 … '일방적 비핵화' 없다」 「조선일보」, 2018년 09월 30일.

송원근, 「'4·15 총선' 투표결함 확인 … 관외투표지, 지역구선거관위가 ooo님 동거인이 받았다 국투본, 272만개 등 기번호 조사 '부실 배송 27만 건 확인' … 우정사업본부 '터지 실수, 물량폭증에 따라 누락돼」 「New Daily」 2020

년 09월 09일.

송재윤, 「'뇌물 먹은 특검'의 대통령 기소, 어떻게 볼 것인가」, 「조선일보」, 2023년 09월 02일.

송종현, 「한국금융, 국제경쟁력 낙제점 핀테크 등 미래 먹거리 육성해야」, 「한국경제신문」, 2016년 4월 8일.

성명, 「댓글 조작 유죄 판결과 정권·포털의 치명적 책임〉, 「미디어연대1년」, 2019년 04월 19일.

신동흔, 「MBC 사장 '우리도 공영방송, 수신료 지원해 달라'」, 「조선일보」, 2020월 05월 09일.

신동흔, 「신문은 언론 본연의 가치를 최우선으로 삼아야」, 「조선일보」, 2020년 03월 28일.

신동흔, 「방통위, '가짜뉴스 협의체' 출범 '총선 앞두고 유튜브 규제' 우려도」, 「조선일보」, 2019년 06월 12일.

신동흔·구본우, 「이슈 터지면 친여 스피커 총출동 … 아침부터 저녁까지 '그 목소리'」, 「조선일보」, 2018년 02월 12일.

신동흔, 「CG 사고에..연합뉴스TV 줄줄이 보직 해임」, 「조선일보」, 2019년 04월 13일.

신동흔, 「가짜뉴스 설칠수록 전문 저널리즘 가치 커져」, 「조선일보」, 2019년 02월 13일.

신동흔, 「법원, KBS '인적 청산'에 제동 걸었다.」, 「조선일보」, 2018년 9월 19일.

신무경, 「아웃링크 제도화 외면한 네이버 … '뉴스장사 구조부터 깨야」, 「동아일보」, 2018년 05월 10일.

신보영, 「朴, 과거사 짐 내려놓고 미래지향 협력」, 「문화일보」, 2015년 6월 22일.

신용호, 「노동시장 능력 따라 평가·보상받는 시스템을」, 「중앙일보」, 2016년 4월 20일.

신유경, 「조선구마사 조기종영 여파 … YG SBS 시총 700억 날아가」, 「매일경제신문」, 2021년 03월 28일.

신은진·석남준, 「상속세 공포 … 알짜기업(중소·중견기업) 배불 수백 개」, 「조선일보」, 2019년 04월 22일.

신은진·석남준, 「상속세 공포 … 알짜기업(중소·중견기업)」, 「조선일보」, 2019년 04월 22일.

신정민·엄보운, 「원로들 '下野 선언하고, 4월까지 퇴진'」, 「조선일보」, 2016년 11월 28일.

심석태, 「언론 자체에 대한 이해와 존중이 먼저」, 「관훈저널」, 2013년 봄.

심훈, 「정윤회 문건과 오컴의 면도날, 그리고 언론의 속성」, 「관훈저널」 통권 134호, 2015년 봄.

안상현, 「문재인 대통령 취임사」, 「조선일보」, 2017년 5월10일.

안석배·김은정, 「법원 '전교조 합법 노조 아니다.'」, 「조선일보」, 2014년 6월 2일.

안준용·김형원, 「기자 40시간 국정원 여직원 사실상 감금하며 제기한 의혹 … 허위로」, 「조선일보」, 2012년 12월 17일.

안준용, 「정전협정 66년 만에 … 미·북정상, 군사분계선 넘나든 '번개 만남'」, 「조선일보」, 2019년 07월 01일.

안준용, 「말 바꾼 한상혁(방통위원장), 가짜뉴스 유통방지 관련기구 설치 검토」, 「조선일보」, 2019년 09월 21일.

안준룡, 「헌정사 초유, 제1야당 빼고 선거법 강행처리」, 「조선일보」, 2019년 12월 28일.

안준용·김정환·이민석, 「법무부, 윤석열 의견 묵살하고 정권수사팀 간부들 교체」, 「조선일보」, 2020년 01월 23일.

안준용·박상기, 「文, 연일 코로나 행보 … 與 '총선 승리가 곧 코로나 승리'」, 「조선일보」, 2020년 04월 08일.

양모듬, 「가계부채 증가 속도, OECD보다 8배 빠르다.」 「조선일보」 2018년 09월 21일.

양상훈, 「문 정권, 김정은과 공동 운명체 되고 있다」 「조선일보」 2019년 03월 07일.

양상훈, 「19년 만에 한국 재추월한다는 대만을 보며」 「조선일보」 2022년 4월 28일.

양상훈, 「거짓 대사된 2년전 文 취임사」 「조선일보」 2019년 05월 02일.

양승식, 「함박도, 국방보 홈피엔 'NLL 이남'」 「조선일보」 2019년 09월 27일.

양준모, 「글로벌 시장에서의 산업위기, 원인과 대책」 「윤석열 정부 출범 1주년 평가 토론회」 국회의원 이인선·윤창현 의원·바른사회시민회의, 2023년 05월 04일.

양지호·주희연, 「'자유민주' 남고 '유일 합법정부' 빠졌다.」 「조선일보」 2018년 7월 24일.

오남석, 「2018년 기자가 본 '1987' 속기자」 「관훈저널」 2018년.

오남석·조성진, 「朴, 국회법 거부하며 "배신의 정치, 국민이 심판해야"」 「문화일보」 2015년 06월 25일.

우리의 주장, 「양승동 사장의 '새로운 KBS'」 「기자협회보」 2018년 04월 11일.

우리의 주장, 「이럴거면 언론개혁 공약 왜 했나」 「기자협회보」 2021년 01월 13일.

우종창, 「2016년 북한에 급변사태 조짐이/대통령 탄핵으로 기회 놓쳐」 「유튜브-거짓과 진실」 2018년 09월 10일.

우종창, 「대통령을 묻어버린 거짓의 산2」 거짓과 진실, 2020년.

유길용, 「김이수 인사말하려 하자 '빨리 나가세요.' (김진태) '앉아 있겠다는데 왜 그래요'(박범계)」 「중앙일보」 2017년 10월 14일.

유석재, 「교과서 8종 모두 분단책임이 남한에 있는 것처럼 서술」 「조선일보」 2013년 10월 22일.

유성운·위문희, 「문 대통령, '가짜뉴스 조직적 유통 단호히 대처하라'」 「중앙일보」 2019년 01월 09일.

유성운, 「가짜뉴스와의 전쟁 선포 … 야권 '유튜브 우파방송 손보기'」 「중앙일보」 2018년 10월 03일.

유윤정, 「리용호(북한 외무상) '美 행동 없으면 우리만 먼저 움직이지 않아' … '동시·단계적이행'」 「조선일보」 2018년 08월 04일.

윤주현, 「특검 '작년 초 2만 번이던 댓글 조작, 대선 직전엔 768만 번'」 「조선일보」 2018년 06월 26일.

윤형준, 「김연철(통일부 장관 후보자), 지난달 중국서 유엔사 해체 논의했다.」 「조선일보」 2019년 3월 13일.

윤희숙, 「이쯤 되면 내일을 생각하지 않는 나라」 「조선일보」 2019년 6월 17일.

원선우, 「文 대통령이 쓴 말, 남북관계 5795·경제 2495번」 「조선일보」 2018년 11월 05일.

언론윤리헌장, 「기자협회보」 2021년 01월 27일.

엄보운, 「민주, '국정원(2013) 댓글' 땐 신고자 보호 법안 14건」 「조선일보」 2019년 01월 08일.

연합뉴스, 「朴 '여기서 무너지면 고스란히 국민의 몫'」 「매일경제신문」 2016년 4월 13일.

오남석, 「2018년 기자가 본 '1987'속 기자」 「관훈저널」 2018년 봄.

오남석·조성진, 「朴 당선 뒤 배신의 정치, 반드시 국민이 심판해야」 「문화일보」 2015년 06월 25일.

우리의 주장, 「저널리즘 기본으로 돌아가자」, 「기자협회보」, 2017년 01월 04일.

우리의 주장, 「한국기자상 50년, 기자정신 되새김한다.」, 「기자협회보」, 2019년 02월 20일.

우리의 주장, 「혼탁한 대선 … 실종된 정책검증 보도」, 「기자협회보」, 2022년 3월 2일.

성창경, 「기획탄핵의 주역들, 안민석 의원, 김성태 의원, 박창일 신부(성창경의 미친언론)」, 「고성국 TV」, 2019년 06월 20일.

우종창, 「2016년 북한에 급변사태 조짐이/대통령 탄핵으로 기회 놓쳐」, 「유튜브-거짓과 진실」, 2018년 09월 10일.

오수현, 「'언론중재법 개정 철회를' 언론인 서명운동 돌입」, 「매일경제신문」, 2021년 08월 09일.

유병훈, 「윤한홍(자유한국당 의원) '한전, 北 석탄반입 관련 로펌에 법률 자문한 것으로 드러나'」, 「조선일보」, 유병훈, 2018년 08월 07일.

윤성민·김준영, 「청와대 '국가원수 모독' 황교안 '그런 죄는 없다.'」, 「중앙일보」, 2019년 3월 13일.

윤주헌·권순완, 「드루킹이 킹크랩 등 보고하자 … 김경수 "고맙습니다^^" 문자」, 「조선일보」, 2021년 07월 23일.

유성운, 「가짜뉴스와의 전쟁 선포 … 야권 '유튜브 우파 방송 손보기'」, 「중앙일보」, 2018년 10월 3일.

유지혜, 「폼페이오(美 국무장관은) '완전한 비핵화 이후에만 대북 제재 해제될 것'」, 「중앙일보」, 2018년 6월 16일.

유창재, 「개점휴업 국민연금 투자정책총 … 자산배분 제때 못해 '천수답 수익률'」, 「한국경제신문」, 2019년 4월 21일.

윤주헌, 「오보로 만들겠다는 협박」, 「조선일부」, 2019년 11월 02일.

윤주헌·권순환, 「드루킹이 킹크랩 등 보고하고 … 김경수, '고맙습니다.' 문자」, 「조선일보」, 2021년 07월 22일.

윤주헌·구본우, 「기자협회·언론노조·학계, 법무부의 언론통제에 이제 비판」, 「조선일보」, 2019년 11월 01일.

윤주헌·김정환, 「특검 '작년초 2만번 댓글 공작', 대선 직전엔 768번」, 「조선일보」, 2018년 08월 28일.

윤주헌·김정환, 「환경부 직원들 '청와대' 김 前장관 '내사람 심기' 갈등있었다.」, 「조선일보」, 2019년 04월 6일.

이가영, 「유병언 계열사 대표 대부분 구원파 신도」, 「중앙일보」, 2014년 04월 23일.

이경은, 「친여 성향 위원들이 '경영 참여' 밀어붙여 … '정치적 결정' 지적」, 「조선일보」, 2019년 02월 02일.

이기형, 「세계화 파고 속의 한국 사회와 언론 그리고 민족주의라는 문제」, 「관훈저널」, 2012년 겨울.

이기홍, 「완장들이 뒤집은 폭력시위의 진실」, 「동아일보」, 2018년 9월 20일.

이기훈, 「텅 빈 공장, 거기서 만난 녹슨 한숨」, 「조선일보」, 2019년 5월 18일.

이근평·정진우, 「사드 전자파 '6년 괴담' … 뚜껑 열어보니 기준치의 0.19%」, 「중앙일보」, 2023년 06월 22일.

이동재, 「"구속되면 이동재가 한동훈 안불겠어?"-채널A 前기자가 밝힌 '권언유착' 전말」, 「월간조선」, 2023년 03월 25일.

이동훈, 「朴. '공공기관 신뢰 못 얻으면 없는 게 낫다.'」, 「한국일보」, 2013년 6월 25일.

이동화, 「[충격]여야 4당, 선거제 패스트트랙 합의로 좌파 100년 집권 가동」, 「더 자유일보」, 2019년 4월 23일.

이동휘·이해인·장근욱, 「위안부 피해 할머니 없는 '위안부 수요집회'」 「침묵 깬 이용수 할머니 '정의연 잘못 고치고 회계 공개해야」 「조선일보」 2020년 5월 14일.

이민석, 「한반도 평화에 방송 역할 크다」 「조선일보」 2018년 9월 4일.

이민석, 「'소득성장' 흔들리자 … 대통령이 던진 '포용국가'」 「조선일보」 2018년 9월 7일.

이민석, 「'운동권 청와대' … 비서관급 이상 36%가 운동권·시민단체 출신·비서실만 따지면 61% 달해」 「조선일보」 2018년 8월 8일.

이민석, 「더 세진 '청와대 정부 … 각 부처 홍보·정책 사실상 장악한다」 「조선일보」 2018년 7월 27일.

이민석, 「채널A 전 기자 구속 … '강요미수만으로 구속 전례 없어'」 「조선일보」 2020년 7월 18일.

이상현, 「언론인들, 언론중재법 개정안 철회 서명 운동 시작」 「국세신문」 2012년 08월 10일.

이석우, 「공영매체들 여론조사의 부적절성과 정치적 편향성」 「여론조사와 민심의 괴리, 신뢰 위기의 여론조사」 미디어연대·바른사회시민회의, 2019년 10월 01일.

이선민, 「좌편향 교과서는 1980년대 민중 사학의 부산물」 「조선일보」 2015년 1월 22일.

이슬비, 「野 '드루킹 본 적 있나. 대통령이 직접 밝혀야' 輿는 논평 없이 침묵」 「조선일보」 2018년 05월 22일.

이슬비·김정환, 「'김여정 하명' 대북전단 금지법은 위헌」 「조선일보」 2023년 09월 27일.

이신우, 「'민영화 반대'와 '철밥통 수호'」 「문화일보」 2013년 12월 18일.

이영준, 「시간 갈수록 진화하는 문재인 후보」 「관훈저널」 2012년 겨울.

이영풍, 「공감으로 집권하라」 글통, 2020년.

이용수·김명성, 「김영철, 호텔 17층 통째로 쓰며 온종일 '은둔 회동'」 「조선일보」 2018년 2월 27일.

이용식, 「'좋은 글'을 위한 지식 생태계가 필요하다」 「관훈저널」 2012년 겨울.

이유섭, 「소득주도성장에 돌직구 날리는 서강학파」 「매일경제신문」 2019년 5월 5일.

이재국, 「조선일보 삽화 사건을 통해 본 구조적 리스크」 「관훈저널」 통권 160, 2021 가을.

이재덕, 「공무원 4888명, 세종시 '2단계이전' 본격화」 「경향신문」 2013년 12월 12일.

이재명, 「촛불의 탄핵, 朴대통령 직무정지」 「동아일보」 2013년 12월 10일.

이재원, 「대통령 개헌안 '부결'-야 불참은 투표 불성립」 「머니투데이」 2018년 5월 24일.

이재진, 「민주당, 국정원 여직원 오피스텔 급습 직후 활동 멈춰 … 다음 아고라도 선거 개입 가능성 제기돼) 국정원 선거개입, 사이버 근거지 의혹 네이버 '블로그' 있었다」 「미디어오늘」 2013년 5월 1일.

이재진, 「KBS 추적60분 끝내 역사 속으로」 「미디어오늘」 2019년 8월 28일.

이정은, 「작년 유엔서 "北 완전 파괴" 경고 쏟아냈던 트럼프 … 25일 유엔 연설선 '대북 러브콜' 보내나」 「조선일보」 2018년 9월 22일.

이정은, 「불턴 '文 대통령, 하노이 회담 앞두고 트럼프에 종전선언 설득'」 「동아일보」 2020년 6월 22일.

이제교, 「朴 "민생안정·경제활성화 매진할 국회 탄생해야"」 「문화일보」 2016년 04월 12일.

이종혜, 「대법원, 국정농단 파기 환송 "박근혜·최순실·이재용 2심 재판 모두 다시"」, 「주간한국」, 2019년 9월 2일.

이진우, 「유튜브·넷플릭스 싹쓸이, 더 기울어진 운동장」, 「기자협회보」, 2018년 9월 12일.

이진우, 「'드루킹' 취재 중 무단침입·절도 논란 TV 조선, 공식사과」, 「기자협회보」, 2018년 4월 25일.

이진우, 「'드루킹' 취재 중 무단침입·절도 논란 TV 조선, 공식사과」, 「기자협회보」, 2016년 4월 25일.

이창섭, 「문재인 때 정상적 사고를 가진 언론인은 작살이 났다」, 「이창섭TV」, 2023년 07월 12일.

이창섭, 「문재인 정권이 들어서 가장 잘못한 게 뭐냐하면 …」, 「이창섭TV」, 2023년 07월 04일.

이창섭, 「'진실보도' 상실한 방송, 언론의 실상과 대안」, 자유통일을 위한 국가대개조 네트워크, 2023년 08월 03일.

이하경, 「수사로 결판나는 대선, 민주주의의 퇴행이다」, 「중앙일보」, 2021년 10월 4일.

이호재·김예지, 「관피아 방지법-청탁금지법도 안 통해 … 法 위의 '전관 카르텔'」, 「동아일보」, 2019년 04월 22일.

이호재·김예지, 「前官 카르텔, 사건수임 3배(변호사 1인당 평균) 쓸어갔다」, 「동아일보」, 2019년 04월 22일.

이효성, 「언론도 낙선운동에 동참하라」, 「관훈저널」 74호, 2000년.

임미리, 「민주당만 빼고」, 「경향신문」, 2020년 1월 28일.

임예진, 「칼바람 부는 MBC … 이번엔 박상후 前부국장 해고」, 「NewDaily」, 2018년 6월 27일.

임헌정, 「첫 검찰 출석에서 '작심' 발언 … 청 범죄 낱낱이 밝혀지길」, 「연합뉴스」, 2019년 1월 3일.

자유언론시민연합, 「KBS 오보 사건 규명에 법무장관의 지휘권을 발동하라」, 2020년 7월 21일.

장세정, 「"대장동 이상한 발상 … 첫 의혹 제기자는 이재명 친형이었다"」, 「중앙일보」, 2021년 10월 04일.

장슬기, 「방송계 7개 단체 '독립 창작자 인권선언문 발표」, 「미디어오늘」, 2018년 11월 08일.

전상인, 「이석기를 보며 이념과 이권을 생각한다」, 「조선일보」, 2013년 9월 16일.

전삼현, 「국민연금의 경영권 개입을 경계한다」, 「국민연금의 경영권 개입을 경계한다」, 바른사회시민회의, 2019년 1월 16일.

전상천, 「[문재인대통령, 유엔총회 기조연설]종전 선언 연내 달성 '비핵화 로드맵' 공식화」, 「경인일보」, 2018년 9월 26일.

전영기, 「이권 챙기려 주권 파는 사람들」, 「중앙일보」, 2019년 12월 16일.

전준우, 「박원순·조원진 '광화문 천막 신경전' … 강제철거 언제?」, 「뉴스1」, 2019년 5월 19일.

정낙혜, 「성완종 사태에 대한 언론보도 분석」, 「관훈저널」, 2015년 여름.

정녹용, 「"운동권 출신이 당 망쳐 … 중도개혁으로 돌아오라.'」, 「조선일보」, 2015년 9월 19일.

정세훈, 「가짜 뉴스의 대응 방안 및 쟁점」, 「관훈저널」 통권 146호, 2018년 봄.

정우상, 「"김정일의 NLL法 포기 제안. 盧 전 대통령 '예, 좋습니다.'"」, 「조선일보」, 2013년 6월 21일.

정우상·류정, 「檢 "盧 지시로 회의록(2007년 남북정상회담) 원본 삭제"」, 「조선일보」, 2013년 08월 08일.

정녹용·정우상, 「靑 "퇴진·하야 없다", 文 "전국적 퇴진운동"」, 「조선일보」, 2016년 11월 16일.

정의철, 「판문점선언 이행을 위한 군사분야 합의문」, 「네이버 카페」, 2018년 9월 22일.

정환보, 「문창극 때문에 … 박 대통령 지지율 40%대로 하락」, 「경향신문」, 2014년 6월 17일.

장석범·김민용, 「朴. 창조경제, 자생적 성장 단계로 도약해야」, 「문화일보」, 2016년 8월 26일.

장세훈, 「출입기자, 1000명시대 '아사리판'의 기자들」, 「관훈저널」, 2013년 봄.

장슬기, 「'방송사·제작사·독립창작자 간 공정 상생 제작문화 정착 위해'-방송계 7개 단체 '독립창작자 인권선언문' 발표」, 「미디어오늘」, 2018년 11월 14일.

장택동, 「'북핵 위협 제거되면 사드 필요 없어'」, 「동아일보」, 2016년 09월 03일.

정규재, 「박근혜 대통령 탄핵은 답(은)·정(해졌으니)·너(너는 판결만 해)」, 「정규재TV」, 2019년 03월 08일.

정녹용, 「'운동권 출신이 당 망쳐 … 중도 개혁으로 돌아오라'」, 「조선일보」, 2015년 9월 19일.

정녹용, 「'피눈물 난다는 게 어떤 말인지 알겠다.'」, 「조선일보」, 2016년 12월 12일.

정녹용, 「'靑 '퇴진·하야 없다' 文 전국적 퇴진운동」, 「조선일보」, 2016년 11월 16일.

정성택, 「방통위 '지상파 중간광고 전면허용' 강행 … 비판여론에도 밀어붙여」, 「동아일보」, 2021년 04월 01일.

정세훈, 「가짜뉴스의 대응 및 쟁점」, 「관훈저널」, 2018년 봄.

정우상, 「남북경협 전제조선(대북제재 해제)이 깨졌는데, 文대통령 남북경제공동위 제안」, 「조선일보」, 2019년 3월 2일.

정우상, 「文 대통령 '경제 올바른 방향 가고 있다 … 소득주도성장 더 적극 추진'」, 「조선일보」, 2019년 9월 17일.

정준영 기자, 「채널A 정기자, 한동훈 검사장 녹취록 KBS 보도 논란」, 「TV 조선」, 2020년 07월 20일.

장혜진, 「나경원 '좌파독재플랜목숨 걸고 막아야'」, 「세계일보」, 2019년 4월 24일.

정낙원, 「성완종 사태에 대한 언론보도 분석」, 「관훈저널」 135호, 2015년 여름.

정성택, 「'최단·최악의 특검' 평가 뒤집은 허익범」, 「동아일보」, 2019년 01월 31일.

정승임·이상무·손영하, 「벌써 2년 … 끈질기다 태극기 집회」, 「한국일보」, 2019년 01월 05일.

정우상·조의준, 「남북 GP 감축 합의에 … 美 "DMZ 모든 활동은 유엔사 소관"」, 「조선일보」, 2018년 09월 27일.

정우상, 「문재인 '3野·시민단체 비상시국 기구 만들 것'」, 「조선일보」, 2018년 9월 27일.

정우상, 「文대통령 '드루킹, 권력비리 아닌 정치적 사건' 許 특검 '여론조작, 부정부패보다 더 큰 범죄'」, 「조선일보」, 2018년 6월 9일.

정우상, 「송인배 청비서관이 대선前 드루킹·김경수 연결」, 「조선일보」, 2018년 5월 21일.

정우영, 「대한애국당·국본·자유연합 등 5개 단체가 주도」, 「조선일보」, 2018년 8월 27일.

정우천, 「일지조작·증거인멸·말맞추기 … 범죄 집단 빰친 '진도 VTS'」, 「문화일보」, 2014년 7월 4일.

정진아, 「미디어 연대, 윤영찬 의원 포털 뉴스 개입관련 항의 성명서 발표」, 「Liberty Korea Post」, 2020년 9월 9일.

정진영, 「공공기관 채용 복마전-'제 눈에 들보' 무시 민주노총에 취준생 '피눈물 비판'」, 「문화일보」, 2018년 10월

23일.

정철운, 「'홍준표발 가짜뉴스' 확대재생산하는 언론」, 「미디어오늘」, 2017년 5월 3일.

정철운, 「약속했던 '공영방송 독립' 무응답 … 언론개혁 표류하나」, 「미디어오늘」, 2021년 1월 20일.

정한국·안중현, 「통계기준 갈아엎는 게 문정부의 상투적 수법 … '숫자는 죄가 없다.'」, 「조선일보」, 2020년 8월 20일.

정환보, 「문창극 때문에 … 박 대통령 지지율 40%대로 하락」, 「경향신문」, 2014년 06월 16일.

정효식, 「GP 철수는 유엔사 판단 거쳐야 에이브럼스(주한미군 사령관 지명자), 남북 군사합의 제동-비무장 지대는 유엔사 관할」, 「중앙일보」, 2018년 09월 27일.

주희연, 「대북전단 살포 3년이하 징역 … 야당 "김여정 하명법이냐"- 與 대북전단금지법 밀어붙이기 - 이인영 "남북 관계 개선 촉진법"」, 「조선일보」, 2020년 12월 2일.

조광형, 「5년 전의 악몽을 되풀이하고 싶지 않으면 … 」, 「관훈저널」, 2013년 봄.

조동주, 「가짜뉴스 수사-내사 56%(16건 중 9건)가 '文 대통령 비방글'」, 「동아일보」, 2018년 10월 12일.

조맹기, 「공영매체 '적폐청산위'는 숙청기구였다」, 「Skyedaily」, 2022년 2월 22일.

조동근, 「자유 억압이 부른 '문재인 5년의 치명적 실패'-자유주의 정착의 디딤돌 돼야」, 「지금 왜 자유주의인가」, 바른사회 시민회의, 2022년 5월 25일.

조백건, 「산업부가 삭제한 문건 444건에 '北 원전건설' 파일 100여개 있었다」, 「조선일보」, 2020년 11월 23일.

조의준, 「北 모든 핵무기 반출·핵시설 완전 폐기 때 되돌릴 수 없는 비핵화 단계라 할 수 있어」, 「조선일보」, 2018년 10월 19일.

조의준, 「윤석열 대통령 당선 … 5년만에 정권교체」, 「조선일보」, 2022년 3월 10일.

조진형, 「금감원 특별사법경찰 내달 첫 활동 … '강력한 조사권줘야' vs '사법권 남용 우려'」, 「한국경제신문」, 2019년 4월 24일.

조충열, 「4·15 총선 사전선거 부정의혹의 핵심인 '통합선거인명부시스템'이 GS 품질인증 대상이 아니라는 중앙선관위의 선거소송 답법이 허위인 것을 밝혀져 파장 일파만파!」, 「안동데일리」, 2023년 04월 27일.

조현호, 「정치의 예능화, 즐겁지만 공허하다」, 「미디어오늘」, 2012년 01월 11일.

주희연, 「대북전단 살포 3년 이하 징역 … 야당 "김여정 하명법이냐"」, 「조선일보」, 2020년 12월 02일.

지해범, 「'한반도의 주인' 행세하려는 김정은」, 「조선일보」, 2019년 3월 13일.

진민정, 「언론 생태계 망가뜨린 '포털 클릭 전쟁'」, 「관훈저널」, 2통권 160호, 2021년 가을.

최경운, 「보수 '유튜브 1인 방송' 규제론」이라고 했다」, 「조선일보」, 2018년 9월 17일.

최경운, 「담장 안에는 '봄바람', 담장 밖에는 '된서리'」, 「조선일보」, 2019년 1월 12일.

채병건, 「'규제 공장' 의원입법」, 「중앙일보」, 2014년 3월 22일.

최규민·정순우, 「부동산 분노에 또 통계 물타기」, 「조선일보」, 2020년 8월 20일.

최보식, 「최보식 만난 사람-박근혜정책 백지화의 첫 표적 국정 역사교과서 … '국정화 참여는 나라를 위한 소신 … 좋은 책 낸 걸로 내 역할은 끝」, 「조선일보」, 2016년 12월 19일.

최보식, 「탄핵소추의결서는 부실 … 박 대통령과 공모(共謀) … 」, 「조선일보」, 2018년 1월 29일.

최보식, 「20년 집권도 짧다, 나 죽기 전엔 정권 안 뺏긴다.'」, 「조선일보」, 2019년 11월 29일.

최보식, 「(박성현 前 통계학회 회장·서울대 통계학과 명예교수 "사전투표 결과 통계적으로 이해안돼… 선관위, 의혹 풀어줄 책임 있어"」, 「조선일보」, 2020년 05월 04일.

최보식, 「구명자켓 서로 묶은 남·여학생 시신 인양…침몰시 얼마나 무서웠으면」, 「최보식의 언론」, 2021년 6월 22일.

최승영, 「줄줄이 사라지는 KBS 뉴스 비평 프로그램」, 「기자협회보」, 2016년 6월 22일.

최승영, 「YTN 해직기자들 복직 … KBS·MBC 정상화 첫걸음」, 「기자협회보」, 2017년 8월 16일.

최승영, 「언론사들의 아웃링크 외침 자신감일까 외마디 비명일까」, 「기자협회보」, 2018년 5월 02일.

최승현, 「野 '드레스덴 구상 총론엔 찬성 … 명쾌한 설득 청사진은 없어」, 「조선일보」, 2014년 3월 29일.

최원형, 「공영방송의 13년 자존심 '매체비평' 맥 끊기나」, 「한겨레신문」, 2016년 4월 19일.

최재혁, 「'암덩어리' '사생결단'에 이어 … 朴 대통령. 또 규제혁파 발언-'잘 안 풀리고 있는 규제, 내게 갖고 오라'」, 「조선일보」, 2014년 3월 14일.

최재혁, 「공수처, 여당 案대로면 '괴물 기관' 된다.」, 「조선일보」, 2014년 4월 30일.

최준호, 「판교테크노밸리에 입주기업 1121개 매출 70조 원 돌파, 벤처 새 역사 '스타트'」, 「중앙SUNDAY」, 2016년 7월 24일.

최현철, 「통진당 대리투표..대법원, 상식을 택했다.」, 「중앙일보」, 2013년 11월 29일.

최원형, 「공영방송의 13년 자존심 '매체비평' 맥 끊기나」, 「한겨레신문」, 2016년 4월 19일.

천권필, 「KBS 일부, 사장 공백 틈타 정치의도 갖고 왜곡 보도'」, 「중앙일보」, 2014년 6월 27일.

천영식, 「한 번도 경험하지 못한 언론탄압」, 「바른사회TV」, 2021년 09월 29일.

최혜정, 「국회 설득은 않고 거리 서명 나선 朴 대통령」, 「한겨레신문」, 2016년 1월 19일.

KBS 공영노동조합 성명서, 「조국 자택 압수수색, '먼지 털기 식 무리한 수사」, 「KBS뉴스 9」, 2019년 09월 24일.

KBS 공영노동조합 성명서, 「20년 전 올드보이의 귀환, 김의철 사장의 첫 인사로 친 정연주, 친 사원행동 세력 KBS 접수」, 2021년 12월 09일.

KBS노동조합 성명, 「윤중천 허위보고서 보도 패소한 KBS 제보자가 현직 검사로 드러나면서 검언유착 사건 또 불거져」, 2021년 12월 29일.

KBS노동조합 성명, 「통합과 사랑 그리고 탕평할 수 있는 KBS 사장을 뽑아주십시오」, 2021년 10월 18일.

하어영, 「소득주도 성장·신산업전략·일자리 복지를 통해 … '포용론' 내세운 새정치」, 「한겨레신문」, 2015년 3월 10일.

한규섭, 「'보수 몰락'의 시작은 엉터리 여론조사였다」, 「동아일보」, 2023년 05월 17일.

홍제성, 「정부 '北대남비방 도 넘어 … 모욕언사 즉각 중단해야'」, 「연합뉴스」, 2013년 10월 8일.

황근, 「가짜뉴스의 악성진화와 반민주주의」, 「2023 상반기 10대 가짜뉴스 시상식& 기념토론회」, 자유언론국민
연합, 2023년 08월 31일.

트럼프, 「[전문] 트럼프 UN총회 연설 "전쟁 망령을 평화로 바꾸려 北과 대화」, 「서울파이낸스」, 2018년 09월 26
일.

특별취재팀, 「(JTBC 보도)'드레스덴 연설문」, 2014년 03월 28일.

특별취재팀, 「"최순실 PC에 대통령 드레스덴 연설문 30곳 빨간 글씨, 연설 땐 20곳 달라져"」, 「민족신문」, 2016
년 10월 25일.

표태준·서유근, 「세금 쓰는 교통방송, '정경심 공소장은 허위공문서 '궤변'」, 「조선일보」, 2019년 11월 15일.

표태준, 「강제징용 대법 판결 뒤집혔다 … 日기업 16곳에 손배소 1심 패소」, 「조선일보」, 2021년 06월 07일.

표태준, 「北 '포섭 리스트'엔 우리법硏 멤버·민노총 전 간부」, 「조선일보」, 2021년 8월 07일.

하주용, 「종편 '정치토크' 프로그램 홍수 이대로 좋은가」, 「관훈저널」133호, 2014년 가을.

한규섭, 「저널리즘과 사회과학적 관점에서 본 정치·시사 토크」, 「관훈저널」, 133호, 2014년 가을.

한규섭, 「언론이 포털에 종속된 진짜 이유」, 「동아일보」, 2018년 06월 26일.

한규섭, 「'보수 몰락'의 시작은 엉터리 여론조사였다」, 「동아일보」, 2023년 05월 16일.

한경진, 「서울 장바구니 물가, 스위스 이어 세계 2위」, 「조선일보」, 2019년 09월 17일.

한상준, 「靑, 3차례 쪼개 공개 … 전문에 부마항쟁, 5·18, 6·10 새로 포함」, 「동아일보」, 2018년 3월 21일.

한현우, 「정대협 30년」, 「조선일보」 2020년 05월 19일,

한현우, 「코미디의 몰락」, 「조선일보」 2020년 05월 16일.

허남설·심진용, 「우리공화당 지지자들, 단체로 국회 난입 시도 중」, 「경향신문」, 2019년 12월 16일.

허재현·서영지, 「'정부 비방 댓글 조작' 누리꾼 잡고 보니 민주당원」, 「한겨레신문」, 2018년 04월 13일.

허진·성지원, 「화천대유 임원, 이재명 측근 이화영의 전 보좌관」, 「중앙일보」, 2021년 09월 28일.

홍정규, 「"한국 '웰빙지수' 23개국 중 꼴찌 … 3040 세대 가장 불행"」, 「연합뉴스」, 2018년 07월 10일.

황대진, 「한반도 '완전한 비핵화' 운을 뗐다」, 「조선일보」, 2018년 04월 28일.

황대진·이용수, 「올림픽은 안 보이고 북한과 미일의 각축장이 된 평창」, 「조선일보」, 2019년 02월 08일.

황인찬, 「IPI '특정기자 공개비난 용납 못할 일'」, 「동아일보」, 2019년 3월 22일.

황진선, 「정의와 인권을 거래하는 사회」, 「논객닷컴」, 2018년 09월 07일.

황태순, 「오세훈·김무성·박지원, 박근혜 탄핵 천기누설」, 「유튜브 황태순TV」, 2019년 02월 15일.

황태순, 「방송과 유튜브의 차이점과 정부·여당의 편향적 조치」, 「방송, 유튜브와 표현의 자유」 자유와 법치를 위
한 변호사 연합·미디어연대, 2019년 06월 17일.

Max Weber, ideological perspective to the modern, NHK Books.

Japanese Edition | by unknown author

Pieter, Geyl (1958), Debates with Hitorians, Meridian Book.,

Wrong, Dennis (1970), Max Weber, Prentice-Hall, Inc. New Jersey.

Emmert, Philip and William C. Donaghy, Human Communication-Elements and Contexts, 1981 : 70

bog.naver.com/merjay1/221235212295.

https://terms.naver.com/entry.nhn?docld=2724013&cid=43667&categoryld=43667.

https://ko.wikipedia.org/wiki/%EC%9C%A0%ED%8A%9C%EB% B8%8C)

https://ko.wikipedia.org/wiki/

https://microibm.blog.me/220751871803

http://blog.moneta.co.kr/jjoodol/8239610/3418335

http://media.nodong.org/com/com-4_2013.html

http://media.nodong.org/com/com-4_2013.html

http://media.nodong.org/com/com-4_2013.html

blog.naver.com/ewon33/220843901661

https://ko.wikipedia.org/wiki/%EB%B0%95%EA%B7%BC%ED%98%9C_%EB%8C%80%ED%86%B5%EB
%A0%B9_%ED%87%B4%EC%A7%84_%EC%9A%B4%EB%8F%99

https://ko.wikipedia.org/wiki/%EB%B0%95%EA%B7%BC%ED%98%9C_%EB%8C%80%ED%86%B5%EB
%A0%B9_%ED%87%B4%EC%A7%84_%EC%9A%B4%EB%8F%99

https://blog.naver.com/africasyk/221362067154, https://blog.naver.com/okinawapark/221362218232.

https://search.naver.com/search.naver?sm=top_sug.pre&fbm=1&acr=1&acq=%ED%99%95%EC%A7%84%
EC%9E%90+&qdt=0&ie=utf8&query=%EA%B5%AD%EB%82%B4+%EC%BD%94%EB%A1%9C%EB%82
%98+%ED%99%95%EC%A7%84%EC%9E%90+%ED%98%84%ED%99%A(2020.02.26.)

https://terms.naver.com/entry.nhn?docld=2456452&cid=43667&categoryld=4366)

https://terms.naver.com/entry.nhn?docld=5687412&cid=43667&categoryld=43667

https://m.post.naver.com/viewer/postView.nhn?volumeNo=22576960&memberNo=39094895&vType=VERTI
CAL

https://microibm.blog.me/220751871803

제11장
윤석열 정부의 '반지성주의'(2022~)

1. 자유·인권·법치의 애매성

윤석열 대통령은 2022년 5월 10일 대한민국 20대 대통령으로 취임했다. 그는 '제왕적 권력'의 폐해를 극복하겠다며 청와대에서 나와 '용산 시대'를 열었고, '다시 도약하는 대한민국! 함께 잘사는 국민의 나라'를 만들겠다고 시민에게 약속했다. 그는 정책 기조로 '자유민주·공정한 시장경제·보편적 권리'로서 인권 최우선 등을 제시했다. 국가와 민족이라는 개념이 취임사에서 사라지고, 시장사회, 국민 대신 시민 등 용어가 등장했다.

취임식에는 오전 2022년 5월 10일 11시 서울 여의도 국회의사당 앞마당에서 국내외 초청 귀빈과 일반 국민 4만 1000명이 참석했다. 그는 국제적으로 '세계로부터 존경받는 나라를 지향하겠다.'라는 비전도 밝혔다.(홍수영, 2022. 05. 10.)

취임사에서 '저성장과 양극화의 어려움을 딛고 대한민국을 선진국으로 재도약시키는 한편 지역, 계층, 세대를 넘어 국민통합을 이루겠다.'라고 천명했다. 이날 0시 서울 용산구 대통령 집무실 지하에 마련된 국가위기관리센터 상황실에 나와 합동참모본부 지휘통제실로부터 군 통수권 이양에 따른 전화 보고를 받고, 업무를 시작했다. 같은 시각 서울 종로구 보신각에서는 尹 대통령의 임기 개시를 알리는 타종행사를 열었다.

尹 대통령의 담론은 추상적 이념에 경도되어 있고, 정책이 확연하게 잡히지 않았다. 문재인 정부의 이념성향의 프레임에 여전히 감금된 상태였다. 그 결과 쓸 곳은 많고, 할 말은 많은 상태였지만 확실히 건질 것이 없었다. 사회과학의 담론이 아니라, 철학의 논의와 흡사했다.

지난 5년간 상식과 정도를 벗어난 '내로남불' 국정운영을 바로잡아 달라는 국민들의 기대가 그만큼 높았다. 정부가 '과시적 공론장'을 끌고 갈 토양이었다. 하지만 '새 정부가 직면한 정치·경제·안보 상황은 1998년 외환위기 속에 출범한 김대중 정부 이후 최악이라는 평가가 지나치지 않을 정도다.'(사설, 2022. 5. 10.)

국제적으로도 미국의 급격한 긴축 정책과 우크라이나 사태 등으로 세계 경제 전체가 수렁에 빠지고 있다고 전제하고, 정부는 물가·환율·유가 등 '신(新) 3고'의 난제를 직면했다. 더욱이 국가 부채는 지난 5년간 415조원이나 늘었고, 가계 부채도 1800조원에 육박했다. 부동산 시장도 다시 들썩인다. 북한 김정은은 육성으로 '선제 핵 타격'을 공언하고 있다. 잇단 미사일 도발에 이어 전술핵 실험(7차)도 이어질 조짐이다. 한편 국내적으로 다수 민주당은 한덕수 총리 후보자 인준과 내각 출범을 막고, 계속 몽니를 부렸다. 새 정부 길들이기가 시작된 것이다. 尹 대통령은 '코로나 사회적 거리 두기는 해제됐지만 언제 변이가 재창궐할지 모른다. 사방이 난제다.'로 가득차 있었다.(사설, 2022. 5. 10.) 애매한 시대와 그 시대인식에서 시작한 것이다.

더욱이 윤석열 대통령은 취임사에서 언론의 자유를 35번 언급을 했으나, 현실적으로 '자유민주적 기본질서'가 무너지고, 갖가지 산업생태계는 붕괴되었고, 언론자유가 절름발이가 된 상황이었다. 언론은 포털에 목을 매고, 정부 부처의 말을 받아쓰기로 일관했고, 자유와 독립성을 상실한 상태였다. 그런 상황에서 풀뿌리 민주주의가 제대로 작동했을 이유가 없었고, 윤 대통령이 말한 '자유·인권·공정·연대'는 국민들에게 공허하게 들렸다.

개인의 생명·자유·재산 기본권이 흔들렸다. 문재인 청와대는 러시아·중국·북한 등에서 채용한 국가사회주의를 작동시켰다. 물론 그들 국가군에는 국민의 기본권 존중 자체가 없다. 윤석열 대통령은 이런 문화 탈출을 위해 자유를 여러 번 언급한 것이다. 또한 그는 취임사에서 '시민'이라는 말을 15번 사용하는 한편, 5월 16일 취임 첫 국회시정연설에서 '글로벌 스탠더드'라는 말을 덧붙여 사용했다.

이승만 대통령의 '세계시민주의'를 연상케 했으나, 국내 상황은 기업이 어렵고, 공급망 생태계뿐만 아니라, 중산층이 붕괴된 상태이다. 괄목한 현상은 선거가 공정하게 치러지지 못했다는 점이다. 6·1 지방선거 투표용지가 발송될 시점(2022.

05. 18.)인데, 깜깜이 선거가 예견되었다. 더욱이 각 시도 교육감 선거는 강성 전교조에 맡긴지 오래 전이고, 시민들은 백년대계를 기획할 후보가 누군지 알지 못했다. 전문가들은 뒤로 빠지고, 아마추어 386 운동권 선수들만 설친다. 선거 회의론까지 고개를 들면서 6·1지방선거에 출마한 서울 지역 구의원 3분의 1 가량이 투표하기도 전에 무투표로 당선되었다.

더 심각한 현상은 경제에 비상등이 켜졌다. 소득주도성장, 주52시간 노동제, 최저임금제, 연금사회주의, 값비싼 전기료, 정부의 기업 감사지정, 중대재해처벌법 등 갖가지 규제로 공급망 생태계가 위축된 상황이었다. 중소기업은 빚을 감당할 수 있는 수준을 넘어섰다.

이런 총체적 난관인데 입법·사법·행정은 한 정파에 의해 움직이고, 언론까지 같은 정파로 자임하고 나섰다. 1987년 이후 언론은 상당히 팽창했다. 정부로서도 이이제이(以夷制夷), 즉 '적을 통해 적을 제압하는' 정책이 설득력을 얻는다. 청와대 출입기자만 1,000명이 넘고, 언론사는 1만개나 되나, 감시를 결한 채 적폐가 계속 쌓여만 간다. 언론의 노력은 노동생산성 향상과는 관계가 없게 굴러가니, 사회적 비용만 증가시킨다.

지방이라고 다를 바가 없다. 대장동 사건에서 봤듯이, 시·도단체장을 감시하는 시민단체, 언론 그리고 제도권 기구는 거의 전무한 수준이었다. 물론 즐비하게 이런 기구로서 존재하나, 실제 작동을 거의 멈추고 있었다. 각 시도에 산재해 있는 지방 단체장들은 재정 자립도가 바닥인 상태에서 청와대만 쳐다보고 있었다. 수없이 많은 선거는 건달들만 뽑히는 기현상을 경험한 것이다. 6공화국의 난제가 한꺼번에 가시화된 것이다.

청와대에 몰린 기자들을 위한 채비는 분주하다. 물론 용산 대통령 직무실 1층 내 프레스센터 공사가 바빴다. 이름도 춘추관 청와대 출입기자가 아니라, '국민소통관 출입기자'로 바꾸고, 기자회견장 제1·2·3 기자실(펜기자실), 사진기자실, 영상기자실 등으로 나눴다. 자리 쟁탈전으로 한국인터넷미디어협회는 벌써 반발을 했다.

따지고 보면 그곳에서 대통령실 기자가 진을 치고, 주류 문화를 만들면 공급망 확장, 풀뿌리 민주주의, 언론자유 확대 등은 기대할 수 없는 상황이다. 출입처 문화가 바뀌지 않으면 '자유·인권·공정·연대'는 물 건너간다.

한편 실무진이 작성했던 취임사 초고에는 '반지성주의'(anti-intellectualism) 관련 내용이 없었으나, 즉석에서 삽입시켰다. '반지성주의' 문화의 실체는 문재인 퇴임사에서 그 실상을 보여줬다. 그에 따르면 '대한민국은 위기 속에서 더욱 강해졌고, 더 큰 도약을 이뤘습니다. 대한민국의 국격도 높아졌습니다. 대한민국은 이제 선진국이며, 선도국가가 되었습니다.' '태어나지 말아야 할 나라'는 어디에 간 것인가? 독재&민주화 프레임을 망각한 그였다. "'국정농단 사건으로 헌정질서가 무너졌을 때 우리 국민은 가장 평화적이고 문화적인 촛불집회를 통해, 그리고 헌법과 법률이 정한 탄핵이라는 적법절차에 따라, 정부를 교체하고 민주주의를 다시 일으켜 세웠습니다.' '나라다운 나라를 요구한 촛불광장의 열망에 우리 정부가 얼마나 부응했는지 숙연한 마음이 됩니다.' 촛불의 염원은 여전히 우리의 희망이자 동력으로 피어날 것입니다."라고 했다.(문재인, 2022. 05. 09.)

당시 언론은 이런 '가짜뉴스'에 어느 곳도 이의를 제기하지 않았다. 한 관계자는 '취임식 일주일 전쯤 당선인 신분이었던 윤 대통령이 먼저 이 개념을 꺼냈다'고 했다. 한 비서진은 "윤 대통령에 따르면 좌우를 따지지 않고 증거를 무시하고 사실을 왜곡하는 이들을 반지성주의자로 규정했다. 이들이야말로 민주주의의 적이라고 했다.(최경훈·양지호, 2022. 05. 11.)

물론 반지성주의라는 단어는 1950년대 매카시즘 광풍이 불던 미국에서 쓰이기 시작했다. 미 역사학자 리처드 호프스태터(1916~1970)는 매카시즘 등을 탐구한 저작 '미국의 반지성주의'에서 '반지성주의자는 자료나 증거보다 육감이나 감정을 기준으로 사안을 판단한다.'라고 했다.(최경훈·양지호, 2022. 05. 11.)

한편 신임 총리로 임명된 한덕수 국무총리는 정부세종청사에서 열린 취임사에서 "상식과 공정의 원칙이 바로 서는 나라, 민간과 시장, 기업의 역동성이 살아있는 나라, 성장의 온기가 골고루 퍼져서 국민 행복이 하루하루 높아지는 나라, 수도권과 지방이 함께 잘 사는 나라, 국제사회의 평화와 번영에 기여하며 대전환 시대를 선도하는 대한민국을 만들어가겠습니다."라고 했다(강종민, 2022. 05. 23.)

안보에 관한 언급이 부각되었다. 윤석열 정부는 대선 때 공약인 '3축 체계', 즉 유사시 북한 핵·미사일을 선제 타격하는 '킬 체인'(Kill Chain), 북한이 쏜 미사일을 요격하는 한국형 미사일방어체계(KAMD)와 탄도미사일을 대향으로 발사해 북한을 응징하는 '대량응징보복'(KMPR) 체계 등을 공언했다.

한편 윤 대통령 취임 하루만인 11일부터 장병 정신교육 자료를 내고, '북한의 도발은 우리가 직면한 안보 위협이며 이러한 안보 위협이 지속하는 한 북한군과 북한정권은 우리의 적이다.'라고 명시했다.(장혜원, 2022. 05. 31.) '해당 문구는 이명박 정부의 2010 국방백서에 처음 명시된 것으로서 문재인 정부에서 '우리 군은 대한민국의 주권·국토·국민·재산을 위협하고 침해하는 세력을 우리의 적으로 간주한다.'로 대체된 바 있다.

한편 '윤석열 대통령이 취임 후 첫 국회 연설에서 연금·노동·교육 개혁을 새 정부 국정 과제로 제시하고 국회의 초당적 협력을 요청했다.'(사설, 2022. 05. 17.) 윤 대통령은 '세 가지 개혁이 지금 추진되지 않으면 우리 사회의 지속 가능성이 위협받게 된다.'라고 당의성을 이야기했다.

이어 교육개혁에서 '기술 진보에 맞는 교육으로 100만 디지털인재 양성을 본격화하겠다.'라고 포부를 밝혔다. 특히 윤석열 대통령은 노동 유연화의 노동개혁에 으뜸 강조점을 부각시켰다. 그는 세계적인 산업구조의 대변혁 과정에서 경쟁력을 높이고 많은 수의 일자리를 창출하기 위해 글로벌 스탠더드에 부합토록 했다.

그 구체적 방법으로 '민간주도 성장'을 강조하는 윤 정부는 정부가 아닌, 기업이 좋은 일자리를 창출할 수 있도록 도와줘야 한다고 강조했다. 지금까지 미뤄왔던 '노동개혁'에 박차를 가하고 싶은 것이다.

여기서 노동개혁으로 고용노동부는 '노동시장 개혁 추진방향'을 5월 23일 발표했다. 이정식 장관은 '4차 산업혁명과 저출생·고령화 등 거대한 변화에 따른 도전에 직면해 있지만, 법·제도와 불합리한 관행이 성장과 혁신을 저해하고 있다'고 지적했다.(김기찬, 2022. 6. 24.) 이어 이 장관은 '고용노동 시스템을 현대화하는 개혁을 추진해 지속 가능하고 미래지향적인 노동시장을 구축해 나가겠다.'고 덧붙였다.

근로시간 선택권 확대와 연공서열 중심의 임금체계 개편 등도 주요 과제로 포함했다. 기획재정부·고용노동부는 5월 16일 "주 52시간 근무제를 완화해 근로시간 유연화를 시도하고, 노사의 선택권을 확대하는 방안을 추진코자 했다. 이는 기업이 새 정부가 최우선으로 다뤄야 할 노동 현안 1순위로 꼽을 정도로, 개선의 목소리가 높은 사안이다."라고 했다.(손해용, 2022. 05. 17.) 그러나 가장 중요한 노동생산성을 어떻게 향상시킬지 구체적 청사진이 보이지 않아 보수 정책과 결이 다른 이야기를 언급한 것이다.

한편 노동관련 첫 언급이 대법원에서 논의되었다. 대법원 1부(주심 노태악 대법관)[441]는 판결문에서 '합리적인 이유 없이 정년을 앞둔 직원들의 나이만을 기준으로 임금을 깎는 성과 연급제(임금피크제)는 현행 고령자고용법상 차별금지 규정 위반이다.'라고 했다.

대법원 1부는 대법원은 임금피크제를 도입하는 경우에도 연령차별이라고 볼 수 없는 '합리적인 이유'에 해당하는지를 판단하는 조건 네 가지를 제시했다.(하남현·김경미·김기찬, 2022. 05. 27.) 즉 '▶도입 목적이 타당해야 하고 ▶불이익이 너무 심하지 않아야 하며 ▶불이익에 상응하는 적절한 조치(근로시간 감소 등)를 취해야 하고 ▶임금 깎은 돈이 본래 목적대로 사용돼야 한다.'라는 것이다. 이는 박근혜 정부의 청년 일자리를 늘리기 위해 노조와 합의한 임금피크제를 정면으로 부인한 꼴이 되었다.

한편 '노동의 유연화' 개념이 등장했다. 정부는 '경직된 근로시간 제도와 연공급 중심의 임금체계에 대한 대대적인 수술'에 나선다. 정부의 기본취지는 근로자가 근로시간을 자유롭게 선택할 수 있도록 '시간 주권'을 허용하고, 해만 바뀌면 임금이 자동으로 오르는 호봉제를 성과와 역할을 지양함으로써 직무 중심으로

---

441) 대법원 1부(주심 노태악 대법관)는 임금피크제 판결에서 "퇴직자 A씨(67)가 자신이 재직했던 옛 전자부품연구원(한국전자기술연구원)을 상대로 '임금피크제를 적용해 삭감했던 임금 차액을 지급하라며 낸 소송 상고심에서 원고 일부 승소로 판결한 원심을 확정한다.'"라고 2022년 5월 26일 밝혔다.(하남현·김경미·김기찬, 2022. 05. 27.)

임금체제를 바꾸겠다.'라는 의도였다. 그리고 고령자의 고용을 보장할 목적으로 임금피크제를 수정코자 한 것이다.

또한 새 정부 고용부 관계자는 "근로시간과 임금체계는 노동시장의 핵심 사안으로 근로조건, 노동생산성과 직결된다. 국민 삶의 질 향상과 기업의 활력 제고와 관련된 걸림돌을 제거할 효과를 기대한다"라고 설명했다.(김기찬, 2022. 06. 24.)

한편 주(週) 단위로 관리하는 연장 근로시간을 월(月) 단위 총량관리제로 바꾼다. 현행 근로시간제는 주당 법정 근로시간 40시간에 연장근로 12시간을 더해 주 최대 52시간이다. "새 정부의 구상은 주 최대 52시간제의 틀을 지키면서, 연장 근로시간이 월 48시간(주당 12시간×4주) 이내라면 특정 주에 12시간을 넘겼더라도 문제 삼지 않겠다."라는 의도였다.(김기찬, 2022. 06. 24.)

물론 노동개혁의 핵심은 노동생산성이다. 이는 민주노총과 일전을 불사해야 개혁이 가능하고, 노동생산성도 올릴 수 있고, 공급망 생태계도 살릴 수 있다. 이런 첨예한 문제는 쏙 빼고, 애매한 노동개혁이란 말이 나온다.

尹 대통령은 2022년 10월 25일 서울여의도 국회본회의장에서 2023년 예산안 시정연설을 했다. '민주당 보이콧으로 힘 빠진 尹대통령 시정연설'에서 국민의 경제난을 언급하며 '국회 초당적 협력'을 강조했다. 그러나 대체적으로 윤 대통령은 설득을 뺀, 시종일관 '말씀'으로 끝을 맺었다.

민주당은 헌정사상 첫 시정연설 보이콧을 선언하고. '국회 모욕 막말 욕설 대통령은 사과하라', '민생탄압 야당탄압 윤석열 정권 규탄한다.'로 국회 밖에서 성토함으로써, 169석 제1야당의 몽니를 증명했다.

더불어 尹 대통령은 '그 동안 정치적 목적이 앞선 방만한 재정 운영으로 재정수지 적자가 가파르게 되었다.'라는 논리로, 재정 건전성 확보를 위한 국회의 '초당적 협력'을 강조했다. 이어 그의 논리는 '사회적 약자를 보호하는 것은 국가의 기본적 책무'라며 서민을 위한 '약자 복지'도 강조했다.

한편 지난 5월 16일 추가경정예산안 연설에 이어 이번이 두 번째 경제관련 연설이 이뤄졌다. 윤 대통령이 약 22분 간의 시정연설에서 가장 많이 언급한 단어는 '지원'(31번)이었다. 윤 대통령은 고물가·고금리·강달러로 인한 경제적 불확실성을 언급하면서, 취약계층과 사회적 약자를 위한 지원의 필요성을 재차 강조했다.(박성의, 2022. 10. 25.) 그 지원예산안으로 ▲4인 가구 기준 생계급여 최대 지급액 인상 ▲저임금 근로자, 특수형태 근로종사자, 예술인의 사회보험 지원 대상 확대 ▲소규모 사업장 근로환경 개선 ▲장애인, 한 부모 가족 맞춤형 지원 강화 등을 거론했다.

또한 윤 대통령은 안보 강화의 필요성도 언급했다. 그는 '안보 현실 또한 매우 엄중하다.'며 '북한은 최근 유례없는 빈도로 탄도미사일 발사를 비롯한 위협적인 도발을 계속하고 있다. 이는 유엔 안보리 결의에 대한 중대한 위반이자 국제사회에 대한 정면 도전'이라고 지적했다.

북한은 '핵 선제 사용을 공개적으로 표명할 뿐 아니라 7차 핵실험 준비도 이미 마무리한 것으로 판단이 된다.'며 "'우리 국민이 안심하고 일상을 영위할 수 있도록 한미 연합방위태세와 한미일 안보협력을 통해 압도적인 역량으로 대북 억제력을 강화할 것'이라고 말했다."(박성의, 2022. 10. 25.)

대통령실은 전체적으로 절박한 경제상황을 규정하고, 신뢰의 길을 모색했다. 그 출발점은 '위기 극복'에 대한 믿음을 주려면 현장의 절박함부터 공유할 것을 주문했다.(사설, 2022. 10. 28.) 그는 용산 대통령실 2층에서 주재한 제11차 비상경제민생회의를 TV로 생중계토록 했다. 이전까진 대통령 모두발언이 끝나면 비공개로 전환됐지만 이날은 80분 가량의 회의 전체 내용이 공개되었다.

경제의 심각성이 대두된 것이고, 경제주체의 동참이 아쉬운 시점이다. 추경호 부총리는 '복합위기 직면', '잠재성장률이 2% 내외까지 낮아진 상황' 등 위기 진단을 선보였지만, 이것도 주로 '말씀'으로 끝났다.

실물 경제는 그렇게 대통령실이 이야기하듯 호락호락하지 않았다. 열린 세계와 상대하는 상황에서 국가경쟁력을 올려야 하는 상황이다. 공공부문이 팽창된 상황에서 노동생산성이 문제였다. 더욱이 아마추어 국가사회주의자로서는 쉽지 않은 게임이었다. 노동생산성의 답보상태에 비해, 최저임금은 턱 없이 높았다.

더욱이 원화 가치가 큰 폭으로 떨어지는 가운데 무역수지는 이달까지 7개월 연속 적자가 눈앞에 보였다. 정부정책도 인플레이션을 극복하고 자본 유출을 막기 위해서는 금리를 추가로 인상하지 않을 수 없는 상황이었다. 그러나 기업부채, 가계부채가 과다한 현시점에서 돈을 찍어낼 수만 없고, 금리를 올릴 수도 없었다. 비상경제회의는 벌써 11번째지만 뾰족한 수는 없었다.

대통령 주재 경제회의 생중계는 "국민과의 소통을 늘리고 공직 사회의 분발을 촉구한다는 측면이 강조되지만, 이 또한 생중계로 보여주기 행사로 끝날 수가 있었다.(사설, 2022. 10. 28.)

자유가 존재하면 책임도 공존한다. 전임 전권에 책임을 묻지 않고, 국민 통합이 가능할지 의문이었다. 尹 대통령은 대립각을 세우고 전 정부와 승부수를 던지는 대신, 립서비스를 계속했다. 이런 상황에서 윤 대통령은 국민통합을 위해 여당 의원 99명과 더불어 2022년 5월 18일 광주 5·18민주묘지에서 열린, 제42주년 광주민주화운동 기념에서 유가족과 손을 맞잡고 '임을 위한 행진곡'을 불렀다. 물론 통합도 독재&민주화 프레임은 여전히 문제가 되었고, '5·18 유공자'는 벌써 4300명이 된 상태였다.

복잡한 국내 문제는 산적하지만, 밖으로 정당성을 확보하려고 했다. 한편 취임 후 조 바이든 미국 대통령이 5월 20일부터 2박 3일 일정으로 한국을 방문했다. 문재인 청와대가 안미경중(安美經中; 안보는 미국, 경제는 중국)의 구도를 깨고 안미경세(安美經世; 안보는 미국, 경제는 세계)에 방점을 찍고, IPEF(인도태평양경제프레임워크)[442]에 가입했다.

또한 한미 공동성명에서 '中인권 겨냥 문구'를 넣고, 신장위구르, 티베트 등 소

---

442) 정부가 역내 최대의 경제협력체 '인도·태평양 경제프레임워크(IPEF)' 출범에 참여했다. IPEF는 전 세계 인구의 약 3분의 1이 살고 있는 인도·태평양 지역 13개국이 참여한 대규모 경제·통상 플랫폼으로 정부는 2022년 5월 23일 일본에서 열린 IPEF 출범 정상회의에 참여키로 했다.(임성빈, 2022. 05. 24.) 한국은 미국, 일본, 호주, 뉴질랜드, 인도, 그리고 아세안 7개국(브루나이, 인도네시아, 말레이시아, 필리핀, 싱가포르, 태국, 베트남) 등 13개국과 함께 IPEF 통상 논의에 참여한다. 참가국의 국내총생산(GDP)은 전 세계의 40.9%를 차지하고, 한국과 이들 국가의 교역 규모는 3890억 달러(약 491조원)에 이른다. 이날 열린 제1차 IPEF 장관회의에서 각국 통상장관들은 오는 6월부터 세부의제에 대한 협의를 진행하기로 합의했다. 한편 안덕근 통상교섭본부장은 '개방성·투명성·포용성을 바탕으로 향후 논의를 속도감 있게 진행할 것'이라고 밝혔다."(임성빈, 2022. 05. 24.) 한국의 입장에서 대만이 빠진 상태여서 반도체 주도권 강화에 관심을 두었다.

수민족의 탄압정책을 삽입시켰다. 과거와는 다른 전략이었다. 더욱이 안보문제에서 "북한의 핵·미사일 공격에 대비한 한미 연합훈련 확대와 미군 전략자산의 전개 등에 합의했다.(사설, 2022. 05. 23.) 이 공동성명에서 '북한의 진화하는 위협을 고려해 연합연습·훈련의 범위와 규모를 확대하기로 했다'라고 전했다.

이는 2018년 트럼프+김정은의 '싱가포르 환상'에서 벗어나 4년 만에 되찾은 韓·美 안보협력체계였다.

싱가포르 회담 이후 사실상 중단됐던 연합훈련이 정상화되었다. '핵은 핵으로 대응한다.'라는 입장도 천명했다. 북한의 도발 등 유사시 미국이 한국에 제공하는 전력을 '핵, 재래식 및 미사일 방어능력'으로 명시했다. 확장억제는 동맹국이 핵 공격 등의 위협을 받을 때 핵무기 탑재 폭격기, 핵 추진 항공모함·잠수함 등으로 지원한다는 강한 의지를 표명했다.

군사안보 문제뿐만 아니라, '글로벌 전략동맹'으로 경제·기술 동맹 문제가 집중적으로 거론되었다. 조 바이든 대통령은 20일 첫 일정으로 삼성전자 평택 반도체 공장(평택캠퍼스)에서 시작하여 현대 자동차 방문으로 한미정상회담을 끝냈다. 그리고 '삼성 반도체와 현대 자동차'에서 미국의 투자를 독려했다.

바이든 대통령은 방한 마지막 날인 어제(05. 22.) 정의선 현대차그룹 회장을 만나 현대차의 105억 달러(약 13조원) 미국 투자 계획을 논의한 결과, 정 회장은 '미국 조지아주에 55억 4000만 달러를 투자해 전기차 공장을 짓는 것에 더해 로보틱스·UAM(도심항공모빌리티)·자율주행·인공지능에 50억 달러를 추가로 투자하겠다'고 약속했다.(사설, 2022. 05. 23.) 한편 바이든 대통령은 이 자리에서 1년 전에도 미국 백악관 기자회견에서 삼성, LG, SK 등 미국에 투자한 한국 대기업 이름을 일일이 언급하며 '생큐'를 연발했다. 또한 "삼성전자가 170억 달러 규모의 파운드리(반도체 위탁생산) 공장 설립지를 미국 텍사스 테일러시(市)로 결정했고, 삼성전자가 20조원을 투자하면 최대 9조원에 달하는 세액 공제를 해주고 재산세도 90%나 감면해주겠다고 약속했다.(사설, 2022. 05. 23.)

미국뿐만 아니라 일본도 더욱 거리감을 좁혔다. 한국·미국·일본이 2023년 8월 18일 '미국캠프 데이비드 3국 정상회담'을 연 것이다. 미국 캠프 데이비드 정상회담에서 윤석열 대통령은 조 바이든 미국 대통령과 기시다 후미오 일본 총리와 함께 '삼각안보협력체제'를 구축하는 공동성명문을 채택하였다.

인도·태평양 지역 및 글로벌 현안에 대해서도 3국은 협력을 강화하기로 선언한 것이다. 사실상 한·미·일 군사동맹으로 가기 위한 발판을 마련한 것이고, 이는 '미국과 유럽의 군사동맹인 북대서양조약기구(NATO) 헌장 제4조를 연상케 하는 준군사동맹 수준을 결성한다.'라는 구상이다.

한·미·일 정상회담에서 합의한 '캠프 데이비드' 3개 문건은 ①'캠프 데이비드 정신'(The Spirit of Camp David), ②'캠프 데이비드 원칙'(Camp David Principles), ③'3자 협의에 대한 공약'(Commitment to Consult)이 이뤄지면서 '한미일 안보공동체'가 형성될 전망이었다.

더욱이 이번 '군사안보부터 경제, 첨단기술과 국제외교에 이르기까지 어느 하나도 빠짐이 없도록 촘촘하고 공고한 협력체계를 구축했다고 평가한다.'며 '무엇보다 한미일 공동 이익과 안보에 영향을 미치는 모든 위협에 대해 정보공유와 공동 대응을 하기로 한 점은, 3국의 국가 안위가 서로 떼려야 뗄 수 없다'라는 논리였다.(홍수영, 2023. 08. 20.)

캠프 데이비드 한·미·일 정상회담 정신은 '언제든지(whenever)', '어디서든지(wherever)', '무엇이든지(whatever)' 3국 협력이 가능한 핫라인 구축을 선언한 것이다. 이를 실현하기 위해 앞으로 연 1회 이상 정상회의를 개최하고, 각급 장관의 정례적 회동을 약속했다. 이 회동은 "한미일 3국 재무장관회의 신설과 반도체·핵심광물 등 공급망 혼란을 막기 위한 조기 경보체계 신설 등의 구체적 실현방안과 함께, 북한 인권개선과 국군포로 문제해결 의지를 공감하고, 정보조작과 가짜뉴스에 공동대응하기로 했다. 이들 궁극적 목표는 자유민주주의의 가치를 수호하기로 한 대목에서는 명분과 실리를 모두 잡겠다는 것이다."(홍수영, 2023. 08. 20.)

한편 국내 문제로 돌아와서 尹 대통령은 취임하면서부터 시도해온 기자와의 '즉석 문답'을 다시 꺼내들었다. 물론 포퓰리즘에 젖으면 전문성을 결한, 그리고 정교한 시스템을 붕괴시킬 수 있는 위험도 있었다. 처음 윤석열 대통령은 지금까지 40여 일간 17차례 기자들과 출근길 즉석 문답(도어스테핑)을 했다. 전임자가 5

년간 11차례 기자회견을 하면서 시나리오·질문지·편집이 없다고 자랑한 것과는 차원이 달랐다.

'도어스테핑'은 5월 11일부터 7월 8일까지 총 24회 실시를 했다. 신종 코로나바이러스 감염증 재확산세로 11일 잠정 중단했다. 그 의의는 "▼국정 전반에 대한 국민들의 궁금증 해소, ▼대통령의 의중에 대한 약속이나 오해 방지, 그러나 부작용도 만만치 않았다. 즉, ▼정제되지 않은 발언에 따른 논란 증폭 우려, ▼즉흥적 발언으로 관련 부처의 정책 혼선 가능성 등이 문제가 되었다."(장관석·전주영·김은지, 2022. 07. 12.)

총 24회 동안 70여 건의 주요 질문이 있었다. 그 구체적 내용은 "한·미 정상회담이나 추가경정예산안 편성, 화물연대 파업 등 일상적 현안뿐 아니라 자질론이 제기된 장관 후보자의 임명 여부, 검찰 출신의 중용문제 그리고 문재인 전 대통령의 양산 사저 인근 시위뿐 아니라 대통령 부인 김건희 여사의 공개 행보 논란 등을 포함했다."(사설, 2022. 06. 20.)

한편 '청와대 국민청원'은 20만 건 이상의 동의가 필요했으나, 응답율은 0.026%에 불과하다는 인식에서 '국민제안'을 개설했다. 대통령실은 2022년 6월 23일 국민소통 온라인 플랫폼인 '국민제안'을 개설한다고 밝혔다. 강승규 시민사회수석은 "이날 오후 용산 청사 브리핑에서 '오늘 오후 2시부터 대통령실 홈페이지를 통해 누구나 국민제안을 할 수 있다.' '국민과 직접 소통하는 대통령이 되겠다.'라는 윤석열 대통령의 의지를 반영한 대국민 소통 창구'라고 설명했다.(현일훈, 2022. 06. 24.)

'국민제안'은 네 가지 카테고리로 구성됐는데 "①행정처분에 대한 민원을 내는 민원·제안 코너, ②공무원의 공무집행에 시정을 요구하거나 법률·조례·명령·규칙 등에 대한 의견을 내는 청원 코너, ③디지털 소외 계층을 위한 동영상 제안 코너 그리고 ④문의사항을 접수하는 102 전화 안내 등이다.(현일훈, 2022. 06. 24.) 덧붙여 강 수석은 '102 전화에서 10은 '윤석열'의 '열'을, 2는 한자 '귀 이(耳)'를 각각 따서 조합한 숫자.'라고 설명했다. 서비스 운영은 국민권익위원회가 담당한다.

비공개 원칙과 관련해 대통령실은 "전 정부에서 운영한 청와대 국민청원은 청원법상 비공개가 원칙인 청원 내용을 전면 공개하면서 국민 갈등을 조장하는 정치 이슈로 변질된다는 우려가 있다.'고 말했다."(현일훈, 2022. 06. 24.)

대통령실이 2023년 3월 10일부터 온라인 국민참여 토론게시판을 열면서 '수신료 징수 방식 개선'(9일 오후 8시 기준)을 올렸다. 그 결과 추천(찬성표)은 5만 6016표(96.5%), 비추천(반대표)은 2019표(3.5%)였다.

그 조치로 대통령실이 KBS TV '수신료(월 2500원)를 전기요금과 분리해 징수'하기로 가닥을 잡고 곧 관련 절차를 밟기로 했다. 대통령실 핵심 관계자는 "'KBS 수신료는 1994년 수신료 합산 징수에 대한 근거 규정이 새로 들어가기 전까지는 당연히 분리해 징수했고, 그것이 국민 이익에도 부합했다'며 '이번에 합산 징수가 없어진다면 비정상적인 상황이 정상화되는 것'이라고 말했다. 한편 황근 선문대 미디어커뮤니케이션학부 교수는 '분리징수를 하면 현재 6800억원 정도인 수신료 수익이 2000억원 대로 떨어질 수 있다.'고 전망했다."(현일훈·홍지유, 2023. 04. 10.)

언론사 내부의 개혁도 도마 위에 올랐다. 언론사 전임정권의 '알박기' 인사가 각 회사마다 문제가 된 상태에서 빙송제도개편이 갑자기 논의되었다. 야당이 들고 나온 것이다. 그 의도는 자명하다. 야당은 공영방송 지배권을 순순히 내주지 않겠다는 것이다.(윤석민, 2022. 05. 20.)

공영방송의 '영구장악법'이 노골적으로 표출된 것이다. 지금까지 공영방송 지배구조는 후견인제, 조합주의 등 수많은 비판과 개선안이 제시되었지만 습관화를 강화할 뿐 고쳐지지 않았다. 이는 권력 스스로 공영방송에 대한 기득권을 포기해야 해결되는 문제였기 때문이다.

진보 정권 시기, 정권과 그들이 후견주의적으로 임명한 경영진에 적극 협조한 반면, 보수 정권 시기, 정권 및 방송사 경영진과 사사건건 대립하였다. 더욱이 민주노총은 '공영방송 종사자들의 언론적 훈련장이자 이시의 개조장으로 기능케 했다.' 이러한 노조적 규범의 내면화 과정이 이념과 투쟁의 논리로 이해함으로써 반(反)전문직주의적 논의가 계속되었다.

더불어민주당의 셈법은 복잡했다. '25인 운영위' 민주당 법안, 공영방송 영구

장악법이라고 전제하고, 더불어민주당이 대선 패배 후 공영방송 이사회를 해산하고 25인 운영위원회를 신설하자는 법안을 발의했다. 물론 "민노총 산하 언론노조는 이를 적극 지지하고 있다. 이들은 기존 11명이던 KBS 이사, 9명이던 방송문화진흥회 이사의 규모를 각 사별로 25명까지 늘리면 더 많은 민간 전문가가 참여하고 공영방송의 고질병인 '정치적 후견주의'를 줄일 수 있다는 그럴듯한 명분까지 제시한다."(허성권 KBS노동조합 위원장, 2022. 05. 22.)

윤석민 서울대 교수는 「조선일보」 2022년 5월 20일자 칼럼에서 "이 법안이 '공영방송 지배구조를 실제로 개선할 수 있다'면서 윤석열 정부가 이를 수용해야 한다."고 주장했다. 하지만 '25인 운영위원회 법안'이 제도화되면 어떤 일이 벌어질까. 그 실체가 드러난다. '공영방송 지배구조'는 위원 25명 대부분이 친(親)민노총 언론노조 관계자들로 채워지고, 방송의 영구장악이 가능하게 된다.(허성권, 2022. 05. 22.)

그 논리에 따라 숫자를 셈해보자. "우선 정당 추천 몫으로 8명은 의석수를 감안할 때 야당인 더불어민주당이 최소 4명을 추천할 수 있다. 여기에 7명으로 정해진 방송 관련 직능단체 추천 인사에선 최소 6명을 민노총 세력이 차지할 수 있다. 그들은 민주당의 우군들이고, 민주당은 더욱이 공공부문을 거의 독점한 상태이다. 또한 직능단체로 분류된 방송기자연합회, 한국PD연합회, 한국방송기술인연합회 세 단체는 실질적으로 민노총 언론노조의 2중대로 비판받아 왔다. 여기에 끝나지 않는다. 미디어·방송 관련 학회 추천 인사 3명 가운데 최소 1~2명도 친민주당 인사가 차지하고, 방송사 경영진이 임명하는 시청자위원회 추천 3명도 친민노총이거나 친민주당 인사로 채워질 가능성이 농후한 상태였다. 마지막으로 시·도의회 의장 협회 추천 위원 4명 가운데 최소 2명도 친민주당 인사가 될 가능성이 점쳐진다. 이를 다 합치면 "최소 '16~17명'이라는 즉, 25명의 3분의 2에 해당하는 '매직 넘버'가 나온다. 사장 후보를 선출할 수 있는 특별다수제의 기준인 16명에 딱 맞춰져 있다."(허성권, 2022, 05. 22.)

민노총 언론노조가 공영방송을 '영구장악'할 수 있는 시스템이 완성된 것이다.

공영방송의 주인 자리는 국민이 아니라 민노총 언론노조 세력과 민주당 후원 세력이 점령할 것이다. 물론 현실적 대안을 찾을 수 있다. 더불어민주당이 야당 시절 발의한 '박홍근 법안'을 되살리면 된다. 이는 "국민 대표성을 갖는 여야의 추천 이사회 제도를 그대로 두고 공영방송 사장을 선출할 때 여당 독주를 막기 위해 최소 야당 이사 1~2명의 동의를 얻도록 강제하는 '특별다수제'를 도입한다면, '정치적 후견주의' 논란을 잠재울 수 있을 것이다."(허성권, 2022. 05. 22.)

자유·인권·법치가 노영방송에서 막히고 있었다. 그 실무자는 엉뚱한 소리를 일삼는다. 겉과 속이 다른, 애매한 성격이 계속 연출된다. 그리고 방송 현 지도부는 영업타령을 계속한다. 광고 수주가 줄어든 현 시점에서 공영방송(공영 미디어)의 생존전략에 대한 논의가 선보인 것이다. 말은 그럴 듯하다. 그러나 KBS, MBC는 원칙적으로 시청률 경쟁하는 상업방송이 아니다. 상업방송을 원하면 MBC는 민영화를 시키고 그렇게 할 필요가 없다. 그 논의는 '언론학회 라운드테이블'[443]에서 논의되었다. 박성제 MBC 사장이 'CJ 회장과 만나고 싶다'고 한 이유를 설명했다.(김고은, 2022. 05. 25.) '지상파가 만든 OTT(Over-The-Top, 영화, TV 방영 프로그램 등의 미디어 콘텐츠를 인터넷을 통해 소비자에게 세공하는 서비스) 웨이브(wave)와 CJ의 OTT 티빙(tving)이 합쳐져야 한다.'라는 논리를 전개시켰다. 물론 현재의 절박한 사정을 감안하여, '대한민국 콘텐츠 업계의 위기를 해결하려면 토종 OTT가 힘을 합쳐야 한다.'는 취지다.

당시 한국방송협회 회장인 박 사장은 '현재 우리나라 한류 콘텐츠, K-콘텐츠를 얘기하는데, 그 열쇠는 "토종 OTT가 힘을 합칠 수 있느냐에 달려 있다'면서 '정부가 이끌고 마중물을 만들어주고 관련된 이해당사자들이 협의할 수 있게 도와달라'고 밝혔다."(김고은, 2022. 05. 25.)

미국 제작시장에 비해 국내 시장은 그 자본규모가 열악하기 짝이 없다. 민영업자가 토종 OTT를 얼마든지 만들 수 있다. 방송산업을 국유화하면 지금 같은 민

---

443) 2022년 5월 20일 공주대학교에서 열린 한국언론학회 봄철 정기학술대회, '글로벌 경쟁시대: 방송의 위기와 도전'이란 주제의 라운드테이블에 김의철 KBS 사장, 박성제 MBC 사장, 이강택 TBS 대표, 이규연 JTBC 대표 등이 참석했다.(김고은, 2022. 05. 25.)

주노총 천국이 된다. 그때 프로그램 경쟁력은 계속 떨어지게 마련이다.

박 사장의 논리에 따르면 '넷플릭스가 제작한 '오징어게임'(9부작)은 총 제작비가 250억원에 달하고, 애플TV의 오리지널 드라마 '파친코'(8부작)엔 무려 1000억원이 투입됐다. 회당 제작비가 100억원을 넘어선 것이다.' 박성제 MBC사장은 정부가 일정 부분 혈세로 진흥을 할 것을 권장한 것이다.

한편 김의철 사장도 철저히 상업논리이다. 뉴스 콘텐츠는 '방송영구장악'에 맡기고, 이젠 공영방송이 영업 타령을 한다. 패거리 경영이 노동생산력이 오를 이유가 없다. 공영방송이 자신들의 색깔을 내는 것이 필요한 시점이었다. 김 KBS 사장은 같은 토론회에서 "'자국 내 광고에 의존할 수밖에 없는 국내 방송사로선 점점 상승하는 제작비를 감당하기 어려운 상황으로 치닫고 있다.'면서 '통상적으로 방송을 제작해서 IP(지적재산)를 확보해 2차 유통을 통해 콘텐츠 수익을 내던 구조가 깨지고 있다'라고 말했다. 또한 이강택 TBS 대표는 "규제의 측면에서 '우리나라의 과잉 심의체제가 검열성 심의체제와 결합해서 많이 증폭된다'면서 '심의체제를 돌아볼 때가 됐다.'라고 했다."(김고은, 2022. 05. 25.) 그 논리로 심의체제를 기반으로 해서 방통위 심의위 심의를 막았다고 한다. 문재인 정권 때 방통심의위는 개점 휴업상태였다.

2. 살얼음판 정국에서 돌파구

한편 여당 국민의힘은 2022년 6·1 지방선거에서 힘을 얻기 시작했다. 지방선거 투표율은 50.9%로 광역단체장 국민의힘 12석(71%), 더불어민주당 5석(29%)이었다. 민주당은 경기, 전남, 전북, 광주, 제주 등에서 승리를 했다. 한편 방송 3사 출구조사는 입소스코리아, 코리아리서치, 한국리서치 등에 의뢰해 실시하였다. 국민의힘과 더불어민주당 후보에 대한 지지가 "20대 남성(65.1%대 32.9%)과 20대 여성(30.0%대 66.8%)이 크게 달랐다. 그리고 60대 64.1%대 34.4%, 70대 72.1%대 26.5%였다. 20대 남과 6070세대에서 국민의힘 몰표가 나온 것이다."(홍영림, 2022. 06. 02.)

언론의 난맥상도 점화되었다. 서울민족예술단체총연합의 '기자 조롱 캐리커처'가 문제가 되어, 언론사 줄 소송이 예고되고 있다. "그 속내는 문재인 정부와 진보 진영 인사들을 비판했던 '언론인을 조롱·희화화한 미술 작품에 한국기자협회와 일부 언론사가 민·형사 소송을 예고하는 등 기자 캐리커처를 놓고 언론계와 예술계 사이 갈등이 커지고 있었다.'"(김도연, 2022. 06. 08.) 선·악과 상식이 통하지 않는 세상임에 틀림이 없다. 그렇다면 이성과 합리성이 통하지 않으면, 다음 차례는 폭력과 테러의 세계이다.

그 발단은 서울민예총이 지난 2022년 6월 1일부터 15일까지 광주광역시 메이홀 전시회 '굿, 바이 전'에서 시각예술위원회 박찬우 작가의 작품이 "전·현직 언론인 및 방송·정치인 110명을 우스꽝스럽게 캐릭터화하고, 얼굴에 분홍색까지 덧칠했다."라고 했다.(김도연, 2022. 06. 08.)

박 작가는 '유튜브 김성수TV 성수대로'에서 "'언론이 허위뉴스, 가짜뉴스를 실수로 쓸 수 있다. 하지만 사과를 반드시 해야 하고 다시는 그런 일이 없도록 개선해야 한다.'며 '언론은 기자들이 쓰는 공공의 일기라고 생각한다. 매일매일 일기가 역사가 된다. 그런 차원에서 가짜뉴스는 역사 왜곡이다.' 또한 기자 캐리커처에 분홍색을 덧칠한 이유에 대해서는 '핑크색을 좋아한다. 돋보이고 싶었다.'고 말했다."(김성수TV, 2022. 06. 08.)

한국기자협회가 성명을 통해 "'예술이 갖는 표현의 자유가 아닌 또 다른 폭력이며 언론탄압으로 규정했다.'라고 비판했다. 그러자 서울민예총은 '적폐 세력에 대해서는 한마디도 못하고, 살아있는 권력에 대해서는 용비어천가를 불러대는 기자들을 국민들은 뭐라고 부르는지 잊었는가.'라고 응수했다.(김도연, 2022. 06. 08.)

한편 당장 우파 언론뿐 아니라, 교통방송(TBS) '김어준 뉴스공장'도 화살이 돌아갔다. 언론은 정확성·공정성·객관성·독립성의 기본가치를 지킬 필요가 있다. 이성과 상식을 갖고자 한다. KBS노동조합의 'KBS를 국민의 품으로'라는 구호로 범국민 행동에 들어갔다.

또한 TBS의 경우 '오세훈 시장은 지난달 12일 이후 여러 차례 언론을 통해 TBS

를 교육방송으로 기능 개편을 하겠다.'고 밝혀왔다.(조현호·정철운, 2022. 06. 08.)

현행 '서울시 미디어재단 티비에스(TBS) 설립 및 운영에 관한 조례'의 제3조 제 1항의 1에 '방송을 통한 교통 및 생활정보 제공'이라고 규정하고 있다. 교통방송이 엉뚱한 일을 일삼고 있었다. 이 대목을 '교육방송'으로 바꾸는 조례 개정을 시도할 가능성이 있어 보인다. 그러나 현실적으로 방통위에서 '교통방송과 지역방송을 비롯한 방송 전반'으로 허가한 사안에 묶인 상태이다.

같은 교통방송의 비판적 맥락에서 문성호 국민의힘 서울시의원 당선자(서대문구 제2선거구)는 7일 미디어오늘과 통화에서 자신도 TBS 기능 개편을 선거공약으로 넣었다면서 'TBS가 프로그램상 교통방송의 목적을 잃었고, 논란이 될 사실을 공공연하게 발표하거나 허위사실 내지 잘못된 정보를 전달하는 게 많았다."라고 비판했다.(조현호·정철운, 2022. 06. 08.)

2021년 10월 19일 국회행정안전위원회 서울시 국정감사에서 오세훈 시장은 박영수 국민의힘 의원의 답변에서 "'TBS 교통방송의 정치적 편향성 문제를 지적하면서, TBS가 매년 400억 원 보조금을 낸다.'라는 점을 상기시켰다. 더욱이 국가재정이 어려울수록 공공직 종사자에 대한 책임 문제를 따지게 된다."라고 강조했다.(조현호·정철운, 2022. 06. 08.) 그 단적인 책임 문제의 예가 '김어준의 뉴스공장' 이었다. 지난해 4월 서울시시장 재보선 당시 TBS '김어준의 뉴스공장'에서 '오세훈 후보의 내곡동 처가 땅 측량 현장 방문을 기억한다고 주장하는 생태탕집 모자의 증언을 선거 내내 이슈화시켰다.'

'방송심의에 관한 규정' 제9조 ①항 '방송은 진실을 왜곡하지 아니 하여야 한다.' 제12조 ②항 '방송은 정치문제를 다룰 때에는 특정정당이나 정파의 이익이나 입장이 편향되어서는 아니된다.' 등이 규정을 어긴 것이다.

문재인 재임시 항상 문제가 되었었던, 민주노총 '정치위원회'의 정파성에 대한 갈등은 끊임이 없었다. 노조 거버넌스의 노영방송에 대항한 공영언론노조협의체가 구성되었다. 시민단체와 연계한 국가 감시기구로 자임하고 나선 것이다. 공영언론(KBS·MBC·YTN·연합뉴스) 노동조합 협의체(이하 협의체)가 "문재인 정권 시절 적폐청산을 앞세운 정치보복을 자행하고, 공정방송을 빙자했던 정권의 부역자 김의철 KBS 사장, 박성제 MBC 사장, 우장균 YTN 사장, 성기홍 연합뉴스 사장 등은 즉각 사퇴하라"고 촉구했다.(이수일, 2022. 07. 20.)

협의체는 이날 정오 서울시 영등포구 국회 정문 앞에서 기자회견을 갖고 '전국언론노동조합 홍위병 세력은 문재인 정권이 들어서자 임기가 남은 전임 사장들을 강제 축출하는 데 앞장섰다'라고 강변했다. 또한 이 단체는 "이들이 KBS, MBC, YTN, 연합뉴스 사장에 임명된 후 민주당이 작성한 '언론장악 문건'과 흡사하게 움직인 만큼 즉각 사퇴해야 한다."라고 소리를 높였다.(이수일, 2022. 07. 20.)

그렇다고 윤석열 정부의 미디어 정책이 제대로 작동하는지 의문이다. 새 정부가 들어서고 해를 넘겼지만 미디어 정책은 여전히 전 정권이 만들어 놓은 '알박기' 임기제 수렁에 빠져 한 발짝도 나아가지 못하고 있다. "실제로 방송통신위원회는 임기제의 함정에 빠져 유령 같은 기구가 되어 버렸다. 결과적으로 윤석열 정부의 주요 정책 어젠다에서 미디어 정책은 완전히 뒤로 밀려난 듯한 느낌이다."(황근, 2023. 02. 01.)

방송통신위원회 위원장은 한상혁·이동관·김홍일 체제가 혼란스럽게 승계되었다. 더욱이 이런 난맥상과는 달리, 통신기술의 혁신은 괄목했다. 누리호 3차 발사로 통신기술은 획기적 금을 긋고 있었다.

위성 기술이 발전되면 그에 따른 문화 콘텐츠가 함께 한다면 진정 문화강국이 된다. 과학기술 강국을 견인할 누리호 발사(3차, 민간기업 한화에어로스페이스 참가, 2023. 05. 25.)가 발사 성공을 이뤘다. 한국형 발사체 누리호가 우주를 향해 힘차게 대기권을 벗어났다. 과학기술정보통신부와 한국항공우주연구원은 전남 고흥군 외나로도 나로우주센터에서 동시에 누리호 발사에 성공한 사실을 알렸다. 이는 지구 상공 700㎞ 궤도에 성능검증위성을 쏘아 올린 것이다. 이로써 한국 땅에서 한국형 발사체로 우주로 가는 길이 열렸다.

"1~2단 로켓의 점화와 분리, 3단 로켓에서 위성의 분리까지 모든 과정이 무리 없이 순조롭게 진행되었다. 누리호에서 분리된 위성은 남극 세종기지와의 교신에도 성공함으로써 설계·제작·시험·발사까지 독자 기술로 이뤄낸 첫 우주발사체의 성과를 이뤘다."(사설, 2022. 06. 22.) 그 결과로 한국은 자체 힘으로 실용 위성을 실어 우주로 올린 세계 일곱 번째 국가가 됐다.

2013년에는 나로호 발사에 성공했지만 가장 중요한 기술인 1단 로켓 엔진은 러시아에 의존해야 했으나, 그 후 누리호 개발에는 국내 기술진, 기업, 정부가 공동 참여했다. "발사체 기술의 민간 이전과 공동연구를 통해 우주 개발 분야에서 기술력을 갖춘 기업을 육성하는 일도 중요하다. '이미 미국에선 스페이스X 등 민간 기업의 우주개발 경쟁이 빨라지고 있다.'"(사설, 2022. 06. 22.)

이륙단계의 공로로 박근혜 대통령을 빼놓을 수 없다. 15일 우주 시장조사기관 유로 컨설트에 따르면 국내 우주개발 예산은 "지난 2011년 2억 3200만 달러를 시작으로, 2012년 2억 2100만 달러를 거쳐 2013년 3억 4900만 달러부터 급격하게 늘기 시작했다. 2014년 5억 3200만 달러를 기록한 뒤 2016년에는 6억 8900만 달러까지 치솟았다. 이후 등락을 거듭하다 2020년 7억 2200만 달러로 최고치를 찍었다."(김양혁, 2022. 06. 15.)

뉴스페이스(New Space)의 공간확장 경제 현상은 숙련의 노동개념을 과거와 달리하게 되었다. 고도로 분업형태, 전문성 위주 그리고 노동강도를 최대한 높여 누리호 발사를 가능케 한 것이다. 아마추어 국가사회주의와는 전혀 다른 풍속도이다. 그 전문협력업체만 300개가 동원되었고, 37만개 부품 조립이 이뤄졌다. 이로써 고도의 분업상황은 위성발사에 관한 한 세계 어느 나라와도 분업을 할 수 있는 협업체제 문화를 형성시켰다. 그 선진된 분업의 성격에 따라 앞으로 한국 산업의 기술 우위 현상 및 자본형성 그리고 법, 제도, 이데올로기, 삶의 양식 등이 과거와 달라질 전망이다.

이로써 세계가 하나(oneness)의 체제가 된 것을 실감했다. 더욱이 누리호(KSLV-Ⅱ) 발사에 성공한 다음 날인 22일 한국항공우주연구원(항우연, 고정환 사업본부장)과 각 기업의 프로젝트 참여자들은 각자의 위치에서 최선을 다했다. 그들은 각자 소명의식을 갖고 있었다. 이들은 저마다 '감격했다', '최고의 날이었다.' 감탄사를 쏟아내면서도 한결같이 민관 '콜라보'란 키워드를 잊지 않았다.

대학생, 대학원생들도 통신위성 협업에 참가했다. 조선대, KAIST, 서울대, 연세대 등 50명은 '큐브위성'(초소형 위성) 제작에 참여하여, 기술을 쌓아갔다. 국가기구, 대기업, 중소기업, 학계, 지역 등이 함께 '콜라보'를 한 것이다. 한국항공우주산업(KAI)의 이원철 수석연구원은 당시 누리호 프로젝트 전 과정에 대해 '항우연이 레고 블록의 밑그림, 크기, 색상을 그리면 기업들은 블록을 실제 조립하고 공정을 개발하고, 문제를 발견하면 해결 방안을 협동(콜라보)으로 찾았다.'라고 요약했다.

모든 참여 기관이 톱니바퀴처럼 작동했기에 절반의 성공이 아니라 완벽한 성공을 이뤄낸 것이다. 김종한 한화에어로스페이스 차장은 누리호 엔진 개발에 참여한 지 10년이 됐다. 그 소감도 남달랐다. 그는 "10년의 노고를 한 방에 날려 보내는 느낌이었다. '3단 분리 시 속도가 기준점인 초당 7.5km를 넘어 7.9km로 날고 있다기에 무조건 성공이구나 싶었다.'"(변종국·김민수, 2022. 06. 23.)

민간기업인 현대중공업은 누리호의 '발사대 시스템' 제작 및 구축을 맡았다. 그 실상이 소개되었다. "2013년 나로호(KSLV-I) 발사대가 길이 33.5m에 140t 규모의 2단 발사체였는데 누리호는 47.2m, 200t의 3단 발사체로 규모가 컸다. 박호원 현대중공업 책임자는 '발사대 시스템 공정기술의 국산화율을 이번에 100%로 끌어올려 우주강국으로 도약할 기반을 마련했다'고 했다."(변종국·김민수, 2022. 06. 23.)

적은 예산과 인원으로 시작했지만, 성공을 거두었다. 작은 정부와 큰 시장에서 유리한 게임이다. "우주선 관련 연구 인력은 미국과 러시아는 수만 명에 이르고 일본도 1500~2000명 수준이다. 김진한 항우연 발사체엔진개발부 책임연구원은 '일본의 5분의 1도 안 되는 250명의 연구 인력이 멀티 플레이어 역할을 하며 이뤄낸 성과라는 점이 뿌듯하다."(변종국·김민수, 2022. 06. 23.)

또 하나의 성공사례는 KFX 전투기 생산이었다. 조태용 국민의힘 의원은 "2021년 4월 13일 최신예 한국형 전투기의 개발을 선언한 것은 김대중 대통령이었지만 온갖 비관론을 뚫고 KFX사업을 회생시킨 건 다름 아닌 '박근혜 대통령'이라고 강조했다."(양연희, 2021. 04. 13.) '박근혜 대통령 KFX사업'의 주요 근거를 제공한 것이다. 누리호와 KFX사업의 핵심 기술에 관한 논의이다.

"최근 한국으로 영구 귀국한 액체수소와 극저온 기술 분야의 세계적인 전문가 백종훈 박사와 소프트웨어 및 시스템 설계분야에서 세계적으로 실력을 인정받은 소프트웨어 아키텍트 박시몽CTO가 한국에서 액체수소기반 범용 이동시스템 개발에 기여했다. '백종훈 박사는 미 항공우주국 NASA와 10여 년간 차세대 액체수소 운용기술을 공동 연구해오고 있는 액체수소와 극저온 기술 분야의 세계적인 전문가 집단 중에 한 사람이다. 또한 박시몽 CTO는 보잉, 록히드마틴, 레이시온 등에서 전투기 항법 및 무장시스템 소프트웨어 개발에 참여했으며, 세계 최고의 전투기라 불리우는 F-22 랩터의 무장체계 소프트웨어 시스템 설계 책임자로써 성공적으로 F22랩터의 개발을 마무리 지음으로써 전투기 소프트웨어 및 무장시스템 분야에서 두각을 나타내었다."(입력온라인, 「중앙일보」, 2017. 04.)

또한 조 의원은 이날 자신의 페이스북에 'KFX사업은 박근혜 대통령의 결단과 추진력이 만들어낸 결과물'이라며 그러나 "KF21 출고식에서 지난 정부의 노력은 흔적조차 남아있지 않았고, 사업을 줄곧 반대해 왔던 문재인 대통령만이 보일 뿐이라 쓸쓸함이 남는다."라고 했다.(양연희, 2021. 04. 13.)

이어 조 의원은 그 역사를 자세히 언급했다. 2001년 3월 김대중 대통령은 공군사관학교 졸업식에서 '최신예 국산 전투기를 개발하겠다.'고 선언했다. 그러나 '개발비만 8조 8천여억 원이 드는 무기 개발 사업이다 보니, 비용에 대한 우려와 개발 가능성에 대한 회의, 그리고 수출가능성에 대한 불신 등으로 사업은 중단 위기를 맞았다. 더욱이 "2015년, AESA레이더를 비롯한 적외선탐지추적장치(IRST), 전자광학 표적추적장비(EO TGP), 전자파방해장비(RF재머) 등 4가지 핵심기술 이전에 미국은 냉담했다. 그 때 민주당의 전신인 새정치민주연합 당시 대표였던 문재인은 '국정조사와 외교안보라인 문책', '사업 전면 재검토'를 요구하였고, 새정치민주연합은 '재정낭비' 운운하며 파상공세를 퍼부었다."(김정우, 2016. 01. 13; 양연희, 2021. 04. 13.)

윤석열 정부는 우주항공 분야뿐 아니라, 지방시대위(委)[444]를 태동시켰다. 그는

---

444) 지방시대위원회는 "△기회발전특구 △교육자유특구 △도심융합특구 △문화특구(대한민국 문화도

2023년 09월 14일 오후 부산국제금융센터에서 열린 '지방시대 선포식'을 하고, 그 자리에서 윤 대통령은 "공정한 접근성, 지역 재정자주권 강화, 지역 비교우위 산업에 대한 중앙정부 지원 등 지역 균형발전 정책을 열거하고 교육이 지역발전의 핵심이며 지역산업과 연계된 교육이 매우 중요하다."라고 했다.(오정근, 2023. 09. 18.)

한편 전임 문재인 정권의 종북 행위에 대한 조사가 시작되었다. 한동훈 법무장관은 '형사사건 공보 규정'을 개정하고 언론의 수사기관에 대한 취재 활동을 대폭 허용함으로써 큰 사건이 가감 없이 보도토록 했다. 한편 국가정보원(김규현 원장)이 "지난 2022년 7월 6일 박지원·서훈 전 국정원장을 각각 '서해 공무원 피살 사건'의 첩보 관련 보고서 무단 삭제, '탈북 청년 강제 북송'[445] 사건의 합동조사 강제 조기 종료 혐의로 검찰에 고발함으로써 새로운 수사국면이 전개되고 있다."(장혜원, 2022. 7. 15.)

한편 '탈북 청년 강제 북송'은 북한인을 16명 살해했다고 하지만, 어느 언론도 확인하지 않았다. 북한이 주장하는 선전, 선동에 익숙한 청와대와 언론인들이었다. 지난 5년 '평화쇼'는 누구도 믿지 못하게 된 것이다.

이어 국정원은 새 정부 출범 두 달 만에 전직 관련자들을 직접 고발했다. 국방부와 해양경찰청 수장들이 '서해 공무원 피살사건'에 대해 '피살 공무원이 월북을 시도했을 것으로 추정된다.'고 결정한 사실을 1년 9개월 전 발표를 뒤집은 것

시) 등 4대 특구를 중심으로 한 5대 전략, 9대 정책을 발표했다. 5대 전략은 ①자율성을 키우는 과감한 지방분권 ②인재를 기르는 담대한 교육개혁 ③일자리 늘리는 창조적 혁신성장 ④개성을 살리는 주도적 특화발전 ⑤삶의 질을 높이는 맞춤형 생활복지 등을 골자로 한다. '기회발전특구'에서는 법인세·양도세·가업상속세 등에 대한 파격적인 특혜가 주어진다. 정부의 계획은 5대 광역시(대전·대구·부산·광주·울산)를 중심으로 지역별 특색에 맞는 도심융합특구 사업을 추진할 방침이다.(오정근, 2023. 09. 18.)

445) '귀순어민 북송'은 국제인권단체들에 의하며 국제법 위바이다. 서훈 전 국가정보원 원장은 2019년 11월 귀순한 북한 어민 2명에 대한 조사를 사흘 만에 끝내고 북한에 북송을 제의한 후 북송했다는 의혹을 받고 있다. 서 전 원장은 당시 부산에서 열리는 한·아세안 특별정상회의에 북한 김정은 위원장을 초청하기 위해 남북관계가 경색되지 않도록 서둘러 귀순 청년들을 북송한 정황도 포착됐다.(장혜원, 2022. 07. 15.)

이다. 여기서 "'이대준 씨 피살' 직후인 당일 새벽 1시 청와대는 긴급관계장관 회의를 소집했으나 문 전 대통령은 참석하지 않았다. 피살 네 시간 뒤에 대통령의 종전선언 촉구 유엔 화상 연설이 방송됐다. 그 시간에 관계 장관들은 다른 방에 모여 공무원 피살 회의를 연 것이다. 이 회의에서 '월북 몰이가 결정됐다.'라고 국민의힘 TF가 주장했다."(장혜원, 2022. 07. 15.)

한편 북한 김정은은 핵사용 법제화를 공식화했다. 북한이 핵무기 전력인 '핵무력' 사용 정책을 법제화한 것이다. "'핵보유국'이라는 주장을 강화하고, 핵을 절대 포기하지 않겠다는 노선을 분명히 했다. 이는 '북한 최고인민회의 제14기 제7차 회의 2일 회의가 지난 8일 평양 만수대의사당에서 진행됐다.'라고 조선중앙통신이 보도했다."(손덕호, 2022. 09. 09.)

조선중앙통신에 따르면 '조선민주주의인민공화국 최고인민회의 법령' 제목 기사에서 '핵무력정책에 대하여'라는 내용을 언급하며 최고인민회의에서 핵무력 정책이 법령으로 채택됐음을 대외적으로 선전했다. 즉, 핵무력 정책은 1항부터 11항까지 번호를 붙여 차례로 핵무력의 사명, 핵무력의 구성, 핵무력에 대한 지휘통제, 핵무기 사용 결정의 집행 등 자세한 내용을 열거하고 있었다. 그리고 그 3항 "핵무력에 대한 지휘통제'에서 북한은 '핵무력은 국무위원장의 유일적 지휘에 복종한다.'며 '국무위원장은 핵무기와 관련한 모든 결정권을 가진다.'라고 했다.(손덕호, 2022. 09. 09.)

핵을 중시하는 김정은의 진심이 소개되었고, 미국은 그렇게 평가를 했다. 제23회 세계지식포럼에 참석한 존 볼턴 전 백악관 국가안보보좌관은 매일경제신문 한예경 기자와 인터뷰에서 '문제는 북핵 아닌 北정권 그 자체'라고 언급했다.(한예경, 2022. 09. 19.)

미국 공화당 내에서도 강경파로 분류됐던 볼턴 전 보좌관은 북핵 협상을 긍정적으로 보지 않았다. 즉, "'지난 30년을 북한 정권과 협상하는 데 보냈다.'며 '그동안 북한은 꾸준히 핵 능력을 발전시켜 전 세계 어디든 목표 지점에 도달하려고 했지만, 미국과 한국, 일본 누구도 그간의 대북 외교가 성공적이었다고 말할 수 없다.'라고 단언했다."(한예경, 2022. 09. 19.)

한편 볼턴은 같은 날 「중앙일보」와 위성락 재단법인 한반도평화만들기(이사장 홍석현 중앙홀딩스 회장) 사무총장(전 주러시아 대사)과도 이날 만났다. 그는 "'한반도에서 북한 문제, 남북 관계, 한·중 관계를 다루는 적절한 대안은 뭔가'라는 질문에 대해 '북한과 관련한 진짜 문제는 바로 중국이라는 내 견해는 과거보다 더 명확해졌다. 중국은 원한다면 분명히 핵무기 문제를 하룻밤 사이에도 해결할 수 있다.'라고 강변했다.(박현영·박현주, 2022. 09. 21.)

문재인 정부가 지난 5년 내내 '평화쇼'에 관여했다면, 국내 문제도 난제임이 틀림없었다. 벌써 윤석열 정부의 경찰개혁(행정안전부 경찰국 신설)에 경찰이 반기를 들고 나섰다. 이 경란(警亂)은 2022년 7월 23일 충남 아산시 소재 경찰인재개발원에서 총경급 189명이 참석한 '전국 경찰서장 회의'에서 류삼영 총경이(26일) '14만 경찰 전체회의'를 열 것으로 주장함으로써 사건이 더욱 확산되었다.

경란의 논의는 "김성종 서울광진경찰서 경감이 '전국현장팀장회의'를 경찰 내부망에 글을 올렸다. 그리고 류삼영 전 울산중부경찰서장이 전국 총경회의를 주도했다."(김민욱·김효성·위문희, 2022. 07. 26.) 이어 이상민 장관은 6월 28일 첫 기자간담회에서 '경찰 수뇌부의 95%가 경찰대 출신이다.'라고 폭로했다.

경찰의 난맥상은 계속되었다. '핼러윈데이 이태원 참사'가 발생해 20·30대 153명이 숨지고, 100명 넘게 다쳤다. 2022년 10월 29일 주말 용산구 이태원 골목길에서 한꺼번에 10만 명이 몰려든 인파로 대형 압사사고가 발생한 것이다.

경찰은 '이태원 핼러윈 참사'가 발생한 지난달 29일, "참사 직전 약 4시간 동안 서울경찰청 112 종합상황실에 접수된 신고 11건의 녹취록 전문을 공개했다. '사람이 너무 많으니 통제를 해달라'는 취지가 담긴 신고다. 그러나 '경찰은 당시 손을 놓고 있었다.'라는 정황이 드러났다.(이해인, 2022. 11. 02.)

청산해야 할 곳은 경찰뿐만 아니라, 법원에도 같은 목소리가 나왔다. 4·15 부정선거에 대한 논의이다. '근조(謹弔) 김명수의 대한민국 대법원!'이라는 원성이 쏟아졌다. "2022년 7월 28일 오늘은 국치일이다. 대한민국 사법부는 죽었다."(조정진, 2023. 08. 01.) 그는 '수없이 많은 증인이 있음에도 제대로 된 수사를 하지 않은 채 '너희가 제대로 조사하지 않았으니 무효다'라고 언급했다.

대법원은 검찰, 경찰이 하는 조사를 당사자가 조사하도록 요구했다. 이 판결은 대법원 특별2부(대법관 천대엽·조재연·이동원)의 오심이다. 그들은 조직적으로 민경욱 전 미래통합당(국민의힘 전신) 의원이 제기한 2020년 4·15 국회의원 선거 무효 소송을 기각한 것이다. 대법원 판결 결과와 달리, "이번 4·15 총선은 부정의 규모는 물론 대범함·치밀함·기술력·결과 등을 놓고 볼 때 '정권 차원의 총체적 부정선거'가 아니면 설명할 길이 없다."라고 했다.(조정진, 2023. 08. 01.)

국내 문제가 난제로 떠오른 가운데 윤 대통령은 외교 무대에 발을 벗고 나섰다. 그는 제77차 유엔총회에 참석해 취임 후 처음으로 기조연설에 나선 것이다. 그 연설은 3가지 중요한 특징이 있다. "첫째, 과거 우리나라 대통령의 유엔 연설이 국내 관심사 중심이었던데 비해, 글로벌 이슈 중심의 연설을 시도했다. 둘째, 국제사회의 연대 필요성과 세계시민의 기여를 강조하는 내용이다. 지난 3년간 국제사회는 국가 간의 단합이 가장 필요한 위기 상황에서 오히려 이기적인 각자도생을 보여줬다. 셋째, '국제사회의 보편적 관심거리인 '인권' 또는 '인간', '안보', '자유' 등을 강조했다."(오준, 2022. 09. 22.)

유엔 총회 연설 후 뒷이야기도 만만찮다. 윤석열 대통령은 "뉴욕 유엔총회 참석을 계기로 조 바이든 미국 대통령, 기시다 후미오 일본 총리, 올라프 숄츠 독일 총리와 각각 만났다. 그중 한일 회담과 관련해 '두 정상이 만나 갈등 해결을 위한 첫걸음을 뗐다.'라고 했다.(사설, 2022. 09. 23.)

하지만 의전상 실책들이 외교적 의의마저 크게 퇴색시켰다. 윤 대통령이 바이든 대통령을 만나고 나오는 길에 "비속어를 써가며 의회주의를 폄훼하는 듯한 발언이 카메라에 고스란히 노출돼 외신에까지 보도됐다."(사설, 2022. 09. 23.)

3. 공영언론과 갈등심화

MBC의 지능적 짜깁기 보도가 난감하게 다가온다. "윤 대통령이 미 의회 의원들을 '새끼' 운운했다는 MBC 보도는 소리 판별이 어렵다는 것을 빙자해 날조한 악랄한 가짜 뉴스다."(이영석, 2022. 9. 24.) 그 내막으로 윤 대통령은 22일 뉴욕에서 개발도상국들을 위한 '글로벌펀드' 회의에 참석, 1억 달러를 내겠다는 약속을 하고 나오던 길에서 구설수가 생긴 것이다. 대통령은 '글로벌 펀드를 국회가 승인 안 해주고 날려버리면 쪽 팔려서 어떡하나'라면서 박진 외무장관에게 '국회 대책 잘 하라'고 당부했다. 먼 거리에서 카메라가 담은 소리여서 판별이 어려웠다. MBC 기자는 '날려 버리면'에서 '버리면'이 '바이든'으로도 들린다는 데서 '바이든 쪽 팔려서'로 만들고 그런 김에 미 의원들을 새끼로 호칭했다.'라는 논리이다. 즉, '국회에서 이 새끼들이 승인 안 해주면 바이든 쪽팔려서 어떡하나'로 둔갑한 것이다. 조작 방송의 '자막' 글이 이렇게 생겼다.

이런 조작보도에서 "1차적인 책임은 MBC에 있다. 논란이 되는 보도를 팩트 체크도 없이 허겁지겁 방송해야 했을까? 정확한 팩트가 확인되지 않은 방송뉴스는 보도되어서는 곤란하다."(공영언론미래비전100년위원회 성명, 2022. 09. 26.) '팩트 보도가 우선'이어야 하지만 '일단 조지고 보자는 진영논리의 보도'였다. 더욱이라면 곤란하다. 더욱이 '최초 1보가 방송되기 전에 이미 방송 예정인 내용이 민주당 박홍근 원내대표 손에 넘어가 있다.'란 논리이다.

그 과정을 보면 "MBC 제자진과 민주당 박홍근 원내대표가 원활하게 내통하며 '제보 흘리고, 제보 부풀리고, 또다시 뉴스로 가공하고' 등 이런 식의 동업자 시스템이 작동했다."라고 한다.(공영언론미래비전100년위원회 성명, 2022. 09. 26.)

한편 MBC노동조합(제3노조)은 2022년 9월 24일 성명을 내고 '전문가들조차 불명확하다는 대통령 발언을 MBC에서 누가 무슨 근거로 단정해 외교 문제를 일으킬 뻔했는지 밝혀야 한다. 그리고 박성호 국장, 박범수 정치팀장, 이기주, 임현주 기자 등 관련자들의 책임을 엄중히 따져 물어야 한다.'라고 했다.

또한 다른 방송의 공정성과 가짜뉴스가 도마 위에 올랐다. 문제가 된 사건은 '청담동 술자리 의혹'인데 유튜브 채널 '더탐사'가 확보한 문제의 첼리스트 녹음 파일에서 시작됐다. 사실상 "더불어민주당 김의겸 의원과 당 지도부가 논란을 일으키고 확산시켰다. "정치권이 가짜 뉴스를 차단하기는커녕 별도 검증 없이 마치 사실인 것처럼 증폭시킨 대표 사례다."(박상기, 2022. 12. 14.)

물론 청담동 의혹이 사실상 가짜로 판명 난 이후에도 '진실은 아직 모른다'는 입장을 유지하고, 그동안 이 가짜 뉴스는 유튜브와 인터넷 게시판에 무차별적으로 폭로되었다.

한편 가짜 뉴스가 방송사의 도움을 받아 제도 안에서 통용된다. "말도 많고 탈도 많은 불량 뉴스를 마구 찍어내고 있는 'TBS 김어준의 뉴스공장'이 과연 언제쯤 문을 닫을 수 있을까"(황근, 2022. 09. 13.) 더욱이 방송인 김어준씨가 "여론조사 회사를 설립하고 최근 선관위 산하 중앙선거여론조사심의위원회(여심위)에 등록한 것으로 알려졌다. 여심위에 따르면 김씨는 자신이 대표자인 '여론조사꽃'이란 회사를 2022년 4월 14일 선거 여론조사기관으로 정식 등록했다. 김씨는 지난 4월부터 여론조사 회사를 설립하겠다고 했다."(황근, 2022. 09. 13.) 이런 여론조사 기관이 허다하다. 여심위에 현재 등록된 여론조사 기관은 93곳이다. 부실과 난립은 도를 넘어섰다. "올해 들어 12곳이 신규 등록했고 3곳이 취소됐다. 실제 여론조사 기관 등록을 위해선 '전화 조사 시스템, 분석 전문 인력 등 3명 이상 상근 직원, 여론조사 실적 10회 이상 또는 최근 1년간 매출액 5000만원 이상 등 요건을 갖춰야 한다.'"(홍영림, 2022. 10. 18.)

서울시는 TBS에 대해 강경했다. 서울시의회가 예산 지원 근거가 되던 조례를 폐기한 데 이어, 교통방송의 내년도 예산을 대폭 줄이겠다고 선언하고 나섰다. 갈등은 계속 증폭되었으나, TBS 사장 정태익 전 SBS 라디오센터장을 임명함으로써 수면 아래로 내려갔다.

한편 방통심의제도에 대한 불만이 증폭되는 가운데 여당 의원들이 MBC와 TBS에 대해 '봐주기 심의'를 하고 있다며 정연주 방송통신심의위원장을 비롯한 위원 6명과 직원들을 검찰에 고발조치하는 일이 벌어졌다. "이는 방송통신심의위가 MBC·TBS의 허위사실 관련 보도나 발언을 심의·의결하지 않았다는 것이다."라고 했다.(황근, 2023. 05. 23.) 지난 정권 내내 연일 쏟아졌던 '편파방송들에 대한 심의 제재'는 아예 없거나, 솜방망이 제재를 했다. 더욱이 '친(親)정권 인사들이 진행하는 정권 호위 프로그램들이 보란 듯 성업을 했고, 거짓·막말 방송들을 일삼았다.' 그러나 정보통신망법 제44조, 즉 불법정보의 유통금지로 '누구든지 정보통신망을 통하여 다음 각 호의 어느 하나에 해당하는 정보를 유통하여서는 아니된다.'라고 규정하고 있다.

또한 방통위의 재승인 심사의 공정성 문제가 논란이 되었다. '종편 재승인 심사'에도 문제를 양산하고 있었다. "현재 3~5년인 국내 방송사 재허가·재승인 기간을 7년으로 늘리고, 심사위원들의 정치적 성향에 따른 편향적인 심사를 막기 위해 이른바 '정량(定量) 평가'의 비중을 늘려야 한다는 주장이 나왔다."(신동흔, 2022. 09. 24.) 그 취지는 정권 입맛에 따른 방송 재허가·재승인 심사가 이뤄질 가능성을 차단하자는 것이다.

더욱이 방송의 공적 책임과 공정성 분야 심사를 100% 정성 평가를 하는 것은 문제가 있었고, 그 조작으로 한상혁 방통위원장 고발사태까지 이뤄졌다.

정부 규제의 문제 난맥상이 디지털 시대라고 다르지 않았다. 언론학회에서도 비판의 목소리가 나왔다. 심영섭 경희사이버대학교 교수는 2022년 5월 20일 국립공주대학교에서 열린 2022년 한국언론학회 봄철 정기학술 대회의 세션 중 「디지털 대전환 시대, 방송 콘텐츠심의 규제 개편 방안 모색」 세미나에서 "'사실상 디지털 미디어 환경인데 과거의 방송 영역만 규제 영역으로 놓고 그것을 규제하는 상황'이라며 '규제의 영역을 확내하되 내용심의는 자율 규제로 전환해야 한다.'고 주장했다."(신동흔, 2022. 05. 21.)

공영방송이 도마 위에 계속 올라 논쟁 중에 있었다. 선전·선동하는 공영언론이 문제를 양산했다. 사실의 정확성·공정성·객관성 덕목이 상실되었다. 그들은 언제든 '나치 독일 괴벨스'의 선전전을 펼칠 준비가 되어 있었다.

더욱이 포털은 중국·북한이 오래 전부터 선전전을 펼쳐왔다. 그 실례가 설명되었다. "항저우 아시안게임 한·중전 축구 경기를 문자 중계하던 국내 포털 '다음'에서 92%가 중국을 응원하는 황당한 결과가 나왔다. 네이버에선 94%가 한국을 응원했다."(사설, 2023. 10. 04.)

중국은 인터넷을 통하여 초한전(超限戰: 일반적으로 인정히는 진쟁의 규범이나 법, 윤리와 이에 기반한 전쟁 수행의 수단과 방법을 넘어서는 전쟁)을 펼치고 있다. 더욱이 중국은 2000년대 이후 망전일체전(罔電一體戰) 개념을 만들어, 네트워크 전략과 사이버 전자 전략을 통합적으로 운용하는 방향으로 추진, 이를 위해 2015년 중국

인민해방군 전략지원부대(戰略支援部隊)를 창설하여 사이버전·전자전, 우주전·심리전 전력의 조직 체계를 통합, 정보화를 이용한 전쟁에 대해 통합적인 진행을 하고 있다.(김대호, 2023. 09. 11.) 그들은 포털을 통해 온갖 여론을 조작하고, 선거에까지 개입하기에 이른다.

한편 "북한은 통일전선부는 사이버 심리전에 집중, 58개 사이트를 운영하며 유튜브 등 소셜미디어를 통해 사이버 심리전 수행, 북한의 사이버 부대가 한국 포털에서 댓글 조작 활동을 하며, 인터넷에 올라오는 각종 가짜뉴스가 한국 사회의 분열을 노린다."(김대호, 2023. 09. 11.)

더욱이 포털 알고리즘까지 문제를 양산한다. 네이버가 공개한 알고리즘 추천에 영향을 미치는 요인 중, '개인화 팩터'에는 "제목 키워드 선호, 엔터티 키워드 선호도, 기자구독 여부, 언론사 구독 여부 등, '비개인화' 팩터에는 기사 최신 인기도, 유사기사 묶음 점수, 유사기사 묶음의 최신형, 소셜 임팩트 점수 등 수없이 많은 범주를 점검토록 한다. 이들은 "특정 키워드가 제목과 기사에 집중적으로 배치될수록 알고리즘 추천을 잘 받는 구조이다. 이러한 알고리즘의 구조로 기사 제목과 내용에 특정 키워드를 반복해서 사용하는 어뷰징, 패거리저널리즘 등을 발생시킨다."(김대호, 2023. 09. 11.)

'하이브리드 전쟁'(hybrid war) 상황에서 종합적인 선제전략이 필요한데, 공영방송(콘텐츠) 3위 1체 붕괴로 진단하고, 그 해결책으로 "①공정·공익성: 정치·경제·사회 갈등해소, 순기능적 기능복원, ②다양성: 톨레랑스 균형 등 글로벌시대 가장 큰 가치 지향점, ③심층성(전문성): 가짜 껍데기는 가라.·정보전달의 피상·왜곡성 탈피 등"으로 그 해결책을 찾았다.(신창섭, 2023. 09. 01: 64)

1987년 이후 민주노총 언노련에 모든 편성권을 넘겨준 방송은 질적 타락이 그 정석을 벗어났다. 그 실례로 서울중앙지검 반부패수사3부는 2023년 09월 01일 신학림 전 민주노총 전국언론노조 위원장 집과 사무실을 압수수색했다. "신 씨는 2021년 9월 김만배씨와 허위 내용으로 인터뷰하고, 김만배 씨로부터 1억 6000

만원대 돈을 받았다고 한다."446)(사설, 2023. 09. 02.)

이런 현실의 언론은 자유와 책임이라는 개념 자체가 없었다. 원래 자유는 책임 범위 내에서 누린다. 더욱이 윤석열 정부와 MBC 간에 2022년부터 긴 터널의 갈등이 첨예화되었다. 윤석열 국민의힘 대선후보와 MBC 사이 첫 번째 사건은 1월 13일로 거슬러 올라간다. 국민의힘은 이날 '김건희-서울의소리 기자 7시간 통화녹취' 보도를 예고한 MBC '스트레이트' 뉴스를 상대로 방송금지가처분신청서를 냈다. 그리고 "14일엔 김기현 원내대표 등 국회의원 20여명이 MBC에 집결, 이례적인 항의 방문을 시도했다. 이에 1월 21일 전국언론노동조합 MBC본부(MBC노조)는 '떼로 몰려와 겁박에 나섰다'며 국민의힘을 방송법 위반으로 고발했다."(정철운, 2022. 12. 12.)

한편 7월 5일 MBC는 '대통령 나토(NATO) 순방에 민간인 동행을 단독보도를 냈다. 민간인 신분으로 전용기에 탄 신아무개 씨가 김건희 여사와 오랜 인연이 있는 것으로 알려지며 거센 비판이 나왔다.

정부와 MBC의 관계에 대해 국경없는기자회는 11월 23일과 12월 5일 두 차례에 걸쳐 윤 대통령에게 'MBC 전용기 탑승 불허 철회'와 'MBC 향한 공세와 차별 철회'를 촉구했다. 대통령실은 단호했다. '최근 MBC의 외교 관련 왜곡, 편파 보도가 반복되어 온 점을 고려해 취재 편의를 제공하지 않기로 했다.' 그로 인해 지난 7월 '민간인 전용기 탑승'을 단독 보도했던 이기주 기자를 비롯한 MBC기자들의 전용기 취재를 막았다.'라고 전했다.

---

446) 검찰은 '대선 사흘 전인 2022년 3월 6일 '윤석열 후보가 2011년 검사 시절 부산저축은행 사건에 등장하는 대출 브로커 수사를 무마했다.'라는 취지의 뉴스타파의 녹음 파일을 공개했다. 검찰은 이 인터뷰 내용이 거짓이라는 정황을 파악한 것이다. 그러나 이재명 대표 등 민주당은 그동안 이 인터뷰를 근거로 '검찰은 왜 부산저축은행 건은 수사하지 않느냐', '대장동 사건은 윤석열 게이트'라고 주장해 왔다. "대선 3일 전에 뉴스타파가 허위 인터뷰를 대서특필하자 다수의 야권 성향 언론들이 받아서 썼다. 이들 회사는 경향신문·전라일보·한겨레신문·KBS·MBC·JTBC·YTN 등이다."(자유언론국민연합 성명서, 2023. 09. 09.)] 그렇다면 뉴스타파는 특정세력의 전위대라고 표현할 수밖에 없었고, 신씨는 2003~2007년 민노총 전국언론노조 위원장, 2013~2016년에는 미디어오늘 대표 등을 지냈다. "이런 사람이 수십 년 언론을 대표하는 노조 활동을 했다니 어처구니가 없을 따름이다."(사설, 2023. 09. 02.)

또한 약식 기자회견에서 "이기주 MBC기자가 '뭐가 악의적인가'라고 물었으나 대통령은 답하지 않았고, 대신 '예의가 없다'며 제지에 나선 이기정 홍보기획비서관과 설전을 벌여야 했다. 이후 국민의힘 의원들과 일부 언론은 이 기자가 질문 당시 슬리퍼를 신고 있었다며 '무례 논란'을 계속했다. 다음날(11월 19일) 대통령실은 출입기자단에 이 기자의 징계를 요청했다. 기자단은 21일 'MBC 기자가 품위를 손상했는지 여부 등은 간사단이 판단할 영역이 아니다'라며 선을 그었다."(정철운, 2022. 12. 12.)

절제 없이 계속 빌미를 주는 대통령실이나, 품격 없는 언론이나 막상막하 상태였다. 물론 MBC 편향성은 어제 오늘 일이 아니었다. 대선, 총선 때면 빈번히 파업이 시작되었다. 2012년 1월 MBC본부 집행부 5명은 "김재철 사장의 퇴진과 공정보도를 위한 쇄신인사를 요구하며 170일간 총파업에 돌입하기로 결정했다."(강아영, 2022. 12. 31.)

공영방송의 민영화가 논의되었다. 다수의 공영방송이 정치방송이 되니, 국가가 앞으로 갈 수가 없었다. YTN은 유진그룹이 3199억에 YTN을 인수했다. 전 한진KDN(21.43%), 마사회(9.52%) 등이 보유한 지분 30.95%가 유진그룹에 인수되었다.

「1공영 다 민영, 방송체제 정상화!」에 대한 토론회에서 강명일 MBC 노동조합 비상대책위원장은 "사실상 노동조합 간부를 거친 인물들이 노조원 자격을 유지한 채 회사의 간부를 하고 있는 실정입니다. 회사의 130명 보직자 가운데 10명 내외를 제외하고는 현재 언론노조 조합원 자격을 유지하고 있습니다."(강명일, 2022. 12. 27.)

노영방송이 현실화된 것이다. 또한 윤길용 전 울산MBC 사장은 PD수첩 팀에서 "새로운 부장이 임명했지만 노조원 PD들은 촬영 당일 부장에게 자신의 취재 내용을 알려주는 촬영계획서를 제출하지 않고 촬영을 나갔다."(윤길용, 2022. 12. 27.) 지휘 계통이 붕괴되고, 정파성에 의해서 움직였다. 또 다른 노조원 PD는 부장의 명령에 따르지 않고, 그들 코드의 지휘를 받았다. 그 예로 강원도로 촬영을 가고 있었는데 "부장이 '그 아이템 인정할 수 없다'며 돌아올 것을 종용했으나 '이미 강원도 현장에 도착했다'며 촬영할 것을 고집하였다. 실제로는 아직 서울지역에 머물고 있다는 것이 나중에 밝혀졌다."(윤길용, 2022. 12. 27.)

이 상황에 대항하여 국민의힘 지도부와 과방위원들이 대거 참석한 '대한민국언론인총연합회'[447] 창립준비위 발족식을 가졌다. 그날 여의도 국민의힘 당사 인근 한 카페에서 열린 '대한민국언론인총연합회' 창립준비위 발족식 공식 행사가 끝난 직후 조현호 미디어오늘 기자는 "김현우 언론인총연합회 준비위원장(YTN 방송노조위원장)에게 '방송법 개정안의 방송 직능단체나 여러 협회들이 대표하지 못하고 있다.'"라고 했다.(김용욱, 2022. 12. 12.)

한편 한국언론의 신뢰 문제가 도마 위에 올랐다. 한국언론진흥재단은 국내 언론사에 윤리문제를 포함, 언론인·시민 인식을 조사했다. '국내 언론사 윤리강령 제정 실태 및 보도에 미치는 영향 연구'인데 연구진이 6월 4일부터 7일까지 만 19~69세 시민 1107명을 대상으로 언론사 윤리에 대한 온라인 설문조사를 한 것이다. 본 조사에서 "'한국 언론사가 언론윤리를 준수하는 편인가'라는 질문에 동의한다는 응답은 14.6%에 불과했다. 동의하지 않는다는 응답은 43.3%, '보통'이라는 응답은 42.2%다."(윤수현, 2022. 12. 07.)

한편 문체부 산하 언론진흥재단의 특정이념 성향 지원도 도마 위에 올랐다. 11월 20일에 서울과 대전에서 한국언론진흥재단이 주관하는 '미디어교육사' 자격시험이 치러졌다. 전국적으로 337명이 시험에 응시했다. 1차 합격자를 대상으로 하는 교육이 서울 모처에서 이뤄졌다. '미디어 폭증 시대에 올바른 미디어 읽기 (media literacy)' 교육전문가를 배출하기 위한 것이라고 한다.

시험 일정이 공고된 후 언론재단이 만들었다는 교재 내용을 보면 어떤 부분은 편향적인 특정 이념을 반영하고 있었다.(황근, 2022. 12. 20.) 물론 어떤 내용이든 극단적으로 시스템을 부정하는 반사회적이지만 않다면 허용되어야 하지만, 예상대

---

447) '대한민국언론인총연합회'는 2022년 12월 12일 오전 기존의 언론계의 대안 역할을 하겠다며 기자와 PD, 경영, 기술, 프리랜서 등 현업 언론인들이 참여하여 창립 준비위원회가 발족식을 가졌다. 그 자리에서 고대영 전 KBS 사장, 김장겸 전 MBC 사장 그리고 정치권에서는 국민의힘 지도부들만 줄줄이 참석했다. 이들은 '정파성을 띠지 않는다.'라고 거듭 밝혔다.(조현호, 2022. 12. 14.)

로 "교육 프로그램에 참여한 다수의 합격자가 좌파 미디어 단체에서 활동했거나 미디어 리터러시 교육을 경험한 이른바 '미디어 운동 역군들'이다."(황근, 2022. 12. 20.)

또한 언론진흥재단이 연간 1조 원이 훨씬 넘는 정부 광고를 독점하면서, 친정부 좌파 매체들의 재정적 후원자이기도 했다. "김어준이 벌어들였다는 TBS 광고 수입도 거의 대부분 정부 광고다."(황근, 2022. 12. 20.)

한편 2020년 '종합편성채널(종편) 재승인 심사 과정'[448]에 부정 개입한 의혹을 받는 한상혁 방송통신위원장이 3월 22일 검찰에 출석해 조사를 받았다. 서울북부지검 형사5부(부장검사 박경섭)에서 검찰은 "한 위원장에 대해 직권남용 및 공무집행방해, 허위공문서 작성 등의 혐의를 적용했다."(이기욱, 2023. 03. 23.) 이 사건으로 한 위원장은 사임했다.

언론의 좌경화는 의식 교육을 통한 선순환적 경향이 계속 벌어지고, 방통위원장까지 코드 운영을 하는 상황이 계속되었다. 언론만 엉터리가 아니었다. 포털의 기세는 하늘을 찔렀으나, 그들의 책임의식은 전혀 없었다. 카카오 데이터 시설이 입주한 판교 SK C&C 데이터판교센터에서 2022년 10월 15일 오후 화재가 발생했다. 카카오의 거의 모든 서비스(모바일 송금·결제·택시·대리 호출 등)가 다운이 되었다. 카카오 등 포털에 길들여진 대한민국 사회에는 재앙 그 자체였다. 기업을 확장시키고, 책임은 지지 않는 경영진에 문제가 있었다.

홍은택·남궁훈 카카오 각사 대표는 10월 19일 기자회견을 열고 이번 카카오 '먹통 사태'와 관련해 대국민 사과를 자청했다. 사고 발생 4일 만이다. "복구가 늦

---

448) '자유언론국민연합 성명서'는 "한상혁 방송통신위원장에 대한 검찰의 구속영장 청구가 기각됐다. 서울북부지법 이창열 영장전담판사는 '주요 혐의에 대해 다툼의 여지가 있어 현 단계에서의 구속은 피의자의 방어권을 지나치게 제한한다'라고 했다. 한편 TV조선은 지난 2020년 4월 재승인 심사에서 총점 653.39점을 받아 재승인 기준(1000점 만점에 650점 이상)을 넘겼다. 하지만 중점 심사 사항인 '방송의 공적책임·공정성의 실현 가능성과 지역·사회·문화적 필요성' 항목에서 210점 만점에 104.15점을 받으면서 '조건부 재승인' 처분을 받았다. 검찰은 TV조선이 650점 이상을 받아 승인기간 4년이 가능한데도 한 위원장이 '점수 조작 사실을 알면서도 상임위원에게 알리지 않고 TV조선에 대해 승인기간 3년의 조건부 재승인을 의결하게 했다라는 주장이다."(2023. 03. 30.)

어진 이유가 서비스 이중화(데이터 등을 다른 곳에 복제해 두는 것)를 제대로 안 했기 때문이라고 인정했다."(심서현·윤상언, 2022. 10. 20.) 카카오측은 '서버 자동화 배포 시스템이 작동하지 않아 3만 2000대의 서버를 일일이 수동으로 부팅해야 해 복구 시간이 오래 걸렸다'라고 고백했다.

책임을 지지 않으면서 인터넷 포털의 몽니가 심하다. "네이버가 다음 달 도입하기로 한 '아웃링크' 방식의 뉴스서비스를 2023년 9월 7일 무기한 연기했다.(사설, 2023. 03. 09.) 여기서 아웃링크는 포털사이트에서 기사를 클릭하면 자동으로 각 언론사 웹사이트로 가서 기사를 보는 방식이다. 그동안 네이버는 뉴스를 자사 웹사이트 내에서 보는 '인링크' 방식으로 서비스를 해왔으나 정치권 언론계 학계 등의 비판이 잇따르자 지난해 11월 언론사가 아웃링크 방식을 선택할 수 있도록 하겠다고 발표했다.

포털의 댓글에도 말썽이 일었다. 포털의 책임의식에 경종을 울리는 이야기가 계속되었다. 그러나 포털은 여전히 댓글을 두고 있다. "연예면·스포츠 면 뉴스에는 댓글이 없다. 2019년 10월 14일 걸그룹 출신 배우 설리 씨가 숨진 이후 생겨난 변화다.

2020년 7월 31일 악성댓글에 시달리던 프로배구 선수 고유민 씨가 사망한 이후의 일이다. '연예인과 스포츠 선수, 그리고 팬들은 댓글이 없어진 걸 반기는 분위기다.'"(권김현영, 2022. 12. 26.)

지난 10월 29일 서울 이태원에서 일어난 참사 피해자에 대한 도 넘은 댓글 또한 험한 수준이었다. 2021년 언론수용자조사 결과에 따르면, 뉴스 미디어 유형별 신뢰도 1위는 텔레비전(3.74점), 2위는 인터넷 포털(3.5점)이 차지했다. 이는 종이신문(3.37점)보다도 높은 수치다. 영향력도 크다. 그러나 포털의 책임문제는 계속 제기된다.

더욱이 댓글의 부작용도 만만치 않았다. 인터넷 포털의 댓글 여론 조작은 괄목했다. 이런 보도의 노출은 폭력과 테러 수준이었다. 북한 지령까지 '北 세월호처럼 분노 분출시켜라.'라고 한다. 민노총의 지령'[449]이라는 핼러윈데이 압사사건은 그 한 예이다. KBS, MBC, SNS 등은 토요일을 핼러윈데이로 규정하고, 호객행위를 했다. 그 때의 상황은 핼러윈데이를 이틀 앞둔 2022년 10월 29일 늦은 밤 서울 용산구 이태원에 많은 인파가 몰려 압사하는 사고를 발생시켰다.

SNS상에는 당시 아비규환의 현장 영상이 퍼지고 있었다. 소방당국에 따르면 10월 30일 오후 4시 30분 기준 이태원 핼러윈 참사로 153명(최종 158명)이 숨지고 102명이 다쳐 총 256명의 사상자를 발생시켰다.

해밀톤 호텔 옆 좁은 길에 인파가 몰렸고 누군가 넘어지면서 뒤따르던 사람들도 차례로 뒤엉켜 넘어져 사고가 발생한 것이다. 사고 당시 현장에 있었던 20대 한 남성(주로 20∼30대)은 '골목에서 핼러윈 복장을 한 사람들이 구경하고 사진찍는 와중에, 지나가려는 사람들도 계속 밀리니 서로 뒤엉켰다'라고 말했다. 한 네티즌은 "20대 후반으로 추정되는 일행들이 뒤에서 밀기 시작했고 순간적으로 사람들이 넘어지면서 생긴 공간에 또 다시 사람들이 밀려 들어오며 넘어지는 과정이 반복됐다."라고 당시 상황을 설명했다.(이건혁, 2022. 10. 31.)

재난보도에 대한 언론의 각성이 요구된다. 한국신문윤리위원회는 지난 달 제969차 회의를 열고 "'이태원 참사 현장 심폐소생술 등' 영상을 올린, 언론사 5곳과 그 '떼창' 영상 등 7곳 총 12곳에 '주의' 제재를 내렸다. 심폐소생술 등 영상을 실은 언론사 5곳은 「동아닷컴」과 「중앙일보」, 「강원도민일보」, 「문화일보」, 「매일신문」 등이며, 떼창 영상을 실은 언론사 7곳은 「조선닷컴」과 「매일신문」, 「뉴스1」, 「경향신문」, 「세계일보」, 「한국일보」, 「파이낸셜뉴스」 등"이라고 발표했다."(박서연, 2022. 12. 07.)

한편 언론중재위는 이태원 참사 희생자 명단을 공개한다고 보도하면서, "'사전 또는 사후 유족의 동의 없이 희생자 성명을 공표했다'며 '개인의 성명은 헌법상

---

449) 국가보안법 위반 혐의로 국가정보원과 경찰 수사를 받고 있는 민주노총 조직국장 A씨가 핼러윈 참사 직후인 지난해 11월 북한으로부터 '참사를 계기로 윤석열 정부에 결정적 타격을 가할 수 있도록 사회 각계각층의 분노를 최대한 분출시키는 활동을 하라'는 지령문을 받은 것으로 확인됐다.(김민서, 2023. 03. 23.)

인격권과 사생활 보호의 중요한 내용으로서 당사자(망인의 경우에는 유족)의 동의 없는 공표는 공중의 정당한 관심과 공공의 이익을 위한 것이 아닌 한 기본권 침해'라고 밝혔다."(정철운, 2022. 12. 07.)

어수선할 때일수록 정치노조까지 불안조성에 한몫을 담당했다. 정부와 화물연대 그리고 민주노총 간에 갈등이 첨예화되었다. 정부는 2022년 11월 29일 윤석열 대통령 주재 국무회의에서 화물연대의 총파업과 관련해 사상 첫 업무 개시명령을 발동시켰다. 업무개시명령을 1차 위반하면 자격정지 30일, 2차 위반의 경우엔 자격 취소를 할 수 있다.(사설, 2022. 11. 30.) 이 제도는 2003년 노무현 정부가 화물연대 파업을 겪은 후 더 이상은 안 되겠다며 만든 것이다.

자체 여론조사가 이뤄졌다. 화물연대의 파업은 2022년 12월 10일까지 16일 간 이뤄졌다. 그러나 조합원 2만 6천 144명 중 총 투표자 수는 3천 575명(13.67%)으로 파업 종료를 독려했다. 시멘트, 철강, 석유화학 등 업종의 피해가 가중되자, 국민여론도 화물연대 파업을 더이상 원치 않았다.(사설, 2022. 11. 30.) 당시 한국갤럽이 12월 6~8일 전국 성인 남녀 1천명을 대상으로 조사한 결과 '주장을 관철될 때까지 계속해야 한다'는 21%, '우선 업무복귀 후 협상해야 한다'는 71%로 집계됐다.

한편 촛불전진·행동은 촛불집회를 계속 이어갔다. 그들은 왜 집회를 하는지, 왜 탄핵 선동에 앞장선 것인지 명료한 이유가 없었다. '불의에 항거한 4·19민주이념을 계승하고…'라는 논리일 수 있다. 그들은 독재&민주화 프레임에 충실했다. 2023년 1월 서울 중구 시청역 인근에서 시민단체 촛불행동이 주최한 '윤석열 퇴진, 김건희 특검' 이어 '검찰 독재 타도', '친일굴욕외교 규탄' 등 전국집중 촛불대행진을 계속했다. 이들은 2022년 대선 직후부터 매주 주말마다 서울에서 대규모 반정부 집회와 행진을 계속했다.

'촛불행동'의 현 집행부는 물론 초창기 출범 과정에 과거 종북 성향 단체에서 활동했던 NL(National Liberation·민족해방) 계열의 주사파(주체사상을 이념으로 삼은 운동세력) 인사들이 관여한 것으로 나타났다.(이성진, 2023. 03. 26.)

여기서 촛불행동은 2016년 박근혜 정부 당시의 촛불항쟁을 계승, 적폐청산·사회대개혁을 이뤄내자는 취지다.(이성진, 2023. 03. 26.) 실제 촛불행동을 이끄는 건 '촛불전진'이다. 촛불전진, 촛불행동 집행부와 발기인 명단에는 공통된 인사도 더러 있다. 여기서 "핵심 조직인 '촛불전진'이 대중조직인 '촛불행동'을 이끈다."(이성진, 2023. 03. 26.) 촛불전진은 촛불행동 발족보다 앞선 2021년 4월 110명이 참여한 발기인대회를 기점으로 본격적인 활동에 나섰다. 이들 조직은 과거 국가보안법 위반죄로 종북 논란을 일으킨 인사들이 대거 참여했다. 당시 축사에 나섰던 황선 씨가 대표적이다. 황씨는 1998년 한국대학 총학생회연합(한총련) 대표로 평양에서 열린 '8·15 통일 대축전'에 참가하기 위해 정부 승인 없이 방북했다가 국가보안법상 찬양·고무 및 회합·통신 혐의로 징역 2년에 집행유예 2년을 선고받은 바 있다. 또한 "2014년엔 재미동포 신은미 씨와 통일 토크콘서트를 연이어 개최해 종북 논란을 빚기도 했다."(이성진, 2023. 03. 26.) 한편 정치인 중에는 이규민 전 민주당 의원이 참석했는데, 그 또한 한총련의 광주전남 지부인 광주전남총학생회연합(남총련) 출신이다.(이성진, 2023. 03. 26.)

한편 변동(change)이 아닌, 질서의 행동이 이뤄졌다. 윤석열 대통령이 2022년 12월 15일 청와대 영빈관에서 열린 제1차 국정 과제 점검 회의는 당초 예정된 100분을 넘겨 156분 동안 생중계로 진행했다. '국민 패널'로 참석한 시민들의 많은 질문에 예정보다 늦게 끝났다. 이날 회의에는 정부와 지방자치단체, 여당 인사를 비롯해 국민 패널 100명이 참석했다. 그 회의 부제는 '국민과의 약속 그리고 실천'이었다.(김동하, 2022. 12. 16.)

그 자리에서 정부는 '국정 과제 구상'을 발표했다. 3대 개혁 과제로 "①연금개혁, ②노동개혁, ③교육개혁 등이었다."(최형석, 2022. 12. 16.)

2023년 새해 신문·방송사 사장들의 회동이 있었다. '검은 토끼의 해' 계묘년(癸卯年) 새해가 밝았으나, 국내 분위기는 여전히 냉랭했다. 언론사 대표들의 신년사에서도 어느 때보다 어려운 경제 상황에 긴장하는 분위기였다. 기자협회보가 확보한 국내 주요 일간·경제지와 방송·통신사 등 20개 언론(그룹)사 대표들의 신년사에서 "'위기'란 단어가 총 40차례 언급됐다."(김고은, 2023. 01. 04.)

어려운 현실과는 달리, 콘텐츠와 사람에 대한 투자는 오히려 독려하는 분위기였다. 각 회사 사장들이 이야기하는 내용은 그 시대상을 알 수 있는 대목이다. 「기자협회보」 김고은 기자가 간단하게 신문·방송국의 CEO의 담론들을 전했다.(김고은, 2023. 01. 04.) 김유열 EBS 사장은 '대규모 적자가 예상되는데도 불구하고 오히려 콘텐츠 제작예산을 증액하겠다.'고 밝혔다. '콘텐츠 혁신을 통해 재정의 선순환 구조를 만들기 위한 불가피한 조치'란 설명이다. 방상훈 조선미디어그룹 사장은 '사원 복지를 위한 투자도 아끼지 않을 것'이라고 했다. 그러면서 구성원들에게는 다양한 시도와 도전을 주문했다고 전했다.

또한 방상훈 사장은 '챌린지 퍼스트(Challenge First)'를 강조하며 '새로운 길을 찾으려 노력하는 콘텐츠 크리에이터(contents creator)에게 회사는 아낌없는 지원을 할 것'이라고 약속했다. 한편 김재호 동아미디어그룹 사장도 '도전하는 사람을 지지하는 최고의 조직' 등을 목표로 한다고 전했다. 그러면서 '압도적 성과를 위해 힘을 쏟고 헌신하는 이들을 서로 알아보고 존중하는 문화'의 정착을 언급했다.

홍정도 「중앙일보」·JTBC 부회장은 2023년이 '반전의 한 해가 될 것'이라고 자신했다. 중앙그룹에는 '역경의 파도를 뚫고, 혁신과 도전을 통해 새로운 활로를 여는 오랜 DNA가 있다'라는 내용을 강조했다. 또한 「중앙일보」는 '장기 불황에 생존할 수 있는 지속가능한 비즈니스 모델'을 구축한다. JTBC에는 드라마 '재벌집 막내아들'의 성공이 '단발성으로 끝나서는 안 될 것'이라고 강조한 뒤 '무엇보다 간절한 것은 보도의 회복'이라고 했다.

홍정도 부회장은 '직위 체계와 호칭은 수평적 조직문화에 맞게 개편'하는 등 '건강한 성과주의가 뿌리내리게 할 것'이라고 강조했다. 김의철 KBS 사장은 '50년 된 기수 문화를 폐지하겠다'고 밝혔다. 이어 '모든 인사에 있어 기수는 참고 대상으로도 하지 않겠다'라는 혁신을 강조했다. 또한 '평균주의에 갇혀 성과가 높은 팀원에게 마음껏 점수를 줄 수 없는 시스템'을 바꿔 추가적인 성과 보상 체계를 만드는 한편 '기둥 뒤에 숨어 일하지 않는 사람과 KBS에 해를 끼치는 사람에 대한 불이익도 확실히 하겠다'고 밝혔다.

한편 윤석열 정부는 '한반도 유일 합법정부'로 북한과의 선을 긋기 시작했다. 통일 교육까지 밀고나갈 심산이었는데 윤석열 정부 들어 처음 발간된 통일교육 지침서에 5년 전 삭제됐던 '대한민국이 한반도의 유일한 합법정부'란 표현을 부활시켰다.(홍제성, 2023. 03. 14.) 또한 열악한 북한 인권 실태가 강조되고 북한 핵 개발에 관한 비판적 표현도 곁들였다. 한편 국립통일교육원은 14일 이 같은 내용이 담긴 통일교육 기본서인 '2023 통일교육 기본방향', '2023 통일문제 이해', '2023 북한 이해' 등 3종을 발간했다. 그리고 통일교육의 목표 등을 담은 지침서로, 2018년 발간된 '평화통일교육 방향과 관점'을 5년 만에 개편했다. '평화'란 단어가 빠지고, '통일교육 기본방향'에선 헌법 제4조의 '자유민주적 기본질서'와 '평화적 통일정책' 등 헌법적 원칙을 강조했다.

2024년 신년 들어 5일부터 연 3일 서해상에서 포사격을 시작하자, 군 당국은 '9·19합의 사실상 종언'을 고하고, 육·해상훈련에서 훈련을 재개했다. 군 당국이 8일 북한의 사흘 연속 포격 도발로 9·19 남북 군사합의에 따른 지상과 해상의 적대행위 중지구역(완충구역)이 무효화됐다고 밝혔다. 이성준 합동참모본부 공보실장은 8일 정례 브리핑에서 '북한은 3600여 차례 9·19 군사합의를 위반했고 지난 3일 동안 서해상에서 연속으로 포병 사격을 했다'며 '이에 따라 적대행위 중지구역은 더 이상 존재하지 않는다'고 선언했다.(이근평, 2024. 01. 08.)

한편 한일 정상회담이 2023년 3월 16일 일본에서 개최되었다. 그러나 방송의 분위기는 달랐다. 한·미·일 관계 강화에 KBS, MBC 라디오가 계속 딴죽을 걸었다. 반발이 심할수록 확실한 동기의 각론이 필요한 시점이었다. 즉, 대한민국의 안보를 위해서 캠프 데이비드 원칙과 정신을 실천할 구체적 합의가 필요한 것이다. 예를 들면 "'일본에서 학수고대하는 한일군사정보보호협정(GSOMIA)이 지금은 연장 조치를 중단한 상태인데 우리가 먼저 연장을 재개하는 방식으로 진행될 예정이었다. 일본 국내에서 북한 미사일 정보 수집이 안 된다는 비판이 많았다."(김은중, 2023. 03. 17.)

한·일이 북한 핵·미사일 정보 공유를 위해 2016년 11월 박근혜 정부가 체결한 GSOMIA는 중단 없이 1년 단위로 6차례 갱신돼 오늘에 이르고 있다. 윤석열 정부 들어 고위 당국자는 '정상화란 표현은 굳이 필요 없게 되었다. 전 정부에서 있었던 '종료 통보와 유예'라는 소동을 정리하는 단계이다. 한편 3월 13일 MBC 라디오에선 한 패널이 대통령 방일과 관련, "'우리는 국빈 방문이라 홍보했는데 (일본에선) 실무 회담이란 표현을 쓰고 있다'라고 했다. 그러나 '이번 방일은 12년 만에 재개되는 '셔틀 외교'의 첫 단추를 채우는 1박 2일 짧은 일정이다."(김은중, 2023. 03. 17.)

일본과의 적극적인 외교가 펼쳐졌다. 윤석열 대통령과 기시다 후미오 일본 총리가 16일 일본 도쿄 총리 관저에서 정상회담을 갖고 "한일 당국 간 안보대화, 한일 차관 전략대화를 재개하고 공급망 문제 등을 논의하는 경제 안보 협의체를 신설하기로 합의했다."(최경운, 2023. 03. 17.)

또한 두 정상은 이날 12년간 중단됐던 정상 간 '셔틀 외교'도 복원하기로 하고, 이날 회담 공동 기자회견에서 '일제 징용 문제에 대한 기시다 총리의 직접적인 입장 표명은 나오지 않았으나' 과거 일본의 식민 지배에 대한 반성과 사죄를 문서화한 '김대중·오부치 선언'에 무게를 두고, 과거사 문제에 대해 '성의 있는 호응'을 요구해 온 한국 내 여론을 감안하여, '봉합' 차원에서 논의를 계속했다.

이들 합의 내용은 "과거사로 일본의 김대중·오부치 선언 등을 계승하고, 한국은 경제징용 피고기업 구상권 청구를 논외로 하고, 안보 차원에서 지소미아 완전 정상화 그리고 한일 안보대화를 계속하는 한편, 차관 전략대화를 조기 재개하고, NSC 차원에서 '한일 경제안보대화'를 출범하고, 경제 차원에서 일본 수출 규제를 해제하고, 한국 WTO 제소를 철회하고, 한일 미래 파트너십 기금 설립을 설립하고, 경제교류를 강화하기 위해 셔틀외교를 재개하기로 했다. 더불어 적절한 시기 기시다 총리 방한을 추진한다는 내용 등이었다.(최경운·김승재, 2023. 03. 17.)

한편 기시다 日 총리는 '역대 내각의 입장'의 연속성을 강조했다. 물론 외교에는 관계보다 콘텐츠(내용)이 더욱 앞설 필요가 있었다. 다시 이번에는 일본 총리가 1박 2일 일정으로 방한했다. 한·일 관계 개선을 시도한 지 52일 만의 답방 형식이었다. 이로써 한·일은 2011년 10월 이후 12년 만에 양 정상이 수시로 오가며 현안을 실무 협의하는 셔틀외교를 복원한 것이다. 다른 현안은 "한국의 반도체 제조업체와 일본의 소재·부품·장비 업체 간 공급망 협력을 확대하고, 후쿠시마 원전의 오염수 방류와 관련해 한국 전문가의 현장 시찰단을 파견하기로 했다."(사설, 2023. 05. 08.)

한편 기시다 총리는 역사 문제에 대해서는 '역대 내각의 입장을 전체적으로 계승하고 있고, 일본 정부의 입장은 앞으로도 흔들리지 않을 것'이라고 단언했다.(사설, 2023. 05. 08.) 이는 지난 3월 16일의 입장을 재확인했다."

또한 윤석열 대통령은 미국을 국빈방문했다. 그는 2023년 4월 26일 바이든 미 대통령과 정상회담을 갖고 북한 핵에 대응하는 '워싱턴 선언'을 발표했다. 이 선언에서 '핵 합의 그룹'을 만들어 미국의 핵우산 제공 계획을 공유, 논의하고 핵무기 탑재한 전략 핵 잠수함, 항모, 폭격기 같은 미국 전략 자산을 더 자주 한반도에 보내기로 합의했다.'

더불어 '첨단 협력 합의, 한미 안보동맹을 기술동맹으로 격상시키고, 배터리·바이오·원전 등 첨단 산업 부문에서 협력한다.'는 23건의 양해각서(MOU)를 체결했다.

또한 尹 대통령은 상하원이 모인 의회에서 영어연설로 '민주주의는 '자유와 인권'을 보장하기 위한 공동체의 정치적 의사결정 시스템이고', '이러한 의사결정은 진실과 자유로운 여론 형성에 기반'해야 함에도 불구하고 '세계 도처에서 허위 선동과 거짓 정보가 진실과 언론을 왜곡하여 민주주의를 위협하고 있다.'라고 강조했다.

한편 방미 전인 윤석열 대통령이 4월 19일 로이터 통신과 인터뷰에서 "대 우크라이나 지원과 중국의 대만 침공 우려 표명에 대해 러시아 정부는 '적대행위로 간주하겠다.' 중국 정부는 '타인의 말참견을 용납하지 않겠다.'는 반응을 보였다. 마치 과거 중국이 조선을 대하듯 일개 대변인이 '타인'과 '말참견'으로 폄하하며 안하무인의 행동을 계속한다. 사실 이 같은 러시아와 중국의 오만방자한 태도는 문재인 정부의 최대 업적이기도 하다."라고 했다.(박진기, 2023. 04. 28.)

또한 尹 대통령은 2023년 5월 19~21일 동안 G7 의장국인 일본의 초청에 따라 일본 히로시마를 방문했다.[450] 그 지도자들의 코뮈니케 공동성명은 '유엔 헌장·국제 협력 기반 글로벌 도전 대응'으로 'G7 정상들은 히로시마 정상회의 논의 내용과 성과를 담은' 성명에서 '유엔 헌장을 존중하고 국제 파트너십을 기반으로 보다 나은 미래를 위해 노력할 결의'를 담았다.

정상들은 성명에서 러시아의 불법 침략에 맞서고 있는 '우크라이나에 대한 지속적인 지원'을 약속했다. G7 정상들은 '우크라이나에 포괄적이고 공정하며 지속적인 평화가 찾아올 때까지 변함없이 계속 지원할 것이며, 이를 위해 우크라이나에 대한 외교, 금융, 인도적·군사적 지원을 강화하겠다.'라고 밝혔다.

또한 정상들은 '자유롭고 개방적인 인도·태평양을 지지하고 동중국해와 남중국해 안보에 대한 우려를 제기하며, 힘에 의한 어떠한 일방적인 현상 변경 시도에도 강력히 반대한다.'고 천명했다.

또한 인권과 더불어 G7 정상들은 '핵확산금지조약(NPT)은 국제 비확산 체제의 토대라고 명시하고 G7은 핵무기 없는 세상을 지향하며 핵 군축과 비확산 노력을 강화할 것이다.'라고 선언했다. 경제문제에서도 G7은 '지속 가능하며 균형 잡힌 포괄적인 경제 성장을 위한 안정성 유지에 주목하고 있다.'라고 언급했다.

한편 국내로 들어오면 일들이 난제였다. 외교든, 국내든 선언으로 끝나는 행사들이었다. 과시적 공론장이 계속 벌어졌다. 성역(聖域)은 계속 쌓이고, '말씀'은 계속 많아졌다. 더욱이 국내의 일들은 계약과 관용에 의해 원론적으로 움직이지 않아 일어난 일이 늘어났다. 헌법정신의 원칙에 어긋나는 행동의 연속이다. 물론 이때일수록 언론과 역사는 현재와 과거를 바탕으로 항상 새로운 언어로 만들어 국민의 사고를 확장시키고, 새로운 질서를 형성시켜줘야 한다.

국내 지식인 세계의 카르텔은 그 새로운 언어 조성에 동참을 거부한다. 언론과 윤석열 대통령 간의 감정 다툼이 심했다. '언론의 자유'와 '언론의 공정성'은 민주

---

450) 2023년 5월 19일 개막한 주요 '7개국(G7) 정상회의'에 참석자는 샤를 미셸 유럽연합(EU) 정상회의 상임의장, 조르자 멜로니 이탈리아 총리, 쥐스탱 트뤼도 캐나다 총리, 에마뉘엘 마크롱 프랑스 대통령, 기시다 후미오 일본 총리, 조 바이든 미국 대통령, 올라프 숄츠 독일 총리, 리시 수낙 영국 총리, 우르줄라 폰데어라이엔 EU 집행위원장이었다.(VOA, 2023. 05. 21.)

주의의 기본이자 상징이다. 한국기자협회·한국인터넷신문협회의 '언론윤리헌장' 서문에는 '정확하고 공정한 보도를 통해 시민의 올바른 판단과 의사소통을 도우며, 다양한 가치와 의견을 균형 있게 대변함으로써 사회통합을 위해 노력한다.'라고 명시되어 있다.

과연 언론의 보도는 정확하고 공정한가? 최근 대한민국언론인총연합회와 KBS방송인연합회 분석에 따르면, 윤 대통령 방미 기간 중 KBS1라디오의 5개 시사프로 출연자 131명(중복 출연 포함) 중 80명(61%)이 야당의원 또는 야당성향 인사였고, 정부나 여당 측 인사는 11명(8%)에 불과했다."라고 했다.(이철영, 2023. 05. 03.) KBS뿐만은 아니지만 기타의 언론은 '정확성·공정성·객관성'의 원칙을 깨고 있었다. 아무리 국회와 사법부가 '기울어진 운동장'이라지만, 이 나라 대표언론이라는 KBS가 스스로 '기울어진 밥상'을 차려놓고 공정과 균형을 외치는 넌센스를 계속적으로 자행하고 있었다.

한편 정부가 '가짜뉴스 때리기'에 시동을 걸었다. 언론의 위축됨이 불 보듯 뻔했다. 윤석열 정부는 '가짜뉴스'(허위정보)와 포털 등에 대한 '규제 도입' 대응 시스템 구축' '자율규제 강화' 등 정책을 추진하고 있다. 이 현상으로 미뤄볼 때 정부뿐만 아니라, 언론이 그만큼 신뢰를 잃었다는 소리이다.

문화체육관광부는 2023년 4월 20일 '악성정보 전염병' 그리고 '가짜뉴스 퇴치 전면 강화'의 보도자료를 발표했다. "△한국언론진흥재단에 가짜뉴스 신고·상담센터 설치 △AI 가짜뉴스 감지시스템 개발 △정부 소통채널을 통한 정부대응 시스템 구축 등을 '가짜뉴스 퇴치' 과제로 제시했다."(금준경, 2023. 04. 26.)

또한 "대통령 직속 국민통합위원회 산하 '팬덤과 민주주의 특별위원회'는 지난 7일 '가짜뉴스' 대응 방안으로 △가짜뉴스 피해구제 원스톱 대응 포털 구축 △개인 유튜버 등 미디어 플랫폼 사용자 언론중재 조정 대상에 추가 △가짜뉴스로 수익 창출을 방지하는 자율 공동 규제모델 구축 등을 제시했다."(금준경, 2023. 04. 26.)

한편 공정성 문제 등을 논할 '인터넷뉴스진흥위원회' 설치를 골자로 한 '신문법 개정안'이 준비하고 있다. 설령 법을 설치한다고 하더라도 북한 중국의 댓글 해방구가 금방 없어지지는 않는다. 자율기구도 필요한 시점이다. 그런 포털 기구로 '뉴스제휴평가위'가 존재한다. "2016년부터 7년 동안 네이버·카카오의 뉴스 입점 심사와 제재를 담당해왔다. 이 기구는 뉴스를 공급하는 국내 언론사들을 평가·심사해 사이트 입점과 퇴출을 관리했다. 그 구성은 시민단체·언론단체 등 15개 단체에서 추천받은 인사 30명으로 구성되어 있다. 그러나 그동안 여권을 중심으로 제평위의 독립성과 공정성에 대한 문제 제기가 계속되었다."(어환희, 2023. 05. 23.)

한편 정부는 언론통제용 '미디어위원회'를 설치했다. 6공화국의 전임 정권들은 미디어 늘리는 데 정신이 팔리고, 윤석열 정부에서는 규제하는데 골몰했다. 현정부의 미디어정책 종합발전전략을 세울 범정부 위원회로는 "2023년 04월 17일 출범한 국무총리 직속 '미디어·콘텐츠산업 융합발전위원회'(미디어산업발전위원회)가 있다. 한덕수 국무총리와 성낙인 서울대 법학전문대학원 명예교수가 공동위원장을 맡은 위원회는 당연직인 관계부처장 5명, 위촉직인 전문가 민간위원 15명 등 20명으로 구성됐다."(김민서, 2023. 05. 10.) 같은 날 대통령 직속 국민통합위원회 산하로 출범한 '국민통합과 미디어특별위원회'도 설립했다. 그 위원회도 "포털·허위정보 대응을 강조하는 특위는 국회의원 출신인 최명길 위원장(국민통합위원)을 비롯해 13명으로 구성됐다."(노지민, 2023. 04. 26.)

이들 설립과정도 문제가 있다. 인터넷 포털 네이버에 관한 내용도 빠지지 않았다. "국민의힘 박대출 정책위의장은 9일 네이버 기사 검색의 편향성 논란과 관련, '윤석열'을 검색하면 비판 기사 일색이라며 '(네이버 뉴스는) 알고리즘이 아닌 '속이고리즘'이라고 했다.'"(김민서, 2023. 05. 10.)

박대출 의장은 2023년 5월 9일 오후 서울 여의도 국민의힘 원내대책회의에서 "윤 대통령 취임 1주년조차 윤석열 키워드를 쳐보면 첫 기사가 「한겨레신문」 기사로 '검찰 정치 1년'이란 제목이 뜬다며 '첫 페이지, 둘째 페이지, 셋째 페이지도 비판 기사로 「미디어오늘」, 「한겨레신문」, 「오마이뉴스」, 「여성신문」 등의 기사들'이라고 했다. 그는 또 '(검색 결과로 나온) 8페이지까지 윤 대통령에 대한 비판과 비난 기사로 도배됐다'며 '편향성이 도를 넘었다.'"라고 했다.(김민서, 2023. 05. 10.)

박 의장은 '포털 뉴스개혁을 더 이상 늦출 수 없다'고 했다. 한편 국회 과학기술

정보방송통신위원회 여당 간사인 박성중 의원은 이 자리에서 공중파 라디오의 편향성을 지적했다. 심의도 제대로 이뤄지지 않은 상태였다. 박 의원은 "'정연주 위원장의 방송통신심의위는 KBS, MBC, YTN 라디오 방송의 패널 선정 불균형 심의를 한 번도 한 적이 없다'고 했다. 그러면서 '올해 3~4월에만 방심위에 (라디오 패널 선정의 불균형성 관련) 총 73건의 민원 신청이 이뤄졌을 정도로 상황이 심각하다'며 '(그런데) 방심위는 이런 라디오 패널 선정의 불균형 관련 민원은 최근 5년간 단 한 건도 (심의 안건으로) 상정하지 않았다'고 했다."(김민서, 2023. 05. 10.)

또한 편파심의 결과도 계속 문제가 되었다. 정연주 위원장 체제의 방송심의위원회가 국민의힘이 신청한 공영방송 프로그램 심의 요청의 99%를 법정 제재 없이 처리하거나 방치했다는 주장이 시민단체에서 나왔다.(김준영, 2023. 06. 08.) 이들 단체는 '방심위가 독립성과 공정성을 완벽하게 상실했다'며 '정연주 체제의 전면 퇴진을 요구한다'고 말했다. 한편 보수 성향인 바른언론시민행동(바른언론)과 공정언론국민연대(공언련), 신전대협은 8일 서울 여의도의 한 카페에서 기자회견을 열어 "방심위 심의를 자체 분석한 결과 '공영방송의 편파 왜곡 보도에 대해 솜방망이 제재와 늑장 심의를 남발해 왔다'"라고 했다.(김준영, 2023. 06. 08.)

한편 「미디어오늘」은 국민의힘 주변의 다른 시각을 갖고 있었다. "'가짜뉴스' 기준 모호하고, 과잉 대응 우려가 있고, 정부가 추진 중인 규제는 오남용 소지가 크다."라고 했다.(금준경, 2023. 04. 26.)

우선, '무엇이 가짜뉴스인가'는 문재인 정부 때부터 논란이 됐다. 통상 언론보도가 아닌 의도를 갖고 만든 허위정보를 가리키는데 실제론 '정부에 부정적인 정보'와 '정부비판적 언론 보도'에 집중하는 모양새다. 지난 7일 팬덤특위는 '가짜뉴스' 사례로 '후쿠시마 오염수 방류' '청담동 술자리' 등을 언급했다. "2018년 문재인 정부가 자율규제 중심의 허위정보 대책을 마련했을 땐 국민의힘이 강력하게 반발했다."(금준경, 2023. 04. 26.)

한편 포털에 대한 논의가 문제가 되었다. 포털은 AI검색과 뉴스 아웃링커 등 다른 기능으로 산업을 영위할 필요가 있게 된다. 더 이상 좌파를 중심으로 여론을 조성하고, 조작하는 일에는 손을 떼도록 할 필요가 있다. 지금과 같은 시스템으로는 뉴스의 질은 계속 떨어지고, 책임의식이 없고, 선거에 개입하고, 체제를 무너지게 하는 위험을 계속 할 수는 없는 일이었다.

또한 포털의 '뉴스제평위' 선정기준에도 문제가 제기된다. 국민의힘 윤두현 의원이 주최한 「POST 뉴스제휴평가위원회-전문가 토론회」(2023. 09. 19.)에서 네이버와 카카오의 대대적 수술을 주문한 것이다. 토론회 인사에 나온 윤두현 의원은 "2028년 심사에서 그 전해에 탈락했던 뉴스타파를 전문지로 분류해서, 그해 신청한 78개사 가운데 유일하게 제휴사에 선정된 배경도 석연치 않다. 그리고 전문직 기준이 왜 완화됐는지, 그 배경도 궁금하다'라며 '이러다 보니 이제 구성이 정치적으로 좌편향됐다.'라는 말이 나온다."

동 토론회의 발제에 나선 강주안(중앙일보 논설위원·전 뉴스제휴평가위원회 위원)은 현실과 방향성을 제시한다. "큰 틀에서 보면 편한 것을 찾다, 뉴스의 질이 떨어지고, 체제 전복 등 큰 것만 노리는 포털이 되었다. 지나친 평등의식이 싹트고, 포퓰리즘이 싹트고, 민중민주주의로 이행한다. 그리고 중국·북한인들에게 포털은 댓글을 통해 그들 놀이의 운동장을 만들어준다."

강주안 논설위원은 계속해서, "포털과 언론의 중립 위치에서 일탈 제재, 어뷰징, 선정성, 베끼기 등 포털 뉴스의 품질 저하가 심각한 상황에서 자율에만 맡길 경우 악화할 가능성을 제기했다. 국민 다수가 포털 양사를 통해 뉴스를 접하는 현실, 뉴스의 질을 떨어뜨리는 언론사와 포털의 문제를 지적하고 개선을 이끄는 중립적 기구 운영을 제안했다."

윤두현 의원은 더불어 "봉급받고 일하는 제휴평가위에서 공정성을 담보할 수 없는 일이고, 방통심의위가 공정성을 담보할 수 없는 일이다."라고 했다.(김충열, 2023. 09. 19.) 한편 박대출 정책위의장은 환영사에서 "언론사를 심의하고 제재하는 제평위는 포털에 입점할 언론사를 결정하고 벌점을 매겨 불이익을 주는 막강한 권한을 행사해왔지만, 회의록을 공개하지 않는 '밀실 심사'에 이어 80%에 달하는 정성평가 방식으로 자의적인 심의에 대한 지적이 지속해서 제기됐다."고 말했다.(김충열, 09. 19.)

또한 토론에 나선 김도연 국민대 교수는 "한국인의 뉴스 이용 중 포털 뉴스 이용 비중은 약 69% 수준으로 세계 1위 수준이다.”(한국언론진흥재단, ‘디지털뉴스리포트 2022’) 그는 ‘조사대상 국가 46개국 평균은 33%와는 대조된다.’라고 했다. 한편 “직접 해당 뉴스사이트를 찾아서 소비하는 비중은 5%로 최하 수준(조사대상국 평균은 23%)이다.”라고 했다. 동 조사에서 ‘포털 뉴스 이용자는 30~60대는 68~76% 이상인 반면 20대는 53% 정도이다. 물론 ‘지난 5년간(2017~2022년) 전체 한국인의 포털 뉴스 이용 비중은 77%에서 69%로 약 8%P 낮아졌다.’라고 했다.

4. 5·18, 정율성 그리고 홍범도

언론의 문제는 사실의 정확성·공정성·객관성 등 전문가 윤리를 지키지 않는 것이다. 더 큰 문제는 1987년 체제 이후, 사회가 좌경화되어 있었다. 헌법정신에 충실하고, 언론의 환경감시 기능이 제대로 작동하면 일어날 수 없는 일이 일어난 것이다. 5·18 문제도 예외일 수 없다. 1980년에 일어난 일인데 아직 서로 간의 대화를 단절시키고, 자기편 주장만 한다.

북한 개입설이 현실화되는데도 언론과 정치권은 인과관계를 지금까지 따지지 않았다. 선전·선동·진지전 구축에 혈안이 되었다. 그 많은 ‘가짜 유공자’와 그들이 받은 혜택은 국가 정체성을 혼란스럽게 한다. 심지어 국민의힘당 국회의원들까지 5·18민주묘지에 집결했다. 윤석열 대통령과 참모들, 김기현 국민의힘 대표와 90여 명의 소속 의원이 5·18 민주묘지에서 열린 43주년 기념식에 참석한 것이다. 민주당은 전날부터 광주에 머무른 이재명 대표를 비롯, 100여 명의 의원이 운집했다.

윤 대통령은 기념사에서 “오월 정신은 우리 자유민주주의 헌법정신 그 자체이고, 우리가 반드시 계승해야 할 소중한 자산, 우리를 하나로 묶는 구심체”라고 그 의미를 부각했다.(사설(1), 2023. 05. 19.) 그는 이어 “오월의 정신을 잊지 않고 계승한다면 자유와 민주주의를 위협하는 모든 세력과 도전에 당당히 맞서 싸워야 한다”고 강조했다. 한편 광주에서 최고위원회의를 개최한 김기현 대표는 “이 시대를 살아가는 사람이라면 어느 누구나 오월 정신을 계승해 나가야 할 책임이 있다"라고 했다.(사설⑴, 2023. 05. 19.) 또한 동 사설에서 "더불어민주당 이재명 대표는 페이스북에 '수많은 주권자의 피를 먹고 자란 5·18 정신은 국가폭력의 짙은 상흔을 넘고 넘어 용서와 화해, 통합의 정신으로 자라났다'라고 썼다."

분명 동 사설에서 이 대표는 독재&민주화의 프레임을 쓰고 있다. 화해, 진실과 정의 등을 포괄하는 정치권은 한목소리로 민주주의와 자유, 통합과 오월 정신을 기리고 예찬했다. 당시 전두환 '합동수사본부장'을 독재로 본 것이다. 그러나 실제 전 본부장이 '발포 명령을 했다.'라는 말은 '가짜뉴스'이다. 그 직책은 '발포 명령'의 자리가 아니었다.

이미 알려진 "1980년 5월 10일 김영선 중앙정보부 2차장은 5월 중순 '북괴남침설'의 가능성을 전두환 보안사령관 겸 중앙정보부장서리에게 보고했다. 전 정보수장 서리는 절차적 정당성을 밟은 것이다. "그 이틀 뒤 한국 정부는 임시국무회의를 긴급 소집하고 중앙정보부 담당국장이 이 사실을 보고한 뒤, 군과 경찰에 비상계엄체제 돌입 명령을 내리도록 건의했다."라고 했다.(허겸, 2023. 10. 11.)

물론 동 인터뷰 내용을 보면 그들만으로 게릴라전을 편 것은 아니었다. 전 CIA 요원 마이클 리 박사에 따르면 (남파 간첩 외에도) "부마사태 때 북한이 배후 조종해 내려왔던 간첩들이 (북으로) 돌아가지 않고 잔류하고 있다가 광주에 합류함을 언급하며, 1980년 4월에 벌어진 사북사태에도 그 세력들이 함께 5·18 게릴라전을 편 것을 증언했다.(허겸, 2023. 10. 11.) 또한 리 박사는 북한군 개입설에도 정확하지 않다고 했다. "'미국 국무부에서 기밀 해제된 외교전문엔 북한 특수군이 왔다는 얘기가 없다.'라며, 당시 그 주역은 대남공작 특공대로 서술되어 있다."라고 했다.(허겸, 2023. 10. 11.)

한편 논란이 된 북한 개입설에 대해 북한 전 고위관리의 증언이 나왔다. 탈북인 김태산 前체코주재북한무역 대표는 2023년 07월 19일 오전 서울 정동 중구 프란치스코 교육회관에서 열린 '5·18 가짜 유공자 규명 및 민간5·18진상규명조사위원회 출범식' 세미나에서 "그 당시에 내린 김정일의 명령이 아직 북한에는 보관돼 있고 그 증거는 많다'고 발언했다."(허겸, 2023. 07. 21.)

김 씨에 따르면 '한국의 좌파들은 더 잘 알면서도 자기들의 정치적 목적을 위하여 철저히 숨길 뿐'이라고 강조했다. 그는 구체적 사실을 직시했다. "아직까지 무기고 습격자와 정치범 교도소 습격자·군용자동차 생산공장 습격자들과 광주 도청에 폭약을 장치한 자들이 나타나지 않고 있고, '당시 모든 습격 장소들에 북한군과 같이 참가한 한국인들도 있었지만 그들은 북한군의 지령에 따라 움직인 것을 언급하지 않고 있다."(허겸, 2023. 07. 21.) 오래 전 밝혀진 내용이지만 '시민들과 국민을 칼빈총으로 쏜 자들은 철저히 북한 게릴라 군이었고 광주에 묻혀 있는 시체들 중 가족이나 주인이 없는 시체는 그들의 것'이라는 논리를 폈다.

북한 지령도 공개되었다. 익명을 요구한 예비역 장성급 전직 군 정보당국자 A 씨는 최근까지 여러 차례 스카이데일리와 통화에서 "김일성 지령문을 직접 접했고 투항자와 귀순자에 대한 안전기획부와 정보사의 합심(합동심문) 보고서를 확인한 상태인데 당시 안기부는 현재 국가정보원이고, 정보사(국군정보사령부)는 기무사(국군기무사령부)를 거쳐 현재 국군방첩사령부로 불린다. 그 귀순자의 투항 시점에 대해선 언급하지 않았으나, 귀순 시점은 1980년~1994년이다."(허겸, 2023. 10. 17.)

이어 A 씨는 "군과 안기부에 기록이 있었지만 YS(김영삼)와 DJ(김대중)정부가 증거들을 전량 폐기하면서 역사의 진실이 점차 묻히게 된 것이 안타깝다"고 말하고, "당시 북한은 남한 봉기가 최소 4개 도(道)로 확산되면 남침하려고 계획했으며 소요사태를 일으키려고 공비들을 침투시켰다."

한편 계엄군 관점에서 그들의 잔혹성을 처음 고발한 5·18 회고록의 주인공 이경남(67) 목사는 과거 언급을 번복하고, '그들에게 5·18은 종교였다.'라는 파격발언을 했다. 그의 현재 논리에 따르면 인간 행위의 실체적 진실을 중요하지 않게 생각한 것이다. 이 목사는 "최근 담임목사로 있는 평택의 한 교회에서 가진 스카이데일리와의 단독 인터뷰에서 '북한의 5·18 개입설은 평가가 아닌 기초적인 팩트 추구의 문제'라며 이같이 밝혔다."(허겸, 2023. 09. 06.)

언론은 진실을 사실의 정확성·공정성·객관성에 입각하여 기술했다면, 계속 문제될 것이 없었다. 그러나 언론은 북한 모양으로, 선전·선동·조직자 등 기능을 강화한 것이다. 그 후유증이 1987년 이후 계속되었다.

한편 5·18 문제뿐만 잘못된 역사 기록에 대한 논의가 아니라, 홍범도와 정율성 (鄭律成, 1918~1976)에서도 언급되었다. 이는 침략 나팔수에 '공원선사', 물구나무선 '세정(世情)의 타락'이다. 그 논리로 "사람 사는 세상 보편적인 가치의 문제이다. 하필이면 기름진 예향(藝鄕) 빛의 고을 광주(光州)땅에서 일어났다. 6.25의 70여 성상 한을 품은 '적과 동지'의 경계선을 마구 어지럽힌 혼돈의 돌개바람이 불고 있으니 어안이 벙벙할 노릇이다."(정재호, 2023. 08. 24.)

물론 후일 추앙을 받는 인물은 역사적 실천의 합당한 증거가 나와야 한다. 중국 공자학원의 뜻에 따라 추모공원을 세우는 것은 누구에게도 설득력이 없다.(정재호, 2023. 08. 24.) 정재호 논리에 따르면 정율성은 대한민국을 짓밟은 6.25 남침 당시 북한 인민군과 중국의용군의 인해전술(人海戰術)을 북돋기 위해 나팔 불고 꽹과리 치는 행진곡을 작곡하여 '영웅' 칭호까지 얻었다. 그 추모를 위해 출생지인 광주광역시가 48억원을 투입했다. 더욱이 '정율성 기념공원'을 조성 중이라는 사실이 알려지면서 논란이 일었고, 문재인 정부는 일찌감치 정율성을 대한민국 국가유공자로 추서하는 절차를 진행해 왔으나 공적심사에서 '활동내용의 독립운동 성격 불분명' 사유로 부결되었다.(정재호, 2023. 08. 24.)

그러나 문 대통령은 2017년 베이징대학에서 강연 도중 정율성에 관해 언급하고, 광주를 찾는 중국 관광객이 정율성 생가를 많이 찾는다고 덧붙였다. 문 대통령은 그 자리에서 강기정 광주시장이 논란을 무릅쓰고 기념공원 사업을 완성하겠다는 의지를 밝히면서 중국 관광객이 늘고 있다는 점도 부각시켰다. 물론 그 후 반발도 일어났다. 정율성기념공원 조성 소식을 접한 대한민국 상이군경회, 군경 유족회 미망인회 등 6.25 관련 사회단체는 일제히 공동성명을 내고 '대한민국을 무너뜨리기 위해 앞장서서 선동한 자들을 기념하는 조형물 공사에 국민 혈세를 퍼붓는 것을 즉각 중단하라고 촉구하고 나섰다.'(정재호, 2023. 08. 24.)

정율성의 자세한 업적은 중국과 북한을 위한 역사적 실천적 기록이 남아 있다.(최혁, 2023. 09. 07.) 정율성은 19세에 중국으로 건너가 의열단에 가입하는 등 항일투쟁을 한 것으로 알려졌고, 26세가 되던 1939년 중국공산당에 입당해 중국 인민해방군으로 6·25전쟁 때는 국군과 맞섰다. 그의 음악은 중국공산당 선전·

선동을 위한 것이었고 중국인의 취향에 맞게 작곡되었다. 더 나아가 그의 음악은 북한 김일성과 북한 인민군을 위해 헌신하기도 했다.

물론 중국은 그 인연을 끊지 않고, 공자학원을 통해 지금도 지도를 게을리하지 않고 있다. 같은 맥락에서 홍범도(洪範圖, 1868~1943) 흉상의 육사, 국방부 그리고 현충원 안장에 원성이 높아졌다. 문재인 청와대 재직 당시 이뤄진 일이다.

"홍범도는 나름 신조의 사나이였다. 다만 대한민국 현충원은 그가 있을 자리가 아니다. 국방부는 더 아니고 육사는 더욱더 아니다. 그러나 재조산하(再造山河) 운운하며 이념적 도발을 시작한 것은 문재인 전 대통령이다."(송평인, 2023. 09. 06.)

홍범도의 경력은 끝까지 소련에 충성한 인사이다. 5·18 게릴라전 관련자, 정율성 그리고 홍범도는 북·중·러를 잇는 역할을 한 몰골들이다. 물론 1919년부터 1920년까지 빨치산 부대를 거느렸고, 봉오동과 청산리 전투는 1920년 6월과 10월의 일이나, 두 전투에 임할 때 그의 자의식은 독립군이 아니라 빨치산이었던 것이다.(송평인, 2023. 09. 06.)

그 후 그는 1913년 일본의 수배를 받아 소련의 극동지역으로 건너왔다. 그의 부대는 1919년 러시아 적군에게서 훈련을 받고 적군의 도움으로 무장을 강화했다. 그러나 그들 사실은 나중 소련 붕괴 이후 공개된 자료가 공개되면서 홍 씨의 실체가 완전히 드러났다. 그중에서도 꼭 눈여겨 봐야 할 자료가 1932년 홍범도가 소련 정부로부터 연금과 특혜를 받기 위해 제출한 이력서와 소련 정부 측 질문 항목에 맞춰 응답한 앙케트 자료다.(송평인, 2023. 09. 06.)

"두 자료는 홍범도가 자신의 삶을 한 번은 자유롭게, 또 한 번은 형식에 맞춰 요약한 것이다. 이들 사실은 「동아일보」가 1993년 대우그룹과 공동기획해 러시아에서 구입한 자료에 들어 있었으며, '홍범도가 1921년 11월 레닌을 만나러 모스크바에 간 것은 그해 6월 자유시에서 한인 부대 사이에 발생한 유혈 사태를 보고하기 위함이라고 기록되어 있다. 단순히 56명의 한인 대표 중 한 명이 아니라 자유시 사변을 보고하기 위해 갔으며, 자유시 사변은 외견상 러시아 부대가 앞장섰지만 한인 부대끼리 싸운 유혈 사태임이 밝혀진 것이다. 홍범도는 그 자유시 사변 3개월 전 이미 무장해제를 주도한 칼란다리시빌리 부대의 한인 여단 제1대대장으로 임명됐음도 밝혀졌다. 그 기록이 밝혀져야 그가 자유시 사변 후 재판위원을 맡고 레닌에게 권총과 금화를 포상으로 받은 사실이 설명이 된다."(송평인, 2023. 09. 06.)

풀리지 않는 이들 사상 난맥상의 숙제가 계속된다. '5·18 유공자'에 대해서도 엄밀히 따지면 광주 유공자를 인정할 것이 아니라, 북한 정부의 유공자로서 인정해야 한다는 논리이다. 이 논리라면 그 사람들은 유공자 대우가 아니라, 민족 반역 범죄 집단으로서 사법처리해야 할 대상이다.

"5·18민주화운동 유공자로 등록된 약 4300명 중 상당수가 5·18과는 전혀 관련이 없는 것으로 확인됐다."(특별취재팀 기자, 2023. 05. 18.) 이들은 사실을 직시하는 대신, 선전·선동·진지전 구축 등 엉뚱한 주장을 폈을 것이다. 이들 관련 분야 전문가들은 이구동성으로 '국가기념일로 정하고, 5·18 정신의 헌법 전문을 반영하고, 국가 예산으로 유공자 대우를 해야 한다.'라고 강변한다.

더욱이 유공자 명단에는 거물급 정치인뿐 아니라 국회의원 보좌관이나 특보 중 5·18 민주항쟁 가짜 유공자가 넘쳐나게 된 이면엔 '인우보증' 제도가 있다. 그 법률적 근거로는 기존 5·18 유공자가 보증만 해주면 별다른 증거가 없어도 유공자가 될 수 있게 했다. 이들의 난맥상이 윤석열 정부에서 '반지성주의' 문화로 불거져 나왔다.

5. 윤석열 정부의 '반지성주의' 자리매김

한편 전교조에 의해 빼앗긴 교권을 다시 찾겠다는 노력이 이어졌다. 평교사들이 거리로 나선 것이다. 전교조 출신 정치 교육감이 선거로 자리를 차지하고, 교사는 전교조 활동에 바빴다. 좋은 강사는 학원에 빼앗기고, 그들은 수능 문제 출제에 영향력을 행사했다. 강사와 교사가 카르텔을 형성하고 있었고, 공교육이 허물어진 것이 오래 전 이야기였다.

서이초등학교 교사의 극단적 선택으로 교사가 보신각·광화문으로 몰려나왔다. 거리로 나온 교사들은 '권위는 바라지 않아, 존중해주세요'라는 팻말을 지니고 있었다.(전지현, 2023. 07. 22.) 헌법정신이 제대로 작동되지 않는 것이다. '정치·경제·사회·문화의 모든 영역에 있어서 각인의 기회를 균등히 하고, 능력을 최고로 발휘하게 하며, 자유와 권리에 따르는 책임과 의무를 완수하게 하여…'라는 헌법정신이 사회 어디에도 찾기 어려운 상황이다.

부모의 입장에서 공교육이 오히려 짐으로 간주된다. 사회기본이 흔들리는 것이다. '가르칠 수 있게 해주십시오', '교사를 존중해주시고, 믿어주세요.', '교사가 교육자로 있을 수 있도록 도와주세요.' 행동은 하지 않고, 머리로 한 교사들이 이제야 정신이 들었다.

서울 서초구의 한 학교에서 극단적 선택을 한 저연차 초등교사 A씨를 추모하기 위해 전국의 교사들이 22일 자발적으로 종로구 보신각 아스팔트 거리로 나섰다. 검은 의상에 검은 마스크를 쓴 채 모인 교사들은 A씨의 죽음이 '남 일 같지 않다'며 '교사들의 생존권을 보장해달라'고 입을 모아 소리쳤다. 이날 오후 서울 종로구 보신각 앞에서 열린 '서이초 교사 추모 및 진상규명 촉구 집회'에 주최 측 추산 5000여명의 교사 및 관계자들이 운집한 것이다. 이들은 교육부에 '00초 교사 사망에 대해 학부모에 의한 인권 침해가 있었는지, 교육 당국의 대처는 어떠했는지 규명이 필요하다며 진상 규명과 근본적인 대책 마련을 촉구했다.'(전지현, 2023. 07. 22.)

또한 KBS 정상화도 뉴스의 초점으로 등장했다. 민노총 등쌀에 KBS노동조합·공영노조가 성명을 내고, 아스팔트로 나섰다. 아스팔트 젊은 우파가 뭉치고, 행동으로 나섰다. KBS 김의철 사장 퇴진 성명이 소개된 것이다. KBS 이영풍 기자는 성명서에서 전술했듯, '문재인 정권의 양승동 4년, 그리고 그의 민노총 언론노조 후계자인 김의철 1년을 우리는 힘겹게 보내고 있습니다.' 그들에게 참혹한 현실이 아닐 수 없었다.

이러니 국민들이 KBS를 어떻게 믿겠습니까? KBS를 뭐로 보겠습니까? 공영방송 KBS의 품격이 말이 아니었다. '특정진영의 선전매체요, 프로파간다 확성기로 보지 않겠습니까? 그러니 지금 많은 국민들이 TV 수신료 분리징수라는 극약처방까지 공론화하고 우리나라 공영방송 체제를 끝장내려고 하는 거 아닌가요?'

양승동 김의철 같은 편파방송의 끝판왕으로 비판받는 세력이 국민들 기만하는 게 저항을 하는 가장 큰 이유 가운데 하나라고 생각했다.

한편 'KBS수신료 분리징수 가닥'에서 보듯 국민의 불만은 하늘을 찔렀다. 대통령실은 KBS TV 수신료(월 2500원)를 전기요금과 분리해 징수하기로 가닥을 잡고 곧 관련 절차를 밟기로 시작했다. 대통령실 핵심 관계자의 말은 4월 9일 「중앙일보」와의 통화에서 'KBS 수신료는 1994년 수신료 합산 징수에 대한 근거 규정이 새로 들어가기 전까지는 당연히 분리해 징수했고, 그것이 국민 이익에도 부합했다'며 '이번에 합산 징수가 없어진다면 비정상적인 상황이 정상화 되는 것'이라고 말했다.(현일훈·홍지유, 2023. 04. 10.)

대통령실 홈페이지 '국민참여 토론' 코너에 'TV 수신료와 전기요금 통합 징수 개선, 국민 의견을 듣습니다'라는 제목의 글을 올려 이날까지 한 달(3월 9일~4월 9일)간 국민 의견을 수렴했다. 그 결과, 징수 방식 개선에 대한 추천(찬성)이 96%로 비추천(반대)을 압도한 상태에서 한 쪽으로 쏠렸다. 대통령실 관계자는 그 결과를 언급하면서 '국민의 뜻을 따를 것이다.'라고 했다.(현일훈·홍지유, 2023. 04. 10.)

또한 KBS뿐만 아니라, 선관위가 도마 위에 올랐다. 4·15 부정선거에 대한 총론이 소개된 것이다. 노태악 중앙선관위 위원장은 박근혜 대통령의 '국정농단 사건'으로 징역 20년을 확정시킨 장본인이다. 벌써 불법을 달고 다니는 인사이다.

선관위 비리에 대해 2023년 6월 7일 한변(한반도 인권과 통일을 위한 변호사 모임, 회장 이재원)은 「부정선거에 대한 선관위는 감사원의 전면적인 감사를 수용하라.」라는 성명을 내었다. 동 성명에 따르면 "중앙선관위는 대한민국의 선거가 북한의 해킹 공격을 받았다는 사실에도 불구하고 보안점검 권고조차도 거부하였다. 선관위 인사상 고용세습이 사실로 드러났음에도 감사원 감사를 거부하였다." 선관위 무능과 비리가 설명된 것이다. 더욱이 중앙선관위는 제21대 국회의원 총선거에 불복하는 선거무효소송이 100여건이 넘고, 선거소송 관할 법원인 대법원과 공모하여 편파적으로 소송절차를 진행했다.

이런 상황에도 선관위는 '헌법기관' 운운하며 독립성을 무기로 삼았다. 더욱이 대법관을 비롯한 각급 법관들이 선거관리위원장을 겸하면서 사법부와 한통속이 되어 자유민주주의 최후의 보루인 사법 통제를 무력화하고 있는 것이다.

물론 그들은 불법을 감행하고 있다. 헌법 제97조는 감사범위를 '행정기관'이라고 규정하여 선거행정사무를 담당하는 선관위를 감사대상으로 하고 감사원법 제24조 제3항은 국회, 법원, 헌법재판소만을 감사 예외 대상으로 인정하고 있다.

더욱이 국정원에서 해킹 사실을 조사하여, 결과를 발표함으로써 선관위가 숨을 곳도 없다. 부정선거의 물적 증거도 알려졌다. '당일투표에서 이긴 후보가 사전투표에서 승패가 뒤집혀 더불어민주당 후보에게 패한 선거가 문재인정부에서 5차례·윤석열 정부 들어서만 벌써 3번째다.'(류혁, 2023. 10. 17.) 당연한 공식처럼 되어 버린 사전투표 민주당 압승의 결과가 계속되다 보니 시스템의 공정성을 의심하는 것은 당연지사였다.

22대 총선에서도 같은 사전투표 문제가 계속되었다. 선관위가 2024년 4월 6일 발표한 사전투표율은 '전남 41.19% 최고, 대구 25.6% 최저'로 기록되었다. 그 구체적 내용은 "4·10 총선 사전 투표 둘째 날인 6일 최종 사전 투표율이 31.28%로 집계됐다고 중앙선거관리위원회가 밝혔다. 지난 총선 최종 사전투표율(26.69%)을 넘었으며, 역대 총선 중 처음으로 사전투표율 30%를 돌파했다. 중앙선거관리위원회에 따르면⋯ 전체 유권자 4428만 11명 가운데 1384만 9043명이 투표했다. 지난 총선 최종사전 투표율(26.69%)보다 4.59%포인트 더 높다. 역대 가장 높은 사전 투표율을 기록한 지난 대선(36.93%)에는 못 미친다. 사전 투표율이 가장 높은 지역은 전남(41.19%)이다. 이어 전북(38.46%), 광주(38%), 세종(36.8%), 강원(32.64%), 서울(32.63%) 등의 사전투표율이 전국 평균을 웃돌았다. 가장 낮은 곳은 25.6%를 기록한 대구다. 이어 제주(28.5%), 경기(29.54%), 부산(29.57%) 등 순으로 이 지역들은 30%를 넘기지 못했다. 인천(30.06%), 울산(30.13%), 충남(30.24%), 대전(30.26%), 충북(30.64%), 경남(30.71%), 경북(30.75%)은 30%를 넘겼으나 전국 평균을 밑돌았다."(김명진, 2024. 04. 06.)

그러나 부정선거 문제가 꼬리를 물었다. 공병호TV(2024. 04. 11.)는 "종로구의 경우 사전투표자수는 23.13%였으나, 30.8%로 발표가 되었다. 본투표는 38.81%

로 같았으나, 사전투표가 부풀려서 발표된 것이다."라고 했다. 한편 본투표가 이뤄진 2024년 4월 10일 총 투표율은 67%였고, 투표결과는 민주당이 175석(지역 161+비례 14), 국민의힘(지역 90+ 비례 108석)이었다. 조국혁신당 12석(전원 비례), 개혁신당 3(지역1+ 비례2), 새로운 미래 1석, 진보당 1석이었다.

그 내용이 여전히 소란스럽다. 선관위 신뢰가 말이 아닌 것이다. 이에 대해 국가정보원과 한국인터넷진흥원이 합동보안점검팀을 구성해 지난 7~9월 선관위 전산망을 침투하는 방식으로 시스템을 점검한 결과도 같은 결론이었다. 선관위 관계자들이 사용하는 비밀번호는 12345 등 초기 설정을 유지했다. 선관위 관계자들은 시스템 비밀번호를 숫자·문자·특수기호를 혼합해 사용하는 보안원칙조차 무시한 것이다.

선관위의 선거 업무 시스템은 비밀번호뿐만 아니라 망분리, 계정 관리에서 허술했다. 국정원은 "선관위 내부 전산망과 외부 인터넷 간의 '망분리' 보안정책이 미흡해 '외부 인터넷에서 선관위 내부망에 침입할 수 있었다'고 설명했다."(김송이, 2023. 10. 13.)

이 조사결과 선관위 선거망을 통해 재외공관 운영망을 침투하고, 역으로 재외공간 운영망으로 선관위 선거망을 접속하는 것도 가능하게 되었다.(김송이, 2023. 10. 13.) 더욱 심각한 것은 선관위의 안일한 태도 자체였다. 국정원은 최근 2년 간 총 8차례에 걸쳐 북한발 해킹 사고가 선관위에서 일어났음을 통보했지만, 선관위는 이 사실을 내부에서 제대로 파악하지 못할 뿐 아니라, 적절한 대책도 세우지 않았다. 물론 선관위 피해는 전 국민에게 영향을 미친다. 능력이 있고, 제대로 된 지도자가 뽑히지 않은 것이다. 한국민주주의의 위기가 다가옴은 당연한 일이었다. 선관위는 국민들의 선거인명부를 관리하고 대통령, 국회의원, 지방자치단체장 등을 뽑는 투표의 공정한 관리를 담당하는 국가기관이다.

모순 덩어리 KBS, 선관위 등 국가기관과 공기업의 운영형태가 소개된 것이다. 이 문화에서 윤석열 정부 들어서서 별 성과없이 1년 3개월이 지나고 제 25회 세계 잼버리대회(2023. 08. 1.~12.)가 열렸다. 국제대회도 허술하기 짝이 없었다.(사설, 2023. 08. 14.) 대통령 자신은 왕년 스카우트 대원이었다고, 자랑하며 개막식에 사진을 찍었다. 그 결과 윤 대통령에게도 치욕을 안겨줬다.

마침 당시 제6호 태풍 '카눈' 예보로 세계 150국 스카우트 대원 3만 7000여 명은 새만금 잼버리 야영지에서 지난 8월 8일 조기 철수했다. 그러나 당초 우려와 달리 태풍의 직접 타격을 주지 않았다. 8월 9일부터 11일까지 사흘간 내린 비의 양도 호우주의보 발령 기준인 12시간 강우량 110㎜에는 못 미친 94.1㎜ 정도였다. "적은 비는 아니지만 4년마다 한 번 열리는 잼버리 대회를 중도 포기하고 천막을 걷어야 할 정도는 아니었다.(사설, 2023. 08. 14.) 원래 장소를 잘못 잡은 것이다.

새만금의 중국·북한 경도 정치화 내용이 소개되었다. 노태우 대통령이 북방외교를 펴면서, 중국과 탈북민을 위해 간척사업을 벌인 곳이다. 그들에게 공정할 수 있는 기회를 마련해 주기 위한 것이다. 그런 의도라면 북한 운동장을 만들어 준 제2 평창올림픽이 될 뻔했다.

여성가족부와 전라북도 등 주최 측의 "새만금 잼버리 총 사업비는 1171억 1500만 원이었다. 여기에 추가로 정부·지자체 예비비와 특별교부세 231억 원이 투입되어 총 사업비는 1402억 1500만 원이었다. 2015년 일본 세계 잼버리 예산은 380억 원 규모였다."(오정근, 2023. 08. 14.) 주체측은 터무니없는 혈세를 낭비한 것이다. 새만금의 장소는 노태우 정부까지 거슬러 올라간다. 1991년 11월에 착공하여 2006년 물막이 공사가, 2010년 방조제 도로 공사가 끝났고 매립작업과 부지 조성은 2020년 끝난 여의도 면적의 140배 되는 매립지였다.

더 큰 문제는 특정 목적을 두고 장소를 변경한 것이다. 이곳은 해수가 빠지고 난 후 나무 한 그루 없는 진흙탕에 야영장이 만들어진 것이다.

야영지를 벗어난 대원들을 기업과 불교계가 나서 달랬다. 마지막은 BTS가 그들을 열광하게 만들었다.(김태훈, 2023. 08. 12.) K팝이 잼버리의 '유종의 미'까지 책임진 것이다. 서울 상암동 월드컵 구장에 선 뉴진스·NCT드림·마마무·아이브 등 19팀은 한국을 대표하는 K팝 스타들이다. 이들이 150여 나라 틴에이저를 열광시키고, 면피를 한 것이다.

정부 운영에 이성과 합리성을 가질 필요가 있었다. 어떤 역사적 사실이든, 문화사 소재는 '의미있는 적절성'(meaningful adequacy)이 선행되어야 한다. 그 사건을 찾아 언론은 정확성·공정성·객관성·독립성 등을 따진다. 옛것은 보존하고, 새로운 사건에 대해 새 언어를 만들어 의미를 부여한다.

한편 우리가 생존하는 웹3.0시대(챗GPT의 인공지능시대)는 쌍방향이 열린 세상이다. 국민은 세계 네티즌과 직접 교류한다. 그만큼 사회변동이 빠름으로 그에 맞는 창의성의 상징을 계속 개발해야 한다. 그 상징은 세계표준으로까지 승화하게 된다. 반면 지금 386 운동권 중심의 정치권에서 지향하는 국가사회주의는 금방 문화지체를 경험함으로써 '가짜뉴스'를 대량 발생시킨다. 선전·선동·진지전 구축이 그들에게 필연적이다. 물론 그런 문화지체가 세계인의 집단지성과 맞을 이유가 없다. 그들만의 '거짓말' 성찬을 계속한다. 그러나 진실된 상징을 만들지 못하니, 과거 사회주의 혁명의 경험에 의존한다.

개인의 주장이 먼저가 아니고, 주관성을 객관적으로 표출할 필요가 있게 된다. 선전·선동·진지전 구축 등을 주로 하는 국가사회주의는 리더의 신념·직관이 중요시된다. 그러나 자유주의 사회일수록 인과관계를 따짐으로써 '인과적 적절성'(causal adequacy)이 으뜸 변수가 된다. 그때 인과성으로 객관성을 확보할 수 있게 된다.

시간과 공간 안에서 현장 취재를 하는 기자들은 과학적 방법이 불가능할 수 있다. 그렇더라도 전문적 소양을 갖고, 언론의 관행인 정확성·공정성·객관성·독립성을 따지고, 분석하면 과학보도가 반드시 불가능한 것도 아니다.

그 결과라면 어떤 주장을 하면, 그 주장이 논리적 근거를 확보하고, 의미가 있고, 인과적으로 무리수가 없게 된다. 원인과 결과 사이 서로의 내적 연계가 논리적으로 합당할 필요가 있게 된다. 더 확실한 것은 다른 것과 비교할 때 더욱 설득력을 얻는다.

주장이 직감으로 일관할 때 결국 역사적 디테일 처리에 반드시 문제가 생긴다. 요즘 더불어민주당의 난맥상은 국민들의 납득 수준을 넘어선다. 그들은 선전·선동·진지전 구축에만 관심을 집중시킨다. 그 결과 386 운동권과 문재인 청와대가 5년 동안 쌓아놓은 쓰레기를 치우느라 윤석열 정부는 앞으로 갈 수가 없다.

더불어민주당 386 운동권세력은 포퓰리즘·민중민주주의·국가사회주의·공산주의 등에 올라탄 형국이다. 그 경향이 강하면 강할수록 권위주의 체제는 폭력과 테러를 일삼는다. 개인의 생명·자유·재산은 권위주의체제 안으로 무시된다.

언론의 기능도 환경의 감시, 사회제도의 연계, 사회화, 오락의 기능 등에는 아예 관심 자체가 없다. 더욱이 그들은 자유주의 시장경제의 헌법정신을 거의 무시한다. 국가사회주의 정신으로 국정을 운영하려고 하니, 헌법정신이 그들 개인의 직감을 받쳐줄 수 없게 된다.

KBS에 변화의 조짐이 일어난다. KBS 이사진이 김의철 KBS사장에 대한 해임 제청안을 제출했다. 권순범·김종민·이석래·이은수·황근 등 KBS이사 5인은 오는 2023년 08월 30일 있을 정기이사회에 김 사장 해임 제청을 긴급 안건으로 제출했다. 김의철 사장은 큰 조직을 운영하면서 관료제(disenchantment of the world)를 원용했어야 하나, 그는 이를 도외시했다. 그는 저널리즘의 기본인 정확성·공정성·객관성·독립성 등에 익숙하지도 않았다.

언론노조에 끌려다녔으며, 그 편성권은 언노련이 갖고 있거나, 민노총이 좌우했다. 더욱이 그 지도부는 가치중립성에 관심 자체가 없었다. 그는 민노총 언론노조 집단의 힘으로 큰 조직을 이끌었다. 그 문화가 누적되니 지탄의 대상이 되었다. 당시 김의철 사장의 해임 제청의 주요 내용은 "'2년 연속 대규모 적자를 기록한 무능 방만 경영', '불공정 방송으로 인한 대국민 신뢰 상실', '수신료 분리징수 관련 직무유기 및 무대책 일관', '직원 다수의 퇴진 요구로 인한 리더십 상실 등'"으로 대별된다.(박준규, 2023. 08. 28.)

그 구체적 재정 상황은 취임 후 무능 방만 경영으로 "2022년엔 4년 만에 118억 원 적자를 기록한 데 이어 2023년 상반기엔 또다시 461억 원의 대규모 적자를 기록했고, 불공정 편파방송으로 국민의 신뢰가 추락한 상태에서, 심각한 재정위기를 불러올 수 있는 상황에서 수신료 분리징수를 초래했으며 이에 따라 다수 직원들까지 사장 퇴진을 요구했다."(박준규, 2023. 08. 28.)

더욱이 KBS는 공영방송 노조의 몽니가 계속될 난망이다. 끝까지 KBS 경영진과 노동조합은 노사(勞使) 동수 4인으로 구성된 고용안정위원회 설치를 주된 내용으로 하는, 협의 각서에 서명했다. 이에 따라 향후 KBS는 "'경영상의 이유나 분사·합병·매각 같은 경영환경 변동에 따른 구조조정 기준 및 조건'을 결정하는 데 있어 노조와 협의해야 한다. 즉, 향후 방송구조 개편이나 경영 악화에 따른 구조조정에 노동조합이 개입할 수 있는 근거를 마련해 놓은 것이다. 이는 사실상 KBS 경영진이 경영권을 포기한 것이나 마찬가지다."(황근, 2023. 08. 29.)

법적으로 배임행위인가를 놓고는 논란이 있을 수 있겠지만, '경영진과 노조가 합세해 수신료 분리 징수와 향후 예상되는 공영방송 구조개혁에 저항하겠다.'라는 의지를 보여 준 것이다.

물론 노조는 회사의 경영현황을 꿰뚫게 되었다. 노사의 협의 각서는 '위원회는 노조측 대표가 위원회의 목적에 해당하는 사안에 관하여 자료를 요청할 때 제공하는 것을 원칙으로 한다'고 규정하고 있다. 어쩌면 예전 어떤 합의보다 더 강한 독소조항이 들어 있는 것이다.

독소조항을 남기고 KBS이사회는 9월 12일 임시 이사회를 열고 김의철 KBS 사장에 대한 해임 제청안을 의결했다. 김 사장은 윤석열 대통령의 재가가 나면 곧바로 해임된다. 한상혁 전 방송통신위원장 면직 3개월, KBS이사장 교체, 이동관 방송통신위원장 임명 18일 만에 공영방송 KBS 사장이 해임됐다.(엄재희, 2023. 09. 12.)

이날 해임 제청안은 KBS 전체 이사 11명 중 여권 성향의 서기석·황근·김종민·이석래·이은수·권순범 이사 6명이 표결해 가결시켰다. 여권 성향 이사들은 KBS의 2년 연속 대규모 적자, 불공정 방송, 리더십 상실, 고액연봉 대책 마련 미비, 이사회 보고 없이 단체협약 체결 등을 해임 사유로 제시했다. 물론 야권 성향 이사 5명은 해임 제청안 표결에 반대하며 퇴장했다.

앞서 지난 5월 30일 한상혁 전 방송통신위원장이 'TV조선 재승인 심사 고의감점 의혹'으로 면직된 후, KBS이사회 교체 작업이 본격화된 것이다. 그 과정을 보면 윤석년 전 KBS 이사, 남영진 전 이사장이 해임됐고, 후임으로 서기석·황근 이사가 임명되면서 여야 4대 7이던 이사회 구도는 여야 6대 5로 재편됐다. KBS 이사회는 곧 사장 해임 제청안을 상정하여 통과시킨 것이다. 이날 소명서를 제출하고 청문 절차에 불참한 김의철 KBS 사장은 해임 제청안 의결 직후 입장을 밝혔다. 그는 '해임 사유 가운데 어느 것도 받아들이기 어렵고 해임 제청은 KBS와 대한민국 공영방송의 정치적 독립을 전면적으로 훼손하는 행위'라며 '소명을 듣고 충분히 검토한다기보다는 뭔가 쫓기듯 시간을 정해 놓고 형식적인 요식행위를 거치고 있다는 느낌을 지울 수가 없었다'고 밝혔다.(엄재희, 2023. 09. 12.)

한편 언론노조 KBS본부는 이날 성명을 내고 '김의철 사장 체제에 대한 사내 구성원들의 평가는 대부분 '무능하다로 일치한다'면서도 '그럼에도 공영방송 KBS 사장에 대한 해임 추진의 정당성에 대해서 묻지 않을 수 없다'고 했다. 이어 '이런 비극이 되풀이하지 않기 위해서 공영방송 지배구조 개선법이 필요하다.'고 주장했다.(엄재희, 2023. 09. 12.)

방송관련 해임일지는 다음과 같다.[451] 한편 신임 이동관 방통위원장은 '공영방송 투명성 확보할 것'이라고 했다.(김기정·정용환, 2023. 08. 19.) 이 후보자는 청문회 과정에서 '공영방송의 이름에 걸맞게 재원 운영의 우선 투명성과 객관성을 확보하도록 하겠다'며 공영방송 정상화 의지를 강하게 밝혔다. 공영방송 정상화의 필수 요소로는 '노조로부터의 독립'을 꼽으며 '기대만큼의 공영성이 확보되지 않은 것은 뿌리 깊은 노영방송 체질이 개선되지 않았기 때문이다. 내 소신이다'고 밝혔다. 이에 민형배 민주당 의원은 '노영방송? 대한민국에 노영방송이 있느냐'고 반발하기도 했다.(김기정·정용환, 2023. 08. 19.)

한편 KBS 사장 후보에 박민 前문화일보 논설위원을 선임함으로써 노영방송의 고리는 끊어졌다. 공영언론이 요동치고 있었다. 보도전문채널 YTN은 민영화로 결정이 났다. 유진그룹 특수목적법인(SPC)은 한전(KDN)과 마사회가 가진 1300만 주를 2023년 10월 23일 최종 인수했다. 그리고 YTN은 2024년 3월 29일 본사

---

451) 정치동원사회·정치광풍사회의 일면이고, 여야 서로의 '적폐청산'이 계속되었다. 윤석열 정부 KBS 김의철 사장 해임 5월 30일, 한상혁 방송통신위원장 면직 처분 재가 7월 12일, 윤석년 KBS 이사 해임안 재가 7월 28일, 이동관 방송통신위원장 후보자 지명 8월 9일, 방송통신위원회 서기석 KBS 보궐이사 추천 8월 14일, 남영진 KBS 이사장 해임안 재가 8월 21일, 방송통신위원회 황근 KBS 보궐이사 추천 8월 25일, 이동관 방송통신위원장 임명 8월 30일, KBS이사회 '김의철 사장 해임 제청안' 상정 9월 12일 그리고 KBS이사회 '김의철 사장 해임 제청안' 의결 등이 이뤄졌다.(엄재희, 2023. 09. 12.)

상무출신 김백 사장을 임명했다. 한편 KBS이사회는 10월 12일 서울 여의도 KBS 본관에서 열린 임시이사회에서 여권 추천 KBS 이사 6명의 표결을 통해 박 전 위원을 신임 KBS 사장 후보로 임명 제청했다. 사장 후보 재공모를 주장해왔던 5명의 야권 추천 이사들은 표결 직전 퇴장했다. 박 후보자는 입장문을 통해 "'KBS는 우리 사회 주요 의제에 대해 정확하고 균형 잡힌 정보와 지식을 제공함으로써 건전한 공론장 역할을 해야 한다'며 'KBS가 국민의 신뢰를 상실해 수신료 분리 징수, 2TV 재허가 등 여러 위기 상황에 직면한 만큼 빠른 시일 내 KBS의 방송과 경영을 혁신해 국민의 기대에 부응하는 진정한 공영방송으로 거듭나도록 하겠다.'고 말했다."(신동흔, 2023. 10. 13.) 비정상적 현상이 비단 KBS 등 방송국에 국한된 것은 아니다. 박근혜 대통령 탄핵 이후 자유주의 시장경제 헌법정신이 무너지고 그 자리에 국가사회주의가 들어선 것이다. 사회 곳곳에 더불어민주당 세력은 대못을 박아 놓은 것이다. 그러나 그 문화는 국민들 수준을 능가하지 못한 문화 지체의 것이었다. 그 결과 공영방송 미래뿐만 아니라, 국가 미래가 불투명할 전망이다. 더욱이 1987년 이후 급속도로 팽창한 언론환경은 시대정신을 놓쳤다.

대법원장 임명도 12월 8일 이뤄졌다. 조희대 대법원장이 국회청문회를 거쳤다. 그는 국회청문회에서 '취임하면 장기 미제 사건을 집중 관리하겠다.'면서 '법원장에게 최우선적으로 장기 미제 사건의 재판을 맡기겠다'고 했다. 그 구체적 방법으로 '사건을 거의 배당받지 않는 법원장들에게 묵은 사건을 맡기겠다.'고 했다. 한편 재판 인력 구성, 재판 제도 개선 등의 제도적 변화도 예고한 것이다. "현재 일선 법원에서는 배석 판사들을 중심으로 '1주일에 세 건만 선고한다'는 사실상의 담합 행위가 보편화돼 있다. 또한 일선 법원별로 소속 판사들이 투표를 통해 법원장 후보를 추천하고 그중에서 대법원장이 법원장을 임명하는 '법원장 후보추천제'는 폐지될 가능성이 높다고 한다."(양은경·이슬비, 2023. 12. 09.)

KBS 사장, 대법원장이 새로 임명되었지만, 1987년 386운동권 세력의 역사는 멈추지 않는다. 문재인 정권은 2020년 12월 여당이던 더불어민주당이 '국정원법 개정안'을 단독으로 통과시키고, 2024년 1월 1일부터 국정원 대공수사권 및 국내 보안정보 기능 박탈을 했다. 즉, "①국정원의 대공수사권 폐지(3년간 유예, 2024. 1.

1부터 시행), ②국정원 직무범위 중 정보업무에서 '국내 보안 정보' 삭제(제4조 제1항) 등을 실시했다. 특히 직무범위에서 국외 및 북한에 관한 정보-방첩(산업경제정보 유출, 해외연계 경제질서 교란 및 방위산업침해에 대한 방첩)을 포함시키고, 대테러, 국제범죄조직에 관한 정보 등 중요한 업무를 경찰에 이관케 했다."(박인환, 2023. 11. 29.: 23)

1987년 386운동권 세력의 역사는 멈추지 않는다. '조선공산당 제3차 및 제4차 대회의 부활인가.'라는 명제이다. 그 노력은 계속된다. 이런 일련의 사건 중에서 유독 9월 23일 광화문은 '촛불행동'으로 요란했다. 다른 집회는 평상시 있어온 집회였으나, 정의당 집회는 남달랐다. 그들은 초등학생·중학생까지 동원하면서 집회를 계속했다. 상황의 위급함을 알리는 신호였다. 광화문에서 최근 '후쿠시마 오염수'에 대한 집회 구호는 쏙 들어가고, 이젠 '기후위기'를 들고 왔다. 초등학생·중학생이 기후변화에 대한 전문지식이 있을 이유가 없다. 고약한 상황이 벌어지고 있는 것이다. 당장 그 기사는 네이버에 올라왔다. 네이버는 다른 집회에 별로 관심이 없었지만, 유독 정의당 기사에 관심이 있다. 심상치 않은 일이 일어나고 있는 것이다.

시대가 요동치고 있었다. 김만배·신학림 기사로 민노총·언노련·뉴스타파 카르텔 실체가 드러났다. 네이버와 공영언론의 운신폭이 좁아진다. 그리고 야당 이재명 대표의 국회불체포 특권이 국회에서 사라졌다. 야당 분열이 예상되는 시점이다. 러시아·중국·북한에서 봤을 때 위기가 온 것이다. 그때에 "'뭉쳐야 사는 黨' '흩어져야 사는 黨'"이라는 논의이다.(강천석, 2023. 09. 23.)

2024년 4월 10일 총선 날까지, 문재인 시대 5년, 윤석열 시대 2년 합계 7년을 이렇게 보낸다. 위험천만의 일이 벌어진다. '녹슬지 않고 강철보다 강하다는 티타늄제(製) 비행기 날개도 요동과 진동이 계속되면 금속이 피로(疲勞) 현상으로 내부가 갈라진다. 날개 부러진 비행기 운명은 누구나 직감할 수 있다.'

정치동원사회로 한국 사회의 정치 제도, 경제 제도, 노사(勞使) 현장, 교육 시스템 등 어느 곳 하나 성한 곳이 없다. 이 상황에서 이재명 대표와 친명계의 양식(良識)은 묻지 않아도 꾀는 쳐줘야 한다.(강천석, 2023. 09. 23.) 그들이 바보는 아니다.

그는 옛 한총련 세력을 업고 있고, 그들은 시민단체·국회에 포진하고 있다. 중국·북한의 든든한 백도 무시할 수 없다.

그러나 분명 386 운동권 세력도 위기감을 느꼈다. '세계는 하나(oneness)' 안에서 생존전략은 국제분업을 통한 먹거리 창출이다. 고도의 전문화 영역이어야만, 생존을 할 수 있다. 전문인으로 가는 동안 정신력 강화로 그 자체가 사회의 봉사정신, 즉 '이웃사랑'으로 이어진다. 이는 기독교에서 말하는 '탈렌트 정신'이고, 천부인권 사상의 핵심이다. 전문직을 통해 자신의 탈렌트를 발휘하고, 신에게 '구원'의 확실성을 확보하고, 동기를 통해 자기의 먹거리를 창출하고, '이웃사랑'의 형제애를 돌보게 된다.

마르크스 분업은 자본가를 위한, 즉 자본을 축적시키는 동기로 보지만, 루터는 분업을 곧 '이웃사랑'으로 여겼다. 결과적으로 마르크스는 밥벌이 수단으로만 공직자를 맡게 되지만, 이승만의 '세계시민주의'는 밥벌이가 곧 '이웃사랑'의 실천이 된다. 386 운동권은 '이웃사랑'의 희생정신이 없으니, '내로남불' 현상이 일어난다. 남은 치열하게 비판하면서, 자신은 밥벌이 수단으로 공직을 생각하게 된다.

그 결과 386 운동권 세력은 아마추어 사회만을 강조했다. 포퓰리즘이 그런 전략이다. 전국민의 아마추어사회로 선전·선동·진지전을 구축한다. 시스템의 동기는 사라지고, 결국 시스템이 붕괴되기 마련이다. 비판을 통해 권력을 얻었는데, 자기들이 시스템을 운영할 능력이 없다. 공직자가 멸사봉공(滅私奉公) 정신이 사라지고, 구원의 확실성도 가물가물해진다.

그리고 그들은 자유를 이야기하고, 민주주의를 이야기한다. 독재&민주화 프레임이다. 386 운동권이 말하는 민주화는 자유의지가 없다. 그 체제에서는 자유가 없으면 창의성도, '창조경제'도 없다.

자기비판은 사라지고, 남의 비판을 일삼고, 국제 연대를 망각하게 된다. 후쿠시마 오염수 문제는 '기후위기'로 온 것이다. 후쿠시마 원전은 기후 재난에서 오는 것이나. 그렇다면 일본인들에게만 책임이 있는 것이 아니다. 그걸 '종족적 민족주의'로 비판하고, 자본주의 사회비판을 비판한다. 순발력이 대단한 좌익이다. 더불어민주당 대신, 이젠 정의당이 설친다. 서울 도심서 3만명 '기후 위기' 경고 퍼포

먼스로 힘자랑을 했다.(이한빛, 2023. 09. 23.)

500여개 단체와 시민 등이 한자리에 모여, '원전 사고 반복되기 전 핵발전 끝내야'로 참가자들이 다양한 소품을 들고 기후행진이 이뤄졌다. 9·23 기후정의행진은 "▲기후 재난으로 죽지 않고 모두가 안전하게 살아갈 권리 보장, ▲핵발전과 화석연료를 공공재생에너지로, 노동자 일자리 보장하는 정의로운 전환 실현, ▲철도 민영화 중단 및 공공교통 확충, ▲신공항 건설과 국립공원 개발 사업 중단, ▲대기업과 부유층 오염자에 책임을 묻고 기후 위기 최일선 당사자의 목소리 청취 등 5가지 요구사항을 내세웠다."(이한빛, 2023. 09. 23.)

일본에서 온 반핵아시아포럼의 사토 다이스케 사무국장은 본 집회에서 "'노후 핵발전소 수명 연장과 신규 핵발전소 건설에 반대하는 아시아 각국의 탈핵 운동에 참여해달라.', '핵발전에 맞서 싸울 것이고 결국 승리할 것이지만 가능한 한 빨리 승리해야 한다.', '체르노빌이나 후쿠시마 같은 대형 사고가 반복되기 전에 핵발전을 끝내야 한다.'"라는 내용을 주문했다.(이한빛, 2023. 09. 23.)

한편 운동권의 실체가 폭로되고 있다. '군자산의 약속' 22년으로 그들은 1987년 이후 주류세력의 운동권이 되었다. 그들 주인공들은 그 선봉을 지켜 지하로부터 제도권으로 그 영역을 확장시켜온 것이다."(임명신, 2023. 09. 22.)

일명 '9월 테제'가 나온 지 오늘로 22년째 되는 날이다. 2001년 9월 22~23일 이후 민족해방(NL)파 운동가들 약 700명이 모여 '제도권 진출'의 방향성을 정했다. 김대중 정권 때이다. 그 전까지 지하활동 내지 실체를 감춘 채 활약하다 1987년 이후 사회 각계각층의 제도권에 진입해 성공하여, 지금은 정국의 주도권을 잡고 있다.

자칭 '친일·친미 적폐의 나라를 뒤엎고 자주·통일 지향'을 꿈꾸던 인사들이다.(임명신, 2023. 09. 22.) 그들은 초기부터 자신의 권익을 넘어, 반일종족주의, 반미, 미군철수 등의 구호를 외쳤다. 그들이 주장하는 독재&민주화는 자유와 독립 헌법정신은 분명 아니다. 더욱이 『군자산의 약속』은 김일성주의, 즉 '주체사상(주사)'에 기반한 세계관·역사관을 갖고 있다.

그 발단은 2001년 9월 가을 '전국연합'이 충북 괴산 군자산 보람연수원에서

'민족민주전선 일꾼전진대회'를 열었고 거기서 "3년의 계획, 10년의 전망, 조국 통일의 대사변기 등을 맞는 전국연합의 정치 조직방침에 대한 해설서도 펴내었다."(임명신, 2023. 09. 22.)

지금도 인터넷으로 그 전문(약 3만 5000자)을 접할 수 있다. 그 검색에 따르면 1917년 볼셰비키 혁명전략, 레닌의 '4월 테제'를 이식한 명칭으로 '9월 테제'로도 불린다.

『군자산의 약속』은 2000년 정부가 6.15남북정상회담과 '햇볕정책'으로 반체제 인사에게 새로운 시대를 열어줬다.(임명신, 2023. 09. 22.) 김 전 대통령은 친북·종북 인사들에게 '면죄부'를 준 것이다. 여기서 ''종북'이란 용어는 노동운동 중심의 '민중민주(PD)'가 북한을 추종하는 'NL'을 조롱하듯 지칭한 표현이다.'

6·15선언 이후 북한에 호의적 태도와 실천으로 '애국' 개념이 모호해지면서, 『군자산의 약속』 등이 선봉에서 제도권, 특히 교육 및 대중문화를 이끌게 된다.(임명신, 2023. 09. 22.) 정부는 이념 세탁을 용인해 줬다.

전자책 『군자산의 약속』은 '22년 전 군자산 1박 2일 모임 현장에 있었던 민경우 대안연대 대표의 생생한 기록의 책이다.' 그는 "1983년 서울대 의예과에 입학했다가 이듬해 국사학과 신입생이 됐다. 운동권 내 '문(학)·(역)사·철(학)' 지식의 우위 때문이었다고 그는 스스로 유튜브 방송에서 말한 바 있다."(임명신, 2023. 09. 22.)

사상적 관점에서 볼 때, 대한민국은 이승만·박정희 대통령들의 노력으로 '자유와 독립' 그리고 민주주의를 위한 물적 토대를 형성시켰다. 그러나 북한은 그런 경험이 없었다. 그 결과 운동권의 정신성이 조선 말 사대부의 위정척사 사고를 원형대로 수용하고, 그리고 그 위에 마르크스·레닌의 사고를 덧칠한 것이다.

물론 '9월 테제'는 1925년 조선공산당 사건 이후 마지막 제4차로 이어지는 운동이었다. 『군자산의 약속』은 이를 계승하자는 것이다. 일제강점기 이후 이루지 못한 조선공산당 사건을 재건하고 싶은 것이다. 이런 사고로 『군자산의 약속』이 계속 몽니를 부리면 윤석열 정부의 '반지성주의' 자리매김은 쉽지 않다.

한편 좌파의 노력과 같이 우익에도 가짜뉴스의 언론감시에 적극적이었다. 좌익의 선전·선동·진지전 구축에 대항하여, 언론의 정확성·공정성·객관성으로 맞섰다. 자유언론국민연합은 2023년 12월 4일 서울 중구 프레스센터 국제회의장에서 '2023가짜뉴스 대상시상식'과 '기념토론회'를 개최했다. 가짜뉴스시상식조직위원회·가짜뉴스뿌리뽑기범국민운동본부출범준비위원회가 공동주관하고 스카이데일리·새미래포럼·한국언론진흥재단 등이 후원한 행사에 300명의 전·현직 언론인 및 전문가들이 참여하여, 가짜뉴스의 폐해와 개선 대책 마련에 대해 성토하고, 그 해결책을 찾고자 했다. 그 1·2부 출범식과 시상식에선 올해 10대 가짜뉴스가 발표됐다. 그 발표의 근거는 방송통신심의위원회(방심위), 선거방송심의위원회에 심의 신청된 가짜뉴스 중 가짜뉴스선정위원회의가 선별한 후, 네티즌 투표와 전문가 심사위원회 심사를 거쳐 10대 가짜뉴스를 선정했다.

8월 상반기 가짜뉴스를 정리·발표한 데 이어 다시 열린 이날 시상식에서 "올해 최악의 가짜뉴스 1위는 '김만배-신학림 녹취록 보도 사건'이었고, 2위는 '청담동 술자리 의혹' 등이 꼽혔다. 그리고 최악의 가짜뉴스 매체로는 1위 MBC(64.68%), 2위 뉴스타파(3.45%)에 이어 3위는 KBS(2.19%)가 랭크됐다."(장혜원, 2023. 12. 05.)

참고문헌

강천석, 「뭉쳐야 사는 黨」 '흩어져야 사는 黨'」 「조선일보」, 2023년 09월 23일.

권김현영, 「인터넷 포털 뉴스 댓글 이제는 없애자」 「한겨레신문」, 2022년 12월 26일.

강아영, 「"업무방해 아니다" ⋯ MBC '2021년 170일 파업' 10년 만에 무죄 확정」 「기자협회보」, 2022년 12월 31일.

강명일, 「내부에서 바라본 MBC-언론노조 지배 현상에 대한 개선 방안을 중심으로」 「1공영 多민영, 방송체제 정상화!」 국회의원 김기현의원실, 2022년 12월 27일.

강종민, 「[전문]한덕수 국무총리 취임사」 「NEWIS」, 2022년 05월 23일.

강주안, 「포털 뉴스제휴평가위 중단 그 이후」 「POST 뉴스제휴평가위원회-전문가 토론회」, 윤두현 국회의원, 2023년 09월 19일.

공영언론 미래비전 100년 위원회 성명, 「언론자유 누릴 자격은 팩트 보도가 필수조건, 가짜뉴스 제조자는 끝까지 추적에 책임 물어야」, 2022년 09월 26일.

금준경, 「윤석열 정부 '가짜뉴스' 때리기 전쟁 시작했다」 「미디어오늘」, 2023년 04월 26일.

김고은, 「박성제 MBC 사장이 'CJ 회장과 만나고 싶다'고 한 이유」 「기자협회보」, 2022년 5월 25일.

김고은, 「위기는 곧 기회 ⋯ 언론사 대표들, 신년사서 새 도전 강조」 「기자협회보」, 2023년 1월 4일.

김기정·정용환, 「야 '언론 장악 기술자' 이동관 '공영방송 투명성 확보할 것'」 「중앙SUNDAY」, 2023년 08월 19일.

김기찬, 「때론 주40 때론 주60시간, 유연근무 추진」 「중앙일보」, 2022년 6월 24일.

김대호, 「자유주의 시대의 공영미디어존재 의미와 구조개혁」 「2023 수용자 제대로 인식하기 주간 토론회-공영미디어 구조 개혁과 공적 재원 확보방안」, 「미디어연대」, 2023년 09월 1일.

김대호, 「가짜뉴스와 선거」 「가짜뉴스를 통한 선거공작-어떻게 막을 것인가?」, 미디어미래비전포럼, 2023년 09월 11일.

김도연, 「'기자 조롱' 캐리커처에 기자협회·언론사 소송 예고」 「미디어오늘」, 2022년 06월 08일.

김도연, 「Post 뉴스제휴평가위원회 전문가 토론」 「POST 뉴스 제휴평가위원회-전문가 토론회」, 윤두현 국회의원, 2023년 09월 19일.

김동하, 「국민패널 질문 잇따라 예정보다 1시간 길어져」 「조선일보」, 2022년 12월 16일.

김명진, 「사전투표율 31.28% 역대 최고 ⋯ 총선 첫 30% 돌파」 「조선일보」, 2024년 04월 06일.

김민서, 「北 '세월호처럼 분노 분출시켜라' 민노총에 지령」 「조선일보」, 2023년 03월 23일.

김민서, 「與 '편향된 네이버, 알고리즘 아닌 속이고리즘'」 「조선일보」, 2023년 05월 09일.

김성수TV, 성수대로, 2022년 06월 08일.

김민욱·김효성·위문희, 「파출소장 가세한 경란. 이상민은 쿠데타 규정」 「중앙일보」, 2022년 07월 26일.

김송이, 「보안 기본원칙도 안 지킨 선관위」, 「조선일보」, 2023년 10월 13일.

김양혁, 「[누리호 2차 발사]④ 우주 개발 예산 턱 없이 부족… 선도국 미국 1% 수준」, 「조선일보」, 2022년 6월 15일.

김연주, 「6년간 교사 100명 극단 선택 '학부모가 도끼로 목따겠다 협박도'」, 「조선일보」, 2023년 07월 31일.

김용욱, 「언론인총연합회 발족식서 설전 벌인 까닭」, 「미디어오늘」, 2022년 12월 12일.

김은중, 「가짜뉴스 퍼나르는 패널들」, 「조선일보」, 2023년 03월 17일.

김준영, 「정연주 방심위, 법정 제재 받은 공영방송 프로그램은 1%에 불과」, 「중앙일보」, 2023년 06월 08일.

김정기, 「편향성 우려되는 방송법 개정안」, 「중앙일보」, 2023년 04월 02일.

김창균, 「영장 앞에 머리 조아린 정치」, 「조선일보」, 2023년 10월 05일.

김태훈, 「잼버리도 책임진 K팝」, 「조선일보」, 2023년 08월 12일.

김충열, 「윤두현 의원 "포털 종속 언론 정상화 위한 '포스트 제휴 평가위' 서둘러야"」, 「브레이크뉴스」, 2023년 09월 19일.

금준경, 「윤석열 정부 '가짜뉴스' 때리기 전쟁 시작했다」, 「미디어오늘」, 2023년 04월 26일.

노지민, 「양성평등기본법 무색해진 尹정부 미디어위원회」, 「미디어오늘」, 2023년 04월 26일.

류혁, 「'사전투표' 민주당 8연승 과연 우연일까」, 「스카이데일리」, 2023년 10월 17일.

문재인, 「[전문]文 대통령 퇴임사서 "국민도, 정부도, 대통령도 수고했다."」, 「청와대」, 2022년 5월 9일.

박상기, 「가짜뉴스, 극단세력이 만들고 정치권이 퍼트리고 지지층은 맹신」, 「조선일보」, 2022년 12월 14일.

박서연, 「이태원 참사 '떼창' '심폐소생술' 영상보도 언론사들 '주의'」, 「미디어오늘」, 2022년 12월 07일.

박성의, 「민주당 '보이콧'에 … 힘 빠진 尹대통령 시정연설」, 「시사저널」, 2022년 10월 25일.

박인환, 「국정원 대공수사권 폐지와 안보위기 대응 방향」, 「국가안보 위기 대응과 전략」, 국가안보통일연구원, 2023년 11월 29일.

박준규, 「"긴급 해임 않으면 KBS 위태" … KBS이사 5인, 김의철 사장 해임안 제출」, 「팬앤 마이크」, 2023년 08월 28일.

박진기, 「국가 반역자 척결 없이 미래는 없다」, 스카이데일리, 2023년 04월 28일.

박현영·박현주, 「볼턴 '시간은 핵확산자 편 … 中 마음 먹으면, 북핵 하룻밤에 해결'」, 2022년 09월 21일.

변종국·김민수, 「항우연-기업들, 레고블록 맞추듯 누리호 협업 … 250명 모두 주역」, 「동아일보」, 2022년 06월 23일.

변종국 기자, 김민수 동아사이언스 기자 사설, 「최악 정치·경제·안보 상황서 출범하는 윤석열 정부」, 「조선일보」, 2022년 5월 10일,

사설, 「"더는 못 미뤄" 연금·노동·교육개혁에 尹 정부와 여야 명운 걸어야」, 「조선일보」, 2022년 05월 17일.

사설, 「삼성으로 시작해 현대차로 마무리된 한미 정상회담」, 「조선일보」, 2022년 05월 23일.

사설, 「'기자 캐리커처' 논쟁에 대하여」, 「미디어오늘」, 2022년 6월 8일.

사설, 「'권력형 침묵' 끝낸 윤 대통령의 도어스테핑」, 「중앙일보」, 2022년 6월 20일.

사설, 「누리호 발사 성공, 우주로 가는 길 열었다」, 「중앙일보」, 2022년 6월 22일.

사설, 「쫓아가 30분, 기다려 48초, 막말 사고… 국격 돌아보게 한 외교」, 「동아일보」, 2022년 09월 23일.

사설, 「'위기 극복' 믿음 주려면 현장의 절박함부터 공유해야」, 「동아일보」, 2022년 10월 28일.

사설, 「불가피한 업무개시명령 … 노동·연금·교육 개혁도 좌우한다」, 「조선일보」, 2022년 11월 30일.

사설, 「기사 배열까지 간섭 … 네이버의 '아웃링크 지침' 편집권 침해다」, 「동아일보」, 2023년 03월 09일.

사설, 「한·일 셔틀외교 복원, 진정한 미래협력 발걸음 되길」, 「중앙일보」, 2023년 05월 08일.

사설(1), 「"오월 정신 아래 우린 모두 하나" … 우린 진짜 하나가 맞나」, 「중앙일보」, 2023년 05월 19일.

사설(2), 「5·18민주화운동 가짜 유공자들 지금 떨고 있나」, 「스카이데일리」, 2023년 05월 19일.

사설, 「언론노조 민낯 보여준 허위 인터뷰와 책 3권값 1억 6천」, 「조선일보」, 2023년 09월 02일.

사설, 「지난 대선 가짜뉴스 뒤에도 정치 브로커와 검찰·KBS·MBC 있었나」, 「조선일보」, 2023년 09월 05일.

사설, 「호우 기준 못 미친 비에 야영지 물바다, 태풍 우려 철수로 천만 다행」, 「조선일보」, 2023년 08월 14일.

사설, 「92%가 中 축구 응원하는 포털 여론, 조작 방지 대책 시급」, 「조선일보」, 2023년 10월 04일.

선우윤호, 「자편향된 뉴스제평위…뉴스타파 전문지 선정 배경도 석연치 않아」, 「펜N마이크」, 2023년 09월 19일.

손덕호, 「김정은 중심 지휘부 공격 땐 "자동 핵타격"…北, 공세적 '핵무력법령' 채택」, 「조선일보」, 2022년 09월 09일.

손해용, 「"글로벌 스탠더드 부합하게" 주52시간제 유연화 속도낼듯」, 「중앙일보」, 2022년 05월 17일.

송평인, 「홍범도가 본 홍범도」, 「동아일보」, 2023년 09월 06일.

신나리·권오혁, 「정의용 "흉악범 추방이 원칙" 대통령실 "제대로 조사도 않고…"」, 「동아일보」, 2022년 7월 19일.

신동흔, 「OTT와 유튜브 시청자 많아지는데 방송은 심의에 발목, 자율규제 해야-언론학회학술대회에서 주장 나와」, 「조선일보」, 2022년 05월 21일.

신동흔, 「종편 재승인 심사, 방송장악 수단으로 악용」, 「조선일보」, 2022년 09월 24일.

신동흔, 「입맛에 맞는 사장 뽑으려 … 이번엔 '알박기' 방송법인가」, 「조선일보」, 2022년 12월 13일.

신동흔, 「KBS 사장 후보에 박민 前문화일보 논설위원」, 「조선일보」, 2023년 10월 13일.

신동흔·조재희, 「KBS "납부 거부땐 재정 압박… 공영방송 존폐와 직결된 문제"」, 「조선일보」, 2023년 03월 10일.

신창섭, "제4차 산업혁명 시대, 한국의 공영방송은 어떻게 개혁해야 하는가?-수용자, KBS·MBC 중심으로-", 「2023 수용자 제대로 인식하기 주간 토론회-공영미디어 구조개혁과 공적 재원 확보방안」, 미디어연대, 2023년 09월 1일.

심서현·윤상언, 「카카오 뒤늦은 사과…'서비스 이중화 제대로 안 했다'」, 「중앙일보」, 2022년 10월 20일.

윤수현, 「'한국 언론은 언론윤리 준수한다' 국민 14.6%만 동의」, 「미디어오늘」, 2022년 12월 07일.

양연희, 「조태용 의원 "한국형 최신예 전투기 개발은 박근혜 대통령의 결단과 추진력의 결과물"」, 「팬앤드마이크」, 2021년 04월 13일.

양지혜, 「이재명, 뉴스타파 가짜 뉴스 대선 전날 475만 명에 뿌렸다.」, 「조선일보」, 2023년 10월 05일.

양은경·이슬비, 「조희대 대법원, 재판 지체 부른 '법원장 추천제' 폐지할 듯」, 「조선일보」, 2023년 12월 9일.

어환희, 「네이버·카카오 '뉴스제휴평가위' 공정성 논란에 활동 중단」, 「중앙일보」, 2023년 5월 23일.

엄재희, 「尹정부, KBS 사장 결국 해임 … 이동관 취임 18일만-KBS이사회, 김의철 사장 해임 제청안 의결」, 「PD 저널」, 2023년 09월 12일.

오정근, 「좌파정부 분탕질로 망가진 새만금잼버리」, 「스카이데일리」, 2023년 08월 14일.

오정근, 「집권 16개월 만에 출범한 지방시대委」, 「스카이데일리」, 2023년 09월 18일.

오준, 「尹대통령 유엔 연설과 자유 위한 연대」, 「문화일보」, 2022년 09월 22일.

온라인 중앙일보, 「나사와 협업, F-22 SW 설계 두 과학자, 한국형 액체수소 상품 개발」, 「온라인 중앙일보」, 2017년 4월 18일.

유원모, 「뉴스타파 인용 보도 KBS-JTBC-YTN에 과징금」, 「동아일보」, 2023년 09월 20일.

윤길용, 「MBC 'PD 수첩'은 변화했는가?-2011년 당시 시사교양국 분위기를 중심으로」, 「1공영 多민영, 방송체제 정상화!-mbc 정상화 방안」, 국회의원 김기현, 2022년 12월 27일.

윤수현, 「"한국 언론은 언론 윤리 준수한다" 국민 14.6%만 동의」, 「미디어오늘」, 2022년 12월 02일.

윤석민, 「그래도 공영방송 지배구조는 개혁하는 게 옳다」, 「조선일보」, 2022년 05월 20일.

이건혁, 「'지옥'된 서울 한복판..안전이 짓밟혔다」, 「SkyeDaily」, 2022년 10월 31일.

이근평, 「9·19합의 사실상 종언 … 군 "육·해상훈련 재개"」, 「중앙일보」, 2024년 01월 9일.

이기욱, 「檢, '종편심사 부정 의혹' 한상혁 조사」, 「동아일보」, 2023년 03월 23일.

이성진, 「'尹퇴진' 외치는 촛불전진·행동 … 두 조직 관여한 주사파 행적들」, 「주간조선」, 2023년 03월 26일.

이수일, 「공영언론노조협의체 "文부역 KBS·MBC·YTN·연합뉴스 사장 사퇴하라"」, 「데일리안」, 2022년 07월 20일.

이영석, 「민노총 소속 586 기자들의 "종북 반미 선동"이 나라를 황폐하게 만들고 있다.」, 「중앙일보」, 2022년 09월 24일.

이영풍, 「[이영풍 기자 호소문] KBS보도본부 선후배 기자 여러분. 그리고 KBS 직원 여러분과 시청자 국민 여러분」, 2023년 05월 31일.

이인철, 「민주당의 방송법 개정안 강행은 공영방송 주도권을 넘기지 않겠다는 대선 불복 심리」, 「팬앤드마이크」, 2023년 3월 21일.

이재원, 「선관위는 감사원의 전면적인 감사를 수용하라.」, 한반도 인권과 통일을 위한 변호사 모임, 2023년 06월

07일.

이철영, 「KBS는 노영방송 … '정확·공정·균형'과 담 쌓다」, 「NewDaily」, 2023년 05월 03일.

이한빛, 「서울 도심서 3만명 '기후 위기' 경고 퍼포먼스 … "지금 당장 대응해야"」, 「천지일보」, 2023년 09월 23일.

이해인, 「신고전화에 비명소리 … 경찰, 사고 1시간전부터는 출동조차 안했다」, 「조선일보」, 2022년 11월 2일.

임명신, 「'군자산의 약속' 22년 … 주류세력 된 운동권」, 「스카이데일리」, 2023년 09월 22일.

임성빈, 「소부장 공급망 차질 줄이고, 디지털 분야 기술표준 선점」, 「중앙일보」, 2022년 05월 24일.

자유언론국민연합 성명서, 「한상혁 방송통신위원장에 대한 검찰의 구속영장 청구가 기각됐다」, 2023년 03월 30일.

자유언론국민연합 성명서, 「대선공작성 가짜뉴스」, 2023년 09월 09일.

장관석·전주영·김은지, 「尹, 취임 두 달만에 도어스테핑 잠정 중단 '코로나 예방'」, 2022년 07월 12일.

장혜원, 「文정부서 사라진 '북한군=敵' 개념, 尹 취임 즉시 '등장'」, 「SkyeDaily」, 2022년 5월 31일.

장혜원, 「북한군 월북 언급 딱 한번 … 文 정부 '월북' 한 목소리」, 「SkyeDaily」, 2022년 07월 15일.

장혜원, 「"사회 좀먹는 가짜뉴스 뿌리뽑자" … 범국민운동본부 출범」, 「스카이데일리」, 2023년 12월 05일.

전지현, 「"권위는 바라지 않아, 존중해주세요" … 거리로 나온 교사들」, 「경향신문」, 2023년 07월 22일.

정재호(鄭在虎), 「민족중흥의 激情·6·25 침략 나팔수에 '공원선사', '물구나무 선 世情의 타락'」, 민족중흥회 성명, 2023년 8월 24일.

정철운, 「언론중재위 이태원 참사 희생자 명단 공개는 기본권 침해」, 「미디어오늘」, 2022년 12월 07일.

정철운, 「'누구든 MBC처럼 될 수 있다.' 2022년 MBC에 무슨 일이」, 「미디어 오늘」, 2022년 12월 12일.

조윤영, 「박근혜 '뇌물·직권남용' 징역 20년 확정 … 4년만에 마침표」, 「한겨레신문」, 2021년 01월 14일.

조정진, 「근조(謹弔) 김명수의 대한민국 대법원!」, 「SkyeDaily」, 2022년 08월 01일,

조현호·정철운, 「오세훈-국힘 시의회 'TBS 교육방송+알파' 본격 길들이기」, 「미디어오늘」, 2022년 6월 8일.

조현호, 「국힘 대거 참석 '공영방송 없애야' 성토한 언론인단체 발족식」, 「미디어오늘」, 2022년 12월 14일.

조형래, 「어느 경영인이 겪은 가짜뉴스와 적폐 몰이」, 「조선일보」, 2023년 05월 9일.

중앙고등학교 애국동지회 회장 신 희 순·오. 이. 박. 사 애국동지회 단장 이정신 등, 「민주당은 히틀러정권 괴벨스 망언 광신자⑰」, 2023년 09월 10일.

최경훈·양지호, 「反지성주의로 민주주의 위기 … 과학·진실 전제로 갈등 풀어야」, 「조선일보」, 2022년 05월 11일.

최경운·김승재 기자, 「양국 정상 '김대중·오부치 선언 계승' … 기시다, 과거사 추가 언급 없어」, 「조선일보」, 03월 17일.

최경운, 「지소미아(군사정보보호협정) 완전 정상화 … 경제안보협의체 신설」, 「조선일보」, 2023년 3월 17일.

최혁, 「정율성 논란과 광주의 아픔」, 「중앙일보」, 2023년 09월 07일.

최형석, 「尹 '국민들 영끌 대출로 고통 … 부동산 규제 더 빨리 풀겠다.'」「조선일보」, 2022년 12월 16일.

특별취재팀 기자, 「[단독] 5·18 유공자 4346명 명단 입수 … 광주 항쟁과 무관한 인사 수두룩」「스카이데일리」, 2023년 05월 18일.

'캠프 데이비드 원칙' 전문, 「한미일은 하나가 될 때 더 강하다」「조선일보」, 2023년 08월 19일.

하남현·김경미·김기찬, 「대법, 임금피크제 첫 위법 판단 … 재계 '기업 혼란 우려'」「중앙일보」, 2022년 05월 27일.

한예경, 「문제는 북핵 아닌 北정권 그 자체」「매일경제신문」, 2022년 09월 19일.

허겸, 「고위급 탈북인 김태산 씨 '5·18 북한 개입은 사실 … 좌파들 잘 알면서도 숨겨'」「스카이데일리」, 2023년 07월 21일.

허겸, 「계엄군 만행 폭로 이경남 목사 "北 개입 사실이라면 인정하자"」「스카이데일리」, 2023년 09월 06일.

허겸, 「"5·18은 北이 민중 봉기로 조작한 대남공작"」「스카이데일리」, 2023년 10월 11일.

허겸, 「[단독: 5·18 진실 찾기⑲] "軍, 김일성 '광주 침투' 지령문 확인"」「스카이데일리」, 2023년 10월 17일.

허성권, 「'25인 운영위' 민주당 법안, 공영방송 영구장악법이다」「조선일보」, 2022년 05월 22일.

현일훈, 「대통령실, 국민청원 없애고 국민제안 신설 … 실명·비공개 운영」「중앙일보」, 2022년 6월 24일.

현일훈·홍지유, 「대통령실, 29년 만에 KBS 수신료 분리징수 가닥」「중앙일보」, 2023년 04월 10일.

홍수영, 「윤석열 대통령 "자유민주-시장경제-인권 최우선"」「동아일보」, 2022년 5월 10일.

홍수영, 「'한미일 안보공동체' 두고 여 "새로운 장" 야 "전략 자율성 훼손"」「천지일보」, 2023년 8월 20일.

홍영림, 「이대남은 국민의힘, 이대녀는 민주당 … 대선보다 더 갈라져」「조선일보」, 2022년 06월 02일.

홍영림, 「편파 방송 김어준, 여론조사 회사 설립해 선관위 등록」「조선일보」, 2022년 10월 18일.

홍제성, 「통일교육 지침서 개정 … '대한민국이 유일한 합법정부' 표현 부활」「연합뉴스」, 2023년 03월 14일.

황근, 「방송·통신 심의제도가 탈정치화 되어야 하는 이유」「SkyDaily」, 2022년 09월 13일.

황근, 「좌파 미디어운동가 양성 지원하는 우파 정부」「SkyeDaily」, 2022년 12월 20일.

황근, 「기대감조차 실종된 정부의 미디어 정책」「SkyDaily」, 2023년 2월 1일.

황근, 「청산되어야 할 또 다른 적폐, 방송통신심의위원회」「스카이데일리」, 2023년 05월 23일.

황근, 「언론노조의 공영방송 붕괴시키기」「스카이데일리」, 2023년 08월 29일.

허성권, 「공영방송 개혁 어떻게 할 것인가?」박성중 국회의원·언론시민연대회의, 2023년 07월 20일.

KBS공영노동조합, 「시간이 얼마 남지 않았다 김의철 사장은 결단하라」, 2023년 04월 03일.

VOA 뉴스, 「G7 공동성명 "유엔 헌장·국제 협력 기반 글로벌 도전 대응"」, 2023년 05월 21일.

한국 언론문화 100년사

초판 1쇄 찍은날 2024년 7월 15일
초판 1쇄 펴낸날 2024년 7월 22일

글 조맹기
펴낸이 서경석
책임편집 김진영 | **편집** 이봄이 | **디자인** 권서영
마케팅 서기원 | **제작·관리** 서지혜, 이문영
펴낸곳 청어람M&B
출판등록 2009년 4월 8일(제313-2009-68)
본사 주소 경기도 부천시 부일로483번길 40 (14640)
M&B 주소 서울특별시 구로구 디지털로 272 한신IT타워 404호 (08389)
전화 02)6956-0531
팩스 02)6956-0532
전자우편 juniorbook0@gmail.com

ISBN 979-11-94180-00-5 93070